염불왕생念佛往生 일생성불一生成佛

인광대사 문초 청화록
印光大師 文鈔 菁華錄

인광印光대사 찬撰

이정통李淨通 편집

증기운曾琦云 역주

망서望西 허서許曙 편역

일러두기

1. 《인광법사문초印光法師文鈔》에서 지극히 정묘하고 중요한 말씀을 뽑아 편집한 《인광대사 문초청화록》의 중국 현대문 해설서인 《인광대사, 정토를 말하다(印光大師說淨土)》를 중심으로 번역하였다.
2. 이중 일부는 법보신문에서 《인광대사의 정토를 말하다》라는 이름으로 연재되었다.

들어가는 말

《인광대사, 정토를 말하다(印光大師說淨土)》에서 역주한 인광대사의 문자는 모두 이정통李淨通 거사가 편집한 《인광대사문초청화록印光大師文鈔菁華錄》에서 뽑은 것입니다.

《인광대사문초청화록》은 이정통 거사가 1952년 《인광법사문초印光法師文鈔》 정편正編·속편續編·삼편三編 중에서 뽑아낸 정수부분으로 10장으로 분류된 3백3십3칙이 있습니다.

이정통 거사가 말하길, "오늘날 인광대사님의 《문초》를 편하게 읽도록 하기 위해서 지극히 정묘하고 지극히 중요한 말씀을 뽑아서 《청화록》 한 권으로 편집하였다. 정업淨業 수행에 뜻을 두었지만 《문초》를 상세히 읽을 겨를이 없는 경우, 다만 이 《청화록》을 마음 놓고 연구하면 정토의 문의文義가 불을 보듯 명확할 것이다." 하였습니다.

《인광대사 문초 청화록》은 인광대사의 정토사상을 간단히 요약한 독본이라 말할 수 있습니다. 게다가 이 책은 요연了然·덕삼德森 두 분 스님께서 감수를 해주셨습니다. 인광법사와 연관된 자료 가운데 두 분 스님께서 편찬하신 《중흥정종인광대사행업기中興淨宗印光大師行業記》 및 《대사사전大師史傳》은 다방면에서 인광대사의 일생 행적을 가장 완전히 드러내 보일 수 있는 독본입니다. 그들은 인광대사를 오랫동안 따르면서 지극히 깊은 영향을 받아 비교적 투철하게 인광대사를 이해하였습니다. 《인광대사 문초 청화록》은 두 분 스님의 감수로 자연히 인광대사의 원의에 부합할 수 있었습니다. 이런 각도에서 말하면 《인광대사문초청화록》은 또한 인광대사 정토사상을 정확히 반영한 독본입니다.

《인광대사문초청화록》이 출판된 후 원영圓瑛 대사께서 서문을 지으신 덕분에 널리 보급되었습니다. 대사께서는 서문에 말씀하시길, "스승님의 문초文鈔는 비록 곳곳에서 돌아갈 것을 가리키고 있지만, 사는 일에 분주하여 일부만 보고 그 전체를 알고 글 속에 푹 잠겨서 얻고자 하는 사람은 곧 이정통 거사가 편집한 《문초청화록》으로써 숭상할 것이다. 이 책은 모두 3백3십3칙으로 그 이치는 진상眞常의 불성을 드러내고, 그 말은 중복해 보이는 것이 없어 지극히 정묘하고 지극히 순수하니, 지금 세상에는 이와 짝할 책이 드물다. 그리고 스승을 존경하고 도리를 중히 여기는 거사의 마음은 특별히 어려운 것을 해낼 수 있었다. 나는 이 책 한 권이 바람이 불고 수많은 물줄기가 흐르듯 온 천하에 퍼져 많은 이를 이롭게 할 것임을 안다. 사람의 마음을 바로잡고 잘 다스리도록 도우니, 그것이 여기에 있다!" 하셨습니다.

대만 정토종의 대덕이신 이병남李炳南 노거사께서도 서문을 지어서 널리 보급하셨습니다. 거사께서는 말씀하시길, "정종淨宗 13조이신 인광대사께서 지금 글로써 크나크지만, 이 마땅히 믿어 행하기 쉬운 도를 때맞춰 말씀하시니, 교화를 입는 사람이 광범위하고 제도를 얻는 사람이 매우 많다. 사람들이 그 말을 모아서 《문초文鈔》라고 하니, 문장이 간결하고 요점을 잘 취하여 국내외에 널리 퍼졌다. 그러나 근기가 둔하여 여전히 그 번잡함에 두려워 받아들일 수 없으니, 어찌 유감스러운 일이 아니겠는가? 다행히 정통 거사께서 그 간결한 글 중에서 간결한 것을 발췌하고 그 요점 중에서 요점을 따서 한 책에 담아 출간하여 《청화록菁華錄》이라 하였다. 이 책은 중생의 근기에 맞아 중생을 이롭게 할 것이다!" 하셨습니다.

두 분 대덕의 말씀은 《인광대사 문초 청화록》에 대한 가장 좋은 인증印證이라고 말할 수 있습니다!

인광대사께서 우리를 떠나신지 반세기가 지났습니다. 이 반세기 동안 우리 사회는 매우 큰 변화가 발생하였는데 특별히 문화 영역이 그러합니다. 최근 몇 세대에 걸쳐 문언문으로 작성된 문장을 읽을 때, 늘 잘 맞지 않는다는 느낌과 거리감이 있어 이로부터 완전히 이익을 볼 수 없었습니다. 현대의 독자들이 인광대사의 정토사상을 더 많이, 더 잘 이해할 수 있도록 저는 직접 《인광대사 문초 청화록》에서 뽑아낸 인광대사의 문자를 참조하여 역주를 달았습니다. 희망컨대 오늘날 종교 실천가이든 학술 연구자이든 모두 이로부터 정토종의 진리(眞諦)와 불학의 진리를 얻어 법희를 얻고 진정으로 이익을 얻길 희망합니다.

2006년 역자 증기운曾琦云

정종 제13조, 인광대사 전기

상참괴승常慚愧僧, 자비로 중생을 교화제도하시다

인광대사印光大師 존영 (1862年 - 1940年)

[1] 인광대사 찬사

원영대사

법신法身은 상이 없고 지극한 도는 이름이 없나니,
청정한 본래 그대로의 모습, 불가사의하여라!

이에 저의 큰 스승님, 인광대사께서는
상相이 없음에 상 나타내고, 이름 없음에 이름 세워서
정토종을 제창하여 후학을 인도하셨고,
꿈속에서 불사佛事를 크게 지어서
임종시 서방극락으로 돌아가는 서상瑞祥 보이시니,
진실로 철오대사 이후 제일인이라!

거두고 놓으심에 저절로 여여하고
오고 가심에 걸림이 없어라.
사바세계에 찍은 도장 허물어지니,
극락세계에 왕생 글자 이루어지네.
말해보라, 바로 이럴 때는 어떻게 대사와 상견할까?
홀연히 금강안 튀어나와 원명한 묘법신 친견하리라!
_《인광대사 영사집》

[2] 인광대사 약전略傳

인광대사는 세속 성은 조趙씨이고, 이름은 단계丹桂, 자字는 소이紹伊, 호號는 자임子任이며, 산시(陝西)성 사람이다. 법명은 성량聖量, 자字는 인광印光인데, 스스로 "상참괴승(常慚愧僧; 늘 두렵고 부끄러운 중)"이라 부르고, 또한 "계려행자(繼廬行者; 여산 혜원대사를 계승하는 행자)"라 불렀다. 대사께서는 한 평생 명리를 끊고 삶에 모범을 보이며 온 힘을 다해 정토종을 홍양하셨고, 후세 사람들에게 정토종 제13조로 존경을 받았다.

태어나자마자 눈병으로 눈이 붉어지면서 바깥 사물을 또렷이 보지 못했다고 한다. 어린 시절 형을 따라 유학 서적을 읽으면서 한유韓愈와 구양수歐陽脩의 《벽불론闢佛論》에 영향을 받아 처음에는 불교를 멀리 하려고 하였지만 질병으로 경서를 읽으면서 불법이 얼마나 광대하고 심오한지 깨닫게 되었다. 21세에 선종 도순道純 노화상께서 예를 드리고 출가하였다. 다음해 수계受戒한 후 서예에 재간이 있어 수계 기간 중에 책을 베끼는 작업을 맡았다.

당시 베낄 글자가 너무 많아 두 눈이 붉어지면서 관혈灌血이 생기기도 하였지만, 다행히 이전에 《용서정토문龍舒淨土文》을 얻어서 정토염불법문이 생사를 끝마치는 요도要道임을 알고 있었던 터라 눈병이 생기면 곧 몸은 고통의 근본임을 깨달아 틈만 나면 염불하였다.

저녁에 사람들이 모두 잠든 후 다시 일어나 계속 염불했다. 글자를 베낄 때에도 마음은 부처를 여의지 않았다. 대사께서 일심으로 정토에 태어나길 구하자 신기하게도 서사 작업이 완료된 후 그의 눈병이 뜻밖에 완쾌되었다! 이 일로 곧 그는 불력의 불가사의함을 깊이 믿게 되었고, 이로부터 일심으로 정토로 귀의하여 스스로 행하고 남을 교화하면서 평생 염불법문의 홍양에 힘썼다.

인광대사께서 처음 출가할 때 일 때문에 한 분 거사 집에 갔다. 거사의 온 집안사람들은 불자로 시어머니와 며느리, 아들과 딸들은 각자 불상을 모시고서 불공드리는 용도로 동일한 긴 공양탁자를 쓰고 각각 한 단씩 차지하였다. 며느리가 향을 사르고 물을 공양하며 먼지를 털면서 자신의 불단만 돌볼 뿐 시어머니의 불단 위에는 먼지가 있었는데도 먼지 터는 일을 돕지 않았다.

대사께서는 이 모습을 보고 매우 가슴 아팠고, 학불(學佛 ; 부처님을 모범으로 삼아 신구의 삼업을 부처님과 같아지도록 배움)하는 사람이 사람의 도리(倫常)를 제대로 실천하지 못한다고 절감하였다. 이런 사람은 비록 불자일지라도 실제로는 스스로 불법을 비방하는 것이다. 이러한 학불인이 매우 많음을 관찰한 후로 대사께서는 홍법하시면서 지금까지 현묘한 담론을 펼치지 않았고, 한 평생 사람에게 가르치신 총강령은 단지 16글자가 있을 뿐이었다.

"사람의 도리를 극진히 하고 자신의 본분을 다하며, 삿된 지견을 그치고 진성심眞誠心을 간직하여 노실하게 염불하고 정토에 태어나길 구하라(敦倫盡分 , 閑邪存誠 , 老實念佛 , 求生淨土)!"

그는 모든 사람들에게 먼저 좋은 사람이 되라고 가르치셨는데, 즉 사람의 도리를 극진히 하고 자신의 본분을 다하면서 학불하여야 기초가 튼튼하다고 하셨다.

인광대사께서는 「상참괴승常慚愧僧」이라 부르면서 한 평생 사람들과 어울리며 세상에서 살아가면서 단지 부끄러움이 없는 마음만 구할 뿐, 재능을 감추고 드러내시지 않았다. 그가 33세 때 보타산 법우사에서 오래 머물며 장경각을 관리하면서 20여 년 동안 경장經藏에 깊이 들어가 묵묵히 마음을 가라앉히고 깊이 생각하며 수도하여 52세에 이르러서야 점차 사람들에게 알려져 그 재능과 학식이 불문에서 명성을 떨쳤다.

대사께서는 평소 꾸밈없이 소박・검소(儉樸) 하셨고, 자신의 복을 아끼는 일(惜福)에 주의하셨으며, 몸소 수고로이 일하길(習勞) 좋아하셨다. 만년(80세)에 이르기까지 줄곧 다른 사람의 도움을 빌리지 않고 날마다 스스로 바닥을 쓸고, 책걸상을 닦으며, 기름을 치며 옷을 빨았다. 매번 음식을 드신 후 그릇을 깨끗이 비우셨고, 다시 물을 부어 씻어내고 마셨다. 어떤 사람이 밥을 먹고 사발에 밥알을 남긴 모습을 보고서 "그대는 매우 큰 복이 있는데, 이처럼 낭비하는가!" 큰소리로 꾸짖으셨다. 어떤 사람은 식은 차 반잔을 타구에 쏟아 버리자 마찬가지로 대사의 지적을 받았다.

대사께서는 한 평생을 재물을 탐하지도 모으지도 않으셨고, 신도들이 금전을 매우 많이 공양하면 모두 경서를 인쇄하여 널리 유통하거나 재난구제에 사용하셨다. 제자들이 예물을 공양하면 사양해버리지 않고, 다시 남에게 선물하여 사람들이 함께 누리도록 하셨다. 어떤 사람이 산으로 올라와 법문하길 청하며 일부러 좋은 가마를 준비하면, 가마에 앉으면 복이 없어진다 생각하여 단연코 앉지 않고 산에 올라가서 내려올 때까지 언제나 지팡이에 몸을 지탱하면서 걸어서 가셨다.

대사께서는 70세에 소주蘇州 보국사報國寺로 거처를 옮기셨다. 그때 그의 방안에는 벌레가 특히 많았는데, 제자가 그를 위해 해치우려고 하자 오히려 거절에 부닥쳤다. 제자들에게 이는 모두 참으로 자신에게 덕행이 없어 벌레들이 떠나도록 감화시킬 수 없었다고 이르시며, 태연하게 대처하셨다. 한 동안이 지나고서 제자가 다시 그를 향해 벌레의 상황을 물어보니 대사께서는 "없다" 하셨다. 제자들이 가서 살펴보니 방안은 깨끗하였다. 벌레는 과연 흔적도 없이 정말 떠났었다.

인광대사께서는 덕망이 높아 한평생 헛된 명예를 꾀하지 않았다. 민국 정부 총통인 서세창徐世昌이 교화의 공을 표창하여 한 면에 "오철원명悟徹圓明"이라 쓰진 편액을 하사하고서 사원 위아래로 징소리 북소리가 하늘까지 크게 울렸는데, 그는 오히려 들은 체 만 체 하였다. 어떤 사람이 물었더니, "공덕에 지은 누각이라, 자신에게는 실제로 이러한 복덕이 없거늘 그것조차 미치지 못함에 두렵고 부끄러우며, 또한 어떤 영광을 누릴만한 자격이 있겠는가?" 라고 말했다.

어떤 사람이 그를 찬탄하는 문장을 쓰려고 하면 반드시 그에게 호된 질책을 받게 마련이었다. 그에게 장수를 축원하면 단연코 거절을 당했다. 그는 침실 벽에 크게 "죽음(死)"이란 글자 하나를 걸어놓고 때때로 자신을 경책함에 사용하였다. 그는 말하길, "괴로움을 벗어나는 요결을 구하고자 하면 오직 염념마다 죽음을 두려워하여 죽음에 이르면 삼악도에 떨어진다 생각하면 염불이 저절로 순일해지고 정업이 저절로 이루어진다. 일체 육진경계가 저절로 그의 정념을 빼앗을 수 없다."

인광대사는 재가 제자들이 매우 많았다. 그 중에 고등교육을 받은 지식인이 많았지만, 그는 지금까지 제자들에게 고상한 불교이치를 말한 적이 없고, 오직 사람들에게 인과를 깊이 믿고 전심으로 염불하라 권하였다. 그는 말하길, "모름지기 불법은 법문이 무량하여 온몸이 업력으로 가득 찬 범부로써 현생에 곧장 삶을 끝내고 죽음을 벗어나고자 한다면「믿음·발원·염불로 서방극락에 태어나갈 구하는」이 일법을 여의고서 부처님께서도 다른 두 번째 법문을 말씀하실 수 없다."

1940년 11월 초나흗날, 인광대사께서는 때가 이름을 미리 아시고 자재하게 극락정토에 왕생하시니, 세수 80이고 승납 60세였다. 원적하시기 전 날 대중에게 법문하시길, "정토법문은 달리 특별한 것이 없다. 단지 간절하고도 지극한 정성만 있다면 부처님의 접인을 입어 업을 지닌 채 왕생하지 않는 이가 없다." 주지를 맡은 제자(묘진법사)에게 부촉하시길, "그대는 도량을 유지하고 정토를 홍양하되, 배웠다고 위세를 부리지 말라!"

인광대사는 한평생 정업淨業을 정일하게 닦았고, 대비심으로 중생을 제도하였으며, 홍원이 다함이 없었다. 그가 저술한《문초》는 주옥같은 문장으로 정토학인의 앞길을 환히 밝혀주는 등대이자 무진장한 보배창고이다. 그의 제자이자 일대 고승인 홍일弘一법사는 대사를 찬탄하여 이르길, "정토를 홍양하고, 불교의 여러 종파를 은밀히 보호하였으며, 불법을 밝게 번성시키고, 세상의 풍조를 몰래 이끄셨도다. 자비심에 절복과 섭수를 두루 갖추셨고, 어묵동정이 교화 아님이 없었도다. 이러한 사람은 300년 이래, 한 분뿐이로다!"

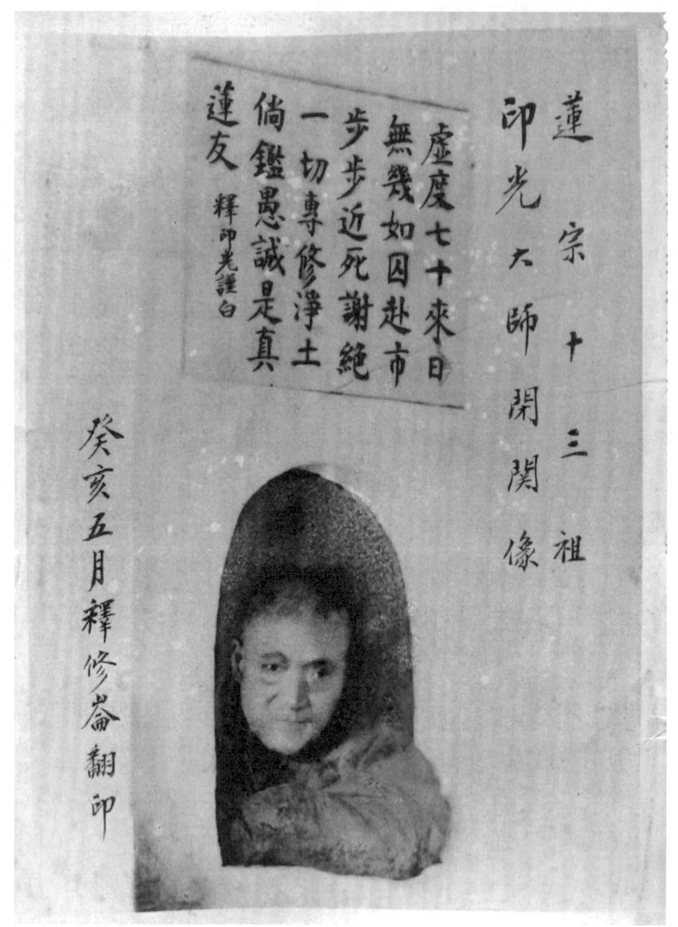

정종 제13조 인광대사 폐관閉關 상

[3] 인광대사의 수학修學 : 「죽음(死)」이란 글자를 머리에 되새기다

인광대사께서는 한평생 평상시처럼 염불하며, "극락세계"에 태어나길 구하셨다. 두 차례 저장성 보타산 법우선사法雨禪寺에서 6년을 기한으로 삼아 폐관閉關 수련을 한 적이 있었고, 《문초》를 남기시어 후세에 모범이 되었다. 《인광대사 문초》는 인광대사께서 폐관 시간에 친한 거사들과 주고받은 일문일답의 서신을 수지하여 이룬 것으로 정토종 학인은 반드시 배워야 할 법보이다.

인광대사께서는 한 평생 고난과 시련 속에서 소박하게 사셨으니, 식사할 때 밥 한 알, 죽 한 방울 낭비하는 모습을 본적이 없다. 대사께서는 만년에 영암산靈岩山에서 주지하시면서 영암산의 도풍에 거대한 공헌을 하셨다. 인광대사께서 영암산 정토도량을 창건하실 때 특별히 다섯 조목의 규칙을 맺으셨다.

하나, 주지住持는 어떤 종파이든 상관없지만 정토를 깊이 믿고 계행이 엄정할 것을 자격기준으로 하고 단지 현자에게 물려줄 뿐, 자리를 물려주지 않는다. 이로써 수법제자 사유화의 폐단을 막는다.

둘, 주지는 차수次數를 논하지 대수代數를 논하지 않는다. 이로써 고덕이 일상생활에서 덕을 실천한 후 혹 생길 수 있는 혐의를 벗어난다.

셋, 계법을 전하지 않고 경전 강설을 하지 않는다. 이로써 세상 사람의 이목을 끌고 정념을 요란하게 하는 혐의를 벗어난다. 불당 안에서 비록 날마다 강설은 하지만 외부 사람을 불러서 듣지 않는다.

넷, 전일하게 염불한다. 불칠법회(打佛七)를 제외하고 일체불사에 응수하지 않는다.

다섯, 누구를 막론하고 절에서 출가제자를 받아서는 안 된다.

이러한 몇 조목의 규칙은 지금까지 줄곧 적용되어 영암산사의 일대 특색을 이루었다. 바로 이와 같아 영암산사가 비로소 천하의 정토도량으로 이름을 떨치게 되었다.

인광대사께서는 한 평생 부지런히 도를 배움에 끊임이 없었다. 특히 「죽음(死)」이란 글자 하나를 침대 머리맡에 걸어놓고 시시각각 자신에게 신신부탁하고 시시각각 자신을 삼갔다. 이른 바 도를 배우는 것은 마치 물을 거슬러 배를 젓는 것과 같아, 앞으로 나아가지 않으면 퇴보하고, 또한 생과 사의 대사가 앞에 있으니, 어찌 감히 신구의 삼업으로 짓는 여러 행에 게으르겠는가? 출가한 사람은 당연히 「죽음(死)」이란 글자로써 시시각각 잊지 말고, 당연히 "덧없음의 큰 귀신(無常大鬼)은 기약 없이 닥쳐온다."고 생각하여야 하니, 이러하면 도업道業을 반드시 성취하고, 극락왕생하는 공덕이 있을 것이다.

우리 세상 사람들은 「죽음(死)」이란 글자를 무서워하여 간절히 책 안에서 이 글자를 모두 지워버리고 싶어 한다. 우리들이 어디로 달려가든지, 어떻게 찾던지 관계없이 모두 사람의 이목을 끌도록 「죽음(死)」이란 글자 하나를 바깥에 걸어 놓는 것을 보기는 매우 어렵다. 왜냐하면 이는 이 세상 모든 사람들이 다 같이 싫어하는 금기어이기 때문이다. 그러나 인광대사께서는 우리에게 죽음은 모면할 수 있는 것도, 도피할 수 있는 것도 아니라 말씀하신다. 비록 우리는 모두 그것을 매우 무서워하지만, 가장 좋은 방법은 달아나는 것이 아니라, 용감히 그것에 맞서고 시시각각 그것에 대한 생각을 떠올리는 것이다. 당연히 우리는 줄곧 그것을 보고 있으면 그것은 도피할 곳이 없다. 이때 죽음은 더 이상 공포의 대상이 아니라 돌아갈 길로 변화되고,

고향으로 변화되면서 우리는 아미타부처님의 품속으로 돌아가고, 후생의 몸(後有)을 받지 않는 극락국토로 돌아간다.

인광대사께서 고구정녕 노파심에 말씀하신 가르침은 우리가 시시각각 염념마다 「죽음(死)」이란 글자를 잊지 말고, 시시각각 부처님을 잊지 말고 억념하여야 한다는 것이다. 왜냐하면 인생은 실로 무상하고 너무나 괴롭기 때문이다. 우리는 스스로 이번 생에 즉시 해탈할 수 있는 그렇게 큰 능력을 가지지 않았고, 자신의 역량은 매우 미약하여 자칫 조심하지 않으면 아래로 떨어지기가 쉽다. 이번 생을 소홀히 하고서 다시 사람 몸을 얻는 경우가 얼마나 되는지 도대체 알 길이 없다. 부처님께서는 "사람 몸은 얻기 어려운데 이미 얻었고, 불법은 듣기 어려운데 지금 이미 들었거늘, 이 몸을 금생에 제도하지 않으면 다시 어느 생을 기다려 이 몸을 제도하겠는가!" 말씀하셨다.

이번 생에 곧 해탈하고 싶다면 자신의 역량을 바라보건대 하늘을 오르는 것보다 어렵다. 그러면 우리는 오직 아미타부처님의 힘을 빌어서 그 어르신께서 우리를 도우시도록 하여야 한다. 왜냐하면 아미타부처님께서는 무진장한 원력이 있고, 무진장한 신통이 있으며, 무진장한 자비가 있기 때문이다. 단지 우리가 시시각각 「나무아미타불」 거룩한 성호를 떠올리기만 하면 반드시 해탈을 얻을 수 있다.

《능엄경》에서는 우리와 아미타부처님은 어머니와 자식 사이나 마찬가지라고 말씀하신다. 어머니는 자식을 그토록 생각하는데, 자식은 도리어 집으로 돌아갈 생각을 하지 않는다면 어머니가 애타게 자식을 불러도 소용이 없다. 만약 자식이 집으로 돌아가고 싶어서 어머님께 직접 말씀드린다면 반드시 그를 집으로 돌아가게 하신다. 그래서 「나무아미타불」 부처님 명호를 염하는 공덕은 불가사의하고, 서방극락세계에 태어나길 구하면 진실하여 헛되지 않다.

우리는 당연히 인광대사를 따라 배워야 한다. 시시각각 「죽음(死)」이란 글자를 잘 기억하여 무상한 생각을 떠올리면서 한마디 「나무아미타불」 부처님 명호를 끝까지 칭념하고, 나아가 진심眞心을 발하고 대심大心을 발하며, 극락세계에 태어나려는 마음을 발하고, 정토에 왕생하려는 마음을 발하며, 무상보리심을 발하여야 한다.

「죽음(死)」

도를 배우는 사람이 이 글자를 염념마다 잊지 않는다면 도업이 저절로 이루어지리라!

[4] 세상 사람은 어떻게 인광대사가 대세지보살이 재래하신 분임을 알게 되었는가?

잠시 인광 대사를 말하면 그분은 산시성 사람으로 계를 받은 후 보타산普陀山에 가서 폐관閉關하였다. 그가 폐관한 것은 바로 하루 종일 대장경을 보는 일이었다. 그는 대장경을 봄에 매우 몸가짐을 공손히 하고 단정히 바르게 앉았다. 화장실에 가려면 따로 옷을 갈아입고 신발도 갈아입었다. 화장실을 사용하고 깨끗이 씻은 후, 돌아와서 간경看經할 때 입는 옷을 다시 입었다. 설사 화장실이 매우 깨끗할지라도 그는 언제나 이렇게 바꿔 입었다. 경을 보는 옷을 입고 화장실에 오지 않고, 화장실에 입은 옷을 입고 경을 보는 방에 입지 않는다. 하루 종일 그는 이 모양 그대로 경건하게 경을 보았다. 그는 보타산 관세음보살 도량에서 18년 머물면서 날마다 간경하였고 하루도 빈둥거리는 때가 없었다. 이렇게 18년 동안 간경한 이후 난징에 가서《아미타경》을 강설하셨다.

《아미타경》을 강설하면서 당신은 말했다. "어때요?" 설령 한 분 대덕 · 고승이 여기서 경전을 강설하고 있을지라도 듣는 사람이 확연히 없었다. 오직 한 사람이 매일 와서 걸상에 앉아서 기다리고 있었다. 그는 이 사람이 경법을 듣는 줄, 매우 주의 깊게 듣는 줄로 여기고 매우 기뻐했다. 그는 곧 물었다. "내가 강설하는 걸 듣고 알아들어요?" 그가 산시성 사람 말씨라서 물었던 것이었다.

이 사람이 말했다. "아하! 스님 저는 잘 몰라요."

"몰라요!? 그럼 여기서 뭐해요?"

그는 말했다. "스님의 경전 강설이 끝나기를 기다렸다가 끝나면 걸상을 거두려고요. 경전 강설을 듣는 건 아니에요."

아하! 노스님은 이 말을 듣고서 매우 상심하여 이후 더 이상 난징에서 경전을 강설하지 않겠다고 발원하였다. 보라! 경법을 듣는 사람이 아무도 없지 않은가. 이 사람은 단지 여기서 기다리는 것인데, 그가 경법을 듣는다고 여기는가? 원래 기다렸다가 걸상을 거둘 예정이었다.

이후 상하이 거사림에서 스님에게《아미타경》을 강설해달라고 청하였다. 그가 상해로 가서 경전을 강설하자, 매우 많은 사람들이 들었다. 이번에는 아무도 듣는 사람이 없는 것이 아니었다. 난징에서는 불법이 그다지 성행하지 않아 대덕 · 고승일지라도 아무도 그를 선전해 주지 않았다. 아무도 알지 못했고, 아무도 와서 경법을 듣지 않았다. 그러나 상해에 가면, 그에게 귀의한 제자들이 모두 상해에 있었기 때문에 이들 제자들이 스승님께서 경전을 강설하는 줄 알고, 곳곳에서 선전하였다. "와서 들으세요!" 이렇게 불교 신자들을 모두 불러서 법문을 듣게 하였다. 그 중 한 학생이 있었는데, 이 학생은 불교 신자가 아니었다. 대략 18~20세의 여학생으로 어느 날 저녁 그녀는 꿈을 꾸었다. 무슨 꿈을 꾸었는가 하면 누군가가 그녀에게 일러주었다. "그대는 거사림에 가서 경법을 들어라! 지금 대세지보살께서 그곳에서 불법을 홍양하려고《아미타경》을 강설하고 계신다!" 다음날 아침 신문을 보니, 과연 거사림에서 인광 노스님이《아미타경》을 강설하고 계셨다.

"아하! 이상하지 않아요? 제가 어떻게 대세지보살께서 그곳에서《아미타경》을 강설하신다는 꿈을 꾸었을까요?"

이에 그녀는 와서 경법을 들었고, 동시에 많은 학생들을 데리고 와서 경법을 들었다. 그녀는 이들 학생에게 꿈에서 보니 저 스님이 대세지보살이었다고 일러주었다. 그녀는 대세지보살이 누구인줄 몰랐다. 그런 후 불교를 믿는 사람에게 대세지보살이 무엇인지? 물었더니, 이 불교를 믿는 사람이 어떻게 된 일인지? 물었다. 그녀는 꿈을 꾸었는데, 상해 거사림에서 대세지보살님이 친히 《아미타경》을 강설하고 계시는데 그녀에게 와서 경법을 들으라고 했다 한다. 그녀가 이들 거사에게 말하자 거사들은 "아! 이 노스님은 아마도 대세지보살께서 화신으로 오신 분일 것이다." 생각하였다. 이에 가서 인광 노스님에게 한 여학생이 꿈속에서 누군가 당신이 대세지보살로 이곳에서 《아미타경》을 강설하고 있다고 말했다고 일러주었다.

노스님은 "쓸데없는 말을 하지 말라. 허튼 소리다."

이 사람들에게 한 차례 혼을 내니, 아무도 감히 더 이상 말하지 않았다, 이후 이 여학생은 인광대사에게 귀의하였다.

이 여학생은 또 꿈속에서 대세지보살께서 다시 3년을 기다리셨다가 돌아가시니 볼 수 없다고 일러주었다. 과연 3년이 지난 1941년(민국33년)에 이 대세지보살이신 인광대사께서 원적圓寂에 드셨다. 원적에 드신 후에서야 일반인도 비로소 알게 되었다. 아! 그분은 대세지보살께서 화신으로 다시 오신 분이었구나. 그래서 인광대사께서는 《능엄경》 상의 〈대세지보살염불원통장大勢至菩薩念佛圓通章〉을 사경하는 것을 가장 기뻐하셨다. 수많은 거사들이 그가 특별히 이 한 장을 쓰신 서화를 수장하고 있다.

인광대사는 개오開悟하신 근대의 대덕 고승이다. 이는 부처님께서 멸도하신 지 500년 후 아라한이 없었다는 말이 아니라 아라한을 뛰어넘었다는 뜻이다!

대세지보살께서는 관세음보살과 함께 아미타부처님을 보필하고 계신다. 이를 합쳐서 「서방삼성西方三聖」이라 부른다. 《관무량수경》에 의거하면 그분은 늘 아미타불을 염하고 지혜의 광명으로써 일체를 두루 비추어 사람들이 위없는 힘과 위엄있는 기세가 자재함을 얻어 중생을 접인하여 정토에 왕생하게 하신다. 《불설대승무량수장엄청정평등각경》에는 대세지보살이 관세음보살과 함께 서방극락정토의 후보불로 아미타부처님을 돕는다고 기록하고 있다. 《대불정수능엄경》 〈대세지보살염불원통장〉에서는 대세지보살께서는 염불법문을 닦아서 성취하신 분이라고 기록하고 있다. 그분은 지금 무량무변 세계에서 일체 염불중생을 섭수하여 서방극락에 왕생시키고 있다.

_선화상인宣化上人, 《지장경 천석》

楞嚴經大勢至菩薩念佛圓通章
大勢至法王子與其同倫五十二菩薩即從座起頂禮佛足而
白佛言我憶往昔恒河沙劫有佛出世名無量光十二如來相
繼一劫其最後佛名超日月光彼佛教我念佛三昧譬如有人
一專為憶一人專忘如是二人若逢不逢或見非見二人相憶
二憶念深如是乃至從生至生同於形影不相乖異十方如來
憐念眾生如母憶子若子逃逝雖憶何為子若憶母如母憶時
母子歷生不相違遠若眾生心憶佛念佛現前當來必定見佛
去佛不遠不假方便自得心開如染香人身有香氣此則名曰
香光莊嚴我本因地以念佛心入無生忍今於此界攝念佛人
歸於淨土佛問圓通我無選擇都攝六根淨念相繼得三摩地
斯為第一

民國二十八年己卯季夏

常慚愧僧釋聖量書

《능엄경 염불원통장》 인광대사 친필

[3] 인광대사, 원적圓寂에 듦을 보이시다.

인광대사께서는 80세에도 법체가 건강하셨다. 음력(夏曆) 10월 27일, 절에서 목욕하는 때가 되어 아침 7시쯤 지나서 대사께서는 스스로 머무는 방(關房)에서 지팡이를 짚고 목욕실로 갔다. 발걸음이 조금 서둘렀는데, 다리가 갑자기 걸려 넘어져 시자의 부축을 받아 머무시는 방으로 돌아오셨다. 이내 오무생吳無生 거사를 불러 진찰하니, 아무런 손상이 없었다.

28일, 아침에 일어났을 때 정신은 평소와 같았다. 점심때에도 음식을 드셨다. 오후 1시에 대사께서 산사에 있는 전체 집사 및 거사 등 30여 사람을 불러 모아 대중에게 이르셨다. "영암산 주지를 오랫동안 공석으로 놓아둘 수 없으니, 묘진스님에게 맡길까 한다."

이에 십일월 초아흐렛날에 묘진법사가 자리를 잇기로 정하였다고 하니, 대사께서 "너무 늦다." 하셨다. 그래서 초나흗날에 새로 뽑자고 하니, "그것도 늦다." 하셨다. 이에 초하룻날에 뽑자고 하니 비로소 "그러면 좋겠다." 하셨다. 의논하여 결정한 후 저녁을 드시고 곧 휴식을 취하셨다. 새벽녘에 여섯 차례 가사를 벗고 화장실에 가서 설사를 하셨다.

29일, 아침에 정신이 약간 피로해 보이셨다. 정오가 지나자 곧 회복되셨고, 행동은 평소와 같았다. 저녁에는 미음 한 그릇을 드시고, 다음 날 묘진스님에게 자리를 넘겨줄 준비를 하신 후 밤이 되자 편안히 주무셨다.

11월 초하룻날, 아침에 일어났을 때 정신이 대단히 맑아 자리를 잇는 의식에 대해 꽤 상세히 토론하셨다. 진달眞達 노화상께서 상하이를 경유해 서둘러 돌아오신 까닭에 자리를 배웅하는 일은 진 노화상께서 행하셨다. 내빈 중에 문을 두드리며 병을 묻는 자가 있어 하나하나 상대하시느라, 이 날은 식사를 대충 드시고 밤이 되자 침실에 드셨다.

초이튿날, 아침에 일어났을 때 정신과 체력은 조금 불편해 보였다. 왕육양王育陽, 이탁영李卓穎 두 거사 및 창명昌明 스승을 불러 다른 처방에 합의하고 약을 복용한 후 2, 3시간 잠과 휴식으로 보내셨다. 늦게 온 대중들이 조념助念을 해주어 편안히 누운 채로 주무셨다.

초사흗날, 아침과 오후 모두 양호해 보였고, 스스로 행동할 수 있었다. 대소변을 보신 후 손을 씻었고, 불전에서 예불을 올렸으며, 실외에서 두 차례 해를 보고나서 죽 한 그릇을 드셨다. 저녁이 되자 또 죽 한 그릇을 드시고 식사를 끝내신 후 진달 노화상에게 말씀하셨다. "정토법문은 달리 특별한 것이 없다. 단지 간절히 지극정성을 다하면 부처님의 접인을 받아 업을 지닌 채 왕생하지 않은 이가 없다." 말씀을 마치신 후 부축을 받지 않은 채 대변을 한 차례 보셨다. 그런 후 정신이 점차 지쳐서 고단해 하셨다. 10시 후 맥박이 미약해지면서 체온이 내려갔다.

초나흗날 1시 30분, 대사께서는 침상에서 일어나 앉아 말씀하셨다. "염불하고 부처님을 친견하였으니, 결정코 서방극락에 태어나리라." 말씀을 마치시고 곧 큰 소리로 염불하셨다. 2시 15분, 대사께서는 침상에 앉아 물로 손을 씻고 서서 말씀하셨다. "아미타부처님의 접인을 받았으니, 나는 가야한다. 모두들 염불해야 하고, 발원해야 하며, 서방극락에 태어나야 한다." 말씀을 마치고서 곧 의자에 앉았다. 시자가 "바로 앉지 못했습니다." 말하자, 대사께서는 다시 스스로 일어나 온몸을 단정히 하고 앉아 입술을 미세하게 움직이며 염불하셨다.

3시쯤 묘진 화상이 도착하자, 대사께서 분부하셨다. "그대는 도량을 유지하고 정토를 홍양하되, 배웠다고 위세를 부리지 말라!" 이후로는 더 이상 말씀하시지 않았고, 단지 입술을 움직이며 염불할 뿐이었다. 5시에 이르도록 선정에 드신 듯 웃는 모습이 완연하였다. 대중의 염불하는 소리가 울려 퍼지는 가운데 안상히 서방극락에 왕생하셨다. 지금까지 줄곧 예전처럼 곧게 앉아 계신지라 그 모습이 살아계신 듯하다.

[편자] 묘진화상이 자리를 승계하는 날을 정할 때 두 차례 대사께서 모두 늦다고 여기신 것은 때가 이름을 미리 아셨지만, 특별히 말씀하시지 않았을 뿐이다. 보신報身을 버리기 전에 걸상을 바꾸고 온몸을 단정하게 앉아 여유롭게 염불하시면서 담담한 모습으로 원적圓寂에 드셨다. 대사께서 극락에 오르시자 서상이 이미 확연하였다.

《인광대사영사집》

[4] 인광대사, 여섯 무더기(六聚) 사리를 남기시다

대사께서 극락에 왕생하신 후 100일에 다비茶毗를 하였다. 이 날은 마침 세존의 성탄절이었는데, 날씨가 문득 맑게 개었다. 검은 옷과 흰 옷의 배웅하는 사람들이 이천여 명이 운집하였고, 진달眞達 노화상이 불을 붙였다. 저녁이 되자 연기가 눈처럼 새하얀 순백이었고, 오색의 광명이 나타났다. 다음날 저녁에 영암산사 주지인 묘진妙眞 화상이 대중과 함께 다비소로 가서 검골(檢骨; 뼈를 모으는 것)을 해보니, 색은 하얗고 질감은 단단하였으며, 광석만큼 무겁고 만지면 쇳소리가 났다. 정수리 뼈는 다섯 쪽으로 갈라져 연꽃과 같았다. 치아는 온전하여 전혀 무너지지 않은 채로 32 알이 있었다(대사께서는 80고령에도 치아가 완전하여 하나도 빠지지 않았는데, 이 또한 매우 드물다). 발견된 사리는 수없이 많았고, 그 형체는 진주알 같은 것도 있었고, 꽃잎 같은 것도 있었으며, 덩어리 모양도 있었다. 그 색깔은 붉은 것도 있었고, 흰 것도 있었으며, 푸른 것도 있었고, 다섯 빛깔을 한 것도 있었다. 형색은 서로 달랐고, 그 수는 백을 헤아렸다.

검골을 마친 후 여섯 무더기(六聚)로 나누고, 각각 쟁반에 담아 이름을 붙여 식별하였다. 1) "오색사리주五色舍利珠"라 함은 구슬 같은 원형의 알이 흩어져 있는 것이다. 2) "오색사리화五色小舍利花"라 함은 꽃과 같은 구슬 알 모양이 붙어 있는 것으로 꽃 모양을 하고 있다. 3) "오색대사리화五色大舍利花"라 함은 큰 꽃과 같은 얇은 조각이 꽃송이 같은 것이다. 4) "오색혈사리五色血舍利"라 함은 피 같은 것으로 살이 변화된 것이다. 5) "오색사리괴五色舍利塊"라 함은 뒤섞인 형상으로 괴처럼 생긴 것이다. 6) "아치32립牙齒三十二粒"라 함은 이른바 치아사리이다. 이 여섯 무더기는 장차 귀한 보배로 여겨 산에 잘 간직하고, 기념으로 삼아 후세에 전하여 친견하게 하였다.

나머지 불에 타고 남은 재는 모았는데, 믿음이 깊은 남자 거사가 있어 예배하여 사리 구하길 기도하여 획득하는 사람이 있기 마련이라, 필리핀 오국영 거사가 그 한 사람이었다. 싱가포르 광흡 스님은 먼저 오채五彩사리를 얻었고, 오대산 법도 상인은 취색翠色사리를 얻었으며, 상해 락혜빈 거사는 괴혈塊血사리를 얻었으니, 모두 인연이 특별히 수승한 사람들이었다. 묘진 상인은 여섯 무더기 사리를 촬영하여 지식으로 나누어 주었는데, 먼 곳에서 혹은 가까운 곳에서 본 사람들은 희유하다 탄식하지 않음이 없었고, 발심하여 공양하길 청하고 영원히 기념하는 자가 되기에 이르렀다.

_《인광대사영사집》

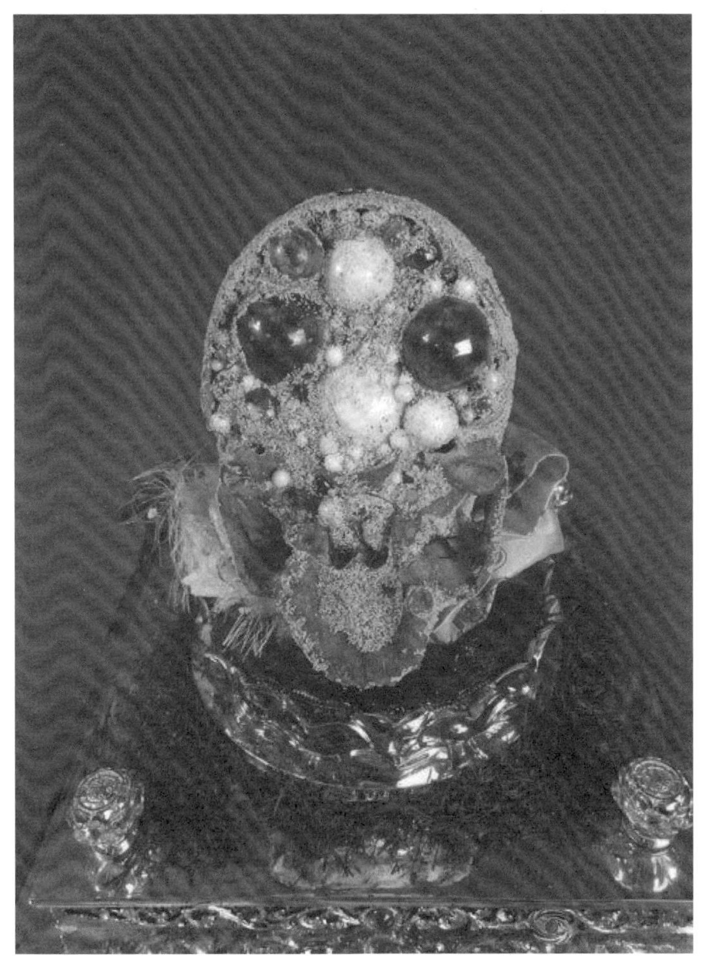

인광대사의 사리 ; 달팽이 모양의 사리화舍利花

목 차

인광대사 문초청화록 서문

《대집경大集經》에 이르시길, "말법시대에는 수억 명의 사람이 수행할지라도 그 중에 도를 얻는 이는 한 사람도 드물다. 오직 염불에 의지하여야 생사로부터 제도받음을 얻을 수 있다." 하셨다. 이 염불법문은 위로 성인에서 아래로 범부까지 함께 닦는 도이고, 지혜가 있거나 어리석거나 공통으로 행하는 법이다. 전일하게 불력에 의지하는 까닭에 그 이익이 수승하고, 보통의 가르침과 도를 뛰어넘는다.

그러나 정토법문은 사람이 믿음을 일으키기 가장 어렵다. 이를테면 생함이 없이 생하고, 염함이 없이 여러 말씀을 염하며, 「마음이 부처가 되고(心作) 마음 그대로 부처이라(心是)」는 종지를 깊이 이해하지 않고서 어찌 의혹이 없을 수 있겠는가? 그래서 우리 세존께서는 본래 언설言說이 없는 가운데 맹렬하게 불길이 타오르듯이 상설常說하신 분으로 다른 연유가 없이 일체중생이 저절로 그 본래 갖춘 각성을 밝혀서 불과를 얻고 나아가게 하였다. 자성이 곧 아미타부처님임을 알면 바야흐로 함께 유심정토唯心淨土를 논할 수 있다. 곧 그 마음의 청정함을 따르면 불국토가 청정하다. 만약 잘 믿고(諦信)·간절히 발원하며(切願)·힘써 행할(力行) 수 있으면 감응도교感應道交하니, 이미 왕생행 기차의 승차권을 쥔 것이다.

그러나 (글만 파고드는) 세상의 미치광이 지혜(狂慧)를 지닌 자는 툭하면 쉽게 그것을 경시하여 그 이른바 현묘한 것을 구하고자 하고 깨닫고 증득함이 있길 기대하니, 어찌 정토일문이 실제 말없는 가운데 부처님의 마음과 잘 맞고, 지극히 단박에 이루고 지극히 원만한 가르침임을 알겠는가? 무릇 부처님의 마음은 작위가 없어 일체 헤아림에 떨어지지 않는다.

염불하면 염하는 마음이 역력히 분명하되 찾을 수 없다. 유위에 즉함 그대로 무위에 맞음이 아니겠는가? 찾을 수 없되 역력히 분명하다. 은밀히 미묘한 도에 맞음이 아니겠는가? 이런 즉 염불하는 자는 염념마다 부처이다. 그래서 「나무아미타불」 여섯 자 부처님 명호는 만법을 통섭하고, 정토 일문은 그대로 보문普門이며, 온전히 현상 그대로 이체이고, 온전히 망념 그대로 진심이며, 온전히 성덕 그대로 수덕을 일으키고, 온전히 수덕 그대로 성덕에 있으며, 저 극락세계 의정장엄에 맡겨서 나의 자심自心을 드러내고, 시각과 본각을 여의지 않아 곧장 깨달음의 길로 향하여 가며, 여기에서 서쪽으로 십만 억 불국토를 지나가야 극락세계이지만, 아미타부처님의 극락국토는 여기에서 멀지 않으며, 구품 계위에 오를 수 있고 이번 생에 불퇴전지를 성취해 마치며, 지극히 평범하고 지극히 현묘하니, 어찌 저 (경전을 보지 않고) 나홀로 증득하고 (마음의 눈이 없이) 맹목적으로 참구하는 자가 그 목덜미와 등을 서로 바라볼 수 있겠는가!

인광대사께서는 본원을 타고 화신으로 다시 오시어, 아무런 방편 없이 곧장 불타의 바른 명령을 들어 보이셨고(單提正令), 심성에 대한 고매한 담론을 일삼지 않고 온전히 미묘한 마음을 드러내셨다. 홍일대사께서는 "인광대사와 같은 대덕은 3백년에 오신 한 분뿐"이라 이르시니, 어찌 과찬이겠는가! 중생 속 근기의 덤불(번뇌)이 이미 다했음에 응당 불을 꺼야 한다. 성인께서 미묘한 말씀으로 큰 종지를 세우셔서 후학에게 은혜를 베푸시니, 본래 시절도 없고 장소도 없이 그러하다.

스승님의 《문초文鈔》는 비록 곳곳에서 돌아갈 것을 가리키고 있지만, 사는 일에 분주하여 일부만 보고 그 전체를 알고 글 속에 푹 잠겨서 얻고자 하는 사람은 곧 이정통 거사가 편집한 《문초청화록》을 숭상할 것이다. 이 책은 모두 3백3십3칙으로 이루어져 있는데, 그 이치는 진상眞常의 불성을 드러내고, 그 말은 중언부언이 없이 지극히 정묘하고 지극히 순수하니, 지금 세상에는 그것과 짝하는 책이 드물다. 그리고 스승(인광대사)을 존경하고 이치를 중히 여기는 거사의 마음은 특별히 이 어려운 작업을 해낼 수 있었다. 나는 이 책 한 권이 바람이 불어오고 수많은 물줄기가 흘러가듯이 온 천하에 널리 퍼져 많은 이들을 이롭게 할 것임을 안다. 사람의 마음을 바로잡고 잘 다스리도록 도우니, 그것이 여기에 있다!

나 원영은 존경하는 마음으로 읽고 뛸 듯이 기뻐서 이를 말로 설명하기 어렵지만, 삼가 몇 마디 약술하여 글머리에 늘어놓는다. 같은 마음을 알리고 많은 인연을 기록하였을 뿐 감히 이는 서문이라 말하기 어렵다.

상해 원명강당圓明講堂에서 원영圓瑛이 삼가 씀

인광대사 문초청화록 중간重刊 서문

불경의 유통분 중에 번번이 사경寫經을 찬탄하였지만, 그 뒤 인쇄술이 발전해 그 의의를 취함으로 대신하였다. 그 의의를 돌아봄에 하나 둘이 아니지만, 세간의 지혜는 복덕에 얽매여, 지금 산골벽지에도 어찌 불경이 없는 곳이 있겠는가? 이는 정법의 유통도 아니고, 인쇄하는 복덕의 두루 행함도 아니다.

진실로 발심하여 여러 경전의 심오함을 넓히고 펼치는 자는 법문을 듣는 대상의 근기를 관하지 않고 이치만 사유하여 자신의 복덕을 구하니, 약과 병이 어긋나서 결국 법문을 듣는 자가 망연자실하게 된다. 위에 있는 것을 부질없이 공경하는 마음으로 공양하거나 아래 있는 것을 늘 묶어서 높은 누각에 올려놓고 관심을 두지 않으면서 어떻게 중생을 이롭게 한다 말할 수 있겠는가? 유통한다 말할 수 있겠는가?

게다가 듣건대, 정법시대에는 계율이 맞고, 상법시대에는 참선이 맞으며, 말법시대에는 간신히 정토가 맞는다고 한다. 이미 정토일 뿐이고, 계율이고, 참선이거늘 어찌 일여평등一如平等하지 않겠는가? 오직 법체法體는 하나로 같지만, 상용相用은 만 가지로 다르다. 하나로 같은 실實이 있지 않고서 법체의 불변을 드러낼 수 없고, 만 가지로 다른 권權이 있지 않고서 어찌 상용이 인연을 따를 수 있겠는가?

이 정토법문은 큰 방편으로 실상으로 이끌고, 실상을 열어서 드러내고 버리고 품는 선교방편임에 분명하다. 정토법문은 실상으로 이끌어 오직 부처님과 더불어 제법실상의 구경을 깨달을 수 있으니, 마땅히 믿어야 한다. 그리고 선교방편으로 상중하 세 근기를 두루 가피할 수 있으니, 쉽게 행한다. 그러한 시절인연, 그러한 근기이거늘 어찌 소홀히 할 수 있겠는가?

정종 13조이신 인광대사께서 지금 글로써 크나크지만, 이 마땅히 믿어 행하기 쉬운 도를 때맞춰 말씀하셨으니, 교화를 입는 사람이 광범위하고 제도를 얻는 사람이 매우 많다. 사람들이 그 말을 모아서 《문초文鈔》라고 하니, 문장이 간결하고 요점을 잘 취하여 국내외에 널리 퍼졌다. 그러나 근기가 둔하여 여전히 그 번잡함에 두려워 받아들일 수 없으니, 어찌 유감스러운 일이 아니겠는가? 다행히 정통개사淨通開士가 그 간결한 글 중에서 간결한 것을 발췌하고, 그 중요한 글 중에서 중요한 것을 따서 한 책에 담아 출간하여 《청화록菁華錄》이라 하였다. 이 책은 중생의 근기에 맞아 중생을 이롭게 할 것이다!

1968년 제자 이병남李炳南 삼가 씀

莫訝一稱超十地 막아일칭초십지
當知六字括三乘 당지육자괄삼승

한번 명호를 칭념하여 십지를 뛰어넘음에 놀라지 말라.
마땅히 육자명호가 삼승三乘을 포괄함을 알라.
- 인광대사

[정토는 원돈법문이다]

정토법문은 시방삼세 일체제불께서 위로 불도를 이루고, 아래로 중생을 교화하여 처음시작을 이루고 끝마침을 이루는(成始成終) 원돈의 법문이다. 그러므로 등각보살께서는 이미 불지佛地에 이웃하셨지만 오히려 십대원왕十大願王으로 극락세계에 왕생하겠다고 회향하셨고, 오역중죄를 지은 악인은 장차 아비지옥에 떨어지겠지만 만약 「나무아미타불」, 만덕홍명을 칭념할 수 있으면 즉시 말품에 참여할 수 있다. 이에 정토법문의 미묘함은 더 이상 보탤 것이 없다.

淨土法門。乃十方三世一切諸佛。上成佛道。下化衆生。成始成終之圓頓法門。以故等覺菩薩。已鄰佛地。尚以十大願王。回向往生。逆惡罪人。將墮阿鼻。若能稱念洪名。即預末品。法門之妙。無以復加。

세상 사람들은 염불은 어리석은 시골 촌부일지라도 누구나 다 수지할 수 있다고 여겨서 매우 쉽다고 말한다. 이로 인해 여래께서는 구경에 중생을 제도하는 마음을 우거진 채로 펼치지 않고, 중생은 현생에 괴로움을 벗어나는 도를 막아둔 채로 통하지 못하게 한다.

世每以愚夫愚婦。悉能修持。謂為淺近。致令如來究竟度生之心。鬱而未暢。衆生現生出苦之道。塞而罔通。

그래서 진헐료眞歇了 선사께서 이르시길, "염불법문은 수행의 지름길로 바로 대장경의 말씀에 의거하여 상상근기의 행자도 맞이하고, 중하 근기의 행자도 곁으로 이끈다." 하셨고, 또한 "이에 부처님이나 조사들이나 교敎에서나 선禪에서나 모두 정업淨業을 닦아 함께 한 근원으로 돌아가니, 이 문으로 들어가면 무량한 법문에 빠짐없이 다 들어갈 수 있다. 엎드려 바라건대 모든 사람들이 다 보고 들어 함께 화장해회華藏海會의 도반을 따라 일치하여 나아가 왕생하겠다고 회향할 따름이다." 하셨다.

眞歇了禪師云。念佛法門。徑路修行。正按大藏。接上上根器。傍引中下之機。又云。乃佛乃祖。在教在禪。皆修淨業。同歸一源。入得此門。無量法門。悉皆能入。伏願一切見聞。同隨華藏海會之班。一致進行。回向往生也已。

[보현보살(등각보살)의 극락정토 왕생원]

"원하옵건대 제가 곧 목숨을 마치려고 할 때 (십대원왕의 힘으로) 일체 장애를 다 없애고, 면전에서 저 아미타부처님을 친견하옵고 (일찰나에) 곧 안락찰토에 왕생하게 하옵소서.

제가 이미 저 국토에 왕생한 후 현전에서 이 십대원왕을 성취하리니, (제불 여래처럼) 일체 빠짐없이 원만하여 일체 중생계를 이롭게 하고 안락하게 하겠나이다.

저 부처님의 보살회중 모두 청정하나니, 저는 이때 수승한 칠보연꽃에 화생하여 무량광여래를 친견하옵고 현전에서 보리수기를 받겠나이다.

저 여래께 보리수기를 받고서 무수 백억의 화신을 나투어 반야지혜의 힘을 광대하게 시방세계에 두루 가득 채워 일체 중생계를 널리 이롭게 하겠나이다."

[하품하생인의 극락정토 왕생]

"어떤 중생은 불선업不善業을 지어서 오역五逆 십악十惡 등 일체 불선의 업인을 갖추었느니라. 이러한 어리석은 사람은 악업을 지었기에 마땅히 악도에 떨어져 다겁이 지나도록 (무간지옥의) 괴로움을 받아 궁진함이 없으리라.

이 사람은 지극한 마음으로 소리가 끊어지지 않고 십념을 구족하도록 「나무아미타불」을 부르니라. 부처님 명호를 칭념하였기에 염념 가운데 80억겁 생사의 중죄가 사라지나니, 목숨이 다할 때 태양처럼 큰 황금 연꽃이 그 사람 앞에 머무는 모습이 보이나니, 일념의 짧은 순간에 곧바로 극락세계에 왕생하느니라."

[보충] **정토법문의 교리행과(解悟修證)**

무릇 정토염불법문은 일승요의一乘了義이자 지극히 원만하고 지극히 단박에 뛰어넘는(至圓極頓) 법문이다. 지금 이 법문의 교리행과敎理行果를 간략히 논하면, 그 교리란 지극한 원만함을 교로 삼으니, "이 마음이 부처를 지으니, 이 마음이 그대로 부처이다(是心作佛, 是心是佛)." (마음으로 사수를 짓고 마음에는 이체를 갖춘다心造事修/心具理體) 이것이다. 또한 지극히 단박에 뛰어넘는 직지인심이니, "염하는 마음 그대로 염불이고 염하는 마음 그대로 성불이다(即念念佛, 即念成佛)."(頓修/頓悟) 이것이다.(제1칙 참조) 《미타요해彌陀要解》에서 이르시길, "한마디 「아미타불」이야말로 우리 본사이신 석가모니부처님께서 오탁악세에서서 얻으신 「아뇩다라삼먁삼보리법」인 것이다. 지금 본사께서 증득하신 과지의 각 전체를 오탁악세의 중생에게 수여하신 것은 제불께서 행하신 경계로 오직 부처님과 일체 부처님이라야 구경까지 요달了達할 수 있나니, 나머지 구계중생九界衆生이 자력으로 믿고 이해할 수 있는 것이 아니다." 또한 이르시길, "이 계를 들어 아미타부처님의 몸(三身)과 국토(四土)를 만들었고, 또한 곧 이 체를 들어 「아미타불」 명호를 만들었다(擧此體作彌陀身土。亦卽擧此體作彌陀名號)." 하셨다.

여기서 「이 체(此體)」란 여래장성으로서 원만하고, 움직이고 무너짐이 없으며, 생멸하지 않는 원묘이체圓妙理體이다. 이는 한마디 「아미타불」 부처님 명호가 곧 여래의 밀인密因임을 아는 것이고, 또한 「아미타불」 부처님 명호 그대로 법계체이고, 또한 중생의 본각이성本覺理性이자 나아가 아미타부처님께서 과지에서 증득하신 무상각도無上覺道임을 아는 것이다. 중생의 본각이성이란 법신의 이체이다. 이와 같은 염불법문이야말로 중생이 본래 갖추고 있는 교화형식(化儀)임이 분명하다!

염불일법은 「나무아미타불」 만덕성호를 연緣으로 삼아, 「나무아미타불」 일승원해 육자홍명의 구경각으로써 우리들 중생의 본인지因地의 마음, 즉 본수행의 인因을 짓는다. 과지의 각을 인지의 마음으로 삼아서 과지의 각으로부터 수행을 일으키니, 수행이 그대로 과지의 각이고, 인지의 마음이 바다 같은 과지의 각을 포함하고 과지의 각은 인지의 심원을 관통하니, 인과가 동시이다.(제4칙 참조)

지명염불持名念佛의 아미타불 부처님 명호는 중생의 본각이성이자 법신의 이체이다. 이 일념의 미세한(介爾) 염하는 주체인 마음이 그대로 여래의 과각이니, 「이 마음이 그대로 부처이다(是心是佛)」라는 것이다. 이 마음으로 지명염불하여 염념마다 본존을 여의지 않고 소리마다 자신을 일깨우니, 「이 마음이 부처를 짓는다(是心作佛)」는 것이다. 본래 부처라서 현재 또한 부처를 짓는 까닭에 당하에 그대로 부처이다(當下即佛). 「마음이 부처를 짓고(心作) 마음이 그대로 부처이니(心是)」, 원만하고 곧장 질러가며, 기특 수승하여 불가사의하다. 명호가 곧 중생의 본각이성으로 마음을 일으켜 염불함은 따라서 시각始覺이고, 지금 염하는 대상인 부처는 바로 나의 본각本覺이다. 그래서 지명염불은 그대로 시각이 본각과 합한다. 시각과 본각은 둘이 아니고 중생과 부처는 둘이 아니다. 그래서 일념에 부처님 명호와 상응하면 일념에 부처님이 되고, 염념마다 부처님 명호와 상응하면 염념마다 부처님이 된다. 그래서 명호의 공덕은 불가사의하고, 지명공덕 또한 불가사의하다. (제145칙 참조)

정토법문의 행은 무량한 갖가지 행이 있는데, 회향발원하면 누구나 다 극락정토에 태어난다. 그러난 정토 정행正行의 도는 전일하게 염불함이다. 염불일행은 또한 간략히 네 가지로 분류되니, 첫째 실상염불實相念佛이요, 둘째 관상염불觀想念佛이요, 셋째 관상염불觀像念佛이요, 넷째 지명염불持名念佛이다. 네 가지 염불중에서 지명염불은 시작하기 가장 쉽고 모든 근기에 가장 잘 맞을 뿐만 아니라 구경원만하다. 《미타요해》에 이르시길, "오로지 지명염불 일법만이 근기를 가장 넓게 거두고, 시작하기 가장 쉽다. 그래서 석가자존께서는 무문자설無問自說(묻지 않음에도 법문하심)로 특별히 지혜 제일인 사리불을 향하여 이 법문을 집어 드러내셨다. 가히 방편 중에 제일 방편이며, 요의了義 중에 위없는 요의이며, 원돈圓頓 중에 가장 지극한 원돈이다. 그러므로 물을 맑히는 구슬을 탁한 물에 넣으면 탁한 물이 맑아지지 않을 수 없듯이 부처님 명호를 산란한 마음에 넣으면 산란한 마음도 부처가 되지 않을 수 없다." 그래서 상중하 세 근기를 두루 가피하고 이근이나 둔근이나 완전히 거둘 수 있다. 번뇌를 조복調伏시키기만 하면 곧 생사고해를 여의고 극락정토에 태어나 일생에 끝마칠 수 있다.(제141-146칙 참조)

교리행과 중에서 과는 곧 과증果證을 말한다. 염불행자로서 신원행信願行 삼자량三資糧을 갖추고 있음이란, 고덕께서는 믿음과 발원은 혜행慧行이요 집지명호(持名)는 행행行行이므로 혜행은 눈과 같고 행행은 발과 같아서 눈과 발을 함께 움직여야 목적지에 다다른다고 판석하셨다. 우익대사께서 이르시길, "극락세계에 왕생할지 여부는 전적으로 믿음과 발원의 유무에 달려있고, 품위의 높고 낮음은 전적으로 집지명호의 깊고 얕음에 달려있다.” 하셨다.

믿음 · 발원 · 집지명호로 업장을 조복하고 업을 지닌 채 왕생하는 자는 범성동거토凡聖同居土에 태어나고, 믿음 · 발원 · 집지명호로 견사혹을 다 끊은 사람은 곧 방편유여정토方便有餘淨土에 태어나고, 믿음 · 발원 · 집지명호로 일품무명을 확 깨뜨린 사람은 실보장엄토實報莊嚴淨土에 태어나고, 믿음 · 발원 · 집지명호로 구경의 처에 이르도록 집지하여 무명이 다 끊어지면 곧 상적광토常寂光淨土에 태어난다. (제239칙 참조)

이와 같이 또렷이 알면 정토염불의 방편은 단지 믿음을 내고 발원하여 명호를 집지하기만 하여도 임종시 저절로 부처님의 접인 가피를 입어 업을 지닌 채 삼계를 횡으로 벗어나므로(橫超 : 번뇌를 끊지 않고 윤회를 벗어남) 다른 종에서처럼 교도敎道에 의지해 차제로 번뇌 망상을 끊고, 성문 연각의 경지나 십지보살 이상의 수승한 경지를 증득하는 과정 즉, 수증修證의 계위를 거쳐서 삼계를 수직으로 벗어날(竪出 : 번뇌를 끊고 윤회를 벗어남) 필요가 없다. 삼계의 범부는 윤회를 벗어나는 과정을 비유를 들어 밝히면, 대나무 속에 있는 벌레가 한정된 구역을 벗어나고자 하는데 다른 종의 법문을 닦으면 아래에서 위로 마디마디 물어 깨뜨린 후에야 뚫고 나가야 한다. 그래서 시간이 많이 걸리므로 수행이 어렵다. 이에 반해 정토종을 수행하면 곁으로 뚫고 나가기만 하면 된다. 그래서 시간을 절약하므로 수행하기 쉽다. (제190칙 참조)

_《염불속증보리심요念佛速證菩提心要》료영위廖榮尉 거사

[제1과]

정토법문을 널리 찬탄하다 [廣贊淨土法門]

[이끄는 말]

인광대사께서는 불교의 모든 법문에서 정토법문이 현재의 중생에게 가장 적합하다고 생각하신다. 정토법문은 상근기·중근기·하근기의 일체 중생을 널리 거둘 수 있고, 율종·교종·선종·밀종 전체를 거느릴 수 있다.

나머지 일체법문은 모두 계정혜의 도력에 의지하여 번뇌혹업을 끊어 없애야 한다. 만약 번뇌를 여전히 다 끊지 못한다면 아무리 대지혜가 많고 대변재가 많으며 대신통이 많을지라도 당신은 여전히 생사윤회를 마칠 수 없다.

염불법문에 의지하여 믿음을 내고 발원하며 「나무아미타불」 거룩한 명호를 칭념하여 서방극락에 태어나길 구하면 출가자이든 재가자이든 학자이든 농부이든 기술자이든 상인이든 남녀노소 성별나이와 상관없이 단지 가르침대로 수지하기만 하면 모두 부처님의 자비 위신력을 빌어 업을 지닌 채 왕생할 수 있다.

[제1칙] 정토법문은 석존 일대시교一代時教의 지극한 말씀이다

위대하도다! 정토법문은 불타의 일대언교이니, "이 마음이 부처를 지으니, 이 마음이 그대로 부처이다(是心作佛, 是心是佛)."(제144칙, 제255칙) 하셨다. 직지인심直指人心의 선종도 그 특별함에 견줄 수 없나니, "염하는 마음 그대로 염불하고 염하는 마음 그대로 성불한다(即念念佛, 即念成佛)." 하셨다. 오랜 세월이 지나도록 수행하여 증득하는 사람은 마땅히 정토법문의 고상한 기풍을 더욱더 우러러 받들어야 한다.

大矣哉！淨土法門之為教也。是心作佛，是心是佛；直指人心者，猶當遜其奇特。即念念佛，即念成佛；歷劫修證者，益宜挹其高風。

상중하의 근기를 널리 거두고 율종과 교종, 선종과 밀종을 통섭하니, 봄비가 만물을 윤택하게 적시는 것과 같고, 큰 바다가 모든 내천을 받아들이는 것과 같다. 편교와 원교, 돈교와 점교의 일체법문이 이 일진법계로부터 흘러나오지 않음이 없고, 대승과 소승, 권승과 실승의 일체행문이 이 일진법계로 돌아가지 않음이 없다.

普被上中下根，統攝律教禪宗；如時雨之潤物，若大海之納川。偏圓頓漸一切法，無不從此法界流；大小權實一切行，無不還歸此法界。

정토법문은 혹업惑業[1]을 다 끊지 않은 채 일생보처一生補處[2]에 가입할 수 있으니, 즉 이번 일생에 보리를 원만히 성취한다. 구계九界[3]의 중생은 이 법문을 여의고서 위로 불도를 원만히 성취할 수 없고, 시방제불께서도 이 법문을 버리고서 아래로 중생을 널리 이롭게 할 수 없다.

不斷惑業，得預補處；即此一生，圓滿菩提。九界衆生離是門，上不能圓成佛道；十方諸佛捨此法，下不能普利群萌。

이에 화엄회상에 모인 대중은 전부 십대원왕十大願王[4]을 좇아 수행하였고, 《법화경》에 이르시길, "나무불 한번만 불러도" 모두 제법실상을 증득할 수 있다.[5] 하셨다. 마명보살께서는 《대승기신론》에서 정토법문은 가장 수승한 방편의 행이라고 법문하셨고, 용수보살께서는 《십주비바사론》에서 정토법문은 쉽게 행하고 빨리 성불에 이르는 도라고 천명하셨다. 석가모니부처님의 후신인 천태지자대사께서는 《십의론》을 설하여 서방극락세계에 전념하셨고, 아미타부처님의 화신인 영명연수대사께서는 《사료간》을 지어 종신토록 염불하셨다.

是以華嚴海衆，盡遵十大願王；法華一稱，悉證諸法實相。最勝方便之行，馬鳴示於起信；易行疾至之道，龍樹闡于婆沙。釋迦後身之智者，說十疑論而專志西方；彌陀示現之永明，著四料簡而終身念佛。

---

1) 탐·진·치 삼독심의 무명번뇌를 혹惑이라 하고 이 혹에 의하여 갖가지 선악의 행위를 일으켜서 짓게 되는 것이 업業이다. 이 업에 의하여 무수한 생의 고통을 받게 된다. 다시 말해 혹惑이 모든 번뇌의 근본이자 모든 업의 원인이 되며, 혹과 업이 다시 한 덩어리의 원인을 이루어 그에 따른 괴로움의 과보를 부르게 된다.

2) 이번 생만 지나 다음 생에는 부처가 될 수 있는 보살의 최고 지위. 다시 말해 한 생에 부처의 후보 자리에 오르는 지위. 곧 미륵보살이나 관세음보살 같은 등각보살等覺菩薩이 일생보처 지위에 있다. 극락세계에 왕생한 사람들은 모두 한 생에 부처를 이루며, 사람마다 반드시 일생보처를 이룬다.

3) 즉 지옥·축생·아귀·아수라·인계·천계·성문·연각·보살로 여기에 부처를 덧붙이면 십법계가 된다.

4) 즉 보현보살의 열 가지 광대한 행원으로 "제불께 예배하고 공경함이 그 하나요, 여래의 공덕장엄을 칭양·찬탄함이 그 둘이요, 널리 닦아 부처님께 공양함이 그 셋이요, 스스로의 업장을 참회함이 그 넷이요, 남의 공덕을 따라 기뻐함이 그 다섯이요, 법륜을 굴려주시길 청함이 그 여섯이요, 부처님께서 세상에 오래 머무시길 청함이 그 일곱이요, 항상 부처님을 따라 배움이 그 여덟이요, 항상 중생을 수순함이 그 아홉이요, 모든 공덕을 중생에게 널리 회향함이 그 열이니라."

5) 칭명稱名은 부처님께 귀의하고 부처님의 공덕을 찬탄하며 부처님의 가피를 구하는 뜻을 나타내고 불도수행 중 가장 쉽고 많은 이익의 행지가 된다.

[보충] 《무량수경》에 이르시길, "그 보살들께서는 모두 같이 보현대사의 덕을 좇아 수학하고, 무량한 행원을 구족하여 일체 공덕법 가운데 안온히 머문다. 또한 시방세계에 두루 다니면서 선교방편을 실행하여 부처님의 법장에 들어가 구경열반의 피안에 도달하신다." 대회에 함께 참석한 대중은 모두 보현보살을 본보기로 삼아 그가 수행하는 십대 강령(원왕願王)을 학습하면서, 극락세계에 왕생하기를 발원하였다고 말한다. 그들은 보현보살의 십대원행十大願行을 좇아 수행하여 자연히 보현보살과 마찬가지로 무량한 대원대행大行大願을 구족한다. 그래서 마음을 한마디 '아미타불' 명호 위에 안온히 머물게 하면 곧 여래의 과지果地에서 일체의 구경원만한 공덕법을 성취할 수 있다. 그들은 모두 우주 인생의 사리진상事理眞相을 통달하여 명료하게 알아서 불과佛果를 성취할 수 있다. _《대승무량수경 간주이해》(비움과소통)

묻건대, 만약 이렇다면 《법화경》에서 이르시길, "「나무불」 한번 부름에 모두 이미 불도를 이루었다." 하심도 마땅히 성불해 마침이다. 이 두 경문은 (그 함의에 있어) 어떤 차이가 있는가?

답하되, 논에서는 부처님 명호를 칭념함은 오직 자신의 행으로 (번뇌를 끊고 증득하여 원만한) 불과를 성취하고자 함이다. 경에서는 부처님 명호를 칭념함은 95종 외도와 다름을 간별하기 위함이다. 그러나 외도 가운데 부처님 명호를 칭념하는 사람이 없어 단지 소리 내어 한번 부처님을 부르면 곧 불도에 섭수되는 까닭에 "이미 마쳤다." 하였다.

_《관경사첩소 심요》(비움과소통)

《선정사료간禪淨四料簡》

有禪有淨土 선도 있고 정토도 있으면
猶如戴角虎 마치 뿔 달린 호랑이 같아
現世爲人師 현세에 사람들의 스승이 되고
來世作佛祖 내세에 부처나 조사가 될 것이라

無禪有淨土 선은 없고 정토만 있으면
萬修萬人去 만 사람이 닦아 만 사람이 모두 가나니
若得見彌陀 아미타부처님을 친견하기만 하면
何愁不開悟 어찌 깨닫지 못할까 근심하리오

有禪無淨土 선은 있고 정토가 없으면
十人九蹉路 열 사람 중 아홉은 길에서 넘어지니
陰境若現前 중음신의 경계가 눈앞에 나타나면
瞥爾隨他去 눈 깜짝할 사이 그것을 따라 가버린다

無禪無淨土 선도 없고 정토도 없으면
鐵床竝銅柱 쇠침대 위에다 구리기둥 껴안으니
萬劫與千生 억만겁 지나고 천만생 거치도록
沒箇人依怙 믿고 의지할 사람 몸 하나 얻지 못하리

정토법문은 삼승三乘 · 오성五性[6]의 사람들을 한데 모아 끝내 진상眞常의 불성[7]을 증득케 하고, 위로 성인부터 아래로 범부까지 인도하여 함께 저 언덕에 오르게 한다. 그래서 구법계 중생이 전부 돌아갈 수 있으니, 시방제불께서 같이 찬탄하고, 수많은 경전에서 나란히 천명하며, 수많은 논에서 골고루 선설한다. 진실로 석존 일대시교一代時教의 지극한 말씀이자 일승一乘[8]의 위없는 큰 가르침이라 말할 수 있다. 덕의 근본(육자명호)을 심지 않았다면 무수겁이 지나도록 만나기 어려운 법문이니, 이미 보고 들은 이상 마땅히 부지런히 닦고 익혀야 한다!

彙三乘五性，總證眞常；導上聖下凡，同登彼岸。故得九界咸歸，十方共讚；千經並闡，萬論均宣。誠可謂一代時教之極談，一乘無上之大教也。不植德本，歷劫難逢；既獲見聞，當勤修習！

[보충] 아난이 아뢰기를, "저 부처님의 청정찰토는 일찍이 없었사옵니다. 저도 또한 즐거운 마음으로 저 국토에 태어나기를 원하옵나이다." 세존께서 말씀하시기를, "그 가운데 태어나는 자들은 이미 무량 제불을 가까이 하면서 온갖 덕의 근본을 심었던 자들이니라. 그대가 저 국토에 태어나고자 한다면 일심으로 부처님을 우러러 귀의하여야 하느니라." 「온갖 덕의 근본을 심는다(植衆德本)」는 것은 선근이 많고 복덕이 많음을 말합니다. 덕의 근본에는 두 가지 뜻이 있으니, 첫째 육바라밀을 부지런히 닦는 것이고, 둘째 오직 일심으로 염불하는 것입니다. _《불설대승무량수장엄청정평등각경친문기》(비움과소통)

---

6) 삼승三乘은 보살승 · 연각승 · 성문승을 가리키고, 오성五性은 정성성문定性聲聞 · 정성연각定性緣覺 · 정성보살定性菩薩 · 부정성不定性 · 무성無性(일천재一闡提)을 가리킨다.

7) 진실상재眞實常在를 뜻한다. 여기서는 불생불멸의 불성을 가리킨다. 《능엄경》에 이르시길, "묘진여성妙眞如性, 성진상중性眞常中, 구어거래求於去來, 미오생사迷悟生死, 요무소득了無所得." 미묘하여 불가사의하고, 진실하여 헛되지 않으며, 여여하여 움직이지 않는 사람의 성품은 진실하여 헛되지 않고 항상 있다. 진실하여 늘 존재하는 가운데는 오고감 · 생사가 없는데 오고감, 미혹과 깨달음, 나고 죽음은 얻을 바가 없다. _《대불정수능엄경강기》, 담허대사

8) 일승이란 유일하게 중생이 성불할 수 있게 하는 교법을 말한다.

[제2칙] 정토법문은 부처님의 본회를 나타낸 구경의 법문이다

내가 듣건대, 정토법문은 부처님의 본래 품은 뜻(本懷)을 가장 철저하게 털어놓은 법문이라 말한다. 일체 선 · 교 · 율[9]보다 뛰어나고, 일체 선 · 교 · 율을 통섭한다. 간략히 말하면 글자 한자, 문구 한 마디, 게송 한 수, 책 한권으로 정토법문을 남김없이 포괄할 수 있다. 자세히 설하면 설사 삼장12부[10]의 그윽한 말씀이나 오종[11] 조사들의 미묘한 뜻일지라도 또한 뜻을 설명하고 해석하여도 다함이 없다.

竊聞淨土者，乃究竟暢佛本懷之法也。高超一切禪教律，統攝一切禪教律。略言之，一言、一句、一偈、一書，可以包括無餘；廣說之，雖三藏十二部之玄言，五宗諸祖師之妙義，亦詮不盡。

설사 대지에 널리 분포하는 일체중생으로 하여금 함께 정각을 이루어 광장설상을 내밀고 신통력과 지혜력으로써 국토 가운데 미진 하나하나를 말하고, 미진 가운데 하나하나 불찰토를 말하며, 불길같이 맹렬하게 말하고, 그치거나 끊어짐 없이 말하여도 또한 어찌 다 말할 수 있겠는가? 확실히 정토법문은 불가사의한 까닭이다! 경론을 보건대, 삼장의 왕인 《화엄경》과 같은 대경도 최후 일품에 이르러 십대원왕이 극락으로 인도하여 돌아가고, 온갖 경전의 머리인 《법화경》과 같은 오묘한 경전을 들으면 곧 극락세계에 왕생하여 과위가 등각보살과 같아진다 하셨다. 이와 같이 천경만론 곳곳에서 정토를 돌아가길 가리킴을 볼 수 있으니, 그 유래가 있다!

縱饒盡大地衆生，同成正覺，出廣長舌，以神通力、智慧力，塵說、剎說、熾然說、無間說，又豈能盡？良以淨土本不思議故也。試觀華嚴大經，王於三藏；末後一著，歸重願王。法華奧典，妙冠群經；聞即往生，位齊等覺。則千經萬論，處處指歸者，有由來也。

문수사리 보살께서는 "원하옵건대 제가 임종시 모든 장애가 사라지고 아미타부처님을 친견하고 안락찰토에 왕생하게 하소서" 발원하시고, 보현보살께서는 십대원왕으로써 선재동자 및 41계위의 법신대사에게 "서방극락세계에 태어나길 구하라!" 권진勸進하신다. 여래께서는 《대집경》에서 수기하시길, "말법 수억의 사람이 연이어 수행하여도 한 사람이 도과를 증득하기도 매우 보기 드물지만, 염불에 의지하여 정토에 태어나길 구하면 생사윤회를 벗어날 수 있으리라." 하셨다. 용수보살께서는 《십주비바사론》에서

---

9) 삼장에서 설하는 대상(所詮)의 법문이 교教이고, 교외별전教外別傳의 종지가 선禪이며, 율종은 계율을 전문적으로 수지하는 종파이다.

10) 「삼장三藏」은 곧 경율논經律論을 말하고, 「십이부十二部」는 불타께서 설하는 법은 그 서술형식과 내용에 따라 12 종류로 나눔을 가리킨다. 곧 장행長行 · 중송重頌 · 고기孤起 · 인연因緣 · 본사本事 · 본생本生 · 미증유未曾有 · 비유譬喻 · 논의論議 · 무문자설無問自說 · 방광方廣 · 기별혹수기記別或授記이다. 십이분교十二分教라고도 불린다.

11) 대승의 오종五宗은 곧 천태종 · 화엄종 · 법상종 · 삼론종 · 율종이다.

말씀하시길, "염불법문은 이행도易行道로 생사를 속히 벗어날 수 있다" 하셨다. 앞선 성현들께서도 사람마다 모두 정토를 향해 나아가게 하셨거늘, 어찌 헛수고이겠는가? 진실로 이른바 본사 석가모니부처님의 일대시교는 모두 염불법문의 주석이다!

文殊發願，普賢勸進。如來授記於大集，謂末法中，非此莫度；龍樹簡示于婆沙，謂易行道，速出生死。則往聖前賢，人人趣向者，豈徒然哉？誠所謂一代時教，皆念佛法門之注脚也。

이와 같을 뿐만 아니라 무릇 육근六根[12]의 대상인 일체경계, 이를테면 산하대지의 의보, 명암색공明暗色空의 현상, 견문각지見聞覺知의 공능, 성향미촉법의 육진 등을 들면 어느 법인들 정토를 천양하는 문자가 아니겠는가? 추위와 더위가 교대하여 자연이 변화하고, 늙고 병듦이 서로 꺾어 신체가 쇠약해지며, 수해 가뭄이나 전쟁 질병의 천재와 인화가 닥치고, 마구니와 삿된 견해의 원수를 만나는 등 어느 것인들 세상 사람에게 왕생을 빨리 구하라 일깨우는 채찍이 아니겠는가? 자세히 말하면 어찌 말로 다할 수 있겠는가?

不但此也，舉凡六根所對一切境界，所謂山河大地，明暗色空，見聞覺知，聲香味等，何一非闡揚淨土之文字耶？寒暑代謝，老病相摧，水旱兵疫，魔侶邪見，何一非提醒當人速求往生之警策耶？廣說其可盡乎？

정토법문을 말 한마디로 통섭해 말하면 「정淨」 자 한 글자이다. 청정함이 지극하면 광명이 환히 통하거늘 묘각보살의 경계에 이르지 않고서 이 한 글자를 그래 어찌 쉽게 감당할 수 있단 말인가? 천태종의 《육즉불송六即佛頌》을 깊이 연구해보면 그 가운데 이치를 알 수 있을 것이다. 문구 한 마디로 통섭하면 바로 「신원행信願行」이다. 신信이 아니면 원願을 개발하기에 부족하고, 원이 아니면 행行을 이끌어내기 부족하며, 부처님 명호를 집지하는 현묘한 행이 아니면 발원한 것을 만족시키고 믿는 것을 증득하기에 부족하다. 정토의 일체경론은 모두 이 종지를 발명한다.

言一言統攝者，所謂淨也。淨極則光通，非至妙覺，此一言豈易承當？於六即佛頌研之可知也。一句者，信願行也。非信不足以啟願，非願不足以導行，非持名妙行，不足滿所願而證所信。淨土一切經論，皆發明此旨也。

---

12) 즉 안·이·비·설·신·의이다. 안眼은 보는 근이고, 이耳는 듣는 근이고, 비鼻는 맡는 근, 설舌은 맛보는 근이고, 신身은 감촉하는 근이고, 의意는 염려하는 근이다. 근이란 능생能生의 뜻으로 초목에 근이 있어 가지와 줄기가 생겨날 수 있는 것과 같다. 식識은 근에 의지해 생겨난다. 육근이 있어 육생이 생겨날 수 있고, 또한 마찬가지이다. 그 가운데 어떤 근이 어떤 식이 생기는가는 각자 그 한계가 있어 서로 뒤섞이지 않는다. 예컨대 안근에서는 안식을 생겨날 수 있고, 이식과 비식 등은 생겨날 수 없다.

[보충] 육즉불송六即佛頌

육六은 인과의 사상을 드러내고, 즉即은 불성의 이체를 드러낸다. 온전히 성덕 그대로 수덕을 일으키는 까닭에 육六이라 말하고, 온전히 수덕 그대로 성덕에 있는 까닭에 즉即이라 말한다. 무엇을 육즉六即이라 하는가? 첫째 이즉理即이요, 둘째 명자즉名字即이요, 셋째 관행즉觀行即이요, 넷째 상사즉相似即이요, 다섯째 분증득分證即이요, 여섯째 구경증究竟即이라. 보윤普潤대사께서 《육즉불송六即佛頌》에서 이르시길,

첫째 게송은 「이즉불理即佛」이라.
한번 동하고 한번 정함에
이체를 기준으로 온전히 그대로 불성이고,
나서서 행하고 들어가 숨으니(만법유심에 도달하지 않아)
사상을 기준으로 이체에 모두 어긋난다.
(불성의 체는) 어둡고 어두워 육진六塵에 따라 유전하고,
(각조覺照가 없어) 아득하고 까마득하니 돌아갈 줄 모른다.
動靜理全是。行藏事盡非。冥冥隨物去。杳杳不知歸。

둘째 게송은 「명자즉불名字即佛」이라.
바야흐로 무생無生의 곡을 잘 들어 (불성의 이치를 깨닫고),
비로소 불사不死의 노래가 들리니라. (불성은 본래 생멸하지 않는다.)
지금 당체의 괴로움이 그대로 법신이고
미혹이 그대로 반야이며 업이 그대로 해탈임을 알지니,
도리어 저절로 허송세월이라.
(이즉위理即位 가운데 나서서 행하고 들어가 숨으니
사상을 기준으로 이체에 모두 어긋난다.)
方聽無生曲。始聞不死歌。今知當體是。翻恨自蹉跎。

셋째 게송은 「관행즉불觀行即佛」이라.
염념마다 상주하는 법신이체를 비추어
마음마다 (오주지혹五住地惑의) 환진을 그친다.
이변二邊법성을 두루 관하니, (전체 중도인 까닭에)
가假도 없고 또한 진眞도 없다.
念念照常理。心心息幻塵。遍觀諸法性。無假亦無眞。

넷째 게송은 「상사즉불相似即佛」이라.
(삼계의) 네 가지 번뇌(견혹과 사혹)를 끊음에 아집은 먼저 끊어지나
육진(법집)은 아직 다 공하지 않는 까닭에

눈 속에 아직 눈병이 있어
허공에 붉은 꽃이 보이도다.
四住雖先脫。六塵未盡空。眼中猶有翳。空裏見華紅。

다섯째 게송은 「분진즉불分眞即佛」이라.
(중도관의 지혜로써) 무명 일품을 확 깨뜨려 내 마음 개오하면
담연하여 일체에 통하니라 (육진이 공하도다)
원천을 궁구하길 아직 다하지 못한 까닭에
(여전히 41품 무명이 있어) 흐릿한 달을 보노라.
豁爾心開悟。湛然一切通。窮源猶未盡。尚見月朦朧。

여섯째 게송은 「구경즉불究竟即佛」이라.
종래는 (앞 다섯 자리에서) 진(세 가지 덕)이 온전히 그대로 망(세 가지 장애)을 이루니
오늘은 (구경위에서) 망이 온전히 그대로 진을 이룬다.
그 본래 성도한 때 불성으로 다시 돌아갈 뿐
다시 한 법도 새로운 것이 없도다.
從來眞是妄。今日妄皆眞。但復本時性。更無一法新。

_《불설아미타경요해편몽초佛說阿彌陀經要解便蒙鈔》

게송 한 수로 통섭하면 「찬불게讚佛偈」이다. 정보正報를 드니 의보依報의 과보도 이를 따라 섭수하여 뚜렷이 드러나고, 교화의 주체인 아미타부처님을 말하니 극락세계의 성중도 저절로 그 안에 머금는다. 비록 여덟 마디뿐일지라도 『정토삼부경』의 대강이 전부 그 안에 있다.

책 한 권으로 통섭하면 《정토십요淨土十要》이다. 한 글자 한 글자 모두 말법시대 사람이 건너가는 다리이고, 한 문구 한 문구 모두 정종의 보배거울이다. 이는 조사들이 통곡하며 눈물을 흘리고, 심장을 갈라 피를 뿌려서 중생의 근성에 맞도록 발휘하고, 중생의 근기에 따라 가리켜 보이심이다. 설사 물에 빠진 사람과 불에 타는 사람을 구해냄에 비유할지라도 조사들께서 중생을 구제하는 비통하고 간절한 마음을 비유할 수 없다. 이 정토법문을 버리면 바른 믿음은 생겨날 수 없고, 삿된 견해는 사라질 수 없다.

一偈者，讚佛偈也。舉正報以攝依果，言化主以包徒衆；雖只八句，淨土三經之大綱盡舉也。一書者，淨土十要也，字字皆末法之津梁，言言為蓮宗之寶鑒。痛哭流涕，剖心瀝血，稱性發揮，隨機指示；雖拯溺救焚，不能喻其痛切也。捨此則正信無由生，邪見無由殄也。

[제3칙] 누구에게나 온당하여 만 명에 한 사람도 빠뜨리지 않는 특별법문

중생의 일념심성一念心性은 부처님과 다름이 없다. 비록 중생이 미혹하여 깨닫지 못해 미혹을 일으키고 업을 지으며 온갖 죄악을 죄다 저지르지만, 그가 본래 갖추고 있는 불성은 본디 손실이 없다. 비유컨대 마니보주 한 알이 화장실에 떨어져 곧바로 똥거름과 뒤섞이면 아무런 차이가 없다. 어리석은 이는 이것이 보배임을 알지 못하고 곧 똥거름과 동등하게 취급한다. 지혜로운 이는 값을 매길 수 없는 미묘한 보배를 더러운 것으로 여겨 싫어해서는 안 되고, 반드시 화장실에 건져내어 갖가지 방법으로 깨끗이 씻은 후 높은 곳에 걸어두면 곧 이 보배구슬에서 큰 광명을 발하여 사람이 구하는 바에 따라 온갖 보배를 널리 내린다. 어리석은 이는 이로써 비로소 보배가 귀중함을 알아차린다.

衆生一念心性，與佛無二。雖在迷不覺，起惑造業，備作衆罪，其本具佛性，原無損失。譬如摩尼寶珠，墮於圊厠，直與糞穢，了無有異。愚人不知是寶，便與糞穢一目視之。智者知是無價妙寶，不以汚穢為嫌，必於厠中取出，用種種法，洗滌令潔，然後懸之高幢，即得放大光明，隨人所求，普雨衆寶。愚人由是，始知寶貴。

대각세존께서 일체중생을 돌봄도 또한 이와 같다. 설사 혼미하여 깨닫지 못하고 전도몽상에 빠져 미혹을 일으키고 업을 지어 오역五逆·십악十惡의 죄를 죄다 저지르고 영원히 삼악도에 떨어지는 사람도 부처님께서는 한순간도 포기하는 마음이 없다. 반드시 그 기연機緣을 기다려서 은밀히 가피를 드러내고 설법하여 그가 환망幻妄의 혹업을 끝내고 진상眞常의 불성을 깨닫게 하고 무상보리를 원만히 증득함에 이르러서야 그만두신다. 죄악이 크고 지극한 사람조차도 이와 같거늘, 그 죄업이 작은 사람과 그 계를 지키고 선법을 닦아 선정의 힘이 깊은 사람도 또한 이와 같지 않은 사람이 한 사람도 없다.

大覺世尊，視諸衆生，亦復如是。縱昏迷倒惑，備作五逆十惡，永墮三途惡道之人，佛無一念棄捨之心；必伺其機緣，冥顯加被，與之說法，俾了幻妄之惑業，悟眞常之佛性，以至於圓證無上菩提而後已。于罪大惡極之人尚如是，其罪業小者，其戒善具修、禪定力深者，亦無一不如是也。

무릇 삼계三界에 있는 사람은 비록 계로써 몸을 단속하고 선정으로써 마음을 거두어 온갖 번뇌·혹업을 조복시킬 수 있는 사람일지라도 그들의 정념情念 종자는 여전히 존재하여 복보福報가 다하면 아래 세계에 태어나서 만나는 경계와 마주치는 인연에 다시 미혹을 일으키고 업을 지어 혹惑·업業·고苦[13]로 말미암아 육도에 윤회하여 끝마칠 날이 없다. 그래서 《법화경》에 이르시길, "삼계는 조금도 편안치 않아 불타는 집과 같고, 온갖 괴로움이 가득 차 있어 심히 두려울 따름이다!" 하셨다. 만약 업장이 다하고

13) 미迷의 인과因果를 나타내는 말. 탐 · 진 · 치 등의 번뇌는 혹惑이다. 이 혹에 의하여 선악의 행위를 짓는 것은 업業이며, 이 업에 의하여 받게 되는 생사는 고과苦果이다. 이것을 3도道라고 함.

범부의 정념情念이 완전히 공하여 혹업을 끊고 진상眞常의 불성을 증득하지 못하면 이 삼계를 벗어날 희망이 없다.

以凡在三界之中，雖有執身攝心、伏諸煩惑之人，而情種尚在，福報一盡，降生下界，遇境逢緣，猶復起惑造業；由業感苦，輪迴六道，了無已時。故法華經云：三界無安，猶如火宅；衆苦充滿，甚可怖畏！若非業盡情空，斷惑證眞，則無出此三界之望。

이 삼계를 벗어나려면 정토법문만이 있을 뿐이다. 진실한 믿음과 간절한 발원을 갖추어 「나무아미타불」 부처님 명호를 집지하기만 하면 곧 아미타부처님의 자비력에 의지해 서방극락에 왕생할 수 있다. 이미 왕생하면 아미타부처님의 경계에 들어가 불보살과 함께 누리니, 일체 범부의 정념情念과 성인의 지견知見 둘 다 생기지 않는다. 이는 누구에게나 온당하여 만 명에 한 사람도 빠뜨리지 않는 특별법문이다! 말법의 시절인연에 해당하니, 이 법문을 버리고서 더 나은 방법은 없다!

此則唯有淨土法門，但具眞信切願，持佛名號，即可仗佛慈力，往生西方。既得往生，則入佛境界，同佛受用；凡情聖見，二皆不生。乃千穩萬當，萬不漏一之特別法門也。時當末法，捨此無術矣！

[제4칙] 염불법문은 현묘하고 일체 자력을 원만히 뛰어넘는 법문이다

염불법문은 그 유래가 오래되었다. 우리의 일념심성一念心性은 마치 허공과 같아 항상하여 변하지 않는다. 비록 항상하여 변하지 않을지라도 또한 염념마다 인연을 따른다. 불계佛界의 인연을 따르지 않으면 곧 구법계의 인연을 따르고, 삼승三乘의 인연을 따르지 않으면 곧 육도六道의 인연을 따르며, 인천人天의 인연을 따르지 않으면 곧 삼악도三惡道의 인연을 따른다.

念佛法門，其來尚矣。以吾人一念心性，猶如虛空，常恒不變；雖常不變，而復念念隨緣。不隨佛界之緣，便隨九界之緣；不隨三乘之緣，便隨六道之緣；不隨人天之緣，便隨三途之緣。

그 인연은 물든 인연과 청정한 인연으로 같지 않아서 그 고락苦樂의 과보는 완전히 달라진다. 비록 본체의 측면에서 말하면 조금도 바뀐 것이 없지만, 상相과 용用의 측면에서 표현하면 하늘땅만큼 현격한 차이가 있다. 비유컨대 허공에 태양이 비치면 온통 밝아지고, 먹구름이 모이면 햇빛을 가려 세상이 온통 어두워진다. 비록 허공의 본체가 먹구름과 태양으로 인해 늘어나고 줄어들지 않지만, 그것이 드러내 보이거나 가리고 덮는 바깥 상은 같이 놓고 말할 수 없다. 여래께서는 이런 뜻으로 널리 중생이 염불의 인연을 맺도록 하신다.

由其緣之染淨不同，致其報之苦樂迥異；雖於本體，了無改變，而其相用，固已天淵懸殊矣。譬如虛空，日照則明，雲屯則暗。雖虛空之本體，不因雲日而為增減；而其顯現障蔽之相，固不可以同年而語也。如來以是義故，普令衆生緣念於佛。

그래서 《능엄경 대세지염불원통장》에 이르시길, "만약 중생이 심상心想으로 부처님을 잊지 않고 기억하며 부처님을 심상에 매어둔다면 현전이나 당래에 반드시 결정코 부처님을 친견할 것이다." 하셨다. 또 《관무량수경》에 이르시길, "제불여래께서는 곧 법계신이니, 일체 중생의 심상 속으로 들어가시는 까닭에 그대들의 마음속에서 부처님을 관상할 때 이 마음이 곧 32상과 80수형호를 갖춘 부처가 되느니라. 이 마음이 부처를 지으니, 이 마음이 그대로 부처이다. 제불께서 바다와 같은 대지혜로써 두루 아시니, 자신의 심상(믿음)에서 (부처님의 몸이) 생겨나느니라." 하셨다. 무릇 불계의 인연을 따르면 이 마음이 부처를 지어 이 마음이 그대로 부처이고, 각각 중생계의 인연을 따르면 이 마음이 중생을 지어 이 마음이 그대로 중생이다. 이러한 이치를 알고서도 염불하지 않는 사람은 아직 불계와 인연이 없다.

故曰：若衆生心，憶佛念佛，現前當來，必定見佛，去佛不遠。又曰：諸佛如來，是法界身，入一切衆生心想中。是故汝等心想佛時，此心即是三十二相，八十隨形好。是心作佛，是心是佛。諸佛正遍知海，從心想生。夫隨佛界之緣，則是心作佛，是心是佛矣；若隨衆生各界之緣，則是心作衆生，是心是衆生矣。了此而不念佛者，未之有也。

이에 염불일법은 여래의 만덕홍명(萬德洪名; 온갖 공덕을 갖춘 위대한 명호)을 인연으로 삼는다. 곧 이 만덕홍명은 아미타여래께서 과지果地에서 증득하신 무상각도無上覺道이다. 그래서 과지果地의 각으로써 인지因地의 마음을 삼는다.[14] 그래서 (염불중생) 인지의 마음은 (아미타불) 바다 같은 과지의 각을 포함하고, 과지의 각은 인지의 심원을 관통할 수 있다.

念佛一法，乃以如來萬德洪名為緣。即此萬德洪名，乃如來果地所證之無上覺道。由其以果地覺，為因地心；故得因該果海，果徹因源。

마치 향기에 물든 사람의 몸에 향기가 나는 것과 같고, 마치 나나니벌이 뽕나무벌레를 데려다 제 새끼가 되길 기도하며 오래도록 기르면 정말 제 새끼로 변하는 것과 같다. 즉 염불하여 왕생하여 부처가 되면 범부가 바뀌어 성인을 이루니, 그것의 공능功能과

14) 아미타부처님께서 증득하신 보리각도로써 곧 한 마디 「아미타불」 만덕홍명을 조금도 남김없이 포섭한다. 염불중생이 간절하게 집지執持하고 억념憶念할 수 있다면 아미타부처님의 과덕果德이 자신의 업식業識과 망심妄心을 훈습하여 물들인다. 흡습이 오래 되어 업이 다하고 정념情念이 공하면 마음은 부처님과 합하고, 마음은 보리각도菩提覺道와 합한다. 그리하여 온전히 중생심 그대로 여래장을 이룬다. _인광대사, 《문초》

역용力用은 여래께서 베푸신 일대시교一代時教의 일체법문을 넘어선다. 왜냐하면 일체법문은 모두 자력自力에 의지하여 미혹을 끊고 진상의 불성을 증득하여 바야흐로 삶을 끝내고 죽음을 벗어날 수 있기 때문이다. 그러나 염불법문은 자력自力과 불력佛力을 둘 다 갖춘다. 그래서 혹업을 이미 끊은 사람은 빨리 법신을 증득할 수 있고, 혹업을 가지고 있는 사람은 업을 지닌 채 왕생한다(帶業往生 ; 제11칙 참조).

如染香人，身有香氣；如蜾蠃之祝螟蛉，久則化之。即生作佛，轉凡成聖；其功能力用，超過一代時教一切法門之上。以一切法門，皆仗自力，斷惑證眞，方得了生脫死。念佛法門，自力、佛力，二皆具足，故得已斷惑業者，速證法身；具足惑業者，帶業往生。

이 법문은 지극히 평범하여 어리석은 촌부일지라도 또한 그 이익을 얻을 수 있고, 또한 지극히 현묘하여 등각보살일지라도 그 범위를 벗어날 수 없다. 그래서 (어떠한 근기라도) 닦기에 감당할 수 없는 사람은 아무도 없고, 닦을 수 없는 사람은 아무도 없다. 또한 시작하기는 쉬워도 공덕은 높게 이루며, 힘은 적게 쓰고도 효과는 빨리 얻는다. 따라서 이는 실로 여래의 일대시교 가운데 특별법문이니, 절대로 일반적인 법문의 교리로 평가 판단해서는 안 된다. 말법중생은 복이 별로 없고 지혜가 옅으며, 장애가 두텁고 업이 깊어서 이 법문을 닦지 않고서 자력에 의지해 미혹을 끊고 진상의 불성을 증득하여 생사윤회를 끝내고자 하면 어렵고도 어렵다!

其法極其平常，雖愚夫愚婦，亦能得其利益；而復極其玄妙，縱等覺菩薩，不能出其範圍。故無一人不堪修，亦無一人不能修；下手易而成功高，用力少而得效速。實為如來一代時教中之特別法門，固不可以通途教理而為論判也。末法衆生，福薄慧淺，障厚業深；不修此法，欲仗自力斷惑證眞，以了生死，則萬難萬難！

[제5칙] 정종은 율종과 교종, 선종과 밀종이 돌아갈 곳이다

대각 세존께서는 일체중생이 미혹에 빠져 자심自心을 등지고서 육도에 윤회하여 길고도 오랜 겁이 지나도록 벗어날 수 없음을 불쌍히 여기신다. 이로 인해 아무런 조건 없는 큰 사랑과 한 몸같이 여기는 대자비의 마음을 일으켜서 인간 세상에 탄생하시어 무상정등정각無上正等正覺을 이루시고, 중생의 근기에 수순하여 갖가지 법문을 두루 설하셨다.

大覺世尊，愍諸衆生，迷背自心，輪迴六道，久經長劫，莫之能出；由是興無緣慈，運同體悲，示生世間，成等正覺；隨順機宜，廣說諸法。

개괄해서 말하면 대승불교에는 오종五宗이 있다. 무엇이 오종인가? 바로 율종과 교종, 선종과 밀종, 그리고 정종이다. 율律은 부처님의 몸이고, 교教는 부처님의 말씀이며,

선禪이란 부처님의 마음이다. 부처님께서 부처가 되신 까닭은 오직 이 세 가지 법에 있고, 부처님께서 중생을 제도하시는 까닭도 이 세 가지 법에 있다. 중생이 과연 부처님의 율・교・선에 따라 수지하면 중생의 신구의 삼업이 그대로 전변하여 제불의 청정한 삼업이 되고, 삼업이 이미 전변하였으면 번뇌가 그대로 보리이고, 생사가 그대로 열반이다.

括舉大綱，凡有五宗。五宗維何？曰律、曰教、曰禪、曰密、曰淨。律者佛身，教者佛語，禪者佛心。佛之所以為佛，唯此三法；佛之所以度生，亦唯此三法。衆生果能依佛之律教禪以修持，則即衆生之三業，轉而為諸佛之三業；三業既轉，則煩惱即菩提，生死即涅槃矣。

부처님께서는 또한 중생의 숙세에 쌓인 업장이 무거워, 혹 쉽게 바꾸지 못할까 염려하시어 진언다라니・삼밀가지三密加持[15]의 힘으로 끊임없이 중생을 훈습하여 인도하시니, 마치 나나니벌이 뽕나무벌레를 데려다 자신과 닮길 기도하며 늘 "나와 같다, 나와 같다" 말하면 7일 후에 뽕나무벌레가 과연 나나니벌로 바뀌는 것과 같다. 또한 중생의 근기가 너무 하열하여 윤회를 벗어날 수 없고, 하루아침에 재차 몸을 받아 미혹하여 자신을 잃어버릴 수밖에 없다. 이에 특별히 믿음과 발원으로 염불하여 정토에 태어나길 구하는 정토법문을 열어 보이시어 일체 성인과 범인이 함께 이번 생에 서방극락에 왕생하게 하시니, 성인은 곧 빨리 무상보리를 증득하고, 범부는 곧 영원히 생사의 속박에서 벗어난다. 왜냐하면 이는 부처님의 자비원력에 의지하는 까닭에 그 공덕이익이 불가사의하다.

又恐宿業障重，或不易轉，則用陀羅尼三密加持之力，以熏陶之；若蜾蠃之祝螟蛉，曰似我似我，七日而變成蜾蠃矣。又恐根器或劣，未得解脫，而再一受生，難免迷失，於是特開信願念佛，求生淨土一門，俾若聖若凡，同於現生，往生西方；聖則速證無上菩提，凡則永出生死繫縛。以其仗佛慈力，故其功德利益，不可思議也。

율종은 교종과 선종, 밀종과 정종의 기초임을 알아야 한다. 만약 금계禁戒를 엄격히 지키지 않으면 교종과 선종, 밀종과 정종의 진실한 이익을 얻을 수 없다. 마치 매우 높은 누각을 지으면서 지반을 견고히 다지지 않으면 완성하지 못한 채 곧 허물어지고 마는 것과 같다. 정종은 율종과 교종, 선종과 밀종이 돌아갈 곳이니, 마치 수많은 내천과 강물이 모두 대해로 흘러 돌아가는 것과 같다. 왜냐하면 정토법문은 시방삼세 제불께서 위로 불도를 이루고, 아래로 중생을 교화함에 처음 시작을 이루고 끝마침을 이루는

15) 부처님의 삼밀三密이 중생의 삼업에 가지加한다는 뜻이다. 손으로 수인을 맺고 몸과 눈, 팔과 다리 등의 자세로 그것을 보좌하면 곧 갈마 만다라 부호와 상응하여 여래의 신밀身密을 이루고, 입으로 진언다라니를 외우면 곧 법 만다라 부호와 상응하여 여래의 구밀口密을 이루고, 마음으로 본존의 법상을 관하면 곧 삼매야 만다라 부호와 상응하여 여래의 의밀意密을 이루어 삼밀가지三密加持로 삼는다. 행자는 삼밀가지의 작용을 빌어 즉신성불即身成佛할 수 있다.

법문이기 때문이다!

須知律為教禪密淨之基址，若不嚴持禁戒，則教禪密淨之眞益莫得；如修萬丈高樓，地基不固，則未成即壞。淨為律教禪密之歸宿，如百川萬流，悉歸大海；以淨土法門，乃十方三世諸佛上成佛道，下化衆生，成始成終之法門也。

[제6칙] 염불법문은 함께 닦는 도이고, 누구나 다니는 법이다

《아미타경》·《무량무경》·《관무량수경》을 『정토삼부경』이라 하는데, 전적으로 정토연기緣起의 사상事相과 이체理體를 이야기하고 있다. 그 나머지 여러 대승경전에서도 모두 다 곁들여 정토를 말하고 있다. 이를테면 대경인 《화엄경》은 여래께서 처음 정각正覺을 이루신 후 41위 법신대사[16]를 위해서 성품에 맞게 일승묘법一乘妙法을 곧바로 말씀하신 경전이다. 그 말미에 선재동자가 선지식[17]을 두루 참방하고 깨달은 경계가 제불과 같아지자 보현보살께서 그를 위해 십대원왕十大願王을 설하시어 두루 선재동자 및 화장세계 일체대중에게 공덕을 회향하여 서방극락세계에 왕생하고 원만한 불과를 달성할 수 있다고 약속하신다.

阿彌陀經、無量壽經、觀無量壽佛經，此名淨土三經，專談淨土緣起事理；其餘諸大乘經，咸皆帶說淨土。而華嚴一經，乃如來初成正覺，為四十一位法身大士，稱性直談一乘妙法；末後善財遍參知識，于證齊諸佛之後，普賢菩薩為說十大願王，普令善財及與華藏海衆，回向往生西方極樂世界，以期圓滿佛果。

《관무량수경》에서는 하품하생下品下生인은 오역五逆·십악十惡 등 일체 불선不善의 업인을 갖추어 명종命終에 임할 때 지옥의 모습이 나타나지만, 이때 선지식이 있어 그들에게 염불하라 가르쳐 주니, 그들이 곧 가르침을 받아들여 「나무아미타불」 부처님 명호를 칭념하면 열 번을 다 채우지 않더라도 곧 화신불께서 손을 내미시는 모습이 보이고 그들을 접인하여 왕생하게 하신다고 한다. 《대집경》에서 이르시길, "말법시대에는 수억 명의 사람이 수행할지라도 그 중에 도를 얻는 이는 한 사람도 드물다. 오직 염불에 의지하여야 생사로부터 제도받음을 얻을 수 있다." 하셨습니다.

---

16) 「삽십일위四十一位」는 화엄경에서 설하는 대승보살의 수행위차이다. 보살의 수행은 점차 가불과의 계위에 이르니, 곧 십주十住, 십행十行, 십회향十迴向, 십지十地, 등각等覺이다. 보살은 곧 이 41위 수행의 공덕으로써 불과를 장엄한다.
「법신대사法身大士」는 또 법신보살로 수행을 누적하여 일분의 무명을 끊어 없애고 곧 일분 법성을 현현하는 보살이다. 그 밖에 십지이상의 보살을 가리킨다.

17) 「선재善財」는 《화엄경》 입법계품의 구도보살이다. 53위의 선지식을 참방하여 보현보살을 만나 불도를 성취한다. 「선지식」은 중생이 악법을 멀리 여의고 선법을 수행하도록 가르치는 사람이다.

而觀經下品下生，五逆十惡，具諸不善，臨命終時，地獄相現，有善知識，教以念佛，彼即受教稱念佛名，未滿十聲，即見化佛授手，接引往生。大集經云：末法億億人修行，罕一得道；唯依念佛，得度生死。

이로써 염불법문은 위로 성인에서 아래로 범부에 이르기까지 모두 함께 닦는 도이고, 어리석은 자나 지혜로운 자 누구나 행할 수 있는 법임을 마땅히 알아야 한다. 시작하기는 쉬워도 공덕은 높게 이루며, 힘은 적게 쓰고도 효과는 빨리 얻는다. 그것은 전일하게 불력佛力에 의지하는 연고로 그 이익이 수승하여 보통법문을 뛰어넘는다. 옛 사람이 말씀하시길, "다른 법문으로 도를 배우는 것은 개미가 높은 산을 오르는 것과 같지만, 염불하여 왕생하는 것은 순풍에 돛배가 물살을 타는 것과 같다." 하셨다. 이는 말로 가장 잘 표현한 것이다!

是知念佛一法，乃上聖下凡共修之道，若愚若智通行之法。下手易而成功高，用力少而得效速；以其專仗佛力，故其利益殊勝，超越常途教道。昔人謂餘門學道，似蟻子上于高山；念佛往生，如風帆揚于順水。可謂最善形容者矣。

[보충]《정토삼부경》설법의 연기

《화엄경》은 오직 대승의 근기에 가피하므로 이승과 범부는 믿고 받아들여 봉행할 수 없다. 그래서 방등方等회상에서 특히『정토삼부경』을 범부이거나 성인이거나 현생에서 이 오탁세상을 벗어나 저 구품연대九品蓮臺에 오르기 위해 함께 수지하게 하셨다.

부처님께서 마갈제국, 영취산에서 "아미타부처님이 가장 처음으로 인지因地에서 나라를 버리고 출가하여 48대원을 발하였다. 또한 오랜 겁 동안 원에 의지해 수행하였다. 복덕과 지혜가 원만할 때까지 불도를 이루니, 감득한 세계장엄은 미묘하다 이루 말할 수 없으니, 시방제불께서 모두 찬탄하셨다"고 설하시어, 시방세계 보살과 소승을 돌려 대승으로 향하는 이승과 업혹惑業을 지닌 범부들이 모두 왕생할 수 있고 섭수攝受를 받을 수 있게 하시니, 이것이《무량수경》이다.

부처님께서 마갈제 국왕 궁전에서 정업삼복淨業三福과 16묘관妙觀을 설하시어 일체중생 누구나 다 이 마음이 부처를 지으니 이 마음이 그대로 부처이고, 제불 정변지의 바다가 심상에서 생겨남을 알게 하셨다. 즉 이 마음으로 중생을 지으니 그대로 중생이고, 중생 번뇌업혹의 바다가 심상에서 생겨난다는 뜻이 이미 언외에 드러났다. 이 뜻을 깊이 밝힐 수 있다면 누가 그릇되게 윤회를 받으려 하겠는가? 말미에 각자 상품을 닦기 위해서 구품의 왕생하는 인을 밝히시니, 이것이《관무량수경》이다.

부처님께서 사위국 급고독원에서 극락정토 의보 · 정보의 미묘한 과덕을 설하여 믿음을 내게 하고, 듣는 자가 마땅히 왕생을 구하라고 권진하여 발원하게 하며, 행자가 부처님 명호를 집지하게 하여 행을 세우게 하여 믿음 · 발원 · 집지행 이 셋을 정토법문의 강종綱宗으로 삼았다. 이 세 법을 갖추어 혹 한 평생 집지하여 일심불란을 얻고, 임종시 바야흐로 들어

내지 십념을 칭념하게 하여 누구나 고루 부처님의 접인을 받아 서방극락에 왕생할 수 있게 하시니, 이것이 《아미타경》이다. _인광대사, 《문초》

[제7칙] **고해를 벗어나는 현문이자 성불하는 첩경이다**

석가모니부처님과 아미타부처님께서는 과거 겁 동안 대서원을 발하시어 중생을 제도 해탈시켰다. 한 분은 예토에서 태어남을 시현하시어 예토와 괴로움을 가지고 중생을 절복折伏시켜 극락으로 내보내게 하시고, 한 분은 정토에 안거하며 정토와 즐거움을 가지고 중생을 섭수攝受하여 모두 고르게 길러내신다.[18]

夫釋迦、彌陀，於往劫中，發大誓願，度脫衆生。一則示生穢土，以穢以苦折伏而發遣；一則安居淨土，以淨以樂攝受而均陶。

그대는 단지 어리석은 촌부도 염불할 수 있다는 사실만 알고 끝내 정토를 경시하고 마는데, 왜 《화엄경 입법계품》에서 선재동자가 증득한 경계가 제불과 같아진 후 보현보살께서 이에 십대원왕十大願王을 발하고, 그 공덕을 회향하여 서방극락세계에 왕생하라고 가르치며, 원만한 불과를 달성할 수 있다고 약속하시며, 나아가 이것을 화장세계 대중에게 널리 권진勸進하는 모습을 보지 못하는가?

汝只知愚夫愚婦，亦能念佛，遂至藐視淨土，何不觀華嚴入法界品，善財于證齊諸佛之後，普賢菩薩，乃教以發十大願王，回向往生西方極樂世界，以期圓滿佛果，且以此普勸華藏海衆乎？

대저 화장세계 대중에는 범부나 이승은 한 사람도 없나니, 모두 41위 법신대사로 함께 무명을 깨뜨리고, 함께 법성을 증득한 후 누구나 다 본원本願[19]의 수레바퀴를 타고 부처님이 없는 세계에 현신하여 부처가 된다. 또한 화장세계 바다에는 정토가 무량함에도 반드시 공덕을 회향하여 서방극락세계에 왕생해야 하니, 극락왕생이야말로 생사고해를 벗어나는 현문이자 성불하는 첩경임을 알 수 있다! 그래서 예로부터 지금까지 모든

---

18) 절복折伏、섭수攝受는 섭취하여 받아들이고, 절복하여 부수어 깬다는 뜻으로 중생을 가르치고 인도하는 두 가지 방법이다. 절복折伏은 상대방을 엄하게 질책하고, 이치를 자세히 분석하여 그를 이해시켜서 미혹을 깨뜨리고 깨닫게 함으로써 악을 꺾고 굴복시켜 여의도록 하는 인도방법이다. 섭수攝受는 곧 상대방을 이해시켜 온화한 말로써 벗어나게 함으로써 선으로 거두어 머물도록 하는 인도방법이다. 삿된 지혜를 가진 자와 정법을 비방하는 자, 오역중죄를 범하는 자는 곧 절복법을 적용하고, 지혜가 없는 자나 생각으로 죄를 범하는 자는 섭수법을 적용한다.

19) 인위因位의 서원을 가리킨다. 본홍서원本弘誓願의 약칭. 또한 본서本誓, 숙원宿願이라 한다. 즉 부처나 보살이 과거세에 발한 서원을 말한다.

선종 · 교종 · 율종의 총림에서 아침저녁으로 「나무아미타불」 부처님 명호를 집지執持하며 서방극락에 태어나길 구하지 않는 때가 없었다.

夫華藏海衆，無一凡夫二乘，乃四十一位法身大士，同破無明，同證法性；悉能乘本願輪，於無佛世界，現身作佛。又華藏海中，淨土無量，而必回向往生西方極樂世界者，可知往生極樂，乃出苦之玄門，成佛之捷徑也。以故自古迄今，所有禪教律叢林，無不朝暮持佛名號，求生西方也。

[제8칙] 이 법을 개시하지 않으면 말법중생은 아무도 생사를 벗어날 수 없다

정토법문이 일어난 근원을 더듬어 찾아가면 실제로 《화엄경》 마지막 법회에 있다. 선재동자가 선지식을 두루 참방하고 보현보살의 거소居所에 이르러 보현보살의 위신가피를 입고서 증득한 경계가 보현보살과 같아지고 제불과 같아지니, 이미 등각보살이었다. 그래서 보현보살께서 여래의 수승하고 미묘한 공덕을 칭찬하시고, 선재 및 화장세계 대중에게 함께 십대원왕의 공덕으로 회향하여 서방극락세계에 왕생하라고 권진勸進하시고, 원만한 불과를 달성할 수 있다고 약속하셨다.

溯此法之發起，實在于華嚴末會，善財遍參知識，至普賢菩薩所，蒙普賢威神加被，所證與普賢等，與諸佛等，是為等覺菩薩。普賢乃為稱讚如來勝妙功德，勸進善財，及華藏海衆，同以十大願王功德，回向往生西方極樂世界，以期圓滿佛果。

왜냐하면 화장세계의 대중은 모두 이미 십주十住 · 십행十行 · 십회향十回向 · 십지十地 · 등각等覺의 경계를 달성한 41위차의 법신대사로 이미 일체 미진수 세계의 불국토를 두루 다니면서 그 미타서원 · 극락의 경계인연 · 왕생의 인과를 하나하나 빠짐없이 아나니, 많은 말을 할 필요가 없다. 그러나 화엄회상에서는 범부와 이승 및 권위보살權位菩薩[20]은 전혀 없나니, 비록 이 정토법문이 크고 넓을지라도 범부와 소승이 믿고 받아들여 봉행할 수 없다.

以華藏海衆，皆十住、十行、十回向、十地、等覺，四十一位法身大士，已遍遊塵刹佛國，其彌陀誓願、極樂境緣、往生因果，一一悉知，故不須說。然華嚴會上，絕無凡夫二乘，及權位菩薩，故雖大弘此法，而凡小莫由稟承。

이에 부처님께서는 방등시方等時[21] 법회 상에서 널리 일체 인천의 범부와 성인을 위해

20) 장藏 · 통通 · 별別 삼교의 보살을 가리킨다. 그들의 공행은 아직 얕아 여전히 진실한 보살의 지위에 도달하지 않았다.

21) 유마경, 승만경, 금광명경, 능가경, 무량수경 등 방등부方等部의 경전을 설하신 때를 말한다. 방등경전은 대승경전을 총칭하는 말이다. 대승경을 말하는 것은 횡으로 시방에 두루 방광보편(方廣普遍: 대승경에서

《무량수경》을 설하시어 아미타부처님께서 옛날 인행으로 성취하신 과덕과 극락세계의 갖가지 수승·미묘한 경계 및 수행인이 수행 증득하는 품위의 인과를 천명하셨다. 이 경에서는 이에 화엄경 말미에 근본으로 돌아가게 하는(末後歸宗) 한 수를 말씀하셨다. 설법시간이 비록 방등시일지라도 교의는 실제로 《화엄경》에 속한다. 《화엄경》은 오직 법신대사에 국한되지만, 이 경은 구계의 일체 성인과 범부를 두루 섭수한다. 즉 《화엄경》으로 논해도 특별에 속하거늘, 하물며 나머지 설법시기이겠는가? 만약 여래께서 이 법문을 특별히 개시하시지 않았다면 말법중생은 누구도 생사윤회를 끝마칠 수 없을 것이다.

乃于方等會上，普為一切人天凡聖，說無量壽經，發明彌陀往昔因行果德，極樂境緣種種勝妙，行人修證品位因果。此經乃說華嚴末後歸宗之一著。說時雖在方等，教義實屬華嚴。華嚴唯局法身大士，此經遍攝九界聖凡。即以華嚴論，尚屬特別，況餘時乎？使如來不開此法，則末法衆生，無一能了生死者。

[보충] 말후귀종末後歸宗은 정토에 있다

또한 석가모니부처님의 일대시교一代時敎 가운데 오직 화엄경에서만 일생에 원만히 성불할 수 있음을 밝혔으니, 그 일생에 원만히 성불하는 인은 곧 《보현행원품普賢行願品》 중 말미 부분에서 보현보살께서 십대원왕十大願王으로 인도하여 극락세계로 돌아가게 하신다. 또한 이것으로써 화장해회 일체 성중에게 정진하기를 권하신다. _《불설아미타경요해》

「아미타불」, 무량광수無量光壽의 이체理體는 단호히 일체 중생이 모두 함께 갖춘 불성이고, 「아미타불」, 무량광수의 실증實證은 모름지기 서방극락에 왕생하여 아미타부처님을 친견하고 부처님의 수기를 받아 원만한 보리를 성취한 후 바야흐로 이체를 사무치게 증득할 수 있다. 이 《화엄경》의 귀종歸宗은 십대원왕十大願王으로써 인도하여 극락으로 돌아가게 하는 깊은 뜻이다. _인광대사, 《문초》

[제9칙] 이 법문을 어떻게 소승의 법문이라 보겠는가?

매번 어리석은 사람은 스스로 근기가 하열하다고 여겨 기꺼이 정토법문을 받아들이려 하지 않고, 또한 배움이 있는 사람은 스스로 대승근기라고 여겨 정토법문을 수습할 만한 가치가 있다고 여기지 않는다. 모름지기 오역·십악의 악업을 지은 사람은 목숨을 마치려 할 때 지옥의 상이 나타나는데 선지식이 염불하라 가르치니, 열 번 다 채우지 않아도 부처님의 접인을 받아 서방극락에 왕생함을 알아야 한다. 이처럼 스스로 근기가

말한 이치가 방정하여 방方이라 하고, 뜻이 원만히 구비되고 언사가 풍부하여 광廣이라 한다)의 실다운 이치이며, 범부나 성인들을 포함한 평등한 가르침이므로 이렇게 말한다.

하열하다고 여기는 사람도 믿음을 일으킬 수 있다. 삼장의 왕인 《화엄경》은 그 말미에 근본으로 돌아가게 하니(末後歸宗), 보현보살께서 십대원왕의 공덕으로 회향하여 서방극락에 왕생하라고 가르치시고, 선재 및 화장해회 대중에게 일치하여 나아가 서방극락에 태어나길 구하라고 널리 권진하시며, 원만한 불과를 달성할 수 있다고 약속하셨다.

每有愚人，卑劣自居，不敢承當；亦有學者，大乘自命，不屑修習。須知五逆十惡之人，臨終地獄相現，善友教以念佛，未滿十聲，蒙佛接引，往生西方。以卑劣自居者，可以興起矣。華嚴一經，王於三藏，末後歸宗，普賢菩薩，以十大願王，回向往生西方，普勸善財，及華藏海衆，一致進行，求生西方，以期圓滿佛果。

이렇게 보면 이 법문을 어떻게 소승의 법문이라 보겠는가? 하물며 이미 등각을 증득한 선재동자와 법신을 증득한 화장해회 대중도 서방극락에 태어나길 구하거늘 우리 중 누가 법문을 수습할 만한 가치가 있다고 여기지 않겠는가? (연지대사께서 말씀하시길, 염불하여 서방극락에 태어나길 구함은 큰 덕이자 큰 복이요, 큰 지혜이자 큰 성현의 일로 사바세계를 바꾸어 정토를 이루니, 소승의 인연과 같지 않다고 하셨다. 편자 주) 이는 스스로 교만의 깃대를 높이 세우는 것일 뿐만 아니라 정말로 《화엄경》을 비방함이다.

此之法門，何敢視作小乘？況善財已證等覺，海會悉證法身。彼尚求生，我何人斯，不屑修習？（蓮池大師日，念佛求生西方，乃是大德大福大智大慧大聖大賢的勾當，轉娑婆，成淨土，不同小可因緣。編者敬注）豈但高竪慢幢，直是譭謗華嚴。

[제10칙] **일체 법문은 모두 자력에 의지하지만 염불법문은 불력을 겸하여 의지한다**

여래의 거룩한 가르침은 법문이 무량하여 어떤 법문에 따라서 보리심을 수지하여도 누구나 생사윤회를 끝내고 불도를 이룰 수 있다. 그러나 닦았지만 증득하기 전에는 쉽거나 어렵거나, 빠르거나 더디거나 하는 다름이 있다. 지극히 원만하고 지극히 단박에 깨달으며, 가장 간단하고 가장 쉬우며, 이체에 맞고 근기에 맞으며, 수덕修德 그대로 성덕性德이고 성덕 그대로 수덕이며, 세 근기를 두루 가피하고 이근과 둔근을 전부 거두어들이며, 율종과 교종, 선종과 정종 모든 종이 돌아갈 곳이자 인간과 천인, 범부와 성인이 진상眞常의 불성을 증득하는 첩경이 되는 것으로 믿음과 발원으로 염불하여 서방극락세계에 태어나길 구하는 정토법문만한 것이 없다.

如來聖教，法門無量，隨依一法，以菩提心修持，皆可以了生死，成佛道。然于修而未證之前，大有難易疾遲之別。求其至圓至頓，最簡最易，契理契機，即修即性，三根普被，利鈍全收，為律教禪密諸宗之歸宿，作人天凡聖證眞之捷徑者，無如信願念佛求生西方一法也。

확실히 다른 일체 법문은 모두 자력에 의지하지만, 염불법문은 불력을 겸하여 의지할 수 있기 때문이다. 자력에 의지하여 만약 번뇌혹업을 다 끊지 못한다면 삼계를 벗어날 수 없지만, 불력에 의지하여 만약 믿음과 발원이 진실하고 간절하다면 곧 구품연화대에 높이 오를 수 있다.

良以一切法門，皆仗自力；念佛法門，兼仗佛力。仗自力，非煩惑斷盡，不能超出三界；仗佛力，若信願眞切，即可高登九蓮。

오늘날 사람은 살아있는 동안 생사대사를 끝마치고자 하는데, 만약 이 정토법문을 버린다면 절대로 희망이 없다. 모름지기 정토법문은 법마다 원통하여 천리만리 구름 한 점 없는 하늘에 걸려있는 밝은 달이 강물마다 빠짐없이 그 그림자를 드리우는 것 같고, 또한 수은이 땅에 떨어져 방울방울 모두 다 둥근 것과 같다.

當今之人，欲於現生了生死大事者，捨此一法，則絕無希望矣。須知淨土法門，法法圓通；如皓月麗天，川川俱現；水銀墮地，顆顆皆圓。

사물의 이치를 파고들어 앎에 이르고(格物致知) 이치를 궁구하며 타고난 본성을 다하여(窮理盡性) 세상 사람을 깨닫게 하고 백성을 인도하여 작은 나라를 다스리고 큰 나라를 편안히 하는 자에게 크게 보탬과 이익이 있을 뿐만 아니라, 학자이거나 농부이거나 기술자이거나 상인이거나 각자의 사업에서 자신의 산업을 발전시키고자 하고, 남녀노소 성별 나이와 상관없이 자신의 질병과 고통을 없애고자 하여도 중생의 느낌(感)에 따라 불보살께서 응應하시지 않음이 없어 모두 마음먹은 대로 원을 만족시키게 한다.

不獨於格物致知，窮理盡性，覺世牖民，治國安邦者，有大裨益；即士農工商，欲發展其事業，老幼男女，欲消滅其疾苦者，無不隨感而應，遂心滿願。

[역주] 인광대사께서 이 법문에서 "불력을 겸하여 의지하라(兼仗佛力)"고 말씀하시지만, 일부 법문에서는 "온전히 불력에 의지하라(全仗佛力)"고 말씀하신다. 인광대사는 종승을 통달하고 교승을 통달하여 당연히 염불법문이 자력 · 타력 법문임을 이해하셨다. "온전히 불력에 의지하라"는 왕생에 대한 자력 · 타력의 역용力用을 대비한 강조이자 더욱 한 법문에 안심할 수 없어 선정쌍수禪靜雙修 등을 하는 사람에 대한 호통이다. 어떤 본원법문을 말하는 스님은 늘 문장을 끊고 뜻을 취하여 인광대사의 "온전히 불력에 의지하라"는 법문을 곡해하여 본원을 순수하게 제도에 힘쓰는 증거로 삼으니, 진실로 "다른 꿍꿍이가 있다." 자력을 집어내고 타력만 이야기하는 것은 이미 바른 믿음의 불법이 아니다.

[제11칙] 자력에 의지해 생사를 끝마치기는 매우 어렵다

자력自力에 의지해 생사를 끝마치는 법문은 비록 높고 깊으며 현묘할지라도 자력법문에 의지해 생사윤회를 끝마치려고 한다면 또한 얼마나 많은 겁수의 세월을 거쳐야하는지 모른다. 왜냐하면 대승원교大乘圓教[22]에 근거하여 말하면 오품위五品位[23]에서도 견혹見惑[24]을 끊지 못하기 때문이다. 초신위初信位라야 비로소 견혹을 끊고 곧 영원히 악업을 지어 악도에 떨어질 염려가 없을 수 있지만, 점차 수행해 나아가 칠신七信을 증득하여야 생사윤회를 끝마칠 수 있다. 초신위에 이르러 그의 신통·도력이 이미 불가사의하여도 칠신위七信位까지 닦아야 생사윤회를 끝마칠 수 있으니, 어찌 생사윤회를 끝마치는 일이 그렇게 쉽단 말인가?

仗自力了生死法門，雖高深玄妙，欲依此了生死，又不知要經若干劫數。以約大乘圓教論，五品位尚未能斷見惑。初信位方斷見惑，便可永無造惡業墮惡道之慮，然須漸次進修。已證七信，方了生死。初信神通道力已不可思議，尚須至七信位，方了生死。了生死事，豈易言乎。

또한 소승장교藏教[25]에 근거하여 논하면 견혹을 끊으면 곧 초과初果를 증득하고, 이러한 과위에 이르면 멋대로 계를 범하는 일을 행하지 않는다. 만약 출가를 하지 않고 또한 아내를 맞아 자식을 낳으면 으르고 협박하여 삿된 음행을 범하게 하려고 해도 차라리 생명을 버릴지언정 결코 계를 범하지 않는다. 초과에 이르면 물러섬이 없고, 나아감만 있을 뿐이다. 초과를 증득하지 못했으면 꼭 그렇지는 않다. 초과를 증득하지 못한

---

22) 「대승원교大乘圓教」: 당대의 법장스님은 소승교·시교·종교·돈교·원교 등 5교를 판석하고 《화엄경》을 원교에 포함시켰다. 원교는 곧 일승교법으로 원교일승과 별교일승 두 가지로 나뉜다. 그러나 별교일승은 제경을 뛰어넘어 《화엄경》의 원융무애를 말하는 까닭에 원교는 또한 특히 별교일승을 가리킨다. 화엄의 원교와 천태의 원교는 그 의리상 차이가 있음에 주의하여야 한다.

23) 「오품五品」은 원교의 오품외범위五品外凡位로서 1) 수희품隨喜品으로 실상의 법을 듣고 신해信解를 일으켜 수희하는 사람이고, 2) 독송품讀誦品으로 법화 및 여러 대승경전을 독송하여 이관理觀을 돕는 사람이고, 3) 강설품講說品으로 자신이 이해한 불법을 강설하여 다른 사람을 이롭게 하는 사람이고, 4) 겸행육도품兼行六度品으로 육바라밀을 겸수하여 자신의 마음을 밝혀 살핌을 돕는 사람이고, 5) 오행육도품正行六度品으로 육도를 올바로 행하여 자신을 제도하고 타인을 제도하여 사리를 구족하고 관행觀行이 더욱 수승한 사람이다. 십주十住 이상은 성자라 부르고 십주 이하는 모두 범부이다. 십신내범十信內凡과 구별하는 까닭에 외범外凡이라 한다.

24) 「견혹見惑」: 이혹二惑의 하나로 즉 견해상의 미혹과 착오로 이를테면 신견身見·변견邊見 등 다섯 부정견不正見이다. 견혹의 품수는 소승 《구사론》에서는 88을 세우고 대승 육식에서는 112를 세운다. 「사혹思惑」은 수혹修惑이라 하고 삼혹三惑의 하나로 즉 사상상의 미혹과 착오로 이를테면 탐진치 오만 의심 등 다섯 번뇌이다. 사혹思惑의 품수는 81이 있다. 즉 욕계오취五趣의 1지地, 색계사선천은 4지, 무색계 사공천은 4지 총 9지이고, 매 지地마다 9품으로 합쳐서 81품이다.

25) 「장교藏教」는 천태 지자대사께서 세운 화법사교化法四教의 하나로 전칭은 삼장교三藏教이니, 즉 소승교의 별칭이다.

사람은 설사 금생에 매우 잘 닦을지라도 내생에 여전히 큰 악업을 지을 수도 있다. 또한 전반의 삶이 좋아도 후반의 삶이 곧 나쁜 이가 있다. 초과는 일곱 번 천상에 태어나고 일곱 번 인간으로 돌아와야 (삼악도에 떨어지지 않고) 소승 사과四果를 증득할 수 있다. 천인의 수명은 매우 길어서 인간세상의 연월로써 논할 수 없다. 이는 바로 자력을 믿고 생사를 끝마치는 것이 얼마나 곤란한지 설명한다.

即約小乘藏教論，斷見惑即證初果，任運不會行犯戒事。若不出家，亦娶妻生子，若以威逼令犯邪淫，寧肯捨命，決不犯戒。初果有進無退，未證初果，則不定。今生修持好極，來生會造大惡業。亦有前半生好，後半生便壞者。初果尚須七生天上，七返人間，方證四果。天壽甚長，不可以年月論。此仗自力了生死之難也。

염불법문은 불법 중에서 특별법문으로 부처님의 자비원력에 의지하여 업을 지닌 채 왕생할 수 있다. 사바세계를 근거로 말하면 아직 혹업을 다 끊지 못하였음을 「업을 지닌 채(帶業)」라고 한다. 만약 극락세계에 왕생한다면 얻을 수 있는 업이 없으니, 업을 지닌 채 서방극락으로 가는 것은 아니다. 공부가 깊은지 얕은지 관계없이 단지 진실한 믿음과 간절한 발원을 갖추어 지성심至誠心으로 「아미타불」 부처님 명호를 칭념하면 누구도 왕생하지 못하는 사람은 없다.

念佛法門，乃佛法中之特別法門，仗佛慈力，可以帶業往生。約在此界，尚未斷惑業，名帶業；若生西方，則無業可得，非將業帶到西方去。無論工夫深淺，若具眞信切願，至誠稱念，無一不往生者。

[보충] **법계와 소승과 대승의 수행위차修行位次**

<table>
<tr><th colspan="2">법계</th><th>소승위차</th><th colspan="2">대승위차</th><th>서방극락정토</th></tr>
<tr><td colspan="2" rowspan="3">일진법계</td><td rowspan="4">없음</td><td colspan="2">묘각</td><td rowspan="8">사토四土가 하나로 융합되니, 즉 범성동거토 하하품에 왕생하여도 삼불퇴를 원증한다. 그래서 염불하여 극락정토에 태어나길 구하는 법문을 「횡초橫超」 법문이라 한다.</td></tr>
<tr><td>등각</td><td rowspan="2">41 위차 법신 대사</td></tr>
<tr><td>십지十地 : 칠지는 아비발치 보살로 삼불퇴三不退를 원증圓證한다.
십회향十回向, 십행十行
십주十住 : 일품무명을 깨뜨려 일품 삼덕비장三德祕藏을 증득해 초주初住에 듦</td></tr>
<tr><td colspan="2" rowspan="2">사성법계
(불보살 연각성문)</td><td colspan="2">10신 : 진사혹塵沙惑을 깸, 9신 8신</td></tr>
<tr><td>사과</td><td colspan="2">7신 : 사혹思惑을 깸</td></tr>
<tr><td rowspan="3">삼계
육도</td><td>무색계</td><td>삼과 이과</td><td colspan="2">6신 5신 4신 3신 2신</td></tr>
<tr><td>색계</td><td>초과</td><td colspan="2">초신</td></tr>
<tr><td>욕계</td><td></td><td colspan="2"></td></tr>
</table>

* 소승의 초과와 대승의 초신은 견혹見惑을 깨고 위불퇴를 증득함은 평등하지만, 지혜에 큰 차이가 있다(소승은 자성이 있음과 우주의 기원을 모름)

[보충] 대업왕생帶業往生이란 무엇인가?

혹업惑業을 끊지 않음이 정종 대업왕생의 가장 수승한 점이다. 기타 종파는 모두 이 말씀이 없다. 타종파의 수행은 반드시 자력으로 견사혹을 말끔히 끊어야 비로소 삼계를 수직으로 벗어날 수 있고, 반드시 집착을 다 비워야 성불할 수 있다.

대업왕생帶業往生은 정종의 염불법문으로 보통법문에서 미혹을 끊으라고 말하는 것에 상대되는 법문이다. 대업의 「업」은 「혹업惑業」을 가리키는데, 견사見思 등의 혹 및 혹으로 인해 짓는 선악의 업을 포괄한다. 여기서는 악업의 업의 빚(業債), 즉 구업舊業(삼악도에 떨어지는 성죄性罪는 포함하지 않는다)에 치우쳐 가리키며, 신업新業은 지닌 채 왕생할 수 없다. 즉 혹업惑業이 현행現行하여 임종시 정념正念을 장애하는 까닭에 혹을 조복하여야 왕생한다.

미혹을 조복함에는 두 가지가 있다. 첫째는 자력의 삼매력으로 미혹을 조복하여 자재왕생할 수 있다. 둘째는 임종하는 즈음에 일심으로 부처님 명호를 계념繫念하여 왕생의 일을 주로 생각하고 기타 혹업이 현행하지 않으면 곧 왕생할 수 있다. 삼매력이 아니라 조복하지 않되 조복되어도 여전히 왕생할 수 있지만, 대부분 자재하지 못하다.

그 밖에 달리 대업왕생은 죄를 지낸 채 왕생하는 것이 아니다. 극락세계는 삼악도가 없어 삼악도에 떨어지는 죄악의 마음으로써 삼계를 횡으로 벗어나길 구하면 이러한 점은 없고 반드시 죄를 참회하고 왕생한다. 인광대사께서는 "아미타부처님께서는 단지 선한 부류를 거두시고, 악한 부류는 미치지 못한다." 법문하셨다.

또한 《관무량수경》에서 말씀하셨듯이, "선남자여, 그대가 부처님의 명호를 불렀기에 갖가지 죄업이 사라졌도다! 그래서 내가 와서 그대를 맞이하노라!" 하셨다. 무엇을 갖가지 죄업(諸罪)이라 하는가? 업의 빚(業債)은 상대방으로부터 맺혀진 것이고, 갖가지 죄업은 자심自心으로부터 맺혀진 것이니, 즉 삼악도에 떨어지는 **"성죄(性罪; 그 자체로 죄인 행위)"**에 대응하는 갖가지 업을 짓는다.

번뇌로 인해 악업을 지어 죄를 맺음(結罪)에는 두 가지 방면을 포괄한다. 첫째 중생이 악연을 맺어 업의 빚을 짓는 것이다. 둘째는 심성에 죄를 맺는 것으로 계를 받았는지 여부에 관계없고, 단지 살생 · 도둑질 · 삿된 음행 · 거짓말을 범하기만 하면 모두 성죄性罪를 맺는다.

성죄性罪란 "성性이 선하지 않음으로 뒤섞여 물들여 타인에게 해를 끼치고 괴롭힐 수 있고 뒤섞여 물들여 자신에게 해를 끼치고 괴롭힐 수 있다. 비록 감추고 제지하지 못할지라도 현행이 있으면 곧 악취惡趣에 머물게 된다." 중생에게 원한을 맺든지 원수를 갚기 위해 빚 독촉을 하던지 여부에 관계없이 성죄가 무르익으면 반드시 삼악도에 떨어진다. 죄를 참회하고 왕생하느냐 혹은 죄를 없애고 왕생하느냐? 비록 업을 없애고 왕생함에 속하지만, 여전히 차별이 있다. 통상 말하는 업을 없앰은 미혹을 끊거나 비교적 미혹을 끊음에, 업을 끝내거나 비교적 업을 끝낸 경계에 속하는 것으로 반드시 업을 다하고 집착을 비운 경계로 왕생함을 포괄할 필요는 없다.

죄를 참회하고 왕생함은 미혹을 끊을 필요가 없고, 선악의 구업을 모두 지닐 수 있고, 반드시 업을 끝낼 필요는 없다. 아직 갚지 않은 업의 빚은 결코 왕생을 장애하지 않지만, **반드시 참회하여 삼악도에 떨어지는 죄의 마음을 없애야 한다. 극락은 삼악도가 없고 순수한 대승선근의 세계로 반드시 발보리심(분명히 발하거나 은밀히 맞음) 등의 방식으로 마음을 바꾸어야 한다. 진정으로 부끄러움도 두려움도 없는 삼악도에 떨어지는 죄를 지은 마음을 비교적 청정한 보리의 마음으로 바꾸어야만, 성죄性罪에 물든 경계가 제거되고 삼악도에 떨어지는 갖가지 죄가 저절로 소멸한다.**

정종에서는 보리심을 발하고 믿음과 발원으로 염불하는 방식으로 죄를 참회하고 기타 참법은 필요 없다. 만약 상응할 수 있으면 일념 내지 십념에 곧 마음을 바꾸고, 경계를 바꿀 수 있다. 만약 상응하지 않으면 부끄럼도 두려움도 없는 자가 보리심을 발한 체하는 경우 비록 지송으로 용맹하게 염불할지라도 마음으로는 참회하지 않아 마음을 바꾸기 어렵고, 마음을 바꾸지 않으면 곧 진실한 공덕이 생기지 않는다. 공덕이 없으면 죄가 사라질 수 없고 죄가 사라지지 않으면 자연히 왕생하기 어렵다.

어떤 사람은 염불하면 곧 죄가 사라진다고 말하는데, 이러한 오해는 염불이 죄를 없애는 심층원리를 알지 못한 연고이다. 또한 어떤 사람은《관경》하품상생에서는 "갖가지 죄업이 사라진다."고 말씀하였지만, 하품중생 및 하품하생에서는 갖가지 죄업이 사라진다고 말씀하시지 않았다고 말한다. 이는 문구에 의지해 뜻을 해석한 것에 속한다. 지은 죄가 가벼우면 반드시 죄가 사라지고, 지은 죄가 무거우면 반드시 죄가 사라지는 것은 아니다. 이는 변형하면 부처님께서 사람에게 죄를 지으라고 격려하시어 지은 죄가 무거울수록 왕생하기 쉽다는 말이 아니겠는가? 이는 그야말로 부처님을 비방하고 불법을 비방하는 말이다.

천태지자대사 등 조사들은 **하배삼품의 사람은 모두 참회하여 왕생한다**고 명확히 법문하셨다. 참회는 곧 마음을 바꿈이다. 마음은 형상이 없고 공空하여 바꾸기가 쉽지 않다. 그래서 반드시 보리 등의 연緣을 빌려 상에 머물러야 바뀐다. 마음을 깊은 믿음과 간절한 원에 머무르고, 한마디 부처님 명호에 머무르며, 진실한 보리심 상에 머물러서 보리에 수순하여 지성至誠으로 염불하여야 비로소 구경에 마음을 바꿀 수 있다. 마음이 바뀌면 저절로 경계가 바뀌니, 이것이 바로 위없는 참회이다.

매우 많은 사람들은 비록 염불할 수 있을지라도 왕생에 성공하지 못한다. 그 원인을 궁구하면 대부분 임종시 죄를 참회하여 죄를 없앰에 있어 염불하면 곧 죄가 사라질 수 있다고 오해함에 있다.

[보충] 대업왕생帶業往生 · 소업왕생消業往生 · 대혹왕생帶惑往生

「대업왕생帶業往生」. 이 말은 불법 이론상에서 명확하게 보지 못하였다. 이 한마디 말이 가장 먼저 출현한 것은 원나라 때 성취를 이룬 대화상 한 분이 계셨는데, 그는 유칙惟則 선사로 그가 저술한《정토혹문淨土或問》에서 어떤 사람이 정토법문에 대해 제기한 의문에 대해 몇몇 해답을 제시하셨다. 선사께서는 이 저술에서 「**대업득생帶業得生**」이란 말을 언급하셨다.

명나라에 이르러 정토종의 우익대사께서 이 문제를 언급하시면서 제출한 의견이 바로 「대혹왕생帶惑往生」이었다. 이른바 혹은 바로 「견사혹見思惑」이니 곧 업業이다. 현재까지 7,8백년 이래 중국불교에서 재가출가의 법우들은 모두 우익대사의 이 말씀에 의심하지 않는다. 그가 제출한 의견은 원나라 유칙 선사의 말씀 보다 더 명백하다.

「대업왕생帶業往生」의 제창이 가장 힘을 받게 된 것은 현대의 선배 선지식인 인광대사님의 은덕이다. ……인광대사께서는 불교이기도 하고 유교이기도 한 선교방편으로써 말과 글로써 성토하고 우리들에게 염불을 잘하면 "업을 지닌 채 왕생할 수 있다(帶業往生)"고 큰 소리로 외쳤다. 이는 실로 대사님의 위없는 자비원력으로 고구정녕 노파심에 방편법문을 잘 운영하여 비로소 불법이 널리 퍼지게 되었다.……

「**소업왕생消業往生**」은 단지 한때의 방편으로 말한 것으로 어느 사람 혹은 어느 개인, 어느 때 어느 장소에서 말한 것으로 안 될 것이 없다. 어떤 사람이 평소 지은 업이 매우 많으면 현재 그에게 학불하고 지성으로 참회하여 악업을 소멸시켜서 장래 정토에 왕생하게 하여야 한다. 만약 그가 "자신은 지은 업이 다양하여 어떻게 정토에 왕생할 수 있겠는가?" 말하면 이때 "관계없다. 업을 지닌 채 왕생할 수 있다." 그에게 권하길 바란다. 이러면 확실히 보살 선지식의 선교방편이 된다. 그러나 일부 사람은 학불을 마친 이후 아만심에 가득 차 자신이 잘 났다고 뽐내고 자기만 옳다고 고집하여 천상천하 유아독존인 사람처럼 행동한다. 나는 항상 이런 사람에게 천상천하 유아독존이신 분은 우리 본사 석가모니부처님이지 당신이 아니라고 말한다. 이런 부류의 사람에 대해서 그에게 업을 소멸시켜야 왕생할 수 있다고 일러준다.

……더욱 애석한 것은 본래 「대업왕생」은 "한 사람 한 사람 모두 희망이 있다. 기회가 있다." 사람들에게 견줄 수 없는 신심을 주었는데, 현재 반드시 업을 없애지 않으면 왕생할 수 없다고 말할 정도에 이르렀다. 매우 많은 사람이 스스로 이번 생에 이와 같이 지은 없이 많고 이미 없애지 못 하니, 구태여 학불할 필요가 있는가! 생각하고, 더욱 극단으로 달리고 더욱 업을 지으면 진실로 끝장이다. 그러면 부화뇌동하여 "업을 없애어 왕생하자(消業往生)!" 이 한마디 말을 큰소리로 외치니, 말투가 너무 무겁다. _남회근南懷瑾 대덕

[제12칙] **오로지 자력에 의지한 자와 비교시 그 쉽고 어려움은 하늘땅만큼 차이다**

일체 법문은 모두 계정혜의 도력道力에 의지하여 탐진치의 번뇌 혹업을 끊어야 한다. 단지 선정과 지혜의 힘이 깊은 경지에 이르러 번뇌 혹업을 깨끗하게 끊어야 생사윤회를 끝마치는 연분이 있다. 혹시 번뇌 혹업을 다 끊지 못하면 누구를 막론하고 큰 지혜가 있고, 대변재가 있으며, 대신통력이 있어 과거미래를 알 수 있어 가려고 하면 가고

오려고 하면 올 수 있어도 또한 생사윤회를 끝마칠 수 없으니, 하물며 다른 공부로 닦은 경계가 더 낮은 사람이겠는가? 자력에 의지해서 생사윤회를 끝마치는 어려움은 진실로 천상에 오르는 만큼 어렵다!

一切法門，皆須依戒定慧之道力，斷貪瞋癡之煩惑；若到定慧力深，煩惑淨盡，方有了生死分。儻煩惑斷而未盡，任汝有大智慧，有大辯才，有大神通，能知過去未來，要去就去，要來就來，亦不能了，況其下焉者乎。仗自力了生死之難，眞難如登天矣！

만약 염불법문에 의지하여 믿음을 내어 발원하고 「나무아미타불」 부처님 거룩한 성호를 염하여 서방극락에 태어나길 구하면 출가자이든 재가자이든 학자이든 농부이든 기술자이든 상인이든 남녀노소 성별나이와 상관없이 신분이 귀한 자이든 천한 자이든, 현명한 자이든 어리석은 자이든 기꺼이 가르침대로 수지하면 누구나 다 부처님의 자비원력을 의지해 업을 지닌 채 왕생할 수 있다.

若依念佛法門，生信、發願，念佛聖號，求生西方。無論出家在家，士農工商，老幼男女，貴賤賢愚，但肯依教修持，皆可仗佛慈力，帶業往生。

일단 왕생하면 선정과 지혜를 얻길 기대하지 않아도 저절로 얻어지고, 번뇌 혹업을 끊을 것을 기대하지 않아도 저절로 다 끊어진다. 아미타부처님과 극락성중을 친견하고 불법의 훈도를 받아들여 극락세계 황금 땅과 보배연못에서 자유롭게 노닐 수 있다. 이러한 수승한 인연이 도와서 도업道業을 성취한다.

一得往生，則定慧不期得而自得，煩惑不期斷而自斷。親炙乎彌陀聖衆，游泳乎金地寶池。仗此勝緣，資成道業。

업을 지닌 채 왕생하게 된 사람은 곧장 불퇴전지不退轉地에 오르고, 혹업을 끊고 왕생하는 사람은 속히 무생법인無生法忍을 증득한다. 이는 전부 아미타부처님의 대비원력과 더불어 염불행자가 믿음을 내어 발원하고 염불한 힘에 의지하여 감응도교感應道交하므로 이러한 거대한 이익을 얻는다. 전적으로 자력에 의지한 사람과 심사평정하면 그 가운데 어렵고 쉬움은 진실로 하늘땅만큼 현격한 차이가 있다!

俾帶業往生者，直登不退；斷惑往生者，速證無生。此全仗阿彌陀佛大悲願力，與當人信願念佛之力，感應道交，得此巨益。校比專仗自力者，其難易天地懸殊也。

[제13칙] 염불법문은 온전히 미타타력 및 수행인의 자력에 의지한다

여래께서 49년간 설법하신 일체 대소승 법문은 모두 자력에 의지하는 연고로 수행을 시작하기가 매우 어렵다. 오직 염불법문만은 온전히 아미타부처님께서 자비서원으로 섭수하시는 힘과 수행인이 믿음을 내어 발원하고 지성심으로 억념한 힘에 의지하는 연고로 감응도교感應道交[26]를 얻어 이번 생에 생사를 끝마치고 도업을 성취한다.

如來一代所說一切大小乘法，皆仗自力，故難；唯此一法，全仗阿彌陀佛慈悲誓願攝受之力，及與行人信願誠懇憶念之力，故得感應道交，即生了辦也。

[역주] 인광대사께서는 불력이 왕생에 미치는 작용을 "온전히 의지하라(全仗)"는 말 하나로 대단히 강조하고, 그 후에도 여전히 "급及" 자를 써서 자력을 소홀히 해서는 안 된다고 서로 관련 지워 강조한다. 결코 자력수지를 소홀히 하여 단편적으로 타력을 강조하고, 본원법문의 잘못된 방향으로 나아가서는 안 된다.

타력과 불력이 비록 명종命終을 맞이하여 왕생할 때일지라도 그 작용이 거대하지만, 반드시 염불왕생의 일은 모름지기 세 가지 과정, 즉 평상시 수행, 명종을 맞이하여 부처님을 친견함 및 최후에 왕생함이 있어야 함을 알아야 한다. 비록 인광대사께서 대체로 법문에서 자력과 타력만을 강조할지라도 실제상에서는 "삼력왕생三力往生"으로 연지대사의 법문을 겨눔에 있다.

이 왕생의 삼력은 실은 바로 견불삼력見佛三力으로 즉 자력염력(염불삼매력), 본공덕력 및 아미타불 위신 가지력이다. 전자 둘은 모두 자력에 속하는데, 본공덕력은 즉 자성이 본래 갖추고 있는 힘이고, 또한 수덕修德에 공성덕功性德이 있어 바깥으로 드러난 힘이다. 후자의 아미타불 위신 가지력은 즉 타력이니, 자력에 의거해서 명훈가피가 더욱 증가하는 힘에 속하고 증상연增上緣에 속하며 자신의 직권을 벗어나 남의 일을 대신할 수 없다. 왕생은 반드시 자력이 있어야 타력을 말할 수 있다. 이 점은 반드시 헷갈리지 말아야 한다. 만약 전도시키면 본원법문이 되고 만다.

자성불력과 미타타력은 실은 본래 둘이 아닌 힘이다. 만약 자성의 부처님(自佛)과 저 부처님(他佛; 아미타불)을 둘로 떼어놓는다면 원융할 수 없고, 떼어놓고 말하면 불법이 아니다. 불법은 불이법不二法이다. 아미타부처님의 대원 및 임종시 접인하는 갖가지는 모두 자성이 본래 갖추고 있는 것으로 타불이 성취한 것은 바로 중생의 자성덕능이다. 제불과 중생심의 체성은 방안의 천 개 등불, 제석천의 구슬그물(인드라망) 천 개 구슬처럼 서로 비추어서 서로 갖추고(互具) 두루 갖추며(遍具), 서로 포섭하고 두루 포섭한다. 중생의 일념 심성 바깥에 달리 제불의 가지加持가 있는 것이 아니다. 임종시 견불함은 자성불이 내영來迎함이라 치우쳐 집착하거나 마음 바깥에 미타불 화불이 내영함이라 치우쳐 집착함은 모두 삿된 견해에 속한다.

---

26) 중생의 느낌(感)과 여래의 응應이 서로 교류한다.

일체 수행인이 감응할 수 있는지, 임종시 왕생할 수 있는지 첫 번째 관건은 본공덕력을 닦아 쌓는 것이다. 진실한 공덕이 없으면 자성불력은 저절로 바깥으로 드러날 수 없다. 거짓 수행인은 감응을 얻을 수 없고, 견불할 수(이런 사람은 삼매의 힘이 있는 셈이다) 없으며, 임종시 왕생할 수 없다. (설령 삼매력에 기대어 관상하여 아미타불을 친견할지라도 또한 아미타불 타력의 가지를 얻을 수 없고, 부처님을 완전히 친견한 후 부처님의 광명이 염불인을 비추어 섭수하고 가지하여 더욱 깊은 삼매경계에 들어가며 신식神識을 거두어 연화대에 들어가고, 팔을 굽혀 연못으로 기울여 화생하는 등의 일을 완성할 수 없다. 왜 그러한가? 자심自心에 장애가 있는 까닭에 자성의 부처님을 장애하여 곧 저 부처님(아미타불)을 장애한다)

그래서 견불삼력에서 하나라도 모자라면 안 된다고 말한다. **왕생의 삼자량三資糧인 신·원·행을 어떤 스님은 삼력三力이라 부르니, 곧 신력信力·원력願力·염력念力이다.** 사실 이 삼력은 자력일 뿐이고, 만약 보리심이 진실하면 이미 본공덕력을 포괄하였다. 만약 자력의 두 힘이 모두 진실하면 부처님의 가지력도 그 가운데 있다. 삼력을 갖추고 있다면 언제 부처님을 친견하는가는 염불 삼매력에 달려있다.

견불삼력의 출처는 《반주삼매경般舟三昧經》(한글역, 반주삼매경 심요, 비움과소통)이다. 어떤 사람은 평상시 수행하여 견불하려면 삼력이 필요하지만 염불인이 임종시 견불하려면 반드시 삼력이 필요하지는 않다고 잘못 생각하고 있다. 이러한 지견知見은 《반주삼매경》을 부정함에 있는데, 이 경은 빈틈이 있어 원만하지 않다고 말한다. 당연히 불경은 절대 틀리지 않다. 평상시이든 임종시이든 견불을 하고 싶다면 반드시 삼력을 구족하여야 한다.

임종시 견불하는 그 원리는 여전히 “이 마음이 부처를 지으니 이 마음이 그대로 부처이다(心作心是)”이다. 이는 관상견불觀想見佛로 제6식의 독영경(獨影境; 자신이 홀로 마음속에 갈구하고 있는 바를 외부로 투영한 경계)에서 부처님을 친견하는 것이다. 타불이 허공에서 화신불 한 분이 변하여 나타나 염불인을 접인하는 것은 아니다. 만약 진실로 타불이 혼자 변하여 나타나면 마찬가지로 육안으로 조념助念하는 사람 및 가족이 모두 함께 보겠지만, 사실상 결코 이렇지 않다. 자재하게 왕생하든지 여전히 산란한 마음으로 염불하는 사람이든 상관없이 임종 최후 일념에 왕생하여 아미타부처님께서 내영하실 때 단자 당사자만 볼 수 있고 지척의 친한 사람들도 모두 함께 볼 수 없다.

《관경》(16관경으로 불림)에서는 염불인이 견불하는 원리를 매우 또렷하게 해석하고 있다. 네 가지 염불법 중 어느 한 가지를 닦든지 상관없이 그 견불하는 원리는 모두 같아서 **제6식의 독영경에서 화신불을 친견한다(분별사식分別事識을 깨뜨리면 보신불을 친견할 수 있다).**

삼력 중에 염불삼매력은 그 작용이 마음을 거두어 삼매에 들어가고 삼매의 경계에서 비로소 견불할 수 있다. 그렇지 않으면 산란한 마음으로 아직 선정을 얻지 못한 염불인의 경우 아미타부처님의 타력이 여하히 가지하여도 그 마음을 청정히 하여 마음이 삼매에 들게 하여 견불할 수 없다. 평상시도 이와 같고 임종시도 이와 같다.

염불인이 만약 평상시 공부성편功夫成片(내 마음이 자성 청정심임을 아는 명자위名字位

후심)에 이르도록 닦으면 부처님께서 가지加持하신 후 곧 삼매에 들어간다. 즉 미혹을 조복(伏惑)[27]한 사일심불란事一心不亂에 이르러 염불삼매의 가장 낮은 수준에 들어간다. **이러한 염불인은 더욱 더 임종시 결정코 왕생할 뿐만 아니라 자재왕생한다.** 왜냐하면 삼매를 얻고서 잃지 않으면 더 이상 계를 깨뜨리고 악을 짓지 않기 때문이다. 삼매력으로 염불하여 닦는 정선定善은 지극히 무거운 정업定業을 제거할 수 있는 까닭에 더 이상 횡사의 악보惡報를 만나지 않는다. 또한 정선으로 닦은 본공덕력이 심히 커서 잠깐 마음을 거두어 염불하여도 곧 삼매에 들어가 화신불을 친견한다. 이러한 여러 수많은 인연으로 임종시 결정코 왕생하고 자재하게 왕생한다고 말한다.

산란한 마음으로 염불하는 사람은 믿음과 발원이 굳세고 견실하면 임종시 여러 인연으로 그 마음이 산란하지 않고 일심으로 부처님 명호를 계념할 수 있어 임종 최후의 무렵(임종시 10여 시간의 최후)에 곧 "임종시 특수한 삼매경계"에 들어갈 수 있다. 비록 자력 삼매력으로 성취한 삼매경이 아닐지라도 이 삼매경 가운데 충분히 아미타부처님 타불의 가지 하에 임종하는 사람이 직접 화신불께서 내영하심을 보게 한다. 이것이 바로 산란한 마음으로 염불하는 사람도 임종시 견불 왕생하는 비밀이고, 또한 임종하는 사람이 막 임종하자마자 아미타부처님께서 결코 접인할 수 없는 원인이다.

[보충] 여래께서 설하신 생사를 요탈하는 법문은 무량무변하다. 오직 정토법문 만이 시작하기는 쉬워도 공덕은 높게 이루며, 힘은 적게 쓰고도 효과는 빨리 얻는다. 만약 이번 생에(即生) 도업을 성취(成辦)하고자 한다면 이 법문을 버리고 갈 수 있는 다른 길은 없다.

이른바 정토법문은 바로 믿음을 내고 발원하여「나무아미타불」부처님 명호를 염하여 서방극락세계에 태어나는 것이다. 정말 믿음과 발원이 진실하고 간절하여 일심으로 염불할 수 있다면 목숨이 다할 적에 결정코 부처님의 접인을 받아 저 국토에 왕생할 것이다. 이미 왕생하면 범부의 몸을 해탈하고, 높이 성자의 흐름에 참여할 것이다. 부처님을 친견하고 법문을 듣고서 무생법인無生法忍을 증득하여 신통지혜가 불가사의할 것이다. 그런 후 본원의 바퀴에 올라타고 사바세계로 돌아와 갖가지 방편을 행하여 중생을 제도 해탈시킬 것이다. _인광대사,《문초》

[제14칙] 범부가 도에 들어가는 방편이자 모든 종이 구경에 돌아갈 곳이다

중생의 기연機緣[28]이 다하여야 석가여래께서는 세간에 응화한 사명을 쉬시나니, 불타께

27) 번뇌를 항복 받아서 한동안 일어나지 못하게 하는 것을 복혹伏惑이라 하고, 번뇌를 아주 끊은 것을 단혹斷惑이라 하는 것이고, 번뇌가 작용하지 않도록 덮어두는 것을 복단伏斷이라 합니다.

28) 중생의 근기는 불보살 등의 교화를 받아들이는 인연을 갖추고 있어 기연機緣이라 한다. 무릇 설법교화는 모두 근기의 순숙純熟을 연緣으로 삼아 일어난다.

서 대자대비로 중생을 이롭게 하는 마음은 한결같아 끝내 다함이 없다. 이로부터 여러 대제자들이 각자 사리를 분포하고, 경장經藏을 결집하여 법계에 두루 유통함으로써 불법의 감로를 일체중생에게 두루 적시고자 했다. 동한東漢 시기에 이르러서야 큰 가르침이 중국에서 시작되었지만, 학불學佛하는 기풍이 형성되지 않아 당시에는 북방에만 유통되었다. 중국 삼국시대 손오孫吳와 적오赤烏 4년에 이르러 삼국시대 역경승인 강승회康僧會 존자가 특히 남경(建業)에서 중생을 개화開化하니 여래의 사리가 강림하는 감응을 얻었고, 손권孫權이 불교에 독실한 신앙을 가져 마침내 절을 보수하고 탑을 세워 법화法化를 넓혔다. 이것이 불법이 남방에 전파된 시작이다.

迨至衆生機盡，如來應息，而大悲利生，終無有盡。由是諸大弟子，分佈舍利，結集經藏，俾遍界以流通，冀普沾乎法潤。及至東漢，大教始來，但由風氣未開，故唯在北方流通。至孫吳赤烏四年，康僧會尊者，特開化建業，蒙如來舍利降臨，致孫權極生信仰，遂修寺建塔，以宏法化；此法被南方之始也。

진晉 나라에 이르러 불법이 고려, 일본, 티베트 등 여러 국가에 두루 분포되었고, 그 후로 날로 번성하였다. 당唐 나라에 이르러 불교의 큰 정파들이 중국에 모두 갖추어져 황금시대라 할 수 있다. 천태종 · 현수종 · 자은종은 교승教乘을 넓혔고, 임제종 · 조동동 · 위앙종 · 운문종 · 법안종은 종승宗乘을 넓혔으며, 남산은 계율(毗尼)을 엄정히 지켰고, 연종은 정토를 전수專修하였다.

각 종파는 각각 그 소임을 주관하였으니, 마치 육근六根에 각각 쓰임이 있는 것과 같다. 확실히 교教를 부처님의 말씀으로 삼고, 종宗을 부처님의 마음으로 삼으며, 율律을 부처님의 행으로 삼기 때문이다. 마음과 말씀과 행, 이 셋은 절대 분할하기 어렵지만, 그 오로지 위주로 하는 것을 근거로 하여 잠시 이러한 이름을 세웠을 뿐이다. 오직 정토법문은 처음엔 범부가 도에 들어가는 방편으로 건립되었지만, 실제로는 모든 종이 구경에 돌아가는 곳이다. 그래서 장차 아비지옥에 떨어질 사람도 말품末品에 참여할 수 있고, 제불과 증득한 경지가 평등한 성자도 왕생을 구한다.

至晉而遍佈高麗、日本、緬甸、安南、西藏、蒙古諸國。自茲以後，蒸蒸日上。至唐而諸宗悉備，可謂極盛。天臺、賢首、慈恩，以宏教；臨濟、曹洞、溈仰、雲門、法眼，以宏宗；南山，則嚴淨毗尼；蓮宗，則專修淨土。如各部之分司其職，猶六根之互相為用。良以教為佛語，宗為佛心，律為佛行。心語行三，決難分屬；約其專主，且立此名。唯淨土一法，始則為凡夫入道之方便，實則是諸宗究竟之歸宿。以故將墮阿鼻者，得預末品；證齊諸佛者，尚期往生。

여래께서는 세상에 계실 적에 수많은 근기를 다 같이 자라게 하시고, 만 갈래 강물이 깨달음의 바다로 들어와 조회하게 하셨으며, 불타께서 멸도하신 후 법을 넓힌 대사들이 각자 일법을 넓히고, 일문에 깊이 들어가 제법에 모두 통할 수 있다고 약속하셨다. 예컨대 제석천의 구슬그물(인드라망)의 천개 구슬[29]은 각각 서로 섞이지 않지만, 한

구슬이 두루 천개 구슬에 들어가고, 수천 구슬도 다 같이 한 구슬로 섭수될 수 있다. 들쑥날쑥하되 뒤섞이지 않고, 분리되었지만 또한 원융하다. 자취에 빠진 이는 일체법은 법마다 각자 다르다고 보지만, 본질을 회통한 이는 일체법이 법마다 원통하다고 말한다. 성에는 네 문이 있어 멀든 가깝든 모두 들어올 수 있고 문이 다를지라도 성에 들어감에는 차이가 없다.

如來在世，千機並育，萬派朝宗；佛滅度後，宏法大士，各宏一法，以期一門深入，諸法咸通耳。譬如帝網千珠，珠珠各不相混。而一珠遍入千珠，千珠悉攝一珠。參而不雜，離而不分。泥跡者，謂一切法，法法各別。善會者，則一切法，法法圓通。如城四門，隨近者入；門雖不同，入則無異。

[보충] 진실본제의 이지(實際理地)에는 생겨남이 없음을 깨달음에 부처의 이름이고, 법문을 수지하는 문에는 범부와 성인의 이름이 있다. 심체는 본래 고요하지만 번뇌 업혹으로 인해 어둠과 혼탁함이 문득 나타난다. 망성妄性은 본래 공하니, 각조覺照로 말미암아 진상眞常의 불성이 홀로 존재한다. 이에 알지니, 변하지 않되 인연에 수순하여 십계의 부침이 아주 다르고, 인연에 수순하되 변하지 않아 일심의 체용이 다름이 없다. 이러한 마음, 이러한 이체를 모든 중생은 함께 갖추고 있지만, 사무쳐 깨닫고 증득한 이는 오직 부처님 한 분뿐이라. 그래서 우리 세존께서 세간에 태어남을 시현하여 무상정등각을 성취하시고 근기에 따라 설법하셨다. 대승의 근기에게는 곧장 일진법계一眞法界를 보이시어 그로 하여금 머무는 바 없이 그 마음을 내어 마침내 업혹을 끊고 진상의 불성을 증득하게 하셨다. 소승의 근기에게는 삼세인과를 상세히 이야기 하여 그로 하여금 좋은 일로 나아가고 나쁜 일은 피하게 하여 도에 드는 방편으로 삼게 하셨다. 비록 수많은 근기를 다 같이 자라게 할지라도 법에는 일정한 상이 없고, 만 갈래 강물이 바다로 들어와 조회하듯이 모두 깨달음의 바다(覺海)로 돌아간다. _인광대사, 《문초》

만약 이러한 뜻을 잘 안다면 제불조사께서 설하신 매우 깊은 진제와 이치가 진상眞常의 불성으로 돌아가 본성을 통달하고, 마음을 밝혀 성품을 보는 법일 뿐만 아니라 세간의 모든 일체 오음五陰[30] · 육입六入[31] · 십이처十二處[32] · 십팔계十八界[33] · 칠대七大[34] 등이

---

29) 제석천은 보배구슬 그물을 걸어 궁전을 장식하는데, 이러한 보배구슬의 광명은 서로 눈부시게 비추어 한 구슬에 일체 구슬 그림자가 나타나고 일체 구슬이 한 구슬에 나타난다. 각각 이와 같이 겹겹이 그림자가 나타난다.

30) 즉 오온五蘊을 말한다. 온蘊은 쌓아 모여졌다는 뜻이다. 오온은 색온色蘊 · 수온受蘊 · 상온想蘊 · 행온行蘊 · 식온識蘊이다. 1) 색色은 물질 변애(變礙; 시간적 변이성, 공간적 점유성)의 뜻이고 지수화풍 사대로 만들어진다. 그것은 오근(五根; 감각기관) 오경(五境; 대상경계) 및 법(다르마) 바깥에 포섭된 색(물질)을 포괄한다. 2) 수受는 곧 감수感受한다, 받아들인다는 뜻으로 근과 경이 서로 접촉하여 고苦 · 락樂 · 사舍(괴로움도 즐거움도 아님) 등 감수하는 심리작용을 말한다. 3) 상想은 곧 상상想像으로 수온에 의거해 사물에 대해 상상을 일으키거나 취하거나 버리고 맞이하거나 거절하는 결택抉擇을 한다. 4) 행行은

죄다 진심으로 돌아가 본성을 통달하고 마음을 밝혀 성품을 보는 법 아닌 것이 하나도 없다. 또한 하나하나 모두 그대로 진상이고 본성이며, 마음이고 성품이다. 이에《능엄경》에서는 오음 · 육입 · 십이처 · 십팔계 · 칠대가 모두 여래장의 묘진여성妙眞如性이라 본다. 여래장의 묘진여성이 중생과 부처를 머금어 기르고 공과 유, 세간과 출세간을 포괄하니, 한 법도 그 밖으로 벗어날 수 없고 그 가운데 있지 않음이 없다.

若知此意，豈但諸佛諸祖所說甚深諦理，為歸眞達本、明心見性之法。即盡世間所有一切陰入處界大等，一一皆是歸眞達本、明心見性之法。又復一一皆即是眞、是本，是心、是性也。以故楞嚴以五陰、六入、十二處、十八界、七大，皆為如來藏妙眞如性也。如來藏妙眞如性，含育生佛，包括空有；世出世間，無有一法能出其外，不在其中。

이것에 근거해서 말하면 한 법도 불법 아님이 없고, 또한 한 사람도 부처 아님이 없다. 어찌하랴, 중생은 보배구슬을 자신의 옷 솔기에 감추어 또렷이 깨쳐 알지 못하고, 몸에 보배를 간직한 채 사방으로 걸식하며 헛되이 곤궁한 운명을 겪는다. 여래의 마음을 가지고 중생의 업을 짓고, 세간 출세간에 대해 일체 원래 청정하고 번뇌에서 벗어난 만법을 망녕되이 분별하여 헛되이 윤회의 괴로움을 겪으니, 어찌 슬프지 않겠는가!

由是言之，無一法非佛法，亦無一人非佛也。無奈衆生，珠在衣裏，了不覺知；懷寶循乞，枉受窮困。以如來心，作衆生業；以解脫法，受輪迴苦，可不哀哉！

곧 의지와 행위로 상상취사에 의거해 선악 행위의 심리를 일으킨다. 5) 식識은 곧 요별了別 인식함으로, 심식으로 말미암아 연하고 마주하는 경계를 요별한다. 이 오온에서 색은 물질에 속하고, 뒤 네 가지는 정신에 속한다. 이는 곧 사람의 몸을 구성하는 5대 요소이다.

31) 육근六根이 육진六塵에 들어감을 "육입六入"이라 하니, 즉 눈은 색으로 들어가고 귀는 소리로 들어가고 코는 향으로 들어가고 몸은 감촉으로 들어가고 뜻은 법으로 들어간다. 육입은 육근의 별명이고 입入은 섭입涉入한다는 뜻이다. 이른바 근과 경이 번갈아 섞여든다고 말한다.

32) 육근六根에 육진六塵을 합쳐 십이처十二處라 한다. 처處는 출생의 뜻이고, 육근 · 육진으로 말미암아 육식六識을 낳으면 육근 · 육진 · 육식이 곧 십팔계를 이룬다.

33) 안 · 이 · 비 · 설 · 신 · 의 육근, 색 · 성 · 향 · 미 · 촉 · 법의 육진, 안식 · 이식 · 비식 · 설식 · 신식 · 의식의 육식을 "십팔계"라 한다. 이 가운데 근根이 진塵을 마주하며, 중간에 식識을 발하여 경계를 요별한다. 이를테면 안근은 발하는 주체이고 안식은 발하는 대상이고 색진은 발함을 돕는다. 안근이 이와 같고 나머지 근은 유추할 수 있다. 매 근의 근경식根境識마다 반드시 동시에 구비하여야 작용을 발생하게 된다.

34) 지 · 수 · 화 · 풍 · 공空 · 견見 · 식識이다. 지수화풍은 사대四大이고, 공空은 즉 허공의 본성이고 견見은 곧 안근의 견성見性이며, 식識은 곧 팔식八識이다. 이상 칠대가 법계에 두루하기 때문에 대大라 한다.

[제15칙] 이 문에 들어오면 무량법문을 모두 증입하니, 조사들께서 힘써 권하셨다

불교가 동쪽으로 전래된 때로 거슬러 올라가면 혜원慧遠대사(연종 제1조)께서는 마침내 정토법문을 종으로 삼으셨다. 처음에는 도반인 혜영법사와 나부에 머무르고자 했으나, 도안법사가 만류하여 혜영법사가 마침내 먼저 홀로 가셨다. 심양潯陽에 이르러 자사刺史인 도범이 도풍을 흠모한 나머지 동진東晉 효무제 태원 2년(377년), 서림사西林寺를 창건하고 혜영법사를 그곳에 머무르게 하였다. 태원 9년(384년), 혜원대사께서는 비로소 여산廬山으로 오셔서 처음에 서림사에 머물렀다. 그 후 함께 닦는 행인이 많아지자 서림사는 협소하여 자사인 환이가 그를 위해 여산 동쪽에 절을 세우고 동림사東林寺라 하였다.

溯自大教東來，遠公大師，遂以此為宗。初與同學慧永，欲往羅浮，以為道安法師所留，永公遂先獨往。至潯陽，刺史陶范，景仰道風，乃創西林寺以居之，是為東晉孝武帝太元二年丁丑歲也。至太元九年甲申，遠公始來廬山。初居西林，以學侶浸衆，西林隘莫能容。刺史桓伊，乃為創寺于山東，遂號為東林。

태원 15년(390년), 혜원대사께서는 승속 123인과 함께 연사蓮社를 결성하여 염불로 서방극락에 태어나길 구하셨다. 유유민劉遺民에게 문장을 짓고 돌에 새기게 하여 서원한 염불의 지향을 표명하였다. 이때 혜영대사께서도 참가 정진하며 서림에 머물렀는데, 산 정상에 따로 초막을 짓고 언제나 그곳에 가서 고요히 좌선을 닦았다. 초막에 이른 사람은 모두 특별한 향기를 맡았고, 그래서 향곡香谷이라 불렀다. 이로써 혜영법사의 경계를 짐작할 수 있다. 혜원대사께서 막 처음 결사를 한 때 참가한 123명은 모두 불법문중의 용상이고 유교문중의 태두였다. 이들은 모두 혜원대사의 도풍이 멀리 퍼져 몰려든 사람이었다. 혜원대사께서 한평생 30여 년간 머무신 백련사에 들어가 정업淨業을 닦고 접인을 받아 왕생한 사람은 헤아릴 수 없이 많았다.

至太元十五年庚寅，七月二十八日，遠公乃與緇素一百二十三人，結蓮社念佛，求生西方。命劉遺民作文勒石，以明所誓。而慧永法師，亦預其社。永公居西林，於峰頂別立茅室，時往禪思。至其室者，輒聞異香，因號香谷，則其人可思而知也。當遠公初結社時，即有一百二十三人，悉屬法門龍象，儒宗山鬥；由遠公道風遐播，故皆群趨而至。若終公之世，三十餘年之內，其入蓮社而修淨業，蒙接引而得往生者，則多難勝數也。

그 후로 담란, 지자, 도작, 선도, 연수 등 여러 대사들이 정토법문으로써 스스로 수행하고 타인을 교화하셨다. 담란대사께서 저술한 《왕생론주》는 고금에 유례가 없는 절묘한 저술이다. 천태지자대사께서는 《십의론》 저술하여 득실을 잘 설명하였고, 《관경소》를 저술하여 제관諦觀을 깊이 밝혔다. 도작대사께서는 정토삼부경을 2백번 남짓 강설하였고, 선도善導대사(제2조)께서는 『정토삼부경』에 소를 달아(《관경사첩소》) 전수염불專修念佛을 힘써 권하셨다. 청량대사께서는 《보현행원품》에 주소를 달아 구경성불究竟成佛의 도를 발휘하였고, 영명연수永明延壽대사(제6조)께서는 《사료간》을 설명해 이번 생에 생사대사를 끝마치는(即生了脫) 법을 곧장 가리켰다. 자고이래로 여러 종의 고덕께서는 모두 마음을 정토에 귀의하셨다.[35)]

自後若曇鸞、智者、道綽、善導、淸涼、永明，莫不以此自行化他。曇鸞著往生論注，妙絕古今。智者作十疑論，極陳得失；著觀經疏，深明諦觀。道綽講淨土三經，近二百遍。善導疏淨土三經，力勸專修。淸涼疏行願品，發揮究竟成佛之道。永明說四料簡，直指即生了脫之法。自昔諸宗高人，無不歸心淨土。

오직 선종의 조사들은 전일하게 은밀히 닦길 힘써 정토법문을 천명하는 이는 매우 적었다. 영명연수대사께서 정토수행을 창도하신 후로 선종의 대덕들도 모두 언교言教를 드리워서 대중에게 정토를 수지할 것을 간절히 권하셨다. 그래서 송나라 사심오신死心悟新 선사께서는 《권수정토문》에서 이르길, "「아미타불」 부처님 명호는 염하기 매우 쉽고, 극락정토는 왕생하기 매우 쉽다." 하셨다. 또 "참선인이야말로 염불하기 좋다. 근기가 혹 둔하면 금생에 확철대오廓徹大悟 할 수 없을까 염려되면 잠시 아미타부처님 원력을 빌어 접인받아 왕생하." 하셨다. 또 "염불하여 정토에 태어나지 못하면 노승이 혀를 뽑는 지옥에 떨어지리." 하셨다.

唯禪宗諸師，專務密修，殊少明闡。自永明倡導後，悉皆顯垂言教，切勸修持矣。故死心新禪師勸修淨土文云：彌陀甚易念，淨土甚易生。又云：參禪人正好念佛。根機或鈍，恐今生未能大悟，且假彌陀願力，接引往生。又云：汝若念佛，不生淨土，老僧當墮拔舌地獄。

[보충] 확철대오廓徹大悟

선정으로써 어지러운 상념(亂想)을 다스리고, 지혜로써 흐리멍덩한 상태(無記)를 다스린다. 움직임과 고요함이 서로 사라지고, 증상에 따라 다스리는 공부(對治功)가 끝나면, 바깥 경계를 대하여도 염념마다 근본으로 돌아가고, 인연을 만나도 마음마다 무상도에 맞게 되어, 마음대로 선정과 지혜를 동시에 닦는 경지에 이르게 된다. 이때 비로소 생사대사를 다 마친 사람(無事人)이 될 것이다. 만약 이렇게 할 수 있다면, 참으로 선정·지혜를 고르게 챙겨 불성을 밝게 본 사람이라 할 수 있다. _《수심결》

진헐청료(眞歇淸了) 선사는 《정토설》에서 말씀하길, "조동종 문하의 스님들은 모두 은밀히 정토법문 닦기를 힘쓰니, 무슨 까닭인가? 확실히 염불법문은 수행의 지름길이고, 바로 대장경에 의거하여 상상근기도 접인하고, 중하 근기도 아울러 이끈다" 하셨다. 또 "종문宗門[36)]의 고승대덕들은 공하지도 않고 있지도 않은 법을 이미 깨치고서 정토법문에 뜻을

---

35) 『비움과소통』에서 출간된 《관경사첩소 심요》, 《보현행원품 염불성불》, 《만선동귀집 강기》를 참조하라.

36) 선종의 자칭으로 "교문教門"의 대칭이다. 종宗이란 유파의 본원이고 문門이란 여러 종파가 귀추歸趨하는 요문要門을 말한다. 당송시대 교외별전을 주장한 선종은 선禪은 불법의 총부연원總府淵源이자 불도의

굳게 잡아 게으르지 않고 정업淨業을 전수하니, 정업으로 견불하는 것이 종문보다 훨씬 간단하고 쉽다는 설명이 아니겠는가?" 하셨다. 또 "부처님도 조사들도 선과 교에서 모두 정업을 닦아 함께 한 근원으로 돌아가니, 이 문에만 들어가면 무량법문을 빠짐없이 다 증득할 수 있다" 하셨다. 북송 장로자각長蘆慈覺 종이宗賾 선사는 연화승회蓮華勝會를 결성하여 염불해 왕생하도록 승속에 널리 권하니, 보현·보혜 두 보살[37]께서 감동하여 그의 꿈에 나타나 이번 수승한 법회에 가입하기를 구하자 두 보살을 회주로 삼았다. 이로써 정토법문이 이치와 근기에 들어맞아 여러 성현께서 모두 은밀히 찬탄하셨음을 잘 알 수 있다.

眞歇了禪師淨土說云：洞下一宗，皆務密修，其故何哉？良以念佛法門，徑路修行，正按大藏，接上上器，傍引中下之機。又云：宗門大匠，已悟不空不有之法，秉志孜孜於淨業者，得非淨業見佛，尤簡易于宗門乎？又云：乃佛乃祖，在教在禪，皆修淨業，同歸一源；入得此門，無量法門，悉皆證入。長蘆賾禪師，結蓮華勝會，普勸道俗，念佛往生；感普賢、普慧二菩薩，夢中求入勝會，遂以二菩薩為會首。足見此法，契理契機，諸聖冥贊也。

송나라 태종과 진종 시기에 성상省常법사(제7조)께서는 절강의 소경사에서 주지가 되어 여산 혜원대사의 도풍을 흠모하여 정행사淨行社를 결성하니, 문정공인 왕단이 가장 먼저 귀의하여 제창하였다. 일체 대소 관리들과 학사 대부들이 제자라 자칭하며 정행사에 참가한 이가 1백20여명이나 되었고, 참가한 스님도 수천에 이르렀으며, 백성은 그 수를 헤아릴 수 없었다. 후대에 로공 문언박은 네 명의 황제의 관원을 역임하며 장수와 재상으로 출입한지 50여년에 관직이 태사에 이르러 보국왕에 봉해졌다. 그는 한평생 불법을 독실하게 믿었고, 만년에는 도를 향해 더욱 힘을 쏟아 「아미타불」 부처님 명호를 전념하길 아침저녁으로 가거나 앉거나 지금까지 염불을 게을리 한 적이 없었다. 정엄법사와 십만인 정토왕생회를 결성하여 수많은 사대부들이 그를 따르며 감화를 받았다. 그를 칭송하는 사람이 말하길, "알고 보니, 그대의 담과 기개는 하늘처럼 크도다. 서방극락

정문이라 여겼다. 《능가경楞伽經》의 "부처님의 말씀과 마음을 종宗으로 하고 무문無門을 법문으로 한다"는 말씀에 의거 종문이라 불렀다. 천태·화엄·법상 등 교가敎家의 입장에 선 종파를 "교문敎門" 또는 "교하敎下"라 한다.

37) 장로이長蘆賾 선사가 혜원대사의 유풍을 계승하여 연화승회蓮花勝會를 건립하고 염불을 두루 권하였다. 어느 날 저녁 새까만 두건과 흰색의 의복을 하고 풍모가 아름다운 한 소년을 보았는데 읍을 하고 말하길, "그대의 연화승회에 참가하고자 하니 삼가 이름을 쓰길 부탁하오." 선사가 그에게 어떤 이름인가 물으니 답하길 "보혜普慧요." 다 쓰고 난 후 또 가형 보현普賢을 말하고 삼가 같이 쓰길 청하였다. 꿈에서 깨어 기괴하다는 느낌이 들었다. 갑자기 《화엄경》 이세간품離世間品 중에 두 분 보살의 이름이 있음이 떠올랐다. 보혜보살이 연속해서 2백 질문을 하고, 보현보살이 연이어 2천 답을 내리니 이는 대보살이거늘 어떻게 그들에게 명훈가피를 입을 수 있단 말인가! 그래서 두 보살의 이름을 연화승회의 머리에 썼다.

에 왕생할 십만 사람과 인연 맺기를 발원하고서 스스로 살아갈 궁리를 하지 않고서 모든 이가 다 같이 나루터 배에 오르게 했네." 하였다. 92세가 되자 염불하며 서거하셨다.

當宋太眞二宗之世，省常法師，住持浙之昭慶，慕廬山遠公之道，結淨行社；而王文正公旦，首先歸依，為之倡導。凡宰輔伯牧，學士大夫，稱弟子而入社者，有百二十餘人；其沙門有數千，而士庶則不勝計焉。後有潞公文彥博者，歷仕仁英神哲四朝，出入將相五十餘年，官至太師，封潞國公。平生篤信佛法，晚年向道益力，專念阿彌陀佛，晨夕行坐，未嘗少懈。與淨嚴法師，于京師結十萬人求生淨土會，一時士大夫多從其化。有頌之者曰：知君膽氣大如天，願結西方十萬緣；不為自身求活計，大家齊上渡頭船。壽至九十二，念佛而逝。

원과 명 시기에는 중봉, 천여, 초석, 묘엽 등 대사께서는 노래를 짓거나 변론을 하여 이치와 근기에 들어맞는 위 아래로 관통하는 염불법문을 있는 힘을 다해 홍양하지 않음이 없었다. 명나라 때 연지蓮池대사(제8조), 유계幽溪대사, 우익蕅益대사(제9조)께서는 특히 진지하고 성실하게 홍양하셨다. 청나라 때 범천사의 사제思齊 성암省庵법사(제11조)와 홍라산의 철오徹悟선사(제12조)께서 또한 온 힘을 다해 이 법문을 홍양하였다. 범천의 《권발보리심문》과 홍라의 《시중법어》는 모두 옛 성인을 계승하여 후학의 길을 열어주는 천지를 놀라게 하고 귀신을 감동시키는 가르침이었다. 학인이 이를 신수봉행할 수 있으면 누구인들 사바세계를 영원히 여의고 상품상생하여 극락세계에 올라서 아미타부처님의 제자가 되고, 연지해회 대보살들의 좋은 벗이 되지 않겠는가?

元明之際，則有中峰、天如、楚石、妙葉，或為詩歌，或為論辯，無不極闡此契理契機，徹上徹下之法。而蓮池、幽溪、蕅益，尤為切摯誠懇者。清則梵天思齊、紅螺徹悟，亦復力宏此道。其梵天勸發菩提心文，紅螺示衆法語，皆可以繼往聖、開來學，驚天地、動鬼神。學者果能依而行之，其誰不俯謝娑婆，高登極樂；為彌陀之弟子，作海會之良朋乎？

[제16칙] 속히 성불하길 바라면 염불보다 나은 것이 없다

연종 4조이신 법조法照대사(오회염불 제창)께서는 당나라 757년, 형주 운봉사에 머무셨다. 그의 발우에서 여러 차례 서상의 경계가 나타나니, 어느 곳이 명산인지 몰랐다. 오대산에 가본 적이 있는 사람은 필히 오대산일 것이라 말하였다. 이에 대사께서는 오대산 참배길에 나섰다. 770년, 오대현에 이르러 먼 곳을 보니 몇 줄기 백색광이 있었다. 대사께서 백색광을 따라 앞으로 찾아가니, 대성죽림사에 이르렀다. 절 안으로 들어가 강당에 이르러 살펴보니, 문수보살께서 서쪽에서 계시고 보현보살께서 동쪽에 계시며 사자좌에 기대어, 깊고 미묘한 불법을 연설하셨다.

蓮宗四祖，法照大師，于大曆二年，棲止衡州雲峰寺，屢於粥缽中，現聖境，不知是何名山。有曾至五台者，言必是五台；後遂往謁。大曆五年，到五台縣，遙見白光；循光往尋，至大聖竹林寺。師入寺，至講堂，見文殊在西，普賢在東，據師子座，說深妙法。

대사께서 두 성인에게 정례하고서 가르침을 청하길, "말법시대 범부들은 정법을 여읜지 매우 오래되어 지혜와 근기가 모두 줄어들고 때와 업장도 더욱 깊어져서 불성이 드러날 수가 없나이다. 불법이 무량무변하여 어느 법문을 수행함이 가장 요긴한지 모르겠사오니, 원컨대 대성께서 저의 의문을 풀어주옵소서." 문수보살께서 말씀하시길, "그대가 현재 닦는 염불이 지금 때에 바른 수행이니라. 갖가지 수행법문이 있으나 염불보다 뛰어난 것은 없느니라. 그 밖에 삼보에 공양 올리고 복덕과 지혜를 쌍으로 닦는 것이 가장 중요하니라. 왜 그러한가? 내가 과거 겁에 부처님을 관하고 부처님을 염하며 공양을 올린 까닭에 오늘 일체종지를 얻었느니라. 그래서 염불이 제법의 왕임을 알지니, 그대는 항상 무상법왕을 생각하여 쉼이 없도록 할지어다."

師禮二聖，問言：末代凡夫，去聖時遙，知識轉劣，垢障尤深，佛性無由顯現。佛法浩瀚，未審修行，于何法門，最為其要。唯願大聖，斷我疑網？文殊報言：汝今念佛，今正是時。諸修行門，無過念佛，供養三寶，福慧雙修。此之二門，最為徑要。所以者何？我於過去，因觀佛故，因念佛故，因供養故，今得一切種智。故知念佛，諸法之王。汝當常念無上法王，令無休息。

대사께서 또 묻길, "응당 어떤 부처님을 염해야 합니까?" 문수보살께서 말씀하시길, "이 세계의 서방에 아미타부처님께서 계시니, 이 부처님의 원력은 불가사의하니라. 그대는 계속해서 「아미타불」 부처님 명호를 염하여 이 생각에 끊어짐이 없도록 할지라. 목숨이 다한 후 반드시 왕생하여 영원히 물러나지 않으리라."

師又問：當云何念？文殊言：此世界西，有阿彌陀佛。彼佛願力不可思議。汝當繼念，令無間斷；命終之後，決定往生，永不退轉。

이 말씀을 마치고 두 분 대성인께서는 각각 금빛 손을 펴서 대사의 정수리를 만지며 그를 위해 수기하시며 말씀하셨다. "그대는 염불한 연고로 오래지 않아 무상정등보리를 증득하리라. 만약 선남자 선여인이 속히 성불하고 싶다면 가장 좋은 방법은 바로 염불이니, 이처럼 속히 무상보리를 증득할 수 있느니라." 말씀을 마치시고 두 분 대성인께서 번갈아 게송을 말씀하셨다.

說是語已，時二大聖，各舒金手，摩師頂，為授記。汝以念佛故，不久證無上正等菩提。若善男女等，願疾成佛者，無過念佛，則能速證無上菩提。語已，時二大聖，互說伽陀。

대사께서 이를 듣고서 뛸 듯이 기뻤고 의심이 다 사라졌다. 이는 바로 법조대사께서 죽림정사에 직접 가서 두 분 대성인께서 법문하심을 받은 과정이다. 오대산은 바로 문수보살께서 응화하시는 도량이다. 문수보살께서는 바로 칠불의 스승으로 스스로 말씀하시길, "나는 부처님을 관하고 부처님을 염한 연고로 지금 일체종지一切種智[38]를 얻었느니라. 따라서 일체제법, 반야바라밀, 가장 깊은 선정, 일체제불에 이르기까지 모두 염불로부터 나느니라." 하셨다. 과거 제불께서도 염불하여 나셨거늘, 하물며 말법중생이 업이 무겁고 복은 가벼우며, 장애는 깊고 지혜는 얕거늘 염불을 업신여겨 기꺼이 수행하지 않겠는가. (범부의 경계에서) 단번에 뛰어넘어 바로 여래의 경계(如來地)에 들고자 (참선공부를 하여 확철대오하였지만, 생사를 해탈하지 못하여) 운문종 스님인 오조계五祖戒 선사와 임제종 선사인 초당청草堂淸 선사의 뒤를 밟는다 한들 그들도 따라잡을 수 없음을 모르는가!

師聞已，歡喜踴躍，疑網悉除。此係法照大師，親到竹林聖寺，蒙二大聖所開示者。五台，乃文殊應化之道場；文殊，乃七佛之師。自言，我於過去，因觀佛故，因念佛故，今得一切種智。是故一切諸法，般若波羅密，甚深禪定，乃至諸佛，皆從念佛而生。過去諸佛，尚由念佛而生，況末法衆生，業重福輕，障深慧淺，藐視念佛，而不肯修；意欲一超直入如來地，而不知欲步五祖戒、草堂淸之後塵，尚不能得乎？

[역주] 오조계五祖戒 선사는 송나라 운문종雲門宗 스님으로 오조계 선사의 후신은 북송 대문인 소동파였다. 인광대사께서는 서신에서 말씀하시길, "동파는 종명이 세상을 덮었으나 사소한 일에 주의를 돌리지 않아 기생집과 창녀촌에 늘 출입하였다. 오조계 선사의 오처悟處는 비록 높았을지라도 여전히 초과의 도를 증득하지 못하여서 초과득도의 공계共戒를 범하지 않는 것과 거리가 멀었다. 초과를 증득하지 못하는 자는 항상 각조覺照하여야 범하지 않을 수 있다. 초과이면 저절로 계를 범하지 않게 된다. 토지를 갈면 무릇 경작한 곳은 벌레와의 거리가 4촌이나 떨어지니, 도력이 그렇게 시킨다. 만약 출가하지 않으면 또 아내를 맞는다. 죽이겠다고 위력으로 협박하며 삿된 음행을 행하게 하여도 차라리 목숨을 버릴지라도 끝내 따르지 않는다. 동파는 이미 창녀촌에 출입한 적이 있었고, 오조계 선사는 여전히 초과의 도력을 증득하지 않았거늘 어떻게 생사를 끝마쳤다고 하겠는가?" 소식蘇軾의 어머니가 임신을 하였을 때 꿈에서 스님이 문에 이르러 소식을 낳았다고 한다. 소식이 7, 8세일 때 항상 꿈에 스님이 되었다고 한다. 소식은 광동성 소관에서 육조대사의 육신에 예를 올릴 때 말하길, "저는 본래 수행인으로 삼세에 잘 닦았지만 중간에 일념을 잃어 이 백년의 허물을 받았습니다." 그는 스스로 전신이 출가인이라 생각하였다. 임종시 문인인 전세웅錢世雄이 "선생께서는 평생 실천하였으니, 여기에 이르러 더욱 진력해야 합니다."라고 말하자 소식은 "진력하기에 곧 모자라다."고 말했다. 소식은 한평생 참선하여 도를 깨닫고 비록 경계가 매우 높았을지라도 임종시 여전히 해탈하지 못하였다. 전하는 말에 따르면 명나라 때 시인인 원중랑(원굉도)이 곧 소식의 후신으로 정토법문에 마음을 귀의하여 곧 왕생하였다고 한다.

---

38) 부처님의 지혜 중 하나. 한 가지 지혜로써 일체도一切道를 알 수 있어 일체종지라 하니, 즉 부처의 지혜이다. (일체도는 일체제불의 도법이고 일체종一切種은 일체중생의 인종因種이다.

[제17칙] 일체 수지법문에서 오직 정토법문만이 가장 닦기 쉽다

극락세계에는 여인이 없다. 여인과 축생이 저 세계에 왕생하면 모두 사내아이의 모습으로 연꽃에 화생한다. 연꽃에서 출생하면 극락세계의 다른 사람과 같은 모습으로 처음에는 작다가 점점 커진다. 저 세계 사람은 번뇌도 없고 망상도 없으며 업을 짓는 일도 없다. 부처님의 자비원력에 의지하여 저 세계에 왕생하는 것은 매우 쉽다. 염불을 인으로 삼기만 하면 그곳에 왕생한 후 부처님을 친견하고 법문을 들어 반드시 불도를 원만히 이루니, 시방세계에서 이 법문만이 가장 수승하고, 일체 수지修持법문에서 오직 이 법문만이 닦기 쉬우며, 공덕 또한 가장 크다.

極樂世界，無有女人。女人、畜生，生彼世界，皆是童男之相，蓮華化生。一從蓮華中出生，皆與極樂世界人一樣，不是先小後漸長大。彼世界人，無有煩惱，無有妄想，無有造業之事。以仗佛慈力，且極容易生。但以念佛為因，生後見佛聞法，必定圓成佛道；十方世界，唯此最為超勝；一切修持法門，唯此最為易修，而且功德最大。

[역주] 앞 칙의 문장에서 인광대사께서는 오조계 및 초당청 등 저명한 선사의 후신 상황을 열거함에 자력수행에 의지해서 「위불퇴位不退」를 얻는 것은 이미 매우 어렵다고 설명하셨거늘, 하물며 삼계를 수직으로 벗어나 생사를 요탈할 수 있으랴. 대사께서는 누누이 정종의 염불법문이 가장 수지하기 쉽다고 개시하시니, 이는 타종의 자력과 상대하여 말하였을 뿐이다.

자력에 의지해 반드시 견사혹見思惑을 끊어 청정히 하고 그 계위가 원교의 칠신七信을 증득해야 비로소 생사를 끝마치고 삼계를 벗어날 수 있다. 설령 위불퇴를 증득했을지라도 모름지기 닦아서 상사즉불相似即佛인 원교의 초신위에 이르고, 그런 후에도 여전히 인천을 일곱 차례 윤회해야 비로소 진정으로 생사를 요탈할 수 있다. 상사위相似位 아래는 관행위觀行位로 오조계, 초당청 등 이러한 저명한 선사들이 닦는 계위도 단지 관행에 이르렀을 뿐, 오품 중 초중 후 어느 품에 이르렀는지 알 수 없다.

정종에 대해 말하면 자력에 의지해 명자위名字位의 후심后心에 이르도록 닦으면 부처님의 가지를 얻어 관행위의 초품에 이를 수 있다. 이러한 염불 수준으로써 임종시 곧 결정코 왕생하고 자재왕생한다. 천태종 등 여러 종의 계위에 대한 교판教判에 비추어 보면 오계五戒를 지키고 십선十善을 닦을 수 있는 자라야 비로소 진정한 대승의 수행인이고 그 계위는 바로 관행위의 초품이다. 왜냐하면 명자위의 사람은 통수通修하여도 아직 닦지 못하였기에 오계를 여전히 지키지 못하고 저절로 대승 수행인의 자격을 갖추고 있지 않다. 영명연수선사께서는 《선정사료간》에서 "만 사람이 닦아 만 사람이 모두 간다."함은 바로 대승 수행인에 견주어 말씀하신 것으로 관행위의 초품을 얻을 수 있어야 모두 결정코 왕생하고 저절로 「만 사람이 닦아 만 사람이 모두 간다.」

현재 어떤 스님은 여전히 글을 지어 영명연수대사의 《사료간》을 의심하여 결코 만 사람이 닦아 만 사람이 모두 가는 것이 아니라고 한다. 조금도 두려워하지도 부끄러워하지도 않고 계속 오계를 모두 수지하지 않으며 아침저녁으로 한가로이 몇 마디 부처님 명호를 염하면서 곧 자칭 「수행인」이라 큰소리치겠는가! **요즘 몇몇 염불인은 정종은 「업을 지닌 채로 왕생한다(帶業往生)」는 가르침만**

믿고 계율을 소홀히 하여 계를 깨뜨리고 살생·도둑질·삿된 음행·거짓말의 온갖 악을 짓는 사람은 어느 것이나 모두 그렇다. 또한 오역중죄를 짓는 부류도 모두 왕생할 수 있다고 자기 자신을 위로하고 이러한 십악을 짓고도 무방하고 임종시 깊이 믿고 간절히 발원하여 염불하면 왕생할 수 있다고 한다.

이병남李炳南 대덕께서는 타이중 연사의 거사 수는 십만 명인데, 그가 조념助念에 참가한 수는 만 명이 되고, 최후에는 개탄스럽게도 천 명이 조념하여 겨우 몇 명이 수승한 서상을 얻을 수 있다고 하셨다. "만 사람이 닦아 만 사람이 모두 간다." 함은 정말 헛된 말인가? 결국 진실로 닦은 염불인이 몇 명 없다는 뜻이다. **오계·십선이 원만한 사람은 임종이 모두 자재왕생하고 조념이 필요하지 않다.**

조념이 필요한 자는 모두 사람 몸을 유지할 수 없고 삼악도에 떨어질 죄악을 지은 사람이다. 《관경》 하배삼품은 오역십악의 무리는 모두 죄를 참회한 채 왕생함(懺罪往生)에 속한다. 경에서는 확실히 말한다. "선남자여, 그대가 부처님의 명호를 불렀기에 갖가지 죄업이 사라졌도다! 그래서 내가 와서 그대를 맞이하노라!" 마음대로 계율을 깨뜨리고 악업을 짓는 염불인은 빚진 업의 빚을 이번 생에 갚을 수 없다.

그러나 **업을 지닌 채 왕생함은 결코 죄를 지닌 채 왕생하는 것(帶罪往生)이 아니다. 삼악도에 떨어질 죄의 마음(성죄性罪; 그 자체로 죄인 행위)은 반드시 참회하여 제거하여야 한다.** 만약 이 죄악의 마음으로써 정토에 태어나길 구하고 싶으면 이곳에 있을 수 없다. 평상시 계를 깨뜨리고 온갖 죄악을 지은 염불인은 부끄러움도 두려움도 없는 습기가 이미 길러져, 막 임종하려는 때 갑자기 활인活人으로 크게 변해 스스로 마음속에서 우러나와 지은 온갖 죄를 부끄러워하고 참회할 리가 없고, 여전히 두려워하지도 부끄러워하지도 않으면서 아미타부처님께서 가지하여 업을 지닌 채 왕생하여 삼계를 횡으로 벗어나길 기도한다면 업을 지닌 채 왕생한다는 말에 대하 깊이 오해한다.

비록 정종의 염불법문이 삼계를 횡으로 벗어나는 법문에 속하지만 극락에는 삼악도가 없기에 본래 삼악도에 떨어질 죄악의 마음으로써 어떻게 횡으로 벗어날 수 있겠는가? 《관경》 하배삼품은 반드시 죄악을 참회하고 죄악을 소멸시켜야 비로소 왕생할 수 있는 법문으로 바로 여기에 견준 것이다. 또한 평상시 계를 깨뜨리고 온갖 죄악을 지은 염불인이 그 보리심 또한 진실하지 못하니, 계를 깨뜨리고 온갖 죄악을 지어 보리문을 거스르는 까닭이다. 다시 덧붙여 두렵고 부끄럼이 없고 참회할 수 없어 마음의 경계가 바뀌지 않았거늘 비록 염불할 수 있을지라도 죄를 소멸시킬 수 없고, 죄악의 마음이 제거되지 않아 자성의 부처님(自佛)을 장애하고 또 저 부처님(他佛; 아미타불)을 장애하니, 어찌 왕생을 이야기 할 수 있겠는가?

천 사람이 조념하여 겨우 몇 사람이 서상을 얻는 이치가 바로 여기에 있다. (임종할 때 서상이 없는 사람도 왕생할 수 있지만, 만약 나쁜 상이 출현하면 결코 왕생할 수 없다.) 본원법문에서는 자력수지를 집어내고 "만 사람이 믿으면 만 사람이 간다."고 제창한다. 견고하게 믿으면 결정코 왕생하고, 심지어 임종시 서상인지 여부를 판단하지 않고 서상이든 악상이든 관계없이 모두 결정코 왕생한다고 생각한다. 이러한 논조는 사람을 해침이 더욱 더 무겁다.

설사 위 글을 관할지라도 정종 염불법문의 수지를 타종의 자력법문과 그 쉽고 어려움을 비교하면 이미 하늘땅만큼 차이라 말할 수 있지만, 말법시기의 중생은 편안한 것만 좋아하고 일하기 싫어하며, 노력이나 노동의 대가를 치르지 않고 잔꾀로써 성공하려 하여 닦지 않고 왕생하고 싶어 하고, 계를 지키지 않고 왕생하고 싶어 하며, 죄를 참회하지 않고 왕생하고 싶어 하면서 줄곧 임종 때 아미타부처님께서 윤선輪船을 조정하여 접인하시길 기다린다……. 본원법문은 지금 시대에 믿는 대중이 많고 떼를 지어 달려들지만, 진정한 불법은 오히려 물어보는 사람이 적고, 인광대사의 일편고심一片苦心을 저버린다.

[제18칙] 어디서나 인연에 따라 염불을 권진하는 만큼 훨씬 쉬운 방편은 없다

그대는 정토법문을 홍양할 방편으로 빈 터에 학교와 정토사찰을 건립하길 발원하였지만, 어디서나 인연에 따라 사람들에게 염불을 권진하는 만큼 훨씬 쉬운 방편은 없다. 위로 종묘의 명당, 아래로 물가 나무 아래까지 권할 수 있는 사람을 보면 응당 염불을 권할지라.

문언박文彥博 노공潞公은 십만 명이 염불하여 서방에 태어나길 구하겠다는 원을 발하여 연사蓮社를 결성하였다. 나는 한 사람부터 무량한 사람까지 모두 염불하길 권하여 함께 서방극락에 왕생하도록 하겠다고 말하거늘, 구태여 십만 명으로 그 수를 한정하겠는가?

汝發露地學校、露地蓮社之願，固為省事，然又不如隨地隨緣之為方便易行也。上而淸廟明堂，下而水邊林下，得其可語之人，即以此事相勸。文潞公發十萬人念佛求生西方之願，以結蓮社；吾謂一人以至無量人，俱當令生西方，何限定以十萬也。

[보충] 송나라 문언박文彥博 노공潞公은 삼보三寶를 우러러 믿고 정업淨業을 전수하였다. 경사京師에 거할 때 정엄淨嚴법사와 염불회를 결사하여 일찍이 권진한 이가 십만 명에 이르렀다. 당시 사대부들에게 게송을 선사한 말이 있으니, "그대의 담력이 하늘을 찌를 만큼 큼을 알라. 그대가 서방극락의 십만 인연을 맺기를 원하노니, 일신의 영달을 구하지 말고 모두 함께 중생을 제도하는 배에 오릅시다." 그는 임종시 아무런 병이 없이 편안히 염불하면서 왕생하였다.

[역주] 그래서 「방편이행方便易行」은 정토종 염불법문을 수행함을 말한다. 어떤 행업이든 어떤 신분이든 상관없이 어느 때 어느 곳이든 막론하고 모두 수지할 수 있다. 그래서 불교 중에서 최상 방편의 수지방법으로 정토종에 속하지 않는 것은 없다.

정토종을 수학함에 있어 반드시 제경을 통달하고 교승教乘을 광범위하게 연구할 필요는 없으며 정좌靜坐를 전수專修할 필요가 없다. 걷거나 머물거나 앉거나 눕거나 모두 「나무아미타불」 부처님 명호를 칭념하면서 단지 믿음과 발원을 갖추고 일심으로 염불하며 처음부터 끝까지 게으르지 않는다면 목숨이 다하려고 할 때 정토에 왕생할 수 있을 것이다. 당연히 평상시에도 계행을 지키고 경전을 독송하며 온갖 선을 널리 행함을 조행으로 삼아야 한다.

법문이 간편함으로 말미암아 보급하기가 가장 쉽다. 다른 종을 배우는 사람도 이 법을 겸수하는 이가 많아져서 정토법문이 우리나라에서 광범위하게 유행하도록 힘써야 할 것이다.

[연종조사蓮宗祖師]

	樂邦文類	佛祖統紀	淨土指歸集	生無生親聞記	西舫彙征	蓮宗九祖傳略	十宗略說	연종 12조 찬송	**염송 의규**	**정수 첩요**
제1조	혜원	혜원	혜원	혜원	혜원	혜원	혜원	혜원	**혜원**	**혜원**
제2조	선도	선도	선도	선도	선도	선도	담란	선도	**선도**	**담란**
제3조	법조	승원	승원	승원	승원	승원	도작	승원	**승원**	**도작**
제4조	소강	법조	법조	법조	법조	법조	선도	법조	**법조**	**선도**
제5조	성상	소강	소강	소강	소강	소강	연수	소강	**소강**	**승원**
제6조	종색	연수	연수	연수	연수	연수	연지	연수	**연수**	**법조**
제7조		성상	성상	성상	성상	성상		성상	**성상**	**소강**
제8조		종색	종색		종색	연지		연지	**연지**	**연수**
제9조					연지	성암		우익	**우익**	**성상**
제10조								행책	**행책**	**연지**
제11조								성암	**성암**	**우익**
제12조								철오	**철오**	**행책**
제13조									**인광**	**성암**
제14조										**철오**
제15조										**인광**
제16조										**해현**

* 정공 노화상께서 이끌고 계시는 정종학회에서는 인광대사에 이어 제16조 조사로 2013년에 중국 내불사來佛寺에서 자재왕생하신 해현 노화상을 연종 16조로 추대하였다.

「불법이 흥하려면 오직 승가가 승가를 찬탄함에 있을 뿐이다(若要佛法興 唯有僧讚僧).」

_혜현 노화상

[제2과]

믿음을 내고 발원하다 [生信與發願]

깊은 믿음에는 모든 정업행자가 일심으로 오직 부처님의 말씀(言教)만 믿고 받들며, 목숨을 돌보지 않고, 결정코 가르침대로 받들어 행하길 간절히 바라는 뜻이 들어있다. 부처님께서 버리라고 하시면 즉시 버리고, 부처님께서 받들어 행하라 하시면 즉시 받들어 행하고, 가라고 하시면 즉시 가야 한다. 이래야 부처님의 거룩한 가르침에 수순함이라 하고, 부처님의 뜻에 수순함이라 하며, 부처님의 자비대원에 수순함이라 한다. 이래야 진정한 불제자라 한다. **_《관경사첩소 심요》(비움과소통)**

정토법문은 지극히 믿기 어려운 법문이다. 그래서 부처님께서는《무량수경》에서 "이 경전을 듣고서 믿고 좋아하며 수지하기는 어려운 것 중에서 어려우니, 이보다 더 어려운 것은 세상에 없느니라."라고 말씀하셨다. 또한《아미타경》에서도 "일체 세간을 위하여 이 믿기 어려운 법을 설하였으니, 이는 진실로 어려운 일이니라." 하셨다. 왕생에 대해 믿음을 건립하는 것이 얼마나 중요한지 알 수 있다. 우익대사께서는《미타요해》에서 "극락세계에 왕생할지 여부는 전적으로 믿음과 발원의 유무에 달려있고, 품위의 높고 낮음은 전적으로 집지명호의 깊고 얕음에 달려있다." 하셨다. 진정으로 왕생할 수 있는지 여부는 결정코 믿음과 발원에 있다. 만약 믿음과 발원이 없다면 설사 염불하여 일심불란에 이르도록 염할지라도 왕생할 수 없다. 그에게 왕생하려는 마음이 없다면 부처님께서도 접인할 방법이 없다.

[1] 진실한 믿음과 간절한 원을 보임 (示眞信切願)

[이끄는 말]

"믿음(信)"이란 글자는 곧 사바세계는 참으로 괴롭고, 극락세계는 참으로 즐겁다고 믿는다는 말이다. 왜냐하면 우리는 부처님께서 거짓말을 할 리가 없다고 믿어야 하기 때문이다. 이치상으로 말해 청정한 마음이면 반드시 청정한 국토가 있을 것이다. 그래서 아미타부처님께서는 반드시 청정한 마음으로 극락세계를 성취할 수 있었을 것이다. 마찬가지 이치로 사바세계의 중생은 더럽고 혼탁한 마음 때문에 이곳에 살고 있다. 그래서 더럽고 혼탁한 세계가 형성될 뿐이고 즐거움이 있을 수가 없다. 이미 우리가 사는 이 세계는 괴롭고 극락세계는 즐겁다. 그렇다면 우리는 기꺼이 정토에 왕생하길 동경하여 진실한 원을 발하여야 한다.

[제19칙] 사바의 팔고 · 극락의 여러 즐거움, 부처님은 허언이 없으니 진실로 믿어라

「믿음」이란 사바세계는 참으로 괴롭고, 극락세계는 참으로 즐겁다고 믿는다는 말이다. 사바세계의 괴로움은 무량무변하지만, 총괄하면 팔고八苦를 벗어나지 않는다. 이른바 태어나는 괴로움 · 병드는 괴로움 · 죽는 괴로움 · 사랑하는 사람과 이별하는 괴로움 · 원수를 만나야 하는 괴로움 · 구하여도 얻지 못하는 괴로움 · 오음五陰에 가려 불길같이 타오르는 괴로움이다. 이 여덟 가지 괴로움은 부귀함이 절정에 이른 사람이나 비천함이 구걸에 이른 사람이나 각자 누구에게나 그러한 괴로움이 있기 마련이다. 앞 일곱 가지는 과거세상의 인因으로 감득한 과보로 자세히 생각해보면 상세히 말하지 않아도 저절로 알 수 있다. 말해봤자, 먹물과 종이낭비일 뿐이다. 여덟째 「오온에 가려 불길같이 타오르는 괴로움」은 현재 마음을 일으키고 생각을 움직이며 몸과 입과 뜻으로 짓는 일체 행위, 일체가 모두 미래에 괴로움을 낳는 원인임을 가리킨다. 인과因果에 연거푸 말려들어 끊임없이 상속되기에 과거 무수겁에서 미래 겁에 이르도록 해탈할 수 없다.

所言信者，須信娑婆實實是苦，極樂實實是樂。婆娑之苦，無量無邊，總而言之，不出八苦。所謂生、老、病、死、愛別離、怨憎會、求不得、五陰熾盛。此八種苦，貴極一時，賤至乞丐，各皆有之。前七種是過去世所感之果，諦思自知，不須詳說，說則太費筆墨。第八五陰熾盛苦，乃現在起心動念，及動作云為，乃未來得苦之因。因果牽連，相續不斷；從劫至劫，莫能解脫。

「오음」은 곧 색色 · 수受 · 상想 · 행行 · 식識이다. 색은 곧 업보로 감득한 몸이고, 수상행식은 곧 경계에 접촉하여 일으킨 환幻과 같은 망념이다. 이 환과 같은 몸과 마음 등 일체 존재로 말미암아 색 · 성 · 향 · 미 · 촉 · 법 육진六塵의 경계에 대해 미혹을 일으켜 업을 지음이 불길같이 맹렬하여 멈출 줄 몰라서 "불길같이 일어난다"고 말한다. 또한 「음陰」은 뒤덮는다는 뜻이다. 왜냐하면 이 다섯 법이 존재하여 진성眞性을 뒤덮어서 그것이 드러나지 못하도록 막기 때문이다. 짙은 구름이 해를 가리면 비록 햇빛이 눈부시게 비추어 조금도 줄어들지 않을지라도 구름에 가려서 만물이 햇빛을 받지 못하는 것과 같다. 범부중생이 혹업惑業을 끊지 못하고 이 오음의 장애에 뒤덮여 진여본성의 지혜가 드러나지 못하는 것도 또한 이와 같은 이치이다. 이 여덟째 괴로움이야말로 일체 모든 괴로움의 근본이다.

五陰者，即色、受、想、行、識也。色，即所感業報之身；受、想、行、識，即觸境所起幻妄之心。由此幻妄身心等法，於六塵境，起惑造業；如火熾然，不能止息，故名熾盛也。又陰者，蓋覆義，音義與蔭同。由此五法，蓋覆眞性，不能顯現。如濃雲蔽日，雖杲日光輝，了無所損；而由雲蔽故，不蒙其照。凡夫未斷惑業，被此五法障蔽，性天慧日，不能顯現，亦復如是。此第八苦，乃一切諸苦之本。

불도를 닦는 사람은 선정의 힘이 깊어 육진六塵 경계에 대해 조금도 집착하지 않아, 미워하고 사랑하는 분별을 일으키지 않는다. 이러한 기초 위에서 가행정진加行精進으로 수행하고 나아가 무생법인無生法忍을 증득하면 혹업惑業은 깨끗이 다하고 생사윤회의 근본을 잘라서 끊어낼 것이다. 이러한 공부는 결코 쉽지 않아 요즘 같은 말세에는 증득하기가 실로 어렵다. 그래서 모름지기 정업淨業을 전수專修하여 극락세계에 태어나길 구하고, 아미타부처님의 자비원력에 기대어 서방극락에 왕생하여야 한다. 이미 극락세계에 왕생하면 연꽃에 화생化生하여 태어나는 괴로움이 없다. 모두 하나같이 남자의 모습을 하고, 수명 등은 허공같이 무량하며, 몸에는 재앙으로 인한 변고가 없다. 늙음·병듦·죽음 등의 이름조차 듣지 못하거늘 하물며 그것이 실재 존재하겠는가?

修道之人，禪定力深，於六塵境界，了無執著，不起憎愛；從此加功用行，進證無生，則惑業淨盡，斬斷生死根本矣。然此工夫，大不容易。末世之中，得者實難。故須專修淨業，求生極樂。仗佛慈力，往生西方。既得往生，則蓮花化生，無有生苦。純童男相，壽等虛空，身無災變；老病死等，名尚不聞，況有其實？

극락세계에서는 성중을 뒤따라 아미타부처님을 가까이 모시면서 물과 새, 숲에서 모두 법음法音이 연설되니, 자신의 근성根性을 따라 법문을 듣고 각자 증득한다. 사랑하는 사람에 대한 집착도 마침내 없거늘 하물며 원수에 대한 미움이 있겠는가? 옷을 생각하면 옷을 얻고, 음식을 생각하면 음식을 얻으며, 누각·당사는 모두 칠보로 이루어져 있는데, 이는 모두 인력을 빌린 것이 아니라 저절로 변화하여 지은 것뿐이다. 이러한 즉 사바세계의 일곱 괴로움을 뒤집어 극락세계의 일곱 즐거움을 이루었다. 각자의 몸(依報)은 곧 큰 신통력과 큰 위신력을 갖추어서 자신이 머무는 곳을 떠나지 않은 채 곧 일념 가운데 시방 제불세계를 두루 다니면서 갖가지 불사를 지어 위로 불도를 구하고 아래로 중생을 교화한다.

追隨聖衆，親侍彌陀，水鳥樹林，皆演法音，隨己根性，由聞而證；親尚了不可得，何況有怨？思衣得衣，思食得食，樓閣堂舍，皆是七寶所成，不假人力，唯是化作；則翻娑婆之七苦，以成七樂。至於身則有大神通，有大威力；不離當處，便能於一念中，普于十方諸佛世界，作諸佛事，上求下化。

각자의 마음(正報)은 곧 큰 지혜와 큰 변재를 지녀서 일법 가운데 제법실상을 두루 알아 중생의 근기에 따라 설법해도 잘못이 없고, 비록 세속제(世諦)[39]의 언어로 말해도 모두 실상의 미묘한 이치에 들어맞을 수 있다. 오음에 가려 불길같이 일어나는 괴로움이 없고, 몸과 마음이 적멸의 즐거움에 머문다. 그래서 《아미타경》에서 말씀하시길, "저 국토의 중생들은 어떠한 괴로움도 없고 오직 온갖 즐거움만 누리나니, 이러한 인연으로 극락이라 하느니라." 하셨다. 사바세계의 괴로움은 이루 다 말할 수 없고, 극락세계의

---

39) 속제俗諦와 진제眞諦, 이제二諦의 하나. 즉 세제世諦는 속제 또는 세속제라 하는데 세간의 진리라는 뜻이고, 또한 세속인이 아는 도리를 가리킨다. 진제는 또 승의제勝義諦, 제일의제第一義諦, 즉 성지聖智 소지소견所知所見의 진실이성이고, 또한 곧 내증內證의 이언법성離言法性이며, 성지 소지소견의 진실이성으로 여러 허망을 여읜다. 그래서 "진"이라 하고 그 이체는 영원히 변하지 않는 까닭에 "제諦"라 한다.

즐거움은 그 무엇으로도 비유할 수 없다. 부처님 말씀을 깊이 믿어 조금도 의심이 없어야 참 믿음(眞信)이라 한다. 부디 범부 외도의 지견으로써 망녕되이 추측하여 "극락정토의 갖가지 불가사의하고 수승 미묘한 장엄은 모두 우화나 신화에 속하는 말이지 결코 실재하는 경계가 아니다"라고 말하지 말라. 만약 이러한 삿된 앎, 그릇된 견해가 있다면 곧 극락정토에 왕생하는 실제 이익을 잃고 마니, 그 위험과 해로움이 얼마나 큰지 결코 몰라서는 안 된다!

心則有大智慧，有大辯才；於一法中，遍知諸法實相，隨機說法，無有錯謬；雖說世諦語言，皆契實相妙理。無五陰熾盛之苦，享身心寂滅之樂；故經云，無有衆苦，但受諸樂，故名極樂也。娑婆之苦，苦不可言；極樂之樂，樂莫能喻。深信佛言，了無疑惑，方名眞信。切不可以凡夫外道知見，妄生猜度，謂淨土種種不思議勝妙莊嚴，皆屬寓言，譬喻心法，非有實境。若有此種邪知謬見，便失往生淨土實益；其害甚大，不可不知！

[보충] **팔고시八苦詩**

팔고의 뜻은 성암대사省庵大師의 팔고시八苦詩에서 대략 알 수 있다. 이 시를 읽으면 동시에 사바세계의 지극한 괴로움과 극락세계의 지극한 즐거움을 체득할 수 있다.

태어나는 괴로움(生苦)
숙업의 바람이 불어 식신識神이 모태에 들어가니
감옥 방 같아 깊이 감춰져 실로 애달프구나!
엄마가 굶을 때마다 거꾸로 매단 듯 고통 받고
허겁지겁 먹을 때마다 산사태를 만난 듯 놀라네.

성문연각도 영향을 받아 마음이 미혹해 잊어버리고
권교보살도 그 가운데 지혜가 열리지 않나니,
맹세코 애욕의 연을 끊고 극락에 태어나길 구하라
연꽃 속에 화생하니 청정무구하여 옥 같은 아이라.

늙는 괴로움(老苦)
만사에 남에게 져서 이미 은퇴하였고
몸은 스스로 부끄럽고 건강하지도 젊지도 않다
홍안은 이미 가버려 흔적이 묘연하고
흰머리가 날로 생겨 점차로 백발이 되네.

즐거웠던 어린 시절 생각하니 남몰래 눈물이 흐르고

사람을 만나니 장년이 강하다 말할 수 없네.
어찌 알겠는가, 극락정토에는 봄으로 오래 지내나니,
밤낮으로 바빠 몸과 마음을 고달프게 하지 않네.

병드는 괴로움(病苦)
사대의 몸은 계절의 변화로 인해 우연히 병이 나면
이 몸은 자연의 추이를 편안히 받아들일 수 없어
희미한 등불에 몸 그림자 드리우니 근심에 잠 못 이루고
또 텅 빈 거리에 빗소리만 들리니 더욱 쓸쓸한 밤이라.

지난날 기억하니 그 즐거웠던 나날들 어디로 가버리고,
지금은 병석에서 앓고만 있는데, 누굴 마음에 품겠는가!
어찌 알겠는가, 극락정토 중생은 청허한 몸으로
백옥의 계단을 한가로이 자재하게 돌아다니네.

죽는 괴로움(死苦)
식신識神이 장차 다하여 문득 무상(죽음)이 닥쳐오니
지수화풍 사대가 분리되는 현실을 마주하기 어렵도다.
껍질을 벗기는 산 거북이처럼 정말 끊어질 듯 아프고
끓는 물에 떨어진 방게처럼 두려워하고 당황하네.

되는대로 감옥 방에 떨어져 수인과 친구가 되고
손을 묶어 깊이 가두는 일을 귀왕옥졸이 한다네.
왜 같겠는가, 연꽃잎이 열려 아미타불 친견하니
무생법인을 증득하고 수명은 헤아리기 어렵다네.

사랑하는 사람과 이별하는 괴로움(愛別離苦)
살아서 떠나있고 죽어서 이별함은 가장 감당하기 어려운 상처라
이별을 말할 때마다 사람의 애간장을 끊어지게 하네.
우 미인은 장막 안에서 항우와 작별인사를 하고
명 황제 양귀비는 말 위에서 군왕에게 작별을 고하였네.

눈물이 흘러 얕아지길 꺼려서 깊은 강 바다를 이루도록
영원한 이별을 한탄하니, 하늘땅 아래 이렇게 긴 것은 없구나.
극락에서는 여러 상선인들이 모두 한 곳에 모여 지내니
원컨대 광겁의 오랜 세월 아무도 이별하지 않는다고 가르치게.

원수를 만나야 하는 괴로움(怨憎會苦)
괴로운 일은 사람이라면 누구나 피하고자 하나
누가 숙업이 저절로 부르는 것인 줄 알겠는가?
저승에서는 돈이 있어도 염라대왕에게 사면을 사기 어렵고
옥졸에게도 용서를 구할 수 있는 방도가 없구나.

복병이 장순을 패배시키니 귀신이 되어 적을 물리치겠다 생각하고
소씨가 죽기 전에 고양이가 되어 측천무후를 누르겠다고 발원했네.
염불하여 함께 어느 때에 연지해회에 참여할 수 있으면
누겁의 원수가 동참도우로 변화되어 함께 법락을 누리리라.

구하여도 얻지 못하는 괴로움求不得苦
곤궁과 영달의 유래는 모두 전생에 지은 업인에 있나니
바꾸어 태어나도 희망이 곧 바꾸어 이전 그대로 따라하네.
돛을 올려 출범해도 자주 보는 건 배가 가라앉아 죽은 객상이고
과거 시험 방을 붙이면 온통 낙제한 사람뿐이라.

한평생 농사일을 하여도 배 불리 먹기가 어렵고,
해마다 배를 짜고도 아직도 누더기 옷을 입을 뿐이라.
극락세계는 옷과 음식이 마음먹는 대로 나타나니
부지런히 애쓰며 고생할 필요가 없도다.

오음에 가려 불길같이 타오르는 괴로움(五陰熾盛苦)
몸과 마음을 핍박하는 괴로운 일이 아무리 많아도
마음껏 소리내어 울 수 있는 곳이 없어라
애간장이 끊어질지라도 감정은 다 끊지 못하고
피눈물이 마를 때 마음속 한은 아직도 마르지 않네.

한나라 소무는 바다에 임해 20년 양을 치면서 사절을 지켰고
초나라 오자서는 소관을 통과하며 하룻밤 새 머리가 세어버렸다.
어떻게 정토에 태어나 참선과 관상 두루 닦아
고요함과 비춤 동시에 갖추어 유무의 관념을 여의는 일만 하겠는가?
_《독인광대사문초기讀印光大師文鈔記》 회성會性법사

[제20칙] 이러한 믿음이라야 참 믿음이니, 자심을 믿고 이체를 믿음이라

아미타부처님께서는 우리를 위해 광대한 원행을 일으키고, 누구나 왕생하여 성불할 수 있다고 약속하셨다. 그러나 우리는 오히려 아미타부처님의 행원에 어긋나게 살며 오랜 겁 이래로 모두 육도윤회하면서 영원히 중생 노릇을 하고 있다. 아미타부처님께서는 우리 마음속에 계신 부처님이고, 우리는 아미타부처님 마음속에 있는 중생임을 알아야 한다. 마음이 비록 하나일지라도 범부와 성인은 하늘땅만큼 큰 차이가 있으니, 이는 모두 우리가 한결같이 미혹 전도되어 진심을 등지고 여윈 까닭이다.

彌陀為我發願立行，以期成佛。我違彌陀行願，以故長劫恒淪六道，永作衆生。了知彌陀乃我心中之佛，我乃彌陀心中之衆生。心既是一，而凡聖天殊者，由我一向迷背之所致也。

이러한 신심이 있어야 참 믿음이라 할 수 있다. 이러한 신심의 기초 위에서 이번 생에 결정코 서방극락에 왕생하겠다는 원을 발하고, 결정코 염불하겠다는 행을 실행에 옮겨야 정토종의 법계에 깊이 들어가 이번 생에 도업을 성취하며, (범부의 경계에서) 단번에 뛰어넘어 여래의 경계로 곧장 들어갈 수 있으니, 마치 어머니와 아들이 서로 만나 영원히 천륜의 즐거움을 누리는 것과 같다 말할 수 있다.

如是信心，可為眞信。從此信心上，發決定往生之願，行決定念佛之行，庶可深入淨宗法界，一生取辦。一超直入如來地，如母子相會，永樂天常矣。

[역주] 제불과 중생심의 체성은 제석천의 보배구슬(인드라망) 천개 구슬처럼 서로 갖추고(互具) 두루 갖추며(遍具), 서로 포섭하고 두루 포섭하여 같지 않고 다르지 않다. 서방극락의 아미타부처님은 즉 중생자성의 아미타부처님이고, 극락정토는 곧 중생의 유심정토이니, 심성은 바깥이 없는 까닭이다.

"마음은 비록 하나일지라도", 마음의 체성은 자신도 아니고 타인도 아니며, 자신이자 타인으로 진여문에서 이 체성은 여여부동하고 생멸문에서 이 체성은 변하지 않으며, 늘 인연에 수순하니 일체중생의 심체가 될 수 있다.

경에 이르시길, "마음과 부처와 중생 이 셋은 차별이 없다"하셨고, "제불여래께서는 곧 법계신이니 일체 중생의 심상心想 속으로 들어가시니라" 하셨다. 천태종에서는 "백계천여百界千如, 일념삼천一念三千"을 말하니, 범부는 망심일지라도 진심을 본래 스스로 구족하여 모자람도 없고 새어나감도 없어 삼천세간 일체제법이 일념의 마음을 여의지 않는다. 그러나 이체는 같지만, 일체 현상은 다르다. 그래서 "범부와 성인은 오히려 하늘땅만큼 차이가 있다."

인광대사께서는 이 단락에서 「참 믿음」을 열어 보이신다. 그 의리가 비교적 깊어서 얕은 수행의 일이 아니라면 그 믿음을 견줄 수 있다. 이는 우익대사께서 《요해要解》에서 하신 말씀과 같다.

"「자기 심성을 믿음(信自)」이란 나의 현전하는 일념의 마음은 본래 사대오온의 육단심肉團心도 아니고, 또한 육진경계에 반연하는 그림자 같은 연영緣影심도 아니며, 시간상으로 시작도 마침도 없고, 공간상으로 변제가 끊어져, 하루 종일 인연을 따르지만 하루 종일 변하지 않으며, 시방 허공법계의 미진 국토도 그 근원은 나의 일념심 가운데 나타난 사물임을 믿는 것이다. 또한 내가 비록 혼미하여 미혹 전도되어 있지만, 일념으로 마음을 돌리면 자기 심성에 본래 갖추어진 극락에 왕생할 수 있음을 확실히 믿어 다시는 의심하고 염려하지 않는 것을 자기 심성을 믿음이라 한다. ……

「이체를 믿음(信理)」이란 십만 억 불국토가 실제로 나의 현전하는 일찰나의 일념심성에서 벗어나지 않음을 깊이 믿는 것이다. 나의 현전하는 일념의 심성은 실제로 밖이 없는 까닭이다. 또한 서방극락의 의보와 정보, 스승과 제자들은 모두 나의 현전하는 일념심성에 나타나는 그림자임을 깊이 믿는 것이다. 사상事相 전체 그대로가 곧 이체이고, 망심 전체 그대로가 곧 진심이며, 수덕 전체 그대로가 곧 성덕이며, 저 부처님 전체 그대로 곧 자기 심성이다. 내 마음이 두루 한 까닭에 부처님의 마음도 역시 두루하고, 일체 중생의 심성도 역시 두루하다. 비유하면 방 한 칸에 천 개의 등불이 있어도 각각의 광명이 두루 비추고 겹겹이 교차하며 거두어들여 서로 방해하지 않는 것과 같다. 이를 「이체를 믿음(信理)」이라 한다." 이런 종류의 신해라야 비로소 참 믿음이다.

[제21칙] **사바세계 괴로움을 싫어해 여의고, 극락세계 즐거움을 기뻐하여 구하라**

염불, 이 일 하나는 생사윤회를 끝마치는 가장 중요한 일이다. 이미 생사윤회를 끝마치기로 마음먹은 이상 생사윤회의 고통에 대해 저절로 싫어하는 마음이 생겨나고, 서방극락의 즐거움에 대해 저절로 기뻐하는 마음이 생겨난다. 이와 같으면 믿음과 발원, 두 가지 법이 일념 가운데 원융하게 갖추어질 것이다.

念佛一事，最要在了生死。既為了生死，則生死之苦，自生厭心；西方之樂，自生欣心。如此則信願二法，當念圓具。

게다가 뜻과 정성이 간절하여 자식이 어머니를 그리워하듯 아미타부처님을 억념하면 아미타부처님의 불력·법력·자기 심성의 신원공덕력, 이 세 가지 법이 원융하게 드러날 것이다. 마치 밝은 태양이 하늘에 걸려 있어 설사 안개가 짙게 드리우고 얼음이 두껍게 얼었을지라도 머지않아 곧 녹아내리는 것과 같다.

再加以志誠懇切，如子憶母而念，則佛力、法力、自心信願功德力，三法圓彰。猶如杲日當空，縱有濃霜層冰，不久即化。

[역주] 인광대사께서 하신 "불력 · 법력 · 자기심성의 신원공덕력" 이 세 가지 힘의 말씀은 《미타요해》에서 근원하였다. "심성의 극치"는 곧 자기 심성의 신원공덕력이요, "집지명호의 기이한 공덕"은 곧 법력이요, "아미타부처님의 대원"은 즉 불력이다. 이 세 가지 힘을 귀납하면 최종으로 자력 · 타력 두 가지 힘이고, 《반야삼매경》의 견불 세 가지 힘과 일치한다.

[보충] 시방불토에는 이 명상名相이 없고, 이 계위階位가 없으며, 이 법문이 없다. 심성의 극치 · 집지명호의 기이한 공덕 · 아미타부처님의 법력이 아니면 어떻게 여기에 있겠는가.

이 문구는 심력 · 법력 · 원력 세 가지 힘으로 귀결되고 부사의한 인행因行의 세 가지 요소가 된다. 극락을 제외하고 그 밖에 다른 불국토에는 아미타부처님의 홍원弘願 · 집지명호의 승인勝因 · 광명과 수명이 제불과 나란한 계위階位가 없다. 그래서 의보 · 정보를 갖추어 모두 옳고 모두 그른(俱是俱非) 명상이 없고, 또한 모두 옳고 모두 그른 계위가 없으며, 다시 모두 옳고 모두 그른 원융절대의 법문이 없다.

오직 극락에서만 모두 무량수를 증득하는 까닭에 모두 그르고(俱非), 무량광을 증득하는 까닭에 모두 옳다(俱是). 진실로 중생과 아미타부처님은 심성이 원만하게 뛰어넘고 원만하게 섭수하여 모두 즉하고 모두 여읨으로 말미암아 극락세계 의보 · 정보가 모두 옳고 모두 그른 명상이 있다. 집지명호로 염불하여 마음 그대로 성불하는 기이한 공덕으로 말미암아 광명이 부처님의 광명과 같고, 수명이 부처님의 수명과 나란하여 일생에 성불하는 계위가 있다. 아미타부처님께서 48원으로 중생을 섭수하심으로 말미암아 부처님을 그리워하고 부처님을 생각하여 결정코 성불하는 법문이 있다.

심성의 극치란 심요心要이고, 집지명호의 기이한 공덕이란 경요境要이며, 아미타부처님 대원이란 법문요法門要이다. 이 삼요三要가 한 때에 모이니, 일념에 불퇴不退를 증득한다. 정토가 가장 수승한 곳이 아니라면 어찌 능히 여기에 이르겠는가.

_보정寶靜법사《아미타경요해친문기阿彌陀經要解親聞記》

[제22칙] 괴로움을 알아 출리심을 내고 즐거움을 주어 보리심을 발할지라

《아미타경》에서 말씀하시길, "여기에서 서쪽으로 십만 억 불토40)를 지나가면 「극락」이라 이름하는 세계가 있고, 그 세계에는 명호가 「아미타」인 부처님께서 계시나니, 지금 그곳에서 안온히 주지하시면서 법을 설하시고 계시느니라." 하셨고, 또 말씀하시길, "저 국토를 어떤 인연으로 「극락」이라 하는가? 저 국토의 중생들은 어떠한 괴로움도 없고 오직 온갖 즐거움만 누리나니, 이러한 인연으로 「극락」이라 하느니라." 하셨다.

40) 한 부처님이 머무는 국토 혹은 한 부처님이 교화하는 영토를 가리키고, 정토淨土 · 예토穢土 · 보토報土와 법성토法性土의 구분이 있다.

극락세계에는 일체 괴로움이 없고, 온갖 즐거움만 누린다고 함은 아미타부처님의 복덕과 지혜, 신통·도력으로 성취하여 장엄된 까닭이다.

阿彌陀經云：從是西方，過十萬億佛土，有世界名曰極樂。其土有佛，號阿彌陀，今現在說法。又曰：彼土何故名為極樂？其國衆生，無有衆苦，但受諸樂，故名極樂。其無有衆苦，但受諸樂者，由阿彌陀佛福德智慧，神通道力，所莊嚴故。

그러나 우리가 거주하는 이 세계에는 삼고三苦·팔고八苦 등 온갖 괴로움이 헤아릴 수 없이 많아 조금도 즐거움이 없으므로 「사바娑婆」라 한다. 범어인 「사바」는 번역하면 바로 「견뎌낸다(堪忍)」는 뜻으로 그 가운데 중생들은 어떠한 괴로움이라도 참고 견디어 낼 수 있다는 말이다. 그러나 이 세계에도 전혀 즐거움이 없는 것은 아니다. 다만 모든 즐거운 일들은 아무리 즐거워도 모두 괴롭지만, 중생이 어리석어서 오히려 즐겁다고 여길 뿐이다. 예를 들면 술을 즐기고, 여색이나 사냥·게임에 빠지는 등 이러한 것들이 어찌 진정한 즐거움이겠는가? 어리석은 범부들은 이러한 쾌락에 집착하여 버리지 못하고 피곤함도 잊은 채 즐거워하니, 실로 불쌍하다 할만하다. 설사 정말 즐거울지라도 이 또한 오래가기 어렵다. 예를 들면 부모님 모두 살아계시고 형제도 무고한 이러한 일이 어떻게 영원할 수 있겠는가? 그래서 즐거운 경계가 한번 지나가면 슬픈 마음이 잇달아 일어난다. 그래서 사바세계에는 즐거움이 조금도 없다고 말해도 결코 지나친 말이 아니다. 이 세계의 괴로움은 이루 다 말할 수 없지만, 삼고三苦·팔고八苦에 남김없이 포함할 수 있다.

吾人所居之世界，則具足三苦八苦，無量諸苦，了無有樂，故名娑婆。梵語娑婆，此云堪忍；謂其中衆生，堪能忍受此諸苦故。然此世界，非無有樂，以所有樂事，多皆是苦；衆生迷昧，反以為樂。如嗜酒耽色，畋獵摴蒱等，何嘗是樂？一班愚夫，耽著不捨，樂以忘疲，誠堪憐愍。即屬眞樂，亦難長久。如父母俱存，兄弟無故，此事何能常恒？故樂境一過，悲心續起，則謂了無有樂，非過論也。此世界苦，說不能盡；以三苦、八苦，包括無遺。

삼고三苦는 바로 첫째는 고고苦苦이고, 둘째는 괴고壞苦이며, 셋째는 괴롭지도 즐겁지도 않음은 행고行苦이다. 「고고苦苦」의 뜻은 마음에 들지 않은 경계에 대하여 오음五陰의 몸과 마음을 몰아대는 까닭에 「고」라고 한다. 게다가 생로병사 등의 괴로움을 오랫동안 겪는 까닭에 「고고」라 한다.

「괴고壞苦」의 뜻은 세상에서 마음에 드는 일이 얼마나 오래갈 수 있겠는가? 해는 정오가 되면 서쪽으로 기울고, 달은 보름이 지나면 이지러지기 시작하듯 하늘의 도는 모두 이와 같거늘, 하물며 인간세상의 일이겠는가? 즐거운 경계가 막 출현하자 괴로운 경계가 이미 닥쳐왔고, 즐거운 경계가 무너졌을 때 그 괴로움은 차마 말할 수 없다. 그래서 즐거움을 「괴고」라 한다.

「행고行苦」의 뜻은 비록 괴롭지도 즐겁지도 않은 것이 적절한 듯하지만, 이러한 상황이 덧없이 변화하고 오래도록 유지할 수 없어 「행고」라 한다. 이 삼고는 모든 괴로움을 남김없이 포함한다.

三苦者：一、苦是苦苦，二、樂是壞苦，三、不苦不樂是行苦。苦苦者，謂此五陰身心，體性逼迫，故名為苦。又加以恒受生老病死等苦，故名苦苦。壞苦者，世間何事，能得久長？日中則昃，月盈則食。天道尚然，何況人事？樂境甫現，苦境即臨；當樂境壞滅之時，其苦有不堪言者，故名樂為壞苦也。行苦者，雖不苦不樂，似乎適宜；而其性遷流，何能常住？故名之為行苦也。舉此三苦，無苦不攝。

팔고八苦의 뜻은 경전에서 상세히 강술하고 있다. 이 세계의 괴로움을 안다면 사바세계를 싫어하여 떠나려는 마음이 뭉게뭉게 일어날 것이고, 극락세계의 즐거움을 안다면 극락을 좋아하여 구하려는 생각이 반드시 무성하게 일어날 것이다. 이로써 「일체 악을 짓지 말고 온갖 선을 봉행하여」 정업淨業의 기초를 잘 다질 뿐만 아니라 지성심과 간절한 마음으로 「나무아미타불」 부처님 명호를 집지하여 서방에 태어나길 구하면 이 사바세계를 영원히 벗어나고 (상품상생인으로) 저 극락세계에 태어나서 아미타부처님의 참 제자가 되고, 연지해회蓮池海會 대보살들의 좋은 벗이 될 수 있을 것이다.

八苦之義，書中備述。若知此界之苦，則厭離娑婆之心，自油然而生；若知彼界之樂，則欣求極樂之念，必勃然而起。由是諸惡莫作，衆善奉行，以培其基址；再加以至誠懇切，持佛名號，求生西方，則可出此娑婆，生彼極樂，為彌陀之眞子，作海會之良朋矣。

[역주] 괴로움을 싫어해 여의고 즐거움을 좋아해 구하지만, 담란대사의 《왕생론주往生論注》에 따르면 오직 개인만 괴로움을 여의길 구하고 정토의 즐거움을 누리길 욕심낸다면 이러한 발심으로는 근본적으로 극락에 왕생할 수 없다. 우익대사께서는 《미타요해》에서 사바세계를 싫어해 여의고 극락세계를 좋아해 구하여 왕생을 발원하는 마음을 일으키길 권하시면서 글 뒤에 주해에서 이 원은 「사홍서원四弘誓願」에 수순하여 발하는 것으로 즐거움을 누리길 욕심내는 것이 아니라 극락에 왕생하여 불과를 성취하고 다시 **자비의 배를 거꾸로 몰아(倒駕慈航)** 인연 있는 중생을 널리 제도하고 중생에게 즐거움을 선사하기 위함이다. 이것이 바로 정종 특색의 보리심을 발하는 의미이다.

[제23칙] **염불삼매는 왕중의 왕이고, 보배중의 보배이다**

승조僧肇 대사께서 말씀하시길, "천지의 안, 우주의 중간 그 가운데 보배가 하나 있으니, 사대·오온의 산(형산)[41]에 감추어져 있다" 하셨다. 이 말씀은 아직 깨닫지 못한 사람을

41) 형산形山은 곧 육신을 가리킨다. 또한 우리의 심성, 우리의 마음이 몸에 비장되어 있는 까닭에 불서에서는

기준으로 말한 것이다. 실제상으로는 이 보배(불성)는 허공 일체를 포함하여 공간상으로 궁진함이 없고 시간상으로 두루 미치지 않음이 없으며, 옛부터 지금까지 변함없이 언제나 밖으로 드러나 있다. 이는 포대화상께서 "시시때때로 세상 사람에게 보이나, 세상 사람은 스스로 알지 못한다." 하신 말씀과 꼭 같다. 이 어찌 슬프지 않단 말인가? 오직 우리 석가세존 한 분만이 몸소 수용할 수 있다. 나머지 일체중생은 이 일겁에서 저 일겁에 이르도록 단지 이 보배의 위신력에 기대어 미혹을 일으키고 업을 지어 육도에 윤회하면서 벗어날 날이 없다. 마치 눈먼 사람이 몸소 보배 산에 올라도 수용할 수 없을 뿐만 아니라 오히려 그것에 상처를 받고 만다.

肇法師云：天地之內，宇宙之間，中有一寶，祕在形山。此語，且約未悟未證者言；實則此寶包括太虛，豎窮橫遍，亙古亙今，時常顯露。正所謂：時時示時人，時人自不識。可不哀哉？唯我釋迦世尊一人，親得受用。餘諸衆生，經劫至劫，仗此寶威神之力，起惑造業，輪迴六道，了無出期；猶如盲人，親登寶山，不但不得受用，反更受彼所傷。

[보충] **운문화상의 한 가지 보물(雲門一寶)**

운문화상께서 대중에게 수시하시길, "천지의 안, 우주의 중간 그 가운데 보배가 하나 있으니, 형산에 감추어져 있다. 등롱을 들고 불전 안으로 향하고, 삼문을 가지고 등불 위에 놓아라.(乾坤之內，宇宙之間，中有一寶。祕在形山，拈燈籠向佛殿裏，將三門來燈籠上)." 이는 승조께서 《보장론寶藏論》「광조공유품廣照空有品」에서 "대저 천지의 안, 우주의 중간 그 가운데 보배가 하나 있으니, 형산에 감추어져 있다. 앎(識)이 모든 것(物; 중생)을 신령스럽게 비추지만, 안과 밖이 모두 (실체가 없어) 공하니 적막하여 보기가 어렵다. 그것을 일러 현현玄玄이라 한다" 하신 말씀에 근거한다. 「등롱을 들고」 이하는 운문화상의 역주이다. 형산形山은 사대오온四大五蘊을 가리킨다. 등롱은 등불을 넣는 용기로 보배 하나가 밝게 비춤을 비유하고, 불전佛殿 안은 형산이 공하여 실체가 없음을 비유한다. 삼문三門은 곧 절의 산문山門으로서, 공空 · 무상無相 · 무작無作의 삼해탈문三解脫門을 가리킨다. _《불광대사전》

선도대사께서는 《관경사첩소》 준에서 말씀하시길, "만약 해문解門을 배우고자 하면 범부에서 성위 내지 불과에 이르기까지 일체 걸림 없이 모두 배울 수 있다. 만약 행문行門을 배우고자 하면 반드시 인연 있는 법문을 빌려 (인연이 있으면 십분 효과가 있어) 노력을 적게 들이고도 많은 이익을 얻을 수 있다" 하셨다. 그렇지 않으면 이 일겁에서 저 일겁에 이르도록 여전히 매우 벗어나기 어렵다. 이른바 이체에 맞고 근기에 맞는 법은 믿음과 발원으로 부처님 명호를 집지하여 서방극락에 왕생하길 구할 수 있는 법은 하나도 없다. _인광대사, 《문초》

이로써 세존께서는 근기에 수순하여 잘 맞게 중생을 위해 여래의 지견을 열어 보이시고 저들이 각자 길을 나서 집으로 돌아가게 하셨다. 저 육근六根 · 육진六塵 · 육식六識 · 칠대

"비밀은 형산에 있다"는 말 한마디로 우리의 심성을 가리킨다.

七大 등 바깥경계의 연분에 따라 반야의 지혜로써 자세히 살피고 관찰하면 이 보배를 직접 볼 수 있다고 약속하셨다. 그렇지만 반야의 지혜 관조를 갖추어 지금 이 자리에서 오온五蘊이 다 공하고 일체 고액苦厄이 다 사라진 사람이 많이 있을지라도 근기가 둔한 말세 중생이 할 수 있길 바라는 것은 전혀 아니다.

由是世尊，隨順機宜，為之開示，俾彼各各就路還家；於彼六根、六塵、六識、七大中，隨于何境，諦審觀察，以期親見此寶。然具般若之智照，直下蘊空厄盡者，雖則大有其人，而非末世鈍根衆生所能希冀。

[보충] 성관자재보살마하살께서 수명을 구족한 사리자에게 일러 말씀하시기를, "사리자여, 만약 선남자 선여인이 반야바라밀다의 깊은 미묘한 행을 닦고자 한다면 응당 오온의 자성이 모두 공함을 체관諦觀할지라. 색온 그대로 진공이고, 진공 그대로 색온이며, 색온은 진공과 다르지 않고, 진공은 색온과 다르지 않으며, 이와 같이 수온 · 상온 · 행온 · 식온 또한 모두 진공이니라." _《반야심경오가해강기》(비움과소통)

이에 부처님께서 마침내 특별법문을 여시어 상중하 근기 모두 함께 이번 생에 그 진실한 이익을 얻을 수 있다고 약속하셨다. 그 특별법문은 곧 일체중생에게 깊은 믿음을 내고 간절히 발원하여 「아미타불」 거룩한 명호를 전념함으로써 "육근을 모두 거두어 들여 정념을 이어가도록 하심(都攝六根，淨念相繼)"이다. 오래도록 지속하면 업식業識으로 가득한 중생의 마음이 그대로 여래의 비밀장祕密藏을 이루니, 이는 즉 삼매三昧의 보배로 말미암아 실상의 보배를 증득함으로 이때 비로소 이 보배가 법계에 두루 가득 함을 알 것이다. (그런 후 보리심을 발하여) 또한 이 보배로써 일체중생에게 널리 보시할 것이다. 그래서 부처님께서 친히 이 법문을 여신 이래로 일체보살 · 조사 · 선지식이 모두 다 이 법문을 좇아 행하였다. 이로써 자력과 타력을 모두 갖추니, 오직 자력에 기대어 해탈하는 법문에 비해 그 어렵고 쉬움이 어찌 하늘땅만큼의 차이에 그치겠는가.

於是遂開一特別法門，以期上中下根，同於現生，得其實益。令以深信切願，專念阿彌陀佛聖號，都攝六根，淨念相繼。久而久之，即衆生業識心，成如來祕密藏。則由三昧寶，證實相寶，方知此寶，遍滿法界。復以此寶，普施一切。以故自佛開此法門以來，一切菩薩、祖師、善知識，悉皆遵行此法。以其具足自他二力，校彼專仗自力者，其難易奚啻天淵之別。

[역주] 염불할 때 마음(의근意根)으로 또렷하게 염해야 하고, 입(설근舌根)으로도 또렷하게 염해야 하며, 귀(이근耳根)로는 또렷하게 들어야 한다. 의근 · 설근 · 이근 세 가지 근 하나하나 부처님 명호로 섭수하면 안근도 이리저리 두리번거리지 않고, 코도 다른 냄새를 맡지 않으며 몸도 게으르지 않으니, 이를 「도섭육근都攝六根」이라 한다.

육근을 모두 거두어 들여 비록 망념이 전혀 없지는 않겠지만 거두어들이지 않은 경우 보다 청정한 경우가 많아지니, 그래서 「정념淨念」이라 한다. 정념이 항상 서로 이어져서 끊어짐이 없다면 저절로 마음은 일처로 돌아가니, 그것이 깊으면 일심을 얻고 그것이 깊으면 삼매를 얻는다.

삼매는 삼마제, 또는 삼마지라 한다. 번역하면 정정正定이니, 즉 온갖 삿됨과 산란함을 여의고 마음을 거두어 산란하지 않는다는 뜻이다. 염불하여 정념이 서로 이어지면 곧 「염불삼매念佛三昧」에 들어간다.

[제24칙] 대세지보살은 염함을 돌이켜 염하는 자성을 염하고, 관세음보살은 들음을 돌이켜 듣는 자성을 듣는다

우리가 과연 진실한 믿음과 간절한 발원을 갖추어 자식이 어머니를 그리워하듯 육근六根을 모두 거두어 들여 정념淨念을 계속 이어가 염할 수 있으면, 곧 대세지보살의 「염함을 돌이켜 염하는 자성을 염함(反念念自性)」과 관세음보살의 「들음을 돌이켜 듣는 자성을 들음(反聞聞自性)」[42] 이중의 공부로써 일심에 녹여 아미타여래의 만덕홍명을 염하는 것으로 오래도록 지속하면 중생의 업식심業識心이 여래의 비밀장祕密藏을 이룰 것이다. 이른바 과지果地의 각을 인지因地의 마음으로 삼는 까닭에 인因이 과果의 바다를 통달하고 과果가 인因의 근원을 꿰뚫는다. 따라서 연분이 있어 이 법문을 만나는 사람은 절대 가볍게 보아서는 안 된다. 이것은 시방세계 미진수 부처님께서 한길로 열반에 이르는 문이니, 말법 사람이 어찌 따르지 않겠는가?

吾人果能具眞信切願，如子憶母，都攝六根，淨念相繼而念，即是以勢至反念念自性，觀音反聞聞自性，兩重工夫，融于一心，念如來萬德洪名。久而久之，則即衆生業識心，成如來祕密藏。所謂以果地覺為因地心，故得因該果海，果徹因源也。有緣遇者，幸勿忽諸。此是微塵佛，一路涅槃門；況我末法人，何敢不遵循？

[보충] 《능엄경》에서 이르시길, "대중 및 아난이여, 그대들의 전도되어 듣는 기관을 돌이킬지어다. 그 들음을 돌이켜 듣는 자성을 들으면 청정자성으로 위없는 불도를 이루리니, 원통이란

42) 우리 염불인은 성불하여야 하고, 성불하려면 상相을 버리고 성性을 취하여 일체 법이 청정자성으로 회귀하여야 비로소 무상보리의 도입니다. 일상생활에서 육근이 육진에 마주할 때 바깥 반연과 망집으로 향해서는 안 되고 시시각각 돌이켜 듣는 자성을 듣고, 돌이켜 관하는 자성을 관하며, 돌이켜 염하는 자성을 염하여야 합니다. 눈으로 보고 귀로 듣는 일체경계는 일체 모두 나의 숙업을 좇아 나타나는 것이고 인연으로 생긴 법으로서 당체는 모두 공임을 알아야 합니다. 육근이 육진에 접촉할 때 모든 육근은 본래 공하고 육진은 실實이 아니며 모두 연이 모이고 연이 흩어지는 환幻의 상相일 뿐입니다. 인연으로 생긴 법은 즉공即空·즉가即假·즉중即中이 아님이 없습니다. 육근·육진·육식의 십팔계가 이와 같아 자신의 염하는 주체인 마음과 염하는 대상인 부처님 명호도 즉공即空·즉가即假·즉중即中입니다.

진실로 이와 같으니라. 이것(들음을 돌이켜 자신의 듣는 자성을 들음)은 시방세계 미진수 부처님께서 한길로 열반에 이르는 문이라. 과거 일체여래께서도 이 법문으로 말미암아 이미 성취하셨고, 현재 일체보살도 지금 각자 원명圓明의 이체로 들어가고 있으며, 미래의 수학인들도 응당 이 법문에 의지하여야 하나니, 나(문수보살) 또한 이 법문으로부터 증득하였나니, 관세음보살만이 이루는 도가 아니니라."

[역주] 염불은 본래 일체 수행방법을 함섭含攝한다. 염불선법念佛禪法은 곧 식識을 바꾸어 지혜를 이루고 심원을 사무쳐 증득한다. 네 가지 염불중에서 실상염불實相念佛은 또한 염불선念佛禪이라 부를 수 있는데, 선정禪淨은 본래 둘이 아니라 중생의 근성이 예리하고 둔하여 서로 달라서 갖가지 염불로 나눈 뿐이다. 정종의 염불로 비록 개오開悟할 수 있을지라도 최종 목적은 자력과 타력 두 힘에 의지해 삼계를 횡으로 벗어나 정토에 왕생함에 있다. 선종의 염불로는 단지 개오하여 불과를 증득할 뿐으로 자력에 의지해 삼계를 수직으로 벗어나 생사를 요탈하고자 한다.

인광대사께서는 선정쌍수禪淨雙修를 행하는 사람을 늘 꾸짖으시길, "대개 참선을 닦지만 참선을 전일하게 닦지 않고, 정업을 닦지만 정업을 전일하게 닦지 않는다." 하셨다. 어느 종파의 법문을 닦던지 상관없이 임종시에는 모두 염불하여 정토에 태어나길 구하여야 최상의 밝은 지혜이다.

[2] 의심을 떨어버리고 믿음을 내라 권하다 (勸祛疑生信)

[이끄는 말]

불타께서 우리에게 서방극락에 태어나길 구하라고 가르치신 목적은 우리에게 아미타부처님의 대자비 원력을 믿고 불생불멸의 즐거움을 같이 수용할 수 있도록 함에 있다. 서방극락세계에 이르면 몸은 연꽃에서 화생化生하여 생로병사生老病死의 괴로움이 없다. 극락세계는 아미타부처님의 성품 공덕에 맞게 나타난 세계이므로 성주괴공成住壞空의 변화가 없다. 이런 이치는 설사 성인일지라도 알지 못하는 것이 있거늘, 하물며 우리들 범부가 세간의 생멸하는 법으로써 그것을 추단推斷하여 의심을 품으려고 하는가? 일체 중생은 누구나 아미타부처님의 마음을 자신의 마음으로 바꾸어 갖기만 하면 반드시 정토에 왕생할 수 있다.

[제25칙] 극락세계에 대해 진실로 믿음이 있어야 한다

(극락세계도 성주괴공이 있다고 여기는 사람에 대해 비평하여 이르시길) 세간의 모든 것, 근신根身(우리의 몸)과 세계(현재 머물고 있는 하늘과 땅)는 모두 중생의 생멸심에서 비롯한다. 중생이 함께 지은 업(同業)으로 감득한 세계와 자신이 지은 업(別業)으로 감득한 근신은 모두 이루어지고 무너짐이 있어 오래가지 못한다. 그래서 몸에는 생로병사가 있고, 세계에는 곧 성주괴공이 있다. 사물이 극에 달하면 반드시 반전한다는 말이나, 즐거움이 극에 달하면 슬픔이 생긴다는 말은 이를 가리킨다. 인지因地에서 이미 생멸이 있으니, 과지果地에서도 생멸이 없을 수 없다. 서방극락세계는 아미타부처님께서 자심自心이 본래 갖춘 불성을 철저히 증득하신 후 마음을 따라 나타내신, 성품에 맞게 장엄한 불가사의한 세계이므로 그 즐거움이 다하는 때가 없다. 비유하면 허공이 넓고 광대하여 일체 삼라만상을 포함하고, 세계가 수없이 이루어지고 무너져도 허공은 끝내 늘어나고 줄어듦이 없는 것과 같다.

世間所有，若根身，即吾人之身；若世界，即現在所住之天地。皆由衆生生滅心中，同業世界、別業根身所感，皆有成壞，皆不久長。身則有生、老、病、死，界則有成、住、壞、空。所謂物極必反，樂極生悲者，此也。以因既是生滅，果亦不能不生滅也。極樂世界，乃阿彌陀佛徹證自心本具之佛性，隨心所現不思議稱性莊嚴之世界，故其樂無有窮盡之時期。譬如虛空，寬廓廣大，包含一切，森羅萬象。世界雖數數成、數數壞，而虛空畢竟無所增減。

그대는 세간의 즐거움으로써 극락세계의 즐거움은 볼 수 없기에 극락세계의 즐거움을 논설하는 것은 매우 어렵다. 허공을 전부 볼 수 없을지라도 천지간의 허공이 바뀐 것을 그대는 본적이 있는가? 모름지기 일체중생은 누구나 불성을 갖추고 있음을 알아야 한다. 그래서 석가모니부처님께서 사람들에게 염불하여 서방극락에 태어나길 구하라고 가리킨 목적은 아미타부처님의 대자비 원력에 의지하여 함께 이 불생불멸의 즐거움을 누릴 수 있다는데 있다. 극락세계에 가면 몸이 연꽃에서 화생하여 생로병사의 괴로움이 없고, 극락세계는 아미타부처님의 성품에 맞게 공덕이 나타난 세계이므로 성주괴공의 변화가 없다. 이러한 이치로 비록 성인도 모르는 것이 있거늘, 하물며 우리들 범부가 세간의 생멸하는 법으로써 그것을 판단하여 의심하겠는가? (극락세계의 경계는 오직 부처님과 일체 부처님이라야 구경까지 명료할 수 있으니 만약 자신의 망심으로 여래 과지의, 경계를 헤아리면 영원히 헤아릴 수 없다.)

汝以世間之樂，難極樂之樂。極樂之樂，汝未能見。虛空汝雖未能全見，當天地之間之虛空，汝曾見過改變否？須知一切衆生，皆具佛性。故佛指釋迦佛令人唸佛求生西方，以仗阿彌陀佛之大慈悲願力，亦得受用此不生不滅之樂。以根身，則蓮花化生，無生老病死之苦；世界，則稱性功德所現，無成住壞空之變。雖聖人亦有所不知，況以世間生滅之法疑之乎？

[보충] 「네 가지 보배(四寶)」는 상常·락樂·아我·정淨의 네 가지 덕(涅槃四德)을 표시한다. 「그 주위를 둘러싸고 있다(周帀圍繞)」라 함은 불보살 등 대중이 머무는 거처가 무량하다는 뜻이다. 모두 네 가지 보배로 되어 있는 즉 자신의 선근공덕善根功德이 깊어 안의 수승한 인연을 갖추었고, 주위를 둘러싸고 있는 즉 다른 현인과 성인이 두루하여 밖의 인연을 다 갖추었으니, 이것이 바로 저 극락세계에 태어나는 진실한 인연이다.

네 국토의 인과를 살펴보면, 첫째 **범성동거정토**는 (지명으로 염념마다 부처가 되는 성불의 친인연親因緣과 정념이 계속 이어지는 등무간연等無間緣, 그리고 부처님 명호를 소연경所緣境으로 삼는 소연연所緣緣의 많은 선근의 업으로 이루어진) 증상선업增上善業과 원교의 (수희·독송·해설·겸행육도兼行六度·정행육도正行六度) 관행오품위, 이 두 가지를 능감能感의 인으로 삼고, 인연으로 생겨난 수승하고 미묘한 오진五塵의 몸을 소감所感의 과로 삼는다.

둘째 **방편유여정토**는 (통교의 즉유卽有의 공이 아니라 원교의 즉가卽假·즉중卽中의 공인) 즉공관지卽空觀智와 원교의 상사위相似位, 일심삼관一心三觀, 이 두 가지를 능감能感의 인으로 삼고, (장교·통교의 진제가 아닌 원교의 부사의진제인) 미묘한 진제眞諦와 중도 무루오진無漏五塵의 몸을 소감所感의 과로 삼는다.

셋째 **실보장엄정토**는 (별교의 차제 가관이 아닌 원교의 즉공卽空·즉중卽中 부사의 가관인) 묘가관지妙假觀智와 원교의 분증위分證位, 일심삼관一心三觀, 이 두 가지를 능감能感의 인으로 삼고, (별교의 속제가 아닌 원교의 부사의 속제인 즉진卽眞·즉중卽中의) 미묘한 속제俗諦, (색·성·향·미·촉 5진 중 하나의 진을 들면 모두 일체 진을 갖추어 진진마다 다함이 없는) 중도의 무진오진無盡五塵의 몸을 소감所感의 과로 삼는다.

넷째 **상적광정토**는 (별교의 차제중관이 아닌 원교의 즉공卽空·즉중卽中 부사의 중관인) 즉중관지卽中觀智와 구경위究竟位의 일심삼관一心三觀, 이 두 가지를 능감能感의 인으로 삼고, (별교의 중제가 아닌 원교의 부사의 중제인 즉진卽眞·즉가卽假의) 미묘한 중제中諦, (진여자성에 칭합하여 불가사의한) 오진五塵의 몸을 소감所感의 과로 삼는다.

사람들이 쉽게 이해하도록 하고자 이와 같이 분별하였지만, 사실은 이 네 가지 국토의 장엄은 원융무애하여 수승한 인연으로 생겨난 법이 아닌 것이 없다. 동거정토는 연생緣生으로 즉공卽空이 아님이 없고, 방편유여토는 즉공卽空으로 즉가卽假가 아님이 없으며, 실보장엄토는 묘가妙假로 즉중卽中이 아님이 없고, 상적광토는 즉중卽中으로 즉공卽空이 아님이 없다. (방편유여토는 횡으로 상하 삼토를 갖추어서 즉가卽假가 아님이 없고, 실보장엄토는 횡으로 상하 삼토를 갖추어 즉중卽中이 아님이 없으며, 상적광토는 아래로 삼토를 갖추어 또한 그러하다.)

그래서 극락세계 동거정토의 청정한 경계는 (수덕修德으로 이루어지는 경계를 논하면, 성덕性德에 의거해 수행을 일으키는 까닭에 수덕 전체 그대로 성덕이고, 진여자성에 칭합하여 걸림이 없어) 진眞 · 속俗 · 중中 삼제三諦가 원융하여 한량이 없다. (극락세계는 네 가지 정토를 구족하여 원융자재하므로 그 국토의 사람은 인연소생법으로 나타나 동거토이고, 성문은 즉공卽空을 대표하여 방편토이며, 보살은 즉가를 대표하여 실보장엄토이고, 부처님은 즉중卽中을 대표하여 상적광토로, 모두 원융한 이치에 칭합하여 원융한 경계를 이룬다. 즉 하나의 정토가 네 가지 국토를 구족하는 까닭에 한량이 없다.)

_우익대사, 《미타요해彌陀要解》(국역 불설아미타경요해, 비움과소통)

[제26칙] **털끝만큼이라도 의심이 있으면 그 의심으로 인해 장애를 이룬다**

나머지 법문의 경우 작은 법이면 큰 근기는 닦을 필요가 없고, 큰 법이면 작은 근기는 닦을 수 없다. 이 정토법문만은 세 근기를 두루 가피하고 이근 · 둔근을 전부 거두어들인다. 위로는 관세음 · 대세지 · 문수 · 보현 등 여러 대보살들도 그 바깥으로 벗어날 수 없고, 아래로는 오역 · 십악의 아비지옥에 떨어지는 죄를 지은 사람도 그 가운데 참여할 수 있다. 여래께서 이 법을 여시지 않았다면 말세 중생은 이번 생에 생사를 요탈하고자 하여도 곧 절대로 희망이 없을 것이다.

其餘法門，小法則大根不須修，大法則小根不能修。唯玆淨土一門，三根普被，利鈍全收。上之，則觀音、勢至、文殊、普賢，不能超出其外；下之，則五逆、十惡，阿鼻種性，亦可預入其中。使如來不開此法，則末世衆生，欲即生了生脫死，便絕無企望矣。

그렇지만 정토법문이 이처럼 넓고 크며 그 수행방법 또한 지극히 간단하고 쉬운 까닭에 만약 전생에 정토에 선근을 심은 사람이 아니라면 곧 의심없이 확신하기가 매우 어렵다. 범부들만 못 믿는 것이 아니라 성문 · 연각의 이승조차도 많이 의심한다. 나아가 이승만 못 믿는 것이 아니라 십지 아래 권위보살조차도 간혹 의심한다. 오직 홀로 초지이상의 대승보살이라야 철저히 깨치고 의심없이 확신할 수 있다. 확실히 이 법문은 과지의 깨달음을 인지의 마음으로 삼아 전체 그대로 부처님의 경계이다. 오직 부처님과 일체 부처님이라야 구경까지 요달了達할 수 있나니, 일반인의 지혜로는 알 수 있는 것이 아니다.

然此法門如是廣大，而其修法又極簡易，由此之故，非宿有淨土善根者，便難諦信無疑。不但凡夫不信，二乘猶多疑之。不但二乘不信，權位菩薩，猶或疑之。唯大乘深位菩薩，方能徹底了當，諦信無疑。良以此之法門，以果覺為因心，全體是佛境界。唯佛與佛，乃能究盡，非彼諸人智所能知故也。

정토법문에 믿음을 깊이 낼 수 있다면 비록 번뇌에 묶인 범부일지라도 그의 종성種性은 이미 이승(성문·연각)을 훨씬 뛰어넘는다. 왜냐하면 믿음과 발원으로 부처님 명호를 집지하여 범부의 마음으로 부처님의 깨달음의 바다에 뛰어드는 까닭에 은밀히 부처님의 지혜와 통하고 미묘한 도에 맞을 수 있다. 정토의 수행법을 말하고자 할 적에 만약 일체제법은 자력에 기대어 생사를 완전히 벗어나기가 곤란하고, 이 법문은 불력에 기대어 왕생하기가 쉽다고 간략히 진술하지 않는다면 학인은 법을 의심하지 않고 곧 자신을 의심하게 된다. 만약 털끝만큼이라도 의심이 있으면 그 의심으로 인해 장애를 이루어 닦지 못할 뿐만 아니라 닦아도 근본적인 이익을 얻을 수 없다. 이로써 말하자면 「믿음」을 하루라도 빨리 찾아서 그 궁극의 깊은 경지를 성취하겠다고 약속하지 않겠는가!

能於此法深生信心，雖是具縛凡夫，其種性已超二乘之上。由以信願持佛名號，即能以凡夫心，投佛覺海，故得潛通佛智，暗合道妙也。欲說淨土修法，若不略陳諸法仗自力了脫之難，此法仗佛力往生之易，則不是疑法，便是疑自。若有絲毫疑心，則因疑成障，莫道不修，修亦不得究竟實益也。由是言之，信之一法，可不急急講求，以期深造其極乎哉。

[보충] "믿음은 도의 원천이고 공덕의 어머니이다." 하셨고, 또 "불법의 큰 바다는 믿음으로 들어갈 수 있다" 하셨다. 오근 · 오력에서 믿음이 제일이고, 또한 일곱 가지 성자의 재산에서 믿음이 제일이다. "믿음이 없으면 간절한 발원이 일어나지 않는다." 하셨다. 마땅히 서둘러 찾아서 그 궁극의 경지에 이르도록 하라! _인광대사, 《문초》

[역주] 왕생의 세 가지 자량資糧인 신 · 원 · 행에서 신심은 원 · 행을 앞서 이끈다. 그래서 저 부처님(他佛 ; 아미타불)을 의심하든지, 자력을 의심하든지, 법문을 의심하든지 모두 왕생의 첫째 장애이다. 의심하면서 법문을 닦으면 저절로 일심을 얻기가 어렵다. 임종시 의심이 생기면 더욱 왕생을 직접 장애한다. 특히 아직 일심을 증득하지 못한 사람과 산란한 마음으로 염불하는 사람은 임종하기 전 며칠 혹은 십여 일 연단하여야 비로소 최후의 무렵, 특수한 선정의 경계에서 부처님을 친견하고 왕생할 수 있다.

매우 많은 염불인들은 임종하기 전에 세부사항을 몰라서 십여 일간 조념하여도 부처님께서 내영하심을 보지 못하고, 곧 자력을 의심하고 저 부처님을 의심하여 물러나 믿음을 잃어버려, 돌아가신 보모님이 와서 곧 따라가서 왕생의 큰 이익을 잃어버리는 모습을 보게 된다. 의심하며 염불하여도 여전히 왕생할 수 있는 것은 비록 의혹이 있을지라도 정진하며 염불 수지할 수 있어 의심이 그 다음이 되고, 결코 주된 수행을 장애하지 않아 인연이 이르면 왕생할 수 있음을 가리킨다. 공부성편功夫成 이상에 이르도록 닦는 사람은 자재왕생할 수 있다.

[제27칙] 아미타부처님께서는 어떻게 한 몸으로 동시에 무량한 중생을 접인하실 수 있는가?

어떤 이가 묻기를, "아미타부처님께서는 극락세계에 안온히 머물러 계시는데, 시방세계는 무량무변하고, 하나의 세계에서 염불하는 중생도 무량무변하다. 아미타부처님께서 어떻게 한 몸으로 일시에 시방 무량무변한 세계의 일체 염불중생을 두루 접인할 수 있는가?"

或曰：阿彌陀佛，安居極樂。十方世界，無量無邊；一世界中念佛衆生，亦復無量無邊。阿彌陀佛，何能以一身，一時普遍接引十方無量無邊世界之一切念佛衆生乎？

답하기를, "어떻게 범부의 지견으로 부처님의 경계를 추측할 수 있겠는가? 잠깐 한 가지 비유로 당신의 의심을 제거해보겠다. 달 하나가 천공에 걸려 지상의 모든 하천에 그 그림자가 나타나는데, 달은 어떻게 해서 그렇게 할 수 있는가? 천상에는 비록 달 하나가 있을 뿐이지만, 큰 바다이든 큰 강이든, 큰 하천이든 작은 시냇물이든 모두 밝은 달이 비칠 것이다. 심지어 국자 하나 물 한 방울에도 각각 전체 달이 나타나지 않음이 없다. 게다가 한 사람이 강물에 비친 달을 보면 달이 그 사람과 마주하고, 백천만억 명이 백천만억 장소에서 보면 각각의 달이 한 사람 한 사람을 향할 것이다. 백천만억 명이 각자 동서남북으로 걸어가면 달도 걸어가는 곳으로 언제나 그 사람을 따라가니, 어느 곳으로 가든 상관없고 멀든지 가깝든지 모두 같다. 만약 백천만억 명이 각자 편안히 머물러 움직이지 않으면 달도 편안히 머물러 움직이지 않으며 그 사람을 향할 것이다.

答：汝何得以凡夫知見，推測佛境？姑以喻明，使汝惑滅。一月麗天，萬川影現，月何容心哉。夫天只一月，而大海大江，大河小溪，悉現全月。即小而一勺一滴水中，無不各現全月。且江河之月，一人看之，則有一月當乎其人；百千萬億人，於百千萬億處看之，則無不各有一月當乎其人。若百千萬億人，各向東西南北而行，則月亦於所行之處，常當其人；相去之處，了無遠近。若百千萬億人，安住不動，則月亦安住不動，常當其人也。

오직 물이 맑고 고요해야 달이 나타나고, 물이 혼탁하고 출렁이면 볼 수 없을 것이다. 달이 아무런 취사선택이 없어 출현하지 않은 원인은 물이 혼탁하고 세차게 흘러서 그것의 그림자가 출현할 수 없기 때문이다. 중생의 마음은 물과 같고, 아미타부처님은 달과 같다. 중생이 믿음과 발원을 갖추고서 부처님께서 지극한 정성을 다하면 물이 맑아 달이 나타나듯 부처님께서 응현하신다. 만약 마음이 청정하지 못하고 마음이 진실하지 않아 탐진치와 상응하고 부처님과 등지면, 물이 탁하고 출렁거려 달이 비록 만물을 버리지 않고 응당 비출지라도 그림자가 물에 나타날 수 없음과 같다. 달과 같은 세간의 색법조차도 이와같이 미묘하거늘, 하물며 아미타부처님처럼 번뇌와 혹업이 다 사라져 복덕과 지혜를 갖추고, 마음이 태허를 감싸고 그 심량心量이 법계에 두루 하는 자이랴?

唯水清而靜則現，水濁而動則隱。月固無取捨，其不現者，由水昏濁奔騰，無由受其影現耳。衆生之心如水，阿彌陀佛如月；衆生信願具足，至誠感佛，則佛應之，如水清月現也。若心不清淨，不至誠，與貪瞋癡相應，與佛相背，如水濁而動，月雖不遺照臨，而不能昭彰影現也。月乃世間色法，尚有如此之妙，況阿彌陀佛，煩惑淨盡，福慧具足，心包太虛，量周法界者乎？

그래서 《화엄경》에 이르시길, "부처님의 법신은 법계에 충만하여 일체 중생 앞에 두루 나타나고, 인연 따라 감응함이 두루 하지 않음이 없지만 언제나 이 보리좌에 법신이 계시느니라." 하셨다. 그래서 알지니, 중생이 법계에 두루 정성을 다하니(感)[43] 부처님께서 법계에 두루 응현하신다. 부처님께서는 실제로 마음이 일어나고 생각을 움직인 적이 없지만, 오고감의 상이 있어 인연이 무르익은 중생에게 그가 와서 접인하여 극락에 왕생하는 모습을 보이게 할 수 있다. 이렇게 의심하는 사람이 하나둘 아니라서 대의를 설명하여 바른 믿음을 생기게 하였다.

故華嚴經云：佛身充滿於法界，普現一切群生前；隨緣赴感靡不周，而恒處此菩提座。故知遍法界感，遍法界應。佛實未曾起心動念，有來去相，而能令緣熟衆生，見其來此接引以往西方也。懷此疑者，固非一二；因示大意，令生正信。

[역주] 이 질문을 똑똑히 밝히려면 반드시 먼저 제불과 중생심의 체성 사이의 관계를 밝혀야 한다. 부처님의 마음과 중생의 마음은 제석천의 구슬그물(인드라망) 천 개 구슬처럼 서로 비추어서, 서로 갖추고(互具) 두루 갖추며(遍具), 서로 포섭하고 두루 포섭하니, 부처님의 마음은 중생의 마음 바깥에 있는 것이 아니라 중생 그대로 부처님의 마음속 중생이다. 제불여래께서는 법계신이니, 일체 중생의 마음속으로 두루 들어가 중생의 마음 그대로 여래의 법신이고, 제불이 증득한 경계 그대로 일체중생의 심성이다.

만약 마음바깥에 아미타부처님이 계셔서 서방극락에서 중생의 면전에 분신으로 변화하여 와서 중생을 접인하신다고 여기면 이는 이미 바른 믿음의 불법이 아니다. 마음 바깥에 부처님은 없고, 마음 바깥에 법문은 없으며, 마음 바깥에 중생은 없다. 마음은 바깥이 없는 까닭에 자성의 부처님(自佛)과 저 부처님(他佛; 아미타불)은 둘이 아닌 까닭이다. 《관경》 십육관에서 화신불을 관상하여 친견함을 또렷이 해석할 수 있는 원리가 모두 "이 마음이 부처를 지으니

43) 정성을 다(咸) 할 때 느끼게 되는 마음(心)을 말한다.

이 마음이 그대로 부처이다(心作心是)"라는 문구에 들어있다.

염불인의 제6식, 독영경(獨影境; 자신이 홀로 마음속에 갈구하고 있는 바를 외부로 투영한 경계) 가운데 (자력 · 불력 · 법력의) 세 가지 힘으로 친견하는 부처님이 곧 서방극락의 아미타부처님께서 보내신 화신불이다. 염불인이 만약 「나무아미타불」 부처님 명호를 수지하여 분별사식分別事識을 깨뜨릴 정도에 이르면 곧 보신불을 관상하여 친견할 수 있다. 임종시 화신불, 보신불이나 존특신尊特身(제68칙 역주참조) 중 어느 한 분이 내영來迎하심은 아미타부처님의 다름이 아니라 염불인의 각자 경계가 변하여 나타남과 아미타부처님의 명훈가피일 뿐이다.

어떤 사람은 의심할 수 있으니, "평상시 명호를 집지하여 염불하였을 뿐 관상을 닦지 않았는데, 왜 임종시 부처님을 친견함도 관상하여 부처님을 친견함인가?" 왜냐하면 임종시 염불은 평상시와 달라서 임종시에는 반드시 "부처님께서 내영하시길 기도하는(祈佛來迎)" 염念을 가하여야 하는데, 이것이 바로 관상의 인因이 되기 때문이다. 어느 때 부처님을 친견하는가에 관해서는 어느 때 삼매경계에 들어갈 수 있는지를 보아야 한다.

모양 있는 선정(有相定)과 모양 없는 선정(無相定)은 모두 서로 통하니, 선정의 경계 속에 상想이 있으면 저절로 모양(相)이 있다. 선종 수행인은 본래 모양 없는 선정을 닦지만, 여전히 우연히 경계가 있을 수 있으니, 심지어 마魔가 붙는 것조차도 바로 이러한 이치이다. 선정 속에 미세한 생각이 있기만 하면 경계가 있을 수 있다.

이미 **공부성편功夫成片에 이른 염불인은 임종시 자재왕생한다.** 왜냐하면 이 사람은 자재하게 견불하나니, 조금이라도 선정에 들어가면 곧 아미타부처님 화신을 관상하여 친견할 수 있기 때문이다. 아직 선정을 얻지 못한 사람은 모름지기 깊은 믿음과 간절한 발원에 의지해 임종하기 전 십여 일 연단하여야 최후의 무렵 임종시 특수한 선정 경계에 들어갈 수 있고, 곧 화신불을 관상 친견할 수 있어 왕생한다. 임종시 특수한 선정 경계에 대해서는《산란한 마음으로 염불하는 사람도 임종시 왕생할 수 있는 원리(散心念佛人臨終也能往生的原理)》(별첨)를 참조할 수 있다. 만약 중간에 용맹정진하여 자력에 의지해 명자위名字位 후심에 이르도록 염불하면 곧 견불왕생을 앞당길 수 있다.

일부 사람은 견불 왕생할 수 없는데, 대개 보리심을 발하고 염불하여 죄악을 참회하는 방면에서 문제가 생겨 죄악의 마음을 제거하지 못하는 까닭에 자성의 부처님이 바깥으로 현현함을 가리어 방해하고 저 부처님의 가지加持를 방해하여 왕생할 수 없다.

[보충] 『**부처님의 법신은 법계에 충만하여(佛身充滿於法界)**』. 이는 심체로 법신불(비로지나여래)이 허공법계에 두루함을 말한다. 비로자나, 이 명호의 뜻을 번역하면 「변일체처遍一切處」이다. 비로지나부처님은 상이 있는가? 그는 상은 없지만 일체상을 나타낼 수 있다. 그는 우주만유의 본체이자 우리 자신의 진심본성이다. 우리의 진심은 우주에 견주어 크고, 우주는 진심이 변하여 나타난 것임을 명료하게 이해하여야 한다. 불경에서 우주는 곧 허공법계이다. 허공법계는 심성이 변하여 나타난 것으로 진실로 말하면 「마음은 태허를 감싸고」, 「그 씀씀이는 항하사수 세계에 두루 한다」. 씀씀이(量)는 마음과 마찬가지이다. 그래서 허공법계는 심량에

비해 작다.

『일체 중생 앞에 두루 나타나고(普現一切衆生前)』. 화엄경에서는「유심소현唯心所現, 유식소변唯識所變」이라 말씀하신다. 이는 진허공 · 변법계 일체현상을 말한다. 조금 가까이 말하면 십법계 의정장엄이고, 좀 더 가까이 말하면 육근이 접촉하는 경계이다. 눈으로 보고 귀로 들으며, 코로 맡고 혀로 맛보며, 몸으로 접속하는 경계 하나하나 "마음이 나타난 것이고 식이 변한 것"이 아님이 없다. 이는 곧 성덕性德이다. 성덕이 저절로 흘러나온 현상이 허공법계 찰토중생이지만, 애석하게도 세상 사람은 미혹하여 깨닫지 못하고 있다.

『인연 따라 감응함이 두루 하지 않음이 없지만(隨緣赴感靡不周)』. 이는 《능엄경》에서 말하는 수심응량隨心應量이다.「중생의 마음에 따라 그 아는 바의 양에 응한다(隨衆生心, 應所知量)」 연緣은 중생이다. 중생에게 감感이 있으면 부처님께서 응應이 있다. 어느 곳에 감이 있으면 어디에 응이 있어 때를 따라 장소를 따라 몸이 나타나지 않음이 없다. 시방세계에서 중생이 동시에 정성을 다함을 느끼고, 부처님께서 동시에 응현하시는 이러한 일은 알기가 매우 어렵다.

『언제나 이 보리좌에 법신이 계시느니라(而恆處此菩提座)』. 이 한마디는「부동본不動本」이다. 심성은 여여부동如如不動하나 저절로 법계에 두루 한다(周遍法界).「보리좌」는 비유로 정말 어느 곳에 이런 자리가 있는 것이 아니다.「좌座」는 불법에서 모두 부동을 표시한다. 진심은 움직임이 없고 본생도 움직임이 없다. 그것은 이체이다. 청량법사께서는 "응하고 쓰는 가운데 저절로 본말이 있으니, 보리좌신은 본이고, 시방에 두루 함은 말이다(應用之中, 自有本末, 菩提座身是本, 周遍十方是末)」하셨다. 본과 말은 둘이 아니고 하나이다. 이것이 《화엄》의 교의이다.「보리좌신」에서 신身은 법신이고, 좌座는 법계이다. 법신은 법계의 근본이다. 시방에 두루 함은 그것이 일으키는 작용이다. _《대방광불화엄경강기》 정공법사

[제28칙] 우직하게 염불하면 업이 사라지고 지혜가 밝아지며 여러 의심이 저절로 사라진다

사事와 이理, 성性과 상相, 공空과 유有, 인因과 과果 등 이들 개념은 지금은 뒤섞여 구분하지 못해도 상관없고, 다만 어리석은 촌부를 배워서 우직하게 염불하라. 지극히 공경하는 마음으로 오르지 성실하고 간절하게 염불하여 오래도록 지속하면 업이 사라지고 지혜가 밝아지며, 장애가 다하고 복덕이 높아져서 이전의 의심이 철저히 떨어져나간다. 그때 이르러 부처님의 유무나 자신의 유무, 부처님의 지견에 들어가는 방도나 저 언덕에 이른 확실한 증거 등을 어찌 다른 사람에게 물어볼 필요가 있겠는가? 만약 전심전력으로 염불하지 않고 다른 사람의 입에서 진상을 찾는다면 이는 《금강경》을 보아도 실상을 알지 못하고, 《정토문淨土文》이나 《서귀직지西歸直指》를 보아도 신심을 내지 못하는 것과 같다. 왜냐하면 업이 마음을 장애하여 깨달을 수 없기 때문이다. 이를테면 맹인이

태양을 볼 때 태양은 물론 하늘에 있고, 보는 작용은 물론 눈에 있지만, 그는 태양광을 볼 수 없어 그에게는 아직 보지 못했을 때와 차이가 없다. 만약 눈이 광명을 회복한다면 보면 곧 태양광을 볼 수 있다.

事理性相，空有因果，混而不分；但可學愚夫愚婦，顓蒙念佛。須致恭致敬，唯誠唯懇，久而久之，業消智朗，障盡福崇；此種疑心，徹底脫落。則佛之有無，己之有無，入佛之門徑，彼岸之確據，何待問人？若不專心致志念佛，而於別人口裏討分曉，亦與看金剛經，而不知實相，看淨土文、西歸直指，而不生信心。以業障于心，不能領會，如盲睹日，日固在天，睹固在眼，其不見光相，與未睹時無異也。倘復其明，則一睹即見光相矣。

염불법문은 바로 광명을 회복하는 가장 긴요한 법이다. 실상의 상을 보려거든 응당 정성을 다해 이 법문을 닦을지니, 반드시 마음에 품은 바가 크게 흔쾌한 때가 있을 것이다. 참나(真我)를 직접 보려거든 확철대오가 아니면 안 되고, 증득하려거든 미혹을 끊고 진상의 불성을 증득하지 않으면 안 되며, 원만히 증득하려거든 삼혹三惑[44]을 말끔히 다하고 변역생사變易生死와 분단생사分段生死의 두 가지 죽음[45]이 영원히 없어지지 않으면 안 된다. 참나의 소재를 논하면 귀하가 오랜 겁에 윤회하고 지금 이치에 어긋나게 힐문하는 것도 모두 참나의 힘을 받아서 행하는 것이다. 왜냐하면 깨달음을 등지고 객진번뇌에 합하여서는 그 힘을 진실로 수용할 수 없기 때문이다. 비유컨대 연야달다演若達多[46]의 머리나 옷 속의 보배구슬은 처음부터 잃어버린 적이 없는데, 망녕되이 두려움이

---

44) 삼혹三惑은 견사혹見思惑, 진사혹塵沙惑, 무명혹無明惑이다. **견사혹見思惑**은 범부의 미혹이다. 견사혹에서 견혹은 지견知見상의 미혹 착오로 신견身見 변견邊見 등 다섯 부정견不正見이고, 사혹은 사상思想 상의 미혹과 착오로 탐진치와 오만, 의심 등 다섯 번뇌이다. 성문연각 수행자는 이 두 가지 미혹은 끊으면 곧 아라한과를 증득하여 삼계를 벗어날 수 있다. **진사혹塵沙惑**은 보살의 미혹으로 보살이 중생을 교화 제도함에 만약 먼지만큼 모래만큼 무량한 법문을 통달하지 못하면 중생을 교화하는 사업을 완성할 수 없기 때문에 진사혹이라 한다. **무명혹無明惑**은 근본무명으로 중도실상의 이체를 덮어서 가릴 수 있음으로 이를 다 끊어버리면(斷盡) 곧 성불이다. 삼혹 중에서 견사見思는 거친 것이고 진사塵沙는 중간 수준이며, 무명은 미세한 것으로 그 성질이 각각 서로 다르다.

45) 이사二死는 분단생사分段生死와 변역생사變易生死이다. 일체중생은 삼계육도 가운데 선업과 악업으로 감득하는 것(所感)으로 말미암아 그 수명에 모두 일정한 한계(分限)가 있고 그 육신의 형체(身形)에 모두 단락으로 나누어진 구별(段別)이 있는 까닭에 그 생사를 「분단생사分段生死」라 한다. 성문연각 보살 삼승三乘의 성자는 이미 견사혹을 끊어 분단생사를 끝마쳤지만 수도의 결과로 인해 미혹된 생각(迷想)이 점차 사라지고 증득한 깨달음(證悟)이 점차 증가하니 이러한 미혹과 깨달음의 옮겨감은 매 기간마다 모두 다른데, 그 가운데 전기에서 후기로 이동함이 흡사 생사를 한번 건너감과 같고, 그 변화하고 신묘함이 헤아릴 수 없고 불가사의한 까닭에 「변역생사變易生死」 또는 「부사의변역생사不思議變易生死」라 한다.

46) 《능엄경》에 이르시길, "부처님께서 이르시길, 그대는 어찌 듣지도 못하였느냐? 실라벌성에 사는 연야달다演若達多가 갑자기 이른 새벽에 자기 얼굴을 거울에 비추어 보다가 거울 속에 비친 머리에

생겨나고 망녕되이 곤궁을 받아들일 뿐이다.

念佛一法，乃復明之最切要法。欲見實相之相，當竭誠於此法，必有大快所懷之時矣。眞我欲親見，非大徹大悟不可；欲證，非斷惑證眞不可；欲圓證，非三惑淨盡，二死永亡不可。若論所在，則閣下之長劫輪迴，及現今之違理致詰，皆承眞我之力而為之。以背覺合塵，故不得眞實受用。譬如演若之頭，衣裏之珠，初未嘗失，妄生怖畏，妄受窮困耳。

[제29칙] 잔재주를 피우려다 도리어 크게 재주가 없는 사람(拙)이 되고, 하늘 높이 올라가려다 오히려 깊은 수렁에 빠지고 만다

弄巧翻成大拙，騰空反墜深淵

중생의 습기는 각자 치우친 부분이 있으니, 어리석은 자는 용렬함에 치우치고 지혜로운 자는 고상함에 치우친다. 만약 어리석은 자가 우직함에 만족하여 뒤섞지 말고 마음을 써서 정업淨業을 전일하게 닦으면 이번 생에 반드시 왕생을 획득할 것이다. 이른바 이러한 「우직함」은 지혜로운 자도 따라잡을 수 없다! 만약 지혜로운 자가 그 지혜로 인해 저 혼자 믿지 않고, 여전히 부처님의 자비원력에 기대어 정토에 태어나길 구하는 일에 종사한다면 이를 「큰 지혜」라 한다. 만약 자기 견해만 믿고 정토를 경시하면 장차 겁으로부터 겁에 이르도록 악도에 빠짐을 보고서 이번 생의 우직한 범부를 따라잡고 싶어도 따라잡을 수 없다.

衆生習氣，各有所偏；愚者偏於庸劣，智者偏于高上。若愚者安愚，不雜用心，專修淨業，即生定獲往生；所謂其愚不可及也。若智者不以其智自恃，猶然從事於仗佛慈力，求生淨土一門，是之謂大智。倘恃己見解，藐視淨土，將見從劫至劫，沈淪惡道，欲再追隨此日之愚夫，而了不可得。

저 법상과 법성, 종승과 교승에 깊이 통달한 인사들을 나는 확실히 사랑하고 흠모하지만, 감히 따르지는 못한다. 왜 그런가? 짧은 두레박줄로 깊은 우물 속의 물을 길어 올릴 수 없고[47], 작은 포장지로 큰 물건을 쌀 수 없기 때문이다. 모든 사람이 나를 본받아

눈썹과 눈을 볼 수 있어 사랑스러웠지만 자기의 머리에는 눈썹도 눈도 보이지 않는다고 성을 내면서 도깨비처럼 형상이 없다고 여겨 미쳐서 달아났다." 여기서 자신의 본래 머리는 진성眞性에 비유한 것이고 거울 속의 머리는 망상妄相에 비유하였다. 거울 속의 머리에 눈썹과 눈이 있음을 기뻐하며 본 것은 환의 경계를 망령되이 취해 진성이라 여기고 고집하여 버리지 않음에 비유하였다. 자신의 머리에는 눈썹도 눈도 보이지 않는다고 성을 냄은 곧 미혹하여 진성眞性을 등짐에 비유하였다.

47) 두레박을 달아 맨 줄이 매우 짧은데 오히려 깊은 우물 속의 물을 길어 올리려고 함은 자신의 능력이 부족한데 어렵고 힘든 임부를 감당하기 어려움을 비유하고, 학식이 얕은데 깊은 도리를 깨칠 수 없음을 비유한다. 《순자荀子·영욕榮辱》에 "두레박줄이 짧으면 깊은 우물물을 길을 수 없고 학식이 옅은 사람은

이렇게 하라는 말은 아니다. 만약 나처럼 보잘 것 없는 사람이 또한 크게 통달하신 분의 행위를 배우고자 하고 곧장 자심自心을 미묘하게 깨닫고자 석존여래의 염불 가르침을 뒤집으려 한다면 크게 통달한 사람이 되지 못하면서 오히려 노실하게 염불하여 극락에 왕생하는 우직한 촌부에게 연민의 대상이 되지 않을까 두렵다. 이 어찌 잔재주를 피우려다 도리어 크게 재주가 없는 사람(拙)이 되고, 하늘 높이 올라가려다 오히려 깊은 수렁에 빠지지 않겠는가? 한마디로 말해 자신의 근기를 자세히 살펴볼 뿐이다.

彼深通性相宗教者，吾誠愛之慕之，而不敢依從。何也？以短綆不能汲深，小楮不能包大故也。非曰一切人皆須效我所為。若與我同卑劣，又欲學大通家之行為，直欲妙悟自心，掀翻教海。吾恐大通家不能成，反為愚夫愚婦老實念佛往生西方者所憐憫，豈非弄巧翻成大拙，騰空反墜深淵乎哉？一言以蔽之，日自審其機而已矣。

[제30칙] **설령 고불께서 다시 시현하실지라도 반드시 정토법문을 중시하리라**

지금 이 세상에서 설사 정각正覺을 이룬 고불古佛께서 다시 시현하실지라도「사람의 도리를 극진히 하고 자신의 본분을 다하면서[48] 아울러 정토를 중시하는 법문」이외에 달리 제창하실 법문이 결코 있을 수 없다. 설령 달마대사[49]께서 이 시기에 나타나실지라도 사람들에게「불력에 의지하는 정토법문을 닦고 익혀라」가르칠 것이다. 시절인연은 실로 근본이 된다. 시절인연을 거스르면 겨울에 모시옷 입고, 여름에 가죽옷 입으며, 배고플 때 물 마시고, 목마를 때 밥 먹는 것처럼 사람을 이롭게 하지 않고 오히려 해를 끼칠 것이다.

當今之世，縱是已成正覺之古佛示現，決不另於敦倫盡分，及注重淨土法門外，別有所提倡也。使達摩大師現于此時，亦當以仗佛力法門而為訓導。時節因緣，實為根本。違悖時節因緣，亦如冬葛夏裘，饑飲渴食，非唯無益，而又害之。

[보충] 불법은 원래 사람에게 생사를 끝마치라고 가르치는 것이지 고상하고 현묘한 말을

성인의 말씀을 논할 수 없다.”

48) 돈륜진분敦倫盡分: 윤倫은 윤리, 윤상(倫常; 사람의 도리), 분分은 본분이다. 가정에서부터 실천하여 단결을 잘 이루어내고 자신의 본분을 다하여야 한다. 부부 부자 형제 군신 친구를 오륜五倫이라 한다. 부부는 함께 살며 남편의 본분을 다하고 아내의 본분을 다한다. 다른 것도 부모의 본분, 자녀의 본분, 형제의 본분이 있다.

49) 보리달마의 약칭. 인도인으로 양무제梁武帝 당시 바다에 배를 띄어 중국의 광주에 도달하자 무제가 맞이하여 남경(建業)에 이르렀으나, 무제와 말이 통하지 않아 마침내 강을 건너 위魏에 들어가서 숭산嵩山 소림사에서 9년간 면벽수행을 하고서 중국 선종禪宗의 시조가 되었고, 동위東魏 천평天平 이전에 원적圓寂에 드시고 웅이산熊耳山에 안장되셨다.

하는 것이 아니다. 저 하열한 지견으로 불법을 연구하는 철학자에게는 반드시 먼저 저 부처님께서 설법하신 까닭은 사람에게 습기를 먼저 대치하고 마음을 씻고 생각을 털어버리고, 나아가 사람의 도리를 극진히 하고 자신의 본분을 다하고 자비심으로 겸양하며, 여러 악을 짓지 말고 온갖 선을 받들어 행하는 가운데 미혹을 끊고 진상의 불성을 증득하여 생사를 요탈하며 자신을 이롭게 하고 타인을 이롭게 하며 함께 진상의 불성을 증득하여 점차 수승하게 성불에 이르게 하실 뿐임을 말해주어야 한다. 모든 경교經教는 위에서 말한 여러 가지 이치를 발명하기 위한 까닭이다.

만일 뛰어난 자질과 총명으로 법성과 법상의 각 종을 연구하여도 무방하나, 정토법문을 귀결점으로 삼아야 한다. 반드시 공경심을 주로 하고 정념을 유지하여 경전에 대해 살아계신 부처님을 대하듯이 조금이라도 게으르고 소홀해서는 안 된다. 그러면 자신이 쏟은 정성의 크기를 따라 얕고 깊은 여러 이익을 얻을 것이다. _인광대사, 《문초》

[제31칙] 건성건성 하는 마음을 절박한 마음으로 끝내라

선도대사[50]께서는 아미타부처님의 화신으로 정토법문을 전수專修함을 보여주기 위해 오셨다. 그는 수행인들이 심지心志가 안정되지 못해 나머지 법문의 스승들에게 이끌려가지 않을까 걱정하셨다. 만약 초과·이과·삼과·사과의 소승성인 및 십주·십행·십회향·십지·등각보살이나 심지어 일체제불께서 진허공·변법계에 몸을 나투어 광명을 놓으면서 정토를 버리라 권하고, 다른 수승한 묘법을 설하실지라도 결코 받아들이지 않겠다고 하나하나 말씀하셨다. 왜냐하면 가장 먼저 정토법문을 전수專修하겠다고 발원하여 자신의 발원을 감히 어길 수 없었기 때문이다. 선도화상께서는 후세 사람들은 이 산에서는 저 산이 높고 아득히 멀리 보여 아무런 주관이 없음을 일찍이 아시고서 이렇게 말씀하셨으니, 이리저리 옮겨 다니고 우러러보며 거만하게 건성건성 하는 마음을 절박한 마음으로 끝내라.

---

50) 당나라 고승으로 호는 종남終南대사이다. 정토종 제3대 대사가 된다. 또한 곧 정토종 담란曇鸞, 도작道綽파의 집대성자이다. 유년에 어릴 때 출가하여 삼론종의 거장인 밀주(密州)의 명승(明勝)법사를 스승으로 모시고 출가하여 《법화경》《유마경》 등의 대승경전을 염송하였다. 그 후 《관무량수경觀無量壽經》을 얻어 희비가 교차하였고 십육관十六觀을 수습하였다. 대사께서는 행지行持가 엄정하여 일상에서 합장 정좌하고 일심으로 염불하시다가 진력을 다하고서야 휴식을 취했다. 30여 년 동안 달리 잠자리를 정하지 말고, 눈을 들어 여자를 바라보지 않고, 사미沙彌에게 예배를 받지 않았으며, 명리를 멀리하였고 공양도 받지 않았으며, 좋은 옷과 맛난 음식은 모두 주방에 보내 대중에게 공양하고, 스스로는 모두 조악한 음식을 드셨다. 정토를 온 힘을 다해 수지하고, 정토삼부경에 소疏를 다셨으며, 아미타경을 십여만 권 사경하였고 나무아미타불 부처님 명호를 소리내어 염할 때마다 곧 입에서 한줄기 광명이 나왔다. 저술한 책에는 《관경사첩소》《왕생예찬》《법사찬》《관념법문》《반주찬》 등이 있고 아미타부처님의 화신이라고 전해진다. 《관경사첩소 심요》(비움과소통) 참조.

善導，彌陀化身也。其所示專修，恐行人心志不定，為餘法門之師所奪，歷敘初二三四果聖人，及住行向地等覺菩薩，末至十方諸佛，盡虛空，遍法界，現身放光，勸捨淨土，為說殊勝妙法，亦不肯受。以最初發願專修淨土，不敢違其所願。善導和尚，早知後人這山看見那山高，渺無定見，故作此說，以死盡展轉企慕之狂妄偷心。

[역주] 사진투심死盡偷心

"나는 성취하겠다"는 오직 한 가지 생각, 이것을 진성眞誠이라 하고, 그 안에 조금이라도 망상이 뒤섞이면 나는 언제 성취할 수 있겠는가? 이를 「착실하지 않음(不老實)」이라 하고, 「스스로를 속임(自欺)」이라 하고, 「건성건성 하는 마음(偷心)」이라 한다. 우익대사께서는 《아미타경요해》에서 「건성건성 하는 마음을 절박한 마음으로 끝내라(死盡偷心)」을 말씀하셨는데, 이는 우직하게 오랜 시간 노력하라는 말이다. "밭 갈고 김매는 방법만 물을 뿐, 수확은 묻지 않고" 착실히 행한다. 매우 힘써 노력하되 기한은 느긋하게 잡고, 어느 때 까지 성취할지 상관하지 않으면 틀림없이 성취할 날이 있을 것이다. 의심을 품음은 곧 노실하지 못함이고, 곧 믿지 않음이며, 여우같은 의심이라 한다. 《무량수경》에서 말씀하시길, "여우처럼 의심하지도 말지니라(不得狐疑)" 하셨다. 여우처럼 의심함은 곧 자신을 속임이다. 지금부터 이후로 착실한 사람이 되어야 하고 우직하게 오랜 시간 노력하여야 한다.

_정홍법사, 《수행과 생활 좌담회》

[보충] 전수와 잡수

선도善導화상께서는 아미타부처님의 화신으로 대신통이 있고, 대지혜가 있었다. 그는 정토를 홍양하고 찬술하셨으며, 현묘함을 숭상하지 않고 단지 분명하고 평범한 곳에서 사람들이 수지하도록 가르치셨다. 한편 화상께서 열어 보이신 전수專修와 잡수雜修의 법문은 이를 통해 받을 수 있는 이익이 무궁무진하다.

「전수專修」란 신업으로 주위를 돌면서 일체 처에 두루 미쳐 몸이 방일하지 않도록 전례專禮하고, 구업으로 경전과 주문을 염송하여 뜻과 마음으로 회향하도록 전칭專稱하며, 의업으로 보리심을 발하여 아미타부처님 명호를 전념專念하는 것을 말한다. 이와 같이 닦으면 서방극락에 왕생함에 있어 만 명 가운데 한 명도 빠뜨리지 않는다.

「잡수雜修」란 바로 여러 가지 법문을 겸수하여 그 공덕을 회향하여 왕생하는 것이다. 그러나 이는 마음이 순일하지 않아 그 이익을 얻기가 실로 어렵다. 그래서 왕생하는 이는 백 명 중에 한두 명으로 드물고, 천 명 중에 서너 명으로 드물다. 이는 부처님께서 스스로 선설하신 진실한 말씀으로, 천고에 변하지 않는 확실한 사안이다. _인광대사, 《문초》

깊이 믿는 마음(深心)

곧 한걸음 나아가 말하길, "그대는 잘 들을지니, 나는 지금 그대를 위해 다시 결정코 믿는 모습을 설명하겠다. 설령 아라한 · 벽지불과 지전보살地前菩薩 등이 한 사람이나 여러 사람

내지 시방세계에 가득할 정도로 무수한 사람이 모두 갖가지 경론을 인용하여 (죄악과 업장이 많은 범부는 극락정토에) 왕생할 수 없다고 주장할지라도 나는 또한 일념의 의혹도 일으키지 않고, 오히려 청정한 믿음을 자라게 하여 성취할 뿐이다. 어떤 연고인가? 그래서 부처님의 언교는 결정코 요의了義를 성취하여 일체 주장에 파괴되지 않는 까닭이다.

또한 정업행자는 잘 들을지니, 설사 초지 이상 십지 이하의 보살이 한 사람이나 여러 사람 내지 시방세계에 가득할 정도로 무수한 사람이 이구동성으로 모두 말하길, "석가모니부처님께서 가리켜 보이신 것은 아미타부처님을 찬탄하고, 삼계육도 중생을 힐책하여서 중생에게 전심으로 염불하고 다른 선행을 닦아서 결국 이번 몸이 다한 후 반드시 서방정토에 태어날 것이라고 권유하고 격려함이다. 그러나 이는 반드시 허망한 말이니 그대로 믿어서는 안 된다. 나는 비록 이런 말을 들을지라도 또한 일념도 의심하지 않고, 오히려 결정코 (깊은 믿음이 지극한) 상상上上의 믿음을 자라게 하여 성취하게 할 뿐이다."

여기서는 이리저리 말하여 나를 파괴할수록 나의 믿음이 자란다고 말한다. 어떤 연고인가? 부처님의 말씀은 진실하고 (일체종지一切種智로 철저히 조견하여) 결정코 요의를 성취하기 때문이다. 부처님께서는 진실로 알고, 진실로 이해하며, 진실로 보고, 진실로 증득하니, 부처님의 언교는 의심하는 마음에서 나오는 것이 아니다. 또한 나는 일체보살의 다른 견해와 다른 이해로 파괴되지 않는다. 만약 당신이 진실한 보살이면 마땅히 부처님의 가르침에 어긋나지 말아야 한다.

또한 한걸음 나아가 이 일을 설명하면 정업행자는 마땅히 알지니, 설사 화신불 · 보신불이 한 분이나 여러 분 내지 시방세계 가득할 정도로 무수한 부처님이 하나하나 대 광명을 놓고 광장설상을 내밀어 시방 무수한 세계를 두루 덮고서 이구동성으로 말하길, "석가모니부처님께서 선설하신 것은 극락세계를 찬탄하고서 일체범부에게 전심으로 염불하고 기타 선행을 수지하고 회향발원하면 서방정토에 태어날 수 있다고 권유해 말함이다. 이는 허망한 말이니 사실에 맞지 않고 결정코 이런 일은 없다. 내가 비록 제불의 말씀을 들을지라도 결국 일념에 의심하여 물러나는 마음을 일으켜서 미타정토에 왕생할 수 없을까 두려워해서는 안 된다."

_《관경사첩소 심요》(비움과소통)

[제32칙] 대지법사는 큰 병으로 인해 정토법문의 이익이 훨씬 더 수승함을 알았다

과거 대지大智 율사란 분이 계셨는데, 천태교법(台教)[51]에 깊이 통달하였고 계율율장이

---

51) 천태종 또는 법화종 · 천태법화종이라 한다. 중국 13종의 하나이고 일본 8종의 하나이다. 육조 시대 지자대사께서는 천태산에서 거주하며 한 종의 교관을 제창하시니 세상 사람들은 천태대사라 불렀고 마침내 세워진 종을 천태종 혹은 태교台教라 불렀다. 천태종의 스님의 무리는 곧 태도台徒라 불렀고, 천태종의 도법은 태도台道라 불렀다. 또한 이 종은 《법화경》에 의거해 일대시교를 교판하였을 뿐만

엄정하였으며, 행원이 정일 순일하였고 지향원력이 광대하였지만, 오직 정토법문에 대해 신심과 그리워하는 마음(嚮往)을 내지 않았다. 나중에 큰 병에 걸리자 비로소 이전수행이 그르다는 사실을 알았다. 뒤이어 20여 년간 손에서 책을 놓지 않고 정토를 전일하게 연구하여 비로소 정토법문의 이익이 훨씬 더 수승함을 알았다. 이에 마침내 일체 사람 앞에서 용기를 내어 성품에 맞게 발휘하니, 조금도 두려움이 없었다.

昔大智律師，深通台教，嚴淨毗尼，行願精純，志力廣大，唯於淨土，不生信向。後因大病，方知前非。嗣後二十餘年，手不釋卷，專研淨土，方知此法，利益超勝；遂敢於一切人前，稱性發揮，了無怖畏。

[제33칙] 비록 첫 근기를 위한 것일지라도 극처까지 수학한 사람도 이를 버리고 달리 닦아서는 안 된다

이익을 잘 얻는 사람은 머묾이 없어 이익이 아니다. 까마귀가 울고 까치가 지저귀며, 물이 흐르고 바람이 부는 것이 모두 우리의 본유천진本有天眞(선종의 조사께서 서쪽에서 온 대의)을 가리키지 않음이 없다. 하물며 나 인광의 《문초》는 글이 비록 소박하지만 모두 불조의 말씀에서 그 뜻을 취하여 근기에 따라 변통해 말한 것이니, 어찌 나 인광이 지어낸 것이랴! 나 인광이 말씀을 해석하여 전함은 첫 근기가 쉽게 이해하도록 할 뿐이다. 비록 첫 근기를 위한 것일지라도 이렇게 함은 곧 극처까지 수학한 사람일지라도 이 법문을 버리고 다른 법문을 닦아서는 안 된다는 희망을 밝히기 위함이다.

善得益者，無往而非益。鴉鳴鵲噪，水流風動，無不指示當人本有天眞。禪宗所謂祖師西來大意況光之文鈔，文雖拙樸，所述者皆佛祖成言，不過取其意而隨機變通說之，豈光所杜撰乎哉？光乃傳言譯語，令初機易於曉了耳。然雖為初機，即做到極處，亦不能捨此別修。

[역주] 인광대사께서는 앞에서 말법시기 고불께서 다시 시현하실지라도 반드시 정토법문 및 인과의 이치를 중시할 것이라 법문하신 적이 있다. 정법正法시기 및 상법像法시기는 민속이 순박하고 수행인의 근성이 매우 좋아서 계율을 지키면 곧 초과를 증득할 수 있고 명심견성明心見性하는 자가 어디에나 있었다.

2천 여년 후 오늘날은 이미 말법시기로 담허倓虛스님(체한대사의 수제자)께서 말씀하신 것처럼 한 평생 선정을 얻은 자는 보았지만 개오開悟한 자는 본 적이 없다 하셨다. 당연히 말법시기는 확철대오한 자는 결코 완전히 없지는 않지만 정법 · 상법시기에 비해 소수 중에 또 소수임이 분명하다. 자력에 의지해 미혹을 끊고 진상의 불성을 증득하여 삼계를 수직으로 벗어나는 사람은 지금 수행인으

아니라 《법화경》을 가장 존중하는 까닭에 법화종이라 불렀다. 본종은 곧 천태지자대사를 개조로 삼고, 《법화경》의 교지敎旨를 기초로 삼아 오시팔五時八教의 교상教相을 교판하고 삼제원융三諦圓融의 이理를 제창하고 관심의 법에 의거해 "속질돈성速疾頓成"을 기약하는 대승종파이다.

로 말하면 이미 쉬운 일이 아니다. 단지 자력과 타력의 법문에 의지하여 업을 진 채로 왕생하여 삼계를 횡으로 벗어나야 비로소 말법 수행인이 가장 빨라 질러서 가는 최상의 방편이고 또한 최상의 용이한 귀숙歸宿법문이다. 이는 조금도 의심할 여지가 없다.

[보충] 이익을 잘 얻고 손해를 달게 받는다

화와 복은 일정함이 없고 이익과 손해는 사람에게 있다. 이익을 잘 얻는 사람은 머묾이 없어 이익이 아니고, 손해를 달게 받는 자는 머묾이 없어 손해가 아니다. 과거 제불께서는 모두 괴로운 경계를 스승으로 삼았고, 번뇌 혹업을 다 끊어 무상도無上道를 이루셨다. 만약 원요범袁了凡처럼 허물을 고치고 수양하여 자신을 확립할 수 있거늘, 어찌 현자가 부처님께서 베풀어주시길 기다리며 틀림없이 몸소 바로 이 성역으로 들어가지 않겠는가!

_인광대사, 《문초》

[제34칙] 말세범부가 거룩한 괴위를 증득하고자 하여 정토에 의지하지 않으면 모두 거만한 자이다

말세범부가 거룩한 과위를 증득하고자 하여 정토법문에 의지하지 않으면 모두 거만한 자에 속한다. 참선으로 마음을 밝혀 성품을 보고, 성품을 보고 성불하는 지위에 이르렀을 지라도 「여전히 범부이지 성인이 아니다」. 나 인광은 대단히 용렬하고 학문이 없어 염불법문만 절박한 마음으로 지킬 뿐, 확실히 경교와 선지식, 언어와 문자에 따라 굴리는 바를 지키지 못한 것이 있다. 그대가 기꺼이 믿는다면 손쉬운 것에서 시작해 쉽게 성취하는 염불법문에 진력하라.

末世凡夫，欲證聖果，不依淨土，皆屬狂妄。參禪縱到明心見性，見性成佛地位，尚是凡夫，不是聖人。光極庸劣，無學問，而確有不隨經教、知識、語言、文字所轉之守。汝若肯信，且從易下手、易成就法上著力。

[보충] 황념조黃念祖 거사 법문

선종 초보의 깨달음은 곧 법신을 친견함이다. 법신을 친견할 수 있음은 바로 초관初關을 깨뜨림이고, 법신에 안온히 머물러야 중관重關을 깨뜨린다. 만약 그대가 법신 속에 없고, 법신의 양量 속에 머물러 있지 않으면 그대는 여전히 법신향상法身向上으로 전진하여야 한다.

옛날 당나라 숙종 황제가 남양혜충 국사에게 묻기를, "어떤 것이 십신조어十身調御입니까?" 혜충 국사가 답하여 말하길, "폐하께서는 응당 비로자나의 정수리 위에서 길을 가십시오." 법신향상法身向上은 법신에 맞추어 여전히 초월하여야 하는 선종의 경계로, 우리의 함께 생긴 지견(俱生知見)에 상당한다. 무생법인無生法忍을 증득하지 못하면 "어찌 후유後有를 벗어나겠는가?" 이 말은 대단히 깊다.

참선의 경우 개오開悟는 이미 매우 어렵다. 개오하여도 무생법인을 증득하지 못하면 그대는 어떻게 후유를 벗어나 도망갈 수 있겠는가? 무엇을 후유後有라 하는가? 그대가 죽은 후 여전히 유有이다. 이 「유有」는 삼계의 유로 여전히 욕계 · 색계 · 무색계로 가서 생을 받음으로 이를 후유라 한다. 진정으로 아라한을 증득하면 후유를 받지 않고 그에게는 「인아人我」가 없다.

아라한은 소승의 극과로 성인이다. 유여열반有餘涅槃을 증득하고 확실히 열반하여 후유를 받지 않고 더 이상 윤회하지 않는다. (어떤 사람들은 십선을 닦아) 천상으로 올라가 다소 겁을 보내거나, 도교를 닦아 팔만 겁의 장수를 얻지만, 여전히 공망空亡에 떨어져야 한다. 팔만 겁을 다 보내어도 여전히 타락하여야 한다. 개오한 사람이더라도 무생법인을 증득하지 못하면 어떻게 후유에서 도망갈 수 있겠는가? 후유에서 도망가지 못하면 개오하지 못한 사람과 마찬가지로 윤회한다. 윤회하면 큰일이다.

그래서 별교別教에서는 십지에 오르고자 하고, 원교圓教에서는 초주初住에 이르러야 무명을 깨뜨린다(선종의 개오는 짧은 시간 무명을 조복시켜 법신을 친견할 수 있지만 그것은 찰라간 일로 이것이 초관初關이고, 법신에 안온히 머물러 있을 수 있어야 중관重關을 깨뜨림이다). 염념마다 흘러 들어가 무명을 깨뜨림은 깨달음(悟)이 아니다. 깨달음은 당연히 증오證悟이다. 하나를 보아 법신을 친견할 수 있으면 증득한 것이 있지만, 철저히 증득하면 단순히 증證이 아니라 '오悟' 한 글자를 추가하여야 한다.

[역주] 원교圓教의 초주위初住位라야 성인인 셈이다.(상사즉불相似即佛) 원교의 십신위 이하는 천태종에서 십신내범十信內凡이라 부르고, 관행즉불위觀行即佛位는 천태종에서 오품외범五品外凡이라 부른다. 참선에서 명심견성明心見性은 단지 짧은 시간 무명을 조복시킴으로 법신을 친견할 때마다 아직 안온히 머무르지 못하고 무명을 깨뜨리지 못한다. 그래서 인광대사께서는 "여전히 범부이지 성인이 아니다." 말씀하셨다. 교리에 확실히 부합한다.

이 칙은 어떤 선종의 제자가 인광대사께서 질문하여 법문하신 것으로, 제자가 천태종의 교리를 알지 못한 까닭이다. 또한 우익대사께서는 임종게에서 "명자위名字位 가운데 진불안眞佛眼"이 열림을 시현하셨다 하셨으니, 명자위는 교종(教下)에서 곧 대개원해大開圓解할 수 있고, 종문宗門(선)에서는 곧 명심견성明心見性 확철대오할 수 있음을 알 수 있다.

인광대사께서는 법문하신다. "명자위名字位의 사람은 여래장 묘진여성을 원만히 깨쳐서 부처님과 도반이지만, 아직 견사혹을 조복할 수 없거늘 하물며 끊었다 말하겠는가? 말세의 확철대오한 사람은 대부분 이와 동등한 신분이다."(제269칙)

여기서 반드시 한 가지 점은 지적하여야 한다. 명자위의 초심은 통수通修하여 아직 완전히 닦지 못하여 조금도 미혹을 조복할 수 없지만, 명자위의 후심에 이른 염불인은 이미 첫걸음에 반드시 수행공부를 갖추고 있고, 게다가 전심專心으로 염불함과 동시에 반드시 아미타부처님의 명훈가피로 증상연增上緣을 얻어서 관행위觀行位의 초품에 들어갈 수 있어 이미 일정한 미혹을 조복시키는 능력을 구비하고 있다. 이러한 논단論斷은 바로 우익대사의 저술《점찰선악업보경소占察善惡業報經疏》에서 상세히 볼 수 있다. 선종의 확철대오 · 명심견성은 비록 해오解悟한 때일지라도 대부분 명자위名字位이지만, 그 도안道眼은 이미 열려 있어 수행이 순풍에 강물의 흐름에 따르듯이 매우 빨리 관행위觀行位에 들어간다. 선정을 닦아서 자력으로 마음을 거두어 선정에 들 수 있는 사람은 반드시 명자위의 사람은 아니다.

[제35칙] 설사 대장경을 다 읽을지라도 또한 이 일을 성취하기 위함에 불과하다

철오대사(연종12조)[52], 성암대사(연종11조) 두 분의 저작이 얼마 남아있지 않고, 또한 각자 자신의 심원일 뿐이다. 그 도덕의 우열은 물론 저작의 다소로써 결정할 수 없다. 고금이래로 법신대사께서 세간에 시현하셨지만 언구는 많지 않고, 저작이 없는 분도 매우 많은데, 어떻게 이 부분에서 의심이 생길 수 있겠는가? 모름지기 알지니, 우리가 생사를 끝맺고자 하면 여러 말할 것 없이 단지 진실로 믿고 간절히 발원하며 염불하여 극락에 태어나길 구하면 이미 충분하다. 설사 대장경을 다 읽을지라도 또한 이 일을 성취하기 위함에 불과하다.

徹祖、省祖之少著作，亦各人之心願耳。其道德之優劣，固不以著作之多少為定。古今有法身示現，但少數言句，無所著作者，多多也。何得在此處生疑？須知吾人欲了生死，實不在多。只一眞信切願，念佛求生西

---

52) 철오선사(1741-1810): 청나라 고승, 연종 제12조. 유년 시절 남달리 총명하였고 자라면서 독서를 즐겨하여 사서오경 등 유교 전적을 두루 보지 않는 날이 없었다. 겸해서 시詩, 사詞, 부賦를 잘 지어 세상 사람의 존경을 받았다. 경서와 역사서를 통달하고 22세에 병이 들어 깨우쳐 출가하셨다. 두루 강석講席을 경험하고 법상종과 법성종에 통달하셨다. 순여粹如 선사를 참방하여 향상의 일을 밝혔다. "나는 경도의 광통사에서 법석을 이었고, 대중을 인솔해 참선을 하면서 종풍을 크게 진작시켰다. 숙세의 두터운 업장으로 말미암아 온갖 병에 반연하니, 교승教乘의 오정심관五停心觀에 「장애가 많은 유정 중생은 염불 수행이 가장 적절하다」는 문구를 사유하고서 염불로써 다스렸다. 또한 정토법문은 문수·보현 등 여러 대보살들부터 마명·용수 등 여러 대조사들과 지자·영명·초석·연지 등 여러 대선지식들에 이르기까지, 모두 다 마음을 귀의하였으니, 내가 어떤 사람이라고 감히 귀명하지 않겠는가?" 마침내 참선을 그만두고 염불하여 정업을 전수하였다. 낮에 잠시 동안만 손님을 맞이하고 그 시간 이외에는 오로지 예배와 염불에만 전념하셨다. 만년에 홍라산 자복사에 은거하였으나, 귀의하는 자가 날로 많아져 마침내 연종의 도량이 이루어졌다. 선사께서는 불법을 위하고 사람을 위해서라면 마음에 조금도 싫어함이 없었고, 정토법문으로 귀의를 삼았다. 여래께서 중생의 괴로움을 구하고 즐거움을 베푸시는 은혜를 연설할 때마다 소리를 따라 눈물을 흘리시니, 듣는 자도 눈물을 흘려 옷을 적시지 않은 이가 없었다. 어록 2권이 특히 간절하다. 임종 전 10월에 돌아가는 기일을 미리 알리시고, 여러 외호대중에게 부촉하시길, "환 같은 세속 인연 길지 않고, 짧은 인생 허송세월하면 안타깝기 그지없다. 각자 모두들 마땅히 염불정진에 노력할지니, 앞으로 극락정토에서 좋은 모습으로 만납시다." 《철오선사법어》(비움과소통) 참조.

方足矣。縱饒讀盡大藏，亦不過為成就此事而已。

[제36칙] 몸이 죽어 식신이 멸하지 않음을 알아 서방극락에 태어나겠다는 뜻을 세워라

지금 《안사전서》53) 일권에 기대어 "나는 17세 전생에는 사대부 몸이었다."는 이 단락의 역주 및 증명을 바라고, 또는 《만선선자萬善先資》, 《욕해회광欲海回狂》, 《서귀직지西歸直指》 각 책의 문답으로 의심나는 부분을 똑똑히 가리고 상세히 연구하여 자신이 뿌리가 없는 사람이라고 여기지 않을 것이다. 만약 사람이 수십 년간 잠깐 살아도 죽으면 곧 소멸하여 아무것도 없다고 생각한다면 이 관점을 지키는 자가 어찌 지극히 불쌍하지 않겠는가? 만약 몸이 죽어 식신識神이 멸하지 않는다고 알면 그 사람의 수명이 어찌 하늘땅처럼 길지 않겠는가? 기꺼이 수지하여 극락에 태어나길 구하면 미래제가 다하도록 일체중생의 대도사가 되니, 어찌 대장부가 아니란 말인가?

今為彼寄安士全書一部，祈於吾一十七世為士大夫身一段注及證，並萬善先資、欲海回狂、西歸直指，各書之問答辨惑處，詳細硏閱，方不致自己把自己當做無根之人。雖暫活幾十年，一死便消滅無有，豈不可憐之極？若知身死而神不滅，則其為壽也，何止天長地久？若肯修持，求生西方，則盡未來際作一切衆生之大導師，豈不偉然大丈夫哉？

[제37칙] 어찌 눈멀고 귀먹고 말 못하는 사람이 왕생할 수 없단 말인가?

마음이 있는 사람은 누구나 성불할 수 있으니, 어찌 눈멀고 귀먹고 말 못하는 사람이 왕생할 수 없단 말인가? 부처님께서 말씀하신 「팔난八難」 중에 이런 사람이 있으니, 단지 몸에 장애가 있어 도에 들기가 어려울 뿐이다. 만약 염불에 전일하게 정진할 수 있다면 비록 귀가 먹어 경전 및 선지식의 범문을 들을 수 없을지라도, 눈이 멀어 간경할 수 없을지라도 염불하면 구경에 또한 어떤 장애가 있겠는가? 말을 못해 소리를 내지 못하고 단지 마음속으로 묵념할 수 있다면 현생에 직접 염불삼매를 얻을 수 있고 임종시 곧장 구품연대에 오르니, 어찌 이들이 왕생할 수 없다 말할 수 있겠는가? 다른 사람들과 마찬가지로 이들도 노실하게 염불하지 않는다면 왕생할 수 없다. 결코 이들이 염불해도 왕생할 수 없는 것은 아니다. 불구자로 손과 다리를 잃은 사람도 눈멀고 귀먹고 말 못하는 사람들과 상황이 꼭 같다.

---

53) 청나라 주안토周安士 거사가 저술한 책, 인광대사께서 "선세善世 제일기서第一奇書"라 불렀다. 소주蘇州 홍화사弘化社에 늘 비치하여 유통한 책이다.

凡有心者皆堪作佛，何得謂盲聾喑啞不得往生？佛說八難中有盲聾喑啞，謂其難以入道而已。果能專精念佛，雖聾子不能聽經及善知識開示，瞎子不能看經，究有何礙？喑者無聲，啞者不會說話，但能心中默念，亦可現生親得念佛三昧，臨終直登九品，何可云此等人不得往生？此等人不認眞念佛，則不得往生；非此等人雖念佛亦不得往生也。至於殘廢缺手缺腳者，與此盲聾喑啞者同。

이러한 설법은 《왕생론게》를 잘못 인용하여 인용하였기 때문이다. 계송에서 말씀하시길, "극락세계는 대승의 선근경계, 평등일미로 비난하고 싫어하는 이름이 없으며, 여인과 장애인으로 왕생하지 않고 이승의 종성으로 왕생하지 않습니다." 이는 극락세계는 대승의 선근을 지닌 사람이 태어나고 모이는 세계로 비난하거나 싫어하는 이름이 없을 뿐이다. 비웃고 싫어하는 대상 몇 가지를 열거하니, 즉 여인이나 육근이 갖추어지지 않은 사람 및 성문 연각의 이승 종성의 사람이다. 그래서 계송의 말씀은 극락세계에는 여인이 없고 육근이 완전하지 못한 사람 및 대승심을 발하지 않은 소승인(서방극락에는 비록 소승인의 이름이 있지만 모두 대승심을 발한 사람에 속하고 대승심을 발하지 않은 성문연각의 사람은 결코 없다)은 없음을 말하지, 이 사바세계에서 수행하는 여인 및 육근이 온전하지 않은 사람이 극락세계에 왕생하지 못한다는 말이 아니다. 지혜가 없는 사람은 이들이 극락에 왕생할 수 없다고 오해하는데, 이는 큰 잘못이다.

此之說話，蓋是誤會往生論偈之所致也。偈云：大乘善根界，等無譏嫌名；女人及根缺，二乘種不生。乃是說西方極樂世界，是大乘善根人所生之世界，絕無有可以譏毀，可以厭嫌之名字耳。下即列出譏嫌之名數種，即女人，六根不具足之人，及聲聞緣覺之二乘人，故曰，女人及根缺，二乘種不生。乃謂西方無有女人，與六根不完足人，及小乘人；西方雖有小乘人名字，然皆屬發大乘心者，絕無不發大心之聲聞緣覺人耳。非謂此世界之修行者。無智慧人認做此等人不得生西方，其錯大矣。

[보충] 《왕생론주》에서 말씀하시길, "안락국토에서는 이승의 종자는 태어나지 못하고, 또한 어떻게 이승이 태어나는 것을 방해하는가(安樂國不生二乘種子 亦何妨二乘來生耶)." 하셨습니다. 이는 예를 하나 든 것입니다. 서방세계에는 확실히 이승二乘은 없습니다. 성문 · 연각은 없지만, **타방세계의 성문 · 연각은 극락세계에 왕생할 수 있습니다.** 서방세계에는 또한 여인이 없습니다. 타방세계의 여인은 모두 극락세계에 왕생할 수 있습니다. 서방세계에는 오근에 결함이 있는 사람이 없습니다. 근결根缺은 바로 요즘 말로 장애인입니다. 서방세계에는 장애인이 없지만, 시방세계 장애인은 모두 극락세계에 왕생할 수 있습니다. 이는 **서방극락세계에는 이승의 사람, 여인, 오근에 결함이 있는 사람이 없지만, 시방세계 어느 층차에 있는 중생이든 모두 극락세계에 왕생할 수 있음을 가리킵니다.** 게다가 극락세계에 가면 평등신을 얻어 몸에는 무량한 상相이 있고, 상에는 무량한 호好가 있습니다. 몸과 상호가 완전히 같고, 대우가 완전히 같습니다. 이는 시방세계에는 없는 일입니다.

《왕생론주》에는 「비난하고 싫어하는 이름(譏嫌名)」을 해석하는 문장이 있습니다. 예컨대 어떤 사람이 심지가 연약하여 용맹하지 않고, 보리를 구하여 중생을 널리 제도하는 대심력大心力

이 없으면 다른 사람이 「성문聲聞」 같다고 비난합니다. 또한 예컨대 어떤 남자가 심량이 협소하고, 소견이 짧고 얕으면 다른 사람이 「여인女人」 같다고 비웃습니다. 혹은 어떤 사람이 옳은지 그른지, 그릇된지 바른지 판별할 수 없으면 장님과 같다고 말합니다. 장님은 장애이지만, 결코 진짜 장애가 아닙니다. 이를 비난하고 싫어하는 이름(譏嫌名)이라고 합니다. 서방세계에는 이승, 여인, 장애인 이 세 가지 이름이 없을 뿐만 아니라 비난하고 싫어하는 이름도 없습니다.

_정공법사, 《왕생론강기》(비움과소통)

[제38칙] 대수행인조차 지독한 병을 얻었는데, 불법에 이러한 영감과 이익이 있겠는가?

과거 서역의 계현戒賢 논사는 덕이 일세에 높았고, 도가 사천축국에서 뛰어났다. 전생에 지은 업장으로 몸에 지독한 병에 걸렸다. 고통이 극에 달해 참을 수가 없어 자살을 하고자 했다. 마침 문수·보현보살, 관세음보살께서 강림하여 친견하였다. 그에게 말하길, "그대는 과거 겁에 여러 차례 국왕이 되어 중생을 괴롭혔으니, 응당 오랫동안 악도에 떨어져야 한다. 이번 세상에 그대가 불법을 홍양함으로 말미암아 이러한 인간의 작은 고통으로 오랜 겁에 겪을 지옥의 고통이 소멸시키니, 그대는 견뎌내야 한다!" 하였다. 설사 숙세의 인을 잘 알지 못할지라도 사람들은 계현이 도를 얻은 고승이 아니라고 부추기거나, 혹은 이러한 대수행인 조차도 이러한 지독한 병을 얻었는데, 불법에 이러한 영감과 이익이 있겠는가? 부추길 수도 있을 것이다. 만약 악을 지은 사람일지라도 현재 복보를 얻을 수 있으니, 사람들은 또한 이렇게 사견의 마음을 일으킬 수 있다. 모두 전생의 인因과 후생의 과果 및 후생의 무거운 과보가 현재의 가벼운 과보로 바뀌거나 혹은 현재의 가벼운 과보가 후생에 무거운 과보로 바뀌는 등의 연고를 몰라 갖가지 복잡한 상황에 구제하기가 복잡하다.

昔西域戒賢論師，德高一世，道震四竺。四天竺國由宿業故，身嬰惡病。其苦極酷，不能忍受，欲行自盡。適見文殊、普賢、觀世音三菩薩降。謂曰：汝往昔劫中，多作國王，惱害衆生，當久墮惡道；由汝宏揚佛法，故以此人間小苦，消滅長劫地獄之苦，汝宜忍受。使不明宿世之因，人將謂戒賢非得道高僧，或將謂如此大修行人，尚得如此慘病，佛法有何靈感利益乎。倘造惡之人，現得福報，亦復如是起邪見心，不知皆是前因後果，及轉後報重報為現報輕報，或轉現報輕報為後報重報等，種種複雜不齊之故也。

[제39칙] 학불하면 사회의 근심이 된단 말인가? 인광대사는 송대 유학자에 반박하다

불법은 광대하여 포함하지 않음이 없고, 세밀하여 받아들이지 않음이 없다. 비유컨대 한바탕 큰비가 내려 두루 만물을 적시고, 화초 수목이 무성하게 자란다. "자신을 닦고 집안을 바로잡아 나라를 다스리고 인민을 사랑한다."는 도는 불법에 갖추어져 있지 않음이 없다. 고금이래로 문장은 한 시대를 풍미하고 공훈과 업적이 뛰어나 명성을 떨치는 사람과 지극히 효도하는 어진 사람은 영원히 사람들에게 숭상을 받는다. 일반인은 겨우 바깥에 드러난 그의 사적을 알 수 있지만, 그의 근본을 추구하지 못한다. 만약 상세히 그의 자초지종을 자세히 고찰하면 그의 정신 기개를 볼 수 있으니, 모두 학불學佛하고 인재를 양성한 것에서 일어난다.

佛法大無不包，細無不舉；譬如一雨普潤，卉木同榮；修身齊家，治國親民之道，無不具足。古今來文章蓋一時，功業喧宇宙者，與夫至孝仁人，千古景仰，人徒知其跡，而未究其本；若詳考其來脈，則其精神志節，皆由學佛以培植之。

다른 것은 제시할 필요가 없고, 송대 유학이 성인의 심법心法을 발명함에 불법을 본보기로 삼았으니, 하물며 다른 것이랴? 그러나 송대 유학의 기량이 협소하여 후세인에게 자신의 지혜로 만든 것이라 하며, 불법을 반박하는 말을 지어 귀를 막고 방울을 훔치는 계략으로 삼았다. 송에서 원·명까지 이렇지 않음이 없었다. 심혈을 기울여 고찰하면, 누가 불법을 취하여 스스로 이익을 보지 않겠는가? 정좌靜坐를 말하고 참구參究를 말함은 그 불법을 힘써 배우는 발현처이고, 임종시 때를 미리 알아 담소하며 앉은 채로 감은 말후의 발현처이다. 이러한 갖가지 설화, 갖가지 사적을 이학理學의 전기에 기록한 것은 하나뿐이 아니니, 어찌 학불하면 곧 사회의 근심이 된단 말인가?

他則不必提起，且如宋儒發明聖人心法，尚資佛法以為模範，況其他哉。但宋儒氣量狹小，欲後世謂己智所為，因故作闢佛之語，為掩耳盜鈴之計。自宋而元而明，莫不皆然。試悉心考察，誰不取佛法以自益？至於講靜坐，講參究，是其用功之發現處；臨終預知時至，談笑坐逝，乃其末後之發現處。如此諸說話，諸事跡，載于理學傳記中者，不一而足，豈學佛即為社會之憂乎？

[제40칙] **대각 세존께서는 중생의 몸과 마음 등 병을 잘 치료하신다**

대각 세존께서는 중생의 몸과 마음 등 병을 잘 치료하고, 천하가 태평하고 인민이 안락하도록 잘 다스리신다. 무엇이 마음의 병인가? 탐진치 삼독이 병이다. 병이 있는 한 마음을 바로잡을 수 없고, 그러면 망녕된 감정을 좇아 이체의 본성을 거스르는 생각이 맹렬히 일어난다. 이 생각이 일어나는 한 반드시 자신의 욕망을 만족시키고자 살생하고 도둑질하고 삿된 음행을 저지르는 등 나쁜 마음이 변하여 곧장 갖가지 사실로 나타난다. 이른바 미혹으로 말미암아 업을 짓고 그 업으로 말미암아 고난을 초래하니, 진점겁塵點劫[54]이 지나도록 끊을 기약이 없다.

大覺世尊，善治衆生身心等病，善使天下太平，人民安樂。心病者何？貪瞋癡是。既有此病，則心不得其正，而逐情違理之念，熾然而起。此念既起，必欲遂己所欲，則殺盜淫之劣心，直下現諸事實矣。所謂由惑造業，由業招苦，經塵點劫，無有了期。

여래께서는 중생을 불쌍히 여겨 중생의 갖가지 병에 근거하여 양약을 처방하셨다. 여래께서는 중생에게 말씀하시길, "탐진치의 마음은 그대의 본심이 아니니라. 그대의 본심은 원만하여 밝고 깨끗하고 미묘하니, 마치 깨끗한 거울과 같아서 안에는 한 물건도 전혀 없고, 바깥 물건이 눈앞에 있으면 전부 다 비추지 않는 것이 없다. 물건이 오면 거절하지 않고, 물건이 가면 남는 것이 없어 나의 천진한 성품을 지켜 물건을 따라 구르지 않느니라. 자신의 마음이 미혹하여 바깥경계를 좇아가는 사람을 어리석은 범부라 하나니, 온갖 번뇌(塵)[55]를 멀리 여의고 깨달음의 성품에 합하여 곧 성인의 흐름에 들지니라." 하셨다.

如來愍之，隨彼衆生之病，為之下藥。為彼說言，貪瞋癡心，非汝本心。汝之本心，圓明淨妙，如淨明鏡，了無一物；有物當前，無不徹照。物來不拒，物去不留；守我天眞，不隨物轉。迷心逐境，是名愚夫；背塵合覺，使入聖流。

누구나 이러한 이치를 안다면 마음의 병은 치유될 것이다. 마음의 병이 치유되면 몸의 병은 뿌리가 없어 비록 추위와 더위 등을 느낄지라도 위험이 없다. 마음이 이미 바로잡히면 몸도 따라서 바로잡힌다. 왜냐하면 이미 탐진치의 감정이 없는데, 어떻게 살생·도둑질·삿된 음행의 나쁜 일을 저지르겠는가? 사람은 각자 이와 같아서 모두 한 배에서 태어난 형제요 함께 어울리는 벗이니(民胞物與),[56] 모든 사람을 똑같이 사랑하여야 한다. 또한

54) 아주 오랜 시간을 표현하는 말. 《법화경》에 삼천 진점겁과 오백 진점겁이 나온다. 삼천 진점겁은 삼천대천세계를 모두 갈아서 먹물을 만들어서, 일천 국토를 지나갈 때마다 먼지 같이 작은 한 방울을 떨어뜨려서 그 먹물이 다 없어졌을 때에 그 지나온 국토를 모두 모아 부수어 티끌을 만들고, 그 티끌 하나를 1겁으로 세어 그 수효를 모두 계산한 수가 삼천 진점겁이다. 오백 진점겁은 5백 천만억 나유타 아승기 삼천 대천세계를 부수어 티끌을 만들고, 5백 천만억 나유타 아승기 국토를 지날 때마다 티끌 하나씩을 떨어뜨려서 티끌이 다 없어졌을 때에 지나온 국토를 모두 다 부수어 티끌을 만들고, 티끌 하나를 1겁으로 세어 그 수효를 모두 계산하는 것이 오백 진점겁이다.

55) 「진구塵垢」는 번뇌의 통칭이다. 티끌먼지는 다른 물건에 붙어서 그것을 오염시키고, 번뇌는 마음을 오염시킬 수 있다. 그래서 경전 속에서는 항상 먼지와 때(塵垢)로써 번뇌를 비유한다.

56) 「민포물여民胞物與」는 북송 시기 성리학자인 장재張載가 《서명西銘》에서 한 말이다. "하늘을 아버지라 부르고, 땅을 어머니라 부른다.……, 백성은 나와 태가 같은 동포요(民吾同胞), 만물은 나와 함께 존재하는 동류(物吾與)다." 건곤乾坤은 천지의 대칭이다. 천지는 만물과 사람의 부모이니, 천지인 삼자가 혼합하여 우주의 가운데 나타난다. 왜냐하면 삼자는 모두 "기氣"가 모여서 이루어진 물건이기 때문이다. 천지의 성품은 곧 사람의 성품이다. 그래서 인류는 나의 동포이고 만물은 나의 벗이며, 만물과 사람의 본성은

어떻게 땅을 빼앗고 성을 빼앗으러 싸우면서 서로 학살하는 일이 발생하겠는가?

人若知此，心病便愈。心病既愈，身病無根；縱有寒熱感觸，亦無危險。心既得其正，身隨之而正。以既無貪瞋癡之情念，何由而有殺盜淫之劣行乎？人各如是，則民胞物與，一視同仁。又何有爭地爭城，互相殘殺之事乎？

그래서 총명과 예지가 뛰어난 고대국가의 왕과 신하들은 불법을 우러러 받들었고, 보호하고 수지하지 않음이 없었다. 왜냐하면 그것은 아직 혼란하지 않은 때 천하를 다스리고, 아직 위험하지 않은 시기에 국가를 지킬 수 있으며, 자신도 모르는 사이에 백성들을 감화시켜 천하를 평화롭게 만들기 때문이다.

以故古之聰明睿智之王臣，無不崇奉而護持者，以其能致治於未亂，保邦于未危，不識不知，致太平於無形跡中也。

[제41칙] 불법은 돈과 같아 어떻게 운영하느냐에 달려 있으니, 자성의 만덕만능은 공덕에 의지해 일어난다

모름지기 알지니, 한마디 「아미타불」 부처님 명호를 굳게 집지하여 지극한 경지에 이르기만 하면 성불하고도 남는데, 그래 《아미타경》을 염송하고 염불하는 사람이 정업定業[57]을 소멸시킬 수 없단 말인가? 불법은 돈과 같아서 어떻게 운영하느냐에 달려 있다. 그대에게 돈이 있다면 무슨 일인들 하지 못하겠는가? 그대가 한 법문을 전일하게 닦을 수 있다면 무엇을 구한들 얻지 못하겠는가? 어찌 이 주문을 집지하고, 이 경을 염송하면 이 공덕만 얻을 수 있고, 그 나머지 공덕은 얻을 수 없겠는가?

須知一句阿彌陀佛 持之及極，成佛尚有餘，將謂念彌陀經、念佛者，便不能滅定業乎？佛法如錢，在人善用。汝有錢則何事不可為？汝能專修一法，何求不得？豈區區持此咒、念此經，得此功德，不得其餘功德乎？

[역주] 인광대사께서는 불법은 돈과 같아서 관건은 사람이 여하히 운영하는가에 있다고 말씀하신다. 옛말에 이르길, "불씨 문중에서는 구함이 있으면 반드시 응한다" 하였다. 구함이 있으면 반드시 응한다 함은 바로 자성은 만덕萬德·만능萬能을 갖추고 있어 불법을 수지하기만 하면 곧 자성의 보배창고가 열릴 수 있다. 불법의 자성은 모두 심법心法에 속하고 법법法法마다 유심唯心이니, 어떤 법문이라도 닦아 극처에 이르면 모두 심원(心愿; 염원)한 것을 사무치게 증득할 수 있다. 정업定業을 없애어 재난과 장애를 없애거나 자녀를 구하고 부귀를 구하고

일치한 것이다.

57) 갖가지 재난과 심각한 고질병으로 횡사하거나 지옥 등 삼악도에 떨어지는 죄가 바로 정업定業이다.

안녕을 구하거나 일체 무량한 심원을 한 법문 속에서 모두 구할 수 있다.

문외한門外漢이 이유를 알지 못한 채 경문의 해의解義에 따라 많은 사상事相을 말하니, 이를테면 재난을 없애고 수명을 늘리려면 약사여래불을 닦아야 하고, 배우자를 구하고 자식을 구하려면 늘 관세음보살을 염하며, 원친채주冤親債主를 천도하려면 지장보살을 예배한다……. 무엇을 바라고 구하는 상相에 착着하여 치우쳐 고집하면 원융할 수 없다. 「나무아미타불」 한마디 부처님 명호를 닦아 극처에 이르면 성불하고도 남거늘 하물며 재난을 없애고 수명을 늘리며 배우자를 구하고 자식을 구하며 원친채주를 천도하고 정업定業을 없애는 등 일이겠는가? 지성심으로 염불하면 모두 염원을 만족시킬 수 있으니, 관건은 여하히 진실한 공덕을 닦을 수 있는가에 달려있다. 어떤 사람은 불법을 닦을지라도 영험을 얻지 못하는데, 문제는 마음에서 나온 것이지, 불법에 있지 않다.

인광대사께서는 이 칙에서 불법은 돈과 같다고 말씀하신다. 사실상 공덕은 돈과 같아 진실한 공덕을 닦아야만 자성의 보배 창고에서 어떠한 심원이든 바꾸어 얻을 수 있으니, 마치 돈과 재물이 있으면 마음대로 수천수만 가지 물품을 구매할 수 있음과 같다. 복덕으로는 그렇게 할 수 없다. 복덕은 죄를 소멸시킬 수 없고, 운명을 바꿀 수 없으며, 자성의 보배창고를 열 수 없다. 달마대사께서는 양무제가 승물을 공양하고 사찰을 짓는 등 복덕은 무량하지만 공덕은 없다고 말씀하셨다.

학불學佛하는 사람은 반드시 복덕과 공덕 사이의 차별을 알아야 한다. 이와 같이 불법을 수학하여야 미신에 들어서지 않고 소원을 빌고 바라는 것을 구하여야 비로소 영험을 얻을 수 있다. 공덕은 마음을 닦아야 자성의 덕능德能이 바깥으로 드러나게 할 수 있다. 공덕은 자성과 잘 상응하며, 청정심 · 자비심 · 보리심과 상응하며, 계율 · 선정 · 지혜와 상응하며, 장애를 깨뜨리고 집착을 여의며 번뇌를 제거함과 상응하며, 각자 마음경계의 바로 지금 닦은 바 향상과 상응한다…….

수행인이 다만 형식적으로 흘러 비록 염불하고, 주문을 집지하고, 널리 선한 일을 행할 수 있을지라도 심성이 전혀 향상이 없으면 단지 복덕만 있을 뿐 공덕이 생길 수 없다. 복덕은 삼악도에 떨어지는 정업定業을 없애지 못하고, 공덕이라야 비로소 없앤다. 어떤 사람은 비록 여러 해 학불을 하였지만 자연재해와 사람으로 인한 화를 만나는데, 이는 평상시 닦은 것이 대부분 복덕인 연고이다. 그 밖에 달리 정업定業을 바꾸는 것은 결코 간단하지 않다.

특히 정업定業이 지극히 중한 경우 반드시 정선(定善; 관상염불)을 닦아야 비로소 정업을 없앨 수 있다. 산선(散善; 칭명염불)으로는 정해진 업을 바꾸기 어렵다. 산란한 마음으로 염불하는 사람은 재난과 화를 만나면 학불하는 믿음이 물러나고 잃어버리지 않을 수 없다. 처음 닦는 경우 반드시 될 수 있는 한 계율을 지키도록 주의하여 십악중죄를 짓지 말아야 한다. 설령 염불법문이 업을 진 채로 왕생할 수 있지만 삼악도에 떨어질 죄의 마음(성죄性罪; 그 자체로 죄인 행위)은 반드시 참회하여 제거하여야 한다. 그렇지 않으면 왕생에 장애가 되고 특히 임종에 이르기 전에 정해진 업으로 인해 여러 장애가 현전함에 후회해도 이미 늦으니, 제불께서도 힘이 될 수 없다.

[3] 믿음과 발원을 갖추길 힘써라(勉具足信願)

[이끄는 말]

염불법문의 중점은 믿음과 발원에 있다. 믿음과 발원이 정말 간절하면 비록 마음속이 청정할 수 없을 지라도 왕생할 것이다. 왜냐하면 경건하고 정성스러우면 부처님께서 감응하심을 느낄 수 있어 아미타부처님의 응답을 이끌어내기 때문이다. 강물과 바닷물은 언제나 조금 움직이는 모습이 없을 수 없지만, 광풍과 격랑이 없기만 하면 하늘의 밝은 달이 현재 물 위에 또렷이 나타날 수 있다.

무릇 경전을 독송하고, 주문을 지송하며, 예배 참회하여 재난 및 빈곤을 구제하는 등 갖가지 자선공덕을 모두 회향하여 서방극락에 왕생해야 하고, 내생에 인천의 복보를 구해서는 안 됨을 잘 기억해야 한다. 이러한 생각이 하나라도 있으면 서방극락에 왕생할 희망이 없다. 알아야 하나니, 생사윤회를 벗어나기 전에는 만약 이번 세상에 염불수행을 한다면 내세의 복보는 매우 크다. 복보에 기대어 권세를 부리고 전횡을 일삼으며, 업을 짓는 죄악의 행위가 더욱 커져서 이 세상에 다시 태어나 지옥 · 아귀 · 축생의 삼악도에 떨어짐을 면하기 어렵다. 만약 인간의 몸을 다시 얻고 싶고, 다시 일생에 윤회를 해탈하는 정토법문을 만난다면 천상에 오르는 만큼 어렵다.

[제42칙] **이러한 결정심, 자신의 신원행이라야 아미타부처님이 상응함을 느낄 수 있다**

반드시 결정심을 내어서 임종시 결정코 서방극락세계에 왕생하여야 한다! 당분간 보잘 것 없는 평범한 인간의 몸은 더 이상 받길 바라지 않겠다고 말하지 말라. 설사 인간과 천상에서 왕의 몸이 되거나 혹은 출가하여 스님이 되어 하나를 듣고 천 가지를 깨닫고 대총지大總持를 얻어 불법을 크게 펼쳐서 널리 중생을 이롭게 하는 고승의 몸일지라도 이 또한 독초와 죄악의 온상으로 여겨서 반드시 한 생각이라도 몸을 받겠다는 마음을 내어서는 안 된다.

當須發決定心，臨終定欲往生西方。且莫說碌碌庸人之身，不願更受，即為人天王身，及出家為僧，一聞千悟，得大總持，大宏法化，普利衆生之高僧身，亦視之若毒荼罪藪，決定不生一念欲受之心。

이러한 결정심, 곧 자신의 신원행이라야 아미타부처님께서 상응하심을 느낄 수 있고, 아미타부처님의 서원이라야 우리를 섭수攝受할 수 있다. 이렇게 감응도교感應道交하여

부처님께서 접인하심을 입어 곧장 구품연화대에 올라 영원히 윤회를 벗어날 것이다.

如是決定，則己之信願行，方能感佛；佛之誓願，方能攝受。感應道交，蒙佛接引，直登九品，永出輪迴矣。

[역주] 염불하는 사람이 가장 두려워할 일은 내세에 인천의 복보를 구하는 것이다. 인광대사께서 열거한 갖가지 일은 모두 사바세계의 일로 마음이 전일하지 않으면 반드시 왕생에 장애가 된다. 우익대사께서는 《미타요해》에서 믿음과 발원을 주해하시면서 사바세계를 염리厭離하고 극락세계를 흔구欣求하여 전심으로 서방극락에 태어나길 구할 것을 언급하셨다. 광흠廣欽 노화상께서는 사바세계의 풀 한 뿌리를 연연해도 왕생할 수 없다고 법문하셨다. 그 밖에 염불인이 반드시 괴로움을 여의고 즐거움을 구하는 것은 단지 자신만을 위하는 것이 아니라, 서방극락에서 성불한 후 반드시 자비의 배를 거꾸로 몰아(倒駕慈航) 사바세계 등 고난중생을 구제하는 것이야말로 서방극락에 왕생하는 진정한 목적, 즉 정종의 특수한 발보리심임을 깨달아야 한다.

이러한 마음이 반드시 있어야 비로소 (마음으로) 부처님을 느낄(能感) 수 있다. 사리사욕을 채우는 마음으로써 서방극락에 태어나길 구하면 왕생하기 어렵다.

[보충] **정계淨界법사 : 결정코 왕생하겠다는 믿음과 발원이 있어야 부처님께서 접인하심을 느낄 수 있다.**

믿음과 발원은 반드시 결정심에 도달하여야 한다. 이번 생의 일체 노력은 단지 하나의 목표를 달성하기 위함이다. 우리가 부처님께 예배하고 계행을 지키며, 불법을 홍양하고 업장을 참회하면서 신원행 삼자량을 축적하는 이유는 곧 임종시 결정코 극락세계에 왕생하겠다는 하나의 목표이고, 곧 늦추거나 결정하지 못한 마음이 조금도 없도록 하기 위함이다. 어떤 이의 마음이 왕생해도 좋고 왕생하지 않아도 좋다면, 이러한 마음은 결정심이 아니고 이러면 감응도교感應道交가 일어날 수 없다. 그래서 정토법문은 반드시 결정심을 내어야 한다.

인광대사께서는 우리에게 더욱 또렷하게 하도록 이러한 결정심의 모습을 다시 말씀하신다. 이른바 결정심은 이렇게 보잘 것 없고 평범한 사람의 몸은 곧 태어나 늙고 병들고 죽으면서 일생을 보내야하므로 우리는 더 이상 그러한 몸을 받고 싶지 않아야 한다. 설사 인간 세상의 왕이 될지라도 당신은 내세에 큰 국왕이 되고 전륜성왕이 되어 사천하를 통솔하고 칠보를 성취하고 천명의 자식을 두거나, 혹은 당신이 제천의 왕, 도리천의 천왕 혹은 대범천왕이 되겠다고 말하지 말아야 한다.

혹은 당신은 이 세간의 영화와 부귀도 나는 기쁘지 않고 갖가지 우환이 있다고 말하고, 당신은 출가하여 승려가 되지만, 이러한 출가는 보통의 출가가 아니라 마음 속 가운데 선정이 생기고 다라니가 생기며 지혜가 생기는 이러한 수승한 자리공덕自利功德을 성취하니, 이 일념의 마음에 대총지大總地를 얻을 수 있다. 또한 이타利他의 방면에서 당신이 불법을 홍양할 때 매우 많은 권속이 와서 당신의 설법을 들으니, 당신에게 매우 좋은 홍법의 인연이 있다. 당신은 이러한 자신을 이롭게 하고 중생을 이롭게 하는 「고승의 몸」이 되기도 한다. 그러나 이러한 「고승의 몸」조차 응당 일종의 독초라고 여겨야 한다. 이러한 독초를 죄업의 근원이라고 여겨야 한다. 왜냐하면 삼계에서 우리 범부는 여전히 유루有漏의 마음이 있으므로 죄업을 짓지 않겠다고 거역하기가 매우 어렵고, 이러한 삼계의 과보는 죄업을 일으키기 매우 쉽다. ……

이러한 「결정심」도 쉽지 않다. 그래서 우리는 평상시 반드시 예방하며 결택抉擇하여 자신에게 "욕계는 고뇌로 가득 찬 세상으로 삼악도만 고해일 뿐만 아니라 제천도 고해이다." 일러주어야 한다. 왜냐하면 무상은 곧 고이고, 모든 것은 쇠퇴하여 일장춘몽이 되고 만다. 그 결과는 사바고해에 떨어져 다시 시작해서 몇 십 년 동안 고생하여 사탕을 하나 먹었지만 아주 달아서 아무것도 먹지 못하는 것과 같다. 인광대사께서 말씀하신 것처럼 염불하는 사람이 천상의 과보를 얻고, 국왕의 과보를 얻는 것은 이 마니보주摩尼寶珠를 사탕과 바꿔먹는 것이나 다름없다. 당신이 마니보주를 얻으면 현세에서 무엇이든 원하면 무엇이든 다 이루고, 극락세계에 왕생하여 아뇩다라삼먁보리에서 퇴전하지 않으니, 당신은 이번 생에 결정코 성불할 것이다.

성불한 이후 당신에게 무상보리가 생기면 당연히 대자재를 얻을 것이다. 부처님께서는 법왕으로 법에 자재하시니, 부처님의 공덕력으로써 자수용自受用은 상락아정常樂我淨이고, 타수용他受用은 시방법계에 안에서 현신하여 천개의 강물에 천개의 강에 달이 비치듯이 어떤 중생과 인연이 있으면 어떤 몸으로써 제도 받음을 얻는 자에게 응하여 어떤 몸으로 나타나서 설법하고 해탈하게 한다. 이러한 무상보리는 마니보배주처럼 무엇이든 원하면 무엇이든 다 이룰 뿐만 아니라 그것은 항상 이어진다.

그래서 우리의 마음속 가운데 반드시 사전에 결택하여야 한다. 제천은 무상하니 우리의 귀의처가 아니다. 그래서 인간세상의 왕, 천상의 왕 내지 대법사의 경계에 대해서 이러한 정도의 믿음과 발원을 갖추어 「한 생각이라도 몸을 받겠다는 마음을 내어서는 안 된다.」

우리가 일념에 결정한 신원행이라야 비로소 아미타부처님께서 감응하심을 느낄 수 있고, 아미타부처님의 대비원력이라야 비로소 우리를 섭수할 수 있다. 극락세계에 구품으로 왕생하면 영원히 삼계 업력의 윤회를 벗어날 것이다. 인광대사께서는 믿음과 발원을 구족한 양量이 곧 결정심의 양이라고 말한다.

인광대사께서 말씀하신 믿음과 발원은 지혜와 상응하는 결택抉擇이다. 우리는 불타의 성언량聖言量에 대한 사유를 통하여 우리들 속마음의 전도망상을 뽑아 버려야 한다. 우리는 늘 인간세상의 오욕은 즐거운 것이고, 천상의 오욕도 즐거운 것이라 여기는데, 우리는 무상관無常觀으로 이를 깨뜨려야 한다. 이른바 결정심은 왕생을 확고히 하는 마음을 일으킴을 말한다.

[자력과 타력, 감응도교]

<table>
<tr><td>타력,
응하는 주체
他力能應</td><td colspan="2">미타대원력
彌陀大願力</td><td>“제가 부처 될 적에 시방세계 중생이 저의 명호를 듣고서 지심至心으로 믿고 좋아하여 일체 선근을 순일한 마음으로 회향하고 저의 국토에 태어나길 발원하여, 내지 십념에 저의 국토에 태어나지 못한다면 정각을 성취하지 않겠나이다. 다만 오역죄를 짓고 정법을 비방하면 제외될 것이옵니다.”《무량수경》</td></tr>
<tr><td rowspan="2">자력,
느끼는 주체
自力能感</td><td>염불주체
能念</td><td>자성공덕력
自性功德力</td><td>“내가 비록 혼미하여 미혹 전도되어 있지만, 일념으로 마음을 돌려 (염할 수 있으면 자성의 공덕력으로) 자기 심성에 본래 갖추어진 극락에 왕생할 수 있음을 결정코 믿어 다시는 의심하고 염려하지 않는 것을 자기 심성을 믿음(信自)이라 한다.” 《미타요해》</td></tr>
<tr><td>염불대상
所念</td><td>명호공덕력
名號功德力</td><td>“명호로써 덕을 부르는 것인데, 덕이 불가사의한 까닭에 명호 역시 불가사의하다. 명호의 공덕이 불가사의한 까닭에 설사 산란하게 칭명하더라도 성불의 종자가 되며, 부처님 명호를 집지하면 불퇴전의 자리에 오르게 된다.”《미타요해》</td></tr>
</table>

_인광대사,《문초》선독選讀 , 정계淨界법사

[제43칙] **소승의 성인은 마음을 돌이켜 대승으로 향하여야 왕생할 수 있다**

모름지기 알지니, 서방극락세계는 범부가 갈수 없다고 말하지 말라. 설사 소승의 성인일지라도 갈 수 없다. 왜냐하면 그곳은 대승의 불가사의한 경계이기 때문이다. 소승의 성인이 마음을 돌이켜 대승으로 향하면 곧 극락에 이를 수 있다. 범부가 믿음과 발원으로 부처님께서 상응하심을 느끼지 못하다면 설사 다른 일체 수승한 법문을 닦고 게다가 지명염불, 이 수승한 법문을 닦을지라도 왕생할 수 없다.

須知西方極樂世界，莫說凡夫不能到，即小乘聖人亦不能到，以彼係大乘不思議境界故也。小聖回心向大即能到。凡夫若無信願感佛，縱修其餘一切勝行，並持名勝行，亦不能往生。

그래서 믿음과 발원을 가장 중요하게 여겨야 한다. 우익대사[58]께서 말씀하시길, "왕생할지 여부는 전적으로 믿음과 발원의 유무에 달려있고, 품위의 높고 낮음은 전적으로 지명염불의 깊고 얕음에 달려있다." 이는 천불이 세상에 나오실지라도 바뀌지 않은 확정된 사안이다! 능히 이처럼 믿고 발원할 수 있으면 그대에게 서방극락에 연분이 있다 보장하겠다.

是以信願最為要緊。蕅益云：得生與否，全由信願之有無；品位高下，全由持名之深淺。乃千佛出世不易之鐵案也。能信得及，許汝西方有分。

[제44칙] 믿음과 발원이 진실하고 간절하면 마음이 비교적 청정할지라도 왕생할 수 있다

염불법문에서 중요한 것은 믿음과 발원에 있다. 믿음과 발원이 진실하고 간절하면 비록 마음속이 아직 청정할 수 없을지라도 왕생할 수 있다. 왜 그러한가? 지심으로 염불하면 부처님께서 상응하심을 느낄 수 있는 까닭에 아미타부처님께서 즉시 응하여 나타날 수 있기 때문이다. 마치 강물과 바닷물이 비록 완전히 움직이는 모습이 없을지라도 단지 사나운 바람과 거대한 파도가 없기만 하면 중천에 뜬 밝은 달의 그림자가 즉시 강물 위에 또렷이 나타날 수 있다. 감응도교는 마치 어머니와 자식이 서로 그리워하는 것과 같다. 오르지 자력을 중시하고 불력에 의지하지 않는 사람은 이 뜻을 모르는 까닭이다.

念佛之法，重在信願。信願眞切，雖未能心中清淨，亦得往生。何以故？以志心念佛為能感，故致彌陀即能應耳。如江海中水，未能了無動相，但無狂風巨浪，則中天明月，即得了了影現矣。感應道交，如母子相憶。彼專重自力，不仗佛力者，由於不知此義故也。

[역주] 인광대사께서 비록 "마음속이 아직 청정할 수 없다"고 말씀할지라도 뒤에 "단지 사나운 바람과 거대한 파도가 없기만 하면", 강물은 중천에 뜬 밝은 달의 그림자를 또렷이 나타나게 할 수 있다고 말씀하신다. 이는 곧 마음 경계가 비교적 청정하다는 뜻이다. 만약

58) 우익대사(1599-1655)는 명대의 고승이다. 자는 우익이고 호는 팔불도인八不道人이다. 만년에 영봉에 머물면서 절을 세워 결사(社)를 시작하였으며 책을 저술한 까닭에 영봉우익대사라 불렀다. 어려서는 유학을 좋아해 불교와 도교를 소멸시키겠다고 서원하였지만 우연히 주굉 연지대사의 《자지록自知錄》과 《죽창수필竹窗隨筆》을 읽고서 마침내 자신이 저술한 《벽불론闢佛論》을 불태워 버렸다. 부친상을 당하여 상복을 입는 기간에 지장보살의 본원을 듣고서 처음 출가의 뜻이 생겼다. 22세에 염불을 전념해 닦았다. 24세에 감산대사의 문인인 설령雪嶺스님에게 머리를 깎고 출가하였다. 화엄·천태·유식을 배웠고, 선·교·율을 통일하였으며, 불교 여러 종파의 체계를 종합하였지만, 실천상으로는 염불에 중점을 두었다. 겸하여 유교와 경교景教(기독교 네스토리우스파)를 다스렸다.

마음이 아직 청정하지 않다고 말하면 "사나운 바람과 거대한 파도"는 청정하지 않음에 속하고 또한 마땅히 왕생한다. 인광대사님의 말씀은 결코 이런 뜻이 아님이 분명하다. 만약 마음의 물이 밝은 달의 그림자를 나타나게 하고 싶다면 반드시 비교적 청정해야 한다.

인광대사께서는 일찍이 이 문제를 두고 법문한 적이 있었는데, 염불왕생에 있어 임종시 부처님께서 내영하시는 원리는 곧 "물이 밝아 달이 나타남"에 있다. 이는《관경》에서 "이 마음이 부처를 지으니 이 마음이 그대로 부처라."하신 의리에 완전히 부합한다.《관경소묘종초觀經疏妙宗鈔》의 "일심구품一心九品, 일행구품一行九品"에 따라 청정심에 대해서도 구품으로 판단할 수 있다. 중품하생中品下生은 명자위名字位 후심의 청정심으로 즉 결정코 자재왕생할 수 있다. 관행위觀行位 청정심, 상사위相似位 청정심淸淨心은 중품이생 및 상품삼생에 대응하고 모두 자재왕생한다. 하배삼품에 이르러 각자 용맹심이 임종시 특수한 인연에 달리 미치는 까닭에 청정심이 일정하지 않지만, 이론상으로는 명자위, 관행위 및 상사위로 섭수할 수 있다.

이를테면 아사세왕은 참회하여 상사위에 용맹하게 들어가 상품 청정심에 속한다. 이 문을 청정심으로 변별하면 반드시 미혹을 조복하였는지 문제의 관건을 포함하여 토론하여야 한다. 정종의 염불왕생은 업을 진 채로 왕생함에 속한다. 여기서 업은 (악업을 포괄하는) "혹업惑業"을 가리킨다. 혹업이 현행하지 않아서 믿음과 발원으로 염불하는 마음에 영향을 미치지 않으면 왕생을 장애하지 않는다. 미혹을 끊을 필요가 없고 업의 빚을 갚을 필요가 없는 까닭에 「업을 지닌 채(帶業)」라고 말한다. "현행하지 않음(不現行)"은 곧 미혹을 조복하거나 조복하지 않되 조복되는 두 가지 상황에 속한다.

첫째, 자력으로 미혹을 조복함이다. 즉 미혹을 조복한 사일심불란事一心不亂 수준으로 가장 낮은 계위인 명자위 후심에 있다. 이는 부처님의 가지를 받아 관행위 초품으로 증승增勝하여 자재왕생할 수 있다. (본원법문에서는 자력을 집어내고 자력수지를 중시하지 않으므로 그 신도 중에는 근본적으로 자재왕생하는 사람이 있을 리 없다.)

둘째, 조복하지 않되 조복됨이다. 즉 산란한 마음으로 염불하는 사람은 미혹을 조복할 자력이 없어 반드시 임종하기 전 십여 일에서 최후 임종 무렵까지 일심으로 끊어짐 없이 부처님 명호를 계념하여 왕생하는 일을 주로 삼고 사유하는 까닭에 임종 최후 무렵에 특수한 선정 경계에 들어갈 수 있다. 이러한 선정 경계는 자력 선정의 힘으로 성취한 것이 아니라 임종의 특수성에 말미암나니, 즉 제6식이 점차 사라지는 과정 동안 최후 무렵에 형성되는 특수한 선정경계이다. 제6식이 점차 사라지고 점차 끊어지면서 제6식에 따라 일어나는 견사見思 등의 혹업惑業도 그것을 따라 조복하지 않되 조복된다. 임종하는 사람이 염불로 용맹정진하고 보리심이 진실하면 자력으로 미혹을 조복할(功夫成片) 때까지 염하여 왕생을 앞당길 수 있음은 물론이다.

본원법문에서는 자력을 집어내고 완전히 불력에 기대어 결정코 믿으면 곧 결정코 왕생한다고 주장한다. 임종시 심식心識이 "사나운 바람과 거대한 파도"로 인해 청정한 마음을 얻을 수 없고, 정념正念을 얻을 수 없으며, 혼미하고 전도되어도 아미타부처님의 위신력이 가지加持

하기만 하면 곧 정념으로 왕생할 수 있다고 본다. 본원법문에서는 설사 임종인에게 악업과보의 상(惡相)이 나타날지라도 그가 결정코 왕생함에 걸림이 되지 않는다고 생각한다. 이런 부류의 사람은 생전에 전혀 노실하게 염불하지 않았고 늘 계를 깨뜨리고 악업을 지어 충분한 공덕을 누적하지 못하였고 두려워함도 없고 부끄러워함도 없으며 참회심이 없으므로, 정종의 올바른 교리에 따라 판단하면 거의 모두 왕생할 수 없다. 오늘날 본원법문 및 유사법문이 광범위하게 전파되어 정종을 바로 믿는 의리의 전파에 대단히 나쁜 영향을 미치므로 정종학인은 반드시 잘 분별하여야 한다.

[제45칙] **염불하면 재난을 극복하고 무거운 죄의 과보를 가볍게 할 수 있다**

염불하는 사람이 진실하고 간절하게 염불할 수 있다면 저절로 부처님의 자비원력에 의지할 수 있어 칼과 군사, 물과 불의 갖가지 재난을 피할 수 있다. 설사 이전 세상의 업장에 얽매이고, 지옥에 떨어지는 무거운 과보가 있을지라도 현생의 가벼운 과보로 바뀔 것이다. 설사 우연히 이러한 재난을 만날지라도 평소 진실하고 간절한 믿음과 발원이 있다면 반드시 이때 부처님께서 접인하심을 입을 것이다. 만약 현전에서 염불삼매의 큰 선정을 증득하였다면 이미 성인의 흐름에 들어갔음은 물론이고, 자기 몸은 그림자와 같아서 칼과 군사, 물과 불로도 모두 구애받지 않는다. 설사 현재 재난을 만났을지라도 실제로는 고통받는 바가 없다. 그러나 한없이 넓은 세계에 몇 사람이나 이러한 경계에 도달할 수 있겠는가?

念佛人，但能眞切念佛，自可仗佛慈力，免彼刀兵水火。即宿業所牽，及轉地獄重報，作現生輕報。偶罹此殃，但於平日有眞切信願，定于此時蒙佛接引。若夫現證三昧，固已入於聖流；自身如影，刀兵水火，皆不相礙。縱現遇災，實無所苦。而茫茫世界，曾有幾人哉？

[역주] 천태지자智者 대사께서는 《관경소觀經疏》에서 "정선은 정업을 소멸시킬 수 있다(定善可滅定業)"고 말씀하셨다. 갖가지 재난과 심각한 고질병으로 횡사하거나 지옥 등 삼악도에 떨어지는 죄가 바로 정업定業이다. 염불하는 사람은 반드시 정선定善을 닦아야 비로소 이런 부류의 지극히 무거운 정업을 철저히 제거할 수 있다. 그렇지 않으면 산란한 마음으로 염불하는 사람은 우연히 자연재해와 사람으로 인한 화를 만나도 전혀 이상하지 않다.

정선을 닦으면 가장 낮은 수준은 명자위名字位 후심에 있고, 불력이 가지加持하여 관행위觀行位 초품, 즉 《미타요해》에서 말하는 미혹을 조복한 「사일심불란事一心不亂」의 가장 낮은 수준으로 들어간다. 《관경》에서는 십육관의 제3관인 지상관地想觀을 성취한 사람에게 세존께서는 임종시 결정코 왕생하는 경계인 염불삼매에 들어간다("만약 삼매를 증득하면 저 국토의 보배 땅이 분명하게 또렷이 보일 것이니,…만약 이 보배 땅을 관상하는 사람은 팔십억 겁 생사의 중죄를 없앨 수 있고, 임종시 몸을 버리고 세상을 떠날 때 반드시 청정국토에 태어날 것이다.")고 수기하신다.

“한없이 넓은 세계에 몇 사람이나 이러한 경계에 도달할 수 있겠는가?” 그러나 사실은 공부성편功夫成片에 이르도록 염불하는 것은 결코 어렵지 않다. 각종 《왕생전》의 기록에 따르면 3년에서 5년 노실하게 염불하여 자재 왕생하는 사례는 모두 공부성편에 이르도록, 명자위 후심의 수준에 이르도록 염불한 사람이다. 염불삼매 및 일심불란은 모두 총괄해 가리켜 그 폭이 매우 크니, 명자위 후심, 관행위觀行位 5품 및 상사위相似位·분증위分證位를 모두 염불삼매라 부를 수 있다.

인광대사께서 매우 많은 법문에서 모두 단혹일심斷惑一心, 단혹삼매斷惑三昧를 특별히 지칭하셨다. 계위와 대응하면 미혹을 끊은 사일심事一心은 상사즉불相似即佛 원칠신위圓七信位에 있고, 미혹을 끊은 이일심理一心은 분증즉불위分證即佛位에 있다. 전자는 아라한 수준에 상당하고, 후자는 법신보살에 상당한다. 양자는 경계가 모두 대단히 높아 범부는 한 평생 수지하여도 근본적으로 도달할 수 없다. 그러나 범부가 수년 안에 명자위 후심의 수준까지 닦고자 하면 이는 비교적 쉽게 이루어 모두 자재왕생할 수 있다.

이러한 수준에 아직 도달하지 못한 채 산란한 마음으로 염불하는 사람은 임종시 모두 깊은 믿음과 간절한 발원에 의지해 일심으로 부처님 명호를 계념하면 임종하기 전 수일 혹은 십여 일간 연단한 후 최후 임종하는 무렵에 곧 임종시 특수한 선정경계에 들어가 또한 부처님을 친견하고 왕생할 수 있다. 그래서 설령 미혹을 조복하도록 염할 수 없고, 한 덩어리를 이룰 수 없을지라도 왕생할 수 있다는 신심(자신감)을 잃어버리지 말아야 한다. 단지 후자의 왕생은 자재하지 못하고, 임종하기 전 십여 일 어떤 사람은 매우 심한 고통을 겪을 따름이다. 단지 믿음과 발원이 진실하고 간절하기만 하면 누구나 다 왕생할 수 있다.

[제46칙] **부디 다음 생에 인간과 천상의 복보를 구하지 말라**

무릇 경전을 염송하고 주문을 지송하며 예배 참회하고, 나아가 재난과 빈곤을 구제하는 등 갖가지 자선공덕을 모두 회향하여 서방극락에 왕생하되, 부디 다음 생에 인간과 천상의 복보를 구하지 말라. 이러한 마음이 하나라도 생기면 왕생할 희망은 없다. 생사윤회를 벗어나기 전에 복보가 클수록 짓는 업도 커져서 다음 생에 환생하면 지옥·아귀·축생의 삼악도에 떨어지길 면하기 어렵다. 다시 사람 몸을 얻어 일생에 윤회를 해탈하는 정토법문을 만나고 싶다면 천상에 오르는 만큼 어렵다.

凡誦經持咒，禮拜懺悔，及救災濟貧，種種慈善功德，皆須回向往生西方，切不可求來生人天福報；一有此心，便無往生之分。而生死未了，福愈大則業愈大；再一來生，難免墮於地獄、餓鬼、畜生之三惡道中。若欲再復人身，再遇淨土即生了脫之法門，難如登天矣。

부처님께서는 사람들에게 서방극락에 태어나길 구하라 가르치신 것은 바로 사람들이 이번 생에 생사를 끝마치도록 하기 위함이다. 만약 다음 생에 인간과 천상의 복보를 구하면 즉시 부처님의 가르침에 위배된다. 이는 세상에서 값을 매길 수 없는 보배구슬 한 알을 설탕 한 근으로 바꿔 먹는 것과 같으니, 어찌 애석하지 않겠는가?

佛教人念佛求生西方，是為人現生了生死的；若求來生人天福報，即是違背佛教。如將一顆舉世無價之寶珠，換取一根糖吃，豈不可惜？

[역주] 중생이 윤회하는 여섯 가지 생명 중에 천 · 인 · 아수라를 삼선도三善道라 한다. 복보가 있어야 삼선도에 태어나는데, 근거는 태어나는 선업이 같지 않음에 있다. 삼선도 중에 얻는 복보도 다르다. 그 밖에 다른 삼도를 삼악도三惡道라 하는데, 즉 축생도 · 아귀도 · 지옥도이다. 복보가 크면 부귀영화를 누리고 돈이 있고 권세가 있다. 사람은 이러한 크게 부유하고 크게 귀한 위치에 처할 때 하고 싶은 것을 하고 매우 나쁜 일을 할 수 밖에 없다. 그래서 인광대사께서는 "복보가 클수록 짓는 업도 커진다." 말씀하셨다.

[보충] **황념조 거사: 삼세의 원을 맺다(結三世怨)**

절류截流대사께서는 "진실한 믿음과 진실하지 못한 믿음은 큰 차이가 있다"고 말씀하셨다. 당신이 바른 믿음이 아니라면 당신은 염불하여 삼세의 원을 맺고, 이번 생에 염불하여 왕생할 수 없다. 왜냐하면 당신은 "믿음 · 발원 · 집지명호" 세 가지 자량資糧에서 하나라도 모자라면 안 되기 때문이다. 믿음이 매우 얕으면 비록 염불할지라도 공덕 또한 비슷하여 왕생할 수 없다. 왕생할 수 없으면 아무래도 공덕이 매우 커서 두 번째 생에 큰 부귀를 누리되 큰 업을 짓게 될 것이다. 세상 사람은 업을 짓지 않을 수 없다. 업을 지으면 세 번째 생에는 지옥으로 들어간다. 그래서 삼세의 원을 맺는다.

당신이 이번 생에 염불하면 당신은 오역 · 십악의 중죄를 지은 사람과 한 발 차이일 뿐이다. 그는 이번 생에 죽어서 지옥에 들어가고 염불을 철저히 하지 않은 사람은 중간에 한 생은 부귀하고 그런 후 지옥에 들어간다. 한 발 차이일 뿐, 앞뒤로 단지 그는 한발 앞서가고 당신은 한발 뒤서간다. 그래서 삼세의 원을 맺는다는 함은 진실한 믿음을 권하는 말이다.

[역주] 크게 부유하고 크게 귀한 사람은 음식 면에서 보면 보통 사람보다 천배 만배 업을 짓는다. 부귀한 사람은 모두 채식만 하는가? 그럴 리 만무하다. 한 끼 식사에 산해진미를 먹음은 살생의 업을 분담하는 것으로 매우 끔찍하다. 더욱이 부귀한 사람들은 음식 방면에서만 업을 짓는 것이 아니라 다른 면에서도 유추할 수 있으니 인광대사님의 말씀은 헛되지 않았음을 알 수 있다.

[제47칙] 진심으로 염불하는 사람은 세간의 복보를 구하지 않아도 저절로 얻는다

모름지기 알지니, 진심으로 염불할 수 있으면 세간의 복보를 구하지 않아도, 무병장수하고 집안이 평안하며, 자손이 출세하고 모든 인연이 뜻대로 이루어지며, 모든 일이 순조로운 등 세간의 복보를 저절로 얻을 수 있다. 그러나 세간의 복보를 구하고 기꺼이 회향하지 않으면 그 얻는 세간의 복보는 오히려 나빠질 것이다. 이러면 염불하는 마음이 전일하지 않아 왕생에 곧 결정심을 내기 어렵다.

須知眞能念佛，不求世間福報，而自得世間福報。如長壽無病，家門淸泰，子孫發達，諸緣如意，萬事吉祥等若求世間福報，不肯回向往生，則所得世間福報，反為下劣。而心不專一，往生便難決定矣。

[역주] 염불은 귀중하니, 전일하게 일심으로 염불한 공덕은 무량하다. 왕생을 구하는 마음이 전일하지 않고, 사바세계를 벗어나려는 마음이 진실하지 않으며 사바세계의 모든 인연을 전혀 내려놓지 않고 여전히 세간의 복보 등을 염려하면 이 사람은 비록 염불할 수 있을지라도 그 믿음과 발원이 진실하지 않은 까닭에 왕생이 결정되지 않아 저절로 장애가 생긴다. 염불한 공덕의 크기는 발심이 수승한지 하열한지와 관련이 있다. 일체 고난중생을 위하여 극락에 왕생하여 자비의 배를 거꾸로 몰아(倒駕慈航) 중생을 구제하겠다고 발심하고 염불하면 심량의 공덕이 저절로 커지고 그에 상응하여 복보도 반드시 커진다.

염불하는 사람은 현세에 받는 과보(花報)가 저절로 매우 수승하다. 진심으로 염불하는 사람은 구하지 않아도 저절로 얻지만, 세간의 복보를 구하면 발심이 하열하여 오히려 대부분 원하는 대로 되지 않는다. 발심이 수승한 사람은 즉 보리심이 광대하다. 이와 같이 염불하여 얻은 공덕은 탐심으로 염불한 사람과 절박한 마음으로 염불한 사람과 견주면 하늘땅만큼의 차이라 말할 수 있다.

[제48칙] 다음 생에 사람이 되는 것은 임종시 극락에 왕생하는 것보다 훨씬 어렵다

다음 생에 사람이 되는 것은 임종시 극락에 왕생하는 것보다 훨씬 어려운 줄 알아야 한다. 왜냐하면 한평생 지은 죄업이 얼마인지 모르기 때문이다. 다른 죄가 있는지 말하지 않아도 어릴 적부터 고기를 먹으면 살생한 죄가 정말로 대단하다. 그래서 반드시 대자비심을 내어 서방극락에 태어나길 구해야 하니, 부처님을 친견하여 도를 얻을 때까지 기다린 이후, 다시 이들 중생을 제도하면 부처님의 자비력에 의지해 바로 이 빚을 갚지 않아도 된다.

你要曉得，來生做人，比臨終往生還難。何以故？人一生中所造罪業，不知多少。別的罪有無且勿論，從小吃肉殺生之罪，實在多的了不得。要發大慈悲心，求生西方，待見佛得道後，度脫此等衆生，則仗佛慈力，即可不償此債。

만약 다음 생에 사람이 되길 구하면 대도의 마음이 없어 비록 수행한 공부가 좋을지라도 그 공덕은 한계가 있다. 범부는 나와 남을 차별하는 마음에 매여 행하는 까닭에 큰 공덕이 있을 리 없다. 하물며 그대가 무량겁 이래로 얼마나 많은 죄업을 지었는지 모름에랴. 과거의 업장이 나타나면 삼악도는 기어코 벗어날 수 없고, 다시 사람이 되고 싶어도 거의 어렵다. 그래서 서방극락에 태어나길 구하는 것이 다음 생에 사람이 되는 것보다 훨씬 쉽다고 말한다. 불력의 가피에 의지한 까닭에 숙세의 악업이 쉽게 사라지고, 비록 다 사라질 수 없을지라도 불력이 가피한 까닭에 업보를 갚지 않을 것이다.

若求來生，則無大道心，縱修行的功夫好，其功德有限；以係凡夫人我心做出來，故莫有大功德。況汝從無量劫來，不知造了多少罪業；宿業若現，三途惡道，定規難逃；想再做人，千難萬難。是故說求生西方，比求來生做人尚容易。以仗佛力加被故，宿世惡業容易消；縱未能消盡，以佛力故，不致償報。

[역주] 석가모니부처님께서는 “사람 몸을 얻는 것은 손톱 위의 흙과 같고, 사람 몸을 얻는 것은 대지의 흙과 같다.”고 말씀하신 적이 있다. 오계를 엄격히 지켜야 사람 몸을 지켜낼 수 있기에 내생에 다시 사람 몸을 얻기는 구경에 많은 어려움이 있음을 미루어 알 수 있다. 다음 생에 복보를 구하고 다음 생에 사람이 되길 희망하는 이러한 발심은 하열하다. 이렇게 발심하면 설사 가장 수승한 법문을 수지할지라도 얼마간의 공덕도 생길 수 없고 복덕도 매우 한계가 있다. 심량이 커야 복덕도 크니, 수행인은 반드시 자신의 심량을 확대하여야 하고, 발보리심이 진실하여야 한다. 이렇게 발심하면 원래 삼악도에 떨어질지라도 임종시 지성으로 참회하고 염불하기만 하면 곧 죄업을 없애고 극락에 왕생할 수 있다.

[제49칙] **지성심으로 염불하면 불력 · 법력 · 자성공덕력이 곧 현현한다**

모름지기 알지니, 불력도 불가사의하고 법력도 불가사의하며 자성공덕력도 불가사의하다. 이 세 가지 불가사의한 힘은 만약 믿음 · 발원 · 염불의 지성심志誠心이 없다면 현현할 수 없다. 지성심으로 극락에 태어나길 구하는 마음이 있으면 이 세 가지 불가사의한 대위신력이 현현할 수 있다. 광염에 휩싸인 대륜大輪을 타고 또한 순풍을 만난 것처럼 당하에 염불을 여의지 않으면 곧 극락에 태어난다.

須知佛力不可思議，法力不可思議，自性功德力不可思議。此三不可思議，若無信願念佛之志誠心，則無由發現。有志誠求生西方之心，此三種不可思議大威神力，即得顯現。如乘大火輪，又遇順風，不離當念，即生西方。

[보충] 세 가지 불가사의한 힘

『미타요해』: 시방세계 불국토에서는 (일체가 모두 아니고 일체가 모두 그러한 상황은 찾을 수 없어) 이와 같은 명상名相이 없고, 이와 같은 계위階位가 없으며, (억불 · 염불하여 결정코 성불하는) 이와 같은 법문法門이 없나니, 만약 심성의 극치(심요心要), 집지명호의 기이한 공훈(경요境要), 아미타부처님의 대원(법문요法門要), 이러한 삼요三要의 불가사의한 역용力用이 아니면 어찌 이와 같은 것이 있겠는가?

『미타몽초』: 이는 불가사의한 인因을 귀결한다. 삼부사의는 곧 삼요三要이다. 시방세계 불국토에서는 이와 같은 명상 등이 없다 함은 이러한 모두 아니고 모두 그러한(俱非俱是) 명상 계위 등이 없다는 뜻이다. 홀로 극락만이 이러한 모두 아니고 모두 그러한 명상이 있고, 모두 아니고 모두 그러한 계위가 있다. 극락에는 이와 같은 것이 있음은 이러한 모두 아니고 모두 그러한 법문이 있기 때문이다. 모두 아님(俱非)이란 무량수無量壽이고 모두 그러함(俱是)은 무량광無量光이다. 그래서 심성의 극치, 집지명호의 기이한 공훈, 아미타부처님의 대원이 아니면 왜 이와 같은 것이 있겠는가? 라고 말한다.

무량광 무량수(아미타불)가 심성의 극치이기 때문에 무량광 무량수의 명상名相이 있다. 무량광 무량수의 공훈으로 인해 비로소 무량광 무량수의 계위가 있다. 무량수 무량광의 대원으로 인해 무량수 무량광의 법문이 있다. 심성의 극치란 심요心要이고, 집지명호의 기이한 공훈이란 경요境要이며, 아미타부처님의 대원이란 법문요法門要이다. 이 삼요三要는 곧 세 가지 불가사의이다.

[역주] "심성의 극치란 심요心要이다." 이는 곧 자성공덕의 역용이 현묘하여 수덕修德에는 공성功性의 덕이 바깥으로 드러남이 있고, 심성은 본래 불가사의하여 그 덕능德能 또한 불가사의하며, 극락의 갖가지 및 염불왕생 등의 역용은 모두 자성이 본래 갖추고 있다.

"집지명호의 기이한 공훈이란 경요境要이다." 이는 곧 법력의 불가사의함이다. 지성심으로 염불하여 마음을 바꾸고 경계를 바꾸어, 본래 마땅히 삼악도에 떨어지지만 법에 의거해 수지하면 곧 아미타부처님께서 내영하심을 보니 불가사의하다.

"아미타부처님의 대원이란 법문요法門要이다." 이는 곧 불력의 불가사의함이다. 아미타부처님께서는 마음의 근원을 사무치게 증득하여 누겁에 걸쳐 수행하여 48대원을 발하고 이 법문을 창설하시어 비로소 불가사의한 왕생의 일을 성취하실 수 있었다.이 세 가지 힘은 자력으로 분별하고(分自) 타력으로 분별하기(分他) 어렵고, 마음마다 두루 갖추고(遍具) 두루 포섭하여(遍攝), 바로 지금(當下) 지성심으로 염불하는 일념에 세 가지 힘이 모두 다 갖추어져 있다.

[제50칙] 오역죄 · 정법비방을 제외함에 대경과 관경을 세밀히 변별하다

《무량수경》에 말씀하시길, "내지 십념에 모두 다 섭수하겠나이다. 다만 오역죄를 짓고 정법을 비방한 자는 제외될 것이옵니다." 하셨다. 이는 이미 정토법문을 듣고 평상시 정토법문을 수지한 사람을 기준으로 말씀하신 것이지, 정토법문을 듣지 못한 채 임종을 맞이하는 사람을 기준으로 말씀하신 것이 아니다. 왜냐하면 그는 이미 오역五逆의 지극한 중죄를 지었고 또한 삿된 견해가 깊고 무거워 정법을 비방하길, "부처님께서 말씀하신, 범부를 뛰어넘어 성인의 흐름에 들어가고 생사를 요탈하여 염불 왕생하는 법문은 모두 어리석은 촌부들을 속여서 저 가르침을 받들게 한 근거이지, 실제로 그런 일은 없다."고 말하기 때문이다. 이렇게 지극히 큰 죄장이 있어 설사 평상시 일념, 십념의 선근이 있을지라도 지극히 부끄럽고 두려워하며, 지극히 신앙하는 마음이 없는 까닭에 왕생할 수 없다.

無量壽經，乃至十念，咸皆攝受，唯除五逆，誹謗正法者。此約平時說，非約臨終說。以其既有五逆之極重罪，又加以邪見深重，誹謗正法，謂佛所說超凡入聖，了生脫死，及念佛往生之法，皆是誆騙愚夫愚婦奉彼教之根據，實無其事。由有此極大罪障，縱或有一念、十念之善根，由無極慚愧、極信仰之心，故不能往生也。

《관경》 하하품은 임종시 아비지옥이 나타날 때를 기준으로 말한 것이다. 경전에 비록 「정법비방」 네 글자를 말하지 않아도 이미 오역 · 십악을 지은 사람이 갖가지 불선不善을 갖추고 있어 반드시 정법을 비방하지 않았다고 할 수 없다. 절대 정법비방의 일이 없는데, 어떻게 아라한을 죽이고, 화합승을 깨뜨리며, 부처님의 몸에 피를 흘리게 하겠는가? 종종 어떤 사람은 《관경》에서는 오역죄 악인이 임종시 악한 상이 현전해도 염불하면 극락왕생한다 말할 뿐 「정법비방」을 말한 적이 없고, 《무량수경》에서는 정법을 비방하면 왕생할 수 없다고 말해 두 경전이 모순이 있는 것 같다고 생각한다. 그러나 이미 정법을 비방하지 않은 이상 어떻게 또한 이 세 가지 대역죄를 범하겠는가? 그래서 「48원」은 평상시를 기준으로 말한 것이고, 《관경》 하하품은 이미 지옥의 지극한 괴로운 상을 본 사람을 기준으로 말한 것임을 알아야 한다.

觀經下下品，乃約臨終阿鼻地獄相現時說。雖不說誹謗正法，而其既五逆十惡，具諸不善，必不能不謗正法。若絕無謗法之事，何得弒阿羅漢、破和合僧、出佛身血乎？每有作此無謗法、彼有謗法解者，亦極有理；但既不謗法，何又行三種大逆乎？是知四十八願，係約平時說；觀經下下品，是約已見地獄至極之苦相說。

그 사람의 공포는 말로 표현할 수 없어 부처님 명호를 듣고서 구호해주길 슬피 구해 더 이상 나머지 생각은 없고, 부처님께 제도를 구할 생각만 있을 뿐이다. 비록 처음 정토법문을 듣고 처음 염불할지라도 이미 "마음 전체 그대로 부처님이고 부처님 전체 그대로 마음이며, 마음바깥에 부처님이 없고 부처님 바깥에 마음이 없다.” 그래서 비록 십념(나무아미타불 10번 염불함)만 있거나 혹은 일념만 있을지라도 부처님의 자비력을 받아 접인 왕생할 수 있다. 「48원」은 평상시를 기준으로 말한 것이고, 《관경》 하하품은 임종시를 기준으로 말한 것이다. 왜냐하면 구체적인 시간과 상황이 달라서 「오역십악 · 정법비방」의 경우 왕생할 수 있느냐의 설법에 차이가 있다. 만약 두 경전에서 아미타부처님께서 오역의 중죄인을 받아들이는 설법에 충돌이 있다고 여기면 융통성이 없는 고지식한(鑿死卯子) 사람[59]이 되고 만다.

其人恐怖，不可言宣；一聞佛名，哀求救護；了無餘念，唯有求佛救度之念。雖是乍聞乍念，然已全心是佛，全佛是心；心外無佛，佛外無心。故雖十念，或止一念，亦得蒙佛慈力，接引往生也。四十八願，乃約平時說；觀經下下品，乃約臨終說。由時事不同，故攝否有異；謂為衝突，則成鑿死卯子漢矣。

[보충] 이미 진실한 믿음과 간절한 발원이 있으면 반드시 지극한 마음으로 「나무아미타불」 육자 성호를 집지하여야 한다. 걷거나 머물거나 앉거나 눕거나, 말하거나 침묵하거나 움직이거나 고요하거나, 옷을 입거나 식사를 하거나 대소변을 누거나, 이 육자 명호를 절대로 여의지 말아야 한다. 모름지기 “마음 전체 그대로 부처님이고, 부처님 전체 그대로 마음이어서 마음과 부처가 둘이 아니고, 마음과 부처가 하나같아야 한다.” 염하는 주체가 여기 있고, 염이 절정에 이르러 감정이 사라지며, 마음이 공하여 부처님이 나타나면 현생에서 곧 직접 삼매를 증득할 수 있고, 임종에 이르러 상상품으로 왕생한다.

_인광대사, 《문초》

[역주] 설령 정법 비방일지라도 3, 6, 9 등 경중의 완급을 분별하고, 여기서 여전히 다시 세밀히 밝힌다. 보통 학불하는 사람, 마음을 밝혀 자성을 보지 못한 자는 「의미중복의 증익방增益謗」과 「사실위배의 손감방減損謗」 등 이런 부류의 정법비방은 피할 수 없고 범한 적이 없는 사람은 거의 없다.

[제51칙] **하품하생인은 제천보다 뛰어나며, 12대겁은 극락의 시간이 아니다**

하품하생인은 연꽃 안에서 12대겁을 보낸다 함은 죄업이 무겁고 선근이 얕은 까닭에 가장 늦게 연꽃이 피기 때문이다. 그러나 이 사람은 연꽃에서 누리는 즐거움은 삼선천三禪天의 즐거움보다 뛰어난데, 세간의 즐거움 중에 삼선三禪이 가장 제일이다. 또한 어찌 유감스럽지 않겠는가!

---

59) 「착사묘자鑿死卯子」 융통성이 없게 곧이곧대로 여겨 변통할 줄 모른다는 듯이다. 「격사묘자한鑿死卯子漢」 구할 가치가 없거나 해결할 수 없는 문제에 애써 끝까지 매달려서 이치를 통달할 수 없는 사람을 말한다.

其在花中十二大劫者，以在生罪業重而善根淺，故花開最為遲延也。然此人在花中之快樂，勝於三禪天之樂，世間之樂，三禪最為第一。又何欠憾乎哉？

[역주] 정토에 왕생함은 삼배구품으로 나뉘는데, 여기서 구품은 곧 상중하 각 3품을 말한다. 하품하생에서는 오역십악 등 중죄를 짓고 모두 갖가지 불선이 있지만 목숨이 다하려고 할 때 선지식의 인도를 만나 참회하고 부처님께 귀의하여 지극한 마음으로 「나무아미타불」 부처님 명호를 십념(十念 : 십은 불법에서 원만하다는 뜻을 표시하기에 단지 십성十聲인지 아닌지는 집착할 필요가 없다) 칭념하고 이로써 정토에 왕생할 수 있다(참회득생得生 또는 멸죄득생이라 부른다). 만약 경문을 단지 간략히 해석하면 진성심眞誠心으로 부처님 명호를 열 마디 칭념하는 것으로, 이는 결코 부처님의 뜻과 완전히 부합하는 것이 아니다. 이 문구의 경문을 자세히 밝히고 매우 많은 방면의 불법지식을 언급하여야 주해의 편차를 피할 수 있다. 현재 각국의 정토종은 총 10여 계파가 있는데(심지어 더 많다), 이 문구의 경문을 주해함에 왕왕 출입이 매우 크다. 정말 모두 부처님의 뜻에 부합하는가? 불가능한 것이 명백하다. 정종 학인은 마음속에 미리 계획이 서 있어야 한다.

[역주] 《관경》에서 말씀하시듯이 하품하생은 12대겁을 보내야 연꽃이 피고, 연꽃이 피어 부처님을 친견한 후 무상보리심을 발한다. 하품생은 보리심을 발할 필요가 있는지 아닌지에 대해서는 예로부터 지금까지 논쟁이 그치지 않아, 정종의 각 계파 사이도 조화할 수 없다. 여기서 단지 인광대사 및 《관경묘종초觀經妙宗鈔》의 관점을 추천하겠다. 인광대사께서는 이에 대해 "구품의 하3품은 임종시 괴로움이 지극하고 부처님 명호를 듣고서 그는 귀명하고 투항하여 부처님께서 자비로 구원하는 마음을 드리워주시길 바란다. 그가 용맹분투하여 감격하니, 이는 사형집행에 앞서 사면을 바라는 마음보다 천만 배나 깊다. 비록 아직 발보리심을 언급하지 않았지만, 그 심념의 간절함과 정신은 진실로 보리심을 갖추고 있다"고 법문하셨다.

《묘종초》에서는 원교의 수행단계인 육즉六即으로 보리심을 발하니, 명자위名字位 발심 · 관행위觀行位 발심……분증위分證位 발심을 포괄한다고 말한다. 천태종의 교리에 의하면 "통도교通途教의 이론 및 발심은 모두 증위가 있고, 보살은 육즉에서 제4 상사위相似位에서 유순인柔順忍(일체 중생을 위하여 목숨을 아끼지 않고, 제근諸根을 조복하며, 육바라밀을 행하여 일체 사事 가운데서 복덕과 지혜를 완전히 성취)을 성취함을 비로소 진실로 보리심을 발하였다 말한다. 명자위名字位에서 처음 발심함도 보리심을 발하였다 하지만, 진실하지 않기 때문에 쉽게 퇴실하여 있기도 하고 없기도 한 까닭에 논하지 못한다." 이와 같이 경문 중에 하품하생은 12겁 후 극락에서 발심하니, 이는 초발심이 아니고 상사위 발심에 속한다. 《묘종초》 이 책에는 천태종과 정종의 교의를 융합시킨 교의가 매우 많이 있고, 원융한 주해로써 선도대사의 《사첩소四帖疏》(비움과소통 출간, 《관경사첩소심요》 참조)에서 《관경》에 대한 주해의 여러 가지 부족한 부분을 보충하고 있다. 우익대사 등 조사들은 《묘종초》에 대해 지극하다고 찬탄하셨다.

다시 《관경》에서는 하품생에 대해 이르시길, "선남자여, 그대가 부처님의 명호를 불렀기에 갖가지 죄업이 사라졌도다! 그래서 내가 와서 그대를 맞이하노라!" 하신 경문이 있다. 염불로 죄업이 사라지는 원리에서 보면 **보리심을 발하지 않으면 마음 경계가 바뀌지 않아 비록 염불을 할 수 있을지라도 죄업을 소멸시킬 수 없다. 그래서 하배삼품의 죄인이 왕생하고 싶으면 반드시 참회하고 염불하여야 한다.** 진정한 참회는 반드시 보리도심에 의지해 일어나 마음 경계에 바뀌는 것(잘못을 알고 두려워하고 부끄러워하여, 과거의 악행을 고치고 미래의 선행을 닦을 수 있어 잘못을 두 번 반복하지 않고, 나무불 칭념하여 불타에 귀의하고 불법에 의지하며 보리정도에 수순하여, 본질상 선인 자성선自性善에 의지해 이타심을 발한다……)이 있어야 비로소 진실로 죄가 사라질 수 있다. 형식에 흘러서 마음 경계가 바뀌지 않고 입으로만 부처님 명호를 부르고 입으로만 참회한다고 나불거리면 진실한 공덕은 생기지 않고, 반드시 죄가 사라질 수 없으며, 저절로 왕생할 수 없다.

[보충역주] 하품하생의 "12대겁"은 사바세계의 시간이지 극락세계의 시간이 아니다. 인광대사께서는 이것에 대해 "극락에서 하루 낮밤은 사바세계에서 1대겁이다." 법문하셨다. 말하자면 오역십악의 지극히 무거운 죄인이 염불하여 극락의 화태花胎에 왕생하여 단지 극락의 12일이 지나면 곧 연꽃이 열려 부처님을 친견할 수 있다. 극락에서는 결코 12대겁이 필요한 것이 아니다.

마지막으로 바이두 백과사전「구품왕생」의 조항 내용을 말하면《아미타경》에서 "아미타부처님께서 성불하신 이래 지금까지 십겁이다" 하신 말씀을 예를 들어 증명하길, 이렇게 보면 아미타부처님께서 성불하신지 134.4억년이다. 설사 부처님께서 방금 극락정토를 세웠을 때 하하품(9품)의 사람이 왕생하여 연꽃에서 26.88억년을 계속 기다려야 연꽃이 핀다." 이러한 해석은 완전히 불법을 제멋대로 해석한 것이다. "지금까지 십겁이다." 이는 아미타부처님을 상대하여 말한 것으로 극락시간을 가리킨다. 극락을 새로 건립한 처음일지라도 하하품에 왕생하면 단지 극락의 12밤이 지나면 곧 연꽃이 피어 부처님을 친견하게 된다. 이 조항의 해석은 실제와 너무 동떨어져 수년째 줄곧 개인마다 수정하고 있다. 그 밖에 달리 십겁의 "십"은 불법에서 원만하다는 뜻을 표시하기에 숫자 10개의 뜻에 매달려서는 안 된다. 그 밖에 달리 극락에는 본래 사토四土가 있는데, 사토는 원융하여 일진법계로 들어간다. 일진一眞으로 둘이 아님이 진실한 말씀이다. 지금까지 십겁은 단지 권설權說이고, 이 가운데 매우 많은 미세한 절節이 하나하나 전개되어야 불경의 진실한 뜻을 오해하지 않게 된다.

[제52칙] 의심을 일으켜 업을 짓고 본심을 가리니, 참회하고 염불하여야 죄업이 사라져 왕생한다

확실히 부처님께서는 일체중생을 당신의 자식처럼 여기신다. 잘 따르는 자에게는 물론 자비로운 교육을 하실 수 있거니와 십악·오역을 짓는 자에게는 각별히 자비연민을 베푸실 것이다. 자식이 회심하여 부모님을 생각할 수 있다면 부모님은 반드시 자비를

드리워 거두어주실 것이다. 또한 중생의 심성은 부처님과 둘이 아니지만, 단지 미혹하고 등진 연고로 의심을 일으켜 업을 짓고 본심을 가려서 드러낼 수 없을 뿐이라 말할 수 있다. 만약 일념에 빛을 돌이켜 거꾸로 비출 수 있다면 곧장 구름이 걷히고 달이 나타나는 것과 같이 진성은 본래 잃지 않아 달빛은 그대로 이미 존재하는 까닭에 오랜 겁을 지낸 육근·육진의 번뇌(情塵)[60]를 일념에 문득 끊을 수 있다. 또한 천년 암실에 등불 하나 밝혀 광명을 밝힐 수 있는 것과 같다.

良以佛視衆生，猶如一子。於善順者，固能慈育；於惡逆者，倍生憐愍。子若回心向親，親必垂慈攝受。又復衆生心性，與佛無二；由迷背故，起惑造業，錮蔽本心，不能彰顯。倘能一念回光，直同雲開月現。性本不失，月屬固有；故得歷劫情塵，一念頓斷。又如千年暗室，一燈即明。

[역주] 《관경》에서는 하품생에 대해 이르시길, "선남자여, 그대가 부처님의 명호를 불렀기에 갖가지 죄업이 사라졌도다! 그래서 내가 와서 그대를 맞이하노라!" 하신 경문에 대해 지자대사 등 조사들은 "참회하여 죄업이 사라져 왕생을 얻는다."고 해석하셨다. 극락세계에는 삼악도가 없고, 순수한 대승 선근계善根界로 여러 상선인上善人들이 모이는 곳이다. 삼악도 죄인은 본래 삼계를 횡으로 벗어날 수 없고(극락에 삼악도가 있다면 죄가 사라지지 않아 횡으로 벗어날 수 없다), 삼악도에 떨어질 죄의 마음(罪心)을 참회하지 않고 왕생할 수 없다.

어떤 사람은 조금이라도 죄를 참회하면 왕생할 수 없겠는가? 반문하길, 경문에서는 "여러 죄가 소멸한다." 하셨는데, 이 또한 어떻게 이해하여야 하는가? 무엇이 "여러 죄(諸罪)"인가? 중생심의 성품과 부처님은 둘이 없지만, 중생의 심식心識은 오히려 하늘땅만큼의 차이이다. 윤회에 떨어짐은 모두 심식으로 말미암아 결정된다. 의심을 일으켜 업을 짓고 진심인 자성을 가려서 망심·망식을 이룬다. 이러한 가림이 곧 "삼악도에 떨어질 죄의 마음(性罪)"이다. 가림이 얕은 것은 분증위分證位가 되고, 조금 깊은 상사위相似位이고, 매우 무거운 것은 관행위觀行位이고, 지극히 무거운 것은 명자위名字位이다.

"일념에 빛을 돌이켜 거꾸로 비출 수 있다면 곧장 구름이 걷히고 달이 나타나는 것과 같이"·"오랜 겁을 지낸 육근·육진의 번뇌(情塵)를 일념에 문득 끊을 수 있고,"·"천년 암실에 등불 하나 밝혀 광명을 밝힐 수 있다."라고 간단히 말할 수 있으나, 실제의 수행은 어렵고 또 어렵다. 일념에 마음을 돌이켜서 마음이 관행위·상사위·분증위에 이르면 모두 "달을 본다." 고 말할 수 있다.

선종에서는 반드시 자력에 의지해 단박에 견사혹을 끊고 마음을 돌려 상사즉불相似即佛의 원칠신위圓七信位에 이르러야 생사를 끝마치고 삼계를 수직으로 벗어날 수 있다. 정토종은 자력과 타력의 법문에 속하여 단지 마음을 돌려 명자위 후심에 이르기만 하면 곧 임종시에 결정코 왕생할 뿐만 아니라 자재왕생한다. 명자위에서 산란한 마음으로 염불하는 사람은

---

60) 육근六根과 육진六塵을 말한다. 구역은 육근과 육정六情이다. 《지도론智度論》 23권에 이르시길, "육정六情·육진六塵과 육식六識이 화합하여 업業대로 온갖 일들을 만들어내어 이루어지도록 한다(情塵識和合所作事業成)" 또한 심정心情의 진구塵垢 즉 번뇌를 가리킨다.

믿음과 발원이 확고하면 임종시에 또한 참회하고 염불하여 삼계를 횡으로 벗어날 수 있다.

정토종은 업을 진 채로 왕생하니, 사실은 미혹을 조복한 채 왕생하고, 번뇌를 끊을 필요가 없으며, 선악 업의 빚은 잠깐 갚을 필요가 없지만(정토에 왕생하는 업은 정업淨業이고, 육도 안 유루의 선업이 아니다), 업을 진 채로 왕생함은 결코 "죄를 진 채로 왕생함"이 아니다. **오계를 지키고 십선을 닦지 않은 염불인은 반드시 참회하고 염불하여야 비로소 왕생할 수 있다. 참회하여 죄가 사라지는 효과는 가장 수승한 것으로 온전히 진실한 보리심을 발함에 달려있다.** 이 점이 가장 중요하다.

실상實相이란 상相 아닌 것이 없어, 법法마다 완연하다.
이른바 허공의 무상은 여러 상이 발휘됨을 거부하지 않는다.
일색一色 일향一香이 실상 아님이 없다.
심은 실상인 까닭에 법마다 실상이다.
여래장如來藏의 불공의不空義는 일체에 모두 즉卽한다.
여래如來는 또한 실상의 다른 이름이다.
-인광대사문초청화록

[제3과]

정토법문을 수지하는 방법 [淨土修持方法]

[1] 염불하는 방법을 보이다 (示念佛方法)

[이끄는 말]

일을 하느라 너무 바쁜 사람에게 인광대사께서는 「십념법문」을 추천하셨고, 일반인에게는 자신의 실천 체험에 근거하여 「십념기수법十念記數法」을 추천하셨다. 인광대사께서는 "집에서 학불하든지 출가하여 암자에서 수행하든지 상관없이 반드시 윗사람에게는 공경하고 아랫사람에게는 온화해야 한다. 남들이 참을 수 없는 것을 참고, 남들이 행할 수 없는 것을 행하며, 남들의 힘든 일을 대신해주고, 남들의 아름답고 훌륭한 일을 이룰 수 있도록 도와주어야 한다. 정좌靜坐할 때는 항상 자신의 허물을 생각하고, 한담閒談할 때에는 남의 그릇된 점을 말하지 말아야 한다. 걸어 다닐 때나 멈추어 서 있을 때나 앉아 있을 때나 누워 있을 때나 옷을 입을 때나 밥을 먹을 때나 아침부터 저녁까지, 저녁부터 아침까지, 한 마디 「나무아미타불」 부처님 명호를 끊어지지 않도록 해야 한다. 항상 두려워하고 부끄러워하는 마음을 내고 참회하는 마음을 내어야 한다." 강조하셨다.

[제53칙] 십념법으로 염불의 정행을 닦아야 한다

이미 진실한 믿음과 간절한 발원이 있으면 마땅히 염불의 정행正行을 닦아야 한다. 믿음과 발원이 앞서 이끌고, 염불이 정행이 되며, 믿음·발원·염불행 삼법은 염불법문의 종요이다. 행은 있지만 믿음과 발원이 없으면 왕생할 수 없고, 믿음과 발원은 있지만 행이 없으면 왕생할 수 없다. 믿음·발원·염불행 삼법을 흠결없이 갖추면 반드시 왕생할 수 있다. 왕생 여부는 모두 믿음과 발원의 유무에 달려 있고, 그 품위의 높고 낮음은 모두 집지명호의 깊고 얕음에 달려 있다.

既有眞信切願，當修念佛正行；以信願為先導，念佛為正行；信願行三，乃念佛法門宗要。有行無信願，不能往生；有信願無行，亦不能往生；信願行三，具足無缺，決定往生。得生與否，全由信願之有無；品位高下，全由持名之深淺。

어떻게 염불의 정행을 닦느냐는 각자 상황에 따라 결정될 뿐, 한 가지 방법을 고집해서는 안 된다. 만약 일의 부담이 없다면 아침부터 저녁까지 걸어가거나 머무르거나 앉거나 눕거나, 말하거나 침묵하거나 움직이거나 고요하거나, 옷을 입거나 식사를 하거나 대소변을 누거나, 어느 때 어느 곳이든 「나무아미타불」 한마디 위대한 명호를 마음과 입에서 여의지 않게 하라. 깨끗하게 세수하고, 옷차림을 단정히 하고서 깨끗한 장소이면 소리를 내든지 묵념하든지 다 괜찮다. 만약 잠을 자거나 옷을 벗고 있거나 목욕을 하거나 대소변을 보는 때나 더럽고 청결하지 않은 곳에서는 묵념만 할 뿐, 소리를 내어서는 안 된다. 묵념해도 공덕은 같거니와 소리를 내면 곧 공경스럽지 못하다. 그러나 이런 때 이런 곳에서는 염불할 수 없다고 여기지 말라. 다만 이런 때 이런 곳에서는 소리를 내어 염불하지 않을 뿐이다. 또한 잠잘 때 소리내어 염불하면 공경스럽지 못하고 기가 상할 수 있으니, 유념해야 한다.

言念佛正行者，各隨自己身分而立，不可定執一法。如其身無事累，固當從朝至暮，從暮至朝，行住坐臥，語默動靜，穿衣吃飯，大小便利，一切時，一切處，令此一句洪名聖號，不離心口。若盥漱淸淨，衣冠整齊，及地方淸潔，則或聲或默，皆無不可。若睡眠及裸露澡浴大小便時，及至穢汙不潔之處，只可默念，不宜出聲。默念功德一樣，出聲便不恭敬。勿謂此等時處，念不得佛，須知此等時處，出不得聲耳。又睡若出聲，非唯不恭，且致傷氣，不可不知。

오랫동안 끊임없이 염불할지라도 새벽에는 부처님께 절한 후 먼저 《아미타경》 1번, 《왕생주》 3번을 염송한 후 《찬불게》를 염하니, 곧 "아미타불 청정법신 금빛으로 찬란하고 …" 게송이다. 게송을 염해 마치고, 「나무서방극락세계대자대비아미타불」을 염하고 즉시 「나무아미타불」 육자명호를 1천 번 혹은 5백 번 소리내어 염송하되, 주위를 돌면서 염불하여야 한다. 시계방향으로 돌아야 하니, 이렇게 도는 것이 순종順從이고 환희이다. 순종하면 공덕이 있다. 인도에서는 주위를 도는 것을 가장 중시하는데, 이곳에서는 또한 절과 나란히 행할 수 있다. 돌면서 염송하기가 불편하면 무릎 꿇거나 앉거나 서거나 다 괜찮다. 염불을 완료한 때는 자리로 돌아와 「관세음보살 · 대세지보살 · 청정대해중보살」을 각 세 번 염송한 후 《정토문》을 염송하며 극락왕생을 발원 · 회향한다.

《정토문》을 염송하되, 글 뜻에 의지해 발심하여야 한다. 글 뜻에 의지하지 않은 채 발심하면 형식만 갖춘 글일 뿐 실익을 얻을 수 없다. 《정토문》을 마치고 《삼귀의》를 염송하고 절하고서 물러난다. 이것이 아침공과이다. 저녁공과도 이와 같다. 만약 더 많이 절하고 싶으면 염불하며 자리로 돌아와 부처님께 마음껏 절한다. 세 보살께 아홉 번 염송하고 아홉 번 절한 후 발원 · 회향한다. 공과功課의 염송을 마친 후는 절하거나 자기식대로 해도 다 괜찮다. 다만 간절하게 성심을 다해 하고 되는대로 아무렇게나 하지 말라. 방석은 너무 높아서는 안 되니, 높으면 공경스럽지 않다.

雖則長時念佛，無有間斷，須於晨朝向佛禮拜畢，先念阿彌陀經一遍，往生咒三遍畢，即念讚佛偈，即阿彌陀佛身金色偈。念偈畢，念南無西方極樂世界大慈大悲阿彌陀佛，隨即但念南無阿彌陀佛六字，或一千聲，或五百聲，當圍繞念。須從東至南至西北繞，為順從，為隨喜。順從有功德。西域最重圍繞，此方亦與禮拜均行，見正編復馬契西書五。若不便繞，或跪或坐或立皆可。念至將畢，歸位念觀音、勢至、淸淨大海衆菩薩，各三稱，然後念淨土文，發願回向往生。念淨土文者，令依文義而發心也。若心不依文而發，則成徒設虛文，不得實益矣。淨土文畢，念三歸依，禮拜而退。此為朝時功課，暮亦如之。若欲多多禮拜者，或在念佛歸位之時，則拜佛若干拜。九稱菩薩，即作九禮，禮畢即發願回向。或在功課念畢禮拜，隨己之便，皆無不可。但須懇切至誠，不可潦草粗率。蒲團不可過高，高則便不恭敬。

만약 일이 너무 많아 한가한 시간이 없는 경우 새벽에 세수한 후 부처님이 계시면 부처님께 삼배를 올린 후 몸을 단정히 하고 합장한 채 「나무아미타불」 육자명호를 염하되, 한 호흡이 다하도록 일념을 삼아 열 번 호흡까지(十口氣) 염하고, 곧 《소정토문小淨土文》을 염송하거나 단지 「원하옵건대 서방정토에 태어나」 사구게四句偈[61]만 염하고서 부처님께 삼배하고서 물러난다. 만약 불상이 없으면 서방을 향해 문안드린 후 위의 염법대로 염하면 된다. 이를 「십념법문」이라 하는데, 송대 자운참주慈雲懺主가 왕과 신하 등 정무가 바빠 수지할 겨를이 없는 사람을 위해 규정한 것이다.

왜 한 호흡이 다하도록 염불해야 하는가 하면 중생의 마음은 산만하여 한가로이 전념할 겨를이 없기에 이렇게 염불할 때 호흡을 빌려 마음을 거두면 마음이 절로 산만하지 않다. 그러나 반드시 호흡의 장단을 따라야지 억지로 많이 해서는 안 된다. 억지로 하면 기가 상한다. 또한 단지 십념이면 되고 20번, 30번 해서는 안 된다. 많이 해도 기가 상한다. 산란한 마음으로 염불하면 왕생하기 어렵지만, 십념법은 마음을 한 곳으로 돌아가게 할 수 있다. 일심으로 염불하면 왕생할 수 있다. 염불횟수가 작을지라도 공덕은 꽤 깊다. 아주 한가하거나 아주 바쁘거나 이미 각자 염불방법이 있지만, 조금 한가하거나 조금 바쁜 사람은 자신에게 맞춰 일정기간, 적합한 수지법칙을 선택할 수 있다.

若或事務多端，略無閒暇，當於晨朝盥漱畢，有佛則禮佛三拜，正身合掌念南無阿彌陀佛，盡一口氣為一念，念至十口氣，即念小淨土文；或但念願生西方淨土中四句偈，念畢禮佛三拜而退。若無佛，即向西問訊，照上念法而念。此名十念法門，乃宋慈雲懺主，為王臣政務繁劇，無暇修持者所立也。何以令盡一口氣念？以衆生心散，又無暇專念，如此念時，借氣攝心，心自不散。然須隨氣長短，不可強使多念，強則傷氣。又止可十念，不可二十、三十，多亦傷氣。以散心念佛，難得往生；此法能令心歸一處。一心念佛，決定往生。念數雖少，功德頗深。極閑極忙，既各有法，則半閑半忙者，自可斟酌其間，而為修持法則也。

[역주] 염불인은 반드시 법문의 종요를 알아야 하고 그런 후 구체적인 염불방법을 닦아야 편차가 나타나지 않게 된다. 깊은 믿음과 간절한 발원은 반드시 보리정도菩提正道를 수순하여야 진실히 된다. 거짓 보리심을 지닌 자는 염불할 수 있을지라도 진실한 공덕이 생기가 어렵고, 무거운 죄업이 사라지기 어려우며, 왕생하기 어렵다. 이 점에 반드시 주의하여야 한다.

---

61) 원하옵건대 서방정토에 태어나, 구품연화를 부모로 삼고, 연꽃이 피어 부처님을 친견하고 무생을 깨달아, 불퇴보살과 도반이 되게 하옵소서(願生西方淨土中 九品蓮花為父母 花開見佛悟無生 不退菩薩為伴侶).

[보충] 찬불게讚佛偈

아미타불 청정법신 금빛으로 찬란하고　阿彌陀佛身金色
거룩하신 상호광명 짝할이가 전혀없네　相好光明無等倫

아름다운 백호광명 수미산을 둘러있고　白毫宛轉五須彌
검고푸른 저눈빛은 사해바다 비추시며　紺目澄淸四大海
광명속에 화신불이 한량없이 많으시고　光中化佛無數億
보살도를 이룬사람 또한 그지없나이다　化菩薩衆亦無邊

중생제도 이루고자 사십팔원 세우시고　四十八願度衆生
구품으로 중생들을 피안으로 이끄시네　九品咸令登彼岸

소정토문(자운참주慈雲懺主 준식법사遵式法師)

극락세계 아미타부처님께 일심으로 귀명하옵나니, 바라옵건대 저희들을 청정한 광명으로 비추어 주시고, 자비의 48원으로써 섭수하여 주시옵소서.

저희들이 지금 정념正念으로 여래의 명호를 불렀사오니, 보리도를 위하여 정토에 태어나길 구하옵니다.

부처님께서 옛적에 본원으로 서원하시길, "만약 중생이 있어 나의 국토에 태어나고자 지극한 마음으로 믿고 기뻐하며, 내지 십념에 왕생하지 못한다면 정각을 성취하지 않겠노라" 하셨나이다. 이 본원에 의지하여 염불한 인연으로 여래의 큰 서원 바다 가운데 들어가게 하옵소서.

아미타부처님, 자비 위신력의 가지加持를 받아 온갖 죄를 소멸하고, 선근이 날로 증장하여 목숨이 마칠 때를 스스로 알아 몸에는 병의 고통이 없고, 마음은 탐욕과 연민에 빠지지 않으며, 뜻은 뒤바뀌지 않아 선정에 든 듯하며, 부처님과 극락 성중들께서 금대를 잡고 오시어 저를 맞이해 주시고 일념의 짧은 순간에 극락국토에 왕생하게 하시며, 연꽃이 피어 부처님 뵈옵고 일불승의 가르침을 듣고는 문득 부처님의 지혜가 열려 널리 중생을 제도하고 보리원을 만족하게 하옵소서.

[제54칙] 정종의 아침공과 · 저녁공과, 염불시 주의사항

폐관閉關[62]하여 정업淨業을 전수專修할 때 마땅히 염불을 정행으로 삼아야 한다. 아침

62) 일정 기간 내에 어떤 장소에서 행하는 폐관 수지 혹은 연학硏學을 가리킨다. 폐관기간의 일하고 휴식하는 내용 및 방법은 목표 혹은 종파의 차이에 따라 다르다. 일반적으로 말해 폐관기간에는 반드시 폐관을 보호하는 사람이 있어야 하고 채식, 금어, 외출금지도 있어야 한다. 하지만 필요할 때에는

공과에는 또다시 《능엄주》·《대비주》·《십소주十小咒》[63]를 늘 염송한다. 《능엄주》가 익숙하지 않으면 날마다 노트를 보며 해도 무방하다. 익숙해질 때 다시 암송한다. 저녁공과는 《아미타경》·《대참회》·《몽산蒙山》[64]을 날마다 늘 염송해야 한다. 이 밖에 염불은 아침부터 저녁까지 걸어가거나 머무르거나 앉거나 눕거나 항상 염해야 한다. 또 규칙을 세워도 좋으니, 아침에 한차례 염불하기 전에 마음껏 절한다. 먼저 「본사석가모니부처님」께 삼배하고 다음 아미타부처님께 마음껏 절하며 다시 「관세음보살·대세지보살·청정대해중보살」에게 각각 삼배한다. 다시 「상주시방일체제불·일체존법·일체현성승가」께 삼배한다. 염불은 일천 번을 하거나 혹은 많거나 적게 한다. 염불을 마친 후 다시 마음껏 절한다. 오전에 한차례, 오후에 한차례 한 후 다시 잠깐 쉬고 저녁공과를 한다. 초저녁에 《몽산》을 염송한 후 마음껏 소리내어 염하고 마음껏 절하며 발원회향하고 삼귀의 한 후 마음속으로 부처님 명호를 묵념하며 양생한다. 누워 있을 때는 마음속으로 묵념만 하고 소리를 내어서는 안 된다. 소리를 내면 기가 손상되고 오래되면 병이 난다. 비록 잠을 잘지라도 마음은 늘 공경심을 간직하고 마음이 바깥으로 달리지 않도록 하며, 염념마다 부처님 명호와 상응하길 구한다. 만약 이따금 마음에 잡념이 일어나면 즉시 생각을 집중하여 지성껏 염불하면 잡념이 사라진다. 부디 신통을 얻거나 법연을 얻거나 명예를 얻고 싶다든지, 절을 부흥시키고 싶다든지 함부로 망상을 짓지 말라. 만약 이러한 생각이 있으면 시간이 흐르면 마魔가 낄 것이다. 설령 마음을 청정히 하여 망상을 조복해도 환희심이 생기지 않고 사람에게 과시하려고 그 공덕이 일분 있으면 십분 있다고 하니, 이는 마魔가 낀 것이다.

閉關專修淨業，當以念佛為正行。早課仍照常念楞嚴、大悲、十小咒。如楞嚴咒不熟，不妨日日看本子念，及至熟極，再背念。晚課彌陀經、大懺悔、蒙山，亦須日日常念。此外念佛，宜從朝至暮，行住坐臥常念。又立

또한 전례를 깰 수도 있으니, 이를테면 병이 걸리면 의사에게 가고, 수지에 문제가 발생하면 선지식을 청해야 한다. 그러나 특수한 성격의 폐관, 이를테면 밀교의 생사관生死關, 흑관黑關은 달리 규정이 있다. 폐관의 기간은 개인이 닦는 다른 목표에 따라 차이가 있고, 7일의 단기간 방편관이 있고 수십 년의 긴 시간, 그리고 깊은 깨달음을 얻지 못하면 영원히 관문을 벗어나지 않는 자들이 있다.

63) 《십소주》는 주로 석가모니불, 관세음보살, 약사불 등 불보살께서 설하신 주문이다. 《십소주》의 구성은 「여의보륜왕다라니如意寶輪王陀羅尼·소재길상신주消災吉祥神咒·공덕보산신주功德寶山神咒·준제신주准提神咒·성무량수결정광명왕다라니聖無量壽決定光明王陀羅尼·약사관정진언藥師灌頂眞言·관음영감진언觀音靈感眞言·칠불멸죄진언七佛滅罪眞言·왕생주往生咒·대길상천녀주大吉祥天女咒」이다. 주문은 시방삼세 불보살 등의 매우 많은 공덕 에너지를 모은 것으로 《십소주》를 염송하면 매우 큰 공덕이익을 닦을 수 있다.

64) 즉 몽산시식蒙山施食으로 취지는 외로운 넋을 구제함에 있다. 몽산은 사천성 명산현에 위치해 있다. 송나라 때 감로대사甘露大師라 불린 부동상사不動上師가 있었는데, 사천의 몽산에 머물면서 유령을 널리 제도하였다. 집유가염구集瑜伽焰口 및 밀종제부密宗諸部가 몽산시식을 집성하였는데, 불문에서 반드시 갖추는 과송의궤가 되었다. 근대에 이르러 흥자興慈대사가 몽산시식을 제창하였고 군령群靈에 대한 육도법문에 넣었다. 대몽산시식大蒙山施食이라 불린다.

一規矩，朝念一次，未念前，拜若干拜。先拜本師釋迦牟尼佛三拜，次拜阿彌陀佛若干拜，再拜觀音、勢至、淸淨大海衆，各三拜。再拜常住十方一切諸佛、一切尊法、一切賢聖僧，三拜。即念佛，或一千聲，或多或少。念畢，再拜若干拜。午前一次，午後一次，再歇一刻，做晩課。初夜念蒙山，後念佛若干聲，拜若干拜，發願回向、三皈依，後心中默念佛號養息。臥時，只許心中默念，不可出聲，出聲則傷氣，久則成病。雖是睡覺，音教心仍常存恭敬，只求心不外馳，念念與佛號相應。若或心起雜念，即時攝心虔念，雜念即滅。切不可瞎打妄想，想得神通、得緣法、得名譽，想興寺廟，若有此種念頭，久久必至著魔。縱令心淨妄伏，亦不可心生歡喜，對人自誇有一分就說有十分，此亦著魔之根。

[제55칙] **지명염불할 때 이근을 거두어들여 자세히 들어야 한다**

염불할 때 모름지기 이근을 거두어들여 자세히 들을지니, 한 글자 한 마디 헛되이 넘어가지 말고 오래도록 지속하면 심신이 하나로 돌아간다.「아미타불」부처님 명호 이 한 법을 들음이 실로 염불의 중요한 방법이니, 누구를 막론하고 골고루 이익은 있고 폐해는 없으며, 그 공덕은 깊고 깊다. 관상觀想 등의 법과 견주어 이 법을 아는 자는 이익을 얻고, 모르는 자는 손해가 많다.

念佛之時，必須攝耳諦聽，一字一句，勿令空過，久而久之，身心歸一。聽之一法，實念佛要法，無論何人，均有利無弊，功德甚深。不比觀想等法，知法者則得益，不知法者多受損也。

[역주] 인광대사께서 여기서 추천하는 것은 지명염불持名念佛의 방법이다. 염불의 네 가지 방법은 곧 실상염불實相念佛 · 관상염불觀想念佛 · 관상염불觀像念佛 · 지명염불持名念佛이다.

실상염불에서 이른 바「실상實相」은 곧 여래의 법신이자 중생의 불성을 가리킨다. 이는 만법의 텅 비고 거짓된(虛假) 형상과 다른 까닭에 실상이라 한다. 실상불을 염함은 바로 시방제불의 법신을 염함이고, 또한 나의 마음속 본원자성의 천진불을 염함이다. 아미타불 법성의 몸을 염하면 곧 허공과 같이 형상이 없는 실상의 이체를 얻는다. 마음과 중생은 본래 평등하니, 이와 같은 염이 바로 진념眞念이다. 염념마다 이어져서 삼매가 현전하니, 결정코 극락세계에 왕생한다.

관상염불觀想念佛은 바로《관무량수불경觀無量壽佛經》에 따라 16가지 관상을 지음으로 경에서 상세히 설명하고 있으니, 자세히 연구하면 저절로 명백할 것이다. 관상염불觀像念佛은 곧 부처님의 행상을 관하여 마음에 항상 계념함이다. 지명염불持名念佛은 즉「아미타불」명호를 염할 뿐이다.

광의의 실상염불은 자력을 중시하여 자신의 역량에 의지해 바깥을 향해 구하지 않고 몸소 본유의 부처를 증득한다. 협의의 실상염불은 즉 아미타부처님 법성의 몸을 염하여 실상의 이체를 얻는다. 이러한 염불은 또한 아미타부처님의 가지加持를 얻으니, 이는 자력과 타력의 이력법문에 속한다. 범부가 무량겁 이래 업장에 가려서 어떻게 일시에 돈오할 수 있고 본유의 부처를 친견할 수 있겠는가? 그래서 실상염불 일법은 일반인이 운용할 수 없다. 관상觀想염불은 16가지 관상을 지어서 최소한 사일심불란(事定)에 도달하여야 하므로 모든 근성의 염불인이 모두 수학할 수 있는 것은 아니다. 관상염불觀像念佛은 반드시 불상에 의지하여 상이 몸과 여의지 않고 때때로 법 예식에 따라 관을 닦아야 하니, 오늘날 염불인들은 늘 일에 바쁘므로 결코 방편이 되지 못한다. 또한 관상觀像염불은 원리상 관상觀想과 같아서 사일심불란(事定)을 얻어야 한걸음 나아가 수지할 수 있다.

오직 지명持名염불만이 가장 쉽게 시작하여 가장 빨리 성공한다. 염념마다 이어져서 미혹을 조복한 사일심불란事一心不亂에 이르도록 염하여 염불삼매의 가장 낮은 수준에 들어가면 곧 임종시에 결정코 왕생하고 삼계를 횡으로 벗어나 자재왕생한다. 미혹을 끊은 사일심불란에 이르도록 염하면 계위가 아라한과 같아 자력에 의지해 삼계를 수직으로 벗어나 윤회를 영원히 벗어날 수 있다. 이일심불란理一心不亂에 이르도록 염하면 실상의 묘리가 곧 그 가운데 있어 이미 법신보살이 불이不二의 경계에 들어감에 속해 왕생을 기다리지 않고 지금 바로 극락이니, 이미 장 · 통 · 별 삼교의 부처이다.

일심불란은 곧 사일심불란(事定)이고 곧 염불삼매이다. 만약 미혹을 조복한 사일심불란의 가장 낮은 수준에 도달하면 이러한 공부로써 즉 관상觀想이나 관상觀像을 닦을 수 있다. 미혹을 끊은 사일심불란에 도달하고 다시 불력의 명훈가피가 증상하면 곧 법신보살의 경계에 들어갈 수 있으니 비록 지명염불일지라도 또한 실상염불과 같다. 사선정을 얻을 수 있기만 하면 그 후 세 가지 염불경계는 모두 통하니 명호를 집지하는 가운데 또한 화신불을 친견할 수 있다. 만약 이일심理一心에 도달할 수 있으면 그 후 세 가지 염불은 모두 실상염불이다.

위에서 많이 말한 것은 모두 범부의 경계가 아니다. 말법시기는 거의 모든 염불인이 모두 하배삼품의 죄업을 참회하고 왕생하니(중품하생은 오계십선을 닦은 사람으로 자재왕생하니 조념이 필요없다), 왕생에 임종전 십여일 마지막 무렵에 일심으로 부처님 명호를 계념하여 끊어지지 않으면 곧 임종시 고유한 「특수한 선정경계」에 들어갈 수 있어 또한 왕생할 수 있다. 비록 왕생할 수 있을지라도 자재하지 못해 임종시 여러 고통을 겪고, 임종시 업장이 현전하거나 갑자기 악연을 만나면 여전히 일정한 변수가 존재하여 결정코 왕생하는 것은 아니다. 염불인은 마땅히 두 가지 왕생차별을 알고, 용맹심을 발하여 3년~5년 염불정진하면 거의 모두 공부성편功夫成片을 얻어 결정코 왕생하고 자재왕생하는 부류에 들 수 있다.

[제56칙] **마음을 관하는 염불로 하지 말고, 마음을 거두어들이는 염법으로 하라**

그대가 정토의 종지를 모르면 《일함편복一函遍復》에서 말한 대로 진실한 믿음을 내어 간절히 발원하고 지성심으로 간절히 부처님 명호를 염하되, 마음을 관하는 염법으로 하지 말고 마음을 거두어들이는 염법으로 하라. 《능엄경》에서 대세지보살께서 말씀하시길, "육근을 모두 거두어 들여 정념이 서로 이어져서 삼마지를 얻는 것을 제일로 삼겠나이다" 하셨다. 염불할 때 마음(의근)으로 또렷이 염하고, 입(설근)으로 똑똑히 염하며, 귀(이근)로 또렷이 들어야 한다. 이 세 근 하나하나 부처님 명호에 거두어들이면 눈도 여기저기 보지 않고, 귀도 갖가지 냄새를 맡지 않으며, 몸도 게으르지 않음을 「도섭육근都攝六根」이라 한다.

汝不知淨土宗旨，當依一函遍復所說，生眞信，發切願，志誠懇切，念佛名號，勿用觀心念法，當用攝心念法。楞嚴經大勢至菩薩說，都攝六根，淨念相繼，得三摩地，斯為第一。念佛時，心中意根要念得淸淸楚楚，口中舌根要念得淸淸楚楚，耳中耳根要聽得淸淸楚楚。意舌耳三根，一一攝於佛號，則眼也不會東張西望，鼻也不會嗅別種氣味，身也不會懶惰懈怠，名為都攝六根。

육근을 모두 거두어들여 염하면 비록 망념이 완전히 없지는 않을지라도 마음을 거두어들이지 않은 것보다 마음속이 더욱 청정하여 「정념淨念」이라 한다. 정념이 언제나 이어져서 끊어짐이 없다면 저절로 마음이 한 곳으로 돌아가서, 얕으면 일심一心을 얻을 수 있고, 깊으면 삼매三昧를 얻을 수 있다. 삼마지는 삼매의 별명으로 정정正定이라 하고, 정수正受라고도 한다. 「정정正定」이란 마음이 부처님 명호에 안온히 머물러 더 이상 바깥으로 내달리지 않는다는 뜻이다. 「정수正受」란 마음이 받아들이는 것은 오직 부처님 명호 공덕의 경계인연일뿐, 다른 일체 경계인연은 모두 얻을 수 없다는 뜻이다. 또한 「정정」은 고요함과 비춤이 쌍으로 원융함이고, 「정수」는 곧 망상을 조복하여 진상의 불성이 나타난다는 뜻이다. 진정으로 육근을 모두 거두어들여 염불할 수 있다면 반드시 업장이 없어지고 선근이 늘어날 것이다. 마음을 관조하지 않아도 마음은 저절로 청정 명료하니, 어찌 심장의 화기가 위로 올라가 타오르는 듯한(心火上炎) 병을 불러올 수 있겠는가?

都攝六根而念，雖不能全無妄念，校彼不攝者，則心中淸淨多矣，故名淨念。淨念若能常常相繼，無有間斷，自可心歸一處；淺之則得一心，深之則得三昧。三摩地，亦三昧之別名，此云正定，亦云正受。正定者，心安住於佛號中，不復外馳之謂。正受者，心所納受，唯佛號功德之境緣，一切境緣，皆不可得也。又正定者，寂照雙融之謂。正受者，妄伏眞現之謂，見正編復永嘉某居士書五。能眞都攝六根而念，決定業障消除，善根增長。不須觀心，而心自淸淨明瞭，又何致心火上炎之病乎？

그대는 업력이 매우 무거운 범부로 망녕되이 마음을 관하는 법으로 수행하기에 이와 같은 경지에 이르렀다. 마음을 관하는 법은 교종에서 관을 닦는 법으로 이는 염불하는 사람의 근기에 맞지 않다. 「도섭육근都攝六根 정념상계淨念相繼」야말로 상중하 성인과 범부, 일체 근기의 중생을 두루 가피하는 위없는 묘법이다. 「도섭」이 중시하는 것은 들음(聽)에 있음을 알아야 한다. 설사 마음속으로 묵념할지라도 들어야 한다. 마음속으로 염을 일으키면 소리의 상이 있어 자신의 귀로 자신의 마음속 소리를 들음이 여전히 또렷하기 때문이다. 만약 자자구구 또렷하게 들을 수 있다면 육근이 하나로 들어간다. 이근 하나로 거두어들이면 모든 근이 바깥으로 내달리지 않아 빨리 「일심불란一心不亂」에 이를 수 있다. 다른 관법과 비교하면 명호를 집지하여 염불하는 방법이 가장 온당하고,

가장 힘이 덜 들며, 가장 이치에 맞고 근기에 맞다.

汝以極重之業力凡夫，妄用觀心之法，故致如此。觀心之法，乃教家修觀之法，念佛之人，不甚合機。都攝六根，淨念相繼，乃普被上中下，若聖若凡，一切機之無上妙法也。須知都攝，注重在聽；即心中默念，也要聽。以心中起念，即有聲相；自己耳，聽自己心中之聲，仍是明明了了。果能字字句句，聽得淸楚，則六根通歸於一。耳根一攝，諸根無由外馳，庶可速至一心不亂。見正編與徐福賢書。校彼修別種觀法，為最穩當，最省力，最契理契機也。

[보충] 인광대사: 일함편복－函遍復(정토법문의 함 하나로 두루 중생을 덮는다)

정토법문은 상중하 세 가지 근기에 대해 두루 가피하고, 이근이든 둔근이든 모두 적합하다. 이는 여래께서 위로 성현에서 아래로 범부에 이르기까지 두루 이번 생에 생사를 벗어날 수 있는 큰 법을 개시하신 것이다. 이러한 큰 법을 도리어 믿지도 닦지도 않는다면 이는 실로 슬프지 않겠는가! 이 법문은 신信 · 원願 · 행行 삼법을 강령(宗)으로 삼는다.

「신信」은 곧 우리가 사는 이 세계는 괴롭다고 믿고, 극락세계는 즐겁다고 믿음이다. 나는 업력의 지배를 받는 범부로 자력에 의지해서는 혹업惑業을 끊어 없애고, 진성을 증득하며, 생사윤회를 벗어날 수 없다고 믿는다. 아미타부처님께서 대서원이 있으니, 만약 어떤 중생이 「나무아미타불」 부처님 명호를 염하여 아미타부처님의 극락국토에 태어나길 구하면 이 사람이 목숨을 마치려고 할 때 아미타부처님께서 반드시 자비를 드리워 접인하여 서방극락에 왕생하게 하신다고 믿는다. **「원願」**은 곧 이 괴로운 세계를 빨리 벗어나겠다고 발원하고, 저 즐거운 세계에 빨리 왕생하겠다고 발원한다. **「행行」**은 곧 지성심으로 간절하게 언제나 「나무아미타불」을 염하고 시시각각 잠깐이라도 잊지 않도록 함이다. 아침저녁으로 불전에서 예배하고 지송하며, 자신이 한가하거나 바쁜 상황에 근거하여 하나의 기도일과를 세운다.

이 밖에는 곧 걷거나 머물거나 앉거나 눕거나, 마음을 쓰지 않은 일을 할 때 모두 염불할 수 있다. 잠을 잘 때는 묵념하여야 하고 소리를 내어서는 안 된다. 글자가 많아 염하기 어렵지 않도록 「아미타불」 사자명호만 염할 수 있다. 옷차림이 단정하지 않거나 혹 목욕을 하거나 혹 대소변을 누거나 혹 깨끗하지 않은 곳에 갈 때는 모두 묵념하여야 한다. 묵념해도 공덕은 같지만, 소리를 내면 의식에 맞지 않다. 큰 소리로 염하든 작은 소리로 염하든 (소리가 미세하여 옆 사람도 듣지 못하는) 금강념金剛念과 마음속 묵념이든 모두 마음속으로 또렷하게 염하고, 입으로 또렷하게 염하며, 귀로 또렷하게 듣는다. 이러면 마음이 바깥으로 달리지 않아 망상이 점차로 사라지고 불념佛念이 점차로 순숙해지니, 공덕이 가장 크다.

염불하는 사람은 반드시 부모님께 효순孝順하고 스승과 어른(즉 자신을 가르치는 스승과 도덕 있는 사람)을 존경하여야 하고, 자비심을 간직하여 살생하지 말고(채식을 하여야 한다. 아직 육식을 끊지 않았더라도, 결코 스스로 도살해서는 안 된다) 선업을 닦아야 한다(행위상으로는 살생 · 도둑질 · 삿된 음행을 짓지 않고, 입으로 거짓말 · 쓸데없는 말 · 험악한 말 · 이간질하는 말을 하지 않는다. 마음으로 탐내는 생각 · 성내는 생각 · 어리석은 생각을 일으키기 않는다). 또한 부모로서 자애롭고, 자녀로서 효도하고, 형으로서 우애롭고, 동생으로서 공경하고, 남편으로서 온화하고, 아내로서 수순하며, 주인으로서 어질고, 고용인으로서 성실하면서 각자 자신의 책임을 다해야 한다. 그가 나에게 책임을 다하든 말든 나는 어쨌든 나에게 주어진 몫을 해내야 한다.

가정 및 사회에 대해 자신의 책임을 다하는 사람을 「선인善人」이라 한다. 선인이 염불하여 서방극락에 태어나길 구하면 결정코 임종시에 즉시 왕생할 수 있다. 그의 마음이 부처님과 맞는 까닭에 반드시 감응하여 나의 부처님께서 자비를 드리워 접인하실 것이다. 만약 입으로 늘 염불할지라도 마음속이 도리에 맞지 않아 혹 부모형제, 처자 자식 친구 이웃에게 책임을 다하지 않으면 그의 마음은 부처님과 어긋나 곧 왕생하기 어렵다. 자신의 심성에 장애를 발생하여 부처님께서도 자비를 드리워 접인할 수 없기 때문이다.

또 부모 · 형제 · 자매 · 배우자 · 자녀 및 친구이웃들에게 함께 다 「나무아미타불」과 「나무관세음보살」을 늘 염하여야 한다. (날마다 아미타불 명호를 만 번 소리내어 염하고, 관세음보살을 5천 번 소리내어 염한다. 수량은 이에 비례하여 가감한다) 왜냐하면 이런 일의 이익이 매우 크거늘, 어떻게 냉정하게 나의 부모님과 나의 친척 및 친구들에게 이러한 이익을 받게 하지 않겠는가? 하물며 현재 세간에서 큰 환난과 재앙이 닥쳐오면 피할 길이 없음에랴. 만약 아미타불과 관세음보살을 늘 염하면 결정코 불보살님의 보우하심을 입어 흉한 일을 만나도 길한 일로 변할 것이다. 설령 재난을 만나지 않을지라도 업장이 사라지고 지혜가 밝게 열리면서 복덕이 증가하도록 할 수 있거늘 하물며 사람에게 염불하여 서방극락에 왕생을 권함이랴. 왕생하여 곧 범부가 부처가 됨(凡夫作佛)을 성취하니, 그 공덕이 가장 크다. 이러한 공덕을 회향하여 왕생하면 반드시 발원한 것을 만족시킬 수 있을 것이다.

무릇 경전을 염송하고 주문을 지념하며, 예배 · 참회하고 재난 · 가난을 구제하는 갖가지 공덕을 모두 회향하여 극락에 왕생하여야지, 다음 생에 인천의 복보를 구해서는 안 된다. 이러한 마음이 있으면 왕생의 몫이 없기 때문이다. 게다가 생사를 끝내지 못하고 복보가 클수록 짓는 악업이 더욱 커져, 다음 생에 지옥 · 아귀 · 축생의 삼악도에 떨어짐을 면하기 어렵다. 그때 다시 사람 몸을 얻어 다시 그 생에 생사를 요탈하는 정토법문을 만나고자 하면 진실로 천상에 오르는 만큼 어렵다! 석가모니부처님께서 우리에게 염불하여 서방극락에 태어나길 구하라고 가르치신 것은 현생에서 생사를 요탈하기 위함이다. 만약 내생에 인천의 복보를 구하면 바로 부처님의 가르침에 위배된다. 전 세계에서 가장 진귀한 가치를 매길 수 없는 보배구슬 한 알을 사탕 하나와 바꾸어 먹으면 어떻게 애석하지 않겠는가? 어리석은 사람이 염불하여 서방극락에 태어나길 구하지 않고 내생에 인천의 복보를 구하면 이와 다름이 없다.

염불하는 사람은 선가禪家의 「참구參究」 일로一路를 걸어서는 안 된다. 왜냐하면 참구하는 사람은 모두 믿음을 내고 발원하여 왕생을 구함을 중시하지 않기 때문이다. 설사 염불할지라도 단지 「염불하는 것은 누구인가?」 화두를 간함을 중시하여 깨달음을 구할 뿐이다. 만약 서방극락에 왕생하면 깨닫지 못하는 사람이 없다. 만약 깨달아서 혹업惑業을 철저히 끊어내면 곧 생사를 끝낼 수 있지만, 혹업을 깨끗이 끊어내지 못하면 자력에 의지해서 생사를 끝마칠 수 없다. 또한 믿음과 발원이 없으면 불력에 의지해 생사를 끝마칠 수 없다. 자력과 불력 모두에 의지함이 없이 윤회를 벗어나고자하면 그것이 가능하겠는가? 모름지기 법신보살이 성불하기 이전에 모두 불력에 의지하였거늘 업력에 속박당한 범부가 불력에 의지 않고 고상하게 자력을 이야기하는 말은 비록 아무리 뛰어날지라도 이러한 행이 실로 비열하기 짝이 없다. 왜냐하면 불력과 자력의 크기는 하늘땅만큼의 차이에 그치겠는가? 원컨대 동학 동수들께서는 모두 이러한 뜻을 깊이 이해할 수 있길 바란다.

염불하는 사람은 우매한 사람을 따라 환수생還壽生 · 기고寄庫 등의 불사(예수재)[65]를 신앙함에 빠져서는 안 된다. 왜냐하면 환수생은 결코 불경에서 나온 것이 아니고 후인이 위조한 것이다. 기고寄庫는 사후에 귀신이 되었을 때 미리 여러 준비를 하는데 드는 비용을 말한다. 이미 귀신이 되겠다는 마음이 있으면 곧 왕생하기 어렵다. 만약 아직 불사를 하지 않았다면 할 필요가 없다. 만약 불사를 하였다면 응당 부처님을 향해 설명하여야 한다. "제자 아무개는 단지 왕생을 구할 뿐 종전에 기고한 명부의 돈을 전부 외로운 귀신을 구휼하는데 쓰겠나이다." 이래야 왕생에 장애가 되지 않는다. 무릇 수생壽生 · 혈분血盆 · 태양太陽 · 태음太陰 · 안광眼光 · 조왕灶王 · 태골胎骨 · 분주分珠 · 묘사妙沙 등의 경전은 모두 망인이 위조한 것으로 결코 염송해서는 안 된다. 우매한 사람은 (아미타경 · 무량수경 · 관무량수경 · 능엄경 · 보현행원품 · 반야심경 · 금강경 · 법화경 · 지장경 · 약사경 등의) 대승경전을 염송할 줄 몰라서 이러한 위조된 경전에 쏠려 믿게 되어 수생壽生을 갚고, 지옥을 깨뜨리고, 혈호血湖를 깨뜨려야 안심할 수 있다. 이치에 밝은 사람이 있어 그를 위해 이는 위경僞經이라 말해도 선뜻 믿으려 하지 않는다. 모름지기 불사는 염불의 공덕만이 가장 큰 줄 알아야 한다. 수생을 갚고, 지옥을 깨뜨리고, 혈호를 깨뜨리는 돈으로써 정념正念이 있는 스님에게 염불을 청하면 이익이 대단히 크다.

염불하는 사람은 마땅히 채식을 하여야 한다. 완전채식을 할 수 없으면 6재齋나 10재를 지켜야 한다. (음력 초8일, 14일, 15일, 23일, 29일, 30일을 6재라고 하고, 초1일, 18일, 24일, 27일을 덧붙여 10재라 한다. 달이 작은 경우 하루 앞당겨 결재한다. 또 음력 정월, 5월, 9월은 3재월이라 하고, 채식을 먹어야 하며, 갖가지 공덕을 지어야 한다.) 점차 줄여서 영원히 비린내 나는 고기와 생선을 먹지 않아야 이치에 맞다. 비록 육식을 끊지 못할지라도 판매되는 고기를 사야지 집에서 살생해서는 안 된다. 왜냐하면 누구나 늘 가정이 행복하길 원하거늘 만약 날마다 살생하면 이 집은 곧 도살장이 되고 말기 때문이다. 도살장은 원귀가 모이는 곳으로 그러면 매우 상서럽지 못하다. 그래서 집에서 살생하는 일은 간절하게 삼가야 마땅하다.

염불하는 사람은 응당 부모님께 염불하여 서방극락에 태어나길 구하라고 권하여야 한다. 그러나 부모님께서 임종하실 때 결정코 서방극락에 왕생하시도록 하고 싶으면 육친권속에게

65) 『예수시왕의문豫修十王儀文』에 따르면 "모든 사람은 저승에 이르러 갚아야 할 부족한 돈과 독송해야 할 경전이 있으니, 이를 저승에서 갚아야 한다"고 말한다. 이러한 돈을 현생에서 미리 갚고 독송함에 「예수재」를 행하는 중요한 의미가 있다. 이번 생에 빚진 돈을 갚지 않으면 안 된다는 믿음이 「환수생還壽生」 신앙이다. 한편 이러한 돈을 은행에 납입해 두면 내생에 반드시 인간이나 천상에 태어날 수 있다는 믿음이 「기고寄庫」 신앙이다.

임종조념의 이익과 장례 절차의 겉 치레 낭비와 통곡 및 운구의 폐해를 미리 또렷이 말하지 않으면 안 된다. 그래서 부모님께서 임종시 육친권속이 조념하는 이익을 얻고 정념을 파괴하는 위해를 받지 않도록 하고, 평상시 부모님께 염불의 이익을 상세하게 말해주어 그들 각자가 늘 염불하지 않으면 안 되게 하여야 한다. 이러하면 부모님께 이익이 있을 뿐만 아니라 실제로 현생의 육친권속과 후세의 자손에게 모두 이익이 있을 것이다. 임종조념은 노인이든 아이이든 모두 이렇게 해야 한다. 상세한 상황은 《임종수지臨終須知》(국역, 《임종조념 왕생성불》, 비움과소통)를 보면 스스로 알 것이다.

[제57칙] **단지 빨리 많이 하려고만 하고, 입에서 나오는 대로 읽기 때문에 효과가 없다**

염불하는 사람은 공경·지성심으로 자자구구 마음속으로 또렷이 염하고 입으로 또렷이 염하여야 한다. 이렇게 할 수 있다면 망념이 전혀 없지는 않아도 망념은 그리 많지 않다. 매우 많은 사람들은 단지 빨리 많이 하려고만 하고, 입에서 나오는 대로 읽기 때문에 효과가 없다. 마음을 거두어들일 수 있어야 진실한 염불하는 사람이라 말할 수 있다. 대세지보살께서는 자식이 어머님을 생각함을 비유로 삼아 자식이 마음속으로 어머님을 생각하기만 하고, 그 나머지 경계는 모두 자기 마음속 일이 아닌 까닭에 감응도교感應道交할 수 있다 하셨다.

念佛之人，當恭敬至誠，字字句句，心裏念得淸淸楚楚，口裏念得淸淸楚楚。果能如是，縱不能完全了無妄念，然亦不至過甚。多有只圖快、圖多，隨口滑讀，故無效也；若能攝心，方可謂爲眞念佛人。大勢至菩薩，以如子憶母爲喻，子心中只念其母，其餘之境，皆非己心中事，故能感應道交。

[역주] 염불은 믿음과 발원을 거두어들이고, 믿음과 발원은 광대한 마음을 발하는데 있다. 세 가지 힘으로 부처님을 친견하고 세 가지 힘으로 왕생하는데, 가중 중요한 것은 본공덕력이 있다. 즉 염불하며 진실한 공덕을 닦는 것이야말로 근본이다. 마찬가지로 염불하며 위없는 보리심을 발하는 경우 염불공덕이 가장 수승하고, 탐심으로 법과 예식에 따라 닦는 것과 비교하면 하늘땅만큼의 차이라고 말할 수 있다. 진실한 공덕은 자성선自性善과 상응하고, 청정심과 상응하며, 계정혜와 상응한다……. 염불할 때 마음을 거두어들여 생각을 청정히 함을 중히 여기 법에 상응하여야 진실한 공덕이 생겨날 수 있다.

달마대사께서는 양무제에게 절을 짓고 승물을 공양함이 천만이라도 사실은 공덕이 없다 말씀하셨다. 염불하는 사람은 반드시 먼저 무엇을 공덕이라 하고 무엇을 복덕이라 하는지 알아야 한다. 염불은 숫자를 기억하며 (마음을 거두어들여) 오랫동안 수행함을 중히 여기고 끊어짐이 없어야 한다. 소리내어 염불하는 횟수가 많을수록 공덕이 커지는 것은 결코 아니다. 동일한 염불인이라 해도 산란한 마음으로 염불함은 지성·공경심으로 염불하는 공덕의 수승함에 못 미친다. 비록 지성·공경심으로 염불할지라도 삼매를 얻어 염불하는 공덕의 크기에 못 미친다.

천태지자대사께서는 "정선定善은 정업定業을 없앨 수 있지만 산선散善은 정업을 없애기 어렵다." 말씀하셨다. 염불하여 한 덩어리를 이루고 삼매를 얻을 수 있다면 한마디 부처님 명호로 죄를 없애는 효과는 산란한 마음으로 염불한 공덕보다 천만 배나 수승하다. 성암대사께서는 "(잠시 부처님 명호를 집지하면 백년동안 보시함 보다 수승하고) 광대한 마음을 발하면 역겁동안 수행함 보다 수승하다."고 말씀하셨다.

이와 같이 빨리 많이 하려는 탐심으로 염불을 닦아서는 안 되고 응당 보리심을 발하여 진실한 공덕을 닦고 염불심이 청정하도록 힘써야 한다. 마음이 청정할수록 삼매의 마음에 가까워진다. 대세지보살께서는 "(육근을 모두 거두어들여) 정념淨念이 이어지도록 하라."고 하셨는데, 즉 청정한 마음을 닦는 것이야말로 행을 시작하는 근본자리이다. 마지막으로 몇 마디 질문을 던지면, 청정한 마음을 얻고 싶으면 여전히 계행을 지켜야 하는가? 계율을 깨뜨리고 악업을 지어도 정말 걸림이 없겠는가? 오역 십악의 중죄를 지어도 염불하면 모두 왕생할 수 있다면 왜 인광대사께서 살생의 업은 왕생에 가장 큰 장애라고 법문하셨겠는가?

[제58칙] **어찌 세간의 모든 인연을 배제하여야 수지할 수 있단 말인가? 중품하생은 자재왕생한다**

정토법문은 자신의 본분에 따라 자신의 역량에 따라(隨分隨力) 수습하거늘, 어찌 세간의 모든 인연을 배제하여야 수지할 수 있단 말인가? 비유컨대 효자가 어머니를 생각하고 음탕한 자가 미녀를 생각함에 비록 날마다 하는 일이 바빠도, 이 한생각은 오히려 매순간 잊지 않는다! 정토를 닦는 사람도 또한 마찬가지이다. 날마다 하는 일이 아무리 많을지라도 마음속으로 극락세계 아미타부처님께서 우리를 염하고 계심(佛念)을 결코 잊지 않는 것이 정토수행의 요지이다.

修習淨土，隨分隨力，豈必屏除萬緣，方能修持乎？譬如孝子思慈親，淫人思美女，雖日用百忙中，此一念固無時或忘也。修淨土人，亦復如是；任憑日用紛繁，決不許忘其佛念，則得其要矣。

[보충] **중품하생자**

《관경》에 이르시길, "중품하생인은, 혹 어떤 선남자 선여인은 부모님께 효도 봉양하고 세상 사람들에게 인자한 선행을 베푸느니라. 이러한 사람이 목숨을 마치려고 할 때 선지식을 만나나니, 그 선지식이 그를 위해 아미타부처님 국토의 즐거운 일에 대해 자세히 설하고, 또한 법장비구의 48대원에 대해 설법하리라. 이 일을 듣고 나서 이내 목숨이 다하니, 그때 비유컨대 힘센 장사가 팔 한 번 굽혔다 펴는 짧은 순간에 곧바로 서방 극락세계에 태어나느니라. 7일이 지나고 나서 관세음 · 대세지 두 대보살을 만나 묘법을 듣고 기뻐하며 수다원과를 증득하고, 이로부터 다시 1소겁이 지나가면 아라한과를 이루리라. 이것이 바로 「중품하생인」이니라. 이상으로 중배삼품을 관상함을 「중배생상中輩生想」이라 하고, 또한 「제15관」이라 하느니라.”

[역주] 《묘종초妙宗鈔》에서는 세간의 선인이 중품하생으로 자재왕생하는 것은 대체로 관행위觀行位 초품을 증득한 것이라 해석한다. 아미타부처님의 명훈가피의 힘을 빼면 실제로 명자위名字位 후심이다. 명자위 초심의 염불인은 통수通修하여 아직 깊이 닦지 못하였다. 보통사람의 경우 모두 명자위 초심이다. 이런 사람은 막 수행하여 법문을 훤히 알지 못해 수행하여도 득력하지 못한다. 그러나 세간의 선인은 결코 부처님을 믿지 않고 양심을 굳게 지켜 십선을 많이 행하고 악업을 짓지 않는데 한평생 이와 같다. 지례知禮 대사께서는 이런 부류의 선한 사람을 명자위 후심이라 해석하셨다. 왜냐하면 이런 부류의 선한 사람은 한 평생 악을 짓지 않고 십선을 힘써 행하니, 이것이 바로 오계십선이 원만함이고 그 자체가 바로 일종의 삼매력이기 때문이다. 항상 계율을 깨뜨리고 악업을 짓는 것은 바로 자재력(삼매력)이 부족하다.

계정혜 삼학의 각도에서 말하면 계행을 지키면 반드시 선정을 얻는다. 사선팔정四禪八定에 따라 해석하면 선한 사람의 선정은 욕계정欲界定 · 미도정(未到定; 초선정初禪定을 얻기 위한 준비적 수행)에 가깝고, 초보적인 선정공덕(定功)이 막 생긴 상태이다. 그러나 이 관행위 초품의 초급 선정공덕은 《묘종초》에 따라 해석하면 곧 십육관 제3관 지상관을 성취한 수준으로 세존께서 이 사람에게 임종시 결정코 왕생할 뿐만 아니라 자재왕생한다고 수기하셨다.

이런 부류의 염불인은 불력의 명훈가피를 입은 후 곧 미혹을 조복한 사일심불란에 들어가 관상으로 화신불을 친견할 수 있다. 또한 선정의 마음으로 염불하여 닦는 정선定善은 지극히 무거운 정업定業을 없앨 수 있는 까닭에 자연재해와 인간의 화로 인해 횡사 등 정업의 과보를 만나지 않는다. 견불이 결정되는 까닭에 왕생이 결정된다. 단지 믿음과 발원이 진실하고 보리정토에 수순하여 발심하기만 하면 그는 임종시 모두 자재왕생할 수 있다.

왜 자재왕생하는가? 《관경》에서 말한 것처럼 이런 부류의 사람은 “이 일을 듣고 나서 이내 목숨이 다한다(聞此事已 , 尋即命終).” “심尋”은 곧 빠른 속도의 뜻이다. 하품하생은 이 법문을 청취한 후 여전히 일정기간 염불하여 죄를 참회하는 과정이 있고 그런 후에 비로소 왕생할 수 있다. 그러나 중품하생은 삼악도에 떨어지는 죄의 마음(업혹과 죄의 마음은 다르다)이 없고 조금이라도 마음이 움직이면 염불하여 곧 선정에 들어가 선정 속에서 부처님을 친견하여 저절로 곧장 왕생한다. 서서 왕생한 체한법사의 땜장이(鍋漏匠) 염불수행자, 담허법사의 출가제자 수무사修無師 스님, 대장장이 황타철黃打鐵은 모두 최소한 이런 수준 이상에서 선 채로, 앉은 채로 왕생하였다.

다시 본론으로 돌아가서 아침저녁 기도일과는 비록 열 번 호흡에 염불하는 법으로 간단하지만, 하루하루 오계 십선의 마음을 끊임없이 지키며 인연에 따라 갖가지 일을 할 수 있다. 또한 보리심이 진실하여 시시각각 미래 부처님의 마음으로 중생을 관하면서 상대하고, 일체 회사작업 집안일 등의 일을 모두 제불에게 공양하는 마음으로써 할 수 있다. 그래서 이 두 가지 상황은 모두 "광의의 염불"에 속한다. 결코 끊임없이 시시각각 모두 왕생의 자량을 축적한다. 한평생 이와 같이 행할 수 있다면 비록 항상 부처님 명호를 염하지 않을지라도 누구나 다 결정코 자재왕생할 수 있다.

바꾸어 말하면 하루 기도일과로 부처님 명호를 날마다 수만 번 한가할 때 염송할 수 있다면 아직 남과 나, 시비분별과 탐진치 교만이 있고 계율을 엄격히 지키지 않고 누차 계를 깨뜨리는 부류의 사람은 염불 정진하는 것처럼 보이지만 실은 보리심이 결코 진실하지 않고 누차 공덕을 무너뜨리고 마음 경계가 위 아래로 흔들려 명자위 후심을 유지하기 어려운 까닭에 임종시 왕생이 자재하지 못하여 반드시 임종하기 전 십여 일 안에 참회하고 염불하여 죄를 없애어야 비로소 왕생할 수 있다. 요컨대 마음을 잘 쓰는 사람은 언제나 하는 일마다 모두 왕생의 자량을 누적할 수 있지만, 마음을 잘 쓰지 못하는 사람은 겉보기는 염불 정진하는 것 같지만 실은 거짓 수행인이다.

[보충] **자신의 본분에 따라, 자신의 역량에 따라 수행하라**

학불學佛은 반드시 전문으로 자신의 벗어남을 대사로 삼아야 하지만, 반드시 자신의 본분에 따라 자신의 역량에 따라 공덕을 지어야 한다. 만약 역량이 큰 사람이라야 철저히 내려놓을 수 있고 철저히 들 수 있다. 중하 등의 사람은 전혀 대사를 삼음이 없기 때문에 게으름을 피우고 싫증을 내게 된다. 그러면 자신을 이롭게 하는 일에도 진지하지 않고, 다른 사람을 이롭게 하는 일도 완전히 염두에 두지 않는다. "양자(楊子; 양주楊朱)는 (나를 위함이 심하여) 털 하나를 뽑아 천하를 이롭게 하려고 하지 않는" 폐해에 흘러들어가고 만다. 그래서 반드시 자리이타自利利他 이 두 가지 법으로 번갈아 도와주어야 하지만 전일하게 자신을 이롭게 함을 위주로 하여야 한다.

팽이림彭二林 거사의 말을 오해해서는 안 된다. 오해하면 팽이림 거사에게 적지 않은 실례가 된다. 팽이림 거사의 말은 자신을 이롭게 하는 일을 위주로 한다는 뜻이지 같이 본분에 따르고 자신의 역량에 따르면서 다른 사람에게 정토법문을 수습하도록 가르치는 것까지 완전히 폐기하는 것이 아니다!

다른 사람을 이롭게 하는 일은 오직 대보살이라야 짐을 질 수 있다. 대보살 이하는 누가 감히 이렇게 큰 소리를 치겠는가! 중하 등의 사람은 자신의 본분에 따라 자신의 역량에 따라 다른 사람을 이롭게 하는 일을 수행하여야 자신을 이롭게 하는 도에 부합할 수 있다. 왜냐하면 수행법은 육도만행에 있는 연고이다.

자신이 제도 · 해탈하지 못하면 다른 사람을 이롭게 하는 일은 여전히 자신을 이롭게 하는 일에 속한다. 그러나 오로지 바깥의 공적을 쌓는 차원에서 행하지 말아야 한다. 자신의 번뇌 · 습기를 대치하여 내버려두고 상관하지 않으면 바깥의 수행으로 말미암아 마음속 공부가 완전히 황폐해진다. 오히려 이로 인해 아만심이 생겨서 자신의 공적과 이익을 덕행이라 여기면 그 손해는 막대하다! _인광대사 문초

[하련거 거사, 직념거直念去 게송]

아미타부처님께서 저에게
「아미타불」 부처님 명호를 염하라고 가르치시니,
입으로 「아미타불」 부처님 명호를 염하고,
귀로 「아미타불」 염불소리를 듣는 방법으로
「아미타불」·「아미타불」…
부처님 명호를 계속해서 염하여 가면
원래 자성의 아미타불이
극락세계 아미타불 부처님 명호를 염하였음을 깨달으리라.
彌陀教我念彌陀，口念彌陀聽彌陀。
彌陀彌陀直念去，原來彌陀念彌陀。

《직념거直念去》 이 한 수 게송은 네 문구로 간단해 보이지만, 그 미묘하고 수승한 뜻은 매우 깊고 광대하며, 원만 지극하다. 하련거夏蓮居 거사께서는 자비심이 절절하여 우리 많은 중생이 모두 아미타부처님 그대로 나의 마음이고 나의 마음 그대로 아미타부처님인 경계를 진정으로 성취하도록 돕기 위해서 《무량수경》에 의거해서 정선한 『직념거直念去』, 이 한 수의 게송에서 교묘하게 자신이 정토법문을 수학하여 아미타부처님을 염하여 얻은 깨달음과 심득 · 대자대비 아미타부처님의 지선원만至善圓滿한 지혜덕능 · 광대한 중생이 지성심으로 아미타부처님을 염하여 무량한 진실공덕을 닦는 정확한 방법 · 자성미타自性彌陀를 염하고 유심정토唯心淨土를 닦음 및 일체 유정중생과 아미타부처님의 진실한 관계를 또렷하게 명백하게 말씀하신 것이다.

《직념거直念去》 이 한 수 게송은 염불법문의 중심이자 아미타불 부처님 명호를 염하여 일생에 원만히 성불하는 수승한 정요精要로 이 특별한 법 · 무상심묘선無上深妙禪 · 심밀深密 · 밀중의 밀을 있는 그대로 털어 놓고 직지인심直指人心 명심견성明心見性의 진실로 뛰어나고 극처에 이른 경지를 말로 표현한 것이다.

[강설] 「**미타교아념미타彌陀教我念彌陀**」. 이는 곧 아미타부처님께서 저에게 아미타불 부처님 명호를 염하라고 가르치심을 말한다. 어떻게 염하는가? 입으로 아미타불 부처님 명호를 염하고, 귀로 아미타불 염불소리를 듣는다. 입으로 염하고 귀로 들으면 되니 매우 간단하다. 그런 다음에는 곧 「**미타미타직념거彌陀彌陀直念去**」, 곧 아미타불 · 아미타불 · 아미타불 계속해서 이렇게 염하여 간다. 최후에는? 「**원래미타염미타原來彌陀念彌陀**」를 깨닫는다.

오랫동안 염불하면 갑자기 어느 날 본래 자성의 아미타불이 극락세계 아미타불을 염한 사실을 발견하게 된다. 우리가 염하는 아미타불은 서방극락세계 아미타부처님, 그의 명호로 석가모니 부처님께서 우리에게 가르쳐주신 수행방법이다. 어떤 염을 사용하는가? 자성自性의 이 심념을 사용한다. 현재 여전히 인식할 수 없지만, 상응(일심불란)에 이르도록 염하면 갑자기 원래 자성이 그대로 미타彌陀임을 인식하게 된다.

어떤 이는 "이미 자성이 아미타불인데 왜 서방극락세계 아미타불을 염하는가?" 말한다.

이는 바로 착실하게 염불하지 않는 사람이 하는 말임을 들으면 알게 된다. 무슨 말인가? 왜냐하면 자성의 아미타불 그대로 서방극락의 아미타불이기 때문이다. 알아듣겠는가? 당신이 그것을 구별하고자 하면 자성의 아미타불이 완전함을 인식하지 못한다.

서방극락의 아미타불 그대로 자성의 아미타불이다. 자성의 아미타불과 서방극락의 아미타불이 둘이 아니다. 둘이 아님을 말함은 모두 군더더기이다. 단지 진정으로 염불해 가야 비로소 천천히 인식하게 될 것이다.

그래서 이 명호는 우리들 한 사람 한 사람 본래의 명호이다. 어느 날 염불인이 천천히 발견하게 될 때까지 우리는 우리가 지금 부처님을 염하고 있다고 여기지만, 실제로는 부처님께서 우리를 염하고 있다. 그러면 도대체 누가 누구를 염하는가? 지금은 또렷이 구별하지 못하지만, 최후에 이르러 자성의 아미타불이 극락세계 아미타부처님을 염함을 깨달을 것이다.

_인산仁山 법사

[제59칙] **넉자 혹은 육자로 염하는 염불의 구체적인 방법과 결정코 왕생하는 계위**

소리를 내어 염하면「나무아미타불」육자로 염하는 것이 좋고, 마음속으로 묵념하는 경우 글자가 많으면 염하기 어려우므로「아미타불」넉자를 염하는 것이 알맞다. 낮부터 밤까지 잠이 들면 그대로 맡겨두었다가, 잠이 깨면 이어서 염한다. 염불을 자신의 본명원신本命元辰[66]으로 삼아 결코 잠시라도 놓아버리지 말아야 비로소 범부를 뛰어넘어 성인의 흐름에 들 수 있고, 생사를 요탈하여 서방극락에 왕생할 것이다.

出聲念，則可念六字；心中默念，字多難念，宜念四字。從日至夜，睡著則任他去，醒來即接著念。以念佛為自己本命元辰，決不片時放捨，庶可超凡入聖，了生脫死，往生西方矣。

[보충] **결정코 왕생하는 계위**(決定往生階位)

『**요해**』: 묻건대, 칠일 동안 산란하지 않은 후에, 다시 미혹을 일으켜 업을 짓는다 하더라도 왕생할 수 있는가?

답하되, 만약 일심불란一心不亂을 얻었다면 다시 미혹을 일으켜 업을 짓는 일은 없다.

『**친문기**』: 또한 묻건대, 만약 평상시 칠일 동안 산란하지 않은 후에, 나머지 일에 바빠서 다시 마음이 산란하여 미혹을 일으켜 업을 짓는다 하더라도 임종시에 이르러 또한 왕생할 수 있는가?

---

66) 선가의 용어로 본성을 가리킨다. 본명本命은 사람마다 출생한 해의 간지干支를 가리키는데 그 간지의 별을 만나면 본명성本命星이라 한다. 원신은 사람의 명운이 양陽 8 음陰 6 두 별에 좌우됨을 말하고, 그래서 본명과 원신은 모두 사람의 명운을 지배하는 별이 된다. 선종에는 곧 그것을 자신의 본성에 비유한다.

답하되, 일심불란을 얻은 후 또 다시 마음이 산란하여 업을 지으면 이는 진실로 일심불란을 얻은 것이 아니다. 만약 진실로 일심불란一心不亂을 얻었다면 결코 다시 혹업을 일으키는 이치가 없다. 만약 사일심불란을 얻었다면 아집은 이미 공하여 결코 다시 견사혹을 일으켜 유루업을 짓는 일은 없다. 만약 이일심불란을 얻었다면 법집이 이미 공하여 결코 다시 무명혹을 일으켜서 (제도 받을 중생과 제도하는 자신이 있다는) 이변업二邊業을 짓는 일은 없다. 이는 참으로 아리따운 보배거울에 비추어 깨달아 미혹이 생기지 않는 것과 같다.

_관정寶靜법사, 《아미타경요해친문기阿彌陀經要解親聞記》

[관경] 이와 같이 상심想心에서 관하는 경계가 나타남을 거칠게나마 극락국토의 보배땅을 보았다고 하느니라. (이로부터 계속 나아가) 만약 (정수가 상응하여) 삼매를 증득하면 저 국토의 보배 땅이 분명하게 또렷이 보일 것이니, 그 미묘함은 이루 다 말할 수 없느니라. 이것이 바로 「지상관地想觀」이니, 「제3관」이라 하느니라.

부처님께서 아난에게 이르시길, "그대는 부처님의 말씀을 수지하여 오는 세상의 일체 대중, 무릇 고해에서 벗어나고자 하는 이들을 위하여 이렇게 땅을 관하는 법을 선설할지어다. 만약 이 보배 땅을 관상하는 사람은 팔십억 겁 생사의 중죄를 없앨 수 있고, 임종시 몸을 버리고 세상을 떠날 때 반드시 청정국토에 태어날 것이니, 일심으로 정념을 유지하되 의심하지 말지라.

[역주] 「일심불란一心不亂」은 총괄해 가리키는데, 그 폭은 매우 커서 미혹을 조복한 사일심事一心 · 미혹을 끊은 사일심 · 미혹을 끊은 이일심理一心 등이다. 후 양자는 그 경계가 아라한 및 법신보살에 상당하고 모두 범부가 이번 생에 닦아서 얻는 바가 아니다. 그러나 미혹을 조복한 사일심불란事一心不亂의 범위는 매우 광범위하여 상사위 및 관행위를 포괄한다. 만약 불력으로 수승함을 증상시키는 효과를 뺀다면 실은 명자위 후심이지만, 곧 불력으로 명훈가피한 후 미혹을 조복하는 일심불란에 들어갈 수 있다.

우익대사님의 말씀처럼 진실로 일심불란을 얻은 자는 얻으면 잃지 않고 더 이상 미혹을 일으켜 업을 짓지 않게 된다. 설령 미혹을 조복한 사일심 공부가 가장 낮을지라도 조금이라도 공부에 힘쓰면 다시 일심으로 들어간다. 이 계위는 세존께서 《관경》에서 (계위가 십육관 중 지상관에서 성취한 수준과 같은) 사람에게 임종시 결정코 왕생한다고 수기하셨다.

인광대사께서는 여기서 "결코 잠시라도 놓아버리지 말아야 한다(決不片時放舍)" 법문하셨고, 선도대사께서도 염불인에게 "무여수(無餘修; 일심으로 아미타불 명호를 부르며, 일체 성중을 공경예배하고, 잡된 행을 하지 않는 것.) · 무간수(無間修 ; 마음과 마음이 이어져 다른 업이 섞이지 않으므로 탐진치 번뇌가 끼어들지 않는 것) · 장시수(長時修 ; 숨이 있을 때까지 수행하여 중단하지 않는 것)"하고 삶이 마치도록 수지하라고 일러주셨다. 이는 염불인에게 매우 큰 압력을 주는 것 같은데, 도대체 언제까지 닦아야 온당한가?

선도대사의 시대에는 임종시 결정코 왕생하는 계위를 판정할 수 없었고, 선도대사께서는 십육관 및 구품에 염불공부의 수준을 대응하여 결코 판정하지 못하였다. 왜냐하면 당나라 초에 정종의 교리가 일어났으나 아직 완벽하게 정리되지 않았기 때문이다. 선도대사께서는 마음은 있으나 힘이 없어 판정하지 못했다. (솔직히 말해 선도대사께서는 대승관경 실상의 경체經體를 모두 판정하지 못했다.) 송나라 천태종 16조 지례대사께서 지자대사의 관경소를 주해한 《관경소묘종초觀經疏妙宗鈔》가 세상에 나올 때 이르러서야 정종교리가 완전하게 진일보할 수 있었고, 선도대사의 《사첩소四帖疏》에 남아있는 여러 문제를 완전히 주해하였으며, 특히 십육관 및 구품에 대응한 염불공부 수준의 판정으로 정종에 대해 말하면 지극히 중요한 관건이다.

이 "결정코 왕생하는 계위"는 지례대사께서 지자대사를 좇아 "원교의 관행위觀行位 초품" 즉 미혹을 조복한 사일심의 가장 낮은 수준, 근대의 법사들이 늘 말하는 공부성편功夫成片으로 판정하였다. 근기가 예리한 염불인은 몇 번 불칠佛七 가행정진을 하면 곧 관행위 초품을 증득할 수 있다. 근기가 둔한 염불인은 3년~5년 노실하게 염불할 수 있으면 또한 공부성편에 이를 수 있다. 그래서 임종시 결정코 왕생하고 싶으면 선도대사께서 말씀하신 무간수無間修 장시수長時修처럼 끝내 이번 생에 모두 염불하여야 결정코 왕생을 증득할 수 있는 것이 아니다.

이와 관련하여 본원법문의 "결정코 믿으면 곧 결정코 왕생한다" 등의 논조는 믿지 말아야 한다. 그들은 비록 입으로는 선도대사에 의지한다 말하지만 말씀의 일부를 본래의 의미와는 달리 자기 입장에 맞도록 사용하여 벗어나서 정종교의와 이미 너무 멀어졌거늘, 하물며 선도대사의 《사첩소四帖疏》에 해결되지 못한 채 빠져있는 내용이 많이 있고, 법연상인과 신란상인의 저작에서 미해결인 채로 남아 있어 아주 작은 착오가 큰 잘못이 됨이랴. 본원법문은 자력을 집어내라고 제창한다. 자력을 만약 모두 집어내면 근본적으로 「자재왕생」을 닦을 수 없다. 본원법문은 임종시 서상을 알지 못하여 설사 악한 상이 있어도 결정코 왕생하였다고 여겨 스스로 속이고 남도 속인다.

[제60칙] **망념을 대치함에 쐐기로써 쐐기를 빼듯이 염불로써 망념을 그친다**

일체중생은 무시이래로 육도에서 윤회하는 가운데 짓지 않은 업이 없다. 수행에 무심하다면 오히려 자신도 모르게 온갖 기괴한 나쁜 생각이 생겨나고, 발심하여 수행한다면 온갖 생각이 한층 더 많아질 것이다. 이는 진상眞常과 망상의 상대적인 모양이 나타나는 것으로 종전에 없었던 것이 아니라 현현하지 않았을 뿐이다. 이때 아미타부처님께서 내 앞에 계시다고 생각하고 조금의 잡념 망상도 허락하지 말고, 지극 정성으로 간절히 부처님의 거룩한 명호를 염하라. 작은 소리로 염하거나 소리 내지 않고 묵념하되, 반드시 자자구구 마음으로 또렷이 염해야 하고, 입으로 또렷이 염해야 하며, 귀로 또렷이 들어야 한다. 이와 같이 늘 염할 수 있다면 일체 잡념은 저절로 소멸할 것이다.

一切衆生，從無始來，在六道中，無業不造。若無心修行，反不覺得有此種希奇古怪之惡念；若發心修行，則此種念頭，更加多些。此係眞妄相形而顯，非從前無有，但不顯耳。此時當想阿彌陀佛，在我面前，不敢有一雜念妄想，至誠懇切，念佛聖號。或小聲念，或默念。必須字字句句，心裏念得淸淸楚楚，口裏念得淸淸楚楚，耳朵聽得淸淸楚楚。能如此常念，則一切雜念，自然消滅矣。

잡념이 일어날 때 격외格外로 정신을 전부 들어 염불하고, 내 마음이 소란을 피우도록 허락하지 말라. 만약 이와 같이 늘 염할 수 있다면 제6의식(意地)도 저절로 청정해질 것이다. 지금 막 잡념이 일어날 때 한 사람이 수많은 사람과 전쟁하듯이 조금도 방임하는 마음이 있어서는 안 된다. 그렇지 않으면 저것이 내 주인이 되고, 나는 저것의 위해를 받게 된다. 만약 목숨을 내걸고 저항하면 저것은 나를 따라 바뀔 것이니, 곧 이른바 번뇌가 바뀌어 보리가 됨이다. 그대가 항상 여래의 온갖 덕을 갖춘 위대한 명호(萬德洪名)로써 극력 저항하며 오래도록 지속하면 마음은 저절로 청정해질 것이다. 마음이 청정해진 후 여전히 염불하여 늦추지 않으면 업장이 없어지고 지혜가 열릴 것이다. 부디 조바심을 내지 말라.

當雜念起時，格外提起全副精神念佛，不許他在我心裏作怪。果能如此常念，則意地自然淸淨。當雜念初起時，如一人與萬人敵，不可稍有寬縱之心；否則彼作我主，我受彼害矣。若拼命抵抗，彼當隨我所轉，即所謂轉煩惱為菩提也。汝能常以如來萬德洪名極力抵抗，久而久之，心自淸淨。心淸淨已，仍舊念不放鬆，則業障消而智慧開矣。切不可生急躁心。

집에서 학불하든지 출가하여 암자에서 수행하든지 상관없이 반드시 윗사람에게는 공경하고 아랫사람에게는 온화해야 한다. 다른 사람이 참을 수 없는 것을 참고, 다른 사람이 행할 수 없는 것을 행하며, 다른 사람의 힘든 일을 대신해주면서 다른 사람의 아름답고 훌륭한 일을 이룰 수 있도록 도와주어야 한다. 정좌靜坐할 때는 항상 자신의 허물을 생각하고, 한담閒談할 때에는 남의 그릇된 점을 말하지 말아야 한다. 걸어가거나 머무르거나 앉거나 눕거나(行住坐臥)[67] 옷을 입거나 밥을 먹거나 아침부터 저녁까지, 저녁부터 아침까지, 「나무아미타불」 한 마디 부처님 명호를 끊어지지 않도록 해야 한다. 어느 때에는 작은 소리로 염하고, 어느 때에는 마음속으로 염하며, 염불 이외에 다른 생각을 일으키지 말아야 한다. 만약 혹 망념이 한 번 일어나면, 바로 그 자리에서 그 망념을 소멸시켜야 한다.

無論在家在庵，必須敬上和下，忍人所不能忍，行人所不能行；代人之勞，成人之美；靜坐常思己過，閒談不論人非。行住坐臥，穿衣吃飯，從朝至暮，從暮至朝，一句佛號，不令間斷；或小聲念，或默念。除念佛外，不起別念；若或妄念一起，當下就要教他消滅。

---

67) 곧 사위의四威儀로서, 인류가 생활하며 기거하는 네 가지 기본동작이다. 그 뜻은 걸어가고 거주하며 앉고 잠자는 일상생활의 행동거지로 확대된다.

두려워하고 부끄러워하는 마음과 참회하는 마음을 늘 일으켜야 한다. 설사 자신이 진실로 불법을 수지하고 있더라도, 언제나 내 공부가 그리 깊지 않다고 생각해야 하며, 자신을 자랑하거나 과장하지 말아야 한다. 단지 자기 자신이 수행하는 진도를 챙길 뿐, 다른 사람의 잘못에 대해 시비 간섭하지 말아야 한다. 오로지 남의 좋은 모습만을 볼 뿐, 나쁜 모습은 보지 말아야 한다. 일체 다른 사람은 모두 보살이고, 오직 나 한 사람만이 실로 범부라고 보아야 한다. 만약 당신이 진실로 내가 말한 대로 행할 수 있으면, 틀림없이 서방 극락세계에 태어날 수 있다.[68)]

常生慚愧心，及生懺悔心。縱有修持，總覺我工夫很淺，不自矜誇。只管自家，不管人家；只看好樣子，不看壞樣子。看一切人皆是菩薩，唯我一人實是凡夫。汝果能依我所說而行，決定可生西方極樂世界。

[역주] 인광대사께서는 염불하여 망념을 그치는 구체적인 부분을 법문하셨다. 염불하여 망념을 대치함은 쐐기로써 쐐기를 빼내듯이 염불로써 망념을 그친다. 대치함에 있어 이러한 요령을 따르는 편이 좋다. 망념은 본래 뿌리가 없고, 허虛하여 실實이 없으며, 그 자성은 본래 공하다.

세존께서는 깊고 깊은 선정에 드시어 무명조차도 실체를 찾을 수 없거늘 하물며 망념이겠는가? 진실로 선정을 얻은 자는 그 망념이 비로소 비교적 평온해진다. 명자위 초심의 산란한 마음으로 염불하는 사람의 경우 망념이 없는 것이야말로 매우 드물다. 당연히 이러한 사람의 심지는 청정하여 망념은 비교적 적지만, 여전히 존재한다. 보통 근성의 초학인 경우 망념이 많은 것이 매우 정상적이다.

"쐐기로써 쐐기를 빼내듯이 염불로써 망념을 그친다." 그 요령은 바로 늘 대치하는 일을 생각하지 않는 것이다. 대치하겠다고 생각할수록 망념에 망념이 더해서 대치하겠다는 생각도 여전히 망념이다. 관건은 주요 정력을 섭심염불攝心念佛, 이 일념에 놓아버림에 있다. 망념이 와도 그것에 상관하지 말고 심념을 거둬들여서 거듭 이 한마디 부처님 명호에 관심을 쏟아 염불의 염을 가지고 쐐기와 마찬가지로 망념의 쐐기를 두뇌로부터 제거해버려, 즉 "쐐기로써 쐐기를 빼내듯이 염불로써 망념을 그친다." 망념은 본래 실체가 없고 뿌리도 바탕도 없기에, 단지 심념을 달리 바깥 일념에 집중(염불)하면 망념은 저절로 사라진다.

[제61칙] **십념으로 횟수를 기억하는 법을 버리고, 정념淨念이 서로 이어지게 하려면 너무나 어렵고도 어렵다!**

염불을 함에 있어 마음을 귀일시키기 어렵지만, 마음을 거두어들여 간절히 염하기만 하면 저절로 귀일시킬 수 있다. 마음을 거두어들이는 법은 가장 먼저 지성심으로 간절하여

---

68) 만약 당신이 인광대사의 문장을 제대로 보았다면 당신은 분명코 대사께서 정말 서방극락세계를 경험한 자로, 그곳이 마치 그의 주방인 것처럼 자세히 알고 있다고 느낄 것이다. 이 단락에서 인광대사의 마지막 말씀은 염불하는 사람에게 비길 데 없는 신심을 불어넣어준다.

야 한다. 지성심으로 염불하지 않으면 마음을 거두어들이고자 하여도 방법이 없다. 그런데 이미 지성심으로 염불하는데도 생각이 아직 순일하지 않으면 마땅히 귀를 거두어 들여 염불소리를 자세히 들어야 한다(攝耳諦聽). 소리를 내어 염하든 마음속으로 염하든 모두 염불이 마음속에서 일어나고, 염불하는 소리가 입에서 나와 귀로 들어가야 한다. 마음속으로 염하는 경우에도 비록 입을 움직이지 않지만 마음속에서 염불하는 모습이 있어야 한다.

至於念佛，心難歸一，當攝心切念，自能歸一。攝心之法，莫先于至誠懇切；心不至誠，欲攝莫由。既至誠已，猶未純一，當攝耳諦聽。無論出聲默念，皆須念從心起，聲從口出，音從耳入。默念雖不動口，然意地之中亦仍有口念之相。

그렇게 마음속으로 염하고, 입으로 똑똑히 염하며, 귀로 똑똑히 들으면서 이와 같이 마음을 거두어 염불하면 망념은 저절로 사라질 것이다. 이따금 망념이 세차게 일어나면 곧 십념으로 횟수를 기억하는 염불법(十念記數法)을 사용하여 온 마음의 역량을 모두 부처님 명호 소리 하나에 쓰면 설사 망념이 일어나려고 해도 그 힘이 미칠 겨를이 없다.

心口念得淸淸楚楚，耳根聽得淸淸楚楚，如是攝心，妄念自息矣。如或猶湧妄波，即用十念記數，則全心力量，施於一聲佛號；雖欲起妄，力不暇及。

이렇게 마음을 거두어들여 염불하는 구경의 묘법을 과거 정토를 홍양하던 사람이 지금까지 언급하지 않았던 것은 그 당시 사람들이 근기가 비교적 예리해 이렇게 하지 않아도 곧 마음을 귀일시킬 수 있었기 때문이다. 나 인광은 마음을 제어하여 조복시키기 어려운 경우 이 방법이 미묘하다는 것을 비로소 체득하였다. 이는 여러 번 시험하여 여러 번 성공한 것으로 결코 내가 경솔하게 함부로 말하는 것이 아니다. 원컨대 근기가 둔한 후세 사람들도 함께 이와 같이 수행하여 만인이 닦아 만인이 극락에 갈 수 있기를 바란다.

此攝心念佛之究竟妙法，在昔宏淨土者，尚未談及，以人根尚利，不須如此，便能歸一故耳。光以心難制伏，方識此法之妙。蓋屢試屢驗，非率爾臆說，願與天下後世鈍根者共之，令萬修萬人去耳。

이른바 「십념으로 횟수를 기억함」이란 염불할 때 한 마디에서 열 마디까지 명호를 분명히 염해야 하고, 횟수를 분명히 기억하여야 한다. 십념에 이른 후 또 1에서 10까지 염한 후 이어서 20~30 등으로 계속 염하지 않아도 된다. 수시로 염하고 기억할 뿐 염주를 굴릴 필요도 없고, 오직 마음으로만 기억하면 된다. 만약 열 마디 한차례 곧장 기억하기 어렵다면, 1에서 5까지, 6에서 10까지 나누어 두 차례 기억해도 좋고, 그것도 힘들면 1에서 3까지(3), 4에서 6까지(3), 7에서 10까지(4) 세 차례 기억해도 좋다. 다만 염불을 또렷이 하면서 기억도 또렷이 하고, 듣기도 또렷이 하면 망념이 끼어들 여지가 없다. 오래 하다 보면 저절로 일심불란一心不亂에 이르러 염불삼매를 얻을 것이다.

所謂十念記數者，當念佛時，從一句至十句，須念得分明，仍須記得分明。至十句已，又須從一句至十句念，不可二十、三十。隨念隨記，不可掐珠，唯憑心記。若十句直記為難，或分為兩氣，則從一至五，從六至十。若又費力，當從一至三，從四至六，從七至十，作三氣念。念得清楚，記得清楚，聽得清楚，妄念無處著脚，一心不亂，久當自得耳。

이 십념법은 망념을 거두어들인다는 점에서는 아침공과의 십념법과 같지만, 그 공부는 크게 차이가 남을 알아야 한다. 아침공과의 십념법은 한번 호흡하는 동안을 일념으로 삼고, 염불하는 횟수가 많은지 적은지는 상관없다. 그러나 이 십념법에서는 「나무아미타불」 한 마디 부처님 명호를 일념으로 삼는다. 아침공과의 십념법은 일념에 10마디만 할 수 있다. 20번, 30번을 하면 기가 상해 병에 걸린다. 이 십념법에서는 첫 번째 부처님 명호를 염하면 마음으로 첫 번째인 줄 알고, 열 번째 부처님 명호를 염하면 열 번째인 줄 안다. 1에서 10까지, 1에서 10까지 되풀이 하여 하루 수만 번을 염해도 모두 이와 같이 기억한다. 이렇게 염불하면 망념을 제거할 뿐만 아니라, 정신을 가장 잘 함양할 수 있다. 수시로 빠르게 하거나 느리게 하여도 전혀 정체되거나 장애가 되지 않는다. 아침부터 저녁까지 언제라도 적합하지 않은 시간은 없다.

須知此之十念，與晨朝十念，攝妄則同，用功大異。晨朝十念，盡一口氣為一念，不論佛數多少；此以一句佛為一念。彼唯晨朝十念則可，若二十、三十，則傷氣成病。此則念一句佛，心知一句；念十句佛，心知十句。從一至十，從一至十，縱日念數萬，皆如是記。不但去妄，最能養神。隨快隨慢，了無滯礙；從朝至暮，無不相宜。

십념으로 횟수를 기억하는 방법은 염주를 굴리며 횟수를 기억하는 방법에 비해 그 이익이 하늘땅만큼 큰 차이가 있다. 염주로 횟수를 기억하는 법은 몸도 수고롭고 심신도 불안하지만, 이 십념법은 몸도 편안하고 심신도 안정된다. 다만 일을 할 때 더러 그 수를 기억하기가 어려우면 간절하게 곧장 염불하기만 하고, 일이 끝난 다음에 다시 마음을 거두어들여 횟수를 기억하면 된다. 이렇게 계속 염하다보면 들뜬 마음으로 오고가며 벗이 되어 너의 뜻을 좇듯이 부처님 명호 한 경계에 전일하게 집중하게 된다.

較彼掐珠記數者，利益天殊。彼則身勞而神動，此則身逸而心安。但作事時，或難記數，則懇切直念。作事既了，仍復攝心記數；則憧憧往來者，朋從於專注一境之佛號中矣。

그래서 대세지보살께서 말씀하시길, "육근을 모두 거두어 들여 정념이 서로 이어져서 삼마지를 얻는 것을 제일로 삼겠나이다." 하셨다. 근기가 예리한 사람들이야 말할 것도 없지만, 우리처럼 근기가 둔한 중생은 십념으로 횟수를 기억하는 법을 버리고, "육근을 모두 거두어 들여 정념이 서로 이어지게" 하려면 너무나 어렵고도 어렵다! 또한 모름지기 이렇게 마음을 거두어들여 염불하는 법은 얕을 수도 있고 깊을 수도 있으며, 작을 수도 있고 클 수도 있는 불가사의한 법문임을 알아야 한다. 다만 부처님 말씀을 우러러 믿어야 하고, 부디 자신의 생각이 미치지 못한다고 해서 의혹을 품지 말라. 만약 의혹을 일으키면 오랜 겁 동안 심어온 선근을 이로 말미암아 잃어버려 최후에는 실익을 직접 얻을 수 없게 되니, 실로 슬프다!

大勢至謂都攝六根，淨念相繼，得三摩地，斯為第一。利根則不須論，若吾輩之鈍根，捨此十念記數之法，欲都攝六根，淨念相繼，大難大難。又須知此攝心念佛之法，乃即淺即深，即小即大之不思議法。但當仰信佛言，切勿以己見不及，遂生疑惑，致多劫善根，由茲中喪，不能究竟親獲實益，為可哀也。

염주를 굴리며 염불하는 방법은 오직 걸어가거나 머무르는 때에만 적용하여야 한다. 정좌하여 정신을 함양하는 때는 손을 움직이는 연고로 정신이 안정될 수 없어 시간이 오래되면 병에 걸린다. 그러나 십념으로 횟수를 기억하는 염불법은 걸어가거나 머무르거나 앉거나 눕거나 언제라도 적합하지 않은 시간은 없다.

掐珠念佛，唯宜行住二時。若靜坐養神，由手動故，神不能安，久則受病。此十念記數，行住坐臥，皆無不宜。

[보충] 조사대덕께서는 우리에게 염불하는 방법을 가르쳐 주셨으니, 곧 「섭이제청攝耳諦聽」이다. 이는 귀로 자신의 염불소리를 잘 듣는 것을 말한다. 「섭이제청」은 인광대사만이 제창하신 것이 아니라 옛날부터 대덕들께서는 모두 사람들에게 이렇게 가르치셨다. 예를 들면 우익대사의 《미타요해彌陀要解》에서 몇 단락의 말씀을 보게 된다. "믿고 발원하여 일심으로 명호를 집지한다면, 하나하나 소리마다 모두 많은 선근 복덕이 갖추어져 있다." "신 · 원 · 행 셋이 소리소리마다 원만히 갖추어진다. 그래서 선근 · 복덕 · 인연이 많다고 한 것이다." "집지하는 대상인 명호야말로 진실로 불가사의하고, 집지하는 주체인 우리의 심성이야말로 진실로 불가사의하며, 한 소리 「아미타불」 명호를 집지하면 한 소리 불가사의하고, 십백천만 번 무량무수하게 집지하면 소리 소리마다 모두 불가사의하다." "또한 단지 이 믿음과 발원으로 장엄하여 한 소리 「아미타불」 명호를 집지하면 겁탁을 바꾸어 「청정해회」가 되고, 견탁을 바꾸어 「무량광」이 되며, 번뇌탁을 바꾸어 「상적광」이 되고, 중생탁을 바꾸어 연꽃에 화생하며, 명탁을 바꾸어 「무량수」가 된다."

우익대사께서는 여기서 "한 소리 「아미타불」", "소리 소리마다 「아미타불」", 모두 「소리(聲)」를 사용하셨지, 「마디(句)」를 사용하지 않았다. 통상 우리는 한마디 「아미타불」이라 말한다. 우익대사께서 단어를 골라 쓰심에 마음대로 목적 없이 한 것이 아니고, 우리에게 "소리를 거두어 잘 들어라!"며 염불하는 방법을 일러주시려는 숨은 뜻이 있었다. _자료自了법사

[제62칙] 마음을 거두어들여 염불하는 법은 결코 변하지 않는 대도이다

마음을 거두어들여(攝心) 염불하는 법은 결코 변하지 않는 대도大道이다. 마음을 거두어들이는 법은 오직 「들음을 돌이켜 듣는 자성을 들음(反聞聞自性)」을 제일로 삼는다.

攝心念佛，為決定不易之道：而攝心之法，唯反聞最為第一。

들음을 돌이켜 듣는 자성을 듣고서 진심자성을 보아 무상도를 이룬다(返聞聞自性 性成無上道)

[남회근 거사] 觀世音菩薩께서 우리에게 이근원통법문을 전해준 것은 「들음을 돌이켜 듣는 자성을 듣고서 진심인 자성을 보아 무상도를 이루라(返聞聞自性 性成無上道)」는 것이다. 이 법문을 닦을 때 귀는 바깥을 향해 듣지 말고 돌이켜서 자신의 마음소리를 들어야 도를 이룬다. 무엇을 듣는가? 자신의 사상思想을 듣는다. 이 사상은 바로 말하지 않은 언어이다. 말은 소리를 낸 사상이다. 좌선하며 다른 사람이 그에게 강설하는 것을 듣는다면 그것은 마의 경계임이 당연하다. 음성은 현상으로 당신은 자신이 말하지 않은 것을 들어야 한다. 생각은 아직 오지 않은 앞의 청정한 마음이다.

예컨대 당신은 마음속으로 「나무아미타불」을 염해도 괜찮다. 한 글자 한 글자 천천히 염하고 귀로는 바깥 소리를 듣지 말고 돌이켜서 자신의 염불소리를 들어야 한다. 한 글자 한 글자 염불소리와 조금 멀어지면서 자신이 염함을 듣는다. 앞 한 글자는 과거이고 뒤의 글자는 오지 않으면 공空하다. 잡념이 오면 한마디 부처님 명호를 염하고 잡념이 없으면 염하지 않는다. 이렇게 "돌이켜 듣는 자성을 들음"이 관세음보살께서 말씀하신 "처음 듣는 성품 가운데 있고, 듣는 성품의 흐름에 들어가 그 염하는 대상이 사라진다(初於聞中 入流亡所)." 천천히 돌이켜 자신의 마음에서 소리내어 염불함을 듣고 천천히 천천히 자기 법성의 흐름, 자성청정으로 진입한다.

"망소亡所". 염불의 소리와 잡념이 모두 공해지고 청정한 자성이 현현하며 그 염하는 대상이 사라진다. 이것이 첫걸음이다. "진입한 것도 이미 적멸이다(所入既寂)." 이는 두 번째 걸음이다. 당신이 염한 소리는 천천히 공해진다.

_《유마힐의 꽃비가 하늘에 가득하다(維摩诘的花雨滿天)》

[황념조 거사] 관세음보살의 전체 수지법문을 개괄하면, 「들음을 돌이켜 듣는 자성을 듣고서 진심인 자성을 보아 무상도를 이룬다(返聞聞自性 性成無上道)」 이 두 마디가 된다. 그때 관세음보살께서는 매우 세세하고 면밀하여 먼저 소리의 대상(聲塵)의 방해를 받지 않으시어 곧 소리가 고요한 상이 생기고 청정함을 얻었다. 그러나 이 청정함도 여전히 분별하면 맑음이 있고 고요함이 있다. 소리의 고요함과 움직임은 상대적인 것으로 여전히 분별함이 있다.

다시 나중에 명료하여 움직임과 고요함 두 가지 상이 생기지 않으면 또한 한 걸음 더 나아갔다! 한 걸음 한 걸음 나아가 명료하여 이것이 모두 생기지 않지만, 여전히 (듣는) 지각이 있어 여전히 이런 일이 명료하여 (두 가지 상이) 생기지 않음을 안다. 이미 명료하여 이런 움직임과 고요함 두 가지 상이 생기지 않음을 아니, 이것이 당신이 깨닫는 대상(所覺)이다. 깨닫는 대상이 있으면 「깨닫는 지혜(能覺)」가 있다. 한걸음 더 나아가 깨닫는 지혜와 깨닫는 대상이 공하다…… 한 층 한 층 더 나아간다. 그래서 불법은 「무진장無盡藏」이다.

그러나 여전히 이러한 「공空」이 존재하고, 공도 이러한 「대상(所)」이다. 공을 깨달은 이러한 「지혜(能)」가 원만해져서 이러한 공의 지혜(能空)와 공의 대상(所空)이 모두 멸한다. 이런 멸에도 「멸」이 있다. 더 나아가 멸도 멸한다! 앞에서는 여전히 잘 깨닫지만 여기에 이르러 멸함도 멸하면 깨닫기 어렵다.

"(움직임과 고요함, 깨달음과 공함의) 생멸이 이미 멸하였으니, 적멸한 경지가 앞에 나타난다." 그래서 "열반적멸을 즐거움으로 삼는다." 「적멸」은 아무것도 없음이 아니다! "적멸"은 즐거움이다. 그래서 부처님께서 몸을 버리고 구하신 것은 "이 세간의 제행은 무상하니, 이것이 생멸법이라. 생멸법이 이미 멸하니, 열반의 적멸을 즐거움으로 삼을지라." 이 두 마디 게송이다.

[역주] 능엄경 25원통 중에서 마지막 문수보살께서 선택하신 것은 이근원통耳根圓通이었다. "이 세계의 진정한 교화체계는 청정한 대법은 음성을 듣는 청정한 공능에 있으니 삼마제를 취하려면 실제 (이근의) 듣는 성품으로써 (불법의 대해에) 들어가서 온갖 괴로움 벗어나고 해탈의 경지를 이룰지라. 가장 뛰어난 것은 관세음보살(의 이근원통법문)이니라."

정토종의 여러 법사들께서 이미 강설하셨듯이 「반문문자성反聞聞自性」의 관세음보살 이근원통을 가장 제일로 삼는 것은 사바세계 중생의 이근이 예리한 연고이다. 전체 법계중생의 입장에서는 당연히 대세지보살 염불원통을 가장 제일로 삼는다. 염불원통은 상중하 근기를 두루 가피하여 예리한 근기이든 둔한 근기이든 전부 거두어들이는 법문임은 누구나 다 인정하는 것이다. 그러나 관세음보살의 이근원통 「반문문자성」의 법문은 예리한 근기가 아니면 수지할 수 없다. 예리한 근기의 염불인은 염불선念佛禪을 닦고 싶다면 해보아도 괜찮다.

[제63칙] 염불인은 반드시 계행을 지키고 보리심을 발하며 진실한 믿음과 발원을 갖추어야 한다

무릇 정업淨業을 닦는 사람은 첫째 반드시 청정한 계행을 엄밀히 지켜야 하고, 둘째 반드시 보리심을 발하여야 하며, 셋째 반드시 진실한 믿음과 발원을 갖추어야 한다. 계율은 제법을 쌓는 토대이고, 보리심은 불도를 닦음에 있어 지휘관이며, 믿음과 발원은 왕생함에 있어 앞서 이끄는 자이다.(제327칙 참조)

凡修淨業者，第一必須嚴持淨戒，第二必須發菩提心，第三必須具眞信願。戒為諸法之基址，菩提心為修道之主帥，信願為往生之前導。

[역주] 《관경》 구품 중에 하배삼품, 오역 · 십악의 중죄를 지은 사람은 임종시 참회하면

또한 왕생할 수 있다. 그러나《관경》의 종지는 결코 사람이 마음대로 악업을 짓도록 격려함이 아니다. 이는 세존께서 맨 처음 품은 생각이 아니다. 앞 6품으로 왕생하는 사람은 모두 빨리 연꽃이 피어 부처님을 친견할 수 있다. 그러나 하하품은 모름지기 12대겁이 지나야 꽃이 피고 무생無生을 깨달을 수 있다. 세존의 입장에서 말하면 첫째 죄악중생을 불쌍히 여김이니, 단지 마음을 돌리기만 하면 곧 버리지 않는다. 둘째 제자에게 경계함이니, 비록 업을 진 채로 왕생할 수 있을지라도 악업을 짓고 계율을 깨뜨려서는 안 된다.

본원법문의「정토법문은 악인의 근기에 맞는 설법이다(惡人當機說)」라는 주장에 따르면 지은 악업이 무거울수록 쉽게 왕생한다. 이러한 삿된 말을 제창하는 자는 결정코 부처님을 비방하고 불법을 비방함으로 아비지옥의 중죄를 범하게 된다.

진정한 수행인은 반드시 상품 · 중품으로 왕생하도록 힘써 노력해야 한다. 청정한 계행을 엄밀히 지킴에 관해서는 오계 · 십선이 원만하기만 하면 이 사람은 반드시 임종시 결정코 왕생할 뿐만 아니라 자재왕생한다. 이러한 논단論斷의 출처는 지례知禮 대사의《관경묘종초觀經疏妙宗鈔》, 중품하생에 속한다. 만약 누차 계율을 깨뜨리고 악업을 지으면 이 사람은 비록 자칭 믿음이 깊고 발원이 간절할지라도 임종시 절대로 자재왕생하기 어렵고 모름지기 임종할 무렵 참회하고 죄업이 사라져야 왕생할 수 있다.

파계한 사람은 결코 관행위觀行位 초품에 이를 수 없고, 파계하면 결코 바른 선정(正定)을 얻을 수 없다. 이는 자재왕생하는 조건의 하나이다.《관경》에 이르시길, "선남자여, 그대가 부처님의 명호를 불렀기에 갖가지 죄업이 사라졌도다! 그래서 내가 와서 그대를 맞이하노라!" **염불법문은 비록 업을 진 채로 왕생할 수 있을지라도 결코 죄업을 진 채로 왕생하는 것은 아니다. 번뇌와 미혹을 반드시 끊어 없애지 않아도, 악업의 빚을 금생에 상환하지 않아도 삼악도에 떨어지는 죄의 마음(性罪)은 반드시 참회하여 없애야 한다.** 이는 죄인을 끌어 삼악도에 떨어지게 하고 또한 정토왕생을 장애하는 근본원인이다.

극락세계에 만약 삼악도가 있다면 이른 부류의 죄인이 반드시 죄업을 참회하지 않아도 삼계를 횡으로 벗어날 수 있을 것이다. 그러나 극락에는 삼악도가 없기에 사바세계의 악도 죄인이 만약 가로로 평행 이동하여 삼계를 벗어나고 싶어도 불가능함이 명백하다. 그래서 반드시 염불하여 참회하며 자심을 돌려 선한 부류로 돌아가서 (삼악도에 떨어지는 모든 죄가 소멸한) 비교적 청정한 마음을 새로이 획득하여야 업을 진 채로 왕생하여 삼계를 횡으로 벗어날 수 있다.

이병남李炳南 대덕께서는 천 명에게 조념하고서 마지막으로 천 명 중에 단지 몇 사람만이 임종시에 절대 서상이 있었다고 개탄하였다. 본원법문에서는 이를 믿음의 힘이 모자라기 때문이라 해석하였다. 비록 신원행이 왕생에 지극히 중요한 관건이지만 이곳에서는 절대 임종시 죄업을 참회하여 득력하지 않은 연고이다. 본원법문에서는 임종시의 서상을 판정하지 않고, 서상이 없든 심지어 악상이 있든 모두 절대 왕생을 방해하지 않는다고 여긴다. 본원법문의 교리는 엄중히 떼어 놓아야 하는데, 그 주된 원인은 선도대사의《사첩소》에서 대승 실상 및 심체 등 중요 해석을 하지 않았고 십육관 및 구품을 염불공부에 대응하여 어떠한 판정도하지 않았기 때문이다.

실상 · 심체에 대한 판정의 결여는 법연 상인 및 신란 상인으로 하여금 마음 바깥에 법을 취하고 마음 바깥에 부처가 있어 자성미타와 서방미타의 심체가 하나가 아닌 등 잘못된 결론을 초래하였다. 이는 순수한 타력의 제도를 도출하는 근본원인이다. 법연 상인은 자심의 혹업이 자심의 여래를 장애하지만 마음 바깥에 서방미타는 장애하지 않는 까닭에 서방미타의 타력으로 혹업을 끊을 수 있다고 여겼다. 그로 인해 극락정토에는 실제 사토四土를 갖추고 있음을 모르고 단지 정토만 안 까닭에 타력으로 업혹을 끊는 힘을 심각하게 크게 불려 아미타부처님의 타력으로 염불인의 견사혹見思惑, 진사혹塵沙惑 및 무명혹無明惑을 끊어 없애어 강한 인연으로 보토報土에 들어가게 한다. (범부는 반드시 무명을 제거해 없애야 보토에 들어갈 수 있다.)

신란 상인은 더욱 더 순수한 타력제도의 설법을 극치로 발휘하여 최후에는 타력이 수승한 까닭으로 자력왕생이 아니라 자력을 집어내어 계율을 수지할 필요도, 참회를 할 필요도 없고, 보리심을 발할 필요도 없으며, 정진염불이 오히려 「부정왕생不定往生의 업」이라 판정하고, 신원행 중에 타력의 믿음만 강조하고 견불하는 세 가지 힘에서 단지 불력 하나만 강조한다. 염불인은 믿음만 갖추고 있으면 임종시 자력의 정념正念이 필요 없고 임종인의 마음이 전도되었는지, 심지어 혼미한지 상관없이 단지 아미타부처님의 불력이 가지加持하기만 하면 그로 하여금 염불하여 왕생하게 하고 타력으로 염불인의 세 가지 미혹을 끊어 청정히 하여 아미타부처님의 보토에 태어나게 한다…….

왜냐하면 선도대사께서 《사첩소》에서 십육관 및 구품왕생을 염불공부에 대응한 계위를 판정할 수 없어 본원법문은 문장을 끊고 본뜻과 무관하게 뜻을 취하여 "생전에 부처님 명호를 십념 염불한다"는 말에서 점차 "평상시에 왕생의 업이 이루어진다(平生業成)", "염불하면 곧 왕생한다(念佛即往生)", "결정코 믿으면 곧 결정코 왕생한다(決定信即決定生)" 등 이러한 사람을 유혹하는 관점을 파생시켰다.

정종학인에게 건의하건대, 반드시 천태지자대사와 지례대사의 《관무량수불경소묘종초觀無量壽佛經疏妙宗鈔》를 깊이 연구하여야 한다. 이를 본 후 반드시 《관경》의 각 장과 절의 행간은 원래 일체이고 원융하다는 것을 반드시 이해할 것이다. 이는 본원법문의 저서에 있는 여러 의리는 해체된 것이고, 떼어놓은 것이며, 항상 모순적인 것과 다르다. 《관경소묘종초》는 《사첩소四帖疏》의 여러 미흡하고 빠진 내용을 완전히 보충하였다.

이병남 대덕께서는 그 서문에서 말씀하신 적이 있다. "송나라 사명四明 지례대사의 《묘종초》는 《관경》 여러 역주의 정화이고, 문자로 드러낸 뜻은 모두 제일의제第一義諦로 어느덧 정종의 종지를 크게 밝혔다. 옛날에 번잡하고 심오한 것을 요약하고 생략하고자 하는 병통이 있었는데, 우익대사께서는 직접 「그 한 자도 움직이지 말라」 언급하셨으니, 그 요점을 알 수 있다!……또한 우익대사께서는 「정토의 종지는 전부 《묘종초》 한 권의 책에 있다」 하셨다.

지례대사, 《관무량수불경소묘종초》 연구에서는 다음과 같이 말한다. "이론상으로 천태원종天台圓宗으로써 정토행문을 판석하여 이미 「범부가 보토에 들어간다(凡夫入報土)」는 의리를 논함에 부족한 부분을 메웠고, 또한 정토의 교리가 세워질 때 특수성과 초월성의 설복력을 증강시켰다. ……천태와 정토의 사상에 대해 옛 설법을 전승하고 새로운 뜻을 밝혀서 혹 화엄을 간소화하거나 혹 여러 종파를 분명히 밝혀 이미 산문 바깥의 뒤섞인 것을 바로 잡고 고래의 논쟁을 바르게 하여 천태종에서 장안章安 관정대사와 형계荊溪 담연대사께서 맺고 드러낼 틈이 없었던 미묘한 담론을 표출할 뿐만 아니라, 또한 정토종에서 혜원대사와 선도대사께서 잡아서 완성하지 못한 함의를 보충하였다. 이로 말미암아 마침내 천태종으로 하여금 「진정원교眞正圓教」의 지위를 우뚝 세워 흔들리지 않게 하고, 정토종으로 하여금 「승이방편勝異方便」의 아름다운 이름을 틀림없이 실증하게 하였다.……이로 말미암아 정토종의 수증계위修證階位는 높고 낮음이 분명하여 털끝만큼도 넘침이 없고 정토종의 교의는 마침내 아무런 모자람 없이 완전히 갖추어졌다." 원컨대 인연 있는 분은 반드시 이 책을 깊이 연구 학습하길 바란다.

인광대사께서 위에서 법문하신 세 가지 필수사항을 실천할 수만 있다면 누구나 결정코 왕생할 뿐만 아니라 자재왕생할 수 있다. 그러나 본원법문에서는 자력을 집어내 없앤다. 즉 지계持戒·발보리심·염불행은 모두 자력에 속하기에 모두 집어내 없애야 한다고 말한다. 그래서 본원법문에서는 임종시 서상을 판정함으로써 앞 사람의 실패를 보고 교훈으로 삼지 않는다. 왜냐하면 그들은 자력을 닦지 않아 근본적으로 자재왕생하는 사람이 없기 때문이다. **평상시에도 계율을 지키지 않고 임종시에도 죄업을 참회하지 않아 본원법문의 신도는 거의 왕생하는 사람이 없는데, 어디서 서상이 오겠는가?** 일본 근래 천년 동안 정토진종 신도의 왕생사에서 서상이 있는 자는 실로 보기 드물었고, 천천히 임종시 서상을 판정하지 않게 되면서 설사 나쁜 상일지라도 모두 결정코 왕생하였다고 여기게 된 것은 서방극락 아미타부처님의 타력을 잘못 믿은 까닭이다.

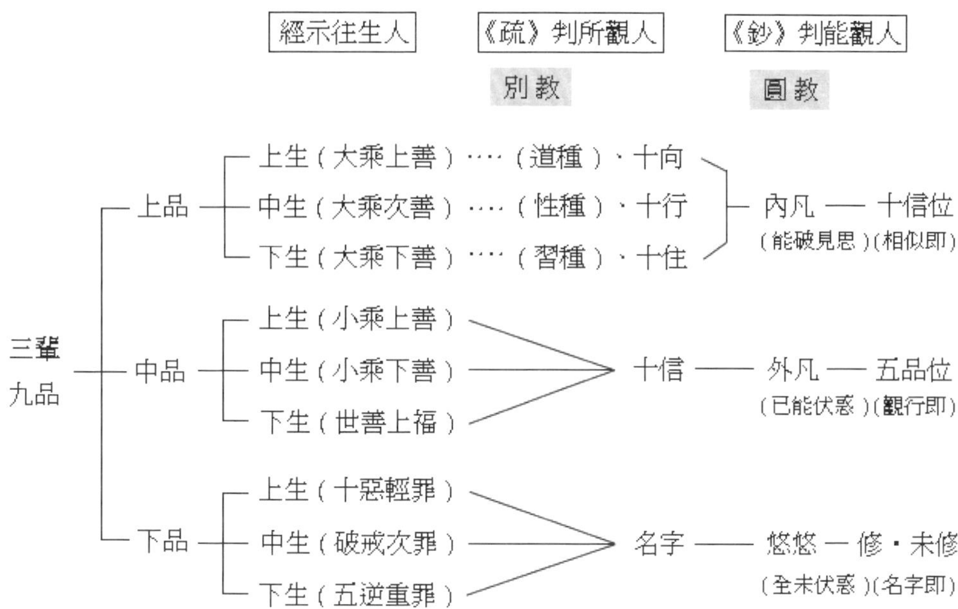

[보충] **철오선사 : 정업팔사淨業八事**

1. 진정으로 삶을 끝내고 죽음을 벗어나기 위해서는 보리심을 발하여야 한다. 이것이 불도를 배우는 공통의 길이다.
2. 깊은 믿음과 간절한 발원으로 아미타불 부처님 명호를 집지하는 것을 정토의 정종으로 삼는다.
3. 마음을 거두어 전일하게 집중하여(專注) 염불함을 수행을 시작하는 방편으로 삼는다.
4. 현행하는 번뇌를 절복折伏함을 마음을 닦는 중요한 일로 삼는다.
5. 네 가지 계법(살생 · 도둑질 · 삿된 음행 · 거짓말을 하지 않음)을 견지함을 도에 들어가는 근본으로 삼는다.
6. 갖가지 고행을 도 닦는 조연助緣으로 삼는다.
7. 일심불란一心不亂을 정업행지淨業行持의 돌아갈 바(歸宿)로 삼는다.
8. 갖가지 영감 · 서상을 왕생의 증험으로 삼는다.

이 여덟 가지 일은 매 조항마다 모두 응당 반복해서 철저하게 강연하여야 하나니, 정업을 닦는 사람은 알지 않으면 안 된다.

[왕생의 조건]

정토법문의 근본목적은 당생에 왕생의 성취를 구하는 것이다. 왕생의 근본조건은 바로 《무량수경》에서 개시한 왕생의 세 가지 원(제18원 · 제19원 · 제20원)이다. 이 가운데 인광대사께서는 말씀하신 것처럼 믿음과 발원을 근본으로 삼는다!

「**발보리심發菩提心**」. 이 한 가지 일이 인설因說이면 믿음과 발원을 점차 향상시키고 견고히 하는 자량이라 할 수 있지만, 왕생의 필요조건으로 세울 수는 없다. 이는《무량수경》및《관경》두 근본경전에 근거해 볼 수 있다. 과설果說이면 염불과 상응하여 반드시 저절로 보리심이 일어나고, 따라서 염불인에게 왕생을 결정하는 안심감 및 인연에 따라(결코 마지못해 하는 것이 아니라) 중생을 이롭게 하는 보살행을 일으키게 한다. 마찬가지로 또한 그래서 원인을 결과로 잘못 알고「필수」적으로 먼저 보리심이 있어야 왕생할 수 있다고 말할 수 없다.

「발보리심」을 강조하지 않고서 정토법문을 어떻게「대승의 원돈법문」이라 말하고 또한 응당 여하히 안립할 것인가? 이 문제에 관해서 우리는 결코 수행인이 보리심을 발하는 유무로써 이 법문은 대승이 아니라고 말하는 것이 아니다. 곧 이 염불법문에 내재하는 실상의 이치로 말하자면 대승법문과 다름이 없다. 그것은 일심전념一心專念 하는 가운데 저절로 중생의 중도실상이 부사의한 법계 원융심체와 상응할 수 있으니, 이 법문은 대승구경의 법문이라 말할 수 있다! 설령 중생이 이러한 미묘한 이치를 모를지라도, 또한 현전에서 보리심을 발할 수 없을지라도 믿음과 발원을 구족하여 곧장 염해 가면 심지어 산란한 마음으로 염할지라도 그 당하에 또한 중도실상과 상응한다. 그러나 산란한 채 염하여 중생 자신이 아직 이익을 얻기가 어려워도 괜찮다.(산란한 마음으로 염불하여 경계를 바꾸고 업을 바꾸는 힘이 없는 까닭이다)

그렇지만 예로부터 조사께서는 중생이 이理에 집착하여 사事를 폐하지나 않을까, 즉 이러한 미묘한 이치에 스스로 머물러 지성심으로 믿음과 발원을 드러내는 뜻을 닦지 않아 왕생의 대사에 조금이라도 빈틈이 생기지 않을까 두려워 수없이 분발시키고 경책하는 말씀에서 갖가지 조행을 보조로 여겨 강조하셨다. 시일이 이미 오래되어 말세의 정토행자는 이理에 우매하고 사事에 집착함을 면하지 못해 정토법문에 수많은 조건을 첨가하니, 도리어「믿음과 발원 두 마음의 견고함을 근본 중점으로 삼는」정토법문을 혼란하게 하는 위험이 있다.

또한 보리심을 발하지만 왕생을 구하지 않는 수행인 또한 매우 많다. 예로부터 티베트 불교의 전세자轉世者는 즉시 명백히 증명한다. 그래서 보리심을 발함과 왕생을 구함은 한 차례 일일 수도 있고, 두 차례 일일 수도 있다. 이는 인위에 있는 사람의 뜻(因人)·인위에서 세운 원(因願)으로 쉬운 일이다. 그래서 발보리심을 왕생의 필요조건이라 강요해서는 안 된다. 게다가《미타요해》에서는 이르시길, "왕생하길 발원하면 이는 별교別教나 원교圓教의 두 교에서 섭수되는 서원으로 (이미 인천의 복보를 구하지 않고, 또한 성문·연각을 구하지 않기에 보리대원이 아니겠는가?) 보살의 근기에 속한다." 이로 말미암아 또한 알 수 있다. 우익대사의 말씀에 따르면 **왕생하겠다고 발원하면 당하에 즉시 보리심으로서 곧 천태의 별교·원교 보살의 발심과 상응한다!** 따라서 중복하여 달리 보리심을 구하지 않는다.

이 외에 믿음과 발원을 견고하게 하려고 갖가지 방식, 혹 전심專心으로 명호를 집지하거나 혹 관상을 닦거나 혹 예배·참회하거나 삼복을 닦거나 대승경전을 독송하여 보리심을 발하는 등이 있다. 그러나 왕생의 목적 및 수행의 방편선교에서 말하면「신원信願」이 바로 가장 근본적이고,「지명持名」은 가장 뛰어난 선교방편이다. 그래서 우익대사께서는《미타요해》곳곳에서 우리를 분발시켰다. 이러한 이해에 따라 철오선사의 이른바 정업팔사淨業八事도 믿음과 발원을 견고히 하고 향상시키는 도귀導歸로 삼는다.

그렇지 않으면 우익대사께서 이르시길, "이 깊은 믿음과 발원을 합한 것이 정토에 왕생하는 길을 가리키는 지남指南이다.……만약 이와 같이 믿음과 발원이 견고하다면 임종시 십념 혹은 일념의 염불로도 결정코 극락세계에 왕생할 수 있다. 그러나 만일 믿음과 발원이 없다면 설사 아미타부처님 명호를 실같이 이어지도록 빈틈없이 집지하여서 바람이 불어도 들어가지 않고, 비가 몰아쳐도 젖지 않을 정도에 이르러 마치 은산철벽처럼 단단하다 할지라도 절대로 저 극락세계에 태어나지 못한다는 이치를 정업淨業을 닦는 자는 몰라서는 안 된다."

그래서 "믿음 · 발원 · 집지명호로는 미덥지 못하다."고 말하면 맞지 않다. 이는 어폐가 있어 중생을 오도하기 쉽다. 실제로 믿음 · 발원 · 집지명호는 가장 미덥고, 근본적인 법으로 당신이 상근기이든 중근기이든 여전히 하근기이든 상관없이 모두 반드시 먼저 믿음과 발원을 견고히 하는 이理와 명호를 집지하는 행行을 또렷이 알아야 하고, 그런 후 팔사八事 등의 다른 조행을 닦아야 정토법문은 사事와 이理가 원융한 수행의 도이다. _법장法藏 법사

[제64칙] **보리심을 근본으로 삼고, 신원행 삼법을 강종으로 삼는다**

염불법문은 신 · 원 · 행 삼법을 강종綱宗으로 삼고, 보리심을 근본으로 삼는다.《관경》에서 "이 마음이 부처를 지으니 이 마음이 그대로 부처라." 하신 말씀을 "인지因地의 마음이 바다 같은 과지果地의 각을 포함하고, 과지의 각은 인지의 심원을 관통한다." 하신 말씀의 진실한 뜻으로 삼고,《능엄경》에서 대세지보살께서 가르치신 "육근을 모두 거두어들여 정념淨念을 이어감"을 가장 절실하고 필요한 공부로 삼아 염불에 착수한다.

念佛法門，以信願行三法為宗；以菩提心為根本；以是心作佛，是心是佛，為因該果海，果徹因源之實義；以都攝六根，淨念相繼，為下手最切要之功夫。

이로써 계속 행하고, 다시 항상 사홍서원四宏誓願[69]을 마음에서 여의지 않으면 곧 마음과 부처가 맞고 마음과 도가 맞아 현생에서 곧 성인의 흐름에 들고, 임종시 바로 상품연화대에

---

69) 사홍서원四弘誓願은 1) 가없는 중생을 다 제도하겠나이다(衆生無邊誓願度), 다함없는 번뇌를 다 끊겠나이다(煩惱無盡誓願斷), 3) 무량한 법문을 다 배우겠나이다(法門無量誓願學), 4) 위없는 불도를 다 이루겠나이다(佛道無上誓願成)이다. 이 사송서원은 보살에 세운 것으로 무릇 대승행자라면 모두 잘 기억하고 실천하여야 한다.

올라야 이번 생을 헛되이 보내지 않은 사람이다.

由是而行，再能以四宏誓願，常不離心，則心與佛合，心與道合，現生即入聖流，臨終直登上品，庶不負此生矣。

[역주] 《화엄경》에 이르시길, "보리심을 잃으면 모든 선법을 닦아도 마업이라 하느니라(忘失菩提心，修諸善法，是名魔業)." 하셨다. 정종은 본래 대승의 종파로 일체대승법문은 모두 보리심을 근본으로 삼는다. 만약 발심이 바르지 못하면 바르지 못한 결과를 초래하고 만다.

자운관정慈雲灌頂 대사께서 《염불인의 일백 가지 과보》에서 맨 앞 세 가지 과보는 바로 염불하여도 삼악도에 떨어짐으로 사람에게 두려워서 몸을 떨리게 한다. 즉 탐진치의 마음으로, 사익을 챙기려는 마음으로, 남과 나 시비하는 마음으로, 오욕육진五欲六塵의 마음으로 명성·이익 등을 챙기려는 마음으로 염불하면 보리심과 어긋나서 보리의 정도를 거슬러 닦아 공덕이 생기지 않고 죄업을 없애지 않고 않으므로 자성의 부처님을 장애하고, 밖으로 저 부처님(아미타불)을 장애하여 실로 왕생하기 어려우니, 그 돌아갈 곳은 반드시 삼악도이다.

우익대사께서는 《아미타경요해》에서 최후에 신원행의 발원은 사홍서원에 수순하여 발함이라 주해하셨다. 담란대사께서는 《왕생론주》에서 정토의 즐거움을 구하길 탐하여 왕생을 발원하면 근본적으로 왕생에 성공할 수 없다 하셨다. 《관경》 십육관 구품왕생에 해당하는 경문에 어떤 품에서는 발심을 언급하고, 어떤 품에서는 발보리심을 말하지 않으며, 또 어떤 품에서 왕생후 발심을 말하지 않는가? 이런 부류의 의심에 대해서는 천태지자대사·지례대사의 《관경묘종초觀經疏妙宗鈔》를 상세히 읽어야 진정으로 의심을 풀 수 있어 그 주해는 가장 원융하다.

[제65칙] **어떻게 한 가지 염불법을 고집하여 병에 걸리겠는가?**

긴밀하게 조금도 틈을 주지 않고 염하는 추정追頂염불은 병에 걸리기 쉽다. 큰 소리로 염하거나 혹은 작은 소리로 염하거나, 혹은 중간소리로 다른 사람에게 들리지 않게 금강지金剛持염불로 하거나 혹은 소리를 내지 않고 묵념으로 하는 등 여러 염불법을 자신의 정신과 근기에 따라 알맞게 조정하여 사용해야 하거늘, 어떻게 염불법 하나를 고집하여 병에 걸리겠는가? 호흡 염불은 정청靜聽 염불만 못하니, 호흡을 따라 잘 염불하지 못하면 병에 걸린다. 그러나 정청 염불로는 병에 걸리지 않는다.

追頂易受病。大聲、小聲、金剛、默念，隨自己精神調停而用，何可死執一法，以至受病乎？隨息不如靜聽，以隨得不好，也會受病。靜聽不會受病。

[역주] 이론상 설득은 지극히 아름답지만, 보통 근성의 범부의 경우 한 입 먹고서 뚱뚱한

사람이 되지 않듯이 며칠 내지 몇 주 기한 내에 일심불란을 증득하는 것은 근본적으로 비현실적이다. "세 가지 마음이 끊기고, 전후의 때가 끊어지며, 허공이 분쇄된다(三心斷絕 前後際除 虛空粉碎)." 이는 이미 깊고 깊은 선정이다. 깊은 것은 말하지 않고 단지 얕은 것에서 말하면 가장 얕은 공부성편, 가장 얕은 미혹을 조복한 사일심불란을 증득할 수 있으면 이미 매우 훌륭하다. 어떤 염불방법을 채용하던 상관없이 반드시 계율을 지켜서 욕망의 불을 끄고 보리심을 발함으로부터 시작하여야 한다. 이런 기초가 아직 갖추어지지 아니하여 한 걸음에 하늘에 오르려 하니 온 마음을 어지럽히지 아니하는 것이 모래사장에 누각을 짓는 것과 같다.

「**추정염불**追頂念佛」. 글자와 글자 및 마디와 마디 사이를 계속 엮어서 지극히 긴밀하게 잇고 한 글자 한 글자 좇고, 한 마디 한마디 좇아 소리소리 계속 끊어지지 않고, 중간에 틈을 남기지 않으며, 잠시라도 휴식하지 않고 노력하여 곧장 앞으로 나아감을 즉 추정염불이라 한다. 그래서 온 힘을 다해 추정하여 용맹정진 또 용맹정진하며 정식情識이 끊어지면 과거 일은 생각나지 않고 미래의 일은 예상할 수 없으며 현재의 경계 심식心識은 어지럽지 않아 "세 가지 마음이 끊어지고, 전후의 때가 끊어지며, 허공이 분쇄되어" 저절로 잡념망상이 적멸寂滅로 돌아가고, 일심불란一心不亂을 얻는다. 이 추정염법은 공효功效가 빠르니, 명나라 삼봉三峰대사께서 극력 제창하신 염불법이다.

[삼봉三峰대사 추정염불追頂念佛 절록]

염불로 「일심불란一心不亂」에 이르려면 단지 한 마디 부처님 명호로써 온 힘을 다해 추정追頂하며 용맹정진 또 용맹정진하여 정식情識이 끊어져서 과거 일은 생각나지 않고 미래의 일은 예상할 수 없으며 현재의 경계심식心識은 어지럽지 않아 세 가지 마음이 끊어지니, 이를 전후의 때가 끊어짐이라 한다.

온 힘을 다해 추정追頂하고 온 힘을 다해 염불하여 한번 듣고 한 번 보아 어떤 경계에 부딪치거나 어떤 인연을 만나거나 마음의 길이 끊어지게 하여 곧장 허공은 분쇄되고 대지는 완전히 가라앉으며, 물아物我가 함께 사라지고 한 법도 세우지 않으며, 지금 대원경에 나타나는 삼라만상처럼 가리키고 헤아리고 분별할만한 것이 조금도 없이 몸과 마음이 텅 비어 구름처럼 오고 가는 이런 광경을 「일심불란一心不亂」이라 하는데, 이에 이르면 곧 어지럽힐 수 있는 마음이 없는 까닭이다.

이러한 경계에 이르지 않으면 비록 잠시 청정하고 또 조그만 쉼터일지라도 청정할 때는 곧 생겼다가 몹시 어지러울 때는 곧 잃어버리고 어지러움조차도 잃어버리거늘 하물며 임종시 지극한 고통으로 혼절할 때이겠는가? 평생 소소한 고요한 경계는 심의식의 변두리 일이라고 볼 수 있고, 혼절할 때 이르면 총명한 의식이 주재함이 모두 쓸모없게 된다.

《아미타경》에서 「일심불란」을 말씀하시고, 우리 부처님께서는 극칙極則의 공부는 「아미타불」 넉자 부처님 명호를 집지함에 불과하다고 몸소 가리키시니, 즉 한 마디 한 마디 바싹 이어 끊어지지 않게(頂) 염하고, 한 소리 한소리 뒤쫓아 버리지 않게(追) 염하여 마치 용맹한 장수가 칼을 들어 도적을 잡듯이 노력하여 곧장 앞으로 나아가 잠시라도 휴식하지 않나니, 이처럼 쉬지 않고 길을 재촉하면 반드시 그 말을 쏘고 두목을 잡을 수 있을 것이다. 이러한 공부는 오랜 세월에 걸쳐서 할 수 있는 것도 아니고, 또한 늙어 죽을 때까지 쉴 틈 없이 해야 비로소 이루는 것도 아니다. 단지 건강할 때 하루 사이에 하고 심식이 끊어지도록 하여 앞에 광명과 경계를 얻고서 곧 내려놓고 쉬고 또 쉴 수 있으면 곧 혼절할 때 이르러 극심한 고통이 바로 처음 전후의 때가 끊어진 때와 같이 물이 물로 돌아가듯 마치 허공이 허공에 합하듯 결국 몸에 잘 맞으니, 어찌 자재하지 않겠는가?

응당 스스로 알라. 부처님의 명호 공덕 상에 발을 붙이는 것이 아니라 단지 「아미타불」 넉자 명호를 온 힘을 다해 추정함에 공덕이 있을 뿐이다. 동문 선우들에게 권하노니, 법에 의지해 하루 염불하여 살펴보고, 하루에 이루어지지 않으면 하루 더 보살펴 다시 염불하라. 혹 잇달아 이틀 염불하여 휴식을 취하고 다시 염불하라. 혹 잇달아 3일, 4일 내지 7일 염불하거나, 혹 한 달 중 하루 용맹정진하여 염불하라. 7일은 우리 부처님께서 일정한 기한을 약속하신 것이다. 염처念處가 쉴 틈 없이 이어지지 않고, 7일에 다 쏟아 부어 이루지 못하면 정신을 조섭한 후 다시 7일을 염불하여 반드시 「일심불란」을 얻는 것을 기한으로 삼아야 한다.

무릇 추정염불공부를 함은 비구이든 비구니이든, 도인이든 속인이든 관계없이 모두 용맹정진할 수 있지만, 모름지기 남녀는 단壇을 나누고 마구잡이로 섞여 있어서는 안 된다. 수행기한에 들어가면 먼저 하룻밤을 넘기고서 부부는 경계를 나누고 잠자리를 깨끗이 하여 눕고, 새벽에 목욕하고 단에 들어가 심식을 놓아 텅 비우고, 바깥 인연에 빗장을 닫고 두문불출하고서 삼배의 예를 올린 후 더 많이 예를 올릴 필요는 없다. 지혜로운 사람을 추천하여 우두머리로 삼아 대중을 돌보면서 「아미타불」 넉자 명호를 제기하여 한 마디 한마디 뒤쫓아 버리지 않고(追) 한 마디 한 마디 바싹 이어 끊어지지 않게(頂) 쉴 틈 없이 이어지도록 염하되, 고성으로 기를 상하지 않도록 하고, 기를 다그쳐 심장의 화기가 움직이지 않도록 하고, 무리하게 힘을 써서 혈을 상하게 하지 않고, 경솔히 식을 기르지 않도록 하고, 고요함에 잠겨 혼침에 떨어지지 않도록 하면서 앉거나 서거나 걸으며 각각 향 반 가닥을 사르는 동안 돌고 다시 시작해 균일하게 끊어지지 않도록 한다.

식사를 하거나 화장실을 가거나 옷을 갈아입거나 언제든지 한결같이 「아미타불」, 말을 해서는 안 된다. 아침에는 죽으로 소식하고, 점심에는 재식齋食, 밤에는 죽으로, 때에 따라 채식으로 정진 음식(齋菜 ; 음식을 가리며 정진할 때 먹는 채소 음식)을 먹어서 자주 마음을 낭비하지 말아야 한다. 단지 「아미타불」 넉자 부처님 명호를 높은 산에서 물을 흘려보내듯 솟구쳐 오르는 힘을 막지도 않고 놓아 버리지 않아 저절로 의식(意地)으로 흘러 들어가도록 하면 심식心識이 쉬지 않을 수 없다. 밤 9시부터 11시(二更) 까지 염불하고, 피곤하면 각자 혼자 한숨 자도 괜찮다. 일어나서 예전 그대로 하루 혹은 이틀 다시 염불한다. 만약 몸과 마음이 모두 피곤하면 하루 낮 밤 자유롭게 일어날 때까지 깊이 잠을 자고, 정신을 차려서 새롭게 염불하고 다시 하루 이틀 쉬었다 행하여 염념마다 상응하고 마음마음마다 바꾸지 않고 곧장 7일까지 염불한다. 혹은 싫증이 나면 수행기한을 벗어나 건강할 때를 기다려서 재기해도 괜찮다.

대개 공부를 하는 법으로 혼침이 오거나 산란심이 들거나 혹은 들뜸(도거)이 오거나 마음을 교란시켜서는 안 된다. 만약 혼침 들뜸 산란심이 두려우면 얼마든지 기분전환을 하고 혼침 산란심 들뜸과 바로 맞서서 이리저리 싸우다가 스스로 망치는 것은 거리낌 없이 잠을 자는 것만 못하다. 자고 일어나 정신이 더욱 왕성해진 후「아미타불」위대한 명호를 염하면 십분 활발하고 생기가 흘러넘쳐, 지금 눈 온 뒤 맑아 한 소리 한 빛깔에 바로 심식처心識處가 끊어지나니, 말할 수 없을 정도로 미묘하다. 하지만 그렇다고 해서 잠을 탐해서는 안 된다. 모름지기 공부를 하여 극처에 이르러 만약 쉬지 않으면 음마(陰魔; 생각나지 않은 마음)가 생기거나 병고病苦가 생기는데, 모두 크게 집착하여 조섭하지 않은 허물이다. 일을 주관하는 자는 모름지기 이를 세밀히 생각해야 한다!

「금강지염불金剛持念佛」

만약 고성으로 염불하면 힘을 소비함을 느끼고, 묵념 또한 혼침에 빠지기 쉬워서 그 중도를 취해 염불이 계속 이어지고 빽빽이 들어차며, 소리는 입술과 치아 사이에 있게 된다. 수행자는 넉자 이든 육자이든 부처님 명호를 한편으로는 염하고 한편으로 들으면서 글자마다 분명히 들을 수 있어 모름지기 구구마다 입에서 나와 귀로 들어가며 소리소리 자심을 일깨운다. 비유컨대 한 사람이 숙면에 들어 다른 사람이 자신의 이름을 부르는 소리를 들으면 깨어날 수 있는 것과 같다.

개인의 수행 경계에 따라 다르므로 금강지는 너무나 많은 등급(層次)이 있다. (1)입술도 움직이고 치아도 움직이며, 혀도 움직여서 목구멍으로 작은 소리가 나서 귀로 들을 수 있다. (2) 입술은 움직이나 치아는 움직이지 않고, 혀는 움직여서 목구멍으로 작은 소리가 나서 귀로 들을 수 있다. (3) 입술을 조금 벌린 채 움직이지 않고 치아는 움직이지 않고 혀는 움직여서 목구멍으로 작은 소리가 나서 귀로 들을 수 있다. 수행자가 (3)의 경계에 도달할 때 천천히 혀가 들어가 움직이지 않으면 이때 정기氣가 구족됨으로 인해 색신에게 모든 인체기관이 모두 움직일 수 없도록 강제할 때 마음으로 염하고 귀로 듣는 경계에 들어가고 (4), 다시 계속하여 힘써 마음으로 염하고 마음으로 듣는 경계에 들어가며(5), 다시 계속하여 힘써 당연히 마지막으로 마음으로 염하나 일어날 수 없는 단계에 들어가고, 다만 한번 깨달아 앎에 머무를 뿐이다(6). 만약 수행자가 계속 참선(염불)한다면 확실히 깊은 선정 가운데 들어가 즉 색신이 존재하는 감각과 지각을 잃어버린다(7).

「수식염불隨息念佛」

자신의 호흡을 따라 염불하는 방법으로 한번 내쉬고 한번 마시면서 아미타불 부처님 명호 한마디를 염하고 침묵하며 하나를 헤아린다. 이렇게 연속해서 십까지 헤아리고 다시 수를 헤아려 한 바퀴 돌고 다시 시작하여 계속해서 염한다. 당나라 비석飛錫 법사는《염불삼매보왕론念佛三昧寶王論》에서 말씀하시길, "세상 사람들은 대부분 보석 수정 금강 보리수 열매 등 갖가지 것으로 염주를 삼지만 나는 들숨과 날숨으로 염주를 삼아 부처님 명호를 칭념할 때 호흡에 따라 염한다. 이렇게 하여 크게 믿고 의지하는 것이 있는데, 어찌 한 숨이 오지 않아 곧 죽어서 다음 세상에 속함을 두려워하겠는가! 나는 걸어가거나 머무르거나 앉거나 눕거나 언제든지 이 염주(들숨날숨)를 사용하고, 설사 혼침에 빠져 잠을 잘지라도 부처님 명호를 머금고 잠들었다 깬 후에는 계속 염불할 것이다. 이러하면 반드시 꿈속에서도 아미타부처님을 친견하리라."

「정청염불靜聽念佛」

이는 곧 입으로 염불하고 귀로 듣거나 마음으로 염불하고 마음으로 듣는 것을 말한다.

[제66칙] **마음을 잘 쓰지 않으면 마의 경계에 빠질 수 있다**

염불하면서 눈을 감으면 혼침昏沈에 들기 쉽고, 마음을 잘 쓰지 않으면 마의 경계에 빠질 수 있다. 만약 눈꺼풀을 내려서 곧 불상의 부처님 눈처럼 살짝 감은 듯한 모습이면 마음이 곧 떠다니지 않고 차분히 가라앉아 흥분되지 않는다.

念佛閉目，易入昏沈；若不善用心，或有魔境。但眼皮垂簾，即所謂如佛像之目然則心便沈潛不浮動，亦不生頭火。

그대가 염불할 때 머리 위로 만약 어루만지거나 억누르는 등 느낌이 생긴다면, 이는 부처님 명호를 계념繫念할 때 심상心想이 위로 향하여 심장의 화기가 위로 올라가 불타오르는 듯한(心火上炎) 상태이다. 눈꺼풀을 내려서 심상이 아래로 내려가면 심장의 화기가 위로 올라가지 아니하며 이 병이 사라질 것이다.

汝念佛，頭上若有物摩撫及牽制等，此繫念佛時心朝上想，致心火上炎之相。若眼皮垂簾，及心向下想，則心火不上炎，此病即消滅矣。

절대로 이것으로 염불공부를 잘 한다고 여기지 말고, 또한 그것을 마의 경계라고 두려워하지 말라. 단지 지성심으로 마음을 거두어들여 염할 뿐이다. 그리고 자신이 연꽃 위에 앉아 있거나 서 있다고 관상하거나 일심으로 앉아 있거나 서 있는 연꽃을 생각하면 저절로 이 병이 문득 나을 것이다.

切不可認此為工夫，又不可怕此為魔境，但至誠攝心而念。並想自身在蓮花上坐或立，一心想於所坐立之蓮花，則自可頓愈矣。

[역주] 염불할 때, 특히 정좌靜坐하며 염불할 때 마음의 눈(心目)을 어떤 곳에 늘 머물면서 혹 안으로 보거나 혹 바깥으로 보거나 혹 산란하게 보거나 혹 전념하거나 의념意念으로

점을 관하고 수를 헤아리는 사람은 모두 마음의 눈을 아래에 치우쳐 향하거나 지상에 두어야 하며, 가슴 명치부분을 넘지 않는 것이 좋다. 그렇지 않고 오래도록 지속하면 혹 심장에 화기를 생하니, 인광대사께서 위에서 법문하신 것과 같다. 그밖에 달리 비록 염불법문은 마장이 쉽게 발생하지 않을지라도 단지 기타 법문에 상대하여 말하였을 뿐이다.

쉽게 발생하지 않는다고 해서 결코 발생하지 않는다는 말이 아니다. 인광대사께서는 "마음을 잘 쓰지 않으면 마의 경계에 빠질 수 있다"고 매우 또렷하게 법문하셨다. 마음을 잘 쓰지 않음이란 매우 많은 층면을 포괄하는데 가장 잘 보이는 것은 교리가 편파적이고 발심이 바르지 않으며 조급하게 서둘러 수행하여 부처님을 친견하는 등 감응을 구하려 함이 이에 속한다.

인광대사의 《문초》에서는 염불에 대해 마魔가 붙는다는 법문이 매우 많다. 이 많은 것은 몇몇 염불인에게 의혹을 낳게 할 것이다. 불경에서는 누차 법문하는 것이 아니다. 염불인은 25대보살께서 몸을 따라 보우함을 얻고 시방제불의 가지加持를 얻는다. 《지장경》에서도 학불인은 여러 대귀왕大鬼王이 호지護持함을 얻고, 게다가 계율 한 조목을 지녀도 오위호계신五位護戒神이 수호함을 얻는다…… 명시하고 있다. 이렇게 수승한데, 염불인은 어떻게 마魔가 붙을 수 있단 말인가? 만약 정말 이 질문에 정통할 수 있는 사람이야 말로 이미 불문에 들어왔다 말할 수 있다. 다른 사람은 모두 문외한이다. 비록 학불學佛을 말할지라도 오히려 미신의 요소가 많은 부분을 차지한다.

(정종의 염불법문은 현묘하여 이수理修와 사수事修로 나뉜다. 어리석인 촌부들은 비록 깊고 깊은 불법의 이치를 이해하지 못하지만, 착실하게 사수事修하기만 하면 설령 마음 바깥에 법을 취하고 마음 바깥에 부처가 있을지라도 만약 믿음과 발원이 확고하면 우연히 보리에 일치하여 왕생할 수 있다. 이 점에 반드시 주의하여야 한다. 그래서 이로 인해 의심하고 조심함으로써 왕생을 막아서는 안 된다.)

[제67칙] 염불할 때 슬프거나 기쁘거나 모두 주의하여야 하고, 비마悲魔와 희마喜魔가 붙지 않도록 대비하여야 한다

학불學佛하는 사람은 평상시 행동거지 하나하나 빠짐없이 주의해야 한다. 염불에 관해서는 반드시 지성심을 다해야 한다. 혹 어느 때 마음속에 비통한 감정이 일어나더라도 이는 선근이 나타나는 좋은 상이지만, 절대로 항상 이와 같아서는 안 된다. 그렇지 않으면 비통해 하는 마(悲魔)가 붙어 아무런 이유도 없이 자꾸만 눈물이 나오고, 세상이 슬프게만 보이고 사는 낙樂이 없어질 것이다. 무릇 기분이 좋을 때에도 지나치게 기뻐해서는 안 된다. 그렇지 않으면 환희하는 마(喜魔)가 붙어 세상이 너무나 신기하게 보이고 아무런 이유도 없이 마음이 즐겁고 유쾌하여 날아갈 듯할 것이다.

學佛之人，一舉一動，皆須留心。至於念佛，必須志誠。或有時心中悲痛起來，此也是善根發現之相，切不可令其常常如是，否則必著悲魔。凡有適意時，不可過於歡喜，否則必著歡喜魔。

염불할 때 눈꺼풀을 모름지기 내려서 지나치게 정신을 고조시키지 말아야 한다. 심장의 화기가 위로 향하여 불타오르는 듯한 상태를 초래하거나 혹은 머리 정수리에 가렵거나 아픔을 느끼는 등 병증이 생기지 않도록 반드시 알맞게 조정하여야 한다. 큰 소리로 염불함에 지나치게 힘쓰지 말아 병에 걸리는 일을 대비하여야 한다. 염주알을 굴리면서 염불하면 게으름은 막아줄 수 있지만, 가만히 앉아 있을 때는 절대 염주알을 굴려서는 안 된다. 염주알을 굴리면 손가락을 움직여 마음이 안정될 수 없고, 시간이 오래되면 반드시 병에 걸린다.

念佛時，眼皮須垂下，不可提神過甚，以致心火上炎，或有頭頂發癢、發痛等毛病。必須調停適中。大聲念，不可過於致力，以防受病。掐[音恰]珠念，能防懈怠。靜坐時，切不可掐；掐則指動而心不能定，久必受病。

[역주] 비록 일심으로 염불하는 사람은 마魔가 붙기 쉽지 않을지라도 여전히 인연을 갖추고 있는 자에게《능엄경》'오십음마五十陰魔' 부분을 좀 읽어보길 건의한다. 특히《능엄경》에서 마의 경계를 대치하는 방법을 깊이 마음에 새기길 바란다. "거룩한 마음이라 여기지 않으면 선한 경계라고 이름하지만, 만일 거룩한 과를 증득하였다는 견해를 지으면 곧장 여러 삿된 무리를 만나 마의 유혹을 받느니라(不作聖心，名善境界；若作聖解，即受群邪)!" 여러 음마陰魔 중에 비마悲魔와 희마喜魔 두 가지를 어떻게 그치겠는가?

(「거룩한 마음이라 여기지 않는다.」 그래서 마魔의 수레에 올라 탄 사람이 반드시 그 두려워함과 기뻐함을 엿볼 것이다. 지금 「거룩한 과를 증득한 것이 아니다」 말한다. 그래서 그 망녕되이 기뻐함을 끊는다. 또한 「선한 경계라 이름한다」 말한다. 그래서 그 망녕되이 두려워함을 끊는다. 수행자는 응당 이 중요한 이치를 알아야 한다. 「만약 거룩한 과를 증득하였다고 여기면」, 「곧 삿된 무리를 만나 마의 유혹을 당한다」. _담허대사,《능엄경강기》

[제68칙] **크게 염하면 큰 부처님을 친견하고, 작게 염하면 작은 부처님을 친견하는가?**

《대집경大集經》에 이르시길, "크게 염불하면 큰 부처님을 친견하고, 작게 염불하면 작은 부처님을 친견한다." 고덕께서는 해석하여 말씀하시길, "큰 소리로 염불하면 친견하는 부처님의 색신(佛身)은 크고, 작은 소리로 염불하면 친견하는 부처님의 색신은 작다." 하셨고, 또한 "큰마음으로 염불하면 친견하는 부처님의 색신은 크다. 대보리심으로 염불하면 부처님의 수승하고 미묘한 응신應身이나 보신報身을 친견할 수 있다"고 말할 수 있다.

大念見大佛，小念見小佛。古德釋云：大聲念，則所見之佛身大；小聲念，則所見之佛身小。亦可云：大心念，則所見之佛身大。以大菩提心念佛，則便可見佛勝妙應身或報身耳。

[주해] 부처님의 몸은 세 가지가 있으니 법신法身 · 보신報身 · 변화신應化身이다. 법신은 또한 자성신 혹은 법성신이라 한다. 곧 상주불멸하여 사람마다 본래 갖추고 있는 진성眞性이다. 우리 중생은 미혹하여 드러나지 않지만 부처님께서는 깨달아 증득하셨음에 지나지 않는다. 보신報身은 부처님의 지혜공덕으로 성취하는 것으로서 자수용보신自受用報身과 타수용보신의 분별이 있다. 자수용보신은 부처님께서 법락을 자신이 수용하여 내증한 몸이고, 타수용보신은 부처님께서 십지 등 보살에게 설법하기 위해 변하여 나타난 몸이다. 응화신은 또한 응신應身 혹은 변화신이라 하니 즉 중생의 기연에 응해 변하여 나타나는 불신이다.

[역주]《대집일장분경》에 이르시길, "크게 염불하면 큰 부처님을 친견하고, 작게 염불하면 작은 부처님을 친견하느니라(大念見大佛 小念見小佛)." 하셨다.《정토군의론淨土群疑論》권7에 이르길, "소리가 끊어지지 않게 하면 부처님과 성중이 명백히 늘 눈앞에 있음을 보리라." 또 이르길, "대념大念이란 큰 소리로 부처님 명호를 부름이고, 소념小念이란 작은 소리로 부처님 명호를 부름을 뜻한다."

만약 정말 큰 소리로 염불하면 큰 색신의 부처님을 친견하고 작은 소리로 염불하면 작은 색신의 부처님을 만나면 묻건대, 소리내지 않고「나무아미타불」명호를 염하면 어떤 색신을 보게 되는가? 그래 부처님의 색신을 친견하지 못한단 말인가?

답하되, 원문에서 "대념大念"은 "큰 소리로 염불하는 것"이 아님이 마땅하다. 대심념大心念이란 무상보리심이 가장 광대한 것으로 여겨 발심이 하열한 자와 비교하면 함께 한마디 부처님 명호를 염하지만 그 공덕은 하늘땅만큼의 차이라 말할 수 있다. 염불인은 모두 이 광대한 보리의 마음을 발하여야 한다. 그러나 발심하여 각자의 실제 증득에 비추어 동등하지 않은 것이 있게 된다.

육즉불六即佛의 이치 및《관경》십육관에 의거해 계위와 어떤 부처님의 몸을 친견할 수 있는지 분별하면, 명자위名字位와 관행위觀行位로 발심하여 관하면 화신불을 친견할 수 있고, 분증위分證位로 발심하여 관하면 보신 및 법신불을 친견할 수 있다. 원교圓教 이하 어떤 불요의교不了義教에서는 무형무상의 법신에 치우쳐 집착한다. 원교의 일심삼관一心三觀 등으로 이관理觀하면 존특신尊特身을 친견한다. "대보리심으로써 염불하면 곧 (법계에 두루 한) 수승하고 미묘한 응신 부처님이나 보신 부처님을 친견할 수 있다(以大菩提心念佛，則便可見佛勝妙應身或報身耳)." 이 문구에 대해서는 그 증득하여 갖춘 계위에 의거해 분별하여 논한다. 그렇지 않으면 명자위 및 관행위의 염불인이 대보리심을 발하여 염불하면 보신불을 친견하지 못한다. 왜냐하면 보신불은 육안으로 친견할 수 있는 것이 아니라 분별사식分別事識을 깨뜨려야 하기 때문이다.

[보충] 《대집월장경》 권7에 이르시길, "정념正念으로 가부좌를 틀고 앉거나, 혹은 걸으면서 부처님의 신상을 염하여 마음을 산란하게 하지 않고, 또 다른 인연으로 다른 일을 생각하지 않고, 혹 하루 밤낮이나 혹 이레 밤낮에 다른 업을 짓지 않고 자심自心으로 염불하여 내지 부처님을 친견하는 경우 「작게 염불하면 작은 색신을 친견하고, 크게 염불하면 큰 색신을 친견하며, 내지 무량하게 염하면 무량무변한 부처님의 색신을 친견할 수 있느니라.(小念見小大念見大 乃至無量念者 見佛色身無量無邊)」 저 부처님의 색신 32상 하나하나의 상을 또한 염하고 또한 관함에 모두 명료하고, 친견한 상에 따라 푸른 광명을 보리라. 순수하게 저 광명 상에 전념하여 망상을 매달아 마음이 산란함이 없게 할지라."

《대집경》에서 이 단락의 경문은 분명히 「관상염불觀相念佛」을 말하고 있지, 「지명염불持名念佛」을 말하지 않는다. 이미 관상염불을 하면 이미 "부처님의 색신상을 염함"은 큰소리로 염불하고, 작은 소리로 염불하는 문제와 관련되지 않는다. 이미 그러하면 또한 "큰 소리로 염하면 친견하는 부처님의 색신도 크고, 작은 소리로 염하면 친견하는 부처님의 색신도 작다"는 문제는 사실이 아니어서 말할 나위가 못된다.

관상염불은 부처님의 색신을 관상함을 빌려서 망상을 끊고 환진幻塵에서 벗어나는 것이다. 망상이 끊어질 때, 근진根塵을 벗어날 때 이 당하에 자심自心 · 실상實相을 친견할 수 있다. 지명염불은 부처님의 명호를 집지함을 빌려서 망상을 끊고 환진에서 벗어나는 것이다. 망상이 끊어질 때, 근진을 벗어날 때, 이 당하에 자심 · 실상을 친견할 수 있다.

지명염불이든 관상염불이든 단지 망상을 끊고 환진을 벗어나는 방편법문일 뿐이다. 경험자의 지도하에 지명염불을 빌리거나 관상염불을 빌려서 모두 연꽃이 펴서 부처님을 친견(花開見佛)할 수 있다. 그러나 화개花開는 물의 연꽃이 피는 것이 아니라 우리의 마음 꽃이 피는 것이고, 우리의 지혜 꽃이 피는 것이다. 친견한 부처님도 크거나 작거나 대상화한 것이 아니라 형상이 없고 만상을 두루 머금는 자성미타自性彌陀이다. 화개견불花開見佛은 마음 꽃이 피어서 자성불을 보는 것이다. 자성은 상이 없거늘 어찌 크고 작음이 있겠는가?

《대집경》에서 말하는 「염불念佛」에서 이 「염念」도 입으로 소리내는 「염」이 아니라 「자성으로 회귀하는」 「염」이다. 만약 《대집경》에서 「염불」의 「염」이 입으로 소리 내는 「염」이라면 명호를 집지하여 그것을 부르게 되고, 마음 바깥에 법을 구하게 된다. 이렇게 염하면 목청이 터지게 고함을 질러도 또한 소용이 없다.

염불은 그것을 부르는 것이 아니고 자심自心을 일깨우는 것이다. 염念은 곧 회귀이다. 불佛은 곧 자기의 성품(自性)이다. 연지蓮池대사께서는 이르시길, "마디마디 마다 입에서 나와 귀로 들어가고 소리소리 마다 자심自心을 일깨운다" 하셨다. 또한 이르시길, "종일토록 부처님을 염하고 종일토록 자심을 염한다." 하셨다. "부처님을 염함(念佛)은 그대로 자심을 염함(念心)이다" 하셨다. 또한 이르시길, "「아미타불」 전체 그대로 항상 자기의 성품으로 들어간다."

지명염불은 곧 부처님의 명호를 염함을 빌려서 봄을 돌이켜 보는 성품을 봄(反見見自性)이다. 이와 같이 염하고 이와 같이 듣는 것을 「염불」이라 한다. 연지대사께서 또 이르시길, "부처는 곧 자기이니 자심自心으로 자기를 염하거늘, 어찌 바깥에서 구할 수 있겠는가!" 어찌 바깥에서 구할 수 있겠는가!. 바깥에서 구하지 말라. 이는 염불인에 대한 명확한 경고이다. 정토종 조사께서 말씀하신 것을 어떻게 믿지 않을 수 있겠는가?

만약 염불을 하며 바깥을 향해 그것을 부른다면 설사 염할지라도 빛과 그림자가 교차하여 부처님께서 눈앞에 있어도 저 부처님이 현전하는 것이 아니라 환각이 현전한다. 《능엄경》에 이르시길, "좋아하고 싫어하는 생각이 엉기되 날로 깊어져서 그 생각이 오래되어 변화로 이룬 현상이다. 성인이 된 증거는 아니니, 성인이 되었다는 마음을 내지 아니하면 좋은 경계라고 말할 수 있으나, 만약 성인이 되었다는 견해를 일으키면 곧 여러 가지 사마邪魔를 받게 된다."

그렇다면 여하히 염불할 것인가? 《능엄경》에서 우리에게 가르쳐 주신다. "그대의 전도되어 듣는 기관을 돌릴지어다. 돌이켜 듣는 자성을 들으면 청정자성이 무상도를 이루리니, 원통이란 실로 이러하다(旋汝倒聞機，反聞聞自性，性成無上道，圓通實如是)." _소수화蘇樹華 거사

[제69칙] **염불감응의 원리를 종을 치는 것에 비유하다**

염불하여 감응하는 이치는 종을 치는 것에 비유할 수 있다. "큰 것으로 두드리면 크게 울리고, 작은 것으로 두드리면 작게 울린다" 하였다. 세상에는 언제나 작은 느낌에도 크게 응하는 경우가 있게 마련인데, 이는 그가 이전 세상에서 수지한 공덕으로 말미암은 것이다.

感應之道，如撞鐘然；叩之大者則大鳴，叩之小者則小鳴。世每有小感而大應者，乃宿生修持之功德所致也。

[보충] **염불왕생의 원리: 「물이 맑아야 달이 나타난다(水清月現)」**(제27칙 참조)

마음이 맑아야 달이 나타나니, 왜 집착하여 논하는가? 모름지기 알지니, 범부에게는 범부의 청현清現이 있고, 성문에게는 성문의 청현이 있으며, 보살에게는 보살의 청현이 있다. 오직 성불하여야 구경의 청현이다. 만약 여법하게 말하면 그 나머지 일체는 모두 청현이 아니고, 오직 부처님이라야 청현이다. 자신이 완전히 정안正眼이 열리지 않은 줄 모르는 까닭에 이러한 맹목적인 논의가 있다.

무엇 때문에 이러한가? 범부의 청현清現은 관행觀行의 청현이고, 성문이 견사혹見思惑을 끊으면 상사相似의 청현이다. 보살은 초신위信位에서 7신위까지 내범위內凡位에서는 또한 성문과 같다. 8, 9, 10신위에서 진사혹塵沙惑을 깨뜨리고 법공法空을 증득하거늘, 어찌

법공을 깨뜨렸다 말할 수 있겠는가? 초주이면 곧 무명을 깨뜨리고 법신을 증득하니, 이것이 분증위分證位의 초위이다. 십주十住 · 십행十行 · 십회향十迴向 · 등각等覺 41위는 분증의 청현이다. 오직 부처님이라야 구경의 청현이다.

즉 분증위에는 여전히 무량무변의 얕고 깊은 다름이 있다. 비유컨대 외국인이 중국 세상에 오면 곧 이미 중국에 왔다고 말할 수 있지만, 여기서 수 천리나 되는 여정을 지나야 중국의 수도에 이를 수 있는 것과 같다. 그대 마음속에 이미 도착했다고 말함은 즉 이른바 남은 여정이 없다는 말이다. 아직 득도하지 않은 한 청현을 말함은 곧 잘못이다. 게다가 불력에 의지해 업을 진 채 왕생하는 일에 어긋난다.

[역주] 감응하는지 여부는 마음에 있고, 인연에 있으며, 지성심에 달려 있다. 《관세음보살보문품》에 이르시길, "보문시현普門示現하시는 신통력을 듣는다면 마땅히 이 사람의 공덕이 적지 않은 줄 알겠나이다." 하셨다. 감응할 수 있는지 최상의 관건은 수행인이 충분한 공덕을 가지고 와서 닦을 수 있는가에 달려있다. 깊이 파고들어 드러내면 여전히 공덕을 갈고리에 걸어야 한다.

진실한 공덕을 여의고, 입에 발린 말로 진성심眞誠心으로 자신이 광대한 마음을 발하였다고 여기면 염불 · 배불하여도 감응하기 어렵다. 왜 그러한가? 진실한 공덕만이 자성의 보배창고를 여는 열쇠이다. 갖가지 감응과 갖가지 구함은 모두 공덕에 의거해서 자성의 묘용을 발동하여야지, 복덕을 쌓는 것으로는 안 된다. 양무제가 몇 백 채 사찰을 세워 공양하였지만 달마조사께서는 공이 없다고 말씀하셨다. 학불하는 사람은 감응을 얻고 싶으면 모름지기 먼저 복덕과 공덕의 차별을 분명히 알아야 한다. 수행인이든, 신과 부처님에게 복을 비는 세속인이든 이는 모두 대단히 중요한 문제이다.

[제70칙] **복약시 약의 성질을 연구할 필요가 없듯이 염불시 교리에 정통할 필요는 없다**

염불을 수지하는 것은 병자가 약을 복용하는 것과 같다. 교리를 이해할 수 있는 것은 병의 근원, 약의 성질, 맥박의 상태를 전부 아는 것과 같다. 또한 약을 복용할 수 있어서 이른바 자신을 이롭게 하고 남을 이롭게 하니, 이보다 잘하는 일이 있겠는가! 이와 같을 수 없지만, 다만 기꺼이 불타 의왕께서 당신을 대신하여 조제하신 만병통치의 아가타약을 복용한다면 또한 병을 낫게 할 수 있다. 이 약으로써 모든 사람들이 복용하게 하여 병을 낫게 할 수 있다. 병만 낫게 할 뿐이지, 병의 근원, 약의 성질, 맥박의 상태를 알지 못한다고 굳이 유감스러워할 필요는 없다.

念佛修持，如服藥然。能明教理，如備知病源、藥性、脈理；再能服藥，所謂自利利他，善莫大焉。若不能如是，但肯服先代所制之阿伽陀藥，亦可愈病。亦可以此藥，令一切人服以愈病。只取愈病，固不必以未知病源、藥性、脈理為憾也。

[역주] 이는 인광대사께서는 정종법문에 대해 말한 것으로, 다른 종은 불법의 일반 강령인 통도通途법문이라 부른다. 왕왕 교리를 먼저 밝혀야 수지에 진일보할 수 있다. 정종의 경우는 수행은 사수(事修; 법문의 실제 조작으로 전일하게 닦아야 한다)와 이수(理修; 이관理觀, 진리의 관찰로 광범위하게 닦아야 한다)로 나뉘고 상중하 근성의 사람이 모두 수지할 수 있다. 근성이 예리한 사람은 교리에 깊이 들어가 사수도 닦고 이수도 닦을 수 있다. 중하 근성의 사람은 교리에 깊이 들어갈 수 없으면 이수를 닦을 수 없다.

그러나 정종 염불법문의 현묘함은 비록 사수를 닦을지라도 여전히 미묘한 도에 은밀히 맞고 무생無生에 교묘히 들어감에 있다. 공부를 깊이 두텁게 하면 곧 사수로 말미암아 이수에 도달할 수 있다. 불문의 몇몇 공안에서는 (진정한 가르침도, 수행자도 없는 말법시대의 승려를 죄와 복을 배척하며 육신과 입으로 물 끓듯이 해서 애욕과 증오를 번갈아 일으켜서 혀가 있으나 가르침을 펴지 못하는) 벙어리 양 같은 승려(啞羊僧)라고 기록하고 있다.

이마를 땅에 조아리고 절하며 염불하면서 정진·수지할 뿐 나중에 마침내 경전을 강설하고 설법할 수 있는 이런 부류의 사람들은 모두 진실하다. 염불왕생은 대체로 구품으로 나눌 수 있다. 이수理修는 상품왕생을 돕고 어리석은 촌부는 사수事修를 닦을 수만 있어 왕생의 품위는 높지 않다. 그러나 왕생할 수 있기만 하면 곧 생사를 요탈하여 삼계를 횡으로 벗어날 수 있다. 극락세계에 들어가기면 하면 반드시 일생에 성불한다.

인광대사께서 위에 법문하신 것은 주로 중등 근성의 사람에 대해 말씀하신 것으로 하등 근성의 염불은 그렇게 노실하게 염불할 수 없다. 약을 복용하는 것과 마찬가지로 먼저 자력에 의지해 "병의 근원, 약의 성질, 맥박의 상태"를 똑똑히 밝히고 그런 후에 안심하고 약을 복용할 수 있는 것과 같다.

[제71칙] **어떻게 선택하든 자신의 정신과 기력을 헤아려라**

어떻게 자신에 맞는 염불법을 정착시킬까? 고인께서 법을 세움은 약국에서 매우 많은 약품을 준비한 것과 같다 하셨다. 어떻게 선택하든 자신의 정신 및 기력과 과거의 선근 등을 헤아려서 큰 소리로 염하거나 작은 소리로 염하거나 금강념으로 하거나 묵념으로 하거나 무엇이든 다 할 수 있다. 혼침이 생기면 큰 소리로 염해 혼침을 물리쳐도 괜찮고, 산란의 경우도 마찬가지이다. 항상 큰 소리로 염불하면 반드시 질병을 유발하므로 보통사람은 말할 것도 없이 건강한 사람일지라도 항상 이렇게 염하면 안 된다.

念佛之法，何可執定？古人立法，如藥肆中俱備藥品。吾人用法，須稱量自己之精神氣力，宿昔善根，或大、或小，或金剛、或默，俱無不可。昏沈則不妨大聲以退昏，散亂亦然。若常大聲，必致受病。勿道普通人，不可常如此，即極強健人，亦不可常如此。

[보충] 인광대사 염불법

1. 만약 심기가 적당하지 않거나 사람과 장소에 의심이 생기면 높은 소리이든 낮은 소리이든 모두 불편하게 느껴지면 단지 입과 입술만 움직여 금강지법으로 씀에 많고 적고 구애받지 않고 늘 한 글자 한 글자 마음속에서 나와야 한다. 모름지기 알지니, 육근을 모두 거두어 들음(聽)을 중시하여야 한다. 마음속으로 묵념하여도 들어야 한다. 마음속에 염을 일으키면 곧 소리의 상이 있으니, 자신의 귀로 자신의 마음속 소리를 들음에 여전히 명료하여야 한다.

2. 《능엄경대세지원통장》 말후에 이르시길, "부처님께서 저에게 원통의 방법을 물으시니, 저는 달리 선택하지 않고, 오로지 육근을 모두 거두어 들여 정념을 이어가서 삼마지를 얻는 것을 제일로 삼겠나이다" 하셨다. 달리 선택하지 않는다(無選擇) 함은 두루 육근 · 육진 · 식대識大를 사용하여 염불한다는 뜻이다. 염불은 불력에 의지해 생사를 요탈하고, 참선은 자력에 의지해 생사를 요탈하니, 깨달을 수 있는 자가 오히려 많이 보이지 않거늘 하물며 장교藏教의 사과四果 및 원교의 칠신七信을 증득함이랴. (사과四果 칠신七信이라야 생사를 요탈한다) 도섭육근都攝六根하여 (수행의 인지에) 입수入手함은 들음(聽)에 있다. 큰 소리로 염하든 작은 소리로 염하든 입을 열지 않고 마음속으로 묵념하든 상관없이 모두 모름지기 한 글자 한 글자, 한 마디 한 마디 또렷하게 들어야 한다. 이것이 염불의 비결이다. 신원행 세 가지 법이 정토의 강요이고, 도섭육근이 염불의 비결이니, 이 둘을 아는 자는 더 이상 다른 사람에게 물을 필요가 없다!

정공법사 염불법문

1. 일반적으로 우리가 스스로 닦음에 금강지金剛持로 염불함이 가장 좋고 조금이라도 입술과 치아 사이에 소리가 있어도 그리 큰 것이 아니다. 이렇게 염하면 이미 소리 또는 양기養氣가 있어 금강지라 한다. 묵념도 (마음속으로) 들을 수 있지만 듣기에 피곤하다. 산란한 번뇌를 만난다면 큰 소리도 괜찮다. 소리를 씀에 생각을 거두어 머문다. 매우 청정할 때 금강지나 조금 더 작은 소리도 괜찮다. 귀로 소리를 들으면 생각을 거둘 수 있음이 염불법문의 특별하고 수승한 점이다. 장가대사章嘉大師처럼 금강지로 염불하거나 황념조 거사처럼 추정追頂(조금도 틈을 주지 않고 연속으로 염하는 것)으로 염불한다.

2. **질문:** 저는 불법을 처음 배우는 사람입니다. 정공법사님께서 우리들을 지도하여 주시는 은혜에 매우 감사드립니다. 그런데 제가 청경聽經하든지 노법사님께서 강경講經하실 때 너무 쉽게 졸음이 오고 염불하여도 마음이 청정해지지 않습니다. 어떻게 닦아야 청정한 마음을 얻을 수 있는지 묻고 싶습니다. 또 하나 호흡염불呼吸念佛法과 지명염불법持名念佛法 중 어떤 것이 더 저와 같은 처음 수학하는 사람에게 더 쉽게 계입契入할 수 있는지? 호흡염불법은 소리를 내어 염하는지, 아니면 묵음默音을 해야 되는 것인지? 좀 묻고 싶습니다.

답변: 졸음의 문제는 확실히 처음 배우는 사람에게 일반적인 현상입니다. 처음 배우는 사람뿐만 아니라 심지어 오래 수행한 사람에게도 이와 같은 현상이 있습니다. 그의 정신적 의지는 구제할 수 없습니다. 들어도, 들어도 정신이 게으르면 졸음이 옵니다. 염불할 때 특히 지정(止靜;

그침과 고요함)에 들 때, 불칠佛七법회를 여는 중에 한번 지정에 드는 것을 볼 수 있습니다. 다들 자리에 앉고 몇 분 지나지 않아 코고는 소리를 들을 수 있는데, 이는 정신을 차리지 못하였기 때문입니다. 어떻게 대치할까요? 『삼십칠조도품三十七道品』의 「칠각지七覺支」에서 택법각지(擇法覺支; 지혜에 의해 능히 진법眞法을 선택하며 虛僞法을 버림을 뜻함)를 설하는데, 우리들의 마음이 혼침昏沈에 빠질 때 정진을 하라고 이야기합니다. 비유하자면 예불을 시작할 때 100배 200배 이상 절하면 정신이 차려집니다. 어떤 사람은 경행經行하며 염불합니다. 앉아서 염불할 때 졸음이 오면 경행을 하면 됩니다.

청경聽經하기 위해 앉을 때 졸음이 올수 있는데, 이때는 일어나 잠시 거닐었다가 세수를 하고, 손발을 뻗어 자기 혈액을 돌려서 정신을 차리고 계속해서 듣는 것이 좋습니다. 이렇게 조절하여 자기의 몸과 마음을 조절하고 생각과 주의력을 집중시킵니다. 그밖에 진정으로 생사를 마치겠다고 서원을 하시고, 항상 이번 일생에 성취하지 못하면 무량겁 가운데 다시 한번 제도할 기회를 찾는 것이 매우 어렵다고 생각하십시오. 이와 같은 위기감과 절박한 마음으로 도를 구해야 정신을 차릴 수 있습니다. 여러 고승 대덕의 경론經論, 격언, 특히 고승대덕께서 정진하신 모습, 그들의 전기를 읽어보면서 자기 자신이 무엇을 지향하고 있는지 좀 읽어보고 격려하시면 정신을 차릴 수 있습니다.

호흡염불법呼吸念佛法과 지명염불持名念佛法에 관해서 이 두 가지는 실제로 전혀 모순이 아닙니다. 호흡염불이 지명持名이고, 지명이 바로 한마디 부처님 명호입니다. 염하는 방법은 당연히 매 개인마다 다를 수 있습니다. 이것은 자기 자신의 근성根性, 자기 자신의 취향(喜好), 자기 자신의 선택에 근거합니다.

지명염불법을 예를 들어 말하자면 오로지 귀를 사용하여 자기 자신이 부처님 명호를 염하는 것을 듣고, 마음으로 들은 것을 거두어들이는 것이 한 가지 방법입니다. 주의력을 이근耳根 위에 집중하여 이근이 이러한 부처님 명호 소리를 거두어들이고, 자신이 한마디 부처님 명호를 염할 때마다 정신이 나갈 수 없도록 또렷하게 들어야 합니다. 정신이 나가 버리면 부처님 명호를 또렷하게 들을 수 없고 똑똑히 염하지 못합니다. 자신이 모두 또렷하게 듣지 못한다면 어떻게 「아미타불」을 또렷하게 들을 수 있겠습니까? 그래서 스스로 또렷하게 들어야만 비로소 아미타부처님과 감응感應이 있을 수 있습니다.

자신의 호흡을 거두어들이는 방법도 있습니다. 예를 들어 말하자면 호흡을 들이 마실 때 위로 한마디 「아미타불」을 염하거나 두 글자를 염하여서 들이 마실 때 「아미」를 염하고, 내쉴 때 「타불」을 염합니다. 이렇게 주의력을 기울여 호흡하여 거두고 머물러도(攝住) , 여전히 지명持名입니다. 이 두 가지 방법은 모두 괜찮습니다. 마음을 써서 듣는 이 방법은 하련거 노거사님께서 제창하신 것으로 보입니다. 그분은 이 방법을 사용해 성취하셨습니다.

호흡염불법은 인광대사님께서 제창하신 것으로《문초文鈔》에서 체한諦閑 노법사에게 보낸 편지에서 볼 수 있습니다. 그는 체한 노법사에게 이 호흡염불을 닦으라고 권하셨습니다. 당신의 호흡에 따라 주의력을 호흡에 집중하면 마음을 거두어들이기가 쉽습니다. 이것은 모두 선교방편으로 당신의 마음을 가라앉히고 안정시키는 것을 돕고, 당신의 염불이 쉽게 한 덩어리(成片)를 이룹니다.

추정염불법追頂念佛法도 있습니다. 한 호흡에 「아미타불」「아미타불」「아미타불」, 세밀하고 빈틈없이 염불하여 망상이 삽입되어 들어오지 못하도록 하는 것이 한 가지 방법입니다. 그것은 무엇입니까? 만약 하루에 10만 번, 12만 번, 14만 번을 하루 기도일과로 정하였다면, 황념조 거사께서는 임종시 왕생하시기 전에 하루에 14만 번 부처님 명호를 염하셨는데, 호흡이 느리게 바뀌는 바람에 호흡염불법이 불가능하셨습니다. 당신이 한 호흡을 들이 쉬면서 아미를 염하고, 한 호흡을 내뱉을 때 타불을 염하면 속도가 느립니다.

거사께서 하신 염불은 추정념追頂念으로 「아미타불」「아미타불」「아미타불」, 한 마디 연속하여 한마디, 한 시간 동안 빠르게 염불하면 8천 번 내지 1만 번까지 염불할 수 있었습니다. 14만 번을 하려면 거의 20시간으로 하루 종일이나 다름없습니다. 대단한 정진으로 거의 잠을 자지 않아야 합니다.

그래서 개인마다 근성이 달라 자신에게 적합한 법문을 선택하여 자신이 선택합니다. 이들 법문을 당연히 자기에 맞게 조절해 사용할 수 있습니다. 저처럼 현재 평상시에 조절해 사용합니다. 저는 평상시 염불 일과가 있는데, 수량을 정하고 자신의 계수기를 사용합니다. 그때 저는 마음으로 자신이 염하는 것을 듣고 걸을 때는 「아미타불」「아미타불」「아미타불」「아미타불」「아미타불」「아미타불」「아미타불」「아미타불」「아미타불」「아미타불」 열 마디를 한 번에 누릅니다.

이 열 마디 리듬은 이병남李炳南 거사님께서 제창하신 것으로 334의 리듬을 사용합니다. 「아미타불」「아미타불」「아미타불」 한 토막, 「아미타불」「아미타불」「아미타불」 한 토막, 「아미타불」「아미타불」「아미타불」「아미타불」 또 한 토막 334 열 마디에 염주알을 굴리거나 한번 염불기를 누릅니다. 하루의 일과는 이렇게 완성하면 매우 쉽습니다.

평상시 걸을 때 어차피 생각할 필요가 없으므로 노실하게 염불합니다. 만약 평상시 집안일을 해서 염주를 누를 수 없을 때 호흡염불을 사용하여 주의력을 호흡에 집중합니다. 어차피 사람들은 모두 호흡을 하므로 호흡을 낭비하지 마십시오. 부처님 명호를 따라 오르락내리락 하면 이것은 시간을 낭비하지 않습니다. 정말로 호흡염불을 잘 기억하면 저녁에 잠잘 때에도 호흡이 있으면 부처님 명호도 중단되지 않고 호흡을 따라 오르락내리락 합니다. 그래서 관건은 스스로 이러한 용맹정진의 마음을 내는 것이 중요합니다. 어떻게 염불하느냐 하는 형식은 부차적인 것이고, 정말 지극한 성심을 내어야 합니다.

[제72칙] **비결이 하나 있어 적절하게 알려주겠네.**
성의와 공경을 다함이 묘하고 묘하며 묘한 비결이라

정토법문은 입으로 전하고 마음으로 가르치는 일은 결코 없고, 누구든 경교의 저술에서 스스로 행하여 깨달아도 이익을 얻지 못하는 경우는 없다. 당송 시절에는 아직 부처님의 심인을 전하는 법이 있었지만, 지금은 일종의 역대 원류일 뿐 그것을 법이라 부르면, 너무나 불쌍하다. 정토종에서는 이런 일은 없다. 산에 와서 나를 보는 것보다 집에서 책을 보는 편이 더 유익하다. 고인께서는 "만나는 것은 명호를 듣는 것만 못하다." 하셨다. 설사 나에게 올지라도 말할 수 있는 것은《문초》에 실린 말뿐, 달리 오묘한 비법이 있겠는가? 예전에 편지 말미에 이렇게 말한 적이 있다. "비결이 하나 있어 적절하게 알려주겠네. 성의와 공경을 다함이 묘하고 묘하며 묘한 비결이라." 신원행 삼자량을 정토의 강요로 삼고, 육근을 거두어들임을 염불의 비결로 삼아라. 이 둘을 아는 자는 더 이상 남에게 물을 필요가 없다.

淨土法門，絕無口傳心授之事，任人於經教著述中，自行領會，無不得者。當唐宋時，尚有傳佛心印之法，今則只一歷代源流而已；名之為法，亦太可憐。淨宗絕無此事。來山尚不如看書之有益。古人云：見面不如聞名。即來，與座下說者，仍是文鈔中話，豈另有特別奧妙之祕法乎？十餘年前，與吳璧華書，末云：有一祕訣，剴切相告，竭誠盡敬，妙妙妙妙。信願行三，為淨土綱要；都攝六根，為念佛祕訣。知此二者，更不須再問人矣。

[역주] 경전과 주문을 지송함에 지성심을 중히 여겨라. 설사 뜻을 모를지라도 정성과 공경을 다할 수 있으면 경건하게 정성스럽게 수지하라. 오래도록 지속하면 저절로 업이 사라지고 지혜가 밝아서 장애가 다하고 복덕이 높아진다.

지송할 때 거듭 분별을 생하지 말라. 거룩한 얼굴을 대하고 원음을 직접 듣는 것이나 다름없어 일념의 얻을 바가 조금도 없으면 그 이익은 거의 필설로 형용할 수 있는 것이 아니니, 이것이 지송의 비결이다.

예송禮誦 지념持念 등 갖가지 수지修持는 모두 정성과 공경을 위주로 삼아야 한다. 정성과 공경이 지극하면 경전에서 말씀하신 공덕은 비록 범부지에서 원만히 얻을 수 없을지라도 그 얻은 바 또한 이미 생각하기 어렵고 논의하기 어렵다. 정성과 공경이 없으면 연극을 공연하는 것이나 마찬가지이다. 그 괴로움과 즐거움, 슬픔과 탄식은 모두 거짓 꾸민 것에 속하여 마음대로 나오지 않는다. 설사 공덕이 있을지라도 또한 인천의 어리석은 복덕에 지나지 않을 뿐이다. 그리고 이러한 어리석은 복덕은 반드시 그것에 의지해 악업을 짓기에 그 장래의 괴로움이 어찌 끝날 날이 있겠는가!

염불법문은 지극히 간단하고 지극히 쉬우며, 지극히 넓고 지극히 큰 법문이다. 반드시 간절한 마음과 지성심이 절정에 이르러야 바야흐로 감응도교感應道交하여 이번 생에 실제 이익을 직접 얻을 수 있다. (인광대사께서 적멸을 보이신 날 저녁 진달 스승 등에게 말씀하여 이르시길, "정토법문은 특별한 것이 달리 없지만 간절한 마음과 지성심으로 수지하기만 하면 부처님께서 접인하심을 입어 업을 지닌 채 왕생하지 않음이 없다." 하셨다.《영사집永思集》참조) 게으르고 태만하며, 조금도 경외심이 없으면 비록 원인遠因을 심을지라도 무례하고 오만한 죄로 상상할 수 없는 일이 생긴다.

나는 늘 말한다. 불법의 진실한 이익을 얻고자 하면 모름지기 공경을 향하는 가운데 구하라.

일분의 공경심이 있으면 일분의 죄업이 사라지고 일분의 복덕 지혜가 늘어난다. 십분의 공경심이 있으면 십분의 죄업이 사라지고 십분의 복덕 지혜가 늘어난다. 공경심이 없어 무례하고 오만하면 죄업이 날로 늘어나고 복덕과 지혜는 날로 줄어든다.

정성을 다해 수지할 수 있는 사람은 "은밀히 부처님의 지혜와 통하고 미묘한 도에 맞아 범부의 경계를 단번에 뛰어넘어 바로 여래의 경계에 들어가서 단박에 수승한 이익을 획득할 수 있다."

[제73칙] **부처님 명호를 늘 염하면 여래의 만덕홍명이 은밀히 훈습하고 가피하여 죄업이 사라지고 지혜가 밝아서 장애가 다하고 복덕이 높아진다**

여래의 복덕과 지혜 공덕이 지닌 향과 자비심으로 섭수하는 광명은 시간상으로 삼제를 궁진하고, 공간상으로 시방세계에 두루하여 일체중생을 널리 훈습하고 비춘다. 그러나 번뇌에 속박된 범부는 절대 듣지도 보지도 못하니, 마치 눈병과 비염이 있는 사람이 정오에 전단향 숲을 지나지만 조금도 전단향 향기와 일광이 같은 줄 모르는 것과 같다. 만약 바른 믿음의 마음을 내고 부처님 명호를 항상 염하면 여래의 만덕홍명이 은밀히 훈습하고 가피하여 죄업이 사라지고 지혜가 밝아서 장애가 다하고 복덕이 높아진다. 저절로 자신의 분량에 따라 삼매를 증득하여 듣고 보는 것이 조금 생기거나 혹은 무생無生을 증득하여 크게 듣고 봄이 있다. 부처님의 경계를 증득하고서야 완전히 부처님의 장엄을 보고 듣게 된다. 묘진대사께서 이곳에 오신 사람들이 부처님의 향에 물들고 부처님의 광명을 입길 희망하여「향광장엄」넉자를 적고 발문을 지어 장래 현자에게 이르길 부탁하셨다.

如來福慧功德之香，慈悲攝受之光，豎窮三際，橫遍十方，普皆熏照。具縛凡夫，絕不聞見；如瞽齆者，當午過旃檀林，了不知有檀香日光也。倘生正信心，常念佛號，以如來萬德洪名，冥熏加被，則業消智朗，障盡福崇；自可隨己分量，或得三昧而稍聞見，或證無生而大聞見，迄至以佛莊嚴而為莊嚴矣。監院妙眞大師，冀蒞此者，同染佛香，同蒙佛光，祈題此四字，並以跋告來哲。

[보충] **정공법사 법문**

청나라 건륭 년간의 자운관정慈雲灌頂 대사께서는 청나라 시대에서도 매우 유명한 스님이다. 그의 저작은 매우 많다. 그는《관경직지觀經直指》에서 우리에게 명백하게 일러주신다. "세상 사람의 업장과 죄장은 매우 무거워 일체 경법과 참법은 모두 없애버리지 못하지만 최후에 여전히 이 한 마디「아미타불」이 있어 죄장을 없애버릴 수 있다." 이 한마디 말은 쉽게 할 수 없는 말로, 그가 이런 법문을 또렷이 알지 못하고 철저히 요해할 수 없었다면 어떻게 이 한마디 부처님 명호가 이렇게 불가사의한 힘을 가지고 있는 줄 알았겠는가?

그래서 우리가 지금 업장을 없애고 번뇌를 끊으며 죄업을 소멸시키고 싶다면 다른 경전과 주문을 구할 필요가 없고 이 한마디 「아미타불」이면 충분하다. 일체 경전과 주문의 힘으로는 도달하지 못하고 방법이 없지만 최후에 「아미타불」 명호를 구할 수 있거늘, 우리는 왜 「아미타불」을 사용하지 않는가? 왜 이 한마디 「아미타불」을 믿으려고 하지 않는가? 그래서 일심으로 칭념하여 염념마다 끊임이 없어야 할 뿐이다. 아미타불 명호를 지지하는 수학방법은 실제로 대세지보살께서 다 강설하셨는데, 바로 우리에게 이 부처님 명호를 어떻게 염해야 효과가 있는지 효과를 얻을 수 있는지 가르쳐 주셨다.

[역주] 소승에서는 삼악도에 떨어지는 정업定業을 바꾸지 못한다는 말이 있고, 오계를 깨뜨리면 참회할 수 없다는 말이 있다. 비록 대승의 심법이 소승보다 깊고 미묘하며 높아서 정업 또한 바꿀 수 있지만, 명자위名字位 범부가 닦은 산선散善으로 끝마칠 수 있는 일이 결코 아니다.

대승참법을 닦아서 중죄를 참회하여 없앨 수 있다. 예컨대 불보살 앞에 자신이 과거에 지운 악업을 털어놓고 정심(定心 ; 삼매에 들어가 산란하지 않는 마음)에 이르도록 취상참取相懺을 닦아서 서상을 보아야 비로소 중죄를 제거할 수 있다.

기타 일체 경법과 참법은 모두 이와 같아 반드시 관행위觀行位에 이르도록 닦아야 스스로 법을 보고 깨달을 수 있는 견득見得의 효과를 이룰 수 있다. 단정히 앉아서 실상의 이체를 관하여 실상참(實相懺 ; 무상참)에 이르러, "죄는 마음을 좇아 일어나고 마음의 참회로 이어지니(罪從心起將心懺), 마음이 멸할 때 죄 역시 사라진다(心若滅時罪亦亡). 마음이 사라지고 죄가 멸해 모두 공하면(心亡罪滅兩俱空) 이것이 진실한 참회라 이름하느니라(是則名為眞懺)."

명자위를 처음 닦는 경우 이는 그야말로 터무니없는 이야기로 그 경계는 이미 아라한을 뛰어넘는다. 염념마다 실상참게는 누구든지 염할 수 있다. 만약 실상참을 닦아 오역십악의 일체중죄를 소멸시키고자 한다면 이는 관행위觀行位 · 상사위相似位의 수행인이 도달할 수 있는 것이 아니라 반드시 무명을 복단伏斷하여 분증위分證位에 들어가야 가능하다. 말법시기에 관행위에 이르도록 닦는 수행인은 이미 가물에 콩 나듯 하니 하물며 자력에 의지해 견사혹을 끊고 진사혹을 깨뜨리고 무명을 조복시킴은 말할 필요가 있겠는가?

말법시기에 대망어大妄語를 범한 사람은 어느 곳이나 모두 그러하니, 천태 육즉불六即佛의 교리를 깊이 연구할 수 없는 까닭이다. 관정대사의 《관경직지》 속 관점은 당연히 교리에 의거해 있다. 염불법문은 자력 · 타력 이력법문에 속하여 자력의 기초 위에서 닦으며 여전히 아미타부처님의 타력 명훈가피로 수승함이 증가하는 효과가 있다. 이는 일체 경법 및 참법을 포괄하여 기타 모든 자력법문이 견줄 수 있는 바가 아니다.

염불인은 자력으로 명자위 후심에 이르도록 닦아 아미타부처님 타력의 가지로 증상을 얻으면 곧 관행위 초품에 들어갈 수 있다. 중간 품품마다 모두 명훈가피로 비교적 증상이 있으니, 관행위 후심도 겸하여 불력의 가지가 있으면 곧 상사위에 들어갈 수 있고, 상사위 후심도 일심으로 염불하여 겸해서 명훈가피를 얻으면 곧 분증위에 들어갈

수 있다.

이 단락의 원뜻을 법문하는 출처는 우익대사의《점찰선악업보경소占察善惡業報經疏》로 바로 이력법문의 수승함을 뚜렷이 드러내는 곳이다. 동일한 사람의 경우 선정의 힘, 선정의 경계가 더욱 깊어질수록 참법을 닦아 죄업을 소멸시키는 효용이 더욱더 강해진다. 만약 자력참법을 명자위 후심에 이르도록 닦으면 단지 상응하는 죄업을 소멸시킬 수 있을 뿐이다. 이력법문을 닦으면 아미타부처님의 명훈가피로 증상이 있어 관행위 초품에 들어갈 수 있고, 그 죄업을 소멸시키는 효과는 전자를 저 멀리 훨씬 뛰어넘어야 하니, 이는 명백히 알 수 있다. 이것이 또한 역대조사 대덕께서 고구정념 노파심에서 염불을 중시하라고 권유 · 경계하시고 정토법문을 결론적인(歸宿) 법문으로 삼은 맨 처음의 심원이다.

이상에서 서술한 것처럼 염불법문이 죄업을 소멸시키는 효과는 기타 자력법문보다 저 멀리 수승하다. 다만 동일한 수행인이 자력만 수지하는 경우 자력과 이력을 대비한 효과를 분별한 것이지 결코 자찬하고 기타법문을 헐뜯고 낮게 평가하는 것이 아니다. 이론상으로 말하면 일체법문은 모두 다 평등하여 어느 한 법문을 닦든지 분증위에 도달하여 불이실상不二實相에 증입할 수 있다면 소멸시키지 못하는 죄업이 없고 제거하지 못하는 업장이 없으니, 제1 제2를 운운할 수 있겠는가? 이를 알 수 있다면 모든 의심이 단박에 사라질 것이다.

[제74칙] **수행경계를 함부로 지껄이지 말지니, 이는 수행인의 제일 큰 관문이다**

만약 허공에 의지해 누각을 짓고 망녕되이 수승한 경계가 있다 말하면 대망어大妄語의 계를 범하게 된다. 아직 얻지 못했는데 얻었다 말하고, 아직 깨닫지 못했는데 깨달았다 하면 그 죄는 살생 · 도둑질 · 삿된 음행보다 백천만 배나 크다. 정성을 다해 참회하지 않으면 한 호흡이 오지 않으면 아비지옥에 떨어진다. 그의 설법이 불법을 훼손시켜 중생이 잘못 의심하도록 만들기 때문이다. 그대는 제발 신중해야 한다! 보이는 경계가 1분이 있어도 1분의 1도 말하지 말고 9푼의 9도 말하지 말라. 지나치게 말해도 죄가 생기지만, 작게 줄여서 말해도 안 된다. 왜나하면 선지식은 아직 타심통을 얻은 것이 없어 당신의 말에 의지해야 판단할 수 있기 때문이다. 이러한 경계를 선지식에게 말한 목적은 옳은지 그른지 증명하기 위함이면 잘못이 없지만, 만약 증명을 위함이 아니고 오직 자기 자랑이라면 잘못이고, 또한 모든 사람에게 말해도 잘못이다. 선지식에게 증명을 구하는 것을 제외하고 남에게 말해서는 안 된다. 말하면 이후로 다시는 이러한 수승한 경계를 얻을 수 없다. 이는 수행인의 제일 큰 관문으로 천태종에서 누차 설명하였다.

若憑空造樓閣，妄說勝境界，即犯大妄語戒；乃未得謂得，未證謂證，其罪甚於殺盜淫百千萬億倍。其人若不力懺，一氣不來，即墮阿鼻地獄；以其能壞亂佛法，疑誤衆生故也。汝切須慎重。所見之境有一分，不可說一分一，亦不可說九厘九；過說亦罪過，少說亦不可。何以故？以知識未得他心道眼，但能以所言為斷耳。此種境界，向知識說，為證明邪正是非，則無過；若不為證明，唯欲自衒，亦有過。若向一切人說，則有過；除求知識證明外，俱說不得。說之，則以後便永不能得此勝境界；此修行人第一大關，而台教中屢言之。

근래 수행인에게는 마가 매우 많이 끼되, 모두 조급하고 경망스런 마음으로 수승한 경계를 얻길 희망한다. 그의 경계가 마의 경계라 말하지 말라. 설사 그의 경계가 수승한 경계일지라도 일단 환희에 탐착하는 마음이 생기면 단지 손해만 보고 이익을 얻지 못하거늘, 하물며 그의 경계가 반드시 수승한 경계가 아님이랴? 만일 이 사람이 수양이 있어 조급한 마음이 없고, 탐착하는 마음이 없으면, 여러 경계를 보아도 줄곧 보지 못한 것과 같다. 아직 환희와 탐착이 일어나지 않았다 하더라도 두렵고 놀라며 의아해 하지 말고, 수승한 경계가 나타남에 이익이 있다 말하지 말라. 설사 마의 경계가 나타날지라도 이익이 있다. 왜냐하면 마음이 마의 경계를 따라 구르지 않고 위로 전진할 수 있는 까닭이다. 배움의 도를 아는 사람은 안목이 커야 한다. 그렇지 않으면 작은 이익을 얻고 반드시 큰 손실을 보니, 작은 경계를 말하지 말라. 설사 진실로 오신통을 얻었을지라도 그것에 무심하여야 최후에 누진통을 얻을 수 있다.[70] 만약 탐착하면 위로 전진하기 어렵고 심지어 퇴전하게 됨을 알지 않으면 안 된다.

所以近來修行者，多多著魔，皆由以躁妄心，冀勝境界。勿道其境是魔，即其境的是勝境，一生貪著歡喜等心，則便受損不受益矣；況其境未必的確是勝境乎。倘其人有涵養，無躁妄心，無貪著心，見諸境界，直同未見；既不生歡喜貪著，又不生恐怖驚疑；勿道勝境現有益，即魔境現亦有益。何以故？以不被魔轉，即能上進故。須知學道人，要識其大者，否則得小益必受大損。勿道此種境界，即眞得五通，尙須置之度外，方可得漏盡通；若一貪著，即難上進，或至退墮，不可不知。

[제75칙] 기한을 정하여 왕생하지도 말고, 자기 목숨을 멸진하고 증득하려 하지도 말며, 염불하여 인연에 맡길 뿐이다

염불하는 사람은 「때를 가리지 않고 곧바로 왕생한다(即得往生)」[71]는 마음을 간직해야

---

70) 부처님에게는 육신통六神通이 있다. 1) 신족통神足通은 또한 신경지증통神境智證通 혹은 심여의통心如意通이라 하니, 곧 몸이 그 뜻대로 생각 따라 곧 이르고 한 상념想念의 순간에 시방 무량국토가 모두 동시에 하나하나 도달하여 변화가 무궁하다. 2) 천안통天眼通은 자재하게 세간 일체 원근의 형색 및 육도중생 고락의 상을 관함을 가리킨다. 3) 천이통天耳通은 자재하게 갖가지 음성 및 육도중생의 일체 고락언어를 잘 들음을 가리킨다. 4) 타심통他心通은 자재하게 육도의 중생심 속 생각하는 일을 앎을 가리킨다. 5) 숙명통宿命通은 자신의 1세 2세 내지 백천만 세의 숙명을 알 수 있고 또한 육도 중생의 숙명을 알 수 있게 됨을 가리킨다. 6) 누진통漏盡通에서 누漏는 곧 삼계의 견사 등 미혹이다. 이는 견사혹을 다 끊어 삼계의 생사를 받지 않고 해탈을 얻음을 말한다.

한다. 아직 사바세계의 과보가 다 차지 않았다면 인연에 맡길 뿐이다. 기한을 정하여 왕생하려는 경우 공부가 무르익으면 물론 아무런 장애가 없다. 그렇지 않고 이를 구하는 마음이면 곧 마의 뿌리가 된다. 이러한 망념이 굳어져 풀리지 않는 덩어리가 되면 위험은 말할 수 없다. 사바세계의 과보가 다하도록 정성을 다하여 살아감이 마땅히 따라야할 도이다. 자기 목숨을 끊어 증득을 얻으려 함은 실로 계경戒經에서 엄중히 꾸짖는 일이다.《범망경》말미의 게송에 이르시길, "나를 헤아리고 상에 집착하는 범부는 불법에 대해 진실한 믿음을 낼 수 없고, 자기 목숨을 멸진하고 증득을 얻으려는 이승의 성자는 보리종자를 심는 곳이 아니다." 하셨다. 단지 정성과 공경을 다해 속히 왕생을 구할 뿐, 기한을 정하여 곧 왕생하려고 해서는 안 된다.

念佛之人，當存即得往生之心，若未到報滿，亦只可任緣。倘刻期欲生，若工夫成熟，則固無礙；否則只此求心，便成魔根。倘此妄念結成莫解之團，則險不可言。盡報投誠，乃吾人所應遵之道；滅壽取證，實戒經所深呵之言。梵網經後偈云：計我著想者，不能生是法；滅壽取證者，亦非下種處。但當盡敬盡誠求速生，不當刻期定欲即生。

학불인은 편견을 고집해서는 안 된다. 편견을 고집하면 상심해 정신병을 초래할 수 있어 아무런 이익이 없고 위해가 매우 크다. 정업이 무르익으려면 오늘 바로 왕생해도 좋지만 무르익지 않았는데 왕생하려면 모를 뽑아다 벼를 자라게 하는 격이다. 삼가 두려운 것은 이렇게 마사魔事가 일어나면 자신의 왕생뿐만 아니라 주변의 무지한 수행인을 모두 신심이 물러나게 하여 염불은 손해만 있고 이익은 없다 말하게 된다. 남의 실패가 가까이 있으면 그 해는 실로 적지 않다. 「결정코 기한을 정해 왕생하겠다」는 마음을 「속히 왕생하길 원한다」는 마음으로 바꾸면 곧 빠르지 않아도 유감이 없다. 단지 정성과 공경을 다해 수명이 다해 왕생하길 발원하면 되니, 조바심을 내어 풀리지 않은 덩어리를 맺어 마사의 재앙을 초래하지 말라.

學道之人，心不可偏執；偏執或致喪心病狂，則不唯無益，而又害之矣。淨業若熟，今日即生更好；若未熟，即欲往生，便成揠苗助長。誠恐魔事一起，不但自己不能往生，且令無知咸退信心，謂念佛有損無益，某人即是殷鑒，則其害實非淺鮮。祈將決定刻期之心，改作唯願速往之心，即不速亦無所憾。但致誠致敬，以期盡報往生則可；無躁妄團結，致招魔事之禍。

[역주] 암 등 악성 질환이나 중병에 걸린 말기 환자의 경우 만약 극심한 고통에 시달려 치료를 하여도 효과가 없다면 이런 사람은 자기 목숨을 버리고 왕생할 수 있지만, 그것은 자기 목숨을 멸진하고 증득을 얻는 것도 아니고 기한을 정해 왕생함도 아니다. 다만 생사의 환상만 깨뜨릴 수 있고 남은 과보를 버리고 정진 염불하여 빠른 시일 내에 왕생을 기약할 수 있다.

---

71) 정토문에서 염불행자가 죽음의 순간, 때를 가리지 않고 곧바로 극락정토로 왕생하는 것을 말한다. 정토진종에서는 믿음을 얻었을 때 정토에 왕생하는 정정취正定聚의 자리에 오르는 것을 말한다.

원대로 왕생할 수 있을지는 여전히 실제(實際; 진여법성을 깨달아 그 궁극에 이르는 것)에 따라 발심 및 염불 정진하는 여하에 결정된다. 중병은 정업定業(과거에 지은 업에 따라 현세에서 받게 되는 과보)이니, 만약 원을 만족시키고 싶다면 한가로이 산란한 마음으로 실현할 수 있는 것이 아니다. 반드시 두려워하고 부끄러워하는 마음, 참회하는 마음을 내어서 진실한 보리의 마음을 발하여 용맹하게 염불하여 죄업을 없애어 왕생의 자량을 구족하여야 비로소 아미타부처님 화신불께서 내영하심을 볼 수 있을 것이다.

[보충] 계아착상자計我著相者와 멸수취증자滅壽取證者

어리석은 사람은 모두 「나를 헤아리고 상에 집착한다(計我著相)」. 이 세상 사람들은 사람마다 「나」를 집착한다. 더 깊이 추구하면 이 몸이 죽은 후 이 「나」가 어디에 존재하는가? 「나」는 또한 어디로 갔는가? 범부는 「나」를 집착할 뿐만 아니라 「상」도 집착한다. 눈앞에 보이는 일체, 형형색색의 모든 형상에 집착한다. 그러나 백년 후 이들 「상」은 여전히 존재하는가? 「계아착상計我著相」은 범부의 경계이다. 이러한 사람은 불법에 대해 진실한 믿음을 낼 수 없다. 보리심을 발하지 못할 뿐만 아니라 무상보리의 미묘한 계법을 갖출 수 없다. 어떤 사람은 "범부는 이미 이러한 수승한 법이 날 수 없는데 성인은 어떠한가?" 묻는다.

게송에서 이르시길, 「멸수취증자滅壽取證者」는 곧 이승의 성자, 아라한을 가리킨다. 아라한은 자신의 생사를 끝마친 사람으로 과위를 증득한 후 자신이 증득한 법락(受用)을 버리고 공성의 이치(空理)에 집취執取하여 세간에 머물면서 중생을 제도하려고 원하지 않는다. 아라한은 공에 떨어져 마음의 작용을 그치고 고요한 상태를 유지하여 진공眞空 가운데 여전히 묘유妙有가 있고, 묘유 또한 진공을 낳는다는 사실을 모른다. 진공과 묘유는 서로 걸림이 없다. 이 무리는 소승을 얻음에 만족하고 화성化城(환상으로 만든 성)에 갇혀 스스로 곤궁하다. 그래서 「비하종처非下種處」라 하셨다. 이는 보리종자를 심을 수 있는 옥토가 아니라는 뜻이다. 이 문구는 범부와 이승의 성자 모두 무상묘법을 닦을 수 없다고 말한다.

_혜승慧僧법사, 《불설범망경강록佛說梵網經講錄》

[제76칙] 경전독송이든 주문지송이든 염불하여 왕생으로 회향하라

어떤 경전을 독송하든 어떤 주문을 지송하든 모름지기 약간의 염불소리라도 극락왕생으로 회향하여야 정업淨業을 닦는 종지에 맞다.

無論誦何經、持何咒，須念佛若干聲回向，方合修淨業之宗旨。

[제77칙] 염불과 회향을 소홀히 말라

염불과 회향을 소홀히 말라. 회향하면 곧 믿음과 발원이 입에서 나온다. 그러나 회향은 밤 기도를 마치거나 혹은 낮에 염불과 송경을 마친 후 실행하기에 적합하다. 염불은 응당 아침부터 저녁까지 끊어짐이 없어야 하고, 마음속으로 왕생을 발원하는 생각을 갖추기만 하면 바로 언제나 회향한다.

念佛回向，不可偏廢。回向即信願之發於口者。然回向只宜於夜課畢，及日中念佛誦經畢後行之。念佛當從朝至暮不間斷，其心中但具願生之念，即是常時回向。

[제78칙] 극락왕생으로 회향하고 보리심을 발하여 중생제도를 서원하라

일상생활 속 일체 행위, 모든 지극히 작은 선들, 그리고 송경 예배 등 갖가지 선근, 이러한 공덕을 빠짐없이 다 극락왕생으로 회향하라. 이와 같으면 일체 행문行門은 모두 정토의 조행助行이 된다. 비유컨대 모든 티끌과 흙이 모여서 대지를 이루듯, 일체 강물이 한 곳으로 모여서 큰 바다를 이루듯 광대하고 아주 깊으니, 그 끝과 깊이를 누가 알 수 있겠는가?

日用之中，所有一絲一毫之善，及誦經禮拜種種善根，皆悉以此功德，回向往生。如是，則一切行門，皆為淨土助行。猶如聚衆塵而成地，聚衆流而成海；廣大淵深，其誰能窮？

반드시 보리심을 발하여 중생을 제도하겠다고 서원하라. 만약 모든 수지공덕을 두루 사중의 은혜(四恩)[72]와 삼계의 생사(三有)[73], 법계 중생을 위해 회향하면 불에 기름을 붓듯 새싹이 비를 만나듯 일체중생과 법연을 깊이 맺고, 또한 속히 자신이 닦은 대승의 수승한 행을 성취할 수 있다. 만약 이러한 도리를 모른다면 곧 범부나 이승二乘의 자신을 이롭게 하는 견해일 뿐, 비록 미묘한 행을 닦을지라도 감득한 과보는 매우 천하고 하열할 것이다.

然須發菩提心，誓願度生；所有修持功德，普為四恩三有法界衆生回向。則如火加油，如苗得雨；既與一切衆生深結法緣，速能成就自己大乘勝行。若不知此義，則是凡夫二乘自利之見；雖修妙行，感果卑劣矣。

[제79칙] 회향발원심, 이 마음이 있으면 공덕이 무량하다

회향발원심回向發願心은 자신이 염불한 공덕을 법계의 일체중생을 위해 회향하여 빠짐없

72) 사은四恩은 부모님의 은혜(가정), 중생의 은혜(사회), 국토의 은혜(국가) 삼보의 은혜(종교)를 가리킨다.

73) 삼계의 생사에 인因이 있고 과果가 있다. 그래서 삼유三有라 한다. 1) 욕유欲有는 곧 욕계의 생사이고, 2) 색유色有는 곧 색계의 생사이며, 3) 무색유無色有는 곧 무색계의 생사이다.

이 서방극락에 왕생하도록 발원하는 마음을 말한다. 만약 이런 마음이 있다면 공덕이 무량하다. 만약 자기 한 사람만을 위해 염불한다면 심량도 협소하고 공덕도 협소하다. 비유컨대 등불 하나에는 등불 하나의 광명만 있을 뿐이다. 만약 자신의 등불로써 다른 등불에 불을 붙이면 백천 만억 무량무수한 등불이 있고, 그 광명은 거의 비유할 수 없으며, 자신의 등불은 단연코 줄어들지 않는다. 세상 사람들은 이러한 도리를 모르는 까닭에 자신만 이롭게 할 줄 알고, 다른 사람이 이익을 얻는 것을 원하지 않는다.

回向發願心，謂以己念佛功德，回向法界一切衆生，悉皆往生西方；若有此心，功德無量。若只為己一人念，則心量狹小，功德亦狹小矣。譬如一燈，只一燈之明；若肯轉燃，則百千萬億無量無數燈，其明蓋不可喻矣，而本燈固無所損也。世人不知此義，故止知自私自利，不願人得其益。

[보충] 선도대사의《사첩소四帖疏》절록

“무엇이 세 가지인가? 첫째로 진실한 마음(至誠心)이요, 둘째는 깊이 믿는 마음(深心)이요, 셋째는 회향발원심廻向發願心이니라. 이 세 가지 마음을 갖추면 반드시 저 국토에 태어나느니라.”

“셋째는 **회향발원심廻向發願心**이니라.” 회향발원심이라 함은 자신이 지은 것(自作)으로 과거와 금생에 신구의 삼업으로 닦은 세간 · 출세간의 일체 선근 및 남을 따라 기뻐하는 것(隨喜他)으로, 자신의 바깥 일체 범부와 성인이 신구의 삼업으로 닦은 세간 · 출세간의 일체 선근, 이러한 자신과 남이 닦은 세간 출세간의 일체 선근을 전부 진실로 깊이 믿는 마음 가운데 회향하여 정토에 왕생하길 발원함을 가리킨다. 그래서 회향발원심이라 한다.

또한 회향발원하고 극락에 태어나길 원함(回向發願願生)이란 반드시 결정코 진실한 마음으로 회향발원하고 자신이 극락에 태어날 것이라 생각해야 한다. 이러한 깊이 믿는 마음은 마치 금강처럼 견고하여서 일체의 견해가 같지 않고 배우는 것이 같지 않으며, 이해가 다르고 행이 다른 수행인으로 마음속이 조금도 동요되거나 어지러워지거나 파괴되지 않는다. 오직 단연코 일심으로 곧장 서방을 향해 전진해야 한다. 다른 사람의 말을 들어서는 안 된다. 그러면 나아갔다 물러갔다 안정되지 않은 상황이 생기고, 겁약한 마음을 품게 된다. 또한 방황하고 돌아보아 왕생의 정도를 잃게 되면 왕생의 큰 이익을 잃어버리게 된다.

또한 모든 정업행자는 걸어가거나 머물거나 앉거나 눕거나 언제든지 신구의 삼업으로 닦은 것을 낮과 밤의 시절을 묻지 않고 마음속으로 늘 이렇게 이해하고, 이렇게 관상한다. 그래서 「회향발원심」이라 한다.

또한 「회향」이라 함은 정토에 태어난 후 여전히 대비심을 일으켜 「**회향하여 생사의 흐름에 들어 중생을 교화한다**」. 이것도 또한 「회향」이라 한다.

지성심至誠心 · 심심深心 · 회향발원심回向發願心의 「세 가지 마음」을 이미 갖추었다면 닦은 정업淨業의 행법을 힘써 이루지 못함이 없다. 이러한 행원行願의 정인正因을 이미 이루었는데도 극락정토에 왕생할 수 없다면 이러한 이치는 없다. (관경사첩소심요, 비움과소통

참조)

[역주] "회향하여 생사의 흐름에 들어 중생을 교화한다(回入生死教化衆生)." 이는 곧 정종 특유의 발원심으로 극락이 비록 즐거울지라도 왕생은 결코 단지 자신만의 즐거움을 위한 것이 아니라 성불한 후 반드시 원력을 타고 다시 와서(倒駕慈航) 유정중생을 널리 이롭게 한다. 이것이야말로 염불인이 진정으로 극락에 왕생하는 발심이다. 보리심은 일체 대승법문의 기초가 되는데, 일체 선심이 모두 이 마음을 벗어나지 않는 까닭이다. 함께 염불하여 발심이 광대한 자는 그 얻는 공덕 또한 수승하다.

[제80칙] **회향이란 인천의 인을 돌려 열반의 불과로 향하고, 생멸의 사를 돌려 실상묘리로 향하고, 자신을 돌려 일체중생 타자로 향함이다**

회향이란 무엇인가? 자신이 닦은 염송 등 갖가지 공덕을 지은 바 그대로 두고 회향하지 않으면 그 공덕을 따라 갖가지 인천의 복보를 얻게 될 것이다. 이른바 회향이란 현재 자신이 지은 인천복보의 인因을 돌려서 서방극락세계 왕생으로 돌아가게 하여 범부를 뛰어넘어 성인에 들게 하고, 생사를 요탈하게 하여, 장래 구경 성불의 과果에 이르게 함이니, 그저 인천의 복보만 얻는데 그치지 않는다.

回向者，以己所修念誦種種各功德，若任所作，則隨得各種之人天福報。今將所作得人天福報之因，回轉歸向於往生西方極樂世界，以作超凡入聖、了生脫死，以至將來究竟成佛之果，不使直得人天之福而已。

회回자를 쓰면 곧 수행인에게 세상의 정을 결코 따르지 않겠다는 의지가 있음을 알 수 있고, 향向자를 쓰면 곧 수행인에게 세상에서 벗어나길 바라는 방향이 있음을 알 수 있다. 이른바 회인향과回因向果 · 회사향리回事向理 · 회자향타回自向他는 자신이 닦은 일체공덕을 인천의 인因이니 열반의 불과로 회향하여야 하고, 자신이 닦은 일체공덕을 생멸의 사事이니 불생불멸의 실상묘리實相妙理로 회향하여야 하며, 자신이 닦은 일체공덕을 원래 개인의 행위에 속하니 법계의 일체중생에게 회향해야 함을 말한다. 회향은 곧 발원하고, 맹세하며, 반드시 그것을 향해 나아간다는 뜻이다.

用一回字，便見其有決定不隨世情之意；用一向字，便見其有決定冀望出世之方。所謂回因向果、回事向理、回自向他也。所作功德，人天因也，回而向涅槃之果。所作功德，生滅事也，回而向不生不滅之實相妙理。所作功德，原屬自行，回而向法界一切衆生，即發願、立誓、決定所趨之名詞耳。

회향에는 세 가지 뜻이 있다. 첫째 진여실제眞如實際로 회향하여 마음과 마음이 맞으니, 이는 곧 회사향리回事向理의 뜻이다. 둘째 불과보리佛果菩提로 회향하여 염념마다 원만하니, 이는 곧 회인향과回因向果의 뜻이다. 셋째 법계중생으로 회향하여 함께 정토에 태어나니, 이는 곧 회자향타回自向他의 뜻이다. 회향의 뜻은 매우 크다! 회향의 법이 비록 통일되지 않을지라도 반드시 서방극락정토로 회향함을 유일무이한 가장 미묘한 법으로 삼아야 한다. 왜냐하면 그 나머지 대원은 정토에 태어지 않으면 언제나 성취하기 어렵지만, 정토에 태어나면 성취하지 못하는 원은 없다. 이러한 연고로 무릇 자신이 닦은 일체 공덕을 비록 달리 기대하는 것이 있을지라도 반드시 또 다시 극락정토로 회향하여야 한다.

有三種義：一、回向眞如實際，心心契合。此即回事向理之義。二、回向佛果菩提，念念圓滿。此即回因向果之義。三、回向法界衆生，同生淨土。此即回自向他之義。回向之義大矣哉！回向之法雖不一，然必以回向淨土，為唯一不二之最妙法。以其餘大願，不生淨土，每難成就；若生淨土，無願不成。以此之故，凡一切所作功德，即別有所期，亦必須又復回向淨土也。

[보충] **회향게迴向偈**

“원하옵건대 이 공덕으로 불국정토 장엄하여서 위로 사중의 은혜를 갚고 아래로 삼악도의 괴로움을 건너게 하옵소서. 만약 견문이 있는 이는 모두 보리심을 발하여 이번 보신이 다할 때 함께 극락국토에 태어나지이다.”

[역주] **왜 염불인은 보리심을 발할 필요가 없다고 말하는가?**

본원법문 및 그 분파는 국내외에 광범위하게 전파되어 영향을 미치는 범위가 갈수록 커지고 있다. 그들은 순수타력의 제도濟度를 제창하고 있다. 자력의 수지를 집어내어 버리고 나아가 정종수지의 근본인 보리심을 버리려 한다. 더욱 더 심한 것은 영향을 받은 매우 많은 국내 스님들이 염불인은 보리심을 발할 필요가 없다고 부추겨 정종의 역대조사와 상반된 주장을 하고 있다.

선도대사의 《사첩소》로써 근대 조사들의 발보리심 등 말씀을 반박한다. 여기서 재차 강조한다. 오직 천태지자대사와 지례대사의 《관경소 묘종초》야말로 정종의 역사상 《관경》 역주서 중 가장 권위를 갖춘 대표작이다. 선도대사의 《사첩소》는 비록 정종에 공이 있을지라도 매우 많은 문제를 미해결인 채로 남겨 놓았다. 선도대사의 몇몇 말씀에 따라 글자의 표면적인 뜻만 파고들면 확실히 하품 · 중품으로 염불 왕생할 수 있는 사람은 모두 보리심을 발하지 않은 사람이다.

인광대사는 선도대사께서는 아미타부처님의 재래인이라고 찬탄하였고, 후세 사람들은 또한 인광대사는 대세지보살의 재래인이라고 찬탄하였다. 이와 같은 이상 인광대사께서 왜 《문초》에서 관경의 하품하생 죄인이 왕생을 해석하면서 「실제로는 이미 보리심을 갖추었다」 하셨겠는가? 이 가운데 이해관계가 얼마나 중요한지 속사정을 모르는 학인은 단지 줄만 설 줄 알뿐이다. 《관경》에서는 하품왕생은 반드시 죄업을 없애야 한다고 분명히 말씀하신다. “선남자여, 그대가 부처님의 명호를 불렀기에 갖가지 죄업이 사라졌도다! 그래서 내가 와서 그대를 맞이하노라!” 물어보건대, 염불하면 죄업이 사라지는가? 염불해도 공덕이 있는가? 죄업을 없애고 싶다면 반드시 공덕을 닦아야 한다. 복덕을 닦으면 죄업을 없앨 수 없다. **염불하여 마음이 바꾸지 않으면 근본적으로 공덕을 닦을 수 없다. 만약 탐진치·교만과 상응하고, 인아·시비와 상응하고, 명성·이익과 상응하면 염불로 닦은 것은 모두 삼악도에 떨어지는 인因이다.**

자운관정慈雲灌頂대사께서는 《염불인의 일백 가지 과보》란 문장의 첫머리에서 염불의 앞 세 가지 과보를 열거하면 바로 지옥·아귀·축생이다. **하품의 죄인이 왕생할 수 있는 이유는 온전히 염불할 때 마음을 바꿀 수 있음에 있다. 마음이 바뀌어야 경계가 바뀔 수 있으니, 지옥의 경계가 바뀌어 왕생의 경계가 된다. 그리고 이렇게 마음이 바뀜이 곧 참회이고, 곧 보리에 수순한다는 뜻이다.**

그래서 인광대사께서는 이를 해석하시며 "실제로는 이미 보리심을 갖추었다."고 말씀하셨다. 발보리심은 사事와 이理로 나뉘고 또한 계위로 나뉜다. **수사발심隨事發心**(번뇌가 무수하지만 모두 끊기를 원하고, 선법善法이 무량하지만 모두 닦기를 원하고, 중생이 무변하지만 모두 제도하기를 원한다)과 **순리발심順理發心**(유도 아니고 무도 아니어서 말을 떠나고 생각이 끊어진 경계인 중도실상의 법을 믿고 이해하여 광대한 마음을 일으킨 바 없이 일으킴)이 있고, 또한 명자위 발심·관행위 발심·상사위·분증위 발심이 있다.

어리석은 촌부는 비록 무엇을 **승의보리심勝義菩提心**(나는 보리 바로 그것이라 확신함)이라 하는지 몰라도 수사발심隨事發心·명자위 발심을 할 수 있고, 혹은 은밀히 보리심에 합할 수 있다. 부록에 가장 자주 사용하는 「회향게」는 어느 염불인도 생각한 적이 없지만, 이는 바로 보리심을 발하는 법이다. 「나무아미타불」은 어느 염불인도 생각한 적이 없지만, 만약 「나무(귀취·귀명·귀경·의지·귀의하여 믿고 따름)」 및 「불(자각각타·자리이타·각행원만의 각자)」의 뜻을 안다면 이 사람은 이미 보리심을 발하여 마쳤다. 위에서 서술한 「회향」의 이치를 안다면 이 사람은 또한 보리심을 발하여 마쳤다. 왜 염불인은 보리심을 발할 필요가 없다고 말하는가?

[제81칙] **마땅히 연지대사의 《신정정토문新定淨土文》을 사용하여 정토문에 의지해 발원하라**

아침·저녁으로 염불을 끝마친 후 응당 발원을 해야 한다. 아침에 십념법으로 염불할 때에도 먼저 염불한 후 발원해야 한다. 혹 《소정토문小淨土文》을 사용하기도 하지만, 몸과 마음이 한가한 경우 연지대사의 《신정정토문新定淨土文》을 사용하는 것이 알맞다. (즉 계수서방안락국稽首西方安樂國의 일편 장문은 《선문일송禪門日誦》에 실려 있다. 이정통李淨通 거사 주注) **이 정토문은 조리가 정연하여 고금을 통해 최고 으뜸으로 손꼽힌다.**

發願，當於朝暮念佛畢時。晨朝十念，亦先念佛後發願。或用小淨土文。若身心有暇，宜用蓮池大師新定淨土文。（即稽首西方安樂國之一篇長文，載禪門日誦。編者敬注）此文詞理周到，為古今冠。

모름지기 발원할 때 이러한 정토문을 읽는 것은 정토문의 의미에 따라 진심으로 발원하게 하려는 취지이지, 결코 정토문을 한번 읽은 것으로 발원이 되는 것이 아님을 알아야 한다.

須知發願讀文，乃令依文發願耳，非以讀文一遍，即為發願也。

[자운참주慈雲懺主 소정토문]

극락세계 아미타부처님께 일심으로 귀명하옵나니, 바라옵건대 저희들을 청정한 광명으로 비추어 주시고, 자비로운 서원으로 섭수하여 주시옵소서.

저희들이 지금 정념正念으로 아미타여래의 명호를 불렀사오니, 보리도를 위하여 정토에 태어나길 구하옵니다.

부처님께서 옛적에 본원으로 서원하시길, "만약 중생이 있어 나의 국토에 태어나고자 지극한 마음으로 믿고 기뻐하며, 내지 십념에 왕생하지 못한다면 정각을 성취하지 않겠노라." 하셨나이다. 이 본원에 의지하여 염불한 인연으로 여래의 큰 서원 바다 가운데 들어가서 아미타부처님의 자비로 위신력의 가지를 받아 온갖 죄를 소멸하고, 선근이 증장하게 하옵소서.

목숨이 마칠 때를 스스로 알아 몸에는 병의 고통이 없고, 마음은 탐욕과 연민에 빠지지 않으며, 뜻은 뒤바뀌지 않아 선정에 든 듯하며, 부처님과 극락 성중들께서 금대를 잡고 오시어 저를 맞이해 주시고, 일념의 짧은 순간에 극락국토에 왕생하게 하시며, 연꽃이 피어 부처님 뵈옵고 일불승一佛乘의 가르침을 듣고는 문득 부처님의 지혜가 열려 널리 중생을 제도하고 보리원을 만족하게 하옵소서.

시방삼세일체불 일체보살마하살 마하반야바라밀!

[연지대사蓮池大師 신정정토문新定淨土文]

서방발원문(명나라, 연지대사)

서방 안락국토 중생을 접인해 인도하시는 아미타부처님께 머리 숙여 절하옵니다. 제가 지금 발원하여 왕생하길 원하오니, 오직 바라옵건대 자비를 베풀어 불쌍히 여겨 섭수하여 주시옵소서.

제자 아무개가(저희들이) 사중의 은혜(四恩)와 삼계의 생사(三有), 법계 중생을 위해 일체제불의 무상 보리도를 구하려는 연고로 아미타불 만덕홍명을 전심으로 지념持念하여 정토에 태어나길 기약하나이다. 또한 업장이 무겁고 깊으며 복덕과 지혜가 가볍고 엷어서 더러운 마음은 불타오르기 쉽고 청정한 공덕은 이루기 어렵습니다.

지금 불전에서 정념正念이 간절히 일어나서 오체 투지하옵고 정성 다해 참회하옵나니, 저와 중생들이 광겁이래 지금까지 본래 청정한 마음을 미혹하고 탐진치에 방종하여 아첨하고 성내고 탐내어 물들인 무량무변한 삼업과 몸을 더럽힌 무량무변한 죄업의 때와 세세생생 중생과 맺은 원업을 원컨대 모두 사라지게 하옵소서.

오늘부터 깊은 서원을 세워, 악법을 멀리 여의어 맹세코 다시는 짓지 않고, 맹세코 성도를 부지런히 닦아 물러나지 않겠나이다. 맹세코 정각을 이루고, 맹세코 중생을 제도하겠나이다. 아미타부처님이시여, 자비 원력으로써 마땅히 저를 분명히 아시고, 마땅히 저를 불쌍히 여기시며, 마땅히 저에게 가피를 내려주옵소서.

원하옵건대 좌선하면서 관하는 동안이나 잠을 자면서 꿈을 꿀 때나 아미타부처님의 자마금 빛깔 색신을 뵙게 하시고, 아미타부처님의 보배장엄 국토를 경험하게 하시고, 아미타부처님께서 감로수로 관정하시고, 몸에 광명을 두루 비춰주시고, 손으로 저의 머리를 어루만져 주시고, 저의 몸을 옷으로 덮어주셔서 숙세의 업장이 절로 없어지고 선근이 증장하여 곧장 번뇌가 공하고 단박에 무명이 깨어져서 부처님께서 증득한 마음인 원각묘심圓覺妙心을 확 트여 깨닫고, 부처님께서 머무시는 경계인 적광진경寂光眞境이 항상 현전하는 모습을 보게 하옵소서.

목숨을 마치려고 하는 때에 이르러, 때가 이름을 미리 알아 몸에는 일체 병고와 액난이 없고, 마음에는 일체 미련과 미혹이 없으며, 육근이 기쁘고 즐거우며 정념正念이 분명하여 안상히 보신을 버리고 선정에 든 듯이 하옵소서. 그때 아미타부처님께서 관세음 · 대세지 두 대보살과 여러 성현 대중과 함께 광명을 놓아 접인하시고, 손을 드리워 데리고 가시어 누각과 당번, 기이한 향기와 천상음악 등 서방극락의 거룩한 경계가 눈앞에 환히 보이니, 모든 중생, 보는 자 듣는 자, 기쁘고 감탄하여 보리심을 발하게 하옵소서.

저는 이때 금강대에 올라타 부처님 뒤를 따라 손가락 퉁기는 짧은 순간에 극락정토의 칠보 연못 뛰어난 연꽃 가운데 태어납니다. 연꽃이 피어서 부처님을 친견하고 여러 보살을 친견하며, 미묘한 법음을 듣고서 무생법인無生法忍을 획득하니, 수유간에 일체제불을 받들어 모시고 수기를 친히 받으며, 삼신사지三身四智, 오안육통五眼六通, 무량한 백천 다라니를 얻어 일체 공덕을 빠짐없이 다 성취하게 하옵소서.

그런 후 안양세계와 헤어지지 않고 돌려서 사바세계로 들어가 무수한 분신이 시방찰토에 두루 하여 불가사의한 자재신력自在神力과 갖가지 방편으로 중생을 제도하여 해탈을 얻게 하옵고, 모두 물듦을 여의고 깨끗한 마음을 얻어 함께 서방극락에 태어나서 불퇴전지에 들어가게 하옵소서.

이와 같은 대원으로 세계가 다함이 없고, 중생이 다함이 없고, 업혹 및 번뇌 일체가 다함이 없기에 저의 서원도 다함이 없나이다. 원하옵건대 지금 예불하고 발원하여 수지한 공덕을 돌려 유정중생에게 베풀어서 사중의 은혜를 골고루 갚고, 삼계의 생사를 가지런히 도와, 법계중생이 함께 성불(圓種智)을 이루게 하옵소서.

[2] 관세음보살을 겸하여 염할 것을 권하다(勸兼念觀音)

[이끄는 말]

아미타부처님을 염하고 관세음보살을 염하면 모두 재난을 없애고 환난을 피한다. 평상시 아미타부처님을 많이 염하고 관세음보살을 적게 염하는 것이 적당하다. 환난을 만나면 관세음보살을 전념할 수 있다. 왜냐하면 관세음보살께서는 자비심이 매우 간절하여 이 세계의 중생과 숙연이 매우 깊기 때문이다. 그러나 이러한 설법을 들으면 아미타부처님의 자비가 관세음보살과 견줄 수 없다고 생각해서는 안 된다. 관세음보살께서는 아미타부처님을 대신하여 자비를 드리워 고통에서 구해내는 것임을 알아야 한다. 설사 석가모니부처님께서 세상에 계실 때일지라도 일찍이 고난중생이 관세음보살을 염하게 하였는데, 하물며 현재 우리들 범부이겠는가?

[제82칙] 관세음보살은 인지에서 원통을 증득하시고, 과지에서 중생을 구호하신다

관세음보살께서는 과거 오랜 겁에 이미 성불하시니, 명호가 정법명正法明이다. 그러나 자비심이 간절하여 상적광토에 안온히 머무실지라도 실보장엄토·방편유여토·범성동거토에 자취를 드리우신다. 항상 부처의 몸을 나투실지라도 또한 보살·연각·성문 및 인천 육도의 몸을 두루 나투신다. 아미타부처님의 신변에서 항상 받들어 모실지라도 또한 시방 무진법계에 두루 색신을 나투신다. 그래서 중생을 이롭게 하는 일이 있기만 하면 관세음보살께서 그것이 번창하지 않음이 없도록 하신다. 어떤 몸으로써 제도받음을 얻는 자에게 응하여 곧 어떤 몸으로 나타나서 설법하신다.

觀世音菩薩，于往劫中，久已成佛，號正法明。但以慈悲心切，雖則安住常寂光土，而復垂形實報、方便、同居三土；雖則常現佛身，而復普現菩薩、緣覺、聲聞，及人天六道之身；雖則常侍彌陀，而復普於十方無盡法界，普現色身。所謂但有利益，無不興崇；應以何身得度者，即現何身而為說法。

보타산은 관세음보살께서 자취를 응하신 곳으로 이 산에 자취를 보이시어 중생이 정성을 바쳐 예배드리는 땅이라 여기도록 하거늘, 어찌 보살이 보타산에만 있고 다른 곳에는 없겠는가? 달이 높이 천공에 걸려 모든 냇물에 그림자를 드리우니, 작게는 한 국자의 물 한 방울에도 각각 달이 전부 나타난다. 만약 물이 혼탁하고 출렁이면 달그림자가 또렷하지 않다. 중생의 마음은 물과 같이 일심으로 보살을 전념하면 은밀히 영험을 나타내어 중생이 이익을 얻게 하신다. 만약 마음이 지성이 아니고 전일하지 못하면 보살의 구호를 입기 어렵다.

普陀山者，乃菩薩應跡之處，欲令衆生投誠有地，示跡此山；豈菩薩唯在普陀，不在他處乎？一月麗天，萬川影現，即小而一勺一滴水中，各各皆現全月。若水昏而動，則月影便不分明矣。衆生之心如水，若一心專念菩薩，菩薩即于念時，便令冥顯獲益。若心不志誠、不專一，則便難蒙救護矣。此義甚深，當看印光文鈔中，石印普陀山志序自知。

보살의 명호를 「관세음」이라 함은 보살께서 인지因地에서 듣는 성품을 관해 원통을 증득하셨고, 과지果地에서 중생이 보살의 명호를 부르는 음성을 관해 구호를 베푸는 까닭에 「관세음」이라 이름한다. 「보문普門」이라 함은 보살도는 크게 작용하고 방소方所가 없어 두루 일체중생의 근성에 따라 길을 나서 집으로 돌아오게 함에 오직 한 법문만 건립한 것이 아닌 까닭이다. 마치 사람의 병은 천 가지가 있어 그 약도 만 가지가 있는 것과 같다. 보살은 특정한 한 법문에 집착하지 않고 중생이 미혹한 부분 및 쉽게 깨닫는 부분을 따라 하나하나 지시하여 육근六根·육진六塵·육식六識·칠대七大 각각 모두 원통한 불과를 증득하게 할 수 있다. 이로써 법마다 남김없이 모두 생사를 여의고 정각을 이루는 법문인 까닭에 「보문」이라 한다. 만약 보살이 남해에만 있다면 「보普」라고 인정하기에 모자라다.

名觀世音者，以菩薩因中由觀聞性而證圓通，果上由觀衆生稱名之音聲而施救護，故名為觀世音也。普門者，以菩薩道大無方，普隨一切衆生根性，令其就路還家，不獨立一門。如世病有千般，則藥有萬品。不執定一法，隨於彼之所迷，及彼之易悟處，而點示之。如六根、六塵、六識、七大，各各皆可獲證圓通。以故法法頭頭，皆為出生死成正覺之門，故名普門也。若菩薩唯在南海，則不足以為普矣。

[역주] 1. 네 가지 불토가 있으니, 즉 범성동거토凡聖同居土·방편유여토方便有餘土·실보장엄토實報莊嚴土 및 상적광도常寂光土이다. 범성동거토는 범부가 중생제도 및 교화를 위해 현신하여 설법하는 성인과 공동으로 거주하는 국토이다. 방편유여토는 이승과 법신을 증득하지 않은 보살이 머무는 국토이다. 실보장엄토는 부처님의 보신이 지상보살과 머무는 국토이다. 상적광토는 부처님의 청정법신이 적멸을 보이시는 국토이다.

2. 《법화경》「관세음보살보문품」에서는 관세음보살의 교화와 인도를 상세히 설법하고 계신다. 관세음보살은 32상·19설법으로써 그 보문시현普門示現의 용用을 삼는다. 불보살께서 신통자재하여 갖가지 몸으로 시현하여 무량법문을 열어 중생이 원통을 증득하도록 하심을 말한다. _《관세음보살보문품 심요》(비움과소통) 참조.

[제83칙] **관음대사께서는 무량겁 오래전에 불도를 이루셨다**

관음대사께서는 무량겁 오래 전에 이미 불도를 이루셨다. 중생제도를 위해 상적광불토를 여의지 않고 보살의 몸을 나투신다. 또한 여러 근기의 중생에 응해 육도에 화신하여 삼십이응신三十二應[74], 십사무외十四無畏[75], 사부사의四不思議[76]한 무작묘력無作妙力으로써 소리를 찾아 고통에서 구하고 중생(群萌)[77]을 제도하여 해탈케 하신다. 어떤 몸으로써 제도 받음을 얻는 자에게 응하여 곧 어떤 몸으로 나타나서 설법하신다. 달이 천 개의 강을 비추듯이, 봄이 온갖 풀을 기르듯이 비록 따져 고려하지 않지만 인연에 수순하여 조금도 차이 없이 해낼 수 있다. 이는 관세음보살께서 진실로 유심唯心의 경계를 철저히 증득하고 자성을 원융하게 드러내었기 때문이다.

觀音大士，於無量劫，久成佛道；為度衆生，不離寂光，現菩薩身。又復普應群機，垂形六道，以三十二應、十四無畏、四不思議無作妙力，尋聲救苦，度脫群萌。應以何身得度者，即現何身而為說法。直同月印千江，春育萬卉。雖則了無計慮，而復毫不差殊。良由徹證唯心，圓彰自性。

동체대비를 실천하고 무연자비를 일으켜 곧 중생의 생각을 마음으로 삼고 진법계의 경계를 심량으로 삼으신다. 이로써 무진법계와 무량중생이 모두 보살의 고요하고 비추는 마음 가운데 있음을 알 수 있다. 그래서 자비의 구름을 일체 처에 널리 펼쳐 일체중생이 감로를 얻을 수 있고, 자비의 바다에 물결이 솟구쳐 일어나 영원히 게으르고 싫증내는 마음 없이 중생을 두루 제도하니, 정성을 다함이 있으면 곧 다다름이 있고 원하는 것은 다 좇아 이루게 하신다!

---

74) 관세음보살께서 보현색신삼매普現色身三昧로 말미암아 32신을 응현하신다. 《능엄경》에서는 "나의 몸은 32응을 이루어 모든 국토에 들어간다(我身成三十二應 入諸國土)." 말씀하셨다. 《법화경》에서 말하는 32신은 이와 대동소이하다.

75) 《능엄경》에서 관세음보살은 금강삼매의 무작묘력無作妙力으로써 시방삼세 육도의 일체중생과 동일하게 고통을 제거하길 구하고(悲) 즐거움을 주길 희망하여(仰) 모든 중생으로 하여금 14가지 무외공덕을 획득하게 하신다고 말한다.

76) 세상 사람들은 사의思議 추측할 수 없는 네 가지 일을 가리킨다. 즉 1) 중생 불가사의로, 이는 중생이 생성하는 원인 및 사후 취향趣向하는 마땅한 과보(當果)를 사의 추측할 수 없음을 말한다. 2) 세계 불가사의로, 이는 일체 세계는 모두 중생의 업력으로 말미암아 형성되고, 형성된 후 다시 파괴되며, 파괴되고 다시 형성되어, 처음과 마지막이 이어져서 끊어짐이 없고, 그 생성 및 처음과 마지막을 사의할 수 없음을 가리킨다. 3) 용경계龍境界 불가사의로, 용이 강신降神하여 비를 내림은 입에서 나오는 것도 아니고, 눈 귀 코에서 나오는 것도, 마음으로 생각한 것에서 나오는 것이 아니고 그 생각이 선하든 악하든 모두 비를 내릴 수 있어, 용의 경계는 불가사의함을 말한다. 4) 불경계佛境界 불가사의로, 여래의 몸은 청정하여 물듦이 없고, 헤아릴 수 없고, 길다 짧다 말하지 못하며, 그 범음은 심원하고, 지혜 변재 수명 등 또한 모두 상륜을 뛰어넘고, 신통을 나타내며 설법하니, 일체 인천 이승 등 무리가 모두 추측할 수 없어, 부처님의 경계는 불가사의하다고 말한다.

77) 다수의 생류生類 또는 군생群生을 지음을 말한다. 중생의 다른 명칭, 맹萌은 곧 초목이 발아하기 시작하여 그윽하고 어두운 모습 같다. 혹은 종자가 갈라지지 않은 모양이다. 중생이 도심을 처음 내고 그런 후 여전히 무명에 덮여서 마치 온갖 초목이 발아되는 것 같아 군맹群萌을 중생에 비유한다.

悲運同體，慈起無緣。即衆生之念以為心，盡法界之境以為量。是知無盡法界，無量衆生，咸在菩薩寂照心中。故得雲布慈門，波騰悲海，有感即赴，無願不從也。

[제84칙] 보살은 마음이 없어, 중생의 마음을 마음으로 삼는다

보살은 마음이 없어 중생의 마음을 마음으로 삼고, 보살은 경계가 없어 중생의 경계를 경계로 삼으심을 알아야 한다. 그래서 중생에게 정성을 다하는 느낌이 있으면 곧 통하여 도모하지 않고 응하신다. 이는 진실로 중생심의 본체가 보살의 마음과 시시각각 상통하기 때문이다. 그래서 무릇 지극히 큰 험난을 만날 때 중생이 관세음보살을 향해 구해달라는 생각을 내면 곧 감응을 획득한다. 또한 보살이 몸을 나투어 괴로움을 구호함에 반드시 유정중생의 몸을 나타낼 뿐만 아니라 기타 산하와 수목, 다리, 배와 뗏목, 망루와 집, 담벼락과 촌락도 근기를 따라 나타난다. 관세음보살은 반드시 궁지에 몰린 중생이 다시 사통팔달의 대도를 걷도록 하시고, 피할 곳이 없는 중생에게 큰 숨는 곳을 얻도록 하신다. 보살의 갖가지 구제는 말로 다하기 어렵다.

須知菩薩無心，以衆生之心為心；菩薩無境，以衆生之境為境。故得有感即通，不謀而應。良由衆生心之本體，與菩薩之心息息相通；以故凡遇極大險難，舉念即獲感應。又菩薩現身，不專現有情身，即山河樹木、橋梁船筏、樓臺房舍、牆壁村落，亦隨機現。必使到絕地者，復登通衢；無躲避處，得大遮蔽。種種救護，難盡宣說。

[제85칙] 우리의 마음과 보살의 마음은 체성이 동일하다

우리의 마음과 보살의 마음은 체성이 동일하다. 우리의 한 생각이 미혹으로 어그러져 각성을 등져 여의는 까닭에 이러한 심성을 믿고서 미혹을 일으키고 업을 지어 갖가지 고뇌를 겪는다. 만약 이 탐진치를 일으키는 마음이 그대로 보살이 계정혜의 마음을 원만히 증득하는 마음임을 안다면 마음을 일으키고 생각을 움직임이 보살이 신통을 드러내고 묘법을 설함이 아니겠는가?

吾人之心，與菩薩之心，同一體性。吾人由迷悖故，仗此心性，起惑造業，受諸苦惱。若知即此起貪瞋癡之心，即是菩薩圓證戒定慧之心，則起心動念，何一非菩薩顯神通、說妙法乎？

[역주] 《관경》에 이르시길, “제불여래께서는 곧 법계신이니, 일체 중생의 심상心想 속으로 들어가신다.” 하셨다. 중생의 자성은 곧 제불의 법신이다. 중생심을 떼어놓고 달리 제불의 법신이 있는 것이 아니다. 성과 체는 둘이 아니고, 갖가지 마음은 같지 않다. 성으로 말미암아 작용을 일으키고 작용은 반드시 체를 섭수한다. 그래서 일체 중생의 심상 속으로 들어간다고

말한다. 성과 체는 대대待對가 끊겨서 자自도 아니고 타他도 아니며, 자이면서 타이고, 들어감도 아니면서 들어감이니, 마음이 곧 성인 까닭이다.

"이 마음이 부처를 지으니 이 마음이 그대로 부처인(心作心是)" 이치처럼 "마음바깥에 들어감(心外而入)"을 집착하지 말라. 마음에는 바깥이 없는 까닭이고, 자성의 부처님과 저 부처님은 본래 둘이 아닌 까닭이다. 또한 수덕修德에 공功이 있어 성덕性德이 바야흐로 드러나고, 제불이 미묘하게 작용하니 곧 중생의 성덕이 바깥으로 드러난다. 성덕은 수덕을 여의지 않아 모름지기 지성으로 칭념하여 부처님을 감득하고, 수덕은 성덕을 여의지 않아 자성이 본래 갖추고 있는 지혜 · 덕능 · 신통(성덕)을 보문시현普門示現한다.

제불과 중생심의 체성은 방 안의 천 개의 등불처럼 서로 비추어서 서로 갖추고(互具) 두루 갖추며(遍具), 서로 포섭하고 두루 포섭하니, 부처는 중생심 중의 부처이고 중생은 불심 중의 중생이다. 부처는 본래 함이 없고 하지 않음이 없으며, 유심이 아니고 무심이 아니며, 사구四句를 여의고 백비百非가 끊어지며, 또한 네 가지 문이 원융하여 문마다 서로 거두어 자재하여 걸림이 없다.

부처님께서 신통력을 쓰심은 중생의 심념에 의지해 증상하고, 보리정도菩提正道의 염에 수순하여 불력이 명훈가피하여 바깥으로 드러나고, 미혹을 일으켜 업을 짓는 탐진치의 염은 불력이 따르지 않아 안으로 숨는다. 그래서 중생의 마음을 마음으로 삼고, 중생의 염을 염으로 삼는다고 말한다. 지성심으로 감통感通하고 일심칭념이면 반드시 감응을 얻는다.

감응은 또한 여러 종류로 나뉘니, 현감현응顯感顯應 · 명감명응冥感冥應 · 현감명응顯感冥應 · 명감현응冥感顯應 등이다. 학불인은 의혹이 많이 있어 경전에서 갖가지 수승한 묘용을 법문하거늘 왜 자신이 관세음보살을 칭념하여도 감응이 적은가? 문제의 대부분은 「수덕修德」에서 비롯한다. 설령 마음 바깥에서 법을 취하고 마음 바깥에 부처가 있을지라도 일정한 공덕을 닦을 수만 있다면 여전히 보살의 감응을 얻는다.

구체적인 내용은 다음 글을 참조하라! 「일심으로 칭념하여 괴로움을 여의고 해탈하거늘 여하히 관세음보살을 일심으로 칭념하여야 반드시 감응하겠는가?」(제86칙 보충) 「무엇을 지심至心이라 하는가? 지심의 표준은 무엇인가?」(제88칙 보충)

[사구감응四句感應]

천태지자 대사, 《묘법연화경현의妙法蓮華經玄義》

첫째는 **명기명응冥機冥應**이니, 만일 과거에 삼업三業을 잘 닦아 현재에 신구의를 운용치 않아도 전생의 선근의 힘을 빌리므로 이를 명기冥機라고 한다. 비록 영묘한 감응을 현세에 보지 못해도 은밀히 법신의 이익 되는 바가 되어, 보지도 듣지도 못하면서 깨닫고 알아지는 것을 명응冥應이라 한다.

둘째는 **명기현익冥機顯益**이니, 과거에 선근을 심어 명기冥機가 이미 성취되어서, 곧 부처님을 만나 뵙고 설법을 들어 현전에서 이익을 얻는 것으로 이를 현익顯益이라 한다. 부처님께서 세상에 처음 나오셔서 가장 먼저 제도를 받은 사람처럼 현재 수행을 한 적이 있는가! 제불께서 그의 전생 근기를 비추어 보시고, 스스로 가셔서 제도하신 것이니, 곧 그 뜻이다.

셋째는 **현기현응顯機顯應**이니 현재 신구의로 부지런히 정근하여 게으르지 아니하면 감응이 내려올 수 있다. 이는 수달須達장자가 무릎 꿇고 간청하니 부처님께서 기원정사에 머무셨고, 월개月蓋장자가 몸을 굽혀 간청하니 부처님께서 성 문턱에 서 계신 것과 같다. 곧 수행자가 도량에서 예배 · 찬탄하고 참회하면서 영험과 서상을 느끼는 것이니, 곧 이것이 현기현응顯機顯應이다.

넷째는 **현기명응顯機冥應**이니 사람이 한평생 부지런히 고생하여 현세에 선행을 많이 쌓아도 현세에 감응이 나타나지 않아 느끼지 못하지만 은연중에 그 이익이 있는 것이니, 이것이 현기명익顯機冥應이다.

[제86칙] 큰 정성으로 염하면 큰 감응이 있고, 작은 정성으로 염하면 작은 감응이 있나니, 절대 감응하지 않는 법은 없다

관세음보살 명호를 염함에 큰 정성으로 염하면 큰 감응이 있고, 작은 마음으로 염하면 작은 감응이 있나니, 절대 감응하지 않는 법은 없다. 주저하지 않고 마음을 크게 먹고 사람들에게 말하니, 비록 감응을 보지 못하여도 감응에는 현재 정근하여 현재 이익을 얻거나(顯感顯應), 과거 선행을 닦아 감응은 없지만 은밀히 법익을 받거나(冥感冥應), 과거 선근을 심어 현재 이익을 얻거나(冥感顯應), 현재 선행으로 감응을 보지 못하지만 은밀히 이익을 얻는(冥感冥應) 자취가 있어, 또한 감응이 없다고 말할 수 없다.

念觀音名號，大則大應，小則小應，絕無不應之理。只管放開大膽對人說。彼不見感應者，感應之跡，有顯感顯應、冥感冥應、冥感顯應、顯感冥應。亦未嘗無感應也。

[역주] 일심一心은 얕게 이해한다면 지성전념至誠專念 그대로이다. 그러나 이 일심경계는 얼마나 광대한가? 아래로 범부의 전심성의專心誠意한 일심(명자위)에서부터 점차 미혹을 조복한 사일심불란事一心不亂의 일심(관행위)으로 들어가 의혹을 끊은 사일심불란의 일심(상사위)로 상승하여 법신보살의 이일심불란理一心不亂의 일심(분증위)에 이르기까지 모두 일심이라 부를 수 있다.

또한 선인의 일심과 악인의 일심, 의심하며 뒤섞인 일심으로 나뉠 수 있는데, 모두 다 일심일지라도 부처님 명호를 칭념함은 같지만, 그 공덕의 많고 적음은 하늘땅만큼의 차이가 있다. 또한 발심이 동등하지 않아 어떤 사람은 칭명하면 선을 낳지 않고 오히려 탐진치를 증가시키고, 어떤 사람은 칭명하면 복덕은 생기지만 공덕은 생기지 않는다.

어떤 사람은 칭명하면 공덕이 생기는데, 이 공덕으로 비로소 죄를 없애고 삼악도에 떨어지는 정업定業을 바꿀 수 있다. 그러나 공덕 또한 크고 작은 차이가 있다. 그래서 정업은 모두 바뀌거나 점차 바뀌거나 바뀌지 않는 등 차이가 있다. 또한 감응도 현감현응顯感顯應, 현감명응顯感冥應, 명감현응冥感顯應, 명감명응冥感冥應으로 나뉜다.

또한 불법은 안으로 배움(內學)이고 안으로 닦음(內修)이다. 관음은 곧 자성관음自性觀音이고 감응 또한 **심작심시**心作心是이다. 범부는 대부분 마음 바깥에서 법을 구한다. 이 글은 비록 간단한 질문이지만, 온갖 수많은 불학의 난점과 관련된다. 그 난점은 하나하나는 모두 특별한 제목으로 논술할 수 있다.

매우 많은 사람들은 염불하여도 전혀 감응이 없고, 우연히 재앙을 만나기도 하며, 심지어 횡사하기도 한다. 세상 사람들이 불교의 감응원리를 이해하지 못하여 오해하거나 의심하는 것은 불가피하다. 본문에서 열거한 것도 감응이론의 전체가 결코 아니다. 어떤 스님의 법문은 흔히 간략하다. 머리에 불을 끄듯, 강한 적을 맞닥뜨리듯, 이와 같이 감응을 볼 수 있지만, 사람마다 반드시 감응할 수 없는 것은 중생의 심경과 업력이 각각 다르기 때문이다.

범부가 염불하면 흔히 감응이 적은 것은 마음이 안정되지 않고, 늘 의혹이 섞이고 마음이 산란한 경우가 많아 '미혹을 조복한 일심'(伏惑一心)에 도달하기 어렵다. 미혹을 조복한 일심불란이야말로 마음이 안정되어 가장 얕은 염불삼매에 들어간 셈이다. 고요한 마음으로 하는 정심염불定心念佛은 정선定善이고, 정선이면 정업定業을 바꿀 수 있다. 산란한 마음으로 하는 산심염불散心念佛의 산선散善은 정업을 바꾸기 어렵다. 게다가 엄격히 계행을 지키지 않고, 진실로 보리심을 발하지 않으며, 정진 수행하지 않는다. 이것이 바로 보통 염불인이 뜻밖에 일을 만나거나 뜻밖에 병을 만나는 원인이다.

또한 관세음보살은 불법에서 자비를 대표한다. 자비심이 두터운 경우 곧 감응하기 쉽다. 마지막으로 위급한 재난을 만날 때 관세음보살을 칭념함은 평상시 염불함과 다름을 응당 이해하여야 한다. 왜냐하면 사태가 급박하기 때문에 지극한 정성이 간절하고 용맹할 수 있어 설사 범부일지라도 잠시 관행위의 일심에 이르도록 염할 수 있어 비록 짧고 일시적인 정선일지라도 그 역용의 효과는 평상시 산심의 염불과 견줄 수 없다. 예로부터 지금까지 위급한 재난을 만날 때 관세음보살이 감응하는 사례는 어느 것이나 모두 그렇다. 그 가운데 거의 대부분이 보통사람들이다.

그래서 관세음보살께서 소리를 찾아 괴로움에서 구해내신다는 사실에 대해 자기 스스로 충분한 믿음을 일으켜야 하고, 발심하여야 하고, 많이 염불해야 하며, 지극한 정성을 다해야 하고, 공경심을 다해야 한다. 인광대사께서는 말씀하신 것처럼 "불법에서 실익을 얻고자 하면 모름지기 공경심에서 구해야 한다. 일분 공경심이 있으면 일분 죄업을 없애고 일분 복덕과 지혜가 늘어난다. 십분 공경심이 있으면 십분 죄업을 없애고 십분 복덕과 지혜가 늘어난다." 그래서 견고한 믿음, 지극한 정성으로 염불하면 반드시 노력이 헛되지 않다.

[보충] 일심으로 칭념하여 괴로움을 여의고 해탈하거늘 여하히 관세음보살을 일심으로 칭념하여야 반드시 감응하겠는가?

《묘법연화경 관세음보살보문품》에서 말씀하시길, "부처님께서 무진의보살에게 이르시길, 선남자여, 만약 무량 백천만억 중생이 있어 갖가지 괴로움에 핍박 받을 때 이 관세음보살의 명호를 듣고서 일심으로 칭명하면 관세음보살이 즉시 그 음성을 관하여 모두 해탈을 얻게 하느니라." "염념마다 의심하지 말지니, 관세음은 청정한 성인이라. 괴로움의 핍박과 죽음의 액난에서 능히 의지하고 믿을 수 있느니라."

○원영대사 강의절록

위에서 과거와 현재의 악업 · 미혹 · 고뇌를 밝힘을 듣고서, 과거 · 현재의 선근으로 말미암아 명호를 들을 수 있고 다시 칭명한 공덕의 힘으로 말미암아 해탈을 얻을 수 있다. 공덕은 어디에 있는가? 곧 일심으로 칭명함에 있고, 혹 과거 · 현재 겁에, 세상에 있다. 듣자하니, 관세음보살은 광대한 자비가 있고 광대한 영감이 있어 괴로움을 만나 구제를 구하여 일심으로 칭명하면 보살은 종 걸이에 걸린 큰 종처럼 두드리면 울리고, 받침대가 있는 밝은 거울처럼 형상이 만나면 비치는 것과 같다.

「즉할 때(即時)」 무작묘지無作妙智로써 그 음성을 관하고, 소리를 찾아 괴로움에서 구하여 해탈을 얻게 하니, 이는 사일심事一心을 기준으로 지극한 정성이 간절하면 감통感通할 수 있고 중생의 기심機心과 보살의 성심聖心이 서로 교류하면 곧 해탈을 얻는다. 이일심理一心에 도달하면 자타自他가 둘이 아니고 능소能所가 함께 사라져 괴로움의 성(苦性)과 억념의 성(念性)이 모두 고요하면 「해탈함」도 없고 「해탈하지 못함」도 없다. 두 사람의 공이 모두 일심에 있다. 만일 혹시라도 산심散心 · 난심亂心 · 경심輕心 · 만심慢心이면 비록 칭명할지라도 신속한 효험을 거두기 어렵다.

○보정寶靜법사 강의절록

일심으로 명호를 집지함에는 사일심事一心과 이일심理一心이 있다. 우리는 경전을 듣지 못한 이전에 불법의 진실한 뜻을 알지 못하였다. 무릇 명호칭념만으로 불현 듯 곧장 염해나가 일심불란에 이르도록 염할 때 「**사일심事一心**」이라 한다. 염할 때 또렷이 할 수 있는 마음은 능념能念의 마음이고 관세음보살은 소념所念의 명호이다. 능념의 마음을 떼어놓고 달리 소념의 명호가 없고, 소념의 명호를 떼어놓고 달리 능념의 마음이 없어 능소가 둘이 아니어서 하나의 진여이치를 융합하여(融會一如) 깨달음을 「**이일심理一心**」이라 한다.

관세음보살은 신통이 광대하고 위덕이 견줄 데가 없고, 내게 몸과 마음을 귀의함만 있고 분별 사량하는 생각이 없이 착실히 염해나가 일심불란에 이르도록 염할 때 오직 한마디 거룩한 명호만 있을 뿐이다. 심지어 보아도 보이지 않고, 들어도 들리지 않으며, 행해도 그칠 줄 모르고, 앉아도 앉을 줄 모르며, 망념 · 분별이 없이 한 덩어리가 되는(打成一片) 까닭에 「일심칭명一心稱名」이라 한다.

…「즉시即時」, 바로 칭명할 때 즉 감응을 입을 때 앞뒤에 떨어지지 않고 무선전파 방송처럼

그 음을 방송하여 여기서 발하고 저기도 받으면 멀든 가깝든 관계없이 조금 앞이든 뒤이든 상관없이 동시에 감응하는 까닭에 「즉시」라고 한다. 사람의 손과 발이 줄에 묶인 것처럼 자유롭지 못함을 「해탈하지 못함」이라 한다. 일단 이해가 열려 다시 자유로워짐을 「해탈함」이라 한다.

사람은 고뇌에 얽매이면 마치 속박된 것 같다. 이러한 속박은 사람마다 스스로 지은 것으로 봄에 누에가 고치를 짓고, 가을에 나방이 불속으로 뛰어들어 죽도록 깨닫지 못한다. 당신이 일심으로 명호를 칭념할 수 있으면 망상·잡념이 일어나지 않고, 능소를 잊고 신견身見이 없어지며, 번뇌가 절로 소멸하고 고통에서도 곧 해탈할 것이다. 만약 이 관세음보살의 명호를 수지하는 사람이 있으면 설령 큰 불에 들어갈지라도 불에 타지 않나니, 이 보살의 위신력으로 말미암은 까닭이다….

그래서 불법은 불가사의한 것이지 미신적인 것이 아니다! 지금의 세계는 세상이 어지럽고 사람이 좋지 않은 시대이자 오탁악세五濁惡世로 재난이 빈번히 일어난다. 세계에는 전란과 천재와 인화가 끊임없이 일어나고, 망망한 대지에 한 조각 정토도 없으며 도망칠 수 있는 곳도 없다. 오직 서둘러 모든 악을 짓지 말고, 온갖 선을 받들어 행하며, 일심으로 명호를 칭념하여야 해탈을 얻을 수 있다.

… 세상 사람들은 미혹하고 몽매하여 날마다 아침에 끝없이 펼쳐진 고해를 해쳐나가야 한다. 머리를 돌려 일심으로 명호를 칭념할 수 있다면 이른바 머리를 돌림이 바로 피안이다.…원적怨賊은 전세의 오랜 죄과로 말미암아 갚을 것을 재촉하러 올 것이다. 또한 일심으로 명호를 칭념하여야 이러한 삼악도에 떨어지는 정업定業에서 구해낼 수 있고 해탈을 얻을 수 있다.

[제87칙] **작은 정성에는 작은 감응이 있고, 큰 정성에는 큰 감응이 있다**

확실히 보살의 마음은 허공 같아 두루 하지 않는 곳이 없지만, 중생이 미혹하여 믿음을 내지 않으면 감응이 없다. 비유컨대 허공은 물질로 막아서 격리를 이루는데, 작은 구멍을 뚫어 작은 구멍의 공간이 생기고, 큰 구멍을 뚫으면 큰 구멍의 공간이 생기며, 장애하는 물질을 완전히 철거하면 만물을 두루 머금은 허공과 혼연일체가 되어 조금도 간극이 없다. 그래서 중생에게 작은 정성이 있으면 작은 감응이 있고, 큰 정성이 있으면 큰 감응이 있다.

良以菩薩之心，猶如虛空，無所不遍；但衆生在迷，不生信向。譬如虛空，以物障之，便成隔礙；若穿一小孔，即得一小孔之空；穿一大孔，即得一大孔之空；若完全撤去障礙之物，則與普含萬象之虛空，渾合無間矣。是以衆生小感則小應，大感則大應。

[역주] 효심 · 자비심 · 지혜심 · 대행대원심은 무상보리심, 대심大心으로 닦은 공덕 또한 크게 한다. 감응하는지 여부는 완전히 공덕에 달려 있다. 자성自性의 묘용妙用은 수덕修德을 따라 바깥으로 드러난다. 진실한 공덕은 미혹과 업장을 깨뜨릴 수 있지만, 복덕과 아무런 관계가 없다.

학불學佛 수행하면서 혹 기도를 하거나 소원을 빌거나 반드시 먼저 무엇이 공덕인지, 무엇이 복덕인지 알아야 한다. **심성을 고치지 않으면 부지런히 복과 선을 닦아도 공덕이 생기기 어렵다.** 달마대사의 말씀처럼 양무제가 비록 절을 짓고 승물을 공양한 것이 헤아릴 수 없이 많을지라도 공덕은 전혀 없다. **진실한 공덕이라야 운명을 고치고 재난을 그치며 복이 생기고 삼악도에 떨어지는 정업定業을 없앨 수 있지만, 복덕으로는 안 된다.**

어떤 사람은 여러 해 동안 채식을 하면서 염불수행을 하였지만, 오히려 재난과 화를 만나 횡사하기도 한다. 그래서 부처님은 아무런 영험이 없다고 말하지만, 실제로 근본 원인은 완전히 자신의 마음에 있다. 감응의 자취는 여러 가지가 있지만, 원인은 하나일 뿐이다. 감응하는지 여부는《학불감응의 천석淺釋: 진해량 거사의『가허즉허可許則許』》를 참조하라.

기도의 소원에는 크고 작음이 있고, 업장에는 가볍고 무거운 구분이 있다. 소원을 이루고 장애를 제거하는 공덕의 역용도 가볍고 무겁거나 느린 구분이 있다. 작은 공덕을 닦으면 큰 소원을 이루기 어렵다. 공덕이 부족하면 정업을 바꾸기 어렵다. 죄업을 없앰도 또한 점차 바꿈 · 반만 바꿈 · 완전 바꿈으로 나뉜다. 불교에서는 비록 구함이 있으면 반드시 응할지라도 필히 보리정도에 수순하여 구하여야 한다. 먼저 억지로 갈다 붙이고 나중에 부처님의 지혜로 들어가게 하면 불보살께서는 탐진치를 눈감아주시지 않는다. 기도의 소원도 발심이 관건이다. 행하여 얻지 못하거든 자신에게서 원인을 찾아야 하듯이 불보살님과 감응할 수 없거든 장애는 모두 자심自心으로 말미암는다.

중생이 누겁에 걸쳐 이런 지경까지 몰락한 것은 모두 탐진치 등 번뇌 삼혹三惑(삼장三障)으로 인해 어떤 법문을 수행하든 모두 미혹을 깨뜨리고 업장을 제거할 수 없다. 감응하는 원리도 또한 이와 같다. 마음이 청정하면 필연코 큰 정성에는 큰 감응이 있고, 작은 정성에는 작은 반응이 있기 마련이지만, 감응하지 않는 이치는 절대 없다.《보문품》에서 말씀하신 것처럼 지성 · 공경심으로 관세음보살을 칭념 · 예배하면 반드시 노력이 헛되지 않는다.

[제88칙] 위급한 일과 병고를 당할 때 모두 지심으로 관세음보살을 칭념하라

병고로 몹시 아파서 참을 수 없는 사람은 아침 · 저녁으로 염불하고 회향하며 그 밖에 전심으로 뜻을 두고 「나무관세음보살」을 염해야 한다. 관세음보살께서는 일체국토에 몸을 나투어 소리를 찾아 고통에서 구하신다. 위급한 일을 당할 때 지송예배하면 정성에 모두 감응하니, 곧 자비보우를 드리워서 중생이 고뇌를 벗어나 안락을 얻게 한다.

(화엄회상에서 관세음대사께서 선재동자에게 이르시길, "나는 이 대자비의 행문에 머물면서 일체중생의 앞에 두루 나타나리라." 그렇다면 우리의 말 하나 행동 하나, 언제 어디서나 대사의 자비 속에 있지 않을까? 특히 여러 겁을 지내면서 혼미하여 타고난 장님처럼 낮에 햇빛을 마주하여도 알아채지 못한다. 뜻밖에 위급하고 험난한 상황을 만나 일체 번뇌(塵勞)·망상을 단박에 조복하여 일어나지 못하고 오직 도움을 간청하는 일념일 뿐, 맹렬한 불길이 삽시간에 일어나듯 급류가 내달리듯 관음대사와 즉시 상응함을 알아채지 못하고, 높고 큰 위신력이 즉시 눈앞에 갖추어져도 수용해 마지않다. 이상으로 운운함은 허지정許止淨 거사가 《보문품》을 마음에 둔 후 대사께서 괴로움을 구한 영감을 천명함에 가장 최대한 도로 묘사한 것이다. _이정통 거사 주注)

若病苦至劇，不能忍受者，當於朝暮念佛回向外，專心致志，念南無觀世音菩薩。觀音現身塵剎，尋聲救苦。人當危急之際，若能持誦禮拜，無不隨感而應，即垂慈佑，令脫苦惱而獲安樂也。(華嚴會上大士告善財云，我住此大悲行門，普現一切衆生之前。然則吾人一言一動，何時何地而不在大士慈悲身中？特歷劫昏迷，如生盲人，日對陽光而不自覺。猝遇危難，一切塵勞妄想，頓伏不起，惟求救之一念，如烈火迅發，如急流奔馳，不覺與大士立時相應，而巍巍神力，遂具足當前，受用無盡。以上云云，係許止淨居士于普門品後，闡揚大士救苦之靈感，最為形容盡致者。)

[역주] 위급하고 험난한 때일수록 심념心念이 용맹하여 지극한 정성이 전일하여 그 공덕의 역용은 평상시 보다 훨씬 더 수승하니, 유유히 산란한 마음으로라도 부처님 명호를 칭념하여야 한다. 지심(至心; 더없이 성실한 마음)은 여하히 또한 육즉불六即佛의 계위로써 논판할 수 있다. 이를테면 명자위名字位 지심至心, 관행위觀行位 지심, 상사위相似位 분증위分證位 지심들이다.

명자위의 사람은 비록 지심으로 칭념할 수 있을지라도 마음은 산란한 경우가 많아 닦은 산선散善은 삼악도에 떨어지는 정업定業을 없애기 어렵다. 최소한 관행위 초품의 지심은 바야흐로 정선定善을 닦을 수 있고, 정업을 없앨 수 있다. 《보문품》 등 경전 중에서처럼 모두 「일심一心」으로 칭념하길 주장한다. 실제상으로 이 「일심一心」은 곧 일심불란一心不亂으로, 고요한 마음으로 염불(定心念佛)한 뜻에 치우친다. 그 사람이 위급한 고난을 만난 때, 마음에 다른 일에 힘을 쏟을 수 없어 간절함이 지극하여 얼마 안 되는 시간에 관행위의 일심에 이르도록 염하면 비록 아주 짧은 시간 상응할지라도 오히려 수승한 정선定善이 생겨나 지금 바로 천재와 인화, 병고와 횡사 등 정업을 바꾸어 없앨 수 있다.

지극한 정성으로 관세음보살을 칭념하면 미진찰토(塵剎; 무량한 세계)에 몸을 나투어 소리를 찾아 괴로움에서 구한다는 원리는 이와 같다. 괴로움에서 구하는 관세음보살은 바로 자성불성이 바깥으로 드러나는 자성의 관음이고, 위급하고 험난한 때 부처님 명호를 칭념한 공덕(당연히 평상시 닦은 공덕을 포괄한다)은 바로 관세음보살의 현신現身을 감득하는 「자량資糧」이다.

그래서 어떤 각도에서 말하면 관세음보살이 구제하고 제도함도 또한 중생 자신이 구제함이다. 어떤 사람은 칭념하여 감응을 얻는데, 어떤 사람은 감응을 얻지 못한다. 게다가 반드시 칭념해야 감응을 얻고 염하지 않으면 감응을 얻을 수 없음은 중생 자신이 구제한다는 각도에서 이해하면 대단히 공정하고 합리적이다. 지나치게 마음 바깥의 관세음보살을 미혹하여 믿는다면 이는 본래 불교 바깥, 외도의 사상에 속하고 불법 본래의 심법은 안으로 닦고 안으로 배우는 법임을 모른다.

[보충] **무엇을 지심至心이라 하는가? 지심의 표준은 무엇인가?**

오도悟道 법사,《천수천안관세음보살 광대원만무애대비심다라니경》절록

무엇을 지심至心이라 할까요? "나는 매우 지심으로 염불하고 있다. 매우 열심히 염불하고 있다." 이러면 지심이라고 할 수 있나요? "내가 하루 십만 번 소리내어 염하면 지심으로 염불하고 있다"고 할 수 있나요? 이것이 우리가 깊이 이해해야 할 부분입니다. 지심至心, 이 두 글자는 대승경전에서 모두 볼 수 있습니다.《지장경》을 포함해서 매우 많은 대승경전에서 이 두 글자를 볼 수 있습니다. 어떻게 해야 지심이라고 할 수 있나요? 그것의 표준은 어디에 있을까요? 이전에 저도 이러한 경전을 계속 찾아보았습니다. 그 후 저는《점찰선악업보경占察善惡業報經》을 보았는데, 이 경전에서 지심을 가장 상세하고 해석하고 있습니다. 여기서 저는《점찰선악업보경》에서 부처님이 지심을 해석하는 것을 인용하겠습니다.《점찰경》은 부처님께서 지장보살에게 설법을 청한 경전입니다.

"이때 견정신堅淨信 보살마하살이 지장보살에게 여쭙길, '말씀하신 지심至心은 몇 가지 차별이 있습니까? 얼마나 지심이어야 좋은 서상을 얻을 수 있습니까?'" 이는《점찰경》의 경문 한 단락입니다. 견정신보살은 우리를 대신하여 지장보살에게 청문합니다. "보살이시여, 지심에는 도대체 몇 가지 종류가 있습니까? 무엇을 지심이라 합니까? 어느 정도의 지심이어야 좋은 상을 얻을 수 있습니까?"

저는 이 경문에서 바로 제가 찾던 답안을 보았습니다. 지장보살마하살께서 답하시길, "선남자여! 내가 말한 지심이란 간략히 두 가지가 있다. 어떤 것이 둘인가? 첫째 막 학습을 시작하는 **구원지심**求願至心이고, 둘째 의근을 거두어 전일하게 정진하여(專精) 용맹심을 성취하는 **상응지심**相應至心이니라. 이 둘째 지심을 얻은 자는 좋은 서상을 얻을 수 있느니라. 이 둘째 지심에는 다시 하중상 세 가지 차별이 있느니라."

지장보살께서 견정신 보살에게 지심은 대략 두 가지가 있다고 말씀하셨습니다. 첫째는 초시학습初始學習 구원지심求願至心입니다. 초시학습은 곧 우리가 막 학습을 시작한다는 뜻이고, 구원求願은 매우 간절히 발원한다는 뜻입니다. 즉 매우 간절하게 발원하여 막 학습을 시작하는 구원지심입니다. 우리가 현재 경전의 말씀을 듣고 발원하여 매우 진지하게 불보살의 거룩한 명호를 염하는 것과 같습니다. 둘째는 의근을 거두어 순수하게 전념하여 용맹심을 성취하는 상응지심相應至心입니다. 이 둘째 지심에서 비로소 좋은 서상을 획득할 수 있습니다. 말하자면 두 번째 지심에서 그것의 효과가 비로소 현전하게 됩니다. 첫째 지심에서는 여전히 감응이 없고, 두 번째 지심이면 감응이 있습니다.

둘째 지심에는 또한 세 가지 차별이 있는데, 하중상 세 가지 지심으로 나뉩니다. "무엇이 셋인가? 첫째는 **일심**一心이니, 이른바 망상을 매어 어지럽지 않고, 마음이 또렷하고 분명한 상태에 머무는 것이니라." 이와 같이 첫째 지심은 일심이라 합니다. 《아미타경》에서는 일심불란一心不亂이 보입니다. 무엇을 일심불란이라 할까요? 망상(想)을 매어 어지럽지 않게 하여 마음이 또렷하고 분명한 상태에 머무는 것입니다. 상想은 곧 망상입니다. 망상이 섞여 들어오지 않도록 「나무아미타불」 한마디 부처님 명호로 이미 번뇌 망상을 조복시켜 마음을 머물게(伏住) 할 수 있습니다. 마음을 일으키고 생각을 움직이면 곧 부처님 명호로 한마디 아미타불 혹은 관세음보살을 제외하고는 다른 어떤 생각도 없이 텅 비어 어지럽지 않는 경지가 곧 일심불란입니다. 이것이 첫째 일심입니다.

"둘째는 **용맹심**이니, 이른바 전일하게 구함에 게으르지 않고 신명을 돌보지 않는 것이니라." 둘째 지심은 용맹심이라 합니다. 이 용맹심은 전일하게 구함에 게으르지 않고 신명을 돌보지 않고 목숨을 내걸고 염불합니다. 그러나 어떤 사람은 정말 매우 용맹하여 며칠 몇 밤을 잠자지 않으며 염불하지만 경전에서 말하는 이런 효과에 도달하지 못합니다. 출가자든 재가자든 매우 용맹한 사례를 많이 보지만, 마에 붙어 미쳐버리기도 하고 염불할수록 번뇌 · 습기가 늘어가기도 합니다. 이는 바로 마음을 잘못 사용하여 마음 상태가 틀리기 때문입니다. 관조觀照를 얻을 줄 몰라 잘못된 마음 상태가 출현합니다. 이것이 나타나지 않아도 당신은 옳다고 여기고 이런 상태가 발전하여 마지막에 이런 결과를 초래합니다.

「나무아미타불」 한마디 부처님 명호를 보리심과 상응하도록 염하면 반드시 경전에서 말한 효과에 도달할 것입니다. 번뇌심과 상응하여 끝까지 염하면 정말 관정대사께서 말씀하신 것처럼 아비지옥에 가는 일이 생길 수도 있습니다. 경전에서는 우리에게 분명히 "보리심을 발하여 일향으로 전념하라(發菩提心 一向專念)" 말씀하십니다. 번뇌심을 발하여 일향전념하면 당연히 염불하여 성불할 수 없을 뿐만 아니라 지옥에 떨어질 수도 있으니, 이는 정말 억울한 일입니다. 그래서 이러한 관건이 되는 경문은 반드시 또렷이 잘 이해하여야 합니다. **지심으로 용맹정진하여 목숨을 돌보지 않고 반드시 생사를 끝마치는 이런 보리심과 상응하는 마음으로 염불하면 이런 효과에 도달할 것입니다.**

셋째 "**깊은 마음**이니, 이른바 법과 상응하여 구경에 물러나지 않는 것이니라." 셋째 지심은 최고인 깊은 마음입니다. 깊은 마음은 바로 법에 상응하여 구경에 물러나지 않습니다. 깊은 마음은 곧 상응입니다. 번뇌를 끊고 심지어 무명을 깨뜨리면 법과 상응합니다. **《관무량수경》에서는 보리심은 바로 지성심至誠心, 심심深心, 회향발원심迴向發願心이라고 말씀하십니다. 깊은 마음은 곧 개오開悟하여 법과 상응합니다.**

"만약 어떤 사람이 이 참회법을 수습함에 있어서 내지 하지심下至心을 얻지 못한 자는 청정한 좋은 서상을 끝내 얻지 못할 것이니라." 하지심, 곧 일심으로 망상을 매어 어지럽지 않도록 하여 공부성편功夫成片에 도달하지 않으면 좋은 서상에 이르지 못합니다.

우익대사께서 우리들에게 지심至心에 대해 역주하여 말씀하시길, **"막 학습을 시작하는 구원지심求願至心으로는 산란한 망동을 여의지 못하고 장애의 종자를 조복하지 못하는 명자위 초심인 까닭에 청정한 윤상輪相을 획득할 수 없다."** 발원하여 학습을 시작하고 있는 이런 마음으로는 여전히 산란한 망동을 여의지 못합니다. 망념을 조복할 수 없고, 누를 수 없으며,

염불을 할지라도 여전히 망념을 멈출 수 없습니다. 명자名字는 천태종 육즉불六即佛(이즉불理即佛, 명자즉불名字即佛, 관행즉불觀行即佛, 상사즉불相似即佛, 분증즉불分證即佛, 구경즉불究竟即佛)의 하나입니다. 초심은 막 시작한 것으로, 우리는 현재 막 학습을 시작하여 부처님 명호를 염하고 있어 여전히 번뇌를 조복하지 못합니다. 그래서 정공 노화상께서는 늘 말씀하십니다. "여러분들은 번뇌를 여전히 조복할 수 없습니다." 번뇌를 조복하지 못하여 우리는 왕생할 자신이 없으므로 임종시 운이 좋은지 살펴보아야 합니다. 임종시 운이 좋으면 선지식을 만나 조념을 받아서 왕생할 수 있습니다. 만약 임종시 업장이 현전하면 왕생에 여전히 장애가 있습니다. 그래서 이러한 막 학습을 시작하는 구원지심으로는 좋은 서상을 얻을 수 없습니다.

"두 번째 중하지심中下至心이란 곧 의근을 거두어 전일하게 정진하여(攝意專精), 욕계에 마음이 미세하게 머물러, 혹 수희심을 내어 신해를 얻는 초수희품初隨喜品이거나 혹 명자후심인 까닭에 또한 청정한 윤상을 얻을 수 있어 은밀히 이익을 얻는 경우가 많다." 두 번째 지심은 하중상 세 가지가 있는데 하지심下至心이 가장 낮은 것입니다. 가장 낮은 지심은 일심으로 망상을 매어 어지럽지 않게 하여 마음이 또렷하고 분명하게 머무는 것입니다. 한 가지 지심마다 그것의 공부 층차도 등차等差가 있어 이런 범주를 말합니다. 「섭의전정攝意專精」에서 의意는 곧 의근意根입니다. 당신의 의근을 다잡아(收攝) 당신이 이 한마디 부처님 명호에 매우 순수하게 전념하고, 이 한마디 부처님 명호를 제기하면 모든 망념을 조복하여 머물 수 있고, 욕계에 미세하게 머물 수 있습니다. 욕계는 우리가 사는 욕계천입니다. 삼계 안에서 욕계천은 제3층 천계 이상입니다. 욕계는 선정에 이르지 못하여 선정과 비슷한 공부가 있지만, 여전히 색계선정의 표준에 도달하지 않았습니다.

초수희품初隨喜品은 천태종 《교관강종教觀綱宗》에서 말하는 공부의 한 층차입니다. 명자초심은 명자즉불로 발원하여 막 학습을 시작한 구원지심을 말합니다. 명자초심은 막 시작한 단계이고, 명자후심은 그 후면의 공부에 깊이 들어간 단계를 말합니다. 우리는 일반적으로 공부성편功夫成片에 도달하였다고 말합니다. 여전히 일심불란에 도달하지 못하였기에, 그래서 청정한 윤상을 얻을 수 없습니다. 명익冥益에서 명冥은 바로 감응이 여전히 매우 밝게 드러난 것이 아니라 은밀히 감응함을 말합니다.

"중지심中至心이란 곧 용맹심을 성취함으로, 모름지기 관행 후심에서 대부분 겸해서 여러 나머지 좋은 서상을 얻는다." 중지심은 바로 둘째 지심으로 용맹심을 성취하는 것입니다. 용맹정진을 성취하여야 비로소 관행 후심에 있습니다. 관행이 이루어지면 관행즉불觀行即佛입니다. 앞면은 명자즉 후심으로 여기서 관행으로 들어갑니다. 관행위에서 공부가 이미 매우 깊이 들어갑니다. 우리는 일반적으로 관조觀照공부로 득력하고, 선정을 얻게 된다고 말합니다. 그래서 다분히 여러 나머지 좋은 서상을 얻습니다. 다분多分은 곧 비교적 많다는 뜻입니다. 대부분 이런 좋은 상을 얻고 서상을 보게 됩니다.

"상지심上至心이란 곧 상응지심相應至心으로, 모름지기 상사초심相似初心에서 감응하여 보살이 현신하여 설법할 수 있는 까닭에 구경불퇴위를 얻는다." 상지심은 곧 상응지심相應至心입니다. 상응지심으로 비로소 상사초심相似初心 곧 상사즉불相似即佛이 가장 처음으로 상응하는 마음이니, 최소한 번뇌를 끊어야 합니다. 번뇌를 끊음은 최소한 원교보살 초신위初信

位입니다. 소승초과인 사다함은 삼계의 88견혹을 끊습니다. 이것이 바로 상사초심으로 최소한 견혹의 번뇌를 끊어야 상사즉불에 들어가지만, 여전히 진정한 부처가 아니고 여전히 십법계 안에 있습니다. **최소한 상사초심이라야 감응을 얻어 보살이 현신하여 설법할 수 있습니다.** 이때 지장보살과 감응할 수 있지만 다른 어떠한 제불보살을 염하여도 모두 마찬가지로 감응할 수 있어 제불보살께서 현신하여 당신에게 설법해 주십니다. 비유컨대 우리가 정토법문을 닦으면 아미타부처님을 친견하여 우리에게 설법하여 주시고, 관세음보살을 친견하여 우리에게 설법해 주십니다. 그래서 **불보살을 친견하여, 불보살님이 우리에게 설법하여 주시면 우리는 구경불퇴를 얻고, 불퇴전을 얻습니다.** 현재 이번 생에 불퇴전을 얻는데, 이 상지심의 공부이면 최고입니다.

"그러면 감응의 명현冥顯은 또한 논하지 않지만, 반드시 셋째 지심이라야 불퇴를 증득한다. 앞 두 가지 지심으로 비록 좋은 서상을 획득할지라도 서둘러 선정과 지혜를 수행하여야 공관과 가관, 두 가지 관과 상응할 수 있다. 그렇지 않으면 업을 없앨지라도 새로운 업이 다시 생겨나니, 또한 두렵다," 우익대사께서는 주해에서 다시 우리에게 반드시 셋째 지심을 얻어야 불퇴전을 증득하고 앞 두 가지 지심은 좋은 서상을 얻을지라도 여전히 불퇴를 얻지 못하므로 반드시 선정과 지혜를 닦아야 한다고 말씀하십니다.

《점찰경》에서는 두 가지 관도觀道를 닦아 다시 이런 경계를 제승提升하여야 한다고 말합니다. 이는 우리가 일반적으로 통도通途수행의 법문이라 말합니다. 우리는 정토법문을 닦아 앞의 두 가지 지심이 있어 왕생을 자신할 수 있고 극락세계에 왕생하면 삼불퇴를 원만히 증득할 수 있습니다. 우리는 앞에서 말한 일심으로 망상을 매어 어지럽지 않게 할 수 있기만 하면 업을 진 채로 왕생하여 문제가 없습니다. 이는 최소한입니다. 이런 지심은 우리가 경전으로써 경전을 풀이할 수 있습니다. 즉 기타 경전에서 비교적 상세하게 말씀하신 것으로써 이 단락, 이 두 글자를 비교적 상세하게 해석할 수 있습니다. 우리는 지심에 대해 하나의 개념이 있어 두루뭉술한 생각에 이르지 않습니다. 최후까지 염불하여 경전에서 말씀하신 효과를 도달하지 못할 까 두려워하고, 또한 불보살이 영험이 없다고 의심하지만, 실제상으로는 우리 자신이 진정으로 알지 못하고 깊이 들어가지 못하였기 때문입니다.

[제89칙] **관세음보살께서 곳곳마다 가서 구하는 것이 아니라 중생심속에 계신 관세음보살께서 구하실 뿐이다**

상하이 전쟁시 자베이취(閘北區)의 집들이 완전히 타서 잿더미가 되어버렸다. 오직 나의 귀의 제자인 하형배夏馨培의 거처만이 불길이 미치지 않았다. 왜냐하면 전쟁이 치열할 때 그의 온가족이 함께 「관세음보살」 성호를 간절히 염했기 때문이다. 가장 기이한 것은 전쟁이 일어난 후 이렛날에 그들 일가족이 국민혁명군 십구로군十九路軍에 의해 구출되었다는 사실이다. 게다가 전쟁이 끝나고 집에 돌아왔을 때 집안의 가산을 하나도 잃어버리지 않았다고 한다. 관세음보살께서 보우하심이 아니었다면 어떻게 이럴 수 있겠는가? 그가 신문관에서 수십 년을 일하면서 부부는 모두 채식을 하였고 염불을 할 정도로 신앙이 두터웠다.

滬戰時，閘北房舍，多成灰燼。獨余皈依弟子夏馨培之寓所，未曾波及。蓋當戰事劇烈時，彼全家同念觀世音聖號。且最奇異者，戰事起後第七日，渠一家人，始由十九路軍救出。及戰停歸家，室中諸物，一無所失。非菩薩之佑護，何能如此？渠供職新聞報館已數十年，夫妻均茹素，念佛甚虔。

이를 통해 관세음보살께서는 대자대비하셔서 중생이 재난을 만날지라도 「관세음보살」 성호를 칭념하면 반드시 보살께서 구호하심을 알 수 있다. 어떤 이는 말한다. "세상 사람이 수천수만 명이고, 재난이 빈번히 발생하는데, 관세음보살께서는 단 한 분뿐이다. 어떻게 매우 많은 사람들 곁으로 동시에 가서 구호할 수 있는가? 구호할 수 있다고 해도 그 노고를 감당하시지 못할 것이다." 이는 관세음보살께서 곳곳마다 가서 구하는 것이 결코 아니고, 중생심 속에 계신 관세음보살께서 중생을 구하실 뿐임을 전혀 모르는 것이다!

是知觀音菩薩，大慈大悲，遇有災難，一稱聖號，定蒙救護也。或曰：世人千萬，災難頻生。觀音菩薩，僅是一人，何能一時各隨其人而救護之耶？即能救護，亦不勝其勞矣。殊不知並非觀音處處去救，乃衆生心中之觀音救之耳。

[역주] 제88칙 「위급한 일과 병고를 당할 때 모두 지심으로 관세음보살을 칭념하라.」 문장 말미 이정통 거사의 주를 참조하라.

묻건대, 관세음보살께서는 이미 "대자대비大慈大悲 구고구난救苦救難 광대영감관廣大靈感觀" 대보살이라 불리는데, 왜 반드시 중생이 지심으로 칭념하여야 비로소 구제와 제도를 할 수 있는가? 관세음보살의 거룩한 성호를 칭념하지 않으면 구제 · 제도하지 못하니, 이는 대자대비의 명호를 잃어버리는 것이 아닌가? 게다가 왜 지성 공경심으로 거룩한 명호를 칭념하여야 비로소 구제 · 제도하고 지성을 다하지 않고 의심이 뒤섞여 칭념하면 구제 제도하지 못하는가? 이런 질문에 원만히 해답할 수 있다면 이 사람이야 말로 진정한 불교도이고 불문 안의 외도가 아니다. 그 밖에 "이는 중생심 속에 계신 관세음보살이 중생을 구하는 것이다." 이 이치는 조금 깊은데, 앞 몇 글의 역주에 이미 간략히 언급하였으니 여기서는 더 이상 전개하지 않는다.

[제90칙] **「관세음보살」 성호는 지금 세상 사람들의 대의지처이다**

「관세음보살」 성호는 지금 세상 사람들의 대의지처로 모든 사람들에게 염하라고 권해야 한다. 정업淨業을 닦는 사람이면 염불하는 이외에 겸해서 「관세음보살」을 염하라. 발심하여 정업을 닦는 사람이 아니면 그에게 「관세음보살」을 전념하게 하라. 왜냐하면 그의 심원은 관음대사의 보우를 얻어 재난이 사라지고 그 화를 면하는데 있기 때문이다. 그에게 정토를 닦는 신심이 생길 때까지 기다려서 다시 「아미타불」을 염하는 것을 주로 하고, 「관세음보살」을 염하는 것을 보조로 할 수 있다. 실제로 「관세음보살」을 염하고 서방극락에 태어나길 구하여도 바라는 대로 이루어질 수 있다.

觀音聖號，乃現今之大恃怙，當勸一切人念。若修淨業者，念佛之外，兼念。未發心人，即令專念；以彼志在蒙大士覆被而消禍耳。待其信心已生，則便再以念佛為主，念觀音為助。然念觀音，求生西方，亦可如願耳。

[제91칙] 평상시 「아미타불」을 많이 염하고, 환난을 만날 때는 「관세음보살」을 전념하는 것이 좋다

「아미타불」을 염하거나 「관세음보살」을 염하거나 모두 재난이 사라지고 그 화를 면할 수 있다. 평상시에는 「아미타불」을 많이 염하고, 「관세음보살」을 적게 염하는 것이 적절하다. 환난을 만날 때는 「관세음보살」을 전념하는 것이 마땅하다. 왜냐하면 관세음보살께서는 자비심이 매우 간절하여 우리가 사는 이 세계의 중생과 숙연이 매우 깊기 때문이다. 그러나 이런 설법을 듣고서 아미타부처님의 자비가 관세음보살에 못 미친다고 여겨서는 안 된다. 관세음보살께서는 아미타부처님을 대신하여 자비를 드리워 중생을 괴로움에서 구하시는 줄 알아야 한다. 석가모니부처님께서도 세상에 계실 적에 고난 받는 중생에게 「관세음보살」을 염하도록 하셨는데, 하물며 우리들 현재 범부이겠는가?

念佛念觀音，均能消災免難。平時宜多念佛，少念觀音。遇患難，宜專念觀音；以觀音悲心甚切，與此方衆生宿緣深故。不可見作此說，便謂佛之慈悲，不及觀音。須知觀音乃代佛垂慈救苦者，即釋迦佛在世時，亦嘗令苦難衆生念觀音，況吾輩凡夫乎？

[제92칙] 아미타부처님께서도 소리를 찾아 괴로움에서 구할 수 있고, 관세음보살께서도 접인하여 왕생하실 수 있다

아미타부처님께서 48원을 세우셨으니, 어찌 괴로움과 재난(苦厄)을 구하지 못하는 일이 있겠는가? 관세음보살께서는 중생의 근기에 따라 시현하여 인도하시니, 어찌 중생을 접인하여 서방극락에 태어나게 하지 못하는 이치가 있겠는가? 서방극락에 왕생하려면 믿음과 발원을 근본으로 삼아야 한다. 만약 위험을 만나 「관세음보살」을 염하여도 믿음과 발원이 있으면 임종시 결정코 서방극락에 왕생한다. 혹은 다만 「아미타불」 부처님 명호만 전일하게 염하여도 괴로움과 재난에서 또한 반드시 벗어난다.

阿彌陀佛四十八願，豈有不救苦厄之事？觀音菩薩隨機示導，豈有不接引生西之理？生西當以信願為本。

若遇危險念觀音，有信願，命終決定生西方。或只專一念彌陀，有苦厄，亦必解脫。

[보충]《아미타경요해친문기阿彌陀經要解親聞記》법문

[요해] 마땅히 알라! 부처님의 종자는 인연함에서 일어나고, 그 인연함이 곧 전체 법계이다. 아미타불 한 분을 염하면 일체 제불을 염하는 것이고, 극락이란 한 국토에 태어나면 일체 국토에 태어나는 것이다. 향 한 가닥, 꽃 한 송이, 소리 하나, 색 하나 공양 올리는 것이 일체 제불께 공양을 올리는 것이며, 나아가 아미타부처님께서 우리의 참회를 받아주시고 타방 보살에게 성불의 수기를 주시며 우리 중생의 정수리를 만지며 (가지加持하시고) 황금빛 손을 드리워 중생을 접인하심이 (하나하나 전체 법계가 아님이 없고,) 하나하나 모두 공간적으로 시방세계에 두루하고, 시간적으로 삼세에 궁진하여 두루하고 원융하지 않음이 없는 까닭에 이 염불은 증상연인增上緣因으로 (큰 역용이 있어 정토에 태어나게 하니,) 즉 법계연기法界緣起의 정리正理라 이름하고, (아미타부처님 명호를 전념하는) 이것이 바로 이른바 법계와 두루 인연하는 것이다.

[친문기] 「마땅히 알라(當知)」 함은 우리에게 마땅히 알아야 하고 소홀히 해서는 안 된다고 경계하고 권유하심이다. 알아야 할 것은 무엇인가? 정종正宗 문에서는 중생에게 신원행으로써 서방극락에 두루 인연하고 아미타불을 두루 염하라 권하셨지만, 실제로는 전체가 곧 법계에 두루 인연함이고, 법계를 두루 염함이다.

「부처님의 종자는 인연함에서 일어난다(佛種從緣起) 함은 성불의 도종道種 즉 불성佛性은 일진법계一眞法界 이체理體이다. **연인**緣因(緣因佛性: 지혜를 일으키는 데 도움이 되는 모든 선행)과 **요인**了因(了因佛性: 진리를 관조함으로써 드러나는 지혜)의 두 가지 인因에 따라 개발하는 까닭에 연기緣起라 한다.

「연이 곧 법계이다(緣即法界)」 함은 (중생이 본래 갖춘 **정인**)**불성**이 법계의 이체이고, **연인**緣因(**불성**)은 법계의 성용性用이고, **요인**了因(**불성**)은 법계의 덕상德相이다. 셋은 하나로 둘이 아닌 까닭에 곧 법계이다.

「일념이 일체념이다(一念一切念)」 함은 **아미타부처님은 곧 법계장신이고 한 몸이 일체 몸을 갖추는 까닭에 아미타부처님 한 분 부처님을 염하면 곧 일체제불을 염함이다.** 「일생이 일체생이다(一生一切生)」 함은 **극락은 곧 법계장토法界藏土로 일체불토를 융섭融攝하는 까닭에 극락 한 국토에 태어나면 곧 일체 불토에 태어난다.**

「향 한 가닥 꽃 한 송이(一香一華)」 등이라 함은 향 한 가닥을 드는 것은 법계의 장향藏香인 까닭에 한 사람 한 곳에서 향을 집어 아미타부처님께 공양함이 일체제불에게 공양함이다. 꽃 한 송이를 봉헌함은 곧 중도의 묘화妙華인 까닭에 꽃 한 송이로써 아미타불을 공양함이 곧 일체 꽃을 봉헌함은 일체제불에게 공양함이다. 능히 「묘음 하나」로써 한 부처님을 찬탄함은 곧 일체 음성으로써 일체제불을 찬탄함이다.

「내지 (행인이) 참법의 가르침을 받음」이라 함은 아미타부처님을 향해 자신의 업장을 참회함이 곧 일체제불을 향해 일체중생의 업장을 참회함이다. 아미타부처님께서 「손을 드리워」 나에게 「마정수기摩頂授記」를 주심은 곧 일체제불께서 손을 드리워 일체중생에게 마정수기를 주심이다. 내지 「시방삼세」 일체제불, 일체중생, 일체 의보와 정보, 일체 육진경계가 두루 섭수하고 「두루 원융하지 않음이 없다」.

「이는 증상연인增上緣因이다.」 행인이 염불할 때 염념마다 이 이체에 상응함은 곧 「법계연기(삼인원융三因圓融)이라 한다」. 「이는 곧 이른바 법계에 두루 인연함이다」 만약 서방극락을 두루 찬탄하여 다른 타방국토와 융통하지 않고, 아미타불을 두루 염하여 일체제불과 융통하지 않으면 어찌 지극히 원돈하고 지극히 승묘한 법문이라 말할 수 있겠는가?

[역주] 아미타부처님은 법계장신으로 한 몸이 곧 일체 몸을 갖추니, 관세음보살이 어찌 법계신 바깥에 있겠는가? 관세음보살은 곧 아미타부처님이고 일체제불과 동일한 법신이다. 제불여래는 법계신으로 일체중생의 심상心想 속으로 두루 들어간다. 중생은 심상의 힘으로써 관상하는 힘을 성취하면 제6식의 독영경(獨影境; 자신이 홀로 마음속에 갈구하고 있는 바를 외부로 투영한 경계) 속에 (법신불이 가지하는 그 속에) 아미타부처님을 친견할 수 있다. 만약 관세음보살을 칭념하는 힘으로써 극락세계에 왕생하길 기도함에 관세음보살이 어찌 아미타부처님을 대신하지 못하겠는가? **본래 관세음·대세지보살과 아미타부처님은 모두 정종 염불법문의 본존이다. 이 삼자를 염하는 가운데 거룩한 성호 하나에 맡기면 설사 회향이 없을지라도 모두 극락에 왕생할 수 있다.** 일체제불은 본래 둘이 아니니, 만약 한 부처님을 말하고 불사 하나만 행한다면 이는 범부의 지견으로써 여래의 경계를 헤아릴 수 있을 뿐이다.

[제93칙] 재난에서 구할 때 마땅히 누구나 다 염할 수 있는 성호나 주문을 염해야 큰 이익이 있다

재난에서 구할 때 마땅히 누구나 다 염할 수 있는 성호나 주문을 염해야 큰 이익을 얻을 수 있다. (각종 재난이 없어지기를 기원하는) **마리치천摩利支天[78] 주문의 경우 인쇄 제작한 것이 비록 많을지라도 대겁난이 눈앞에 닥칠 때 쓰기 어려우므로 취소하는 것이 마땅한다. 사람에게 「관세음보살」 성호를 염하게 하면 비록 세 살 아이일지라도 염할 수 있다. 마리치천 주문의 이익은 크고, 「관세음보살」 성호를 염하는 이익은 적다고 말하지 말라. 설령 이 주문으로 곧 관세음보살께서 시현하실지라도 또한 마땅히 「관세음보살」 성호를 염하는 것을 일로 삼아야 한다.**

救災，當以盡人能念者為有大益。若摩利支天咒，所印雖多，亦難於大劫臨頭時用。宜取消，令人念觀音聖號，雖三歲孩童也能念。且勿謂支天咒之利益大，念觀音之利益小；縱此咒即觀音示現，亦當以念觀音為

78) 자신의 형상을 숨기고 항상 장애와 어려움을 없애주면서 이익을 베풀어주는 천신天神이다.

事。

그대의 신심이 비록 좋을지라도 한 법문이 일체 법문을 두루 섭수하는 지극한 이치를 모를 뿐만 아니라 꼭 필요하고 중요한 때는 간단할수록 더 좋은 줄 모른다. 맹자가 말하길, "폭넓게 배우고 상세하게 해설하는 목적은 정통한 후 간결한 것으로 되돌림에 있다" 하였다. 그대가 이러한 이치를 알고 있다면 마땅히 나 인광의 말을 지당한 의견이라 여겨야 한다.

汝信心雖好，不知一法普攝一切法之至理，及不知要緊之時，愈約愈妙。儒教亦云：博學而詳說之，將以反說約也。汝若知此義，當以光言為至論。

[역주] 여기서 한 가지 의문을 제기하면, 《능엄주》는 주문 중의 왕이라 말할 수 있어 많은 스님들이 갖가지 법문을 하시어 그 주문의 공덕과 이익을 칭양 찬탄하셨다. 그 이익에는 당연히 재난을 소멸하고 면하는 등의 일이 포함된다. 인광대사께서는 왜 《능엄주》를 인쇄 제작하여 모든 신자들에게 몸에 지니고 다니면 저절로 겁난을 면할 수 있다고 제창하시지 않았는가? 아래 서술한 《능엄주》를 몸에 지니는 공덕 · 이익을 살펴보면 집집마다 "이 주문을 주거지에 안치하면 일체 물과 불, 생활고나 전쟁과 도적의 난 등 일체 재난이 모두 사라질 것이다." 이러면 많은 수고를 들거늘, 왜 관세음보살 성호를 칭념하겠는가? 인광대사께서 왜 이렇게 법문하시지 않았는가? 깊이 생각하길 바란다.

[보충] **선화상인, 「《능엄주》를 지심至心으로 송지하고 몸에 지니는 공덕과 이익(절록)」**

만약 《능엄주》가 이곳에 있다면 천룡이 모두 환희하고 광풍과 폭우가 없으며 모든 오곡도 풍부하게 수확하며 일반 노인들도 모두 평안할 것이다. 그래서 《능엄주》의 이런 공덕의 불가사의함은 당신이 생각할 수 없고, 사유할 수 없는 것으로 그 미묘한 부분이 여기에 있다.

만약 어떤 사람이 몸에 지니거나 방이나 교통수단에 걸어두면 이 사람은 살아있는 동안 어떤 독도 모두 해칠 수 없고, 세세생생 가난하고 혹독한 환경에서 태어나지 않는다. 비록 이 사람은 복업을 짓지 않을지라도 시방여래의 모든 공덕을 모두 이 사람에게 주고 항상 제불과 한 곳에 함께 산다.

청정하지 않은 사람은 빨리 청정을 얻게 된다. 재齋와 계를 지키지 못하는 사람은 저절로 재와 계를 지킨다. "만약 어떤 사람이 무시 겁 이래 지은 모든 업장을 지난 세상에서 참회하지 않은 채 만약 이 주문을 지니거나 걸거나 모시면 쌓인 업장은 끓는 물에 눈 녹듯이 사라지고 오래지 않아 모두 무생법인無生法忍을 얻으리라."

과보가 좋게 바뀌길 희망하는 사람은 전변을 얻게 되고, 기타 신체 · 운명 · 물질변화도 이러하다. 임종한 후 원에 따라 시방 불국토에 왕생할 수 있고, 반드시 불국토의 변지, 좋지 못한 곳에 태어나지 않으며, 결코 기타 악도에 떨어지지 않을 것이다.

만약 이 주문을 사성문과 각 관문에 놓아두고 인민이 예배 공양하거나, 이 주문을 몸에 지니거나 혹 "이 주문을 주거지에 안치하면 일체 물과 불, 생활고나 전쟁과 도적의 난 등 일체 재난이 모두 사라질 것이다."

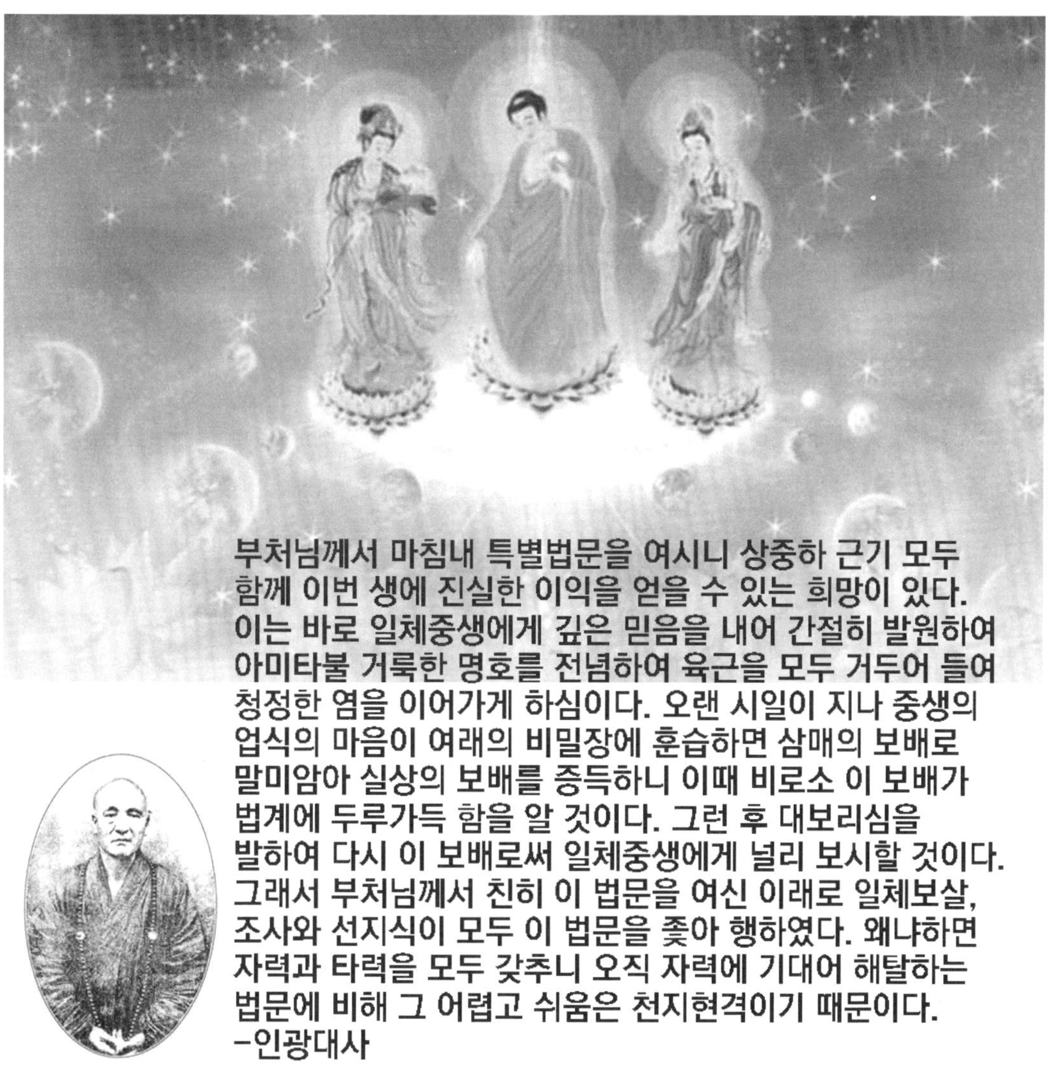

[3] 습기를 치료함에 대하여 밝히다 (明對治習氣)

[이끄는 말]

망념을 극복하는 공부의 순서는 수신修身 · 정심正心 · 성의誠意 · 치지致知 · 격물格物에 있다. 관건은 「물物」을 분명히 밝히는데 있다. 「물」은 무엇인가? 즉 경계에 따라 생기는 것으로 천리天理에 맞지 않고, 인정人情의 환幻과 망妄, 사욕에 따르지 않으며, 결코 바깥 물건이 아니다. 이 사욕이 견고히 맺힌 속마음으로 말미암아 모든 지견은 사욕에 따라 편견과 사견을 이룬다. 예컨대 명예를 탐하고 이익을 탐하여 단지 이익이 있음만 알고, 해가 있음을 몰라 온 힘을 다해 얻어내려다 몸은 몸대로 망가지고, 이름은 이름대로 무너지게 된다. 명성과 이익은 정도로부터 얻어야지, 다른 사람에 의지해 연줄로 망령되이 구해서는 안 된다. 만약 이 「물」이 우리 생사의 원수임을 알아 잠시도 그것을 우리의 마음에 품지 않게 한다면 곧 마음에 본래 갖추고 있는 순수한 앎(正知)이 저절로 드러날 것이다. 순수한 앎이 드러나면 뜻이 정성을 갖추고, 마음이 바르게 되며, 몸이 닦아지는 공부를 순조롭게 인도하여 파죽지세가 될 것이다. 무릇 분노 · 음욕 · 승부욕 · 울컥함 등의 생각이 이따금 움트면 이렇게 생각하여야 한다. '나는 염불하는 사람인데, 어떻게 이 같은 생각이 일어날 수 있는가?' 그러면 그런 생각이 이내 사라질 것이다.

[제94칙] 진실한 마음을 내어 생사윤회를 끝마치려고 해야지 허명을 추구하지 말라

염불하여 일심불란을 얻고 싶으면 반드시 진실한 마음을 내어 생사윤회를 끝마치고자 해야지, 세상 사람으로부터 내가 진실로 수행한다는 찬사를 얻고자 해서는 안 된다. 염불할 때 반드시 자자구구 마음으로부터 발하고, 입에서 나와 귀로 들어가도록 해야 한다. 한마디 「아미타불」이 이와 같고, 백천만 마디 「아미타불」 또한 이와 같아야 한다. 능히 이와 같다면 망념이 생길 수 없고, 자신의 마음과 아미타부처님이 저절로 서로 맞을 수 있다.

念佛欲得一心，必須發眞實心，為了生死，不為得世人謂我眞實修行之名。念時必須字字句句，從心而發，從口而出，從耳而入。一句如是，百千萬句亦如是。能如是，則妄念無由而起，心佛自可相契矣。

[제95칙] 삼악도의 괴로움을 생각하여 보리심을 발하고 간절하게 염불하라

염불할 때 마음이 간절할 수 없는 것은 사바세계의 괴로움과 극락세계의 즐거움을 모르기 때문이다. 사람 몸은 얻기 어렵고, 대승불교 국가에 태어나기 어려우며, 나아가 불법을 만나기 어렵고, 정토법문을 만나기는 더욱 어렵다. 일심으로 염불하지 않아

한 호흡이 돌아오지 않으면 반드시 숙생과 금생의 가장 무거운 악업을 따라 삼악도에 떨어져 오랜 겁 동안 괴로움을 받아 벗어날 기약이 없다.

念佛時不能懇切者，不知娑婆苦，極樂樂耳。若念人身難得、中國難生、佛法難遇、淨土法門更為難遇，若不一心念佛，一氣不來，定隨宿生今世之最重惡業，墮三途惡道，長劫受苦，了無出期。

이와 같이 지옥의 괴로움을 생각하면 보리심을 발할 수 있다. 보리심이란 자신을 이롭게 하고 타인을 이롭게 하는 마음이다. 이러한 마음을 발하면 기계가 전기를 공급받는 듯, 화약에 황을 더하는 듯, 그 힘은 매우 클 뿐만 아니라 빠르다. 그 업장을 제거하고 복덕과 지혜를 증진하는 힘은 평상시 복덕 선근과 견줄 수 있는 바가 아니다.

如是，則思地獄苦，發菩提心。菩提心者，自利利他之心也。此心一發，如器受電，如藥加硫，其力甚大，而且迅速。其消業障，增福慧，非平常福德善根之所能比喻也。

[역주] 사람 몸은 얻기 어렵고 사람 몸은 잃기 쉬움에 대한 표현으로 불교에서는 "눈먼 거북이 물에 뜬 나무를 만나 듯 하다(盲龜浮木)", "사람 몸을 얻는 것은 손톱 위의 흙과 같고, 사람 몸을 잃는 것은 대지의 흙과 같다."는 등 경전의 법문을 참조할 수 있다.

[제96칙] **염불할 때 항상 장차 죽어서 지옥에 떨어질 것이라 생각하면 반드시 큰 이익이 있을 것이다**

염불할 때 언제나 자신이 장차 죽을 것이고, 죽은 후 지옥에 떨어질 것이라 생각하면 간절하지 않아도 절로 간절해지고, 상응하지 않아도 절로 상응할 것이다.(제100칙 참조) 괴로움을 두려워하는 마음으로 하는 염불이 바로 괴로움을 벗어나는 제일 묘법이고, 또한 인연에 따라 업을 제거하는 제일 묘법이다.

念佛，要時常作將死、將墮地獄想，則不懇切亦自懇切，不相應亦自相應。以怖苦心念佛，即是出苦第一妙法，亦是隨緣消業第一妙法。

[역주] 《관음보살영감록觀音菩薩靈感錄》 등 책에 소개된 매우 많은 감응은 모두 갑작스런 재난과 목숨이 위태로운 상황 등 매우 위급한 상황 하에 발생한 것이다. 왜 이러한가? 상황에 내몰려 오직 부처님만 염할 뿐, 마음이 지성을 다하고 용맹정진할 수 있어 망념이 저절로 생겨날 수 없다. 비록 짧은 시간 일심불란一心不亂에 계입契入하더라도 닦은 정선定善으로 지극히 무거운 죄업을 없앨 수 있는데, 이는 평일 산란한 마음으로 염불한 것과 견줄 수 없다.

정선은 삼악도에 떨어지는 정업定業을 없앨 수 있다. 산선散善으로 죄를 없애는 효과는 근본적으로 나란히 놓고 논할 수 없다. 천재와 인화, 중병과 횡사 등 악한 과보는 바로 정업이 현행現行하는 것이다. 매우 많은 염불인이 비록 여러 해 수행하였을지라도 우연히 재난과 화를 만나는데, 이는 바로 평일에 닦은 것은 대부분 산선인 연고이기 때문이다. 염불의 비결은 대체로 이와 같다. 인광대사께서는 늘 염불인은 "지옥에 떨어질 것으로 생각하라." 법문하셨는데, 이는 바로 이러한 원리를 교묘하게 운용하는 것이다.

[보충] **전일할 수 없어도 전일하여야 하고, 염할 수 없어도 염하여야 하며, 일심일 수 없어도 일심이어야 한다**

욕심이라 말할 정도로 바깥일에 탐내지 않고 전일하게 염불하라. 「전일할 수 없어도 전일하여야 하고, 염할 수 없어도 염하여야 하며, 일심일 수 없어도 일심이어야 한다.」 또한 특별나고 오묘한 법칙은 없다. 단지 죽을 「사死」 한 글자를 이마에 붙이고, 눈썹에 걸을 뿐이다.

마음으로 늘 생각하여 말하길 "나 아무개는 무시이래로 금생에 이르기까지 줄곧 지은 악업이 무량무변하여 만약 악업이 모습이 있다면 시방허공이 수용할 수 없다. 숙생의 공덕으로 다행히 지금 몸을 얻고 또 불법을 들었다. 만약 일심으로 염불하여 서방극락에 태어나길 구하지 않으면 한 숨이 들어오지 않아 반드시 철산지옥, 화탕지옥, 노탄지옥, 검수지옥, 도산지옥 등 지옥에서 괴로움을 받아서 얼마나 많은 겁이 지난 줄 모른다. 설령 지옥을 벗어나더라도 다시 아귀에 떨어져 배는 바다 같이 크지만 목은 바늘처럼 미세하여, 오랜 겁에 주리고 목구멍은 불이 타는 듯해도 물 이름조차 듣지 못하고 잠깐 배부름도 얻기 어렵다. 아귀에서 벗어나도 다시 축생이 되어 혹 사람을 태우고 사람의 배를 채우는 신세가 된다. 사람이 될 수 있을지라도 어리석어 무지하여 업을 지음을 덕능으로 삼고 선을 닦음을 질곡으로 삼아 십년을 헤아리지 못하고 또 다시 떨어진다. 진점겁塵點劫을 보내도록 육도에서 윤회한다. 비록 사바세계에서 출리出離를 하고자 하나 어디서 시작해야 할지 모른다."

이와 같이 생각할 수 있으면 위와 같이 구한 바를 당하에 성취(成辦)한다. 그래서 백정으로 살생업을 지은 장선화張善和와 장종규張鍾馗는 임종시 지옥의 상이 나타남에 수차례 소리내어 염불하여 곧 부처님을 친견하고 접인을 받아 왕생하였다. 이와 같은 이익은 일대시교, 백천만억 법문에는 없는 것이다. _**인광대사《증광문초增廣文鈔》**

우리는 이 일념의 마음으로 세간 오욕의 경계를 탐내어 구하지 않고 전심으로 이 부처님 명호를 억념하길 희망하지만 이 일은 매우 곤란하다. 이 일은 우리 과거의 습기에 깊이 위배되는 것이다. 우리의 이 일념의 마음은 「인연으로 생겨난 법으로 나는 바로 공이라 말한다(因緣所生法 我說即是空)」. 본성에서 말하면 우리 한 사람 한 사람의 이 일념심은 모두 청정본연으로 법계에 두루 하여 일체 상을 여읜다. 그러나 우리는 무량겁 이래 생사의 한가운데 구르면서 우리의 신업 · 구업 · 의업 이러한 업력의 훈습은 각양각색의 번뇌를 구성한다. 모두 말하면 우리 한 사람 한 사람의 번뇌는 모두 세간의 오욕락, 즉 재물 · 여색 · 명예 · 음식 · 수면을 애착하니, 이것이 우리들 마음속 경계이다. 때로는 앉아서 양심에 의거해 말하면 마음속 한가운데 번뇌의 등류성(等流性; 같은 흐름의 성격)으로 우리는 자신의 심정을 방종하면 바로 이런 경계에 들어가 오욕락을 애착한다.

그러나 우리가 이런 사상을 바꾸면 바로 보리심을 발함이다. 우리는 삼계의 생사를 싫어하기 시작하여 무상보리를 추구하니, 이것이 바로 바꾸려는 것이다. 이러한 바꿈이 인광대사께서 말씀하신 원칙이다. 즉「전일할 수 없으면 전일하여야 하고, 염할 수 없으면 염하여야 하며, 일심일 수 없으면 일심이어야 한다.」 당신이 지금 막 이런 번뇌의 등류성에 대치하기 시작하면 당신은 반드시 강골(꿋꿋하고 단단한 기질)이 있어야 한다. 그래서 수행인은 연뿌리가 끊어져도 연사가 이어지듯 끊을래야 끊을 수 없는 우유부단한 성품으로는 수행을 할 수 없다!

연뿌리가 끊어져도 연사가 이어지듯 당신은 세상에서 착한 사람은 될 수 있겠지만, 번뇌와 마주하여 끊고 싶어도 차마 끊지 못한다. 이래서는 한평생 성취할 수 없다. 우익대사, 인광대사, 아잔문 존자, 밀라레빠 존자 등 조사 · 대덕의 전기를 살펴보면 조사 한 분 한 분의 수행은 다르겠지만, 공통점은 있다. 즉 그들은 모두 강골이 있어 번뇌와 마주할 때 전일할 수 없어도 전일하여야 하고, 염할 수 없어도 염하여야 하며, 일심일 수 없어도 일심이여야 하며, 번뇌를 끊을 수 없어도 끊어야 한다는 경계가 있었다.

우리는 반드시 이 일념의 심을 훈련하여야 하고, 결단력이 있어야 한다. 이것이 바로「정진」이다. 그 뜻은 한 뜻으로 악을 끊고 선을 닦으며, 용맹을 체성으로 삼는다는 말이다. 무엇을 정진이라 하는가? 당연히 날마다 부처님께 절을 많이 함도 정진이지만 근본적으로 말하면 당신이 번뇌와 마주할 때 용맹을 체성으로 삼고, 망념이 일어나면 지금 바로 그것을 소멸시키는 것이「정진」이다. 당신은 그런 의지력으로 조금도 동요해서는 안 되고 조금도 인정이 마음속에 뒤섞여서는 안 된다. 이것이 강골이자 원칙이다.

어떻게 이런 태도를 성취할 수 있는가? 인광대사께서는 한 가지 방법을 말씀하셨다 "또한 특별나고 오묘한 법칙은 없다. 단지 죽을「사死」한 글자를 이마에 붙이고, 눈썹에 걸을 뿐이다." 이런 강골을 성취할 수 있으려면 인광대사께서는 죽을「사死」자를 말씀하셨다. 인광대사의 불당에 있는 불상하나 곁에 죽을「사」한 글자를 안치하였다. 이 죽을「사死」한 글자를 이마에 붙이고, 눈썹에 걸어 두었다. 이는 죽음의 이런 상황을 항상 눈앞에 놓고서 자신을 각성시킨 것이었다! _정계법사,《인광대사문초선독印光大師文鈔選讀》

[제97칙] 염불하여 마음이 귀일하지 못함은 다 생사심이 간절하지 않아서이다

염불하여 마음이 귀일하지 못함은 생사심이 간절하지 않아서이다. 만약 늘 자신이 홍수에 떠내려가고 큰 불에 타서 죽는다고 여기고, 구원 받는다는 생각이 없거나 또한 장차 죽은 후 지옥에 떨어지리라 생각하면 마음이 절로 귀일하니, 달리 묘법을 구할 필요가 없다. 그래서 경전에서는 "지옥고를 생각하여 보리심을 내라"고 누차 말씀하셨다.

이는 대각세존의 가장 절실한 법문이다. 애석하게도 세상 사람들은 이를 진지하게 사량하지 않으려 한다! 지옥의 괴로움은 물·불의 비참함보다 무량무변이나 심하다. 물에 떠내려가고 불에 탄다 생각하면 모골이 오싹하지만 지옥을 생각하면 이마저도 말할 것이 없다. 이는 자신의 정신력이 약해 지옥고에서 일체 괴로운 일을 잘 알지 못하기 때문이다. 직접 눈으로 보면 저도 모르게 모골이 오싹할 것이다! (제327칙 참조)

念佛，心不歸一，由於生死心不切。若作將被水沖火燒，無所救援之想，及將死將墮地獄之想，則心自歸一，無須另求妙法。故經中屢云：思地獄苦，發菩提心。此大覺世尊最切要之開示，惜人不肯眞實思想耳。地獄之苦，比水火之慘，深無量無邊倍。而想水沖火燒則悚然，想地獄則泛然者，一則心力小，不能詳悉其苦事；一則親眼見，不覺毛骨悚然耳。

[제98칙] 범부의 지견이 많아서 마음에 정념이 없으면 잡념이 반드시 많다

「아미타불」 부처님 명호를 집지할 때 잡념이 흩날리면 이는 범부의 지견이 많아서[79] 마음에 정념正念이 없어 나타나는 현상이다. 이러한 현상이 나타나지 않도록 하자면, 다만 전심으로 통념하여 장차 목숨이 다하려 할 때 오직 삼악도에 떨어질까 두려워하면 스스로 분발하여 염불하고 다른 생각이 완전히 일어나지 않아 오래 지나면 저절로 청정해질 수 있으리라.

持佛號時，雜念紛飛，此是多知多見，心無正念之現象。欲此種境象不現，唯專心痛念自己將欲命終，唯恐即墮惡道，勵志念佛，了不起他種念頭，久則自可澄淸。

[역주] 염불인은 마땅히 늘 "내일이면 곧 죽는다."고 생각하면서 자신이 사바세계 수많은 인연을 내려놓은 공부를 점검해야 한다. 우익대사께서는 《미타요해》에서 삼자량三資糧 중 발원을 주해하실 때 곧 "사바세계를 염리厭離"하고 "극락세계를 흔구欣求"하는 두 가지 중점을 활용하였다. 금생에 생사를 요탈하여 삼계를 벗어나 서방극락에 왕생하여 성불하고 중생을 제도하는 서원을 세우는 자는 반드시 출리심出離心을 닦아서 만약 사바세계의 갖가지 세상 인연에 대해 조금이라도 미련을 버리지 못하면 비록 염불할 수 있을지라도 오히려 자심自心에 장애가 생겨 그 믿음과 발원이 이미 진실하지 못할 것이다.

처음 학불하며 염불할 때 망념이 흩날리는 것을 면하기 어렵지만, 만약 마음을 돌려 관조할 수 있다면 이러한 망념은 거의 모두 일상의 세속일과 관련이 있음을 발견하기 어렵지 않을 것이다. 만약 항상 "내일이면 곧 죽는다."는 생각으로 자신을 경책할 수 있으면 그 마음을

---

79) 여기서는 범부의 지견이 많음을 가리킨다. 지견知見은 자신의 사려분별에 의지한 견해를 가리킨다. 지혜와 다름이 있다. 지혜는 반야의 무분별지無分別智로 사려분별을 여읜 심식心識이다. 오직 불지견佛知見·지견바라밀知見波羅蜜을 지을 때면 지견과 지혜와 같은 뜻이다.

거두는 효과가 대단히 신속할 것이다. 본원법문에서는 자력을 집어낼 것을 주장하여 자력으로 염불하는 공부의 수지를 중시하지 않는다. 그래서 그 신도 중에서 "자재왕생"하는 사람이 생기기가 매우 어렵다.

인광대사께서는 비록 일심불란一心不亂에 이르도록 염불할 수 없어도 믿음과 발원이 확고하면 왕생할 수 있다고 다시 강조하실지라도, 다른 문장에서는 곧 염불하여 반드시 마음을 거두어들여야 한다고 강조하신다. 전자는 믿음을 권하는 것을 중시하여 의심은 왕생에 큰 장애라고 여긴다. 후자는 염불공부 닦길 권하여 공부의 깊이는 왕생에 대한 영향이 대단히 거대하다고 여긴다. 공부성편, 가장 얕게는 미혹을 조복하는 사일심불란에 이르도록 염할 수 있으면 염불인은 임종시 때가 이름을 미리 알고 앉아서 혹은 서서 자재왕생할 수 있어 임종조념이 필요하지 않습니다. 아직 성편에 이르지 않고 평상시 산란한 마음으로 염불한 자는 임종시 왕생할 수 있을지라도 자재를 얻지 못하여 반드시 십여 일 임종시 여러 괴로움을 겪고 만약 업장이 현전하거나 갖가지 악업의 인연과 역 경계를 만나면 모두 왕생의 장애가 될 것입니다. 인광대사께서는 임종조념을 대단히 강조하시는데, 그 의도가 바로 여기에 있다.

[제99칙] **어찌 가무 · 여색 · 금전 · 명리를 위해 세월을 낭비하고 헛되이 살다가 헛되 죽으려 하는가?**

오늘 다행히 이 대장부의 몸을 얻고 또 가장 듣기 어려운 정토법문을 들었으니, 어찌 감히 많지 않은 세월을 가무 · 여색 · 금전 · 명리(聲色貨利)에 빠져 거의 다 소모하고 자신이 오래도록 헛되이 살다가 헛되이 죽어서 오래도록 육도에 빠져 벗어날 기약이 없길 구하려는가? 모름지기 곧장 죽을「사死」자를 자신의 이마 위에 붙여야 할 것이다. 무릇 미련을 가져서는 안 될 경계가 현전함은 곧 내가 죽은 후 확탕지옥 · 노탄지옥에 떨어지는 전주이거나 나방이 불꽃에 날아들어 스스로 몸이 타 죽는 줄 알아야 할 것이다. 반면 자기의 본분에서 해야 할 일은 곧 괴로움에서 벗어나는 자비의 배(慈航)인 줄로 알아야 한다. 그러면 어진 일을 앞에 두고 굳이 양보하거나, 옳은 일을 보고 하지 않는 경우는 없을 것이다. 이렇다면 속진俗塵 경계가 곧장 도에 들어가는 인연이 될 수 있거늘, 그래 속진의 인연을 물리치고 끊어버려야 도를 닦을 수 있단 말인가?

今幸得此大丈夫身，又聞最難聞之淨土法門。敢將有限光陰，為聲色貨利消耗殆盡，令其仍舊虛生浪死，仍復沈淪六道，求出無期者乎？直須將一個死字，此字好得很掛到額顱上。凡不宜貪戀之境現前，則知此吾之鑊湯爐炭也，則斷不至如飛蛾赴火，自取燒身矣。凡分所應為之事，則知此吾之出苦慈航也，則斷不至當仁固讓，見義不為矣。如是，則塵境即可作入道之緣，豈必屏絕塵緣，方堪修道乎？

[제100칙] **염불할 때 이미 자신은 죽었지만 아직 왕생하지 않았다고 생각하라**

사람이 범부를 뛰어넘어 성인으로 들어갈 수 없고, 생사를 요탈할 수 없음은 모두 망념으로 말미암은 이유이다. 지금 염불할 때 곧 이미 자신은 죽었지만 아직 왕생하지 않았다고 생각하라. 염념마다 모든 세간의 일체 정념을 전부 다 도외시하라. 한마디 부처님 명호를 제외하고서는 일념을 얻을 수 없다. 왜 이와 같이 할 수 있는가? 내가 이미 죽어서 모든 망념이 다 필요치 않다. 이렇게 염할 수 있으면 반드시 큰 이익이 있다.

人在世間，不能超凡入聖、了生脫死者，皆由妄念所致。今于念佛時，即作已死未往生想。於念念中，所有世間一切情念，悉皆置之度外；除一句佛號外，無有一念可得。何以能令如此？以我已死矣，所有一切妄念，皆用不著。能如是念，必有大益。

[제101칙] **불도를 배움은 마치 금계의 성을 지키듯이 낮에는 육근의 도적을 막고 밤에는 깨어있어야 한다**

처음 염불을 배우고 아직 삼매를 직접 증득하지 못하였을 때 누군들 망념이 없을 수 있겠는가? 귀중한 것은 마음속에 항상 진심을 비추어서 망념을 따라 구르지 않는 것이다. 비유컨대 두 군대가 진을 치고 맞서서 자신의 진영을 굳게 지키고, 적이 조금도 침범하지 못하게 한다. 적이 공격을 개시하면 곧 적을 맞아 공격하되, 반드시 정각正覺의 병사를 써서 적을 사면으로 포위해야 한다. 그들이 하늘로 올라가는 길이 없고, 지옥에 들어가는 문이 없게 하여 스스로 공포를 느끼게 하고, 잡혀서 멸종하지 않을까 두렵게 하면 연이어 투항할 것이다. 가장 중요한 한 수는 군대의 장수가 혼침에 빠지지 않고 게으르지 않도록 항상 성성적적 지킬 뿐이다. 만약 혼침하고 게으르면 적을 소멸시킬 수 없을 뿐만 아니라 오히려 적에게 소멸을 당하게 될 것이다. 그래서 염불하는 사람이 염불로써 마음을 거두어들일 줄 모르면 생각할수록 망상이 생긴다. 마음을 거두어들일 수 있다면 망념이 점차 경미해지고 무無에 이르게 된다. 그래서 성공묘보性空妙普 선사께서 이르시길, “불도를 배움은 마치 금계의 성을 지키듯이 낮엔 육근의 도적을 막고 밤엔 깨어있나니, 군대의 장수에게 명령을 시행할 수 있어 방패와 창을 움직이지 않고 평정하여 태평하리라.”

初心念佛，未到親證三昧之時，誰能無有妄念？所貴心常覺照，不隨妄轉。喻如兩軍對壘，必須堅守己之城郭，不令賊兵稍有侵犯。候其賊一發作，即迎敵去打。必使正覺之兵，四面合圍。俾彼上天無路，入地無門。彼自懼獲滅種，即相率歸降矣。其最要一著，在主帥不昏不惰，常時惺惺而已；若一昏惰，不但不能滅賊，反為賊滅。所以念佛之人，不知攝心，愈念愈生妄想；若能攝心，則妄念當漸漸輕微，以至於無耳。故云：學道猶如守禁城，晝防六賊夜惺惺；將軍主帥能行令，不動干戈定太平。

[역주]

불도를 배움은 마치 금계의 성을 지키듯이
낮엔 육근의 도적을 막고 밤엔 깨어있나니,
군대의 장수에게 명령을 시행할 수 있어
방패와 창을 쓰지 않고 평정하여 태평하리라.
(송나라 성공묘보性空妙普 선사)

이는 송나라 성공묘보性空妙普 선사께서 지은 선시이다. 여기서 "금성禁城"은 우리들의 몸을 가리킨다. 몸은 항상 안 · 이 · 비 · 설 · 신 · 의 이 여섯 도적이 어지럽힌다. 여기서 마음은 장수(主將)로 만약 자신의 본래면목인 진여불성을 회복할 수 있으면 느긋하게 공덕을 취하는 도적이 초소를 견고히 지키는 충신으로 변화되어 설령 가없는 번뇌와 아름다운 유혹을 마주하여도 심성을 안주시켜 정당한 생활을 할 수 있게 한다.

그래서 우리는 마땅히 수시로 자신을 관조하여 마음을 거두어들여야 한다. 비록 선종에서는 "놓고 비워서 자재하면 어묵동정이 모두 선이다(放曠自在 語默動靜皆是禪)"는 사상을 표방하지만, 뼛속에 사무치는 매서운 추위를 보내고 단호하게 결단을 내리고서 습기를 바꾸지 않고서 어떻게 이러한 경계에 도달할 수 있겠는가?

[제102칙] 돌이켜 비추어 지혜광명으로 돌림은 곧 바깥 경계를 만날 때 자기 본심의 묘법을 인식함이다

바깥을 향해 계속 무언가를 구하기만 하고, 돌이켜 비추어 지혜광명으로 돌릴(返照回光) 줄 모르고 이렇게 학불하면 실제 이익을 얻기 어렵다. 맹자가 말하길, "학문의 도는 다른 것이 없고 오직 (바깥을 향해 반연하는) 마음을 내려놓음(放心)을 구하기만 하면 된다."[80] 그대는 학불하지만 마음을 멈추고 염불할 줄 몰라서 유교의 가르침도 아직 진실로 좇을 수 없거늘, 하물며 불교가 진실로 마음을 멈추는 법인 줄 알겠는가? (즉 마음을 제어하여 바깥으로 치달리게 하지 않음을 말한다. 이정통 거사 주注) 《능엄경》에서 관세음보살께서는 "돌이켜 듣는 자성을 듣는다." 하시고, 대세지보살께서는 "육근을 모두 거두어 들여 정념淨念을 이어간다." 하셨다. 《금강경》에서는 "응당 머무는 바 없이 그 마음을 내고(應無所住而生其心),[81] 색 · 성 · 향 · 미 · 촉 · 법에 머물지 말고 보시를 행하고, 내지 육도만행을

80) 여기서 「방심放心」은 현재 우리가 말하는 방심이 아니다. 맹자가 말한 「방심」은 일체 바깥을 향해 반연攀緣하는 마음을 내려놓음으로써 곧 일체 공명 · 이익과 행복을 추구하는 마음을 모두 내려놓아야 진실로 학문이 있는 사람이다.

81) 「무소주無所住」란 선악善惡 · 시비是非 · 공유空有 · 단상斷常 · 미오迷悟 등 대대對待하는 양변에 머무르지 않고, 나아가 중도에도 또한 머무르지 않음을 말한다. 「이생기심而生其心」이란 즉 그 공적한 자리를 알아채는 신령한 앎(空寂靈知) · 묘명진여妙明眞如의 마음을 냄이다.

행할지라." 하셨고, 《반야심경》에서는 "오온이 모두 공함을 비추어 보라(照見五蘊皆空)."82) 고 하셨다.

이는 모두 일체 경계를 만날 때 자기 본심의 묘법을 인식하여야 한다는 법문이다. 일향으로 일체 학문에 박학하고 싶다면 결코 이익이 없는 것이 아니지만, 박학의 이익을 얻을 수 없고 먼저 그 병통을 겪게 된다.

向外馳求，不知返照回光，如是學佛，殊難得其實益。孟子曰，學問之道無他，求其放心而已矣。汝學佛，而不知息心念佛，於儒教尚未實遵，況佛教乃眞實息心之法乎。(即制心不令外馳之謂。編者敬注)觀世音菩薩，反聞聞自性。大勢至菩薩，都攝六根，淨念相繼。金剛經，應無所住而生其心，不住色聲香味觸法而行布施，乃至萬行。心經，照見五蘊皆空。皆示人即境識心之妙法也。若一向專欲博覽，非無利益。奈業障未消，未得其益，先受其病矣。

[보충] **일념을 지혜광명으로 돌리면 곧 본래의 깨달음과 같다**

「행책대사 정토책어 行策大師淨土警語」

"아직 깨닫지 못했다고 해서 자신을 얕보지 말라. 일념을 지혜광명으로 돌리면 곧 본래의 깨달음과 같다(莫輕未悟 一念回光 便同本得)."

오도悟道법사 해설: 대사의 이 말씀은 실제로 우리에게 말씀하신 것입니다. 우리는 모두 깨닫지 못하였습니다. 그럼에도 자신을 낮게 보아서는 안 됩니다. 자고이래로 조사대덕께서 개오開悟하신 비결은 바로 「일념회광一念回光」입니다. 「회回」는 고개를 돌린다는 뜻이고, 「광光」은 자성본유自性本有의 지혜광명을 말합니다. 어떻게 돌립니까? 단지 일념뿐입니다. 이념二念이면 돌릴 수 없습니다. 일념은 곧 일심불란一心不亂입니다. 진정으로 자성이 본래 갖추고 있는 지혜 공덕이 현전할 수 있습니다. 바깥에서 오는 것이 아닙니다.

현재 우리들이 염불법문으로도 일념을 회광할 수 있습니다. 무엇을 일념회광이라 합니까? 바로 **「아미타불」, 이 일념을 회광이라 합니다. 이것은 최고의 방편입니다. 참선할 필요도 관상觀想할 필요도 없습니다.** 선문의 관구觀究는 참하는 사람에게 쓸모가 있지만 참하지 않는 한참동안은 쓸모가 없고 도움이 안 되며 개오開悟할 수 없습니다. 개오하려면 선지식의 지도가 있어야 합니다. 염불은 당신이 일념을 닦으면 이 일념이 「아미타불」이고 「나무아미타불」입니다. 이 일념은 염불이 필요합니다. **일념을 회광하려면 어떻게 염합니까? 나의 현재 마음속에 「아미타불」을 염하면 회광이 됩니다. 현재 이 일념을 어떻게 닦아야 합니까? 다른 생각과 뒤섞지 않으면 됩니다.** 만약 한편으로는 염불하고, 한편으로는 이

82) 「오온五蘊」은 색수상행식色受想行識을 가리킨다. 색은 사대四大가 임시로 합하여 생기고, 수상행식은 망념으로 말미암아 생겨난 것이다. 그래서 오온의 제법은 환화幻化 같으며 인연으로 생겨나서 본래 실성實性이 없고 당체가 곧 공하다. 그래서 「오온개공五蘊皆空」이라 한다. 《대장엄경大莊嚴經》에 이르시길, "색色은 물방울(聚沫) 같고, 수受는 물거품(水泡) 같고, 상想은 아지랑이 같고, 행行은 파초 같고, 식識은 환으로 만든 일(幻事) 같다" 하셨다.

망념과 뒤섞으면 공부가 진보할 수 없습니다. 애써 생각하려고 하지 마십시오. 염불할 때 매우 많은 동수 여러분께서는 망념이 매우 많습니다. 걱정하지 마시고, 이 부처님 명호를 염하십시오. 나의 이 부처님 명호를 한 글자 한 마디 매우 또렷하게 염하십시오. 망념이 일어나더라도 상대하지 마십시오. 망념을 끊으려고 하지 마십시오. 망념이 일어나더라도 그것이 일어나도록 내버려두시고, 이 한마디 부처님 명호를 염하는 것에 집중하십시오. 이러면 됩니다.

왜 현재 염불하는 사람들은 오랫동안 공부하여도 한 덩어리를 이루지 못합니까? 그 망념에 관여하고 그 망념에 대해 걱정하며, 그 망념을 상기하고 그 망념을 두려워하기 때문입니다. 망념이 일어나면 망념이 가도록 내버려두면 됩니다. 나의 이 한마디 부처님 명호를 단지 한 글자 한마디 또렷하게 염하고 또렷하게 들으십시오. 이것을 일념이라고 합니다. 염념마다 망념이 일어나도 상관하지 마십시오. 이것이 바로 일념회광一念回光입니다. 이는 참선에 비해 매우 쉽고 관상觀想에 비해서도 매우 쉽습니다. 지명염불은 바로 이런 특색이 있습니다. 게다가 오랫동안 염불하면 진여실상과도 통합니다.

하련거 거사께서는《정어淨語》에서 우리들에게 「일념회광一念回光」을 말씀하셨습니다. 그는 제1념第一念을 말했습니다. 염불인은 제1념이어야 합니다. 제1념이란 무엇입니까? 방금 말씀드렸듯이 **망념에 상관하지 않는 것을 제1념이라고 합니다. 염불인은 생활하는 한가운데 사람을 상대하고 일을 처리하며 사물을 접하는데 제1념을 사용합니다. 어떤 일이 일어났을 때 우리들의 직접적인 반응을 제1념이라고 합니다. 이런 생각 저런 생각, 이런 고려, 저런 고려를 하지 마십시오. 이것이 불편한지 보시고 저것이 번뇌를 일으키는지 보십시오. 그러면 제2념, 제3념으로 떨어지고 그러면 모두 감정적으로 일을 처리합니다.** 제1념은 이지적이고 지혜입니다. 제2념은 번뇌가 있어 일을 멋대로 처리합니다. 어떤 일이든 모두 제1념을 사용하여 처리하십시오. 어떤 사람이 당신에게 찾아와 물으면 어떤 문제이든 모두 제1념을 사용하십시오. 염불은 제1념입니다. 염불법문을 사용하여 일념회광을 닦으십시오. 단지 이런 원리만 알기만 하면 됩니다. 그것을 모르면 당신은 여전히 염불할 줄 모릅니다.

염불할 줄 아는 사람은 단시간 내에 효과가 매우 좋습니다. 염불할 줄 모르는 사람은 염불할수록 그의 망념이 많아지고 의심을 하게 됩니다. "나는 왜 이런 망념이 일어나는가? 나는 왜 아직도 이런가? 나는 오랫동안 많이 염불해야 아미타부처님을 친견할 수 있는가?" 그러면 당신은 삼아승지겁을 염불해도 현재와 차이가 많지 않습니다. 계속 그런 망념에 상관하기 때문입니다. 그것에 상관하지 않으면 됩니다. 이 한마디 부처님 명호를 또렷하게 염하고 또렷하게 들으면 됩니다. 다른 것에는 상관하지 마십시오. 이 한마디 부처님 명호를 염하여 회광하는 것은 최상의 방편입니다.

염불은 바로 부처님 광명을 비추는 것입니다. 염불을 할 때 바로 시각始覺과 본각本覺이 합쳐지고 구경각究竟覺을 이룹니다. 그래서 결코 자신을 경시해서는 안 됩니다. 자신은 본래 모두 부처이고 사람마다 모두 불성이 있으니, 자신을 가볍게 보지 마십시오.

[제103칙] **수행의 요결은 번뇌와 습기를 대치함에 있다**

수행의 요결은 번뇌와 습기를 대치함에 있다. 습기를 작게 일분 대치하면 곧 공부가 일분 나아간다. 힘을 내어 수행할수록 습기가 드러난다. 이는 사상事相에 의지해 수지할 줄 알 뿐, 돌이켜 비추어 지혜광명으로 돌려서 자기 마음에 생긴 망정을 제거할 줄 모르기 때문이다. 만약 평상시에 미리 조심하면 경계에 부닥치고 인연을 만날지라도 당연히 습기가 드러날 수 없다. 만약 평상시 나의 몸과 마음 전체 그대로 환과 망에 속하는 줄 알면 영원히 불변하는 실체實體·실성實性의 「나(我)」는 찾을래야 찾을 수 없다. 이미 「나」는 없거늘, 어떻게 경계에 인하고 사람에 인하여 번뇌가 생겨나는 일이 있겠는가? 이는 근본에서 가장 절실한 해결방법이다.

修行之要，在於對治煩惱習氣。習氣少一分，即工夫進一分。有修行愈力，習氣愈發者，乃只知依事相修持，不知反照回光，克除己心中之妄情所致也。當于平時，預為提防。則遇境逢緣，自可不發。倘平時識得我此身心，全屬幻妄，求一我之實體實性，了不可得。既無有我，何有因境因人而生煩惱之事。此乃根本上最切要之解決方法也。

「나」라고 할 만한 것은 없어 공하다(我空)는 이치를 명백히 알지 못한다면, 여래께서 법문하신 오정심관五停心觀83)에 의지해 대치하여야 한다. 오정심이란 다섯 법으로써 그 마음을 조종해 마음을 안온히 머무르게 하고 경계를 따라 구르지 않게 함이다. 탐욕이 많은 중생은 부정관不淨觀을 닦으며, 분노가 많은 중생의 자비관慈悲觀을 닦으며, 산란심이 많은 중생은 수식관數息觀을 닦으며, 어리석은 중생은 인연관因緣觀을 닦으며, 장애가 많은 중생은 염불관念佛觀을 닦는다.

如不能諦了我空，當依如來所示五停心觀，而為對治。五停心者，以此五法，調停其心。令心安住，不隨境轉也。所謂多貪衆生不淨觀，多瞋衆生慈悲觀，多散衆生數息觀，愚癡衆生因緣觀，多障衆生念佛觀。

---

83) 오정심관은 다섯 가지 과실을 마음에 정지시킬 수 있는 관법이고, 또한 성문승의 사람이 도에 들어가서 처음 수습하여야 하는 다섯 가지 관법이다. 1) 부정관不淨觀은 곧 일체 근신根身과 기계器界가 깨끗하지 않음에 속함을 관찰하여 탐욕을 정지시킨다. 2) 자비관慈悲觀은 곧 일체중생이 고통을 겪는 가련한 모습을 관찰하여 분노를 정지시킨다. 3) 인연관因緣觀은 곧 일체법은 모두 인연을 좇아 생겨나 앞의 인과 뒤의 과가 역력 분명함을 관찰하여 어리석음을 정지시킨다. 4) 계분별관界分別觀은 곧 십팔계의 제법은 모두 지수화풍, 공과 식이 화합한 것으로 관찰하여 아집의 장애를 대치한다. 5) 수식관數息觀은 곧 들숨과 날숨이 출입하는 모습을 관찰하여 출입할 때 마다 1에서 10까지 몰래 헤아려서 산란함을 정지시킨다. 이 밖에 《오문선경요용법五門禪經要用法》 중에는 계분별관을 대신하여 「염불관念佛觀」을 취하여 다른 네 가지 관과 합쳐서 오문선五門禪이라 부른다. 이른 바 염불관은 곧 응신應身·보신報身·법신法身 등 삼불신을 염하여 차례로 어지럽고 답답한 장애, 악념사유의 장애, 경계핍박의 장애 등 세 가지 장애를 대치한다.

[제104칙] 번뇌의 경계가 일어나는 상황 중에 심한 것은 재물과 여색, 횡역 몇 가지일 뿐이다

범부의 경계에서 누가 번뇌가 없겠는가? 모름지기 평상시 미리 조심하면 당연히 경계에 부닥치고 인연을 만날지라도 번뇌·습기가 드러나지 않을 것이다. 습기가 드러날지라도 또한 단박에 살펴서 그것이 사라지게 할 수 있다. 번뇌의 경계가 일어나는 상황은 수없이 많지만, 그 중에 심한 것을 들자면 재물과 여색, 횡역橫逆(뜻하지 않은 역경) 몇 가지일 뿐이다.

在凡夫地，誰無煩惱。須于平時預先提防，自然遇境逢緣，不至卒發。縱發，亦能頓起覺照，令其消滅。起煩惱境，不一而足。舉其甚者，唯財色與橫逆數端而已。

불의의 재물은 그 해독이 독사를 능가한 줄 알면 불의한 재산을 구차하게 얻으려 고민하지 않을 것이다. 남에게 편의를 베풀어 구경에 자신의 앞날이 창창한 줄 알면 빈곤과 위급, 환난을 만난 자가 도움을 구하는데 재물을 아끼느라 번뇌하는 일은 없을 것이다. 여색인 줄 알면 꽃 같고 옥 같은 사람을 만날지라도 항상 자신의 자매와 같다는 마음을 간직하여야 한다. 설사 창녀를 만나더라도 또한 이렇게 생각하여서 불쌍하고 가엾다 여기고 벗어나게 해주겠다는 마음을 낸다면 미색을 보아도 욕구가 일어나는 번뇌가 없을 것이다.

若知無義之財，害甚毒蛇，則無臨財苟得之煩惱。與人方便，究竟總歸自己前程，則無窮急患難求救，由惜財而不肯之煩惱。色則縱對如花如玉之貌，常存若姊若妹之心。縱是娼妓，亦作是想，生憐憫心，生度脫心，則無見美色而動欲之煩惱。

부부는 손님처럼 서로 공경하고 아내는 자식을 낳아 기르고 대를 잇는 은인이라 여겨서 서로 쾌락을 행하는 욕망의 도구로 삼지 않으면 욕망을 구하여 몸을 망가뜨리고, 처자식을 부양하지 못하며, 자녀가 자립하지 못해 번뇌하는 일은 없을 것이다. 자녀를 어릴 때부터 잘 가르치고 키운다면 부모님의 마음을 거역하고 집안을 망치려고 해서 번뇌하는 일은 없을 것이다.

夫婦相敬如賓，視妻室為相濟繼祖之恩人，不敢當作彼此行樂之欲具，則無徇欲滅身，及妻不能育、子不成立之煩惱。子女從小教訓，則無忤逆親心、敗壞門風之煩惱。

횡역(뜻하지 않은 역경)을 당하는 일을 만나도 모름지기 불쌍하고 가엾다 여기고 무지함을 불쌍히 여겨 따지지 말아야 한다. 또한 자신이 전생에 그에게 괴롭힌 적이 있어 지금 이런 연고로 마침내 이 오랜 빚을 갚으니, 기쁜 마음으로 받아들이면 횡역에 대해 보복하려고 번뇌하는 일이 없을 것이다.

至於橫逆一端，須生憐憫心，憫彼無知，不與計校。又作自己前生曾惱害過彼，今因此故，遂還一宿債，生歡喜心，則無橫逆報復之煩惱。

위에서 말한 것은 처음 발심한 근기의 상황에 맞춘 것이다. 만약 오랫동안 닦아서 증득하여 나라고 할 만한 것은 없어 공하다는 이치를 깨달을 수 있다면 다함이 없는 번뇌도 모두 대광명장大光明藏으로 변하게 될 것이다.

然上來所說，乃俯順初機；若久修大士，能了我空，則無盡煩惱，悉化為大光明藏。

[제105칙] **아공我空을 안다면 비방을 받는 자가 누구인가?
무아無我를 안다면 번뇌가 어떻게 생기겠는가?**

괴로움으로 매일 번뇌 속에 지내도 이것이 번뇌인 줄 모른다. 번뇌인 줄 알면 번뇌가 곧 사라질 것이다. 마음은 본래 부처이나, 번뇌를 아직 제거하지 못해 헛되이 중생노릇을 하고 있다. 단지 번뇌를 사라지게 할 수 있다면 본래 갖추고 있는 불성이 저절로 현현할 것이다.

人苦日在煩惱中，尚不知是煩惱；若知是煩惱，則煩惱便消滅矣。心本是佛。由煩惱未除，枉作衆生。但能使煩惱消滅，本具佛性，自然顯現。

비유컨대 도적을 잘못 가족으로 인정하면 모든 가산을 다 훔쳐갈 것이다. 그가 도적인 줄 알면 그는 곧 도망칠 것이다. 금을 제련하지 않으면 순금이 되지 않고, 칼을 연마하지 않으면 예리하지 않을 것이다. 번뇌 속에 지내지 않고 번뇌의 경계를 만나면 곧 정신이 의지할 곳을 잃을 것이다. 번뇌에는 아무런 세력이 없고 정신을 피곤하게 하고 어지럽히는 원인은 모두 내가 자초한 것임을 간파할 수 있어야 한다. 경전에서 말씀하시길, "아공我空을 안다면 비방을 받는 자가 누구인가?" 하셨다. 지금 예로 말하면 "무아無我를 안다면 번뇌가 어떻게 생기겠는가?" 고덕께서는 "모든 경계는 본래 한가한데, 오직 마음이 스스로 떠들썩할 뿐이다. 마음이 일어나지 않으면 경계는 저절로 여여如如[84]하다." 말씀하셨다.

---

84) 진여眞如와 같이 부동不動 · 적묵寂默 · 평등불이平等不二의 전도된 분별이 일어나지 않는 자성의 경계이다. 여리지如理智로 인해 증득한 진여眞如인 까닭에 여여如如라고 말한다. 또한 여여란 변하지 않고 달라지지 않는 진여의 이치이다. 앞의 바른 지혜로 말미암아 명상名相이 모두 다 환 같고, 유도 아니고 무도 아니며, 명상이 본래 공하다 관찰함이니, 곧 진여리眞如理이다. 이치는 지혜로 인해 밝아지고, 지혜는 이치로 인해 발생한다. 지혜로써 이치와 같고, 이치로써 지혜와 같다. 이것이 여여如如이다.

譬如竊賊，認做家人，則所有家財，悉被彼竊；若知是賊，彼即逃去。金不煉不純，刀不磨不利。不於煩惱中經歷過，一遇煩惱之境，便令心神失所。能識得彼無什勢力，其發生勞擾心神者，皆吾自取。經云：若知我空，誰受謗者？今例之云：若知無我，煩惱何生？古云：萬境本閑，唯心自鬧；心若不生，境自如如。

[제106칙] 삼장은 즉 번뇌장 · 업장 · 보장이고, 번뇌는 무명으로 혹 · 업이다

삼장三障[85], 즉 번뇌로 인한 장애, 업으로 인한 장애, 그리고 과보로 인한 장애이다. 번뇌는 무명無明[86]과 둘이 아니고, 또한 「혹惑」이라 한다. 바로 이치에 밝지 못함(즉 탐진치)으로 갖가지 이치에 맞지 않은 생각을 망녕되이 일으킨다. (갖가지 이치에 맞지 않는 생각을 없애려면 먼저 세간의 일체제법이 모두 고苦이고, 공空이고, 무상無常이고, 무아無我이고, 부정不淨임을 알아야 하니, 그러면 탐진치 삼독이 일어날 이유가 없다.) 업은 탐진치 번뇌의 마음이 있어 곧 살생, 도둑질, 삿된 음행 등 악한 일을 일으키도록 하기 때문에 그래서 「업業」이라 한다. 그 업이 이미 이루어지면 장래에 반드시 지옥 · 아귀 · 축생 삼악도의 과보를 받게 마련이다.

三障者，即煩惱障、業障、報障。煩惱即無明，亦名為惑。即是於理不明，(即貪瞋癡也。)妄起各種不順理之心念。(欲滅各種不順理之心念，先須了知世間一切諸法，悉皆是苦、是空、是無常、是無我、是不淨，則貪瞋癡三毒，無由而起矣。見三編與謝融脫書。)業即由貪瞋癡煩惱之心，所作之殺盜淫等惡事，故名為業。其業已成，則將來必定要受地獄、餓鬼、畜生之三途惡報也。

[제107칙] 몸을 깨끗하지 않다 관하여 탐내는 생각을 멈추면 마음바탕은 청정하다

탐욕이란 경계를 보고 마음속에 좋아하고 즐거운 생각이 일어남을 말한다. 욕계 중생은

---

85) 삼장三障의 출처는 《열반경》이다. 장障은 덮음(蔽)이다. 여러 중생들은 혹업惑業에 장애되고 덮여서 정도正道를 보지 못하고 선심이 생겨날 수 없다고 말한다. 그래서 장障이라 한다. 1) 번뇌장煩惱障. 흐릿하고 번거로운 일로 정신을 뇌란시키는 까닭에 번뇌라고 한다. 탐욕 진애 우치 등 혹이 정도를 장애하고 덮음을 말하는데 번뇌장이라고 한다. 2) 업장業障. 업은 곧 업행業行으로서, 탐진치로 말미암아 신구의 삼업을 일으켜 오무간五無間 중악重惡의 업을 지어서 정도를 장애하고 덮음을 말하는데 업장이라 한다. (오무간업五無間業이란 첫째 부모를 죽이고, 둘째 어머니를 죽이고, 셋째 아라한을 죽이고, 넷째 부처님의 몸에 피를 죽이고, 다섯째 화합승을 깨뜨린다.) 3) 보장報障. 보報는 곧 과보果報이다. 번뇌 · 혹업으로 말미암아 지옥 축생 아귀의 제취에 태어나게 함을 말하는데 보장이라 한다.

86) 과거세 번뇌의 혹이 본성을 덮어 밝아짐이 없음을 말하니, 그래서 무명이라 한다.

모두 음욕으로 말미암아 생겨나고, 음욕은 애착으로 말미암아 생겨난다. 만약 자신의 몸과 타인의 몸을 밖에서 안까지 하나하나 자세히 관찰하면 단지 때와 땀, 눈물과 침, 털과 손톱, 이빨, 뼈와 살, 고름과 피, 대소변만 보일 뿐, 몸의 냄새는 죽은 시체 같고 땀내는 화장실 같은데, 누가 이 물건을 보고 탐을 내겠는가?

貪者，見境而心起愛樂之謂。欲界衆生，皆由淫欲而生，淫欲由愛而生。若能將自身他身，從外至內，一一諦觀；則但見垢汗涕唾，發毛爪齒，骨肉膿血，大小便利，臭同死屍，汙如圊廁。誰於此物，而生貪愛？

탐내는 생각을 이미 멈추었다면 마음바탕은 절로 청정하다. 청정심으로써 부처님 명호를 염함은 단맛이 양념을 받아들임과 같고, 흰색이 색채를 받아들임과 같다. 인지因地의 마음으로써 과지果地의 깨달음에 맞으면 적은 노력으로 큰 성과를 거두고, 그 이익은 헤아리기 어렵다.

貪愛既息，則心地清淨。以清淨心，念佛名號；如甘受和，如白受采。以因地心，契果地覺；事半功倍，利益難思。

[제108칙] 분노의 불길은 마음을 산란하게 하고 몸을 상하게 하니, 나는 이미 죽었다 생각하면 분노가 일어날 수 없다

분노하는 마음은 숙세의 습성이다. 지금 나는 이미 죽었다고 생각하면 칼로 베거나 향기를 바르거나 아무런 구애받음이 없다. 모든 순조롭지 않은 마음의 경계를 만날 때 마다 나는 이미 죽었다고 생각하면 분노가 일어날 수 없다. 이는 바로 여래께서 전하신 삼매법수三昧法水로 일체중생의 죄업을 두루 씻는 방법이다. 이는 나 인광이 기발한 생각을 하여 망녕되이 말하는 것이 아니다.

瞋心，乃宿世之習性。今作我已死想，任彼刀割香塗，於我無干。所有不順心之境，作已死想，則便無可起瞋矣。此即如來所傳之三昧法水，普洗一切衆生之結業者，非光自出心裁妄說也。

[제109칙] 일체 일에 직면하여 넓은 도량과 웅대한 기상으로써 수용하라

분노하는 마음은 숙세의 습성이다. 지금 이미 자신에게 손해이고 남에게 무익함을 알게 된 이상, 일체 일에 직면하여 모두 바다와 하늘처럼 가없이 넓은 도량과 웅대한 기상으로써 그것을 수용하는 것이 당연하고, 그러면 현재의 도량이 큰 습성으로, 곧 숙생의 도량이 좁은 습성을 바꾸어 나갈 수 있을 것이다. 만약 이렇게 대치하지 않고 분노와 습성이 점점 증가할수록 그 위해는 결코 적다고 할 수 없다.

所言瞋心，乃宿世習性。今既知有損無益，宜一切事當前，皆以海闊天空之量容納之；則現在之寬宏習性，即可轉變宿生之褊窄習性。倘不加對治，則瞋習愈增，其害非淺。

[제110칙] 분노하는 마음은 남에게 무익하고 자신에게는 손해이다

분노하는 마음이 일어나면 남에게 무익하고 자신에게는 손해이다. 가벼우면 또한 마음이 번거롭고 뜻이 어지럽지만, 무거우면 간과 눈이 손상을 받는다. 모름지기 마음속에 늘 원기가 끊임없이 흘러나와 하나로 뭉치도록 하면 질병은 사라지고 행복과 수명이 증대할 것이다.

瞋心一起，於人無益，於己有損；輕亦心意煩燥，重則肝目受傷。須令心中常有一團太和元氣，則疾病消滅，福壽增崇矣。

[제111칙] 어리석은 사람은 지식이 조금도 없다는 것이 아니라 단견斷見에 집착하지 않으면 곧 상견常見에 집착한다

어리석은 사람은 그에게 지식이 조금도 없다고 말하는 것이 아니다. 이는 세상 사람들이 선악의 경계와 인연이 모두 숙세의 업장을 끌어내어 현행으로 감화를 받는 줄 모르고, 인과응보가 없고 전생과 내생이 없다는 등 제멋대로 말함을 가리킨다.

愚癡者，非謂全無知識也。乃指世人於善惡境緣，不知皆是宿業所招，現行所感；妄謂無有因果報應，及前生後世等。

일체중생은 지혜의 눈이 없어 단견斷見에 집착하지 않으면 곧 상주常住에 집착하기 마련이다. 단견에 집착하는 자들은 사람은 “부모의 기를 받아서 태어나고, 태어나기 전에는 본래 아무것도 없으며, 죽고 난 뒤에는 육신이 썩어 소멸하고 영혼도 흩어지거늘 어찌 전생과 내생이 있겠는가?” 말한다. 견식이 짧고 얕은 사람들은 이런 말을 많이 한다. 상견에 집착하는 자는 “사람은 죽어 사람이 되고 축생은 죽어 축생이 된다.”고 말하며, 업장은 마음이 만들어내고 육신의 모습은 마음을 따라 바뀌는 이치를 모른다. 과거 생에 극악한 사람은 현생의 몸이 뱀이 되고, 지극히 폭력적인 사람은 현생의 몸이 호랑이가 된다. 그 업력이 맹렬하게 크면 생존 시에도 그 몸이 변화될 수 있거늘, 하물며 사후에 신식神識이 업력에 이끌려 그 몸이 변화되는 것이랴?

一切衆生，無有慧目，不是執斷，便是執常。執斷者，謂人受父母之氣而生，未生之前，本無有物；及其已死，則形既朽滅，魂亦飄散，有何前生，及與後世？此方拘墟之儒，多作此說。執常者，謂人常為人，畜常為畜；不知業由心造，形隨心轉。古有極毒之人，現身變蛇；極暴之人，現身變虎。當其業力猛厲，尚能變其形體；況死後生前，識隨業牽之轉變乎？

그래서 부처님께서 설하신 십이인연十二因緣은 삼세를 관통하는 지론이다. 전생의 인으로 후생의 과보를 받게 되고 후생의 과보는 전생의 인이 있기 마련이다. 선악의 응보로 화복이 닥치는 것은 자업자득이지 결코 하늘에서 떨어진 것이 아니다. 하늘은 단지 그의 소행에 근거하여 인과응보를 안배할 뿐이다. 생사의 순환은 끝이 없기에 본래의 심성을 회복하여 생사를 끝마치려는 사람은 믿음과 발원으로 염불하여 서방극락에 태어나길 구하는 법문을 버리면 그 목적에 도달할 수 없다. 탐진치 삼독은 생사에 빠지는 근본이고, 신원행 삼법은 생사를 끝마치고 벗어나는 묘법이다. 저 삼독을 버리려면 이 셋을 닦아야 한다. 이 셋으로 득력하면 저 삼독은 저절로 사라진다.

是以佛說十二因緣，乃貫三世而論；前因必感後果，後果必有前因。善惡之報，禍福之臨，乃屬自作自受，非自天降；天不過因其所為而主之耳。生閉環，無有窮極；欲復本心以了生死者，捨信願念佛，求生西方，不可得也。貪瞋癡三，為生死根本；信願行三，為了生死妙法。欲捨彼三，須修此三；此三得力，彼三自滅矣。

[보충] **십이인연十二因緣**

무명으로 인연하여 행이 일어나고, 행으로 인연하여 식이 일어나고, 식으로 인연하여 명색(五蘊)이 일어나고, 명색으로 인연하여 육입(六根 · 六塵)이 일어나고, 육입으로 인연하여 촉이 일어나고, 촉으로 인연하여 수(苦受 · 樂受 · 不苦不樂受)가 일어나고, 수로 인연하여 애(貪愛)가 일어나고, 애로 인연하여 취(執取)이 일어나고, 취로 인연하여 유(後世三有)가 일어나고, 유로 인연하여 생이 일어나고, 생으로 인연하여 노사(老病死 · 憂悲 · 苦惱)가 일어납니다.” _《반야심경오가해 강기》(비움과소통)

[제112칙] **종일토록 세속 일에 뒤얽혀 있어도 종일토록 사물의 바깥에서 벗어나 자유로이 노닐 수 있으니, 육진六塵을 싫어하지 않으면 그대로 정각正覺과 같다**

세속 일에 뒤얽혀 벗어날 수 없는 자는 세속 일에 뒤얽혔을 때 일을 떠나 구르지 않겠다고 마음만 먹으면 그 뒤얽힌 일에서 벗어난다. 거울이 사물의 상을 비출 때 그 상이 와도 막지 않고 상이 가도 붙잡지 않는 것과 같다. 만약 이런 이치를 모른다면 세속 일을 모조리 없애버려 하는 일이 전혀 없어도 여전히 산란한 마음과 망상에 단단히 뒤얽혀 빠져나갈 수 없다. 불도를 배우는 사람은 평상시 자신이 처한 위치에 서서 일을 하며 자신의 본분을 다해야 한다. 이러면 곧 종일토록 세속 일에 뒤얽혀 있어도 종일토록

사물(외형적인 조건에 얽매인 상태)의 밖에서 자유로이 노닐 수 있다. "일심에도 머물지 않고 모든 경계에 한가하고, 육진六塵을 싫어하지 않으면 그대로 정각正覺과 같다." 하심은 바로 이를 말함이다.

所言俗務糾纏，無法擺脫者，正當糾纏時，但能不隨所轉，則即糾纏便是擺脫。如鏡照像，像來不拒，像去不留。若不知此義，縱令屏除俗務，一無事事，仍然皆散妄心，糾纏堅固，不能灑脫。學道之人，必須素位而行，盡己之分；如是則終日俗務糾纏，終日逍遙物外。所謂「一心無住，萬境俱閑，六塵不惡，還同正覺」者，此之謂也。

[보충] 육진六塵을 싫어하지 않으면 그대로 정각正覺과 같다

일승의 바르고 진실한 도를 닦고 싶다면 마땅히 어디서 닦아야 하는가? 육진 속에서 닦아야 한다. 육진六塵이란 색성향미촉법으로 육근六根이 마주하는 경계를 육진이라 한다. 육근이 육진에 대해 분별을 일으키면 육식六識이 된다.

수행은 어디에서 닦는가? 이 18계 한가운데서 닦는다. 자신의 본래면목은 구경에 무엇인지 깨닫고서, 육근 육진 육식을 여의면 또 어디서 수행하는가? 보리는 번뇌의 전화轉化이자 번뇌의 전변轉變이다. 번뇌가 없거늘 어디서 보리가 오겠는가? 중생이 없거늘 어디서 일체제불이 오겠는가? 도를 구함은 중생 속에서 구하고 번뇌 속에서 구하며, 성불은 진흙탕 흐린 물 속에서 성불하고, 진흙탕 흐린 물이 없으면 불도가 필요하지 않다.

그래서 "육진六塵을 싫어하지 않으면 그대로 정각正覺과 같다." 하셨다. 왜냐하면 청정하지 않은 것을 여의고 난 후 다시 청정한 것을 찾을래야 찾을 수 없다. 이른 바 **번뇌에 즉即하면 보리이고, 생사에 즉하면 열반이며, 무명에 즉하면 대지혜이다. 즉即이란 전화轉化·정화淨化·제승提升·전변轉變이다.** 우리는 날마다 여기에 앉아서 이 「번뇌즉보리煩惱即菩提」의 「즉」자를 하거늘, 어떻게 번뇌를 변화시켜 보리를 이루겠는가? 보리란 각오覺悟를 뜻하니 철저히 깨달아 더 이상 번뇌가 생기지 않으면 번뇌가 끊어짐이라 한다. 만약 깨닫지 않으면 여전히 번뇌 가운데 있다.

석가모니 부처님께서는 오탁악세에서 설법하여 중생을 제도하시는 이런 어려운 일을 행하셨으니, 우리들 학불하는 사람 한 사람 한 사람도 이와 마찬가지로 반드시 오탁악세에서 보살도를 널리 행하고 중생을 널리 제도하여 최후에 비로소 성불할 수 있다. 말하자면 진흙탕 흐린 물을 여의고 불도를 이룰 수 없고 보리를 증득할 수 없다. 진흙탕 흐린 물 속에서 도를 이루고 육진 속에서 육진에 물들지 않는 이것이야 말로 수행인의 본령이고, 이것이야 말로 수행인이 해야 하는 일이며, 이것이야 말로 생활선의 진제眞諦이다. 그래서 수행은 쉽지 않으니, 발을 적시지 않고 강을 건너야 하고, 육진 가운데서 닦아야 하지만, 또한 육진에 물들지 않을 수 없다.

[역주] 「세속 일에 몸이 뒤얽혀 있음(俗務纏身)」이란, 만약 몸이 세속 일에 치우쳐도 동시에 염불해도 괜찮다. 예컨대 대장장이 황타철黃打鐵처럼 한편으로는 철을 두드리면서 한편으로는

염불하여 최후에 선 채로 왕생할 수 있다. 정신이 세속 일에 치우치면 이 일을 하기 전에 광대한 마음을 발하여 미래의 일체제불에게 공양한다고 생각하여 모든 미세한 일에 맞추어 이타심을 발할 수 있으면 세속 일이 그대로 불사가 된다.

세상 사람들은 노동을 하여 돈을 벌고 가족을 부양하며 자신을 이롭게 하는 줄만 알고, 일체 노동이 모두 미래의 일체제불에게 공양하는 장엄불사라고 여길 줄 모른다. 전자는 사사로운 마음으로 이익을 챙기는 일이고, 후자는 수승한 공덕이 생겨서 모두 왕생의 자량資糧이다. 설령 살생하는 직업에 종사하여 직업을 바꾸지 못할지라도 여전히 염불하여 회향하면 그 귀의함은 수승한 일과 마찬가지이다. 육진六塵을 싫어하지 않으면 그대로 정각正覺과 같으니, 그 마음을 잘 쓸 수만 있다면 일거수일투족이 모두 공덕자량이다.

[제113칙] **일상생활에서 일체 행위를 하는 가운데 항상 각조覺照를 일으켜 엄하게 다스려서 경계를 따라 구르지 않아야 한다**

참된 앎이 드러나게 하려면 마땅히 일상생활에서 일체 행위를 하는 가운데 항상 각조覺照[87]를 일으켜야 한다. 모든 이치에 어긋난 감정과 생각이 마음에 싹트지 않게 하여 항상 자신의 마음이 공하여 한 물건도 없어야 하고, 밝고 청정해 꿰뚫어 사무쳐야 한다. 예를 들어 경대는 바깥 경계 일체를 비추고 있어도, 그 자체는 경계를 따라 구르지 않는다. 아름답고 추한 상은 상대방에게 있지, 나와 무슨 관계가 있겠는가? 바깥 경계가 닥쳐와도 미리 헤아리지 말아야 하고, 바깥 경계가 물러감에도 연연하지 말아야 한다. 만약 이치에 어긋나는 감정과 생각이 잠깐이라도 마음에 싹트면 즉각 엄하게 다스려 남김없이 없애야 한다.

欲令眞知顯現，當於日用云為，常起覺照。不使一切違理情想，暫萌於心；常使其心，虛明洞徹。如鏡當台，隨境映現；但照前境，不隨境轉；妍媸自彼，于我何干。來不預計，去不留戀。若或違理情想，稍有萌動，即當嚴以攻治，剿除令盡。

[보충] **우익대사 법문; 경계와 인연에는 좋고 추함이 없지만, 좋고 추함은 마음에서 일어난다**

경계와 인연에는 좋고 추함이 없지만, 좋고 추함은 마음에서 일어난다. 어리석은 사람은 경계를 없애되 마음은 없애지 않지만, 지극히 덕이 높은 사람은 마음은 없애되 경계는 없애지 않는다. 마음이 이미 제거된 이상 경계가 어찌 실체로써 존재(實有)하겠는가?

경계가 본래 공함을 통달하면 곧 "현재 처한 위치에 따라 행하며(素位而行), 그 밖의 것은

---

87) 바깥을 향하여 봄을 안을 향해 봄으로 바꿈을 「각조覺照」라 한다. 내관內觀 혹은 각지覺知 · 각찰覺察로 부르기도 한다. 마치 탐조등 처럼 앞에 있는 사물을 환히 비추어 아주 분명하게 보인다.

원하지 않는다.” 모든 행을 거쳐 온 위치는 모두 밖이 없는(無外) 법계가 아님이 없다. 모두가 곧 법계인 줄 알아 어떤 경우에 처하든지 항상 자기를 믿고 마음을 놓는다. 조금이라도 일어나지 않으면 부귀도 그를 음탕하게 못하고, 빈천도 그를 흔들지 못하며, 어떤 오랑캐나 환난도 그를 굴복시키지 못한다.

맹자는 「현재 처한 위치에 따라 행함」을 논하길, “세상에서 가장 넓은 곳에서 살아가고, 이 세상에서 가장 바른 위치에 서며, 이 세상에서 가장 큰 도를 행하라” 하였다. 《법화경》에 이르시길, “여래의 방에 들어가, 여래의 옷을 입고, 여래의 자리에 앉아, 여래의 일을 행하라.” 하셨다. 요컨대 모두 바깥 사물을 따라 구르지 않아야 바야흐로 바깥 사물을 굴릴 수 있다는 뜻이다.

[제114칙] 일체중생은 모두 여래의 지혜와 덕상을 갖추고 있건만, 망상 집착으로 인해 증득할 수 없다

중생의 일념은 부처님과 다름이 없다. 단지 미혹해서 깨닫지 못하여 전체 지혜와 덕상이 모두 번뇌와 업고로 변화되었을 뿐이다. 마음은 본래 하나이건만 미혹과 깨달음으로 나뉘어, 괴로움과 즐거움으로 달라진다. 이는 일념의 심성이 본래 지혜와 공덕의 바다인데, 단지 번뇌로 인해 걸리고 가려서 지혜가 비춤이 없으면 전체가 번뇌와 업고의 바다를 이룬다. 지금 지혜로써 그것을 각조覺照하면 곧 번뇌·업고의 바다가 지혜·공덕의 바다를 이룬다. 그래서 《화엄경》에서 이르시길, “일체중생은 모두 여래의 지혜와 덕상을 갖추고 있건만, 망상과 집착으로 인해 증득할 수 없느니라. 만약 망상을 여의면 일체지一切智와 무애지無礙智가 곧 현전하느니라.” (제225칙 참조)

衆生一念，與佛無二；由迷而未悟，則全智慧德相，成煩惱業苦。心本是一，迷悟殊則苦樂異矣。是知一念心性，本是智慧功德海；由煩惱障蔽，無智慧照了，則全體成煩惱業苦海。今以智慧覺照之，則即煩惱業苦海，成智慧功德海。故華嚴經云：一切衆生，皆具如來智慧德相；但以妄想執著，而不證得。若離妄想，則一切智，無礙智，即得現前。

[제115칙] 마음의 본체는 부처님과 구별이 없지만, 수덕에서 논하면 완전히 이렇지 않다

마음의 본체는 부처님과 구별이 없다. 그래서 부처님께서는 우리에게 염불하게 하신다. 부처님의 위덕과 위신력의 지혜 불로써 범부의 번뇌煩惱와 혹업惑業에 뒤섞인 불심을 삶고 달구어 그것을 전부 사방으로 흩어 사라지게 하고, 오직 청정하고 순수한 마음만 남게 하신다. 이러한 경계에 이르러야 “마음 그대로 부처이고, 부처 그대로 마음이다”

말할 수 있다. 이런 경계에 이르지 못한 채 말함은 그 체성을 보는 것에 불과할 뿐, 사상과 역용88)에서 논하면 완전히 이렇지 않다.

心之本體，與佛無二，故佛令人念佛；以佛威德神力之智慧火，烹煉凡夫夾雜煩惱惑業之佛心。俾彼煩惱惑業，悉皆四散消落，唯留清淨純眞之心；方可謂心即佛，佛即心。未到此地位說，不過示其體性而已。若論相（事相）與用（力用），則完全不是矣。

[역주] 범부의 성덕은 부처님과 같지만, 「이즉불理即佛」이다. 마음 · 부처님 · 중생 셋은 차별이 없다. 여래의 지혜와 덕상 · 가난한 여자 집에 있는 보배창고 · 옷 안에 감춰진 밝은 구슬 …… 이 말은 모두 「이즉불理即佛」이다.

중생이 윤회하면 어느 육도에 떨어지는지 상관없이 그 마음속에는 모두 여여부동의 「불성」이 있으니, 이 불성은 영원히 잃어버리지 않는 것이다. 비록 귀중한 보배가 있을지라도 바깥으로 드러날 수 없고 본체가 같을지라도 사상과 역용은 하늘땅만큼 다르니, 이는 수덕修德의 측면을 말한다. 수덕을 통과해야만 성덕을 점차 드러낼 수 있고, 마침내 비로소 「구경즉불究竟即佛」을 성취할 수 있다.

[보주] 불법에서 비록 늘 「본체」를 말할지라도 이 본체는 서양철학 「본체론本體論」의 본체가 아니다. 양자의 이름은 실로 다르고 그 차이는 매우 커서 한 가지 담론으로 섞어서는 안 된다. 불법은 「마음의 본체」로 즉 법성 · 자성 · 불성 · 진심 · 진여 · 실상 · 일진 · 여래장…… 등이다.

비록 자성이라 부를지라도 이 성性은 결코 자신에게 홀로 있는 것이 아니다. 진여문眞如門에서는 절대 원융하여 화합으로 생긴 것이 아니니, 이 성은 자기도 아니고 타자도 아니며 여여부동하여 이 성은 홀로 저절로 만법을 「생겨나게 하는 주체(能生)」가 아니다. 이 생멸문生滅門에서는 이 성은 비록 변하지 않을지라도 늘 인연에 수순하여 화합으로 생기는 뜻이 있어 심心이라 하고 식識이라고 하니, 중생심 등이 인연하는 참여(여러 인연이 화합함)가 있어야 비로소 「생겨나게 하는 주체(能生)」와 「생겨나는 것(所生)」(환幻으로 생겨남)이 있다.

불심, 중생심, 이 마음은 「그대로(即)」 성이지만, 이 마음은 결코 성이 아니고, 마음은 성의 용用이다. 「나(我)」 조차도 실체가 아니고, 마음 또한 (사구四句의) 유有가 아니니, 사구를 떠나고 백비百非가 끊어진 후 비로소 법성의 유有와 무無(반야로 말끔히 씻은 후의 유有)를 말할 수 있다. 범부는 실체의 유는 (불변하는 실체가 있다고 잘못 생각하여) 물질 및 정신 측면의 유(단지 마음의 견분 상분, 이분일 뿐이다)라고 집착한다.

철학의 본체론에서는 본체는 하나의 진실한 존재의 최종 본체는 만물의 처음이고, 만법의

88) 상相은 바깥으로 표현되고, 마음속 갖가지 사물을 상상하는 모습과 형상이다. 용用은 체와 상대적인 용이다. 무릇 성체性體를 표현해 내는 것을 모두 용이라 한다. 그 공업功業에서 말하면 공용功用이라 하고 그 활동상에서 말하면 작용이라 한다.

근원(제일인第一因이라 부름)이라고 생각한다. 불법에서는 제일인을 부정한다. 법성은 홀로 스스로 생겨날 수 있는 것이 아니고 여러 인연이 화합하여 생겨나는 것이니, 생김이고 또한 생김이 아니고 실체가 없다고 말할 수 있다. 그래서 불법에서 말하는 것은 연기법이다. 불법의 심체, 즉 법성은 결코 제일인이 아니고, 철학 본체론의 관점을 부정한다. 태허太虛 대사께서는 "한편으로는 근본이 없음(無本)이라 말하고 한편으로는 마음의 근본(心樞)이라고 말할 수 있다. ……그래서 또한 저 유심철학이 가리키는 만유의 대본인大本因의 마음과 같지 않다.(원효대사의 무본지본無本之本. _역주)"라고 말씀하신 적이 있다.

[보충] 가난한 여자 집에 있는 보배창고 · 옷 안에 감춰진 밝은 구슬

고덕께서 노래하길,
"옛 사람은 금을 중시하지 않고 의義를 중히 여겼으니
곡조가 높아 따르는 무리가 작아서 음音을 아는 사람이 없네.
오늘날 학사學士들도 여전히 이러하여
(한 물건이) 어묵동정에 움직이고 쓰는 자취를 찾기 어렵구나.

탄식하노니, 세상사 갈림길에 선 자여!
종일토록 가파르고 굽은 길에서 마음을 씀에
평탄한 길 전단나무를 취하려 하지 않고
모름지기 참죽나무 숲에 올라가서 찾으려는가.

거지 아들은 부모님을 두고 멀리 도망가서
도리어 본집에 대한 소식조차 끊어졌고
가난한 여자 집에 있는 값을 헤아릴 수 없는 보물이 있는데
도리어 작은 저울로 남의 금을 사는구나.

《대열반경》에 이르시길,

"마치 평탄한 길에서 일체 중생이 모두 가운데 길을 가면 장애라는 것이 없고, 가운데 길에 있는 나무는 그 그늘이 청량하여 길 가던 사람들이 그 아래서 쉬고 수레도 멈추며 쉬지만, 그 나무 그늘은 언제나 머물러 달라지지 않고 또한 소멸되지도 않고 가져가는 자도 없는 것과 같으니라(如平坦路一切衆生悉於中行。無障礙者。中路有樹其陰清涼。行人在下憩駕止息然其樹陰常住不異。亦不消壞。無持去者)."

여기서 길은 거룩한 도(聖道)에 비유했고, 그늘은 불성佛性에 비유했다. 그러므로 이 종지를 통달하면 자신의 땅으로 돌아갈 것이다.

가난한 여자 집에 있는 보배창고이거늘 어찌 밖에서 오는 것이겠는가? 옷 안에 감춰진 밝은 구슬은 남에게서 얻는 것이 아니다. 만약 몰래 간직한 것을 열어 헤치면 현전에서 누리는

영화를 얻고, 신령스런 구슬을 팔아 바꾸면 오랜 겁의 가난했던 괴로움을 쉴 것이다. 남의 보배를 세는 것이 아니거늘, 어찌 그로부터 구하겠는가? 그렇다면 자신을 윤택하게 하는 지혜 창고이거늘 어찌 궁진할 것이며, 게다가 남을 이롭게 하는 법의 재산도 다함이 없음에랴.
_영명연수대사《종경록》

[제116칙] 염불은 기운을 기르고 정신을 수양하는 법이자 또한 본래면목을 참구하는 법이다

염불은 또한 기운을 기르고 정신을 수양하는 방법이자 본래면목을 참구하는 방법이다. 왜 이렇게 말하는가? 우리의 마음은 늘 어수선하고 어지럽지만, 지성으로 염불하면 일체 잡념과 망상이 빠짐없이 다 점차로 소멸함을 볼 것이다. 소멸하면 마음은 하나로 돌아가고, 하나로 돌아가면 정신과 기운이 저절로 잘 통할 것이다.

念佛，亦養氣調神之法，亦參本來面目之法。何以言之？吾人之心常時紛亂，若至誠念佛，則一切雜念妄想，悉皆漸見消滅；消滅則心歸於一，歸一則神氣自然充暢。

그대는 염불하면 망상이 멎는 줄 몰라, 잠시 염불해보고서 마음속에 갖가지 망념이 모두 나타난다고 느낄 것이다. 오랫동안 염불하면 저절로 이런 망념이 없을 것이다. 그 처음에 망념이 있다고 느끼는 것은 염불한 까닭에 비로소 마음속 망념이 드러남이고, 염불을 하지 않으면 드러나지 않는다. 비유컨대 집 안이 티끌 하나 없이 깨끗하다가 창구멍으로 한 줄기 햇빛이 들어오면 집 안에 미세먼지가 얼마나 있는지 모른다. (점차) 그 먼지가 햇빛 때문에 드러나듯이 마음속 망념도 염불로 인해 드러난다. 그러나 항상 염불하면 마음은 저절로 청정하다.

汝不知念佛息妄，且試念之，則覺得心中種種妄念皆現。若念之久久，自無此種妄念。其最初覺有妄念者，由於念佛之故，方顯得心中之妄念；不念佛則不顯。譬如屋中，清淨無塵；窗孔中透進一線日光，其塵不知有多少。屋中之塵，由日光顯；心中之妄，由念佛顯。若常念佛，心自清淨。

공자는 요堯·순舜·주공周公의 도를 우러러 흠모하여 염념마다 잊지 않았다. 그래서 국그릇 속에 요 임금이 보이고, 담벼락에 순 임금이 보이며,[89] 꿈속에서 주공이 보였다.[90] 이렇게 언제나 잊지 않고 생각하는 것과 염불하는 것은 어떤 차이가 있는가? 부처님께서

---

89) 《후한서後漢書·이고전李固傳》 "옛날 요 임금이 죽은 뒤에 순 임금이 3년 동안 우러르고 사모하여, 앉았을 때는 담에서 요 임금을 보고 밥 먹을 때는 국그릇에서 요 임금을 보았다." 후에 "갱장羹牆"으로써 돌아가신 선사先師를 추념함을 표시하였다.

90) 《논어論語·술이述而제7》 "오래 되었구나, 내 다시는 꿈에서 주공을 뵙지 못하도다."

중생의 마음과 입이 번뇌와 혹업에 오염되면 「나무아미타불」 위대하고 거룩한 명호로써 중생이 가슴으로 칭념하도록 하셨다. 향기에 물든 사람은 몸에 향기가 나듯이 오랫동안 염불한 사람은 업이 사라지고 지혜가 밝아지며, 장애가 다하고 복이 높아지면서 자심自心에 본래 갖추고 있는 불성이 저절로 드러날 수 있다.

孔子慕堯舜周公之道，念念不忘；故見堯於羹，見舜於牆，見周公於夢。此常時憶念，與念佛何異？佛以衆生之心口，由煩惱惑業致成染汙。以南無阿彌陀佛之洪名聖號，令其心口稱念。如染香人，身有香氣。念之久久，業消智朗，障盡福崇。自心本具之佛性，自可顯現。

[역주]《관무량수경》 속 16관에 따라 계위를 대응하여 관행위觀行位 초품에 들어가면 곧 낮은 층의 삼매경 속에서 화신불을 친견할 수 있다. 이러한 마음을 가라앉히고 경계를 관상함은 단지 불교에 국한되는 것이 아니라 다른 종교 신도이든 보통사람이든 상관없이 마음이 청정하여 관행위 초품에 이르기만 하면 곧 희망하는 상相을 관상할 수 있다. 상고시대에 재齋는 특히 청정한 마음을 가리켰으니, 요순 등의 성인은 늘 재법齋法을 행하였다. 성인의 본래심은 범부보다 청정한데다 마음을 다잡고 생각을 전일하게 하여 “담벼락에 순 임금이 보인다”는 것이 16관의 원리에 의거해 말하면 매우 가능한 일이다. 필경 관행위 초품으로, 높지 않아도 단지 가장 낮은 일종의 삼매에 들어갈 수 있다.

세상 사람도 조금의 수지만 있어도 곧 이러한 삼매에 들 수 있다. 선정이 아닌 외도의 명상으로도 또한 (원하는 상相을) 친견할 수 있다. 민간신앙에서는 신들림(頂神附體)으로 부처님을 친견하는 사례가 많다. 이런 부류의 견불見佛은 결코 (보살 · 신선 · 성인 등의 상을 포함하여) 진신불이 아니고, 귀신이 기가 새어나가는 곳인 “명규明竅”에 달라붙어 의존하는 신통(依通)이 작용하여 사람에게 환幻으로 보이게 할 뿐이다. 양자를 구별하면 전자는 마음이 청정하고 지극하여야 상을 볼 수 있는 것이고, 후자는 산란한 마음으로도 상을 볼 수 있다.

[제117칙] **사욕의 「물」이 초래하는 화는 대단히 크니, 우리 생사의 원수이다**

성인께서는 천하가 영원히 태평하고, 인민이 언제나 안락하길 원하여 특별히 《대학大學》을 지어 그 방법을 열어 보이셨다. 장구章句를 열어 말씀하시길, “대학의 도는 명덕明德을 밝힘에 있다.” 비록 명덕은 사람마다 각자 갖추고 있지만, 망념을 극복하고 반성 · 관찰하는 공부가 없어 명덕은 환과 망, 사욕에 가려져 현현할 수 없고, 수용을 얻지 못한다. 명덕을 드러내는 방법은 망념을 극복함에 있다. 망념을 극복하는 공부의 순서는 수신修身 · 정심正心 · 성의誠意 · 치지致知 · 격물格物에 있다. 관건은 이 「물物」을 청정히 하느냐에 달려있다. 「물」이란 무엇인가? 즉 경계에 생겨난 것에 따라 천리에 맞지 않고, 인정에 수순하지 않는 환幻과 망妄, 사욕으로서 결코 바깥 사물이 아니다. 이런 사욕이 단단히 마음에 결합하면 모든 지견知見이 다 사욕을 따라 편견과 삿된 견해가 된다.

聖人欲天下永太平，人民常安樂，特作大學，以示其法。開章即曰：大學之道，在明明德。然明德，在人各自具。由無克念省察之功，則明德被幻妄私欲所蔽，不能顯現而得受用。其明之之法，在於克念。克念之工夫次第，在於修身、正心、誠意、致知、格物。物者何？即隨境所生，不合天理不順人情之幻妄私欲，非外物也。由此私欲固結於心，則所有知見，皆隨私欲而成偏邪。

예컨대 명예와 이익을 탐냄은 이익만 있는 줄 알고 손해가 있는 줄 몰라 온 힘을 다해 추구하지만 지위도 명예도 잃게 된다. 처자식을 사랑하는 자는 처자식의 좋은 점만 알고, 나쁜 점은 몰라 화근을 키워 재산을 탕진하고 가문을 멸하게 된다. 이는 모두 탐욕과 사랑의 사욕에서 비롯된 것이다. 이런 사리에 맞지 않는 사욕을 말끔히 바로잡아 없애면 처자식의 시시비비는 자연히 알게 된다. 명예와 이익은 정도正道로부터 얻어야지, 권세 있는 연줄을 타고(夤緣)[91] 망녕되이 구해서는 안 된다.

如貪名貪利者，只知有利，不知有害。竭力營為，或至身敗名裂。愛妻愛子者，只知妻子之好，不知妻子之惡。養成禍胎，或至蕩產滅門者，皆由貪與愛之私欲所致也。若將此不合情理之私欲，格除淨盡，則妻子之是是非非自知。名利之得之以道，不須夤緣妄求矣。

그래서 이 「물物」은 환과 망으로, 사리에 맞지 않은 사욕임을 알아야 그것을 바로잡고 없애는 것이 매우 쉬운 일로 바뀐다. 그렇지 않으면 한 평생 힘을 다해도 그것을 어찌할 수 없다. 설사 세상의 책을 다 읽어도 남에게 빌붙어 사는 어리석은 사나이가 될 수밖에 없다. 사욕의 「물」이 초래하는 화는 대단히 크다. 만약 이 「물」이 우리의 생사 원수임을 알아 잠시라도 그것을 마음에 품지 않는다면 곧 마음속에 본래 갖추고 있는 순수한 앎(正知)이 저절로 드러날 것이다. 순수한 앎이 드러나면 뜻이 정성을 갖추고, 마음이 바르게 되며, 몸이 닦아지는 공부를 순조롭게 인도하여 파죽지세로 본래 의도하지 않고도 저절로 그렇게 되는 부분이 있다.

此物字，先要識得是幻妄不合情理之私欲，則其格除，乃易易事。否則，盡平生力，不奈彼何。縱讀盡世間書，也只成得一個依草附木，隨波逐浪漢。甚矣，私欲之物之禍大也。若知此物，是吾人生死怨家，決不令彼暫存吾心，則即心本具之正知自顯。正知顯而意誠、心正、身修，順流而導，勢如破竹，有不期然而然者。

누구나 다 요堯·순舜이 될 수 있고, 누구나 다 부처가 될 수 있다. 왜냐하면 모든 인민은 각자 밝은 덕(明德)을 갖추고 있고, 일체 중생은 다 불성이 있기 때문이다. 그가 요·순이 될 수 없고 부처가 될 수 없는 것은 모두 사욕에 파묻혀 스스로 분발하여

---

91) 인연夤緣 : 인夤은 본래 덩굴이 달라붙어 위로 올라감을 가리키나, 나중에 권세 있는 연줄을 타고 지위에 오르거나 오르게 함을 비유적으로 이르는 말이 되었다.

망념을 극복하는 공부를 하지 않아 아득한 과거에서 먼 미래에 이르도록 사욕에 따라 구르면서 육도에 윤회하여 벗어날 기약이 없으니, 슬프지 않단 말인가? 그러나 단지 유교의 「격물치지」만 가르침으로 삼고, 불교의 「인과규율」로써 보완하여 인도하지 않는다면 스스로 분발하여 큰마음을 내고 수지하기 어렵다.

人皆可以為堯舜，人皆可以作佛。以一切人民，各具明德。一切衆生，皆有佛性。其不能為堯舜，不能作佛者，皆由私欲錮蔽，不奮克念之功，遂致從刼至刼，隨私欲轉。輪迴六道，了無出期。可不哀哉。然專以格致為訓，不以因果相輔而導者，或難奮發大心，勵志修持也。

[제118칙] 학문이 해박할수록 부족하다 느끼고 겸허한 태도를 유지하여 자신을 다스려야 한다

그대는 나이가 스물한 살밖에 안 되지만 시와 글 솜씨가 뛰어남은 전생의 선근이 있기 때문이다. 그러나 모름지기 겸손한 태도를 유지하여 자신을 다스리고,[92] 남에게 총명함을 뽐내지 말라. 학문이 해박할수록 부족하다고 느껴야 한다. 그러면 나중에 얼마나 성취할지 헤아리기 어렵다.

汝年二十一，能詩能文，乃宿有善根者。然須謙卑自牧，勿以聰明驕人。愈學問廣博，愈覺不足。則後來成就，難可測量。

[보충] 인광대사 법문: 총명한 사람이 만약 겸허하지 않는다면 그 이익을 얻지 못할 뿐만 아니라 오히려 그 손해를 받게 된다

그대 사제四弟는 어린 나이에 귀의를 구하고자 하나 그 성품이 명민하여 만약 겸손한 태도를 지키지 않으면 그 이익을 얻지 못할 뿐만 아니라 오히려 그 손해를 받게 될 것이다. 고금의 총명한 사람은 총명의 화를 받는 사람이 많았다. 자신의 총명에 의지하여 혹 자신을 속이고 성인을 업신여기거나 부처님을 비방하고 불법을 헐뜯거나 망녕되이 억지로 자신의 의견을 강요하거나, 현재의 명성 및 이익과 죽은 후 헛된 명예를 위할 뿐이다. 이미 겸양의 덕이 없는 줄 알면 천지의 귀신이 모두 미워하니, 하물며 사람이겠는가? 그래서 언제나 방자하고 오만한 유파가 되거나 간사하거나 악독한 유파로 돌아갈 뿐이다.

겸손한 태도를 유지하면 총명할 수록 실익이 있으니, 「무슨 일이 잘 안 풀려서 궁색할 때는 홀로 자기 몸을 닦는 데 힘쓰고, 일이 잘 풀릴 때는 세상에 나가 좋은 일을 할 수 있거늘」 하물며 불법의 정토법문에 의지해 자신을 이롭게 하고 타인을 이롭게 할 수 있음에랴.

---

92) 겸비자목謙卑自牧 : 겸허한 태도를 유지하여 자신의 수양을 향상시킴을 뜻한다.

[제119칙] 《남심방생지소南浔放生池疏》를 숙독하면 채식을 할 수 있다

1921년, 나는 남경에 갔다. 위매손은 한림원 관리로서 나에게 말했다. "저는 불법도 믿고 기꺼이 염불도 하며 스승님의 《문초文鈔》도 읽어 본 적이 있지만, 좀처럼 채식은 하지 않습니다." 나는 당부하였다. "부귀한 사람은 습기를 잊기 어렵다. 그대가 채식을 하고자 하면 《문초》 중 《남심방생지소南浔放生池疏》를 숙독하길 바란다."

民十年，光至南京。魏梅蓀係翰林，時年六十謂光曰，佛法某也相信，佛也肯念，師之文鈔也看過，就是吃不來素。光謂，富貴人習氣難忘。君欲吃素，祈熟讀文鈔中南潯放生池疏。

이 글에서는 먼저 중생과 부처님의 심성은 둘이 아니라고 말하고, 그런 다음 겁을 지내오면서 부모와 형제, 처자와 권속이 되어 서로 살려주고, 원수가 되어 서로 죽인다고 말한다. 그 다음에는 《범망경》·《능엄경》·《능가경》의 경문을 인용하여 증명하였다. 이를 숙독하고 깊이 사유하면 차마 먹지 못할 뿐만 아니라 감히 먹지 못한다. 재난의 소멸을 위한 식재息災법회의 법어를 보라. 응당 여러 차례 읽으면 저절로 육식을 할 수 없을 것이다. 이는 8월 12일의 말씀이었다. 10월이 되면 그는 60세 생일인데, 아마 인정상 거리낌이 생겨 금산으로 가서 생일을 보내고, 집으로 돌아와 오랫동안 채식을 하였다.

以其文先說生佛心性不二。次說歷劫互為父母兄弟妻子眷屬互生，互為怨家對頭互殺。次引梵網、楞嚴、楞伽經文為證。熟讀深思，不徒不忍食，且不敢食矣。見息災法會法語。當數數讀，自不能吃肉食矣。此係八月十二日話。至十月，彼六十生辰。恐人情有礙，往金山過生日，回家即長素矣。

[보충] 인광대사 《남심방생지소南浔放生池疏》 절록

우리와 일체 중생은 모두 나는 곳마다 윤회하는 가운데 무시이래로 이곳저곳 부침하고 전전하면서 번갈아 부모권속이 되어 서로 가르치고 부양하며 돕거나 또한 번갈아 원수채주冤讎債主가 되어 서로 죽여서 삼키고 먹었다.

중생은 물론 모두 나의 부모 형제자매 자식이거니와 나도 언제 중생의 부모 형제 자매 자식이 아닌 적이 있었던가? 중생은 물론 악을 지은 업력에 끌려서 자주 사람세계에서나 혹 사람 아닌 다른 세계에서 죽임을 당했거니와 나도 언제 악을 지은 업력에 끌려서 자주 사람세계에서나 혹 사람 아닌 다른 세계에서 중생에게 죽임을 당하지 않은 적이 있었던가? 이와 마찬가지로 무량겁의 오랜 시간을 지내면서 나와 중생은 서로 번갈아 서로 살리고 서로 죽이는 참상이 완전히 끝이 없다.

우리들 범부는 죄장罪障 때문에 숙명통 · 천안통이 없어 사리에 어두워 알지 못하지만, 대각세존께서는 오안五眼이 원명圓明하고 신통을 구족하여 이러한 뒤엉킨 장애를 빠짐없이 다 알고 다 보신다. 이런 참상을 생각해 보지 않았으면 놔두지만, 이제 알았으니 다시 생각해 보면 그래 한없이 두렵고 부끄러우며 마음속에 가득 자비와 연민이 일어나지 않는단 말인가?

우리는 지금 매우 다행히도 숙세의 복덕福德·선근善根을 받아 인간세계에 태어나 무시이래 서로 살리고 서로 죽이며 마음에 엉킨 원한을 풀어서 살생殺生의 행위를 끊고 방생放生의 선법善法을 행해야 함은 물론이다.

일체 생명이 있는 유정중생이 잠시라도 안락하며 만족한 상태를 획득하고 각자 바라는 대로 적당한 자리를 얻도록 그들을 위해 「아미타불」 명호를 염하고, 그들이 모두 서방극락정토에 왕생하여 구경의 자재와 해탈을 얻을 수 있도록 회향하라. 그들이 설사 업장이 깊고 무거워서 이번 생에 왕생할 수 없을지라도 나는 살생을 끊고 방생한 이러한 자선공덕에 의지할 수 있어 아미타부처님의 불력이 가지加持하길 기원하여 임종시 결정코 접인을 받아 서방극락에 왕생할 것이다. 서방극락세계에 왕생하기만 하면 곧 삼계의 굴레를 벗어나 더 이상 육도에 부침하지 않고 성인과 보살의 도에 들어가 생사고해를 벗어나 윤회의 괴로움을 영원히 여의고 곧장 구경의 불과를 증득하게 될 것이다.

[제120칙] **사견邪見: 남이 복을 누리지 않고 미리 수행하는 것을 어리석다고 여긴다**

세상 사람들은 옷이나 음식 등 몸에 필요한 물건에 대해서는 빠짐없이 예비할 줄 알아 그때 가서 갈팡질팡하지 않을 것이다. 그러나 신심身心과 성명性命에 관한 일에는 미리 수행할 줄 모를 뿐만 아니라, 남이 미리 수행하는 것을 어리석은 일이라 여기고, 자신은 마음대로 실컷 음행과 살생을 자행하는 것을 복이 있고 지혜가 있다고 여긴다.

世人於衣食供身之物，悉知預備，不致臨時失措。而關於身心性命之事，不但不知預修，且以人之預修者為癡。而以己之肆志縱情，姿行淫殺，為有福，為有智。

세상의 그들 장님, 귀머거리, 벙어리 및 신체장애자, 의지할 데가 없는 사람 및 그들 소나 말, 돼지나 양, 혹은 사람을 위해 일하거나 사람의 배를 채우는 짐승은 이런 스스로 복이 있고 지혜가 있다고 여기는 사람으로, 미리 수행하여 얻은 그 「복과 지혜」의 진실한 응보를 전혀 모른다!

不知世間盲聾喑啞殘廢無依之人，與牛馬豬羊，或為人服役，或充人口腹者，皆此種自以為有福有智之人，所得其福智之眞實好報耳。

[보충] **정계淨界법사 법문: 무엇을 삼세의 한탄이라 하는가?**

일반인은 선을 지을 때 마음속으로 이면의 활동에서 악법을 숨기는데 이는 윤회성輪迴性이다. 과보를 얻을 때에 이르면 엉망이 되어 버리니, 불타께서 말씀하신 것처럼 선법에 반연攀緣하는 마음으로써 안락한 과보를 성취함은 무엇에 비유할 수 있는가? 맛있는 케이크, 맛있는 음식물에 독약이 뒤섞인 것과 같다. 바로 당신이 다음 생에 대국왕이나 큰 부자인 장자가 될 때, 당신의 마음은 안락한 과보가 접촉할 때 번뇌로 죄업의 독약이 뒤섞이니, 비유컨대 맛있는 음식에 독약이 뒤섞여 처음 좋은 맛이 마침내 큰 우환이 되는 것과 같다.

당신은 확실히 방일放逸하게 되니, 왜냐하면 당신은 전생에 이미 나쁜 종자를 심었기 때문이다. 그래서 마땅히 우리는 두 번째 생에 안락한 과보가 현전할 때 당신은 방일하고, 방일한 후 당신은 그 신앙의 선심을 잃어버리고, 그 자리를 빼앗아 대신 들어서는 것은 탐진치와 사악한 마음의 현전이다.

당신은 사악한 마음이 광대한 안락과보에 직면하면 악업을 만들기 시작하여 세 번째 생에 삼악도에 떨어지니, 이것이 바로 인광대사께서 말씀하신 삼세원三世怨이다. 무엇을 삼세원이라 하는가? 인광대사께서 말씀하시길, "한 개인이 반연하는 마음으로써 보시 · 지계 · 인욕의 선법을 닦는 동시에 두 가지 역량이 생기니, 즉 두 번째 생에 대해 말하면 그는 안락의 역량을 창조하지만 동시에 세 번째 생에 대해 삼악도의 화근을 파묻으니, 이를 「삼세원三世怨」이라 한다!"

[제121칙] 포악한 습기는 오만에서 일어나니, 마땅히 늘 두렵고 부끄러운 생각을 가져라

그대는 자신의 성정이 포악한 줄 알고 있는 한 언제나 내가 하는 일마다 다른 사람만 못하다고 생각하여야 한다. 설령 다른 사람이 나의 덕행을 저버릴지라도, 또한 내가 다른 사람의 덕행을 저버린다고 생각하여야 한다. 자신이 일체 사람 모두에게 부끄럽다고 여기고, 미안해 마지않는다면 포악한 습성은 생겨날 수 없다. 무릇 포악한 습기는 모두 오만에서 일어난다. 자신이 곳곳에서 미안함을 느끼는 이상 저절로 기가 죽으면서 마음이 평온해지고, 잘난 체 하며 자신을 높여서[93] 남을 능멸하지 않게 된다.

汝既知性情暴戾，當時時作我事事不如人想。縱人負我德，亦當作我負人德想。覺自己對一切人皆有愧怍，歉憾無已，則暴戾之氣，便無由生矣。凡暴戾之氣，皆從傲慢而起。既覺自己處處抱歉，自然氣餒心平，不自我慢貢高以陵人。

[보충] 인광대사 : 어떻게 음욕 · 성내는 마음 · 어리석음 · 소심함에 대치할 것인가?

업장이 무겁고, 탐욕과 분노가 많고, 허약하고 소심한 등의 여러 병통은 단지 일심으로 염불하여 오래 지속하면 저절로 모두 치유될 것이다. 《관세음보살보문품》에 이르시길, "만약 어떤 중생이 음욕이 많을지라도 항상 「관세음보살」을 지념持念하여 공경 귀의하면 문득

93) 아만공고我慢貢高 : 자신이 다른 사람에 비해 훨씬 뛰어나다고 여겨서 오만하고 자만하여 다른 사람을 업신여긴다.

음욕을 여의게 되고, 만약 성내는 마음이 많을지라도 항상 「관세음보살」을 지념하여 공경 귀의하면 문득 성내는 마음을 여의게 되며, 만약 어리석음이 많을지라도 항상 「관세음보살」을 지념하여 공경 귀의하면 문득 어리석음을 여의게 되느니라." 하셨다. 염불 또한 마찬가지이다. 몸과 마음을 다하고 의심을 품지 않아 두 마음이 없으면 곧 구해서 얻지 못할 것이 없다.

[제122칙] 미리 갖가지 경계와 이익을 얻고자 하는 마음에 집착하면 곧 마의 태를 품게 된다

불법의 요의要義는 집착이 없는 마음에 있다. 만약 미리 갖가지 경계와 이익을 얻고자 하는 마음에 집착하면 곧 마의 태를 품게 된다. 만약 마음속이 텅 비어 지혜가 한없이 밝고 또 밝으면 「나무아미타불」 한마디 부처님 명호를 제외하고 달리 일념도 얻을 수 없어야 증득함이 생길 것이다.

佛法要義，在無執著心。若預先存一死執著得種種境界利益之心，便含魔胎。若心中空空洞洞，除一句佛外，別無一念可得，則庶幾有得矣。

[보충] 인광대사: 지극한 정성과 간절한 마음으로 염불함은 마의 경계를 제거하는 하나의 묘법이다

염불의 방법은 총 네 가지가 있다. 이른 바 지명持名·관상觀像·관상觀想·실상實相이다. 이 네 가지 법 중에서 오직 지명염불 한 법만이 근기를 섭수함이 가장 보편적이고, 시작하는 곳이 가장 쉬우며, 혹시 마의 일이 일어나는 결과를 가져오지 않는다.

만약 관상觀想을 짓고자 하면 반드시 《관무량수경》을 숙독하여야 한다. 「이 마음이 부처를 지으니, 이 마음이 그대로 부처이다」 및 **마음이 청정하면 부처님께서 현현하시고, 경계는 바깥에서 오는 것이 아니라는 이치를 깊이 알아야 한다.** 일체 경계는 유심唯心이 나타난 것이니 취하고 집착하는 마음을 내지 말아야 한다. 이미 취착의 마음을 내지 않으면 그런 경계가 한층 더 깊고 미묘해지고, 마음이 한층 더 쉽게 정순여일(精純如一)해진다. 이와 같을 수 있으면 그러한 관상觀想의 이익은 전혀 작지 않다. 관하는 경계가 익숙하지 않으면 의리의 길 또한 잘 알지 못한다.

조급하고 망동하는 마음으로 빨리 성스러운 경계가 현전하길 바라면 전체가 모두 망심이고, 부처님과 진심이 모두 상응하지 않으면 곧 마魔의 화근(禍胎)에 파묻혀버린다. 왜냐하면 망상으로 좋은 경계를 보고자 하면 마음속이 더욱 더 조급하고 망동하여 반드시 다생의 원친채주가 좋은 경계를 나타나도록 만들 것이다. 이미 최초의 인지因地가 진실하지 않거늘 어떻게 이런 마업魔業이 변하여 나타난 것임을 알 수 있겠는가? 이에 크게 환희심이 생겨서 마음이 절로 편안할 수 없다. 그러면 마가 몸에 붙어(附體) 이성을 잃고 미쳐 날뛸 것이다.

설사 활불活佛이 현신하여 제도할지라도 또한 어찌 구할지 모른다. 모름지기 자신의 근성根性을 스스로 따져보아 오직 높고 미묘하고 수승한 경계만을 도모하지 말라. 이익을 구하면 오히려 손해를 보게 된다.

선도화상께서 이르시길, "말법 중생은 신식이 가볍고 불안정하여 마음은 거칠고 경계는 미세하여 관을 성취하기 어렵다. 그래서 대성인께서는 대비심에 불쌍히 여기시어 특별히 「나무아미타불」 부처님 명호를 전일하게 집지하길 권하셨다. 칭명이 쉬운 까닭에 칭명이 이어지면 곧 왕생할 것이다(末法衆生 神識飛揚 心粗境細 觀難成就 是以大聖悲憐 特勸專持名號 以稱名易故 相續即生)." 하셨다.

실제로 우리는 혹시 마음을 잘 쓰지 못하여 잘못 마의 경계에 이르게 되지나 않을까 두렵다! 마땅히 스스로 자세히 살펴야 한다. 또한 지극한 정성과 간절한 마음으로 염불함이 조급하고 망동하는 마의 경계를 제거하는 하나의 묘법이다. 마땅히 전심전력을 다해 실행하면 천만다행이다!

[정계법사 역주] 말법 중생의 특성은 여섯 번째 의식(제6식識)이 가볍고 이리저리 움직여서 관하는 주체의 마음은 (혼침과 도거로) 너무나 거칠고, 관하는 대상인 경계는 지나치게 복잡하고 미세하여 상응하기 매우 어렵다. 마치 어린아이에게 1백 킬로그램 물건을 들게 하면 근본적으로 들 수 없듯이 거칠고 무거운 마음으로는 미세한 경계를 관할 수 없다. 그러면 어떻게 할 수 있는가? 대성인이신 불타께서 자비심에 불쌍히 여겨서 《아미타경》, 《무량수경》에서 우리에게 부처님 명호를 전일하게 집지하라고 하셨다.

칭명염불의 방법은 가장 간단하여 임종시에 부처님 명호를 지켜서 이어갈 수 있으면 곧 왕생할 수 있다. 칭명이 쉬운 까닭에 칭명이 이어지면 곧 왕생할 수 있을 뿐만 아니라 마의 경계에 들기도 쉽다.

또한 우리는 지극한 정성과 간절한 마음으로, 전심(專注一心)으로 염불할 수 있다. 당신에게 마의 경계가 있을 때 우리의 반야지혜는 모자라고, 훈습은 모자라며, 수승한 힘은 모자란다. 우리는 그것이 허망임을 분명히 알지만, 통제할 수 없다. 어떻게 할 것인가? 이때 당신은 그것을 관할 필요는 없고, 용을 거두어 체로 돌아가 전심으로 염불하라.

고덕께서 말씀하시길, "**만약 이런 불상의 경계가 진실한 것이라 말하면 아미타부처님의 청정한 법계에 수순할 때 당신이 계속 염불하면 이 불상은 한층 더 청정하고 분명해질 것이다. 이 불상이 일종의 허망한 경계이고 그것이 아미타부처님의 청정한 법계에 수순하지 않을 때 당신이 전심으로 염불하면 그것은 마땅히 사라져버릴 것이다**" 하셨다.

그래서 당신은 반야지혜가 모자라면 어떤 경계가 보일지라도 빨리 마음을 거두어야 한다. 중간에 망상을 타파하여야 이런 경계가 나타날 것이다. 그것이 어떤 경계이든 상관없이 전심으로 부처님 명호를 염하라. 만약 사라져버리면 이런 불상은 문제가 있는 것이다. 만약 그것이 계속 존재하고 한층 더 분명해지면 옳다. 그래서 지극한 정성과 간절한 전심으로 염불하는 것이 방법이라고 말씀하셨다. 마지막으로 전심전력으로 행해야 한다. 이것이 마의 경계를 처리하는 방법이다.

[제123칙] 늘 좋은 경계를 보고자 하면 원가채주怨家債主가 몸에 붙기 쉽다

《자지록自知錄》(연지대사가 쓰신 《자지록》과 같은 이름으로 쓰여진 위서)은 사람을 지극히 사악한 마설에 빠지도록 만든다. 상하이 나제동羅濟同 거사는 이 책을 얻어 천 부를 석판 인쇄하여 기증할 작정이었다. 정계초丁桂樵 거사는 널리 유포하고 나제동에게 내게 한 꾸러미를 부치라 하고, 계초 자신은 편지를 써서 내게 서문을 지어 널리 보급하길 희망하였다. 내가 보고 나서 대단히 놀라 원래 부친 책을 전부 계초에게 되돌려 보내며, 이 책의 화근에 대해 극구 설명하였다.

自知錄，為引人入魔至極可惡之魔話。上海羅濟同居士得此錄，石印一千本送人。丁桂樵居士欲為廣布，令濟同寄光一包，桂樵自己作書與光，祈為作序，以期廣傳。光閱之不勝驚異。即將原寄之書，完全寄與桂樵，極陳此書之禍。

처음 발심하여 아직 깊은 행에 이르지 못한 사람은 일심으로 정성을 다해 염불에 힘쓰지 않고 늘 좋은 경계를 보고자 한다. 이 책을 보면 단박에 미쳐 날뛰는 마음으로 늘 이런 생각을 하면 반드시 숙세의 원가채주가 그가 우러러보는 경계를 나타나게 만든다. 그가 이 경계를 보게 되면 크게 환희심을 내니, 바로 이때 즉시 원가채주가 몸에 붙어 그 사람은 정신을 잃고 미쳐버리니, 부처님도 그를 어찌할 수 없다.

以初心人率皆不在一心至誠憶念上用功，而常欲見好境界，倘一見此書，以急切之狂妄心，常作此念，必至引起宿世怨家，為現彼所慕之境。及乎一見此境，生大歡喜，怨家隨即附體，其人即喪心病狂，佛亦不奈何彼矣。

[역주] 인조고사印祖故事 :《자지록自知錄》 위조를 폭로하고 유통을 저지하여 화근을 면하다

당시 사천四川에는 유劉씨 성을 가진 거사 한 분이 보일寶一법사에게 귀의하였다. 보일법사의 극락암에는 호남湖南 출신의 두 여 거사가 있었다. 유 거사가 그들을 위해 연지대사께서 불교로부터 선행과 악행의 기준을 끌어 낸 《자지록自知錄》이란 책의 이름으로 거짓 문장을 지어 석판 인쇄하고 약간을 기증하였다. 이는 오로지 대보살이 얻는 부사의한 경계로써 이들 여 거사(여성 신도)가 경험한 경계이다. 이를 통해서 그 스승의 명성을 높이고자 하였다. 그 스승 또한 맨 위 칸에 그것을 허가하여 유통하였다.

민국 13년 초여름(4월) 상해의 나제동 거사가 한 부를 얻어 1천 부를 석판 인쇄하여 기증할 작정이었다. 정계초 거사는 나 거사에게 인광대사님께 책 한 꾸러미를 부치라고 하였다.

정 거사는 동시에 대사님께 편지를 부쳐 이 책에 대해 상세한 평론을 짓고 서문 짓기를 청하고서 곧 대량으로 유통하려 하였다. 대사께서는 책을 받은 날, 한 번 읽고서 그 날 책을 완전히 반송해버리고 거사에게 서신으로 법문하셨다. "처음 발심하여 아직 깊은 행에 이르지 못한 사람은 일심으로, 지성으로 염불에 힘쓰지 않고 늘 좋은 경계를 보고자 한다. 이 책을 보면 (호 여사처럼 진실로 힘을 써서 배움에 의거하지 않고, 오로지 호 여사와 같이 좋은 경계만을 보고자 한 것이다.) 단박에 미쳐 날 뛰는 마음으로 늘 이런 생각을 하면 반드시 숙세의 원가채주가 그가 우러러보는 경계를 나타나게 만든다. 이 경계를 보게 되면 크게 환희심을 내니, 바로 이때 즉시 원가채주가 몸에 붙어 그 사람은 곧 정신을 잃고 미쳐버리니, 부처님도 그를 어찌할 수 없다.

(호 여사가 말한 광명 또한 망녕되이 만들어졌다 말할 수 없고, 또한 감히 진실이고 허위가 없다 말할 수 없다. 왜 그러한가? 저 결과는 이러한 경계를 얻었거늘 어찌 그러한 말이 사람을 그릇되게 함을 모르는 이치가 있겠는가? 나제동 거사에게 말하여 지금부터 더 이상 기증하지 말길 바란다. 나머지 책은 마땅히 불에 태워버려 화근을 없애야 한다.)"

수개월이 지나 항주杭州의 왕모봉王謀鳳 거사가 《자지록》을 보고 석판 인쇄하여 유통하고 싶어 책을 대사에게 부쳐 할 수 있는지 여부를 청하였는데, 대사께서는 정계초 거사에게 보낸 편지의 대의를 왕 거사에게 일러주었다. 왕 거사는 이에 인쇄를 중단하고 대사의 서신을 《불학주간佛學周刊》에 등재하였다.

가을에 대사께서 상해에 가서 나제동 거사에게 《자지록》을 다 뿌렸는지 물으니 나 거사는 아직 2~3백 권 남아있고 감히 뿌리지 못하고 태어버릴 작정이라고 말하였다. 대사께서는 태워버리는 공덕이 무량무변하다고 찬탄하셨다.

민국 15년 봄, 여요餘姚의 한 거사가 《자지록》을 석판 인쇄하고 싶었지만 대사께서 또한 제지하셨다. 여요 거사는 대사의 서신을 《가음보迦音報》에 등재하였다. 6월에 이르렀을 때 《자지록》의 위조자인 유여청劉侶青이 《가음보》에 있는 대사의 서신을 보고서 대사에게 편지를 보내어 대사의 관점을 반박하였고, 더욱더 호 여사를 높이 받들었고, 호 여사의 전기를 대사에게 부쳤다. 전기에 따르면 호 여사는 죽음에 임해 여러 차례 신통을 나타냈다. 임종시 한 여사 집에 호 여사가 와서 갑자기 무량무변으로 현신하는 모습을 보았는데, 나중에 비로소 임종한 때임을 알았다고 하였다.

인광대사께서는 전기를 보신 후 우스운 느낌이 들었는데, 편지에서 말씀하셨다. "그에게 이미 이런 대신통이 있는 한 마땅히 나에게 하나하나 드러내어 주고, 만약 드러났다면 그 사람을 높이 받들어야 한다. 그러나 여전히 《자지록》이 다른 사람을 그릇되게 만들기 때문에 유통을 찬성하지 않는다. 사실, 보일법사에게 똑같이 귀의한 후난湖南의 한 거사가 보타산에 와서 호 여사를 언급하였는데, 호 여사는 습기가 자못 무거워 툭하면 화를 내었고 남을 욕하다 마지막에는 피를 토하며 죽었다고 말했다. 양홍범楊鴻範 부부도 같이 보일법사에게 귀의하고 보타산에 왔을 때 인광대사께서 유 모거사에게 부친 편지와 호 여사의 전기를 그들에게 보여주었는데, 그들은 말하길 "모두 진실이 아니고 실제로는 호 여사가 죽었을 때 염불도 하지 않았거늘 하물며 신통을 나타내었겠는가?" 하였다. 나제동 거사가 북경에 이르러 호 여사의 진상을 듣고서 비로소 그 사람이 자못 총명하였지만, 번뇌가 매우 무거웠음을 알았다. 호 여사는 극락암에 머물면서 조금이라도 여의치 않으면 곧 남을 욕하였다. 나중에 피를 토하는 병을 얻어 오래 지나지 않아 죽었다. 죽었을 때 피를 흘린 때문인지는 모르고 또한 그 경계가 어떠하였는지 알지 못하였다. 그 사람의 문자는 또한 이런 유창함이 없다.

대사께서 《자지록》을 분석하고서 말씀하셨다. "이 책은 결코 유통해서는 안 된다." 비록 외도의 말이 없지만 오로지 자신이 얻은 경계만 이야기하되, 어떻게 노력해야 하는지, 결코 말하지 않는다. 처음 발심한 사람이 보고서 이러한 경계를 생각하면 반드시 마에 걸리게 된다. 무릇 외도를 행하는 사람이 보면 기뻐서 춤추며 유통하고자 할 것이다. 그러나 그것이 마에 걸리는 일이 너무 많아, 진실로 닦는 공부가 이런 경계에 막히게 되는 줄 모른다. 제호醍醐 속에 독을 타는 것처럼 탐하면 반드시 사람을 죽이게 되니, 어느 것이 심한지 한탄스럽다. 대사께서는 여전히 지적하신다. "지금까지 정토의 선지식들께서는 사람에게 법문하실 때 단지 법문의 행상行相에서 말씀하셨지, 결코 자신의 경계를 공개하여 남에게 본보기로 제시하지 않았다. 그 사람이 이미 이 사람에게 이익인지 해로운지 모르면 그 공부는 거의 유명무실하다."

대사께서는 개탄을 금치 못하시길, 말법 시기에는 가짜를 만드는 사람이 매우 많고, 명성과 이익을 구하여 후세에 법신대사가 자신을 받들길 바라는 사람으로 모두 근거없이 갖가지 사실을 위조하여 무지한 사람을 현혹시키고, 불법을 무너뜨리고 어지럽게 하며, 중생을 의심하고 그릇되게 만든다. 무엇 때문에 허명으로 실화實禍를 얻어 영겁토록 윤회에 떨어지겠는가? 만약 대사께서 《자지록》의 유통을 저지하시지 않았다면 이런 책으로 인해 마에 붙들려 미치는 사람이 천하에 얼마나 될지 모르겠다. **_여지명余池明 저, 《인광대사의 고사故事》**

[보충] 귀신이 몸에 붙는(附體) 분류

귀신이 몸에 붙는 것은 대체로 세 가지로 분류되니, 암규부체暗竅附體 · 명규부체明竅附體 · 신력부념神力附念이 그것이다. 첫째는 암규부체暗竅附體로 그 신식이 완전히 제압 당하여 눈앞이 깜깜하고 정신이 혼절하며 그 몸이 완전히 침입자에게 지배당한다. 몸에 달라붙는 것에는 천마 귀신 요괴들이 포함될 수 있다. 그 목적은 다르고 달라붙을 때의 증상도 서로 다르다. 혹 성정이 크게 변하거나 혹 정신이상으로 얼뜨거나 혹 허튼소리를 지껄이거나 혹 행위가 괴이하다……. 민간인의 몸에 달라붙는 귀신에 대한 인식은 대부분 이러한 분류에 국한되고 식별하기도 매우 싶다. 그러나 이런 부류의 암규부체 중에도 그 표현이 매우 정상이고 매우 안정되며, 말과 행동이 매우 합리적인 경우도 있다. 결국에는 부체 중생의 종류가 아주 많고 층차가 각각 다르기 때문이다. 부체가 몸에 떨어진 후 당사자는 혼절에서 깨어나 이전 일을 알지 못한다. 이 부류의 부체는 가장 나쁘다. 만약 목숨 빚을 독촉하는 원가채주이면 심지어 생명까지 위험한 뜻밖의 사고가 발생할 수 있으니, 반드시 사람의 보살핌이 있어야 한다.

두 번째는 명규부체明竅附體로, 그 신식이 부분적으로 제압당하거나 혹 제압당하지 않은 채 단지 눈 귀 등의 규(竅; 근식根識)에 침입한다. 당사자의 정신은 또렷하다. 몇몇 명규부체에 걸린 자는 심지어 근본적으로 관찰이 부체에 이르지 않았지만, 환시나 환청 등의 현상이 늘 발생한다. 이런 부류의 부체는 다른 사람이 보면 환시나 환청으로 정서를 제어하지 못하는 등을 제외하고는 보통사람과 다름이 없다. 영매靈媒류가 몸에 붙은(頂神附體) 자나 빚을 독촉하고 원수를 갚으려는 원가채주가 몸에 붙은(冤家附體) 자는 그 부체의 원리가 거의 같고, 각자 목적은 다를 뿐이다. 영매류 부채는 암규暗竅와 명규明竅가 모두 있는데, 명규부체가 비교적 흔하고 상대적으로 안전하다.

귀신이 들린 후 의존하는 신통(依通)이 생기게 되는데 신들린 자는 어느 정도의 천안통 · 천이통 · 타심통 등 보통사람을 뛰어넘는 능력이 출현하게 된다. 혹 귓가에 늘 말해주는 '사람'이 있어 여러 가지 일을 알려주거나, 보통사람은 들을 수 없는 갖가지 소리를 듣기도 하는데……, 이는 귀의 근식(耳竅)이 차지당한 것이다. 혹은 사람이 아닌 중생 혹은 특수한 광경을 볼 수 있거나 투시나 요감(遙感; 원격탐지) 등 특수한 공능이 출현하는데……, 이는 눈의 근식(眼竅)이 차지당한 것이다. 혹은 마음속에 자주 특수한 생각이 불쑥 튀어나와 어떤 습기나 사유가 강화되거나 마음속에 말로 표현할 수 없을 정도로 시구나 게송들이 솟아 나오거나 이따금 예감이 강력하고 게다가 진실하기조차 한데……, 이는 마음의 근식(心竅)이 차지당한 것이다.

기공氣功의 특이한 공능으로 개천안(開天眼; 투시공능) · 원광술(圓光術; 강신술) 등은 거의 다 명규부체와 관련이 있는데, 당사자는 부체에 걸렸는지 알거나 모른다. 선정공부(定功)를 수습하여 격발하는 자력신통과 견주면 전자는 의존하는 신통으로 귀신이 오면 신통이 있고 가면 없다. 어떤 사람은 부체에 걸렸는지 모르거나 귀신이 오고 감을 관찰하지 못한다. 그래서 그 특이한 공능은 때론 영험이 있고 때론 영험이 없어 일득영득(一得永得; 도교에서 금단金丹을 얻게 되면 영원히 다시 잃을 염려가 없음을 말한다)이 아니고, 뜻대로 수시로 시전施展될 수 없고, 반드시 혹 수법修法이나 혹 특정 주문의 염송 등으로 불보살에게 청하여야(召請) 한다. 선정공부(定功)을 수습하여 격발하는 자력신통은 반드시 선정의 마음에 있거나 청정한 마음에 있을 때 바야흐로 운영할 수 있다. 그러나 전자는 산란한 마음에 있을 때에도 운영할 수 있다.

세 번째는 부념(附念; 생각에 달라붙음)으로 지념(持念; 생각을 장악)이라 부르기도 한다. 부념은 부체에 속하지 않을지라도 부체를 초래하여 마魔의 종류가 중생을 교란시키는 이러한 수단이 가장 흔히 보인다. 신력이 더욱 큰 천마나 귀신은 사람 몸의 근식(竅)에 침입할 필요가 없이, 곧 생각에 붙어(附念) 사람의 생각에 영향을 미칠 수 있다. 《오십음마五十陰魔》 중에서 대부분은 마음속 마경魔境이지만, 수음십마受陰十魔와 상음십마想陰十魔 중에는 외마外魔가 있을 뿐만 아니라 천마가 방해하고, 겸해서 귀신이 드러나며, 허깨비(魑魅)가 교란한다. 그들이 "정기를 날려 사람에 달라붙기(飛精附人)" 전에 대부분 생각에 붙어 장악한다. 특히 조금이라도 선정 공부가 있는 수행인이 선정 경계 속에서 생각을 장악 당하면 곧 경계에 대응함이 생기게 된다(이런 상相 또한 자심自心이 지은 것이다). 상相을 보아 만약 칠정이 용솟음치면 몸의 근식(體竅)이 곧 열린다.

이를테면 아주 무서운 상을 보고 오줌이 지리고 질겁해서 혼절하면, 바로 경맥과 몸의 근식의 운행이상으로, 귀신이 곧 이러한 틈새를 이용하여 인체의 어느 한 규혈竅穴을 침범할 수 있다. 슬픈 경계를 보아서 몹시 슬프고, 기쁜 경계를 만나 기뻐하면 그 슬픔과 기쁨 등을 마가 엿보다가 끼어들고 그것에 따라 정기를 날려 사람에 달라붙는다. 부념附念으로 말미암아 곧 명규부체明竅附體, 심지어 암규부체暗竅附體를 파생할 수 있다.

마魔의 종류는 사람의 악습과 사견, 번민과 의심, 오욕과 칠정 등 생각에 수순하여 은밀히 달라붙는데, 단지 상대적으로 영향을 미치는 것이지 절대적으로 좌우하는 것이 아니고, 주도적으로 제어하는 것이 아니므로 최종 결정권은 여전히 인류에게 있다. **만약 수행인의 선정력이 아직 얕아 계율을 엄격히 지키지 않으면 미세한 악념이 잠복하여 마의 종류가 달라붙어 은밀히 장악(冥持)하니, 이 사람은 나쁜 습기가 현행하여 계를 깨뜨리고 악행을 짓는다. 계율을 엄격히 지키고 정견正見을 구족하고 선정력이 깊고 두터운 자에게는 마의 종류가 끼어들지 못한다.** 마류가 수행인을 교란한다고 말하는 것보다는 수행인이 틈새를 가져 마에 이용당한다고 말하는 편이 낫다. **중생의 선한 생각(善念)은 불보살과 선신이 가지하고, 중생의 나쁜 생각(惡念)은 마류와 악신이 붙으며, 중생의 무념無念은 마가 붙을 수 없고, 또한 외부적인 생각(外念)을 강요할 수 없다.**

천마 등의 중생이 사람의 심념心念에 붙을 수 있음은 중생의 심체心體 관계로 말미암아 결정된 것이다. 중생의 심체는 본래 둘이 아니다. 제8식은 본래 서로 거두고(互攝) 두루 거두며(遍攝), 서로 갖추고(互具) 두루 갖추며(遍具), 중생의 일념심一念心은 일체제불 및 일체중생의 심체를 두루 거두는 것으로 저절로 마魔류를 포괄한다. 《관무량수경》에서는 이르시길, "제불여래께서는 곧 법계신이니, 일체 중생의 심상心想 속으로 들어가시느니라." 하셨다. 사실 매우 많은 천마의 왕은 그 계위가 모두 지상보살에 상당한다. 《유마경》과 《화엄경》은 시방세계의 마왕은 대다수 불위佛位의 보살로 방편법력을 사용하여 중생을 교화하려고 마왕이 되었다고 더욱 직언한다. **일체제불은 일체중생의 심상心想 속으로 들어갈 수 있고, 마왕 또한 일체중생의 심념心念 속으로 들어갈 수 있다.** 이 점은 매우 많은 학불인이 소홀히 하는 점이다. 마왕은 일체중생의 심념을 장악할 수 있으니, 마왕의 신통을 깔보아서는 안 된다. **마왕이 사람의 심념을 은밀히 장악(冥持)할 수 있을지라도 수행인이 정견正見을 틀어쥐고 정념을 잃지 않도록 하여 경계에 선정의 마음이 교란당하지 않으면 주화입마(走火入魔; 상기병)의 위험이 발생할 리가 없다.** 《능엄경》에서 이르시길 "거룩하다는 마음을 내지 않는 것을 좋은 경계라 한다. 만약 거룩하다는 이해를 지으면 곧 온갖 삿된 것을 받게 된다(不作聖心 名善境界 若作聖解 即受群邪)." 하셨다. 순경順境을 보고서 기뻐하지 않고 역경逆境을 보고 두려워하지 않으며, 부처가 와도 부처를 베고 마왕이 와도 마왕을 베며, 칠정七情에 흔들리지 않고 체규體竅가 열리지 않으면 저절로 부처나 마왕이 몸에 달라붙을 리 없다.

선정 속이든 꿈 속이든 제6식은 차례대로 논리적으로 사유하고, 지난 일을 돌이켜 생각하여 여러 가지로 분별하며, 제7식은 언제나 섬세하게 생각하는 등의 공능으로 혹 잠시 조복하여 머물거나 혹 막아서 약화시킨다. 6식과 7식의 잠재의식과 미세한 생각, 제8식의 근기近期 종자와 심지어 숙세宿世의 종자는 모두 일시에 드러나고 단박에 일어나거나 어지럽게 일어나는 기세(공정空定에 들어감은 제외)가 있어 그것을 타파하기 전에는 시간의 제약이 있다. 그래서 비로소 "일념에 일체 불국토를 두루 노닐거나" "베개를 베고 밥을 짓는 짧은 동안 한바탕 꿈을 꾼 기록(黃粱一夢枕中記)" 등 시간을 뛰어넘는 일이 출현하게 된다. 그 때문에 선정 속이든 꿈속이든 마왕이 생각에 달라붙거나 생각이 장악당하는 일이 더욱 깊어지고, 더욱 넓어지며, 더욱 복잡하게 된다.

하등의 귀신, 초선草仙의 요귀일수록 상신上身이 몸에 달라붙길(附體) 좋아하고, 고층차의 천마 · 귀신일수록 사람의 육신을 지저분하게 보아서 생각에 달라붙는 경우가 많다. 영매류의 정신頂神, 공선供仙의 경우 신선은 또한 369 등으로 나뉘고 문명 · 비문명의 구분이 있다. 선가仙家의 종류에는 원혼선冤魂仙(귀선鬼仙), 지상초선地上草仙(여우 족제비 고슴도치 뱀 쥐 등), 하방선下方仙(지선地仙), 상방선上方仙(천선天仙) 등이 있다. 천선天仙과 정신正神은 대신통이 있어 세상 사람에게 차례로 소식을 전달하고 싶으면, 천인을 채용하여 혹 신력으로 화신하거나 혹 선정의 경계에서 상을 보이는 등의 방식으로 현몽한다. 천선天仙은 사람 몸을 똥구덩이로 보아 어떤 부체附體는 스스로를 천선 · 나한 심지어 불보살이라 칭하니, 설령 말이 조금 불법과 비슷할지라도 곧이듣지 말아야 하니, 거의 전부 영매가 가장한 것이다. 그 밖에 부체附體는 근본계를 범하는 것으로 특수한 인연이 있는 (빚을 독촉하고 원수를 갚으려는 등) 중생이라야 부체할 수 있다. 귀신조차도 마음대로 부체할 수 없으니, 불보살은 더욱 더 파계하여 늘 사람 몸에 부체할 리가 없다.

[제124칙] **색욕은 온 세상 사람의 병통이다**
이 화를 끊고자 하면 마땅히 이와같이 관하라

색욕은 온 세상 사람의 병통이다. 특별히 중 · 하근기의 사람들만 색에 미혹하는 것이 아니라 상근기의 사람일지라도 종일토록 삼가 두려워 조심하면서 스스로를 지키면서 늘 경계를 마음속에 두지[94] 않으면 또한 그것에 미혹하지 않기 어렵다. 예로부터 지금까지 수많은 영웅호걸들이 진실로 어떻게 성인이 되고 현인이 될 수 있었는지 살펴보면, 단지 색욕의 관문을 타파하지 못해 오히려 매우 어리석고, 영원히 악도에 떨어지는 사람이 너무나 많아 이루 다 셀 수가 없다.

色欲一事，乃舉世人之通病。不特中下之人，被色所迷。即上根之人，若不戰兢自持，乾惕在念，則亦難免不被所迷。試觀古今來多少出格豪傑，固足為聖為賢。只由打不破此關，反為下愚不肖，兼復永墮惡道者，蓋難勝數。

94) 건척乾惕은 즉 경계(警惕), 조심하고 두려워 함(戒懼)을 뜻한다. 《역경》에 이르길, "군자는 종일 열심히 일하고, 저녁이 되었어도 그 일을 걱정하고 두려워한다(君子終日乾乾 夕惕若厲)."

《능엄경》에 말씀하시기를, “만약 모든 세계의 육도중생이 그 마음이 음란하지 않으면 곧 생사가 이어지는 윤회를 따르지 않는다. 그대들이 삼매를 닦는 본뜻은 세속적인 욕망과 번뇌를 떠남에 있다. 음란한 마음을 제거하지 않는다면 번뇌에서 헤어날 수 없다” 하셨다. 불도를 배우는 본뜻은 생사를 벗어나기 위함이다. 만약 이 병통을 뼈저리게 제거하지 않으면 생사를 벗어나기 매우 어렵다. 즉 염불법문으로 업을 지닌 채 왕생할지라도 음란한 습기가 마음에 단단히 맺힌다면 곧 부처님과 격리되어 감응도교하기 어렵다. 이러한 화를 끊고자 한다면 모든 여인 보기를 모두 가족이라 관상하고, 원수라 관상하고, 깨끗하지 않다 관상하는 것이 낫다.

楞嚴經云：若諸世界六道衆生，其心不淫，則不隨其生死相續。汝修三昧，本出塵勞。淫心不除，塵不可出。學道之人，本為出離生死。苟不痛除此病，則生死斷難出離。即念佛法門，雖則帶業往生。然若淫習固結，則便與佛隔，難於感應道交矣。欲絕此禍，莫如見一切女人，皆作親想、怨想、不淨想。

이른바 「가족이라 관상함」은 늙은 여자는 어머님이라 관상하고, 연상은 누님이라 관상하며, 연하인 여자는 여동생이라 관상하며, 어린 여자는 딸이라 관상하라. 음란한 마음이 왕성할지라도 감히 어머니, 누이와 딸에게 감히 바르지 못한 생각을 일으키지 못하고, 나아가 모든 여인을 나의 어머니, 누이, 딸이라 보면 이치와 지혜로 욕망을 제어하여 음란한 마음이 생겨날 수 없을 것이다.

親想者，見老者作母想，長者作姊想，少者作妹想，幼者作女想。欲心縱盛，斷不敢於母姊妹女邊起不正念。視一切女人，總是吾之母姊妹女，則理制於欲，欲無由發矣。

이른바 「원수라 관상함」은 설령 이렇게 관상할지라도 미인을 만나면 즉시 색심이 일어나고, 이러한 색심으로 악도에 떨어져 오랜 겁에 괴로움을 겪고 벗어나기 어렵다. 이렇게 관상하면 아름답고 애교가 넘치는 여자는 그 해악이 도적이나 호랑이 독사나 전갈, 비상이나 독주보다 백천 배 강렬하다. 이러한 지극히 큰 원수에 대해 아직도 미련을 버리지 못하였으니, 어찌 미혹이 절정에 이른 사람이 아니겠는가?

怨想者，凡見美女，便起愛心。由此愛心，便墮惡道。長劫受苦，不能出離。如是則所謂美麗嬌媚者，比劫賊虎狼，毒蛇惡蠍，砒霜鴆毒，烈百千倍。于此極大怨家，尚猶戀戀著念，豈非迷中倍人。

이른바 「깨끗하지 않다 관상함」은 아무리 미인일지라도 얇은 피부거죽 한 층일 뿐이다. 이 거죽을 벗기면 차마 볼 수 없으니, 뼈와 살에 피고름이, 모발에 똥오줌이 줄줄 흘러 내려 사랑할 만한 것이 하나도 없다. 단지 얇은 피부에 덮여있는 것에 사랑하는 감정이 생길 뿐이니, 꽃병에 똥을 담고서 그것을 감상하지는 않을 것이다. 오늘 이 미인의 얇은 피부는 꽃병이나 다름없고, 피부 안에 담긴 것은 똥보다 더 더럽거늘, 어찌 그 거죽을 사랑하면서 거죽 안의 갖가지 더러운 것들을 잊고 망상을 일으킬 수 있겠는가? 하루 종일 삼가 두려워하고 경계를 유지하면서 이 습기를 뼈저리게 제거하지 않으면 비록 그 자태가 아름다워 보일지라도 사랑의 화살이 뼈에 박혀 스스로 뽑아낼 수 없는 지경에 이를 것이다.

不淨者，美貌動人，只外面一層薄皮耳。若揭去此皮，則不忍見矣。骨肉膿血，屎尿毛髮，淋漓狼藉，了無一物可令人愛。但以薄皮所蒙，則妄生愛戀。華瓶盛糞，人不把玩。今此美人之薄皮，不異華瓶。皮內所容，比糞更穢。何得愛其外皮，而忘其皮裏之種種穢物，漫起妄想乎哉。苟不戰兢乾惕，痛除此習。則唯見其姿質美麗，致愛箭入骨，不能自拔。

평소에도 이러하거늘, 사후에 여자의 뱃속으로 들어가지 않으려 해도 어찌 할 수 없다. 여자의 뱃속으로 들어가면 그래도 괜찮은 편인데, 짐승 암컷의 뱃속으로 들어가면 어찌 하겠는가? 여기까지 생각하면 정신이 놀랍고 두려울 뿐이다. 그러나 이런 경계를 만나 물든 마음을 일으키지 않으려면, 반드시 경계를 만나지 않을 때 항상 세 가지 관상을 지으면 경계를 만나도 저절로 경계에 따라 구르지 않을 수 있다. 그렇지 않으면 설사 경계를 만나지 않아도 마음에는 여전히 얽혀 풀리지 않아 결국 음욕의 습기에 속박되고 만다. 그래서 반드시 악업의 습기를 제대로 씻어내야 자유롭게 정토에 왕생하는 연분이 생길 수 있다.

平素如此，欲其沒後不入女腹，不可得也。入人女腹猶可，入畜女腹，即將奈何。試一思及，心神驚怖。然欲於見境不起染心，須於未見境時，常作上三種想，則見境自可不隨境轉。否則縱不見境，意地仍復纏綿，終被淫欲習氣所縛。固宜認眞滌除惡業習氣，方可有自由分。

[제125칙] 색을 탐내는 사람은 스스로 그 삶을 해치니, 이로 인한 재앙의 강렬함은 세상에 둘이 없다

내가 늘 말하건대, 세상사람 열 명 중에 색욕으로 직접 죽는 사람이 네 명을 차지하고, 간접적으로 죽는 이도 네 명을 차지한다. 색욕은 몸을 쇠약하게 하여 다른 종류의 감촉을 쉽게 받아 사망을 야기한다. 이런 죽음은 모두 주어진 명을 포기한 것이다. 어찌 색을 탐하는 자의 죽음이 모두 명대로 죽는 것이 아님을 알겠는가? 본래 천명을 누리는 사람은 모두 마음이 청정하고 정결하여 성관계를 탐내지 않은 사람이다. 색을 탐내는 사람은 스스로 그 삶을 해치니, 어찌 명대로 산다 말할 수 있겠는가? 명대로 살다가 명이 다해서 죽는 사람은 열에 한 둘에 불과하다. 이로부터 알 수 있듯이, 천하에 대부분 억울하게 죽는 사람들이다. 이로 인한 재앙의 강렬한 피해는 세상에 둘이 없다.

吾常謂世間人民，十分之中，由色欲直接而死者，有其四分。間接而死者亦有四分。以由色欲虧損，受別種感觸而死。此諸死者，無不推之於命。豈知貪色者之死，皆非其命。本乎命者，乃居心淸貞，不貪欲事之人。

彼貪色者，皆自戕其生，何可謂之為命乎。至若依命而生，命盡而死者，不過一二分耳。由是知天下多半皆枉死之人。此禍之烈，世無有二。

또한 세상에 한 푼도 쓰지 않고 조금이라도 힘쓰지 않고서 최고의 덕행을 성취하고, 최대의 안락을 누리며, 자손에게 무궁한 복의 음덕을 남길 수 있으며, 다음 생에 정결하고 선량한 가족을 얻게 하는 것은 오직 음욕을 경계하는 것뿐이다. 부부의 올바른 성관계는 앞에서 이미 간략히 그 이익과 해를 말하였으니 지금 다시 논하지 않겠다. 삿된 음행에 이르는 일은 체면을 생각하지도 부끄러워함도 없고, 지극히 더럽고 지극히 추악하여 인간의 몸으로써 짐승이 되는 일이다. 그러므로 색정적인 여인이 덤비고, 요부가 애교를 떨지라도 군자는 이를 엄청난 화로 여기고 거절하면 틀림없이 복록의 빛이 밝게 비쳐들고 하느님이 돌아보고 보우한다. 그러나 소인은 엄청난 행복으로 여기고 이를 받아들여 반드시 재앙의 별이 닥쳐오고 귀신이 죄로 몰아 죽인다.

亦有不費一錢，不勞微力，而能成至高之德行，享至大之安樂，遺子孫以無窮之福蔭，俾來生得貞良之眷屬者，其唯戒淫乎。夫婦正淫，前已略說利害，今且不論。至於邪淫之事，無廉無恥，極穢極惡。乃以人身，行畜生事。是以豔女來奔，妖姬獻媚，君子視為莫大之禍殃而拒之，必致福曜照臨，皇天眷佑。小人視為莫大之幸福而納之，必致災星莅止，鬼神誅戮。

군자는 화로 인해 복을 받고, 소인은 화로 인해 화를 더한다. 그래서 "화복은 문이 없나니, 오직 스스로 초래할 뿐이다."95) 말씀하셨다. 세상 사람이 여색의 중요한 고비에서 철저히 알아차릴 수 없다면, 최고의 덕행과 최대의 안락, 자손의 무궁한 복덕, 내생에 정결하고 선량한 가족을 얻는 등 이런 복보를 한순간의 즐거움과 오락 속에 날려버리니, 아아 불쌍하여라!

君子則因禍而得福，小人則因禍而加禍。故曰禍福無門，唯人自召。世人苟於女色關頭，不能徹底看破。則是以至高之德行，至大之安樂，以及子孫無窮之福蔭，來生貞良之眷屬，斷送于俄頃之歡娛也。哀哉。

[제126칙] **가장 범하기 쉬운 것은 오직 색욕뿐이니, 경외하는 마음을 늘 품어서 자신을 지키는 것이 위대하다**

총명한 사람이 가장 범하기 쉬운 것은 오직 색욕뿐이다. 그래서 경외하는 마음을 늘 품어서 조금도 삿된 망념의 싹이 자라나서는 안 된다. 만약 조금이라도 이러한 생각이

95) 《태상감응록太上感應篇》: "태상이 말하길, 화복은 문이 없나니 오직 스스로 초래할 뿐이다. 선악의 과보는 그림자처럼 형체를 따른다." 이 말은 화와 복은 고정된 곳이 없고 단지 사람 자신이 초래하여 오는 것일 뿐이고, 선악의 응보는 몸의 형체와 그림자와 같아서 조금도 차이가 있을 리 없다는 뜻이다.

생긴다면 우리의 일거일동을 천지의 귀신, 제불보살이 모두 알고 모두 보지 않음이 없다고 생각하여야 한다. 사람 앞에서 감히 온갖 나쁜 짓을 저지르지 못하거늘, 하물며 불보살께서 삼엄한 곳에서 감히 그릇되고 비천한 생각을 간직하고, 그릇되고 비천한 일을 행하겠는가?

聰明人，最易犯者唯色欲。當常懷敬畏，切勿稍有邪妄之萌。若或偶起此念，即想吾人一舉一動，天地鬼神，諸佛菩薩，無不悉知悉見。人前尚不敢為非，況于佛天森嚴處，敢存邪鄙之念，與行邪鄙之事乎。

맹자께서 말씀하시길, "누구를 섬기는 것이 큰가? 부모님을 섬기는 것이 크다. 누구를 지키는 것이 큰가? 자신을 지키는 것이 크다."96) 만약 자신을 지킬 수 없다면 설사 부모님을 섬길지라도 또한 겉치레일 뿐, 실제로는 부모님이 남기신 몸을 소홀히 하니, 그 불효도 크다. 그래서 증자는 임종시 비로소 마음을 놓고 근심이 없는 말을 하였다. "《시경》에 이르길, 두려워하고 조심하길 깊은 못에 임한 듯이 하고, 살얼음을 밟는 듯이 하라 하니, 이제야 나는 그 몸의 훼손을 면한 걸 알겠구나." 하였다. 죽음에 이르지 않았을 때에도 일심으로 두려워하고 조심하여 몸을 훼손하지 말고 정결히 하여야 한다. 증자조차도 이러하거늘 하물며 우리들 평범한 사람들이겠는가?

孟子謂：事孰為大，事親為大。守孰為大，守身為大。若不守身，縱能事親，亦只是皮毛儀式而已。實則即是賤視親之遺體，其不孝也大矣。故曾子臨終，方說放心無慮之話云：詩云，戰戰兢兢，如臨深淵，如履薄冰。而今而後，吾知免夫。未到此時，尚存戰兢。曾子且然，況吾輩凡庸乎。

[역주] **증자의 담대한 죽음**

《논어》「태백泰伯」에서 나오는 말씀이다. 증자가 병에 걸려 자신이 이 세상을 곧 떠날 것이라 예상하고, 자신의 제자들을 곁에다 불러놓고 말하였다.

"이불을 젖혀 나의 발을 가지런히 놓게! 나의 손도 가지런히 놓게! 《시경》에 말씀하시길, 「주의 깊고 신중하길, 깊은 연못가에 서 있는 듯이 하고 살얼음을 밟는 듯이 하라」 하셨다. 지금부터 이후로 나는 내 몸이 일체 손상을 면할 수 있음을 알겠다. 자네들도……"

이는 증자가 임종을 맞아 '자신의 손발이 손상을 받지 않았다는 것이 곧 효도를 보전함이다'라고 거듭 당부하는 말이 결코 아니다. 죽을 때까지 자신의 몸을 보전할 수 있는 사람이 아주 많다고 해서 그들이 모두 군자란 말인가? 증자가 말한 것은 「몸」을 보전했다는 것이 아니라 「마음」을 보전했다는 것이다. 왜냐하면 「마음」을 보전하면 자신의 몸이 정결貞潔을 잃지 않아서 「몸」도 보전한 것이기 때문이다.

96) 《맹자》「이루상離婁上」에 나오는 말씀으로 "누구를 시봉侍奉하는 것이 가장 중요한가? 부모님을 시봉하는 것이 가장 중요하다. 무엇을 수호하는 것이 가장 중요한가? 자신의 정결을 수호하여 그것이 사악邪惡에 있지 않도록 함이 가장 중요하다"는 뜻이다.

증자는 법회에서 신독愼獨을 천명한 사람으로 그는 한평생 반성과 관심觀心을 잘하였다. 그래서 그는 임종시 “나의 이 마음은 세상에 물들지 않았다. 깨끗하게 왔다가, 깨끗하게 가겠다.” 담대하게 말하였다.

[제127칙] **분노 · 음욕 · 승부욕 · 울컥함에 대한 대치**

무릇 분노와 음욕, 승부욕과 울컥함 등의 생각이 이따금 움트면 곧 이렇게 생각하여야 한다. ‘나는 염불하는 사람인데, 어떻게 이 같은 생각이 일어날 수 있는가.’ 그러면 그런 생각이 이내 사라지고, 오래되면 무릇 일체 신경이 쓰이고 몸을 해치던 생각들이 다 일어날 수 없고, 하루 종일 부처님의 부사의한 공덕이 머물러 몸과 마음을 가지加持하니, 십일이 되지 않아도 곧 큰 효과를 볼 것이라 장담한다.

凡有忿怒、淫欲、好勝、賭氣等念，偶爾萌動，即作念云：我念佛人，何可起此種心念乎。念起即息，久則凡一切勞神損身之念，皆無由而起，終日由佛不思議功德，加持身心。敢保不須十日，即見大效。

[보충] **인광대사 법문**

일마다 자신의 본업 및 본분으로 해야 하는 일을 제외하고 「아미타불」 명호를 전심으로 칭념하여야 한다. 아침과 저녁에는 불전에서 정성과 공경을 다하여 무시이래의 숙업을 진심으로 참회한다. 이렇게 오래도록 지속하면 자기도 알아채지 못하는 사이에 불가사의한 이익을 얻게 된다. 《묘법연화경 관세음보살보문품》에서 이르시길, “만약 어떤 중생이 음욕이 아무리 강렬할지라도 항상 공경심으로 「나무관세음보살」을 칭념하면 음욕에서 벗어날 수 있느니라.”

성내고 어리석은 생각을 많이 일으키는 중생은 항상 공경심으로 「나무관세음보살」을 칭념하면 마찬가지로 벗어날 수 있다. 지성심으로 「나무아미타불」과 「나무관세음보살」 성호를 칭념할 수 있는 사람이면 탐진치 세 가지 번뇌가 저절로 사라질 수 있다. 그 밖에 현재 재난이 가득 찬 세상에서 「나무아미타불」을 칭념하는 이외에 「관세음보살」 성호를 칭념하면 은밀한 가운데 저절로 불가사의하게 전화위복이 된다. 이래야만 숙업이 무르익었을 때 응보를 피할 수 있게 된다.

[제128칙] **무거운 업장 · 무성한 탐진치 · 허약함 · 소심함에 대한 대치**

업장이 무겁고, 탐진치가 무성하게 일어나며, 몸이 허약하고 마음이 소심하고 겁이 많은 등의 병통이 있는 경우 단지 일심으로 염불할 수 있어서 오래되면 저절로 모두 치유될 것이다. 《관세음보살보문품》에 이르시길, “만약 어떤 중생이 음욕 · 분노 · 어리석

음이 많을지라도 항상 공경심으로 「관세음보살」을 칭념하면 문득 그것을 여의게 되느니라." 염불도 또한 이러하여 단지 전심전력을 다하고 의심이 없고 두 마음이 없으면 곧 구하여 얻지 못함이 없다.

業障重，貪瞋盛，體弱心怯。但能一心念佛，久之自可諸疾咸愈。普門品謂若有衆生，多於淫欲瞋恚愚癡，常念恭敬觀世音菩薩，便得離之。念佛亦然。但當盡心竭力，無或疑貳，則無求不得。

[보충] **인광대사법문 절록**

○ 그대에게 가장 간단한 법을 가르치면 날마다 지성으로 염불하고 아울러 관세음보살을 칭념하여 불보살이 그대에게 가피하여 업장이 사라지고 선근이 늘어나길 구하라. 과연 이럴 수 있다면 고인의 책을 보아 그 이치를 알 수 있고, 그 문법을 얻으면 굳이 사부로 모시고 글을 배울 필요가 없다. 일체 경전과 책은 모두 글이다. 심지心地가 열리면 어떻게 글을 짓지 못한다고 근심하겠는가? 심지가 열리지 않으면 설사 배울지라도 큰 성취는 없을 것이다.

○ 그대가 어머님이 서방극락에 왕생하길 바라고 아버님의 몸과 마음이 건강하여 살아서는 안락을 누리고 죽어서 정토에 돌아가길 바란다면 마땅히 가족 남녀노소를 모두 통솔하여 함께 성실히 염불하여야 한다. 부처님께서 자비심에 가피하여 죄업이 사라지고 선근이 늘기를 기도하거늘, 어떻게 단지 백 번 천 번 부처님 명호를 염하는 것을 일로 삼을 수 있겠는가? 세간에서 사람이 일로 삼아 일 · 이 푼 벌려고 종일토록 쉬지 않고 일하거늘 이 큰 일로써 오히려 일 · 이 푼 벌려고 열심히 일하는 자만 못하니, 감응이 없다고 해서 이상할 것도 없다. 자신의 감感이 지극하면 불보살께서 응應하지 않는 이치가 없을 것이다. 그대가 이렇게 감感하여야 하거늘 무슨 일을 다잡아 하지 않고서 어떻게 현재 이 세상에서 큰 업장을 없애고 세상을 떠날 수 있겠는가?

○ 이미 관문으로 들어가 고요히 닦을 줄 알아 대단히 뿌듯하다. 늘 경계가 있다는 말은 아직 진실로 마음을 거두지 못하여 단지 겉치레로 행한 까닭이라 생각한다. 만일 진실로 마음을 거두어 안으로 망념이 없고, 「나무아미타불」 한마디 부처님 명호에 전념하면 반드시 업장을 없앨 수 있고 복덕과 지혜가 늘어나거늘 어찌 늘 경계의 괴로움이 있겠는가? **수행할 때 결코 조바심으로 거룩한 경계가 나타나길, 갖가지 신통을 얻길 구해서는 안 된다. 단지 마음과 부처님이 상응하길 기약할 뿐이다.** 이른 바 마음 전체 그대로 부처님이고, 부처님 전체 그대로 마음이다. 마음 바깥에 부처님이 없고 부처님 바깥에 마음이 없다.

…만약 이와 같이 마음을 쓰지 않으면 평상시 거룩한 경계를 보길 구해도 거룩한 경계를 얻은 줄 모르니, 모름지기 업이 다하고 정집情執이 공한 지위에 이르러야 한다. 그렇지 않으면 이익을 얻은 사람이라 말하지 말라. 이는 모두 마의 경계에 속하고 곧 거룩한 경계 또한 아무런 이익이 없거나 큰 손해만 있을 것이다. 정진력으로 닦을 줄 모르고 오히려 이로부터 큰 환희심을 내어 아직 얻지 못하고서 얻었다 하면 반드시 마에 홀려 미치게 될 것이다. 《능엄경》에서 이르시길 **"거룩하다는 마음을 내지 않는 것을 좋은 경계라 한다. 만약 거룩하다는 이해를 지으면 곧 온갖 삿된 것을 받게 된다."** 하셨으니, 이것을 말함이다.

[4] 자신의 마음을 간직하고 품격을 세움을 논하다 (論存心立品)

[이끄는 말]

염불하는 사람은 반드시 부모님께 효도하고 스승과 어른을 모시며 자비심으로 살생하지 않으면서 열 가지 선업을 닦아야 한다. 또한 반드시 부모님은 자애롭고 자식은 효도하며, 형은 우애 있고 동생은 공경하며, 남편은 부드럽고 아내는 순응하며, 상사는 인자하고 부하는 충직하며, 직무를 잘 수행하고 자신의 본분을 다하여야 한다. 남이 나에게 본분을 다하는지 따지지 말고, 내가 나의 본분을 다하여야 한다. 가정과 사회에 대해 정의를 다하고 자신의 본분을 다하면 이를 선한 사람이라 한다. 선한 사람이 염불하여 서방극락에 태어나길 구하면 반드시 임종시에 왕생할 수 있다. 성인을 따라 배우고 부처님을 따라 배움은 모두 「사람의 도리를 극진히 하고 자신의 본분을 다하며, 망상을 그치고 정념正念을 유지하며, 여러 악을 짓지 말고 온갖 선을 받들어 행함」을 근본으로 삼는다. 또한 모름지기 자신을 향상시키는 수양으로써 겸허한 태도를 지키고, 자신의 재주를 숨기고 삼가며, 위로 고인을 본받아 실천궁행하여야 한다.

[제129칙] 선인이 염불하면 결정코 왕생하고, 마음이 부처님과 등지면 왕생하기 어렵다

염불하는 사람은 반드시 부모님께 효도하고, 스승과 어른 즉 나를 가르치는 스승 및 도덕을 갖춘 사람을 받들어 모셔야 한다. 또한 자비심으로 살생하지 말고 채식을 하거나 야채요리를 먹고, 고기요리를 끊어야 하며, 직접 살생을 말아야 한다. 나아가 열 가지 선업을 닦을지니, 즉 몸으로 살생 · 도둑질 · 삿된 음행의 일을 하지 말고, 입으로 거짓말 · 이간질하는 말 · 험악한 말 · 쓸데없는 말을 하지 말며, 마음으로 탐내고 · 성내고 · 어리석은 생각을 일으키지 말아야 한다.

念佛之人，必須孝養父母，奉事師長。即教我之師，及有道德之人。慈心不殺，當吃長素，或吃花素。即未斷葷，切勿親殺。修十善業即身不行殺生、偷盜、邪淫之事。口不說妄言、綺語、兩舌、惡口之話。心不起貪欲、瞋恚、愚癡之念。

또한 반드시 부모님은 자애롭고 자식은 효도하며, 형은 우애 있고 동생은 공경하며, 남편은 부드럽고 아내는 순응하며, 상사는 인자하고 부하는 충직하며, 직무를 잘 수행하고 자신의 본분을 다하여야 한다. 남이 나에게 본분을 다하는지 따지지 말고, 내가 나의 본분을 다하여야 한다. 가정과 사회에 정의를 다하고 자신의 본분을 다하면 이를 「선인善人」이라 한다.

又須父慈子孝，兄友弟恭。夫和婦順，主仁仆忠，恪盡己分，不計他對我之盡分與否，我總要盡我之分。能於家庭，及與社會，盡誼盡分，是名善人。

선인이 염불하여 서방극락에 태어나길 구하면 결정코 임종시 왕생할 수 있다. 왜냐하면 그의 마음과 부처님이 상응하여 부처님의 자비심을 움직여 접인하시기 때문이다. 만약 항상 염불할지라도 마음이 보리도에 귀의하지 않거나, 혹 부모와 형제, 아내와 자식, 친구와 고향사람(鄕黨)97)에게 본분을 다할 수 없어 마음이 부처님과 등지면 왕생하기 어렵다. 왜냐하면 자신의 마음에 장애가 생겨서 부처님께서 오셔도 자비로 접인하실 수 없다.

善人念佛求生西方，決定臨終，即得往生。以其心與佛合，故感佛慈接引也。若雖常念佛，心不依道。或于父母兄弟，妻室兒女，朋友鄕党，不能盡分。則心與佛背，便難往生。以自心發生障礙，佛亦無由垂慈接引也。

[역주] **염불·참회·공덕·멸죄滅罪·보리심 간의 관계는?**

매우 많은 학불인은 왕왕 「**선인**善人」이란 이 개념을 가볍게 본다. 몇 마디 부처님 명호를 염할 수 있으면 곧 스스로 선인이라 한다. 악인도 염불할 수 있으면 곧 성인이 되니, 어떻게 이렇게 간단한 것이 있는가? 정종법문은 특별법문이므로 보통교리로 논판論判해서는 안 된다. 비록 논판할 수 없을지라도 선악으로 나누지 않고, 옳고 그름이 뒤바뀌는 것이 결코 아니다. 인광대사께서는 왕용서王龍舒 휘집본彙集本을 비평하실 때 "저것에는 부처님께서 반드시 일체중생을 다 섭수하신다는 생각이 들어있다. 그러나 단지 선인 부류만 거둘 줄 알고, 악인 부류에는 미치지 않는다."고 말씀하셨다. 본원법문는 바로 이런 부류의 관점으로 「악인당기설惡人當機說」을 제창한다. 즉 염불은 천성을 따라 염하니, 악인이 염불할 때 반드시 악을 끊을 필요가 없다고 한다. 아미타부처님의 48원은 선인을 접인할 뿐 일체중생을 다 섭수하여야 하는 것은 아니다. 《관무량수경》의 하품은 전부 오역십악의 사람이거늘 왜 왕생할 수 있는가? 천태지자대사께서는 매우 또렷하게 법문하시니 **하삼품은 모두 참회왕생에 속한다.** 경문에서도 분명히 말씀하시길, "**선남자여, 그대가 부처님의 명호를 불렀기에 갖가지 죄업이 사라졌도다! 그래서 내가 와서 그대를 맞이하노라!**" **하품인은 명백히 악인이거늘 왜 부처님께서는 그를 「선남자」라 불렀을까? 왜냐하면 그는 마음을 돌려 잘못을 고치고 지성으로 염불 참회하였기 때문이다.**

"일제죄업이 사라졌도다!" 이 말은 그냥 넘어갈 수 없다. 이는 바로 「경을 보는 안목(經眼)」으로 가장 관건이 되는 곳이다. 염불하면 일체 죄업이 사라지는가? 분명히 그럴 수 없다. **배우가 대사를 외우듯이 부처님 명호를 염하면 근본적으로 공덕이 생기지 않고 공덕이 없으면 저절로 죄가 사라질 수 없다.** 염불한 까닭에 죄가 사라질 수 있다. 오로지 부처님을 염함을 인연으로 삼아 아미타부처님의 갖가지 공덕을 사유하고 아미타부처님께 귀의하고 의지하여 「어진 이를 보면 그처럼 되길 생각하듯이(見賢思齊)」 아미타부처님처럼 그런 사람이 되어야 한다. 이래야 진정한 염불인인 셈이고 이와 같이 염불하는 사람이 비로소 진정으로 학불하는

97) 당黨 : 고대의 지방 호적 편제단위로 500가호가 당이다. 향당鄕黨은 향리鄕里, 가향家鄕, 고향사람 벗을 가리킨다. 고대에는 500가호가 당이고, 1만2천5백 가호가 향이며 합쳐서 향당이라 한다.

사람이라 부를 수 있다. 이전에는 악인이었을지라도 지금 염불하는 마음으로 보리정도에 수순하여 바뀌어 비록 분명히 발보리심을 말하지 않았을지라도 이미 은밀히 보리에 맞으니, 인광대사께서는 문초文鈔에서 "하배하품인은……정말 보리심을 구족하였다."라고 해석하여 말씀하신 적이 있다.

참회는 완전히 전심(轉心; 마음을 돌이킴)에 있다. 마음을 돌이켜야 비로소 공덕이 생기고, 공덕이 있어야 비로소 죄가 사라질 수 있다. 이렇게 공덕을 낳고 일체 죄업을 없앨 수 있는 전심은 곧 보리에 수순하여 따라 바뀌지만, 이와 반대이면 공덕이 생기지 않는다. 그래서 염불 · 참회 · 전심轉心 · 공덕 · 멸죄滅罪 · 보리심은 모두 연결되어 있어 떼어놓을 수 없는 것이다. 비록 여러 가지 일을 말할지라도 실은 당하에 한마디 염불하는 마음속에 원만히 섭수될 뿐이니, 염불하는 마음 외에 달리 참회가 있는 것이 아니고 달리 발보리심이 있는 것이 아니다. **어떤 이는 염불하는 사람은 보리심을 발할 필요도, 참회를 닦을 필요도, 악을 끊을 필요도, 계를 지킬 필요도 없다고 제창한다. 참회하지 않고 악을 끊지 않음은 죄의 마음이 요지부동이고, 계를 지키지 않음은 보리의 정도를 거스르거늘 이와 같이 염불하고도 또한 어떻게 진실한 공덕이 생길 수 있는가?** 공덕이 없어도 또한 여하히 "일체죄업이 사라졌도다." 하겠는가? 연지대사께서 《미타소초彌陀疏鈔》 중에서 말씀하시길, "(번뇌는 보리와 다름이 아니다) 처음에 선인이고 끝이 악인인들 무슨 상관이랴. 악인이 이미 선을 이루었거늘 어찌 현인 · 성인과 같은 등급이 아니겠는가?" 왕생할 수 있으면 모두 선인이고, 이미 악인이 아니다. 《묘종초妙宗鈔》의 구품염불 계위 판정에 비추어, 중품하생은 세간의 선인에 속함을 알 수 있다. 그 계위는 관행위의 초품에 있으니, 즉 십육관 중 제3관 지상관의 수준으로서, 세존께서 이 사람에게 임종시 결정코 왕생하고 그것도 자재왕생한다고 수기하셨다. 오계 십선을 원만하게 닦은 사람은 임종시 모두 결정코 왕생하고 게다가 선 채로, 앉은 채로 자재왕생할 수 있다.

선도대사의 시대에는 정종교리가 아직 정리가 완전히 잘 되지 않았다. 그래서 《사첩소四帖疏》에서 십육관 구품에 대해 염불공부를 대응시켜 상세한 계위판정을 할 수 없었다. 일본에 전해진 후 다시 문장 일부를 끊어 본뜻과 무관하게 뜻을 취해 "결정코 믿으면 결정코 왕생한다.", "염불하면 곧 왕생한다.", "십념十念으로 평상시 왕생의 업이 이루어진다(平生業成)." 등등 극단의 언론을 파생시켰다.

《관무량수경》에서 세존께서 분명히 십육관 제3관을 이룰 때 이 염불인은 임종시 결정코 왕생한다고 수기하셨다. 제1관 일상관 및 제2관 수상관을 이룰 때에는 아직 이 말씀이 없다. 이것도 「경을 보는 안목(經眼)」이거늘 오히려 몹시 홀시 당한다. 지상관을 이루면 계위는 관행위의 처음 수희품隨喜品으로 미혹을 조복한 사일심불란事一心不亂에 들 수 있고, 마음을 거두어 선정에 들 수 있다. 선정의 마음(定心)으로 염불하면 정선定善이 생길 수 있고, 삼악도에 떨어지는 성죄性罪가 사라질 수 있다. 그래서 더 이상 천재와 인화, 고질병과 횡사 등 정업의 악보를 겪지 않을 것이다. 미혹을 조복할 수 있음으로 말미암아 더 이상 미혹을 일으켜 업을 짓지 않으며, 삼악도에 떨어지는 새로운 죄업을 짓지 않는다. 제3관 지상관을 성취할 때 세존께서는 이 사람은 이미 삼매를 얻은 까닭에 견불삼력見佛三力에 기대어 선정 가운데 화신불을 관상하여 볼 수 있다고 말씀하신 적이 있다.

간단히 귀납하면, 첫째 정업定業을 없앨 수 있음으로 이전의 횡사 정업을 없앨 수 있다. 둘째 더 이상 횡사하는 새로운 업을 짓지 않으면 임종시 반드시 선종善終한다. 셋째 미혹을 조복하고 새로운 악을 짓지 않아 선인의 신분을 결코 잃지 않는다. 넷째 비록 처음 삼매를 갖추었을지라도 뜻대로 견불할 수 있고 임종이 시작되는 날 곧 견불왕생할 수 있고, 염종시 정념을 결코 잃지 않는다. 이러한 사람이라야 결정왕생이라 말할 수 있다.

제1관 제2관에 대해 명자위名字位에서 이 계위의 염불인이 닦는 것은 모두 산선散善으로 정업定業이 사라지기 어렵고, 더 이상 미혹을 조복시킬 수 없으며, 횡사 등의 업을 피할 수 없거나 새로이 짓는다. 정업이 현전하면 불로 인한 재앙을 만나듯이 임종시 고통을 감당할 수 없으니, 또한 어떻게 염불하여 왕생할 수 있는가? 그래서 세존께서 결코 제1관 제2관이 이루는 염불인에 대해 그 왕생 결정의 여부를 수기한 적이 없으니, 이 가운데 도리는 분명하다.

어떻게 왕생하는가? 선인이 염불하면 결정코 왕생한다. 선인의 표준에 관해서는 여전히 육즉六即의 이理로써 분별 판정해야 한다. 관행위 초품 이상자(명자위 후심의 사람이 염불할 때 겸하여 불력의 명훈가피라는 증상연을 얻어 관행위로 들어갈 수 있다)는 오계십선이 원만하여야 비로소 진정한 선남자 선여인이 임종시 왕생이 결정된다. 명자위 초심에 관해서는 산심散心의 지위에 있는 사람이자 단지 명자위의 선인일 뿐으로 오계 · 십선을 닦거나 닦지 못하거나 원만하지 않아 대개 삼악도에 떨어지는 일체죄업을 갖추고 있는 사람이다. **산심염불은 단지 산선散善이 생길 뿐 정업定業이 사라지기 어렵다.** 만약 숙세나 금생에 횡사의 정업이 사라지지 않으면 반드시 선으로 마칠 수 있을까? 최후 임종시의 특수한 선정 경계에 반드시 들어갈 수 있을까? 평상시 두려워하고 부끄러워함이 없으면 임종시 염불로 참회하여 반드시 일체죄업이 사라질 수 있겠는가?……. 한마디로 말하면 명자위의 선인은 비록 염불할 수 있을지라도 왕생이 결정되지 않나니, 선이 진실하지 않은 까닭이고, 죄의 마음이 뒤섞인 까닭이다.

[제130칙] 가난과 병으로 인한 좌절을 맛보지 않는다면 그러한 범부는 혹업惑業이 날마다 왕성하여 정업淨業을 이루기 어렵다

만약 그때의 생활형편이 좋지 않으면 한걸음 물러서서 생각할지니, 세상에는 나보다 나은 사람이 많고 나보다 못한 사람도 적지 않다 생각해 보라. 굶주리지 않고 추위에 떨지 않으면 큰 부자와 직위가 높은 사람을 부러워할 필요가 없다. 하늘의 뜻에 순응하고 자기 운명에 만족하며, 어떠한 환경에도 잘 적응할 줄 알아야 한다. 이렇게 번뇌를 바꾸어 보리를 이룰 수 있으면 어찌 근심 고통을 바꾸어 안락하게 지낼 수 없단 말인가?

若境遇不嘉者，當作退一步想。試思世之勝我者固多，而不如我者亦復不少。但得不饑不寒，何羨大富大貴。樂天知命，隨遇而安。如是則尚能轉煩惱成菩提，豈不能轉憂苦作安樂耶。

질병에서 벗어나지 못하면 응당 몸이 고통의 근본임을 뼈아프게 생각하여 이로써 사바세계를 싫어하고 벗어나려는 마음을 내어 전력을 다해 정업淨業을 닦고 왕생을 구하겠다고 서원하라. 일체제불께서는 괴로움을 스승으로 삼아 불도를 성취하기에 이르고, 우리는 병을 약으로 삼아 빨리 육도윤회를 벗어나길 구해야 한다. 모름지기 번뇌를 갖춘 범부는 만약 빈궁과 질병 등의 괴로움이 없으면 날마다 음탕한 생활과 명성과 이익 등을 분주히 쫓아다니며 멈출 줄 모를 것이다. 누가 봄바람에 의기양양하고 명성이 자자할 때, 미래의 쇠락할 일을 생각하려 들겠는가?

若疾病纏綿者，當痛念身為苦本，極生厭離。力修淨業，誓求往生。諸佛以苦為師，致成佛道。吾人當以病為藥，速求出離。須知具縛凡夫，若無貧窮疾病等苦，將日奔馳于聲色名利之場，而莫之能已。誰肯于得意烜赫之時，回首作未來沈溺之想乎。

맹자께서 말씀하시길, "그래서 하늘이 장차 사람에게 큰 임무를 맡기려 하실 때에는 반드시 먼저 그의 마음과 뜻을 괴롭히고, 근육과 뼈를 수고롭게 하며, 육체를 굶주리게 하고, 그 몸에 가진 것 없이 궁핍하게 해서, 그 하고자 하는 일마다 어그러뜨리고 어지럽게 하나니, 이렇게 함으로써 그의 마음을 움직이고 성품에 참을성을 길러주어 할 수 없었던 일도 더 많이 잘 할 수 있게 만든다."고 하셨다. 이로써 하늘은 그 사람에게 큰 임무를 맡기고자 연단을 시키므로, 사람은 주어진 환경에 수순하여 시험과 단련을 잘 견뎌내어야 함을 알 수 있다.

孟子曰：故天將降大任於斯人也，必先苦其心志，勞其筋骨，餓其體膚，空乏其身，行拂亂其所為，所以動心忍性，增益其所不能。故知天之成就人者多以逆，而人之只承天者宜順受也。

맹자께서 말씀하신 「큰 임무」는 세상의 높은 직위로서 이렇게 근심하고 고생해야 하늘의 마음을 저버리지 않거늘, 하물며 우리는 지상의 범부가 곧장 위로 법왕의 깨달음에 이르는 도를 받들고, 아래로 법계의 유정을 교화함에 있어 가난과 병으로 인한 좌절을 조금도 맛보지 않는다면 그러한 범부는 혹업惑業이 날마다 왕성하여 정업淨業을 이루기 어렵고, 본심을 미혹하여 영원히 삼악도에 떨어져 미래제가 다하도록 벗어날 기약이 없다.

然孟子所謂大任，乃世間之爵位，尚須如此憂勞，方可不負天心。何況吾人以博地凡夫，直欲上承法王覺道，下化法界有情，倘不稍藉挫折於貧病，則凡惑日熾，淨業難成。迷昧本心，永淪惡道。盡未來際，求出無期矣。

당나라 고승인 황벽黃蘗선사께서 "뼈를 뚫는 추위를 견디지 못한다면, 매화가 어찌 코를 찌르는 향기를 얻을 것이냐" 하신 말씀은 바로 이러한 뜻이다. 지극한 마음으로 염불하여 오랜 죄업을 없애되, 결코 조급한 마음을 일으키지 말고, 하늘을 원망하고 사람을 탓하면서 인과는 헛된 환상이고 불법은 영험이 없다 말하지 말라.

古德所謂：不經一番寒徹骨，爭得梅花撲鼻香者，正此之謂也。但當志心念佛以消舊業，斷不可起煩躁心，怨天尤人。謂因果虛幻，佛法不靈。

[보충] **보왕삼매론 십대애행十大碍行**(10가지 큰 장애를 통한 수행)

묘협妙叶선사, 《보왕삼매염불직지寶王三昧念佛直指》

1. **병의 장애** : 몸을 생각해서 병이 없기를 구하지 말라. 몸에 병이 없다면 탐욕이 일어나고 탐욕이 일어나면 파계破戒하고 도에서 물러난다. 병의 인연을 살펴 병의 자성自性이 공함을 알면 병이 나를 괴롭히지 못한다. 그래서 성인께서 가르치시길, "병으로 인한 괴로움을 양약良藥으로 여겨라!" 하셨다.

2. **고난의 장애** : 세상을 살아가면서 고난이 없길 구하지 말라. 세상에 고난이 없다면 교만과 향락에 빠지며 교만과 향락에 빠지면 모두를 속이고 억압한다. 고난의 실상을 살펴서 고난이 본래 허망함을 체득하면 고난이 또한 어찌 나를 상하게 하랴. 그러므로 성인께서 가르치시길, "세상의 환난患亂을 해탈解脫로 여겨라!" 하셨다.

3. **마음공부의 장애** : 마음공부에 장애가 없길 기대하지 말라. 마음에 장애가 없다면 배움에 순서를 뛰어넘고 배움에 순서를 뛰어넘으면 아직 얻지 못해도 얻었다 한다. 장애에 뿌리가 없음을 이해하면 장애가 절로 사라지고, 장애는 더 이상 걸림이 되지 않는다. 그래서 성인께서 가르치시길, "장애를 산책(逍遙)삼아 거닐라!" 하셨다.

4. **마의 장애** : 수행에 마魔가 없길 구하지 말라. 수행에 마가 없다면 서원이 굳건하지 못하고 서원이 굳건하지 못하면 깨닫지 못해도 깨달았다 한다. 마가 허망한 존재임을 통달하고, 뿌리가 없음을 꿰뚫으면 마가 어떻게 교태를 부리며 유혹하겠는가? 그래서 성인께서 가르치시길, "수행에서 만나는 여러 마를 도반(法侶)으로 여겨라!" 하셨다.

5. **일의 장애** : 일을 도모함에 쉽게 성취되길 구하지 말라. 쉽게 일이 성취되면 뜻이 경솔하고 거만해지며 뜻이 경솔하고 거만해지면 자신이 유능하다고 한다. 일을 헤아림은 마음을 좇고, 일이 성취됨은 업을 따르나니 일은 유능함에서 비롯하지 않는다. 그래서 성인께서 가르치시길, "일에서 어려움을 만나면 편안하고 즐겁다고 여겨라!" 하셨다.

6. **우정의 장애** : 우정을 나누되 내가 이롭게 되길 구하지 말라. 나의 이익을 바라면 의리를 상하고 우정을 잃게 되며, 의리를 상하면 친구의 그릇된 점을 보게 된다. 우정에 대해 나의 노력(因)이 있는가 살피고, 억지로 노력하기 어려우면 우정은 이내 나의 조건(緣)에 의존한다. 그래서 성인께서 가르치시길, "오랜 우정을 삶의 밑천(資糧)으로 여겨라!" 하셨다.

7. **반대하는 사람의 장애** : 남이 내 뜻에 찬성하고 따라주길 바라지 말라. 남이 찬성하고 따라주면 내심으로 자신을 뽐내고, 내심으로 자신을 뽐내면 내가 옳다고 고집한다. 남이 어떻게 세상 살아가는지 깨닫고, 얼마나 제멋대로 행동하는지 관찰하면, 남은 단지 내가

베푼 것에 대해 갚는 것일 뿐이다. 그래서 성인께서 가르치시길, "반대하는 사람을 내가 가꾸는 정원의 숲(園林)으로 여겨라!" 하셨다.

8. 덕의 장애 : 덕을 베풂에 보답을 구하지 말라. 덕에 보답을 바라면 도모하려는 뜻이 생기고, 도모하려는 뜻이 있으면 화려한 명성을 드날리고자 한다. 덕의 자성이 없음을 밝히고, 덕이 항상 하지 않음을 비춰보면 덕은 또한 알맹이가 들어 있지 않다. 그래서 성인께서 가르치시길, "덕을 베풀되 헌신짝 버리듯 하라!" 하셨다.

9. 이익의 장애 : 분에 넘치게 이익을 구하지 말라. 이익이 분에 넘치면 어리석은 마음이 요동치고 어리석은 마음이 요동치면 추악한 이익에 자신을 무너뜨린다. 세상의 이익은 본래 공한 것, 이익을 바라면 번뇌가 생기나니 이익을 허망하게 구하지 말라. 그래서 성인께서 가르치시길, "이익을 멀리하고 분수에 맞는 삶을 부귀한 삶으로 여겨라!" 하셨다.

10. 억울함의 장애 : 억울함을 당해도 명백히 밝히려고 하지 말라. 억울함을 명백히 밝히면 너와 나는 서로 잊지 못하고, 너와 나가 존재하면 원한이 무성하게 자란다. 억울함을 수용하면 참을 수 있고, 억울함을 참으면 겸손해지나니, 억울함이 어찌 나를 상하게 하랴. 그래서 성인께서 가르치시길, "억울함을 수용하는 것을 수행의 문으로 여겨라!" 하셨다.

이와 같다면, 장애에 처하나 오히려 신통을 얻을 수 있고, 신통을 구하나 오히려 장애가 될 뿐이다. 이 장애 가운데서 모두 깨달음의 미묘한 경지(妙境)를 성취하기 때문에 그것을 얻었는지 잃었는지, 스스로 알 수 없다. 사람들은 어찌하여 그 가운데 억지로 취사取捨하는 마음을 내려는가?

그래서 여래께서는 장애 가운데서 보리도菩提道를 얻으셨고, 설산 동자가 되어 게송의 반을 위하여 나찰을 만나셨고, 인욕선인이 되어 가리왕을 만나셨다. 또한 기와나 돌로 때리는 증상만의 비구와 나무 발우로 임신한 것처럼 꾸며 크게 훼방한 여인도 있었다. 그리고 앙굴리마라의 무리와 데바닷타의 추종자까지도 모두 붓다에게 반대를 하였지만, 그럼에도 불구하고 붓다께서는 이들에게 수기를 주셨고 언젠가는 그들도 깨달음을 얻을 수 있을 것이라 교화하셨다.

어찌 내게 반대하는 사람이 내 뜻에 찬성하는 이가 아니겠는가? 어찌 나를 훼방하는 사람이 나를 이롭게 하는 이가 아니겠는가? 하물며 척박하고 세상이 악하며 인간사가 이상한 때이랴? 오늘날 도를 배우는 사람들에게 어찌 장애가 없겠는가? 만약 장애에 먼저 처하면 장애가 닥칠 때 이를 물리칠 수 있다. 이로써 법왕(붓다)의 큰 보배를 잃게 되나니, 어찌 애석하지 않겠는가?

[제131칙] 자신의 허물이 적길 바란다면 먼저 이러한 성인과 범부가 다 알고 다 보고 있다고 두려워하는 것으로부터 시작해야 한다

소인이 선한 일을 하는 척하면서 실제로는 악한 일을 하는 연유는 다른 사람들이 나를 모른다고 생각하기 때문이다. 사람들이 모르는 것은 단지 세간의 범부라 실상을 모를 뿐이다. 만약 득도한 성인이라면 또렷이 다 안다. 그런데 천지의 귀신은 비록 득도하지 않았을지라도 과보로 타심통을 얻어 그들도 또렷이 다 알거늘, 하물며 성문·연각과 보살·제불께서 타심통과 (제불의 실상을 꿰뚫어보는) 도안道眼이 있어 손바닥 위에 올려놓고 보듯 삼세를 원만히 봄이겠는가?

小人之所以偽為善而實為惡者，意謂人不我知。不知其不知者，但止世間凡夫耳。若得道聖人，固了了悉知。而天地鬼神，雖未得道，以報得他心通，亦了了悉知。況聲聞緣覺菩薩諸佛，他心道眼，圓見三世，如視諸掌者乎。

그래서 아는 사람이 아무도 없길 바라나, 오직 자신만 모를 뿐이다. 자신이 안다면 천지의 귀신·불보살 등도 다 알고, 다 보지 않음이 없다. 만약 이러한 이치를 안다면 설령 사람이 보지 않은 어두운 곳일지라도 감히 게을리 하거나 소홀히 하지 않을 것이고, 다른 사람이 모르는 곳에서도 감히 악한 생각을 품지 않을 것이다. (생각이 싹트기 시작할 때는 숨겨져 드러나지 않지만, 죄와 복은 하늘·땅만큼 차이가 커진다.) 왜냐하면 천지의 귀신과 제불보살이 모두 알기 때문에 두려워하고 부끄러워할 줄 모르는 사람이라도 여기까지 생각하면 또한 두렵고 부끄러워 몸 둘 바를 모르거늘 하물며, 진실로 수행 실천하는 사람이겠는가?

欲無知者，唯己不知則可耳。己若自知，則天地鬼神佛菩薩等，無不悉知之而悉見之矣。若知此義，雖暗室屋漏之中，不敢怠忽。人所不知之地，不敢萌惡。(念始萌乎隱微，罪福判若天淵。見正編復高邵麟書四。)以天地鬼神諸佛菩薩共知，縱不知慚愧者，知此亦當慚愧無地矣。況真修實踐之士哉。

그래서 자신의 허물이 적길 바란다면 먼저 이러한 성인과 범부가 다 알고 다 보고 있다고 두려워하는 것으로부터 시작하여야 한다. 그래서 《문창제군文昌帝君 음지문陰騭文》에 이르길, "국그릇과 담벼락에서 보듯이 선철을 공경하고 우러러보며, 홀로 있을 때 삼가하길 자신의 그림자와 덮고 자는 이불에도 부끄러워할 줄 알아야 한다."98)

98) 이 두 문구의 출처는 도교의 권선서인 《문창제군 음지문文昌帝君陰騭文》이다. 「갱장羹牆」과 「금영衾影」의 출처는 《후한서後漢書》「이고열전李固傳」으로 "옛날 요 임금이 돌아가신 뒤에 순 임금은 3년을 앙모하였으니, 앉으면 담벼락에서 요 임금의 모습을 뵙는 듯하였고, 식사를 하면 국그릇 속에서 요 임금을 뵙는 듯하였다(昔堯殂之後，舜仰慕三年。坐則見堯於牆，食則睹堯於羹)." 후대에 「갱장羹牆」은 후학이 선현을 공경하고 우러르는 감정을 표시한다. 이른바 「신독愼獨」은 바로 군자가 다른 사람을 볼 수 없는 곳에서 나쁜 일을 하지 말아야 함을 말한다. 「금영衾影」 혼자 있을 때의 품행을 경계하는 말이다. 《신논신독新論愼

이는 여전히 세상의 정견情見에 따라 평이하게 말한 것이다. 사실 우리의 마음과 시방법계가 보이는 본체와 꼭 들어맞지만, 내가 미혹한 연고로 아는 것이 자기 한 몸에 국한되어 있을 뿐이다.

故欲寡其過，先須從畏此諸聖凡悉知悉見起。見先哲于羹牆，慎獨知於衾影。猶是約世間情見而淺近言之。實則我心與十方法界，覿體吻合。由我迷故，其知局在於一身。

저 시방법계의 성인들은 자심自心이 본래 갖추고 있는 법계장심法界藏心을 철저히 증득하여, 법계 속 모든 유정중생이 마음을 일으키고 생각을 움직임에 대해 몸소 알고 몸소 보지 않음이 없다. 왜 그러한가? 중생과 부처님은 진여자성을 함께 갖추고 있어 자타가 다름이 없기 때문이다. 이러한 의리를 안다면 저절로 두려워하고 조심하며 언제나 경계심을 유지하여, 공경심을 주로 하고 지성심을 잘 간직할 수 있을 것이다.99) 처음에는 망념을 멈추길 노력하고, 오래되면 망념조차 얻을 수 없다. (악한 생각은 원래 망상에 속하니, 각조覺照하지 못하면 즉시 실제 악이 되고 만약 각조할 수 있다면 망상이 사라지고 진심이 나타날 것이다.)

彼十方法界聖人，徹證自心本具之法界藏心，凡法界中一切有情舉心動念，無不親知親見。何以故。以同稟真如，自他無二故。若知此義，自能戰兢惕厲，主敬存誠。初則勉力息妄，久則無妄可得矣。惡念原屬妄想，若不覺照，便成實惡，倘能覺照，則妄想滅而真心現矣。

獨》에 "홀로 서 있을 때는 그림자에 부끄럽지 않게 하고, 혼자 잠잘 때는 이불에 부끄럽지 않게 해야 한다(獨立不慚影 獨寢不慚衾)." 한 데서 온 말이다.

99) 「주경主敬」은 공경 · 단숙端肅을 주로 한다는 뜻이다. 《역易》「곤坤」에 "군자는 경敬으로써 안을 곧게 하고 의義로써 바깥을 방정히 한다(君子敬以直內，義以方外)." 《논어論語》「자로子路」에 "거처는 공손히 하고, 일은 엄숙하게 처리하며, 사람은 충심으로 대한다(居處恭，執事敬，與人忠)." 공恭은 용모(행동)를 위주로 하여 밖으로 드러나는 것이고, 경敬은 일을 위주로 하여 마음을 주로 하는 것이다. 존성存誠은 성의誠意를 잘 지킨다는 뜻이다. 《대학大學》에 "옛날에 밝은 덕을 천하에 밝히려 한 이는 먼저 그 나라를 다스렸고, 그 나라를 다스리려 한 이는 먼저 그 집안을 가지런히 했으며, 그 집안을 가지런히 하려 한 이는 먼저 그 몸을 닦았고, 그 몸을 닦으려 한 이는 먼저 그 마음을 바르게 가졌으며, 그 마음을 바르게 가지려 한 이는 먼저 그 뜻을 정성스럽게 했고, 그 뜻을 정성스럽게 하려 한 이는 먼저 그 앎을 지극하게 했으며, 앎을 지극하게 하는 일은 먼저 사물에 직접 부딪혀 그 속에 가치를 아는 데에 있었다(古之欲明明德於天下者，先治其國。欲治其國者，先齊其家。欲齊其家者，先修其身。欲修其身者，先正其心。欲正其心者，先誠其意。欲誠其意者，先致其知。致知在格物)." 이는 천하를 덕화德化함은 나라를 다스림(治國)으로부터 시작하고 나라를 잘 다스리려면 먼저 가정을 정리하는 효제孝弟의 도로부터 시작하며, 가정을 따끔히 다스리려면 먼저 자신으로부터 시작하여야 하고, 자신을 잘 닦으려면 먼저 마음을 바로 가져야 하고, 마음을 바로 가지려면 먼저 뜻을 정성스럽게 하고 사욕을 버리며 한 물건도 집착하지 말아야 한다. 뜻을 정성스럽게 하려면 우주의 본래면목을 인식하고, 우주의 진상은 자비심을 만물에 미치게 하며 법계에 두루 미쳐서 궁진하지 않음이 없어야 한다는 뜻이다.

[보충] 우리의 마음과 시방법계는 보이는 본체와 꼭 들어맞다

제14게송 : 한마디 아미타불 원융법계라. 보이는 본체가 다 진실하여 얽히고설켜도 걸림이 없네. (一句彌陀 圓融法界 覿體全眞 交羅無礙)

○ 한마디 '아미타불'은 바로 원융법계입니다. 무엇을 '원융법계'라 합니까? 그것은 화엄의 경계로 사사무애事事無礙가 바로 원융법계입니다. 사법계事法界, 이법계理法界, 사리무애법계事理無礙法界, 사사무애법계事事無礙法界의 네 가지 법계를 원융법계라 합니다.

"보이는 본체가 다 진실하여." 이것은 한마디 부처님 명호는 전체가 모두 일진법계一眞法界이고 일진화엄一眞華嚴의 경계라는 뜻입니다. 모두를 그 안에 아우르고 있어 "얽히고설켜도 걸림이 없습니다." 그 안의 무량한 공덕변화, 무량한 장엄, 무량한 지혜, 무량한 묘용妙用이 모두 다 한마디 부처님 명호 안에 체현되어 나타납니다. 여러분이 한마디 '아미타불'을 염할 때 그것은 모든 범부의 경계와 집착을 지나가되, 끊임없이 뚫고 지나갑니다. 또한 모든 불보살의 공덕을 끊임없이 꽃피우고 현현합니다. 그래서 그것은 '얽히고설켜도 걸림이 없는' 경계입니다.

○ 전등 대사는 『정토생무생론淨土生無生論』에서 "법계의 원융한 본체가 나의 일념一念의 마음이 만드는 까닭에 나의 염불하는 마음 전체가 법계이다(法界圓融體 作我一念心 故我念佛心 全體是法界)"라고 말씀하셨다.

진실로 불심佛心으로써 마음이 생기고, 각각 온 법계에 두루하여 서로 원융하고 서로 널리 미친다. 중생이 미혹에 있어 깨닫지 못할 뿐, 이 이치는 일찍이 없는 것이 아니다. 그러므로 **내가 염불할 때 극락세계 의보와 정보의 갖가지 장엄이 나의 마음에 현현하여, 나의 마음은 이미 극락정토 가운데 있는 것이다. 마치 두 개의 거울이 빛을 비추듯이 서로 거두고 서로 원융하며, 중생과 마음과 부처의 본체가 겹겹이 얽히고설켜서 무궁무진하다.** 그러므로 "보이는 본체가 다 진실하여 얽히고설켜도 걸림이 없다"라고 말씀하신 것이다.
_《철오선사 염불송》(도서출판 운주사)

[제132칙] 늘 충서忠恕를 간직하고, 허물을 잘 방비하며, 정의를 보면 용감하게 뛰어들어야 한다

염불하는 사람은 반드시 일마다 충서(忠恕; 충심과 배려)[100]를 간직하고, 마음마다 허물을 잘 방비하여야 하며, 정의를 보면 용감하게 뛰어들어야 불도와 상응한다. 이러한 사람은

100) 「충서忠恕」《논어論語》「이인里仁」에 "증자가 말하길, 선생님의 도는 충서忠恕일 뿐이다." 주희朱熹가 역주하길 "자기 마음을 다하는 것을 충忠이라 하고 자기 마음을 미루어 생각하는 것을 서恕라 한다." 충忠은 마음에 중심을 잡아 흔들리지 않고 자신의 본분을 다하는 것이고, 서恕는 내 마음에 미루어 남의 마음을 헤아리는 것(배려)을 말한다. 충서는 공자사상의 초석으로 「인仁」을 실천하는 방법이다.

반드시 왕생한다. 이렇지 않으면 부처님과 상반되어 결코 감응하여 통하기 어렵다.

念佛之人，必須事事常存忠恕，心心隄防過愆，知過必改，見義勇為，方與佛合。如是之人，決定往生。若不如是，則與佛相反，決難感通。

[역주] 충서忠恕의 도는 곧 공자 인학仁學의 초석으로 인광대사께서 열거하신 갖가지 수지修持는 모두 인간 도리(人道)의 학문이다. 인간의 도리가 원만함은 곧 오계와 십선이 원만함이다. 태허太虛대사께서는 "오직 불타를 우러러 사모함은 인격을 성취함에 있다. 인간됨이 원만하여 곧 부처를 이루니, 이름하여 진정한 현실(진여)이라 한다(仰止唯佛陀，完就在人格。人圓佛即成，是名眞現實)"라고 말씀하신 적이 있다. 다른 스님들의 "학불學佛에 앞서 먼저 사람됨을 배워야 한다"는 이런 종류의 법문은 종종 볼 수 있다. 정공淨空 큰스님께서도 《제자규弟子規》《십선업도경十善業道經》《태상감응편太上感應篇》 등 유불선의 기초경전을 교육에 근거·두어야 한다고 제창하셨다.

단지 사람됨의 근기를 견고하게 다져야 학불을 비로소 진정으로 성취할 수 있다. 오계·십선이 원만한 경지에 이른 선인善人은 임종시 결정코 왕생한다는 법문은 [제129칙 : 선인이 염불하면 결정코 왕생하고 마음이 부처님과 등지면 왕생하기 어렵다]의 역주를 참조하라.

○ **인격을 이루면 불격을 이룬다**(人格若成，佛格則成)

태허대사께서는 "오직 불타를 우러러 사모함은 인격을 성취함에 있다. 인간됨이 원만하여 곧 부처를 이루니, 이름하여 진정한 현실이라 한다."고 말씀하신 적이 있다. 이는 태허대사의 「인생불교人生佛教」의 사상을 대표한다.

《증일아함경增壹阿含經》에 이르시길, "일체제불은 모두 인간 세상에서 나오고, 마침내 천상에서 성불하지 않는다(諸佛皆出人間 終不在天上成佛也)." 이는 인순印順대사의 「인간불교人間佛教」 사상의 근거이다.

증엄證嚴상인께서는 인순대사의 입문제자로 인순대사의 「인간불교人間佛教」 사상을 계승하여 "인격을 이루면 불격을 이룬다."고 거듭 제창하셨다. 증엄상인께서는 제자들에게 늘 훈계하시길, "태어나서 사람이 되는 기회는 얻기 어렵다. 그래서 먼저 사람의 본분을 잘 해내야 한다. 그러면 사람 몸을 오래 보호하여 보살도를 행할 수 있고, 오랜 시간 수행하면 저절로 불도를 향해 나아가 과위를 증득하여 성불한다."

[제133칙] 학불하는 사람은 먼저 인과를 알고 홀로 있을 때 삼가 함에서 시작한다

학불學佛하는 사람은 먼저 인과를 알고, 홀로 있을 때 삼가함에서 시작한다. 이미 홀로 있을 때 삼갈 수 있는 이상 삿된 생각이 저절로 사라지니, 어떻게 여법하지 않은 부분이 생길 수 있겠는가? 만약 있다면 없애길 노력하여야, 진실한 행리行履이다. 그렇지 않다면 배움이 일변一邊에 있고, 행위가 일변에 있어, 지견知見이 높아질수록 행리는 내려간다. 이는 오늘날 학불하여 자칭 이치에 통달한 사람들의 골수 깊숙이 파고든 암 덩어리이다. 같은 잘못을 거듭 범하지 않겠다(不貳過)[101]고 기약할 수 있다면 일분을 배워서 곧 일분의 실제 이익을 얻을 것이다.

學佛之人，先以知因果、慎獨上下手。既能慎獨，則邪念自消，何至有所不如法處。若有則當力令斷滅，方為真實行履。否則學在一邊，行在一邊，知見愈高，行履愈下，此今學佛自稱通家者之貼骨大瘡。倘能以不貳過是期，則學得一分，便得一分之實益矣。

[보충] 정공 큰스님 법문: 진정한 참회는 같은 잘못을 거듭 범하지 않는 것(不貳過).

이번 생에 깨달은 사람은 이번 생의 일이 아니라 과거 누적된 다생다겁에 불학을 듣고 익힌 선근이라야 작용이 일어난다. 이는 간단한 일이 아니고 학불은 세세생생 하는 것임을 알 수 있다. 성취는 앞당길 수 있는가? 앞당길 수 있다. 어떤 방법으로 앞당길 수 있는가? 게으르지 않고 용맹정진하면 앞당길 수 있어 이번 생에 성취할 수 있다. 만약 용맹정진할 형편이 아니면 진정으로 참회함이 여법한 줄 알아야 한다. 내가 과실이 있다고 털어놓고 참회하는 것이 아니라, 참회하고서 내일 나쁜 성벽을 또 부리면 이는 참회가 아니다.

내가 처음 학불할 때 스승님께서 나에게 "진정한 참회는 같은 잘못을 거듭 범하지 않는 것(不貳過)이다." 일러주셨다. 내가 오늘 잘못하였다면 이후에는 결정코 같은 잘못이 있어서는 안 된다. 이것이 참된 참회이다. 이 일은 어렵다! 그래서 우리는 하루도 경전을 떠나서는 안 된다. 만약 경전 강설이 있으면 하루도 강당을 떠나서는 안 된다. 왜냐하면 아침 저녁으로 모두 훈습함에 있기 때문이다. 이러한 훈습으로 역량을 키우고 이러한 역량이 우리를 가지加持하여 경각심을 제고하길 희망하여야 한다.

마음이 일어나고 생각을 움직이는 곳에서 자신을 일깨워 이것이 선이고 이것이 악인지 점검하여야 비로소 공부가 있다고 한다. 불법의 공부는 이를 말하는 것이지, 다른 것을 말하지 않는다. 하루에 염불을 얼마나 많이 하는지, 하루에 부처님께 절을 얼마나 하는지는 형식이다. 형식도 형식의 작용이 있는 것은 당연하지만, 가장 중요한 것은 여전히 생각을 바꾸는 것이다. 잘못된 생각을 바로 잡아, 정념正念이 생기고, 정어正語가 생기며, 정행正行과 정업正業이 생기도록 하여야 한다. 이를 팔정도八正道라 한다.

[제134칙] 오직 선하고 악이 없는 자가 염불하면 그 공덕은 보통사람보다 백천만 배나 뛰어나다

101) 불이과不貳過에서 「이貳」는 중복, 거듭의 뜻이다. 이는 같은 잘못을 범하지 않음을 말한다.

일체 악과 온갖 선은 모두 마음 바탕에서 논해야지, 오로지 그것을 행하는 일을 가리키는 것이 아니다. 마음 바탕에서 완전히 악한 생각을 일으키지 않으면 전체 그대로 선이다. 이런 사람이 염불하면 그 공덕은 보통사람보다 백천만 배나 뛰어나다. 마음바탕이 오직 선하고 악이 없는 경지를 얻으려면 마땅히 언제 어디서나 공경심이 주가 되고 지성심을 간직하여야 한다. 마치 부처님을 마주하듯 하여야 비로소 희망이 있다. 마음을 방종하면 갖가지 여법하지 않은 생각이 이를 따라 일어난다.

諸惡衆善，皆須在心地上論，不專指行之於事而已。心地上了不起惡，全體是善，其念佛也，功德勝於常人百千萬倍矣。欲得心地唯善無惡，當于一切時處，主敬存誠。如面佛天，方可希企。心一放縱，諸不如法之念頭，隨之而起矣。

[보충] **인광대사 법문 절록**

대보리심의 생각을 발함은 그 공덕이 세간 범부의 지견으로 헤아릴 수 있는 것이 아니다. 그래서 성암省庵대사께서는 이르시길, "잠시 (아미타불의) 성호를 집지하는 것은 백년간 보시하는 것보다 뛰어나고, 대보리심을 발함은 역겁토록 수행하는 것을 넘어선다." 이 두 말은 모두 경론의 말씀에 의거해서 밝힌 것으로 결코 허구나 조작이 아니다. 무릇 이런 사실을 기록하면 마땅히 그 후에는 본래 그 불법의 정리正理이다. 그리고 범부의 식견이 좁음을 천명하며 단지 염불하여 돈을 축적할 줄만 알면 곧 마음을 따라 미혹된 것이고 업을 따라 나타난 것으로 실제로 몇몇 창고에 금전이 있을지라도 저승에 저장될 뿐이다.

무릇 염불이란 마땅히 중생을 널리 제도하겠다는 대보리심으로 발하면 현생에 일체인연에 순적順適하여 임종시 정념正念으로 왕생하고, 이때부터 범부의 흐름을 벗어나 미리 성현의 모임에 참례하고, 부처님의 자비 · 위신력을 입고 자신의 원륜願輪을 좇아 사바세계로 돌아와 색신을 두루 나타내어 중생을 제도 · 해탈시키는 것이거늘, 어찌 저의 오랜 책 하나에 은혜를 입어 죄가 사라지겠는가. 그와 같은 즉 읽은 자로 하여금 하열한 지견을 없애고 진실한 믿음을 계발하게 할 것이다.

[역주] "잠시 성호를 집지하는 것은 백년간 보시하는 것보다 뛰어나고, 대보리심을 발함은 역겁토록 수행하는 것을 넘어선다." 이는 모두 동일한 근성의 중생에 대해 상대적으로 말한 것으로 결코 잘못된 해석이 아니다. 염불공덕은 보시보다 수승하다. 《금강경》에서 말씀하시길, "무주상보시無住相布施, 그 공덕은 무량무변하다." 자신의 이익만 챙기는 마음, 탐진치 교만의 마음으로 염불하면 공덕은 생기지 않는다.

양자는 어떻게 서로 비교하는가? 잠시 성호를 집지하고, 보리정도菩提正道에 수순하여 발심하며, 이와 같아야 비로소 진실한 공덕이 생겨난다. 선악은 단지 상대적으로 생기고, 십법계 중 두 법계마다 모두 선악과 염정染淨을 말할 수 있다. 육즉불六即佛의 이理로써 명자위名字位 · 관행위觀行位 · 상사위相似位 · 분증위分證位 및 구경위究竟位는 모두 선인이라 부를 수 있다.

선인이 염불하면 악인 보다 멀리 뛰어나다. 속마음이 상대적으로 청정한 까닭이고, 성덕으로 바깥으로 드러난 업장이 가벼운 까닭이고, 보리에 수순하여 발심이 진실한 까닭이다. 악인이 비록 염불할 수 있을지라도 오히려 계를 깨뜨리고 악을 지어 보리에 거슬러 닦거늘 어떻게 진실한 공덕이 생겨나겠는가. 단지 진정으로 무엇이 공덕이고 무엇이 복덕인지 똑똑히 알아야 비로소 눈이 먼 채로 수련하고 미신으로 수행함을 면할 수 있다.

[제135칙] 스스로 죄를 짓지 않고, 죄를 지으면 참회할 수 있어 개과천선함이 진정한 참회이다

과거의 죄업이 비록 지극히 깊고 무거울지라도 마음과 뜻을 다해 참회하고, 과거의 악행을 고치고 미래의 선행을 닦으며, 바른 지견을 갖고 정업淨業을 수습하여 자신을 이롭게 하고 타인을 이롭게 하겠다는 뜻을 세우고 행하면 죄업의 장애가 안개 걷히듯이 사라지고, 본래 성품의 하늘이 맑게 개일 것이다. 그래서 경전에서 말씀하시길, "세상에는 두 부류의 건강한 사람이 있으니, 첫째 부류는 스스로 죄를 짓지 않고, 둘째 부류는 죄를 지으면 참회할 수 있다"고 하셨다.

已往之罪，雖極深重，但能志心懺悔，改往修來以正知見，修習淨業，自利利他，而為志事，則罪障霧消，性天開朗。故經云：世間有二健兒。一者自不作罪，二者作已能悔。

뉘우침(悔)이란 글자는 마음으로부터 일어나야 한다. 마음을 다해 진실로 뉘우치지 아니하면, 아무리 입으로 말해도 이익이 없다. (개과천선하지 않으면 이른바 참회란 여전히 빈 말이고 실익이 없다.) 비유컨대 처방전을 읽기만 하고 약을 복용하지 않으면, 결코 병이 나을 희망이 없다. 처방에 따라 약을 복용할 수 있으면 저절로 병이 낫고 몸이 편안할 수 있다. 그러나 세운 뜻이 견고하지 않아 하루는 뜨겁게 달아올랐다가 열흘은 차갑게 식어 버리면[102] 쓸데없이 허망한 이름만 있고, 조금도 실익이 없다.

悔之一字，要從心起。心不眞悔，說之無益。(若不改過遷善，則所謂懺悔者，仍是空談，不得實益，見正編復鄧伯誠書二。)譬如讀方而不服藥，決無愈病之望。倘能依方服藥，自可病癒身安。所患者，立志不堅，一暴十寒。則徒有虛名，毫無實益矣。

[역주] 《실상참회게實相懺悔偈》에 "죄는 마음에서 일어나니 마음으로 참회해야 한다. 마음이 만약 없으면 죄 역시 사라진다. 마음이 없고 죄가 사라져 둘 다 공하면, 이것을 진정한 참회라 말한다." 이는 매우 많은 스님께서 참회에 관해 법문하시는 동안 항상 언급하는

102) 일폭십한一暴十寒 : 하루는 햇볕이 내리쬐었다 열흘은 춥다. 이는 게으를 때가 많고, 노력할 때가 적어서 끈기가 없음을 비유한 것이다.

문구이다. 참회하여 죄가 사라지는 비유로 “천년의 암실을 등불 하나로 곧 환히 밝힌다.”는 말이 있다. 이론상으로 확실히 이와 같지만 사수事修 상에서는 처음 계위는 행할 수 있는 것이 아니다. 여기서 확실히 초학에게 말해 줄 수 있는 것은 명자위로 산심 수행인은 실상참회를 근본적으로 닦지 못한다는 것이다. 취상참(取相懺; 매우 성실한 마음으로 참회하여 부처님이 오시어서 손으로 이마를 어루만지시는 등의 상서로운 징조를 느끼는 것을 기한으로 하는 것이니, 이것은 번뇌의 죄성罪性을 멸하는 것이다)마저도 여전히 최소한 관행위에 이르도록 참회하여야 중죄의 정업定業이 사라질 수 있다.

매우 많은 염불인은 참회하여 죄가 사라지는 것에 대해 수박겉핥기 식으로 알 뿐이다. 염불하여 죄가 사라지는 것이 가장 수승함을 겨우 알아서 염불하여 업을 진 채로 왕생할 수 있지만, 왕왕 지계持戒를 소홀히 한다. **본원법문은 곧 자력수행을 집어내버릴 것을 제창하고 지계·참회·발보리심 등을 모두 중시하지 않는다.** 《관경》에서는 분명히 말하길, “선남자여, 그대가 부처님의 명호를 불렀기에 갖가지 죄업이 사라졌도다! 그래서 내가 와서 그대를 맞이하노라!” 경문 그대로 뜻을 해석하면 부처님 명호를 염할 수 있으면 일체 죄업이 사라지고 임종시 부처님께서 와서 맞이한다고 직접 말씀하신다.

염불하여 죄가 사라지는 원리는 정말 이렇게 간단할까? 어떤 근성의 사람이든 상관없이 부처님 명호를 칭념하기만 하면 “일체 죄업이 사라진다.”고 할 수 있을까? 과연 진실로 이러하다면 어느 나라의 정종 수행자와 심지어 다른 종파의 수행자라도 부처님 명호를 염한 적이 있는 사람은 모두 다시는 삼악도에 떨어지지 않아야 경문대로 뜻을 해석하여 경의를 직역하는 것이 정확하다고 증명할 수 있을 것이다. 범위를 다시 축소하여 단지 (본원법문의 신도를 포함하여) 염불인이어야 임종시 염불할 수 있으면 일체 죄업이 사라지고 부처님께서 와서 맞이하신다.

《수호국계주다라니경守護國界主陀羅尼經》에서는 이 법문을 놓고 삼악도에 떨어지는 사람은 임종시 여러 나쁜 상이 나타나는데, 이를 하나하나 상세히 나열하고 있다. 말하자면 왕생에 성공할 수 있는 염불인은 임종시 서상이 없으면 적어도 나쁜 상이 나타나지는 않아야 한다. 실제로 다음 생에 인도나 천도에 환생하는 중생은 모두 때가 이름을 미리 알고, 임종시 정신이 맑아 자재하게 환생할 뿐만 아니라 여러 많은 서상이 있거늘, 하물며 극락세계에 왕생하는 이렇게 수승하도록 성대한 일이겠는가? 사실상 구경에 어떠한가? 일본 신란 상인조차도 임종시 모두 나타난 것은 나쁜 상으로, 그 딸도 그에게 의심을 품고 왕생하지 못했다.

본원법문은 나중에 왕생함에 서상 여부를 판정하지 않고, 나쁜 상이 나타나도 결정코 왕생하였다고 여겼다. 그들이 판정하지 못하는 것은 형식에 짓눌린 것이 아니다. 왜냐하면 신란 상인 사후 일본 진종은 자력을 집어내버리고 오직 불력에 의지할 것을 제창하였기 때문이다. 지계·참회·발보리심·선을 닦음 등 자력에 속하는 것을 모두 집어 내버렸고, 심지어 정진염불조차도 모두 자력을 수지하는 것으로 이는 타력구제에 대한 신심이 부족하다고 생각하고 왕생이 결정되지 않은 업이라고 판단하였다. 설령 일심불란에 이르도록 염하였을지라도 왕생이 결정되지 않는다. 왜냐하면 왕생은 전적으로 불력에 의지하고 자력이 아니기 때문이다. 이 얼마나 실제와 너무 동떨어진 과격한 주장인가.

이로써 자력을 닦지 않는 자는 중국 정종의 교리에 비추어 일본의 진종 신도 가운데 자재왕생하는 자가 나오기 매우 힘들다고 판정할 수 있다. 또한 중국의 정종은 **하배삼품 왕생은 모두 참회멸죄 왕생**이라고 판석한다. 그리고 일본 진종은 자력을 집어내버린다. 참회는 말할 것도 없다. 미루어 판단하건대, 진종의 신도는 임종시 거의 모두 왕생하지 못하기에 임종시 서상이 있을 리 없다. 본원법문은 임종시 왕생의 서상을 판정하지 않는데, 이것이 바로 옛날부터 지금까지 무수한 일본 염불인 왕생사의 진실한 모습이다.

당연히 정종법문의 현묘함은 수행에 이수理修 및 사수事修를 포괄하는데 있다. 염불방법은 대체로 네 가지로 나뉘고, 지명염불도 또한 열 가지로 나뉘며, 구품왕생은 모든 육즉불六即佛의 전체 계위에 걸쳐있다. 그래서 진종의 교리는 비록 편차가 있을지라도 만약 착실히 사수事修할 수 있으면 마음도 은밀히 보리에 맞아 여전히 낮은 품위로 왕생할 수 있다. 옛날부터 지금까지 그 수가 억 명에 이르는 일본 염불인 중에는 틀림없이 심지가 선량한 사람이 있고, 노실하게 염불하는 사람도 있으며, 저절로 왕생에 성공하는 사람도 있었다. 그러나 다른 신도의 왕생은 결코 그 교리가 완전히 정확할 수 없음을 반증하다. 한편으로는 중국 정종의 신도는 임종시 결코 모두 서상이 있는 것은 아니지만, 적어도 서상이 있는 경우가 매우 많고, 심지어 때가 이름을 미리 알아 자재왕생하는 경우도 적지 않게 보인다. 그러나 임종시 서상이 없거나 나쁜 상이 나타나는 경우가 절대다수를 차지한다. 이는 충분히 증명할 수 있다. 문자 그대로 경문을 직역하여 염불하기만 하면 일체 죄업이 사라진다고 하면 절대 이는 단편적인 해석이다.

그 밖에 업을 진 채로 왕생함은 결코 죄업을 지닌 채로 왕생하는 것이 아니다. 견사혹업도 지닐 수 있고(혹업惑業이 현행하지 않으면 곧 된다), 선악업의 구업도 지닐 수 있지만(善惡業舊業可帶(임종 왕생시 현행하지 않거나 현행하더라도 왕생하는 마음을 동요하지는 않는다), 삼악도에 떨어지는 죄악의 마음(性罪)은 지닐 수 없다. "일체 죄업이 사라진다"에서 죄는 곧 자성을 가리어 방해하고 삼악도에 떨어지게 하는 죄의 마음이다. 십법계에서는 모두 이 마음이 부처를 지으니, 이 마음이 그대로 부처이다(心作心是). 또한 극락에는 삼악도가 없고 만약 삼계를 횡으로 벗어나고 싶으면 반드시 참회하여 삼악도의 일체 죄업을 끊어야 극락 상선인上善人 대승 선근계의 표준에 부합하여 비로소 업을 지닌 채 왕생할 수 있다.

두려워함도 없고 부끄러움도 없이 계를 깨뜨리고 죄를 지어, 일체 죄업으로 마음이 굳게 묶이고(結心) 회개할 줄 모르며, 만약 이런 마음으로써 염불하여 왕생을 구하고자 한다면 인광대사께서 하신 말씀처럼 아미타부처님의 본원은 단지 선인을 섭수하고 악인을 섭수하지 않음을 알아야 한다. 안으로 자성의 부처님을 장애하고, 바깥으로 저 부처님(아미타불)을 장애하여 어떻게 왕생하겠는가? 그래서 **반드시 두려워하고 부끄러워하는 마음을 내어 이 죄의 마음을 바꾸고, 서방극락에서 성불하여 다시 중생을 제도하겠다고**(정종 특색의 보리심) **진실한 보리의 마음을 이루어야 한다. 이와 같이 염불하여야 비로소 마음의 경계가 전변轉變하여 공덕이 생겨날 수 있고 단지 공덕이 있어야 죄업이 사라질 수 있다.**

어떤 사람이 염불하면 곧 죄업이 사라진다는 말을 듣고 물어보길, 배우가 대사를 외우듯이 부처님 명호를 염하면 죄업이 사라지는가? 앵무새가 흉내를 내듯이 염불하면 죄업이 사라지는가? 화상을 조소하고 괴상야릇한 얼굴을 보이면서 염불하면 죄업이 사라지는가? 동업자가 파산하고 자신은 부귀하길 바라면서 염불하면 죄업이 사라지는가? 타인이 일찍 죽어 자신에게 장기 이식하기를 원하면서 염불하면 죄업이 사라지는가? 사냥하여 짐승을 잡아 죽이는 마음으로써 염불하면 죄업이 사라지는가? 타인을 이기려는 아만심으로써 염불하면 죄업이 사라지는가? 삿된 법과 삿된 술을 닦으면서 염불하면 죄업이 사라지는가?……

자운관정慈雲灌頂 대사의《염불인의 일백 가지》글 중의 세 조항은 염불인이 삼악도에 떨어진다는 것으로 염불인에 대한 당두봉할(當頭棒喝; 수행이 깊은 고승이 초학자들을 상대로 방망이로 머리를 내려치거나 큰소리를 질러서 상대방의 깨달음의 정도를 알아보는 것)이라 할 수 있다. 염불하여 죄업이 사라지는 효과가 어떠한지는 이러한 요소와 모두 다 상관이 있지만, 대부분 선정의 힘 및 발심에 있다. 선정의 힘이 깊을 수록 발심이 더욱 크고, 죄업이 사라지는 효과가 더욱 수승하다. 비록 인광대사께서 "지성至誠과 공경恭敬"의 사실을 따지면 **지성으로 마음을 거두어 선정의 힘으로 돌아가고, 공경으로 마음을 거두어 발심으로 돌아간다고** 말씀하신 적이 있다.

지성으로 마음을 거두어 산란을 제거하고, 공경으로 발심하여 진실을 드러낸다. 명자위의 산심 염불인에 대해 말하면 설령 여하히 지성으로 마음을 거두고, 여하히 공경으로 마음을 거두며, 여하히 보리심을 발할지라도 관행위의 염불인에 불과하고 정선定善을 닦을 수 없다. 정선이 없으면 정업定業이 사라지기 어렵고, 계를 깨뜨리고 악을 지은 경우 죄를 참회하지 않으면 정업을 제거하기 어렵고, 만약 정업이 현전하면 천재 · 인화 및 고질병 · 횡사를 만날 수 있다.

참회하여 이런 부류의 중죄를 제거하려면 관행위에 이르도록 정진염불하여야 하고, 임종의 최후 시간을 기다려 특수한 선정 경계에 들어가야 비로소 참정(懺淨; 계를 받은 후 훼범한 것이 있으면 드러내 참회하는 것)할 수 있다. 계를 깨뜨리고 악을 지은 업의 빚을 비록 이번 생에 갚을 필요가 없을지라도(업의 빚을 지닐 수 있다) 감응하는 성죄性罪에 대해 당하에 참회하지 못한다. 임종시에 이르러 여전히 참정해야 하는 까닭이다. 지혜 있는 자는 결코 임종시에 자신의 부담을 가중시키지 않는다. 만약 참정懺淨을 앞당기면 곧 자재왕생할 수 있다(오계와 십선이 원만한 사람은 모두 결정코 자재왕생하는 무리이다). 그래서 **염불인이 자재왕생하고 싶으면 반드시 계율을 엄격히 지켜야 하고 정진 · 염불하여야 한다.**

[제136칙] 마음먹고 일을 행함에 있어 너그럽고 관대해야 하니, 너그러우면 복이 가득하고, 인정이 메마르면 복을 얻을 수 없다

성인을 따라 배우고 부처님을 따라 배움은 모두「사람의 도리를 극진히 하고 자신의 본분을 다하며, 삿된 지견을 그치고 진성심眞誠心을 간직하여[103] 여러 악을 짓지 말고

103) 한사존성閑邪存誠 : 한閑은 방지이고, 사邪는 삿된 지견을 말한다. 존성存誠은 마음을 간직하고 일에

온갖 선을 받들어 행함」을 근본으로 삼는다. 또한 모름지기 자신을 낮춤으로써 자신의 심성을 기르고, 자신의 재주를 숨기고 삼가며,[104] 위로 고인을 본받아 실천궁행하여야 한다. 이럴 수 있으면 그의 학문과 인품이 동료 무리에서 빼어날 것이다.

學聖學佛，均以敦倫盡分，閑邪存誠，諸惡莫作，衆善奉行為本。又須卑以自牧，韜光潛耀，上效古人，躬行實踐。能如是，則其學其品，便可高出流輩。

그러나 총명한 사람은 모두 자신을 자랑하고 교만하게 굴며, 성격이 신랄하고 매몰찬 부류에 속한다. 그의 마음에는 전혀 아량과 배려심이 없다. 이러한 사람은 종신토록 울퉁불퉁하게 살지 않으면 어릴 적에 요절한다. 무릇 마음먹고 일을 행함에 있어 한편으로는 너그럽고 관대해야 하니, 너그러우면 복이 가득하고, 인정이 메마르면 복을 얻을 수 없고 요절한다. 게다가 신랄하고 음험하며 간사하면 곧 마치 산봉우리가 험준하여 단비가 내리는 은혜조차도 입지 못하고, 풀 한포기 조차 자라지 못하는 것과 같다.

每每聰明人，均屬矜誇暴露，尖酸刻薄。其心絕無涵蓄。其人非坎軻終身，必少年夭折。凡居心行事，必須向厚道一邊做。厚則載福，薄則無福可得。若再加之以刻險奸巧，則便如山峰峻峙，任何雨澤皆不受，任何草木皆不生矣。

[제137칙] 「충忠」은 그 뜻이 일체 행위를 꿰뚫으니, 충심을 간직하면 온갖 선을 받들어 행할 수 있다

「충忠」은 그 뜻이 일체 행위를 꿰뚫는다. 충심을 간직하면 부모님께 효도하고 어른을 공경하며, 가족과 화목하고 친구와 신의를 지키며, 고아를 불쌍히 여기고 난민을 구호하며, 인민을 사랑하고 물건을 아끼며, 여러 악을 짓지 말고 온갖 선을 받들어 행하기 마련이다. 왜냐하면 충심을 간직하면 자신을 속이지 않고, 자신을 속이지 않으면 자기 본분을 다하고, 본분을 다하면 자기 본분에 속하는 일을 스스로 실행하기에 힘쓸 것이다. 겉으로 대충대충 하면서 실제로는 최선을 다하지 않는 눈속임은 결코 없을 것이다. 근대에 이미 군주제가 전복되었지만, 여전히 일마다 충심을 다해야 서로 의심하거나 서로 속이면서 법도 없이 멋대로 하지 않을 것이다.

忠之一字，義貫萬行。人若存心以忠，必能孝親敬兄，睦族信友，矜孤恤寡，仁民愛物，諸惡莫作，衆善

임하여— 사람을 대하며 사물을 접할 때 모두 진성眞誠의 마음을 간직하여야 자신을 속이지 않고 남을 속이지 않는다. 증국번曾國藩은 "일념도 생겨나지 않음을 성誠이라 한다"고 말한 적이 있다. 말하자면 성誠은 청정심으로, 마음속에 다른 잡념이 없음을 말한다. 불법에서는 망상이 없고 분별이 없으며 집착이 없음을 말하는데, 이런 마음이 곧 진성심眞誠心이다.

104) **도광잠요韜光潛耀** : 뛰어난 재주(才華)를 숨기고, 드러난 재간(鋒芒)을 삼간다.

奉行矣。何也，以忠則不欺，不欺則盡分。盡分則屬己分中事，自必務乎實行。決無虛應故事，不盡己心己力之虞。近世雖則推倒帝制，然須事事講忠。庶不至我詐爾虞，漫無準的。

[역주] 충심은 그 뜻이 만행을 꿰뚫는다

불법에서는 "법마다 서로 함섭한다(法法相攝)"고 말한다. 원돈圓頓의 법일 수록 일체 제법을 함섭含攝할 수 있다. 《화엄경》의 십현문十玄門은 곧 그것을 극치까지 밀어붙인다. 이를테면, 제법상즉자재문(諸法相即自在門; 하나의 사상事相과 많은 사상과의 일체가 융통무애하여 일즉다一即多 다즉일多即一임) · 미세상용안립문(微細相容安立門; 하나는 다多를 포함하고, 다多는 하나를 받아들여, 일다一多를 파괴하지 않음) · 인다라망법계문(因陀羅網法界門; 모든 사상이 일다가 상즉相即 상입相入하면서 계속 영현映現하니 은영隱映이 서로 나타나 다함없음을 인드라신의 그물에 비유함) · 일다상용부동문(一多相用不同門; 하나의 사상事相과 많은 사상이 그 힘이나 작용을 서로 융섭하지만, 언제나 일다一多의 특징을 잃지 않음) 등이다.

대승불법의 기초는 즉 보리심이다. 간단히 말하면, 보리심은 곧 성불하여 중생을 제도하는 마음이다. 그러나 어떤 스님은 오히려 효심이 곧 보리심이고, 자비심이 곧 보리심이고, 지혜심이 곧 보리심이고, 대원대행심이 곧 보리심이다……라고 말한다. 사실 이 보리심은 곧 일체 선법을 함섭하니, 마음대로 일문을 수학하여 극치에 이르도록 닦으면 모두 종극의 불과를 성취할 수 있다. 불법은 이와 같은데, 세간법도 또한 예외가 아니다. 인광대사께서 "충심은 그 뜻이 만행을 꿰뚫는다."고 말씀하셨는데, 바로 이 뜻이다. 충심이 원만한 사람은 만행에서 빠짐없이 다 선인善人의 표준에 부합한다. 만약 처자식에게만 충심이지만 부모님에게는 충심이지 않고, 자심에게만 충심이지만 다른 사람을 괴롭힌다면 그게 무슨 충심인가?

[5] 각 법문의 수지를 평하다 (評修持各法)

[이끄는 말]

인광대사께서는 법문은 비록 많을지라도 주요한 것은 둘이 있으니, 즉 참선이고 즉 정토로 해탈이 가장 쉽다. 참선은 자력에 의지하고 정토는 불력을 겸한다. 두 법문을 비교하면 정토가 가장 근기에 맞는다. 모든 법문 중에 참선과 정토는 가장 좋은 법문이다. 그리고 참선과 정토를 대비하면 정토가 가장 좋은 법문이다. 정토를 닦는 가장 좋은 방법은 지명염불이다. 인광대사께서는 지명(칭명)염불, 이 법문은 너무나 쉽기에 그것을 버리고 관상觀像 · 관상觀想 · 실상實相염불 등 법문을 닦아야 한다고 결코 말해서는 안 된다고 일깨우셨다. 네 가지 염불법문 중에서 오직 지명염불이 가장 근기에 맞는다. 일심불란一心不亂에 이르도록 집지하면 실상의 묘리妙理가 전체 그대로 드러나고 서방의 묘경妙境이 남김없이 드러난다. 갖가지 고행苦行에 대해 인광대사께서는 일반적으로 옹호하지 않는다. 범부의 지위에 있는 사람은 법신대사(보살)의 고행으로써 본보기로 삼아 본받을 수 없다.

[제138칙] **보통법문은 전부 자력에 의지하고 특별법문은 자력과 불력을 겸하여 가진다**

법문을 사유하고 수지함에 두 가지 다른 길이 있다. 자력으로 계정혜 삼학을 닦아서 미혹을 끊고 진상眞常의 불성을 증득함에 이르러 생사를 요탈하는 경우 「보통법문」이라 이름한다. 만약 진실한 믿음과 간절한 발원으로 부처님 명호를 집지하여 부처님의 자비가피에 의지해 서방극락에 왕생하는 경우 「특별법문」이라 한다. 보통법문은 전부 자력에 의지하고, 특별법문은 자력과 불력을 겸하여 가지고 있다. 선정과 지혜를 깊이 닦아 미혹을 끊는 공은 있지만, 진실한 믿음과 간절한 발원으로 염불하여 왕생을 구함이 없으면 또한 자력에 속한다.

竊維修持法門，有二種不同。若仗自力修戒定慧，以迄斷惑證眞、了生脫死者，名為通途法門。若具眞信切願，持佛名號，以期仗佛慈力，往生西方者，名為特別法門。通途全仗自力，特別則自力佛力兼而有之，即有深修定慧斷惑之功，而無眞信切願念佛求生，亦屬自力。

지금 비유로써 설명하면 보통법문은 산수풍경을 그리는 것 같아 한 획 한 획 그려서 점차 완성해야 한다. 특별법문은 산수의 사진을 찍는 것 같아 첩첩이 초목이 우거진 산봉우리지만 한 컷 찍으면 모두 갖추어진다. 또한 보통법문은 걸어서 여정을 떠나는 것과 같아, 건장한 사람도 매일 백십 리에 지나지 않는다. 특별법문은 전륜성왕의 보배수레를 타고 하루에 사대부주四大部洲에 두루 도달하는 것과 같다. 우리는 이미 즉시 부처가 될 자격도 없고, 또한 견혹을 끊지 않고서는 아무리 해도 악업을 짓지 않을 실증이 없는 이상, 정업淨業을 전수專修하여 부처님의 자비가피에 기대어 업을 지닌 채 왕생할 기약을 하지 않는다면 아마도 미래제가 다하도록 삼계육도에서 생사를 거듭하여 벗어날 길이 없다! 원컨대 우리 염불하는 사람은 모두 바른 믿음을 내길 바란다!

今以喻明。通途如畫山水，必一筆一畫而漸成。特別如照山水，雖數十重蓊蔚峰巒，一照俱了。又通途如步行登程，強者日不過百十里。特別如乘轉輪聖王輪寶，一日即可遍達四大部洲。吾人既無立地成佛之資格，又無斷見惑任運不造惡業之實證，若不專修淨業，以期仗佛慈力，帶業往生，則恐盡未來際，仍在三途六道中，受生受死，莫由出離也。願我同人，咸生正信。

[제139칙] 아미타부처님께서는 법계장신으로 제불의 공덕을 전부 구족하고 있어 한 분 부처님의 공덕을 여러 부처님을 염함과 같다

한 분 부처님을 인연해 관상하는 것이 여러 부처님을 인연해 관상하는 공덕만큼 크지 않다 말하지 말라. 모름지기 아미타부처님은 법계장신임을 알아야 한다. 모든 시방법계 제불의 공덕을 아미타부처님 한 분 부처님께서 전부 구족하고 있다. 제석천의 구슬그물(인드라망)처럼 천 개 구슬이 한 구슬을 거두고, 한 구슬이 천 개 구슬에 두루하듯이 하나를 들면 전부 거두어 모자람도 없고 남음도 없다. 만약 오랫동안 닦아 증득하는 대보살이면 인연하는 경계가 넓음을 방해하지 않아 경계가 넓을 수록 마음이 전일하다. 방금 발심한 말학은 인연하는 경계가 넓으면 마음이 분산되고 장애가 깊고 지혜가 얕아서 여러 마사魔事를 불러일으킨다. 그래서 불세존 및 역대 조사께서 모두 우리에게 「아미타불」 부처님 명호를 일심으로 전념하도록 함이 바로 이러한 인연이다. 염불하여 삼매를 증득할 때 이르러 백천 법문의 무량한 미묘한 뜻을 모두 다 구족한다. 고인께서 말씀하시길, "큰 바다에 이미 목욕한 자는 반드시 온갖 하천의 물을 쓰고, 몸이 함원전含元殿에 이르러 장안長安을 물을 필요가 없다." 하셨다. 이는 가장 좋은 묘사라 할 수 있다.

且勿謂緣想一佛，不如緣想多佛之功德大。須知阿彌陀佛，是法界藏身。所有十方法界諸佛功德，阿彌陀佛一佛，全體具足。如帝網珠，千珠攝於一珠，一珠遍於千珠。舉一全收，無欠無餘。若久修大士，緣境不妨寬廣。境愈寬而心愈專一。若初心末學，緣境若寬，則心識紛散，而障深慧淺，或致起諸魔事。故我佛世尊，及歷代諸祖，皆令一心專念阿彌陀佛者此也。待其念佛得證三昧，則百千法門，無量妙義，咸皆具足。古人謂：已浴大海者，必用百川水。身到含元殿，不須問長安。可謂最善形容者矣。

[제140칙] 법문이 많을지라도 주요한 것은 오직 둘, 참선과 정토법문이 생사를 해탈하기 가장 쉽다

우리의 심성은 부처님과 동류이지만,
미혹으로 인해 등져서 쉬지 않고 윤회하네.
吾人心性，與佛同儔。只因迷背，輪迴不休。

여래께서는 자비심으로 가엾이 여겨 근기에 따라 설법하시어
널리 중생으로 하여금 길을 나서 고향으로 돌아가게 하신다.
如來慈憫，隨機說法。普令含識，就路還家。

법문이 비록 많을지라도 주요한 것은 오직 둘이라
참선과 정토법문은 생사를 해탈하기 가장 쉽다네.
法門雖多，其要唯二。日禪與淨，了脫最易。

참선은 오직 자력뿐, 정토는 불력을 겸한다네.
두 법문을 비교하면 정토가 가장 근기에 맞아라.
禪唯自力，淨兼佛力。二法相校，淨最契機。

마치 사람이 바다를 건너듯이 반드시 배에 기대어야
빨리 저 언덕에 이르러 몸과 마음이 편안하리라.
如人度海，須仗舟船。速得到岸，身心坦然。

말세중생은 오직 이 지름길뿐이니,
그렇지 않으면 근기를 거슬러서 애를 써도 이루기 어렵다.
末世衆生，唯此堪行。否則違機，勞而難成。

보리심을 발하여 진실한 믿음을 내고 발원하여
평생 견지할 것은 오로지「아미타불」이 염뿐이라.
發大菩提，生眞信願。畢生堅持，唯佛是念。

이 염이 지극해 정념情念이 없어지니, 염 그대로 무념이네,
선종교종의 미묘한 뜻도 철저하게 드러난다.
念極情忘，即念無念。禪教妙義，徹底顯現。

임종 때에 이르러 아미타부처님께서 접인하심을 입어
곧장 상품 연화대에 올라 무생법인無生法忍을 증득한다.
待至臨終，蒙佛接引。直登上品，證無生忍。

염불의 비결이 하나 있어 간절히 알리니,
"지성과 공경을 다함에 미묘하고 미묘하며 가장 미묘하다."
有一祕訣，剴切相告。竭誠盡敬，妙妙妙妙。

[편자 역주] 인광대사께서는 《문초文鈔》에서 참선과 정토의 어렵고 쉬움과 지성 및 공경의 이익을 충분히 나타냄에 연이은 글과 쌓인 편지에서 신신당부하셨다. 오직 이 열 수의 게송만이 남김없이 모두 망라한다.

[보충] 심묘선을 노래하다(深妙禪偈)

《대집경》에 이르시길, "다만「아미타불」명호만 염할 뿐, 이를 무상심묘선이라 한다(若人但念阿彌陀，是名無上深妙禪)." 참선일 뿐만 아니라 깊은 참선이고 미묘한 참선이며, 위없는 심묘한 선이다. 중국의 옛 지식인(사대부 계급)은 선종을 좋아하고 정토를 업신여기며, 오직 선종이야 말로 높고 깊으며 현묘한 법이고 정토에 대해서는 단지 어리석은 촌부의 행위라고 여겼지만, 사실은 그 자신은 곧 전도된 견해 가운데 떨어지니, 마치 큰 부자의 아들 몸에 보배가 있는데 보배는 손상된 것과 같다.

그밖에 한 가지는 지금 많은 사람들이 오래 닦아도 공이 없어 소극적인 감정이 생겨서 스스로 아무것도 안된다고 여긴다. "나는 간경을 해도 깊이 들어갈 수 없고, 참선은 더더욱 근기가 안 되며, 밀교를 배우기에는 아직 의심이 가는 부분이 많아서, 나는 아무 것도 안 된다. 그래서 나는 어쩔 수 없이 염불할 수밖에 없다!" 이러한 말은 이 사람은 정업淨業을 수습할지라도 정종에 대한 올바른 신념과 인식이 부족하다는 뜻이다.

《대집경》에서 말한 "단념아미타但念阿彌陀"는 곧 한마디「나무아미타불」명호를 지념只念 · 전념專念 · 유념唯念하는 것이다. 이것이 바로 위없는 가장 깊은 가장 미묘한 선이다. 여기서 말씀하신 무상심묘의 선은 육바라밀에서 여섯 번째 바라밀인 반야를 가리킨다. 일반적으로 말하는 선정은 앞 다섯 바라밀에 있다. 양자는 모두 선 자를 사용할지라도 차이가 매우 크다고 볼 수 있다. 경교經教에서는 앞 다섯 바라밀은 장님과 같고 반야는 눈과 같다고 말한다. 말하자면 선정 등 앞 다섯 바라밀은 모두 장님과 같아 여섯 번째 바라밀에 이르러야 눈이 생기고 비로소 천지만물을 조견照見할 수 있다. 하련거 거사께서 《정어淨語》에서 "심묘선深妙禪"을 이야기하는 것은 결코 사람들에게 다시 참선을 해보라고 제창하는 것이 아니라 당신이 현재 염불하고 있으면 이미 심묘한 선을 참구하고 있는 줄 알아야 한다는 말이다.

[1] "대복덕이 있어야 염불을 시작한다(有大福德始念佛)."

제1구는 사자가 포효하여 모든 짐승이 두려워하고 놀라는 것과 같다. 모든 정토를 경시하는 사람에게, 채식하는 노인이든 어리석은 촌부이든 누구나 정토를 닦을 수 있다고 여기고 정토를 경시해서는 안 된다고 널리 이르신다. 정토를 닦는 사람은 곧 자기의 근기가 낮아서 기타 법문을 닦을 수준이 안 되고 단지 정토를 닦을 수밖에 없다고 여겨서는 안 된다. 마땅히 알지니, 오직 "대복덕"이 있는 사람이야말로 염불법문을 믿고 받아들일 수 있고 비로소 염불을 하게 된다. 그래서 신심을 증가시켜야 한다.

《대승무량수경》에 이르시길, "과거 생에 복덕과 지혜를 닦아놓지 않았다면 금생에서 이 정법을 들을 수가 없지만은 이미 여러 부처님께 공양 올린 공덕으로 비로소 환희하며 이 법문을 믿을 수 있네." 당신은 과거 다생 다겁에 복덕을 닦고 지혜를 닦아 놓지 않았다면 이 법문에 대해 잠시라도 조금도 들을 수 없다. 그래서 제1구는 매우 좋다. 당신은 응당 용기를 불러일으키고 정신을 진작시켜야 한다. 우리는 충분히 자신이 있고, 이 지극히 수승한 법문을 우리가 현재 만날 수 있으니, 자신도 자신을 소중히 여겨야 한다.

[2] "보리심을 발하여 십선을 닦을지라(發菩提心修十善)."

《무량수경》에서 삼배왕생은 상배 · 중배 · 하배 모두 "발보리심發菩提心 일향전념一向專念"하여야 한다. 발보리심은 거칠게 말하면 대지혜 · 대자비 · 대원력 셋이 결합된 마음이다. 《화엄경》에서는 이 세 방면이 부처님께 공양하는 등잔처럼 반드시 등유 · 심지 · 광명이 있어야 하니, 이 삼자중 하나도 빠져서는 안 된다고 말씀하신다. 곧 보리심이 등으로 지혜 · 자비 · 원력 세 가지를 결합해 구성하여 부처님께 공양하는 등이다.

우리는 "중생을 다 제도하오리다 · 번뇌를 다 끊어오리다 · 법문을 다 배우오리다 · 불도를 다 이루오리다." 사홍서원을 늘 염송한다. 이는 **순사발심順事發心**이다. 그것은 곧 "무량무변한 중생을 제도하되, 실로 한 중생도 멸도를 얻은 중생은 없다."는 《금강경》의 말씀이다. 이는 곧 법집法執을 깨뜨림이다. 당신이 종일토록 중생을 제도하되, 자신이 중생을 제도했다는 상이 없다. 이렇게 지혜를 깊이 갖춘 대보리심을 일으켜야 한다.

석존의 교법은 삼승 바깥에 천승 · 인승을 덧붙여 오승五乘을 이룬다. 이것이 비로소 전체 교화대상이다. 깨달음이 날로 증가하는 사람은 아무도 없으니, 예전대로 악을 짓는다. 말하자면 깨달음은 거짓말이다. 사람 노릇을 잘 못하면서 부처가 되겠다고 하면 그것은 우스갯소리이다. 수행은 선남자 · 선여인의 일이다. 그래서 사람마다 악을 그치고 선을 행한다.

오계五戒를 지키면 사람 몸을 얻을 수 있고, 십선十善을 닦으면 천계에 태어날 수 있다. 십선의 대립은 십악이다. 몸으로는 살생 · 도둑질 · 삿된 음행 셋이고, 입으로는 거짓말 · 쓸데없는 말 · 험악한 말 · 이간질하는 말 넷이며, 마음으로는 탐욕 · 성냄 · 어리석음 셋이다. 십선은 십악에 「불不」 자를 붙여야 한다. 이는 악을 그침(止惡)이다. 예컨대 불살생不殺生은 방생을 하고, 불탐不貪은 보시를 하여야 천계에 태어날 수 있다. 십선으로 천계에 태어남(十善生天)은 말처럼 쉬운 것이 아님을 알 수 있다. 왜냐하면 이는 완전히 자력에 의지하기 때문이다. 염불하여 왕생을 발원함에 관해서는 불력의 가피가 있다. 그렇다고 **"나는 염불하고 있으니, 이런 선한 일을 하지 않아도 된다."고 말해서는 안 된다. 이는 잘못이다. 기꺼이 선을 행하고 남을 이롭게 하지 않는데, 보리심이 있겠는가? 발심하지 않는데, 왕생할 수 있겠는가? 그래서 여전히 선을 닦아야 한다. 염불은 정행正行으로 우리는 여전히 갖가지로**

보조하여야 한다.

《무량수경》에서는 특히 많이 말씀하신다. 우리들이 사는 세계에서는 오악五惡 · 오통五痛 · 오소五燒가 있다. 오악五惡은 살생한 악 · 도둑질한 악 · 삿된 음행을 한 악 · 거짓말한 악 · 술로 인해 삼독을 짓는 악(넓히면 곧 십악)이다. 그러면 현생에서 악보를 받게 되는데, 이것이 오통五痛이다. 다음 생에 지옥에 들어가야 하는데, 이것이 오소五燒이다. 이를 통해 끊임없이 깨우쳐서 십선을 닦아야 한다고 권유한다.

[3] "부처님께서 염불이 무상미묘선이라 말씀하셨으나, 식견이 짧은 이는 이를 얕은 법문이라 본다(佛說無上深妙禪 淺人當作淺法看)."

부처님께서는 「아미타불」 부처님 명호를 염함이 무상미묘선이라 말씀하셨다. 수많은 사람들은 부처님과 상반되어 기어코 염불은 얕은 법문이라고 말한다. 도대체 누가 식견이 짧은가? 바로 이는 염불은 얕은 법문(淺法)이라고 여기는 사람으로 그는 바로 식견이 짧은 사람(淺人)이다. 그 자신이 식견이 짧음으로 말미암아 염불을 얕은 법문이라 여긴다. 그래서 우리는 모두 희유한 마음을 내어야 하니, 이러한 법문을 들을 수 있고 이 법문을 믿을 수 있는 것은 다생 다겁의 선연善緣이다. 우리는 이를 소중히 여겨야 하고, 단숨에 해치워야 하며, 쇠뿔도 단김에 빼야 한다. 여광이 있는 틈을 타서 해가 아직 지지 않았으니, 서둘러 고향으로 뛰어가야 한다.

[4] "행주좌와의 위의가 장중 엄숙하고 삼업이 청정하도록 중한 계율을 호지하여 조금도 범치 말지라(四儀莊嚴三業淨 堅守重戒勿少犯)."

「사의四儀」는 행주좌와 네 가지 위의를 말한다. 염불하는 사람은 네 가지 위의 속에서 몸과 마음이 장중하고 엄숙하여야 한다. 「삼업三業」은 신업 · 구업 · 의업으로 모두 청정하여 물듦이 없다.

가장 먼저 중한 계율을 호지護持하여 범하지 말아야 한다. 계를 범하는 중에서 가장 심각한 것은 법을 비방함(謗法)이다. 예컨대 전체 불법은 가짜이다. 이런 법을 비방하는 말은 해서는 안 된다. 그러나 우리는 여전히 법을 비방하고 있다! 당신은 다른 사람의 말을 따라 어떤 경전은 가짜라고 말한다. 분명히 어떤 이는 선지식인데, 다른 사람이 비방하면 당신은 부화뇌동하여 그를 덕이 모자라다고 말한다. 이러한 것은 모두 법을 비방함에 속한다. 고의로 생사고해를 건너 피안에 도달하였다고 말해도 안 된다. 과장하여 여실하지 않음은 보태는 비방(增益謗)이고, 억지로 설득할 수 없음은 손상시키는 비방(減損謗)이다.

법을 비방하는 죄는 매우 무겁다. 특히 계를 받은 사람이 나쁜 일을 하면 계를 받지 않은 사람에 비해 그 죄는 엄중하다. 계를 받지 않은 사람이 누군가를 살해하면 장래 누군가 당신을 죽이면 끝나지만 ,계를 받은 사람은 살생계를 범해서는 안 된다. 사중계四重戒를 깨뜨림은 지옥 죄이다. 당신이 그에게 보복살해를 당함은 필연적이지만 당신은 여전히 칼산지옥과 기름 가마 지옥에 들어가야 한다. 그래서 우리는 계를 받으면 연구하지 않으면 안 되고, 계를 이해하지 않으면 안 된다. 준수하고 범해서는 안 된다. 계를 깨뜨리면 당신은 새는 그릇(漏器)이다. 이 그릇이 새는 경우 어떤 물을 담아도 모두 새버린다. 그래서 「견수중계堅守重戒」 이 글자를 마음속 깊이 새겨야 한다.

[5] "나와 남, 시비의 빗장을 때려 부수고, 평소 쓸데없는 지견을 내려놓을지라(打破人我是非關 放下生平閑知見)."

나와 남이 있으면 시비가 있고, 시비가 있으면 애석하게도 취사선택이 있다. 갖가지 차별 대우는 헛되이 스스로 분별함에 지나지 않는다. 그래서 번뇌가 다양하여 벗어날 수 있는 사람이 없으니, 작관(作關; 빗장을 걸어 잠금)이라 한다. 이는 땅바닥에 동그라미를 그려놓고 감옥으로 삼아 스스로 좋지 않은 전례를 만드는 것으로 일체 악의 발원지는 「아我」 자 하나뿐이다. 내가 있으면 남이 있어 영원히 벗어날 길이 없으니, 그래서 「관關」이라 부른다.

이런 시비는 피할 수 없다. 어떤 사람이 출가하여 절집의 이런 시비가 언제 절집 밖보다 적은 적이 있음을 누가 알겠는가? 아아, 설령 알았더라도 차라리 출가하지 않는 것만 못하다. 이런 나와 남, 시비는 재가인에게 있을 뿐만 아니라 출가인에게도 있다. 이 관關에서 곧 당신은 틀리고 나는 맞으며, 자신은 옳고 남은 그르며, 이러한 시시비비를 때려 부수지 못하면 정법을 잘 수지할 수 없다.

다시 한걸음 나아가면 쓸데없는 지견知見으로 머릿속을 가득 채우고 스스로 학문이 있다고 여기는 것은 사실은 단지 삿된 견해일 뿐이니, 모두 그것을 내려놓고 깨끗이 치워라. 반드시 버릴 사捨 자에 힘써야 한다. 버릴 사捨자는 곧 이러한 쓸데없는 지견을 버려야 한다는 뜻이다. 그러나 버리는 것은 결코 쉽지 않다. 몸을 버리는 것은 쉬우나, 삿된 견해를 버리는 것은 어렵다. 하련거 거사의 게송이 가리키는 것은 모두 우리의 목숨을 구하는 기본이다.

[6] "이야기와 말이 현묘하여도 생사대사에는 아무 상관없고, 「노실념老實念」 세 글자야말로 진수를 전수받음이라(談玄說妙不相干 三字眞傳老實念)."

입으론 현묘한 담론을 이야기하나 마음은 실은 밝지 못하고, 말은 고묘하지만 행위는 비열하여, 설사 말이 청산유수와 같고 저작이 세상에 전해져 「불학 대사」란 영광된 칭호로 불리면서 남에게도 자신에게도 어떤 실익이 있을지라도, 생사대사에 대해 조금도 상관이 없다. 아는 것이 많을수록 이장(理障; 바른 앎과 바른 견해에 대한 장애)이 깊어지니, 이는 번뇌 등 사장(事障; 모든 생사를 지속하려는 욕심)보다 더욱 풀기 어렵다. 요컨대 이는 자승자박이고 오르고자 해도 오히려 떨어진다.

진실로 실천하는 사람은 반드시 이렇게 이론 학습에 힘쓰지 않고 무상보리의 마음을 분발하여 석존의 자애로운 가르침을 받고 준수하여 아미타부처님 원력의 바다 가운데 오직 염불을 닦을 뿐이다. 염불 묘법에서도 오직 지명염불을 닦을 뿐이다. 지명염불 중에서도 오직 「나무아미타불」 한마디 부처님 명호를 노실老實하게 단념單念할 뿐이다. 일심을 구하지 않고, 망상을 제거하지 않고, 청정한 경계를 탐내지 않고, 염불하는 이 누구인가 참구하지 않고(이상 넷은 염불 사대비결이라 부른다) 다만 「나무아미타불」 한 마디 한 마디 이을 뿐, 이것이 곧 무상심묘선이다. 이것이야말로 **석가모니부처님의 진수眞髓**를 전수받음이다. 선도대사께서는 말씀하시길, "석가세존께서 세상에 나오신 까닭은 오직 아미타부처님 본원의 바다를 말씀하실 뿐이다." 우익대사께서는 말씀하시길, "한마디 부처님 명호는 석존께서 얻은 아뇩다라삼먁삼보리법이다." 「노실염불」이야말로 일대시교一代時敎의 진수를 전수받음이다.

[6] "오르지 「노실념」만이 곧 긴긴 밤 등불이요, 생사고해를 벗어나는 자비의 배요, 마장을 베어버리는 금강왕 보검이라(只此即是長夜燈 苦海慈航斬魔劍)."

오로지 노실념老實念만이 중생의 긴긴 밤 흑암 속 밝은 등(明燈)이요, 생사고해를 벗어나는 자비의 배(慈航)이요, 마장을 베어 없애는 금강왕 보검이다. 관건은 「노실老實」에 있다. 노실은 평범하여 세상 사람들은 이를 소홀히 여긴다. 《정어淨語》에 이르시길, "도는 평범함 속에 있는데, 사람들은 애석하게도 이를 이해하지 못한다(道在平常中, 惜君未曉此)."

「노실老實」은 매우 평범하지만 확실히 매우 희유하다. 당나라 시절, 한 할머니에게 "오대산 길은 어떻게 갑니까?" 물었다. 그녀는 "곧장 바로 가시오(驀直去)." 답할 뿐이었다. 어떠한 선종의 거장도 그녀를 감파勘破하지 못했다. **「막직驀直」은 바로 「노실老實」과 마찬가지로 평범하고, 마찬가지로 지극히 기묘하다.** 그 기묘함은 당신에게 생각하여 헤아릴 곳을 남겨놓지 않음에 있다. 조금이라도 생각할 바가 있으며 깨친 것이 아니다. 염불 · 참선은 모두 이와 같다. 그래서 절대 유일한 것은 「노실염불」이다. 더 이상 이것저것 물어서는 안 된다. 여전히 이것저것 묻는다면 이미 노실하지 않다.

[7] "다겁의 생사근본을 뽑아내려면 줄곧 이 몸을 걸고 바보가 되어라(要拔多劫生死根 直拼此身作呆漢)."

우리가 사람 몸을 얻을 수 있고 불법을 들을 수 있으며 정토법문을 믿을 수 있음은 실로 다생의 수지로 인해 지금 있다. 우리는 이미 다겁의 수행을 했음에도 왜 현재 윤회에 떨어지고 생사의 바다에서 머리를 내밀었다 빠졌다 하는가? 다겁의 생사근본을 뽑아내기가 지극히 어렵기 때문이다. 그래서 우리는 금생에 큰 뜻을 발하여 결정코 이번 생에 다겁 이래의 생사의 근본을 뽑아내야 한다.

이는 하늘을 찌르는 큰 뜻이요, 다겁 이래 전대미문의 큰일이요, 진실로 자신도 깨닫고 다른 이도 깨닫게 하려는 큰마음이다. 그래서 마치 적들이 겹겹이 포위한 가운데 한 줄기 탈출구를 뚫어나가듯이 몸을 돌보지 말고 온갖 어려움을 제거하여야 한다. 이는 당신(업력)이 죽느냐 내(진심)가 사느냐의 전투이다. 더 이상 무대상에 공연하는 화권수퇴(花拳繡腿 ; 꽃과 같은 주먹, 수를 놓은 듯한 발차기)가 아니라 진짜 칼과 진짜 창을 쓰는 진검승부를 해야 한다. 그래서 이번 생을 걸고 바보가 되어야지, 총명을 뽐내는 사람이 되어서는 안 된다. 그들은 매 순간 기회를 틈타 이익을 취할 궁리만 하고, 상황을 보아가며 행동하고, 권력과 부귀를 지난 자와 사귀고, 세상 사람을 속이고 헛된 명예를 탐내면서 갖가지 기관機關을 다 써도 결국 피해자는 자신일 뿐이다.

진실로 중생과 함께 생사의 바다를 벗어나고자 하는 사람은 반드시 이런 행위를 뿌리 뽑아야 한다. 온 세상에 맡기는 사람은 모두 자신은 바보이지만, 후회가 없다 말할 것이다. 송나라 고봉高峰 선사께서는 "꿈을 꾸지 않고 깊이 잠잘 때 주인공은 어느 곳에서 안심입명安心立命하는가!" 화두를 참구하면서 스스로 명세하여 말하길, "일생을 걸고 어리석은 바보가 되리라. 이 일착자一著子를 반드시 알고야 말겠다." 5년 후 확철대오를 이루었다.

[8] "오종팔교를 한마디 「아미타불」이 거두니, 염불 이외에 방편을 결코 찾지 말라(五宗八教一句收 切莫念外覓方便)."

「오종五宗」은 선종으로 "한 꽃에 다섯 잎이 열린다(一花開五葉)." 즉 선종은 임제臨濟 · 조동曹洞 · 위앙僞仰 · 운문雲門 · 법안法眼의 다섯 갈래로 나뉘니, 이것이 오종이다. 「팔교八教」는 교종(教下)으로 천태종이 세운 것으로 장藏 · 통通 · 별別 · 원圓의 화법사교化法四教와 돈頓 · 점漸 · 비밀祕密 · 부정不定의 화의사교化儀四教이니, 합쳐서 팔교이다.

선종의 오종과 교종의 팔교는 모두 「나무아미타불」 한마디 부처님 명호 속에 수렴된다. 우익대사께서는 "이 삼장 십이부 경론, 일체 계율, 선종 1천7백 칙은 모두 「나무아미타불」 한마디 속에 있다." 말씀하시고 또한 "일체 선정도 「나무아미타불」 한마디 속에 있고. 이 한마디 부처님 명호는 일체공덕을 갖추고 있고 곧 총지總持다라니님을 알 수 있다." 말씀하신다. 그래서 이 한마디 부처님 명호를 염하지 않고 그밖에 여전히 어떤 비결(竅門)을 찾으려거나 어떤 방편인 길을 찾으려고 하지 말라. 그것은 단지 성가신 일을 스스로 사서 할 뿐이다.

[9] "너무 느려도 너무 빨라도 모두 병이니, 억지로 일심을 생각하면 마음은 더 산란해질 뿐이다(過緩過急同是病 強想一心心愈亂)."

앞에서는 염불의 음성, 크기와 장단이 끊어져서는 안 됨을 가리킨다. 여기서는 염불의 속도는 너무 느리지도 너무 빠르지도 않아야 함을 가리킨다. 「너무 느리면」 망상에 기회를 남겨 식識을 기르는 수행을 소홀히 여기는 병통을 조성한다. 「너무 빠르면」 긴장을 일으켜 귀는 또렷이 들을 수 없다. 이러면 지극히 큰 영향을 받는다. 그래서 너무 빨라도 너무 느려도 다 마땅하지 않으니 속도 조절이 알맞아야 한다.

이를 행하는 유효한 방법은 시작할 때 조금 느리다가 점점 자신도 모르는 사이에 속도를 증가시켜 빨라서 염불할 때에 일러 곧 문득 멈추었다가, 다시 처음부터 염불이 일어나게 한다.

염불할 때 망상을 제거하지도, 일심을 구하지도 말라. 이는 염불 사대비결의 주요내용이다.

당나라 장졸수재張拙秀才의 유명한 시구인 "번뇌(망상)를 끊어서 없애려고 하면 거듭 병통을 더 증가시키는 것이요, 진여를 향해서 나아가려고 마음을 먹으면 또한 이것도 삿된 것이다." 왜냐하면 "번뇌를 끊어서 없애려고 하면" 바로 "하나를 제거하고 둘을 첨가하게 된다." 마찬가지 이치로 일심을 구하지 않음이 정당한 염불이다. 또한 일심을 희구하거나 자신이 염하여 일심을 염할 수 있는지 점치고 헤아리고 분별하고 따지는 것은 이미 「노실념老實念」이 아니고 유위법有為法이다.

[보충] 염불에서 가장 피해야 할 것은 정신이 풀어지는 것이다. 한 글자 한 마디 모호해져서 먼저 빨리하다 후에 느려지니, 이미 음절이 없고 또 꿰지 못하며, 마음이 입에 응하지 않고 소리가 염을 거두지 못하여, 식識을 기르는 수행을 소홀히 여긴다. 이는 고덕께서 한탄하는 바이니, 이러한 염법으로는 영원히 한 덩어리를 이루기 어렵다.

_하련거 대사, 《정어淨語》 극락암 염불도량에서

[10] "뜻을 강철처럼 견고히 하고 기氣를 솜처럼 부드럽게 하며 끊어짐이 없고 뒤섞지 않으면 저절로 한 덩이를 이루리라(志堅如鋼氣如綿 不間不雜自成片)."

서원은 강철처럼 견고하여야 한다. 아미타부처님께서는 인지因地에서 발원하여 말씀하시길, "설사 여러 괴로움(지옥)에 있다 해도 이러한 원심 영원히 물러나지 않겠나이다." 이는 곧 우리에게 뜻이 강철처럼 견고한 모범을 제공한다. 뜻은 강철과 같아야 하고 마음은 비워야 한다.

자기 견해만 고집하면 억세어 교화하기 어려운 사람이 되어 그 화가 막대하다. 《대승무량수경》 중에서 극락국토의 사람은 "몸과 마음이 부드럽다." 기氣가 솜과 같다 함은 곧 부드럽다는 뜻이다. 마음이 부드럽고 온화하면 저절로 교화를 받기 쉽다. 염불할 때 끊어짐과 뒤섞음이 없어야 한다. 그러면 염불하여 한 덩어리를 이루기 쉽고, 나아가 일심불란一心不亂에 도달하면 염불보왕삼매를 얻을 것이다.

[11] "인심과 과불이 서로 감응하니, 육근의 몸과 일체 사물 · 세계가 몰래 변화된다(因心果佛互感應 根身器界潛轉換)."

우리의 염불은 인지因地에서 한 수행이다. 우리가 현재 염불하는 이 마음이 곧 인지因地의 마음이다. 이를 「인심因心」이라 한다. 우리가 염하는 것은 「아미타불」 부처님 명호로 이미 과각果覺을 얻은 것이다. 이를 「과불果佛」이라 한다. **염불할 때 우리의 인심因心과 아미타부처님 과불果佛이 서로 감응하니, 우리의 마음속에는 아미타부처님의 만덕이 포함되어 있다.**

또한 부처님의 마음은 일체 처에 두루 가득하다. 내가 부처님을 염하고 있음에 이는 부처님의 마음속에 있는 염임을 여래께서는 다 아시고 다 보시니, 결코 그럴듯하게 꾸밀 수 없다. 게다가 우리의 마음은 부처님의 마음과 마찬가지로 일체 처에 두루 가득하다. 그래서 부처님께서도 나의 마음속에 계신다.

어떻게 우리는 염불할 수 있는가? 왜냐하면 부처님께서 나를 염하고 계시고, 부처님께서 나를 섭수하고 계시기 때문이다. **부처님께서 섭수하시지 않으면 우리는 번뇌에 말려들어 부처님을 염하지 못한다. 내가 염불할 때가 곧 부처님께서 나를 염할 때이다.** 인심因心과 과불果佛이 번갈아 느끼고 번갈아 염하니 감응도교感應道交는 불가사의하다. 이에 안으로 육근의 몸(根身)과 바깥으로 일체 사물 및 세계(器界)를 모르는 사이에 몰래 감화시키고 몰래 바뀌게 한다.

기계器界는 일체 사물, 대지 산하, 온갖 가구로 크게는 세계, 작게는 아주 작은 티끌(微塵)에 이른다. 이러한 **사물은 우리가 염불할 때 모르는 사이에 변화된다. 이러면 자기의 몸과 마음에 비해 자심自心과 타불他佛이 서로 느낌을 따라 변화를 일으킴이 너무 많아 알기 어렵다. 자심과 바깥 사물은 둘이 아님을 알아야 한다.**

《화엄경》에 이르시길, "**일체법이 모두 자심인 줄 알지라(知一切法皆是自心).**" 《기신론》에 이르시길, "삼계는 허망하고 거짓이니 오직 마음이 지은 바라(三界虛僞，唯心所作)." 《유식추요唯識樞要》에 이르시길, "일체 제경은 실체가 없거늘 집착에 따라 생기니, 자심으로 인해 생겨나야 오히려 마음과 더불어 상相이 되느니라(諸境無體，隨執而生，因自心生，還與心為相)." 이 문구들은 모두 마음과 물질은 둘이 아니고(心物不二) 물질과 나는 하나이다(物我一如)는 이치를 설명한다.

옛 선사께서는 말씀하시길, "온 대지는 사문의 눈 하나일 뿐이라(盡大地是沙門一只眼)." 말하자면 전체 **지구는 화상의 눈 하나일 뿐이고, 망망한 대지는 단지 자신의 눈 하나 일뿐이니, 염불할 때 인심因心과 과불果佛이 서로 느낄 때 인심因心 속에 포함된 일월성신과 남녀노소가 어찌 감화를 받지 않겠는가!**

그래서 염불공부를 열심히 하는 사람은 세계의 만물 일체를 모두 좋은 방향으로 변화시키고, 당신에게 더욱 적합하도록, 당신의 수행에 더욱 접합하도록 그것을 변화시킨다. 설사 다른 사람과 당신이 원망하고 미워하는 사람으로 만날지라도 당신이 그 사람을 계속 생각하면 더 이상 원망하지도 미워하지도 않게 될 것이다. 한 곳에서 열심히 염불하는 사람이 있다면 한편으로는 모두 이익을 얻는 줄 알아야 한다.

우리는 결코 염불을 단지 소극적으로 자신만이 깨치는 것으로 여겨서는 안 된다. 염불 공부를 열심히 하는 사람은 한편으로는 복을 짓고, 한편으로는 지구에 복을 짓는다. 지구에 복을 지을 뿐만 아니라 법계에 복을 짓는다. 이 일체는 변하지 않는 것이 없다. 그래서 **어떤 마음이 답답한 일이 있으면 「나무아미타불」 한마디 부처님 명호로 귀의해 잘 염하면 된다.**

왜 그 분은 당신과 맞서는가? 왜냐하면 당신이 염불공부를 해도 득력하지 못하기 때문이다. 당신이 득력하기만 하면 그는 당신과 맞서지 않는다. 자신의 몸과 타인의 몸, 세계 일체는 모두 자기도 모르게 변화가 발생하게 될 것이다. 그래서 고대에 참방하는 사람이 한 곳에 가서 이곳에 대덕이 있는지 없는지, 어떻게 알 수 있는가? 그곳의 산과 물, 수목을 보기만 하면 된다. 만약 득도한 사람이 있다면 그곳에 있는 일체가 모두 다르게 보일 것이다.

[12] "번뇌를 조복하지 않으면 신념이 전일하지 않고, 습기를 제거하지 않고서는 대각한 마음이 현현하지 않는다(煩惱未伏念不一 習氣不除佛不現)."

번뇌는 다겁에 쌓임으로 인해 굳세어져 깨뜨리기 어렵고 끊을 수 없어 먼저 번뇌를 조복하여야 한다. 비유컨대 흐린 물 한 동이는 지나치게 혼탁하여 그대로 마실 수 없다. 그러면 그것이 가라앉기를 조용히 기다렸다가 탁한 것이 동이 바닥까지 가라앉으면 위는 모두 맑은 물이므로 마실 수 있을 것이다. 맑은 물은 심념心念이 전일專一함을 비유한다. 탁한 것이 전부 가라앉지 않음은 번뇌가 조복되지 않음을 비유한다. 자연의 이치는 바로 이와 같아서 억지로 할 수 없다.

습기習氣란 번뇌를 끊어버린 후에도 남아있는 습관을 말한다. 예컨대 사리불은 진애의 미혹(瞋惑) 종자를 모두 끊지 못해 여전히 쉽게 화를 내곤 하였는데, 이것이 습기이다. 하련거 스승님께서는 두 마디 귀중한 법문을 설하셨는데, "**지계·염불·간경의 가르침으로 과거의 습기를 관찰하여 자신을 속이지 말라(持戒念佛看經教，察過去習毋自欺).**" 습기를 제거함이 매우 중요함을 알 수 있다. 습기를 전부 제거함은 오직 부처님 한 분만이 할 수 있다. 그래서 여기서 말한 "습기를 제거함"은 다 제거한다는 뜻이 아니라 적극적으로 습기를 제거하길 요구하는 것이다.

"불佛"이란 각覺이다. 여기서 말한 불현佛現은 견불見佛 견광見光의 부류를 가리킬 뿐만 아니라 일반적으로 말하는 불현佛現으로 더욱 중요한 것은 환하게 대각大覺한 마음을 가리킨다. 남아있는 습관을 제거하지 않고 환하게 대각한 마음이 현현할 수 없다.

[13] "천마디 만마디 염함은 한마디 염할 때와 마찬가지이니, 아미타부처님을 친견하지 못할까 무슨 걱정을 하는가?(千萬句如一句時，何愁不見彌陀面)."

위 한마디는 두 가지 해석이 있다.

(1) 일천 일만 마디 부처님 명호를 염함은 한마디만 염할 때와 마찬가지로 또렷하여 잡념이 없다. 한마디 염하면 매우 또렷이 염할 수 있다. 염불하는 사람은 모두 이런 때가 있지만, 일천 마다 일만 마다 모두 마찬가지로 또렷하도록 연장하면 저절로 극락에 왕생하여 연꽃이 피고 부처님을 친견한다. 아미타부처님을 친견하지 못할까 무슨 걱정을 하는가?

(2) 천 마디 만 마디는 한마디와 마찬가지이다. 염하는 부처님 명호는 한마디는 천 마디 만 마디와 마찬가지로 수량을 타파한다. 일다상즉一多相即(하나가 곧 여럿이고 여럿이 곧 하나)이니, 정집情執을 벗어나고 사견邪見을 여의어 불가사의하다. 이미 불가사의한 이상 나는 당연히 붓을 놓고, 더 이상 사족을 달지 않을 것이다.

[14] "이 일은 쉬운 것도 아니고 또한 어려운 것도 아니니, 염불삼매는 전적으로 신원행에

의지한다(此事非易亦非難，三昧全憑信願行).”

당나라 방龐 거사의 집안은 선림禪林을 우러러 받들었다. 방거사가 말하길, “어렵고도 어렵구나, 참깨 열 짐을 나무 위에 늘어놓네.” 방 거사의 부인이 답하여 말하길, “쉽고도 쉽구나, 풀잎마다 조사의 뜻이로다.” 그의 딸 영조가 말하길, “어렵지도 않고 또한 쉽지도 않구나. 배고프면 밥 먹고 피곤하면 자노라.”

노실염불은 그대로 무상심묘선이다. “몽둥이로 석인(돌사람)의 머리를 때리고, 박박 던져서 실사實事를 논하네,” 누가 너에게 쉽다고 말하겠는가, 쉽지 않다고 말하겠는가, 옛 부처는 과거로부터 오래되었다!

「삼매」는 염불삼매를 가리킨다. 이는 일체 삼매의 왕인 까닭에 또한 보왕삼매라고도 한다. 이 삼매에 들어가려면 다만 신원행 삼자량三資糧에 의지하여야 한다. 믿음은 깊은 믿음이어야 하나, 우익대사의 육신六信과 같고, 절류截流대사의 정신正信과 같다. 원은 간절한 원이어야 하니, 극락세계를 흠구欽求하고 사바세계를 염리厭離하는 마음이 간절해야 한다. 행은 바로 노실념老實念이다. _황념조 거사, 《심성록心聲錄·연종묘제蓮宗妙諦—정어삼칙淨語三則》

[제141칙] 지명염불은 도에 드는 현묘한 문이자 성불의 지름길이다

지명염불은 이해하기 쉬워서 이를 버리고 관상觀像·관상觀想·실상염불을 닦겠다고 결코 말해서는 안 된다. 이 네 가지 염불 중에서 오직 지명염불이 가장 근기에 맞다. 「일심불란」에 이르도록 집지하면 실상의 미묘한 이체가 전체 그대로 드러나고, 서방극락의 미묘한 경계가 원만히 드러난다. 즉 「아미타불」 명호를 집지하여 실상을 몸소 증득하고, 관상을 하지 않아도 서방극락을 철저히 보게 된다. 지명염불 한 법은 도에 드는 현묘한 문이자 성불의 지름길이다. 지금 사람은 교리와 관법에 대해 잘 깨닫지 못한다. 만약 관상·실상을 닦는다면 마魔가 끼게 될 수도 있으니, 재주부리다 망치고 올라가려다 오히려 떨어진다. 따라서 행하기 쉬운 행을 닦아야 한다. 그러면 저절로 미묘한 과를 감득할 것이다.

切不可謂，持名一法淺近，捨之而修觀像、觀想、實相等法。夫四種念佛，唯持名最為契機。持至一心不亂，實相妙理，全體顯露，西方妙境，徹底圓彰。即持名而親證實相，不作觀而徹見西方。持名一法，乃入道之玄門，成佛之捷徑。今人教理觀法，皆不了明。若修觀想實相，或至著魔。弄巧成拙，求升反墮。宜修易行之行，自感至妙之果矣。

[주] 지명염불로 이일심불란理一心不亂에 이르도록 염하면 곧 실상염불이자 또한 깊고 미묘한 선이니, 선종과 차별이 없다. 그러나 사일심불란事一心不亂에 이르도록 염하면 실상을 증득하지 못하여 차별이 매우 크다. 사일심事一心에는 미혹을 조복한 사일심불란과 미혹을 끊은 일심불란으로 나뉜다.

인광대사께서는 법문 중에 늘 일심불란을 말씀하시는데, 대부분 미혹을 끊은 일심을 가리키는데, 이에는 미혹을 끊은 사일심과 미혹을 끊은 이일심을 포함한다. 미혹을 끊은 사일심斷惑事一心의 경계는 아라한에 상당한다. 이는 자력으로 견사혹업을 끊어 없앤 계위로서, 이미 자력으로 삼계를 수직으로 벗어날 수 있다.

《관무량수경》에 따라 말하면 미혹을 조복한 사일심불란은 이미 염불삼매인 셈이다. 그래서 염불삼매는 매우 많은 계위로 나뉘어 일률적으로 논할 수 없다. 지명염불로 관행위 초품 즉 미혹을 조복한 사일심에 이르도록 닦으면 이러한 정도는 이미 선정에 들 수 있다. 유상정有相定과 무상정無相定은 선정의 힘이 충분하기만 하면 서로 통할 수 있다. 그래서 지명염불로 선정을 얻을 수 있고 또한 관상觀想염불과 관상觀像염불을 닦을 수 있다. 관행위 초품은 십육관의 제3관 지상관을 관상할 수 있고, 아미타부처님 열응신(劣應身; 화신불)을 친견할 수 있다.

[제142칙] 관하는 이치는 몰라서는 안 되고, 관하는 실천은 천천히 하도록 해야 한다

《관무량수경》에 비록 16가지 관법이 있을지라도 수행인은 수습함에 마땅히 쉬운 것부터 닦기 시작하여야 한다. 혹 여래 백호관白毫觀을 닦거나 혹 제13 잡상관雜想觀을 닦거나 구품의 관에 이르기까지 사람들이 수행인이 왕생하는 전인후과를 알도록 할 뿐이다. 잘 이해하기만 하면 특별히 이러한 관을 닦을 필요는 없다. 관하는 이치는 몰라서는 안 되고, 관하는 실천은 천천히 하도록 해야 한다. 만약 이치의 길(理路)은 또렷하지 않고 경계를 관함은 분명하지 않은데, 마음이 들떠있고 조급한 채로 관상을 닦으면 마사魔事를 불러일으키기 쉽다. 설령 관한 경계가 현전할 수 있을지라도 마음속에 망녕되이 기뻐하는 생각이 있으면 기쁨으로 인해 장애가 되고 그간의 노력이 모두 헛수고로 돌아간다. 그래서 《능엄경》에서 이르길, "거룩하다는 마음을 내지 않으면 선한 경계라 이름하나, 만일 거룩한 경계로 알면 곧 여러 삿된 유혹을 당하느니라." 하셨다. 당신이 일심으로 명호를 집지하는 법문을 가장 온당한 행이라 여기길 바란다. 지극한 마음으로 집지하여 하나로 돌아가면 청정한 경계가 저절로 현전할 것이다.

觀雖十六，行者修習，當從易修者行。或作如來白毫觀，或作第十三雜想觀。至於九品之觀，不過令人知行人往生之前因與後果耳。但期了知即已，正不必特為作觀也。觀之理，不可不知。觀之事，且從緩行。若或理路不淸，觀境不明，以躁心浮氣修之，或起魔事。即能觀境現前，若心有妄生喜悅之念，亦即因喜成障，或復致退前功。故楞嚴云：不作聖心，名善境界。若作聖解，即受群邪。祈一心持名，以為千穩萬當之行。待至心歸於一，淨境自會現前。

[제143칙] 이 마음이 부처를 지으니, 이 마음이 그대로 부처이다 (1)

작관作觀할 때는 자신이 가장 잘 득력하는 것만 취하여 작하거늘, 구태여 처음부터 끝까지 매일 거듭 연습할 필요가 있겠는가? 부처님께서 16관을 설하실 때 앞쪽에서는 극락세계의 장엄을, 뒤쪽에서는 구품왕생을 알려주고, 그리고 닦은 것의 인과를 알려준다. 각각의 관을 이미 알고 있는 이상, 부처님을 관하는 한 법 속에 다른 관도 원만히 관할 수 있다.

作觀只取得力者作。何必從頭至尾，日日重習。佛之說此十六種者，前則令人知極樂之莊嚴，後之九品往生，令人知所修之因果。各觀既知，即觀佛一法中，即可圓觀諸觀耳。

[역주] 매우 많은 염불인은 단지《아미타경》및《무량수경》만 볼 뿐,《관무량수경》에 대해서는 오히려 섭렵하는 사람이 매우 적다. 사실은 염불왕생의 원리는《관무량수경》속에 들어있다. 즉 **제불여래의 법신이 일체 중생의 심상心想 속으로 두루 들어가서 이 마음이 부처를 지으니, 이 마음이 그대로 부처이다.** 이러한 불법의 이치는 다소 이해하기 어렵다. 만약 철저히 이해할 수 있으면 자신에게 불법수행 전체가 모두 큰 이익을 줄 것이다.

인광대사께서는 이러한 미묘한 이치는 정종 이론의 정수일 뿐만 아니라 전체 대승불법 이론의 정수라고 찬탄하신 적이 있다. 그래서 절대 얕보아서는 안 된다. 십육관을 닦을 수 없지만, 그 교리는 절대 몰라서는 안 된다.《관무량수경》의 역주서는 여러 가지가 있는데, 천태지자대사와 지례대사의《관경소묘종초觀經疏妙宗鈔》주해가 가장 원융하다. 이《묘종초》는 선도대사의《사첩소四帖疏》에서 여러 가지 부족한 부분을 매워 정종의 교리를 완성하였으니, 즉 십육관의 구품왕생을 염불계위의 판정에 대응시켰다. 이는 이전의 모든 조사 대덕들이 판정할 능력이 없는 가장 어려운 것이고, 또한 가장 중요한 정종의 관건이 되는 문제이다.

[제144칙] 이 마음이 부처를 지으니, 이 마음이 그대로 부처이다 (2)

《관무량수경》에서 말씀하시길, "이 마음이 부처를 지으니, 이 마음이 그대로 부처이다(是心作佛，是心是佛)."이라 하셨다, 「작불作佛」은 불상을 관상觀想하고 부처님의 덕 및 부처님의 명호를 억념憶念함을 말한다. 「시불是佛」은 관상하고 억념할 때 부처님의 상호장엄, 복덕지혜, 신통도력이 모두 관상하고 억념하는 자의 마음 가운데 나타난다는 말이다. 거울이 상을 비추듯이 서로 지위가 대등하여 상하로 나누지 않고(敵體) 다름이 없다. 그런 즉 이 마음이 부처를 짓지 않으면 이 마음은 부처가 아니다. 마음이 삼승三乘을 지으면 마음은 삼승이고, 마음이 육도六道를 지으면 마음은 육도이다.

觀無量壽佛經云：是心作佛，是心是佛。作佛者，謂觀想佛像，憶念佛德及與佛號。是佛者，謂當觀想憶念之時，佛之相好莊嚴，福德智慧，神通道力，悉現於觀想憶念者之心中。如鏡照像，敵體無二。然則心不作佛，則心不是佛，心作三乘，則心是三乘，心作六道，則心是六道矣。

마음의 본체는 한 장의 백지와 같다. 마음이 작용한 선악의 인과는 부처를 그리거나 지옥을 그리듯이 각각 마음을 따라 나타난다. 그것의 본체는 비록 같으나, 그것이 도달하는 경지는 완전히 다르다. 그래서 "성인일지라도 망념을 가지면 미치광이가 되고, 광인일지라도 망념을 극복하면 성인이 된다."(일념이라도 무명이 일어남을 깨닫지 못하면 성인은 범부로 변하고, 범부가 염념마다 깨달으면 성인이 된다. 곧 범부와 성인의 구별은 일념에 있다는 뜻이다) 하셨다. 어찌 억념하고 작관하는 대상에 대해 신중하지 않을 수 있겠는가?

心之本體，如一張白紙。心之作用之善惡因果，如畫佛畫地獄，各隨心現。其本體雖同，其造詣迥異。故曰唯聖罔念作狂，唯狂克念作聖。吾人可不慎於所念所作乎哉。

[제145칙] **지명염불은 범부의 마음 그대로 부처님의 마음인 법문이다**

관상觀想염불은 이치의 길(理路)은 명백하고, 관상하는 경계는 다 익숙하며, 조급하고 경망스럽게 빨리 이루려는 마음이 없고, 침착하여 옮아가지 않는 의지가 있는 사람이 아니면 그것을 닦으면 많이 잃고, 적게 얻을 것이다. 실상實相염불은 부처님의 일대시교와 일체법문의 통도通途인 미묘한 수행으로 천태종의 지관止觀이나 선종의 참구향상參究向上등이 다 그것이니, 이른바 자성에 본래 갖추고 있는 천진스런 부처를 염하는 것이다. 이와 같은 실상염불은 말하기는 쉬우나 수행하거나 증득하기는 실로 어렵고도 어려운 일이다. 만약 다시 온 대보살이 아니면 누가 이번 생에 몸소 증득할 수 있겠는가?

觀想一法，非理路明白，觀境熟悉，無躁妄欲速之心，有鎮定不移之志者，修之則損多益少。至於實相念佛，乃一代時教，一切法門，通途妙行。如台宗止觀，禪宗參究向上等皆是。所謂念自性天眞之佛也。如是念實相佛，說之似易，修之證之，實為難中之難。非再來大士，孰能即生親證。

지명持名염불은 사상 그대로 곧 이체요, 얕은 법문 그대로 곧 깊은 법문이요, 수덕修德 그대로 곧 성덕性德이요, 범부의 마음 그대로 또한 부처님의 마음인 일대법문이다. 지명염불의 그 당체가 실상이라 인식하면 그 이익은 크고 깊다. 겉으로는 지명염불을 하지만 실제상으로는 실상을 전수專修하면 만 사람 가운데 한 둘도 진실로 증득하기 어렵다. 소동파蘇東坡, 증로공曾魯公, 진충숙陳忠肅, 왕시붕王十朋 등과 같은 과보만 얻을 수 있어도, 이미 상등上等에 속한다. 생사를 요탈하는 대사를 어찌 뜻이 크고 큰 소리로 장담한다고 성취할 수 있단 말인가!

持名一法，乃即事即理，即淺即深，即修即性，即凡心而佛心之一大法門也。於持名識其當體實相，則其益宏深。外持名而專修實相，萬中亦難得一二實證者。能得蘇東坡、曾魯公、陳忠肅、王十朋等之果報，猶其上焉者。了生脫死一事，豈可以志大言大而成辦乎哉。

[제146칙] 가장 어려운 관상을 닦음은 자력을 헤아리지 못함이니, 《관경》은 지명염불을 중요한 수행으로 삼았다

부처님께서 구법계 중생을 위해 설법하셨는데, 우리는 어떻게 자신의 힘을 헤아리지 못한 채 오르지 가장 수승한 관법을 위주로 하려는가? 1장 6척의 금신[105]으로 부처님께서 우리를 위해 설법하시어 하품으로 장차 지옥에 떨어지기 이전에 지명염불의 법문을 크게 여셨다. 그래서 《관무량수경》은 지명염불을 가장 중요한 수행으로 삼는다. 《무량수경》에서는 아미타부처님께서 48원 및 극락세계의 청정장엄 상을 상세히 말씀하셨다. 이는 소본 《아미타경》에 의지해 수행하는 자를 위한 요결이다. 이 두 경전이 있음으로 말미암아 소본 《아미타경》의 내용은 단지 섭요攝要일 뿐임을 알 수 있다. 비록 소본 《아미타경》에 의지하는 줄 알지라도 대본 《아미타경》을 중요하지 않다고 여겨 소홀히 해서는 안 된다.

佛為九法界衆生說，吾人何可不自量，而專主於最勝者觀乎。丈六八尺，佛已為我輩說過矣。下品將墮地獄之前，大開持名之法。是觀經仍以持名為最要之行。無量壽，詳說佛誓及與淨相，是為依小本修者之要訣。由有此二經，則知小本之文，但攝要耳。是知雖依小本，不得以二本作不關緊要而忽之。

명호를 수지함에 있어 진실로 지성을 다하면 한번 우러러 보고 한번 절하고 한번 명호를 부름이 모두 무량한 죄업을 소멸시킬 수 있고, 무량한 복덕을 늘릴 수 있으니, 결코 반드시 어떻게 수행해야 하는 방식이 있는 것이 아니다! 심지가 청정하고 거룩한 경계가 현전하면 나는 본래 갖추어져 있거늘 어떻게 가난한 집 아이가 금을 주워 기뻐서 어쩔 줄 몰라 하는 모습을 드러낼 수 있겠는가? 이미 이러한 모습이 있는 이상 완전히 범부의 마음이다. 성찰하지 않는다면 마魔가 끼는 것을 면하기 어렵다.

至於修持，果眞至誠，於一瞻一禮一稱名，皆可消無量罪，增無量福。非一定須作麼修方可耳。心地清淨，聖境現前，乃得我固有。何可如貧兒拾金，作極喜顛狀。既有此狀，完全是凡情氣概。若不省察，難免著魔。

105) 장육 팔척(丈六八尺) : 장6 응신은 여래가 지전地前의 범부 및 이승인에게 나타나는 응열신劣應身으로 크기는 1장 6척이다. 이는 통상적인 응화불의 신체 크기로, 세존께서 세상에 머무실 때 바로 1장 6척의 금신으로 나타난다.

[제147칙] **만인이 닦아 만인이 가는, 가장 곧장 질러가는 온당한 법문이다**

믿음과 발원으로 염불하여 서방극락세계에 태어나길 구함은 만인이 닦아 만인이 가는, 가장 곧장 질러가는 온당한 법문이다. 먼저 이 법문이 설해진 연유가 우리 마음속에 분명하여야 한다. 여전히 남은 힘이 있다면 다시 일체 경론을 연구하면, 갖가지 법문이 모두 이 법문의 보조가 될 수 있을 것이다.

信願念佛，求生西方，是為萬修萬人去之最直捷穩當法門。必須先要將此法門之所以然，了然於心。若有餘力，再去研參一切經論。各種法門，均可為此法門之助。

[보충] **영명연수永明延壽대사《사료간四料簡》**

참선도 있고 정토도 있으면 마치 뿔 달린 호랑이 같아
현세에 사람들의 스승이 되고 내세에 부처나 조사가 될 것이라.
有禪有淨土，猶如戴角虎，現世為人師，來生作佛祖。
참선은 없고 정토만 있으면 만 사람이 닦아 만 사람이 모두 가나니
아미타부처님을 친견하기만 하면 어찌 깨닫지 못할까 근심하리오.
無禪有淨土，萬修萬人去，但得見彌陀，何愁不開悟。
참선은 있고 정토가 없으면 열 사람 중 아홉은 길에서 넘어지니
중음신의 경계가 눈앞에 나타나면 눈 깜짝할 사이 그것을 따라 가버린다
有禪無淨土，十人九蹉路，陰境若現前，瞥爾隨他去。
참선도 없고 정토도 없으면 쇠침대 위에다 구리기둥 껴안으니
억만겁 지나고 천만생 거치도록 믿고 의지할 사람 몸 하나 얻지 못하리.
無禪無淨土，鐵床並銅柱，萬劫與千生，沒個人依怙。

[인광대사 법문]

이상 열여섯 마디《사료간》게송은 진실로 자비의 배이니, 이것에 주의하길 바란다. 이 사료간의 뜻을 이해하려면 먼저 무엇이「선禪」이라 하는지, 무엇이「정淨」이라 하는지, 무엇을「유有」라 하는지, 무엇을「무無」라 하는지 이해해야 한다. 이「선정유무」네 글자를 또렷이 알면《사료간》의 뜻을 이해할 것이다. 그래서「선정유무」를 간략히 아래에 결택抉擇하겠다.

이른바「선禪」이란 사람의 마음을 곧장 가리켜 성품을 보아 성불함(直指人心 見性成佛)이다. 교敎에서는 원만한 이해가 크게 열리고(大開圓解) 일념영지一念靈知의 본각이체本覺理體를 사무쳐 증득한다고 밝힘과 같다. 그래서 본래면목을 몸소 보아야「선이 있다(有禪)」할 수 있다. 그렇지 않으면 있다고 할 수 없다.

이른바「정淨」이란 정토삼부경으로 깊이 믿고 간절히 발원하여 정토에 태어나길 구하는

법문이다. 자심自心이 청정하면 국토가 청정하다. 자력自力이 감感하면 불력佛力이 응應한다. 첫째 믿음은 진실하여야 하고, 발원은 간절하여야 하며, 행지行持는 정진용맹하여야 한다. 그래서 결정코 의심하지 않는 믿음이 있어야 하고, 지성至誠으로 간절하게 발원하며, 게다가 일정하게 옮아가지 않는 행지가 있어야 비로소 「정토가 있다(有淨)」 할 수 있다. 그렇지 않으면 있다고 할 수 없다. 세상 사람은 우두커니 앉아 죽은 화두를 간하여도 「선이 있다」 할 수 있고, 유유히 몇 마디 부처님 명호를 염하여도 「정토가 있다」 할 수 있다고 여긴다. 이는 대단히 큰 잘못이다.

요컨대 「선이 있다」 함은 명심견성明心見性의 공부가 있다는 뜻이다. 「정토가 있다」 함은 염불하여 왕생할 자신이 있다는 뜻이다. 이는 가장 요긴한 이치이다. 그러나 마음을 밝혀 견성하였지만, 개오하여 증득이 없으면 절대로 생사를 끝마칠 수는 없다. 개오하여 생사를 끝마칠 수 없으면 불문의 내어內語가 아니다. 개오하면 법안이 열리고, 깨달은 후에야 진실로 수증修證하는 첩경이 있는 줄 알아야 한다. 개오하지 못한 자는 눈이 먼 채 수련하여 구덩이에 떨어짐을 면하지 못한다. 이런 연고로 먼저 개오하여야 한다. 이것이 초보공부이다. 만약 궁극까지 증득하려면 반드시 불 위에 기름을 더하여 더욱 노력하고 진보하여야 한다.

[역주] "유유히 몇 마디 부처님 명호를 염하여도 「정토가 있다」 할 수 있다고 여긴다. 이는 대단히 큰 잘못이다."

고대의 교종(教下)에서는 모두 오계를 지키고 십선을 닦을 수 있는 자야말로 대승의 수행인이라 할 수 있다. 《아미타경》 등 정토삼부경의 당기중當機衆[106]인 "선남자 선여인"도 즉 오계 · 십선을 지킨 사람이다. 《관경묘종초觀經疏妙宗鈔》에서 중품하생中品下生의 계위를 판정하면 세간의 선인위는 관행위 초품에 거한다. 또한 십육관에서 지상관을 이루면 세존께서 그가 임종할 때 결정코 왕생(또는 자재왕생)한다고 수기하시는데, 그 계위는 이것과 같다.

그래서 「만인이 닦으면 만인이 간다」 함은 진정한 대승 수행인, 즉 오계 · 십선을 닦은 염불인은 누구나 다 결정코 왕생한다는 뜻이다. 말법시기의 염불인은 오계五戒 조차도 지키지 못하는데, 한가한 시간에 몇 마디 부처님 명호를 염하여도 수행인이라 할 수 있는가? "만인이 닦아 만인이 간다"고 기대할 수 있겠는가?

[제148칙] 선종에서는 개오開悟를 큰 일로 삼고 정종은 왕생往生을 큰일로 삼는다

지금 이미 발심하여 염불하고 있는 이상 마땅히 마음과 부처가 상응하도록 생전에 일심불란一心不亂을 얻어야 한다. (일심불란을 얻고자 하면 염불하는 마음이 부처님

106) 숙세에 심은 덕본德本에 따라 지금 부처님이 설법하는 자리에 있으면서 법을 듣고 도를 깨닫는 중생을 말한다. /편주

명호에 전념하고, 지성으로 간절하게 바로 지금 이 「아미타불」 넉자의 부처님 명호를 자자구구 마음으로 또렷이 염하고 입으로 또렷이 염하며 귀로 또렷이 들어야 한다.) 이 업보의 몸이 다할 때 극락의 상품연화대에 오르기를 발원하면 반드시 확철대오 명심견성明心見性을 구할 필요는 없다. 선종에서는 개오開悟를 큰일로 삼고, 정종에서는 왕생往生을 큰일로 삼는다. 개오하였으나 왕생하지 못하는 경우는 백에 아홉 열이 있지만, 왕생하여 개오하지 못하는 경우는 만에 하나도 없다.

今既發心念佛，當以心佛相應，生前得一心不亂，(欲得一心不亂，在心專注與懇切耳。見三編答幻修學人問) 報盡登極樂上品為志事。不必求其大徹大悟，明心見性也。宗門以開悟為事，淨宗以往生為事。開悟而不往生者，百有九十。往生而不開悟者，萬無有一。

[보충] 염불하여 극락에 왕생하면 저절로 개오할 수 있다(念到極處，自能開悟)

「계契」란 부합하여 다름이 없다, 맞는다는 뜻이다. 「각覺」은 곧 부처님께서 증득하신 무상각도無上覺道이다. 현재 스스로 이롭게 하고 타인을 이롭게 하는 보리심으로써 믿고 발원하며 염불하여 염이 오래 지속되면 죄업이 사라지고 지혜가 밝아져 곧 부처님께서 증득하신 각도覺道와 서로 맞는다.

그래서 《능엄경 대세지염불원통장》에 이르시길, "만약 중생이 마음으로 부처님을 그리워하고 부처님을 생각하면 현전이나 당래에 반드시 결정코 부처님을 친견할 것이니라. 부처님과 멀리 떨어져 있지 않아, 방편을 빌리지 않고도 자성본연에서 마음이 열릴 것이니라. 이는 마치 향기를 묻힌 사람의 몸에 향기가 나는 것과 같으니라."

이는 곧 「각도와 맞는다(契覺)」는 뜻이다. 그대는 반드시 「사람의 도리를 극진히 하고 자신의 본분을 다하며, 삿된 지견을 그치고 진성심을 간직하여 온갖 악을 짓지 말고 온갖 선을 받들어 행함」을 수행으로 삼을지니, 그 이익은 오직 부처님만이 알 수 있다.

만약 하열한 근성을 따라 배워 부처님을 진실로 염하지 않은 채 개오하고자 하면 각도에 맞고자 하여도 오히려 각도와 등진다. 극처(일심불란)에 이르도록 염하면 저절로 개오할 수 있고, 개오하려면 곧 진실로 염해야 한다. 이러한 하열한 지견은 염불을 등한시하고 깨달음을 득도함으로 인정하여 마땅히 늘 깨달은 후에는 수행할 필요가 없다고 하면 미혹과 맞아 각도와 맞지 못하게 된다.

[역주] 인광대사께서 법문하시길, "명자위名字位의 사람은 여래장성如來藏性을 원만히 깨달아 지견이 부처님과 동류이지만 견사혹을 아직 조복할 수 없거늘 하물며 끊을 수 있겠는가! 말세에 확철대오한 사람은 대부분 이러한 신분이다."

이러한 깨달음은 단지 해오解悟일 뿐 증오證悟가 아니다. 해오한 후에는 장님이 눈을 뜬 것과 같아서 더 이상 서둘러 마음대로 수련하지 않는다. 이理상으로는 돈오頓悟할지라도 사事상으로는 점수漸修하여 견사 등 미혹을 차제로 닦아 차제로 끊어야 한다. 돈오하여 미혹을 다 끊을 수 있는 자는 만 명에 한 명도 없다.

인광대사께서는 《문초》에서 오조계五祖戒, 여여철廬如喆, 초당청草堂淸, 해인신海印信 등 선승들을 열거하시면서 그들이 모두 선문의 용상으로 다시 보면 후세에서는 오히려 퇴보하고 타락함을 알 수 있다. 인광대사께서는 이에 대해 말씀하시길, 그것이 비록 확철대오일지라도 초과를 증득하지 않은 까닭에 퇴보와 타락이 있다. 설령 초과를 증득했을지라도 일곱 차례 태어나고 죽어야만 최종적으로 생사를 요탈하여 삼계를 여읠 수 있으니, 자력으로 삼계를 수직으로 벗어나기는 결코 쉬운 일이 아닌 줄 알 수 있다.

"개오하였으나 왕생하지 못하는 경우는 백에 아홉 열이 있다." 이는 몹시 애석한 일이다. 이런 종류의 개오한 선승은 관행위에 쉽게 증득하여 비록 초과에 이르지 못할지라도 이런 수준에 따라 염불하며 임종시 극락에 태어나길 구하면 모두 삼계를 횡으로 벗어나 결정코 왕생할 뿐만 아니라 자재왕생한다. 그래서 인광대사께서는 "염불법문은 기타 종파의 귀결법문으로 의도한 뜻이 여기에 있다"고 다시 강조하신다. 생전에 어떤 종파를 닦았는지 관계없이 임종시 모두 마땅히 발원 · 염불하여 극락에 태어나길 구하여야 한다.

[제149칙] 일심을 얻지 못하면 부처님을 친견하길 기대하지 못하고, 마음에 정견이 없으면 마장이 생기기 쉽다

일심을 얻기 전에는 결단코 부처님을 친견하겠다는 생각이 움터서는 안 된다. 일심을 얻을 수 있으면 마음이 보리도와 합하고, 마음이 부처님과 합하여 친견하려면 단박에 친견할 수 있고 친견하지 않아도 아무런 걸림이 없다. 서둘러 부처님을 친견하려면 생각이 흩날리고 부처님을 친견하려는 생각이 마음속에 단단히 맺히면 곧 수행에 큰 병이 된다. 오래 지속되면 다생의 원가채주가 이런 조급하고 경망스런 생각을 타고 들어와 부처님의 몸으로 나타나 숙세의 원한을 갚으려 한다. 자신의 마음에 정견正見이 없으면 온몸이 모두 마魔의 기운이 되어 얼핏 보기에 환희심이 생기는 것 같지만, 실은 이러한 틈을 타고 마魔가 마음속으로 들어와 마魔에 홀려 미쳐버린다. 이 지경이 되면 비록 진짜 부처님이 오시더라도 어찌할 도리가 없다.

于未得一心前，斷斷不萌見佛之念。能得一心，則心與道合，心與佛合。欲見即可頓見，不見亦了無所礙。倘急欲見佛，心念紛飛，欲見佛之念，固結胸襟，便成修行大病。久之，則多生怨家，乘此躁妄情想，現作佛身，企報宿怨。自己心無正見，全體是魔氣分，一見便生歡喜。從玆魔入心腑，著魔發狂。雖有活佛，亦末如之何矣。

단지 일심에 이를 수 있으면 굳이 부처님을 친견할지 예상하겠는가? 일심에 이른 이후 저절로 선과 악이 좋고 나쁜 줄 안다. 부처님을 친견하지 못한다면 물론 공부가 향상할 수 있거니와 친견할지라도 마음 놓고 전수專修할 수 있으니, 반드시 오해하는 잘못이 발생해서는 안 되고 더욱 더 정진하는 이익이 있을 뿐이다. 세상에서 이치에 밝지 못한 사람은 조금이라도 수지修持가 있으면 곧 분수에 넘치는 기대를 품는다. 예컨대 거울을 연마하여 먼지와 때가 다하면 반드시 광명이 드러나고 하늘을 비추고 땅을 비춘다. 연마에 힘쓰지 않고서 빛이 나길 바라면 본래 전체가 때가 묻어 더러운 거울이라 만약 생기는 빛이 있으면 요사한 빛으로 거울 자체의 빛이 아니다. 나는 당신이 마음을 잘 쓰지 못해 자신의 이익을 잃을 뿐만 아니라 남의 믿음을 물러나게 할까 염려되어 그대가 어떻게 할 것인지 일러주는 편지 한 통을 부친다. 연수영명대사께서 말씀하시길, "아미타부처님을 친견할 수만 있다면 어찌 개오하지 못한다고 슬퍼하겠는가!" 지금 그의 말에 따라 이렇게 말하길, "마음이 산란하지 않길 기약하기만 할 뿐, 친견할까 하지 못할까 헤아리지 않는다." 이를 알면 마땅히 마음과 부처님과 합한 도에 힘쓸 수 있다.

但能一心，何須預計見佛與否。一心之後，自知臧否。不見固能工夫上進，即見更加息心專修。斷無誤會之咎，唯有勝進之益。世間不明理人，稍有修持，便懷越分期望。譬如磨鏡，塵垢若盡，決定光明呈露，照天照地。若不致力於磨，而但望發光。全體垢穢，若有光生，乃屬妖光，非鏡光也。光恐汝不善用心，或致自失善利，退人信心，是以補書所以耳。永明云：但得見彌陀，何愁不開悟。今例其詞曰：但期心不亂，不計見不見。知此當能致力於心與佛合之道矣。

[역주] 인광대사께서는《문초》에서 누차 "마魔에 홀려 미쳐버린다(着魔發狂)." 말씀하신 적이 있다. 오늘날 염불인은 대부분 그렇게 여기지 않고, 심지어 그 말은 일부러 과격한 말을 하여 남을 놀라게 한 것이라 여긴다.

첫째, 말법 시기에는 일심, 즉 공부성편功夫成片 이상에 이르도록 염하는 염불인은 적다. 선정 속 여러 일에 대해 아는 것이 매우 적고, 선정 속 마사魔事와 잠복해 있는 화를 알지 못한다. 둘째, 염불인은《능엄경》「오십음마五十陰魔」에 대해 연구가 깊지 않고, 문자의 학문과 실제 체험이 현저히 달라 읽어본 적이 있으면 늘 요행심을 가진다.

셋째, 여러 경전에서 사마외도邪魔外道에 대해 부체(附體; 신들림) 등의 일은 비록 개설이 있을지라도 만약 조사 · 대덕의 소초疏鈔를 깊이 연구하지 않으면 심층의 의리를 알기 어렵다. 현실 속 부체附體의 종류 및 인연은 더욱 더 복잡하다. 넷째, 염불인은 대부분 재가자가 스스로 닦고, 스승에 의지하여 몸소 지도를 받는 경우는 적다. 이는 스승이 차제로 가르치는 선종의 수행과 다르다.

불문에서는 "**설령 천년동안 깨닫지 못할지언정 한시라도 마魔에 홀려서는 안 된다**"는 말이 있다. 마에 홀리지 말라. 왜냐하면 마사가 끼면 없애기 매우 어렵고 심지어 여생은 모두 정신이상 등이다. 이병남 대덕께서는 불칠佛七을 조직하여 몸소 지도하였고 결과적으로 여전히 몇몇 사람에게 마장이 발생하였는데, 수개월 몸조리하여 비로소 정신이 천천히 호전되었다.

염불법문은 기타 자력법문에 상대하여 말하면 마에 홀리는 경우가 가장 적지만 여전히 발생함을 알아야 한다. 보통 염불인에 대해 말하면 만 명 중에 한 두 명이 관행위 초품에 이르도록 염하기 어렵고, 염불삼매에 들어갈 수 없으며, 선정에 머무는 동안 여러 많은 마사가 저절로 발생하지 않게 되고 마장의 종류가 상대적으로 적다.

염불인은 거의 모두 명자위名字位에서 산란한 마음(散心)으로 염불하는 사람이다. 산심위散心位의 염불인에 대해 말하면 첫째, 마魔가 어지럽히는 산심위는 선정 속 어지럽힘 보다 상대적으로 어렵다. 둘째, 진정한 천마가 어지럽힐 생각이 나지 않는 평범한 부류는 대부분 각자 누세의 원친채주가 불도를 닦는 것을 장애하는데, 그 방식은 다를 수 있다. 염불법문은 타력법문에 비해 마에 홀리기 쉽지 않다. 염불인은 정견을 증장하고 그 마음을 잘 써서 마사와 잠복해 있는 화를 면하여야 한다.

[제150칙] **서둘러 감통感通을 구하는 마음은 곧 불도를 닦음에 제일 큰 장애이다**

폐관閉關 중 노력함에 마땅히 전일專一과 정진精進이 둘이 아님을 위주로 한다. 마음이 귀일歸一하면 저절로 불가사의한 감통感通[107]이 있고, 귀일하기 전에는 조급하고 경망스런 마음으로 먼저 감통을 구해서는 안 된다. 일심[108]에 이른 후에는 반드시 감통이 있고, 감통하면 곧 마음은 한층 더 순수(精一)해진다. 이른바 밝은 거울이 경대에 놓여 있어 만나는 사물이 모두 거울 안에 반영되어 형형색색. 그것은 그것이고 나는 나이거늘, 나와 무슨 상관이 있겠는가? 마음이 아직 귀일하지 못한데 서둘러 감통을 구하면 이렇게 감통을 구하는 마음은 곧 불도를 닦음에 제일 큰 장애이다.

關中用工，當以專精不二為主。心果得一，自有不可思議感通。於未一之前，切不可以躁妄心先求感通。一心之後，定有感通。感通則心更精一。所謂明鏡當台，遇形斯映。紜紜自彼，與我何涉。心未一而切求感通，即此求感通之心，便是修道第一大障。

[역주] 일심은 곧 일심불란一心不亂으로 선정에 속한다. 역주에서 말한 것처럼 다른 잡념이 없어야 비로소 사일심事一心이라 부른다. **이일심불란理一心不亂에 이르면 이미 실상에 계입契入하여 아라한을 멀리 뛰어넘고 법신보살의 경계에 속하니, 말법시기 염불인은 과욕을 품어서는 안 된다. 만약 진실로 이러한 경계를 증득하면 바로 지금 곧 대신통이 생기고, 깊고 깊은 선정 속에 제불과 불법수행을 교류하니**(관행위의 선정경계는 단지 부처님을 친견할 수 있을 뿐 교류를 할 수 없지만, 상사위相似位 후심의 선정 경계도 또한 해낼 수

107) 감통感通이란 신묘하여 예측하지 못함을 감感하면 응應한다는 뜻이다. 수행하는 사람이 이미 도과道果를 증득하여 안으로 자성이 명료하면 감하여 통하지 않음이 없다. _《삼장법수三藏法數》

108) 일심一心은 사事와 리理 두 가지가 있다. 다른 생각이 없음이 사事의 일심이고, 실상에 듦이 이理의 일심이다. 《불학대사전》

있다), 이 사람은 모든 불법을 두루 통달하고 결코 잘못된 이해가 없으며 반드시 일대종사一代宗師이다.

사일심事一心에 이르도록 염한 자는 지혜의 마음이 아직 열리지 않거나 점차 열려 그 견해가 부처님과 같다고 보증할 수 없다. 사일심은 또한 복혹伏惑 사일심 및 단혹斷惑 사일심으로 나뉜다. 아라한의 경계는 단혹 사일심에 속하여 견사혹見思惑을 이미 끊어 없애었다. 말법시기 불제자가 관행위를 증득할 수 있으면 이미 세상 바깥 높은 사람에 속하여 봉황털 기린 뿔처럼 매우 드물고 진귀하다. 비록 복혹 사일심불란에 속할지라도 임종시 결정코 왕생할 뿐만 아니라 자재왕생한다.

"조급하고 경망스런 마음으로 먼저 감통을 구함"은 바로 일심에 계입契入함에 있어 큰 장애이다. 한편으로는 염불하면서 또한 서둘러 조급히 감응을 구하고 경계를 구하고 신통을 구하는 이런 망념은 바로 염불인을 장애하여 일심을 증득할 수 없게 만드는 사고의 장본인이다. 이를테면 염불인이 전심으로 염불할 때 망념이 뒤섞이면 늘 망념을 억제하려고 한다. 본래 망념을 그침이 정확하지만 염불수행 시에는 망념이 생기지 않게 하거나 감소시키고자 하면 결코 망념에 적극 대치하는 것이 아니고, 마음을 완전히 한마디 부처님 명호에 집중하여야 한다. **"망념으로써 망념을 그치게 함은 하나를 제거하고 둘을 보탬이다."** 조사대덕께서 법문하신 것처럼, 이는 망념을 억제하는 생각으로 바로 두 번째 망념이니, 오히려 염불일심을 장애한다.

[제151칙] **조금이라도 총명하면 선종 · 법상종 · 밀종을 배우고, 염불은 경시한다**

요즘 사람들은 항상 이상만 높아 수승한 것에 힘쓴다. 조금이라도 총명하면 선종 · 법상종 · 밀종을 배우고, 대부분 염불은 쓸모가 없는 것이라 여긴다. 선종 기어機語의 현묘함, 법상종 법상法相의 정미함, 밀종 위신威神의 광대함을 알뿐이다. 선을 닦는 사람은 설령 확철대오의 지위에 이를지라도 번뇌가 다하지 않았다면 여전히 생사를 끝마칠 수 없다. 법상종은 아집과 법집을 다 깨뜨리지 못하면 설령 갖가지 명상名相을 잘 이해할지라도 음식만 말할 뿐 먹을 수 없는 것과 같고, 보배만 헤아릴 뿐 얻을 수 없는 것과 같아 구경에 무슨 이익이 있겠는가? 밀종은 비록 현재의 몸으로 성불할 수 있다고 말할지라도 성취할 수 있음은 결코 박지범부博地凡夫의 일이 아니다. 범부가 망령되이 이런 생각을 내면 마魔에 홀려 미치는 경우가 십중팔구이다. 그래서 반드시 염불일문에 뜻을 두어야 하니, 그것은 지극히 온당한 위없는 제일법칙이다.

近來人每每好高務勝。稍聰明，便學禪宗、相宗、密宗，多多將念佛看得無用。彼只知禪家機語之玄妙，相宗法相之精微，密宗威神之廣大。而不知禪縱到大徹大悟地位，若煩惑未淨，則依舊生死不了。相宗不破盡我法二執，則縱明白種種名相，如說食數寶，究有何益。密宗雖云現身可以成佛，然能成者，決非博地凡夫之事。凡夫妄生此想，則著魔發狂者，十有八九也。是以必須專志於念佛一門，為千穩萬當之無上第一法則也。

[역주] 인광대사께서는 이 문제를 놓고 **"정토에 크게 통하고, 비로소 나머지 종파를 배워라."** 법문하신 적이 있다. 염불법문은 모든 종파의 귀결(歸宿)법문이자 말법시기에 자력 및 타력으로 삼계를 횡으로 벗어나는 제일법문이다. 정종은 믿기 어렵다. 사수事修는 이해한 이치가 얕아 마치 상에 집착하는 것처럼 보이고, 심지어 마음 바깥에 법을 취하는 혐의가 있다. 이수理修는 현묘하고 또한 보통사람이 알 수 있는 바가 아니어서 오직 제불만이 비로소 투철하게 해탈할 수 있다. 이는 또한 미신의 색체를 걸친다.

진정으로 정종을 깊이 믿는 것은 결코 쉬운 일이 아니다. 그래서 《아미타경》에서는 "수많은 중생을 위하여 이 일체 세간이 믿기 어려운 법을 설하셨도다." 하셨다. 정토의 교리를 연구하여 완전히 이해하고 다시 기타 종파의 법문을 연구하고 수습하여야 비로소 정종의 믿음에 영향을 미치지 않을 수 있다. 그렇지 않으면 선종 · 법상종 · 밀종 등을 배울 수록 깊이깊이 매료되어 정종은 따분하여 재미가 없다고 느끼고 믿음이 문득 사라질 것이다.

정종은 자력 및 타력의 이력법문에 속한다. 업을 지닌 채 왕생하여 삼계를 횡으로 벗어나고, 가장 낮은 관행위觀行位 초품은 곧 결정코 왕생할 뿐만 아니라 자재왕생한다. 명자위名字位의 산심散心 염불인은 임종시 지성으로 염불하여 죄업을 참회하여 없애면 또한 왕생할 수 있다. 그러나 기타 종파는 반드시 자력으로 견사혹見思惑을 말끔히 끊어야 삼계를 횡으로 벗어날 수 있다.

선종의 확철대오는 대부분 명자위 및 관행위로 해오解悟이지 증오證悟가 아니다. 견사혹을 결코 끊어 없애지 못하고, 무생법인을 증득하지 못해 후유後有(윤회계의 몸)를 받게 되며, 초과를 증득하지 못해 내세에 퇴보하거나 타락하지 않는다고 보증하기 어렵다.

법상종은 아집과 법집을 타파하여 자력으로 미혹을 끊은 아라한의 경계이어야 비로소 생사를 요탈할 수 있다. 법상종에서 가장 어려운 것은 바로 명상名相이 지나치게 번쇄하여 매우 많은 사람이 수학하여 제일 관문을 통과하길 희망하나 뒷걸음질 칠 뿐이다. 설사 다 배웠을지라도 그것은 단지 학문이지 실수實修가 아니어서 여전히 계속해서 유식唯識 등의 관觀을 수학하여야 한다.

밀종은 즉신성불即身成佛이 얼마나 쉬운지 이야기하나, 즉신성불할 수 있는 자는 결코 한 생에서 수행하여 이른 것이 아니라 "아홉 나라에서 천자가 되는 복과 칠대에 걸쳐 장원이 되는 재주가 있어야 한다." 선종의 개오開悟 조차도 여러 생의 누적이 있어야 하거늘 하물며 즉신성불이랴. 범부가 이 점을 이해하지 못하여 서둘러 구하고 빨리 이루려는 마음으로 법문을 수지하면 열에 여덟아홉은 마에 홀려 미치게 된다.

[제152칙] 각 종파를 연구함에 정토로 귀일되고 아가타약으로 만병을 통치한다

만약 타고난 자질이 총명하다면 성상性相의 각 종파를 연구해도 무방하지만, 정토법문을 귀의처로 삼아야 인은 있고 과는 없는 지경에 이르지 않고, 생사를 요탈하는 묘법을 구두선으로 삼으면 그 실제 이익을 얻을 수 없다. 반드시 공경심을 주로 하고 지성심을 잘 간직하여 경전을 살아있는 부처님을 대하듯이 하고 감히 조금도 태만하고 소홀히 하는 마음이 없어야 자기 지성심의 크기에 따라 깊고 얕은 여러 이익을 얻을 수 있다.

如其天姿聰敏，不妨研究性相各宗，仍須以淨土法門而為依歸，庶不至有因無果。致以了生脫死之妙法，作口頭活計，莫由得其實益也。必須要主敬存誠，對經像如對活佛，不敢稍存怠忽。庶幾隨己之誠大小，而得淺深諸利益也。

근기가 둔한 사람인 경우 정토법문을 전일하게 연구하여 진실한 믿음을 충분히 지닐 수 있고 선정을 지킬 수 있으면, 반드시 이번 생에 생사를 요탈하여, 범부를 뛰어넘어 성인의 흐름에 들 수 있다. 경론을 깊이 통달하였지만 정토법문을 수행하지 않는 사람과 비교하면 그 이익은 어찌 하늘땅만큼 차이가 현저하지 않겠는가!

至於根機鈍者，且專研究淨土法門。果眞信得及、守得定，決定現生了生脫死，超凡入聖。校彼深通經論，而不實行淨土法門者，其利益奚啻天地懸殊也。

위에서 말한 것처럼 자격이 어떠하든지 최초로 먼저 이 일미의 약을 처방하면, 삿된 집착과 그릇된 견해가 있거나, 아만으로 방자하게 굴거나, 거룩한 경계를 높이 받들거나, 스스로 하열하다 생각하는 등 병통이 무엇이든지 이 한 가지 아가타약 만병통치약(정토법문)으로 말미암아 즉석에서 치유되지 않음이 없다.

如上所說，無論甚麼資格，最初先下這一味藥。則無論甚麼邪執謬見，我慢放肆，高推聖境，下劣自居等病，由此一味阿伽陀萬病總治之藥，無不隨手而愈。

[보충] **연지대사 법문**

나는 이전에 모 절에서 참학參學하였다. 어느 날 방장께서 대중에게 말씀하시는 것을 들었다. "백중날(中元節)에는 마땅히 (죽은 자를 위해) 우란분재盂蘭盆齋를 지내어야 한다." 나는 반드시 재齋를 시설하여 대중에게 공양해야 한다고 생각한다. 그러나 백중날에 이르러 베푼 공양이 없었고, 단지 대중에게 사흘 염불하도록 하였을 뿐이다. 또 종전에 한 절의 당가사當家師가 관청에 체포되어 절 안의 수좌首座가 대중을 모아 행사를 거행하여 구호를 빌었다. 대중은 반드시 경전을 독송하고 주문을 지송해야 한다고 생각하였지만, 결국 단지 고성 염불하라고만 하였을 뿐이다. 이 두건의 불사는 모두 예상 밖의 일로 대덕들의 사상과 작풍이 얼마나 평범하지 않은지 알 수 있고 학습하여 본받을 만하다.

그러나 오늘날 매우 많은 염불인들은 정토를 전수專修한다고 하지만, 만수무강을 구하기 위해 《약사경藥師經》을 염송하고, 죄업을 없애기 위해 《자비도량참법(梁皇懺)》을 절하며,

액난을 구하기 위해 《소재주消災咒》를 염송하고, 지혜를 구하기 위해 《관음문》을 염송한다. 평소 염하는 부처님 명호를 한쪽에 내려놓고 염불이 일에 아무런 도움이 없다고 생각한다. 왜 이렇게 생각해 보지 않는가? 아미타부처님께서는 무량수불이시니, 왕생하는 사람도 수명이 무량하거늘 하물며 인간 백년의 수명을 구함이겠는가? 《관무량수경》에 이르시길, **"한마디 소리내어 지심으로 염불하면 팔십억겁 생사의 중죄를 없앨 수 있다."** 하셨거늘 하물며, 눈앞의 액난을 없애지 못하겠는가? 또한 《무량수경》에 이르시길, "나는 지혜광명으로써 무량무변 세계를 널리 비추겠다." 하셨다. 염불하는 사람은 아미타부처님께서 늘 지혜광명으로써 그 몸을 비춰주시거늘 하물며 보통 사람의 총명지혜이겠는가? 한마디 부처님명호는 아가타약으로 만병을 통치한다. 만약 마음속으로 이리저리 망설이면서 기꺼이 믿고 순종하지 않으면 설사 거룩한 선교방편의 근본강령이 있을지라도 당신에게 힘이 될 수 있겠는가?

[제153칙] **선종은 견성성불見性成佛을, 밀종은 현신성불을 말한다**

선종에서는 언제나 명심견성明心見性 견성성불見性成佛을 말한다. 명심견성은 확철대오이다. 견성성불은 자성천진自性天眞의 부처님을 직접 봄을 말한다. 성불成佛이라 함은 실제로는 이즉불理即佛과 명자불名字佛로서, 결코 복덕과 지혜가 원만한 구경불이 아니다. 이 사람은 설사 최고의 경계를 깨달았고, 불성佛性을 친견하였을지라도 여전히 범부이지 성인이 아니다. 널리 육바라밀(六度; 여섯 가지 행으로 생사고뇌의 이 언덕에서 열반안락의 저 언덕으로 건너가는 법문)을 닦아서 일체 경계와 인연 중에서 번뇌와 습기를 대치하고 자신의 심지를 남김없이 청정히 하면, 생사를 요탈하여 삼계를 뛰어넘어 육도에서 윤회하지 않을 수 있다.

禪宗每云明心見性，見性成佛。明心見性，乃大徹大悟也。言見性成佛者，以親見自性天眞之佛。名為成佛，乃理即佛與名字佛也，非福慧圓滿之究竟佛也。此人雖悟到極處，親見佛性，仍是凡夫，不是聖人。若能廣修六度，於一切境緣，對治煩惱習氣，令其淸淨無餘，則可了生脫死，超出三界之外，不在六道之中矣。

부처님께서 세상에 계실 적에 이러한 사람은 매우 많았고, 중국 당송 시절에도 여전히 있었지만, 지금은 확철대오마저도 쉽게 얻지 못하거늘 하물며 번뇌가 완전히 없는 사람이겠는가? 밀종에는 현신성불現身成佛 혹은 즉생성불即生成佛을 말하지만, 이는 선종의 견성성불과 같은 말로서 모두 그 공부가 깊고 깊음을 찬탄한 것이지만, 진실로 지금 몸(現身)으로 성불할 수 있다고 여겨서는 안 된다. 모름지기 현신성불하신 분은 오직 석가모니부처님 한 분 뿐임을 알아야 한다. 이 분을 제외하고 설사 고불께서 시현하셨을지라도 현신으로 성불하는 일은 없다.

佛世此種人甚多，唐宋尚有。今則大徹大悟，尚不易得，況煩惱淨盡者乎。密宗現身成佛，或云即生成佛，此與禪宗見性成佛之話相同。皆稱其工夫湛深之謂，不可認做眞能現身成佛。須知現身成佛，唯釋迦牟尼佛一人也。此外即古佛示現，亦無現身成佛之事。

[역주] 천태종의 교리를 연구하지 않은 사람은 오해를 면하지 못한다. 천태 교리에 의지해 말하면 별교의 초지初地, 원교의 초주初住야말로 「성인」인 셈이다. 원교의 십신위十信位 이하는 천태종에서는 십신十信 내범위內凡位(아라한조차도 내범위에 속함)라 칭하고, 관행즉觀行即불위佛位는 태교에서 오품五品 외범위外凡位라 한다. 내범과 외범은 천태종에서 모두 「범부」로 불린다. 이즉불理即佛과 명자즉불名字即佛은 아직 관행즉불觀行即佛보다 낮다.

선종에서는 개오開悟 조차도 여러 생이 누적되어야 하므로 "아홉 나라에서 천자가 되는 복과 칠대에 걸쳐 장원이 되는 재주가 있어야 한다"는 말이 있거늘 하물며 즉생성불이겠는가! 확철대오한 자는 비록 대부분 명자위(후심위)에 속하지만, 그 도안道眼이 이미 열리어 수행은 순풍에 돛을 단 것처럼 매우 빨리 관행위로 증입하게 된다. 이러한 수증修證 공부로써 임종시에 만약 극락에 태어나길 구하면 모두 결정코 왕생할 뿐만 아니라 자재왕생한다. 때가 이름을 미리 알아 선 채로 가든지 앉은 채로 가든지 맑고 깨끗하며 자재하다. 그렇지 않으면 반드시 자력으로 수지하여 초과(상사위 초신위)를 증입하고, 다시 천상 및 인간으로 일곱 차례 생사를 반복해야 영원히 윤회를 벗어난다. 일생에 생사를 요탈하려면 반드시 견 · 사혹업을 다 끊어야 하니, 이는 아라한과 대등한 지위여야 가능하다.

[제154칙] **정업淨業을 전수專修하면 그 이익이 무궁하고, 여러 법문을 잡수雜修하면 이익을 얻기 어렵다**

선도화상께서는 아미타부처님의 화신이시니, 큰 신통이 있고 큰 지혜가 있었다. 그는 정토를 넓히고 밝힘에 있어 현묘함을 숭상하지 않았고 오직 분명하고 소박한 곳에서 사람들이 수지하도록 가르치셨다. 또한 그분께서 보여주신 전수專修와 잡수雜修의 법문은 그 이익이 무궁하다.

善導和尚，係彌陀化身。有大神通，有大智慧。其宏闡淨土，不尚玄妙，唯在眞切平實處，教人修持。至於所示專雜二修，其利無窮。

전수專修란 신업으로는 아미타부처님께 전례專禮하고 (주위를 돎 및 일체 몸가짐에 방일하지 않음이 모두 이것이다), 구업으로는 전칭專稱하며 (경전과 주문을 염송하여 뜻과 마음으로 회향함도 또한 전칭이라 할 수 있다), 의업으로 보리심을 발하여 「아미타불」 부처님 명호를 전념專念하는 것을 말한다. 이와 같이 닦는다면 서방극락에 왕생함에 있어 만 명 가운데 한 명도 빠뜨리지 않는다. 잡수雜修란 갖가지 법문을 겸하여 닦아 그 공덕을 회향하여 왕생하는 것이다. 마음이 순일純一하지 않아서 그 이익을 얻기가

어렵다. 그래서 백 명 중에 한두 명으로 드물게, 천 명 중에 서너 명으로 왕생하는 자가 드물다. 이는 부처님께서 친히 하신 진실한 말씀으로, 천고에 변하지 않는 확실한 사안이다.

專修謂身業專禮，[凡圍繞及一切處身不放逸皆是。]口業專稱，[凡誦經咒。能志心回向，亦可名專稱。]意業專念。如是則往生西方，萬不漏一。雜修謂兼修種種法門，回向往生。以心不純一，故難得益。則百中希得一二，千中希得三四往生者。此金口誠言，千古不易之鐵案也。

[역주] 말법시기의 염불인은 편한 것만 좋아하고 일하기를 싫어하며, 기회를 틈타 이익을 취할 궁리만 하며, 자신이 업을 지닌 채 왕생함을 믿고, 대부분 염불정진하지 않는다. 선도대사께서는 전수專修법문을 열어 보이셨으니, 이는 공경히 닦음(恭敬修), 뒤섞지 말고 닦음(無餘修), 중단 없이 닦음(無間修), 오랫동안 닦음(長時修)이다! 이와 같이 「3년~5년」 전수할 수 있으면 반드시 성취한다. 「3년~5년」의 기간 설법은 많은 왕생전기에서 총괄해 나온 것이다.

당나라 초, 정종의 교리는 결코 완전히 정리된 것이 아니었다. 선도대사께서도 《관무량수경》 중 십육관, 구품왕생에 대응하는 염불수준을 제시할 수 없었고, 대응하는 계위를 판정할 수 없었다. 선도대사께서는 그 당시 사람들에게 그들이 일생을 끝마칠 때 (염불하는 마음 밖에) 후심後心이 없이 (다른 생각이 섞이지 않고) 염불 정진할 것을 제창하였다. 역사상 유전하여 내려온 왕생전기는 매우 많은데, 그 속에 이근과 둔근의 사람이 모두 있다. 위로는 지위가 높은 사람, 아래로는 평범한 백성, 출가자와 재가자 중 매우 많은 사람들이 모두 3년~5년 전수염불하면 때가 이름을 미리 알아 자재왕생할 수 있었다. 근대의 왕생전에도 매우 많은 진실한 사례가 있다.

왜 그러한가? 《관경소묘종초》를 깊이 연구한 후 염불인이 자력으로 관행위 초품에 이르도록 수지하면 곧 임종시 결정코 왕생할 수 있음을 알 수 있다. 이는 십육관 제3관 지상관이 이루어질 때 세존께서 몸소 이 사람은 임종시 결정코 왕생한다고 수기하셨다는 경문을 통해 증명된다. 선도대사께서는 당시 그 계위를 판정할 수 없었고, 송나라에 이르러 천태종 조사인 지례知禮대사께서 지자대사의 《관무량수경소》를 역주하여 《묘종초》를 얻은 뒤 세상에 나오고서야 비로소 정종 교리상에 남아있던 여러 가지 많은 난제들을 진정으로 해결할 수 있었다.

관행위觀行位 초품은 선정경계와 유사한 수준을 막 얻은 것에 속한다. 여전히 미도정(未到定; 처음 선정禪定을 얻기 위한 준비적 수행)에 이르지 못했고, 욕계정欲界定에 가깝다. 주로 선정을 닦는 참선에 대해 말하면 이러한 수준은 막 입문한 상태에 속한다. 당송 이전에는 매우 많은 고승대덕께서 대부분 관행위에 이르도록 닦을 수 있었고, 일부는 상사위相似位에 이르도록 닦을 수 있었다. **지자대사께서는 스스로 관행 오품위까지 닦았다고 하였고, 우익대사께서는 겸손하게 자신은 명자위(후심)라고 하였다.**

말법시기 염불인에 대해 말하면 염불을 3년~5년 정진할 수 있으면 완전히 관행위 초품에 이르도록 염할 수 있다(단지 자력으로 명자위 후심에 이르도록 염하기만 하면 염불할 때 아미타부처님 타력 명훈가피의 증상增上을 겸하여 얻는 까닭에 관행위 처음 수희품에 들어갈 수 있다). 이는 평일에 단지 십구기염불법(十口氣念佛法; 한 호흡이 다하도록 일념을 삼아 열 번 호흡까지 염하는 염불법)을 닦기만 하는 평범하게 수지하는 염불인이 아마도 도달하기 매우 어려운 수준일지도 모른다. 여기서 말한 결정코 왕생함이란 임종시 타인의 조념助念 없이도 자재왕생하고, 잠깐 염불삼매에 들어가도 곧 부처님께서 와서 맞이함을 알 수 있다.

우익대사께서는 "명자위의 사람은 반드시 왕생하는 것은 아니다."라고 말씀하셨다. 비록 왕생할 수 있을지라도 그가 결정되었다고 수기할 수 없다. 세존께서는 《관무량수경》에서 십육관 제3관 지상관을 이룬 자에게 「결정코 왕생한다」고 수기하셨지만, 제1 · 제2 일상관 수상관을 이룬 자에게는 수기하신 적이 없다. 이것이 의도한 뜻인 줄 알아야 한다. 십육관을 닦은 자는 모두 보리심을 발한 자이고, 제1관에서 16관까지 그 내용은 보리심을 발해 성불하여 중생을 제도하겠다는 뜻이다. 그래서 제3관을 이룬 자는 모두 보리심을 발하고 깊이 믿고 간절히 발원한 자로 관행위의 초품에서 이미 미혹을 조복한 사일심불란에 속하고, 그 닦은 정선定善으로 정업定業을 없앨 수 있어 임종시 왕생하는 까닭에 결정된다.

산심위散心位 염불인에 관해서는 비록 믿음과 발원이 확고하다고 자칭할지라도 닦은 산선散善으로 삼악도에 떨어지는 정업定業을 없애기 어렵고, 악도에 떨어지는 성죄를 짓지 않겠다고 참회하여도 미혹을 조복할 힘이 없기에 미혹을 일으켜 악을 지을 수 있어 옛날에 지은 횡사의 정업定業이 이미 사라졌는지 보증할 수 없다. 나아가 임종시 상황이 정해지지 않아 임종시 정념正念을 보장할 수 없다. 임종시 여러 죄를 소멸시킬 수 있는지 정해지지 않고, 임종시 부처님을 친견할지 정해지지 않으며……저절로 임종시 왕생도 정해지지 않는다. 결정왕생은 모름지기 충분히 증량證量해야 하는 것이지, 결코 굳은 명세로 '나는 깊이 믿고 간절히 발원한다'고 중얼거린다고 곧 좋은 것은 아니다. 염불인은 결정코 왕생하겠다는 신념을 갖추고 난 후 반드시 계율을 엄숙히 지키고, 정진염불을 수지하면서 결정코 왕생하기 위해 노력하여야 한다.

[제155칙] 염불과 대비주로 자신을 이롭게 하고 타인을 이롭게 하여 먼저 세상에서 현인과 선인이 되어라

날마다 자신의 힘을 헤아려 그것에 맞게 염불하고 대비주를 지송하여 자신을 이롭게 하고 타인을 이롭게 하는 의지처로 삼아라. 모든 사람에게 믿음과 발원으로 염불하여 서방극락에 태어나길 구하라고 권진하라. 재가자이든 출가자이든 모두 각자 맡은 바 직분의 일을 다 하고, 모든 사람에게 먼저 세상에서 현인과 선인이 되어라. 부처님의 자비력에 의지해야만 범부를 뛰어넘어 성인의 흐름에 들고 서방극락에 왕생할 수 있다. 사람들에게 할 수 없는 큰 소리는 결코 치지 말라. 누구나 자신은 할 수 있는 일이 하나도 없는 「밥만 축내는 중」(粥飯僧)이라 말할 것이니, 이는 그 대략이다.

每日量己之力，念佛并持大悲咒，以為自利利他之據。對一切人，皆以信願念佛求生西方為勸。無論出家在家，均以各盡各人職分為事。令一切人，先做世間賢人善人。庶可仗佛慈力，超凡入聖，往生西方也。并不與人說做不到之大話，任人謂己為百無一能之粥飯僧，此其大略也。

[역주] 인광대사께서 앞글에서 말씀하셨듯이 오직 선인만이 염불하면 비로소 부처님과 상응할 수 있고 무량한 공덕이 생길 수 있다. 악인은 비록 염불할 수 있을지라도 그 마음이 거짓으로 부처님과 합하기 어렵고 저 부처님을 느끼기 어려우며, 보리심이 진실하지 않아 공덕이 생기기 어렵고 왕생하기 어렵다.

《관무량수경》 하삼품 왕생자는 이전에는 악인이었지만 나중에 지심으로 염불 참회하여 이미 선인이 되었다. 오직 선인만이 비로소 아미타부처님 서원을 섭수하는 부류이기에 부처님께서는 회개하지 않은 악인은 섭수하시지 않는다. 《관무량수경》 중품하생, 즉 세간의 선인은 한평생 선을 행하고 악업을 짓지 않아 임종시 비로소 염불법문을 만나 듣고서 곧이어 왕생하면 이는 자재왕생에 속하고 하삼품에 견줄 수 있는 것이 아니다.

하삼품은 임종 최후 일념에 왕생하는 경우에 속하고 이미 임종시 여러 괴로움을 받았다. **"세간의 선인은 자재왕생하는 사람이다."**라고 말한 출처는 《관경소 묘종초妙宗鈔》이다. 이 책에서 그 계위는 관행위 초품에 있다고 판정하였다. 왜냐하면 한 평생 오계와 십선을 엄격히 지켜서 계로 말미암아 선정을 얻기 때문이다. 오계가 원만하면 저절로 얕은 선정에 들어 갈 수 있어 임종시 자재왕생한다.

[제156칙] **자기 본분을 다함은 수행의 기초이지만, 현묘함을 중시하면 화근을 숨긴다**

다른 사람은 수행을 가르칠 때 현묘한 부분에 진력하는 경우가 많다. 그러나 나는 자기 본분을 다하도록 지휘하는 경우가 많다. 자기 본분을 다할 수 없으면 설사 참선과 교학을 하나하나 근원을 철저하게 궁구할지라도 삼세 부처님의 원수가 될 뿐이니, 하물며 근원을 철저하게 탐구하는 일이 없음에랴!

他人教人，多在玄妙處著力。光之教人，多在盡分上指揮。設不能盡分，縱將禪教一一窮源徹底，也只成一個三世佛怨而已。況尚無窮源徹底之事乎。

[보충] **삼세의 원한을 맺다**(結三世怨)

지금 세상에 염불하면 인천의 복보를 감득하여 복보는 있지만 바른 지혜는 없다. 복보가 있는 까닭에 권세와 부귀를 누린다. 바른 지혜가 없는 까닭에 어리석어 인과를 믿지 않는다. 인과를 믿지 않는 사람이 권세와 부귀를 누리면 호랑이에 날개를 단 듯이 날로 그 악이 증가한다. 그래서 복보가 클 수록 나쁜 짓을 많이 한다. 이미 악업을 지은 이상 악한 과보를 받아야 한다. 이것이 이른바 삼세의 원이다.

[보충] 부처님의 원수

지금 입으로는 대승을 이야기 하고, 도를 깨쳤다 자처하면서 "내가 곧 부처이니, 구태여 염불하겠는가! 번뇌 그대로 보리이니 구태여 번뇌를 끊겠는가! 음행 · 분노 · 어리석음이 그대로 계정혜이니, 구태여 음행 분노 어리석음을 끊겠는가!" 말한다. 이로 말미암아 말을 하면 구천 위의 하늘만큼 높고, 행하면 구지 아래의 땅으로 들어가니, 이와 같은 부류를 부처님의 원수라 한다.

[역주] 자신의 본분을 다함이란, 구체적인 일에 힘쓰는 것으로 발은 땅을 밟고서 현재의 자리와 환경에서 닦아야 성취할 수 있는 것이 생길 수 있다. 구체적인 일을 하지 않고 많은 선문의 공안과 교종의 이치를 배우면 말로만 음식을 얘기하고 보물을 세기만 하는 것과 같아 생사를 요탈하는 일과 무슨 상관이 있겠는가? 전생에 불문에서 복보를 누적하여 금생에 큰 부귀를 누리지만, 복보가 클수록 나쁜 짓을 많이 하여 세 번째 생에는 반드시 악도에 떨어지니, 어찌 애석하지 않겠는가! 학불學佛을 만약 현묘함, 신통과 감응에서 시작하면 반드시 화근을 감추게 된다.

[제157칙] 피를 뽑아 사경하는 고행을 잠시 늦추고 우선 염불을 중요한 일로 삼을지라

피를 뽑아서 사경하는 일을 시도하는 것을 잠시 늦추고 마땅히 우선 일심염불을 중요한 일로 삼을지라. 아마 피가 없어지고 정신이 쇠약해져 오히려 수행의 장애가 될 수도 있다. 몸이 건강한 후에야 도가 융성하다. 범부 지위의 사람이 법신대사法身大士[109]의 고행을 본보기로 삼아 본받으려고 해서는 안 된다. 일심을 얻을 수만 있다면 법문마다 원만하게 갖추어진다.

刺血寫經一事，且作緩圖，當先以一心念佛為要。恐血耗神衰，反為障礙矣。身安而後道隆。在凡夫地，不得以法身大士之苦行，是則是效。但得一心，法法圓備矣。

[보충] 인광대사 법문: 고행

여래께서는 법화경 능엄경 법망경 등 대승경전에서 고행을 칭찬하셨다. 팔과 손가락을 태워 제불께 공양함으로써 탐내는 마음 및 자신의 몸을 애지중지하는 마음을 대치하셨다. 이 법은 육바라밀에서 보시바라밀로 섭수함에 속한다. 보시에는 눈과 뇌와 같은 내보시와 나라,

109) 법신대사法身大士는 일분의 무명을 끊고 일분의 법성을 드러낸 법신보살로 천태종 사교四教의 위차에 따르면 초주初住이상이어야 법신보살이다. _《불학대사전》

처자와 같은 외보시가 있어 다르다. 향을 사르거나 팔을 사르거나, 모두 버림(舍)이라 하는데, 반드시 지심至心으로 간절히 삼보의 가피를 기원하여야 한다. 오직 자신과 타인의 업이 사라지고 지혜가 밝아지며, 죄업이 사라지고 복덕이 늘어나길 바라면 공덕은 무량무변으로 불가사의하다. 만약 헛된 명성을 바라보고 쓸데없이 집착하는 마음으로 집착을 없애는 행을 본받고자 한다면 당분간 팔을 사르고 향을 사른다 말하지 말라. 설령 온몸을 살라도 이익이 없는 행이다.

[역주] 인광대사께서는 오후 불식을 제창하지 않으셨다. 왜냐하면 재가인은 매우 바빠서 제때 식사를 하지 않으면 위장이 탈이 나기 때문이다. 수행인이 오후에 공양을 할 것인지 여부는 각자 사정에 근거하여 정해야지 일률적으로 논해서는 안 된다.

[제158칙] 명산을 두루 다님은 정신으로 제경을 다님만 못하니, 일념이 고금을 거둔다

(한평생 천하를 주유周遊하며 인광대사와 도반이 된) 고학년高鶴年 거사(1872-1962)는 세속에서 진리를 닦으며 인연에 따라 정진하였다. 한마디 「아미타불」 부처님 명호를 집지하여 자신의 본명원진本命元辰으로 삼았고, 「참괴(慚愧; 두려워하고 부끄러워함)」 두 글자를 마음에 품고 성인에 들어가는 계제階梯로 여겼다. 성지와 명산을 돌아다니며 탐방 사적을 기록(《명산유방기名山遊訪記》)하여 사람들의 이목을 여는 일에 수고로움을 마다하지 않았으니, 확실히 법을 위해 자신의 몸을 돌보지 않은 분이라 할 수 있다!

居士即俗修眞，隨緣進道。執持一句彌陀，當做本命元辰。抱著慚愧二字，以為入聖階梯，聖地不厭屢登，錄其跡以開人耳目。誠可謂為法忘軀者也。

그러나 나의 어리석은 견해로는 걸음을 멈추고 그만 쉴 수도 있을 것 같다. 만약 여전히 널리 다니고자 한다면 마땅히 정신으로 다니되 몸으로 다닐 필요는 없다. 《미타삼경》(정토삼부경)과 《화엄경》 일부(보현행원품)면 탐방 코스로 삼을 수 있을 것이다. 칠보 연못에 편안히 앉아서 화장 세계를 두루 다니면 정신은 다닐수록 몸이 더 건강해지고, 두루 염송할 수록 마음은 하나에 이를 것이다.

然以光愚見，似乎可以止步休歇矣。縱欲廣遊，宜以神不須以身。彌陀三經，華嚴一部，當作遊訪路程。宴坐七寶池中，遍遊華藏世界。神愈遊而身愈健，念愈普而心愈一。

고요함(寂)에 즉 일념도 얻을 수 없고, 비춤(照)에 즉 만덕이 본래 갖추어져 있다. 적조寂照[110]가 원융하고 세속과 진리가 둘이 아니다. 천세 고금이 바로 지금 일념에 나타나니,

가없는 찰토 바다를 거두어 자심自心으로 돌아간다. 별빛을 몸에 받고 달빛을 머리에 이고 다니며, 세찬 비바람을 무릅쓰는 당신과 깊은 연못에 임해 벌벌 떨고, 가파른 바위를 밟으며 놀라고 두려워하는 사람을 비교하면 하루와 무량겁으로 서로 배가 될 뿐이다! 나의 견해는 이러한데, 거사는 어떻게 생각하는지 모르겠다.

其寂也，一念不可得。其照也，萬德本具足。寂照圓融，眞俗不二。十世古今，現於當念。無邊刹海，攝歸自心。校彼披星戴月，冒雨沖風。臨深淵而戰兢，履危岩而驚怖者，不啻日劫相倍矣。鄙見如此，不知居士以為何如。

[제159칙] 몸이 쇠약해지면 번잡한 것을 버리고 간단한 것으로 나아가 정업淨業을 전수專修하라

각하께서는 아직 삼십이 안 되었는데 이미 쇠약한 모습을 보이시니, 확실히 번잡한 것을 버리고 간단한 것으로 나아가 정업淨業을 전수專修하시고, 정업에서 큰 성취가 있은 후에 다시 다른 법문을 홍양하십시오. 그래야 자신을 이롭게 하고 타인을 이롭게 하는 실익을 얻을 수 있을 것입니다. 그렇지 않으면 비록 사람을 이롭게 할 수 있어도 구경은 아닐 것입니다.

閣下年未三十，已現衰相。固當捨博守約，專修淨業。淨業大成，再宏餘法。庶得自利利他之實。否則雖能利人，亦非究竟。

[보충] 자리이타自利利他의 시의성

학불學佛은 반드시 오로지 자신의 힘으로 일을 끝마쳐야 하고 또한 반드시 자신의 본분에 따라 자신의 역량에 따라(隨分隨力) 공덕을 지어야 한다. 만약 역량이 큰 사람이면 비로소 철저히 방하放下하고 철저히 제기提起할 수 있다. 중하 근기의 사람은 일체 작위가 없으면 끝내 게으르게 된다. 즉 자신을 이롭게 하는 일에도 착실하지 못하고, 남을 이롭게 하는 일은 전부 도외시한다.

양자楊子가 털을 뽑아 사람을 이롭게 하지 못하는 폐단으로 흘러들어가는 까닭에 반드시 두 법이 서로 돕고 행하여야 하지만, 오로지 자신을 이롭게 하는 일변을 위주로 한다. 이림二林(공자와 관우의 묘)의 말을 또한 오해해서는 안 된다. 오해하면 이림의 미움을 사는 일이 적지 않다. 이림二林의 뜻은 오르지 자신을 이롭게 함을 위주로 함이지, 함께 자신의 본분에 따라 자신의 역량에 따라(隨分隨力) 남에게 정토법문을 수습하도록 가르치는 일을 전부 폐하는 것이 아니다. 남을 가르치는 일 하나는 오직 대보살이 짐을 질 뿐이다. 누가 감히 이런 큰

110) 적寂은 고요함(寂靜)의 뜻이고, 조照는 밝게 비춤(照鑒)의 뜻이다. 진리의 본체를 적이라 하고 진리의 작용을 조라고 한다. 지혜의 본체는 공적空寂하고, 관조의 작용이 있다. 즉 좌선의 당체, 지관止觀이다.

소리를 치는 것을 제압하겠는가!

중하 근기의 사람은 자신의 본분에 따라 자신의 역량에 따라 남을 이롭게 하는 일을 행함으로써 비로소 자신을 이롭게 하는 도를 수행함에 합당할 수 있다. 왜냐하면 법문을 수행함에 육도만행六度萬行이 있기 때문이다. 자신은 제도 · 해탈을 얻지 못하면서 남을 이롭게 함은 아직도 자신을 이롭게 함에 속하지만, 오르지 바깥 변두리 사적事迹 상에서 하여서는 안 된다. 자심自心의 번뇌 · 습기를 대치함을 제쳐두고 말하지 않으면 외행外行이 있음으로 말미암아 내공內功을 전부 게을리 한다. 오히려 이로 인해 아만이 생겨서 스스로 공리功利를 덕으로 삼으면 손해되는 것이 많다.

남을 이롭게 하려면 먼저 자신을 이롭게 하여야 한다. 자신이 먼저 생사를 벗어나지 않거늘 어찌 저 생사 중생을 제도할 수 있겠는가. 비유컨대 바다에 빠진 자는 바다에 빠진 사람을 구할 수 없다.

[제160칙] 종승과 교승에 통달한 사람이 어리석은 촌부만 못한 까닭은

정업淨業을 닦는 사람은 조금도 요령을 부려서는 안 된다. 만약 요령을 부리면 평범한 것을 싫어하여 반드시 재주부리다 일을 망치게 된다. 이것이 왜 종승에 통달하고 교승에 통달한 사람이 항상 노실하게 염불하여 실익이 있는 어리석은 촌부보다 못한 이유이다. 만약 기꺼이 이러한 평범하고 소박한 가풍을 지킨다면 극락에 태어남을 반드시 예단할 수 있다. 그렇지 않으면 극락에 태어나지 못함 또한 예단할 수 있다.

修淨業人，著不得一點巧。倘或好奇厭常，必致弄巧成拙。此所以通宗通教之人，每每不如愚夫愚婦老實念佛者，為有實益。若肯守此平淡樸實家風，則極樂之生，定可預斷。否則不生極樂，亦可預斷矣。

[제161칙] 노실하게 염불하는 아무런 지식이 없는 사람만 못하다

염불법문은 필사적으로 오만방자한 일체 지견을 내려놓을 수 있는 사람만이 이익을 얻을 수 있다. 지혜가 성인과 같을지라도 모두 내버려두고 「나무아미타불」 한마디 부처님 명호를 자신의 본명원진本命元辰으로 삼아 왕생을 구하겠다고 서원하여야 한다. 설사 죽음이 핍박하여 종래의 방법을 바꾸도록 할지라도 얻을 수 없다. 이래야 비로소 총명한 사람이라 할 수 있고, 실제 이익을 얻을 수 있다. 그렇지 않으면 많이 알고 많이 봄으로 말미암아 의심을 결단할 수 없고, 오히려 노실하게 염불하는 아무런 지식이 없는 사람만 못하니, 이들이 이익을 얻기 쉽다.

念佛一法，唯死得下狂妄知見者，方能得益。任憑智同聖人，當悉置之度外，將此一句佛號，當做本命元辰，誓求往生。縱令以死見逼，令其改轍，亦不可得。如此方才算是聰明人，方才能得實益。否則由多知多見，不能決疑，反不如老實頭一無知識者，為易得益也。

[역주] 많은 중생은 습관이 쌓여 성품을 이룬다. 대부분 가까운 것을 버리고 먼 것을 구하고, 쉬운 것을 버리고 어려운 것을 구하여 무량겁토록 이루기 힘들게 되니, 이로 인해 쉬지 않고 유전한다. 노실염불老實念佛하는 자는 은밀히 부처님의 서원과 수순하여, 곧장 범부를 바꾸어 성인을 이루는 대도이자 번뇌를 여의어 미묘 원만한 대지혜인 보배가 있는 곳(寶所)으로 들어가는 줄 모른다. "부처님의 깨달음의 바다에 뛰어드는 까닭에 은밀히 부처님의 지혜와 통하고 미묘한 도에 맞을 수 있다(潛通佛智，暗合道妙)."

그래서 《관무량수경》에서 염불행자는 "사람 가운데 분다리화(백련화)이니, (지금 생에서) 관세음보살과 대세지보살께서 그의 수승한 법우가 되고, (목숨을 버린 후) 마땅히 보리도량에 앉아 성불하고 일체제불의 집에 태어나리라" 하고 찬탄하신다. 사람이 노실염불할 수 없는 이유는 이러한 얕으면서도 무상의 묘법을 깊이 알 수 없기 때문이다.

앞에서(제26칙) 인광대사께서는 말씀하셨다. "그렇지만 정토법문이 이처럼 넓고 크며 그 수행방법 또한 지극히 간단하고 쉬운 까닭에 만약 전생에 정토에 선근을 심은 사람이 아니라면 곧 의심없이 확신하기가 매우 어렵다. 범부들만 못 믿는 것이 아니라 성문 연각의 이승조차도 많이 의심한다. 나아가 이승만 못 믿는 것이 아니라 십지 아래 권위보살조차도 간혹 의심한다. 오직 홀로 초지이상의 대승보살이라야 철저히 깨치고 의심 없이 확신할 수 있다.

확실히 이 법문은 과지果地의 깨달음을 인지因地의 마음으로 삼아 전체 그대로 부처님의 경계이다. 오직 부처님과 일체 부처님이라야 구경까지 요달了達할 수 있나니, 일반인의 지혜로는 알 수 있는 것이 아니다. 나 같은 무리의 범부는 부처님의 말씀을 우러러 믿고 가르침대로 행하면 저절로 실익을 획득할 것이다. 이 불가사의한 법문을 들을 수 있으면 곧 다겁에 선근을 깊이 심었거늘, 하물며 믿고 받아들여 봉행함이겠는가!"

법문은 평범하면서 특별하고, 간단하면서 쉽고, 높으면서 깊다. 그래서 인광대사께서는 늘 말씀하시길, "오직 위로 지혜로운 사람과 아래로 어리석은 사람은 옮아가지 않지만, 다른 사람은 가르침대로 봉행하는지 지켜볼 뿐이다."

[제162칙] **자신을 이롭게 할 수 없으면 결단코 타인을 크게 이롭게 할 수 없다**

보내온 편지를 보니, 그대는 큰 보리심을 발하였다 할 수 있다. 모쪼록 자신과 타인을 모두 이롭게 할 수 사람이 되길 기대한다. 그러나 당신은 "자신을 이롭게 하는 마음은 담담하고, 타인을 이롭게 하는 마음은 절절하다."고 말한다. 나는 이 말도 또한 매우 문제가 있다고 생각한다. 자신을 이롭게 할 수 없으면 결단코 타인을 크게 이롭게 할 수 없으니, 양자에 대해 가깝고 소원함을 가리지 말아야 옳다. 그러나 타인을 이롭게 함은 순수한 하나의 원일뿐, 자신을 이롭게 함에 반드시 심력을 다해야 한다. 자신을 이롭게 함에 한편으로는 담담하면서 어떻게 함부로 대보살의 신분을 배우겠는가!

觀來書，可謂發大菩提心，以期自他俱利者。然曰自利心淡，利他心切，亦甚有語病。不能自利，斷不能大利於他，二者當以不分親疏為是。然利他正一願而已，自利則必須竭盡心力。則自利一邊何可以淡，而妄學大菩薩身分也

[보충] 타인을 이롭게 하고자 하면 먼저 자신을 이롭게 해야 한다

사홍서원은 삼세 일체제불 서원의 근본인 줄 알아야 한다. 그대는 일상생활에서 마음을 일으키고 생각을 움직임에 이와 맞도록 하여야 한다. 맞는 경우는 그것이 원만하도록 확충하고 맞지 않는 경우 그것이 남지 않도록 끊어버려야 한다. 그러나 타인을 이롭게 하고자 하면 먼저 자신을 이롭게 하여야 한다. 자신이 먼저 생사를 벗어나지 않거늘 어떻게 생사윤회하는 중생을 제도할 수 있겠는가? 비유컨대 바다에 빠진 자는 바다에 빠진 사람을 구할 수 없다.

여래께서 설하신 생사 해탈법은 무량무변하여 오직 정토일법은 시작하기 쉽고 높이 성공한다. 힘을 적게 쓰고 효과를 빨리 얻는다. 만약 이번 생에 끝내고자 해도 이를 버리고는 방법이 없다. 이른바 정토란 곧 믿음을 내고 발원하며 아미타불을 염하여 서방극락세계에 태어나길 구함이다. 만약 진실로 믿고 간절히 발원하여 일심으로 염불할 수 있으면 목숨을 마치려 함에 이르러 결정코 부처님의 접인을 입어 저 국토에 왕생한다. 이미 왕생할 수 있으면 굽어보아 평범한 사람에게 감사하고 존경하여 거룩한 흐름에 참여한다. 부처님을 친견하고 불법을 듣고 무생법인을 증득하면 신통지혜가 불가사의하다. 그런 후 본원의 수레를 타고 사바세계로 돌아가 갖가지 방편으로 중생을 제도·해탈시킨다.

관세음보살께서는 어떤 몸으로써 제도 받음을 얻는 자에게 응하여 곧 어떤 몸으로 나타나서 설법하시어 두루 일체중생으로 하여금 함께 생사를 벗어나고 함께 불도를 이루게 하여 비로소 자기가 본래 갖추 묘진여심(妙眞如心; 유심정토)을 원만히 증득하고, 구경에 보살의 사홍서원과 아미타부처님의 사십팔원 및 보현보살 십대원왕에 맞을 수 있다.

[제163칙] 《정토오경》은 그 공덕 또한 《금강경》에 못지않다

그대는 《금강경》을 염송하길 좋아하니, 응당 이 공덕으로써 왕생에 회향하면 곧 정토의 조행助行이 된다. 《정토오경》은 그 공덕도 또한 《금강경》에 못지않다. 보낸 경서에서 먼저 내가 지은 서문을 상세히 읽으면 그 대의를 전부 알 수 있을 것이다. 그런 후에 다시 마음을 차분히 하고 공경심으로 독송하면 가없는 이익을 저절로 몸소 얻을 수 있을 것이다.

汝喜念金剛經，當以此功德，回向往生，即為淨土助行。然淨土五經，其功德亦不亞于金剛經。所寄之經書，宜詳閱光所作之序，則其大義可以悉知。再息心恭敬讀之，則無邊利益，自可親得。

[보충] 공덕은 자성과 잘 상응하고, 계정혜와 상응하며, 청정심 · 자비심 · 보리심과 상응하며, 바로 지금 마음 경계에서 증량(證量; 현량)함의 수승하고 하열함과 상관하며, 수행에서 향상(提升)함의 많고 적음과 상관한다……. 《금강경》의 공덕이 수승한 이유는 전부 마음 경계의 계입契入, 반야의 개화, 사상四相을 깨뜨리고 사견四見을 여의는 실증에 있으니, 이와 같아야 공덕이 무량무변하다 말할 수 있다.

명자위名字位 범부에 대해 말하면 근본적으로 경전에 담긴 수승한 공덕을 얻을 수 없다. 왜냐하면 그것은 모두 법신보살의 경계이고, 성문 · 연각 · 아라한에게는 모두 몫이 없다, 아라한은 무주(無住; 머묾 없음)를 행할 수만 있을 뿐, 동시에 마음을 내어 무주생심無住生心을 행할 수 없다. 배워서 아는 것이 아니라 반드시 실증하여야 얻을 수 있는 경전 속 한마디 게송의 공덕은 모두 무량무변하다.

이와 같을 뿐만 아니라 만약 비록 독경할 수 있을지라도 마음이 선을 향하지 않고, 보리정도菩提正道에 수순하여 발심할 수 없으면 여전히 계를 깨뜨리고, 선정과 지혜가 생기지 않으며, 형식에 흐르니, 이는 분별심으로 그 공덕을 탐하여 독송하기 때문이다. 긍정적으로 말해 설사 백천 번 독송할지라도 조금도 공덕이 없고 복덕은 모두 형편없이 적다. 바꾸어 말하면 염불하여 견성하고 이일심理一心을 증득한 자의 《정토오경》을 독송한 공덕은 또한 《금강경》에서 말씀하신 갖가지 가없는 공덕과 같다. 왜 이러한가? 증량證量이 서로 같아서 대응하는 공덕이 필연적으로 차이가 나지 않기 때문이다.

[제164칙] **망상을 없애지도, 일심을 구하지도 못한다는 말은 전부 터무니없다**

옥봉玉峰법사의 행지는 좋을지라도 도리는 매우 치우쳤다. 예를 들어 그가 말한 염불의 사대 요결은 그 의도는 결코 나쁘지 않다. 그러나 어휘를 사용해 논설할 수 있으나 완전히 고덕과 상반된다. 염불은 "망상을 없애지도, 일심을 구하지도 못한다." 이는 전부 터무니없는 말이다. 불경에서는 일심을 구하라고 가르치는데, 그는 구하지 말라 한다. 망상을 없애지 않고 어떻게 일심을 얻을 수 있는가?

玉峰法師行持雖好，見理多偏。即如念佛四大要訣，其意亦非不善。而措詞立論，直與古德相反。不除妄想，不求一心，全體背謬。經教人一心，彼教人不求。夫不除妄想，能一心乎。取法乎上，僅得其中。豈可因不得而不取法乎。若以不得而令人不取法，是令人取法乎下矣。

대세지보살께서는 "육근을 모두 거두어 들여 정념을 이어가라." 하셨다. 그는 산란한 마음으로 염불하라 가르치고 마음을 거두어들임을 찬양하지 않는다. 염불에 일체 장애가 없을지라도 삼매를 몸소 증득하고자 고요할 수 있으면 당연히 좋지만, 고요할 수 없어도 무방하니, 곧 움직이되 고요하다. 그러나 그는 고요함을 삿됨으로 여기고, 명호를 집지하면서 부처님을 그리워하고 부처님을 생각하는 뜻에 크게 어긋난다고 말한다. 이러한 설법의 잘못은 이루다 말할 수 없다.

大勢至云：都攝六根，淨念相繼。彼極力教人散心念，不讚揚攝心念。念佛雖一切無礙，然欲親證三昧，能靜固好，不能靜，亦無妨即動而靜。彼直以靜為邪，謂大違執持名號憶佛念佛之旨。其過何可勝言。

더구나 염불일법은 일대시교 · 일체법문을 원만히 포용하거늘 그곳에서 「고요함(靜)」 한 글자조차도 밖에 떨어져 있으니, 어찌 정종의 참 선지식이라 할 수 있겠는가! 2차 재판에서 이 사대요결을 삭제하길 바란다. 처음 근기가 병에 걸리지 않게 되고, 평범한 사람도 비웃을 수 없다.

且念佛一法，圓該一代一切法門。而靜之一字，尚隔其外。豈可謂為淨宗眞善知識。祈二次再版，刪去此四大要訣。庶初機不致受病，而通人無由見誚也。

[역주] 인광대사께서는 《문초》에서 "일심을 증득하지 못해도 왕생할 수 있다"고 누누이 언급하셨다. 이는 산심 염불인이 왕생한다는 믿음을 말함이다. 신원행信願行 삼자량三資糧은 깊은 믿음을 머리로 삼으니, 자심을 의심하고 부처님을 의심하며 법을 의심하는 등 의심은 왕생의 첫 번째 큰 장애이다. 염불하여 일심을 증입證入함은 모든 염불인에게 합당한 고등의 목표이지만, 결코 일심을 증득하지 못해서 믿음이 모자라다고 말해서는 안 된다.

인광대사의 법문 중에는 왕왕 여러 가지 일시적인 방편(權宜)이 있다. 비록 일심으로 염불하든 산란한 마음으로 염불하든 모두 왕생할 수 있지만 그 차별은 오히려 커서 다르다. 최소한 미혹을 조복한 일심불란, 즉 염불공부로 한 덩어리를 이루는 이런 부류의 염불인은 정선定善을 닦아 정업定業을 없애어서 임종시 때가 이름을 미리 알아 결정코 왕생할 뿐만 아니라 자재왕생할 수 있어 다른 사람의 조념이 필요 없다.

산란한 마음으로 염불하는 사람은 믿음이 깊고 발원이 간절할지라도 명자위名字位의 사람일 뿐이고 그 믿음과 발원의 힘으로 미혹을 조복할 수 없어, 역연逆緣을 우연히 만나면 여전히 미혹을 일으키고 업을 지어 산선散善으로는 정업定業을 없애기 어렵다. 그래서 임종시 여러 인연이 일정하지 않아 저절로 왕생도 결정되지 않는다. 설사 임종시 여러 인연이 순조롭고 정념正念이 분명할지라도 비로소 며칠 혹은 십여 일 시달리고 임종시 여러 괴로움을 겪으며, 임종시 최후의 시간에 끊임없이 부처님 명호에 계념繫念하여 점차 임종의 특수한 선정 경계에 들어가 최후에 비로소 견불왕생할 수 있지만 대부분 자재할 수는 없다. 당연히 왕생할 수 있으면 설사 하하품으로 왕생할지라도 또한 생사를 요탈하여 삼계를 횡으로 벗어나 윤회를 영원히 끝나는 것이다. 염불인은 마땅히 정심定心왕생과 산심散心왕생의 갖가지 차별을 알아서 발심하고 곧 용맹정진하여 일심을 쟁취하여야 곧 현명하다.

[제165칙] 수신하지 않고 염불하여도 이익은 있지만, 왕생하기는 어렵다

수신(持戒)하지 않고 염불하여도 이익은 있다. 결정코 왕생할 수 있을지는 백천 만 중 하나 얻기 어렵다. 재능이 뛰어난 사람이 공경과 성의를 다해 힘쓰면 이것에 그에게 행운인 점이다. 그대가 지은 두 마디 말은 비록 옳다 할지라도 확실하지 않다. 그래서 마땅히 고쳐서 "지혜로 번뇌와 음욕을 끊고 고해를 뛰어 넘겠다. 굳은 믿음과 발원을 세우고 극락정토의 연못에 들어간다."고 말해야 한다. 그러면 확실하다. 공부하는 법칙은 모두 이 두 마디 말에 들어있다.

不修身而念佛，亦有利益。於決定往生，則百千萬中難得一個。雄俊惟恭，乃其幸也。所撰兩句，是而未切。宜云：智斷煩情超苦海，(煩，即煩惱。乃通指。情，則專指淫欲。)立堅信願入蓮池。則確切。于用功法則，皆指出矣。

[역주] 수신하지 않고, 계율을 지키지 않으면 필연코 정정正定을 얻을 수 없다. 정정正定이란 염불삼매, 일심불란이다. 가장 얕은 일심불란은 곧 미혹을 조복한 일심불란으로 그 계위는 원교의 관행위 초품이다. 이 계위의 염불인은 《관무량수불경 소묘종초》에 의하면 임종시 결정코 왕생할 수 있다.

명자위의 사람은 모두 "반드시 왕생하는 것은 아니다." 이 말의 출처는 우익대사의 《아미타경요해》이다.[111] 설사 당신이 깊은 믿음과 간절한 발원이 있을지라도 반드시 왕생하는 것은 아니다. 왜냐하면 명자위의 사람은 정선定善을 생하기 어렵고, 삼악도에 떨어지는 정업定業을 없애기 어렵기 때문이다. 누가 자신이 임종시에 결정코 죄가 없는 상태에서 죽음(善終)을 맞이하는지 알 수 있겠는가? 바로 지금 임종에 이르면 여러 가지 많은 변수가 존재하는 까닭에 부정不定이라 말한다. (설사 부정不定일지라도 염불인은 또한 마땅히 결정코 왕생한다는 믿음을 내어야 한다. 믿음을 갖춤과 실제상황은 별개의 일이다. 헷갈려서는 안 된다)

수신을 하지 않은 사람은 설사 염불정진할지라도 관행위에 증입하지 못하고, 정정正定을

111) 묻건대, "산란한 마음으로 칭명하여도 역시 죄가 소멸되는가?"
답하되, "부처님의 명호는 수많은 공덕을 갖추고 있어 불가사의한데, 어찌 죄가 소멸되지 않겠는가? 다만 반드시 극락정토에 왕생하는 것은 아니다. 왜냐하면 (산란한 마음으로 칭명한) 한없이 많은 산선散善으로는 (힘이 충분하지 않아) 무시이래 세세생생 쌓아온 온갖 죄들에 대적하기가 어렵기 때문이다. _《불설아미타경요해》(비움과소통)

얻을 수 없다. 왜냐하면 계율은 삼매를 얻는 전제이기 때문이다. 계를 깨뜨려서 수신을 하지 않음은 바로 마음이 산란해지게 하는 인연이다. 살생 · 도둑질 · 음행 · 거짓말을 범할 때 마음속은 극렬하게 술렁거리고 마음 경계는 아래로 향해 떨어지게 된다. 이는 보리정도菩提正道에 역행하는 것이고, 자성의 부처님(自佛)을 오염시키고 저 부처님(他佛; 아미타불)을 장애하는 것이니, 이러한 마음의 경계로 여하히 삼매를 얻겠는가! 설사 만에 하나 다행히 삼매를 얻을지라도 그것은 삿된 삼매이고 결국 타락하고 만다.

[제166칙] 지성으로 늘 염하면 현생에서 이익을 얻고, 놀며 장난치면서 인연을 따라도 후세에 선근이 있다

염불念佛, 이 한 가지 일은 현생에서 이익을 얻으려면 반드시 지성, 간절한 마음으로 늘 염해야 한다. 선근을 심으면 설령 놀며 장난치면서 한 마디 부처님 명호를 염할지라도 반드시 내생에 이 선근이 있기 때문에 수지하기 시작한다. 그래서 고인께서는 탑묘塔廟를 크게 세워 모든 사람들이 이를 보고 선근을 심도록 하셨다. 「나무아미타불」, 이 한마디 부처님 명호는 팔식八識의 밭에서 영원히 사라지지 않는다. 그래서 기꺼이 염불하면 당연히 좋은 일인 줄 알아야 한다. 기꺼이 염불하지 않으면 그를 위해 부처님 명호를 듣기만 하여도 선근을 심고, 오래도록 듣기만 해도 큰 공덕이 있다고 말하라.

念佛一事，約現生得利益，必須要至誠懇切常念。若種善根，雖戲玩而念一句，亦於後世定有因此善根，而發起修持者。故古人大建塔廟，欲一切人見之而種善根。此一句佛，在八識田中，永久不滅。是知肯念佛固好。不肯念，為彼說，彼聽得佛號，亦種善根。聽久則亦有大功德。

[역주] 《법화경》에 이르시길, "만일 어떤 사람이 산란한 마음으로 탑묘塔廟 중에 들어가서 한마디 「나무불」을 부르면 모두 불도를 이루게 되리라." 이는 후세의 이익을 말한다. 당나라 이전에 《정토삼부경》이 점차 한나라 땅에 전해져 이미 광범위한 영향을 미치고 있었다. 그러나 당시 정종의 교리는 완전히 정리되지 못하여(불경을 번역할지라도 조사의 주해로 교리를 귀납하여야 비로소 후학의 잘못 읽고 치우쳐 해석함을 피할 수 있다), 다른 종파 및 자기 종파의 몇 스님들이 《아미타경》의 임종왕생을 후세의 이익이고 금생의 왕생이 아니라고 판정하게 만들었다. 그래서 불법을 수학함에 반드시 세상 사람이 가장 권위를 갖추었다는 공인하는 조사 · 대덕에 의지하여야 편차가 발생하여 잘못된 지견을 형성함을 면할 수 있다.

[팔식八識]

유식종唯識宗에서 세운 오위백법五位百法 중 제1위법이다. 즉 팔식심왕八識心王으로 팔식이라 약칭한다. 즉 안 · 이 · 비 · 설 · 신 · 의 · 말나 · 아뢰야의 팔식八識이다. 그 가운데 안 등

6식이 의지하는 근根에 따라 명칭을 세웠고, 말나식은 곧 의意의 자성에 의지해 명칭을 세웠고, 아뢰야식은 일체제법의 인과를 섭지攝持한다는 뜻이고, 또한 자성으로부터 명칭을 세웠다. 혹은 안 등 오식은 전5식, 의식을 제6식, 말나식은 제7식, 아뢰야식은 제8식이라 칭한다. 또한 안식에서 말나식까지 아뢰야식으로 말미암아 생겨나는 것으로 총칭하여 전식轉識 혹은 이에 대해 아뢰야는 7전식의 인인 까닭에 근본식根本識、종자식種子識이라 한다. 《유식삼십송唯識三十頌》에서 팔식을 3능변能變으로 나눈다. 아뢰야식은 초능변이고, 말나식은 제2능변이며, 전6식은 제3능변이다. 그 성격을 말하면 안 등 전6식은 요별了別을 그 성격으로 삼고, 색 · 성 · 향 · 미 · 촉 · 법 육근六境에 연하여 선 · 악 · 무기無記 세 성性에 통한다. 말나식은 항상 살피고 사량思量함을 그 성격으로 삼고, 유복有覆과 무기無記의 성격을 가지며, 오직 아뢰야식의 견분(見分; 인식작용)에 연하여 자신의 내아內我가 된다. 아뢰야식은 무복無覆과 무기無記의 성격을 가지고, 미세의 행상行相으로써 자신이 변하여 나타난 기계器界 · 종자(種子; 형상 · 명칭 · 분별습기) 및 유근신(有根身; 다섯 색근과 색근의 의지처)에 연한다.

범부는 오욕(색성향미촉)의 장애를 받고, 오욕은 곧 오근(안이비설신)으로 말미암아 생겨나며, 오근은 욕망을 낳고 또한 제6의식의 분별에서 나온다. 이 분별은 또한 제7의식(말나식)의 「집아執我」에서 나오니, 즉 안을 향해 이 사대四大가 임시로 합쳐진 육신을 「나」라고 집착하고, 밖을 향해 만법이 실재한다고 집착하는 까닭에 눈으로 색을 보고, 귀로 소리를 듣고, 코로 향을 맡고, 혀로 맛을 보고, 몸에 촉감이 있다. 오욕을 만족시키기 위해 탐진치 삼독을 내고, 살생 도둑질 음행 거짓말 등 큰 죄업을 짓는다. 지은 바 선악의 종자는 모두 제8아뢰야식에 넣으니 곧 장식藏識이다. 범부는 악을 지어도 다른 사람은 모른다고 여기나, 실은 자신의 제8식이 종자를 심는다.

흡사 카메라와 같이 악의 정보를 전부 기록하여 이번 생이나 다음 생에 기연이 무르익을 때 여러 연이 합쳐져 악과를 파생한다.

《대보적경》에 이르시길, "설사 백천 겁을 지날지라도 지은 업은 사라지지 아니하여 인연이 모여 만날 때 저절로 과보를 돌려받는다." 《열반경》에 이르시길, "선과 악의 응보는 그림자가 형상을 따르는 것과 같고, 삼세인과는 순환하여 잃지 않는다." 《법구경》에 이르시길, "죄를 짓고도 복을 누리는 것은 아직 그 악이 다 무르익지 않았음이니 마침내 그 악이 무르익고 나면 저절로 모진 벌을 받게 될 것이며, 좋은 일을 하고도 화를 입을 수 있음은 아직 그 선함이 다 무르익지 않았음이니, 드디어 그 선행이 다 무르익으면 반드시 그에 상응하는 복을 받을 것이다."

도道를 닦는 목적은 윤회에서 해탈함에 있다. 윤회에서 해탈하려면 먼저 오욕을 간파하여 오욕에 머물지 말아야 한다. 아집을 끊으면 마음에 물듦이 없고 윤회를 보지 않는다. 담박하여 만족할 줄 알아 세속의 명리와 부귀에 좌우되지 않으면 도道에 들어갈 수 있다. 즉 제6식이 분별하지 않고, 제7식이 나를 집착하지 않으며, 제8식이 종자를 남기지 않을 수 있으면 최종적으로 식識이 바뀌어 지智를 이루고 불과를 성취한다.

범부의 유루有漏 팔식이 바뀌어 부처의 사지四智를 이루니, 곧 제8식이 바뀌어 대원경지大圓鏡

智가 되고, 제7식이 바뀌어 평등성지平等性智가 되며, 제6식이 바뀌어 묘관찰지妙觀察智가 되며, 전5식이 바뀌어 성소작지成所作智가 된다. 식識이 바뀌어 지智를 이루는 묘용妙用 가운데 성소작지는 갖가지 화신을 나투어 설법할 수 있다. 묘관찰지는 근기에 맞게 설법할 수 있고, 좋은 점에 맞게 듣는 자가 퇴전하지 않게 한다. 평등성지는 이미 자타가 평등함을 증득하여 아집我執과 법집法執이 없고, 일체중생을 하나로 보아 똑같이 인애를 베풀며, 가까운 관계와 소원한 관계, 안과 밖의 구분이 없다. 대원경지는 일체 사리를 관조하여 명백하지 않음이 없는 지혜로 이 지혜가 청정 원만하여 안팎을 환히 깨달으니 대원경이 만물을 밝게 비추는 것과 같다.

[제167칙] **십념十念 일법은 마음을 호흡에 따라 거두어들이되 많이 쓰지 말라**

십념十念 일법은 그 마음을 호흡을 따라 거두어들이면 산란할 수 없다. 그 법의 미묘함은 지혜로운 이가 아니면 알 수 없다. 그러나 아침에 한번 쓰거나 혹은 저녁과 낮에 세 번 쓸 수는 있어도 더 이상 많아서는 안 된다. 많으면 폐가 상해 병에 걸리게 된다. 결코 이 법이 가장 마음을 거둘 수 있다고 말하지 말라. 사람들에게 늘 쓰게 하면 해가 적지 않게 된다. 염불을 할 때 소리를 낼 것인지 묵념할 것인지 결정하려면 어떤 장소인지 어떤 상황인지 살펴야 한다. 가령 처한 장소나 상황이 큰 소리로 염하기에 맞지 않으면 작은 소리로 염하거나 금강지金剛持로 염할 뿐이다. 염불의 공덕은 마음을 전일하게 하고 뜻을 다함에 있을 뿐, 소리의 크기는 일부분에 불과하다.

十念一法，俾其心隨氣攝，無從散亂。其法之妙，非智莫知。然只可晨朝一用，或朝暮及日中三用，再不可多。多則傷氣受病。切不可謂此法最能攝心，令其常用，則為害不小。念佛聲默，須視其地其境何如耳。倘所處之境地不宜朗念，則只可小聲念，及金剛持。其功德唯在專心致志，音聲猶屬小焉者耳。

[역주] 이 십념법은 아침 · 저녁 십구기염불법十口氣念佛法으로 염불한다. 즉 자운 관정대사께서는 아침에 십념법으로 염불하셨는데, "십념문이란 날마다 아침에 옷을 입은 후 서쪽을 향해 바로 서서 합장하고 이어서 아미타불 부처님 명호를 칭념하되, 한 호흡이 다하도록 염불함을 일념으로 하여, 열 호흡 염불함을 십념이라 한다. 호흡에 따라 길고 짧을 수 있지만 염불 횟수는 제한하지 말고, 오직 길게 오직 오래하되 호흡을 다함을 한도로 한다. 염불소리는 높지도 낮지도 않고, 느리지도 빠르지도 않게 조정하여 중간소리로 염불한다. 이와 같이 열 호흡을 이어서 끊어지지 않고 마음이 산란하지 않도록 전일하게 정진하면 효과를 거둔다. 그래서 이 십념이라 이름하는 것은 호흡을 빌어 마음을 다잡는 것이다." 이는 업무가 바쁜 사람에게 적당하다.

인광대사께서도 십념법이 있는데 곧 **십념계수十念計數 염불법**이다. "염불할 때 한 마디에서 열 마디까지 명호를 분명히 염해야 하고, 횟수를 분명히 기억하여야 한다. 십념에 이른 후 또 1에서 10까지 염한 후 이어서 20, 30 등으로 계속 염하지 않아도 된다. 수시로 염하고 기억할 뿐 염주를 굴릴 필요도 없고, 오직 마음으로만 기억하면 된다. 만약 열 마디 한차례 곧장 기억하기 어렵다면, 1에서 5까지, 6에서 10까지 나누어 두 차례 기억해도 좋고, 그것도 힘들면 1에서 3까지(3), 4에서 6까지(3), 7에서 10까지(4) 세 차례 기억해도 좋다. 다만 염불을 또렷이 하면서 기억도 또렷이 하고, 듣기도 또렷이 하면 망념이 끼어들 여지가 없다. 오래 하다 보면 저절로 일심불란一心不亂에 이르러 염불삼매를 얻을 것이다." 이 법은 호흡을 손상하여 병에 걸리는 등 폐단이 없고, 평소 마음대로 칭념할 수 있고 큰 소리든 작은 소리든 묵념이든 괜찮다.

[제168칙] 서둘러 개오開悟하고 진경眞境을 보길 구하면 반드시 마에 홀려 미친다

그대가 나 인광이 그대에게 부처님께서 증득한 마음인 원각묘심圓覺妙心을 확연히 개오開悟하고 (이 마음은 부처님께서 증득하신 마음이다), 적광진경寂光眞境(이 경계는 부처님께서 머무시는 경계)이 항상 현전할 수 있도록 하려면, 연지대사의 발원문에 비록 이런 경계境界의 말이 있을지라도 그대는 결코 미쳐서 즉시 얻을 수 있다고 생각해서는 안 된다. 즉각 얻을 수 있다고 생각하면 반드시 마魔에 홀려 미치게 될 것이니, 부처님께서도 당신을 구할 수 없다. 예를 들어 어린아이는 벽에 의지해서 걸음을 배울 때 계속 넘어지지 않는 것조차도 어렵거늘, 넓은 하늘을 떠돌아다니면서 온 세상을 두루 구경하려고 하니 꿈같은 소리가 아니겠는가? 단지 왕생을 구하여 생사를 마칠 뿐이다. 만약 이 마음을 깨닫고, 이 경계를 보고자 한다면 반드시 천천히 닦아야 비로소 일분 깨달음이 있으면 일분 볼 수 있다. 원만히 닦고 원만히 보고자 한다면 성불하지 않으면 안 된다.

汝欲光令汝圓覺妙心，廓然開悟，[此心乃佛所證之心]寂光眞境，常得現前，[此境乃佛所居之境]蓮池願文雖有此語，切不可發癡，欲其即得。若欲即得，必定著魔發狂，佛也不能救矣。譬如小兒扶牆而走，尚難不跌倒。而欲飄行長空，遍觀四海，豈非夢話。但求往生，即了生死。若欲悟此心，見此境，尚須漸修，方能分悟分見。若圓悟圓見，非成佛不能。

[역주] 인광대사께서는 말법시기의 선종에서 마음을 밝혀 견성하여 확철대오한 자는 명자위名字位라고 법문하신 적이 있다. 그러나 설사 짧은 시간에 자성을 보고 진심眞心을 볼지라도 반드시 자력에 의지하여 짧은 시간에 무명을 조복해서 머물러야 비로소 법신法身을 친견할 수 있다. 이는 결코 보통의 범부가 행할 수 있는 것이 아니라 반드시 명자위의 후심이어야 점차 관행위觀行位로 들어가 비로소 행할 수 있다. 만약 삼매에서 부처님을 친견하거나 관상하여 부처님을 친견하고 싶으면 반드시 관행위에 이르도록 닦아야 한다.

요컨대, 갖가지 거룩한 경계를 보고 싶으면 반드시 자력으로 미혹을 조복할 수 있도록,

적어도 얕은 층의 삼매경계에 이르도록 닦아야 한다. 그래서 수행은 반드시 순서에 따라 차근차근 나아가야지 순서를 뛰어넘어 빨리 이루려고 해서는 안 된다. 서둘러 구하려는 마음이 있으면 훗날 마장을 만나게 될 재난의 위험을 이미 심은 것이다. 마魔의 종류는 수행인의 조급하고 초조한 마음을 이용하여 생각에 붙어 어지럽게 하는 것이다. 수행인이 삼매 경계와 근접할수록 마魔의 류가 어지럽히는 방법은 많아지고 저절로 위험해진다.

[제169칙] **이 여덟 마디 말을 행하면 결정코 살아서 성현의 경계에 들어가고, 사후에 극락세계에 오를 수 있다**

“사람의 도리를 극진히 하고 자신의 본분을 다하며, 삿된 지견을 그치고 진성심眞誠心을 간직하여 온갖 악을 짓지 말고 온갖 선을 받들어 행하라.” 불도를 배워 범속凡俗을 벗어나고자 하면서 만약 이 네 마디 말을 중시하지 않으면 뿌리 없는 나무가 무성하길 바라는 것과 같고, 날개 없는 새가 높이 날기를 바라는 것과 같다.

“진실로 생사를 위해 보리심을 발하여 깊은 믿음과 발원으로써 부처님 명호를 집지하라.” 지상의 범부가 현생에서 곧 생사를 끝마치고자 하면서 이 네 마디 말을 의지하지 않고, 곧 인因이 없이 과果를 얻고자 하고, 씨를 뿌리지 않고 수확을 하고자 하면 결코 이러한 이치는 결코 없다. 과연 이 여덟 마디 말을 온 마음 온 뜻으로 짊어질 수 있다면 결정코 살아서 성현의 경계에 들어가고, 사후에 극락세계에 오를 수 있다.

敦倫盡分，閑邪存誠，諸惡莫作，衆善奉行。欲學佛道以脫凡俗，若不注重於此四句，則如無根之木，期其盛茂。無翼之鳥，冀其高飛也。眞為生死，發菩提心，以深信願，持佛名號。博地凡夫，欲於現生即了生死。若不依此四句，則成無因而欲得果，未種而思收穫，萬無得理。果能將此八句，通身荷擔。決定可以生入聖賢之域，沒登極樂之邦。

[보충] 철오선사께서 이르시길, “진실로 생사를 위해 보리심을 발하고 깊은 믿음 · 발원으로써 부처님 명호를 집지하라(眞為生死 發菩提心 以深信願 持佛名號).” 이 열여섯 글자는 염불법문의 일대 강종綱宗이다. 이 단락의 법문은 정확하고 확실하고 숙독하여야 한다.

《몽동어룩夢東語錄》(철오선사 법어)은 전체 문장의 조리가 빈틈이 없어 확실히 정종의 지남서이다. 더 나아가 구하면 우익대사의 《아미타경요해》는 실로 천고에 없는 유일한 좋은 안내서이다. 이 두 책을 절박한 마음으로 따를 수 있다면 즉 일체경론을 연구할 겨를이 없지만 늘 《정토삼부경》 및 《정토십요》 등을 늘 읽어라.

부처님과 조사의 진실한 말씀을 우러러 믿고 참 믿음을 확실히 내고 간절한 원을 발하라. 비록 어두운 방 한 구석에 있을지라도 부처님을 마주하듯이 자신의 목심을 버리고 자성본연의 마음으로 돌아가, 홀로 있을 때 삼가하고 충심을 간직하라. 근세의 아는 것이 많은 사람처럼 전혀 구속을 받지 않고 아무런 거리낌이 없는 태도를 본받지 말라.

나 인광은 비록 생사 범부일지라도 감히 자성본연의 마음을 잘 보호하여 지켜서 이번 생에 곧 굽어보아 사바세계 평범한 사람에게 감사하고, 존경하여 연지해회의 거룩한 흐름에 참여하며, 직접 아미타부처님의 제자가 되고 극락세계 대사의 좋은 벗이 되고자 한다.

愼獨知於衾影

저 시방법계의 성인들은 자심自心이 본래 갖추고 있는 법계장심法界藏心을 철저히 증득하여, 법계 속 모든 유정중생이 마음을 일으키고 생각을 움직임에 대해 몸소 알고 몸소 보지 않음이 없다. 왜 그러한가? 중생과 부처님은 진여자성眞如自性을 함께 갖추고 있어 자타自他가 다름이 없기 때문이다.
이러한 의리를 안다면 저절로 두려워하고 조심하며 언제나 경계심을 유지하여, 공경심을 주로 하고 지성심을 잘 간직할 수 있을 것이다.
처음에는 망념을 멈추길 노력하되, 오래되면 망념조차 얻을 수 없다.
-인광대사문초청화록

홀로 있을 때 삼가하길, 자신의 그림자와 덮고 자는 이불에도 부끄러워할 줄 안다

[6] 행인에게 노력하도록 격려하다 (勉行人努力)

[이끄는 말]

인간으로 세상에 태어나 팔고八苦를 갖추고, 천상에 태어날지라도 오쇠五衰를 면하기 어렵다. 오직 서방극락세계에서만 일체 괴로움이 없고, 갖가지 즐거움을 누릴 뿐이다. 경전에서 말씀하시길, "삼계는 편안하지 않아 불타는 집과 같다. 일체 괴로움이 가득하고 매우 두렵고 무서울 수 있다. 사람의 목숨은 무상하여 빠르기가 번갯불과 같다. 수명의 끝이 찾아오면 서로 돌아보지 않는다. 일체 유위법은 꿈같고 환 같고 거품, 그림자 같다." 이러한 말씀을 여전히 깨닫지 못하고, 여전히 정진하여 정업淨業을 닦지 못하면 곧 천지간에 자라는 무정한 목석과 같다.

[제170칙] 거룩한 경계를 높이 올리고 스스로 어리석은 자로 있나니, 하늘이 사람을 저버리는 것인가, 사람이 하늘을 저버리는 것인가?

인간 세상에 태어나 팔고八苦를 갖추고, 천상에 태어나 오쇠五衰[112]를 면하기 어렵다. 오직 서방극락세계에서만 일체 괴로움이 없고, 갖가지 즐거움을 누릴 뿐이다. 경전에서 말씀하시길, "삼계는 편안하지 않아 불타는 집과 같다. 일체 괴로움이 가득하고 매우 두렵고 무서울 수 있다. 사람의 목숨은 무상하여 빠르기가 번갯불과 같다. 수명의 끝이 찾아오면 서로 돌아보지 않는다. 일체 유위법은 꿈같고 환같고 거품·그림자 같다." 하셨다.

人生世間，具足八苦。縱生天上，難免五衰。唯西方極樂世界，無有衆苦，但受諸樂。經云：三界無安，猶如火宅。衆苦充滿，甚可怖畏。人命無常，速如電光。大限到來，各不相顧。一切有為法，如夢幻泡影。

이러한 말씀을 여전히 깨닫지 못하고, 힘껏 정업淨業을 닦지 못하면 곧 천지간에 자라는 무정한 목석과 같다. 혈기 있는 사람이거늘 어찌 살아서 걸어 다니는 산송장이 되고, 죽어서 초목과 같이 썩겠는가? 거룩한 경계는 너무 높아서 올라가지 못한다고 느끼고

---

112) 오쇠五衰 : 천인은 장차 죽을 때 다섯 가지 쇠하는 모습이 나타난다. 열반경에 따르면 1) 두상화위頭上花萎로 곧 머리에 쓰고 다니는 화관이 점점 시든다. 2) 의상구니衣裳垢膩로 곧 솔기가 없는 천상 옷에 때가 묻어 더러워진다. 3) 신체취예身體臭穢로 곧 천인의 몸에서 광명이 사라질 뿐만 아니라 더러운 냄새가 매우 많이 난다. 4) 액하한출腋下汗出로 곧 겨드랑이에서 땀이 매우 많이 난다. 5) 불락본좌不樂本座로 곧 이상 갖가지 좋지 않은 쇠하는 모습이 출현한 후 천인이 자신의 보배자리가 즐겁지 않은 느낌이 들고, 천녀와 권속도 그들을 싫어하여 떠난다.

스스로 어리석은 자로 있는 것을 달가워하면서 큰 경책을 만나 분발하지 않고서 성현聖賢과 불조佛祖의 도를 듣고 실천하지 않나니, 하늘이 사람을 저버리는 것인가, 아니면 사람이 하늘을 저버리는 것인가?

於此猶不惺悟，力修淨業，則與木石無情，同一生長於天地之間矣。有血性漢子，豈肯生作走肉行屍，死與草木同腐。高推聖境，自處凡愚。遇大警策而不憤發，聞聖賢佛祖之道而不肯行。是天負人耶，抑人負天耶。

[제171칙] 사람이 세상에 태어나 삼선도에 승천하기는 가장 어렵고, 삼악도에 떨어지기는 가장 쉽다

인간 세상에 태어나 삼선도에 승천하기는 가장 어렵고, 삼악도에 떨어지기는 가장 쉽다. 만약 서방극락에 왕생하지 않으면, 또한 인간세계에 의지하기는 부족하다고 말하지 말라. 설사 천상에 태어나 복과 수명이 매우 길지라도 복력이 다하면 여전히 인간으로 떨어지거나 삼악도에 떨어져 괴로움을 겪게 될 것이다. 불법을 모르면 어찌할 도리가 없다. 지금 이미 불법을 조금 이해하였거늘 어찌 이익을 얻는 일대사를 남에게 양보하고, 자신은 육도에 윤회하면서 빠졌다 솟았다 영원히 벗어날 날이 없는 것에 달가워하는가?

人生世間，超升最難，墮落最易。若不往生西方，且莫說人道不足恃。即生於天上，福壽甚長，福力一盡，仍舊墮落人間，及三途惡道受苦。不知佛法，則無可如何。今既略曉佛法，豈可將此一番大利益事，讓與別人。自己甘心在六道輪迴中，頭出頭沒，永無解脫之日乎。

[보충] 눈먼 거북이, 바다에 떠다니는 나무를 만나듯(盲龜浮木)

《열반경》에 이르시길, "세상에 태어나 사람이 되기 어렵고, 부처님께서 계시는 세상을 만나기 어려우니, 마치 바다에서 눈먼 거북이가 떠다니는 나무의 구멍을 만나는 것과 같다(生世為人難 值佛世亦難 猶如大海中盲龜值浮孔)." "청정법보는 보고 듣기 어렵다. 나는 지금 이미 들으니, 마치 바다에서 눈먼 거북이가 떠다니는 나무의 구멍을 만나는 것과 같다(淸淨法寶 難得見聞 我今已聞 猶如盲龜 值浮木孔)." 《원각경》에 이르시길, "눈먼 거북이가 떠다니는 나무를 만나기 어려운 것과 같다(浮木盲龜難值遇)." 《칭양제불공덕경稱揚諸佛功德經》에 이르시길, "일체세계를 물로 가득 채우고 물 위에 널빤지가 있고 널빤지에 구멍이 있으며 눈먼 거북이 한마리가 백년에 한번 머리를 들어 구멍을 만나고자 하면 이 또한 매우 어렵지만, 사람 몸을 모색하기는 매우 어렵고 매우 어려우니라(一切世界設滿中水 水上有板 而板有孔 有一盲龜 於百歲中 乃一擧頭 欲值於孔 斯亦甚難 求索人身 甚難甚難)."

불타께서는 《잡아함경雜阿含經》에서 "맹구부목盲龜浮木"의 비유를 사용하여 "사람 마음을 얻기 어려움"을 설명하신 적이 있다. 경에서는 말씀하신다. 팔만사천 리 광활한 큰 바다

해면 위에 떠다니는 나무가 있고 떠다니는 나무 중간에 구멍 하나가 있다. 무량수라 할 정도로 수명이 대단히 긴 눈 먼 거북이 한 마리가 있는데, 그 눈먼 거북이는 반드시 1백년을 지나야 비로소 물 위로 한 번 뜰 기회가 있고, 이 눈먼 거북이가 수면 위로 떠오를 때 때마침 떠다니는 나무를 막 만날 뿐만 아니라, 그 나무의 구멍에 머리를 집어넣을 수 있다. 상상해보라. 이러한 기회가 얼마나 있겠는가? 만약 이 눈먼 거북이는 동쪽에 있고 나무는 서쪽에 있거나 거북이는 남쪽에 있고 나무는 북쪽에 있다면 그 기회는 거의 불가능하다고 말할 수 있다. 불타께서는 또한 말씀하신다. 비록 거의 불가능할지라도 언젠가는 기회가 있을 수 있지만, 만약 사람이 일단 사람 몸을 잃어 삼악도에 떨어져서 다시 사람 몸을 얻을 기회를 가지려면 이 "눈먼 거북이가 떠다니는 나무를 만나는 것"보다 곤란하다.

[역주] 다시 사람 몸을 획득할 수 있으려면 반드시 세간의 선인으로 오계를 원만히 수지하는 자여야 한다. 이런 부류의 사람은 세상에 드물고 가는 때를 미리 알 수 있으며, 임종시 영대가 청명하여 전도된 마음이 생기지 않고, 생을 바꾸는 서상이 많이 있을 뿐만 아니라 자재하게 몸을 버릴 수 있고, 임종시 여러 괴로움을 겪지 않는 경우에 속할 수 있다. 내세에 사람 몸을 잃는 자는 그 임종시 각각 여러 많은 나쁜 상을 판정할 수 있다. 상세한 것은 《수호국계주다라니경守護國界主陀羅尼經》을 참조하라.

[제172칙] **두 부류가 진정한 염불인이고, 나머지는 모두 스스로 살펴야 한다**

한마디 부처님 명호는 일체 대장경의 교의를 남김없이 포함한다. 종승과 교승에 통달한 사람이라야 진정한 염불인이 될 수 있다. 달리 아는 것도 하나 없고, 할 수 있는 것도 하나 없지만, 입으로 말할 수 있기만 해도 진정한 염불인이 될 수 있다. 이 두 부류의 사람을 제외하고 진실로 염불하는지 여부는 모두 자신의 노력과 가르침대로 봉행하는가에 달려 있다.

一句佛號，包括一大藏教，罄無不盡。通宗通教之人，方能作眞念佛人。而一無所知，一無所能之人，但止口會說話，亦可為眞念佛人。去此兩種，則眞不眞，皆在自己努力，依教與否耳。

[보충] 정토법문은 희유하고 믿기 어려우니, 오직 상근기의 지혜로운 이와 하근기의 우직한 이가 옮아가지 않는다.

정토법문은 희유하여 믿기 어려운 법으로 진실로 정토종 제13조 고승 · 대덕이신 인광대사께서 "오직 상근기의 지혜로운 이와 하근기의 우직한 이가 옮아가지 않는다"고 하신 말씀 그대로이다. 수지하는 방법은 십분 평범하고 간단하여서 단지 믿음을 내고 발원하여 지명염불을 지속하면 부처님과 감응도교하여 임종시 곧 부처님의 접인을 입어 서방정토 불국토에 왕생하여 양대 불가사의를 성취한다. 1. 생사윤회를 끝마치고, 2. 연꽃이 열려 부처님을 친견하여 불퇴전의 수승한 과위를 증득하고, 우리의 자성에 본래 갖추어진 갖가지 공덕과 묘용을 몸소 증득한다. 그래서 사람들은 일반적으로 믿고 받아들이기 어렵다.

상근기의 지혜로운, 정토종의 여러 조사와 역대 수많은 고승대덕께서는 심성을 분명히 깨닫고서 두루 대장경을 열람하여 정토법문의 의리가 넓고 깊으며, 경계가 아주 훌륭하고, 삼근을 두루 가피하여 이근과 둔근을 함께 거둠을 알았다. 정토법문의 크기는 바깥이 없을 정도로 커서 위로는 법신대사에서 아래로 오역십악五逆十惡의 무리까지 모두 그 가운데 남김없이 섭수하니, 진실로 여래 일대시교一代時教의 강종綱宗이고 삼장십이부三藏十二部를 관통하는 일대총지법문一大總持法門이다. 이른바 "대도는 지극히 간단하니(大道至簡)", 정토법문이야말로 이러하다.

그래서 진지하게 믿고 받아들여 스스로 행하여 다른 이를 교화할 수 있으니, 정토종 제8조이시고 "명나라 4대 고승의 한 분이신" 연지대사께서 말씀하신 것처럼, **"개오開悟하였으나 왕생往生을 원하지 않으면 감히 장담컨대 노형은 아직 깨닫지 못한 것이 있다. 만약 진실로 개오하였다면 서방극락에 왕생하니 만 마리 소라도 당기지 못한다."**

하근기의 우직한 이는 교리를 통달하지 못하여도 숙세의 선근 복덕 인연이 깊고 두터워 부처님의 말씀 및 여래와 대덕의 가르침을 믿고 받아들여 노실하게 염불하고 극락에 왕생하겠다고 발원할 수 있어 임종시 부처님께서 접인하여 왕생하나니, 곧 증득한 것은 여러 조사·대덕과 구경에 다름이 없다.

상근기의 지혜가 날카로운 자는 만 명에 하나둘 찾기가 어려우니, 모름지기 자신이 상근기의 원만한 지혜가 아님을 알아야 한다. 하근기의 우직한 이를 본받아 깊은 믿음과 간절한 발원으로 노실하게 염불하여 서방극락에 태어남만 못하지만, 모름지기 마음속에 중대한 의혹에 대해 또한 교리를 듣고 사유하여 불법의 정지정견正知正見으로써 마음속 두텁고 무거운 의심덩어리를 풀어서 바른 믿음을 개발하여야 한다. 절대로 자신의 좁디좁은 지견 및 개인의 감정과 의기로써 지극한 원돈의 수승하고 불가사의한 법문을 함부로 배척하고 비난 비방해서는 안 된다.

정토법문의 왕생 삼대 자량인「믿음·발원·염불행」중에서 믿음과 발원이 특히 관건이다. **진실한 믿음과 간절한 발원을 일으킴은 매우 짧은 시간에 단번에 이룰 수 있는 것이 아니라 모름지기 경전과 가르침을 듣고 사유하여야 한다.** 즉 정토삼부경 등 정토 전적을 독송하고, 조사·대덕의 저작을 참고하여 의혹을 풀고서 확고한 믿음과 발원을 섞은 마음을 계발하고, 수지하는 요점을 또렷이 이해하여야 한다. 또한 모름지기 일상생활 속에서 명호를 집지하여 염불하여야 한다. (소리를 내어 염하거나 묵념하여도 모두 괜찮지만 모름지기 아들이 어머니를 그리워하듯이 공경심을 간직하여 입으로 염하고 귀로 들어야 한다. 마음을 다잡아 염불하지 않고, 입으로만 염하고 마음으로 염하지 않으면 실익을 얻기 어렵다)

이래야 진실한 믿음과 발원의 마음을 일으키고 유지하여 단단하게 하고 물러나지 않게 할 수 있다. 그리하여 정토법문이 세간 출세간에서 베푸는 진실한 이익을 몸소 받을 수 있다. 살아서는 복과 도움을 받고 마침내 극락정토에 돌아가니, 그 사이에 얻는 이익은 짐작하기 어렵다.

[제173칙] 깨달음에서 미혹으로 들어가는 경우는 다수이고, 깨달음에서 깨달음을 늘리는 경우는 한두 명도 없다

숙생에 이 혜근慧根을 배양하는 것은 당연히 쉽지 않았다. 만약 이러한 기초 위에 전일하게 정진하고 노력하지 않으면서 여래의 본성을 직접 증득하길 기대하면 흙벽돌을 아직 굽지 않았는데, 비가 내려 흩어져 버리는 것과 같다.

宿生培此慧根，固不容易。倘不於此專精致力，以期親證。則如坯器未燒，經雨則化。

세월은 촉박한데 수명은 얼마인가? 한 호흡이 오지 않으면 곧 다음 세상에 속한다. 도를 증득하지 못한 사람이 깨달음에서 미혹으로 들어가는 경우는 만에 만이 있고, 깨달음에서 깨달음을 늘리는 경우는 억에 한둘도 없다. 어떻게 위없는 법기의 흙벽돌이 재생의 비를 통과하면 다시 티끌과 흙이 되는 것을 감내하겠는가?

光陰短促，人命幾何，一氣不來，即屬後世。未證道人，從悟入迷者，萬有十千。從悟增悟者，億無一二。忍令無上法器之坯，經再生之雨，而復為塵土乎哉。

[역주] 사람 몸을 얻기 어려움은《열반경》에서 설하신 것처럼, "세상에 태어나 사람이 되기 어렵고, 부처님께서 계시는 세상을 만나기 어려우니, 마치 바다에서 눈먼 거북이가 떠다니는 나무의 구멍을 만나는 것과 같다." 또한 세존께서 말씀하신 적이 있다. **"사람 몸을 얻는 것은 손톱 위의 흙과 같고, 사람 몸을 잃는 것은 대지의 흙과 같다."** 지금 세상에 이미 사람 몸을 얻었고 또한 불법을 만났다면 기쁜 마음이 생기게 마련이고 더욱더 이런 연을 아껴야 한다.

"깨달음에서 깨달음을 늘리는 경우"에 관해서는 반드시 자력으로 수지하여 "위불퇴位不退"를 증득하여야 재차 좋은 세상으로 전생轉生을 보장하고 물러나 타락하지 않는다. 성문승聲聞乘 사과四果 중 초과初果, 즉 수다원(구역은 입류入流, 신역은 예류預流로 성인의 흐름에 들어간다는 뜻), 이 계위에서 비로소 「위불퇴」를 증득할 수 있다. 수다원은 불교에서 최초의 수행위계로 소승의 초과이다. 그는 이미 견사번뇌見思煩惱 중 88품 견혹見惑을 끊어서 갖춘 단덕斷德은 대승원교의 십신보살 중 최신위 보살에 상당하고 지덕智德은 같지 않다. 선종 · 법상종 · 밀종 · 천태종 등 **대승 수행인의 경우 반드시 자력으로 원교의 상사즉불相似即佛 초신위初信位에 이르도록 닦아야 불퇴전을 보증할 수 있다.** 정토종 염불왕생의 경우 관행위觀行位 초품에서 임종시에 결정코 자재왕생하며 삼계를 횡으로 벗어나니, 양자를 어떻게 견줄 수 있겠는가! 관행위 이하도 임종에서 깊은 믿음과 간절한 발원으로 참회 염불하면 왕생할 수 있다. 법문의 수승함은 말하지 않아도 안다.

[제174칙] **한 마디 좋은 말을 얻으면 종신토록 받아쓸지니, 실천궁행에 힘쓰지 않으면 자신에게 아무런 이익이 없다**

고인께서 말씀하시길, "행동을 중시하는 군자는 한 마디 좋은 말을 얻으면 종신토록 받아씀에 다함이 없다." 하셨다. 실천궁행을 중시하지 않으면 설사 세상의 책을 다 읽을지라도 자신에게 여전히 아무런 이익이 없다. 마치 진짜 용은 물 한 방울을 얻어 세상에 두루 비를 내릴 수 있지만, 진흙으로 빚은 용은 설사 물속에 담글지라도 몸을 잃는 화를 면하기 어려운 것과 같다.

古人云：力行之君子，得一善言，終身受用不盡。不務躬行，縱讀盡世間書，於己仍無所益。如眞龍得一滴水，可以遍雨一世界。泥龍縱泡之水中，也不免喪身之禍。

[보충] **학불學佛하는 사람은 실천궁행을 일로 삼아야 한다**

그대는 이미 발심 · 귀의하였으니, 지금 그대를 위해 법명을 취해 덕희德熙라 할 것이다. 대보리심으로써 자신이건 타인이건 함께 부처님의 자비광명으로 머리를 감고, 부처님의 정토에 태어나게 함을 말한다. 모든 삼귀의 오계 · 십선의 뜻은 《문초》에 약설되어 있으니, 다시 기록하지 않겠다. 스스로 서원을 세워 수계(自誓受戒)를 행하는 경우 《문초》 중 《서복현 여사에게 준 서신(與徐福賢女士書)》에 이미 말하였으니, 다시 말하지 않겠다. 말한 것은 힘써 실행함이 필요할 뿐이다.

학불學佛하는 사람이 실천궁행을 일로 삼지 않으면 세상의 광대나 다름이 없다. 그 자리에서 사람들의 희로애락을 매우 비슷하게 공연하더라도 실제로는 조금도 자신과 상관이 없다. 이처럼 명성만 좋아하고 실행은 나쁜 바보이니, 마음으로 타인을 속이고 부처님을 속이고자 하면 사실은 단지 다른 이를 속이고 부처님을 속이는 허물을 이룰 뿐이다. 다른 이조차 속여서는 안 되거늘 하물며 부처님을 속이겠는가. 자신의 발밑에서부터 행하여야 좋다.

젊은 사람이 학불學佛하면 반드시 사람의 도리에 힘쓰고 자기 본분을 다하며(즉 효제충신과 예의염치 등을 실행하며), 삿된 지견을 그치고 진성심眞誠心을 간직하여 온갖 악을 짓지 말고 온갖 선을 받들어 행하고, 인과 및 윤회를 깊이 믿으며, 믿음과 발원으로 염불하여 서방에 태어나길 구해야 한다. 이로써 스스로 행하고, 나아가 다른 이를 교화한다.

행함에 여력이 있으면 일체 대승경론 및 고금 고덕들의 저술을 연구하길 바란다. 또한 반드시 강종綱宗을 알아서 그것으로 불법을 널리 홍양하고, 불조와 성현의 가르침을 계속 이어지도록 하여야 한다. 실행을 통해 학식을 넓히고, 학식 넓힘을 통해 종지를 얻어야 한다는 말이다. 이러하면 결정코 지금 생에서 성현의 영역에 들어가고, 임종시 극락국토에 들어갈 것이다.

만약 실천궁행을 중시하지 않고, 단지 지견知見이 많아지길 기대한다면 반드시 자기를 자랑하고, 교만하여 인과因果를 배제하게 될 것이다.

[제175칙] **만약 선인이 조념을 얻을지라도 또한 왕생하기 어렵다는 진실함의 사례**

황후각黃後覺에게 임종시 출현한 현상은 염불하는 사람에게 큰 이익이 있다. 그가 구경에 왕생하였는지 타락하였는지 논할 필요는 없지만, 과연 진정한 염불인이라면 그의 임종시 현상을 알면 생사를 끝마치는 염불법문에 종사하는 일을 감히 얕잡아 볼 리가 없다. 그의 바깥으로 드러난 행적을 살펴보면 지성을 다한 것 같지만, 그의 임종시 나타난 광경을 살펴보면 그는 평소 진지하게 마음으로부터 공부한 적이 없고, 예전부터 금전에 인색하다 남의 목숨을 잃게 하거나, 말에 인색하다 남의 목숨을 잃게 하는 등 이와 같은 죄업이 임종시 이런 현상을 초래하였다고 설명할 수 있다.

黃後覺之現象，頗與學佛之人有大利益。無論彼之究竟是往生，是墮落，且不必論，果念佛人，知彼臨終之現象，決不敢浮游從事於了生死一法也。觀彼之行跡，似乎至誠。觀彼臨終所現之景象，蓋平日未曾認眞從心地上用功，並從前或有慳於財，而致人喪命，或慳於言，而致人喪命等業之所致也。

「말에 인색하다가 남의 목숨을 잃게 하다」 함은 이를테면 자신에게 강도가 왔고, 피할 수 있는 곳을 알고 있지만, 자비심이 없어 남이 화를 당하는 모습을 지켜만 보았을 뿐 이를 알리지 않았다는 말이다. 이런 일에 이런 마음을 써서 천지 귀신들의 노여움을 매우 샀다. 그래서 임종 전까지 말을 하지도 않고 염불소리도 듣기 싫어하는 등 현상이 나타났다. 그러나 아직 죽지 않은 때부터 조념하는 사람이 떠날 때까지 기다리다 오래지 않아 죽는 광경을 보았다. 재물을 아끼거나 말을 아끼는 것은 남의 목숨에 해를 끼치는 점에서 완전히 같다.

慳於言，致人喪命者，如自知有寇，並知可避之處，以心無慈悲，樂人得禍，故不肯說。此事此心，極犯天地鬼神之怒。故致臨終前不能言，而且惡聞念佛等相。然以現一時不死之象，及助念人去，未久則死。此與慳財慳言誤人性命，完全相同。

비록 아귀에 떨어지지는 않았을지라도 그가 남긴 자취는 아귀의 자취와 같다! 그러나 그 자신이 마음속으로 참회하거나 조념해 주는 사람과 자녀의 정성으로 죄과가 경감될 수 있어 곧장 아귀에 떨어지지 않았을 뿐이다. 가장 좋은 방법은 반드시 그의 자녀 및 권속이 그가 겪을 괴로움을 생각하여 함께 자신을 이롭게 하고 남을 이롭게 하는 마음을 발한 후 그를 위해 염불하여 부처님께서 자비를 드리워 그를 접인·왕생해주길 기도하면 반드시 왕생한다고 단정할 수 있다. 부모와 자식의 성품이 상관되어 있듯이 부처님의 마음도 중생의 기감이 있으면 곧 응한다. 저 권속들이 만약 한가롭게 그저 흘려보내며 종사한다면 곧 업장을 없애어 부처님의 접인을 받기 어려울 것이다. 천근의 무게가 한 올의 실에 매달려 있는 것처럼 관계가 지극히 중요하다.

雖不墮餓鬼，而其氣分，乃是餓鬼之氣分也。然彼或由自己心中懺悔，或由諸人，及兒女之誠懇，遂得減輕，不至直墮餓鬼耳。為今之計，必須其兒女，並各眷屬，念彼之苦，同發自利利人之心，為彼念佛。求佛垂慈，接引往生，則誠懇果到，往生即可預斷。以父子天性相關，佛心有感即應。彼眷屬若泛泛悠悠從事，則便難以消業障而蒙接引也。千鈞一髮，關係極重。

무릇 염불인은 각자 자신을 엄격하게 제어하여 나쁜 습기를 극복하고, 남을 도와 이롭게 하여야 한다. 무릇 말할 수 있는 것은 상대방에게 원한이 있더라도 말하여 그가 궂은 일은 피하고 좋은 일로 나아가게 하며, 괴로움을 여의고 즐거움을 얻도록 하여야 한다. 평상시 하는 말은 이유가 충분하여 당당하고 진실하여 믿을 수 있어야 한다. 남에게 인과응보와 생사윤회, 염불하여 생사를 마치는 도리를 말해주어야 하고, 자식에게 교육을 베풀어 태평함의 기초를 세워야 하고, 마음은 활시위처럼 곧아야 하고 말은 애매함이 없어야 한다. 마음가짐은 귀신도 바로잡을 수 있고, 일을 지음에 결코 천리에 어둡지 않다.

凡念佛人，各須務實克己習氣，與人方便。凡可說者，雖與我有仇，亦須為說。令其趨吉而避凶，離苦而得樂。平時侃侃鑿鑿，與人說因果報應，生死輪迴，並念佛了生死之道。與教兒女，立太平之基。心如弦直，語無模棱。居心可以質鬼神，作事決不昧天理。

임종에 이르면 이런 가련하고 민망한 현상은 결코 없을 것이다. 이와 같으면 황후각은 곧 여러분을 접인하는 스승이다. 여러분이 그로 인해 장래 큰 이익을 얻고, 그도 장차 여러분의 심력에 의지하여 죄를 멸하고 왕생할 것이다. 나의 이 말은 주저하며 앞뒤를 살피는 말이 아니고, 남을 속이지 않는 정론이다.

若到臨終，決無此種可憐可憫之現象。如是則黃後覺便是諸人之接引導師也。諸人既因彼而將來可得巨益，彼亦將仗諸人之心力，而滅罪往生也。光此語非首鼠兩附者，乃決定不欺之定論也。

[역주] 설사 선인일지라도 평상시 두려움도 부끄러움도 없다면 진실한 참회라고 말할 수 없다. 평상시 진실로 참회할 수 있으면 이 사람은 결코 위선자가 아니다. 이런 부류의 사람은 하삼품으로, 임종시 참회하며 염불하여야 왕생하는 줄 안다. 단지 문제는 설사 선인이 임종시에 오로지 염불할 수 있을지라도 습기가 무거운 까닭에 여전히 두려워함도 부끄러워함도 없이 단지 형식적으로 참회하는 척하면 일체 죄업을 참정(懺淨; 계를 받은 후 훼범한 것이 있으면 드러내 참회하는 것)하기 어려워 왕생하기 어렵다.

아미타불의 여러 쓰임은 반드시 자성불의 수덕修德에 의지해 견불삼력見佛三力의 본공덕력을 일으켜 증상연과 접하여야 한다. 자심自心의 수덕이 아직 진실하지 못하면 아미타부처님께서는 저절로 현신하여 접인할 수 없다. 이러한 진실함의 사례는 본원법문이 주장하듯이 단지 믿음을 닦는 것만으로는 턱없이 부족하고 또한 발보리심 및 참회 등의 자력행을 집어내면 악인이 비록 믿음을 갖출지라도 임종시 지성으로 참회하여 마음을 바꾸지(발보리심은 곧 참회하여 마음을 바꾼다는 뜻이 들어있다) 않으면 근본적으로 왕생할 수 없음을 충분히 증명할 수 있다.

본원법문에서는 천성에 따라 염불한다고 주장하니, 천성이 선하면 선을 행함을 방해하지 않고, 천성이 악하면 악을 지어도 무방하니, 왕생은 자력이 아니라 전적으로 불력에 의지하는 까닭이다. 황후각黃后覺의 사례는 그 오류를 충분히 반증할 수 있다. 염불 · 전심轉心 · 참회 · 공덕 · 멸죄滅罪 · 수순보리隨順菩提……, 이들은 모두 서로 긴밀히 연결되어 있어 떼어놓을 수 없다. 염불수행으로 심학心學의 실증을 중히 여겨 단지 문자의 학술이 아니라, 번잡한 것을 삭제하고 간단하게 연역하여 유도해내면 만능 공식을 얻을 수 있다.

염불하여 왕생하는 품위는 간략히 말하면 구품이지만, 실제로는 무량품으로 품마다 다른 점이 있다. 중품이상은 최소한 세간의 선인이 악도의 죄업을 짓지 않으면 임종시 참회할 필요가 없고 참회하면 또한 걸림없이 자재왕생한다. 발심을 논하면 악인은 천만가지이지만, 선인은 전부 같다. 심지가 선량한 사람은 결코 자신만 이롭게 하지 않고, 반드시 남을 도와 즐겁게 할 수 있다. 대승 염불법문을 접촉하면 설령 권하지 않을지라도 그 발심이 반드시 은밀히 보리에 맞아 자신을 이롭게 하고 타인을 이롭게 합니다.

인광대사께서 말씀하신 대로 선인이 염불하면 결정코 왕생한다. 하삼품은 죄업을 참회하여 왕생함에 속한다. 극락에는 삼악도가 없기에 아미타부처님께서는 악인을 거두시지 않는 까닭에 참회하여 죄를 없애고 마음을 바꾸어야 한다. 《관무량수경》에서 말씀하셨듯이, "선남자여, 그대가 부처님의 명호를 불렀기에 갖가지 죄업이 사라졌도다! 그래서 내가 와서 그대를 맞이하노라!" 죄업을 없애어 왕생하는 그 원리는 약간 복잡하지만, 요컨대 바로 지금 이 삼악도에 떨어지는 죄의 마음을 보리심으로 바꾸어 혹 보리정도에 수순하거나 은밀히 보리심에 맞는다. **임종시 악도의 여러 경계가 현전하면 이 경계는 모두 죄의 마음으로 일어나기에(삼악도에 떨어지는 현세의 화보花報), 만약 경계를 바꾸고 싶으면 반드시 마음을 바꾸어야 하고, 마음을 바꿀 수 있으면 악도의 경계가 저절로 그것에 따라 바뀐다.**

임종은 금생과 내세의 중간이자 교체되는 매우 중요한 시각으로 업보業報의 몸이 장차 멸하고, 의생意生의 몸이 점차 일어나며, 겸하여 임종시 특수한 삼매의 경계가 생긴다. 그래서 임종시 마음을 바꾸면 경계가 신속히 바뀌니, 평상시를 멀리 뛰어넘는다. 염불을 연으로 삼으면 마음 바뀜이 실재가 되고 아미타부처님의 타력이 명훈가피하여 증상할 수 있다(아미타부처님은 증상할 뿐 사람을 대신하여 발심하고 생각을 바꿀 수 없다) 마음은 형체도 없고 상도 없어 상에 머물러 바꾸기 가장 쉽다. 그래서 마음을 바꾸면 반드시 보리에 수순하고, 마음이 바뀌면 곧 악을 제거하고 선을 향하여 곧 진실로 참회하며, 심성이 상승하여 공덕이 있다 말할 수 있고, 공덕이 있어야 죄업을 없앨 수 있다. 마음 경계를 바꾸지 않거나 보리정도와 거슬러 아래로 떨어지면 공덕이 생기지 않고 죄업을 없애지 못하며, 염불할 수 있을지라도 참회하지 못하니, 어떻게 왕생한다고 이야기 하겠는가?

어떤 사람은 염불하면 곧 죄업이 사라진다고 말한다. 이 사람은 무엇을 공덕이라 말하는지 모르고, 죄가 사라지는 원리를 모르는 까닭이다. 또 어떤 사람은 왕생에는 보리심이 불필요하다고 말한다. 중품 이상의 사람은 보리심을 발하라고 명백히 말하지 않는다. 왜냐하면 그 마음이 이미 은밀히 보리에 계합하기 때문이다. 하배삼품의 경우 만약 빨리 참회하여 일체 죄업을 없애고 싶으면 오히려 무상보리심을 발하라고 강조하니 발보리심이 오히려 아주 중요해 보일 뿐만 아니라 반드시 진실하여야 한다. 설사 숨김없이 발하지 않았을지라도 반드시 은밀히 보리에 맞아야 한다. **보리심을 발하여 염불하면 인광대사께서 말씀하신대로 "이 마음을 발함은 그릇에 전기를 받는 것 같고 생고무에 황을 섞어 가열하는 것 같다. 그 힘은 매우 클 뿐만 아니라 신속하다. 그것은 업장을 없애고 복덕지혜를 증장시키니, 평상시 복덕 선근의 비유할 수 있는 것이 아니니라."**

보리심과 염불, 멸죄滅罪 간의 내부가 관련되어 있음을 안다면 반드시 보리심이 불필요하다고 말하지 말라. 또한 어떤 사람은 보리심을 발한 자는 눈을 기증하여 다른 사람에게 이식할 수 있어야 보리심을 발한 것이라 말한다. 진실로 터무니없는 말이다. 육즉불六即佛에서 명자위名字位 이상의 사람은 모두 보리심을 발하였다 말할 수 있고, 발심 또한 육즉에 비추어 분별 · 판정할 수 있다. 천태종 등 교하教下의 교리에 따라 유순인위柔順忍位의 보살이라야 진실로 발심한 것이라 할 수 있고, 퇴전하지 않는 까닭에 상사위相似位는 분명히 발심한 위이다. 즉 이 계위의 사람은 보리심을 발하면 퇴전하지 않으니, 그는 이미 사리불이 거지에게 눈을 보시함으로 인해 보살도에서 물러난 때의 계위(어찌 거지같은 자가 자신에게 눈을 달라고 하는가? 라는 생각에 걸려버린 사리불의 공안이 있으니, 조사할 만하다)를 뛰어넘었다.

정토종에서 발보리심은 이러한 표준으로써 발하였는지 말할 수 없고 명자위의 사람은 곧 보리심을 발하였다 말할 수 있다. 게다가 염불인은 마음속으로 극락에 왕생하여 성불함은 자비의 배를 거꾸로 몰아(倒駕慈航) 수많은 중생을 제도 · 교화하기 위함인 줄 안다면 이 사람은 비록 분명히 발하지 않았을지라도 또한 정토종의 특수한 보리심에 이미 은밀히 맞고 이미 갖추었다. **인광대사께서는 《관무량수경》 하하품의 왕생에 대해 법문하실 때 말씀하셨다. "구품 중 하삼품은 임종시 괴로움이 지극하여 부처님 명호를 듣고서 귀명하여 항복하고서 부처님께서 자비를 드리워 구원해주시길 바라는 마음으로 용맹분투하고 감격하니, 사형집행 전에 사면을 바라는 마음에 견주어 천만 배나 깊다. 비록 보리심을 언급하지 않았을지라도 그 마음의 절박함과 정성은 실로 보리심을 갖추었다 할 수 있다."**

[제176칙] **잘 풀리는 환경이나 부귀한 경우 도를 닦기 어렵거늘 진실로 염불할 수 있는 사람이 얼마나 되겠는가?**

염불은 「성聖 · 범凡」을 구분하지 않는다. 「성」은 삼승을 가리키니, 즉 성문 · 연각 · 보살이다. 「범」은 육도를 가리키니, 즉 천인 · 인간 · 아수라 · 축생 · 아귀 · 지옥이다. 단지 천인은 즐거운 까닭에 염불할 수 없는 자가 많다. 삼악도는 괴로운 까닭에 염불할 수 없는 자가 더욱 많다. 아수라는 눈을 부라리는 까닭에 또한 염불할 수 없다.

念佛不分聖凡。聖指三乘，即聲聞、緣覺、菩薩。凡指六道，即天、人、阿修羅、畜生、餓鬼、地獄。但天以樂故，不能念者多。三途以苦故，不能念者更多。修羅以瞋故，亦不能念。

오직 사람만이 염불하기 가장 쉽지만, 부귀한 사람은 부귀에 미혹되고, 총명한 사람은 총명에 미혹되며, 어리석은 사람은 어리석음에 미혹되나니, 수많은 중생 중에서 염불할 수 있는 사람이 얼마나 되겠는가? 이미 이러한 이치를 알았다면 마땅히 용맹하게 수지하여 염불하고자 하나 염불할 수 없는 상황에 빠지도록 하지 말라. 그러면 이번 생에 이번 기회를 저버리지 않을 것이다!

惟人最易念。而富貴之人便被富貴所迷。聰明人以聰明迷。愚癡人以愚癡迷。藝藝衆生，能念佛者，有幾人哉。既知此義，當勇猛修持，勿致欲念而不能念，則不負此生此遇矣。

[보충] **정공법사 법문절록**

"부귀한 경우는 도를 닦기 어렵다." 이 한 마디 말은 확실히 기억해 두어야 한다. 마음에 진정한 청정이 없으면 반드시 회피하여야 한다. 진정한 청정에 도달하여도 여전히 태도를 내려놓아야 하니, 낮을 수록 좋다. 왜냐하면 시기의 장애를 피해야 하기 때문이니, 특별히 현재의 이런 시대에는 그렇다. 현재와 같은 시대에는 전체 사회가 성현이 베푼 전통교육을 잃어버렸다. 즉 윤리 · 도덕 · 인과의 교육이 사라졌고, 인심은 무너졌으며 사회는 혼란하여 불보살님조차 억울한 일을 당하니, 하물며 우리들이랴!

《화엄경》의 설법이 근기에 맞는 청중에는 열 가지 부류가 있는데, 최후 한 부류는 **대심범부**大心凡夫라 하는데, 그는 대단히 훌륭하다. 그는 비록 범부일지라도 그의 심량은 매우 커서 보살과 마찬가지로 만유萬有를 포용할 수 있는 큰 근기의 범부이다. 그가 정토법문을 만나게 되면 모든 인연을 내려놓고 일문에 깊이 들어가 오랫동안 몸에 배이도록 닦는 부류의 사람이다.

두 번째 부류의 사람은 **하근기의 우직한 사람**으로 심지어 글자를 몰라 책을 읽을 수 없으며 아무것도 모른다고 말할 수 있다. 체한諦閑 노화상의 땜장이는 시골에서 성장하여 한 평생 고생을 많이 하였다. 체안 노화상께서는 그와 동향으로 어릴 적 함께 놀았던 놀이친구로서 이러한 교분이 깊었다. 땜장이가 노화상을 찾아와 보니 중이 된 모습이 좋아보였다. "보시게. 먹고 입는 것을 걱정하지 않아도 되고 집도 있으니, 여기저기 떠돌아다니며 고생하지 말게." 그는 괜찮다고 느끼고 노화상에게 출가하기로 결심하였다. ……

노화상께서 말씀하시길, "그대는「아미타불」이 한마디 부처님 명호를 염하시게. 염하다 지치면 휴식하고 잘 휴식하면 이어서 염하여 낮과 밤 구분하지 말고 언제라도 염하다 피곤하면 한 숨 잤다가 잘 잤으면 이어서 다시 염불하시게." 그는 진실하게 실천(眞干)하고 진실하게 말을 잘 들었으며(聽話) 마음속에 아무런 생각도 없었다. 망념도 없고 잡념도 없어 3년간 염불하여 때가 이름을 미리 알아 선 채로 왕생하였다.

[제177칙] 화정산 운서사 흰 거위 한 쌍의 왕생기

운남성의 장졸선이 둘째 딸이 결혼할 때 사위집에 거위 한 쌍을 보내 전안례奠雁禮113)를 치른 후 그는 화정산 운서사에 거위를 방생하였는데, 이미 3년이 되었다. 이 두 마리 거위는 아침 저녁으로 불전에서 사람들이 예불 독송할 때마다 불전 바깥에 서서 목을 길게 빼고 부처님을 관하였다. 올해 4월에 수컷 거위가 먼저 죽었는데, 모두들 개의치 않았다.

雲南張拙仙次女出嫁時，婿家送雙鵝行奠雁禮，彼即放生于華亭山雲棲寺，已三年矣。彼二鵝每於晨昏上殿做課誦時，站殿外延頸觀佛。今年四月，雄者先亡，人不介意。

그 후 암컷 거위가 며칠 동안 먹지 않고 불전에 가서 부처님을 관하였다. 유나(維那; 사찰에서 승려들의 규율 등 여러 사무를 맡은 책임자) 스님이 거위에게 세상에 미련을 두지 말고 왕생을 구하라고 법문하였다. 그런 후 그를 위해 열 번 소리내어 염불하니, 거위가 세 바퀴 돈 후 두 날개를 한 번 치고서 곧 죽었다. 장졸선은 그래서《흰 거위 한 쌍의 왕생기》를 지었다. 정말 기이하도다! 일체 중생은 모두 불성이 있고, 모두 부처가 될 수 있는데, 거위 또한 이와 같거늘, 우리 인간은 오히려 새만 못한단 말인가?

後雌者不食數日，彼來觀佛，維那開示，令求往生，不可戀世。遂為念佛數十聲。鵝繞三匝，兩翅一拍即死。拙仙因作雙白鵝往生記。噫、異哉。一切衆生，皆有佛性，皆堪作佛，鵝尚如是，可以人而不如鳥乎。

[제178칙] 죽음은 슬프지 않고 크게 행복하니, 염불하여 왕생을 구할 수 있기 때문이다

고인이 말하길, "생사는 또한 큰일이니, 어찌 슬프지 않겠는가!" 삼가 말하자면 헛되이 슬퍼만 한다고 구경에 무슨 이익이 있겠는가? 생사는 큰일이니, 믿고 발원하여 염불함은

113) 행전안례行奠雁禮는 기러기를 바치는 헌안獻雁이다. 옛 결혼 예식에서는 신랑이 신부집에 가서 신부를 맞이하되, 먼저 신랑에게 기러기를 드림(進雁)을 예로 삼는다.

큰 법문인 줄 알아야 한다.

古人云：死生亦大矣，可不悲哉。竊謂徒悲究有何益。須知生死，大事也。信願念佛，大法也。

이미 죽음이 슬픈 일임을 안 이상, 응당 죽기 전에 큰 법문을 닦는다면 죽음은 슬프지 않을 뿐만 아니라 크게 행복할 수 있다. 왜냐하면 정업淨業이 무르익으면 부처님의 자비위신력에 기대어 직하에 서방 극락세계에 왕생하고 범부를 뛰어넘어 성인에 들어가 생사를 요탈하기 때문이다. 이로부터 온갖 괴로움을 영원히 벗어나고, 일체 즐거움을 누릴 수 있을 뿐이다. 점차 공덕을 쌓고 정업을 닦아서 곧장 성불에 이르러야 그만둔다.

既知死之可悲，當於未死之前，修此大法。則死不但無可悲，且大可幸也。何以故，以淨業成熟，仗佛慈力，直下往生西方極樂世界。超凡入聖，了生脫死。得以永離衆苦，但受諸樂。漸次進修，直至成佛而後已也。

[보충] (제182칙 참조)

[제4과]

생사대사를 논하다 [論生死事大]

[1] 사람의 생명이 무상함을 경각시키다 (警人命無常)

[이끄는 말]

불타께서는 사람 목숨은 호흡지간에 달려 있다고 말씀하셨다. 한 호흡이 오지 않으면 한 목숨이 황천길이다. 그래서 인광대사께서는 수행인은 시시각각 '죽을 사死' 자를 기억할 것을 제기하셨다. 대장부는 이 세상에 태어나 하는 일마다 미리 계획하지 않는 일이 없다. 그러나 생사대사에 대해서는 대부분 오히려 내버려 두고 상관하지 않아 과보가 끝나고 목숨이 다할 때를 기다렸다가 곧 업에 따라 과보를 받는다. 사람목숨은 무상하지만 사람이 죽은 이후 그 무엇도 사라지는 것이 아니다. 사람이 죽으면 다시 태에 들어가 단지 형체만 바뀔 뿐이다. 그래서 죽음을 무서워해서는 안 된다. 사람은 죽어서 내세에 삼악도에 태어날 수도 있으니, 현재 정진 수행하여야 임종시 왕생을 구할 뿐이다.

[제179칙] 사람 목숨은 무상하고, 부귀영화는 오래가지 않는다

세월은 빠르게 흘러가고, 시절은 바뀌어 옮겨가며, 찰나찰나 한 순간도 멈추지 않는다. 이는 아마도 조물주가 장광설을 내밀어 두루 너와 나 일체중생을 위하여 사람 목숨은 무상하고, 부귀영화는 오래가지 않으니, 급히 돌아갈 길 찾아 삼악도에 떨어지는 괴로움을 겪지 않는 위없는 묘법을 말씀한 것이라!

光陰迅速，時序更遷。剎那剎那，一念不住。此殆造物出廣長舌，普為爾我一切衆生，說人命無常，榮華不久，急尋歸路，免受沈淪之無上妙法耳。

[제180칙] 생사대사는 미리 준비하여야 한다

생사대사는 반드시 미리 준비하여야 한다. 임종에 이르러서야 닦는다면 업력이 끌어당겨 삼악도에 떨어질까 두렵구나!

生死大事，須當預辦。若待臨行方修，恐被業力所奪。

[第181칙] **생사대사가 도래하면 기댈 것이 하나도 없으니, 오직 아미타부처님만 의지할 수 있을 뿐이다**

옛 말에 이르길, "총명으로는 업과 대적할 수 없고, 부귀로써 어찌 윤회를 면하겠는가." 하였다. 생사대사가 도래하면 기댈 것이 하나도 없으니, 오직 아미타부처님만 믿고 의지할 수 있을 뿐이다. 애석하게도 세상 사람은 아는 이는 매우 적고, 안다고 해도 진실로 믿고 노실하게 염불하는 이는 더욱 적구나.

古語云：聰明不能敵業，富貴豈免輪迴。生死到來，一無所靠。唯阿彌陀佛，能為恃怙。惜世人知者甚少，知而眞信實念者更少也。

[第182칙] **염불인은 죽음을 무서워해서 안 되니, 그렇지 않으면 미련으로 인해 장애가 된다**

서방극락에 태어나길 구하는 사람은 죽음을 무서워해서는 안 된다. 만약 오늘 곧 죽는다면 오늘 곧 서방극락에 태어날 것이다. 이는 공자께서 "아침에 도를 들으면 저녁에 죽어도 좋다." 하신 말씀과 꼭 같다. 어찌 오늘 죽을 것인데, 죽기를 바라지 않을 수 있겠는가? 속세의 육진경계를 연연해 내려놓을 수 없는 이상 미련이 장애가 되어 정토의 경계가 나타나기 어렵고, 업에 따라 삼선도나 삼육도에 태어나는 경계가 나타날 것이다. 경계가 나타나면 업에 따라 삼선도나 삼육도에 태어나고, 극락왕생은 곧 물거품이 되고 만다.

求生西方者，不可怕死。若今日即死，即今日生西方。所謂朝聞道，夕死可矣。豈可今日要死，且不願死。既貪戀塵境，不能放下，便因貪成障。淨土之境不現，而隨業受生於善惡道中之境便現。境現，則隨業受生於善惡道中矣。往生西方，便成畫餅。

그래서 정토행자는 오늘 죽어도 좋고, 다시 살아나 120살까지 살아도 좋으니, 저 전생에 지은 업에 일체 맡기고 함부로 헤아리고 따지지 말라. 만약 믿음과 발원이 진실하고 간절하다면 과보가 끝나 목숨이 다할 때 심식心識이 정토에 왕생할 수 있고, 이로부터 업력에 끌려 다니지 않아 세간의 일체 고통을 벗어날 것이다. 서방극락에 이르면 구품왕생의 연꽃이 피어서 이번 생에 아미타부처님의 수기를 받아 성불할 것이다.

故修西方人，今日死也好，再活一百二十歲死也好。一切任彼前業，不去妄生計校。倘信願眞切，報終命盡，便即神超淨域，業謝塵勞。蓮開九品之花，佛授一生之記矣。

[역주] "아침에 도를 들으면 저녁에 죽어도 좋다." 이는 《논어》「이인里仁」편에 있는 글로 아침에 도를 깨달으면 그날 저녁에 죽어도 유감이 없다는 뜻이다. 유학자는 인의예지신仁義禮智

信이 원만할 수 있으면 다시 윤회하여 사람 몸을 지켜낼 수 있다. 유교는 육도윤회를 말하지 않고 삼계를 여읠 것을 제기하지 않는다.

불교의 경우 단지 《관무량수경》 하삼품에서 염불하여 죄를 없애고 왕생하는 이치를 진정으로 이해하고, 신원행 · 발보리심으로 정토에 태어나길 구할 줄 알아야만 비로소 "아침에 도를 들으면 저녁에 죽어도 좋다." 말할 수 있다. 왜냐하면 임종할 때 정토법문이 있어 닦을 수 있고, 아미타부처님께서 계셔서 믿을 수 있으며, 육도윤회가 있어도 벗어날 수 있고, 생사대사가 있어도 끝마칠 수가 있으며, 자재왕생이 있어 얻을 수 있으니, 뒷일을 걱정할 필요가 없다.

[제183칙] 육도 가운데 인천은 타향이고, 삼악도는 고향이라

대장부는 이 세상에 태어나 하는 일마다 미리 계획하지 않는 일이 없다. 그러나 생사대사에 대해서는 대부분 오히려 내버려 두고 상관하지 않아, 과보가 끝나고 목숨이 다할 때를 기다렸다가 곧 업에 따라 과보를 받는다. 이 일념의 심식心識이 육도 중 어느 세계로 향해 태어나게 될지 모른다. 그에게 인도와 천도(人天)는 타향이고, (축생 아귀 지옥의) 삼악도가 고향이다. 삼악도에서 백천 겁 동안 과보를 받는다면 다시 인도와 천도에 태어날 기약이 없다. 이것에 근거해서 말하면 생사를 끝마치는 법을 굳이 급히 강구하지 않을 수 없을 것이다.

大丈夫生於世間，事事無不豫為之計。唯有生死一事，反多置之不問。直待報終命盡，則隨業受報。不知此一念心識，又向何道中受生去也。人天是客居，三途是家鄉。三途一報百千劫，復生人天了無期。由是言之，則了生死之法，固不可不汲汲講求也。

[역주] 인천人天, 즉 인도와 천도는 소승 사과의 초과를 증득하여야만 위불퇴位不退로 다시 생을 바꿀 때 아래로 떨어지지 않게 되니, 인천에서 일곱 번 생사를 반복한 후 곧 사과를 증득할 수 있고 구경에 윤회를 벗어난다. 이런 부류의 초과 성인은 인도와 천도에서 적은 가운데 또 적다. 인도에서 오계를 지켜낼 수 있으면 내세에 사람 몸을 얻을 수 있지만, 내세에 타락여부는 보증할 수 없다. 부처님께서는 "사람 몸을 얻는 것은 손톱 위의 흙과 같고, 사람 몸을 잃는 것은 대지의 흙과 같다." 말씀하신 적이 있다. 사람 몸을 다시 얻기 어려움이 어느 정도인지 알 수 있다. 그래서 중생은 삼악도에 떨어지는 경우가 흔히 있는 일이다.

삼악도에 축생계의 수명은 알 수 있고 지옥계는 죄가 무거울수록 깊이 떨어지고 그 수명은 길어져 최장은 겁으로 논할 수 있다. 아귀도는 매우 복잡하여 분류가 매우 많다. 간단히 분류하면 세 가지가 있다. 1) 재산이 없는 아귀로 필경 아무것도 먹을 수 없다. 2) 재산이 적은 아귀로 고름과 피 등을 먹는다. 3) 재산이 많은 아귀로, 사람이 떨어뜨리는 음식 및 제사음식을 얻을 수 있다.

[삼악도]

첫째는 지옥도이다. 지옥이란 이를테면 8한八寒 · 8열八熱의 대지옥을 말한다. 각각의 대지옥에는 권속이 있고, 그 부류가 매우 많다. 지옥에서 괴로운 과보를 받는 것은 지은 바 업에 따라 괴로움의 경중과 머무는 겁수에 차별이 있다. 그 중에 가장 무거운 괴로운 과보를 받는 곳은 하루에 8만4천 번을 나고 죽으면서 무량겁을 지낸다. 상품의 오역 십악을 지은 중생들이 지옥도에서 몸을 받는다.

둘째는 축생도畜生道인데 방생旁生이라고도 한다. 이 도의 중생은 모든 처소에 두루 존재한다. 몸에 털이 나 있거나 머리에 뿔이 돋아 있으며, 비늘이 있거나 갑각이 있거나 깃털이 있거나 털이 있으며, 사족이거나 다족이며, 다리가 있거나 없으며, 물 · 땅 혹은 공중을 다닌다. 서로 먹고 먹히는데 이러한 고통을 받는 것이 끝이 없다. 어리석음과 탐욕으로 중품의 오역십악을 지은 중생들이 축생도에서 몸을 받는다.

셋째는 아귀도餓鬼道이다. 아귀도의 중생도 역시 모든 취趣의 처소에 두루 존재한다. 복덕이 있는 아귀는 산림이나 무덤이나 사당의 신이 되고, 복덕이 없는 아귀는 청정하지 않은 곳에 거주하면서 음식을 얻지 못한다. 항상 채찍으로 맞으면서 강이나 바다를 메우는 일을 하는데 이러한 고통을 받는 것이 한량이 없다. 아첨과 현혹의 마음으로 하품의 오역십악을 지은 중생들이 아귀도에서 몸을 받는다.

[제184칙] **많은 사람이 함께 닦으면 공덕이 무량하다**

불법은 닦기 어려운 사람도 없고, 또한 닦을 수 없는 사람도 없다. 매순간 기억할지니, 정업淨業을 닦아 서방극락세계에 왕생하지 못하면 오랜 겁 윤회하여 벗어날 수 없다! 그래서 자신도 가엾고 남도 가엾이 여기고, 자신도 슬프고 남도 슬퍼하여 큰 목소리로 급히 불러 가깝게는 가족과 멀리는 세상 사람들과 함께 이 도를 닦을지라. 이런 이익은 자신만 해내길 구하는 사람과 비교하면 어찌 하늘 · 땅만큼의 차이에 그치겠는가.

佛法無一人不堪修，亦無一人不能修。但能念念知不修淨業生西方，則長劫輪迴，莫之能出。以玆自愍愍他，自傷傷他，大聲疾呼，俾近而家人，遠而世人，同修此道。其利益較之唯求自了者，何止天地懸隔也。

[2] 전일하게 불력에 의지할 것을 가르치다 (教專仗佛力)

[이끄는 말]

이번 생에 생사윤회를 끊기 위해서 인광대사께서는 불력에 기대어야 비로소 정토에 왕생할 수 있다고 제기하셨다. 우리가 생사윤회하면서 오랜 겁이 지나는 동안 지었던 악업이 무량무변하다. 만약 자신이 수행한 힘에 의지해 번뇌 · 혹업을 다 없애 생사를 벗어나고자 한다면 그것은 실로 천상에 오르는 만큼 어렵다. 만약 부처님께서 설하신 정토법문을 믿을 수 있다면 진실한 믿음과 간절한 발원으로 아미타불 명호를 염하여 극락에 태어나길 구하면 업력이 크든 작든 상관없이 모두 부처님의 자비 위신력에 기대어 서방극락에 왕생할 수 있다. 자력에 기대어 생사를 벗어나려면 비유컨대 한 알의 모래알이 물에 들어가면 곧 가라앉는 것과 같다. 불력에 의지하여 극락에 왕생하여 생사를 벗어나려면 수천만 근의 바위가 있어도 큰 배에 실어 가라앉지 않고 다른 곳으로 운반하여 마음대로 사용할 수 있는 것과 같다.

바위는 중생의 업력이 깊고 무거움에 대한 비유이고, 큰 배는 아미타부처님의 자비 위신력이 광대함을 비유한 것이다. 만약 염불하지 않고 자신이 수행한 힘에 기대어 생사를 벗어나려면 반드시 업이 다하고 집착을 비운 경계에 이르러야 된다. 그렇지 않으면 번뇌 혹업을 끊었을지라도 털 한 올이라도 남아있으면 생사를 벗어날 수 없다. 마치 매우 작은 모래도 반드시 수중으로 가라앉아 스스로 물 밖으로 나올 수 없는 것과 같다.

[제185칙] 왕생은 완전히 불력이지 자신의 도력이 아니다

불법의 법문은 무량하다. 대승과 소승, 권교(한때 적합한 교법)와 실교(구경불변의 교법)의 일체 법문에서는 모두 계 · 정 · 혜 삼학에 의거하여 탐 · 진 · 치 삼독을 없애고, 몸과 마음을 남김없이 청정히 하여야 비로소 생사를 요탈할 수 있다고 가르친다. 그러나 이런 경계에 도달하는 것은 정말 천상에 오르는 만큼이나 어렵기에 번뇌로 가득 찬 우리들 범부(具縛凡夫)가 얻기를 바랄 수 있는 것이 아니다.

佛法，法門無量。無論大、小、權、實，一切法門，均須以戒、定、慧，斷貪、瞋、癡，令其淨盡無餘，方可了生脫死。此則難如登天，非吾輩具縛凡夫所能希冀。

만약 진실한 믿음과 간절한 발원으로 염불하여 극락세계에 태어나길 구하면 공부의 깊이와 공덕의 크기에 상관없이 모두 부처님의 자비력에 의지해서 극락에 왕생할 수 있다. 이는 여객선에 함께 앉아 바다를 건너는 것과 같아 누구나 기꺼이 승선하기만 하면 곧 저 언덕에 도달할 수 있다. 이는 배의 힘에 속하는 것이지 자신에게 달린 일이 아니다. 믿음과 발원으로 염불하여 극락세계에 태어나길 구함도 이와 같아 완전히 불력이지 자신의 도력이 아니다.

若以眞信、切願、念佛，求生西方，又無論功夫淺深，功德大小，皆可仗佛慈力，往生西方。此如坐火輪船過海，但肯上船，即可到於彼岸，乃屬船力，非自己本事。信願念佛，求生西方，亦然。完全是佛力，不是自己道力。

그러나 극락세계에 태어나면 생사윤회를 마치고 번뇌가 생기지 않아, 이미 사바세계에서 오래 공부하여 번뇌를 끊고 생사를 남김없이 마친 사람과 같다. 그래서 염불하여 반드시 극락세계에 태어나길 구해야지 결코 내생에 인간세계와 천상세계의 복보를 구해서는 안 된다. 이렇게 믿음과 발원으로 염불하여 왕생을 구하는 것을 중시하지 않고, 염불로써 깨달음(開悟)을 구하려는 법문을 결코 의지해서는 안 된다.

然一生西方，則生死已了，煩惱不生，已與在此地久用功夫，斷煩惱淨盡了生死者相同。故念佛決定要求生西方，切不可求來生人天福報。彼離信願以教人念佛求開悟之開示，切不可依。

염불의 요결은 「육근을 모두 거두어들임(都攝六根)」에 있다. 염불할 때 이근(귀)을 거두어 잘 듣는 것이 곧 육근을 거두는 수행을 시작하는 곳(下手處)이다. 지극한 마음으로 잘 들을 수 있을 때와 잘 듣지 않고 산란하게 염할 때 그 공덕에 있어 그 차이가 현저하다. 이는 상중하 모든 근기의 사람이 활용할 수 있고, 모두 이익을 얻을 수 있는 방법이다. 이익만 있고 폐해는 없으니, 마땅히 모든 사람들은 이 방법에 따라 수행하도록 해야 한다.

念佛之要，在於都攝六根。當念佛時，攝耳諦聽，即是攝六根之下手處。能志心諦聽，與不聽而散念，其功德大相懸殊。此法無論上中下根人皆可用，皆可得益。有利無弊，宜令一切人皆依此修。

[역주] 인광대사께서는 이 단락에서 누누이 본원법문에서는 홍법을 가장하여 문장을 끊어 뜻을 취해 본래의 의미와는 달리 자기 입장에 맞도록 사용한다고 법문하신다. 확실히, 인광대사께서 말씀하신 "완전히 불력이지 자신의 도력이 아니다(完全是佛力 不是自己道力)."는 문구는 다른 상관된 법문을 참고하지 않으면 완전히 오해할 수 있다. 만약 정말 오해가 있는 사람은 결코 바른 신자가 아니다. **만약 자력을 떠나 단지 불력만 이야기한다면 이미 불법을 바로 믿는 것이 아니다. 불법은 본래 불이법不二法으로 자력 외에 달리 불력이 있다고 말할 수 있는 것이 아니다. 본원법문은 순수한 타력 제도濟度를 주장하고 자력수행의 갖가지 방식을 집어내버리지만, 왕생이 결정되는 전제인 신심조차도 여전히 자력임을 잊지 말아야 한다.** 《묘종초妙宗鈔》의 "일행구품一行九品"에 따라 이 믿음의 "신력信力"에 대해 말하면 육즉불六即佛의 이치로써 그 계위의 높고 낮음을 분별 · 판정하고, 그 공부의 깊이를 구별할 수 있다.

상술한 이런 종류의 초급 착오를 인광대사께서 어떻게 범하겠는가? 단지 이 단락에서 장정강張

靜江 거사에게 강조하였을 뿐이다. 게다가 "완전히 불력이다."에서 인광대사께서도 이것이 자성불의 힘인지 아미타불 저 부처님의 힘인지 구분하여 말씀하시지 않았다. "**견불삼력**見佛三力"에 따라 말하면 "**자신의 도력**"은 자력으로 염불한 힘에 속하고, **본공덕력**은 자성불의 힘(수덕修德에 따라 성덕性德이 바깥으로 드러나는 힘)에 속하며, **미타위신력**은 타력에 속한다. 그리고 서방극락에 왕생함은 확실히 자력의 도력이 독자로 이루어낸 것이 아니지만 왕생의 일은 결정코 견불삼력을 여의지 않는다.

연지대사는 《미타소초》에서 **왕생삼력**往生三力을 언급하셨는데, 사실상 곧 견불삼력이다. 우익대사는 《미타요해》에서 말씀하신 "심성의 극치(심요心要), 집지명호의 기이한 공훈(경요境要), 아미타부처님의 대원(법문요法門要)"의 부사의한 삼력은 여전히 견불삼력이다. 이 삼력 중에 왕생의 역용에 대해 말하면 결정적인 작용을 일으키는 것은 불력에 속하니, 즉 자성미타 및 서방미타의 '둘이 아닌'(不二) 불력이다. 자심의 부처님과 저 부처님을 완전히 둘로 가르면 불법을 올바로 믿는 것이 아니다.

우익대사는 《미타요해》에서 말씀하신 적이 있다. "이 법문을 닦는 자는 「전적으로 저 부처님을 깨닫는 것이 곧 자심의 부처님을 깨닫는 것에 있다」고 말한다. 저 부처님을 말하는 것이 꺼려진다면 이는 아직 타견他見을 잊지 못하여 저 부처님이 자심임을 깨닫지 못하였기 때문이다. 만약 자심의 부처님만 말하여 자심의 부처님에 편중한다면 이는 아견我見이 견고하여 전도가 더없이 심하다." "십만억 불토는 실제로 우리의 현전 일념 심성의 바깥으로 벗어나지 않는다. 왜냐하면 심성은 본래 바깥이 없는 까닭이라고 말한다. 또 자심의 불력에 의지하여 접인을 받아 자심의 정토에 왕생하니 어떤 어려움이 있겠는가?" 이래야 종승에 통달하고 교승에 통달하며 대개원해大開圓解하신 일대 조사의 현묘한 법문이다. 만약 임종시 "자심의 불력이 접인(자불접인自佛接引)함"을 집착한다면 또한 조사께서 말씀하신 불이不二의 뜻을 오해한 것이다.

이에 비해 일본의 법연상인은 그 교리방편은 서로 비교해보아 못한 점이 많다. 법연상인은 《정토수문기淨土隨聞記》에서 말하길, "불체佛體는 유일하나, 가르침에 따라 그 뜻은 다르다. 진언교眞言教(진언종)의 아미타는 자심(己心) 여래로 바깥에서 찾을 수 없다. 정교淨教에서 이른바 아미타불은 법장비구가 발원하여 불체가 서방에 계심을 성취한 분이다." 이 단락의 법문은 바로 본원법문의 일체 잘못된 이론의 근원으로 체體를 판정함에 실패하였다.

일체 대승경전은 모두 실상을 체로 삼나니, 이 실상은 그대로 중생 및 제불심체의 실제實際가 드러난 모습(相狀)이다. 우익대사께서는 《미타요해》에서 체를 판정할 때 직접 실상을 "일념심성一念心性"이라 해석하셨다. 중생의 일념심성을 떠나 그 바깥에 어찌 달리 제법실상이 있고, 달리 법성 · 불성 · 일진법계 · 여래장이 있겠는가? 일체제법은 모두 이 일념심성에 의거해 일어나고 모두 이 심성을 체로 삼는다. 이 심성을 여의고, 달리 제법이 있는 것이 아니다. 일체제불 및 중생심체 간은 방안의 천 개 등불, 제석천의 구슬그물(인드라망) 천개 구슬처럼 서로 비추어서 서로 갖추고(互具) 두루 갖추며(遍具), 서로 포섭하고 두루 포섭하여 이 중생의 일념심성을 여읜 바깥에 달리 일체제불 · 일체중생이 있는 것이 아니고, 일체제불의 마음 바깥에 달리 일체중생이 있는 것이 아니다.

유계幽溪대사는《정토생무생론淨土生無生論》에서 “일진**법계의 원융한 체가 나의 일념심이 되니, 내가 지금 염불하는 이 마음이 전체 그대로 일진법계이다**(法界圓融體 作我一念心 我今念佛心 全體卽法界)”라고 하셨다. 곧 지금 염불하는 일념의 마음이 일진법계의 원융한 체이니, 그 전체가 (부처·중생·정보·의보가) 되어 자성이 법계에 두루 한다. 그래서 마음 또한 두루 하니, 이 일념의 마음을 여의고서 달리 십법계가 있는 것이 아니고, 달리 일체제불이 있는 것이 아니다. 그래서 말하길, 염념마다 법계에 두루 하니, 서방미타가 그대로 자성미타이고, 서방정토가 그대로 유심정토이다.

송·원·명·청의 역대 조사대덕들은 대승경전을 주해하실 때 모두 다 체를 판정하면서 심성의 원만함을 이야기하고, 또한 중점과 난점을 학불學佛하였다. 당나라 초 선도대사의 경우 시대의 한계성으로 말미암아 대사께서는《사첩소四帖疏》에서 실상법체와 일체제불 및 중생심체에 대해 판정하지 못하였고, 최종적으로 일본의 법연 신란 등의 사람의 “체를 판정하는 것에 실패”하게 만들었다. 법연상인은 불체가 하나임을 승인할지라도 오히려 진언종의 자성미타가 마음 안에 있는데 염불인의 혹업은 “기심여래己心如來”를 장애한다고 집착하였고, 정종의 미타불체는 서방극락(마음바깥)에 있어 염불인의 마음속 혹업은 「서방미타西方彌陀」를 장애하지 않는다고 집착한다.

이렇게 체를 판정함에 실패하여 최종적으로는 직접 혹은 간접적으로 “타력이 미혹을 끊는다.”(삼혹三惑을 끊음은 무명을 포괄하니, 불국보토에 들어간다)·“타력이 접인한다.”·“자력을 집어내어 제거하였다.”·“임종시 자력의 정념正念은 필요 없다.”·“결정코 믿으면 결정코 왕생한다.”·“염불하면 왕생한다.”·“십념이면 살아 있을 생전에 왕생이라는 업을 이룬다(平生業成)”·“자력의 참회는 필요 없다.”·“악인이 더욱 더 왕생하기 쉽다.” 등등 본원법문의 「특수교리」를 초래하였다.

중국의 정종교리에 따르면 염불왕생은 대체로 세 단계 과정으로 나뉜다. 1) 초기에는 염불하여 왕생의 자량資糧을 누적하여 죄를 없애고 마음을 바꾼다(수덕修德). 2) 임종시 세가지 힘으로 부처님을 친견한다. 3) 최후는 비로소 왕생하는 단계로 부처님을 친견한 후 불광이 왕생인을 비추며 거두어 더욱 깊은 선정에 들어가게 하고, 왕생인을 거두어 신식神識을 연화대로 들어가게 하며, 팔을 굽히는 짧은 순간 생을 바꾸어 극락의 연못에 화생케 한다.

세 번째 단계의 왕생에 대해 “완전히 불력이지 자신의 도력이 아니다.” 말한다. 다른 종의 자력법문으로 바꾸면, 임종시 최후에 완전히 자력에 의지해 왕생인의 심령(靈台)을 밝게 하여 비로소 “한평생 지은 선악이 한꺼번에 문득 나타나서”(능엄경), 임종시 혼란한 경계로 전도되어 업력에 따라 견인되지 않게 된다. 두 법문을 서로 견주면 그 어렵고 쉬움은 자명하다고 말하지 못한다. 그래서 인광대사께서는 장정홍 거사에게 안심하고 염불하라. 이리저리 흔들리며 끊임없이 선종과 밀종을 욕심내지 말라고 가르치셨다. 그 중에서도 심하니 반드시 거듭 강조하여야 한다. 그래서 “완전히 불력이다.” 말씀하셨고, “겸해서 의지하라(兼仗)” 말씀하시지 않았으니, 이는 대사님의 선교방편이다.

[제186칙] 자력법문은 반드시 미혹을 끊어야 하고, 정종법문은 미혹을 조복하여야만 한다

우리가 생사윤회하면서 오랜 겁이 지나는 동안 지었던 악업이 무량무변하다. 만약 자신이 수행한 힘에 의지해 번뇌·혹업을 다 없애 생사를 벗어나고자 한다면 그것은 실로 천상에 오르는 만큼 어렵다. 만약 부처님께서 설하신 정토법문을 믿을 수 있다면 진실한 믿음과 간절한 발원으로 아미타불 명호를 염하여 극락에 태어나길 구하면 업력이 크든 작든 상관없이 모두 부처님의 자비 위신력에 기대어 서방극락에 왕생할 수 있다. 자력에 기대어 생사를 벗어나려면 비유컨대 한 알의 모래알이 물에 들어가면 곧 가라앉는 것과 같다. 불력에 의지하여 극락에 왕생하여 생사를 벗어나려면 수천만 근의 바위가 있어도 큰 배에 실어 가라앉지 않고 다른 곳으로 운반하여 마음대로 사용할 수 있는 것과 같다.

吾人在生死輪迴中，久經長劫，所造惡業，無量無邊。若仗自己修持之力，欲得滅盡煩惱惑業，以了生脫死，其難逾於登天。若能信佛所說之淨土法門，以眞信切願，念阿彌陀佛名號，求生西方，無論業力大，業力小，皆可仗佛慈力，往生西方。譬如一顆沙子，入水即沈。縱有數千萬斤石，裝於大火輪船中，即可不沈，而運於他處，以隨意使用也。

바위는 중생의 업력이 깊고 무거움에 대한 비유이고, 큰 배는 아미타부처님의 자비 위신력이 광대함을 비유한 것이다. 만약 염불하지 않고 자신이 수행한 힘에 기대어 생사를 벗어나려면 반드시 업이 다하고 집착을 비운 경계에 이르러야 된다. 그렇지 않으면 번뇌 혹업을 끊었을지라도 털 한 올이라도 남아있으면 생사를 벗어날 수 없다. 마치 매우 작은 모래도 반드시 수중으로 가라앉아 스스로 물 밖으로 나올 수 없는 것과 같다.

石喻衆生之業力深重，大火輪喻彌陀之慈力廣大。若不念佛，仗自己修持之力，欲了生死，須到業盡情空地位方可。否則縱令煩惱惑業，斷得只有一絲毫，亦不能了。喻如極小之沙子，亦必沈于水中，決不能自己出於水外。

그대는 다만 믿음을 내어 염불해서 서방극락에 왕생할 뿐, 더 이상 다른 생각을 일으키지 말라. 만약 이럴 수 있다면 수명이 남은 경우 병이 빨리 나을 것이다. 왜냐하면 전일하게 지극 정성으로 염불한 공덕으로 곧 숙세의 악업을 제거할 수 있기 때문이다. 이는 날이 밝아 해가 나오면 서리와 눈이 곧 녹아버리는 것과 같다. 수명이 이미 다하였다면 곧 왕생할 수 있다. 왜냐하면 마음에 다른 생각이 없으면 곧 부처님과 감응도교感應道交하여 부처님의 자비로 접인을 받아 왕생하기 때문이다. 그대가 이 말을 믿을 수 있다면 살아서도 큰 이익을 얻고 죽은 후에도 큰 이익을 얻을 것이다.

閣下但生信心，念佛求生西方，不可再起別種念頭。果能如是，壽未盡則速得痊愈，以專一志誠念佛功德，便能滅除宿世惡業，猶如杲日既出，霜雪即化。壽已盡，則即能往生，以心無異念，即得與佛感應道交，故蒙佛慈接引往生也。閣下若信此話得及，則生也得大利益，死也得大利益。

[역주] 보통(通途)법문은 반드시 자력으로 견사혹見思惑을 끊어 없애야 삼계를 수직으로 벗어날 수 있고, 소승의 아라한이나 대승원교의 상사즉相似即 칠신위七信位를 달성하여야 한다. 염불법문은 관행위 초품에 이르도록 닦으면 미혹을 조복한 사일심불란事一心不亂으로 임종시 결정코 왕생하여 삼계를 횡으로 벗어나고 자재왕생할 수 있다. 산심위散心位의 염불인은 임종시 지심으로 염불하여 참회하면 죄업이 사라지고 또한 왕생할 수 있다.

위 법문을 대비하면 어려움과 쉬움의 판정이 선다. 혹업惑業의 자성은 공하여 실체가 없으니, 미혹은 마음으로 인해 일어나고, 마음으로 인해 장애를 이룬다. 염불하여 마음을 묶어, 미혹이 연緣을 얻을 수 없고 현행을 일으키지 않아 곧 장애를 이루지 않는다. 염불하여 왕생하고 삼계를 횡으로 벗어나고 미혹을 끊을 필요는 없다. 「(자력으로) 미혹을 조복하거나 혹 조복하지 않아도 조복하여」 혹업惑業이 현행을 일으키지 않는다면 업을 지닌 채(미혹을 조복한 채) 왕생할 수 있다.

인광대사께서는 "더 이상 다른 생각을 일으키지 말라.", "마음에 다른 생각이 없으면 곧 부처님과 감응도교한다." 말씀하신 것은 곧 미혹을 조복한 채 왕생한다(伏惑往生)는 뜻이다. 극락에는 삼악도가 없어 삼악도에 떨어질 죄인이 왕생을 구하고 싶으면 염불하여 마음을 바꾸고 죄를 없앨 필요가 있고, 죄를 없애면 왕생한다. 그래서 《관무량수경》에서 이르시길, "선남자여, 그대가 부처님의 명호를 불렀기에 갖가지 죄업이 사라졌도다! 그래서 내가 와서 그대를 맞이하노라."하셨다.

염불하여 죄를 없애고 왕생함과 염불하여 업을 없애고 왕생함의 양자는 차이가 있음에 주의하여야 한다. 대업帶業의 업은 「혹업惑業」, 견사見思 등 번뇌 혹 및 선악의 구업(舊業; 왕생하기 전은 모두 구업인 셈이다)을 가리킨다. 삼악도에 떨어지는 오역십악, 살생 · 도둑질 · 음행 · 거짓말 등을 지으면 반드시 자성을 오염시키는 성죄性罪를 맺고, 중생과 악연을 맺는다. 이러한 인연을 구족하면 반드시 그 업의 빚을 갚아야 한다.

관행위 초품에 이르도록 염하여 일체 죄업이 이미 사라지면 결정코 자재왕생할 수 있지만, 여전히 견사혹 및 아직 갚지 못한 악업의 빚이 있다. 삼악도에 떨어질 죄의 마음으로써 서방극락에 왕생을 구하면 옳지 않으니, 부처님께서는 악인을 거두지 않기 때문이다. 죄는 마음으로부터 일어나고 죄는 마음으로부터 바뀌니, 염불하여 참회하고 마음을 바꾸어야 한다. 죄업이 사라지면 곧 선인善人이니, 번뇌와 미혹을 끊지 않아도 되고, 업의 빚도 반드시 금생에 갚을 필요가 없다. 보리정도에 수순하여 발심하면 죄업이 사라져 부처님께서 곧 와서 맞이한다. 그래서 업을 지닌 채 왕생함은 결코 죄를 지닌 채 왕생함이 아니고 또한 반드시 업을 없애고서 왕생함이 아니니, 그 차이에 주의하여야 한다.

[주] 「미혹을 조복하거나 혹 조복하지 않아도 조복함(伏惑或不伏而伏)」 이는 자력으로 미혹을

조복함 및 조복하지 않아도 조복함 두 가지를 포괄한다. 관행위 초품으로 결정코 자재왕생하는 무리는 **자력으로 미혹을 조복하는 경우**에 속한다. 조복하지 않아도 조복함은 산심위의 염불인이 미혹을 조복할 힘이 없지만, 임종시 믿음과 발원이 확고하고 일심으로 부처님 명호에 계념繫念하여 혹업이 현행을 일으키지 않거나 혹 현생이 일어나지만 왕생하겠다는 기본적인 생각을 장애하지 않아 임종시 최후 특수한 삼매경계에 들어갈 때 곧 부처님을 친견하고 왕생할 수 있다. 이것이 **조복하지 않아도 조복함**에 속한다.

[참조] 제191칙 : 이 권속을 만나면 대부분 모두 정념을 파괴하여 왕생을 장애한다(장애를 받으면 곧 자신에게 미혹을 조복하는 힘이 생기지 않아 마음이 경계를 따라 바뀌는 과실이 있다.

[제187칙] **《능엄경》, 정토의 큰 공덕을 깨뜨릴 것인가? 정토의 좋은 길을 넓힐 것인가?**

《능엄경》은 정토를 모르는 사람이 읽으면 정토의 큰 공덕을 깨뜨릴 것이다. 정토를 아는 사람이 읽으면 정토의 좋은 길을 넓힐 것이다. 무슨 근거로 그렇게 말하는가? 자력으로 깨닫기 어려움, 정토로 왕생하기 쉬움, 십법계의 인과가 낱낱이 분명하기 때문이다. 만약 불력에 기대지 않는다면 오음五陰 중의 하나 둘을 깨뜨릴지라도 마魔가 붙어 미친다면 지옥종자가 된다. 게다가 24문의 원통공부는 요즘 사람 중에 누가 닦을 수 있겠는가? 마치 자식이 어머니를 그리워하듯이 염불은 무릇 마음이 있는 자는 누구나 받들어 행할 수 있다. 정념淨念을 이어갈 수만 있다면 저절로 삼매경계를 몸소 증득할 수 있다. 좋고 나쁨을 아는 사람이 그것을 읽으면 자력을 주장하고 불력에 의지하지 않겠다고 하겠는가?

楞嚴一經，不知淨土者讀之，則為破淨土之元勳。知淨土者讀之，則為宏淨土之善導。何以言之。以自力悟道之難，淨土往生之易，十法界因果，一一分明。若不仗佛力，雖陰破一二，尚或著魔發狂，為地獄種子。而且二十四圓通之工夫，今人誰能修習。唯如子憶母之念佛，凡有心者，皆堪奉行。但得淨念相繼，自可親證三摩。知好歹者讀之，其肯唯主自力不仗佛力乎。

[역주] 정종에 깊이 들어가 이해하지 못하는 사람은 정종에서는 단지 사상事相만 이야기할 뿐, 미묘한 이치는 적게 이야기 하며, 어리석은 촌부나 할아버지 할머니 등 근성의 사람이 주로 닦을 뿐만 아니라 대부분 마음 바깥에서 법을 취하고 마음 바깥에서 부처님을 구하여 고상한 자리에 오르기 어렵다고 잘못 생각한다. 이런 부류의 사람이 만약《능엄경》을 배우면 반드시 그 현묘한 교리에 깊이 매료되어 세존의 지혜가 뛰어나다고 찬탄하면서 더욱 더 정종의 교리가 깊지 않다고 느낀다. 그래서 "정종의 큰 공덕을 깨뜨린다." 하셨다.

천태지자대사는 천태종을 창설하고 육즉六即의 미묘한 이치를 펼치셨으니, 바로 말세 수행인을 위함이다. 첫째 믿음이 없는 수행인으로 하여금 스스로를 낮추는 마음을 여의도록 불성의 이체는 범부와 부처님은 다름이 없음을 열어 보이고, 수행인에게 의구심을 없애고 믿음을 증강시켜 자신이 처한 깨달아서 증득하는 위치를 또렷이 이해시켜 차례대로 정진수행하여 마침내 성불할 수 있도록 함이다. 이것이 **"여섯(인과사상)이면서 항상 즉(불성이체)이다(六而常即)"**(성덕)이다.

둘째 지혜가 없는 자로 하여금 증상만의 마음을 제거하도록 범부로부터 성불이 이르기까지 인과사상의 여섯 단계를 또렷하고 분명히 하여 이름을 좇아 실상에 어긋나고 범부로써 함부로 성인이라 하여 자신을 부처님과 같다고 증상만을 일으키지 않게 하고, 수행인에게 공고아만貢高我慢, 지혜증상智慧增上을 항복시킬 수 있도록 함이다. 이것이 **"즉(불성이체)하면서 항상 여섯(인과사상)이다(即而常六)"**(수덕)이다. 만약 여실하게 자증계위를 알고 법문의 깊고 얕음을 알 수 있다면 반드시 정종을 경시하지 않게 된다.

인광대사께서는 "말세의 범부가 거룩한 과위를 증득하고자 정토법문에 의지하지 않으면 모두 거만한 자에 속한다."(제34칙) 말씀하셨다. 이는 결코 다른 종을 경시함이 아니다. 왜냐하면 말세 범부는 교리에 통하지 못하고, 또한 계위차제를 이해하지 못하며, 법문을 알지 못한 까닭에 삼계를 수직으로 벗어남과, 삼계를 횡으로 벗어남의 어렵고 쉬운 방편을 판정하지 못하기 때문이다. 그래서 대부분 오해하고, 대부분 경시한다.

[제188칙] 염불인은 병에 걸리면 왜 일심으로 염불하며 죽음을 기다려야 하는가?

염불인은 병에 걸리면 왜 일심으로 염불하며 죽음을 기다려야 하는가? 세간의 수명이 다하지 않았다면 병이 빨리 나을 것이다. 왜냐하면 온몸을 내려놓고 염불하면 업이 가장 잘 소멸되고 업이 소멸되면 병이 낫기 때문이다. 만약 내려놓지 않은 채 병이 낫기만 구하면 병이 낫지 않을 뿐만 아니라 결코 왕생할 수도 없다. 왜냐하면 왕생을 발원하지 않았기 때문이다. 이러한 이치를 잘 이해하지 못하거늘 어찌 부처님의 자비 위신력에 의지할 수 있겠는가?

念佛人有病，當一心待死。若世壽未盡，則能速愈，以全身放下念佛，最能消業，業消則病癒矣。若不放下，欲求好，倘不能好，則決定無由往生。以不願生故。此等道理不明白，尚能得仗佛慈力乎。

[역주] 질병은 거칠게 세 가지 종류로 나뉘니, 즉 **생리병**生理病 · **업장병**業障病 · **원업병**冤業病이다. 만약 **생리 등 늘 보이는 질병이면** 의사에게 보여서 의사의 처방에 따라 약을 복용하여 병을 치료하여야 한다. 원래 제때에 치료하면 완쾌될 수 있는데, 굳이 죽음을 기다리며 염불하려고 하여, 의사에게 약을 묻지 않고, 몸을 해치면서 심지어 목숨까지 잃게 되니 어찌 우매하지 않은가! 인광대사의 법문은 반드시 원문의 언어적 맥락에 넣어야 비로소

곡해되지 않게 된다.

둘째 **업장병은** 대부분 누세 및 금생의 여러 업이 현행한 까닭이니 일부는 의약품으로 병이 호전될 수 있지만, 일부는 효과가 없을 수 있다. 효과가 있든 없든 상관하지 말고 병원에서 치료하는 동시에 일심으로 염불하여야 하고, 병이 호전되는지 악화되는지 여부는 저만치 내버려두어야 일심에 계입할 수 있다.

셋째 **원업명**冤業病은 대부분 귀신 등 원친채주와 관련이 있으니 곧 인간이 아닌 중생이 앞에 와서 빚을 독촉하고 앙갚음을 한다. 만약 이런 종류의 병증을 만나면 마땅히 두렵고 부끄러워하는 마음을 크게 내고 진심으로 염불하며 참회하여 원가채주 등을 향해 사과를 하고, 일심으로 염불하여 그 공덕을 회향하고 속죄하여야 한다. 이런 종류의 질병은 가장 쉽게 호전되나니, 진성심으로 참회하여 진실한 공덕을 닦고 겸해서 불보살의 호법 가지加持가 있으면 대부분 화해가 될 수 있다. (《정토참법 원친채주참회발원문》 참조)

염불인이 병에 걸리면 생사를 내려놓고 서방극락에 왕생하길 구(보리에 수순하여 발심)하여야 한다. 이와 같이 염불하여 세속의 모든 인연은 모두 그 마음을 어지럽힐 수 없고 망념을 쉬고 마음을 거두어 염불함이 가장 좋은 수단이라 할 만하고 효과를 봄도 가장 빠르니, 발심이 진실로 광대하기 때문이다. 몸과 마음을 내려놓지 못하고 생사를 꿰뚫어 보지 못하면서 병이 낫기를 바란다면 보리심은 진실하지 못하니, 사바세계 여러 인연에 미련이 있기 때문이다.

우익대사께서는 《미타요해》에서 발원에 대해 사바세계를 싫어서 떠나고 극락세계를 기쁘게 원하여 구하며, 성불하여 중생을 제도하겠다고 사홍서원에 수순하여 극락왕생을 발원함이라 해석하셨다. 사바세계에 미련이 있으면 비록 입으로는 보리심을 발하였다 할지라도 사실상 보리에 거슬러 닦으니, 큰마음이 진실하지 않고 염불할지라도 그 공덕이 저절로 한계가 있다. 게다가 병이 낫길 구하여 염불심이 전일하지 못하게 되고 마음을 거두어 염불하는 방면 또한 이행하지 못하여 진실한 공덕이 생기지 않거늘 어떻게 죄를 없앨 수 있겠는가? 병이 호전되지 않은 채 숨을 거두기에 이르면 왕생도 가망이 없다. 두 일이 모두 지체되니, 참으로 애석하다.

[제189칙] **전일하게 불력에만 의지하니, 불력으로 말미암아 자력을 일으키기 때문이다**

정토법문은 지극히 어렵고도 지극히 쉬운 법문이다. 어렵다는 것은 확철대오하여 경장의 뜻에 깊이 들어간 사람도 여전히 믿지 않는다는 말이다. 쉽다는 것은 어리석은 촌부도 지극정성으로 간절하게 염하면 임종시 갖가지 서상이 나타나며 서방극락에 왕생한다는 말이다. 그렇게 확철대오하여 경론에 깊이 통달한 사람도 뒤를 따라잡을 수 없다. 확실히 이렇게 경론에 밝은 사람들은 불력을 버리고 오로지 자력을 위주로 하지만, 어리석은 촌부는 전일하게 불력에만 의지하니, 불력으로 말미암아 자력을 일으키기

때문이다. 불력 · 법력 · 자심自心이 본래 갖추고 있는 힘, 이 세 가지 법은 서로 맞는다. 그래서 범부를 뛰어넘어 성인의 흐름에 들어가 삶을 끝마치고 죽음을 벗어난다. 정토법문에서 가장 중요한 부분은 믿음과 발원에 있다. 믿음과 발원이 있으면 반드시 착실하게 수지하여야 한다. 기꺼이 수지하면 곧 왕생의 이익을 얻을 수 있다.

淨土法門，乃極難極易之法門。說其難，則大徹大悟，深入經藏者，尚不信。說其易，則愚夫愚婦，至誠懇切念，即能臨終現諸瑞相，往生西方。彼大徹大悟，深通經論者，猶不能望其肩背。良以一則棄佛力以專主自力。一則專仗佛力，而由佛力以引發自力。以佛力、法力、自心本具之力，三法契合，故得超凡入聖，了生脫死也。此法最要在信願。有信願，則決定肯認眞修持。肯修持則即可得往生之益。

[역주] 이 단락의 법문도 사람들이 오해하기 매우 쉽다. 본원법문의 사람들은 이 법문을 가장 많이 인용한다. 인광대사의 원뜻을 정확히 이해하고 싶다면 반드시 염불왕생의 일을 삼단계로 나눠야 한다. 1) 전기에는 염불하여 자량(믿음, 발원, 염불행)을 누적한다(수덕). 2) 임종시에는 세 가지 힘으로 부처님을 친견한다. 3) 최후에는 왕생하는 단계이다. 인광대사의 상술한 법문은 임종시 왕생하는 단계에 대한 법문으로 보통 자력법문의 임종과 대비된다.

자력법문을 닦는 자는 임종시 자력을 위주로 하고, 저 부처님의 힘을 빌리지 않는다(법문에 국한한다). 임종시 최후 일념에 이르러 숨을 거두기 전에 반드시 자력(또한 본공덕력을 포함)에 의지하여 심령(靈臺)을 맑고 밝게 유지하여 독자적으로 임종시 사대四大가 분리되는 일체 괴로움에 대응하여 명종삼위(命終三位; 명료심위明了心位 · 자체애위自體愛位 · 난심위亂心位)에 도달한다. 특히 **난심위**는 가장 가혹한 시련으로 한평생 지은 선악이 문득 현전하고, 업력의 환 같은 경계가 여러 번 일어나며, 무거운 업과 습기가 조금이라도 마음을 착란 · 전도시키면 즉시 생이 바뀌고 다시 눈을 뜨면 이미 후유後有의 몸이다(진실한 수행인은 대선인大善人에 속하여 대부분 중음신中陰身이 없다). 즉 영명대사께서 《선정사료간禪淨四料簡》에서 말씀하신 바와 같이, "중음신의 경계가 눈앞에 나타나면 눈 깜짝할 사이에 그것을 따라 가버린다(陰境若現前，瞥爾隨他去)."

자력법문을 닦는 자는 임종시 저 부처님께서 내영하시지 않으니, 반드시 자력으로 임종시 전생(轉生; 다시 태어남)을 해결해야 한다. 그때 만나는 곤란은 미루어 알 수 있다. 그러나 생전에 이미 관행위觀行位를 증득한 수행인의 경우 임종시 전생에 상대적으로 자재한 경우가 매우 많다. 마음을 거두어 삼매에 들어가기만 하면 곧 자재하게 생을 버릴 수 있다. 당 · 송 상법시기의 선종에서는 좌탈입망坐脫立亡하는 진실한 사례가 매우 많았다. 이들은 모두 관행위 및 그 이상의 수행인으로 말법시기에 이런 부류의 상등 근성의 수행인은 이미 봉황의 깃털과 기린의 뿔만큼 적은 것 중에서 또한 적다.

정토법문에 관해서는 오히려 크게 다르다. 생전에 관행위 초품에 이르도록 닦은 염불인의 경우 임종시 짧은 염불로 선정에 들어가 곧 부처님을 친견하고 자재왕생하니, 임종시 여러 괴로움을 겪지 않고, 조념이 필요하지 않다. 이런 부류의 염불인도 많이 보이지 않는다. **말법시기에는 거의 모두 산심위散心位의 염불인으로 임종시 대부분 자재하지 못하고,**

대부분 며칠 내지 십여 일간 고통을 견뎌내어야 하고, 임종시 최후 특수한 삼매경에 들어가야 부처님을 친견하고 왕생할 수 있다. 중간에 용맹하게 수지하여 염불하는 자는 또한 **공부성편**功夫成片에 이르도록 염하여 죄가 사라지고 왕생을 앞당길 수 있다. 산심위 염불인의 최후 왕생하는 셋째 단계의 경우 반드시 먼저 임종시 세 가지 힘으로 부처님을 친견하는 둘째 단계를 거쳐야 한다. 이는 절대로 뛰어넘을 수 없다.

본원법문에서는 타력으로 미혹을 끊어 아미타부처님의 신통력에 의지할 수 있고, 염불인의 견혹 사혹 등 삼혹을 끊고 무명을 복단伏斷하여 염불인이 불국보토에 들어가게 함을 강조한다. 이미 아미타부처님의 타력이 이와 같이 매우 큰 이상, 먼저 미혹을 끊음(斷惑)을 말하지 않아도 바로 타력으로 미혹을 조복하니, 진사 · 무명혹을 조복할 필요 없이 견혹과 사혹을 조복하기만 하면 염불인을 관행위 초품에 들어가게 하여 곧 자재하게 부처님을 친견할 수 있거늘, **왜 본원법문 신도는 여전히 자재하게 부처님을 친견할 수 없고, 자재하게 왕생할 수 없는가?**

입으로 소리내어 십념하면 평상시 왕생의 업이 성취되니, 굳이 자력으로 죄를 참회할 필요가 없고, 타력으로 미혹을 끊어서 또한 매우 쉽게 염불인이 마음을 거두어 부처님을 친견하도록 하거늘, 아미타부처님께서는 왜 염불인이 임종하는 첫날 내영하시지 않는가? 이미 평상시 왕생의 업을 성취하였으니, 부처님께서는 또한 시간을 소모하여 와서 접인하시지 않고 십여 일 고통을 견디다 숨을 거두며, 임종시 또한 서상이 없고 오히려 나쁜 상이 많다. 이는 **본원법문을 닦는 신도의 임종시 현상**이다. 그들은 임종시 왕생의 서상여부를 판정하지 않고, 설사 나쁜 상일지라고 왕생이 결정되었다 여기고 죽은 자에게 맞춰보지 않는다.

이러한 난제는 결국 임종시 세 가지 힘으로 견불이 결정되는 두 번째 단계로 말미암는다. 산심위 염불인이 견불하고 싶으면 임종시 며칠 내지 십여 일 고통을 견뎌낸 후 부처님 명호를 끊임없이 계념하여 점차 임종시 특수한 삼매경에 들어가, 제6식의 **독영경(獨影境**; 자신이 홀로 마음속에 갈구하고 있는 바를 외부로 투영한 경계) 속에 비로소 견불할 수 있다. 임종 첫째날 곧 부처님께서 내영하심을 볼 수 있는 자는 반드시 공부성편工夫成片에 이르도록 염불하여야 하고, 삼악도에 떨어지는 죄를 지은 적이 없는 사람(곧 관경에서 중품하생의 세간선인)으로 자재왕생에 속한다. **염불하여 삼매에 들어가기만 하면 삼매경 속에 곧 견불할 수 있고, 견불한 후 반드시 왕생한다.**

견불은 반드시 세 가지 힘으로 성취하니, 즉 **염불삼매력 · 본공덕력 · 불위신력**이다. 이 세 가지 힘 가운데 「수덕修德」이 있는 경우 반드시 본공덕력이 있다(복덕이 아니라 반드시 진실한 공덕을 닦아야 한다). 염불삼매력이 작용하는 것은 마음을 거두어 삼매에 들어갈 때이고, 삼매경 속에서만 비로소 견불할 수 있다. 사람의 심경이 산란하면 견불할 수 없으니, 호수의 물이 출렁이면 달이 비추기 어려운 것과 같다. 산심위 사람의 경우 부처님의 가지력이 상대적으로 가장 약하여 그가 삼매에 들어가 견불할 수 있도록 부처님께서 가지할 수 없다. 아미타부처님의 타력으로 미혹을 끊을 수 있는 능력은 본원법문에서 말하는 것처럼 지나치게 크지 않다. 본원법문에 따르면 극락 미타의 타력으로 미혹을 끊고, 심지어 왕생인은 무명혹(견사혹 진사혹보다 끊어 없애기 어렵다)조차 모두 끊어 없앨 수 있어 보토에 들어가게 한다고 말한다. 왜 서방 미타께서 날아서 사바세계인 우리가 사는 지구에 이르러 타력으로 미혹을 끊는 능력이 영험을 잃어버리는가? 지구의 염불인에게 견사혹을 복단伏斷하는 것조차도 해내지 못하는가?

염불인은 단지 견사혹을 조복하여 머물기만 하면 곧 마음대로 아미타부처님 화신을 관상하여 친견할 수 있다. 본원법문에서는 주장하길, 서방 미타의 불체는 서방극락에 있는 까닭에 사바세계 염불인의 마음속 혹업은 서방미타를 장애하지 못하고, 오히려 자성미타를 장애한다(《법연상인전집 정토수문기淨土隨聞記》). 그래서 타력으로 미혹 등을 끊는다고 말한다. 묻건대, 서방의 미타께서 지구에 사는 염불인 곁에 올지라도 염불인의 마음속 혹업이 여전히 장애하겠는가? 장애하지 않는다면 지구에 사는 염불인이 타력으로 미혹을 끊어, 바로 지금 곧 실상에 들어갈 수 있고, 일진법계에 들어갈 수 있다.(타력으로 무명혹을 끊음) 정말 할 수 있겠는가? 다시 말해 서방의 아미타불이 지구로 날아오면 자성의 미타가 되지만, 곧 지구에 사는 염불인의 마음속 혹업이 앞에 와서 접인하는 서방의 미타를 장애한다. 그러면 본원법문의 갖가지 순수한 타력으로 구제하고 타력으로 접인하는 특권(자력수행도 필요 없고, 임종시 자력의 정념도 필요 없으며, 자력의 참회로 죄를 없앨 필요도 없고, 보리심을 발할 필요도 없다…)조차도 모두 잘못이다. 이는 매우 엄중한 문제이다.

견불하려면 반드시 세 가지 힘을 갖추어야 하고, 반드시 삼매경 속에서 견불할 수 있다. 이는 쟁론할 필요가 없는 사실이다. 이론상 산심위散心位의 염불인은 절대 아미타불 화신불을 친견할 수 없다. 그러나 **임종은 특수한 시기로 제6식이 임종시간의 추이에 따라 점차 사라지면서 제6식에 의지해 일어나는 견혹·사혹 등 미혹은 조복하지 않아도 조복되고, 끊지 않아도 끊어지는 특수한 효과가 출현하게 된다. 그래서 염불인의 믿음과 발원이 확고하여 부처님 명호를 일심으로 계념하며 왕생의 일을 주로 사유하면 곧 임종 후기에 명종삼위命終三位의 명료심위明了心位 말, 난심위亂心位 전에 일종의 특수한 임종삼매경에 진입한다. 바로 이 삼매경이 존재하기에 산심위의 염불인은 임종시 독영경獨影境에서 아미타부처님 화신을 관상하여 친견할 수 있는 가능성을 해결한다. 다시 말해 이 특수한 삼매경 때문에 염불인은 정선定善을 염할 수 있고, 정선으로 삼악도에 떨어지는 정업定業**[114]**을 없앨 수 있으며, 그 죄를 없애는 효과는 평상시 산심염불을 훨씬 초과하여야 한다.** 평상시 산심염불은 산선散善을 닦을 수 있을 뿐이다. 산선으로는 정업을 없애기 어렵다. 그래서 매우 많은 염불인이 여러 해 염불할지라도 오히려 천재지변과 사람이 일으킨 화, 횡사 등 정업定業을 우연히 만나는 이치가 바로 여기에 있다.

하배삼품, 오역 십악의 중죄를 지은 사람이 짧은 시간 염불하여 죄를 없애고 왕생할 수 있음도 또한 이 특수한 삼매경의 존재 때문이다. 바로 삼매경에서 염불하여 정선을 닦을 수 있어야 오역 등 매우 무거운 죄업조차도 없앨 수 있다. 《관무량수경》에서 이르시길, "선남자여, 그대가 부처님의 명호를 불렀기에 갖가지 죄업이 사라졌도다! 그래서 내가 와서 그대를 맞이하노라!" 하셨고, 《묘종초》에서는 "저 사람(하품인)은 비록 삼매를 성사할 수 없을지라도

114) 갖가지 재난과 심각한 고질병으로 횡사하거나 지옥 등 삼악도에 떨어지는 죄가 바로 정업定業이다.

십념에 부처님 명호를 불러서 산란하지 않을 수 있다. 또한 삼매로 섭수하고 다시 임종시 용맹정진하는 힘을 겸한다"라고 말씀하신 적이 있다. 이 문구는 바로 임종시 특수한 삼매경을 말한다. **염불인은 비록 삼매력이 없을지라도(삼매를 성사하지 못할지라도), 임종시 일심으로 계념繫念하기만 하면 최후에 곧 임종 최후의 특수한 삼매경에 들어갈(또한 삼매로 섭수할) 수 있다. 게다가 바로 이 특수한 삼매경의 존재로 아미타부처님의 타력이 명훈가피하는 힘이 현저하게 증승增勝할 수 있다.**

첫째, 임종인이 염불하는 역용을 증강하여 임종시 일체 고통을 감소시키거나 더 이상 마음을 어지럽히지 않을 수 있다. 둘째, 임종시 신식神識이 점차 쇠약해져도 부처님 명호를 계념하는 염을 유지하여 염불상속이 가능하게 된다. 셋째, 명료심위明了心位를 잘 유지하여 그것이 맑고 밝게 산란하지 않게 지속하게 하여 자체애위自體愛位와 난심위亂心位가 출현하지 않도록 한다. 넷째, 염불이 상속할 수 있는 까닭에 부처님 명호를 일심으로 계념하는 까닭에 임종시 (자신 · 처자식과 재산 · 내생에 대한) 세 가지 애착 및 한평생 지은 선악이 한꺼번에 문득 임종시에 일체 산란한 경계가 현전할 수 없도록 한다. 다섯째, 아미타부처님의 타력이 가지하여 점차로 증승增勝(임종 최후 일념에 더욱 가까워질수록 그 삼매경이 깊어지고 가지력도 점점 더 커진다)하여 비로소 불광이 임종인을 비추며 섭수하여 그가 더욱 깊은 삼매경(무예삼매無翳三昧)에 들어가게 하여 최후 왕생하는 셋째 단계(염불인의 신식을 섭수하여 연화대에 들어가게 하고 연화대에 오르는 순간 극락에 전생轉生한 후 연꽃 가운데 화생하는 등 이러한 갖가지가 모두 염불인의 자기 도력으로 되는 것이 아니다)를 완성한다.

자력법문과 견주어 임종시 갖가지 어려운 일을 산심위의 염불인은 오히려 극복할 수 있는 것은 완전히 전일하게 아미타부처님에 기대어야 이러할 수 있다. 그래서 인광대사께서는 "전일하게 불력에만 의지하니, 불력으로 말미암아 자력을 일으키기 때문이다." 하셨다. 특히 뒤쪽에 나열한 다섯 가지는 더욱 더 완전히 아미타부처님의 타력 명훈가피에 의지해 염불인의 갖가지 자력의 가능성을 일으킨다.

인광대사님의 이 문구를 결코 잘못 이해해서는 안 된다. 그렇지 않으면 본원법문의 잘못된 영역에 들어선다. 만약 본원법문의 이해에 따른다면 묻건대, 이미 불력으로 말미암아 자력을 일으키는 이상 임종시 여전히 자력염불이 필요한가? 임종시 자력 정념正念이 필요한가? 자력 참회가 필요한가? 자력 발보리심이 필요한가? **이미 부처님께서 가지加持하면 자력이 곧 생긴다. 만약 임종시 전도 혼미하여도 부처님께서 가지하면 곧 정신이 또렷해진다. 만약 임종시 처자식과 재산에 미련과 애착이 있어도 부처님께서 가지하면 곧 정념으로 염불할 수 있고 더 이상 미련이 생기지 않는다. 만약 임종시 참회할 수 없거나 참회가 진실하지 않아도 부처님께서 가지하면 반드시 참회하여 죄를 없앨 수 있다. 만약 임종시 보리심을 발하지 않아도 부처님께서 가지하면 곧 무상보리심을 일으킨다…….**

묻건대, 여전히 어느 염불인이 왕생할 수 없는가? 불력이 가지하는 역용은 단지 상대적으로 말한 것이다. 그것을 절대화하면 곧 본원법문의 잘못된 영역에 들어가게 된다. 인광대사께서는 임종조념臨終助念의 중요성에 대해 누누이 법문하셨는데, 바로 측면에서 아미타부처님 명훈가피의 힘은 상대적이라 설명하셨다. 《관무량수경》의 십육관 수행을 차례대로 나아가야 하고 순서를 건너뛰어서는 안 된다. 제1관을 이루지 못하면 아미타부처님께서도 그가 제2관을 이루도록 가지할 수 없다. 앞 7관을 이루면 아미타부처님께서도 단지 타력의 가지에 의존해서만 그가 아미타부처님 보신을 관하도록 할 수 없다. 산심위의 염불인은 아미타부처님께서 가지하여 그가 화신불을 친견하도록 할 수 없다. 이것은 모두 아미타부처님께서 가지하시는 역용의 상대성을 설명하신 것이다. **지나치게 과장하면 미신으로 불법을 증익하는 비방(增益謗)이다.** 그밖에 임종시 염불할 뿐만 아니라 염불하여 자량을 누적(수덕)할 때 마음을 일으키고 생각을 움직이면서 염불할 수 있음은 모두 자성의 불력을 밖에서 훈습하는 것이고 또한 서방의 미타 및 시방제불의 은밀한 가지加持와 호념護念을 여의지 않는 까닭에 이러한 역용 또한 "불력으로 말미암아 자력을 일으키기 때문이다." 말할 수 있다.

[보충] 임종시 마음이 전도되지 않을 수 있음은 원래 자력이 아니라 완전히 아미타불에 의지한다.

유계幽溪대사의 《원중초圓中鈔》에서 말씀하시길, "사바세계 중생은 비록 염불할 수 있을지라도 견혹과 사혹이 넓고 커서 실로 조복 · 멸단(伏斷)시키지 못하지만, 목숨이 끝날 때 드리워서 마음이 전도되지 않을 수 있는 것은 원래 자력으로 주지主持할 수 있는 것이 아니고, 아미타부처님께서 오셔서 뽑아내어 구해주시는 큰 힘에 완전히 의지하는 것이다. 이때는 비록 정념이 아니어도 정념일 수 있다. 그래서 마음이 전도되지 않고 곧 바로 왕생할 수 있다." 사바세계의 중생은 비록 염불할 수 있을지라도 큰 바다와 같이 견혹見惑 · 사혹思惑이 호호탕탕하여 사실상 결코 이를 멸단滅斷시키지 못한다. 멸단시키지 못할 뿐만 아니라 조복調伏시키는 것조차도 조복시키지 못하고, 한 번에 압복(壓伏; 힘으로 조복)시키는 것조차도 해내지 못한다.

이러한 상황 아래 임종시 "마음이 전도되지 않고" 염불할 수 있는 것은 "원래 자력으로는 주지할 수 있는 것이 아니다(原非自力而能主持)." 다시 말해 오직 자신의 역량에 기대어서는 방법이 없다. 자력에 의지하는 것만으로 (갖가지 인연이 와서 장애하여) 주지主持할 수 없다. 그래서 **완전히 아미타부처님께서 업장을 뽑아 제거하여 구조하신다. 이때 완전히 아미타부처님께서 와서 접인 구제하는 큰 힘에 의지한다. 비록 본래 정념正念은 아닐지라도 정념이 생겨날 수 있다. 그래서 "마음이 전도되지 않고" 극락에 왕생하니, 이는 완전히 부처님의 가피력에 의지한 것이다.**……(주 : 이 단락의 유계 대사 법문을 참조하면 이 뜻은 인광대사와 하나의 수레바퀴 자국에서 나온 듯 일치한다.)

[보충] 유계幽溪대사의 《원중초圓中鈔》와의 상관관계

명호를 집지執持하여 일심불란一心不亂에 이름이 인因이다. 일념一念을 얻음은 행위를 근거로 말한 것이다. 설사 미혹을 깨뜨리지 못했을지라도 반드시 왕생의 인이 된다. 이는 일념의 힘에는 미혹을 조복하는 공덕이 있다는 말이다. 만약 미혹을 조복할 수 있으면 임종시 정념正念이 저절로 현전하여 정토에 반드시 왕생한다.

[역주] 이 단락의 유계대사 법문을 참조하면 염불하여 미혹을 조복할 수 있는 자는 그가 임종시 자력으로 미혹을 조복함이 강한 까닭에 반드시 (정력定力·정심定心을 머금은) 정념正念을 얻게 되고, 또한 겸해서 불력이 명훈가피하여 증상연을 얻음을(왕생이 결정되고 자재왕생함에 속한다) 알 수 있다. 염불하여 미혹을 조복할 수 있는 자는 곧 앞 문장에서 논한 산심위散心位의 염불인으로 그가 임종시 자력으로 미혹을 조복하지 못하는 까닭에 반드시 정념을 얻는 것은 아니다.

만약 염불하지 않으면 아미타부처님께서 가지하시는 힘은 더욱 더 드러날 수 없다. (부처님께서 신통이 광대하실지라도 주도적으로 중생의 마음을 바꿀 수 없고, 단지 중생의 선념善念에 수순하여 불력이 명훈가피하여 증상연增上緣을 얻을 뿐이다. 그렇지 않고 부처님께서 주도적으로 중생이 마음을 일으키고 생각을 움직임을 바꾸어, 파계하고 악을 저지르는 사람이 악념惡念이 처음 일어날 때 부처님께서 가지하시어 그 악념을 고쳐 선념으로 바꿀 수 있다면 세상은 이미 악인이 없고 삼악도도 없을 것이다. 부처님께서 저절로 인연 없는 중생을 제도해 마치고, 모든 법계중생을 제도해 마칠 것이다. 사실은 전혀 이러하지 않다. 그래서 중생에게 파계하고 악을 저지르는 일체 일념이 생겨날 때, 임종시 처자와 재산에 미련이 있을 때 부처님의 가지력이 저절로 숨으면 마魔가 그 틈을 엿볼 것이다.)

믿음과 발원이 확고하면 부처님 명호를 일심으로 계념(繫念; 산념散念)할 수 있음은 임종정념(정력定力과 정심定心을 머금지 않는 산심정념散心正念)이라 부를 수 있고, 불력이 명훈가피하여 점차로 증상하지만, 여전히 자력과 불력 두 힘으로 화신불을 관상하여 친견할 수 없으니, 이는 삼매경계에 들 수 없는 까닭이다. 수일 내지 십여 일간 견디어 내야만 제6식이 점차 사라지는 과정에 견혹·사혹 등의 미혹을 절복하지 않아도 절복하여 곧 부처님 명호를 일심으로 계념(산념)할 때 점차 일종의 특수한 임종삼매경에 진입하여 아미타부처님께서 가지하시는 역용이 더욱더 강해진다. 이 삼매경 가운데 염불하는 (이미 정력·정심을 머금은) 정념이라야 전자의 자재왕생하는 염불인의 임종정념(정심정념)과 같다. 정심으로 염불하여 닦는 정선定善이라야 정업定業을 없애어 모든 죄가 사라진 후 곧 아미타부처님 화신불께서 와서 맞이하는 모습을 관상하여 볼 수 있다.

산심위의 염불인의 경우 단지 자력에 의지해 명종삼위(命終三位; 명료심위明了心位·자체애위自體愛位·난심위亂心位)의 마음이 전도되지 않는 난제를 해결할 수 없는데, 특히 산심위는 정념을 잃지 않도록 유지할 수 없다. 정인正因은 단지 자력으로는 행하지 못하고, 반드시 염불에 의지하여 불력이 명훈가피하는 증상연을 얻어야 임종시 마음이 전도되지 않는다. 그래서 "원래 자력이 아니라 완전히 아미타부처님에 의지한다(原非自力 乃全仗彌陀)!" 하셨다. 이러한 문구를 오해하면 본원법문의 잘못된 영역에 들어가 억울하게도 인광대사와 유계대사는 법문의 죄인이 되고 만다.

[주] **명종삼위命終三位**

임종에서 명종命終에 이르기까지 사람의 심식心識에는 이른바 세 단계가 있으니, 곧 명료심위·

자체애위 · 난심위이다.

첫째는 **명료심위明了心位**다. 명종 상태에 가까워질 때 전5식인 안이비설신에는 여전히 작용이 남아 있고, 제6의식도 여전히 주인 노릇을 할 수 있으며 심식도 뚜렷하게 깨어있기 때문에 명료심위라 부른다. 그러나 이때는 곧 사망에 이르게 되면서 사대오온이 흩어지기 시작하기 때문에 몸과 마음은 극심한 고통을 받게 되지만, 다른 방면에서는 또 아주 분명하게 자신이 곧 죽게 된다는 사실을 알고 있기에, 처자식과 재산 등 평생을 사랑하던 사람이나 물건을 마주할 때 마음속으로 차마 헤어질 수가 없어서 참으로 엄청난 고통을 느끼게 된다.

둘째는 **자체애위自體愛位**입니다. 첫째 단계에서 온갖 극심한 고통에 시달리다가 이때가 되면 몸과 마음은 더욱 더 허약해지고, 전5식은 이미 작용을 일으키지 않아서 눈으로 볼 수도 없고 귀로 들을 수도 없으며, 오직 제6의식의 미세한 생각만 존재하게 됩니다. 이때는 이미 벌써 자신의 일만으로도 힘에 벅차기에 처자식과 재산 등에 대한 생각도 내버리고서 오로지 한 가지 생각, 즉 자신의 몸에 애착하고 자신의 목숨을 아끼는 마음만 있게 되기 때문에 자체애위라고 부른다.

셋째는 **난심위亂心位**로 즉 죽는 순간을 말한다. 몸에 대해 아무리 집착하고 아껴 봐도 보존할 수가 없기에, 이때가 되면 모든 신체기관들이 기능을 멈추게 되며, 제6의식 역시 신체기관의 기능들이 사라짐에 따라 사라지게 된다. 제6의식의 작용이 없으면 윤회환생을 좌우하는 아뢰야식이 떠오르게 된다. 이때 금생 및 세세생생의 선업과 악업들이 떠오르게 되는데, 마치 꿈을 꿀 때 제6의식이 비교적 약하기 때문에 순서와 논리, 조리가 전혀 없고, 시간 공간도 모두 매우 혼란하여 이를 통제할 수 있는 주인이 하나도 없는 것과 같다. 사람이 이때가 되면 자신의 뜻대로 할 수 없기 때문에 이른바 전도된 현상이 나타나게 된다. 악한 생각이 일어나기도 하고, 삿된 견해가 생겨하기도 하고, 미련이 생겨나기도 하고, 난폭해지기도 하고, 부부간의 애정이 생겨나기도 하는데, 이때에 원친채주冤親債主들도 이 기회를 노리고 와서 방해를 하여 정념을 잃게 만든다. _《아미타경핵심강기》, 정종법사

[제190칙] 말세중생은 근기가 둔하여 이체에 맞고 근기에 맞는 정토법문을 선택하여야 한다

부처님과 (확철대오하여 부처님의 분제分際를 달성한) **조사께서 세상에 나오셔서 설한 교법은 전부 중생의 근기를 따라 세운 것이다. 말세 중생은 근기**(機)[115]**가 둔하여 응당 그 가운데 이체에 맞고 근기에 맞는 정토법문을 선택하여 전일하게 정진 노력하여야 한다. 부처님의 자비 위신력에 기대어** (욕계 · 색계 · 무색계) **삼계를 횡으로 뛰어넘는**(橫超)[116]

115) 기機는 근기根機, 기연機緣 등의 뜻이다. 즉 인연을 만나 발동할 가능성이 있음, 또한 즉 불타의 교법을 받아들일 수 있는 소질 · 능력. _《불광대사전》

116) 횡초橫超란 첫째 「수출竪出」의 대칭이다. 타력에 의지해 차제次第를 경유하여 생사를

이번 생에 곧 백천만 겁에 쉽게 끝마치지 못하는 생사대사를 끝마칠 수 있다.

佛祖出世，悉皆法隨機立。末世鈍根，當擇其契理而又契機者，專精致力。庶可仗佛慈力，橫超三界。於此一生，即了百千萬劫不易了之生死大事。

[보충] 정토법문은 불력에 의지해 삼계를 횡으로 벗어나는 횡초법문橫超法門이다

왜 염불하여 서방극락에 태어나길 구하는 법문을 횡초법문橫超法門이라고 하는가? 고인께서는 비유를 들어 해석하고 있다. 업혹을 지니고 있는 우리 범부를 한 마리 벌레에 비유한다. 이 벌레는 대나무 한 그루 가장 아래 마디 하나에 태어나는데, 이 대나무 한 그루는 삼계에 비유한다. 이 벌레가 삼계를 벗어나고 싶지만 두 가지 방법만 있을 뿐이다. 하나는 수직으로 벗어나는 것(竪出)이고 하나는 횡으로 벗어나는 것(橫超)이다. 수직으로 벗어나는 것은 아래에서 위로 마디마디 차례로 물어 깨뜨려 최상의 마디까지 물어 깨뜨려야 벗어날 수 있다. 이는 다른 법문을 닦는 것으로 견사번뇌見思煩惱를 다 끊어야 삼계를 벗어날 수 있다. 견혹見惑에는 88품이 있고 사혹思惑에는 81품이 있다. 이렇게 많은 품수는 한 그루 대나무의 마디 수에 비유한다. 그 벌레가 위를 향해 세로로 뚫어서 벗어나는 것을 「수출竪出」이라 한다.

예컨대 견혹見惑을 끊은 초과初果의 성인은 일곱 번 천상에서 태어나고 일곱 번 인간에서 태어나는 오랜 시겁時劫의 수습을 경과해야 아라한(四果)을 증득하여 생사를 끝마칠 수 있다. 이과二果 또한 한번 천상에서 태어나고 한번 인간으로 돌아와야 사과를 증득할 수 있다. 삼과三果는 욕계欲界의 사혹思惑이 이미 다하였지만, 여전히 오불환천(五不還天; 5정거천)에서 점차로 수습하여야 사혹을 다 끊고 사과를 증득할 수 있다. 이래야 삼계를 벗어난 무학성인無學聖人인 셈이다. 만약 둔한 근기의 삼과이면 여전히 사공천四空天에 이르러 공무변처천空無邊處天에서 비비상처천非非想處天에 이르러야 사과를 증득할 수 있다. 이 수직으로 벗어나는 방법은 이처럼 매우 어렵고 오랜 세월이 걸린다. 횡으로 벗어나는 것은 바로 이 벌레가 위쪽 면으로 한 마디 한 마디 향하여 무는 것이 아니라 단지 측면을 향하여 구멍 하나를 물기만 하면 곧 벗어날 수 있다. 이러한 방법은 횡으로 벗어나는 것에 비유한다. 이는 수고를 많이 덜 수 있다.

염불하는 사람도 이와 마찬가지이다. 비록 견사번뇌를 끊어 없애지 못할지라도 단지 믿음 · 발

벗어나는 교의로 횡출橫出이라 한다. 이에 반해 자력으로써 계차階次를 경유하여 생사를 벗어나는 교의를 수출竪出이라 한다. 둘째 「횡출橫出」의 대칭이다. 진언종은 정토문의 이행도 가운데 다시 횡초橫超와 횡출橫出 두 길로 나뉘는데 타력 중에서 자력의 마음으로써 「정산定散」의 일체제행을 수습하여 방편의 화토化土에 태어남을 횡출橫出이라 한다. 아미타부처님의 본원에 의지해서 깊은 믿음으로 의심하지 않으면 진실의 보토報土에 태어나니 횡초橫超라 한다. 횡초橫超는 곧 대나무 벌레가 위쪽을 향해 한 마디 한 마디 갉아먹지 않고 단지 곁을 향해 갉아 구멍을 내면 곧 벗어날 수 있다. 이러한 방법은 수직으로 벗어나는 것에 견주어 많이 수고를 덜 수 있다. 염불하는 사람도 또한 이와 같다. 견사번뇌를 끊어 제거하지 못할지라도 신信 · 원願 · 행行의 정토 삼자량三資糧을 갖출 수 있으면 임종시 아미타부처님을 감동시켜, 아미타불께서 그를 접인하시어 극락세계에 태어나게 할 수 있다.

원 · 집지행의, 정토 삼자량三資糧을 갖출 수만 있다면 임종시에 감응하여 아미타부처님께서 그를 접인接引하여 극락세계에 왕생할 수 있다. 이 청정국토에 이르면 견사번뇌를 끊지 않아도 저절로 끊어진다. 무슨 까닭인가? 정토의 수승한 경계와 인연이 강하여 번뇌의 경계가 생기게 하지 않는 연고이다. 이와 같이 곧 삼불퇴三不退를 얻어 곧장 진사무명塵沙無明을 깨뜨려 무상보리를 성취하거늘, 얼마나 곧장 질러가는 간단하고 쉬운 일인가. 그래서 고인께서는 "다른 법문으로 도를 배우는 것은 개미가 높은 산을 오르는 것과 같지만, 염불하여 왕생하는 것은 순풍에 돛배가 물살을 타는 것과 같다." 하셨다. _인광대사, 《문초》

염불하는 사람이 임종 때에 만약 중대한 병고가 나타나면 부디 의심하지도 놀라지도 말아야 합니다. 이러한 병고는 당신이 전생에 지은 악업에 감득한 것임을 알아야 합니다. 당신이 염불을 하지 않았으면 이러한 악업에 감득하여 후세에 지옥이라는 무거운 과보를 불러왔을 텐데, 다행히 전생에 큰 선근을 심어 금생에 염불법문을 알게 된 공덕으로, 이러한 악업이 아미타부처님께서 자비원력으로 가호하심에 의지하여 후세에 받을 지옥의 무거운 과보가 현재 이러한 병고의 가벼운 과보로 바뀌게 된 것입니다. 병고는 일시적인 것이어서 이러한 병고를 치르고 나면 즉시 서방극락으로 왕생하니, 당신은 온 힘을 다해 이 한마디 아미타부처님 명호를 들어 염념마다 한마디 아미타부처님 명호에 의지해야지, 부디 일념一念을 병고에 빼앗겨서는 안 됩니다. 당신은 이때가 서방극락에 태어나느냐 혹은 지옥에 태어나느냐의 갈림길임을 알아야 합니다. 당신의 마음이 병고의 번뇌를 따라가면 지옥에 맡겨 태어나고, 당신의 마음이 아미타부처님 명호를 따라가면 서방극락에 왕생합니다. 이 점에 신중하고 또 신중해야 합니다!
-인광대사, 칙종수지飭終須知

[3] 임종시 중요한 일을 보이다 (示臨終切要)

[이끄는 말]

임종시 일반인은 모두 병으로 인한 고통이 있는데, 이는 정상적이다. 고승도 병에 걸리게 되니, 하물며 일반인이랴? 일반인의 경우 임종시 병고 속에서 곧 숨이 끊어질 때 가장 중요한 일은 조념助念이다. 인광대사께서는 임종조념의 방법을 상세히 설명하셨다. 조념할 때 흐느껴 울어서는 안 되고, 반을 나누어 부처님 명호를 정지해서는 안 된다.

[제191칙] 임종시 이러한 가족을 만나면 대부분 정념正念이 깨어져 왕생을 장애한다

임종의 관문은 가장 엄중하다. 세상에는 어리석은 사람이 매우 많아 부모님과 가족이 임종할 때 번번이 비통한 마음에 흐느껴 울고 망자의 몸을 씻기고 옷을 바꿔 입히곤 한다. 세상 사람들이 보기에 좋도록 할 뿐, 망자에게 해를 끼칠 것이리라 생각하지도 못한다. 염불하지 않는 사람은 제쳐놓고 간절히 극락왕생을 원하던 사람도 임종시 이러한 가족을 만나면 대부분 다 정념正念이 깨어져 삼계 안에 그대로 남게 된다.

臨終一關，最為要緊。世有愚人，于父母眷屬臨終時，輒為悲痛哭泣，洗身換衣。只圖世人好看，不計貽害亡人。不念佛者，且置勿論。即志切往生，臨終遇此眷屬，多皆破壞正念，仍留此界。

임종조념(臨終助念; 임종시 임종자를 도와 염불함)은 비유컨대 겁쟁이가 등산할 때 자력이 부족하지만, 다행히 앞에서 끌고 뒤에서 밀며 좌우로 부축하는 힘이 있으면 곧 최고봉에 오를 수 있는 것과 같다. 무릇 평상시 염불하는 사람이나 혹은 그의 자손이 부처님을 믿어 명종命終에 임할 때 여러 거사들에게 조념해줄 것을 요청하면 그 이익이 매우 크다.

臨終助念，譬如怯夫上山，自力不足，幸有前牽後推左右扶掖之力，便可登峰造極。凡有平素念佛之人，或其人之子孫信佛，於臨命終時，請衆居士助念，其利益甚大。

임종시 정념正念이 뚜렷하지만 마귀권속, 사랑하는 사람 등으로 인해 정념이 깨어짐은 비유컨대 용감한 사람이 등산을 할 때 자력이 충분하지만 친구가 자신의 물건을 너무 많이 맡겨서 자력이 다하고 몸이 피곤하여 봉우리만 바라보고 물러나는 것과 같다. 그 득실은 비록 남으로 인해 야기되었지만, 실제는 자신이 과거 겁 동안 다른 사람을

파괴시킨 선악의 업력으로 야기된 것이다. 무릇 정업淨業을 닦는 사람은 남을 도와 정념을 이루도록 해야 한다. 가족을 위해 미리 그 이롭고 해로운 일을 알려주고, 세상 사람의 입장에서 보기 좋은 것이 아니라, 사람이 죽은 후 신식神識이 가는 곳을 중시해야 함을 모두 알도록 해야 한다. 그래야 걱정이 없다.

臨終正念昭彰，被魔眷愛情撥動等破壞者，譬如勇士上山，自力充足，而親友知識，各以己物，令其擔負。擔負過多，力竭身疲，望崖而退。此之得失，雖由他起，實屬自己往昔劫中，成全破壞人之善惡業力所致，凡修淨業者，當成全人之正念，及預為眷屬，示其利害。俾各知所重在神識得所，不在世情場面好看，庶可無虞矣。

[역주] 임종정념臨終正念은 정심정념定心正念과 산심정념散心正念으로 나뉠 수 있다. 정심정념은 미혹을 조복하는 힘이 있고, 생전에 이미 공부성편功夫成片 이상을 증득한 자이기에 임종시 자재왕생할 수 있어 조념이 필요하지 않다. 이런 부류의 염불인은 결코 많이 볼 수 없다. 말법시기에는 거의 모두 산심위散心位의 염불인이니, 임종 며칠 및 십여 일 안에 비록 염불할 수 있을지라도 대부분 산심정념에 속한다. 그는 미혹을 조복할 수 없어 바깥 경계에 교란받기가 쉽다. 산심정념으로 염불할 때 아미타부처님의 가지력에 한계가 있어 임종인이 삼매경에 들어가 아미타부처님 화신을 관상하여 친견하도록 할 수 없다.

주의하건대, 임종시 부처님께서 내영來迎하시는 모습을 봄에 저 아미타부처님께서 홀로 그의 면전에 화신化身으로 변하여 나타나 머무는 것이 아니다. 그렇지 않으면 그 자리에서 권속 및 조념하는 거사들이 모두 함께 보아야 한다. 사실은 염불인의 자식自識이 변하여 나타난 것이고, 아미타부처님께서 동시에 은밀히 가지하신다. 원리는 곧 《관무량수경》에서 설하신 "이 마음이 부처를 지으니 이 마음이 그대로 부처인(心作心是)" 이치로 제6식의 독영경(獨影境; 자신이 홀로 마음속에 갈구하고 있는 바를 외부로 투영한 경계) 속에 홀로 볼 수 있고 비록 가까이 있는 지척의 가족도 함께 볼 수 없다.

간간이 대덕 거사가 임종하는 날, 상스러운 구름이나 붉은 빛 등 서상이 내리는데, 이는 부처님께서 여러 사람들에게 호법護法하고 가지加持하시는 감응에 속하고, 임종시 견불하는 이치와 다르다. (평상시 견불을 포괄하여) 임종시 견불은 반드시 정심정념定心正念할 때 비로소 친견할 수 있고, 아미타부처님의 가지력加持力이 현저하게 증승增勝하여 세 가지 힘을 갖출 수 있어야 아미타부처님 화신을 친견할 수 있다. 견불삼력見佛三力의 염불삼매력이 해결하는 것은 바로 마음을 거두어 삼매에 들어감이니, 삼매경을 형성하여야 "물이 맑아 달이 나타날" 수 있다. 산심위의 염불인이 반드시 임종 십여 일 후기에 명종삼위命終三位의 명료심위明了心位 후기에서 난심위亂心位 이전, 제6식이 점차 사라지는 과정에 부처님 명호를 일심으로 계념하면 산심정념이 정심정념으로 전환됨에 임종 최후에 특수한 삼매경 속에서 비로소 부처님을 친견할 수 있다.

이론상 산심위의 염불인은 근본적으로 견불할 수 없는 것이고, 임종이 특수한 시기임으로 인해 제6식이 점차로 사라지고 육식에 따라 일어나는 견혹·사혹 등 미혹이 "조복하지 않아도 조복되고", "끊지 않아도 끊어지는" 효과가 출현하게 되고, 부처님 명호를 끊임없이 계념함으로 말미암아 곧 임종시 특수한 삼매경으로 점차 들어갈 수 있다(반드시 자력정력定力으로 또한 들어갈 필요는 없다). 이래야 비로소 산심위의 사람이 겪는 임종시 견불의 문제가 해결된다. **만약 견불할 수 있으면 저절로 왕생이 결정된다.**

산심위의 염불인은 임종시 반드시 자력에 기대어 (비록 불력이 가지하는 힘이 매우 약할지라도) 임종시 특수한 삼매경 이전 며칠 혹은 십여 일 고통을 견뎌내어야 하는데, 이 단계의 과정은 결정적 순간이다. 만약 갑자기 역경逆境·역연逆緣이 터지거나 혹 업장이 현전하여 정념正念을 교란하고, 부처님의 가지력加持力이 곧 숨어버리면서 업이 무거워지고, 장애가 깊어지며, 습기가 강렬해지는 자는 이따금 극렬히 분노하는 마음, 원망하는 마음이 일어나게 되고, 대부분 원한을 머금고 죽으며 재차 염불정념을 일으키기 어렵다.

그래서 인광대사께서는 임종조념이 대단히 중요하고 결코 소홀히 해서는 안 된다고 누누이 법문하셨다. 어떤 사람은 "나는 믿음과 발원이 매우 확고하여 절대로 임종시 여러 경계의 방해를 받지 않을 것이고 갑자기 역경이 터져 다시 작열하여도 나의 마음을 동요시키지 못한다."고 말한다. 만약 정말 이러하다면 이는 "믿음으로써 미혹을 조복하고", "발원으로써 미혹을 조복한" 경우에 속하여 더 이상 명자위의 초심이 아니라 임종시 좀 더 용맹하게 염불하여 정심염불定心念佛로의 증입을 앞당기고, 왕생을 당길 수 있다. 그러나 문제는 언행이 일치하지 않는 사람은 어느 것이나 모두 같아서 평일에 조금만 열이 나고 감기에 걸려도 염불하지 못하고 또한 기도하지 못한다. 임종시 병고가 있는 사람이 매우 많지만, 고통이 마음속으로 들어가도 염불이 끊어지지 않고 보리심이 진실하면 이 사람은 왕생이 결정되는 무리에 속한다.

(주) 제189칙, 「전일하게 불력에만 의지하니, 불력으로 말미암아 자력을 일으키기 때문이다」 제185칙, 「왕생은 완전히 불력이고, 자기 도력이 아니다」 이로 말미암아 불력은 만능이 아니고, 불력은 절대가 아니며, 불력은 자력을 여의지 않음을 알 수 있다.

[제192칙] 역량이 없는 사람은 가족이 대신 염불하여 반드시 정념正念을 가다듬을 수 있어야 한다

보통사람은 병에 걸리면 약으로 치료할 수도 있지만, 반드시 약을 사용할 필요는 없다. 약으로 치료할 수 없는 경우 불로장생약도 아무런 소용이 없으니, 하물며 세상의 약이랴. 치료할 수 있는 병이든 치료할 수 없는 병이든 모두 아가타약을 복용하여야 한다. 이 약은 결코 사람을 잘못되게 하지 않고, 복용하면 몸이든 마음이든 곧 효과를 보게 된다. 그러나 세상에서 오래 살든 잠시 살든 모든 이는 끝내 다 죽는다. 죽는 것은 애석하지 않지만 사후에 돌아가는 곳이야 말로 가장 중요하거늘 어찌 잘 자리 잡을지 예상할 수 있겠는가?

凡人有病，可以藥治者，亦不必決不用藥。不可以藥治者，雖仙丹亦無用處，況世間藥乎。無論能治不能治之病，皆宜服阿伽陀藥。此藥絕不誤人。服則或身或心，必即見效。然人生世間，無論久暫，終有一死，其死不足惜。其死而所歸之處，可不預為安頓乎。

역량이 있는 사람은 자신이 미리 아주 잘 자리잡아서 임종시 당연히 다른 사람이 도와줄 필요가 없고, 다른 사람의 도움이 있으면 더욱 득력할 것이다. 역량이 없는 사람은 응당 가족이 대신 염불하여 반드시 정념正念을 가다듬을 수 있어야, 사랑하는 사람에 얽매이고 애정에 속박되어 내생에도 여전히 육도에 머물러 윤회를 벗어나지 못하는 상황에 이르지 않는다.

有力量者，自己預為安頓妥帖，則臨終固不須他人為之輔助。然能輔助，則更為得力。無力量者，當令家屬代為念佛，則必能提起正念，不致恩愛牽纏，仍被愛情所縛，住此莫出也。

[역주] 병에 걸렸는데 치료하지 않고 약을 복용하지 않으면 불교를 올바로 믿는 것이 아니다. 일체 질병에 대해 정규 치료와 병행하면서 염불하여 업을 없앤다. 아가타약은 누구라도 복용할 수 있으며, 이를 통해 큰 이익만 있고, 부작용은 절대 없다. **염불하여 수승하게 업을 없애고 죄를 없애고 싶으면 반드시 대보리심을 발하고 다시 마음을 거두어 염불하여야 한다.** 산란한 마음으로 염불한 공덕은 적다. 반드시 지성심과 간절한 마음으로 장차 병이 나아 살다가 죽는 등의 생각을 전권으로 내려놓고, 한 마음 한 뜻으로 부처님 명호를 집지하여야 공덕이 불가사의하다. 내세에 윤회하며 오계五戒를 원만히 지켜야 사람 몸을 유지할 수 있다. 다시 몸을 얻기는 쉽지 않은데, 이는 세존에서 말씀하셨듯이 "사람 몸을 얻는 것은 손톱 위의 흙과 같고, 사람 몸을 잃는 것은 대지의 흙과 같다."

기타 종파의 일체법문은 반드시 자력으로 견사혹見思惑을 끊어 없애어야 삼계를 수직으로 벗어나니, 이는 난행도難行道에 속한다. 오직 정종의 염불법문은 미혹을 끊을 필요가 없고 미혹을 조복한 채 곧 삼계를 횡으로 벗어나니, 이는 일체 종파의 최종 귀숙歸宿법문이라 불린다. 이 중에서 대단한 관계는 인광대사께서 《문초》에서 누누이 말씀하셨다. 역량이 있는 자는 곧 자력으로 염불하여 이미 미혹을 조복한 (사일심불란에 이른) 사람으로 가장 낮은 계위는 명자위 후심이고, 부처님의 명훈 가피로 증상을 얻어 관행위 초품에 들어갈 수 있다. 이 무리의 염불인은 임종시 왕생이 결정될 뿐만 아니라 자재왕생하니, 임종시 다른 사람의 조념이 필요하지 않고 짧은 시간 염불로 삼매에 들어 곧 자재하게 견불왕생한다. 역량이 없는 자는 곧 명자위의 초심으로 산심 염불인이니, 비록 부처님 명호를 일심으로 계념하고 겸하여 아미타부처님 타력의 증상을 얻을지라도 여전히 가장 낮은 삼매경에 들지 못한다. 만약 생전에 제멋대로 파계하고 악을 저질러 죄의 마음이 깊고 무겁다면 이런 부류의 사람은 임종시 대부분 여의하지 못하여 혹 대부분은 질병에 걸려 여러 고통을 깊이 받거나 혹 업과 습기가 마음에 배여 정념正念이 일정하지 않거나 혹 현세의 화보(花報; 행업에 대한 과보보다 먼저 받는 보)가 현전하여 마음이 대부분 무서워하고 두려워한다……,

그의 가족은 더욱 지성으로 염불하여 대신 죄를 참회하고 그의 마음을 도와 죄를 없애어야 곧 왕생할 수 있다. 《관무량수경》에서 말씀하셨듯이, "선남자여, 그대가 부처님의 명호를 불렀기에 갖가지 죄업이 사라졌도다! 그래서 내가 와서 그대를 맞이하노라!" 정종의 학인은 모두 염불하면 업을 지닌 채 왕생할 수 있다고 알지만 왕왕 지계를持戒를 소홀히 한다. 업(혹업; 견사 등 혹惑 및 선악의 업)을 지닌 채 왕생하는 것은 같지만, 지은 죄의 가볍고 무거움, 많고 적음은 달라서 느끼는 임종시 경계는 하늘 · 땅만큼 차이가 난다.

삼악도의 죄가 없는 사람은 반드시 세간의 선인으로 비록 견사 등 미혹을 조금도 끊지 않았을지라도 임종시 염불하여 조금이라고 미혹을 조복하기만 하면 곧 자재왕생할 수 있다. 삼악도의 죄가 가벼운 자는 설령 어쩌다가 작은 질병이 있을지라도 임종시 대부분 의식이 청명할 수 있다. 삼악도의 죄가 무거운 자는 현세의 화보가 현전하고 마음이 대부분 번뇌와 공포로 불안하며 중병과 고질병이 몸에 달라붙고 심지어 혼절하고 혼미하다. 삼악도의 죄가 지극히 무거운 자는 선종善終을 얻기 어렵고, 대부분 천재와 인화를 만나고 심지어 횡사하기도 하며 염불을 할 수 없다.

《관무량수경》에서 하하품 오역십악을 지은 무리는 임종시 염불하여 죄를 참회하고 왕생하는 경우는 연지 등 조사들이 말씀하신 것처럼 만만 명 중에서 한둘 얻기 어렵고 천만도 행운을 바랄 수 없다. 설령 임종시 의식이 청명할지라도 또한 진실로 염불하여 여러 죄에 대해 참회하여야 한다. 《수호국계주다라니경守護國界主陀羅尼經》에서는 장차 지옥에 떨어질 사람은 명종命終에 임할 때 15가지 상이 나타난다고 법문하는데, 그 가운데 제3항은 "선지식의 가르침에 수순하지 않음"으로, 더욱 연지대사께서 진실을 법문하신 증좌이다. 매우 많은 사람은 생전에 제멋대로 파계하고 악을 저질렀음에도 두려워함도 없고 부끄러워함도 없어 임종시에 이르러 나쁜 습기가 마음에 배임으로 인해 진실로 회개하는 마음을 내기 어렵고, 보리심 또한 대부분 거짓이거나 저열하여 비록 염불할 지라도 죄를 없애기 어려워 저절로 왕생할 수 없다. 이런 부류의 염불인이 적지 않다. 총명한 사람은 생전에 반드시 계율을 엄격히 지키고 부지런히 참회하며 정진염불하여 임종시 부담을 증가시키지 않는다.

[제193칙] **일체를 내려놓고 곧 죽는다는 생각으로 일심으로 염불하라**

(중병에 걸리면) 일체 집안일과 자신의 색신을 빠짐없이 다 내려놓고 먼지 한 알에도 물들지 않는 마음으로 수많은 공덕을 지닌 위대하고 거룩한 명호를 집지하면서 곧 죽는다 생각하고 염불하여 접인을 구하는 것을 제외하고 그 밖에 한 올의 잡념도 일으켜서는 안 된다. 이렇게 염불하면 수명이 다한 경우 서방극락에 왕생하여 범부를 뛰어넘어 성인의 무리에 들어가고, 수명이 다하지 않은 경우 정업定業이 소멸되면서 병이 치료되고 지혜가 밝아지면서 복이 드높아질 것이다. 이렇게 염불하지 않고 어리석게도 병이 빨리 낫길 구하면 빨리 나을 수 없을 뿐만 아니라 오히려 더욱 악화될 뿐이다. 만약 수명이 다하면 업을 따라 떠돌다 가라앉아 영원히 사바사계의 괴로움에서 벗어날 기약이

없다.

宜將一切家事，並自己一個色身，悉皆通身放下，以一塵不染心中，持萬德洪名聖號，作將死想。除念佛求接引外，不令起一雜念，能如是者，壽已盡，則決定往生西方，超凡入聖。壽未盡，則決定業消病癒，慧朗福崇。若不如是作念，癡癡然唯求速愈，不唯不能速愈，反更添病。即或壽盡，定隨業漂沈，而永無出此苦娑婆之期矣。

[주석] 곧 죽는다 생각함은 마음을 거두는 염불이 제일 묘법이라 말할 수 있다. 평상시 일심에 이르도록 염불할 수 없는 자는 항상 잡념이 섞인다. 망념의 내용을 세밀히 규명하면 세상의 인연과 상관이 있다. 세속의 여러 인연과 갖가지 망념이 각 방면에 영향을 미치고, 때에 따라, 업에 따라, 습기에 따라 염불할 때 부르지 않아도 저절로 오기에 생각을 거두어 환생還生한다.

황념조 거사께서 말씀하셨듯이 염불은 생소한 곳은 익숙해지고, 익숙한 것은 생소해지게 한다. 망념이 일어나는 곳은 바로 사바세계에서 갖가지 미련을 가진 익숙한 곳이다. 보리심을 발하고 염불하여 극락에 태어나길 구하는 것이 오히려 대단히 생소하여 탐 · 진 · 치보다 더 빠르지 않다. 만약 정말로 죽을 「사死」 자를 이마에 붙이고 내일 죽는다 생각하면 사바세계 수많은 인연에 어찌 연연할 수 있겠는가? 백천 망념이 조복하지 않아도 저절로 그친다.

병에 걸렸을 때 특히 임종시에 만약 병이 낫기를 바라면서 염불하면 이러한 발심은 바로 사바세계를 연연해하는 표현이다. 우익대사께서는《미타요해》에서 「발원」을 해석하실 때 두 가지 마음에 중점을 두셨으니, 즉 사바세계를 싫어해 떠나고 극락세계를 좋아해 구하고, 사홍서원에 수순하여 발심하고 정토에 태어나길 구해야 하나니, 여기서 싫어해 떠남은 곧 출리심出離心이고, 좋아해 구함은 곧 보리심菩提心이다.

삶에 연연해하고 죽음을 두려워하여 임종시 병이 낫는 것이 좋다고 여기면 이런 마음은 극락에 왕생하겠다는 원심願心과 어긋나고 또한 다른 생각이 뒤섞여서 이와 같이 염불하면 일심을 얻기 어렵고 죄를 없애는 효과가 저절로 매우 좋지 않다. 만약 수명이 이미 다하였다면 원심이 진실하지 않아서 왕생하기 어렵고, 한평생 수행을 낭비하게 된다.

[제194칙] **마음속에 염불하는 것을 제외하고 그밖에 조금도 다른 생각이 없도록 하라**

그대는 마음속에 염불하는 것을 제외하고 그밖에 조금도 다른 생각이 없도록 하라. 또 이 몸이 사후에 어떻게 잘 자리잡을지 예상하지 말아야 한다. 또 손자 증손자 등을 모두 평소에 모르는 사람이라 여기고, 그들의 장단점에 상관하지 말아야 한다. 오로지 나의 부처님을 염하며 일심으로 아미타부처님께서 나를 접인하시어 극락에 왕생하길 바랄 뿐이다. 내가 말한 대로 일체 일을 전부 내려놓고 염불하면 명종命終에 임하는 때에 이르러 부처님께서 친히 손을 드리워 접인하시어 서방극락에 왕생함을 저절로 느낄 수 있을 것이다. 만약 여전히 일체 좋은 물건 및 돈과 집, 장신구 옷 의복, 그리고 자녀와 손자 등에 연연해하면 결코 극락에 태어날 수 없다.

汝心裏除念佛外，不使有一點別的念頭，連汝這個身子，也不預計死後作只麼樣安頓，連孫子重孫等，都要當做素不相識之人，不管他們長長短短，只管念我的佛，一心盼著佛來接引我往生西方。汝能照我所說的做，一切事通通放下，到了臨命終時，自然感佛親垂接引，往生西方。若是仍舊貪戀一切好東西，及銀錢房屋首飾衣服，並兒女孫曾等，則萬萬也不會生西方了。

[제195칙] 더 이상 혈육 간의 정에 구속당하지 말아야 하니, 애정이 일어나면 정념을 곧 잃어버린다

정업淨業117)의 정인正因118)을 갖추고, 게다가 바른 믿음으로써 자신이 염불하고 가족이 조념(助念; 도움염불)하면 어찌 정토에 태어나지 못할까 걱정하랴? 왕생하지 못하는 이유는 애정이 일어나서 정념正念119)을 곧 잃어버리기 때문이다. 공부가 얕다고 말하지 말라. 공부가 깊을지라도 왕생할 수 없다. 범부의 생각으로 일을 제멋대로 처리하면 부처님의 거룩한 기분과 거리가 멀어지기 때문이다.

有淨業正因，再加以正信心自念，眷屬助念，何慮不生。所不生者，由情愛一起，正念即失。勿道功夫淺，即功夫深，亦不能生。以凡情用事，與佛聖氣分相隔故也。

[역주] 염불인은 사바세계를 싫어하여 떠나고, 극락세계를 좋아하여 구하고 보리심을 발하며 정토에 왕생한다. 출리심出離心은 염불인에게 지극히 중요하다. 진실한 출리심을 지니기 위해서는 반드시 일체 사바세계의 인연을 버리고, 반야의 정지正智로써 몸은 환 같고, 재산은 미덥지 않으며, 원수와 친구는 평등하며 자식과 자손은 법계의 권속과 같다고 보아야 한다. 극락에서 성취하고 자비의 배를 거꾸로 몰아야(倒駕慈航) 비로소 바야흐로 구경에 육친권속 및 유연중생을 도울 수 있다.

---

117) 정업淨業 : 청정한 선업善業, 서방정토에 왕생하는 업인業因을 말한다. _《불광대사전》

118) 정인正因 : 정인정행正因正行으로 정인과 정행을 통칭한다. 정토종에서는 정토에 왕생하는 직접적인 원인을 가리킨다. 정토에 왕생하는 직접행위는 정행正行이라 부른다. 선도대사의 《관경소》 산선의散善義의 말씀에 따르면 정토에 왕생함에 있어 삼복三福을 정인으로 삼고 구품九品을 정행으로 삼는다. (중략) 또한 지성심至誠心 · 심심深心 · 회향발원심迴向發願心 등 세 가지 마음을 정인으로 삼고 독송 · 관찰 · 예배 · 칭명 · 찬탄공양 등 다섯 가지 행을 정행으로 삼는다. _《불광대사전》

119) 정념正念 : 정토종에서는 임종시 여러 갖가지 경험에 직면하여 마음이 산란하고 전도되지 않고 일심으로 염불함을 정념이라 한다. _《불광대사전》

마음은 본래 끝이 없고 진실로 나오는 것이 없지만, 범부는 상에 집착하니, 출리심出離心으로써 여러 미혹을 복단伏斷하여 범부의 마음을 저지하고 부처님 명호에 안온히 머물러 의식을 거두고 전념하여야 상응하기 쉽고 삼매경이 현전하여 저절로 견불하고 업을 지닌 채 왕생한다. 명자위名字位의 사람은 원래 일심을 얻기 어렵고 미련과 애착이 일어나 이리저리 망설이면 어떻게 해야 삼매를 얻을 수 있겠는가? 설령 공부가 깊어서 이미 삼매에 들었을지라도 애정이 일어나면 삼매의 마음, 삼매의 경계에 오히려 애착이 늘어나고 왕생하겠다는 서원과 배치되거늘 어떻게 해야 왕생하겠는가?

실제상으로 염불공부가 깊은 자는 단지 보리심이 진실하기만 하면 염불하여 가장 낮은 복혹伏惑 사일심불란事一心不亂에 들어가(관행위 초품이면 곧 가능) 임종시에 결정코 왕생할 뿐만 아니라 자재왕생할 수 있다. 이런 부류의 염불인은 이미 초보적으로 미혹을 조복하는 힘이 있어 애정 탐욕 분노 등 번뇌와 미혹을 모두 조복하고 머물 수 있으니, 이는 바로 일심불란으로 미혹을 조복하는 공용功用이다(정욕의 마음이 무거운 자는 일심을 증득하기 매우 어렵다).

설령 임종으로 헤어지는 즈음 잠시라도 가족과 아쉬워하는 정이 일어나거나 이별이 아쉬워 눈물을 흘릴지라도, 조금이라도 정견을 회복하여 모든 인연을 놓아버리기만 하면, 전심으로 염불하여 삼매에 들기만 하면 자재왕생할 수 있다. 보통사람은 임종시에 며칠 내지 십여 일의 과도기가 있는데, 이 며칠 동안 줄곧 가족에 미련과 애정을 두지 않고, 결국 일심불란을 얻는 자는 모두 수행한지 얼마 되지 않은 무리가 아니다.

「자재왕생」이란 무엇인가? **임종 첫날에 조금이라도 염불하여 삼매에 들기만 하면 곧 선 채로나 앉은 채로 보신을 버리고 왕생해야 자재왕생하는 경계**이거늘, 산심위散心位의 염불인이 견줄 수 있는 바가 아니다. 삼매의 마음에서 염불하는 사람은 정선定善으로 지극히 무거운 정업定業도 없앨 수 있고, 생전에 진작부터 삼악도에 떨어지는 여러 죄를 지은 적이 없다. 그래서 임종하기 전 십여 일 동안 어느 날이든 모두 마음대로 왕생할 수 있다. 인광대사께서는 단지 근성에 맞추어 법문하였을 뿐이다.

말법시기에는 염불하여 삼매를 얻는 자는 적은 가운데 또 적어서 거의 모두 산심위의 염불인이다. 산란한 마음으로 염불하는 자는 반드시 임종 전 십여 일의 마지막 시기, 제6식이 점차 소멸하는 괴로움을 견디어 내며 끊임없이 부처님 명호에 계념하여 점차로 일종의 임종시 특수한 삼매경에 진입하여야 견불왕생할 수 있다. 만약 용맹하게 수지하여 염불하는 자는 관행위의 초품에 이르도록 염불할 수 있고 곧 왕생을 앞당길 수 있다.

임종 십여 일의 경우 마지막 며칠이 비로소 가장 중요한 시기이다. 이 며칠에 점차로 특수한 삼매경에 진입하는데, 만약 죄업이 무거운 경우 바로 이러한 삼매경에서 염불하여 죄를 빨리 소멸시킨다. 왜냐하면 이때는 정선定善을 닦을 수 있기 때문이다. 이는 평상시 산란한 마음으로 염불하여 닦는 산선散善과 견줄 수 있는 것이 아니다. 정선定善으로 지극히 무거운 정업定業을 없앨 수 있지만 산선散善으로는 정업을 없애기 어렵다. 이런 종류의 삼매경에 든 후 여전히 부처님께서 내영하는 모습을 보지 못한다면 반드시 두려워하고 부끄러워하는 마음을 크게 내어야 하고 거듭 보리심을 새롭게 발하여(반드시 진실해야 함) 계속 지심으로 염불하여 최후에 모두 아미타부처님 화신불을 관상하여 친견하고 뒤이어 왕생한다.

이 단락의 관건인 시기에 만약 여전히 재산과 처자식 등에 연연해하면 삼매경 때문에 오히려 탐심을 키우고 습기를 강화하여 염불 정념을 문득 잃고 아미타부처님의 가지력이 곧 줄어서 대세가 이미 기울어 절대 왕생할 수 없다. 임종 십여 일의 전기에 오근五根이 점차 쇠약해지지만 제6식은 여전히 십분 청명하고 맨 앞 며칠은 여전히 산심염불이니 견불할 수 없다. 시간을 다그쳐 가족 친척들과 고별하고 아직 끝마치지 않은 일을 안배하여 설령 한때 흐느껴 울지라도 큰 장애가 없다. 타당하게 안배한 후 곧 모든 인연을 놓아버리고 일체 세속의 일을 듣지도 묻지도 않는다. 자식과 자손을 서로 모르는 사람으로 보고 누가 만약 흐느껴 울면 원수로 보아 굳이 이해할 필요가 없다. 곧 서방극락에 왕생할 것이라 마음속에 유일하게 생각하고, 전심으로 부처님 명호에 계념하여 반드시 임종의 마지막 며칠을 꽉 쥐어야 한다.

특수한 삼매경이 형성되는 것은 임종을 맞이하는 마지막 즈음이며, 구체적인 시간은 사람으로 인해 달라질 수 있다. 어떤 사람은 오근이 이미 시들어버려 육안으로는 볼 수 없고, 혀는 이미 줄어들어 소리내어 염불할 수 없으며, 의근염불은 절대 어지러워서는 안 된다. 더욱이 부처님께서 왜 아직도 오시지 않는지 의심을 품어서는 안 된다. 생전에 누적한 성죄(性罪; 삼악도에 떨어지는 죄의 마음)는 반드시 이 단계에서 염불하여 죄를 없애야 한다(그 성죄를 참회하여 삼악도에 떨어지는 마음을 바꾸어야 한다). 죄가 무거운 자는 염불을 조금 오래 해야 한다. 빨리 죄를 없애고 싶으면 첫째 진실한 보리심을 발하고, 둘째 크게 두려워하고 부끄러워하는 마음을 내어 진실로 회개하며, 셋째 용맹 간절한 마음으로 염불하여야 한다.

[제196칙] **임종시 주의사항과 임종조념 공덕의 수승함을 앞당겨 설명한다**

다른 사람의 왕생을 성취할 수 있으면 자신의 임종시 자신의 왕생을 성취하는 사람이 많이 있을 것이니, 관계가 없는 일이라 여겨서 절대로 소홀히 해서는 안 된다. 평상시 마땅히 집안 가족들에게 임종시 조념으로 얻는 이익을 말하고, 몸을 씻기고 옷을 갈아입히며 죽은 사람에게 흐느껴 우는 등으로 생기는 재앙과 해(禍害)를 미리 말하여야 한다. 마땅히 《칙종진량飭終津梁》(《임종조념 왕생성불》(비움과소통))을 구해서 가족들이 읽고서 집안 사람에게 어떻게 사후처리를 안배할 것인지 상세히 알도록 해야 한다. 부모님이나 다른 가족들이 곧 명종命終을 맞이하고자 하는 때 마음에 정념正念을 간직해 부처님을 따라 왕생하도록 함께 염불하고, 법우들에게 그를 위해 조념해 줄 것을 부탁한다. 이때는 몹시 위태롭고, 관계는 매우 크다. 마땅히 장례식의 갖가지 허례의식 경비를 이때로 바꾸어 쓰고, 지나친 슬픔을 효를 다하는 성심으로 바꾸어 가족들이 모두 염불하여야 한다. 조념하는 법우의 지도를 들어야 하고, 결코 관습에 사로잡혀서 대사를 그르쳐서는 안 된다.

能成就他人往生，待至自己臨終，必大有成就自己往生者，切勿以不關己而忽之。平常當與家中眷屬，說其臨終助念之利益，與預先洗澡換衣，並對之哭泣之禍害。當請一本飭終津梁，令其詳知。迨至父母，或餘眷屬，臨欲命終。家中眷屬，同為念佛，令彼心存正念，隨佛往生。並請社友為其助念。此時一髮千鈞，關係甚大。當將喪祭種種虛華之費，移於此時用之，並將哀毀盡孝之誠，移於為親念佛。須令眷屬悉聽社友指導。切不可狃於習俗，以誤大事。

[제197칙] 조념할 때는 반드시 아미타불을 염하고, 수명연장을 구할 때도 아미타불을 염하라

남을 위해 조념하는 때에 이르러, 어찌 그를 위해 관세음보살을 염하고 또한 그를 위해 장수를 기도할 수 있겠는가? 염불로도 수명을 연장할 수 있거늘 관세음보살을 염하면서 오히려 왕생을 구하는 생각이 없으니, 만약 수명이 이미 다하였다면 대사를 그르치고 만다. 염불한다고 해서 반드시 죽는 것도 아니고, 관세음보살을 염한다고 해서 반드시 왕생할 수 있는 것은 아니다. 어리석은 사람은 왕생을 구할 생각이 없기에 대사를 그르치고, 결국에는 업에 따라 윤회하고 만다. 아미타는 바로 「무량광」이란 뜻으로 곧 재난을 없애고, 또한 「무량수」란 뜻이 있어 곧 수명을 연장한다. 「아미타불」 부처님 명호를 염하면 지극한 공효功效가 있을 뿐만 아니라 성불할 수 있거늘 어찌 수명을 연장할 수 없고 빨리 죽는단 말인가?

至於為人助念，何可為念觀音，又為祈壽乎。念佛亦能延生，念觀音則無求往生之心念。若壽已盡則誤事。非念佛定死，念觀音定不能往生。然癡人以無求往生之心念，亦只成誤事之一種業感也。無量光，即消災。無量壽，即延壽。念阿彌陀佛，極功尚能成佛。豈不能延壽而令速死乎。

[역주] 이 단락은 세상 사람의 삿된 견해를 깨뜨리기 위한 법문이다. 즉 아미타불 명호를 염하여 왕생을 배웅하는 것은 사람이 빨리 사망하게 한다고 잘못 생각하고, 염불하여 수명을 연장하는 공효功效가 있는 줄 모른다. 재난을 없애고 수명을 연장함은 염원으로 삼고 진실한 공덕을 닦기만 하면 곧 어떠한 불보살에게도 기도할 수 있다. 염불이든 주문이든 독송이든 참회이든 어느 법문을 닦든지 상관없이 충분한 공덕을 닦기만 하면 불보살의 위신력이 가지하여 곧 원을 만족시킬 수 있다.

마음이 원만한 즉 법이 원만하고 마음이 두루 하여 법 또한 두루 하다. 염불법문은 원돈圓頓법문으로 지극히 원만하고 지극히 돈하여 일체 제법을 함섭含攝한다. 세상 사람들은 이를 알지 못해, 관세음보살을 염하고 약사여래불을 염하여야 재난을 소멸시키고 수명을 연장할 수 있고, 관세음보살을 염하여야 소리를 찾아 괴로움에서 구할 수 있다고 잘못 생각한다. 이와 같이 치우치게 이해하면 저절로 원만한 이익을 얻을 수 없다.

임종조념臨終助念에 관해서 이 사람이 목숨을 연장하고 싶을 뿐 서방극락에 왕생하고 싶지 않다면 조념할 때 관세음보살을 염하든 아미타불을 염하든 모두 정토에 왕생할 수 없다. 탐심으로 법문을 닦으면 그 공덕은 매우 적다. 임종조념의 수승한 인연이라는 값을 매길 수 없는 보배를 설탕으로 바꾸어 먹으니, 애석할 따름이다. 당연히 임종시 아미타불을 염할 수 있고 관세음보살을 염하면 내세에 전생轉生하는 경우 또한 수승한 이익이 있다. 서방극락에 왕생하는 경우 삼계를 횡으로 벗어나 생사를 요탈하니 저절로 견줄 수 없다.

"염불한다고 해서 반드시 죽는 것이 아니다." 함은 임종인이 중병인 것처럼 보여도 여전히 수명의 복록이 있으면 염불하여 죄를 없애어 곧 병이 나을 수 있거나 호전될 수 있다는 뜻이다. "관세음보살을 염한다고 해서 반드시 왕생할 수 있는 것은 아니다." 함은 **관세음보살을 전수專修하는 법문으로 평상시 관세음보살을 전념하며 임종시 보리심을 발하여 정토에 태어나길 구하여도 또한 왕생할 수 있고, 관세음보살·대세지보살과 아미타부처님께서는 함께 정토법문의 본존으로 관세음보살을 염하여도 대세지보살을 염하여도 모두 극락에 왕생할 수 있다는 뜻이다.**

[제198칙] **가족에게 염불하길 권하고, 임종조념의 이익을 늘 말하라**

평소 염불하지 않은 사람은 임종시 선우가 법문하여 다들 조념助念하면 또한 극락에 왕생할 수 있다. 항상 염불한 사람은 임종시 무지한 가족들이 미리 그를 대신하여 몸을 닦고 옷을 갈아입히며, 이것저것 묻고 흐느껴 우는 등 이러한 인연으로 인해 정념正念을 깨뜨리면 끝내 왕생하기 어렵다. 그래서 염불하는 사람은 가족에게 권하여 평상시 모두 염불하게 해야 한다. 그러면 자신이 임종시에 그들은 모두 조념할 수 있다. 또한 임종조념臨終助念의 이익과 마구 돌보고(瞎張羅) 흐느껴 우는 등으로 생기는 재앙과 해害를 늘 말해주면 곧 효심 때문에 오히려 가족이 생사윤회의 큰 괴로움을 겪게 하는 지경에 이르지 않고, 서방극락에 왕생하는 큰 이익을 얻을 수 있다.

平素不念佛人，臨終善友開示，大家助念，亦可往生。常念佛人，臨終若被無知眷屬，預為揩身換衣，及問諸事，與哭泣等，由此因緣，破壞正念，遂難往生。以故念佛之人，必須令家中眷屬，平時皆念。則自己臨終，彼等均能助念。又因常說臨終助念之利益，及不得瞎張羅哭泣之禍害，便不至以孝心而致親仍受生死之大苦，乃得即生西方之大益也。

[역주] 가족이 부처님을 믿느냐 믿지 않느냐는 임종인에게 지극히 큰 영향을 미친다. 가족이 부처님을 믿으면 임종시 보조를 맞출 수 있고 매우 많은 왕생의 장애 인연은 줄어들어 조념하고 왕생하여 쌍방이 모두 큰 이익을 얻을 수 있다. 가족이 부처님을 믿지 않으면 임종시 흐느껴 울며 몸을 닦고 옷을 갈아입히는 등 함부로 돌보아(瞎張羅) 임종시 정념을 엄중히 장애하고, 성내는 마음이 일어나면 평생의 수행을 낭비한다. 세속 사람이 체면상 임종시에 갖가지 「효도를 다함(盡孝)」은 오히려 망자에게 해가 된다. 인광대사께서는 이를 「나찰녀의 사랑과

같은 효도」(나찰녀가 사람을 잡아먹으면서 내가 너를 사랑해서 먹는다 말하는데, 세상의 효자는 대부분 이와 같다)라 불렀다.

염불인이 임종시 장애 인연을 만나지 않으려면 첫째, 3년~5년 염불정진하여 공부성편功夫成片에 이르도록 염하여 미혹을 조복한 사일심불란事一心不亂에 도달하면 곧 자재왕생할 수 있다. 임종시 타인이 조념할 필요 없이 선 채로 앉은 채로 곧 왕생할 수 있고, 속진을 털어내고 맑고 시원하게(瀟洒) 자재왕생할 수 있다. 3년~5년 이러한 시간은 결코 함부로 하는 말이 아니고 수많은 왕생전기의 총결에서 나온 말로 매우 많은 염불왕생의 성공사례 중 대부분은 3년~5년에 곧 자재왕생한다. 또한 대부분은 여전히 장년으로서, 결코 수명과 복록이 이미 다한 경우가 아니라 염불하여 이미 생사자재의 경지에 도달한 까닭이다.

황념조 대덕의 법문에 따르면 3년~5년 동안 일일공과로 3만번 부처님 명호를 염하되, 최소한 1만번 아래로 떨어져서는 안 된다. 대부분의 대덕 거사들은 일과로 5만 번 이상 염불하였다. 임종시 결정코 자재 왕생하려면 반드시 한 매듭의 긴 시간 동안 염불 정진하여야 희망이 있다. 한가롭게 그저 흘려보내며 염불하면서 관행위觀行位에 이르도록 염하려고 한다면 오계·십선이 원만한 사람이 아니고서는 틀림없이 비현실적인 것이다.

둘째, 인광대사께서 위에서 법문하셨듯이 반드시 가족에게 함께 부처님을 믿고 염불하길 권하고, 임종조념의 공덕·이익 및 기타 임종시 주의사항을 잘 알 수 있도록 늘 말해주어야 한다. 이와 같아야 바야흐로 왕생의 장애인연을 피할 수 있다.

[보충] 대안大安법사: 임종조념시 「마구 돌봄(瞎張羅)」을 피해야 한다

임종조념은 좋은 일이다. 좋은 일은 하기 쉬워야 한다. 인광대사께서 선술한《임종삼대요》및 감정鑒定한《양종진량飭終津梁》《임종조념 왕생성불》(비움과소통))에서 말씀하신 조념규칙에 따라서 이치대로 여법하게 해야 한다. 부정적인 방법인「마구 돌봄」을 피해야 한다.

무엇이「마구 돌봄」인가? 육친권속은 가족이 곧 세상을 떠나려는 모습을 보고서 그를 도우려다 오히려 방해하니, 왕왕 친구를 삼악도로 가도록 밀어 넣는다. 당연히 그들의 행동은 모두 선의에서 나오지만 지혜가 결핍되어 있다.

예컨대 가족이 숨이 끊어지면 그는 서둘러 몸을 닦고 옷을 갈아입히며 이리저리 주무르는 등등「마구 돌봄」을 시작하지만 사실은 막 신식神識이 끊어지려고 할 때 위아래로 들고 이리저리 주무르면 그는 통증을 감지하게 된다. 매우 고통스럽지만 차마 말할 수 없고, 성내는 마음이 많이 일어날 수 있다. 성내는 마음이 일어나면 이 망자는 삼악도에 떨어지거나 큰 구렁이 한 마리가 될지도 모른다.

심지어 어떤 가족은 속설로 날씨가 더우면 서둘러 망자를 장례식장의 냉장실에 안치하게 한다. 사실은 그는 방금 말하였듯이 막 숨이 끊어진 사람은 신식이 남아있어 여전히 냉장실에 안치되었음을 감지할 수 있으니, 어찌 차가운 얼음 지옥에 들어가는 것이 아니겠는가?

여전히 어떤 가족이 어디에선가 울고불고하며, 가슴을 치고 발을 동동 구르면 가족과 친척의 애정과 집착을 촉발시켜 가족이 더욱 이 세계를 여의지 못하도록 하지 않겠는가? 흐느껴 울 일이 무엇이 있겠는가? 가족이 극락세계에 왕생할 수 있으면 마땅히 기뻐해야 하지 않겠는가! 망자를 옮기고, 옷을 갈아입히고 몸을 닦으며 흐느껴 우는 등등 이렇게 「마구 돌봄」은 모두 왕생의 장애이다.

여전히 어떤 가족이 명종命終에 이른 사람에게 몸은 어떤가? 영양을 보충해야 하지 않는가? 삼계탕을 먹어야 하지 않는가? 이것저것 묻는다. 이것들은 모두 좋지 않은 것으로 병자가 왕생을 구하는 확고한 믿음과 발원에 영향을 줄 가능성이 있다. 가족이 임종시 조념의 이익을 얻고, 가족이 정념正念을 깨뜨리는 위해危害를 겪지 않으려면 바로 평상시 폭넓게 가족에게 염불의 이익을 선설하여 그들이 항상 염불하도록 하여야 한다.

평상시 염불에 마음을 두고 있음을 느끼고 염불의 이익을 알면 가족이 세상을 떠나려고 할 때 그는 저절로 곧장 조념助念을 조직할 수 있을 것이다. 그렇지 않으면 그는 가족의 몸이 좋지 못함을 보자마자 첫 반응은 바로 병원에 보내는 것이다. 병원에 가자마자 의사의 첫 반응은 바로 삽관하여 산소를 흡입하거나 전기충격으로 심장을 박동시키는 조치를 하니, 명종命終에 이른 사람이 받는 고통은 이루 말할 수 없다. 이렇듯이 멋대로 처리하는 것이 아는 것인가?

그래서 가족에게 염불하라고 권하는 것이 가장 좋다. 이럴 때만이 임종자가 세상을 떠나려고 할 때 가족들이 「선의」로 마구 돌보아 해를 끼치지 않을 것이다.

[제199칙] **임종시 병고를 만나면 의심하지 말고, 원망하는 마음을 내지 말라**

현장법사께서도 임종시 약간 병고가 있어 자신이 번역한 불경에 혹시 잘못이 있지나 않나 의심하였다. 이때 어떤 보살께서 나타나서 그를 위로하시길, "그대가 지난 겁에 지은 죄에 대한 과보가 이 작은 고통으로부터 모두 사라질 것이니, 어떤 의심도 품지 말라!" 말씀하셨다. 그대는 마땅히 이 이야기로 그대 어머니를 위로하여 중병에도 환희심을 내고 원망하는 마음을 내지 말라고 권해야 한다. 그러면 반드시 부처님의 가피를 입을 수 있어 수명이 다하지 않으면 병이 빨리 나을 것이고 수명이 다하였으면 왕생할 것이다.

玄奘法師臨終，亦稍有病苦，心疑所譯之經，或有錯謬。有菩薩安慰言，汝往劫罪報，悉於此小苦消之，勿懷疑也。當以此意安慰汝母，勸彼生歡喜心，勿生怨恨心，則決定可蒙佛加被。壽未盡而速愈，壽已盡而往生耳。

[역주] 병이 낫지 않음은 「무거운 과보 · 나중의 과보가 현재의 과보 · 가벼운 과보로 바뀐」

까닭이다.

인광대사께서는 (주맹유의 동생에게 보낸 편지에서) "그대의 어머니가 병이 낫지 않는 이유는 숙업宿業의 탓으로 무거운 과보 · 나중의 과보가 현재의 과보 · 가벼운 과보로 바뀌었기 때문이다"라고 답하셨다. 당신의 모친이 이 병에서 호전을 보이지 않는 것은 과거의 숙업 탓으로 과거의 악업이 지금 나타날 때 마땅히 「무거운 과보 · 나중의 과보가 현재의 과보 · 가벼운 과보로 바뀌었다」고 믿어야 한다. 이를 나누어 말하면 무거운 과보가 가벼운 과보로 바뀌었고, 나중의 과보가 현재의 과보로 바뀌었다는 것이 그 함의이다. 이런 과보는 필연적이다. 우리는 이를 어떻게 정확히 이해할 수 있는가? 염불하는 사람은 마땅히 정확한 신념이 있어야 한다.

나중의 과보가 현재의 과보로 바뀌었다는 말은 무슨 뜻인가? 예컨대 마땅히 축생이나 아귀에 떨어져야 하는데, 염불하여 업이 사라짐으로 인해 바로 축생과 아귀에 떨어지지 않고, 단지 이번 생을 사는 동안 재난이 출현하고, 거스르는 인연(違緣)이 출현하며, 큰 병이 출현하면 이를 「나중의 과보가 현재의 과보로 바뀌었다」 말한다.

명종命終에 임할 때 악한 과보가 나타나는 것은 젊은 시절에 과보를 갚는 것만 못하다. 과보는 반드시 갚아야 하는데, **염불을 통하여 무거운 과보를 가벼운 과보로 전환시킬 수 있다. 예컨대 염불하여 극락세계에 태어나길 구하면 가장 좋은 것으로 이것도 무거운 과보가 가벼운 과보로 바뀐 것이다.** 또한 마땅히 아귀에 떨어져야 하는데, 다시 윤회하여 사람이 되면 당연히 이것도 무거운 과보가 가벼운 과보로 바뀐 것이다. 또한 마땅히 목숨을 잃을 지도 모르는 재난이 발생하여야 하는데, 단지 다리만 부러지고 팔만 부러졌다면 이것도 무거운 과보가 가벼운 과보가 된 것이다. 또한 마땅히 대단히 큰일이 일어나고 암과 같은 불치병에 걸려야 하는데, 단지 염증만 생기고 작은 혹만 생겼다면 이것도 마찬가지이다. 마땅히 2, 3년을 치료하여도 병이 낫지 않아야 하는데, 2, 3주에 병이 나으면 이것도 무거운 과보가 가벼운 과보로 바뀐 것이다.

수행인의 경우 이 두 가지는 절대로 존재한다. 그래서 인광대사께서는 이 단락에서 현장법사의 이야기를 말씀하셨다. "현장법사께서도 임종시 약간 병고가 있어 자신이 번역한 불경에 혹시 잘못이 있지나 않나 의심하였다. 이때 어떤 보살께서 나타나서 그를 위로하시길, 그대가 지난 겁에 지은 죄에 대한 과보가 이 작은 고통으로부터 모두 사라질 것이니, 어떤 의심도 품지 말라! 말씀하셨다." _인청仁淸법사, 《인광법사문초印光法師文鈔 정토법요淨土法要》

[보충] **현장법사의 스승 계현논사戒賢論師께서도 수년간 병을 앓으셨다**

염불하는 사람에게는 삼보의 가피와 팔부신중과 용천의 보우가 있다. 이는 필연적인 이치이다. 그러나 「무거운 과보 · 나중의 과보가 현재의 과보 · 가벼운 과보로 바뀌는」 이치를 아직 또렷이 알 수 없는 까닭에 이러한 불합리한 의심이 생기는 것은 어쩔 수 없다.

옛날 서역의 계현戒賢 논사는 덕이 일세에 드높아 도가 사천축국四天竺國에 떨쳤다. 숙업으로 말미암아 잘 낫지 않은 고질병에 걸려 그 고통이 매우 혹독하여 견딜 수가 없어 자진自盡하려고 하였다. 마침 문수 · 보현 · 관세음 세 분 보살께서 내려오시어 이르시길, "그대는 지난 겁에 국왕이 되어 중생을 괴롭히고 해친 적이 많아 마땅히 오래도록 악도에 떨어져야 하겠지만, 그대가 불법을 크게 선양한 까닭에 이 인간세계의 작은 고통으로써 오랜 겁에 겪어야 할 지옥계의 고통을 소멸시켰으니, 그대는 마땅히 견뎌낼지라. 당나라에 현장이라 이름 하는 한 스님이 있으니, 마땅히 3년을 지내면 여기에 와서 법을 받으리라" 하셨다.

계현 논사가 이 말을 듣고 마침내 고통을 견디면서 참회하고, 오래 지나 마침내 치료되었다. 3년이 이른 후 현장법사가 그곳에 이르러 계현 논사는 제자에게 그 병고의 상황을 말해주었다. 그 고통을 말하는 사람이 목이 메어 눈물을 흘리니, 그 고통이 얼마나 심한지 알 수 있었다. 숙세의 인을 밝히지 않았다면 사람들은 계현 논사가 도를 얻은 고승이 아니라고 말하였을 것이다. 또한 "이러한 대수행인조차도 참혹한 병에 걸렸으니, 불법에 무슨 영감과 이익이 있겠는가?" 말하였을 것이다.

그대들은 마음속에 아는 것이 적은 까닭에 잠깐이라도 다른 모습을 보면 곧 놀라며 의심할 것이다. 선근이 없는 사람은 곧 도심道心에서 물러날 것이다. 악을 지은 사람조차 현재 복보를 얻는데, 또 다시 이와 같이 사견邪見의 마음이 일어날 것이다. 모두 이전의 인因과 나중의 과果 및 「무거운 과보 · 나중의 과보가 현재의 과보 · 가벼운 과보로 바뀜」 및 「현재의 과보 · 가벼운 과보가 나중의 과보 · 무거운 과보로 바뀜」 등 갖가지로 복잡하여 제도하지 못하는 줄 아는 까닭이다.

[역주] 많은 왕생전기를 보면 몇몇 염불인은 왕생하기 전에 우연히 작은 병에 걸리는 경우가 많고, 임종시 고통스러워하며 왕생하는 대덕거사가 확실히 적지 않다. 인광대사께서 상술한 법문은 도리에 부합한다.

그러나 (민간신앙에서 말하는) 「마장의 시험(魔考)」이란 각도에서 해석할 수도 있다. 역경과 시련이 없으면 진심을 내지 않고, 언제나 순경이면 오히려 오만불손해진다. 재난을 피하고 전화위복이 되는 등 모두 염불공덕이 수승한 줄 알아야 한다.

만약 염불정진하면서 오히려 병에 걸리거나 천재인화를 만나면 염불인은 어떤 마음을 내어야 하는가? 부끄러워하는 마음? 원망하는 마음? 의심하는 마음? 어떤 마음을 내든 각자 수행의 층차를 여실하게 반영한 것으로 진짜인지 가짜인지 시험해보면 곧 알 수 있다. 마장의 시험을 통과하지 않았어도 다른 사람을 탓해서는 안 된다. 게다가 염불인이 선정을 얻는 경우는 결코 많아 보이지 않지만, 진정으로 관행위의 초품에 이르도록, 최소한 미혹을 조복한 사일심불란事一心不亂에 이르도록 염불하여야 정선定善을 닦을 수 있고, 정선을 닦으면 숙세의 매우 무거운 정업定業도 없앨 수 있다.

이런 부류의 염불인이어야 비로소 더 이상 천재나 인화人禍, 고질병과 횡사 등 정업定業을 겪지 않을 수 있다. 이를 제외하고 그밖에 산란한 마음으로 염불하는 사람은 비록 여러 해 염불하였을지라도 천재나 인화를 만나고 뜻대로 일이 풀리지 않는다. 산선散善으로는 정업을 없애기 어려운 까닭이다.

[제200칙] **광대한 마음을 발하여 망자를 위해 조념해서 공덕을 회향한다**

사람은 한평생 사사건건 모두 거짓으로 꾸밀 수 있지만, 죽음에 임할 때는 거짓으로 꾸밀 수 없거늘, 하물며 그대의 모친께서 임종시 애련한 정이 없이 기쁜 안색으로 편안히 앉아 돌아가심이겠는가. 만약 정업淨業이 무르익지 않았다면 어찌 이러한 경지에 도달할 수 있겠는가? 형제와 가족들이 진지하게 그대의 모친을 위해 염불하기만 하면 모친을 이롭게 할 뿐만 아니라 실로 자신이 염불한 공덕보다 훨씬 더 크다. 부처님께서 그래서 독경하거나 주문을 집지하거나 염불하여 갖가지 공덕을 지어서 모두 법계 중생을 위해 회향迴向[120]하라고 가르치셨다. 평소 자신과 직접적 관계가 없는 법계 중생을 위해 회향하거늘 하물며 모친이 돌아가실 때 지극한 마음으로 모친을 위해 염불하지 않겠는가?

人一生事事皆可偽為，唯臨死之時，不可偽為。況其無愛戀之情，有悅豫之色，安坐而逝。若非淨業成熟，曷克臻此。但願汝昆弟與闔家眷屬，認眞為汝母念佛。不但令母親得益，實則比自己念佛之功德更大。佛所以教人，凡誦經持咒念佛作諸功德，皆為法界衆生回向，平時尚為無干涉之法界衆生回向，況母歿而不至心為母念佛乎。

일체중생을 위해 회향하면 곧 부처님의 보리 서원과 맞을 수 있으니, 물 한 방울을 큰 바다에 넣으면 곧 큰 바다와 그 깊이와 넓이가 같아지는 것과 같다. 만약 바다에 이르지 못하면 물 한 방울이 같아진다고 말하지 말지니, 아무리 큰 강일지라도 당연히 큰 바다와 하늘땅만큼 현격한 차이가 난다. 그래서 부모님과 일체 사람들에게 공덕을 베푸는 것은 자신의 복을 스스로 북돋우는 것에 속함을 알아야 한다. 이러한 이치를 알아서 효심이 있는 사람은 효심이 더욱 늘어날 것이고, 효심이 없는 사람은 또한 마땅히 효심을 일으켜야 한다. 스님을 청해 49일 동안 염불하면 매우 좋고, 염불할 때 그대의 형제·자매가 반드시 따라서 함께 염불하여야 한다.

以能為一切衆生回向，即與佛菩提誓願相合。如一滴水，投于大海，即與大海同其深廣。如未到海，則勿道一滴，即長江大河固與大海天地懸殊也。是知凡施於親，及一切人者，皆屬自培自福耳。知此義，有孝心者，孝心更加增長。無孝心者，亦當發起孝心。請僧念七七佛甚好，念時，汝兄弟必須有人隨之同念。

[역주] 대회향의 공덕이 수승하다고 해서 탐심으로 법을 닦지 말라. 진실한 공덕은 계정혜와

120) 자신이 닦은 선근·공덕을 중생에게로 돌려서(迴轉) 주고, 자신은 보리열반으로 취향趣向해 들어가게 한다. 혹 자신이 닦은 선근으로써 망자를 위해 추도追悼하고 망자가 안온安穩하길 기대한다. 일체 경론에서 회향에 관한 말은 매우 많다. 혜원慧遠대사의 《대승의장大乘義章》 권9에서는 회향을 세 가지로 나뉜다. 1) 보리회향菩提迴向으로 자신이 닦은 일체 선법을 돌이켜서 보리의 일체 공덕을 추구함이다. 2) 중생회향衆生迴向으로 중생을 생각하는 까닭에 자신이 닦은 일체 선법을 돌이켜서 그에게 베풀기를 원함이다. 3) 실제회향實際迴向으로 자신의 선근을 돌이켜서 평등하고 여실한 법성을 구함이다.

상응하고 자성선自性善과 상응하거늘 공덕을 탐하여 어떻게 청정심이 생길 수 있겠는가? 어떻게 진실한 공덕이 생길 수 있겠는가? **대회향의 공덕이 무량한 연유는 모두 심량이 광대하고 진실하기 때문이다.**

불법은 원수와 가족이 평등하다고 말한다. 어떤 사람이 공덕을 회향할 때 거리에서 만나는 원수(仇人冤家)도 자신의 공덕과 이익을 얻을 수 있다고 생각하면 마음속에 온갖 생각이 뒤섞인다. 불법의 갖가지 공덕과 이익은 모두 진실한 마음속에서 일어난다. 수행시 닦는 마음에 중점을 두어야 한다. 이 마음이 진실하여야 보리정도菩提正道에 가까워지고, 진실한 법익을 얻을 수 있다. 마음이 평등하여 공덕을 탐하지 않고 진실한 효심으로써 부모와 가족이었던 사람에게 회향하면 그 공덕은 대회향과 같다. 왜 그러한가? 일체 중생은 모두 과거의 부모님이고, 미래의 제불인 까닭이다.

[제201칙] 병자를 돌보고 망자를 천도함에 있어 염불이 독경·배참하고 수륙법회를 여는 것보다 수승하다

병자를 돌보고 망자를 천도함에 있어 요즘 사람들은 대개 독경·배참拜懺[121]하고 수륙법회[122]를 여는 것을 불사로 여긴다. 나는 여러분들에게 모두 염불하라고 말씀드린다. 염불하여 얻는 이익은 독경·배참하고 수륙법회를 여는 것보다 훨씬 더 많다. 왜 그런가? 독경은 글을 모르는 사람은 독경할 수 없고, 글을 읽을 줄 알아도 빨리 읽으면 따라 독경할 수 없고, 독경할 수 있어도 게을러서 독경하지 않으면 유명무실하다. 배참하고 수륙법회를 여는 것도 미루어 추측할 수 있다.

保病薦亡，今人率以誦經拜懺做水陸為事。光與知友言，皆令念佛。以念佛利益，多於誦經拜懺做水陸多多矣。何以故，誦經則不識字者不能誦。即識字而快如流水，稍鈍之口舌，亦不能誦。懶坯雖能，亦不肯誦，則成有名無實矣。拜懺做水陸，亦可例推。

그러나 염불할 수 없는 사람은 한 사람도 없다. 설령 게을러서 염불하지 않아도 여러

121) 예불·참회를 행하여 죄장을 없애고 몸과 마음을 청정하게 하는 실천법문이다. 배참拜懺의 의의는 배참법회에 참여하여 몇 시간 깨끗이 씻고 정화할 뿐만 아니라 예참禮懺의 정신을 일상생활 속으로 연장하여 수시로 자아를 관조觀照하며 「참懺」해야 비로소 우리의 생명을 근본적으로 변화시킬 수 있다.

122) 수중·육지·공중의 일체 외로운 혼을 천도하기 위해 여는 것으로 제불에게 공양하고·죄장을 참회하여·복을 빌고 재난을 없애며·조상을 천도하고·귀신을 널리 제도하며·자비심을 기르고·복덕과 지혜를 늘리는 공덕이 있는 경참법사經懺法事이다. 살아있는 사람에게는 위로 제불보살 및 일체 성현에게 공양하고 아래로 법계의 일체 유정중생에게 베풀어 그 공덕이 무량무변하다. 망자에게 모든 성인과 범부, 수중·육지·공중과 과거·현재·미래의 각종 생명체를 모두 평등하게 두루 제도하여 해탈을 얻게 한다.

사람이 한 입으로 같은 소리로 염하면 귀를 닫지 않는 한,「나무아미타불」한마디 부처님 명호를 또렷이 그의 마음속에 불어넣으면 비록 염불하지 않을지라도 염불하는 것과 차이가 없다. 향에 물든 사람의 몸에 향기가 나듯이 특별히 이러한 효과를 추구하지 않아도 이러한 효과를 얻을 수 있다. 가족들을 위해 평안을 기도하고 망자를 위해 천도하려면 이러한 이치를 알아야 한다.

念佛則無一人不能念者。即懶坯不肯念，而大家一口同音念，彼不塞其耳，則一句佛號，固已歷歷明明灌於心中。雖不念，與念亦無異也。如染香人，身有香氣，有不期然而然者。為親眷保安薦亡者，皆不可不知。

[보충] **공덕功德**

1) 수행이 공功이요, 몸과 마음이 청정함이 덕德이다. 2) 마음속 어리석음을 없애는 것이 공이요, 지혜가 현전함이 덕이다. 3) 덕은 얻음(得)으로, 수행하면 얻는 것이 있으므로「공덕」이라 한다.

공덕이란 무엇인가? 진실한 공덕이 있는지 어떻게 식별하는가?

공덕이란 무엇인가? 이와 관련하여 조사대덕들의 법문이 매우 많은데, 몇몇은 매우 추상적이라 이해하기 쉽지 않다. 《육조단경六祖壇經》에서는 "견성이 공이요, 평등이 덕이다. 염념마다 막힘이 없어서 늘 본성의 진실한 묘용을 보는 것을 공덕이라 한다. 안으로 마음을 겸손하게 낮추는 것이 공이요 밖으로 예를 행하는 것이 덕이며, 자성이 만법을 건립하는 것이 공이요 마음 바탕이 생각을 떠난 것이 덕이며, 자성을 여의지 않음이 공이요, 응하여 쓰되 물들지 않는 것이 덕이니, 만약 공덕법신功德法身을 찾거늘 다만 이러한 이치에 의지해 찾아야 진실한 공덕이다." 말한다.

말법시기 수행인은 거의 모두 명자위名字位의 범부이니, 어떻게 견성할 수 있겠는가? 여하히 평등심을 증득할 수 있겠는가? 마음을 겸손히 낮추고 예절을 지키는 것은 성인이나 범부나 모두 행할 수 있지만, 양자의 경계는 분명히 다르다. 산심위散心位의 수행인이 여하히 "마음바탕이 생각을 떠나고", "응하여 쓰되 물들지 않을 수 있겠는가? 만약 이렇게 따져보면 초심말학末學은 근본적으로 진실한 공덕을 닦을 수 없고, 다만 복덕만 닦을 수 있을 뿐이다.

여기서 진실한 공덕에 있는지 없는지 식별하는 간편한 방법을 소개하겠다. **무릇 수행은 반드시 자성선自性善과 상응하여야 하고, 계정혜와 상응하여야 하며, 청정심과 상응하여야 하며, 보리정도菩提正道에 수순하여 닦아서 바로 지금의 마음 경계가 상승(提升)할 수 있어야 곧 진실한 공덕이라 말할 수 있다.** 이와 반대로 자성선에 거슬러 마음에 탐진치가 많고 마음속의 번뇌 · 미혹으로 청정하지 않으며, 보리정도에 거슬러 마음 경계가 아래로 떨어지고 수행공부로 증득한 계위가 높아지지 않고 심지어 아래로 떨어지면, 곧 공덕이 없다 말할 수 있고, 심지어 복덕조차 볼품없이 적다.

청정심, 마음경계의 높낮이, 수행공부의 깊이는 곧 천태종에서 말하는 육즉불六卽佛의 구체적인 계위에 비추어 상세히 판정할 수 있다. 계위의 상승폭이 커질 수록 그 공덕도 수승해진다.

동일한 계위에 대해 말하면 악을 끊고 선을 향하며 번뇌를 없애고 청정을 거두어 수행공부가 일분 늘면 곧 공덕이 일분 생기고, 십분 늘면 곧 공덕이 십분 생긴다.

불문에서는 늘 "한 순간 화를 내는 마음이 일어나면 공덕의 숲을 불태워버린다(一念嗔心起火燒功德林)"고 말한다. 선업과 공덕을 무너뜨리는 네 가지 행위는 성내는 마음을 발함(發瞋恨心) · 스스로 공덕을 자랑함(自詡功德) · 선업에 대해 후회하는 마음을 일으킴(於善生悔) · 탐진치를 근본적인 회향으로 삼는 전도회향(顚倒迴向)이다. 실제상 공덕을 무너뜨리는 것이 어찌 이 네 가지에 그치겠는가. 일체 마음 경계를 아래로 떨어뜨리는 언행의 습기와 파계하여 악을 저지르는 행위는 모두 이전에 닦은 청정심을 무너뜨릴 수 있다. 파계하여 삼매를 잃고, 공덕을 잃고 퇴락하여, 살생 · 도둑질 · 음행 · 거짓말 등 악한 생각이 다시 일어난다. 보리정도와 어긋나기만 하면 모두 공덕을 무너뜨릴 수 있고, 모두 공덕의 숲을 불태워버린다.

매우 많은 사람이 불보살 및 일체 세간의 선신에게 소원을 빌어서 어떤 사람은 감응을 얻고 어떤 사람은 얻지 못하는데, 왜 이러한가? 부귀영화 · 사업형통 · 가택평안 · 처를 구하고 자식을 구함 · 재난소멸과 수명연장……, 이러한 갖가지는 모두 자성이 본래 갖추고 있고, 성덕性德은 만능이며, 모두 수덕修德에 의지해 드러난다. 그들 소원을 만족한 사람은 하늘이 정한 것(命里)이 있다고 오해할 필요가 없다. 그들은 스스로 자득하길(自得) 구하지 않고, 하늘이 정한 것이 없어도 지금처럼 얻을 수 있으며, 또한 불보살 및 선신이 내려준 것도 아니다.

만약 은사恩賜라면 왜 어떤 사람은 얻고, 어떤 사람은 얻지 못하는가? 부처님의 언교言教에 의지해 이치대로 수행(수덕)하여야 마음 경계가 상승할 수 있다. 이 상승에 걸리는 시간간격이 바로 **"하늘이 정한 것이 본래 없는(命里本無)" 성덕으로 불보살 및 선신을 매개로 이 성덕을 바꾸어 갖가지 많은 심원(性德妙用)을 성취한다.** 진실한 공덕을 닦지 않으면 천하의 명산과 성지를 답파하고 향을 살라 향이 재가 되어 산을 이루어도 감응을 얻지 못한다.

본원법문은 자력의 수지를 내버리니, 참회를 닦지 않고 보리심을 발하지 않으며, 계율을 지킬 필요도 없고 악을 지어도 두려워하지 않으며, 선을 닦을 필요도 없고…… , 순수타력으로 구조 · 제도할 것을 제창한다. 세간의 여러 소원도 악을 끊고 선을 닦아야 감응을 얻을 수 있거늘 하물며 삼계를 벗어나 정토에 왕생하는 대원이겠는가! **파계하고 악을 저지르며 보리에 거슬러 닦고, 참회하지도 보리심을 발하지도 않는데, 마음경계가 여하히 상승하겠는가? 자심自心을 바꾸지 않고 여하히 경계를 바꾸겠는가?** 삼악도에 떨어지는 죄악의 마음으로써 비록 염불할 수 있을지라도 결코 진실한 공덕이 생기지 않고 비록 깊은 믿음을 말할지라도 오히려 죄를 없앨 수 없다.

《관무량수경》에서는 "선남자여, 그대가 부처님의 명호를 불렀기에 갖가지 죄업이 사라졌도다! 그래서 내가 와서 그대를 맞이하노라!"는 말씀이 있다. 비록 염불할 수 있을지라도 죄를 없앨 수 없는데, 여하히 왕생하겠는가? 어떤 사람은 망령되이 "염불하면 곧 죄가 멸한다." 말하는데, 이는 죄를 없애는 원리를 모르는 것이다. 묻건대, 배우가 대사를 외우듯이 염불하여도 죄를 없앨 수 있겠는가? 《화엄경》에 이르시길, **"보리심을 잃으면 모든 선법을 닦아도 마업魔業이**

라 하느니라."

자운관정慈雲灌頂 대사의《염불인의 일백 가지 과보》에서 맨 앞 세 가지 과보는 바로 염불하여 삼악도에 떨어진다. 극락세계는 삼악도가 없고 모두 상선인上善人들이 모인 곳이니, 악인이 염불하여 회개하지 않으면 여하히 죄를 없애고 왕생하겠는가? 삼악도의 마음으로써 염불하면 진실한 공덕이 생기지 않고, 죄가 사라지지도, 업이 제거되지도 않는다. 죄악의 마음으로 저절로 죄악의 경계가 나타나고, 삼악도의 인업引業이 결정코 그를 아래로 떨어지게 한다.

염불은 자력과 타력 이력법문에 속하고, 기타 법문은 모두 자력을 중시한다. 우익대사께서 법문하셨듯이 염불할 때 겸해서 아미타부처님의 명훈가피로 증상을 얻어 명자위名字位 후심의 염불인이 증승增勝하여 관행위觀行位 초품에 이르게 할 수 있고……상사위相似位 후심의 염불인이 불력의 가지를 입어 분증위分證位에 들어가게 하여 곧 법신보살의 경계를 증득한다……중간계위에서 염불한 까닭에 모두 타력에 의지해 차제로 증상을 얻는다.

이 사람이 보통법문을 닦으면 타력으로 증상을 얻는 효과가 없고, 반드시 관행위 초품에 이르도록 자력으로 수지하여야 이 계위에 대응한 정업定業을 없앨 수 있다. 그러나 이 사람이 **만약 염불 이력(자력과 불력)에 의지하면 자력으로 단지 명자위 후심에 이르도록 닦아도 곧 관행위 초품에 대응하는 정업을 없앨 수 있다.** 양자를 대비하면 누가 수승하고 누가 하열한지 말하지 않아도 안다.

자운관정대사께서는 염불법문은 기타의 경참법문으로는 참회하지 못하는 죄업을 없앨 수 있다고 말씀하신 적이 있는데, 그 이치가 바로 여기에 있다. 기타 법문은 염불법문보다 못하다는 것이 아니라, 동일한 사람이 같이 닦는 경우 염불 이력법문으로 닦으면 불력으로 증상을 얻는 효과가 있어 마음 경계가 상대적으로 약간 더 높이 상승하여(공덕이 더 수승하여) 저절로 죄를 없애는 효과가 이 사람이 기타 자력법문을 닦을 때 보다 훨씬 더 앞설 것이다.

[제202칙] **장례를 치르는 경우 전부 채식을 하라**

장례를 치르는 경우 전부 채식을 하여야 하고, 세속의 관습을 따라서는 안 된다. 세상 물정을 모르는 사람이 그렇지 않다고 말할지라도 저들의 비웃음을 당할 뿐이다. 장례는 지나치게 화려하게 치뤄서는 안 된다. 불사는 염불만 할 뿐 다른 불사는 하지 말고, 온 가족이 전부 간절히 염불하도록 하라. 이렇게 하면 여러 가족과 친척, 친구들에게 모두 실익이 있을 것이다.

至於喪祭，通須用素，勿隨俗轉。縱不知世務者，謂為不然，亦任彼譏誚而已。喪葬之事，不可過為鋪排張羅。作佛事，只可念佛，勿做別佛事。並令全家通皆懇切念佛。則于汝母，于汝等諸眷屬及親戚朋友，皆有實益。

[제203칙] 화장은 신견身見을 깨뜨릴 수 있다

불법이 동쪽으로 온 이래로 스님들은 모두 화장을 하였다. 당송시대에는 불법을 신봉하는 세속을 초월한 사람과 세상 이치에 통달한 사람들도 이 방법을 적용하였다. 불법은 신식神識을 중히 여겨서 다만 망자가 몸에 연연해 해탈을 얻지 못할까 두려워한다. 망자를 화장하면 몸이 내가 아닌 줄 알고 더 이상 연연해 하지 않을 것이다. 또한 망자를 위해 독경·염불하여 법신을 증득하기를 기대하여야 한다.

自佛法東來，僧皆火化。而唐宋崇信佛法之高人達士，每用此法。以佛法重神識，唯恐耽著身軀，不得解脫。焚之，則知此不是我，而不復耽著。又為誦經念佛，期證法身。

[제204칙] 매장보다 화장하는 것이 더욱 타당하다

당송시대 불법이 융성할 때 재가 신도들도 화장을 많이 하였다. 그러나 여전히 세속에 따라 매장하는 것이 마땅하다면서 이를 고집하는 자가 이를 함부로 왈가불가할까 두렵다. 실제로 시신을 화장하면 쉽게 사라지게 한다. 49일이 지난 후 다시 태우는 것이 더욱 더 타당하다. 매장한 세월이 오래되면 유골이 노출될 수 있다.

火葬一法，唐宋佛法盛時，在家人多用之。然宜從俗葬埋，恐執泥者妄生議論。實則燒之為易泯滅。過七七日燒彌妥。葬之年辰久，或致骨骸暴露耳。

[제205칙] 임종시 해야 할 세 가지 중요한 일

세상에서 가장 참혹한 것으로 죽음보다 더한 것이 없을 뿐만 아니라, 그 누구도 운 좋게 죽음을 면할 수 있는 사람은 없다. 그래서 자신을 이롭게 하고 남을 이롭게 하려는 마음이 있는 사람은 빨리 헤아려 생각하지 않으면 안 된다. 사실 죽을 「사死」 자는 원래 가명으로, 과거 생의 업으로 감득한 과보가 다하여 이 몸을 버리고 다른 종류의 몸을 받는 것일 뿐이다. 불법을 모르는 사람들은 정말 어찌할 방도를 몰라 단지 지은 업에 따라 유전할 뿐이다. 이제 여래께서 중생을 널리 제도하시는 정토법문을 들었으니, 마땅히 믿음과 발원으로 염불하여 왕생할 자량資糧을 미리 마련하고, 생사윤회의 환幻 같은 괴로움을 면하길 기대하며 열반하여 영원히 머무는 진실한 즐거움을 증득하여야 한다.

世間最可慘者，莫甚於死。而且舉世之人，無一能倖免者。以故有心欲自利利人者，不可不早為之計慮也。實則死之一字，原是假名。以宿生所感一期之報盡，故捨此身軀，復受別種身軀耳。不知佛法者，直是無法可設，只可任彼隨業流轉。今既得聞如來普度衆生之淨土法門，固當信願念佛，預備往生資糧，以期免生死輪迴之幻苦，證涅槃常住之眞樂。

부모 · 형제 및 여러 권속들 중에서 만약 중병에 걸려 낫기 어렵게 된 사람이 있으면 마땅히 효순과 자비의 마음을 내어서 그에게 염불하여 서방극락에 태어나길 구하라 권유하고, 아울러 조념助念해야 한다. 이로써 병자가 죽음을 마치고 정토에 태어나게 한다면 그 이익을 어떻게 말로 표현할 수 있겠는가? 지금 열거할 세 가지 중요한 일은 임종을 맞이하는 사람이 왕생을 성취하는 근거로 말이 비록 거칠지라도 뜻은 불경을 바탕으로 한 것이니, 이 인연을 만난 사람은 빠짐없이 실행해 주시기 바란다.

其有父母兄弟及諸眷屬，若得重病勢難痊愈者，宜發孝順慈悲之心，勸彼念佛求生西方，並為助念。俾病者由此死已，即生淨土。其為利益，何能名焉。今列三要，以為成就臨終人往生之據。語雖鄙俚，意本佛經。遇此因緣，悉舉行焉。

세 가지 중요한 일은 다음과 같다. 첫째, 병자에 맞게 일깨워주고 위로하여, 바른 믿음이 생기도록 한다. 둘째, 조념하는 사람은 반을 나누어 바꾸어 가며 염불하여, 병자가 정념을 이어가도록 돕는다. 셋째, 절대 망자를 옮기거나 움직이지 말고 흐느끼며 울지 않도록 경계하여, 일을 망치는 일이 없도록 막아야 한다.

言三要者，第一，善巧開導安慰，令生正信。第二，大家換班念佛以助淨念。第三，切戒搬動哭泣，以防誤事。

만일 이 세 가지 법에 따라 그대로 행하면 틀림없이 과거 생에 지은 업(宿業)을 없애고, 정업淨業의 인因이 늘어나 부처님께서 접인하심을 입고 서방극락에 왕생할 수 있다. 왕생하면 범부를 뛰어넘어 성인의 흐름에 들어가 생사를 요탈하고, 정진 수행하여 반드시 불과를 원만히 이룰 것이다. 이런 이익은 전부 육친권속들이 조념한 힘에 의지한다. 이렇게 행할 수 있으면 부모님께는 진실한 효도가 되고, 형제자매에게는 진실한 우애가 되며, 자식에게는 진실한 사랑이 되고, 친구나 다른 사람에게는 진실한 의리나 진실한 은혜가 된다. 이처럼 자신에게는 정업의 인을 기르고, 동수에게는 믿고 따름을 일깨워 오래도록 지속하면 어찌 서로 배우면서 염불하는 풍조를 만드는 것이 어렵겠는가? 이제 하나하나씩 설명하는 것은 어떻게든 임종시에 이르러 어찌할 바를 몰라 하지 않도록 하기 위해서이다.

果能依此三法以行，決定可以消除宿業，增長淨因。蒙佛接引，往生西方。一得往生，則超凡入聖，了生脫死，漸漸進修，必至圓成佛果而後已。如此利益，全仗眷屬助念之力。能如是行，于父母，則為眞孝。于兄弟、姊妹，則為眞弟。於兒女，則為眞慈。于朋友，于平人，則為眞義眞惠。以此培自己之淨因，啟同人之信向。久而久之，何難相習成風乎哉。今為一一條陳，庶不至臨時無所適從耳。

첫째, 병자를 선교방편善巧方便으로 일깨워주고 위로하여, 바른 믿음(正信)이 생기도록 한다.

○第一、善巧開導安慰令生正信者。

부디 병자가 일체를 내려놓고 일심으로 염불하도록 권하라. 만일 인계해야 할 일이 있으면 빨리 인계하도록 하고, 인계한 후에는 그 일을 상관하지 말고 곧바로「나는 지금 부처님을 따라 불국토에 왕생하겠다. 이 세상의 모든 재산과 즐거움, 육친권속, 갖가지 육진경계(塵境)는 모두 장애가 되고 재앙과 손해를 받게 하는 것이다. 그래서 일념에도 연모하는 마음을 내지 않겠다」고 생각해야 한다.

切勸病人，放下一切，一心念佛。如有應交代事，速令交代。交代後，便置之度外。即作我今將隨佛往生佛國，世間所有富樂眷屬、種種塵境，皆為障礙，致受禍害，以故不應生一念繫戀之心。

모름지기 자신의 일념 진성眞性에는 본래 죽음이란 없는 것이고, 죽음이라 함은 이 몸을 버리고 다른 몸을 받는 것일 뿐이라 알아야 한다. 만약 염불하지 않으면 선업과 악업의 힘에 따라 선도와 악도에 다시 태어나게 된다. 선도란 인간 세상과 천상이고, 악도란 축생 아귀 지옥이다. 수라는 선도이기도 하고 악도이기도 하니, 저 닦은 인因과 감득한 과果가 나란히 선과 악이 뒤섞여 있기 때문이다.

須知自己一念眞性，本無有死。所言死者，乃捨此身而又受別種之身耳。若不念佛，則隨善惡業力，復受生於善惡道中。善道，即人、天。惡道，即畜生、餓鬼、地獄。修羅，則亦名善道，亦名惡道，以彼修因感果，均皆善惡夾雜故也。

명종命終에 임할 때 일심으로「나무아미타불」부처님 명호를 염하면 이 지성으로 염불하는 마음으로써 반드시 감응하여 부처님께서 크게 자비심을 발하고 몸소 손을 드리워 접인하여 왕생하게 한다.

若當臨命終時，一心念南無阿彌陀佛，以此志誠念佛之心，必定感佛大發慈悲，親垂接引，令得往生。

또한「나는 업력에 매인 범부인데 어찌 잠깐 염불한 것을 가지고 생사를 벗어나 서방극락 정토에 왕생할 수 있겠는가?」의심하지 말라. 부처님께서는 대자비심에 십악十惡·오역五逆의 지극히 무거운 죄를 지은 사람도 임종시 지옥의 모습이 이미 나타났을지라도 만약 선지식이 염불을 가르쳐 혹 열 번 소리내어 염하거나 혹 한 번만 소리내어 염불해도 또한 부처님께서 접인하심을 입어 서방극락에 왕생함을 알아야 한다. 이런 사람도 이처럼 몇 마디 염불하여 왕생하거늘 어찌 업력이 무겁고 염불 횟수가 적다고 해서 의심을 낼 것인가?

且莫疑我係業力凡夫，何能以少時念佛，便可出離生死，往生西方。當知佛大慈悲，即十惡五逆之極重罪人，臨終地獄之相已現，若有善知識教以念佛，或念十聲，或止一聲，亦得蒙佛接引，往生西方。此種人念此幾句，尚得往生。又何得以業力重，念佛數少，而生疑乎。

모름지기 우리가 본래 갖추고 있는 진성眞性과 부처님은 둘이 아니지만, 미혹과 업장이 깊고 무거워 받아쓸 수 없음을 알아야 한다. 이제 이미 부처님께 귀명하였음은 아들이 아버지에게 나아가듯이 곧 나의 본래 존재하는 고향 집으로 돌아가는 것이거늘, 어찌 분에 넘치는 일이라 하겠는가?

須知吾人本具眞性，與佛無二。但以惑業深重，不得受用。今既歸命於佛，如子就父，乃是還我本有家鄕，豈是分外之事。

또 부처님께서는 옛적에 발원하시길, "시방세계 중생이 저의 명호를 듣고서 지극한 마음으로 믿고 좋아하여 … 내지 십념에 저의 국토에 태어나지 못한다면 정각을 성취하지 않겠나이다." 하셨다. 그래서 일체중생은 임종시 지성심을 발하고 염불하며 서방극락에 태어나길 구하면 손을 드리워 접인하지 않는 사람이 한 사람도 없을 것이다.

又佛昔發願，若有衆生，聞我名號，志心信樂，乃至十念，若不生者，不取正覺。以故一切衆生，臨終發志誠心，念佛求生西方者，無一不垂慈接引也。

절대로 의심해서는 안 되니, 의심은 곧 자신을 그르치는 것으로 그 재앙이 적지 않다. 하물며 이 사바세계 고해를 떠나 저 극락세계에 태어남은 지극히 마음에 드는 일이니 마땅히 환희심을 내야지 절대 죽음을 두려워해서는 안 된다. 죽음을 두려워한다고 해서 죽지 않을 수 있는 것이 아니고 오히려 서방극락에 태어나는 연분이 없게 된다. 자심自心과 부처님과 서로 어긋나는 까닭에 부처님께서 비록 대자비심을 갖고 계실지라도 또한 부처님의 가르침에 의지하지 않는 중생은 어찌할 수가 없다.

千萬不可懷疑。懷疑即是自誤。其禍非小。況離此苦世界，生彼樂世界，是至極快意之事，當生歡喜心。千萬不可怕死，怕死則仍不能不死，反致了無生西之分矣。以自心與佛相違反故。佛雖具大慈悲，亦無奈不依佛教之衆生何。

「아미타불」 온갖 덕을 갖춘 위대한 명호(萬德洪名)는 마치 큰 용광로와 같고, 우리가 이전에 수많은 생을 살며 지은 죄업은 마치 공중에 흩날리는 한 조각 눈에 지나지 않기에 업력에 매인 범부라 할지라도 염불한 까닭에 마치 용광로에 떨어진 한 조각 눈처럼 바로 사라져 찾을 수 없다. 게다가 업력이 사라지면 모든 선근이 저절로 늘어나 수승하거늘 왕생할 수 있을까, 부처님께서 와서 접인하실까, 어찌 그것에 대해 의심할 수 있겠는가? 이처럼 이리저리 상세하게 설명해 일깨워주고 위로해주면 병자에게 저절로 바르게 믿는 마음이 생길 수 있으니, 이것이 병자를 위해 일깨워주는 것이다. 자신이 효도를 다하고 정성을 다해야 하는 것도 마찬가지로 오직 이것에 있다.

阿彌陀佛萬德洪名，如大冶洪爐。吾人多生罪業，如空中片雪。業力凡夫，由念佛故，業便消滅。如片雪近於洪爐，即便了不可得。又況業力既消，所有善根，自然增長殊勝。又何可疑其不得生，與佛不來接引乎。如此委曲宛轉開導安慰，病人自可生正信心。此係為病人所開導者。至於自己所應盡孝致誠者，亦唯在此。

[세속의 정에 따라 신에게 구한다든지 의사에게 진찰을 받는다든지 하는데, 이는 절대로 해서는 안 된다. 천 명이 막 다하려고 하는데, 귀신과 의약품으로 어찌 죽지 않게 할 수 있겠는가? 이런 무익한 일에 정을 들이면 염불하는 일에 그 간절한 정성이 분산되어 부처님과 감응이 통하지 않게 된다.

수많은 사람들이 부모님이 명종命終에 임하여 재물을 아끼지 않고 수많은 의사를 불러 진료하도록 하는데, 이는 효심을 파는 행동으로 세상 사람들이 내가 부모님께 효도를 다한다고 칭찬하기를 바라는 것으로, 천지 귀신들이 그 마음을 자세히 들여다보고 있음을 모르는 것이다. 그래서 무릇 부모님 장례 등과 같은 일에 지나치게 신경을 쓰면 천재天災가 있지 않다고 하더라고 반드시 인화人禍가 있게 마련이다.

자식 된 사람은 마땅히 부모님의 신식(神識; 영혼)이 알맞은 자리를 얻는 것을 중시해야지, 세상 사람들에게 칭송을 받는 것은 당연히 눈 밝은 이들에게는 한바탕 웃음거리도 못 되거늘, 하물며 온갖 궁리를 다해 얻으려고 하는 것은 실로 불효라는 큰 허물을 만나는 것이 아니겠는가?]

둘째, 조념하는 사람은 반을 나누어 바꾸어 가며 염불하여, 병자를 도와 정념淨念을 이어가도록 한다.

〇第二、大家換班念佛以助淨念者。

앞에서 이미 병자에게 바른 믿음이 생기도록 일깨웠으나 저 병자는 심약하다. 평소 염불을 전혀 하지 않았던 사람은 염불을 오래 이어가기 어렵고, 이전에 줄곧 염불을 해오던 사람이라도 죽음에 이르면 전부 다른 사람의 도움에 의지해야 비로소 염불하는 힘을 얻게 된다. 그래서 집안 육친권속들은 함께 효순·자비의 마음을 내어서 그를 위해 부처님 명호를 조념해야 한다.

前已開導病人，令生正信。然彼病人，心力孱弱。勿道平素絕不念佛之人，不易相繼長念。即向來以念佛為事者，至此亦全仗他人相助，方能得力。以故家中眷屬，同應發孝順慈悲之心，為其助念佛號。

만일 병자가 아직 마지막 순간에 이르지 않았으면 반을 나누어 염불하여야 한다. 반은 3개 반으로 나누고, 반마다 인원수는 몇 사람으로 한정하여야 한다. 한 반에 몇 명씩 정해 3반으로 나누어야 한다. 1반이 소리내어 염불하면 2·3반은 마음속으로 지념持念하는 식으로 각각 1시간 동안 염불하고, 2반이 다시 이어서 소리내어 염불하면 1·3반이 마음속으로 지념한다. 작은 일이 생기면 소리내지 않고 지념할 때 처리하고, 당번이 되면 단연코 자리를 떠서는 안 된다. 2반이 염불을 마치면 3반이 이어서 염불하고, 끝나면 다시 시작하는데 1시간 염불하고 2시간 쉬어서 설사 밤낮 이어서 염불해도 그렇게 힘들지 않다.

若病尚未至將終，當分班念。應分三班，每班限定幾人。頭班出聲念，二三班默持。念一點鐘，二班接念，頭班三班默持。若有小事，當于默持時辦。值班時，斷斷不可走去。二班念畢，三班接念。終而復始。念一點鐘，歇兩點鐘。縱經晝夜，亦不甚辛苦。

모름지기 다른 사람이 정념을 이어가 왕생하도록 기꺼이 돕는다면 나 또한 다른 사람이 조념해 주는 과보를 얻음을 알아야 한다. 게다가 부모님께 효도를 다하기 위해서 이와 같이 해야 한다고 말하지 말라. 설사 보통 사람을 위할지라도 또한 자신의 복전을 일구고 자신의 선근을 기르니, 실로 자신을 이롭게 하는 도이지 단지 남을 위한 것이 아니다.

須知肯助人淨念往生，亦得人助念之報。且莫說是為父母盡孝應如是。即為平人，亦培自己福田，長自己善根，實為自利之道，不徒為人而已。

조념염불로 한 사람을 정토에 왕생시킴은 바로 한 중생을 부처가 되게 함이니, 이런 공덕을 어찌 생각으로 헤아릴 수 있겠는가?

成就一人往生淨土，即是成就一衆生作佛。此等功德，何可思議。

세 반이 서로 이어가 염불소리가 끊어지지 않는다면, 병자가 염불할 힘이 있으면 그 소리를 따라 작은 소리로 염불할 것이고, 염불할 수 없으면 귀를 기울여 자세히 듣고 마음에 딴 생각이 없으면 저절로 부처님과 상응하게 된다!

三班相續，佛聲不斷。病人力能念，則隨之小聲念。不能念，則攝耳諦聽心無二念，自可與佛相應矣。

염불소리는 너무 높아도 안 되니, 너무 높으면 기가 상해 오래 지념하기 어렵다. 너무 낮아도 안 되니, 병자가 또렷하게 들을 수 없게 된다. 너무 빨라도 안 되고 너무 느려도 안 된다. 너무 빠르면 병자가 따라할 수 없고 또한 또렷하게 듣기 어렵다. 너무 느리면 숨이 넘어가서 또한 이익을 얻기 어렵다. 모름지기 높지도 낮지도 않게 하고, 느리지도 빠르지도 않게 하여, 한 자 한 자 분명하게 한 마디 한 마디 뚜렷하게 하여 병자로 하여금 한 자 한 자 분명하게 귀에 들어가 마음에 두도록 하면 곧 쉽게 염불할 수 있는 힘을 얻을 수 있다.

念佛聲不可太高，高則傷氣，難以持久。亦不可太低，以致病人聽不明白。不可太快，亦不可太慢。太快，則病人不能隨，即聽亦難明瞭。太慢，則氣接不上，亦難得益。須不高不低，不緩不急，字字分明，句句清楚。令病者字字句句，入耳經心，斯易得力。

염불할 때 법기는 오로지 인경만 쓰고 다른 것은 일체 쓰지 않는다. 인경소리는 맑아 듣는 사람의 마음자리를 청정하게 한다. 목어소리는 탁하여 임종조념에 쓰지 않는다.

念佛法器，唯用引磬。其他一切，概不宜用。引磬聲淸，聽之令人心地淸淨。木魚聲濁，故不宜用於臨終助念。

또한 마땅히 「아미타불」 넉자 부처님 명호를 염해야 한다. 처음 염할 때는 「나무아미타불」 육자를 몇 마디 염하고, 이후는 「아미타불」 넉자를 전념하고 「나무」는 염하지 않는다. 글자 수가 적으면 염불하기 쉽기 때문이다. 병자가 염불을 따라 하거나 마음을 거두어 들을 때 모두 병자의 심력心力을 살펴야 한다.

又宜念四字佛號。初起時，念幾句六字。以後專念阿彌陀佛四字，不念南無。以字少易念，病人或隨之念，或攝心聽，皆省心力。

집안의 육친권속이 이렇게 염불하고 밖에서 불러온 선우들도 또한 이렇게 염불한다. 인원수가 많든 적든 이렇게 염불하되, 모두 함께 염불하고 잠시 쉬었다가 또 염불하는 식으로 해서 병자로 하여금 불념佛念이 끊어지게 해서는 안 된다. 밥 먹을 시간이 되면 반을 바꾸어 먹어서 염불소리가 끊어져서는 안 된다. 만일 병자가 숨이 끊어지려고 하면 세 반이 모두 함께 숨이 거둔 이후까지 줄곧 염불해야 하고, 또한 다시 세 반이 함께 3시간을 더 염불해야 한다. 그런 후에 잠시 쉬고 정리하고 안치하는 등의 일을 처리해야 한다.

家中眷屬如此念，外請善友亦如此念，人多人少均如此念。不可一起念，歇歇又念，致令病人，佛念間斷。若值飯時，當換班吃，勿斷佛聲。若病人將欲斷氣，宜三班同念，直至氣斷以後，又復分班念三點鐘，然後歇氣，以便料理安置等事。

염불할 때는 친한 벗들이 와서 병자 앞에서 안부를 묻거나 위로를 해서는 안 된다. 추도의 감정으로 보러 왔다면 마땅히 약간이라도 따라 염불하는 것이 진실한 애정이고, 병자에게 이익이 있다. 만일 세속적인 정으로 고해로 밀어 넣는다면 그 정은 비록 느낄 수 있지만, 그 일은 참으로 가슴 아픈 일이다.

當念佛時，不得令親友來病人前問訊論慰。既感情來看，當隨念佛若干時，是為眞實情愛，有益於病人。若用世間俗情，直是推人下海。其情雖可感，其事甚可痛。

이 일을 주관하는 사람이 이치에 밝아 미리 사람들에게 잘 설명하는가에 완전히 달려 있다. 인정에 끌리어 병자에게 해를 끼쳐서 마음을 분산시켜 왕생할 수 없도록 만들어서는 안 된다.

全在主事者明道理，預令人說之。免致有礙面情，及貽害病人，由分心而不得往生耳。

셋째, 절대 망자를 옮기거나 움직이지 말고 흐느껴 울지 않도록 경계하여, 일을 망치는 일이 없도록 막아야 한다.

○第三、切戒搬動哭泣以防誤事者。

병자가 막 임종하려고 할 때 바로 범부·성인·사람·귀신을 판가름하는 시기는 마치 머리카락 한 가닥으로 삼만 근이나 되는 매우 무거운 물건을 매어 두듯이 너무나 중요하고 긴박한 상황이기 때문에, 오로지 부처님 명호로써 그의 신식(영혼)을 일깨워주어야지 절대로 씻거나 옷을 바꿔 입히거나 앓아누운 병상을 옮겨서는 안 된다.

病人將終之時，正是凡聖人鬼分判之際。一髮千鈞，要緊之極。只可以佛號開導彼之神識。斷斷不可洗澡換衣，或移寢處。

병자가 어떻게 앉든지 누워있든지 그대로 내버려두고 병자의 몸짓에 따를 뿐 조금도 옮겨서는 안 되고, 또한 그를 마주하고서 슬퍼하는 모습을 보이거나 흐느껴 울어서는 안 된다. 이때는 몸을 스스로 가눌 수가 없기 때문에 한 번 움직이면 손발이나 몸뚱이가 모두 구부러지고 꺾이며 비틀리는 종류의 고통을 겪는다. 고통을 느끼면 성내는 마음이 생겨 불념佛念이 멈추게 되고 성내는 마음에 따라가 대부분 독을 지닌 부류에 떨어지게 되니, 더할 나위 없이 두렵다.

任彼如何坐臥，只可順彼之勢。不可稍有移動，亦不可對之生悲感相，或至哭泣。以此時身不自主，一動則手足身體，均受拗折扭列之痛。痛則瞋心生，而佛念息。隨瞋心去，多墮毒類，可怖之至。

만일 비통해 하며 흐느껴 우는 모습을 보면 애정이 생겨 불념佛念이 곧 멈추기 때문에 애정을 갖는 마음을 따라가 세세생생 해탈을 얻지 못하게 된다. 이때 가장 이로운 것은 일심으로 염불하는 것보다 더 나은 것이 없고 가장 해로운 것은 망령되이 병자를 움직이거나 흐느껴 우는 것보다 더한 것은 없다. 만일 망녕되이 움직이거나 흐느껴 울면 성내며 원망하는 마음이나 애정을 갖는 마음이 생기게 되어 서방극락에 태어나고자 하는 생각이 아주 사라져버린다.

若見悲痛哭泣，則情愛心生，佛念便息矣。隨情愛心去，以致生生世世，不得解脫。此時，所最得益者，莫過於一心念佛。所最貽害者，莫過於妄動哭泣。若或妄動哭泣，致生瞋恨及情愛心，則欲生西方，萬無有一矣。

또 사람이 막 죽으려고 하면 따뜻한 기운이 아래서 위로 올라가면 선도善道에 태어나는 모습이고, 위에서 아래로 내려가면 악도惡道에 떨어지는 모습이다. 그래서「정수리에 따뜻한 기운이 있으면 성인으로 태어나고, 눈에 있으면 천도에 태어나고, 사람은 심장, 아귀는 배, 짐승은 무릎에서 기운이 떠나고, 지옥으로 떨어지는 사람은 발바닥으로 기운이 나간다」는 말이 있다.

又人之將死，熱氣自下至上者，為超升相。自上至下者，為墮落相。故有頂聖、眼天生，人心、餓鬼腹，畜生膝蓋離，地獄腳板出之說。

그러나 여러분이 지성으로 조념을 해주면 저절로 서방극락으로 바로 왕생하니, 부디 자주 살펴봐서는 안 된다. 신식(영혼)이 아직 떠나지 않아서 혹 자극을 받아 급격하게 움직여 마음에서 번뇌와 고통이 생겨나면 왕생할 수 없게 된다. 이런 죄과는 실로 무량무변하다. 원컨대 여러 친한 벗들께서는 각자 간절하게 염불하여 따뜻한 기운이 어디에 있는지, 나중에 어디에서 식는지 살필 필요가 없길 바란다. 자식된 도리를 하는 사람은 이런 일에 주의함이 진실로 효도하는 것이다.

然果大家至誠助念，自可直下往生西方。切不可屢屢探之，以致神識未離，因此或有刺激，心生煩痛，致不得往生。此之罪過，實為無量無邊。願諸親友，各各懇切念佛，不須探彼熱氣後冷於何處也。為人子者，於此留心，乃為眞孝。

만일 세간의 갖가지 세속적인 정에 따라 일을 처리하면 즉시 부모님을 거리낌 없이 고해로 밀어 넣는 것이며, 아무 것도 모르는 일반 사람들을 초대하여 군중이 그를 칭찬하는 것으로 효도를 다할 수 있다면, 그 효도란 나찰녀의 사랑과 꼭 같다. 경전에 이르시길, "나찰녀가 사람을 잡아먹으며 말하길,「나는 너를 사랑한다. 그래서 너를 잡아먹는다」" 하셨다. 저 아무것도 모르는 사람은 효를 이렇게 행한다! 부모님께서 즐거움을 잃고 괴로움을 얻게 한다면 그것은 나찰녀의 사랑과 똑같지 않겠는가?

若依世間種種俗情，即是不惜推親以下苦海。為邀一般無知無識者，群相稱讚其能盡孝也。此孝與羅剎女之愛正同。經云：羅剎女食人。曰我愛汝，故食汝。彼無知之人之行孝也，令親失樂而得苦，豈不與羅剎女之愛人相同乎。

제가 이 말씀을 드린 것은 인정머리가 없다는 뜻이 아니고, 사람들마다 각자 실질적인 방법을 강구하여 망자는 왕생을 기약하고, 살아 있는 사람은 복을 얻어 효성 깊고 슬기로운 자손들의 일편단심 혈육에 대한 정성을 이루라는 말이다. 저도 모르는 사이에 말이 좀 격해진 것 같지만, 진실로 부모님을 사랑하는 분이라면 반드시 양해해 주실 수 있을 것이다.

吾作此語，非不近人情，欲人各於實際上講求，必期亡者往生，存者得福，以遂孝子賢孫親愛之一片血誠，不覺其言之有似激烈也。眞愛親者，必能諒之。

吾人一擧一動 天地鬼神
諸佛菩薩 無不悉知悉見

만약 조금이라도 (색욕 등) 삿된 생각이 생긴다면
우리의 일거일동을 천지의 귀신, 제불보살이
모두 알고 보지 않음이 없다고 생각하여야 한다.
사람 앞에서 감히 온갖 나쁜 짓을 저지르지 못하거늘,
하물며 불보살께서 삼엄한 곳에서
감히 그릇되고 비천한 생각을 간직하고,
그릇되고 비천한 일을 행하겠는가?
-인광대사 문초청화록

[제5과]

마음이 정성스러우면 영험하다 (心誠則靈)

[이끄는 말]

우리는 늘 "(각자의) 마음이 정성스러우면 영험하다(心誠則靈)." 말한다. 신앙의 경우 특히 이와 같으니, 신앙을 유지하는 기초는 마음의 정성에 있으며, 그것은 바로 진성眞誠과 공경이다.

[제206칙] 진성과 공경은 모든 수행법문의 기초이다.

수행으로 도에 들어가는 방도는 매우 많지만, 각자의 취향을 따라갈 뿐 일정한 법칙은 전혀 없다. 일정한 법칙이 있다고 말하면 그것은 바로 「진성眞誠」과 「공경」이다. 이 두 가지는 곧 미래제가 다하도록 일체 제불께서 세상에 출현하실지라도 모두 바뀔 수 없거늘 하물며 우리는 넓고 많은 범부(博地凡夫)[123]로서 업력을 단박에 없애 버리고 속히 무생법인無生法忍[124]을 증득하고자 한다면 진성과 공경에 힘쓰지 않음에랴. 비유컨대 수목이 뿌리가 없는데 무성하게 자라고 싶고, 새가 날개가 없는데 날고 싶다면 이것이 가능하겠는가?

入道多門，唯人志趣，了無一定之法。其一定者，曰誠，曰恭敬。此二事，雖盡未來際諸佛出世，皆不能易也。而吾人以博地凡夫，欲頓消業累，速證無生，不致力於此，譬如木無根而欲茂，鳥無翼而欲飛，其可得乎。

[제207칙] **정토법문은 색다른 것이 없으니 단지 간절하고 정성을 다할 수 있으면 왕생하지 못함이 없다**

염불법문은 가장 간단하고 가장 쉽고 가장 광대한 법문이다. 반드시 간절하고 지성志誠이 절정에 이르러야 (인광대사께서 적멸을 보이시던 날 저녁에 진달眞達스님 등에게 이르시길, "정토법문

123) 「박」은 넓고 많다는 뜻이다. 하열한 범부의 지위는 넓고 많다.

124) 일체법의 불생불멸을 진정으로 증득함으로써 곧 마음이 불생불멸의 이치상에 안온히 머무는 것이다. 세간 일체는 모두 생멸하는 허망의 상이다. 무생無生이란 허망의 생이 없다는 뜻이다. 이미 생이 없거늘 어떻게 멸이 있겠는가? 불생불멸은 구경실상이다.

은 색다른 것이 없다. 단지 간절하고 지성을 다하기만 하면 부처님의 접인을 입어 업을 지닌 채 왕생하지 못하는 이가 없다."[《영사집永思集》 참조]) 감응도교感應道交 할 수 있고, 이번 생에 몸소 진실한 이익을 얻는다. 만약 게으르고 조금도 경외심이 없다면 비록 성불의 아득히 먼 인을 심지만 모욕하고 경멸하는 죄과이고, 현재와 멀지 않은 장래에 상상할 수조차 없는 악과가 있다. 나는 늘 불법의 진실한 이익을 얻으려면 반드시 공경 속을 향해 구해야 한다고 말한다. 일분의 공경이 있다면 일분의 죄업을 없애고 일분의 복덕지혜가 늘어날 것이다. 만약 공경이 없고 모욕하고 경멸한다면 죄업이 늘어날 수록 복덕과 지혜는 줄어든다.

念佛一法，乃至簡至易，至廣至大之法。必須懇切志誠之極，印大師示寂之晚，語眞達師等云：淨土法門，別無奇特，但要懇切至誠，無不蒙佛接引，帶業往生。見永思集。方能感應道交，即生親獲實益。若懶惰懈怠，毫無敬畏，雖種遠因，而褻慢之罪，有不堪設想者。余常謂，欲得佛法實益，須向恭敬中求。有一分恭敬，則消一分罪業，增一分福慧。有十分恭敬，則消十分罪業，增十分福慧。若無恭敬而致褻慢，則罪業愈增，而福慧愈減矣。(正) 復鄧伯誠書一

[보충] 제88칙 [보충]「무엇을 지심至心이라 하는가? 지심의 표준은 무엇인가?」 참조

[역주] 지성을 다하고 간절한 마음은 천태종 육즉불六即佛의 계위차제에 따르면 하나하나 판별할 수 있다. 이 "지심至心" 일행에 따라 "일행구품一行九品"을 논할 수 있다. 누구나 자신에게 지심至心이 있다고 말할 수 있지만, 진실한 공부가 어떠한가는 입에 발린 말에 있는 것이 아니라 실증에 있다. 그렇지 않으면 대부분 성자가 넘쳐나 대망어죄를 지을 것이다.

결정코 왕생하는 지심至心은 《관경묘종초觀經妙宗鈔》에 따르면 십육관에서 제3관 지상관에서 이루어짐을 알 수 있다. 그 계위는 관행위 초품으로 세존께서 이 사람은 임종시에 결정코 왕생한다고 직접 수기를 주신다. 제2관을 이룰 때는 세존께서는 수기를 주시지 않는다. 그래서 결정코 왕생하는 여부는 각자의 수행공부와 밀접한 관계가 있다.

지심至心의 계위는 육즉六即에 따라 말하면 명자위名字位 지심至心 · 관행위觀行位 지심至心 · 상사위相似位 분증위分證位 지심至心 및 구경원만究竟圓滿 지심至心이 있다. 명자위 후심 염불인은 염불할 때 겸해서 아미타부처님 타력의 명훈가피로 증상을 얻어 관행위 초품에 들어갈 수 있는 까닭에 이 계위의 사람도 또한 임종시 결정코 왕생한다.

명자위 초심 염불인의 경우 비록 지성심至誠心이 있다고 말할지라도 그 마음으로는 미혹을 조복할 수 없고 나중에 역연逆緣이나 악경惡境을 만나면 미혹을 일으켜 업을 지을 수 있다. 또한 초심의 산란한 염불인의 경우 비록 지심으로 염불할지라도 산선散善을 닦아서 정업定業을 없애기 어려우니, 임종시의 선종善終 여부는 도중에 정업이 현전하여 횡사를 만나는지 여부가 모두 일정하지 않아 임종시 왕생은 한결같지 않다. 명자위 초심은 비록 왕생이 일정하지 않지만 왕생할 수 없다는 뜻이 아니니, 간절하고 지성을 다하는 자는 반드시 염불정진으로 보리정도에 수순하여 닦고, 게다가 임종시 간절히 참회하고 지성으로 염불하여 죄를 멸하면

결정코 왕생할 수 있다.

[제208칙] **갖가지 수지는 모두 진성과 공경을 위주로 삼아야 한다**

예불·송경, 지계·염불 등 갖가지 수지는 모두 마땅히 진성과 공경을 위주로 삼아야 한다. 진성과 공경이 절정에 이르면 경에서 말씀하신 공덕은 설사 우리가 범부의 지위에서 여전히 원만하게 전부 획득할 수 없을지라도 얻은 것은 이미 불가사의하다. 진성과 공경이 없다면 배우가 공연하듯이 그가 연기하는 고락과 비탄은 전부 가짜로 진실한 것이 아니다. 그래서 진성과 공경이 없이 불법을 수지하면 설령 공덕이 있을지라도 인천의 어리석은 복덕에 불과할 뿐이라 말한다. 이정도 어리석은 복덕에 의지하면 장래에 반드시 미혹과 전도에 빠져 제멋대로 악을 짓게 되니, 그러면 장래의 고통은 어디에 끝마칠 기약이 있겠는가?

禮誦持念，種種修持，皆當以誠敬為主。誠敬若極，經中所說功德，縱在凡夫地不能圓得，而其所得，亦已難思難議。若無誠敬，則與唱戲相同。其苦樂悲歡，皆屬假妝，不由中出。縱有功德，亦不過人天癡福而已。而此癡福，必倚之以造惡業，其將來之苦，何有了期。(正) 復高邵麟書二

[제209칙] **나는 줄곧 인연있는 사람들에게 진성과 공경을 간곡히 말한다!**

진성과 공경, 이 두 마디 말은 온 세상 사람들이 모두 알고 있지만, 이 속에 담긴 이치를 누가 진정으로 알겠는가? 나 자신은 죄업이 깊고 무거워서 언제나 죄업을 없애어 부처님 은혜를 갚을 수 있길 기대하였다. 이에 나는 언제나 고승대덕들의 행지와 (마음속으로 체험한) 훌륭한 본보기로부터 이치를 탐구하였더니, 「진성」과 「공경」이 실로 범부를 뛰어넘어 성인의 흐름에 들어가고, 생사를 요탈하는 지극히 미묘한 비결임을 마침내 깨달았다! 그래서 나는 줄곧 인연있는 사람들에게 진성과 공경을 간곡히 말한다!

曰誠，曰恭敬，此語舉世咸知，此道舉世咸昧。印光由罪業深重，企消除罪業，以報佛恩，每尋求古德之修持懿範，由是而知誠與恭敬，實為超凡入聖了生脫死之極妙祕訣。故常與有緣者諄諄言之。(正) 復永嘉某居士書五

[제210칙] **흙과 나무 등으로 만든 불상을 진신불로 보아야만 진실한 이익을 얻을 것이다**

석가모니부처님께서 멸도하신 후 존재하는 것은 오직 경전과 불상뿐이었다. 흙과 나무,

쇠와 채색 등으로 만든 불상을 진신불로 볼 수 있다면 업장을 없애고 번뇌를 깨뜨려 삼매를 증득하여 생사를 벗어날 수 있다. 그것을 흙과 나무, 쇠와 채색으로 본다면 그것은 또한 흙과 나무, 금속과 채색일 뿐이다. 흙과 나무, 쇠와 채색을 공경하지 않아도 과실은 없다. 만약 흙과 나무, 쇠와 채색 등으로 만든 불상을 모욕한다면 그 과실이 하늘에 가득하리라!

夫如來滅度，所存者唯經與像。若以土木金彩等像視作眞佛，即能滅業障而破煩惑，證三昧而出生死。若以土木金彩視之，則亦土木金彩而已。又土木金彩，褻之則無過。若以褻土木金彩之佛像，則其過彌天矣。

부처님의 경전과 조사의 어록을 독송할 때 줄곧 불조께서 현전하시어 나를 위해 직접 선설하신다고 여길지니, 감히 조금이라도 게으른 생각이 싹터서는 안 된다. 이와 같이 공경을 다할 수 있는 사람은 나는 "그 사람은 반드시 이번 생에 구품연화대에 올라 일진법계(一眞)[125]를 철저히 증득할 것"이라 말한다. 그렇지 않으면 유희법문에 불과하여 그 이익은 단지 언어문자를 많이 알고 많이 볼 뿐이다. 모든 말이 도라고 말할 수 있어도 조금도 진실로 수용할 수 없고, 단지 얻어들은 말의 재간만 있을 뿐 진실로 체득은 없다. 고인께서는 삼보의 문에서 모두 실로 진성과 공경을 간직하였다. 그것은 한가로이 그저 흘려보내는, 절실하지 않은 입에 발린 말이 아니라 진실한 공경이었다! 지금 사람들은 입으로 공경한 말 한 마디도 이야기하지 못하거늘 하물며 실제로 행지함이겠는가?

讀誦佛經祖語，直當作現前佛祖為我親宣，不敢稍萌怠忽，能如是者，我說其人必能即生高登九品，徹證一眞。否則是遊戲法門，其利益不過多知多見，說得了了，一絲不得眞實受用，乃道聽途說之能事也。古人于三寶分中，皆存實敬。不徒泛泛然口談已也。今人口尚不肯談一屈字，況實行乎。(正) 復尤惜陰書

[제211칙] 입으로 부처님 명호를 부르고, 몸으로 부처님의 발에 예배하면서 부처님을 마주하듯 진성을 다하라

매우 바쁜 사람의 경우 예불의식을 홀로 행하기가 불편하지만, 지성과 간절한 마음으로 입으로 한마디 부처님 명호를 염하고, 몸으로 부처님의 발에 예배하면서 반드시 제불보살께서 앞에 계신 듯 진성(如在之誠)을 다하여야 막대한 공덕이 있을 수 있다.

---

125) 유일한 진실한 법계는 바로 부처님의 세계이다. 일체 제불의 평등한 법신은 본래부터 생함도 멸함도 없고, 유도 아니고 공도 아니며, 명상을 여의고 안팎이 따로 없으며 유일한 진실로서 불가사의하다. 이를 일진법계라 한다.

立禮佛儀式，極忙之人，不便特立。但至誠懇切，口稱佛號，身禮佛足，必致其如在之誠則可矣。（正）復張雲雷書二

[보충] **인광대사 법문**

불경을 읽을 때는 반드시 부처님의 은혜에 감사하는 마음을 내고, 만나기 어렵다고 생각하여야 한다. 손을 깨끗하게 씻고 책상을 청결하게 하고, 마치 부처님을 마주하고 있는 듯 마치 스승을 대하고 있는 듯 공경을 주로 삼고 진성을 다하면 끝없는 이익을 저절로 직접 얻을 수 있을 것이다. 그러나 아무 거리낌 없이 제멋대로 모독하고 좁은 소견을 고집하며 망령되이 비방하면 죄과가 온 하늘에 가득하고, 고의 과보가 다함이 없을 것이다.

[제212칙] 불상을 볼 때 진신불을 생각하면 곧 진실불의 사리에 예배함과 같다

사리舍利[126]에 예배할 수 있는 기연機緣이 없고, 총림叢林으로부터 조사·대덕들의 가르침을 직접 받을(親炙)[127] 수 없으며, 또 어떤 아쉬운 점이 있는가? 단지 불상을 볼 때 진신불을 생각하고 불경과 조사어록을 볼 때 불조가 앞에 계시면서 몸소 법문하신다고 생각하면서 반드시 공경을 다하고 게으르고 부주의함이 없어야 한다. 이는 곧 종일토록 부처님을 친견하고, 종일토록 제불보살, 조사 선지식들을 모시는 것이니, 사리에 예배하지 않아도 총림에서 가르침을 받지 않아도 또한 어떤 유감스러운 점이 있겠는가?

舍利不能禮拜，叢林不能親炙，有何所欠。但能見佛像，即作眞佛想。見佛經祖語，即作佛祖面命自己想。必恭必敬，無怠無忽。則終日見佛，終日親炙諸佛菩薩祖師善知識，舍利叢林云乎哉。（正）與謝融脫書

[역주] 《금강반야바라밀다경》에서 말씀 하셨듯이 "이 경전이 있는 곳은 곧 부처님께서 계시는 것과 같다(若是經典所在之處 即為有佛)." 어떤 부처님인가? 이체理體의 법신불이자 진신불의 법신이다. 학불하는 사람 대부분은 사대 명산의 보살도량에 가서 직접 예배드리고 싶어 한다. 그러나 제불법신은 늘 계신다. 즉 일체 중생심은 유정이든 무정이든 곧 제불법신이

---

126) 범어로 사리이고 번역하면 신령한(靈) 뼈이다. 부처님과 보살, 아라한과 고승 등이 원적에 든 후 화장하면 응결하면서 사리가 생긴다. 혹 구슬 같고 혹 꽃 같다. 백색은 뼈의 사리이고 적색은 피와 살의 사리이고 흑색은 발 사리이며 잡색도 있다. 이러한 사리는 사람이 생전에 계정혜를 닦은 공덕이 결정을 이룬 것이다. 부처님의 사리는 세상에 깨뜨릴 수 있는 물질이 없고 보살 이하는 그 경도가 상응하여 감소한다.

127) 친자親炙 : 어떤 사람의 가르침 혹은 전수를 직접 받는 것을 말한다.

아님이 없다. 이러한 이치를 모르고 공덕과 이익을 추구하고 발심하여 산사를 참배해봐야 연지대사의 가르침을 듣는 것만 못하고, 천리 먼 길 가서 부처님 앞에 향불 피우고 절해봐야 집에 편안히 앉아서 염불하는 것만 못하다.

[제213칙] 일체경전 이치의 근본은 유심唯心이니, 진성과 공경으로 수지하면 자신과 타인이 모두 수승한 이익을 받을 것이다

석가모니 대각세존께서 설하신 일체 대승의 현교·밀교 경전, 그 의리의 원천은 모두 본심에서 나오고(唯心) 그 이치의 근본은 모두 실상實相에 부합한다. 이러한 불법의 이치(佛理)는 설사 전부 과거·현재·미래의 삼세를 거칠지라도 바뀌지 않고, 지옥·아귀·축생·아수라·인간·천상·성문·연각·보살·부처 이상 열 가지 법계는 반드시 공동으로 준수하여야 한다. 이러한 경전은 본원으로 회귀하고 본성을 회복하여 제불의 도사導師이고, 괴로움을 뽑아 없애고 즐거움을 베풀어 중생의 자부慈父가 된다.

大覺世尊，所說一切大乘顯密尊經，悉皆理本唯心，道符實相。歷三世而不易，舉十界以咸遵。歸元復本，為諸佛之導師。拔苦與樂，作衆生之慈父。

진성과 공경을 다하여 예배 독송 수지할 수 있으면 자신과 타인이 모두 수승한 이익을 받을 수 있을 뿐만 아니라 그윽한 곳이든 드러난 곳이든 공동으로 부처님 은혜의 자애로운 빛에 목욕하여, 마치 여의보주(如意珠)128) 같고 무진장無盡藏129) 같아 취해도 다하지 않고, 써도 다하지 않으며 마음의 현량現量을 따라 모두 원하는 바를 만족시킨다.

若能竭誠盡敬，禮誦受持。則自他俱蒙勝益，幽顯同沐恩光。猶如意珠，似無盡藏。取之不匱，用之無窮。隨心現量，悉滿所願。(正) 持經利益隨心論

[주] 실상實相의 원의는 본체·실체·진상·본성 등이지만, 파생된 뜻은 일체만법 진실불허의 체상 혹은 진실의 이법·불변의 이·진여·법성 등이다. 이는 불타께서 깨달으신 내용이다. 그 뜻은 곧 본연의 진실이다. 일여一如·실성實性·실제實際·진성眞性·열반·무위無為·

---

128) 여의주如意珠 : 구함이 있으면 반드시 그 뜻과 같이 변하는 보배구슬. 이 보배 구슬은 병을 고치고 괴로움을 제거하는 공덕이 있다. 일반적으로는 법과 부처님의 덕 및 경전의 공덕을 표징表徵함에 비유한다. 전하는 바로는 이 구슬은 용왕이나 마갈어摩竭魚의 뇌 속으로부터 나오며 불타의 사리가 변화하여 이루어지는 것이라고 한다.

129) 무진장無盡藏 : 무궁무진한 공덕을 함장한다는 뜻이다. 원뜻은 무한한 재보를 저장하는 창고를 가리켰으나 바뀌어 광대 무량한 공덕을 가리킨다.

무상無相 등은 모두 실상의 다른 이름이다. 실상은 일체 상대상相을 뛰어넘고, 일체언어의 효용을 뛰어넘는다. 왜냐하면 일체 언어는 모두 상대성性이고, 실상은 곧 절대적인 진리이다.

(실상의 본체를 해석할 때 없음……공에 치우쳐서 처음 학불하는 사람이 단멸공斷滅空으로 오해하게 해서는 안 된다. 이 실상의 체성은 유有도 아니고 공空도 아니며, 유 그대로의 공으로 한 법도 세우지 않고, 공 그대로의 유로 만법이 모두 드러나며, 사구四句를 여의고 백비百非를 끊나니, 반야가 말끔히 사라진 후에도 원교사문四門 중에 공문과 유문을 마음대로 말할 수 있다.)

[제214칙] **독경 · 염불은 성심이 같지 않아서 이익에 현격한 차이가 있다**

불법의 진실한 이익을 얻고 싶으면 반드시 십분의 성심을 다하여야 한다. 독경 · 염불의 일은 비록 표면상으로는 같지만, 실제 힘쓴 성심의 깊이와 간절함은 같지 않아서 각자가 얻는 이익에 현격한 차이가 있다. 세상사 모든 일을 함에 있어 성심을 다하여야 성공할 수 있거늘 하물며 독경과 염불과 같은 대사이겠는가? 범부의 몸으로써 생사를 요탈하여 불국토에 오르려하면 성심을 다하지 않으면 얻을 수 있겠는가?

欲得佛法實益，須辦十分誠心。持經念佛之事雖同，心之誠有淺深泛切之不同，則其利益便大相懸殊矣。世間事事，均須以誠而成。況持經念佛，欲以凡夫身，了生脫死，超登佛國，不誠而能得乎。(續) 復理聽濤書一

[제215칙] **진성과 공경을 다하여 경건하고 간절하게 수지하면 부처님의 뜻에 곧장 통할 수 있거늘 하물며 문자훈고와 그 뜻에 도달함이겠는가?**

경전을 독송하고 주문을 지념함에 있어 중요한 것은 진성에 있다. 설사 근본적으로 경전과 주문에 담긴 뜻을 모를지라도 진성과 공경을 다하여 경건하고 간절하게 수지하여 오래도록 지속할 수 있다면 저절로 악업을 없애고 지혜를 밝혀서 업장이 다하고 자심自心이 청명할 것이다. 이러면 부처님의 뜻에 곧장 통할 수 있거늘 하물며 문자의 훈고訓詁와 그 뜻에 도달함이겠는가?

持誦經咒，貴在乎誠。縱絕不知義，若能竭誠盡敬，虔懇受持，久而久之，自然業消智朗，障盡心明，尚能直達佛意，何況文字訓詁與其意致。

그렇지 않으면 설사 그 뜻을 또렷이 알지라도 지성을 다하지 않아서 범부의 정견情見으로 사량 분별하고 헤아릴 뿐이다. 경전의 진실한 이익과 진실한 감응을 얻을 길이 없다. 완전히 식심識心으로 분별하고 헤아릴 뿐이니, 이렇게 모르는 사이에 감화받아 저절로 부처님의 지혜를 통달할 수 있고, 이렇게 은밀히 저절로 미묘한 불도에 맞아 범부의 지위에서 단번에 뛰어넘어 성인의 계위에 곧장 들어가고 단박에 수승한 이익을 얻을 수 있겠는가?

否則縱能了知，由不至誠，只成凡夫情見，卜度思量而已。經之眞利益，眞感應，皆無由得。以完全是識心分別計度，何能潛通佛智，暗合道妙，一超直入，頓獲勝益也。(三) 朝暮課誦白話解釋序

[역주] 계정혜戒定慧 삼학三學에서 계로 말미암아 정이 생기고, 정으로 말미암아 혜가 열린다. 사심思心 · 추측 · 사량思量에서 얻는 것은 단지 지견知見일 뿐, 진정한 대지혜가 아니다. 주문을 지념하되, 그 뜻을 사유할 필요는 없다. 본래 주문은 마음을 거둠에 있다. 이를 통해 본원本元을 철저히 깨달아 일체법을 총섭總攝한다. 주문 단구單句의 뜻을 배운다면 주문을 지념할 때 오히려 늘 글에 따라 그 뜻을 사유하면 정定을 얻음에 장애가 된다.

[제216칙] **옷 속에 명주가 단호히 있고 불성도 존재하니, 실보토와 광적토는 본유의 고향이라**

경전에서 이르시길, "사람 몸은 얻기 어렵고 불법은 듣기 어렵다." 하셨다. 만약 숙세에 심은 불연佛緣이 아니라면 불경의 이름조차 듣지 못하거늘, 하물며 수지 독송하여 인행因行을 수습하여 과지果地를 증득할 수 있겠는가? 그러나 여래께서 설하신 교법은 실제로는 모두 중생의 즉심卽心에 본래 갖추고 있는 이체에 근거한 것이다. 중생의 심성 바깥에서는 전혀 한 법도 얻을 수 없다. 왜냐하면 중생은 미혹 속에서 이러한 이체를 또렷이 알 수 없고, 진여실상 한가운데 허황되게 망상 · 집착을 일으키기 때문이다. 이로 말미암아 탐 · 진 · 치를 일으켜 살생 · 도둑질 · 음행의 악업을 짓는다. 미혹하여 지혜를 잃어 번뇌가 되고, 상주무생常住無生의 법이 생멸生滅의 법으로 변화되니, 진점겁塵點劫의 오랜 세월이 경과하여도 (자신이 잘못된 길에 들어선 줄 모르고) 자신의 고향으로 되돌아갈 수 없다.

經云：人身難得，佛法難聞。若非宿有因緣，佛經名字，尙不能聞，況得受持讀誦，修因證果者乎。然如來所說，實依衆生卽心本具之理。於心性外，了無一法可得。但以衆生在迷，不能了知。于眞如實相之中。幻生妄想執著。由玆起貪瞋癡，造殺盜淫。迷智慧以成煩惱，卽常住而為生滅。經塵點劫，莫之能反。

다행히 여래께서 설하신 대승의 현교와 밀교 경전을 만나야 비로소 자기 옷 안에 명주明珠가 본래 존재하고, 불성이 존재하는 줄 안다. 설사 타향을 떠돌아다니며 천민이 될지라도 본래 자신은 대부大富인 장자의 진정한 자식이다. 인천 등 육도는 자기가 머물러야 할 곳이 아니고, 실보장엄토實報莊嚴土와 상적광정토常寂光淨土130)여야 자기 본유本有의 고향이다.

幸遇如來所說大乘顯密諸經，方知衣珠固在，佛性仍存。即彼客作賤人，原是長者眞子。人天六道，不是自己住處。實報寂光，乃為本有家鄉。

회상하건대, 무시광겁 이래 불타의 말씀을 듣지 못하여 비록 원래 청정한 심성을 갖추고 있을지라도 연고가 없는 까닭에 억울하게 윤회의 고통을 받으니, 진실로 대성통곡하며 울어서 그 소리가 대천세계를 울리고 마음이 조각조각 나고, 장이 토막토막 나는구나! 부처님의 은혜는 넓고 커서 이러한 은덕은 저 천지와 부모님께서 길러 주신 은혜보다 백 천만 배나 더 뛰어나라! 설사 자신을 분골쇄신할지라도 부처님의 은덕의 만에 일도 보답할 수 없다!

回思從無始來，未聞佛說。雖則具此心性，無端枉受輪迴。眞堪痛哭流涕，聲震大千。心片片裂，腸寸寸斷矣。此恩此德，過彼天地父母，奚啻百千萬倍。縱粉身碎骨，曷能報答。（正）竭誠方獲實益論

[주] **생멸生滅**

생生은 생기生起이고 멸滅은 멸진滅盡이다. 색심色心 등 일체 유위법有為法이 처음 일어남을 생이라 하고 마지막에 다함을 멸滅이라 한다. 생사生死와 같은 뜻이지만, 생사는 주로 유정有情에 대해 말하고, 생멸은 일체 유정과 무정에 널리 통한다. 생生은 인연화합에 따라 있고, 멸滅은 인연분산에 따라 없다. 생이 있고 멸이 있으면 유위법이고, 생하지도 않고 멸하지도 않으면 무위법이다. 《대반열반경》에서 설하시길, "제행무상이 생멸법이다. 생과 멸이 이미 멸하면 적멸寂滅이 낙樂이 된다." 즉 일체 유위법은 인연이 화합함에 따라 생하고, 인연이 이산離散함에 따라 멸하여 모두 무상천류無常遷流하는 법이다.

유정이든 무정이든 상관없이 생멸은 최초의 생과 최종의 멸에 국한되는 것은 아니다. 임의의 시간에 (일체 부질없는 육진과 모든 환화幻化의 상相은) 모두 "그 자리에서 생겨났다 그 자리에서 사라진다(當處出生 隨處滅盡)."그런 후에 또 "그 자리에서 생겨났다 그 자리에서 사라진다." 비록 앞뒤로 상을 드러냄에 지극히 그 상이 비슷할지라도 이 둘은 이미 다르다. 《보살처태경菩薩處胎經》에서 말씀하셨듯이 "손을 들어 손가락을 퉁기는 짧은 순간, 32억 백천의 념(지금 설법으로 바꾸면 일탄지一彈指에, 1초에 1천6백조가 생멸한다)이 있고, 염념마다 형상(색성향미의 물질)을 이루고, 형상에는 모두 식識(견문각見聞覺의 전5식과 지知의

130) 실보장엄토實報莊嚴土는 무념무생無念無生, 이일심불란理一心不亂의 대승보살이 거주하는 땅이다. 상적광토는 청정법신의 법신불이 거주하는 땅으로 법신보살 또한 분증分證한다.

제6식)이 있다. 식념識念(정신, 심법)은 지극히 미세하여 집지할 수 없다.”

세상 사람의 안 중에서 만사만물의 여러 상은 육안을 통과하여 가공된 후의 모습(相狀)이다. 고등물리를 배운 사람은 모두 일체 물질은 무수한 원자, 분자, 전자……미세입자로 조성됨을 안다. 이 입자 과학계는 계속 다시 나눌 수 있다. 입자이든 파동이든 상관없이 매번 변화할 때마다 모두 중생의 미세한 심념이 생멸한다. 물질은 제8식의 상분(相分; 객관의 형상)이다. 제6식의 거친 념은 모든 개인이 감지할 수 있지만, 제8식의 미세한 념은 오직 법신보살이라야 알아차릴 수 있다. 매번 미세한 심념이 생기할 때마다 모두 최초의 시작을 탐색할 수 없고, 물질은 매번 상이 나타날 때마다 또한 이와 같다. 그래서 “생함이 없다”고 말한다. 같은 이치로 사라짐도 사라지는 것이 없다. 그래서 “생함도 없고 멸함도 없다”고 말한다.

용수보살의 《중론》 무생게無生偈에 이르시길, “제법은 자신이 생하지도 않고, 또한 타자로부터 생겨나지도 않으며, 함께 생하지도 않고, 인이 없이 생겨나지도 않는다. 이런 까닭에 무생이라 한다(諸法不自生 亦不從他生 不共不無因 是名為無生).” 대승 원교의 불생불멸은 범부의 눈에 보이는 생멸을 가리켜 말한 것이 아니다. 생하고 멸하는 바로 지금(當下) 곧 그대로 생함도 없고 멸함도 없다. 생멸을 떠나서 달리 불생불멸이 있는 것이 아니다. 유위법을 떠나서 달리 무위법이 있는 것이 아니다.

[보충] 일체법은 과법果法을 말한다. 인연은 인因이고, 제법은 과果이다. 부처님께서는 무생법無生法을 설하셨고 부처님께서는 무생법인無生法忍을 얻었다. 무생법인은 바로 무생법에 안온히 머무는 것이다. 별교에서는 초지부터 무생법인을 얻고, 원교에서는 초주에서 무생법인을 얻는다.

어떤 사람은 먼저 제법에는 생이 있다고 가정한다. 생에는 네 가지가 있으니, 자생自生 · 타생他生 · 자타공생自他共生 · 무인생無因生이다. 자생 · 타생 · 공생은 「유인有因」으로 생함이고 뒤에서 말하는 「불무인不無因」은 무인생無因生이다. 유인有因이 모두 생하지 않거늘 무인無因이 어떻게 생하겠는가? 그래서 귀결하여 말하면, 이런 까닭에 생이 없는 줄 안다.

설사 제법이 바로 그 과법果法일지라도 자신이 생하지 않는다. 자신이 생한다고 말하면 엄마는 엄마를 낳지 자식을 낳지 않는다. 세간법에서는 말하길, 자아는 자아와 같아, 증가가 없어 생하지 않는다. 「생生」은 어떠한가? 자아가 자아와 같지 않아, 증가가 있어야 생이라 한다. 자아가 원래 자아와 같으면 생이 있겠는가?

또 다른 사람은 제법은 인연으로부터 생겨난다고 생각한다. 인연이 「타자(他)」이니, 과법을 생할 수 있다. 다른 사람은 타자가 타자에 대해 여전히 자신이라 말함을 모른다. 이미 자신이 생하지도 않거늘 타자가 어떻게 생하겠는가? 자신이 생하지도 않고, 타자가 생하지도 않으며, 함께 생하지도 않는다. 설사 타자가 생할 수 있을지라도 소가 말을 낳고, 말이 양을 낳으며, 양이 사람을 낳는 상황은 없다. 그래서 「타자」도 생하지 않는다.

세상 사람들은 희론 삼아 “남자도 낳지 못하고, 여자도 낳지 못한다. 남녀가 결혼하여 자식을 낳는다." 말한다. 그들은 이 말이 이치에 맞지 않고, 일리가 없다고 생각하지 않는다. 그러나 당신도 돈이 없고 나도 돈이 없으면 두 사람이 합쳐도 여전히 빈털터리다. 당신도 돈이 없고 나도 돈이 없으면, 두 사람이 합쳐서 돈이 생기는 일은 불가능하다.

좀 더 깊이 말하면 제법의 자성은 공하다. 남성도 공하고 여성도 공하거늘 어떻게 합치겠는가? 함께 합쳐서 생하는 것도 여전히 희론으로 진실하지 않다.

자생 · 타생 · 공생, 인연이 있어도 생하지 않거늘, 인연이 없는데 어떻게 생하겠는가? 「이런 까닭에 무생인 줄 안다」 그래서 일체법은 생함이 없는 줄 안다. 그렇다면 일체법은 무엇인가? 일체법은 과법果法이다. _《중론강기中論講記》 석혜민釋惠敏

[제217칙] 불과를 증득하여도 여전히 법을 공경함은 먼 불조를 추모하여 근본에 보답하고 은혜를 잊지 않음이다

《금강경》에서 말씀하시길, "이 경전이 있는 곳(법보)은 곧 부처님(불보)과 존중하는 제자들(승보)이 있는 것과 같으니라." 또 말씀하시길, "어느 곳이든 이 경이 있으면 일체 세간의 천 · 인 · 아수라가 마땅히 공양할 것이니라. 마땅히 알라. 이곳은 곧 부처님의 사리를 모신 탑과 같으니, 모두 마땅히 공경하고, 예배드리면서 주위를 돌고, 온갖 꽃과 향을 그곳에 뿌릴지라." 왜 《금강경》을 이렇게 존중 공양하여야 하는가? 왜냐하면 일체제불 및 제불의 아뇩다라삼보리법이 모두 이 경에서 나오기 때문이다. 모든 대승의 경전, 어느 곳이든 경전을 공경하라 가르치는 것은 하나 뿐이 아니다. 확실히 모든 대승경전은 제불의 어머니이자 보살의 어머니이고, 삼세여래의 법신사리法身舍利131)이자 구계중생의 괴로움을 벗어나는 자비의 배(慈航)이다.

金剛經云：若是經典所在之處，即為有佛，若尊重弟子。又云：在在處處，若有此經，一切世間天人阿修羅所應供養。當知此處，即為是塔。皆應恭敬，作禮圍繞，以諸華香而散其處。何以令其如此。以一切諸佛，及諸佛阿耨多羅三藐三菩提法，皆從此經出故。而諸大乘經，處處教人恭敬經典，不一而足。良以諸大乘經，乃諸佛之母，菩薩之師，三世如來之法身舍利，九界衆生之出苦慈航。

비록 이미 불과를 증득하였을지라도 여전히 법보를 공경하여야 한다. 이는 (물을 마실 때 근원을 생각하듯) 먼 불조를 추모하여 근본에 보답하고, 큰 은혜를 잊지 않는 것과 같다. 그래서 《열반경》에서 말씀하시길, "법은 제불의 어머니요 제불은 법에서 생겨난다." 하셨다. 삼세여래께서도 모두 법에 공양하거늘, 하물며 넓고 많은 범부(博地凡夫)이겠

131) 법신사리法身舍利는 부처님께서 설하신 경권經卷을 말한다. 여래께서 설하신 실상중도實相中道의 이치는 바꾸지도 않고 변하지도 않아 성性과 상相은 항상 그러한 까닭에 법신사리라 한다.

는가? 온몸이 전부 업력에 얽매여 마치 무기징역을 선고 받은 중죄인이 옥에 갇힌 것처럼 오랫동안 벗어날 수 없는데, 다행히도 숙세의 선근을 받아 불경을 보고서 죄수가 사면을 받은 것처럼 불경을 보게 되었으니 얼마나 다행스러운 일인가? 확고하게 불경의 가르침에 의지해 수행하여 이로부터 삼계를 벗어나고 영원히 생사의 감옥을 벗어날 뿐만 아니라 불타의 삼신을 증득하여 곧장 열반의 고향에 도달한다. 이러한 가없는 이익은 모두 경전을 듣는 일에서 얻을 수 있거늘 어찌 오만방자한 일체 지견에 맞기고 조금도 경외심을 갖지 않은 채, 세속의 독서인처럼 내키는 대로 경전을 독송하고, 오만한 언행거지로 모독을 일삼겠는가?

雖高證佛果，尚須敬法。類報本追遠，不忘大恩。故涅槃經云：法是佛母，佛從法生。三世如來，皆供養法。況博地凡夫，通身業力，如重囚之久羈牢獄，莫由得出。何幸承宿世之善根，得睹佛經，如囚遇赦書，慶倖無極。固將依之以長揖三界，永出生死牢獄。親證三身，直達涅槃家鄉。無邊利益，從聞經得。豈可任狂妄之知見，不存敬畏，同俗儒之讀誦，輒行褻黷。（正）同上

[제218칙] 경전을 읽는 이익은 모두 분별하지 않고 전일하게 정진 참구하는 가운데 나온다

경전을 읽는 것과 관련하여 만약 법사法師[132]가 되어 중생을 위해 강설하고 불법을 홍양하고 싶다면 먼저 경문을 보고 다음으로 역주를 보아야 한다. 그러나 정신이 넉넉하고 견해가 남보다 뛰어나지 않으면 헛수고만 하고 세월을 헛되이 보내지 않을 수 없다. 만약 자신도 한몫 몸소 독경의 실익을 얻으려면 반드시 지성심과 간절한 마음으로 신구의 삼업을 청정히 하여야 한다. 먼저 잠깐 단정히 앉아 몸과 마음을 집중하고 그런 후 부처님께 절하고 이어서 비로소 낭송을 시작한다. 혹자는 마음속으로 독송하거나 혹자는 절을 한 후 잠깐 단정히 앉아 경문을 연다. 독경할 때 반드시 몸을 단정히 하고 바로 앉아 거룩한 모습을 마주하듯 원음圓音[133]을 잘 듣고 감히 일념의 게으름도 싹트지 않아야 하고, 감히 잠시라도 일념의 분별도 일으켜서는 안 된다. 처음부터 끝까지 줄곧 읽으면서 경문이든 경의 뜻이든 상관없이 전혀 이해하지 못할지라도 오로지 공경하고 공경하여 한마음 한 뜻으로 읽어나가야 한다.

至於閱經。若欲作法師，為衆宣揚。當先閱經文，次看註疏。若非精神充足，見解過人，罔不徒勞心力，虛喪歲月。若欲隨分親得實益，必須至誠懇切，清淨三業。或先端坐少頃，凝定身心。然後

132) 법사法師는 불법을 훤히 알고 또한 중생을 인도하여 수행하게 하는 사람을 가리킨다. 직설법사作說法師, 대경법사大囧珫師이다.

133) 원음圓音은 원묘圓妙한 목소리, 즉 부처님의 목소리를 말한다. 불타께서 중생의 근기에 맞게 설한 원만한 가르침을 가리킨다.

拜佛朗誦，或止默閱，或拜佛後端坐少頃，然後開經。必須端身正坐，如對聖容，親聆圓音。不敢萌一念懈怠，不敢起一念分別。從首至尾，一直閱去，無論若文若義，一概不加理會。

이렇게 경전을 읽으면 근기가 예리한 사람은 곧 (아공과 법공, 성공과 상공의) 이공二空[134]의 이치를 깨닫고 제법실상을 증득할 수 있다. 설령 근기가 둔하고 하열할지라도 업장을 없앨 수 있고 복덕과 지혜가 늘어날 수 있다. 선종의 육조혜능대사께서는 "다만 《금강경》을 간경하기만 하면 곧 마음을 밝혀 견성할 수 있다(但看金剛經 即能明心見性)." 말씀하셨다. 즉 이와 같이 간경看經할 뿐임을 가리키니, 그래서 「단지」라 말하였다. 이와 같이 간경할 수 있으면 각각의 여러 대승경전으로도 모두 마음을 밝혀 견성할 수 있거늘 어찌 홀로 《금강경》만 그러하겠는가? 이 일구는 무슨 뜻인가? 이 단락은 무슨 뜻인가? 줄곧 분별하면 전부 범부의 정식情識과 망상에 빠져서 아무렇게나 헤아리는 것에 속하니, 어찌 부처님의 뜻에 은밀히 부합하고 경전의 종지를 원만히 증득하며, 이로 인해 업장이 사라지고 지혜 · 복덕이 늘어나겠는가?

如是閱經，利根之人，便能悟二空理，證實相法。即根機鈍劣，亦可以消除業障，增長福慧。六祖謂：但看金剛經，即能明心見性，即指如此看耳，故名曰但。能如此看，諸大乘經、皆能明心見性，豈獨金剛經為然。若一路分別，此一句是甚麼義，此一段是甚麼義，全屬凡情妄想，卜度思量，豈能冥符佛意，圓悟經旨。因茲業障消滅，福慧增崇乎。

천태지자대사께서 《법화경》을 염송하면서 「약왕보살본사품」에 이르렀을 때 확연히 대오하고 적연히 삼매에 들어 석가모니부처님의 영산회상이 아직 산회하지 않았음을 직접 보았다! 이렇게 수승한 이익이 있거늘 어찌 분별심으로 독경하며 얻을 수 있는 것이 있겠는가? 한 분 고덕께서 《법화경》을 사경함에 일심으로 전념하였더니, 망념에 물든 감정과 생각이 일시에 사라졌다. 날이 이미 어두워졌는데도 그는 알지 못하고 여전히 사경하였다. 시자가 다가와 "날이 어두워졌는데 이렇게 여전히 사경하고 계십니까?" 이렇게 환기시켜 분별심을 일으키자, 즉시 손을 내미니 다섯 손가락이 보이지 않았다. 이렇게 경전을 읽는 것은 참선하면서 화두를 간하고, 주문을 지념하며 염불하는 것과 같이 모두 반드시 전심으로 뜻을 두어야 한다. 이와 같이 힘을 써서 오래 지속하면 저절로 어느 날 확연히 관통하여 확철대오하는 큰 이익을 얻을 수 있다!

智者誦經，豁然大悟。寂爾入定，豈有分別心之所能得哉。一古德寫法華經，一心專注，遂得念極情亡。至天黑定，尚依舊寫。侍者入來，言天黑定了，只麼還寫。隨即伸手不見掌矣。如此閱經，與

134) 이공二空은 첫째, 아공我空과 법공法空이다. 아공我空은 인공人空 혹 생공生空이라 하는데, 즉 오온무아五蘊無我의 진리를 깨달음이다. 둘째, 성공性空과 상공相空이다. 성공性空은 제법이 모두 온갖 인연이 화합하여 생하여 근본적으로 자성이 없음을 말한다. 상공相空은 제법은 반연하여 생겨나는 상을 말하는데 모두 허환虛幻으로 실속이 없는 것이다.

參禪看話頭，持咒念佛，同一專心致志，至於用力之久，自有一旦豁然貫通之益耳。

명나라 설교신雪嶠信 선사는 영파부寧波府성 사람으로 낫 놓고 기억자도 모르며 중년에 출가하여 열심히 참구하면서 남들이 참을 수 없는 것을 참고, 남들이 행할 수 없는 것을 행하였다. 그의 고행은 실로 일반인이 참을 수 없는 것이었다. 오랜 시간이 지나 확철대오한 후 그의 입에서 나오는 말이 선기禪機에 미묘하게 맞았다. 비록 글자를 알지도 모르고 쓰지도 못하였지만, 오래도록 고행하고서 나중에 마침내 글자를 알게 되었다. 또한 오래도록 고행하고서 자유분방하게 글을 쓰게 되었고, 아무런 스승 없이 스스로 통달하여 우수한 필법의 대가가 되었다. 이러한 여러 이익은 모두 분별하지 않고 전일하게 정진 참구하는 가운데 나온다. 경전을 읽는 사람도 또한 이를 본보기로 삼아야 한다.

明雪嶠信禪師，寧波府城人。目不識丁。中年出家，苦參力究。忍人所不能忍，行人所不能行。其苦行實為人所難能。久之大徹大悟，隨口所說，妙契禪機。猶不識字，不能寫，久之則識字矣。又久之則手筆縱橫，居然一大寫家。此諸利益，皆從不分別專精參究中來。閱經者亦當以此為法。（正）復永嘉某居士書五

[제219칙] **학불인이 일상에서 위의를 갖추어 수행함에 지켜야 할 주의사항**(1)

학불學佛하는 사람은 야간에 발가벗고 잠을 자서는 안 되고, 옷을 입어야 한다. 언제 어디서나 부처님께서 앞에 계시므로 언제라도 마음속으로 공경하고 공경하여야 한다. 과식해서는 안 된다. 아무리 맛이 있어도 80~90%만 먹는다. 100% 먹으면 이미 몸에 이롭지 않다. 100% 이상 먹으면 오장육부가 상하기 마련이다. 늘 이렇게 먹는다면 반드시 수명이 짧아질 것이다. 밥을 많이 먹으면 몸과 마음이 혼미하고 몸이 피곤해진다. 소화가 잘 안 되면 대부분 방귀를 뀌어야 한다.

學佛之人，夜間不可赤體睡，須穿衫褲。以心常如在佛前也。吃飯不可過度。再好的飯，只可吃八九程。若吃十程，已不養人。吃十幾程，臟腑必傷。常如此吃，必定短壽。飯一吃多，心昏身疲。行消不動，必至放屁。

방귀를 뀌는 것은 가장 저질스럽고 가장 잘못된 행동이다. 불전과 승당에서는 모두 공경을 다해야 한다. 향을 피우는 것은 마음을 드러내는 것에 불과하니 신경 쓸 필요가 없다. 많이 먹으면 방귀 냄새가 독하다. 이 악취가 삼보에 베이면 장차 똥통 속 구더기가 될 것이다. 과식하지 않으면 방귀를 뀌지 않는다. 감기에 걸리면 몸이 안 좋아 방귀를 뀌어야 하는데, 걱정하지 말고 불전에서 공터로 나가 방귀를 뀌고 냄새가 다 흩어질 때까지 기다렸다가 방으로 돌아와야 한다. 만일 일이 있어 밖으로 나갈 수 없으면 자주 힘을 주어 참으면 잠깐 사이에 뱃속에서 흩어진다. 어떤 사람은 "방귀를 뀌지 않으면 병이 난다"고 말한다. 이런 말은 방귀보다 더 잘못이니 결코 들어서는 안 된다. 업력에 이끌리는 우리 범부는 성인 중에 성인이고 하늘 중에 하늘인 부처님을 모신 불전에서 삼보를 갖춘 땅에 감히 단속을 하지 않고, 마음대로 방귀를 뀐다면 이러한 잘못은 지극히 커서 비교할 것이 없다.

放屁一事，最為下作，最為罪過。佛殿僧堂，均須恭敬。若燒香，不過表心。究無什香。若吃多了放的屁，極其臭穢。以此臭氣，熏及三寶，將來必作糞坑中蛆。不吃過度，則無有屁。若或受涼，覺得不好，無事，則出至空地放之。待其氣消，再回屋中。如有事不能出外，常用力提之。不一刻，即在腹中散開矣。有謂不放則成病，此語比放屁還罪過，萬不可聽。吾人業力凡夫，在聖中聖、天中天之佛殿中，三寶具足之地，竟敢不加束斂，任意放屁。此之罪過，極大無比。

많은 사람들은 고덕의 저술을 많이 읽지 않아 고덕이 말하지 않았다 여기고, 오히려 고덕이 "기氣가 새어나온다."라고 완곡하게 말한 줄 모른다. 저술을 본 사람들도 무슨 말인지 이해하지 못하여 여전히 개의치 않는다. 나는 3~4년 전에 이 일("기가 새어나온다")을 자주 말했다. 나중에 나의 말이 아무런 작용을 일으키지 않은 것 같음을 알아차리고, "기가 새어나온다는 말이 무슨 일인지 아는가?" 물어봤다. 사람들이 모두 무슨 일인지 모르기 때문에 나는 부득이 무례하게도 "방귀"라고 직설적으로 말할 수밖에 없었다. 공연에서 사람에게 "방자하다."고 말함은 바로 "당신이 하는 말은 방귀다."라는 말이다.

許多人因不多看古德著述，當做古德不說。不知古德說的巧，云泄下氣。他也不理會是什麼話，仍不介意。光三四十年前，常說此事。後試問之，人不知是何事，以故只好直說放屁耳。唱戲罵人說放肆，就是說你說的話是放屁。

무릇 두려운 대상이 있는 사람은 화도 크게 내지 못하는데, 어찌 감히 방귀를 뀌겠는가? 오직 아무 거리낌 없이 행동하는 사람만이 감히 방귀를 뀐다. 그대는 "방귀 뀐다"는 말을 하지 말라. 듣기 싫다. 나는 정말 사람들이 철이 없어서 장차 똥통의 구더기가 되기 전에 사람을 구하고자 할 뿐이다!

凡有所畏懼，氣都不敢大出，從何會放屁。由其肆無忌憚，故才有屁。你勿謂說放屁話，為不雅聽。我實在要救人於作糞坑之蛆之前耳。（續）誡初發心學佛者書

[제220칙] 학불인이 일상에서 위의를 갖추어 수행함에 지켜야 할 주의사항(2)

아침에 침상에서 일어난 후 그리고 대소변을 본 후 반드시 손을 씻어야 한다. 무릇 몸을 후비거나 발을 만지면 모두 손을 씻어야 한다. 여름철에 비록 더울지라도 바짓단을 풀어 헤쳐서는 안 되고 묶어야 한다. 마음대로 침을 뱉고 콧물을 푸는 것은 복이 나가는 일이다. 부처님의 땅을 청정히 할지니, 전당 안에서 침을 뱉어서는 안 되고, 전당 바깥 깨끗한 땅에서도 뱉어서는 안 된다. 깨끗한 땅에서 뱉으면 곧 더러운 모습이 나타난다. 어떤 사람들은 아무런 거리낌 없이 방 안이나 땅 바닥, 담벼락 도처에서 제멋대로 침을 뱉어서 멀쩡한 방이나 길거리, 담장 위에 온통 침이 가득하다. 그는 침을 뱉으며 거드름을 피워서 오래 지나 병이 났다. 날마다 늘 침을 뱉는 바람에 음식의 정화가 모두 가래로 변해버렸다.

晨起，及大小解，必須洗手。凡在身上搵，腳上摸，都要洗手。夏月褲腿不可敞開，要紮到。隨便吐痰鼻希音喜鼻，是一大折福之事。淸淨佛地，不但殿堂裏不可吐鼻希，即殿堂外淨地上，也不可吐鼻希。淨地上一吐，便現出汙相。有些人肆無忌憚，房裏地上牆上亂吐。好好的一個屋子，遍地滿牆都是痰。他以吐痰當架子擺，久久成病。天天常吐，飲食精華，皆變成痰了。(續) 同上

[제221칙] 불경을 독송하고 부처님 명호를 집지함에 역경을 꿰어 맨 가죽 끈이 세 번이나 떨어지도록 읽은 공자의 항심恒心을 배워야 한다

경론 및 각 전장典章을 봄에 조급해서는 안 되고 많이 보아야 한다. 조급하면 마음이 청정할 수 없고, 대충 보고 지나면 반드시 그 가운데 요지와 대의(旨趣)를 얻기 어렵다. 좀 똑똑한 젊은이는 경서 한 권을 얻으면 침식을 잊고 보지만, 한 번 본 후 다시 두 번 볼 흥미를 느끼지 않는다. 설령 다시 한 번 더 볼지라도 마음은 딴 곳에 있고 열정이 없는 모습이다. 이러한 사람은 결코 성취가 없다. 우리는 마땅히 이를 교훈으로 삼아야 한다. 소동파는 말하길, “옛 책(경전)을 싫증내지 않고, 백 번 읽으면서 숙독하고 깊이 생각하면 그대는 저절로 알게 되리라.” 공자는 태어나면서부터 스스로 아는(生知)135) 성인이었지만, 그 조차도 《역경易經》 책을 꿰어 맨 가죽 끈이 세 번이나 떨어지도록(韋編三絕)136) 읽었다. 공자의 천부적인 자질로써 한번 보면 잊지 않는 능력이 있거늘 책을 잡으면 보고 또 볼 필요가 있겠는가? 그래서 책을 보고 또 보면 큰 잇점이 있음을 알 수 있다. 암송하는 경우 대부분 입에 발리도록 암송한다. 간문看文하는 경우 한 글자 한 문구 빠짐없이 그 속에 담긴 요지와 대의(旨趣)를 이해하도록 본다. 우리는

135) 생지生知 : 배우지 않아도 태어나면서 아는 것으로 총명을 타고남을 말한다.

136) 이는 공자가 죽간을 꿰어 맨 가죽 끈이 여러 차례 끊어질 정도로 《주역周易》을 매우 즐겁게 읽었음을 설명한다. 동시에 공자가 늙어 죽을 때까지 배움을 끝내지 않고 각고 노력하며 연구하는 정신을 가리킨다.

마땅히 공자를 본받아서 결코 자기 총명을 으스대지 말고 암송을 전일하게 중시하여야 한다.

看經論，及各典章，不可急躁，須多看。急躁不能凝靜，必難得其旨趣。後生稍聰明，得一部經書，廢寢忘餐的看。一遍看過，第二遍便無興看。即看，亦若喪氣失魂之相。此種人，均無成就，當力戒之。蘇東坡云：舊書不厭百回讀，熟讀深思子自知。孔子乃生知之聖，讀易尚至韋編三絕。以孔子之資格，當過目成誦，何必又要看文而讀。故知看文，有大好處。背誦，多滑口誦過。看文，則一字一句，悉知旨趣。吾人當取以為法。切不可顯自己聰明，專尚背誦也。

공자 시대에는 종이가 발명되지 않아 책은 모두 목판에 쓰거나 죽간에 쓴 것이다. 《역경》의 64괘는 상고시대 복희伏羲가 그린 것이다. 64괘의 시초인 단사(彖; 한 괘의 함의를 총괄한 언사)는 문왕文王이 지은 것이다. 매 괘의 육효六爻는 주공周公이 지은 것이다. 이것을 제외하고 나머지 상경上經의 단전(彖傳 ; 단사의 문자를 해설)과 상전象傳, 하경下經의 단전과 상전, 그리고 건곤乾坤 2괘의 문언文言 및 계사系辭 상전과 계사하전, 설괘전說卦傳, 서괘전序卦傳, 잡괘전雜卦傳을 합쳐서 십익(十翼; 역경 괘문과 연사를 이해하고 설명하는 것을 돕는 열 가지 해설)이라 부르는데, 이는 모두 공자 자신이 지은 것이다. 글자를 근거로 계산하면 공자가 지은 것이 문왕이 지은 것에 비해 십여 배 많다. 공자가 문왕과 주공이 쓴 《역경》을 읽고, 마침내 책을 엮을 때 사용한 가죽 끈이 세 차례 닳아 끊어졌는데, 그 가운데 책을 읽은 횟수는 계산할 수 없음을 알 수 있다. 우리는 공자가 보여준 항심恒心으로써 불경을 독송하고 부처님의 명호를 집지할 수 있고, 부처님의 말씀과 부처님의 공덕으로써 자신의 신구의 삼업을 훈습하여 업식심業識心을 여래의 지혜장智慧藏으로 바꿀 수 있다.

當孔子時無紙。凡書，或書於木板，或書於竹簡。亦竹板也易之六十四卦，乃伏羲所畫。六十四卦開首之彖，乃文王所作。每卦之六爻，乃周公所作。此外之上經彖傳，象傳，下經彖傳，象傳，並乾坤二卦之文言，及繫辭上傳，繫辭下傳，說卦傳，序卦傳，雜卦傳，所謂十翼者，皆孔子所作。若約字說，孔子所作者，比文王周公所作，當多十餘倍。而孔子讀文王周公之易，竟至將編書之熟皮繩，磨斷過三次，可以知讀之遍數不可計也。吾人能以孔子之恒而讀佛經、持佛名，必能以佛之言之德，熏己之業識心，成如來之智慧藏也。(續) 同上

[제222칙] **훼손된 불경과 불상은 신중하게 여법하게 처리하라**

불경이 파손 또는 훼손되어 읽을 수 없거나 불상이 파손·훼손되어 공양할 수 없는 경우 당연히 소각하여야 한다. 평범한 글자가 적힌 종이처럼 태워서는 안 된다. 재가 다른 곳으로 날리지 않도록 별도로 소각도구를 두어 빈틈없이 막아야 한다. 이 재를 매우 촘촘한 포대자루 안에 챙겨 넣고 깨끗한 모래와 깨끗한 돌을 넣어 이쪽저쪽 언덕으로 떠다니지 않도록 물에 넣어 가라앉혀야 한다. 바다의 경우 깊은 바다 속에 던지거나 큰 강물의 경우 깊은 곳에 버려야지 작은 도랑이나 작은 개울물, 작은 강에는 절대로 버려서는 안 된다.

經像之不能讀不能供者，固當焚化之。然不可作平常字紙化。必須另設化器，嚴以防守，不令灰飛餘處。以其灰取而裝於極密緻之布袋中，又加以淨沙或淨石，俾入水則沈，不致漂於兩岸。有過海者，到深處投之海中，或大江深處則可。小溝小河，斷不可投。（三）復如岑法師代友人問書

[보충] 불경은 법보로 중생이 괴로움을 벗어나는 지남이니, 마땅히 존중 공경하여야 한다. 파손된 경우 빨리 보수하여야 한다. 경전이 있는 곳은 모두 천룡이 보우하니, 그것을 마음대로 파손 · 훼손하는 경우 그 죄과가 무량하다.

이전에 몇몇 인쇄가 정교하지 못한 경서를 모시게 되었는데, 글자가 누락되거나 하는 경우가 있었다. 나중에 정교하게 인쇄된 경서를 모셨는데, 전자의 오자를 찾아내 수정하여 나중에 필요한 연우에게 다시 인연을 맺을 수 있었다.

파손이 심해서 고칠 수 없는 경서나 착오가 많은 경서는 소각하되 일반 글자가 적힌 종이처럼 태워서는 안 된다. 재가 다른 곳으로 날리지 않도록 별도의 소각도구를 두어 빈틈없이 막아야 한다. 이 재를 매우 촘촘한 포대자루 안에 챙겨 넣고 깨끗한 모래와 깨끗한 돌을 넣어 이쪽저쪽 언덕으로 떠다니지 않도록 물에 넣어 가라앉혀야 한다. 바다의 경우 깊은 바다 속에 던지거나 큰 강물의 경우 깊은 곳에 버려야지 작은 도랑이나 작은 개울물, 작은 강에는 절대로 버려서는 안 된다.

이와 같이 행하는 경우 여법하다. 위에서 말한 대로 행할 수 있는 자는 경서를 받들어 수지하고, 경서를 공경히 염송하며, 나아가 불서의 인쇄 · 간행을 돕거나 모두 복덕 · 지혜의 자량을 키우고 보리 선근을 늘려서 이번 생에 곧장 불과를 증득하여, 불퇴전지에 올라 성불할 수 있다.

[제6과]

인과를 논하다 [論因果]

[이끄는 말]

경전에서 말씀하시길 “보살은 인을 두려워하고 중생은 과를 두려워한다(菩薩畏因 衆生畏果).” 보살은 악과惡果를 만나길 두려워해 미리 악인惡因을 끊어낸다. 이에 죄장이 사라지고 공덕이 원만하다. 중생은 늘 악인을 짓고 보응하는 때를 기다려 비로소 후회하고 악과를 피하려 하지만, 이미 늦었다. 인광대사께서는 인과는 삼세에 통한다고 강조하신다.

“과보는 삼세에 통한다(報通三世)”란 현보現報, 생보生報와 후보後報를 가리킨다.「현보現報」는 현생에 선을 짓고 악을 저질러 현생에서 복을 얻거나 재앙을 만나는 것이다.「생보生報」는 금생에 선을 짓고 악을 저질러 내생에 복을 얻거나 재앙을 만나는 것이다.「후보後報」는 금생에 선을 짓고 악을 저질러 제3생이나 혹 제4생 혹 십백천만 생, 내지 무량무변 겁 이후에 비로소 복을 받거나 재앙을 겪는다.

후보後報가 비록 더딘지 이른지 일정하지 않지만, 무릇 지은 업은 결코 갚지 않음이 없다. “마음을 연유하여 전변한다(轉變由心).” 함은 예컨대 어떤 사람이 악업을 저질러 영원히 지옥에 떨어져 오랜 겁 고통을 겪지만, 나중에 대참괴심을 내고 대보리심을 발하여 악을 고치고 선을 닦으며 송경 염불하면서 한편으로 자신이 수행하고 한편으로 다른 사람을 교화하여 서방극락에 태어나길 구한 연고로 현생에서 남에게 업신여김을 당하거나 혹 조금 병고를 얻거나 혹 빈궁한 삶을 겪으며 일체 자기 뜻대로 되지 일을 만날 것이다. 이러면 이전에 지은 바, 영원히 지옥에 떨어져 오랜 겁 고통을 겪어야 하는 악업이 곧 여기서 사라진다.

불교도는 중생평등과 육도윤회의 관점에서 출발하여 일체중생에는 모두 불성이 있고 반드시 살생하지 말아야 한다고 제기한다. 이미 중생 모두에게 불성이 있는 한 동물을 죽이고 부처님을 죽이는 것 사이에는 구별이 없다. 인광대사께서는 갖가지 죄업 중에서 살생하는 죄가 가장 무거운 것이라고 간곡히 일깨우신다. 대사께서는 또한 유교의 성인인 공자의 말을 인용하신다. 공자는 처음으로 목우와 토우를 만들어 순장하자고 제창한 사람은 그 자손이 끊어질 것이라 말하였다. 또한 맹자의 “군자는 푸줏간을 멀리한다”를 해석하며 대사께서는 부질없이 푸줏간을 멀리하라 말하지 않길 바란다. 고기를 먹을 수도 있다. 이는 세속에 따른 권의설법權宜說法이다. 오신채와 비린 고기를 영원히 끊어야 이실의理實義라 할 수 있다.

[1] 인과의 이치를 밝히다 (明因果之理)

[제223칙] 범부지에서 불과에 이르는 모든 제법은 인과의 바깥으로 벗어나지 않는다

인과因果란 성인이 천하를 다스리고 부처님이 중생을 두루 제도하는 대권大權이다. 불법의 이치에 근거하여 논하면 범부지凡夫地에서 불과佛果에 이르는 모든 제법은 인과의 바깥으로 벗어나지 않는다. 세간법의 이치를 근거로 논하면 어찌 홀로 그렇지 않겠는가? 그래서 공자는 《주역周易》을 찬탄하며 개편開篇에서 말하길, "선善을 쌓은 집은 반드시 남겨진 경사가 있고, 불선不善을 쌓은 집에는 반드시 남겨진 재앙이 있다." 선을 쌓음과 불선을 쌓음은 인因이고, 남겨진 경사와 남겨진 재앙은 그것으로 얻는 과보를 가리킨다.[137] 이미 한 집안 사람에게 영향을 미치는 남겨진 경사와 남겨진 재앙이 있거늘 어찌 본래 경사와 본래 재앙이 없단 말인가? 본래 경사와 본래 재앙은 바로 선을 쌓은 사람과 선을 쌓지 않은 사람이 내생과 후세에 얻는 과보이다. 이런 과보는 마땅히 자손들이 백천만 배나 큰 남겨진 경사, 남겨진 재앙으로 만나게 된다. 범부는 이전 세상과 오는 세상을 볼 수 없거늘 이러한 일이 존재하지 않는다 말할 수 있는가? 경전에서 말씀하시길, "이전 세상의 인因을 알고자 하면 지금 생에 받는 것이 그것이고, 오는 세상의 과果를 알고자 하면 지금 생에 짓는 것이 그것이다."

因果者，聖人治天下，佛度衆生之大權也。約佛法論，從凡夫地，乃至佛果，所有諸法，皆不出因果之外。約世法論，何獨不然。故孔子之讚周易也，最初即曰：積善之家，必有餘慶。積不善之家，必有餘殃。夫積善、積不善，因也。餘慶、餘殃，則果矣。又既有餘慶餘殃，豈無本慶本殃。本慶本殃，乃積善積不善之人，來生後世所得之果，當大於餘慶餘殃之得諸子孫者，百千萬倍。凡夫不得而見，何可認之為無乎。經云：欲知前世因，今生受者是。欲知來世果，今生作者是。

《홍범洪範》은 하夏 나라 대우大禹가 지은 것을 주周 나라의 기자箕子가 무왕武王에게 바친 것으로 책의 말미에 오복五福·육극六極[138]이란 말에서 삼세인과三世因果의 의의를 밝히니, 그 확실함과 적절함이 절정이 이르렀다. 그러나 송대의 유학자는 "부처가 말한 삼세인과와 육도윤회는 어리석은 촌부를 속여 불교를 신봉하기 위함이지만, 사실상 그 일은 결코 없다"고 비난하였다. 즉 사람이 죽은 후에 신체는 노쇠하여 사멸하고,

---

137) 적선積善은 생활의 가치가 선행을 실천에 옮기는 것이고, 적불선積不善은 악행惡行을 서슴지 않는 그릇된 삶의 방향을 걸어감을 가리킨다. 여경餘慶과 여앙餘殃은 복보와 재앙이 자신의 세대뿐만 아니라 후대의 자손들에게까지 남겨짐을 뜻한다.

138) 오복五福은 장수, 대부, 존귀, 단정, 총명을 가리킨다. 또한 장수, 부귀, 강녕康寧, 호덕好德, 선종善終을 말한다. 육극六極은 곧 육취六趣, 육도를 가리킨다.

영혼은 또한 표표하게 흩어져 아무것도 없다고 단정한다. 꺾기, 패기, 빻기, 갈기 등 온갖 혹독한 형벌이 있는 지옥이 정말 있다 하더라도 누구에게 형벌을 가하겠는가? 이미 영혼이 표표하게 흩어졌으니 누가 환생하겠는가? 그래서 어떠한 인과도 없다고 단정한다. 그러나 《춘추전春秋傳》, 《한서漢書》, 《사기史記》에는 억울한 죽음을 당한 자를 위로하고 은혜를 입은 자는 은덕을 갚는다는 갖가지 사실이 늘 기록돼 있는데, 이것은 모두 선현 · 선배들이 불교를 위해 미리 잘 준비해 놓은 사기극이란 말인가? 이미 인과도 없고 후세도 없다면, 성인인 요와 폭군인 걸은 모두 함께 죽음의 길로 들어갔고, 사후에도 다르지 않다면, 누가 부지런히 수행하면서 사후의 허명을 구하겠는가? 확실히 내가 이미 죽었는데 허명을 남긴들 나에게 무슨 소용인가? 그렇다면 선은 격려를 얻지도, 악은 처벌을 받지도 못한다. 이는 곧 천하를 크게 혼란에 빠뜨릴 것이다!

洪范乃大禹所著，箕子以陳于武王者，末後五福六極之說，發明三世因果之義，極其確切。宋儒謂：佛說三世因果，六道輪迴，乃為騙愚夫愚婦奉彼教之據，實無其事。斷以人死之後，形既朽滅，神亦飄散。縱有剉斫舂磨，將何所施。神已散矣，令誰受生。在彼斷其必無因果，而春秋傳、史漢中，每有冤殺者作祟，蒙恩者報德，種種事實，悉是前賢為佛教預為騙人之據乎。既無因果，無有後世。則堯桀同歸於盡，誰肯孳孳修持，以求身後之虛名乎。以實我已無，虛名何用。由茲善無以勸，惡無以懲。（續）標本同治錄序

[제224칙] 인과는 세간 · 출세간법에 두루 하니, 겸하여 유교의 성명誠明의 이치를 논한다

부처님께서 말씀하신 「삼세인과 육도윤회」는 인과의 이치를 철저히 천명한다. 어떤 이는 인과는 소승이어서 제창하려고 하지 않는다 말하는데, 이는 모두 쓸데없는 이야기(空談)를 일삼고 실제 공덕을 닦지 않는 사람이다. 여래께서 무상정각을 이루시고 중생이 삼악도에 떨어지는 것은 모두 인과의 바깥으로 벗어나지 않거늘 어떻게 홀로 그것을 소승이라고 보는가? 고덕께서는 (《주역》「계사전」에서) "한번 음하고 한번 양함을 도라고 한다(一陰一陽之謂道)." 하였다. 여기서 말하는 도道는 과연 어떠해야 하는가? 「성명합일誠明合一」의 도가 아닌가? 「성誠」은 곧 「명덕明德」으로 우리들 마음 그대로 본래 갖추고 있는 불생불멸의 미묘한 성이고, 「성품의 덕(性德)」이다. 극복克復[139]의 공부가 없음으로 말미암아 성덕이 현현할 수 없는 까닭에 「음陰」이라 한다. 「명덕」에다 「명明」 한 자를 덧붙인 「명명덕」은 아침부터 저녁까지 하루 종일 노력하여 삼가고 두려워하면서 계하여 삼가고 위태롭게 여겨 두려워하면서 노력 수지하는 공부로 곧 「덕을 닦음(修德)」이다. 수덕의 일이 현저한 까닭에 「양」이라 한다. 수덕의 공부가 절정에 이르면 성덕이 원만하게 드러난다.

139) 이는 물욕을 막아 제거하고, 사심잡념私心雜念 · 오욕육진五欲六塵 · 인아시비人我是非 · 망상집착을 물리쳐 없앰을 가리킨다.

佛所說三世因果，六道輪迴，乃發揮因果之究竟者。有謂因果為小乘，而不肯提倡，是皆專事空談，不修實德者。如來成正覺，衆生墮惡道，皆不出因果之外，何得獨目之為小乘乎。其日：一陰一陽之謂道。此所謂道，果何道也。非誠明合一之道乎。誠即明德，乃吾人即心本具不生不滅之妙性，乃性德也。由無克復之功夫，則不能顯現，故謂之為陰。即明明德之上一明字。乃朝乾夕惕，兢業修持之功夫，即修德也。修德之事顯著，故謂之為陽。修德功極，性德圓彰。

「성명합일」은 곧 이른바 「명덕을 밝혀 지선에 머묾(明明德而止至善)"[140]이다. 명덕을 밝히는 공부는 격格·지致·성誠·정正·수修이고(눈앞에 드러나는 사물을 만나게 되면 격格을 사용하고, 아는 것이 지극해지면 치致를 사용하고, 뜻이 발휘되면 성誠을 사용하고, 마음이 움직이면 정正을 사용하고, 몸이 응접할 때는 수修를 사용하고), 지선至善의 사업은 제齊·치治·평平이다(집에서는 제齊를 사용하며, 나라에서는 치治를 사용하며, 천하에서는 평平을 사용한다).[141] 그러나 「성명합일」 즉 명덕을 밝혀 지선에 머물러 제·치·평에까지 이름은 결코 공空에 기대어 이럴 수 있는 것이 아니다. 당연히 저절로 이렇게 하지 않을 수 없도록 하는 원인이 존재한다. 왜 그것이 이렇게 하지 않을 수 없도록 하는가? 그것은 바로 「삼세인과와 육도윤회」이다. 사람이 비록 아무리 어리석을지라도 결코 흉사를 좋아하고 길사를 싫어하며, 재앙을 다행으로 여기고 화를 즐겁다고 여기지는 않을 것이다. "선善을 쌓은 집은 반드시 남겨진 경사가 있고, 불선不善을 쌓은 집에는 반드시 남겨진 재앙이 있다"는 말을 듣고서 현명한 사람은 반드시 더욱더 부지런히 수행하고, 못난 사람도 선을 행하기에 힘써야 한다.

---

140) 《대학大學》에서 말씀하시길, "대학의 도는 명덕을 밝힘에 있고, 인민을 새롭게 함에 있으며, 지선에 머묾에 있다(大學之道 在明明德 在親民 在止於至善)." 대인의 배움은 자신의 본성으로 돌아감에 있다. 본성은 법계에 두루 미쳐 존재하지 않은 때도 없고 존재하지 않은 곳도 없다. 그래서 자기를 미루어 남에게 미치고 중생을 널리 구제하여 천리의 극極을 다함으로써 더 이상 조금도 사욕이 없다. 「명명덕明明德」의 실제實際는 바로 자신에게 본래 있는 불성을 찾아내는 것이다. 중생은 "무명無明"으로 번뇌가 있는데, "명明"이 나타나면 "명덕明德"이 현현한다. "무명"이 사라지고, 진성眞性이 드러나면 저절로 「지선至善」의 최고 경계에 도달한다.

141) 《대학》 "옛날, 자신의 명덕을 천하에 밝혀보고자 한 사람들은 먼저 자기 나라부터 잘 다스렸고(治), 자기 나라를 잘 다스리고자 했던 사람들은 자기 집안부터 잘 단속하였으며(齊), 자기 집안을 잘 단속하고자 했던 사람들은 먼저 자신의 몸부터 닦았고(修) 자신의 몸을 닦고자 했던 사람들은 먼저 자신의 마음을 올바르게 가졌으며(正), 자신의 마음을 올바르게 가지고자 했던 사람들은 먼저 자신의 뜻을 진실되게 가졌고(誠), 자신의 뜻을 진실되게 가지고자 했던 사람들은 먼저 자신의 앎을 극진히 하였고(致) 자신의 앎을 극진히 하는 함은 사물의 이치를 연구하는데(格物) 달려 있다." 천하를 덕화德化하려면 먼저 나라를 다스림으로부터 시작하여 하고, 나라를 잘 다스리려면 먼저 가정에서 효도와 우애의 도로부터 시작하여야 하고, 가정을 정리하려면 먼저 자신으로부터 시작하여야 하고, 자신을 잘 해내려면 먼저 마음을 올바르게 가져 굽은 길을 걷지 말아야 하고, 마음을 올바르게 가지려면 먼저 뜻을 진실되게 가져서 사욕을 굴복시키고 한 물건도 집착하지 말아야 한다. 뜻을 진실되게 가지려면 우주의 본래면목을 인식하여 우주의 진상이 자비심으로 만물에 미치고 법계에 두루하여 궁진하지 않은 것이 없어야 한다.

誠明合一，即所謂明明德而止至善也。前此之功夫，為格、致、誠、正、修。後此之事業，為齊、治、平。然此誠明合一，明明德而止至善，以迄于齊、治、平，非憑空即能如是。固自有使之不能不如是者在。何為使之不能不如是者，即所謂三世因果，六道輪迴也。人雖至愚，決無好兇惡吉，幸災樂禍者。聞積善必有餘慶，積不善必有餘殃，賢者必益加勤修，不肖者亦必勉力為善。

자신을 격려하여 오래도록 지속하면 악업이 업어지고 지혜가 환히 드러나며, 잘못은 없고 성덕이 뚜렷할 것이다. 비록 과거에 못난 사람이었을지라도 지금은 덕이 많은 현인이 될 것이다. 그래서 「성명합일」의 이치를 알아서 자신의 수행에는 이미 갖추어져 있지만, 남을 가르침에는 인과규율의 도움을 빌리지 않으면 일체 사람 모두 가르치는 대로 봉행하기 어렵다. 「인과」와 「성명」 두 가지 법문을 결합하여야 비로소 성인이 천심에 순응하여 건립한 진리이고, 만세에 전해져 변하지 않는 대도이며, 또한 곧 자심自心에 본래 갖추고 있는 지혜와 법계에 두루 비추는 불광이다!

勉為既久，則業消而智朗，過無而德明。昔為不肖，今為大賢。是知誠明之道，于自修則已具足。於教人，非以因果相輔而行，亦不易盡人悉各依從也。合因果誠明二法，方為聖人繼天立極，垂型萬世之道。亦即自心本具之光，與普照法界之佛光也。（續）婺源佛光分社發隱

[역주] 우익대사께서는《사서우익해四書蕅益解》를 저술하신 적이 있고, 감산대사께서는《노자도덕경감산주老子道德經憨山注》를 저술하신 적이 있다. 역대불문의 대덕 중에는 늘 불가의 지고하고도 미묘한 이치로써 유교와 도교 양가의 경전을 원만하게 해석하였다. 이런 부류의 경전해석방법은 천태종의 "절제된 한계를 넘어(跨節; 법화경의 뜻으로 다른 경전의 뜻을 판정하여) 이야기한다."는 사상과 유사하다. 마음이 원만하면 법마다 모두 원만하고 증득한 자만이 비로소 원융무애할 수 있다.

우익대사, 인광대사 등 조사들께서 유교 성명誠明의 도, 심성의 이치를 대승 불학의 높은 경지로 끌어올리셨지만, 그렇다고 이것이 결코 전통 유교학설이 이미 소승을 뛰어넘음을 대표하지는 않는다. 설령 불문의 대덕께서 절제된 한계를 넘어 이야기하면서 유교 심성에 관한 여러 학설 이론을 높은 경지로 제고하셨지만, 전통 유학자들이 모두 인가하였다고 결코 생각되지 않는다. 필경에는 원시 유교로부터 한 · 당 · 송 · 명의 이학 · 심학 등을 거쳐 발전한 것이 심법 · 본체이 한 덩어리이다. 예로부터 그 단점(短板)은 옆에서 보면 산맥을 이루고 가까이서 보면 산봉우리이다. 한나라 유학 이후 각 시대별 유학은 모두 전석詮釋이 있고, 송대 이학과 명대 심학 사이에 그 내부에서도 매우 큰 분쟁이 있었다.

송나라 유학 이후 유학자들은 삼세인과와 육도윤회의 말씀에 대해 함부로 반박하였지만 불법에서 보면 모두 단멸견斷滅見을 견지하는 자들에 속한다. 이학과 심학은 심성의 학으로 마음의 본체와 본체론 등을 어떻게 든 완전하게 해석할 지라도 결과는 생명이 끝난 후 완전히 단멸하니, 분장하는 것이 아닌가? 서양철학계에서는 유학을 사변성이 작아 본체 및 본체론이 무엇인지 모두 세밀하게 변론을 전개하지 않는다고 평하는 것은 이상하지 않다. 주희 · 양명 등의 대유학자는 불교교리를 연구하지 않음이 없었고 대승불교의 심성에 대한 여러 설을 참조하여 이학과 심학을 발명 · 창조하였지만, 오히려 단멸견을 견지하였다.

단멸견 자체는 심체를 부정하고 본체론의 존재를 부정한다. 본체론은 세계의 본원, 만사만물이 생겨나는 근본을 가리킨다. 단멸견을 견지하면 이 "본체" 또한 사라진다고 인식하는데, 이 사라지게 되는 본체를 또한 어떻게 "본체론"의 본체라 부를 수 있겠는가? 자신의 육신 및 심성은 사라져 단멸하지만 세계만물은 여전히 존재하고 있는데, 이 세계의 본원은 또한 자기 심체와 무슨 관계가 있는가? 단멸견을 견지하는 유학이 마음의 본체를 원만히 해석하지 못하면 자연론 · 우연론으로 들어서게 되니, 이렇게 화려한 유학의 전당이 그 기반마저도 모두 잃어버린다면 어떻게 수신제가를 말하겠는가?

[제225칙] 법계의 일체중생은 수순함과 거스름, 올라감과 떨어짐 모두 성덕과 수덕을 여의지 않는다

《화엄경》에서 이르시길, "일체중생은 모두 여래의 지혜 덕상을 갖추고 있건만, 망상집착으로 인해 증득할 수 없느니라." 하셨다. 이로 말미암아 지혜 덕상은 중생과 부처에게 평등한 것이니 곧 성덕性德이다. 망상집착이 있으면 중생이고 망상집착을 여의면 부처로 중생과 부처님은 완전히 다르니 곧 수덕修德이다. 수덕에는 수순함도 있고 거스름도 있다. 성덕에 수순하여 닦으면 닦을수록 가까워지고, 수행이 절정에 달하여 확철대오하니, 비록 증득할지라도 무소득無所得을 요달한다(증득함이 없어 증득한다). 성덕에 거역하여 닦으면 닦을수록 멀리지고 수행이 절정에 달하여 영원히 삼악도에 떨어지니, 비록 떨어질지라도 무소실無所失을 요달한다(성덕을 잃지 않는다).

華嚴經云：一切衆生，皆具如來智慧德相，但因妄想執著，不能證得。是知智慧德相，乃生佛所同，即性德也。有妄想執著，離妄想執著，則生佛迥異，即修德也。修德有順有逆。順性而修，愈修愈近，修極而徹證，證而了無所得。逆性而修，愈修愈遠，修極而永墮惡道，墮而了無所失。

[강설] 《화엄경》에서 이르시길, "일체중생은 모두 여래의 지혜와 덕상을 갖추고 있건만, 망상과 집착으로 인해 증득할 수 없느니라." 하셨다. 이 경문은 불타께서 보리수 아래에서 불과를 증득하실 때 하신 말씀이다. 그래서 인광대사께서는 이 지혜와 덕상은 중생과 부처에게 평등한 것(生佛所同)으로 부처님에게도 있고 우리들에게도 있다고 말씀하셨다. 중생은 단지 사람뿐만 아니고 움직이는 모든 동물은 영을 가졌으니, 다 불성이 있다. 그래서 왜 중생을 해쳐서는 안 되는가? 중생을 해침은 바로 부처님을 죽임이기 때문이다.

우리가 본래 구족하고 있는 성덕은 중생 한 분 한 분마다 모두 불성이 있기에, 모두 성덕이 있다. 그래서 육조대사께서 법문하실 때 첫 번째 문구는 "자성이 본래 스스로 청정한 줄, 본래 스스로 (모든 것을) 구족하고 있는 줄 어찌 알았으리오!" 였다. 본래 청정함과 본래 구족함은 바로 성덕이다. 당신은 언제 미혹을 돌이켜 깨달음으로 돌아가고 범부를 바꾸어 성인을 이루어서 당신의 성덕을 회복하겠는가? 그래서 수행은 곧 미혹을 바꾸어 깨달음으로 돌아감이고, 범부를 바꾸어 성인을 이룸이다. 수덕을 빌려 성덕을 드러내니, 성덕과 수덕은 마지막에 성덕과 수덕이 둘 아님으로 바뀐다. 우리가 삼귀의, 오계, 삼학, 육도를 받아들임은 곧 덕행을 닦는 상태에 있다. 그러나 망상과 집착이 있다면 부처님과 중생은 하늘땅만큼 다르다.

그래서 덕행을 닦아야 한다. 그러나 인광대사께서는 수행의 과정에서 성덕을 수순함도 있고 거스름도 있다고 하셨다. 성덕에 수순하여 닦음이 순수順修이고, 성덕에 위배하여 본각을 등지고 육진경계에 합하면 곧 성덕에 거스름이다. 성덕에 수순하여 닦음은 말하자면 언제나 탐진치를 끊고, 부지런히 계정혜를 닦으며, 자비희사와 육도만행을 닦는 것이 곧 법신훈습法身薰習(혹은 법성훈습)이다. 이렇게 닦을수록 당신의 불성과 가까워지고, 닦을 수록 당신의 성덕이 드러난다.

마지막에는 견사혹見思惑을 깨뜨리고 진사혹塵沙惑을 깨뜨리며 나아가 일품의 근본무명을 깨뜨리면 법신을 증득하니, 이것을 「수행이 절정에 달해 확철대오함」이라 한다. 일분의 법신을 분증分證하고, 41품 무명을 다 깨뜨리면 구경불을 이루어 상적광 정토에 들어간다. 41품 무명을 다 깨뜨려 상적광 정토에 들어가면 무소득을 요달한다. 이것이 바로 《반야심경》에서 말한 「지혜도 없고 얻음도 없느니라(無智亦無得)」이다. 닦은 후에는 무상보리가 원만하니 원래 우리의 자성에 본래 갖추고 있는 것이다. 그래서 이를 「무소득을 요달함」이라 한다. 당신에게 여전히 얻을 바가 있으면 여전히 아我와 아소我所가 있어 성덕이 아니고, 원만에 이르지 못한다. 그래서 인광대사께서는 "비록 증득할지라도 무소득을 요달한다."고 말씀하셨으니, 당신의 성덕으로 회복할 뿐이다.

「역성逆性」은 본각을 등지고 육진경계에 합함이다. 당신의 성덕을 위배하고 탐진치와 상응하면 당신의 불성과 어긋나게 된다. 닦은 후 영원히 삼악도에 빠진다. 비록 삼악도에 떨어질지라도 불성은 여전히 잃지 않는다. 「무소실을 요달함」은 늘어나지도 줄어들지도 않고, 더러워지지도 청정하지도 않으며, 생겨나지도 멸하지도 않는다.

이 점을 분명히 이해하면 어리석은 이도 현명한 이가 될 수 있고, 현명한 이도 어리석은 이가 될 수 있으며, 장수할 운명도 요절할 수 있고, 요절할 운명도 장수할 수 있다. 부귀빈천 및 자손의 번성과 멸족, 하나하나 빠짐없이 다 스스로 운명을 주재할 수 있다. 그러면 (부귀 멸족의) 증거가 있어도 증거가 없어질 수 있고, 증거가 없어도 증거가 생길 수 있다. 높은 산을 오를 수 없는 것과 같이 사람은 어쩔 수 없지만, 암벽을 뚫고 계단을 놓아 길을 낸다면 높은 산의 정상까지도 또한 곧장 오를 수 있다.

了此，則愚者可賢，賢者可愚，壽者可夭，夭者可壽。富貴貧賤，及與子孫之蕃衍滅絕，一一皆可自作主宰。則有憑據者亦可無憑據，無憑據者亦可有憑據。如山之高不可登，人不能由，不妨鑿岩設砌，則絕頂亦可直到矣。

만약 이러한 이치, 이러한 진리를 명백히 이해하면(了此) 우매한 사람은 현명한 사람으로 변할 수 있다. 그러나 성덕에 거슬러 닦으면 당신의 근기는 틀림없이 마지막에 타락하고 만다. 성덕에 수순하여 닦으면 단명이 장수로 바뀔 수 있다. 그러나 성덕에 거슬러 닦으면 장수할 수명이 마지막에 단명하고 만다. 당신이 성덕에 수순하여 닦으면 부귀를 얻을 수 있다. 성덕에 수순하여 닦으면 후대의 자손이 모두 끊어지지 않고 길게 이어지며 번창한다. 그러나 성덕에 거슬러 닦으면 자손이 끊어지고 심지어 삼대에도 내려가지 못하고 일대에 끝난다.

그래서 인광대사께서는 사람마다 모두 성덕을 갖추고 있지만, 그것에 수순함과 거스름만 있을 뿐이라고 말씀하셨다. 이러한 이치를 알면 한결같이 자신이 운명을 주재할 수 있다. 불법은 대단히 과학적이다. 「**(부귀 멸족의) 증거가 있어도 증거가 없어질 수 있고, 증거가 없어도 증거가 생길 수 있다.**」 이는 바로 당신의 복보가 큰 것은 전생에 닦아서 복덕과 복보를 갖추고 있음을 뜻한다. 이러한 이치를 이해하지 못하고 이렇게 수행할 줄 모르면 마지막에 복보를 다 쓰면 삼악도에 떨어지고 만다. 「증거가 없어질 수 있다」는 말은 당신이 전생에 잘 닦지 못했지만 금생에 깨달을 수 있다는 뜻이다. 원요범袁了凡거사를 따라 배우면, 마지막에 한결같이 수덕한 공부가 있을 때 성덕이 바야흐로 드러나 업력을 바꿀 수 있다.

그렇다면 어떻게 운명을 바꿀 수 있는가? 아뿔싸, 당신은 "나는 업장이 무거워 복보를 누릴 수 없고 지혜가 열리지 않으니, 아무리 닦아도 잘 닦을 수 없다." 말한다. 매우 많은 연우들이 나에게 불평한다. "나는 아무리 닦아도 운명을 바꿀 수 없다. 왜 당신이 발원하면 영험이 있는데 내가 발원하면 영험이 없는가?" 나는 늘 그들에게 당신은 정말 보살이므로, 발원하면 생각하고 마음먹은 대로 이루어질 것이라 이야기한다. 그래도 매우 많은 사람이 나에게 불평한다. "사형, 나도 발원이 있고, 나도 예배하고 있으며 나도 염불하고 있어요."

내가 그날 방생을 하러 갔을 때, 한 연우가 내가 끝내려고 할 때 달려와서 나에게 말했다. "사형, 나도 채식하고 있어요." 왜냐하면 방생을 완료한 후 언제나 인과 이야기와 이치를 이야기하며 대중과 공유하였기 때문이다. 그녀가 말했다. "당신 말이 아주 일리가 있습니다. 나도 아주 오랫동안 방생했고, 채식을 했습니다. 그러나 나는 지금 갈수록 불보살에 대한 믿음이 사라집니다. 나는 갈수록 방생에 대한 믿음도 감응이 없습니다." 그녀는 나에게 이러한 이치를 물었다. 나는 말했다. "당신은 망상과 집착이 많습니다. 분별 · 집착이 많고, 병통의 습기가 무겁습니다. 당신은 어떻게 수행해야 하는지를 모릅니다. 만약 당신이 근본부터 닦고 심지로부터 시작하면 이런 말을 하지 않을 겁니다. 당신은 원요범 거사의 사훈을 이해하지 못하고 있군요, 《요범사훈了凡四訓》과 《유정의공우조신기俞淨意公遇灶神記》, 그 속에 강설한 참 뜻을 알아야 합니다."

인광대사께서는 이 단락에서 일러주신다. 「높은 산은 오를 수 없다」. 여기서 「높은 산」은 부처를 비유한 것이다. 우리는 늘 부귀와 장수 등 세간법을 말한다. 출세간법으로 지혜와 덕행을 구하고 싶지만 「높은 산은 오를 수 없다」. "나는 할 수 없어. 범부이니까. 사람은 어쩔 수 없어. 당신은 높은 산에 올라가라 하지만, 나는 기어 올라갈 수도 없다. 길이 없으니까."

그래서 인광대사께서는「벽을 뚫어 계단을 만드는 것도 괜찮다」말씀하신다. 이는 현재 유행하는 무엇과 비교할 수 있나? 지금 많은 사람들에게 유행하는 야외 스포츠는 암벽등반이다. 암벽등반은 무엇인가? 길이 없다. 그럼 고난도에 도전해야 한다. 암벽등반을 하는 장비를 사용하여 몸에 로프를 묶는다. 그런 로프는 아래로 떨어지지 않도록 하는 보호작용이 있다. 그런 후에 또 하나의 운동기구를 사용해서 그것을 던져 올리고서 그 암벽에 잠근 이후 다시 로프를 당긴다. 이렇게 당겨서 올라가면 히말라야 산에 오르는 것과 같다. 수많은 사람이 이런 고난도의 준령에 도전해 고난을 극복하고 끝내 정상에 올랐다.

인광대사께서「암벽을 뚫어 계단을 만드는 것도 괜찮다」하신 말씀은 곧 암벽에서 올라갈 수 있는 한 곳을 잘라내고, 꼭 붙잡을 수 있는 한 곳을 만든 후 한 걸음 한 걸음씩 기어 올라가면「높은 산의 정상까지도 또한 곧장 오를 수 있다」는 뜻이다.「절정」은 곧 산의 정상이다. 당신도 마찬가지로 오를 수 있다. 해현海賢 노화상은 그 대표적인 사례이다. 노화상께서는 글자를 전혀 몰라도 염불하여 명심견성明心見性하셨고, 염불하여 112세로 자재왕생하셨다. 또한 염불하여 인욕바라밀을 닦아 전기공이 그에게 침을 뱉자 "(그대 덕분에) 얼굴을 씻었다." 하셨고, 전기공이 그의 뺨을 때리자 "가려운 데를 긁었다." 하셨다. 노화상께서는 아상我相도 없었고, 인상人相도 없었고, 중생상衆生相도 없었고, 수자상壽者相도 없었다. 글자도 전혀 모르는 황야 속 암자의 한 노인이 수행하여 성불하였다. 그가 가는 때를 미리 알라고 왕생한 이후 전 세계 사람이 모두 알게 되었다.「절정絕頂」은 곧 성불이다. 그는 마침내 도달하였다.

[해현 노화상] 중국 하남 남양에 위치한 내불사來佛寺의 해현 노화상께서는 당대의 희유하고 얻기 어려운 정종淨宗의 대덕大德으로 92년 동안의 깊은 믿음과 간절한 발원 그리고 돈실한 행으로 행주좌와行住坐臥에 무엇을 하던 간에 한마디 아미타불을 철저히 염하여 공행功行이 원만하고 성취가 높아서 역대 조사와 뒤지지 않으니, 정토법문의 수승하고도 원만함을 알 수 있다. 2013년 음력 1월 현공께서는 가는 때를 미리 아시고 자재왕생自在往生하셨다. 이로써 한평생 극락세계가 진실하여 헛되지 않음을 드러내어(表法) 증명하시고 무량수경을 위해 "깨달음의 법륜(證轉)"을 굴리셨다. 전 생애의 행지行持를 살펴보면 일문一門에 깊이 들어가 오랫동안 몸에 배이듯 닦아서 정종 학인의 가장 훌륭한 모범이 되었을 뿐만 아니라 일체 불문제자들을 위해 수행의 본보기를 세우셨다. _《내불삼성영사집》

예나 지금이나 수많은 사람들은 "마음을 따라 업을 짓고 마음을 따라 업을 바꾼다(隨心造業隨心轉業)"는 이치를 몰라서 몇몇 크게 총명하고 크게 학문을 이룬 사람도 이전 세상에 쌓은 공덕을 다 버릴 뿐만 아니라 누겁에 걸쳐 화를 남긴다. 만약 덕을 닦지 않으면 비록 부유하기로 치면 몸소 천하를 차지하고, 귀하기로 치면 몸소 황제가 되거나 대신 중 지위가 가장 높은 사람, 명성과 위세가 혁혁한 재상의 지위에 오를지라도 어떤 사람은 살아있는 동안 자신이 죽임을 당하고 자기 집안이 모두 멸족하는 화를 만난다.

그래 이런 일을 직접 겪는 사람은 모두 (인과응보의) 증거가 없단 말인가?

古今人，不知隨心造業，隨心轉業之義。多少大聰明大學問人，弄得前功盡棄，尚且遺害累劫。若不修德，即親身做到富有天下，貴為天子，與夫位極人臣，聲勢赫弈之宰輔地位，有不即世而身戮門滅者哉。是親得者皆無憑也。

[강설] 그래서 인광대사께서는 예나 지금이나 사람들은 「마음을 따라 업을 짓고, 마음을 따라 업을 바꾸는 뜻」을 모른다고 말씀하신다. 이 한 마디 말은 매우 중요하다. 이 한마디 법문을 우리는 반드시 마음에 깊이 새겨야 한다. 대사께서는 고대에서 현대까지 수많은 사람들이 「마음을 따라 업을 지음」을 모른다고 말씀하신다. 누가 업을 짓는가? 당신의 망심이 업을 짓고 당신의 탐진치가 업을 지으며 당신의 미혹 · 전도된 마음이 업을 짓는다. 그러면 어떻게 해야 하는가? 「마음을 따라 업을 바꾸어야 한다」. 무명이 있는 곳이 바로 진여가 있는 곳이다. 망심은 진망화합真妄和合의 업식이니, 망심을 여의면 그대로 진여를 본다.

《능엄경》에 이르시길, **"날뛰는 마음이 절로 쉬어지니, 쉬어짐 그대로 보리이다(狂性自歇歇即菩提)."** 하셨으니, 날뛰는 마음이 곧 보리와 동일한 마음이지 않은가? 미혹 · 전도된 마음이 곧 날뛰는 마음이다. **잠시 쉬어짐은 곧 내려놓음이다. 당신이 내려놓으면 지금 바로 진심이 현전하고, 보리가 현전한다. 당신이 내려놓으면 진여자성이 현현한다.** 여기서 말한 「마음을 따라 업을 짓고, 마음을 따라 업을 바꿈」은 우리가 말하는 번뇌를 바꾸면 보리이다. 번뇌는 바로 망심이니 번뇌가 업을 짓는다. 수행을 통하여, 청경聽經,[142] 문법聞法(《무량수경》을 통한 경전공부의 사례는 비움과소통에서 출간한 《아미타불 현세가피》 제1부 '무량수경 생활가피' 참조)을 통하여, 염불을 통하여, 배불拜佛을 통하여, 육도만행을 통하여, 용맹정진을 통해 번뇌는 천천히 감소한다. 마침내 이런 번뇌를 내려놓고 그것을 바꾸어 나간다. 탐진치의 마음을 계정혜로 바꿀 때 업을 더 이상 짓지 않는다. 이것이 곧 「마음을 따라 업을 바꿈」이다.

그래서 인광대사께서는 「몇몇 크게 총명하고 크게 학문을 이룬 사람」을 말씀하셨다. 크게 학문을 이룬 사람은 시를 짓고, 그림을 그리며, 심지어 게임과 도박을 즐길 뿐만 아니라 재상 자리에 오른다. 그리하여 그들은 「이전 세상에 쌓은 공덕을 다 버릴 뿐만 아니라 누겁에 걸쳐 화를 남긴다.」 오래도록 후세에 오명을 남긴다. 우리는 고대나 현대나 수많은 탐관오리들을 본다. 그들은 이전에 여러 생에 걸쳐 복보를 닦았지만, 이번 생에 가까스로 사장 자리에 올라 공명을 떨치지만 마지막에는 쇠사슬에 묶여 감옥에 들어간다. 심지어 대통령 자리에 올랐으나 부정부패로 인해 투옥되는 모습을 보곤 한다. 이것이 「누겁에 걸쳐 화를 남기는 것」이다. 왜일까? 우리가 보는 것은 현세의 화보花報로서, 그 과보로 지옥에 들어간다.

「만약 덕을 닦지 않으면 비록 부유하기로 치면 천하를 모두 차지하고, 귀하기로 치면 황제가 된다.」 만약 덕행을 닦지 않으면 황제가 되고 대통령에 오를지라도 장래의 과보는 일정하지

142) 경전을 원문 그대로, 혹은 강설로 풀어서, 혹은 생활에 빗댄 법문으로 음성을 저장해 시공간의 한계를 초월해서 법륜을 굴린다. 무궁무진하게 반복할 수 있다. 이것이 청경이다._《불광》

않다. 왜냐하면 당신이 수행을 하지 않고 인민을 이롭게 하지 않으면 높은 관직에 오를수록 더욱 무거운 죄를 지어 장래에는 지옥에 떨어지고 만다. 그래서 대통령에 오를지라도 매사에 조심하여야 한다. 장래에 과보로 지옥에 들어가면 매우 두려운 일이 아닐 수 없다. 자신이 일인지하 만인지상의 대신(位極人臣) 자리에 오를지라도 마지막에는 죽어도 묻힐 땅이 없는 신세가 된다.

「성세聲勢」, 곧 권세가 당대에 자기가 최고라고 한다. 국무총리와 같은 재상자리에 오를지라도 몸은 감옥에 갇히고 만다. 「신육문멸身戮門滅」은 재산을 몰수당하고 죽임을 당하는 화를 초래한다는 뜻이다. 「즉세即世」는 당대, 지금 세상이다. 「신육身戮」은 법률의 제제를 받고 살해 당함을 가리킨다. 고대에서는 이를 친족들을 전부 죽여 씨를 말림(滿門抄斬)이라고 하였다. 「이런 일을 직접 겪는 사람은 모두 (인과응보의) 증거가 없단 말인가」, 만약 만일 당신이 이를 직접 보고 증명하지 않았다면, 당신은 증거가 없다고 생각하고, 세상에는 인과가 없다고 생각하며, 세상에 응보가 없다고 생각할 것이다.

원요범袁了凡[143]거사는 "마음을 따라 업을 짓고 마음을 따라 업을 바꾼다"는 이 뜻을 자못 마음에 깊이 새겼다(선을 닦고 덕을 쌓아 운명을 바꾸는 《요범사훈了凡四訓》 참조). **그래서 사람들이 누리는 일체 복보는 모두 전인前因으로 결정되는 것이 아니다. 전인前因은 세속의 이른 바 「하늘」이다. 「하늘의 뜻이 정해지면 사람을 이긴다」는 말은** (천명은 아무리 사소한 것이라도 사람의 힘으로 어쩔 수 없고) **전인前因의 업력은 깊고 무거워 쉽게 바꾸기 어렵다는 뜻이다. 「사람이 뜻을 정하고 노력하면 또한 하늘을 이길 수 있다」는 말은** (운명은 결정된 것이 아니고,) **경계하여 삼가고 위태롭게 여겨 두려워하면서 노력하여 수지하면 전인前因을 두려워 할 필요가 없고, 강력한 현인現因을 인으로 삼아 상대적으로 약한 전인을 소멸시킬 수 있다는 뜻이다.**

袁了凡頗會此義，故一切所享者，皆非前因所定也，前因，俗所謂天。天定者勝人，謂前因之難轉也。人定者亦可勝天，謂兢業修持，則前因不足恃。是以現因為因，而消滅前因也。

[강설] 「원요범 거사는 이 뜻을 자못 마음에 깊이 새겼다.」 원요범거사는 이러한 이치를 이해하였다. 운곡 선사는 그에게 법문하였고 이러한 이치를 깨달았다. 어떻게 업을 고쳐 운명을 주재할 것인가? 「그래서 누리는 일체 복보는 모두 전인前因으로 결정되는 것이 아니다.」

143) 명나라 시대 사람으로 어떤 사람이 그의 운명을 점쳐주었는데, 그의 운명에는 자식이 없고 수명은 53세이며 관직은 도지사였다. 나중에 서하산에 가서 운곡회棲霞山 선사에게 가르침을 받고, 불법을 믿고 받아들여 부지런히 봉행하였다. "범부의 생각을 벗어나 성인의 경지에 들어간다(了脫凡情 優入聖域)"는 뜻을 취해 호를 요범了凡이라 하였다. 이로 인해 적극적으로 복을 닦고 덕을 쌓아 운명을 바꾸어 자식을 얻었고, 진사에 급제, 관위는 대상보사소경帶尙寶司少敬에 추정되었으며, 수명은 74세를 누렸다. 원요범 거사는 현생에서 그의 자식에게 교훈을 주기 위해 직접 겪은 경험과 체득에 근거하여 네 편의 문장을 써서 《요범사훈了凡四訓》이라 하였다.

당신이 진정으로 운명을 바꾸면 현재 누리는 복보는 이전 세상의 인으로 결정되는 것은 아니다. 이전 세상의 인으로 결정된다면 한 평생 빈궁이고, 단명이어야 한다. 그러나 당신이 원요범 거사를 본받아 당신이 현재 누리는 복보는 이전 세상의 인으로 결정되는 것이 아님을 배워야 한다. 인광대사께서는「전인은 세속의 이른 바 하늘이다.」말씀하셨다.「하늘의 뜻이 정해지면 사람을 이긴다」는 무슨 뜻인가? 이전 세상에서 지은 업은 당연히 일체를 결정해야 한다. 그래서 불교에서는 전인前因 후과後果를 말한다.「이전 세상의 인을 알고자 하면 지금 생에서 받는 것이 그것이다(欲知前世因 今生受者是).」그래서「천정天定」의 뜻은 당신이 이전 세상에서 지은 업이다.

그래서 일반인이「하늘의 뜻이 정해지면 사람을 이긴다」함은 전인의 바꾸기 어려움을 말한다. "아아, 하늘이 결정한 것은 내가 바꿀 수 없다"고 생각한다. 왜냐하면 그들은 업의 인과응보의 문제를 이해하지 못하고, 운명이 그것으로부터 옴을 이해하지 못하며,「마음을 따라 업을 짓고, 마음을 따라 업을 바꾼다」는 이치를 이해하지 못하기 때문이다. 그래서 그들은 이런 운명은 하늘이 결정하는 것이고, 복보도 하늘이 결정하는 것이며, 이미 이런 한 바꿀 수 없다고 생각한다. 그것을 숙명이라고 한다. 그것이 미신으로 도치되면 그것은 불법에서 말하는 반야교육, 지혜의 교육이 아니다.

그래서 그들은「전인은 바꾸기 어려다」고 생각한다. '아, 나아지지 않는구나.' 우리는 사람이 뜻을 정하고 노력하면 하늘을 이길 수 있다고 말한다. 어떤 사람은 이를 오해하여, 사람이 세상의 일반적 지혜(世智辯聰)로 갖은 수단을 다 써서 하고자 하는 것을 할 수 있다고 생각한다. 이는 잘못이다. 독일의 히틀러, 이탈리아의 무솔리니 등 세계대전을 일으킨 사람들의 말로는 참혹했다. 그들은 사람이 뜻을 정하여 노력하면 하늘을 이길 수 있다고 생각했지만 사실은 잘못 해석하였다. 인광대사께서는 무엇을「사람이 뜻을 정하여 노력하면 또한 하늘을 이길 수 있다」라고 말씀하시는가? 원요범 거사를 본받아「긍업수지兢業修持」, 즉 경계하여 삼가고 위태롭게 여겨 두려워하면서 노력하여 수행하여야 한다. 원요범처럼 3천 선, 1만 선을 행하기로 발원하여 잘못을 고치고 자신의 병통과 습기를 고치며, 사상으로부터 고치고 이체로부터 고치며 마음으로부터 고쳐야 한다. 이를 **「긍업수지兢業修持」**라 한다. 이렇게 하면 사람은 반드시 하늘을 이길 수 있다. 무엇을「하늘을 이긴다(勝天)」고 하는가? 이전 세상의 업력을 바꾸고 이전 세상의 업인을 바꾸면 이번 세상의 과보가 바꾸어진다. 이를「사람이 뜻을 정하여 노력하면 또한 하늘을 이길 수 있다」라고 한다.

그리하여 이전 세상의 인을 두려워할 필요가 없다. 왜냐하면 당신은 이번 세상에서 수행을 통하여 노력하여 바꿀 수 있다. 이것이 바로《요범사훈了凡四訓》에서 말한 대로 **「(안으로) 도덕인의道德仁義를 얻을 뿐만 아니라 또한 (밖으로) 공명부귀를 얻으며,」「운명은 스스로 결정짓고 복은 자기에서 구한다(命由我作 福自己求).」**「현인現因을 인으로 삼아 전인을 소멸시킬 수 있다.」그러면 현재 당신의 마음을 바꾸고 당신의 생각을 바꾼다. **현재 질투하는 생각이 일어날 때 이 질투하는 마음을 바꾸면 지혜와 덕능이 현전하고, 무량한 복덕과 무량한 지혜가 현전한다. 단지 집착과 질투심을 바꾸어버리면 무량한 지혜와 덕능이 현전하고 운명이 바꾸어진다. 즉시 이런 성덕의 복보를 얻을 수 있다.** 바로「현인現因을 인으로 삼으면」「전인을 소멸시킬 수 있다.」「전인前因」은 무엇인가? 이전 세상의 습기, 질투심이다. 당신이 이런 이치를 알고 이전 세상의 그런 질투심을 고쳐버리고 그것을 끊어버리면 당신의 성덕이 흘러나와「전인을 소멸시킬 수 있다.」그러면 사람이 뜻을 정하여 하늘을 이길 수 있고, 당신의 복보가 현전하니, 이미「전인이 소멸하였다.」

만약 제멋대로 망령되이 온갖 나쁜 짓을 저지르면 결과는 상반된다(한 세대에 아주 심각한 현인을 지으면 현세의 악인을 앞당겨 성숙시키고, 이전 세상의 인을 뛰어넘어 복덕과 수명을 꺾고 심지어 중병에 걸리고 횡사를 당하기도 한다). **이러한 이치를 잘 이해하면 어리석은 자도 현명하게 될 수 있고 평범한 자도 빼어나고 탁월할 수 있다. 모두 자기 본연의 마음을 간직하여 덕을 닦길, 언제든지 선한 가르침을 들을 뿐이다.**

若恣意妄為，則反是。了此，則欲愚者賢，庸平者超拔，皆在自己之存心修德，與隨時善教而已。(正) 復永嘉某居士書六

[강설] 만약 당신이 이러한 이치를 이해하지 못하고 제멋대로 망령되이 온갖 나쁜 짓을 저지르면 그 결과는 매우 엄중하다. 이러한 이치를 잘 이해하면「어리석은 자도 현명하게 될 수 있고 평범한 자도 빼어나고 탁월할 수 있다. 이는 모두 자기 본연의 마음을 간직하고 덕을 닦아 언제 어디서든지 선한 가르침을 베풀 뿐이다.」마지막 이 몇 마디 말은 매우 중요하다. 원요범 거사를 본받아 배우면 당신은 어리석고 지혜가 없을지라도 마침내 지혜와 덕행이 있는 사람으로 바뀌게 될 것이다. 당신이 평범한 사람일지라도 무리에서 출중할 것이다. 당신은 군중에서 뛰어나고 탁월하여 큰 사람이 될 것이다.

모두 당신의 바로 지금 이 일념의 마음, 자기 본연의 마음을 간직하고 노력하여 덕을 닦는다. 어떻게 덕을 닦는가? 스승님의 말씀을 듣기를 원하고, 조사 · 대덕을 말씀을 듣기를 원하고, 부처님의 법문을 듣기를 원한다. 이를「선교善教」라 한다. 석가모니부처님의 가르침을 듣기를 바라고, 아미타부처님의 가르침을 듣기를 바르며 조사 · 대덕의 가르침을 듣기 바라면 당신은 자신을 바꿀 수 있다. 이를「**수시선교**隨時善教」라 한다. 현재 사람들은 가르침을 듣질 않으면서 완전히 자신의 의식심意識心으로 일을 하고, 팔식八識 51가지 심소心所에서 일을 한다. 자신의「**존심수덕**存心修德」,「수시선교隨時善教」에서 운명을 바꿀 수 있다.

인광대사께서는 아무리 총명하고 실력이 뛰어나 재상 자리에 오를지라도 마지막에 자신이 죽는 화를 초래하고 집안이 멸족하는 일을 초래한다고 말씀하신다. 말하자면 그는 과거에 닦은 복보를 이번 세상에 전부 다 쓰고 난 후 재난을 당하고 만다. 이 단락의 법문에서 인광대사께서는 우리들에게 특별히 제시하신다. 특히 어떤 사람에 대하여 사람의 뜻을 정하여 노력하면 하늘(天)을 이긴다고 하셨는가? 인광대사께서는 매우 독특한 견해를 제시하셨는데, 이는 여기서 천天은 하늘이 아니고 우리가 이전 세상에 지은 업인으로, 이는 변화시킬 수 있는 것이다. 만약 이치대로 여법하고 수행하면 반드시 운명을 바꿀 수 있다. 그래서 "불씨문중에서는 구함이 있으면 반드시 응한다." 하셨다. 이는 사람이 뜻을 정하여 노력하면

하늘을 이긴다는 말과 같은 뜻이다. _황백림黃柏霖, 《태상감응록편휘편太上感應篇彙編》

[제226칙] 과보는 삼세에 통하여 마음을 연유하여 전변한다

경전에서 말씀하시길 "보살은 인을 두려워하고 중생은 과를 두려워한다(菩薩畏因 衆生畏果)." 보살은 악과惡果를 만나길 두려워해 미리 악인惡因을 끊어낸다. 이로 인해 죄장이 사라지고 공덕이 원만하니, 성불에 이르러야 그만둔다. 중생은 늘 악인을 짓고서 악과를 피하려고 하니, 마치 태양 아래 자신의 그림자를 피하려는 것처럼 헛되이 수고하며 바쁘게 뛰어다닌다. 무지하고 어리석은 사람이 조금이라도 미미한 선행을 하여도 큰 복을 얻길 바라고, 역경을 만나면 선행을 하여도 재앙을 만나니 인과가 없다 말하고 이로부터 초심에서 물러나 선행을 포기하고 오히려 불법을 비방하는 모습을 흔히 본다. 그런 사람이 어찌 "과보는 삼세에 통하여 마음을 연유하여 전변한다(報通三世 轉變由心)"는 깊은 뜻(奧旨)을 알겠는가?

經云：菩薩畏因，衆生畏果。菩薩恐遭惡果，預先斷除惡因。由是罪障消滅，功德圓滿，直至成佛而後已。衆生常作惡因，欲免惡果，譬如當日避影，徒勞奔馳。每見無知愚人，稍作微善，即望大福。一遇逆境，便謂作善獲殃，無有因果。從茲退悔初心，反謗佛法。豈知報通三世，轉變由心之奧旨乎。

"과보는 삼세에 통한다(報通三世)"고 함은 현보現報, 생보生報와 후보後報를 가리킨다. 「현보現報」은 현생에 선을 짓고 악을 저질러 현생에서 복을 얻고 재앙을 만나는 것이다. 「생보生報」는 금생에 선을 짓고 악을 저질러 내생에 복을 얻고 재앙을 만나는 것이다. 「후보後報」는 금생에 선을 짓고 악을 저질러 제3생이나 혹 제4생, 혹 십백천만 생, 혹 내지 무량무변 겁 이후에 비로소 복을 받고 재앙을 겪는다. 후보後報가 비록 더딘지 이른지 일정하지 않지만, 무릇 지은 업은 결코 갚지 않음이 없다. "마음을 연유하여 전변한다(轉變由心)."고 함은 예컨대 어떤 사람이 악업을 저질러 영원히 지옥에 떨어져 오랜 겁 고통을 겪지만, 나중에 대참괴심을 내고 대보리심을 발하여 악을 고치고 선을 닦으며 송경 염불하면서 한편으로 자신이 수행하고, 한편으로 다른 사람을 교화하여 서방극락에 태어나길 구한 연고로 현생에서 남에게 업신여김을 당하거나 혹 조금 병고를 얻거나 혹 빈궁한 삶을 겪으며 일체 자기 뜻대로 되지 일을 만나면, 곧 이전에 지은 영원히 지옥에 떨어져 오랜 겁 고통을 겪어야 하는 악업이 곧 여기서 사라질 뿐만 아니라 생사를 끝마치고 벗어나며 범부를 뛰어넘어 성인의 흐름에 드는 것과 같다. 《금강경》 제16품 『능정업장분能淨業障分』에 말씀하시길, "만약 선남자 선여인이 이 경을 수지독송하면 남에게 업신여김을 당할지라도 이 사람은 이전 세상의 죄업으로 악도에 떨어져야 하지만 금세에 남에게 업신여김을 당한 연고로 이전 세상에서 지은 죄업이 곧 사라지고 마땅히 아뇩다라삼먁삼보리를 얻을 것이니라." 이것이 바로 "마음으로 말미암아 전변한다"는 문구에 담긴 함의이다.

報通三世者，現生作善作惡，現生獲福獲殃，謂之現報。今生作善作惡，來生獲福獲殃，謂之生報。今生作善作惡，第三生，或第四生，或十百千萬生，或至無量無邊劫後，方受福受殃者，謂之後報。後報則遲早不定。凡所作業，決無不報者。轉變由心者，譬如有人所作惡業，當永墮地獄，長劫受苦。其人後來生大慚愧，發大菩提心。改惡修善，誦經念佛，自行化他，求生西方。由是之故，現生或被人輕賤，或稍得病苦，或略受貧窮，與彼一切不如意事，先所作永墮地獄長劫受苦之業，即便消滅。尚復能了生脫死，超凡入聖。金剛經所謂：若有人受持此經，為人輕賤，是人先世罪業應墮惡道，以今世人輕賤故，先世罪業，即為消滅，當得阿耨多羅三藐三菩提者，即轉變由心之義也。（正）與衛錦洲書

[역주] 무상정등정각을 증득함은 곧 성불한다는 뜻으로 《금강경》의 수승한 이익이지만, 반드시 이 경의 당기중當機衆은 해공제일解空第一 수보리로, 근본적으로 보통사람의 근성이 아님을 알아야 한다. 사상四相을 깨뜨리고 사견四見을 제거함은 범부가 근본적으로 해내지 못한다. 경 중의 "무주생심無住生心"은 소승 사과四果의 성인조차도 몫이 없다. 보통 근성의 학불인學佛人은 비록 이 경을 늘 독송할지라도 "이전 세상에서 지은 죄업이 곧 사라지는" 이익을 얻을 수 있을지 여부는 큰 물음표를 찍어야 한다! 이론상 진정으로 사상을 깨뜨리고 사견을 제거하여 공유불이空有不二의 실상 경계로 증입하고 "마음이 없어질 때 죄 역시 사라지고, 마음이 없어지고 죄가 사라져 둘 다 공하여야" 비로소 진정으로 "이전 세상에서 지은 죄업이 곧 사라진다."

학불인은 반드시 먼저 천태종에서 제시한 육즉불六即佛의 상세한 계위를 배우고 먼저 자신이 실증할 계위를 분명히 하여야 무의식 중에 대망어죄를 범하지 않을 수 있다. 말법시기에는 어떠한 종파의 수행인일지라도 거의 모두 명자名字 산심위散心位의 사람이어서 여하히 《금강경》을 지성으로 독송할 수 있을지라도 정선定善을 닦을 수 없고 산선散善을 닦아 정업定業을 없애기는 어렵다. 소승小乘에서는 정업을 바꿀 수 없고 파계하면 참회할 수 없다. 이런 매우 무거운 정업을 바꾸고 싶다면 취상참取相懺을 닦든지 실상참實相懺을 닦든지 모두 반드시 선정에 들어야 진정으로 정업을 바꿀 수 있다. 실상참의 게송을 독송하고 독송하여도 죄가 사라질 수 있는 것은 아니다. 정업定業 조차도 바꾸기 어렵거늘 "이전 세상에서 지은 죄업이 곧 사라질 것이라"는 기대는 품어서는 안 된다. 말법시기 학불인은 비록 여러 해 수행할지라도 선정을 얻는 자는 드물다. 이런 부류의 사람은 천재 또는 인화나 고질병, 횡사를 만나는 것(정업이 현전함)은 모두 이상히 여길 바가 못 된다. 학불인은 마음속에 응당 절도가 있어야 하고 지나치게 덮어놓고 믿어서는 안 된다.

[제227칙] 염불인은 마땅히 대참괴심과 크게 두려워하는 마음을 내어 남을 해롭게 하고 자신을 이롭게 하는 마음을 없애야 한다

염불은 비록 과거 세상의 숙업宿業을 소멸시킬 수 있을지라도 대참괴심과 크게 두려워하는 마음을 내어 남에게 손해를 끼치고 자신을 이롭게 하는 중생의 마음을 중생을 널리 이롭게 하는 보살행으로 바꾸어야 한다. 그러면 과거 세상의 숙업이든 지금 생의 현업이든 모두 이 대보리심 속에 있는 부처님 명호의 광명에 의지하면 그것으로 인해 모조리 소멸시킬 수 있다.

念佛雖能滅宿業，然須生大慚愧，生大怖畏，轉衆生之損人利己心，行菩薩之普利衆生行。則若宿業，若現業，皆仗此大菩提心中之佛號光明，為之消滅淨盡也。(三) 復康寄遙書

[역주] 참심慚心과 괴심愧心은 《백법명문론百法明門論》 중 11개 선심소善心所의 두 가지 심소(불선심소不善心所는 26개)이다. 참괴심은 일체 악을 끊고 선을 닦으며, 참회하여 죄를 없애고 마음경계를 상승시키는 갖가지 수행법의 기초이다. 참괴심이 없으면 잘못이 있어도 고치지 않고, 불법은 수승하여 정진하기 어렵다고 생각하거나, 늘 태도가 오만하여 수행을 방해한다…….

인광대사께서는 필명을 참괴승慚愧僧이라 한 적이 있는데, 깊은 메시지가 있다. 인생은 짧아 백년처럼 보이지만 실은 호흡 사이로 일념에 호흡이 오지 않으면 이미 다른 세상이다. 그래서 불법이 비록 이익이 수승할지라도 크게 두려워하는 마음을 내어 정진 수행하여야 이번 생을 그르치지 않을 수 있다. 불보살조차도 사람의 탐진치를 내버려두지 않거늘 남에게 손해를 끼치고 자신을 이롭게 하는 마음으로 수행한다면 비록 염불할 수 있을지라도 진실한 이익을 얻을 수 없다.

자운관정慈雲灌頂 대사의 《염불인의 일백 가지 과보》에서 맨 앞 세 가지 과보는 바로 염불인은 삼악도에 떨어짐으로 인해 남에게 손해를 끼치고, 자신을 이롭게 하는 마음으로 염불하면 그 과보는 이 세 가지를 벗어나지 못한다. 진실로 보리심을 발하는 자는 반드시 자성선自性善에 따라 닦는다. 파계하고 악을 지어서 남에게 손해를 끼치고 자신을 이롭게 하며, 탐진치와 오만의 마음을 품고 오욕을 누리는 등등의 발심은 모두 보리문을 거스름에 속하니, 비록 염불할 수 있을지라도 보리심이 진실하지 못해 진실한 공덕을 낳기 어렵고 저절로 죄업을 없애기 어렵다.

"모조리 소멸시킨다(消滅淨盡)"는 말은 인광대사께서 개괄해서 말씀하신 것으로 만약 모든 업을 모조리 소멸시킬 수 있다면 어찌 "소업왕생消業往生"이 아니겠는가? 정종에서 말하는 **대업왕생帶業往生**에서 이 업은 혹업惑業을 가리키니, 즉 견사見思 등의 혹 및 선악 등의 업이다. 임종시 혹업이 현행하지 않으면 임종 최후일념에 염불 왕생하기 전 업의 빚을 포함하여 과거 세상의 숙업과 지금 생의 현업을 모두 지닌 채 왕생할 수 있다. 비록 대업왕생이라 부를지라도 사실은 (자력으로 미혹을 조복하거나 조복하는 두 가지 부류의) **복혹왕생伏惑往生**으로 혹업을 지닌 채 극락에 가는 것이 아니다. 혹惑은 본래 실체가 없고 마음은 바깥이 없는 까닭이다.

비록 혹업을 지닌 채 왕생할 수 있을지라도 여러 죄를 지은 죄심(삼악도에 떨어지는 성죄性罪)을 지닌 채 왕생할 수는 없다. 왜냐하면 극락에는 삼악도가 없고 극락은 여러 상선인上善人이 모여 사는 순수한 대승 선근계이기 때문이다. **악인이 염불하여 삼계를 횡으로 벗어나고 싶다면 반드시 염불 참회하여 죄를 없애고 마음을 바꾸어야 한다.** 《관무량수경》에서 말씀하셨듯이, "선남자여, 그대가 부처님의 명호를 불렀기에 갖가지 죄업이 사라졌도다! 그래서 내가 와서 그대를 맞이하노라!"

염불인의 수행경계는 같지 않고 임종시 왕생도 크기가 서로 같지 않다. 만약 염불하여 관행위 초품에 이르면 자력으로 혹업을 조복하니 곧 혹업을 조복하여 사일심불란에 이르고, 정심으로 염불하여 정선定善이 생기니 정선은 (죄심을 참회하여) 지극히 무거운 정업을 없앨 수 있다. 이런 부류의 염불인이어야 비로소 "(모든 업을) 모조리 소멸시킨" 경지에 속하여 이미 삼악도에 떨어지는 모든 죄가 없고, 임종시 결정코 왕생할 뿐만 아니라 자재왕생하여 좌탈입망하고 얽매임 없이 자재할 수 있다. 이런 부류의 자재왕생하는 사람은 생전에 반드시 오계와 십선을 엄밀히 지키고 정진 염불한 사람이다. 명자위名字位의 산심의 염불인은 반드시 깊이 믿고 간절히 발원하는 마음으로 부처님 명호에 계념繫念하여 보리심을 발하고(반드시 참괴심을 거두어) 임종 최후의 즈음에 죄를 없애면 곧 왕생할 수 있다.

「참심慚心과 괴심愧心」

참심慚心과 괴심愧心은 한 쌍이다. 참심慚心은 자신에 대해 부끄러워하는 마음이고, 괴심愧心은 타인에 대해 부끄러워하는 마음이다. 「**참심소**慚心所」의 체성은 "자법력自法力에 의지해 현인을 높이 받들고 선법을 존중함이다." 자신의 각지력覺知力 및 법의 훈습 교수력에 의지해 현인을 높이 받들고 존경하며, 선법을 존중한다. 그래서 악과 선하지 않은 일에 대해 부끄러워하는(羞惡) 마음을 일으키고 하길 원하지 않는다. 참심소의 업용業用은 1) 소극적으로 무참無慚(부끄러움 없음)에 대치할 수 있고, 2) 적극적으로 악행을 멈출 수 있다. 마음속에 만약 본래 「참慚」이 있으면 일단 갑자기 「무참無慚」의 경계를 만나면 일으켜서 그것에 대치하여 「무참심소無慚心所」가 일어나지 않게 한다. 부끄러워하는 마음이 있는 까닭에 악행을 멈출 수 있다.

「**괴심소**愧心所」의 체성은 "세간의 힘에 의지해 포악한 행을 경시하고 물리침이다." 「세간력世間力」은 곧 현재 이른바 여론의 힘이나 「사회공의社會公議」 내지 「사람의 말은 두려워할만 하다」고 하는 힘이다. 「경輕」은 경시이고, 「거拒」는 항거 · 거부이다. 여론의 힘으로 말미암아 포악한 행을 경시하고 물리침을 말한다. 그래서 「괴愧」는 타인에 대해 부끄러워함을 말한다. 괴심소의 업용은 1) 무괴함에 대치하고 2) 여러 악업을 그친다.

속어로 이른바 "사람에게 두려워할 것이 없어 어떠한 일이라도 할 수 있다(人無慚愧 百事可爲)"고 말한다. 그래서 악을 끊고 선을 닦는 「정근正勤」을 행하려면 반드시 참괴심(수치심)이 있어야 한다. 악을 행하고 잘못을 범할 때 무엇이 참괴인지 알아야 할 뿐만 아니라 「참괴의식慚愧意識」이 있어야 선뜻 악을 짓지 않고, 악을 지을 가치가 없다. 이래야 진정으로 과거를 고치고 미래를 닦아서 날로 점점 진보할 수 있다. 그래서 참괴심을 발하여 잘못과 악에 대해 참이 있고 괴가 있어 잘 분별할 수 있어야 진정으로 바른 정진을 일으켜 모든 닦고 끊는 일을 행할 수 있다. _《대승백법명문론大乘百法明門論 금주今註》

[제228칙] 복을 닦고 업을 지어서는 육근·삼업을 벗어나지 못하니, 선인은 악인에 비해 염불공덕이 크다

사람이 복을 닦거나 업을 지어서는 절대로 육근·삼업을 벗어나지 못한다. 육근六根은 곧 안·이·비·설·신·의이다. 전5식은 신업에 속하고 후의근은 마음에 속하니, 곧 의업이다. 삼업에서 첫째는 몸으로 짓는 업(身業)이다. 이에는 셋이 있으니, 곧 살생·도둑질·삿된 음행이다. 이 세 가지 일은 죄업이 매우 무겁다. 첫째는 살생이다. 학불하는 사람은 마땅히 채식을 하고 생명을 아껴야 한다. 무릇 동물은 모두 통증을 느껴서 살려고 하고 죽음을 두려워하니, 살생해서는 안 된다. 살생하여 이를 먹으면 살업을 짓고 내생 후세에 반드시 살해를 당하게 된다. 둘째는 도둑질이다. 무릇 타인의 물건은 허가 없이 사사로이 가져서는 안 된다. 중요치 않은 물건을 훔치면 자신의 인격을 상실하고, 귀중한 물건을 훔치면 사람의 생명을 해친다. 다른 사람의 재물을 훔치면 이익을 얻는 것 같지만, 실제로는 자신의 복과 수명을 잃게 되고, 자신의 운명에서 얻어야 할 것을 잃는 것이 훔친 것보다 훨씬 더 많을 것이다. 만약 계략을 써서 취하거나 권세를 휘둘러 위협하여 강탈하거나 남을 위해 재무를 관리하면서 부정과 횡령을 저지르는 것은 모두 도둑질이라 한다. 도둑질하는 사람은 반드시 방탕한 자식을 낳고 청렴결백한 사람은 반드시 선량한 자식을 낳는다. 이는 천리에 부합하는 인과규율이다.

人之修福造業，總不出六根三業。六根，即眼耳鼻舌身意。前五根屬身業，後意根屬心，即意業。三業者，一、身業。有三：即殺生、偷盜、邪淫。此三種事，罪業極重。學佛之人，當吃素，愛惜生命。凡是動物，皆知疼痛，皆貪生怕死，不可殺害。若殺而食之，則結一殺業，來生後世，必受彼殺。二、偷盜。凡他人之物，不可不與而取。偷輕物則喪己人格。偷重物，則害人身命。偷盜人物，似得便宜，折己福壽。失己命中所應得者，比所偷多許多倍。若用計取，若以勢脅取，若為人管理作弊取，皆名偷盜。偷盜之人，必生浪蕩之子。廉潔之士，必生賢善之子。此天理一定之因果也。

셋째는 삿된 음행이다. 무릇 자신의 배우자가 아니면 그들과 음행을 해서는 안 된다. 삿된 음행은 인륜을 무너뜨리는 행위로 인간으로써 축생의 짓을 행하는 것이다. 현생에서 이미 축생이 되었거늘, 내생에는 곧 축생이 될 것이다. 세상 사람들은 여자가 사람을 훔치는 것을 부끄럽게 여기고, 남자의 삿된 음행도 여자와 마찬가지인 줄 모른다. 삿된 음행을 하는 사람은 반드시 정결하지 못한 아이를 낳나니 누가 자신의 자식이 정결하지 못하길 바라겠는가? 자신이 이미 이 일을 이전에 행하였기에 자식이 자신의 기질을 이어받아서 결코 행실이 바르고 삿되지 않기 어렵다. 바깥 모습이 음란해서도 안 될 뿐만 아니라 설사 부부간의 정상적인 성생활일지라도 마땅히 제한이 있어야 한다. 그렇지 못하면 요절하지 않으면 신체장애가 될 것이다. 섹스를 탐하는 사람은 오히려 자식을 낳기 쉽지 않다. 설령 낳을지라도 사람 노릇하기 어렵다. 사람 노릇을 할지라도 몸이 허약하고 성취하는 것이 없다. 세상 사람들은 섹스를 즐거움으로 여겨서 즐거움은 단지 순간에 있고, 고통이 종신토록 자식과 후손에 미치는 줄 모른다. 이상 세 가지를 행하지 않으면 신업이 선하고, 행하면 신업이 악하다.

三、邪淫。凡非自己妻室，無論良賤，均不可與彼行淫。行邪淫者，是壞亂人倫，即是以人身行畜生事。現生已成畜生，來生便做畜生了。世人以女子偷人為恥，不知男子邪淫，也與女子一樣。邪淫之人，必生不貞潔之兒女，誰願自己兒女不貞潔。自己既以此事行之於前，兒女稟自己之氣分，決難正而不邪。不但外色不可淫，即夫妻正淫，亦當有限制。否則不是夭折，就是殘廢。貪房事者，兒女反不易生。即生，亦難成人。即成人，亦孱弱無所成就。世人以行淫為樂，不知樂只在一刻，苦直到終身與子女及孫輩也。此三不行，則為身業善，行則為身業惡。

둘째는 말로 짓는 업(口業)이다. 이에는 넷이 있으니, 거짓말·쓸데없는 말·험악한 말·이간질하는 말이다. 거짓말은 곧 말이 진실하지 않음이다. 말이 진실하지 않으면 마음도 진실하지 않고 인격을 크게 잃게 만든다. 쓸데없는 말은 곧 외설스럽고 저질스런 말(쓸데없는 말로는 1) 농담 등 실없는 말장난, 2) 무익한 말, 무익한 논쟁 토론, 3) 때에 맞지 않는 말 4) 아첨하는 말, 번드르르하게 치장하는 말 5) 터무니없는 허황된 말 6) 부풀리고 과장하는 말)을 하여 사람들의 마음을 음탕하게 만든다. 성지식이 없는 소년이 오래 들으면 반드시 삿된 음행을 저질러 인격을 상실하게 하거나 수음을 하여 몸을 상하게 만든다. 외설스런 농담을 하는 사람은 자신이 삿된 음행을 저지르지 않을지라도 지옥에 떨어진다. 지옥에서 벗어나면 암퇘지나 암캐가 되고, 사람으로 태어나면 창녀가 된다. 처음에는 젊고 아름다워 큰 고통이 없지만, 오래지나 매독(성병)에 걸리면 말로 다 할 수 없을 정도로 고통이 심하다. 다행이 이런 말이 있으니, 무엇 때문에 자신과 타인에게 화를 초래하고 자신과 타인을 행복하게 만들지 않겠는가? 험악한 말은 말이 흉악하여 칼 같고 검과 같아 사람이 받아들이기 어렵다. (또한 남이 듣고 기뻐하지 않으며, 불쾌하게 여기고, 성냄을 일으킨다) 이간질하는 말은 한 입으로 두 말을 하여 쌍방에게 시비를 부추긴다. 작게는 사람을 망치고 크게는 국가를 망친다. 이상 네 가지를 행하지 않으면 구업이 선하고, 행하면 구업이 악하다.

二、口業。有四：妄言、綺語、惡口、兩舌。妄言者，說話不眞實。話既不眞實，心亦不眞實，其失人格也大矣。綺語者，說風流邪僻之話，令人心念淫蕩。無知少年聽久，必至邪淫，以喪人格，或手淫以戕身命。此人縱不邪淫，亦當墮大地獄。從地獄出，或作母豬母狗。若生人中，當作娼妓。初則貌美年青，尚無大苦。久則梅毒一發，則苦不堪言。幸有此口，何苦為自他招禍殃，不為自他作幸福耶。惡口者，說話兇暴，如刀如劍，令人難受。兩舌者，兩頭挑唆是非。小則誤人，大則誤國。此四不行，則為口業善，行則為口業惡。

셋째는 생각으로 짓는 업(意業)이다. 이에는 셋이 있으니, 곧 탐욕·진애·우치이다. 탐욕貪欲은 재물 토지 물건에 대해 모두 내게로 모이는 것이 많을 수록 좋고 적을 수록 싫다고 늘 생각한다. 진애瞋恚란 자신이 옳은지 그른지 관계없이 남이 자신의 뜻을 따르지 않으면 곧 크게 화내고, 게다가 남이 선의로 한 권유를 들으려 하지 않는다. 우치愚癡란 아무것도 모른다는 것이 결코 아니다. 설령 세상의 서적을 다 읽고 보기만 하면 다 외우고 입을 열기만 하면 문장이 되지만, 삼세인과 육도윤회를 믿지 않고 누구나 죽으면 영혼이 사라지고 사후세계 등은 없다고 말하면 모두 우치이다. 이상 세 가지를 행하지 않으면 의업이 선하고 행하면 의업이 악하다. 신구의 삼업이 전부 다 선한 사람이 독경·염불하면 삼업이 악한 사람이 독경 염불하는 것보다 얻는 공덕이 백천 배나 크다.

三、意業。有三：即貪欲、瞋恚、愚癡。貪欲者，於錢財、田地、什物，總想通通歸我，越多越嫌少。瞋恚者，不論自己是非，若人不順己意，便發盛怒，且不受人以理諭。愚癡者，不是絕無所知。即讀盡世間書，過目成誦，開口成章，不信三世因果，六道輪迴，謂人死神滅，無有後世等，皆名愚癡。此三不行，則為意業善，行則為意業惡。若身口意三業通善之人，誦經念佛，比三業惡之人，功德大百千倍。(續) 誡初發心學佛者書

[역주] 염불공덕은 수행인 각자의 마음경계가 높고 낮음과 관계가 있다. 자성선에 수순하고 보리정도에 수순하며, 이와 같이 염불해야 진실한 공덕이 생길 수 있다. 만약 보리를 거슬러 닦고 보리를 거슬러 발심하면 근본적으로 공덕이 없다 말할 수 있다. 악인이 비록 염불할 수 있을지라도 그 마음이 보리를 거슬러 자성을 거스르는 까닭에 공덕이 선인만 못하다 말한다.

[제229칙] **타인을 이롭게 함은 곧 자신을 이롭게 함이고 타인을 해롭게 함은 자신을 해롭게 함보다 심하다**

《태상감응편》에 이르길, "화와 복은 달리 들고나는 문이 없고, 오직 자기 자신이 스스로 초래할 뿐이다. 선악의 응보는 그림자처럼 따라다닌다." 타인을 이롭게 함은 곧 자신을 이롭게 함이고, 타인을 해롭게 함은 자신을 해롭게 함보다 심하다. 타인의 부모를 죽이면 타인도 그의 부모를 죽일 것이고, 타인의 형제를 죽이면 그의 형제를 죽일 것이다. 자신의 육친을 잘 모시면 그의 자식이 효도하기 마련이고, 자신의 형제와 잘 지내면 그의 자식이 화목하기 마련이다. 이는 처마의 물처럼 뒷물이 앞 물을 이어서 흘러내리는 것과 같다. 이로써 살피건대, 육친께 효도하고 형제를 공경하며, 사람을 사랑하고 만물을 이롭게 함은 모두 자기 뒤에 오는 사람에게 행복의 기초가 되고, 다른 사람에게 손해를 끼치고 자신을 이롭게 하며 사람의 도리에 어긋나게 행동함은 모두 자기 뒤에 오는 사람에게 화의 근본이 된다. 사람이 아무리 어리석을지라도 재난과 화에 즐거워하고 흉사를 쫓고 길사를 피하는 경우는 절대로 없다.

禍福無門，唯人自召。善惡之報，如影隨形。利人即是利己，害人甚於害己。殺人之父者，人亦殺其父。殺人之兄者，人亦殺其兄。善事其親者，其子必孝。善事其兄者，其子必弟，如屋檐水，後必繼前。由是觀之，孝親敬兄，愛人利物，皆為自己後來福基。損人利己，傷天害理，皆為自己後來禍本。人雖至愚，斷無幸災樂禍，趨凶避吉者。

그러나 그들의 언행을 들여다보면 그 결과는 바라는 바와 정반대이다. 왜 그럴까? 그들을 위해 인과응보의 이치와 사실을 자세히 설명해 주는 사리에 밝은 사람을 만나지 못하기 때문이다. 천하가 다스려지지 않는 것은 필부에게도 책임이 있다. 필부가 어떻게 해야 천하가 태평하게 다스려질 수 있겠는가? 천하의 사람들이 함께 모두 인과를 알 수 있으면 탐진치의 마음이 불길처럼 왕성하게 일어나지 않고 살생·도둑질·삿된 음행의 업을 감히 망령되이 짓지 않을 것이다. 사람을 사랑하고 만물을 이롭게 하며 하늘의 뜻에 순응하여 자기의 처지에 만족할 줄 알아 마음바탕이 이미 광명정대하면 어디에 간들 장차 펼쳐질 길이 광명의 경지[144]가 아님이 없을 것이다.

而究其所行，適得其反何也。以其未遇明理之人，為彼詳細發揮因果報應之事理故也。天下不治，匹夫有責。匹夫何能令天下治乎。使天下之人，同皆知因識果，則貪瞋癡心不至熾盛。殺盜淫業，不敢妄作。愛人利物，樂天知命，心地既已正大光明，則前程所至，無往不是光明之域。(續) 到光明之路序

[역주] 만약 일체중생과 심체가 둘이 아님과 삼세인과·보응의 이치를 깊이 알면 저절로 깊이 믿어 의심하지 않는다. 중생은 심체를 알기 어렵고 증득하기 어려움으로 인해 선종에서 마음을 밝혀 견성한 고승이어야 짧은 시간에 깨달음을 얻는다. 보통의 범부는 성인의 언교言教를 믿지 않아도 크게 비난할 수 없다. 보통사람은 제6식 의식심을 진심으로 여기고 육안으로 보이는 상리常理를 진리로 여겨서, 숙세에 갖추고 있는 큰 인연이 아니면 불법인과 등의 이치에 대해 바른 믿음을 일으킬 수 없다. 영혼이 있는지 여부, 도대체 내세가 있는지 없는지 서양 과학계는 줄곧 탐색 중에 있다…….

[제230칙] **부처님과 중생은 심체가 하나이지만, 오직 자신만 이롭게 하면 자신을 해롭게 한다**

144) 도의 근원을 훤히 내다보고 이체를 밝혀 현실적 상황에 적용하여 높고 밝은 광명의 경지로 이르게 한다(洞見道原 明體適用 造乎高明光火之域). _이율곡

부처님과 중생의 심체는 하나다. 그러나 부처님과 중생의 수용은 오히려 하늘땅만큼 현격한 차이가 있다. 왜냐하면 그 마음 씀이 다른 연유이다! 부처님께서는 무연대자無緣大慈[145]와 동체대비同體大悲[146]로써 중생을 제도·해탈시킴을 본회本懷로 삼아 나와 남, 이쪽과 저쪽을 분별하는 마음이 전혀 없다. 일체중생을 다 제도할지라도 또한 제도하는 주체(能度)와 제도하는 대상(所度)의 상을 보지 못한다. 그래서 복덕과 지혜를 구족하여 세간의 지존이 된다. 중생은 오직 자신의 이익만 생각하고 다른 사람을 생각하지 않음을 전제로 삼아 일을 한다. 부모와 형제의 육친일지라도 이쪽과 저쪽의 상이 없을 수가 없으니, 하물며 주위 사람과 세상 사람이겠는가? 그래서 중생이 감득하는 업보는 가난한 사람, 하천한 사람으로 태어나거나 삼악도에 떨어질 것이다. 설령 오계·십선五戒十善을 받들어 행하고 선정禪定[147]을 스스로 닦을지라도 인천의 즐거운 곳에 태어날 것이다. 대비심이 없는 연고로 줄곧 보리에 맞을 수 없어 복보가 다하면 여전히 다시 떨어지니, 슬프지 않은가? 이러면 일심으로 다른 사람을 이롭게 하고자 하는 경우 바로 자신을 이롭게 함을 성취한다. 그러나 오직 자신을 이롭게 하고자 할뿐 곧 자신을 해롭게 하는 것이다.

佛與衆生，心體是一，而其所受用，天淵懸殊者，以其用心不同之所致也。佛則唯以無緣大慈，同體大悲，度脫衆生為懷，了無人我彼此之心。縱度盡一切衆生，亦不見能度所度之相。故得福慧具足，為世間尊。衆生唯以自私自利為事。雖父母兄弟之親，尚不能無彼此之相，況旁人世人乎哉。故其所感業報，或生貧窮下賤，或墮三途惡道。即令戒善禪定自修，得生人天樂處。但以無大悲心，不能直契菩提，以致福報一盡，仍復墮落。可不哀哉。是則唯欲利人者，正成就其自利。而唯欲自利者，乃適所以自害也。（正）藥師本願經重刻跋

[역주] 불교와 철학의 본체론

부처님과 중생은 그 심체가 동일하지만, 중생은 악을 저질러 타락하는데 왜 부처님께서는 악한 과보를 받지 않고 윤회에 떨어지지 않는가? 이런 부류의 문제에 대해 중국 및 서양 철학계에서 변론을 벌여 불교의 미신을 비평한 적이 있었으나, 실제로는 철학계가 불교를 심체학설에 치우쳐 이해한 까닭이다. 그 근원은 철학의 본체론 사상 자체가 잘못된 것에 있으니, 빈틈이 엄중하다. 철학자들의 변론의 기초는 바로 철학 본체론의 관점에 의거하니, 어찌 정확한 결론을 도출할 수 있겠는가? 중국 학자뿐만 아니라 국외의 철학자들도 또한

---

145) 무연대자無緣大慈 : 아무런 조건없이 중생에게 즐거움을 베푼다는 말이다. 부처님께서는 대비심을 갖추어 중생과 인연이 없을지라도 대비심을 발하여 그를 제도한다.

146) 동체대비同體大悲 : 부처님의 법신과 중생의 법신은 공통의 것이고, 자신과 타인은 분별이 없으니, 타인의 고통은 곧 자신의 고통이라고 본다.

147) 선정禪定은 마음이 하나 대상에 집중하여 산란하지 않은 상태에 도달한다. 바깥으로 상을 여의면 곧 선禪이고, 안으로 산란하지 않음이 정定이니, 이를 선정이라 한다. 선정의 선은 반야정지般若正智를 대표하고 선정과 반야가 둘이 아닌 불이不二의 심법을 얻은 사람이 닦은 정이어야 선정이다.

「제일원인」·「본체론」에서 지적하길, 이미 하나님이 일체 만물을 창조한 이상 하나님은 도대체 누가 창조하였는가? 불교는 비록 심체를 이야기하고 본체를 말하지만, 철학적 의미의 본체론 사상이 아니다. 반드시 이 점에 주의하여야 한다. 불교는 우주의 제일원인을 승인하지 않고, 만물을 창조하는 제일 능변能變을 승인하지 않는다. 왜냐하면 불교에서 시간은 심불상응행법心不相應行法에 속하고, 시간조차 실체가 없다고 여기거늘, 어떻게 실체가 없는데 제일원인을 찾을 수 있겠는가?

불교의 관점에 의거하면 시간좌표는 결코 순서대로가 아니라 일방향으로 불가역적으로 나아간다. 만약 선정에 들어가면 이 시간좌표의 가로축 상에 수직으로 시간좌표를 다시 세우고, 세로로 시간 순서를 다시 논하여 시간 상대성을 표시할 수 있다. 《화엄경》 십현문十玄門에서 **십세격법이성문(十世隔法異成門**; 시간은 실체가 없고 상즉상입하여 하나의 총합을 이루지만 전후 장단의 구별이 뚜렷하여 질서가 정연하다)에 들어가면 시간상으로 삼세에 각각 과거 현재 미래 삼세가 있어 구세를 이루고, 눈앞(當前)의 일념一念을 추가하여 합쳐서 십세十世가 된다. 만약 선정에 들어가 상응하면 십세 중 어떠한 일세에서도 모두 당하(當下; 지금 바로)를 이루고, 시간 좌표축은 원형일 수 있다. 법신보살은 일진불이一眞不二의 절대원융을 증득하여 시간의 대대對待를 초월하고, 일념과 무량겁이 원융하니 곧 불가사의하다.

철학의 본체론사상에 따르면 사람은 성불한 후에도 여전히 재차 타락할 가능성이 있다. 왜냐하면 중생의 무명·원죄·번뇌·오욕 등은 모두 본체인 제일능변으로부터 생겨난 것이기 때문에 오는 세상에 하나님, 지극한 최고를 증득한 분이 되어도 제일능변은 여전히 다시 무명·원죄 등을 일으킨다. 이것이 바로 본체론의 엄중한 빈틈이다.

그러나 불교에서 이러한 것은 모두 여러 인연이 화합하여 생겨나는 것이지,「법성」이 홀로 스스로 생겨나는 것이 아니라고 생각한다. 불심과 중생심은「법성」의 용으로, 비록 이 법성이 부처님과 중생의 심체라 부를지라도 이 법성의 체는 자신도 아니고 타자도 아니며, 자신이면서 타자이니, 어떤 한 중생이 홀로 스스로 점유하고 있는 것이 아니면서 또한 중생마다 전체로 용을 일으키는 것일 수 있다. 비록 같지 않은 중생의 마음(여러 인연)에 의지해서 갖가지 묘용을 일으킬 수 있을지라도 그 법성은 또한 여여부동如如不動하여 화합된 것이 없다.

이러한 법성은 자신도 아니고 타자도 아니며, 진여문 중에 여여부동하여 중생심과 화합하는 것이 아니다. 이 법성은 물질도 아니고 정신도 아닌 형식으로써 존재하여 오히려 찾을 수 있는 실체가 없다. 그래서 **불법은 본체론이 아니라고 말할 수 있다.** 또한 이 법성은 자신이면서 타자이며, 생멸문 중에 인연에 따라 변하여 중생심과 화합한다고 방편으로 말한다. 이 법성은 중생의 여러 인연을 따라 백계천여(百界千如; 우주간의 일체법)를 만들 수 있으니, 그것이 없다고는 말할 수 없다. 그래서 **불법은 또한 본체론이라고 말할 수 있다.**

어쨌든 **불법 중의 본체사상은 철학계의 본체론과 결코 같지 않다.** 이 점에 주의해서 구별하여야 한다. 불법은 일체만법이 모두 연기법에 속한다고 주장한다. 제불과 중생의 심체는 하나이지만, 심체의 용 – 중생심은 하나가 아니니, 어떤 중생은 악을 저질러 타락한다. 그 마음은 업연에 따라 생겨나서 그 묘용과 합하니, 이 중생심 가운데 악도의 경계가 변하여 나타난다. 유심唯心이 나타난 것이고 유식唯識이 변한 것으로 자심에서 경계가 나타날 뿐, 다른 사람과 아무런 관계가 없다. 중생이 성불한 후 속마음은 이미 절대 청정하여 더 이상 파계하여 악을 짓는 여러 생각이 생겨나지 않고, 심체에서 홀로 스스로 무명 · 원죄 · 번뇌 · 오욕 등 망념이 변하여 나타날 수 없다. 그래서 더 이상 타락할 리가 없다.

태허太虛대사께서는 불교의 인과와 중생심간의 관계를 논급하실 때 "(불교의 인과진리는) 한편으로는 근본이 없다 말할 수 있고, 한편으로 마음의 중앙(心樞)이라고 말할 수 있다. 근본이 없는 까닭에 어떠한 제한도 받지 않고, 마음의 중앙인 까닭에 상당한 자유가 있을 수 있다. 상당한 자유가 있는 까닭에 선악을 나눌 수 있어 책임을 져야 하고, 부지런히 스스로 힘쓰고 착한 일을 하도록 남을 격려하지 않을 수 없다. 그러나 이 불교에서 마음의 중앙인 인과론에서 이른바 심식心識은 곧 유를 나타내는 심식이고, 또한 생물이 근본으로 삼고, 생물 · 비생물이 경계로 삼아 일어나는 심식이니, 그래서 또한 저 유식철학 등이 가리키는 것과 달리 만유의 대본인大本因인 마음이다. 마음의 중앙이라 함은 마음은 만유의 인과변동을 이끄는 중추(樞紐)임을 밝힐 뿐이다."

성性은 마음의 근본이고, 사구四句, 즉 사문(四門; 유문 · 공문 · 역유역공문 · 비유비공문)을 여읜 중도이니, 근본이 없다고 말할 수 있고, 근본이 있다고 말할 수 있다. 삼세인과는 반드시 중생심에 의지해 변동을 이끄는 중추(마음이 업을 짓고, 마음이 업을 바꾼다)이다. 이후 《육조단경》에서 "자성이 능히 모든 것을 만들어내는 줄을 내 어찌 알았겠습니까?(何其自性能生萬法)" 등의 구를 다시 보면 그것을 철학상의 본체론, 능변의 제일원인과 동일시할 수 없다. 결코 「자성自性」이 홀로 스스로 만들어내는 것이 아니라, 반드시 「마음」의 이러한 중추의 도움을 빌어서 여러 인연이 화합하여 생겨난다.

[제231칙] 전생에 지은 업인과 현전하는 연분을 알면 하늘의 뜻에 순응하여 자기의 처지에 만족할 줄 알아 원망하지 않고 남 탓하지 않는다

천하의 일은 모두 인연이 있다. 그 일의 성공 여부는 모두 인연으로 말미암아 결정된다. 비록 성패를 좌우하는 사람이 있을지라도 그 실제 권력은 여전히 나의 전생에 지은 업인(前因)에 있지, 그의 현전하는 연분 상에 있지 않다. 이러한 이치를 분명히 깨닫고 하늘의 뜻에 순응하여 자기의 처지에 만족할 줄 알고 뜻대로 되지 않는다고 해서 하늘을 원망하지 말고 남 탓하지 말아야 한다. (만약 전후인과를 안다면 난처함과 순조로움, 획득함과 상실이 모두 스스로 짓고 스스로 받는 것이니, 어떠한 역경을 만날지라도 위로는 하늘을 원망하지 말고 아래로는 남 탓하지 말라. 다만 자신에게 덕행이 없음을 부끄러워하고 두려워할 뿐 다른 사람과 하늘에서 어떤 과실도 보지 말라.) (그래서 《중용》에 이르길), "(군자는) 현재 자신이 처한 위치에 따라 행하여 어떤 상황에서도 무너지지 않고 스스로 답을 찾아내지 않음이 없다."

天下事，皆有因緣。其事之成與否，皆其因緣所使。雖有令成令壞之人，其實際之權力，乃在我之前因，而不在彼之現緣也。明乎此，則樂天知命，不怨不尤。若知前後因果，則窮通得喪，皆我自取，縱遇逆境，不

怨不尤。只慚己德之未孚，不見人天之或失。見正編《何閬仙家慶圖》序。素位而行，無入而不自得矣。（正）復周群錚書五

[역주] 속세(凡塵)를 간파하고 인과의 이치를 환히 밝혀서 반드시 집착하지 말고, 마음은 인연에 수순할 수 있어야 하며, 원망과 탓하는 마음을 내어서는 안 된다. 이러한 관법觀法은 번뇌하는 마음을 끊어 없애고 원망하는 마음을 평온히 하는 가장 빠른 속도의 가장 좋은 방편의 수행법(修法)이다. 그것을 수행법으로 여기는 연유는 구체적인 인과의 실정은 아마 결코 모두 이렇지 않을 것이고, 너무 맹목적으로 곧 「숙명론」의 잘못된 방향으로 걸어 들어가기 때문이다. 이는 잘못된 문제에 대한 지견知見에 속한다. 오탁악세의 지금을 살펴보니, 악인이 횡행하고 법을 어기고 기강을 어지럽힘이 어느 것이나 다 그것이다.

피해자 자신의 「전생에 저지른 업인(前因)」이 모두 나쁘다는 말인가? 절대 그렇지 않다. 인과는 삼세에 통하나니, 숙명론은 금생에 받는 과보를 전생에 저지른 업인에 미루고, 금생에 받는 과보는 또한 내세에 받을 과보의 업인일 수 있음을 모른다. 독이 든 분유를 유통하는 악인 '갑'이 수만 내지 수십만의 피해자인 '을'에게 손해를 끼치니, 수십만 피해자인 '을'이 모두 자신이 전생에 저지른 업인으로 금생에 독 분유의 악과를 먹는 악보를 받는다는 말인가?

인광대사께서 여전히 세상에서 계시다면 절대 이렇게 대답하지 않을 것이다. 필경에 삼세인과는 지극히 복잡하니, 오직 대신통의 성자만이 비로소 숙명통으로써 진실로 여실히 분간한다 말할 수 있다. 아라한조차도 전후 오백세만 관할 수 있을 뿐, 구경이 아닌 곳이 있다.

수행인의 경우 숙세인과를 분간하기 어렵기에 만약 어떤 역경을 만날지라도 빚을 갚아야 하고 업을 끝내어야 한다고 생각한다면 마음속이 저절로 담담하고 평온해질 것이다. "(군자는) 현재 자신이 처한 위치에 따라 행하여 어떤 상황에서도 무너지지 않고 (하늘을 원망하지 않고 남을 탓하지 않으며) 스스로 답을 찾아내지 않음이 없다(素位而行 無入而不自得矣)."

[제232칙] **문자는 세상의 지극히 귀한 보배로 글자와 종이를 소중히 여겨 복을 양성하길 권한다**

인간세상에서 덕을 이루고 재능을 이루며, 공을 세우고 사업을 일으키며, 한 가지 재능 한 가지 예능이 있어 자신과 가족을 먹여 살릴 수 있는 자질은 모두 「문자」가 주지하는 힘에 의지해 성취할 수 있다. 「문자」는 세상의 지극히 귀한 보물이니, 범부는 성자로, 어리석은 사람은 지혜로운 사람으로, 빈천한 사람은 부귀한 사람으로, 질병에 걸린 사람은 건강한 사람으로 변화시킬 수 있다. 고대 성현의 도맥道脈이 천고의 세월에 전해 내려오고, 자신과 집안이 경영한 재산이 후손에게 남겨짐에 있어 문자의 힘에 기대지 않음이 없다. 만약 이 세상에 글자가 없다면 일체의 사리는 모두 성립되지 않고, 사람은 짐승과 다를 바가 없을 것이다. 이미 이러한 공력이 있다면 당연히 소중히 여겨야 한다. 나는 오히려 지금 사람들은 글씨 쓴 종이를 함부로 얕보고 더럽혀 그야말로

지극히 귀한 보배를 하찮은 것과 같게 여기는 모습을 보니, 어찌 현생에서 복이 나가고 요절하여 내생에 지혜와 지식이 모자란 자가 되지 않을 수 있겠는가?

人生世間，所資以成德達才，建功立業，以及一才一藝養活身家者，皆由文字主持之力，而得成就。字為世間至寶，能使凡者聖，愚者智，貧賤者富貴，疾病者康寧。聖賢道脈，得之於千古。身家經營，遺之於子孫，莫不仗字之力。使世無字，則一切事理，皆不成立。而人與禽獸無異矣。既有如是功力，固宜珍重愛惜。竊見今人任意褻汙，是直以至寶等糞土耳。能不現生折福折壽，來生無知無識乎哉。（正）挽回劫運論

[역주] 과거에는 인쇄술이 발달하지 않아 경서 유통은 매우 적당하지 않았다. 고대에는 대부분 손으로 사경하여 유통하니 법보를 얻기 어려움을 미루어 알 수 있다. 오늘날에는 인쇄술이 발달하고 또한 네트워크 통신기술이 선진화되면서 스마트폰을 통해 곧 유불선 경전을 열람할 수 있다. 이는 옛날 사람은 상상하기 어렵고 지금 사람이 옛날 사람보다 복보가 큰 측면이다.

ㅣ인광대사

그것을 아미타불이라고 하느니라 是彌陀

간절한 마음에서 나는 빛 懇心放光

그 경계가 묘하고 묘하고 묘하니라 妙妙妙

정성을 다하고 공경을 다하면 竭誠盡敬

[2] 살생계의 중요성을 보이다 (示戒殺之要)

[제233칙] 육식과 채식의 관문은 실제로 우리가 상승 하강하고 천하가 다스려지고 어지러워지는 근본이다

여러 악업 중에 오직 살생이 가장 무겁다. 하늘 아래 온 세상에 살생업을 짓지 않은 사람은 거의 없다. 설사 그들이 살아있는 동안 살생을 한 적이 없을지라도 날마다 육식을 하면 곧 날마다 살생을 하고 있는 셈이다. 왜냐하면 살생을 하지 않으면 먹을 고기가 없기 때문이다. 도축업자, 사냥꾼, 어부들이 모두 육식하는 사람의 수요를 위해 대신 살생하고 있다. 육식을 하느냐 채식을 하느냐의 중요한 관문은 실제로 사람들이 복과 화를 받고 상승 하강하며, 천하가 다스려지고 어지러워지는 근본으로 결코 작은 일이 아니다! 스스로 그 몸을 사랑하고 겸해서 하늘아래 온 세상 인민을 사랑하여 장수와 안락을 누리길 바라고 뜻밖의 재난과 화를 만나지 않으려면 마땅히 살생을 금하고 채식을 하여야 하나니, 이는 천재지변과 사람이 일으킨 화로부터 만회하는 제일묘법이다.

諸惡業中，唯殺最重。普天之下，殆無不造殺業之人。即畢生不曾殺生，而日日食肉，即日日殺生。以非殺決無有肉故，以屠者獵者漁者，皆為供給食肉者之所需，而代為之殺。然則食肉吃素一關，實為吾人升沈，天下治亂之本，非細故也。其有自愛其身，兼愛普天人民，欲令長壽安樂，不罹意外災禍者，當以戒殺吃素，為挽回天災人禍之第一妙法。(正) 勸愛惜物命說

[보충] 지은 죄의 경중을 논하면 돼지를 도축하는 사람은 주범主犯이고, 육식하는 사람은 종범從犯이나, 이는 고정된 것이 아니다.

이런 말을 들어보면 직접 살생하는 사람의 죄는 비교적 무겁고, 간접 살생하는 사람은 비교적 가벼운데, 그런가? 모두들 직접 살생하는 죄는 무겁고, 육식하는 사람의 죄는 가볍다고 여기나, 이는 틀렸다! 정부의 법률도 범죄를 또한 주범主犯과 종범從犯, 두 가지로 나뉜다. 주범은 자신이 직접 하는 것이고, 종범은 흉악한 일이나 나쁜 짓을 돕는 것이다. 그러나 직접 살생하는 사람이 주범인가? 여전히 간접 육식하는 사람이 주범인가? 이는 고정된 것이 아니다. 예컨대 도축업자는 자신이 돼지를 죽여서 팔 때 곧 주범이고 고기를 사는 사람은 곧 종범이다. 그러나 고기가 팔리지 않으면 도축하지 않지만, 고기를 사는 사람은 많아야 계속 도축하게 된다. 이때 고기를 사는 사람이 주범으로 바뀌고, 도살업자는 종범으로 바뀐다. 이러한 업인으로 곧 각자 그 과보를 얻는다. **_이병남 거사,《인과가전변因果可轉變》**

[역주] 이병남 대덕께서는 이 단락의 법문에서 매우 많은 육식인의 삿된 견해를 타파하신다. 곧 그들은 자신은 아직 직접 살생하지 않고, 육식의 죄는 매우 가볍다고 잘못 생각하지만, 실제로는 그렇지 않다. 현대사회에서 육식의 행업은 산업의 사슬로 모두 한 조를 이루고

있다. 1916년 통계에 따르면 북경에는 매일 1,850톤의 돈육이 소모되었는데, 환산하면 약 2.4만 두의 돼지이다. 이러한 돼지는 모두 육식하는 사람을 위해 사육되고 육식인을 위해 도축되거늘 누가 주범이고 누가 종범인가! 이는 정말 고정된 것이 아니다.

대덕께서는《인과가전변因果可轉變》중에서 도병겁의 업인에 관한 법문을 하셨다. 이는 결코 빈말이 아니고 추측이 아니다. 불보살께서는 천안통이 있어 도병겁의 인과를 매우 명백하게 볼 수 있어 중생이 자고이래 살생업을 끊지 못하고 살생하지 않은 적이 없음을 또렷이 아신다. 살생은 두 가지로 나눌 수 있다. 하나는 직접 살생이고, 하나는 간접 살생이다. 이러한 살생을 짓는 업인은 오래 축적되어 연분을 만나면 도병겁의 과보를 맺게 된다. 무엇을 직접 살생, 간접 살생이라 하는가? 도축업자는 직접 돼지를 죽이고, 양을 죽이며, 소를 죽이는데, 이를 직접 살생이라 한다. 왜냐하면 우리가 날마다 고기를 먹어야 그들이 우리를 위해 도축하기에 이를 간접 살생이라 한다. 이 두 가지가 바로 살생의 업인이다.

[제234칙] 사람을 사랑하는 자는 반드시 중생을 사랑할 수 있고 중생을 잔악하게 해치는 자는 결코 사람을 사랑하기 어렵다

모름지기 알지니, 바다에서 헤엄치거나 땅 위에서 다니거나 하늘 위에서 날거나 구멍 속에 숨어있는 갖가지 동물들 그 영명각지靈明覺知의 마음은 우리 인류와 같지만 과거세의 숙업이 깊고 무거워 그 형체가 우리와 다르고 입으로 말할 수 없게 되었다. 그들이 식량을 구하고 죽음을 피하려는 상황을 관찰하면 사람과 다름이 없음을 저절로 깨달을 수 있다. 우리는 숙세의 복력이 있어서 다행히 인간 세상에 태어나 마음에 지혜와 사려가 있으니, 아버지와 어머님은 하늘이자 땅이고 인류와 만물은 동포이자 벗인 도리를 마땅히 돈독히 하고, 사람이 천지와 함께 삼재三才라 이름하는 기대를 저버리지 말며, 천지의 교화하고 길러주는 은덕에 참여하고 도와서 사람과 만물로 하여금 각자 알맞은 자리를 얻게 하여 모두 하늘이 덮어 주고 땅이 실어 주는 혜택을 함께 누리고 타고난 수명을 함께 즐길 수 있도록 할지라.

須知水陸飛潛諸物，同吾靈明覺知之心。但以宿業深重，致使形體殊異，口不能言。觀其求食避死情狀，自可悟其與人無異矣。吾人承宿福力，幸生人道，心有智慮。正宜敦天父地母，民胞物與之誼，以期不負人與天地並名三才，以參贊天地之化育。俾民物各得其所，以同受覆載，同樂天年而後已。

만약 천지의 살아있는 것을 사랑하는 덕(好生之德)을 살피지 못하고, 마음대로 게걸스럽게 먹는 생각을 일으켜서 자신이 강하다고 약한 동물들을 얕보고, 그 고기를 먹어 자신의 배를 채우다 보면 반드시 어느 날 과거세 쌓은 복보를 다 누리고서 살생한 업보가 현전하게 되리니, 만약 마음은 고치지 아니하고 겉으로만 달라지지 않은 채 축생을 전전하며 죽임을 당하고 잡아먹히는 업보를 받지 않으려고 한다고 해서 될 수 있겠는가?

하물며 육식에 독이 있음에랴. 이러한 독소는 동물이 죽음을 당할 때 원한이 맺혀서 생기는 것이기 때문이다. 그래서 대체로 전염병이 크게 유행하여도 채식을 하는 사람은 전염이 매우 적게 일어난다. 또한 고기와 같은 더럽고 탁한 음식물은 먹은 후 혈액이 탁해지고 정신이 혼미해지며 발육이 빨라지고 노화가 빨라지며 병에 걸리기 매우 쉬워진다.

倘其不體天地好生之德，恣縱自己饕餮之念。以我之強，陵彼之弱。食彼之肉，充我之腹。必至一旦宿福已盡，殺業現前。欲不改頭換面，受彼展轉殺食，其可得乎。況肉食有毒，以殺時恨心所結故。故凡瘟疫流行，蔬食者絕少傳染。又肉乃穢濁之物，食之則血濁而神昏，發速而衰早，最易肇疾病之端。

채소와 과일과 같은 청결한 식품은 먹은 후 기가 맑아지고 정신이 또렷해지고 건강하고 장수할 뿐만 아니라 쉽게 늙지 않는다. 이는 채식할 때 보양하는 힘이 강하기 때문이다. 이는 비록 위생과 관련한 평범한 말일지라도 실제로는 타고난 본성을 다하는 지론이다. 세속의 풍습으로 여겨 대대로 이어져서 미혹을 쌓게 하여 되돌리지 못하게 한다. 모름지기 알지니, 어진 마음으로 사람을 사랑하는 사람은 중생을 사랑할 수 있고 중생을 잔혹하게 해치는 사람은 결코 사람을 사랑하기 어렵다. 이는 습성에 휘몰린 탓이다.

蔬係清潔之品，食之則氣清而智朗，長健而難老，以富有滋補之力。此雖衛生之常談，實為盡性之至論。因俗習以相沿，致積迷而不返。須知仁民者必能愛物，殘物者決難仁民，以習性使然。

그래서 성왕聖王이 세상을 다스려 새와 짐승, 물고기와 자라조차도 그의 은혜를 입을 수 있고 정확한 이치로써 인민을 교화하면 매미채도 새총도 모두 쓸모없다. 생각해보건대 예부터 지금까지 무릇 잔인하게 탐욕한 사람은 가문이 대부분 끊어지고 인애와 자비로 만물을 이롭게 하는 사람은 자손이 반드시 번성할 것이다. 공자는 처음으로 목우와 토우를 만들어 순장하자고 제창한 사람은 그 자손이 끊어질 것이라 단정하였다.[148] 함부로 육식을 즐기는 사람은 여래께서 그들은 뒤이어 과보를 받게 될 것이라 예언하셨다. "부질없이 푸줏간을 멀리하라 말하지 않길 바란다. 고기를 먹을 수도 있다." 이는 세속에 따른 권의설법權宜說法이다.[149] 오신채와 비린 고기를 영원히 끊는 것이 도리이다.

---

148) 맹자가 말하길, "처음으로 (순장용) 사람 인형을 만든 사람은 후사가 없으리라(始作俑者 其無後乎)!" 즉 맨 처음 목우와 토우를 만들어 순장한 사람은 반드시 자손이 끊기게 될 것이다! 맹자는 해석하여 말하길 "그가 사람의 형상을 만들어 사용했기 때문이다(為其像人而用之也)." 왜냐하면 우상은 사람의 형상이기에 순장에 사용하는데 어진 행위가 아니다.

149) 맹자가 말하길, "군자는 짐승을 대할 때 살아 있는 모습은 보아도 죽어가는 모습은 차마 보지 못하고, 죽어가면서 애처롭게 우는 소리를 듣고는 차마 그 고기를 먹지 못한다. 그래서 군자는 푸줏간을 멀리한다." 먼저 주방을 멀리 함으로써 살생을 하지 않으려는 것은 맹자의 미봉책이고, 결국은 점차 채식을 실천해야 한다. 부처님도 삼정육三淨肉을 말씀하신 적이 있으니, 자기 눈으로 죽이는 모습을

是以聖王治世，鳥獸魚鱉咸若。明道教民，黏竿彈弓盡廢。試思從古至今，凡殘忍饕餮者，家門多絕。仁愛慈濟者，子孫必昌。始作俑者，孔子斷其無後。恣食肉者，如來記其必償。祈勿徒云遠庖，此係隨俗權說。固宜永斷葷腥，方為稱理實義。(正) 寧波功德林開辦廣告

[제235칙] 홀아비 · 과부 · 고아 · 독거노인과 빈궁 · 환난을 만나는 사람의 업인을 끊으려면 살생을 금하고 방생을 하여야 한다

어떤 이는 말하길, "홀아비 · 과부 · 고아 · 독거노인과 빈궁환난을 만나는 사람은 세상 도처 어디에나 있거늘, 왜 그들을 두루 구제하지 않으면서 오히려 아무런 상관없는 이류異類에 마음을 쓰려고 하는가, 이는 경중 완급의 측면에서 본말이 뒤바뀐 것이 아닌가?"

답하길, "당신은 아직도 여래께서 살생을 금하고 방생한 원인을 잘 모르고 있다! 사람과 동물은 비록 다를지라도 불성은 원래 같다. 동물은 숙세에 악업을 지은 연고로 이류에 떨어졌고, 우리는 숙세에 선업을 지은 연고로 다행히 사람 몸을 얻었다. 우리가 만약 동물을 이해하고 동정하여 불쌍히 여기지 않고 마음대로 고기를 먹어서 어느 날 우리의 복보를 다 누리고, 그의 죄업을 다 마치면 처음부터 갚으면서 그의 입과 배를 채울 수밖에 없다."

或曰：鰥寡孤獨，貧窮患難，所在皆有，何不周濟。而乃汲汲於不相關涉之異類，其緩急輕重，不亦倒置乎哉。答曰：子未知如來教人戒殺放生之所以也。夫人物雖異，佛性原同。彼以惡業淪於異類，我以善業幸得人身。若不加憫恤，恣情食啖。一旦我福或盡，彼罪或畢。難免從頭償還，充彼口腹。

"모름지기 도병(전쟁)의 대겁난은 모두 숙세에 저지른 살생의 업이 초래한 것임을 알아야 한다. 만약 살생의 업이 없다면 비록 몸이 흉악한 도적을 만날지라도 그도 선한 마음이 생겨서 당신을 차마 죽이지 못할 것이다. 또한 살생을 금하고 방생을 하는 사람은 전염병 수재 화재 등 이러한 재난과 횡사를 매우 적게 만날 것이다. 이로써 우리는 동물의 생명을 보호하는 것은 원래 자신의 생명을 보호하는 것임을 알 수 있다. 살생을 금하면 천살, 귀신살, 도적살과 나아가 미래의 원한을 원한으로써 갚는 살생을 면할 수 있다."

須知刀兵大劫，皆宿世之殺業所感。若無殺業，縱身遇賊寇，當起善心，不加誅戮。又況瘟疫水火諸災橫事，戒殺放生者絕少遭逢。是知護生，原屬護自。戒殺可免天殺、鬼神殺、盜賊殺，未來怨怨相報殺。

보지 않은 것, 자기를 위해서 죽이지 않은 것, 자기를 위해서 죽였다고 듣지 못한 경우는 먹을 수 있지만, 이것도 세속의 풍습에 순응하는 미봉책이다.

"홀아비 · 과부 · 고아 · 독거노인과 빈궁환난을 만난 사람에 대해서도 우리는 마땅히 분수에 따라 힘에 맞게 그들을 구제해야 하거늘 어찌 살생을 금하고 방생하는 사람이 결코 이러한 공덕을 짓지 않는단 말인가? 그러나 홀아비와 과부 등은 매우 불쌍히 여길만 하지만, 아직 죽음에 직면하지 않았다. 동물은 구제하지 않으면 즉시 도마위에 올라 솥에서 요리되어 배를 채우게 될 것이다!"

鰥寡孤獨，貧窮患難，亦當隨分隨力以行周濟。豈戒殺放生之人，絕不作此項功德乎。然鰥寡等雖深可矜憫，尚未至於死地。物則不行救贖，立見登鼎俎以充口腹矣。

또한 말하길, "동물의 종류는 매우 많은데, 얼마나 방생할 수 있겠는가?"

답하길, "모름지기 방생, 이 일은 실제로 사람들에게 동물을 사랑하고 보호하는 가장 수승한 선심을 일으키도록 함을 알아야 한다. 사람들이 모두 방생의 진정한 의도를 잘 이해하여 마음속에 저절로 연민의 마음을 내어서 더 이상 차마 고기를 먹지 않길 바란다. 이미 고기를 먹지 않으면 저절로 더 이상 동물을 잡는 사람이 곧 살생의 업을 그만둘 것이다. 수중 · 육상 · 공중의 동물들이 모두 그들의 환경에서 자유롭게 날고 뛰어다니고 헤엄치며 생활할 수 있을 것이다. 그러면 우리는 방생하지 않고도 완전히 방생하여 이른바 천하를 방생지放生池로 삼는 것이 아니겠는가? 설사 사람마다 각자 이렇게 할 수 없어도 만약 한 사람이라도 차마 육식을 하지 않는다면 무량한 수중 · 육상의 생명이 살육을 면할 수 있거늘, 하물며 한 사람뿐이겠는가!"

又曰：物類無盡，能放幾何。答曰：須知放生一事，實為發起同人，普護物命之最勝善心。企其體貼放之之意，中心惻然，不忍食啖。既不食啖，則捕者便息。庶水陸空行一切物類，自在飛走游泳於自所行境。則成不放之普放，非所謂以天下而為池乎。縱不能人各如是，而一人不忍食肉，則無量水陸生命，得免殺戮。況不止一人乎。

"또한 방생은 현재 · 미래의 모든 사람이 홀아비 · 과부 · 고아 · 독거노인과 빈궁 · 환난을 만난 사람의 업인을 끊어 없애고, 장수 · 무병 · 부귀 · 안락하며, 온가족이 단란하게 지내고, 부부가 해로하는 인연을 짓는 것이다. 이는 바로 두루 구제함을 앞당겨 사람들이 미래에 세세생생토록 홀아비 · 과부 등의 괴로움을 영원히 만나지 않고 부귀 · 안락 등의 즐거움을 오래 누리게 함은 이른바 천하의 온 세상 사람들이 모두 행복을 누리는 좋은 일(罄域中而蒙福)150)이 아닌가? 어떻게 그것을 무관심하게 내버려둘 수 있겠는가? 그대가 살생을 금하고 방생함은 결국 사람을 돕는 일에 마음을 쓰는 것인데, 여전히 동물을 살리는 일을 막는다면, 여전히 완급과 경중을 뒤바뀌어 생각하고 있지 않은지?

150) 인광대사께서는 《금능삼차하법운사방생지소金陵三汊河法雲寺放生池疏》에서 말씀하시길, "당 숙종 때 안노공 진경은 이 나라를 지키는 일을 맡아 천하의 여러 주에 각각 방생지放生池를 세우도록 지도하면서 노공에게 글을 짓도록 명했다. 그는 말하길, 온 천하를 방생지로 삼으니, 모든 지방이 복을 입을 것이다."

자세히 생각해 보길 바란다.

又為現在未來一切同人，斷鰥寡孤獨貧窮患難之因。作長壽無病、富貴安樂、父子團圞、夫妻偕老之緣。正所以預行周濟，令未來生生世世，永不遭鰥寡等苦，長享受壽富等樂。非所謂罍域中而蒙福乎，何可漠然置之。子審思之，戒殺放生，畢竟是汲汲為人，抑止汲汲為物，而緩急輕重倒置乎。(正) 極樂寺放生池疏

[보충] **이류중행異類中行**

이류중행異類中行은 대승 보살의 길이며, 원력이다. 깨달음을 얻은 보살이 스스로 육도六道 윤회에 들어가 중생의 고통을 덜어주고 마침내 깨달음으로 이끄는 보살행을 실천함을 가리키는 말이다. 《유마경》에 이르길, "만약 보살이 비도非道를 행하면 이것이 불도를 통달하는 것이다." 중생을 제도하기 위해 아픈 사람으로 나타나기도 하고, 축생이나 아수라 등의 몸으로 나타나기도 한다.

[제236칙] **중생은 누겁에 걸쳐 육도에 윤회하면서 부모가 되기도 하고 또한 미래불이기도 하다**

일체중생은 무시광겁 이래 육도를 윤회하면서 번갈아 서로의 부모·형제·처자식·권속이 되어 번갈아 낳고 기르며 사랑하였고(互生), 번갈아 서로의 원수 상대가 되어 (돌아서 다시 처음으로 돌아가) 순환하며 보복하며 번갈아 죽였다(互殺). 부처님께서는 갖가지 대승경전에서 여러 차례 권유하고 경고하셨으나, (중생은 업이 무거워) 부처님의 말씀을 보고 듣는 자가 매우 적었고, 비록 보고 들을 수 있을지라도 믿고 받아들여 봉행하는 자는 더욱 적고 또 적었다. 이에 부처님께서는 대자비심으로써 여러 중생의 종류별로 시현하시어 사람에게 죽임을 당하고 잡아먹혔다. 이미 죽임을 당한 이후 (중생의 형체 가운데) 여러 기이한 형상을 시현하시어 모든 사람들에게 원래 부처님의 시현임을 알게 하셨다. (이는 중생에게 살생을 금하고 방생할 것을 교화하는 부처님의 대비의 방편법이다) 이를 빌어 살생의 대겁난을 그치어 중생이 오래도록 안락을 누리길 기대하셨다.

一切衆生，從無始來，輪迴六道，互為父母、兄弟、妻子、眷屬，互生。互為怨家對頭，循環報復，互殺。佛于諸大乘經中，屢為勸誡，而見聞者少。即得見聞，而信受奉行者更少。於是佛以大悲，現諸異類，供人殺食。既殺之後，現諸異相。俾一切人，知是佛現，冀弭殺劫，以安衆生。

예컨대 바지락, 조개껍질, 소 허리, 양 발굽, 돼지 이빨, 자라 배 등 이러한 동물의 신체기관에서 부처님께서 변화하여 사신 적이 있었다. 이로써 세상 사람들의 이목을 놀라게 하여 살생하려는 생각을 멈추게 하였다. 갖가지 전적에 기록된 것은 매우 작은 부분에 불과하니, 여기서 어떻게 상세하게 서술할 수 있겠는가? 아직 살생하기 전에는 모두 동물이라 말하지만, 이미 살생한 후에는 비로소 원래 부처인 줄 안다. 이로 인해 살생殺生은 부처님을 죽이는 것(殺佛)과 다름이 없음을 알아야 한다. 설령 그것은 부처님께서 화현하신 것이 아닐지라도 또한 미래의 부처님이므로 그것의 생명을 죽여서 고기를 먹으면 그 죄과의 크기는 바다보다 깊고 산보다 높으니, 서둘러 살생을 금하겠다고 단호하게 결단을 내려야 해탈을 얻을 수 있다.

如蛤蜊、蚌殼，牛腰、羊蹄，豬齒、鱉腹，皆有佛棲。驚人耳目，息世殺機。載籍所記，何能備述。未殺之前，均謂是畜。既殺之後，方知是佛。是知殺生，不異殺佛。即非佛現，亦未來佛，殺而食之，罪逾海嶽。急宜痛戒，庶可解脫。

사람과 동물은 비록 형체가 다를지라도 영민함과 어리석음도 번갈아 바뀐다. (사람과 동물의 지혜를 서로 견주어보면) 사람은 비록 만물의 영장이라 불릴지라도 어리석은 사람은 식견이 어둡고 동물은 비록 어리석을지라도 영민한 동물은 지혜가 밝다. 그들의 다섯 윤상(五倫)과 여덟 덕행(八德)[151]은 물론 사람과 뒤떨어지지 않고, 그들의 성실하고 간절한 부분은 왕왕 사람과 견주면 더욱더 깊다. 어떻게 감히 내가 강하다고 그들을 죽이고 그 고기를 먹겠는가? 미래의 긴긴 세월동안 늘 사람에게 죽임을 당하고 잡아먹히게 될 것이다. 역사 서적의 기록을 하나하나 살펴보면 무릇 다른 사람을 이롭게 하고 동물을 이롭게 하는 사람의 자손은 반드시 어질고 착한 사람으로 성장하며, 사람과 동물에게 해를 끼치는 사람의 자손은 반드시 어리석고 저질스러우며, 나아가 남김없이 사라질 것이다.

須知人物雖異，靈蠢互形。蠢人識暗，靈物智明。五倫八德，固不讓人。其誠摯處，比人更深。敢以我強，殺食其肉。致令未來，常受人食。歷觀史籍，自古及今，凡利人利物者，子孫必定賢善發達。凡害人害物者，子孫必定庸劣滅絕。(續) 物猶如此序

[제237칙] **채식할 때까지 육재六齋 · 십재十齋를 지키고, 집에서 살생을 금해야 한다**

염불하는 사람은 마땅히 채식을 하여야 한다. 만약 채식을 할 수 없으면 마땅히 육재六齋 혹 십재十齋을 지켜야 한다. (초8일, 14일, 15일, 23일, 29일, 30일 육재이다. 여기에 초하루, 18일, 24일, 28일을 추가하면 십재이다. 작은 달을 만나면 하루 전에 재를 지킨다. 정월, 5월, 9월은 3재월로 채식을 지켜야 하고, 갖가지 공덕을 지어야 한다) 점차 줄여서 마지막에 영원히 생선과 고기를 끊어야 이치에 맞다. 설사 고기를 끊지 않을지라도 마땅히 이미 만들어진 고기(三淨肉)를 사고 집에서 살생을 하지 말아야 한다. 왜냐하면 우리는 집안이 언제나 평안하길

151) 오륜은 군신 · 부자 · 형제 · 부부 · 친구 다섯 가지 윤리관계이고, 팔덕은 충효예의忠孝禮義 · 염치인자廉恥仁慈이다.

바라기에 날마다 살생하면 그 집이 곧 도살장이 되기 때문이다. 도살장은 원귀가 모이는 곳으로 너무나 불길하다! 그래서 마땅히 집안에서 살생을 절대 금해야 한다.

念佛之人，當吃長素。如或不能，當持六齋，或十齋。初八，十四，十五，廿三，廿九，三十，為六齋。加初一，十八，廿四，廿八，為十齋。遇月小，即盡前一日持之。又正月，五月，九月，為三齋月。宜持長素，作諸功德。由漸減以至永斷，方為合理。雖未斷葷，宜買現肉，勿在家中殺生。以家中常願吉祥，若日日殺生，其家便成殺場。殺場，乃怨鬼聚會之處，其不吉祥也，大矣，是宜切戒家中殺生也。(續) 一函遍覆

[역주] **삼정육三淨肉**

부처님께서는 만약 오신채를 끊을 수 없다면 방편으로 먼저 삼정육三淨肉, 즉 세 가지 청정한 고기를 먹을 수 있다고 말씀하셨다. 첫째, 죽이는 모습을 보지 않은 것(不見殺)이다. 자기 눈으로 죽임을 당할 때 모습을 보지 않았다. 둘째, 죽였음을 듣지 않은 것(不聞殺)이다. 자기 귀로 그것이 죽을 때 처량하게 내는 소리를 듣지 않았다. 셋째, 자신을 위해 죽이지 않은 것(不為殺)이다. 그것을 죽임이 나를 위해 죽인 것이다. 육식 이외에 여전히 오신채를 먹어서는 안 된다. 오신채는 다섯 가지 매운 맛을 지닌 채소로 마늘 · 파 · 부추 · 달래 · 아위(인도에만 있다)이다. 학불學佛하는 사람은 오신채를 금하여야 한다. 왜냐하면 오신채에는 자극성 있는 물질이 담겨 있어, 익혀 먹으면 음행의 불길이 몸을 사르고 날 것으로 먹어도 사람으로 하여금 쉽게 성질을 내게 한다. 학불하는 사람은 음욕을 가지고 성을 내면 지혜를 가리고, 우매함을 증가시키며, 무명을 날뛰게 만들어 여러 악업을 짓게 된다.

[제238칙] **살생하고 육식하면서 행복 등의 일을 누림은 바로 행복이 사라지고 화가 쌓이는 때이다**

우리 인간은 단지 자신을 동물의 입장에 놓고 되돌아볼 줄 모르고, 참혹하고 고통스러운 일을 여러 동물의 몸에 가하고 (고기를 먹을 때) 마음속으로 즐거워하면서 이것이 복이 있다고 생각한다. 그러나 숙세에 배양한 행복과 장수가 점차 사라지고 미래에 겪게 될 고통과 해악(苦毒)이 세세생생 정지할 때가 없음을 모른다! 만약 살생하여 육식을 할 때 생각이 이에 미치면 설사 어떤 사람이 살신殺身으로 당신을 핍박하여 살생하여 육식하도록 할지라도 감히 하지 못하는 자가 있다.

人唯不知設身反觀，故以極慘極苦之事，加諸物而中心歡悅，謂為有福。而不知其宿世所培之福壽，因茲漸漸消滅。未來所受之苦毒，生生了無已時。倘于殺生食肉時，一思及此，縱有以殺身見逼，令其殺生食肉者，亦有所不敢也。(三) 勸戒殺放生文序

[역주] 사람의 몸을 얻을 수 있음은 본래 곧 유루복보有漏福報를 감득한 것이고 또한 누세累世 선악업보의 몸이다. 만약 청정한 지혜가 없다면 세상에서 크게 부귀한 사람은 복보를 누릴 때가 곧 죄업을 지을 때이다. 부귀한 사람이 먹고 마시고 놀며 즐기는 동안 짓는 살생업 등의 죄는 보통사람보다 백배 천배나 크다. 복보가 크고 복이 사라지는 속도가 상대적으로 느린 까닭에 살생 · 도둑질 · 음행 · 거짓말 등 죄도 또한 보통사람보다 배나 많다. "가족사업이 크면 그 인과악업도 크다(家大業大)." 세상 사람들은 가족의 사업이 번성한다고 묘사하지만, 다른 일면을 생각하면 그 배후에 대응하는 인과의 악업 또한 거대하다. 만약 반야지혜가 없다면 세상 사람은 복덕을 누리는 즉시 업을 짓는다.

[보충] **원인圓因법사, 《청경찰기聽經札記》 중 「삼세원三世怨」**

금생에 부유하고 귀한 사람은 전생에 닦은 것이다. 만약 금생에 착한 일과 남 돕기를 좋아하지 않고 복보를 다 누리면 내생에 고통을 겪어야 한다. 빈궁한 사람은 업을 지을 기회가 적고, 부유한 사람은 업을 지을 기회가 많다. 부유한 사람은 날마다 외식을 누리길 꾀하여 살생이 반드시 많이 일어날 것이다. 그래서 부유한 사람은 사후에 삼악도에 떨어질 기회가 또한 많아질 것이다. **복을 닦을 때 복보를 탐내는 마음을 품으면 청정하지 않아 결국 인천의 복보를 받을 수밖에 없다. 이러한 수복修福을 삼세원三世怨이라 한다.** 예컨대 전생에 인천의 복보를 닦아서 금생에 인천의 복보를 누리고, 그 복보를 다 누린 후 세 번째 세상에서 괴로운 과보를 받을 것이다.

그래서 복보를 닦아 회향하여, 인천의 복보를 구하지 말고 서방극락세계에 태어나는 자량으로 삼아야 한다. 여러 선업을 닦되, 세간의 과보를 구하길 바라지 말아야 한다. 세간의 과보는 쉽게 사람을 삼악도에 떨어지게 한다. 대수행인은 한 생각 착오로 다시 크게 부귀한 사람으로 태어나서 또한 업을 지어 삼세원三世怨을 초래하게 된다. 그래서 고덕으로서 크게 성취한 분은 세간의 복보에 대해 모두 연연하는 마음이 없다. 보살도를 행하여 오욕육진五欲六塵을 멀리 여의지 않고, 어떻게 불도에 들어갈 수 있겠는가!

[제7과]

선과 정토의 경계를 나누다 [禪與淨土]

[이끄는 말]

선과 정토의 이체는 본래 둘이 없지만, 만약 사수事修를 논하면 하늘땅만큼의 차이가 있다. 선은 철저히 자성을 깨닫지 못하면 생사윤회를 벗어날 수 없다. 인광대사께서는 언제나 오조 계인戒忍선사가 세상에 태어나 소동파가 되었고, 초당草堂 청淸 선사가 세상에 태어나 노공魯公이 되셨다고 예를 드셨다. 정토법문은 「신信 · 원願 · 행行」 삼자량三資糧을 구비하기면 하면 곧 업을 지닌 채 왕생할 수 있다. 왕생할 수 있으면 생사윤회를 영원히 벗어난다. 인광대사께서는 특별히 영명연수 선사의 《사료간四料簡》에서 "선은 없고 정토만 있으면 만 사람이 닦아 만 사람이 모두 가니, 아미타부처님을 친견하기만 하면 어찌 깨닫지 못할까 근심하리오(無禪有淨土 萬修萬人去 若得見彌陀 何愁不開悟)"라는 게송을 강조하셨다.

[제239칙] 참선과 정토의 이체는 본래 둘이 없지만, 만약 사수事修를 논하면 그 모습은 하늘땅만큼 다르다

참선과 정토의 이체는 본래 둘이 없지만, 만약 사수事修를 논하면 그 상은 하늘땅만큼 다르다. 참선으로는 (이치를) 철저히 깨닫고 (사상을) 철저히 증득하지 못하면 생사윤회를 벗어날 수 없다. 그래서 위산潙山 선사께서 말씀하시길, "가령 정인불성正因佛性을 단박에 깨달을지라도(頓悟)152) 그 수행경로는 곧 세속을 벗어나 계위를 따라 점차 나아가, 세세생생 물러나지 않고 끊임없이 닦아야만 비로소 부처님의 계위에 오를 수 있음을 기약할 수 있다." 또한 말씀하시길, "처음 발심하여 수행할 때 각자 만나는 인연이 다름에 따라 비록 자성을 단박에 깨달을지라도 여전히 무시광겁 이래 누적된 번뇌 · 습기가 있어 단박에 깨달을 때 바로 남김없이 끊을 수 없어, 모름지기 그에게 일상생활 속에서 무명업식 가운데 현행하는 갖가지 망상 · 분별 · 집착(現業流識)153)을 철저히 없애라고

---

152) 대심大心이 있는 중생은 곧장 대승을 듣고 대법을 행하여 불과를 증득한다. 이것이 돈오頓悟이다. 처음 소과小果를 얻고 나중에 대승으로 돌아가 불과에 이름은 점오漸悟이다. 또한 처음부터 대승에 들어갈지라도 역겁의 수행으로써 점차 불도를 이룸은 점오漸悟이고 빨리 묘과를 증오證悟함은 돈오頓悟이다. 처음의 뜻이 통설通說이다. _《불학대사전》

153) 「업식業識」은 근본 무명혹에 의지해 본심이 움직이는 것으로 곧 유정에게 유전流轉하는 근본식이 있어 업상業相을 지음을 가리킨다. 《기신론》에 이르시길, "첫째 업식이라 이름하니, 업식은 곧 (아뢰야식) 무명의 힘으로 (일법계성을) 깨닫지 못해 (일어나는) 마음이 동함을 말한다." 망심이 일어남이 동動이고

가르쳐야 한다.” 홍병弘辯 선사께서 말씀하시길, “자성을 단박에 깨달아 부처님과 동등할지라도 여전히 무시이래 누적된 번뇌・습기가 있어 단박에 깨달을 때 바로 남김없이 끊을 수 없어 모름지기 실제 수행하는 가운데 대치하는 법문을 빌어 성덕에 수순하여 작용을 일으켜야 한다. 이는 어떤 이가 밥을 먹을 때 한 입에 곧 배가 부르지 않는 것과 같다.”

禪與淨土，理本無二。若論事修，其相天殊。禪非徹悟徹證，不能超出生死。故溈山云：可中頓悟正因，便是出塵階漸。生生若能不退，佛階決定可期。又云：初心從緣，頓悟自性，猶有無始曠劫習氣，未能頓盡。須教渠盡除現業流識。弘辨謂頓悟自性，與佛同儔。然有無始習氣未能頓盡，須假對治，令順性起用。如人吃飯，不一口便飽。

장사잠長沙岑 선사께서 말씀하시길, “천하의 선지식도 과위상의 열반을 증득하지 못한다. 왜냐하면 공부가 아직 여러 성자와 동등한 경지에 도달하지 않은 연고이다.” 그래서 오조 계인 선사는 다시 태어나 또한 소동파가 되었고, 초당 청 조사는 다시 태어나 노공이 되었다. 고금의 수많은 선종의 조사는 (이치를) 철저히 깨달았지만 (사상을) 철저히 증득하지 못한 경우가 대부분 이와 같다. 진실로 그들은 단지 자력에만 의지하고 불력의 가피를 구하지 않았기 때문에 털끝만큼도 혹업惑業을 다 끊어 없애지 못하고 생사에서 결코 벗어날 수 없었다.

長沙岑謂天下善知識未證果上涅槃，以功未齊于諸聖故也。所以五祖戒又作東坡，草堂淸復為魯公。古今宗師，徹悟而未徹證者，類多如此。良由惟仗自力，不求佛加，絲毫惑業不盡，生死決不能出。

정토법문은 신・원・행 삼자량을 구비하기만 하면 업을 지닌 채 왕생할 수 있다. 일단 왕생하면 영원히 생사를 벗어날 수 있다. (이치를) 깨닫고 (사상을) 증득한 보살은 단박에 일생보처一生補處[154]에 오르고, 아직 깨닫지 못한 보살도 아비발취阿鞞跋致[155]를 증득할 수 있다. 그래서 화장해중華藏海衆 보살들께서는 모두 정토에 왕생하길 발원한다. 종문宗門

동이 곧 업業이다. 동하면 생멸심이 생기니, 곧 업식業識이다. 《능가경》에서는 업상으로 아뢰야식 중의 허망한 훈습의 종자이다.

154) 이번 생만 지나 다음 생에는 부처가 될 수 있는 보살의 최고 지위. 다시 말해 한 생에 부처의 후보 자리에 오르는 지위. 곧 미륵보살이나 관세음보살 같은 등각보살等覺菩薩이 일생보처 지위에 있다. 극락세계에 왕생한 사람들은 모두 한 생에 부처를 이루며, 사람마다 반드시 일생보처를 이룬다.

155) 아비발취 즉 아유월치阿惟越致는 불퇴전不退轉을 말한다. 불퇴不退는 세 가지 뜻이 있으니, 공위空位에 들어가 물러나지 않고, 가행假行에 들어가 물러나지 않으며, 중념中念에 들어가 물러나지 않음이다. 묘락妙樂 대사가 말씀하길, “반야는 위位이니 분단생사와 변역생사를 여의는 까닭이고, 해탈은 행이니 제행을 갖추는 까닭이고, 법신은 염이니 실상경계를 증득하는 까닭이다. 『대지도론』에 이르시길, ”무생인법無生忍法은 곧 아비발치이다. 또한 보살위에 들어감이 아비발치이다.

과 교종의 일체 선지식들도 함께 서방정토에 태어나길 발원한다. (그 성공의 비결은) 진실로 불력에 온전히 의지하여 아울러 자신이 진성심과 간절한 마음으로 염불하는 까닭에 감응도교感應道交를 얻어서 재빨리 정각正覺을 이룸에 있다.

淨土、則具信願行三，便可帶業往生。一得往生，則永出生死。悟證者頓登補處，未悟者亦證阿鞞。所以華藏海衆，悉願往生。宗教知識，同生淨土。良由全仗佛力，兼自懇心。故得感應道交，由是速成正覺。

현재 채택하여 행할 수 있는 유일한 방법으로는 당신은 반드시 선종어록의 공안을 내려놓고 정업淨業을 전심으로 수지하여 티끌 하나에도 물들지 않은 마음으로 만덕홍명萬德洪名의 거룩한 명호를 집지하되, 소리를 내든지 묵념하든지「뒤섞임이 없어야 하고, 잠시 끊어짐도 없어야 한다.」반드시 마음에 염을 일으키고 소리를 귀에 들어가게 하여 한 글자 한 글자 분명하도록 한마디 한마디 산란하지 않도록 하여 오래 지속하면 저절로 공부가 한 덩어리(片段)를 이룰 것이다. 일심불란의 염불삼매를 몸소 증득하면 저절로 서방정토의 선종 도풍을 알게 된다. 그래서 관세음보살의 반문문자성反聞聞自性[156]의 공부로써 대세지보살의 도섭육근都攝六根 정념상계淨念相繼[157]의 정업淨業을 수지할 수 있음은 곧 정토법문 그대로 선종을 수지함이니, 어느 현묘함이 이를 뛰어넘을 수 있겠는가?

為今之計，宜屏除禪錄，專修淨業。于一塵不染心中，持萬德洪名聖號。或聲或默，無雜無間。必使念起於心，聲入乎耳，字字分明，句句不亂。久之久之，自成片段。親證念佛三昧，自知西方宗風。是以觀音反聞聞自性之功夫，修勢至都攝六根淨念相繼之淨業。即淨而禪，孰妙於是。(正) 與海鹽徐夫人書

[역주] "세세생생 물러나지 않고 끊임없이 닦아야만 비로소 부처님의 계위에 오를 수 있음을 기약할 수 있다(生生若能不退 佛階決定可期)." 이는 반드시 선종에서는 자력으로 사과의 초과에

---

156) 진실로 수증修證하는 지름길을 가리키기 위해 《능엄경》에서는 25가지 원통법문圓通法門을 건립하였다. 그 가운데 문수보살은 특별히 관세음보살의 이근耳根원통법문을 추천하셨다. 그는 "반문문자성反聞聞自性"을 제창하셨는데 곧 성진聲塵을 여의고 불생불멸의 자성을 찾는 것이다. 언어문자는 생멸이 있지만 듣는 성품(聞性)은 본래 생멸이 없다. 《능엄경》에서는 종을 치는 것을 비유로 삼았다. 종소리가 울릴 때 나는 듣는다 하고, 종소리가 울리지 않을 때 나는 듣지 않는다고 한다. 소리가 나면 듣고, 소리가 나지 않으면 듣지 못한다. 그렇다면 이 "듣지 못함"은 또한 어디에서 오는가? 종소리는 순간 음파가 귀에 전달될 뿐 귀에 전해지지 않을 때 귀는 "듣지 못함"이 있거늘 어떻게 귀가 듣지 못함이라 할 수 있겠는가? 즉 소리가 옮아가 사라짐이 있되 듣는 성품이 옮아가 사라지는 것은 없다.

157) 도섭육근都攝六根이란 두 가지 뜻이 있다. 첫째 눈으로 색을 취하지 않고, 내지 뜻으로 법에 반연하지 않는다. 둘째 하나의 정명精明한 마음에 의지해 육근의 작용을 행하지 않는 까닭이다. 정념淨念이란 나머지 생각이 생기지 않음을 정淨이라 하니, 염하되 염하지 않음인 까닭이다. 일심으로 부처님 명호에 계념함을 염念이라 하니 염함이 없되 염하는 까닭이다. 상계相繼란, 사事는 곧 틈이 없이 억념함이고 이理는 곧 틈이 없이 원만히 비춤을 말한다. _《대세지보살염불원통장 소》

이르도록 닦아야 비로소 위불퇴位不退, 즉 원교의 상사즉불相似即佛 초신위初信位를 얻는다. 오조 계인, 초당 청 등 선사의 후세後世 공안은 인광대사께서 문초에서 여러 차례 인용하시는데, 그 후세는 대부분 퇴락이 있음을 말한다. 이로써 선정을 닦아 상사위를 증득하지 못하고 대부분 관행위에 머무는 것을 알 수 있다.

인광대사 《문초》에 따르면 말법시대의 선종에서는 마음을 밝혀 견성할지라도 대부분 명자위 사람이다. 정법안장正法眼藏을 갖춤으로 인해 무시이래 염습染習의 복단伏斷을 닦는 것이 상대적으로 쉬울지라도 대부분 관행위를 증입할 수 있다. 이러한 수증修證 공부를 임종시 염불법문으로 바꾸어 닦고 자력과 타력에 의지해 삼계를 횡으로 벗어나 모두 결정코 왕생하고 자재왕생할 수 있다. 가로로 삼계를 벗어나야 업을 지닌 채 서방정토에 왕생하여 모두 생사를 요탈하여 후유後有(윤회하는 몸)를 받지 않는다. 애석하게도 오조 계 조사와 초당 청 선사는 후유를 받았다. 인광대사께서 관세음보살의 반문문자성反聞聞自性으로 선정쌍수禪淨雙修하여 선을 닦는 사람을 접인하는 것은 쌍수雙修를 제창하는 것이 아니다. 오해해서는 안 된다.

[보충] "(염불법문의) 이와 같은 불가사의한 역용은 천경만론에서 일찍이 설한 적이 없다. 참선법문과 비교하면, 참선으로 정인불성을 단박에 깨달을지라도 그 수행경로는 겨우 세속을 벗어나 계위를 따라 점차 나아가, 세세생생 물러나지 않고 끊임없이 닦아야만 비로소 부처님의 계위에 오름을 기약할 수 있거늘 어찌 같은 말로 비교할 수 있겠는가? 종문과 교종의 정사들은 어찌 이를 깊이 생각하지 않을 수 있겠는가?(如斯力用，乃千經萬論所未曾有。較彼頓悟正因，僅為出塵階漸，生生不退，始可期於佛階者，不可同日語矣。宗教之士，如何勿思)."

이는 역용力用을 비교함이다. 문에는 두 절이 있으니, 처음은 교종과 비교함이고 둘은 종문과 비교함이다. 천경만론은 오시五時를 벗어나지 않는다. 오시에는 오직 화엄 · 법화만이 일생성불一生成佛을 밝힌다. 화엄성불은 뒤 문장을 보면 절로 알게 되고, 법화는 곧 용녀 한 사람이다. 정토법문은 곧 헤아려서 알 수 있는 것이 아닌 까닭에 "일찍이 설한 적이 없다." 말씀하신다.

"정인불성을 단박에 깨닫는다(較彼頓悟正因)함"이란 종문과 비교함이다. 위산선사께서 말씀하시길, "가령 정인불성을 단박에 깨달을지라도 그 수행경로는 곧 벗어나 계위를 따라 점차 나아가 세세생생 물러나지 않고 끊임없이 닦아야만 비로소 부처님의 계위에 오를 수 있음을 기약할 수 있다(可中頓悟正因 便是出塵階漸 生生若能不退 佛階決定可期)."

위 문구는 상삼토上三土(방편유여토 · 실보장엄토 · 상적광토)에 태어날 수 없음을 밝히고, 아래 문구는 삼불퇴三不退(위불퇴 · 행불퇴 · 염불퇴)를 원만히 증득할 수 없음을 드러낸다. 대저 돈오頓悟이지 점차 깨닫는 점오漸悟가 아니고, 정인正因이지 그릇된 사인邪因이 아니다. 참선법문으로 점차 깨닫는 사람조차 드물거늘, 하물며 단박에 깨닫는 사람이겠는가? 또한 하물며 참선으로 정인불성을 단박에 깨달았을지라도 그 수행경로는 겨우 세속을 벗어나 처음 명자위(名字位; 문자상으로만 일체 중생이 불성을 갖추었다는 것을 아는 정도의 깨달음)로 들어가서 점차 나아가거늘 어떻게 염불하여 횡으로 극락사토(極樂四土; 동거토, 방편유여토, 실보장엄토, 상적광정토)에 왕생함과 같겠는가?

“세세생생 물러나지 않고 끊임없이 닦는다(生生不退).” 함이란 단지 금생에 물러나지 않음이 아니라 보임하여 세세생생 물러나지 않아 관행위觀行位(문자상으로 아는 것과 실제의 지혜관조가 일치하는 정도의 수행위)를 거쳐 상사위相似位(관행의 정도가 진무루眞無漏에 비슷한 정도에 이른 수행위)를 지나 분증위分證位를 증득하여야 성불을 기약할 수 있거늘, 어떻게 염불하여 혹은 7일에 공부성편을 이루어 정토에 태어나 곧 삼불퇴를 원만히 증득함과 같겠는가? _달묵達默법사, 《불설아미타경요해편몽초佛說阿彌陀經要解便蒙鈔》

[보충] 뒤섞임(夾雜)도 없고 잠시 끊어짐(間斷)도 없어야 한다

염불 이외에 두 번째 생각, 뒤섞임(夾雜)은 하나하나 열거하기 어렵다. 그것이 가리키는 것은 예컨대 확철대오를 구하거나 대총지大總持를 얻는 등등이다. 발원은 두 번째 생각도 아니고 뒤섞임도 아니다. 반드시 정토법문은 「신원행」 삼법을 종지로 삼는다는 것을 알아야 한다. 「행行」은 수레를 끄는 소와 같고, 「원願」은 수레를 모는 사람과 같으며, 「신信」은 앞에서 인도함과 같다. 앞에서 인도함과 수레를 모는 사람은 바로 이 우차가 앞을 향해 나아갈 수 있도록 한다! 그래서 아침저녁으로 부처님을 향해 왕생을 발원하여야 한다. 또한 염불하지 않을 때에도 신경 쓰거나 고집해서는 안 된다. 설사 일념의 마음속에 만년의 세월을 남김없이 섭수(一念萬年)하여 시간 장단의 분별을 멀리 여읠지라도 날마다 시작함과 끝맺음이 있어도 괜찮다. 만약 염불하지 않을 때가 있고 발원할 때가 있다고 여긴다면 잠시 끊어짐과 뒤섞임이 되어 곧 왕생의 대사를 이루기 어렵다.

묻건대, 일심으로 염불할 때 색을 보고 소리를 들으며, 옷을 입고 음식을 먹으며, 손을 들고 발을 내딛는 등등의 행위가 있는가, 없는가? 만약 있다면 일심으로 염불함과 손을 들고 발을 내딛는 행동 양자는 이미 잠시 그침과 뒤섞임을 생성시킬 수 없거늘, 어떻게 일심으로 염불함과 왕생을 발원함 양자는 잠시 그침과 뒤섞임을 생성시킬 수 있겠는가? 만약 일심으로 염불할 때 색을 보고 소리를 듣지 않으며 손을 들거나 다리를 내딛는 등의 행동이 없다면 법신대사가 아니고서는 이러한 공부는 할 수 없다. 그러나 법신대사는 한 곳에 단정히 머물러도 미진찰토의 무량한 세계에 몸을 나타낼 수 있다. (그대의 견해에 비추어보면) 그 가운데 잠시 그침과 뒤섞임이 얼마가 있는지 모른다. _《인광대사 문초》

[제240칙] 선정의 경계는 복잡하여 혹 마사가 숨어 있을 수 있지만, 염불은 닦기 쉽고 결코 비전祕傳은 없다

선정(四禪八定)을 닦는 사람 및 참선하는 사람은 자력에 의지하고 불력의 가지加持를 구하지 않기에 공부가 득력함에 진심과 망심이 뒤섞여 번갈아 공격할 때 갖가지 경계가 출현함에 있어 환이 나타나기도 하고 환이 사라지기도 하니, 비유컨대 장맛비가 장차 개이려 할 때 먹구름이 터져 틈이 벌어지면서 갑자기 햇빛이 눈부시게 비치다가 다시 어두컴컴해져서 그 변화가 심해 이루 헤아릴 수 없다. 모든 경계는 진정으로 도안을 갖춘 사람이 아니면 식별할 수 없다. 만약 한 소식을 얻었다고 잘못 인식하면 마魔가 붙어 미치니 어떤 약으로도 고칠 수 없다.158)

修禪定人，指四禪八定。及參禪人，以唯仗自力，不求佛加，故于功夫得力眞妄相攻之時，每有種種境界，幻出幻沒。譬如陰雨將晴之時，濃雲破綻，忽見日光。恍惚之間，變化不測。所有境界，非眞具道眼者，不能辨識。若錯認消息，則著魔發狂，莫之能醫。

염불인은 진실한 믿음과 간절한 발원으로 「나무아미타불」 만덕홍명을 집지하니, 비유컨대 밝은 해가 중천에 걸린 대낮에 큰길을 가는 것과 같아 산속 요괴와 물속 괴물이 얼씬도 못하고 자취를 감출 뿐만 아니라 옆길로 빠지거나 시비를 따지는 생각이 이로부터 생겨날 리 없다. 이 일을 미루어 지극히 추구하면 「염불하여 공부가 순수하고 전력을 다하는 경지에 이르면 마음 전체 그대로 부처이고 부처님 전체 그대로 마음이며, 마음과 부처가 둘이 아닌 하나가 될 뿐이다」 말해도 괜찮다. 이러한 이치와 이러한 수행을 사람들이 잘 몰라서 부처님이 중생을 두루 제도하시겠다는 대원에 부합하지 못할까 걱정될 따름이니, 어찌 비밀에 붙이고 전해 주지 않거나 그대 한 사람에게만 전해 주겠는가? 만약 은밀하게 「말로 전하고 마음으로 가르치는(口傳心授)」 미묘한 비결이 있다면 그것이 바로 사마외도邪魔外道이고 결코 불법이 아닐 것이다.

念佛人，以眞切之信願，持萬德之洪名。喻如杲日當空，行大王路。不但魑魅魍魎，划蹤滅跡，即歧途是非之念，亦無從生。推而極之，不過曰：念至功純力極，則全心是佛，全佛是心，心佛不二，心佛一如而已。此理此行，唯恐人之不知，不能合佛普度衆生之願。豈祕而不傳，獨傳於汝乎。若有暗地裏口傳心受之妙訣，即是邪魔外道，即非佛法。(正) 復永嘉某居士書五

[역주] 참선수행은 마사가 생기기 쉽지만, 염불은 마사를 분별하기 쉽다. 정종에서 염불할 때 마사는 적지만, 상대해서 말할 뿐이다. 만약 《인광대사 문초》를 독송하면 인광대사께서 염불하여 서둘러 견불을 구하고 수승한 경계를 바라며 감응을 욕심내면 마가 붙어 미치게 된다고 말씀하시는 이런 종류의 법문이 매우 많음을 알 수 있다. 염불하면 마가 붙지 않는다고 결코 오해해서는 안 된다. 단지 선종에 비해 상대적으로 적을 뿐이다. 마의 경계를 쉽게 식별할 수 있지만 잘못 마음을 쓰면 여전히 마가 붙어 미치는 후과가 발생하게 되니, 조심하지 않을 수 없다. 선종이든 정종이든 상관없이 처음 배우면 진실한 공부가 없어 근본적으로 선정에 들 수 없고, 마가 붙어 미치는 주화입마走火入魔의 이런 심각한 마사를 만나는 경우가 매우 드물다. 말법시기 수행인

158) 어두운 가운데 희미한 광선이 앞에 비추어 무수한 모양이 나타나되 홀연히 나타나고 홀연히 사라져서 황홀하고 헤아리기가 어려우리라. 고요하게 오래 앉아 있으면 다시 현상이 나타나는데, 많은 것들 중에 정확하게 보이는 것은 적고, 온갖 것들이 뒤섞여서 보이게 된다. 그러나 힘들고 고통스러운 것을 참으며 그 뜻을 더욱 견고히 하면, 나타나는 상이 비록 많다고 하지만 점차 단순해진다. 다시 앞으로 한 걸음 나아가면 자신의 의사대로 나타나기도 하고 나타나지 않기도 한다. _《원상법요原象法要》

중에는 거의 모두 산심위散心位의 사람으로 부처님의 가지加持가 어렵고 역용力用은 깊고 미묘하며, 이 또한 이와 같다. 지나치게 염려하고 마사를 두려워할 필요가 적지 않다. (그러나 여전히 부체附體 등 장애와 인연이 있다.) 만약 계율을 엄정하게 지키면서 점차로 선정을 얻으면 반드시 마사에 대한 대치방법을 숙지하고 준비하면 우환이 없을 것이다.

[제241칙] 선종의 향상은 한 법도 세우지 않고 진제와 속제가 원융하니, 정토에 태어나도 괜찮다

선종의 경우 만약 단제향상單提向上을 말하면 한 법도 세우지 않는다. 부처님조차도 돌아갈 곳이 없거늘, 하물며 염불하여 정토를 구함이랴! 이는 「진제眞諦」에서 말하는 하나가 융통회합融通會合하면 일체가 융회融會(一泯一切都泯)함[159]이니, 곧 이른바 진실본제의 이지(實際理地 ; 진여무상의 경지)에서는 먼지 한 알도 수용할 수 없고, 심성의 본체가 본래 청정함을 드러낸다!

至如禪宗，若單提向上，則一法不立。佛尚無著落處，何況念佛求生淨土。此眞諦之一泯一切皆泯，所謂實際理地，不受一塵，顯性體也。

만약 확실히 수지하면 한 법도 버리지 않는다. "하루 일하지 않으면 하루 먹지 않거늘(一日不作 一日不食)"[160], 하물며 염불하여 정토에 태어나길 구함이랴! 이는 「속제俗諦」에서 말하는 하나를 세우면 일체를 세움이니, 이른바 "불씨 문중에서는 한 법도 버리지 않고(佛事門中 不舍一法)"[161] 심성이 일체법을 갖추고 있음을 드러낸다! 반드시 속세를

159) 《시종심요해始終心要解》에 말씀하시길, "진제란 일체법을 융회함(眞諦者 泯一切法)이다." 풀이하면 "진眞이란 무위無僞, 즉 공제空際이다. 민泯이란 민합泯合 즉 융회融會이다." 뜻은 "일체제법은 원래 자성이 없어 당체 그대로 공이다. 연이 모이면 유이고, 연이 흩어지면 무에 불과하다. 진眞에 칭합하여 관함에 당처가 고요함을 끝내 알 수 없다. 융통회합融通會合하여 본래 상이 없다." _체한諦閑대사, 《시종심요해始終心要解》

160) 부처님의 밥을 헛되이 낭비하지 않는다는 뜻으로 당나라 백장회해代百丈懷海가 세운 총림 풍범叢林風範의 하나이다. 스승은 규정을 제정하고 행지行持가 면밀하기로 유명하였다. 당신은 입적에 들기 전에 매일 힘써 일을 하고 청규를 엄격히 지켜서 조금도 게으르지 않았다. 하루는 승가대중이 스승이 연로하심을 생각하여 휴식하고 일하지 않도록 일하는 공구를 숨겼다. 이날 백장은 휴식하였지만 또한 종일토록 금식하였다. 이것이 곧 "하루 일하지 않으면 하루 먹지 않는다."는 행지규범이다.

161) 위산潙山 어록에서 말하길, "실제이지實際理地에서는 먼지 한 알도 수용하지 않고 만행의 문에서는 한 법도 버리지 않는다." (위산영우潙山靈祐 《선사어록》 참조) 《시종심요해》에서 말씀하시길, "속제俗諦란 일체법을 세움이다." 풀이하면 "속俗이란 속유俗有로 법은 갖추어지지 않음이 없다. 입立이란 건립으로 만상이 빽빽하다. 일체법이란 광대하여 삼천성상三千性相이고 백계천여百界千如이다. 속제에 칭합하여

버리고 진제를 말하려고 하면 그것은 진제가 아니다.

若確論修持，則一法不廢，不作務即不食，何況念佛求生淨土。此俗諦之一立一切皆立，所謂佛事門中，不捨一法，顯性具也。必欲棄俗諦而言眞諦，則非眞諦也。

예컨대 사대오온四大五蘊을 버리면 심성을 찾을래야 몸이 이미 존재하지 않거늘 마음 또한 어느 곳에 기탁할 것인가? 만약 속제를 여의지 않고 그대로 진제를 밝혀야 진실로 진제이다. 예컨대 심성이 눈에 있으면 봄이라 하고, 귀에 있으면 들음이라 하니, 사대오온을 여의지 않되 심성을 드러낸다. 이것이 바로 이전의 여러 조사들이 정토를 은밀히 닦은 대강의 요지이다.162)

如棄四大五蘊而覓心性，身既不存，心將安寄也。若即俗諦以明眞諦，乃實眞諦也。如在眼日見，在耳日聞，即四大五蘊而顯心性也。此從上諸祖密修淨土之大旨也。(正) 與體安和尚書

[역주] 인광대사께서는 《문초文鈔》에서 "선종의 백장선사는 수행할 때 염불을 온당한 것으로 삼아야 하고, 병이 든 스님을 위해 기도하고 돌아가신 스님을 화송化送하여 모두 서방정토에 왕생함을 사로 삼아야 한다고 말하였다. 이로부터 서방극락세계는 위로는 성자에서 아래로는 범부에 이르는 모든 사람을 위해 불도를 닦는 자의 귀숙처로 삼아야 함을 알 수 있다." 말씀하신 적이 있다. 《선문일송禪門日誦》이든지 《불교조모과송佛教朝暮課誦》이든지 상관없이 저녁일과에 모두 《아미타경》을 염하는데, 대다수 수행인은 그 가운데 밀의를 모르고 있다.

[보충] 단제향상單提向上: 관觀 · 조照 · 제提

화두話頭를 드는 방법은 대단히 단순하다. 단지 한 마디 화두가 있을 뿐 다른 문제를 사고할 필요는 없다. 선종에서는 이를 「단제향상單提向上」이라 한다. 이른바 「단제單提」는 한마디 화두를 제기하기만 하면 전후로 생각할 필요가 없고, 이 한마디 화두를 분석 연구할 필요는 없다. 「향상向上」은 향상의 일착(一著; 한 수)이다. 향상의 일착은 명심견성이고, 무상보리심이

관함에 한 법도 버리지 않는다. 사사무애事事無礙하여 상상相相이 완연하다."(체한대사) 진제는 심성의 본체가 본래 청정함(性體)을 드러내고, 속제는 심성이 일체 법을 갖추고 있음(性具)을 드러내니, 전부 일심을 여의지 않는다. 심성은 무량한 공덕을 갖추니, 이른바 성체性體 · 성량性量 · 성구性具로 네 가지 허물(四過)을 여의고, 백가지 분별(百非)이 끊어져 청정하여 물들지 않고 생하지도 않고 멸하지도 않는다. 성량性量은 수직으로 삼제三際를 궁진하고, 횡으로 시방에 두루 한다. 성구性具는 십법계를 갖춤을 말한다. 대개 십법계 중 의정依正 · 색심色心 · 가명假名 · 실법實法이니, 심성은 갖추지 않음이 없다. (체한대사 《보현행원품집요소普賢行願品輯要疏·석대방광의釋大方廣義》 참조)

162) 선종의 조사들 중에는 정토를 은밀히 닦는 자가 많이 있다. 학인이 조주趙州 선사에게 말하길, "무엇이 제불조사의 스승입니까?" 선사가 말하길, "아미타불, 아미타불!" 학인이 묻기를, "노화상은 여전히 스승이 있습니까? 없습니까?" 선사가 말하길, "불佛, 불佛 !"(《조주화상어록趙州和尚語錄》 참조)

며, 아뇩다라삼먁삼보리심이다. 이미 무상보리심의 본성이 무엇인지 보았다면 불성이 무엇인지 보는 것은 「향상의 일착向上一著」이라고 한다. 만약 집착 · 번뇌 · 자아 · 분별심에 머문다면 「향하의 일착」이다. 향상의 일착은 제1의제義諦에 진입함이고, 향하의 일착은 제2 · 제3의제에 진입함하고, 심지어 제4의제에 진입하는 것이다.

제1의제는 일실상인(一實相印; 제법실상)으로 언어 문자 사상을 벗어나고, 「불가사不可思 · 불가의不可議」 · 「사구四句를 여의고 백비百非를 끊는」 경계이다. 이른 바 「사구四句」가 가리키는 것은 「유 · 무 · 역유역무 · 비유비무」이다. 현대 논리학으로 말하면 「정립 · 반정립 · 긍정종합 · 부정종합」은 동일한 사건이다. 말하자면 정립면에서, 반정립면에서 해석은 틀린 것이고, 정립 · 반정립 양면에서 해석하는 것은 틀린 것이다. 그래서 불가사이고 불가의이며, 불가사의는 바로 향상의 일착이다.

향상의 일착은 이미 비유상이고 또한 비무상이며, 「비유상 · 비무상 · 비비유상 · 비비무상」이다. 일반인은 늘 제2의제에 혹 제3 · 제4의제에 처하니, 늘 향하의 일착이다. 설사 좌선이나 참선을 할 때도 이와 같다. 그래서 자신을 일깨우고 화두를 제기함은 향상의 일착을 위함이고, 향상의 일착에서는 옳고 그름 좋고 나쁨이 없고, 선악 · 대소 · 다소가 없으며, 불가사의한 경계이다.

만약 자신이 이미 성취가 있다고 느끼고, 향을 피우고 좌선하는 것이 매우 좋고, 대개 어떠한 경계에 도달하였다고 느끼면 이는 향하의 일착이다. 만약 좌선하여도 매우 초조하거나 매우 고뇌하면 향하의 일착이다. 무릇 마음속에 분별심을 일으킴도 모두 향하의 일착이다. 수많은 사람은 늘 향하의 일착에 머무니, 곧 한마디 화두를 제기하면 곧 망념과 뒤섞여 청정하지 않고, 망념의 방해를 받으면 곧 혐오가 일어난다. 망념이 없을 때면 스스로 득의하여 만족해하고, 이미 망념이 없다고 여기면 바로 있다는 경계이다. 이는 모두 향하일착의 범위 내에서 빙빙 돈다. 단제향상單提向上을 제기하지 않으면 향하의 일착이 도리어 매우 빠르니, 중생은 정말 매우 가련하다!

어떤 상황을 만나든지 마음속에 어떤 생각이 일어나든지 즉시 화두를 제기하여야 한다. 사변四辯하는 방식으로 화두를 참구함은 방법이 득력하기 쉽지 않을 뿐만 아니라 향하의 일착이다. 왜냐하면 사변은 자아중심으로 해석하기 때문에 사구를 여의고 백비를 끊지 못한다. 여전히 자아중심을 벗어나지 못하면서 일체법은 불법이고 일체상은 실상이라 말하면 살인 · 방화 · 도둑질 혹은 구업을 지음도 불사라고 할 수 있는가? 오역십악五逆十惡도 여래의 공덕인가? 아집을 벗어나기 이전에는 실상은 일체상이라 말할지라도 이는 절대 잘못된 전도된 견해이다.

과거의 일이든 상관 말고, 미래의 일이든 염려하지 말며, 잡념과 망상이 있어도 개의치 말라. 일념마다 모두 잘 염하려고 하지 말고, 자세를 반드시 안정되게 앉으려고 하지 말라. 중요한 것은 염념마다 모두 화두에 계념하는 것이다. 어떻게 염념마다 화두를 제기하여야 하는가? 세 가지 매우 간단한 방법이 있으니 관觀, 조照, 제提이다. 「관觀」은 화두를 쓰는 방법이고, 「조照」는 자신이 쓰고 있는 방법을 알고 그런 후에 게다가 화두가 효과를 발생시키길 갈망하고 기대한다. 왜냐하면 어떤 효과가 발생하는지 모르기 때문이다. 그래서 계속 다시 물어야 한다. 자신이 방법을 잊어버리고 그것을 떠나면 바로 방법을 제기한다. 이것이 「제提」이다. _성엄聖嚴법사, 《교화두선教話頭禪》

[제242칙] 선정쌍수禪淨雙修 하면 근원으로 돌아가게 될 때 참선도 믿지 못하고 정토도 믿지 못한다

정토법문은 믿음과 발원으로 염불하여 서방극락에 태어나길 구함을 종지로 삼는다는 것을 알아야 한다. 세상 사람은 언제나 이 법은 특이한 점이 없이 평범하고 선종의 화두를 참구하는 법은 수승하다고 여기고, 깨달음을 중시하고 믿음과 발원으로 왕생하는 것을 중시하지 않으면서 그 이름을 찬미하여 「선정쌍수禪淨雙修」라 하지만, 그 실제를 추구하면 완전히 참선도 없고 정토도 없다. 왜 이렇게 말하는가? 확철대오에 이르지 못해 「선이 있다(有禪)」 하지 못하기 때문이다. 오늘날 참선하는 사람은 누가 진정으로 확철대오의 지위에 이르렀는가? 참선을 중시함으로 말미암아 끝내 서방극락의 의정장엄依正莊嚴이 통틀어 자심自心으로 돌아가게 되니, 믿음과 발원으로 왕생하는 구하는 생각은 털끝만큼도 없다. 비록 이름하여 염불이라 할지라도 실제로는 염불의 도와 상반된다.

須知淨土法門，以信願念佛求生西方為宗旨。世人每每以此為平常無奇，遂以宗門參究之法為殊勝，而注重於開悟，不注重信願求生。美其名日：禪淨雙修。究其實，則完全是無禪無淨土。何以言之，不到大徹大悟，不名有禪。今之參禪者，誰是眞到大徹大悟地位。由注重於參，遂將西方依正莊嚴，通通會歸自心，則信願求生之念毫無。雖名之日念佛，實則與念佛之道相反，

혹자는 또 다른 말로 과장하여 말하길, "나는 실상불을 염한다." 실상實相은 비록 제법의 근본일지라도 범부는 업장이 깊고 무거워 어떻게 심상염불을 할 수 있겠는가? 근원으로 잘못 돌아가게 되면 선종도 믿을 수 없고 정토도 믿을 수 없다. 자력에 의지하면 설사 확철대오의 지위에 이를지라도 업장을 끊지 못해 생사를 끝마칠 수 없다. 확철대오의 지위에 이르지 못한 사람은 말할 필요도 없다. 불력에 의지하면 반드시 진실한 믿음 간절한 발원을 갖추고 염불하여 서방극락에 왕생하길 구해야 생사를 끝마칠 수 있다. 줄곧 서방정토 · 무량수 · 무량광 하나하나 모두 자심으로 돌아갈지라도 쓸데없이 이런 이름에 집착할 뿐 이러한 자심을 진실로 증득하지는 못한다. 서방의 부처님(아미타불)은 중생에게 감感이 없어 응應이 있을 수 없고, 자심의 부처님(자성불)은 여전히 인지因地에 있어 위덕威德이 없다.

或又高張其辭日：念實相佛。實相，雖為諸法之本。凡夫業障深重，何能做到。弄到歸宗，禪也靠不住，淨也靠不住。仗自力，即到大徹大悟地位，以惑業未斷，不能了生死。未悟到大徹者，更不須論仗佛力，須具眞信切願念佛求生西方，方可。以一向以西方淨土，無量壽，無量光，一一通會歸自心，而自心只是徒執其名，未證其實。西方之佛，無感不能有應。自心之佛，在因無有威德。

세간의 너무 높고 수승한 것을 힘쓰는 사람은 언제나 재주 피우다 일을 망치고 위로 올라가려다 오히려 아래로 떨어진다. 그러나 선지식들은 다른 사람이 원융하다 칭찬하지만, 절대 이 말을 긍정하지 않아서, 여래께서 대자비심으로 "일체중생이 당생에 곧 생사를 끝마치게 하겠다." 하셨을지라도, 중생은 여전히 구습에 사로잡혀 끝마칠 수 없게 되었다. 이번 생에 이미 끝마칠 수 없는 이상 장래에 혹 벗어날 수도 있겠지만, 진사겁에 또 진사겁이 지나도록 여전히 육도에 윤회하는 사람이 대부분을 차지하기 마련이다! 만약 정말 이러한 이익과 손해를 인식할 수 있으면 다시 마음을 가라앉히고 정토의 갖가지 경서를 보아야 비로소 이 염불하여 서방에 왕생하는 법문이 광대하고 그 크기가 바깥이 없음을 알 것이다. 시방삼세 일체제불께서 위로는 불도를 이루고 아래로 중생을 교화함에 이 법문에 의지해 처음을 이루고 끝을 이루지 않음이 없다!

世之好高務勝者，每每皆成弄巧成拙，求升反墜。而知識欲人以圓融見稱，亦絕不肯作如是說，致如來以大慈悲心，欲令一切衆生，現生即了生死，而依舊不能了。此生既不能了，將來或可能了。而塵沙劫又塵沙劫，仍在輪迴六道中者，當居多數也。如眞能識得此種利害，再息心看淨土各經書。方知此念佛求生西方一法，其大無外。十方三世一切諸佛，上成佛道，下化衆生，無不資此以成始成終也。(續) 復張純一書

[역주] 이체理體의 향상向上에서 참선은 정토의 참선이고 정토는 참선의 정토이니, 참선과 정토는 본래 둘이 아니고 또한 나눠진 것이 없고 또한 합쳐진 것이 없다. 구체적인 수행법을 기탄없이 논하면 특히 초학에게는 선종과 정종의 수행법은 확실히 다르다. 하나는 공문空門에서 들어가고 하나는 유문有門에서 들어가며, 하나는 집착을 깨뜨리고 상을 제거함이고 하나는 치우쳐 집지하고 상에 착함이며, 하나는 일념도 생하지 않고 하나는 염을 집지하여 서방에 보내며, 하나는 자력으로 미혹을 끊어 수직으로 벗어나고 하나는 자력과 타력, 믿음과 발원으로 횡으로 사토에 생하니…… 초학이 어떻게 쌍수雙修하겠는가?

그래서 인광대사께서는 이렇게 계속 닦아도 전부 참선도 없고 정토도 없으니, 양단은 모두 득력하지 못한다 말씀하셨다. 선종을 전수專修하는 수행자들의 경우 생전에는 그것을 전수해도 괜찮지만, 임종시에는 염불법문을 귀숙歸宿으로 삼고 염불하여 서방극락에 태어나길 진력하여야 한다. 관행위 초품에 이르도록 참선을 닦으면 방금 이러한 낮은 삼매를 얻지만, 임종시 염불법문의 자력 및 타력에 의지하면 모두 결정코 왕생하거나 자재왕생하며 삼계를 횡으로 벗어나니, 이와 같은 이로운 일이 있거늘 왜 필요가 없겠는가? 업을 지닌 채 왕생하여 가로로 삼계를 벗어나니, 곧 생사를 요탈한다. 자력에 의지해 미혹을 끊으려면 반드시 견사혹을 전부 끊어야 하고, 계위는 상사위相似位 원칠신위圓七信位를 증득하여, 미혹을 끊은 정도는 아라한과 같아야 비로소 삼계를 수직으로 벗어난다. 양자를 견주면 여하히 결택할 것인지 많은 말이 필요하지 않다.

[제243칙] 선종의 어구를 문의文義로만 이해하고 그릇되게 깨달았다 여기면 그 죄는 지극히 크다

“오직 이를 벗어나는 지름길이 있으니”, 이 문구는 교문敎門의 뜻으로 문자에 근거해 뜻을 이해할 수 있다. “여전히 윤회하며 맴도니”, 이 문구는 종문宗門의 뜻으로 (어려운 문자를 써서는 안 되고) 반드시 진정으로 깨달은 경계(悟處)가 있어야 비로소 철저하게 알 수 있다. (명나라의 저명한 유학자로 연지대사와 서신을 왕래하며 정토요의를 변론하신) 조로천曹魯川 거사는 종문에 통하고 교문에 통한 대통가로 비범함을 자처하였고, 더구나 그 뜻을 잘못 이해하였다. 그대가 나에게 그 문구에 담긴 함의를 법문하고자 하면 진실로 이른바 농담하는 것이 아니란 말인가? 그대는 (나에게 물을 필요 없이) 잠시 일체 쓸데없는 지견을 내려놓고서 일심으로 염불하여 (염하는 주체인) 마음과 (염하는 대상인) 부처님이 둘 다 없어진 후 염하면 저절로 소리내어 크게 웃고 완전히 또렷이 알 것이다. 이때 이르지 못하면 설사 다른 사람이 그대에게 설해줄지라도 또한 알 수가 없다!

唯有徑路修行，此是教義，可按文會。依舊打之繞，此是宗意，須有悟處，方可徹知。曹魯川自命是通宗通教之大通家，尚錯會其意。閣下即欲令示此義，誠所謂遊戲而問。閣下且放下一切閑知見，一心念佛。念到心佛雙亡之後，自可發一大笑，完全了知。未到此時，若別人與說，亦不得而知。

예컨대 이미 (당나라 때 최대 궁전 대명궁大明宮의 정전인) 함원전含元殿에 가본 사람은 그 정전의 갖가지 광경을 빠짐없이 다 충분히 알지만, 만약 함원전에 가보지 못한 사람에게 매우 명백하게 설득할지라도 상대방은 여전히 막연하여 알지 못한다. 선종의 어구는 전부다 사람들에게 참구하라고 가르치는 것인데, 그것을 문자의 뜻으로 이해하면 이익을 얻을 수 없을 뿐만 아니라, 오히려 그릇되게 깨달았다 여긴다면 이 죄과는 지극히 크다. 설사 정말 깨달았을지라도 생사를 요탈함에 대해 말하면 여전히 그것과 멀어지고 또 멀어진다! 왜냐하면 그는 오직 자력에 의지해 모름지기 확철대오한 후 번뇌・혹업을 남김없이 다 끊을 수 있어야 비로소 끝마칠 수 있다. 그렇지 않으면 생사를 끝마칠 수 없다.

譬如已到含元殿，其殿中種種，悉皆備知。若為未到者說得縱明白，依舊是茫然不知。宗家之語句，通是教人參的。若以文義會，不但不得其益，尚且以誤為悟，其罪極大。即令真悟，尚去了生脫死，遠之遠矣。以彼唯仗自力，須大悟後，煩惱惑業斷得淨盡無餘，方可了。否則莫由而了。

염불법문은 진실한 믿음과 간절한 발원을 갖추어 염불하여 서방에 태어나길 구하면 부처님의 자비력에 의지해 업을 지닌 채 왕생한다. 그대의 근성도 어리석은 촌부의 수지修持를 배울 수밖에 없을 것이다. 만약 조로천曹魯川 거사의 신분을 흉내내려는 망상을 한다면 생사윤회를 끝마치는 몫이 없을 뿐만 아니라 진실로 삼악도에 떨어질지도 모르는 표준방식이다. 왜 그러한가? 아직 얻지 못했으면서 이미 얻었다 생각하고,

아직 증득하지 못했으면서 증득했다 말하여 불법을 망치고 중생을 의심케하는 연고이다.

念佛法門，若具眞信切願念佛求生西方，則仗佛慈力，帶業往生。閣下之根性，也只可學愚夫愚婦之修持。若妄效曹魯川之身分，不但了生死無分，誠恐墮落三惡道為準程的。何以故。以未得謂得，未證謂證。因茲壞亂佛法，疑誤衆生故。(續) 復崔德振書二

[주1] 선도대사께서는《권화경로수행송勸化徑路修行頌》에서 노래하시길, "피부는 점점 쪼그라들고 머리털은 백발이 되고, 갈수록 걸음걸이는 늙어서 휘청거리네. 설령 금은보화 집안에 가득 있다 해도 늙고 병듦 면하기는 어려워라. 그대 천만 가지 쾌락 누린다 해도 무상한 죽음은 끝내 오고야 말리. 「오직 이를 벗어나는 지름길이 있으니」, 다만 아미타불만 염할 뿐이라."

[주2] 연지대사 시대에 조로천曹魯川 거사는 선종을 추천하고 정토법문을 오해하여 연지대사에게 편지로 말씀하신 적이 있었다. "선종 이 문파는 특별히 정토법문을 물리치고 배제하는 것이다. 예컨대 제기齊己선사께서는 말씀하시길, 「(오직 이를 벗어나는 지름길이 있으나) 여전히 윤회하며 맴도니, (다만 아미타불만 염할 뿐이라) 염해도 아무 소용이 없어라」 또한 말씀하시길, 「만약 이전과 마찬가지로 아버지를 버리고 도망쳐 타향에 떠돌면서 동에서 부딪치고 서에서 부딪치니, 괴로워라. 아미타불!」 마치 이런 종류의 언어처럼 어떤 사람이 너무 지나치다 여기지만 조금도 원인이 없단 말인가? 그러나 제기선사는 이미 이렇게 말한 이상 틀림없이 그의 이치가 있었을 것이다!"

연지대사는 답장으로 말씀하시길, "당신이 보내온 서신에서 또한 제기선사께서 고인(선도대사)이 염불을 권하는 게송에 대해 한 문구씩 그 말을 주해하였다고 말했다……. 거사는 이미 선종의 법을 통달하였는데, 왜 이것이 선종의 조사가 지금 바로 사람이 집착을 없애고 속박에서 벗어나기 위한 방편어인 줄 모르고, 지금 당신은 오히려 그것을 진실한 불변의 교법이라고 여기고 이해하여 언어문자 아래 죽어야 하는가?

고인께서는 「비로자나불 정수리를 밟고 나아가라(踏在毗盧頂上行)」 하셨다. 만약 이와 같다면 아미타불도 소용이 없는 일일 뿐만 아니라 비로자나불도 소용없는 일이다. 이와 같은 언어는 조사대덕의 어록 전기 중에 백천만억 이나 많다. 노쇠한 나도 40년 전에 이러한 말로 말솜씨를 뽐내고, 그것으로 자신의 문장을 자랑스럽게 여긴 적이 있다. 나중에 이것이 부끄럽고 두려운 일인 줄 알고서 이로부터 더 이상 감히 이렇게 하지 않았다. 지금 회상해보건대 여전히 창피하고 부끄러워 얼굴이 붉어지고 귀가 달아오름을 느낀다! 또한 제기 선사께서 「서방극락에 태어나길 구하는 사람은 비유컨대 아버지를 버리고 도망쳐 타향에 떠돌면서 동에서 부딪치고 서에서 부딪치니, 괴로워라, 아미타불!」 말씀하셨다. 현재 나도 그에게 응답하여 말할 수 있으니, **「지금 그래도 자식이 어머니를 그리워하듯이 본향으로 돌아가 동방을 버리고 서방을 얻으니, 즐거워라, 아미타불!」**라고 말할 수 있다. 거사는 우선 말해보라. 이 한마디 말과 제기선사의 말씀은 얼마나 다른가?"

[제244칙] 염불하는 이 누구인가?
참선으로 깨달음을 구하면 정토종의 종지를 크게 잃는다

만약 선종의 방법으로 "염불하는 이 누구인가?" 화두를 참구(참구염불)하면 이는 참선으로 깨달음을 구하는 것으로, 정토의 종지를 크게 잃는다. 이는 (정토법문을 성공적으로 닦음에 있어) 지극히 중요한 관건이다. 언제나 「선정쌍수禪淨雙修」를 닦겠다는 미명 하에 힘써 화두 참구를 주장하고자 하면 얻는 이익은 매우 한계가 있다. 극처에 이르도록 염불하면 오히려 깨달을 수 있건만, (참구염불로) 잃는 이익은 오히려 무궁하다!

若用禪家參念佛的是誰，則是參禪求悟，殊失淨土宗旨。此極大極要之關係。人每欲冒禪淨雙修之名，而力主參究。則所得之利益有限，念到極處，也會開悟。所失之利益無窮矣。

믿음과 발원으로 왕생을 구함을 중시하지 않아 부처님과 감응도교할 수 없기 때문이다. 비록 "염불하는 이 누구인가?" 화두를 직접 볼지라도 부처님의 접인을 받아 서방극락에 왕생하기 어려운데, 믿음과 발원으로 왕생을 구하는 마음이 없는 연고이다. 또한 번뇌 혹업을 아직 다 끊지 못해 자력에 의지해 생사를 요탈할 수 없다. 큰소리치길 좋아하는 사람은 모두 이러한 이치를 알 수 없다. 정토법문이 일체법문보다 수승한 원인은 「불력에 의지함」에 있다. 그러나 갖가지 법문은 모두 자력에 의지하여야 한다. 자력을 어떻게 불력과 한데 섞어 논할 수 있는가? 이는 정토법문을 닦는 가장 중요한 관건의 하나이다.

以不注重信願求生，不能與佛感應道交。縱令親見念佛的是誰，亦難蒙佛接引往生西方，以無信願求生之心故也。又未斷煩惑，不能仗自力了生脫死。好說大話者，均由不知此義。淨土法門，超勝一切法門者，在仗佛力。其餘諸法門，皆仗自力。自力何可與佛力並論乎。此修淨土法門之最要一關也。(續) 復陳慧新書

[보충] 바르게 깨뜨리니, 참구할 필요가 없다(正破不必參究)

묻건대, 천기선사 · 독봉선사 등 여러 조사스님께서는 모두 「염불하는 이 누구인가?」 참구하라 주장하셨는데, 왜 참구할 필요가 없다 하는가?

問。天奇毒峰諸祖。皆主參念佛者是誰。何謂不必參究。

답하되, 이 말은 천기 등 여러 조사들에게서 나온 것이다. 이전 조사들께서는 염불인이 석가모니부처님의 철저한 자비심에 맞지 못한 까닭에 여러 조사께서 옆에서 달갑게 여기시지 않고 그 자리에서 힐문하며 홀연히 일깨워 주시니, 어찌 긴 밤 지나 아침이 밝아옴에 그치겠는가?

答。此義卽出天奇諸祖。前祖因念佛人。不契釋迦徹底悲心。故傍不甘。直下詰問。一猛提醒。何止長夜復旦。

[친문기] 묻건대, 천기본서天奇本瑞선사, 독봉본선毒峰本善선사 등 여러 조사께서는 「염불하는

이 누구인가?」 간하라고 가르치셨는데, 왜 참구해서는 안 된다고 하는가?

답하되, 만약 염불할 수 있다면 굳이 참구를 겸할 필요가 없이 이치를 깨침을 기약할 수 있다. **만약 참선을 하는 경우 반드시 염불을 겸해야 길을 잘못 들지 않을 수 있다.** 옛날 사람은 근성이 견고하고 예리하여 곧장 묵묵히 참구하여 곧 자성을 단박에 깨달아 진여에 맞게 증득할 수 있었고, 염불을 중시하지 않아도 여전히 가능하였다.

후세 사람들은 근기가 점차 둔해져서 선에만 이익이 없을 뿐만 아니라 염불인도 「이 마음이 그대로 부처이니, 이 마음이 부처를 짓는다(是心作佛 是心是佛)」는 뜻을 이해하지 못하고, 번번이 마음 바깥에 부처가 있고 극락으로 가는 길은 멀다고 여겨서 자포자기하고 끝까지 가지 않으려 한다. **입으로 비록 염불할지라도 마음은 원숭이처럼 날뛰고, 뜻은 말처럼 사방을 뛰어다녀 줄곧 바깥을 향해 빠른 속도로 내달린다. 자심自心을 이미 깨닫지 못하고 극락에도 또한 왕생하지 못하니, 이는 부처님께서는 무문자설無問自說하신 철저한 자비심과 어긋난다.**

그래서 천기天奇, 독봉毒峰 등 여러 조사들은 기꺼이 진실로 참구하고 진실로 염불하지 않는 사람을 위해 달갑지 않은 방법을 능숙하게 벗어나도록 「염불하는 이는 누구인가?」 참구를 제창하였다. 염불로 득력하지 못하는 경계에 빠져 혼미하게 될 때 직하에 「염불하는 이는 필경 누구인가?」 한마디 송곳으로 아프게 힐문하여 맹렬하게 일깨우고 그 정념을 돈독하게 하여 그 마음이 열리고 뜻을 이해하도록 하여 그 망상과 외부에 반연하는 생각(緣慮)을 깨뜨려 「이 마음 그대로 부처를 짓는다(心是心作)」하신 뜻을 통달케한다.

진실로 바로 염불할 때 한마디 아미타불 전체 그대로 심성이다. 심성은 (일체유정은 모두 본각진심을 가지고 있어 무시이래 늘 청정에 머물러) 밝고 밝아 어둡지 않고(昭昭不昧) 분명하게 항상 아나니(了了常知), 전체 그대로 아미타불(일심, 진여불성, 여래장, 원각)이다. **이미 염불의 대상인 부처님이 그대로 마음이고, 염불의 주체인 마음이 그대로 부처님이면, 정토의정淨土依正은 자심일념自心一念을 여의지 않는다. 자심일념은 저절로 극락의정이다.** 만약 이 뜻을 밝히면 어찌 미친 듯이 반연함을 단박에 멈추지 않겠는가? **마음을 확실히 정하고 염불하면 절로 자성미타自性彌陀를 보고 유심정토唯心淨土에 태어나는 것을 기약할 수 있다.**

「어찌 긴 밤 지나 아침이 밝아오는 것에 그치겠는가?」라 말함은 위와 같이 참구하여 철저히 깨닫는 것을 뜻한다. 혹은 산란한 마음으로 염불함은 무시이래 무명으로 말미암아 청정각심에 우매하고 미혹하여 망녕되이 육진의 그림자(六塵緣影)를 집착하니, 항상 어두운 긴 밤 동안 하늘에 떠있는 해를 볼 수 없다. 지금 「염불하는 이 누구인가」 맹렬하게 망치로 쳐서 환망幻妄을 남김없이 다 날려 버리고, 진심眞心을 홀로 밝히고 자성유심自性唯心의 뜻을 이해하니, 실로 아침 해가 동쪽에서 떠올라 백주대낮 아래 항상 있는 것과 같다.

우익대사께서는 우리에게 질책하신다. 옛날에는 근기가 예리하여 참선으로 깨닫는 일 조차 근기에 맞을 수 있었다. 그래서 "염불하는 이 누구인가?"를 간하면 여전히 이익을 얻을 수 있었다. 지금 만나는 이들은 장애가 무겁고 마군이 강력하여 참구는 이미 수행하기에 적당하지 않는데, 여전히 건성건성 하는 마음을 절박한 마음으로 끝내고서 노실하게 염불하지(死盡偷心 老實念佛)[163] 않고, 아직도 간절히 참구일법을 가슴속에 품고 자성미타를 보아 생사를 요탈하려고 한다.

실로 스스로 자신이 낳은 자식을 포기하고 문을 두드리고 들어가서 부서진 기와조각을 골라 지극한 보배로 여기며 멀고 오래도록 집에 계신 부모님을 구타하니 어찌 부모 뜻을 거역하고 불효하는 일이 아니겠는가? 「부서진 기와조각」은 참구 공안을 비유한다. 「집」은 오음색신을 비유한다. 「부모님」은 자심自心을 비유한다. 색신은 자심의 친상분親相分이다. 그래서 「자신이 낳은 자식」이라 한다. 「구타」는 반향을 비유한다. 여러 조사스님들은 원래 고구정녕 노파심에 때와 근기에 잘 수순한다. _보정寶靜법사, 《아미타경요해친문기阿彌陀經要解親聞記》

[역주] 염불정진으로 명자위名字位 후심后心에 이르도록 정진하면 염불한 까닭에 아미타부처님의 명훈가피로 계위가 증상하여 관행위觀行位 초품初品으로 들어간다. 이러한 염불공부로 곧 마음을 거두어 삼매에 들어가 미혹을 조복한 사일심불란事一心不亂에 이르면 임종시 결정코 자재왕생한다. 자재왕생自在往生이란 임종시 모름지기 다른 사람의 조념 없이 단지 마음을 거두어 염불삼매에 들면 곧 부처님을 친견하여 자재왕생하는데, 대부분 때가 아름을 미리 알고 선 채로, 앉은 채로 가니 소탈 자재하다.

그러나 오해하지 말아야 하니, 이런 부류의 자재왕생하는 염불인은 여전히 자력 · 타력에다 겸해서 불력에 의지한다. 즉 자력으로 얻은 염불삼매의 힘이 강해 자력과 타력에 의지해 자재하게 마음을 거두어 삼매에 들어(삼매경에 들어 세 가지 힘에 의지해야만 비로소 부처님을 친견할 수 있다) 임종시 왕생이 자재할 수 있다.

산심위散心位의 염불인은 임종시 부처님을 친견하고 왕생하는 경우 자력으로 얻은 염불삼매력이 없거나 자력으로 얻은 염불력이 약해 자력과 타력에 의지해 삼매경을 형성할 수 없는 까닭에 왕생하여도 자재할 수 없다. 반드시 임종에 가까와져서 며칠 전 혹은 십여 일 후 제6식이 점차로 사라짐에 따라 견혹 · 사혹 등 미혹을 조복하지 않아도 조복하고, 끊지 않아도 끊되 부처님 명호를 끊임없이 계념하여 미혹을 끊지 않고서 점차 "임종시 특수한 삼매경"에 들어가 부처님의 가지력이 점차 증승增勝하여 죄가 멸한 즉 부처님을 친견하여 왕생할 수 있다.

이 십여 일내에 만약 염불인의 발심이 간절하고 염불이 용맹하다면 자력으로 명자위 후심에 이르도록 염할 수 있고, 또한 왕생할 수 있다. 산심위 염불인의 경우 단지 자력에만 의지하면 근본적으로 명종삼위(命終三位; 명료심위明了心位 · 자체애위自體愛位 · 난심위亂心位)에 있을 수 없다. 특히 난심위에서 자력으로 정념正念을 청명하게 유지하고 아미타불의 타력으로 증상하는 것이 지극히 중요한 관문으로 보인다.

---

163) 「사진투심死盡偷心」은 곧 분에 맞지 않은 생각이 없음을 말한다. 염불할 때 많은 것을 탐내지 않고, 즐거운 것을 탐내지 않으며, 편리함이나 이익을 탐내지 않고, 나아가 의심하지 않고 뒤섞지 않으며 중단하지 않으면 저절로 노실해진다. 제31칙 참조.

그래서 인광대사께서는 언제나 "온전히 불력에 의지할 것(全仗佛力)"을 말한다. 그러나 이 불력에 의지함은 단지 상대적으로 말한 것임을 알아야 한다. 부처님 가지加持의 역용이 전혀 무궁하게 큰 것이 아니고, 전혀 자력으로 염불하여 정념을 유지함과 별개로 아미타부처님 타력의 가지가 있는 것은 아니다. 임종시에 염불(산심정념散心正念 및 정심정념定心正念을 포괄함) 할 수 없고 오히려 처자식, 재산 등의 세속 일에 미련을 가지면 아미타부처님의 가지력이 이를 따라 숨는다.

게다가 임종 십여 일 전 며칠에 오근五根이 먼저 점차 쇠약해지지만 제6식은 결코 약해진 적이 없기 때문에 임종인의 의식은 매우 청명하다. 비록 지심至心으로 염불할지라도 여전히 산심의 정념正念 염불이고, 아미타부처님께서 비록 동시에 명훈가피로 증상할지라도 여전히 자력과 타력 하에 삼매에 들 수 없고 부처님을 친견할 수 없다.

임종 전에 밟는 계단 하나는 당연히 산심을 포괄하니, 염불인이 생전에 비록 정진 염불하였을지라도 동시에 겸해 불력의 가지가 있을지라도 산심위의 사람은 부처님 가지의 역용이 상대적으로 가장 약한 것으로, 자력과 타력의 화합 아래 마음이 삼매경에 들 수 없으며, 부처님을 친견할 수 없다. 그래서 단편적으로 불력의 자기 작용을 과장해서는 안 된다. 그렇지 않으면 본원법문의 잘못된 방향으로 진입하게 된다.

[제245칙] **영명연수 대사《선정사료간》, 선이 있음과 정토 있음의 표준**

선禪이란 무엇인가? 이는 곧 우리들이 본래 갖춘 진여眞如[164]불성이고, 선종에서 말하는 「부모미생전 본래면목(父母未生前 本來面目)」이다. 선종에서는 언어상에서 또렷이 설파하지 않고 행인으로 하여금 참구하여 스스로 깨닫게 할 뿐이다. 그래서 선종의 언어는 이와 같다. 실제는 곧 주관의 능能도 없고 객관의 소所도 없으며,[165] 즉해서 고요히 그치고 즉해서 비추어 관하며[166], 분별 · 사려가 조금도 없이 현전하는 경계를 빠짐없이 다

---

164) 진여眞如: 진眞은 진실불허眞實不虛이고, 여如는 여상불변如常不變으로 합치면 진실불허와 여상불변이 두 가지 뜻을 일러 「진여眞如」라 한다. 또한 진은 진상이고 여는 이와 같음이다. 진상이 이와 같은 까닭에 「진여」라 한다. 진여眞如는 곧 제법실상, 우주만유의 본체로 항상 이와 같아 변하지도 달라지지도 않고, 생겨나지도 멸하지도 않으며, 늘어나지도 줄지도 않고 더럽지도 청정하지도 않으니, 곧 무위법이다. 또한 일체중생의 자성청정심이고 또한 불성 · 법신 · 여래장 · 실상 · 법성 · 원성실성 등이라 칭한다.

165) 무능무소無能無所 : 두 가지 법이 대대對待하니 그 주동적인 측면을 "능能"이라 하고, 피동적인 면을 "소所"라고 한다. 또한 유위법의 조작이 있으니 주체적인 면을 능이라 하고, 객체(대상)의 면을 소라고 한다. 심식이 경계를 반연하니, 심식은 능연能緣이고 진경塵境은 소연所緣이다. 아뢰야식은 만법종자를 저장함에 아뢰야식은 능장能藏이고, 종자는 소장所藏이다.

166) 적寂은 적정寂靜, 담적湛寂의 뜻이고, 조照는 조감照鑒, 각조覺照의 뜻이다. 지智의 본체는 공적空寂이고 관조觀照의 작용이 있으니, 곧 좌선의 당체 · 지관止觀이다. 《대승무생방편문大乘無生方便門》에 이르길,

아는 순수하고 진실한 마음자리이다. 정토淨土란 무엇인가? 이는 곧 믿음과 원력으로 부처님 명호를 집지하여 서방극락세계에 태어나길 구함이지, 이체의 유심정토惟心淨土·자성미타自性彌陀를 치우쳐서 가리키는 것이 아니다.「선이 있다(有禪)」 함은 곧 참구하는 공력이 절정에 이르러 분별·염려가 고요하고 범부의 정집情執이 사라져서「부모미생전 본래면목」을 철저히 명견함이니, 곧 이른바 명심견성明心見性이다.「정토가 있다(有淨土)」 함은 즉 진실로 광대한 보리심을 발하고, 믿음을 내어 발원하고「아미타불」 부처님 명호를 집지 칭념하여, 서방극락세계에 태어나길 구함을 말한다.

禪者，即吾人本具之眞如佛性，宗門所謂父母未生以前本來面目。宗門語不說破，令人參而自得，故其言如此。實即無能無所，即寂即照之離念靈知，純眞心體也。(離念靈知者，了無念慮，而洞悉前境也。)淨土者，即信願持名，求生西方。非偏指唯心淨土，自性彌陀也。有禪者，即參究力極，念寂情亡，徹見父母未生前本來面目，明心見性也。有淨土者，即眞實發菩提心，生信發願，持佛名號，求生西方也。

선종과 정토는 다만 교법이체에 근거해서 말한 것이고, 선이 있음과 정토가 있음은 중생의 근기와 수행에 근거해서 말한 것일 뿐이다. 교법과 이체는 항상 모두 이와 같아 설령 부처님도 그것이 늘어날 수 없고 범부라도 그것이 줄어들 수 없다. 그러나 중생의 근기와 수행은 반드시 교법에 의지해 수행하여야 한다. 극치에 이르도록 수행하면 이체를 증득할 수 있으니, 진실로 자신의 마음속에 갖추고 있는 자성을 깨닫게 한다.

禪與淨土，唯約教約理。有禪有淨土，乃約機約修。教理則恒然如是，佛不能增，凡不能減。機修須依教起行，行極證理，使其實有諸己也。

이 양자는 비록 문구상으로는 비슷할지라도 그 안에 담긴 뜻은 크게 달라서 자세히 참구하고 설명해야지 그대로 받아들이고 두리뭉실하게 보아서는 안 된다. 설령 참선으로 개오開悟하지 못하였거나 혹자는 개오하였지만 철저하지 못하면 모두「선이 있다」고 할 수 없다. 설사 염불이 있을지라도 유심정토唯心淨土[167]에 치우쳐 집착하고 진실한 믿음과 간절한 발원이 없거나, 혹은 믿음과 발원이 있어도 진실하고 간절하지 않고 한가롭게 그저 흘려보내며 건성으로 적당히 염불하거나, 혹은 수행 정진할지라도 마음속

"고요하되 늘 작용하고, 작용하되 늘 고요하며, 즉해서 작용하고 즉해서 고요하여 상을 여읨을 적寂이라 한다. 고요히 비추고(寂照) 비추어 고요하다(照寂). 적조寂照란 성性으로 인해 상相을 일으킴이고, 조적照寂이란 상을 거두어 성으로 돌아감이다. 우익대사께서는《아미타경요해》에서 이르시길, "실상의 본체는 고요함도 아니고 비춤도 아니다. 그러나 또한 고요하면서 항상 비추고, 비추면서 항상 고요하다. 비추면서 고요함을 억지로 이름하여「상적광토」라 하고, 고요하면서 비춤을 억지로 이름하여「청정법신」이라 한다."

167) 유심정토唯心淨土, 자성미타自性彌陀는 아미타부처님 및 서방극락세계는 결코 자심 바깥에 달리 있는 것이 아니고, 모두 자성이 본래 갖추고 있어 자성을 여의고서 얻을 수 있는 정토는 없다.

으로 육진경계에 미련이 있거나, 혹은 내세에 부귀한 집에 태어나 오욕과 쾌락을 누리길 바라거나, 혹은 천계에 태어나 천인의 복보와 안락을 누리길 바라거나, 혹은 내생에 출가하여 승려가 되어 불법을 한번 들으면 천 가지 도리를 깨닫고 불법의 대총지를 얻어서 불법의 정도를 널리 홍양하고 일체중생을 두루 이롭게 할 수 있길 바라거나 하는 이러한 갖가지는 모두 「정토가 있다」고 할 수 없다.

二者文雖相似，實大不同。須細參詳，不可籠統。倘參禪未悟，或悟而未徹，皆不得名為有禪。倘念佛偏執唯心，而無信願，或有信願而不眞切，悠悠泛泛，敷衍故事。或行雖精進，心戀塵境。或求來生生富貴家，享五欲樂。或求生天，受天福樂。或求來生，出家為僧，一聞千悟，得大總持，宏揚法道，普利衆生者。皆不得名為有淨土矣。(正) 淨土決疑論

[역주] 「선이 있다(有禪)」 함은 단지 (이치를) 깨쳤을 뿐 (사상事相을) 증證함이 아니고, 대부분 명자위 및 관행위에서 만약 상사위相似位에 이르도록 증득하지 않으면 초과初果에 들 수 없고, 후세에 다시 태어나 타락하지 않는다고 보증할 수 없다. 초과는 위불퇴位不退에 속한다. 「선이 있다」 함은 만약 상사위 원칠신위圓七信位에 이르도록 닦을 수 없으면, 자력으로 견사혹을 끊어 없애어 자력으로 삼계를 수직으로 벗어날 수 없다.

「정토가 있다」 함은 수증계위修證階位의 제한이 없고, 믿음과 발원이 진실한지 여부를 논할 뿐이다. 비록 염불공부를 논하지 않을지라도 염불공부의 높고 낮음이 오히려 임종왕생의 자재여부를 결정하고 겸해서 임종시 결정코 왕생하는지 여부를 결정한다. 어떤 사람은 믿음과 발원이 확고하기만 하면 곧 결정코 왕생한다고 말한다. 이러한 논단은 엄밀하지 않다.

우익대사께서는 《미타요해》에서 **"극락세계에 왕생할지 여부는 전적으로 믿음과 발원의 유무에 달려있고, 품위의 높고 낮음은 전적으로 집지명호의 깊고 얕음에 달려있다."** 말씀하신 유명한 문구에서 매우 많은 사람은 그 문장을 끊어서 뜻을 취해 본래 문구의 의미와 달리 자기 입장에 맞도록 사용한다. 이 문구의 위 아래에서 "믿음과 발원은 지혜의 행이고, 집지명호는 수행의 행이다.……지혜의 행으로 앞장서서 인도하고, 수행의 행으로 바르게 닦아나가야 하니, 이는 마치 눈과 발을 함께 움직여야 바라는 곳에 이를 수 있는 것과 같다"고 말하니, 그 말의 맥락(語境)을 살펴보라.

또 우익대사께서 "묻건대, 산란한 마음으로 칭명하여도 역시 죄가 소멸되는가? 답하되, 부처님의 명호는 수많은 공덕을 갖추고 있어 불가사의한데, 어찌 죄가 소멸되지 않겠는가? 다만 반드시 극락정토에 왕생하는 것은 아니다. 왜냐하면 (산란한 마음으로 칭명한) 한없이 많은 산선散善으로는 (힘이 충분하지 않아) 무시이래 세세생생 쌓아온 온갖 죄들에 대적하기가 어렵기 때문이다.……오직 일심불란一心不亂에 이르도록 염불해야만, (수승한 역용이 있다.) 마치 용맹하고 건장한 장수가 적군의 겹겹이 둘러진 포위망을 뚫고 탈출하여 빠져 나와서 다시는 삼군(三軍: 견사見思, 진사塵沙, 무명의 삼혹)의 힘으로도 제어할 수 없는 것과 같다." 하신 이 단락의 법문을 살펴보라. 또한 《관무량수경》에서 "선남자여, 그대가 부처님의 명호를 불렀기에 갖가지 죄업이 사라졌도다! 그래서 내가 와서 그대를 맞이하노라!" "(마음마다 극락의 관하는 경계에 안온히 머물러) 이와 같이 상심想心에서 관하는 경계가 나타남을 거칠게나마 극락국토의 보배땅을 보았다고 하느니라. (이로부터 계속 나아가) 만약 (정수가 상응하여) 삼매를 증득하면 저 국토의 보배땅이 분명하게 또렷이 보일 것이니, 그 미묘함은 이루 다 말할 수 없느니라. 이것이 바로 「지상관地想觀」이니, 「제3관」이라 하느니라." 부처님께서 아난에게 이르시길, "그대는 부처님의 말씀을 수지하여 오는 세상의 일체 대중, 무릇 고해에서 벗어나고자 하는 이들을 위하여 이렇게 땅을 관하는 법을 선설할지어다. 만약 이 보배 땅을 관상하는 사람은 팔십억 겁 생사의 중죄를 없앨 수 있고, 임종시 몸을 버리고 세상을 떠날 때 반드시 청정국토에 태어날 것이니, 일심으로 정념을 유지하되 의심하지 말지라." 하신 법문을 살펴보라.

삼악도에 떨어질 죄인은 임종시 염불하여 여러 죄를 소멸시켜야 비로소 왕생할 수 있다. 우익대사께서는 "산란한 마음으로 칭명하면……반드시 왕생하는 것이 아니다." 산란한 마음으로 염불하면 반드시 "여러 죄가 소멸되는 것"이 아니다(작법참作法懺으로는 성죄性罪를 없앨 수 없고, 취상팜取相懺으로도 성죄 정업定業을 없애기 어렵기에, 반드시 정심定心에 이르도록 참회하여야 한다). 그밖에 세존께서는 단지 16관 중 제3관 지상관을 이룰 때 비로소 이 염불삼매를 얻은 자에게 임종시 결정코 왕생하리라 수기하신다고 분명히 말씀하신다. 그러나 제1관 일상관과 제2관 수상관을 이룰 때는 오히려 어떠한 수기도 하시지 않는데, 이는 모두 깊은 뜻이 있다. 제3관을 이룰 때 《묘종초妙宗鈔》에 따라 그 계위를 판정하면 관행위 초품에 있지만, 1관 2관을 이룰 때는 모두 명자위이다. **관행위 초품에서 염불인은 이미 염불삼매, 즉 미혹을 조복한 사일심불란의 가장 낮은 수준을 얻었다. 정심定心 염불로 정선定善을 닦을 수 있고, 정신으로 지극히 무거운 정업定業을 없앨 수 있다. 그래서 이 계위의 염불인은 더 이상 천재와 사람으로 인한 화, 심각한 고질병 횡사 등 악한 과보를 만나지 않게 된다.**

또한 우익대사의 《미타요해》에 따르면 **일심불란一心不亂의 경계를 증득한 사람은 더 이상 미혹을 일으켜 업을 짓지 않고, 이와 같은 횡사에 이르는 새로운 업을 짓지 않으며, 숙세에 지은 횡사의 정업定業이 이미 사라진 까닭에 임종시 결정코 선종善終을 얻고 세존께서는 비로소 그에게 결정코 왕생한다고 수기할 수 있다.** 산심위 사람의 경우 믿음과 발원이 확고할지라도 산심염불로는 정업定業을 없애기 어렵고 반드시 염불하여 "여러 죄를 없애는 것"은 아니다. 명자위는 믿음과 발원이 입으로는 확고하다 말하지만 미혹을 조복하는 힘이 없어 만약 오역 십악을 짓는 여러 인연을 만나면 곧 파계하고 악을 지어 횡사에 이르는 새로운 업이 더 늘어나고, 게다가 숙세에 지은 횡사에 이르는 구업이 사라지지 않을 수 있어 임종하기 전에 여러 가지 많은 변수가 존재한다. 그러니, 횡사가 정해지지 않고 정념도 정해지지 않으며, 미혹을 조복할 수 없어 임종이 역연이 일정하지 않고 여러 가지 많은 것이 정해지지 않는다. 그래서 세존께서는 십육관에서 제1관과 2관을 이루지 못한 자에게는 어떠한 수기도 주지 않으셨다. 설령 고승대덕이 방편법문에서 "염불인이 믿음과 발원이 확고하면 곧 결정코 왕생할 수 있다"고 우연히 말씀하셨을지라도 이 가운데 약간의 차이가 있음을 잘 알고서 맹목적인 미신을 지녀서 안 된다.

[제246칙] **선도 있고 정토도 있는 사람은 뿔 달린 호랑이 같다**

“선도 있고 정토도 있는 사람은 마치 뿔 달린 호랑이 같아 현세에 사람의 스승이 되고 내생에 불조가 될 것이라.”

이러한 사람은 이미 선종의 종지를 철저히 깨달았고 이미 마음을 밝혀 견성하였으며, 게다가 또한 불법의 경장에 깊이 들어가 석가여래의 권실법문權實法門[168]을 완전히 알 수 있을 뿐만 아니라 일체제법 중에서 오직 믿음과 발원으로 염불하는 법문을 자리이타의 통도정행通道正行이라 여긴다. 《관무량수경》의 상품상생上品上生에서 설한 「대승경전을 독송하고 제일의를 이해한 자」가 곧 이 사람이다. 이러한 사람은 큰 지혜가 있고 큰 변재가 있어 일체 사마외도가 그의 명성을 들으면 간담이 서늘하여 정신을 잃어버리고 만다. 한 쌍의 뿔이 달린 호랑이처럼 위엄과 용맹을 짝할 수 있는 이는 없다.

有禪有淨土，猶如戴角虎，現世為人師，來生作佛祖者。其人徹悟禪宗，明心見性。又復深入經藏，備知如來權實法門。而于諸法之中，又復唯以信願念佛一法，以為自利利他通途正行。觀經上品上生，讀誦大乘，解第一義者，即此是也。其人有大智慧，有大辯才。邪魔外道，聞名喪膽。如虎之戴角，威猛無儔。

참학하러(법을 구하러) 오는 사람이 있으면 모두 근기에 따라 설법하니, 마땅히 선정쌍수禪淨雙修로써 대하여야 하는 이는 선정쌍수로써 대하고, 마땅히 전수정토專修淨土로써 대하여야 하는 이는 전수정토로써 대한다. 상중하 어느 근기이든 상관없이 그의 은혜를 받지 않은 이가 한 사람도 없으니, 어찌 인천의 도사가 아니겠는가? 명종命終에 이를 때 아미타부처님의 접인을 입어 극락세계의 상품 연화대에 왕생하면 손가락 튕기는 짧은 순간에 연꽃이 열려서 부처님을 친견하고 무생법인無生法忍을 증득한다. 적어도 즉시 원교의 초주위初住位[169]를 증득하고, 또한 단박에 여러 위차位次를 뛰어넘어 등각等覺 보살위를 증입한다. 원교의 초주보살은 곧 일백 세계에 현신하여 부처가 될 수 있으니, 하물며 이후에는 계위마다 갑절로 수승하여 곧장 제41 등각위에 이름이겠는가? 그래서 「내생에 불조가 된다」 말한다!

---

168) 권權은 방편권교方便權巧이고 실實은 진여실상眞如實相이다. 권실법문權實法門에는 여래 방편설과 진실설을 다 포괄하여 여래가 설한 전체 법문을 대표하여 가리킬 수 있다.

169) 보살의 수행은 점차로 불과를 향해 걸어가는 계위가 있으니, 십주十住·십행十行·십회향十迴向·십지十地·등각等覺 등 41위가 그것이다. 십주十住는 믿음이 이미 정립되어 있어 불지佛地에 머물 수 있다. 또한 큰마음을 일으켜 미묘한 도로 취입趣入하는 까닭에 십발취十發趣라 한다. 첫 번째 즉 초주初住는 즉 선근의 사람이 진방편으로써 십신의 마음을 일으켜 삼보를 믿고 받들어 팔만사천 반야바라밀에 늘 머물러 일체행·일체법문을 수습하여 믿음을 늘 일으켜 사견邪見·십중十重·오역五逆·팔도八倒를 짓지 않고 난처難處에 태어나지 않으며, 늘 불법을 만나 널리 듣고 지혜가 많으며, 방편을 많이 구해 공계空界에 들어가기 시작해 공성空性의 지위에 머문다. 공리지심空理智心으로써 고불의 법을 수습하여 일체공덕을 마음에서 낸다.

有來學者，隨機說法。應以禪淨雙修接者，則以禪淨雙修接之。應以專修淨土接者，則以專修淨土接之。無論上中下根，無一不被其澤，豈非人天導師乎。至臨命終時，蒙佛接引，往生上品。一彈指頃，華開見佛，證無生忍。最下即證圓教初住，亦有頓超諸位，至等覺者。圓教初住，即能現身百界作佛。何況此後，位位倍勝，直至第四十一等覺位乎。故曰：來生作佛祖也。（正）同上

[역주]《관무량수경소묘종초》의 대승삼위大乘三位에 따라 구품을 배판配判하여 말하면 구품상배 삼품의 사람은 이미 상사위相似位를 증득하여 견사혹을 깨뜨리고 원교의 십신十信 내범위內凡位임을 알 수 있다. 천태지자대사께서는 증위가 관행위 오품에 이름을 시현하셨고, 우익대사께서는 명자위에 거함을 보이셨다. 명자위 후심에 이르도록 염불정진하면 곧 공부가 한덩어리를 이루고 겸하여 불력의 가지를 얻어 관행위 초품에 들 수 있으니, 이 염불인은 임종시 결정코 왕생할 뿐만 아니라 자재왕생할 수 있다. 염불인은 이상의 계위에 대해 마땅히 마음속에 계획이 서 있어야 한다.

[제247칙] **선은 없고 정토가 있는 사람은 만인이 닦아 만인이 간다**

"선은 없고 정토가 있는 사람은 만인이 닦아 만인이 모두 가나니, 아미타부처님을 친견하기만 하면 어찌 깨닫지 못할까 근심하리오."

이러한 사람은 비록 마음을 밝혀 견성하지 못하였을지라도 오히려 또한 뜻을 결정하여 서방극락세계에 태어나길 구한다. 이는 아미타부처님께서 과거 무수겁 동안에 광대한 서원을 발하여 일체중생을 두루 섭수하시니 어미가 자식을 그리워하는 것 같다. 중생이 만약 진실로 자식이 어미를 그리워하듯「지성至誠」으로 부처님을 그리워하면 감응도교感應道交하여 곧 아미타부처님의 자비섭수를 입을 것이다.「정혜를 힘써 닦는(力修定慧)」자는 당연히 서방정토에 왕생할 수 있다. 설사 이미 오역십악을 지은 사람이 임종시 고통에 핍박 받을지라도「큰 참괴심을 내고(發大慚愧)」부처님 명호를 혹 열 번에 이르도록, 혹 한 번만이라도 소리내어 칭념하면 곧장 그 자리에 명종命終에 이르러도 모두 아미타부처님의 화신이 와서 접인하심을 입어 정토에 왕생하거늘 어찌「만인이 닦아서 만인이 가는 것」이 아니겠는가?

無禪有淨土，萬修萬人去，若得見彌陀，何愁不開悟者。其人雖未明心見性，卻復決志求生西方。以佛於往劫，發大誓願，攝受衆生，如母憶子。衆生果能如子憶母，志誠念佛，則感應道交，即蒙攝受。力修定慧者，固得往生。即五逆十惡，臨終苦逼，發大慚愧，稱念佛名，或至十聲，或止一聲，直下命終，亦皆蒙佛化身，接引往生，非萬修萬人去乎。

그러나 이러한 사람은 비록 몇 번 염불하지 않아도 (지옥의 상이 현전하여 매우 두렵고) 그의 심정이 매우 맹렬한 까닭에 아주 큰 이익을 얻을 수 있다. 평상시 한가롭게 그저 흘려보내며 건성으로 염불하는 사람과 염불한 수량의 크기를 비교할 수 없다. 이런 사람은 이미 서방정토에 태어나서 부처님을 친견하고 불법을 들으면 비록 깨달음에 더디고 빠른 차이가 있을지라도 이미 높이 정토에 올라 성인의 흐름에 참여하여 영원히 퇴전하지 않을 것이다. 그 근성의 깊고 얕음에 따라 혹 점수하거나 혹 돈오하여 여러 수많은 과위를 증득할 수 있다. 이미 갖가지 과위를 증득하였다면 그의 깨달음은 말할 필요가 없다. 그래서 「아미타부처님을 친견하기만 하면 어찌 깨닫지 못할까 근심하리오」 하셨다.

然此雖念佛無幾，以極其猛烈，故能獲此巨益。不得以泛泛悠悠者，校量其多少也。既生西方，見佛聞法，雖有遲速不同，然已高預聖流，永不退轉。隨其根性淺深，或漸或頓，證諸果位。既得證果，則開悟不待言矣。所謂若得見彌陀，何愁不開悟也。(正) 同上

[역주] 견불의 결정 · 왕생의 결정, 명자위는 어떻게 견불하는가?

인광대사께서는 이곳에서 「지성염불志誠念佛」, 「역수정혜力修定慧」, 「발대참괴發大慚愧」 등 매우 중요한 어희를 쓰고 있다. 구품왕생은 약설한 것일 뿐 실은 무량품이다. 위로 법신보살에서 아래로 오역십악죄인에 이르기까지 만약 염불하여 상응하면 곧 왕생할 수 있다. 매 품마다 수행하는 법은 각각 차이가 있다. 그래서 몇 개 되지 않은 수의 말을 써서 모든 법문을 포괄할 수 없다.

「지성至誠」, 육즉위六即位는 모두 지성을 말할 수 있으니, 명자위 · 산심위는 지성으로 염불하면 결정코 부처님의 섭수를 입을 수 있는가? **「역수정혜力修定慧」**, 수행이 있되 선정을 얻어 지혜가 열린 자와 선정을 얻지 못하고 지혜가 열리지 않은 자는 모두 당연히 왕생할 수 있는가? 단지 정혜만 말할 뿐 지계는 필요 없다는 말인가? 계를 닦으면 왕생할 수 있는가? **「발대참괴發大慚愧」**, 어떻게 참괴심의 크기를 잴 수 있는가? 참괴심을 발하지 않으면 왕생할 수 없는가? 만인이 닦아 만인이 가니 어느 정도 닦았다고 생각하는가? 어떻게 닦아야 만인이 갈 수 있는가?

이 단락의 법문은 길지 않지만 함섭含攝하는 문제는 모두 간단하지 않다. 어떤 이는 말하길, 깊은 믿음과 간절한 발원이면 결정코 왕생한다. 임종시 십념이면 곧 왕생할 수 있다……. 이는 모두 매우 두리뭉실하고 전혀 대응하는 구체적인 표준이 나오게 할 수 없다. 누구나 모두 믿음이 깊고 발원이 간절하다고 말할 수 있고, 누구든 임종시 모두 열 마디 부처님 명호를 염할 수 있지만 모두 결정코 왕생할 수 있는가? 정종 제일의 난제는 곧 믿음 발원 및 염불공부를 어떻게 판정하여야 결정코 왕생할 수 있는가 이다. 이것이야말로 정종 염불인이 확실히 알아야 하고 마음에 깊이 새겨야 하는 문제이다. 그렇지 않으면 대부분 흐리멍덩하게 수행하고 마음에 표준이 없어 깊이를 알지 못한다.

어떻게 해야 비로소 결정코 왕생할 수 있는가? 《아미타경》에서는 일심불란一心不亂이고, 《무량수경》에서는 지심신요至心信樂 내지 십념十念, 발무상보리심 일향전념一向專念이며, 《관무량수경》에서는 진실한 마음(至誠心) 깊이 믿는 마음(深心) 회향발원심廻向發願心의 세 가지 마음을 구비함이니, 금강 같은 깊이 믿는 마음으로 잘 인도한다…….

어떤 법사는 이미 해답을 가지고 있지만, 실제상으로는 표준을 판정해 줄 수 없다. 구체적인 답안을 찾고 싶다면 반드시 먼저 염불왕생의 세 단계를 확실히 알아야 한다. 1) 염불 등 정행과 조행의 수행으로 왕생 자량을 누적하는 전기, 2) 임종시 견불, 3) 견불 후 왕생 등 여러 일이다. 삼배구품왕생이란 비록 임종시 왕생이 자재한지, 자재하지 않은지 구분은 모두 이 세 단계를 갖추고 있지만 임종시 견불하기 전 염불하여 죄를 없애고 선심을 내는 시간이 혹 길거나 혹 짧을 뿐이다.

견불 후 왕생 등 여러 일의 경우, 이를테면 불광이 비추어 염불인을 섭수하여 삼매경에 한층 더욱 깊이 들어가게 하거나 혹 강경설법하며, 염불인의 신식을 거두어 연화대에 들어가게 하고, 팔을 구부리는 짧은 시간에 생을 바꾸어 극락에 태어나며, 연못에서 화생하는 등의 일을 안배함은 완전히 자성불과 아미타불 두 불력이 화합하여 만드는 것이지 염불인의 자기도력이 아니다. 그래서 3) 왕생 단계를 염려할 필요가 없고 관건은 2) 임종시 견불에 있다. 언제 견불할 수 있을지 어떤 부류의 사람이 견불할 수 있는지 어느 정도까지 염불하여야 견불할 수 있는지, 이것이야말로 가장 관건이 되는 부분이다.

견불은 반드시 세 가지 힘을 갖추어야 한다. 《반주삼매경般舟三昧經》에서 말씀하셨듯이 견불의 세 힘이란 염불삼매력, 본래 공덕력 및 미타 위신력이다.[170] 염불삼매력은 곧 염불인이 혹 미혹을 조복하거나 혹 미혹을 끊음에 마음을 거두어 삼매에 들 수 있는 자력이다. 보리정도에 수순하여 염불하면 반드시 공덕이 생기고 반드시 아미타 타력의 명훈가피로 증상을 얻을 수 있다. 수덕修德이 공이 있어야 성덕이 비로소 드러나고, 성덕이 바깥으로 드러나는 힘이 곧 본래 공덕력이자 또한 곧 자력이 바깥으로 훈습하는 힘이다. 염불하여 수덕함에 의지해, 성덕이 바깥으로 드러남에 의지해 아미타부처님이 그것에 따라 명훈가피가 증상하는 힘이 곧 미타 위신력, 즉 타력이다.

본래 공덕력은 또한 자력에 속하니 곧 자성 불력이다. 자성불력은 반드시 수덕에 의지해 일어나니, 즉 염불인은 반드시 진실한 공덕을 닦아야 한다. 그러나 자성불과 저 부처님(아미타불)은 본래 둘이 아니다. 그래서 미타 타력과 자성 불력은 자력 · 염불삼매력을 포괄하고, 또한 불이不二의 힘이다. 일념 염불의 바깥에 달리 미타 타력의 가지가 있는 것이 아니고, 달리 본래 공덕력 바깥으로 훈습함과 드러남이 있는 것이 아니다. 주의하여야 할 것은, 만약 염불인이 보리정도에 수순하여 염불하지 않고, 반드시 공덕을 닦지 않으면 설령 염불할 수 있을지라도 사정邪定을 얻으니, 염불삼매력이 있어 선정 중에 아미타불의 화신을 관상하여 친견할 수 있지만, 수덕이 없음으로 인해(닦아도 덕이 없는 것은 마음이 삿된 까닭이다) 본래 공덕력 및 아미타불 타력의 가지를 얻지 못하고, 아미타불 위신력의 명훈 가피가 없어 친견하는 부처는 진불이라 인정하지 않는다.(선정 중 견불, 몽중 견불, 임종 견불, 부체附體 견불은 모두 이와 같다)

이런 부류의 사정邪定을 얻음이란 설령 삼매력 · 선정 중에 관상으로 아미타불 화신을 친견할지

170) 2-5-2 "왜 그러한가? 불력 · 삼매력 · 본래 공덕력을 지녀서 이 삼사를 쓰는 까닭에 친견할 수 있느니라." _《반주삼매경 심요》(비움과소통)

라도 진불이 아니고 단지 관상의 힘이 성취한 것일 뿐이니, 비록 왕생의 원심이 있을지라도 3) 견불후 왕생 등 여러 일을 완성할 수 없다. 외도外道 중에 발심이 바르지 못한 자는 설령 사정邪定을 닦을지라도 그 마음이 악하여 미타 서원과 상응하지 못해 비록 염불할 수 있을지라도 왕생할 수 없으니, 마음의 악이 자성불을 장애하고 또 저 부처님(아미타불)을 장애하는 까닭에 미타 타불의 가지를 감득하여 접인 왕생할 수 없다. **보리정도에 수순하면 곧 환히 드러내 보리심을 발하고 몰래 보리심에 맞아 자성선自性善에 수순해 수행한다. 그것에 거슬러 수행하면 마음 경계가 아래로 떨어짐에 속하여 염불할 수 있을지라도 닦은 것은 모두 마업魔業이니, 어찌 공덕을 이야기하랴?** 자운관정대사께서는《염불인의 일백 가지 과보》에서 이르시길, 염불인은 세 가지 과보로 삼악도에 떨어지니 발심이 바르지 못한 까닭이니, 염불인이 알지 않으면 안 되고 신중하지 않으면 안 된다.

《관무량수경》 중 16관에 의하면 분별사식分別事識을 깨뜨릴 수 있고 선정 중에 보신불을 관상하여 친견할 수 있음을 알 수 있다. 이런 부류의 염불인은 선정공덕은 깊고 두텁고 임종시 또한 아미타불 보신이 내영한다. 분별사식을 깨뜨리지 못하는 경우 삼매경 중 화신불을 관상하여 친견할 수 있기만 하면 임종시 또한 아미타불 화불이 내영한다. 그렇다면 화불을 친견할 수 있는 최소한 염불삼매력의 수준은 어느 계위에 있는가? 문제의 답안은 바로《관경》에서 나온다.

선도대사는《사첩소四帖疏》에서 상세한 계위판정을 제공할 수 없었다. 왜냐하면 당나라 초 시기에 정종의 교리는 완전히 정리가 잘 되지 않아 선도대사는 판정할 수 없었다. 송대에 이르러 천태종 조사인 지례대사가 지자대사의《관경소觀經疏》를 주해하여《관경소묘종초觀經疏妙宗鈔》를 세상에 펴낼 때 정종 교리상의 제일 난제를 마침내 해결할 수 있었다. 16관을 수행계위에 대응하여 상세히 판정할 뿐만 아니라 구품왕생이 대응하는 염불공부의 수준에 관해서 판정하는 권위를 제공하였다. 당연히《묘종초》는 선도대사의《사첩소》중 남아있던 정종의 기타 여러 수많은 문제를 해결하였다.

《관경》 중에서 명확히 제시하는 염불삼매의 최소한의 수준은 16관 제3관 지상관을 이루어 처음 삼매를 얻으면 세존께서 이 사람에게 임종시 결정코 왕생한다고 수기하신다. 《묘종초》의 그 대응하는 계위는 원교의 관행위 초 수희품이라고 판정한다. **첫 걸음에 미혹을 조복하는 힘을 갖추고 있어, 마음을 거두어 염불할 때 미혹을 조복하는 사일심불란事一心不亂으로 들어갈 수 있는데, 이는 욕계정欲界定에 가깝다. 정심定心염불로 정선定善을 닦고 정업定業을 없앨 수 있다. 그래서 더 이상 천재와 사람으로 인한 화, 심각한 고질병과 횡사 등 정업의 악한 과보를 받지 않는다.** 미혹을 조복할 수 있음으로 말미암아 더 이상 미혹을 일으켜 악을 짓지 말고 삼악도에 떨어지는 죄업을 짓지 않는다. 이는 우익대사께서《미타요해》에서 "만약 일심불란一心不亂을 얻었다면 다시 미혹을 일으켜 업을 짓는 일은 없다." 하신 말씀과 같다. 첫째, 지극히 무거운 정업을 없애고, 숙세에 지은 횡사 등의 정업의 악보를 제거할 수 있으며, 삼악도에 떨어지는 여러 죄를 깨끗하게 참회할 수 있다. 둘째, 더 이상 새롭게 횡사의 죄업을 더 이상 짓지 않는 까닭에 결정코 선종善終을 얻을 수 있고 미혹을 조복하는 힘을 구족하여 임종시 결정코 정심 · 정념을 얻는다고 보증할 수 있다.

이와 같은 사람에게 세존께서는 비로소 임종시에 결정코 왕생한다 수기하실 수 있다.

제1 일상관, 제2 수성관을 이룸은 가상假想의 거친 견(粗見)에 속하고 삼매에 속하지 않아 중죄를 없앨 수 없으므로, 대응하는 계위는 모두 명자위이다. 이 위의 염불인이 닦은 것은 대부분 산선散善으로 성죄性罪의 정업定業을 없애기 어렵고 게다가 미혹을 조복시킬 수 없어 횡사 등의 업을 면하기 어렵고 또 새롭게 업을 지어서 임종시의 선종 여부는 결코 결정되지 못한다. 임종시 설사 정념을 잃지 않을지라도 가장 처음은 다만 산심의 정념일 뿐 직접 견불할 수 없고, 반드시 임종의 최후 무렵 십여 일에 이르도록 참고 견디며 염불하여 죄를 없애어 특수한 삼매경에서 견불할 수 있다. 미혹을 조복하는 힘이 없음으로 인해 임종 십여 일 동안 여러 가지 수많은 변수가 존재할 수 있는 까닭에 임종 최후에 견불 또한 결정되지 않는다. 그래서 세존께서는 제1관, 제2관을 이룬 염불인에 대해 그 왕생이 결정되는지 여부는 수기하지 않는다. 이 가운데 이치는 드러나 쉽게 볼 수 있다.

[제248칙] 선은 있고 정토가 없는 사람은 열에 아홉은 길에서 넘어진다

"선은 있고 정토가 없는 사람은 열에 아홉은 길에서 넘어지니, 중음신의 경계가 만약 현전하면 눈 깜짝할 사이 그것을 따라 가버린다."

이러한 사람은 설사 선종의 종지를 철저히 깨닫고 마음을 밝혀 견성하였지만, 견사번뇌는 쉽사리 끊어버리지 못하니, 줄곧 인연을 따라 일상생활 속에서 연단을 거쳐 그것을 깨끗이 다 없애어 남김이 없어야 비로소 분단생사分段生死[171]를 벗어날 수 있다. 터럭 하나까지도 끊지 못한 자는 잠시도 거론하지 말지니, 터럭 하나까지도 끊어서 깨끗이 다 없앨 수 없다면 육도윤회를 여전히 벗어나기 어렵다. 생사의 바다는 가없이 깊고, 보리의 길은 아득히 멀거늘 아직 집으로 돌아가지 못한 채 즉시 목숨을 마칠까 두렵다.

有禪無淨土，十人九蹉路，陰境若現前，瞥爾隨他去者。其人雖徹悟禪宗，明心見性。而見思煩惱，不易斷除。直須歷緣煆鍊，令其淨盡無餘，則分段生死，方可出離。一毫未斷者，姑勿論，即斷至一毫未能淨盡，六道輪迴，依舊難逃。生死海深，菩提路遠。尚未歸家，即便命終。

확철대오한 사람의 열에 아홉은 이와 같다. 그래서 「열에 아홉은 길에서 넘어진다」 하셨다. 「차蹉」란 발을 헛디뎌 넘어지는 것으로 곧 세속에서 이른바 지체함을 뜻한다. 「음경陰境」이란 중음신中陰身[172]의 경계로, 곧 명종命終에 임할 때 현생과 역겁에 지은

171) 분단생사分段生死 : 일체중생은 삼계 육도에서 선악의 업이 감득한 것으로 말미암아 그 수명은 모두 분한分限이 있고 그 신체의 형상은 모두 단별段別이 있는 까닭에 그 생사를 분단생사라 한다. 두 가지 생사 중의 하나이다. 변역생사變易生死, 이러한 생사는 보살이 삼계 바깥의 심념 상에 생멸이 변천하고 쉽게 구르는 생사로 정신상의 생사에 속한다. 삼계 내 범부의 육체상의 분단생사와 다르다.

선악의 업력으로 나타나는 경계이다. 이러한 경계가 한번 나타나면 눈 깜짝할 사이 그 가장 맹렬한 선악의 업력을 따라 죽어서 선악도에 생을 받으니 털끝만큼도 스스로 주재할 수 없다. (우리의 마음이 업을 따라가는 것은) 마치 사람이 빚을 지면 힘센 사람에게 먼저 끌려가듯이 마음에 많은 (업의) 갈래가 있으면 무거운 (업) 쪽으로 치우쳐 떨어진다. 오조五祖 계戒 선사도 소동파로 다시 태어났고, 초당草堂 청淸 선사도 노공魯公으로 태어났다. 이 두 사람은 여전히 시대적으로 오래된 옛날의 선사이다. (그러나 해인海印 신信 선사가 주방어朱防禦의 딸로 태어난 것은 참기 어려운 타락이다) 그래서 「중음신의 경계가 눈앞에 나타나며 눈 깜짝할 사이 그것을 따라 가버린다」 하셨다.

大悟之人，十人之中，九人如是。故日十人九蹉路。蹉者，蹉跎。即俗所謂耽擱也。陰境者，中陰身境。即臨命終時，現生及歷劫，善惡業力所現之境。此境一現，眨眼之間，隨其最猛烈之善惡業力，便去受生於善惡道中，一毫不能自作主宰。如人負債，強者先牽。心緒多端，重處偏墜。五祖戒再為東坡，草堂清復作魯公，此猶其上焉者。故日：陰境若現前，瞥爾隨他去也。

가릴 「음陰」의 음과 뜻은 가릴 「음蔭」과 같이 덮는다는 뜻이다. 이 업력이 진성眞性을 덮음으로 말미암아 진성이 현현할 수 없다. 눈 깜짝할 「별瞥」은 음은 닦을 별撇이고 뜻은 눈 깜짝할 사이이다. 어떤 사람은 「아홉은 길에서 넘어진다(九蹉路)」에서 차蹉를 착오의 뜻으로 새겨 (잘못된 길을 간다고) 해석하고, 「중음신의 경계(陰境)」를 「오음마경五陰魔境」이란 뜻으로 새겨 (색·수·상·행·식의 오음에는 각각 열 가지 마의 경계가 있다고) 해석하는데, 이는 모두 선禪이 무슨 뜻인지, 선이 있다(有)는 말이 무슨 뜻인지 이해하지 못해서 이러한 허튼소리를 하게(잘못된 관점을 갖게) 되었다. 어찌 확철대오한 사람으로 열에 아홉이 잘못된 길을 가겠는가? 잘못된 길을 가면 곧 오음마경이 현전하고, 그것에 따라 가면 마魔가 붙어 미친다. 무릇 마가 붙어 미치면 교리를 알지 못하고 자심을 밝히지 못한 사람은 맹목적으로 닦고 되는대로 연마하여 (아직 증득하지 못하였는데 자신이 증득하였다고 말하는) 증상만增上慢의 사람으로 (오음마경에 끌려가서) 마의 자손이 될 뿐이다. 어찌 (수행에 있어) 나쁜 일을 식별하지도 못하는데, 확철대오한 사람이라 할 수 있겠는가! 관계된 것이 매우 커서 또렷하게 변별하지 않을 수 없다.

陰，音義與蔭同，蓋覆也。謂由此業力，蓋覆眞性，不能顯現也。瞥，音撇，眨眼也。有以蹉為錯，以陰境為五陰魔境者，總因不識禪及有字，故致有此胡說八道也。豈有大徹大悟者，十有九人，錯走路頭，即隨五陰魔境而去，著魔發狂也。夫著魔發狂，乃不知教理，不明自心，盲修瞎鍊之增上慢種耳。何不識好歹，以加於大徹大悟之人乎。所關甚大，不可不辯。(正) 同上

172) 또한 중유中有라 한다. 즉 사람이 사후에 환생(投胎)하기 전 조차 미세한 물질 형성의 화생신化生身이 있어 생명을 유지하니, 이 화생신이 곧 중음신이다. 이 중음신은 최초 49일 중에 7일마다 한번씩, 일곱 차례의 생사를 거쳐 업연業緣의 안배를 기다렸다가 환생한다.

[제249칙] **선도 없고 정토도 없는 사람은 쇠 침대 구리기둥 지옥에 떨어진다**

“선도 없고 정토도 없는 사람은 쇠 침대 구리기둥 지옥에 떨어지니, 억만 겁 지나고 천만 생 거치도록 의지할 사람 하나 없느니라.”

어떤 사람이 선도 없고 정토도 없음은 일반적으로 불법을 배우지 않은 사람이 단지 업을 짓는 일에만 몰두하고 어떠한 선법도 닦지 않음을 가리킨다고 생각하는데, 이는 완전히 틀린 말이다. 불교의 법문은 비록 무량무변하게 많을지라도 오직 선과 정토만이 가장 대중의 근기에 적합하다. 이 사람은 심성을 깨닫지도 않고, 또한 극락정토에 태어나길 구하지도 않으며 다른 법문을 닦으면서 시간을 그저 흘려보낸다. 자력에 의지해 선정과 지혜를 균등히 닦으면서(定慧均等)[173] 번뇌 미혹을 끊어 없애고 진여실상을 증득할 수도 없고, 또한 아미타부처님의 자비력에 의지하여 업을 진 채로 극락세계에 왕생할 수도 없다. 살아있는 동안 다른 법문을 수지한 공덕으로 내생에 인천의 복보를 감득한다. 이런 사람은 현생에 이미 바른 지혜가 없고 내생에도 지혜가 없어 복보의 경계에 따라 구르다 마침내 오욕의 경계를 탐착하며 갖가지 악업을 널리 짓는다. 이미 갖가지 악업을 지어 악도의 과보를 피하기 어렵다. 한 호흡이 오지 않으면 곧 지옥에 떨어진다. (삿된 음행을 범하거나 적절하지 않은 장소와 시간에 음행을 행하는 사람이 죽어서 환생하는) 쇠 침대와 구리기둥의 형구로써 벌을 받는 지옥(鐵床銅柱)이 별안간 나타나니, 쇠 침대에 드러눕고 구리기둥을 끌어안은 채 오랜 겁을 지내야 한다. 이로써 그 음주가무와 여색을 탐하고 생명을 죽이는 등 갖가지 악업을 지은 과보를 갚아야 한다. 제불보살께서 비록 자애와 연민을 드리워 그를 구하려고 해도 그 자신의 악업이 장애하는 연고로 또한 불보살의 자비와 이익을 얻을 수 없다.

無禪無淨土，鐵床並銅柱，萬劫與千生，沒個人依怙者。有謂無禪無淨，即埋頭造業，不修善法者，大錯大錯。夫法門無量，唯禪與淨，最為當機。其人既未徹悟，又不求生。悠悠泛泛，修餘法門。既不能定慧均等，斷惑證眞，又無從仗佛慈力，帶業往生。以畢生修持功德，感來生人天福報。現生既無正智，來生即隨福轉，耽著五欲，廣造惡業。既造惡業，難逃惡報。一氣不來，即墮地獄。以洞然之鐵床銅柱，久經長劫，寢臥抱持，以償彼貪聲色，殺生命等，種種惡業。諸佛菩薩，雖垂慈愍，惡業障故，不能得益。

고인께서 이르시길, “수행인이 바른 믿음으로 서방에 태어나길 구하지 않고 갖가지 다른 선행을 닦으면서 시간을 그저 흘려보낸 결과를 「제삼세원第三世怨」[174]이라 한다.”

---

173) 정혜균등定慧均等 : 정혜는 일체이고 둘이 아니다. 정定은 혜의 본체이고 혜는 정의 작용이다. 지혜에 즉할 때 정은 지혜에 있고, 정에 즉할 때 지혜는 정에 있다. 그러나 모든 정을 닦는다고 해서 반드시 지혜가 열리는 것도 아니고, (자성이) 크게 열려 (여래의 진실한 뜻을) 원만히 이해(大開圓解)하여야 선정을 얻을 수 있다. 수행법에 차별이 있는 까닭이다.

174) 금생의 한 악인이 오역십악을 지어 당생當生에 지옥에 떨어진다. 그러면 그저 불법을 수행하면서 그저 시간을 보내는 사람은 내세에 인천의 복보를 얻고 인천복보로 부귀를 누리는 곳을 틈타 죄악을 지으면 세 번째 세상에 지옥에 떨어진다. 이것이 「제삼세원」이다.

하셨는데, 바로 이를 말한다. 왜냐하면 금생에 수행하여 내생에 복보를 누리고 복보의 세력에 기대거나 갖가지 악업을 지어서 세 번째 생에 반드시 삼악도에 떨어진다. 즐거움을 내생에 잠시라도 얻으면 괴로움은 오히려 오랜 겁에 영원히 남는다. 설령 지옥의 업보가 사라질지라도 또 다시 아귀나 축생으로 환생하니, 사람 몸을 얻고 싶어도 어렵고 또 어렵다! 그래서 석가모니부처님께서는 손으로 흙을 집으면서 아난존자에게 묻길, "내 손 위에 흙이 많으냐? 땅 위에 흙이 많으냐?" 아난이 답하길, "땅 위의 흙이 많습니다." 부처님께서 말씀하시길, "사람 몸을 얻는 것은 손 위의 흙과 같으니라."「억만 겁 지나고 천만 생 거치도록 의지할 사람 하나 없느니라.」이는 여전히 게송에 국한되지만, 홀로 괴로움을 겪어야만 하는 곤란한 상황을 알기 쉬운 말로 설명하고 있다.

昔人謂：修行之人，若無正信求生西方，泛修諸善，名為第三世怨者，此之謂也。蓋以今生修行，來生享福。倚福作惡，即獲墮落。樂暫得于來生，苦永貽於長劫。縱令地獄業消，又復轉生鬼畜。欲復人身，難之難矣。所以佛以手拈土，問阿難曰：我手土多，大地土多。阿難對佛：大地土多。佛言：得人身者，如手中土。失人身者，如大地土。萬劫與千生，沒個人依怙，猶局於偈語，而淺近言之也。

일체법문은 전일하게 자력에 의지하지만, 정토법문은 전일하게 아미타부처님의 자비원력의 가지와 섭수加持攝受에 의지한다. 일체 수행법문은 번뇌와 혹업을 남김없이 다 끊어야 생사를 요탈할 수 있지만, 정토법문은 업을 지닌 채 극락정토에 왕생하기만 하면 곧 성인의 흐름에 들 수 있다. 영명연수 대사께서는 세상 사람이 그 가운데 연고를 모를까 염려하여 특별히《사료간四料簡》을 지어 장래의 중생에게 법문하시니, 이는 실로 강나루를 찾아 헤매는 자에게 강을 건너게 하는 훌륭한 배이자 위험한 도로를 지나가게 하는 현명한 도사라고 말할 수 있다. 애석하게도 온 세계 사람들은 모두 멋대로 어슴푸레 건성건성 읽어서 그 가운데 깊은 뜻을 연구 궁리할 줄 모른다. 이는 중생 동분同分의 악업이 함께 감득하는 것이다!

夫一切法門，專仗自力。淨土法門，專仗佛力。一切法門，惑業淨盡，方了生死。淨土法門，帶業往生，即預聖流。永明大師，恐世不知，故特料簡，以示將來。可謂迷津寶筏，險道導師。惜舉世之人，顢頇讀過，不加研窮。其衆生同分惡業之所感者歟。(正) 同上

[제250칙] 둔근의 참선인은 여전히 권교 점교를 이루고, 이근의 염불인은 염불하면 곧 실교 돈교이다

권교權教는 여래께서 중생의 근기에 수순하여 자세한 사정을 보살펴 방편으로 중생을 접인함을 이름이다. 실교實教는 부처님께서 자기의 내심(自心)으로 증득한 의리에 따라 직접 선설함을 이름이다. 돈교頓教는 점진적 단계와 차제를 빌릴 필요 없이 재빨리 곧장 질러가 일문(보문)으로 좇아 범부의 경계에서 단번에 뛰어넘어 바로 여래의 경계에 들어감을 이름이다. 점교漸教는 점차 한걸음씩 나아가며 수행하고 점차 한 계위씩 증득하여 들어가기에 반드시 다겁·다생이 지나야 실상을 직접 증득할 수 있음을 이름이다.

權者，如來俯順衆生之機，曲垂方便之謂也。實者，按佛自心所證之義而說之謂也。頓者，不假漸次，直捷疾速一超直入之謂也。漸者，漸次進修，漸次證入。必假多劫多生，方可親證實相之謂也。

저 참선하는 사람은 참선 법문을 직지인심直指人心·견성성불見性成佛하는 법문으로서 당연히 실교實教이자 돈교頓教라고 생각하지만, 참선은 설사 확철대오하여 마음을 밝혀 견성할 수 있을지라도 마음 그대로 본래 갖추고 있는 이체인 심성의 부처님(理性佛)을 친견할 뿐임을 모른다. 만약 대보살의 근성이면 (이치를) 깨침 그대로 곧 (사상을) 증득함(即悟即證)일 수 있고, 저절로 영원히 윤회를 벗어나고 삼계를 높이 뛰어넘으며, 이로부터 위로 불도를 구하고 아래로 중생을 교화하며 복덕과 지혜 두 가지 장엄을 짓는 기초를 사용한다. 이러한 근성은 이미 확철대오한 사람 중에서 논하면 또한 백천인 중에 단지 한두 명만 있을 뿐이다. 그 가운데 혹 근기가 조금 하열하면 설사 미묘한 깨달음을 얻었을지라도 견사번뇌를 아직 끊어 없앨 수 없어 여전히 삼계에서 생사를 받아야만 한다. 이미 생사를 받으면 깨달음(開悟)에서 또 미혹으로 들어가는 사람이 많고 개오開悟에서 증오證悟로 들어가는 사람은 적다. 그래서 참선 법문은 비록 실교이자 돈교일지라도 만약 대보살의 근성이 아니면 실교와 돈교의 진실한 이익에 이를 수 없고, 여전히 권교와 점교의 법을 이룰 뿐이다. 왜 그러한가? 참선법문은 단지 자력에만 의지하는 연고이다. 자력을 십분 갖춘다면 무엇이 이만큼 다행이겠는가! 조금이라도 부족하면 단지 이체의 심성(理性)을 개오할 수 있을 뿐 이체의 심성을 증오할 수 없다.

彼參禪者，謂參禪一法，乃直指人心見性成佛之法，固為實為頓。不知參禪，縱能大徹大悟，明心見性，但見即心本具之理性佛。若是大菩薩根性，則即悟即證，自可永出輪迴，高超三界。從茲上求下化，用作福慧二嚴之基。此種根性，就大徹大悟人中論之，亦百千中之一二人耳。其或根器稍劣，則縱能妙悟，而見思煩惱未能斷除。仍須在三界中，受生受死。既受死生，從悟入迷者多，從悟入悟者少。是則其法雖為實為頓，苟非其人，亦不得實與頓之眞益，仍成權漸之法而已。何以故。以其仗自力故。自力若十分具足，則何幸如之，稍一欠缺，則只能悟理性，而不能親證理性。

오늘날 확철대오한 이러한 사람조차 찾기 어렵거늘 하물며 그 깨달은 것을 몸소 증득한 사람이겠는가? 염불법문은 위로 철저히 닦고 아래로 철저히 닦으며, 권교 그대로 실교이고, 점교 그대로 돈교이니, 평범한 교리로써 비판해서는 안 된다. 위로 등각보살에서 아래로 아비지옥에 떨어지는 종성種性에 이르기까지 모두 수습해야 하므로 이를 위로 사무쳐 닦고 아래로 닦음이라 한다. 여래께서 중생을 위해 설법하는 목적은 오직 중생이 생사를 요탈하도록 함에 있다. 그 나머지 법문은 상등의 근기가 이번 생에 생사를 끝마칠 수 있고, 하근기는 누겁에도 생사를 끝마치기 어렵다. 오직 이 염불법문만이 어떤 종의 근성이든 상관없이 현생에 서방에 왕생하면 생사를 곧 끝마칠 수 있다. 이와 같이 곧장 질러가니, 어떻게 점교라 말할 수 있겠는가? 비록 어떤 중생근기는 평범한 원돈의 근기만 못하고 점교의 자취가 있는 것 같을지라도 정토법문의 위신력, 아미타여래의 서원은 이러한 열등한 근기로 하여금 단박에 큰 이익을 획득할 수 있으니, 그 원인은 이익이 모두 부처님의 자비력에 의지하는 부분에 있다. 선강禪講을 하는 사람은 만약 정토종을 깊이 연구하지 않는다면 염불법문을 알기 쉽고 가벼운 것으로 여기지 않는 사람은 없다. 만약 정토종을 깊이 연구하면 심력을 다하여 널리 홍양해야 하거늘 어찌 다시 선은 돈교 및 실교이고, 정토는 점교 및 권교라는 잘못된 이론에 집착하여 자신을 잘못되게 하고 남을 잘못되게 하겠는가?

今時則大徹大悟者，尚難其人，況證其所悟者哉。念佛一法，徹上徹下，即權即實，即漸即頓，不可以尋常教理批判。上至等覺菩薩，下至阿鼻種性，皆須修習。此徹上徹下之謂也。如來為衆生說法，唯欲令衆生了生脫死耳。其餘法門，上根則即生可了，下根則累劫尚難得了，唯此一法，不論何種根性，皆於現生往生西方，則生死即了。如此直捷，何可名之為漸。雖有其機，不如尋常圓頓之機。有似乎漸，而其法門威力，如來誓願，令此等劣機，頓獲大益，其利益全在仗佛慈力處。凡禪講之人，若未深研淨宗，未有不以為淺近而藐視者。若深研淨宗，則當竭盡心力，而為宏揚。豈復執此權實頓漸之謬論，而自誤誤人哉。（正）復馬契西書二

[역주] 선과 정토는 모두 극원極圓 · 극돈極頓의 무상법문으로 권교 · 실교 · 돈교 · 점교 모두 중생의 근성으로 인한 구별은 사람에게 있지 법에 있지 않다. 육조혜능 대사의 《단경》에서는 "이 법문은 최상승으로 대지혜인을 위해 설하고 상근기인을 위해 설한다…." 참선자는 반드시 이근자라야 성취가 있고 반드시 자력으로 견사혹見思惑을 끊어야 삼계를 수직으로 벗어날 수 있고, 상사위相似位에 이르도록 닦아야 「위불퇴位不退」를 증득하고 내세에 환생하여 더 이상 퇴전하지 않는다. 그러나 **염불은 상중하 세 근기에 두루 이롭게 하고 둔근기도 전부 섭수한다. 단지 관행위觀行位 초품에 이르도록 닦기만 하면 곧 정토에 자재왕생할 수 있고 영원히 윤회를 벗어난다. 산심위散心位의 염불인도 임종 최후의 무렵에 지성으로 참회하고 염불하여 왕생하면 삼계를 횡으로 벗어난다.**

[보충] 선종은 불법의 심종心宗이다. 심종心宗이란 곧 불법의 심요心要이고, 심요란 오로지 자신의 본심을 보고, 자신의 본성이 곧 부처임을 밝힐 뿐, 바깥에서 구하는 것에 힘쓰지 않는다. 선종에서 증오證悟는 곧 이 심성을 깨달은 것으로 자성自性이 부처를 이루고 자심自心이 성인이 된다고 말한다.

오悟란 이 이理를 깨달음이고, 증證이란 이 사事를 증득함이니, 이 이理와 사事에서 쌍으로 증오證悟에 이른다. 이를 간단명료한 말로 홀로 오悟라고 이른다. 오직 오悟란 글자의 함의를 두루 쓰면 여기에는 이치를 깨달음의 오悟이고, 체득의 오悟, 자심自心 · 자성自性 · 자증분自證分을 증오함의 오悟가 있다.

이치를 깨달음의 오悟는 이해에 속하니, 이른바 그 이치를 이해하여 앎으로 또한 해오解悟라고 한다. 이는 선종이 숭상하는 것이 아니다.

체득함의 오는 감오感悟에 속하니, 사事로 인해 이理를 밝힘으로 이理와 사事가 잠깐 상응함을 얻음이다. 선종에서는 깨달음(省)이 있다고 말한다. 성省이란 사事로 인해 그 이치를 감오하여 깨친 것이 있다.

증오할 때의 오悟는 선종에서 특히 숭상하는 것이다. 증오證悟란 사事와 이理에서 쌍으로 융화하고 해解와 행行에 함께 이름이다. 즉 사事에서 경계의 상이 있는 까닭에 사상事相이라 한다. 이理에는 경계상이 없어 오직 지각智覺에 의지한다. 사事와 이理에서 쌍으로 원융하여 경계상은 곧 지각된 이理가 사라지는 것으로, 지각의 이理는 다시 사물의 경계상 가운데 융화하여, 이 가운데 경계상이나 지각을 분별해 낼 수 없다. 그래서 이름할 수 없다, 설할 수 없기에 불가사의하다 말한다.

그러나 오悟에는 정도의 깊고 얕음이 있다. 그 소견所見, 소증所證의 사事와 이理에서 크고 작은 차별이 있기 때문에 교리와 차제의 그 차별에 의지해 처음 깨달았을 때 "부처님의 지견을 열었다" 말하고, 더 정진하여 말하길, "부처님의 지견에 들어갔다" 말하며, 확철대오한 후 "부처님의 지견을 증득하였다" 말한다. 그 정도에 깊고 얕은 다름이 있을지라도 같은 오悟이고, 그 실제는 하나이다.

이理의 극진極眞에 이르면 본래 일체이다. 일체이지만 억지로 부분을 나누고, 또한 한 지점에 근거하여 말한 것일 뿐, 일체 바깥에 달리 깨달음의 경계가 있지 않다. 사람은 이 마음이 같고, 마음은 이 이치가 같다. 그래서 범부와 부처는 깨달았든 깨닫지 못했든 이 마음, 이 이치를 함께 갖추고 있다. 깨닫지 못한 자는 미혹하여 (거울에 비친) 자기 머리의 그림자가 진실하다고 여긴다. 깨달은 자는 거울에 얼굴을 비추어 보듯이 스스로 진짜 머리를 보나니, 본래 이것에 있다. _남회근南怀瑾 거사, 《선종 육조와 중국이학(禅宗六祖与中国理学)》

[제251칙] 참선은 취사가 모두 잘못이고 염불은 취사해도 무방하니, 참선으로써 정토를 파하지 말라

취사取舍를 말함은 「구경실의究竟實義」에 근거하여 반대로 따져 묻는 것이다. 구경실의에는 취함도 없고 버림도 없는 줄 모른다. 이는 성불한 이후의 일이다. 만약 아직 성불하지 못하였으면 그 사이에 미혹을 끊고 진성을 증득하는 것은 모두 취사 양변의 일에 속한다. 이미 미혹을 끊고 진성을 증득하는 취사를 허락한 한 어떻게 이것을 버리고 저것을 취하며 더러움을 여의고 청정함을 취하는 취사를 허락하지 않겠는가?

言取捨者，此約究竟實義為難。難者，反詰問也。不知究竟無取無捨，乃成佛已後事。若未成佛，其間斷惑證眞，皆屬取捨邊事。既許斷惑證眞之取捨，何不許捨東取西，離垢取淨之取捨。

참선법문의 경우는 취함도 버림도 모두 잘못이고, 염불 법문의 경우는 취함도 버림도 모두 옳다. 왜냐하면 참선은 자심自心을 전일하게 추구하는 것에 속하고, 염불은 겸해서 불력에 의지하는 것에 속한다. 각 법문의 특색을 탐구하지 않고 오히려 함부로 참선의 법으로써 염불의 일을 파척하면 선종의 뜻을 잘못 씀이다. 선종의 취함도 없고 버림도 없음은 원래 제호의 미묘한 맛이다. 그러나 염불을 하고자 하는 사람은 취하지도 않고 버리지도 않으면 독약이 된다. 여름에는 삼베옷을 입고 겨울에는 가죽옷을 입으며, 목마르면 물을 마시고 배고프면 음식을 먹는다. 이렇게 서로 비난해서는 안 되고 고집해서도 안 된다. 그 알맞음과 유용함을 취하기만 하면 이익이 있고 폐해가 없을 것이다.

若參禪一法，則取捨皆非。念佛一法，則取捨皆是。以一屬專究自心，一屬兼仗佛力。彼不究法門之所以然，而妄以參禪之法破念佛，則是誤用其意。彼無取捨，原是醍醐。而欲念佛者，亦不取捨，則便成毒藥矣。夏葛而冬裘，渴飲而饑食。不可相非，亦不可固執。唯取其適宜，則有利無弊矣。（正）同上

[보충] 한번 취하고 한번 버림이 사사무애법계 아님이 없다.

[요해] 설령 사事를 좇아 취하지도 않고 버리지도 않으면서 단지 취하지도 않고 버리지도 않는 의론만 숭상한다면, 곧 이는 이理에 집착하여 사事를 폐기하는 것이다. 이미 사事를 폐기했다면 이理 또한 원만하지 않게 된다. **만약 사事 전체 그대로 이理임을 명료하게 알면, 취함 또한 그대로 이理이고, 버림 또한 그대로 이理이다. 한번 취하고 한번 버림이 사사무애법계 아님이 없다.** 그러므로 믿음 다음으로 발원을 밝힌다.(設不從事取捨，但尚不取不舍。即是執理廢事。既廢於事，理亦不圓。若達全事即理。則取亦即理，舍亦即理。一取一舍，無非法界。故次信而明願也).

[친문기] 세상에는 한 부류의 수행인이 있으니, 그는 비록 또한 염불할지라도 발원하고 왕생을 구하지 않으며, 염불하여 마음을 청정히 함이 곧 정토라고 말한다. 일미一味에 이理를 집착하고 사事를 폐기하여, 이理를 버림이 이미 이理를 취함임을 전혀 모른다. 취사가 완연하니 어찌 취사하지 않는다고 말하는가. **만약 사事 전체 그대로 이理임을 명료하게 알면, 사사事事에 걸림이 없다. 한 법을 따라 집으면 불법 아님이 없다, 손을 믿고 집어내니 그대로 사事 아님이 없고 전체 그대로 이理이다. 그래서 취함도 또한 그대로 이이고 버림 또한 그대로 이이며 한번 취하고 한 번 버림에 사사무애법계 아님이 없다.** 그래서 다음으로 사사무애법계를 믿고 취사의 발원을 밝힌다.

보정寶靜법사,《아미타경요해 친문기》

[역주] 참선은 공문空門을 좇아 들어가니, 집착을 깨뜨리고 상을 제거하여 일념도 생하지 않는다. 정토는 유문有門을 좇아 들어가니,「아미타불」부처님 명호를 집지하여 상에 착해 왕생을 구해도 방편권교方便權巧로 무방하다. 수행하여 깊이 들어가면 참선과 정토 모두

사문(유문有門 · 공문空門 · 역유역공문亦有亦空門 · 비유비공문非有非空門)이 원융하니, 문마다 들어갈 수 있고, 문마다 나올 수 있으니, 서로 방해하지 않고 불이법문에 미묘하게 맞는다.

선법은 삼계를 횡으로 벗어남에 속하고, 반드시 자력으로 견사혹을 끊어야 하니 표준이 지극히 높다. 염불은 업을 지닌 채 왕생하여 삼계를 횡으로 벗어날 수 있으니, 털끝만큼도 혹업을 끊지 않고 믿음과 발원이 진실하게 염불하여 미혹을 조복하고(조복하지 않아도 조복함을 포함) 죄를 없애어 마음을 바꾸기만 하면 곧 정토에 왕생할 수 있다. 어리석은 촌부나 정진 · 결재하는 수행인의 경우도 설령 마음 바깥에 법을 취하고, 마음 바깥에 부처님을 구할지라도 은밀히 보리에 맞기만 하면 염불하여도 왕생극락할 수 있다. 이것이 바로 염불법문의 방편 및 수승한 부분으로 비록 품위가 높지 않을지라도 삼계를 횡으로 벗어나기만 하면 곧 윤회를 영원히 끊고 일생에 성불할 수 있다.

[제8과]

보통의 의혹을 해석하다 [釋普通疑惑]

안으로 이사理事 · 심성心性 · 오증悟證 · 종교宗教 · 지주持咒 · 출가出家 · 방불謗佛 · 계율戒律 · 중음中陰 · 사토四土 · 사리舍利 · 비향臂香 · 경계境界 · 신통神通 · 외도外道 · 승연勝緣 제취諸聚로 나눈다.

[이끄는 말]

본장은 이사理事 · 심성心性 · 오증悟證 · 종교宗教 · 지주持咒 · 출가出家 · 방불謗佛 · 계율戒律 · 중음中陰 · 사토四土 · 사리舍利 · 비향臂香 · 경계境界 · 신통神通 · 외도外道 · 승연勝緣 등 방면 문제에 대한 해답을 포괄한다.

[1] 이와 사를 논하다 (論理事)

[제252칙] 인과와 심성은 서로 떨어지면 둘 다 해롭고, 서로 합하면 둘 다 좋다

세간 · 출세간의 이理는 「심성心性」 두 글자를 벗어나지 않고, 세간 · 출세간의 사事는 「인과因果」 두 글자를 벗어나지 않는다. (인이 없이도 과보를 얻는 경우는 단연코 없고, 선업을 짓고도 악한 과보를 얻는 경우는 단연코 없다.) 중생은 구법계九法界에 빠지고 여래께서는 일불승一佛乘을 증득하여도 심성 상에는 털끝만큼도 증감이 없다. 그렇게 상승하고 하강하는 판이한 차이가 있고, 괴로움을 받고 즐거움을 받는 현격한 차이가 있는 이유는 인지因地의 수덕修德이 달랐기 때문에 과지果地의 수용受用이 각각 다르게 되었을 뿐이다. 불법을 천명하고 홍양하는 것은 그리 쉽지 않은 일이다.

以下論理事世出世間之理，不出心性二字。世出世間之事，不出因果二字。斷無有無因而得果者。亦斷無有作善業而得惡果者。見正編勸愛惜物命說衆生沈九界，如來證一乘，於心性毫無增減。其所以升沈迥異，苦樂懸殊者，由因地之修德不一，致果地之受用各別耳。闡揚佛法，大非易事。

오직 이체의 심성(理性)만 이야기하면 중하근기의 중생은 불법의 이익을 받을 수 없고, 오직 인과응보(因果)만 말하면 상근기의 사람은 늘 듣고 훈습함에 싫증을 낼 것이다.

그러나 인과와 심성은 서로 떨어지면 둘 다 해롭고, 서로 합하면 둘 다 좋다. 그래서 철오徹悟선사께서는 말씀하시길, "심성을 잘 이야기하는 자는 반드시 인과를 여의지 말아야 하고, 인과를 깊이 믿는 경우 심성을 크게 밝혀야 한다." 하셨다. 이러한 사리와 형세는 필연적인 것이다.

唯談理性，則中下不能受益。專說因果，則上士每厭聞熏。然因果心性，離之則兩傷，合之則雙美。故夢東云：善談心性者，必不棄離於因果；而深信因果者，終必大明乎心性。此理勢所必然也。（正）與佛學報館書

[보충] 인과를 깊이 믿는 자는 반드시 심성을 크게 밝혀야 한다

우리가 《감응편회편感應篇匯編》을 학습하면 금강의 종자를 심어 세세생생 멸하지 않고 미래에 성불의 인을 심을 것이다. 정토종의 조사이신 철오선사께서는 한마디 법문에서 말씀하신 적이 있다. "심성을 잘 이야기하는 경우 반드시 인과를 방기하여 여의지 말아야 하고, 인과를 깊이 믿는 경우 마침내 심성을 크게 밝혀야 한다(善談心性者 必不棄離於因果 而深信因果者 終必大明乎心性)." 이는 무슨 뜻인가? 당신의 근기가 매우 높고, 혜근慧根이 매우 예리하면 당신은 다른 사람과 견주어 이런 지혜의 도리를 쉽게 깨달을 수 있다는 말이다. 당신이 이런 지혜의 도리를 또렷이 이해할 수 있다고 말할지라도 사리事理 상으로는 당신은 여전히 인과의 사리를 준수할 필요가 있다. 왜냐하면 당신이 이미 심성을 밝혔기에 당신은 절대 일상생활의 행위에서 인과를 위배할 리가 없다.

당신이 인과를 깊이 믿어 의심하지 않으면 「정업삼복淨業三福」을 건립함에 있어 세 번째 복인 「인과를 깊이 믿어야 한다(深信因果)」. 「인과를 깊이 믿은」 이후, 당신은 「마침내 심성을 크게 밝혀야 한다.」 당신은 마침내 지혜가 열릴 것이다. 왜냐하면 당신이 훈습하는 과정에서 천천히 관조하기 때문이다. 일상생활에서 경계에 부딪힐 때 번뇌가 일어난다. 이른바 「일체법은 심상에서 생긴다(一切法從心想生)」 당신이 순경 또는 역경에 부딪힐 때 당신은 탐진치, 교만, 의심이 일어나고 시기질투가 일어날 것이다. 이런 번뇌가 일어날 때 당신이 반드시 관조하는 역량, 관조 지혜의 역량이 있어야 이런 번뇌를 조복한 채 머물고, 심지어 그것을 끊어 버려서 이런 병통과 습기를 고칠 것이다.

그러면 당신은 비로소 잘못이 어디에 있는지 분명히 이해할 것이다. 그래서 잘못 생각하고, 잘못 보며, 잘못하고 있음을 알 것이다. 당신이 이를 안 이후에는 잘못 생각하지 않고, 잘못 보지 않으며, 잘못 하지 않을 것이다. 인과를 학습하든, 반야를 학습하든 그것이 우리에게 좋을 것이다. 당신은 끊임없이 이렇게 훈습하여 잘못을 고치고, 내려놓음을 통하여 당신은 천천히 아집을 내려놓고, 집착을 내려놓으면서 매우 쉽게 마음속 번뇌를 내려놓을 수 있을 것이다. 이렇게 내려놓은 이후 그것은 바로 당신의 공부이다. 왜냐하면 당신은 심성을 크게 밝혔기 때문이니, 마침내 지혜가 열릴 것이다. 마침내 마음을 밝혀 견성할 것이다.

_황백림黃柏霖, 《태상감응록편휘편太上感應篇彙編》

[제253칙] 사상에 근거하면 진실로 정토장엄이 있고 이체를 근거하면 유심이 나타난 것이다

정토는 사상事相에 근거하면 진실로 의보와 정보와 지극히 장엄한 경계가 있다. 이체理體를 근거하면 유심唯心이 나타난 것으로 확실히 마음이 청정한 연고로 일체 경계가 전부 청정하게 된다. 이체와 사상은 물론 떨어질 수 없고 편중한 의지에 근거하여 사상과 이체로 나누는 것에 불과하다. 그대는 《종교는 함부로 뒤섞어 논해서는 안 된다(宗教不宜混濫論)》에서 진속이제眞俗二諦의 문리 및 거울에 근거한 비유의 뜻을 자세히 보면 저절로 또렷이 알 수 있을 것이다. 이체와 사상事相의 두 법은 서로 떨어지지 않는다. 청정심이 있음으로 말미암아 비로소 청정한 경계가 있다. 만약 청정한 경계가 없으면 어떻게 청정심을 드러내겠는가? 마음이 청정하면 불국토가 청정함을 "마음은 만법을 갖추고 있다(心具)."고 말한다. 만약 마음(자심·심성)이 본래 갖추고 있는 것이 아니라면 인因은 과果를 감득하지 못한다.

淨土，約事則實有至極莊嚴之境象，約理則唯心所現。良以心淸淨故，致使此諸境界悉淸淨，理與事固不能分張，不過約所重之義，分事分理耳。汝但詳看宗教不宜混濫論中，眞俗二諦之文理，及約境所喻之義，自可了知矣。（論中眞俗二諦之文理，及約境所喻之義，已採入本編論宗教一節，閱之即知。編者敬注）事理二法，兩不相離。由有淨心，方有淨境。若無淨境，何顯淨心。心淨則佛土淨，是名心具。若非心具，則因不感果矣。（三）復馬宗道書

[역주] 실유實有·비실유非實有는 모두 사바세계 인류의 분별심에 근거해 말한 것이다. 만약 지구의 만물이 실유라 보면 극락 또한 실유이고, 만약 사바세계 일체 경계가 환유幻有라 보면 서방 또한 환유이며, 일체제법이 무생無生임을 증득하면 극락사토四土 또한 무생이다. 만약 상적광토 및 이체법신이 무상無相이라 한사코 집착하면 이는 원만한 교리가 아니다.

《관경소묘종초觀經疏妙宗鈔》는 미타 존특신尊特身(제68칙 역주참조)은 곧 법신·보신·화신 삼신의 합일이라 말할 수 있고 곧 법신미타라 말할 수 있다. 이는 천태종 원교의 이치에 따른다. 마음이 청정하면 불국토가 청정하니, 마땅히 육즉六即에 따라 분별하여 논한다. 명자위名字位의 염불인은 비록 마음이 청정하다 말할지라도 산심위散心位로 인해 경계를 관상할 수 없어 반드시 명자위 후심에 이르도록 닦아 염불로 겸하여 불력의 명훈 가피를 얻어 관행위觀行位 초품에 들어야 비로소 극락정토를 관상하여 볼 수 있고 열응신(劣應身; 화신불)에 속할 지라도 아미타부처님을 친견할 수 있다.

관행위 오품 정심淨心은 관상의 대상인 정토는 품마다 증승增勝이지만, 여전히 범성동거토凡聖同居土를 볼 뿐이다. 상사위相似位 정심淨心은 만약 분별사식事識을 깨뜨리면 방편유여토方便有餘土를 볼 수 있고, 아미타 승묘 보신불을 관상·친견할 수 있다. 상사위相似位 후심은 염불로 겸하여 아미타부처님의 가지加持를 얻어 분증위 정심을 얻게 하여 실보장엄토實報莊嚴土를 보고 상적광토를 부분적으로 증득(分證)할 수 있다. **극락의 사토는 모두 법성토로 미묘 불가사의하여 화엄 십현문의 사사무애법계事事無礙法界 등의 이치가 보이는 것과 같다.**

범부지견으로써 극락이 사바세계 십만억 불토의 서방에 있다고 한사코 집착해서는 안 된다. 이는 《아미타경》의 권설權說일 뿐이다.

[제254칙] **사수事修에는 이수를 품는 공덕이 있고, 이수理修에는 독자적으로 성립하는 공능이 없으니, 이수에 집착하여 사수를 그만두는 것을 조심하고 단속하라**

한 법도 세우지 않은 진여이체를 크게 깨닫고, 또 만행을 원만히 닦는 사상事相의 공덕을 힘써 행지行持할 수 있어야 공空과 유有가 원융한 중도中道이다. (일체만물이 모두 공이라 관하는) 공해탈空解脫에 집착하는 사람은 「한 법도 닦지 않음」을 「한 법도 세우지 않음」이라 여기니, 제불께서는 그를 「불쌍하고 가련한 자」라 부른다. 연지대사께서 말씀하시길, "사수事修에 집착하여 (부처님 명호를 염하여) 염념마다 이어갈 수 있으면 (극락왕생의) 품위에 들어가는 공부는 헛되지 않지만, 공리空理에 집착하여 마음을 진실로 밝히지 못하면 오히려 공에 떨어지는 화를 받는다."

(이 문구의 대의는 사수事修를 중시한다. 노실하게 염불하여 염념마다 이어지고, 보리심을 발하여 일향으로 전념하면 임종시 부처님께서 서방극락에 삼배구품三輩九品으로 접인하여 왕생하게 하시니, 현생에서 사수事修에 집착하여 염불한 공부를 헛되이 하지 않는다. 공리空理에 집착하여 심성을 통달하지 못하면 공에 떨어짐을 면하기 어렵고 증도證道할 수 없다. 자력으로 생사를 벗어날 수 없고 또한 보리심을 발하고 일향으로 전념할 수 없어 서방극락에 왕생할 수 없으면 계속해서 생사에 윤회할 뿐이니, 매우 가련하다!)

왜냐하면 사수事修에는 저절로 이체를 품는 공덕이 있지만, 이수理修에는 사수 바깥에 독자적으로 성립할 공능이 없는 연고이다! 그래서 우리는 학불學佛할 때 반드시 사수事修 그대로 이체를 이루고, 이체 그대로 사수를 이루어서 이체와 사수事修가 원융하고, 공과 유가 둘이 아니어야 염불삼매의 경계에 원만히 도달하여 생사를 요탈할 수 있다. 만약 스스로 '내가 곧 부처다' 생각하고, 이체에 집착하여 사수事修를 그만두면 실제상으로 만덕을 장엄한 과상의 부처와 그 차이는 멀고도 멀다! 그래서 마땅히 힘써 수지하고 일심으로 염불하여 사수事修로부터 이체를 드러내고, 이체를 드러내어 여전히 사수事修를 중시하여야 실익을 얻을 수 있다.

以大悟一法不立之理體，力行萬行圓修之事功，方是空有圓融之中道。空解脫人，以一法不修為不立，諸佛稱為可憐憫者。蓮池大師云：著事而念能相續，不虛入品之功。執理而心實未通，難免落空之禍。以事有挾理之功，理無獨立之能故也。吾人學佛，必須即事而成理，即理而成事。理事圓融，空有不二。始可圓成三昧，了脫生死。若自謂我即是佛，執理廢事，差之遠矣。當用力修持，一心念佛。從事而顯理，顯理而仍注重于事，方得實益。(三) 息災法會法語

[역주] 「이체에 집착하여 사수를 그만 둔다(執理廢事).」 이는 천태종 육즉불六即佛의 이치를

모르고, 자기 수행의 계위를 판정하지 못한 탓이다. 천태지자대사께서는 육즉불의 의리를 열어 보이시어 바로 사람의 믿음을 증가시켰다. 이체理體 그대로 부처이고, 사람마다 본래 갖추고 있으며, 억겁토록 윤회하여도 잃지 않음을 알고서 단지 회심하기만 하면 곧 성불할 수 있다. 또한 육즉六即의 상세한 계위와 차별을 열어보이시어 수행인이 각자 수행의 높고 낮은 정도를 또렷이 알게 하여, 범부로써 성인의 경계를 함부로 말하여 무심코 대망어죄를 범하는 과를 피하게 한다.

염불법문은 현묘한 방편으로, 이수理修와 사수事修로 나뉜다. 중하근성의 염불인은 비록 대승의 깊고 깊은 불법의 이치를 모를지라도 모름지기 사수事修를 진심으로 받아들여 아미타불 부처님 명호를 사지事持하면 곧 불도의 미묘함에 은밀히 맞을 수 있고, 곧 사지事持로 이지理持에 통달하며, 곧 자심自心으로 불심佛心을 본다. 공부가 낮은 자일지라도 또한 믿음과 발원에 의지해 염불하여 왕생하니, 단지 왕생의 품위가 높지 않은 것에 불과하다. 이것이 곧 연지대사께서 "사수事修에 집착하여 (부처님 명호를 염하여) 염념마다 이어갈 수 있으면 (극락왕생의) 품위에 들어가는 공부는 헛되지 않다."고 하신 말씀에 담긴 뜻이다.

[보충] **사수事修와 이수理修**

연지대사께서 이르시길, "그러나 사수事修에 주착하여 (부처님 명호를 염하여) 염념마다 이어갈 수 있으면 (극락왕생의) 품위에 들어가는 공부는 헛되지 않지만, 공리空理에 집착하여 마음을 진실로 밝히지 못하면 오히려 공에 떨어지는 화를 받는다(然著事而念能相繼 不虛入品之功 執理而心實未明 反受落空之禍)." 하셨다.

염불에는 사수事修가 있고 이수理修가 있다. 나는 여러분에게 이수를 배우지 말고 사수를 배우라고 권한다. 그러나 이체를 밝혀야 하는데, 이체를 분명히 이해하면 무슨 잇점이 있는가? 집착을 쉽게 깨뜨릴 수 있다. **아집을 깨뜨려야 사일심불란事一心不亂을 증득할 수 있고, 법집을 깨뜨려야 이일심불란理一心不亂을 증득할 수 있다. 이체를 밝히지 못하면 집착을 쉽게 타파하지 못한다. 그래서 이체를 반드시 밝혀야 한다.**

사수事修는 비록 두 가지 집착을 돌파할 수 없어도 공부가 성편成片에 이르도록 염하여 업을 지닌 채 왕생할 수 있다. 그래서 「품위에 들어가는 공덕을 성취한다」 하셨다. 가장 낮은 품위는 범성동거토에 하품하생하는 것이다. 바꾸어 말해, 「사수事修에 주착하여 (부처님 명호를 염하여) 염념마다 이어갈 수 있다. 「이런 사람은 결정코 왕생할 수 있다. 만약 「공리空理에 집착하여 마음을 진실로 밝히지 못하여」 명심견성明心見性에 도달할 수 없으면 그 성취는 하품하생한 사람보다 못하다. 다른 사람은 하품하생하지만, 당신은 공에 떨어진다. 이는 진정 가련하다!

[연의演義] 「상속相繼」이란 「아미타불」 부처님 명호를 염하여 한 글자 한 글자 분명하고 한 마디 한 마디 끊임없이 이어감(정념상속淨念相繼)을 말한다. 「불허입품不虛入品」이란 「아미

타불」 부처님 명호를 염하여 염념마다 이어가서 잠시 그치거나 끊어짐이 없을 수 있다면 이미 망념을 조복할 수 있음을 말한다. 「아미타불」 부처님 명호를 염하여 (일분 한 시간 잠시 그치거나 끊어짐이 없어) 일분 한 시간 청정심을 얻으면(정업을 닦으면) 이 청정심으로써 말품(범성동거토의 하품하생)을 이룰 수 있다.

또한 (다생 다겁토록 학불하고 이 법문을 닦아) 신령한 숙근夙根이 있으면 이때 진제의 이체를 일찰나(頓) 간에 밝힐 수 있다, 그러나 그 깊고 얕음을 따라 혹 (해오解悟이면) 중품으로 왕생하거나 혹 (증오證悟이면) 상품으로 왕생하니 (서방극락세계 어느 등급에 왕생할지) 모두 알 수 없다. 그래서 (아미타 부처님 명호를 염하여 한 글자 한 글자 분명하여 염념마다 이어갈 수 있다면) 「결정코 성취할 수 있다」 말한다.

「밝힘(明)」이란 (아미타 부처님 명호를 염하여 염념마다 시각으로) 자신의 본심(본각, 진여본성)에 갑자기 맞음(견성, 확철대오)을 말하니, 곧 이른바 하나를 밝히고 통달하여 일체를 모두 밝히고 통달한다. (그래서 세간 · 출세간의 일체 사상과 이체에 전부 장애가 없다.)

(등각보살은 비록 원만한 이체를 증득할지라도 여전히 「아미타불」 부처님 명호를 집지하니, 이체를 밝혀도 여전히 사상事相을 버리지 않는다. 범부는 이체를 밝히지 못하면 사상을 버려서 당연히 공에 떨어지고 만다.)

「반수화反受禍」. 만약 수행인이라면 사견에 떨어져 외도가 되는 까닭에 이번 생에 성취할 수 없다. 만약 범부이거나 외도이면 복보를 다 누리고 윤회를 받아야 한다. 말마다 현묘한 공리를 이야기하고, 걸음마다 오욕육진 · 명문이양을 행하여 욕계 · 색계 · 무색계의 삼유에 속하면 즉시 삼악도에 떨어져 휴식이 없다. 그래서 공에 떨어지는 「화를 받는다」 말한다.

_정공법사, 《아미타경소연의阿彌陀經疏鈔演義》

[제255칙] 성덕性德은 이체에 속하고 수덕修德은 사지事持에 속하니, 사지로써 이체를 깨닫지 못할지라도 어찌 이체 바깥에서 나오겠는가!

우익대사께서 《미타요해》에서 말씀하시길, "(부처님의 명호를 집지하면 부처님의 명호를 염념마다 기억하는 까닭에 사혜思慧이다. 그러나 집지에는 사지事持와 이지理持가 있다.) 사지事持란 서방에 실제로 아미타부처님과 극락세계가 있다고 믿지만, 「이 마음이 부처를 지으니(是心作佛) 이 마음이 그대로 부처이다(是心是佛)」는 이치를 통달하지 못하고서 다만 결연한 의지로써 극락세계에 태어나겠다고 발원하니, 마치 어린아이가 어머니를 그리워하여 잠시도 잊지 않는 것과 같다." 하셨다. 이는 아직 이체의 심성(理性)을 통달하지 못한 채 다만 사상事相에 의지해 수지할 수 있는 사람이다.

또한 "이지理持란 서방극락세계 아미타부처님은 나의 마음에 본래 갖추어져 있고(心具), 나의 마음이 만들어낼 수 있음(心造)을 믿는다." 하셨다. 「심구心具」란 자신의 마음에 원래 이러한 이체를 갖추고 있다. 「심조心造」란 마음에 본래 갖추고 있는 이체에 의지해서 수덕을 일으키면 이체의 심성이 비로소 뚜렷이 드러날 수 있다. 그래서 「조造」라 이름한다. 심구心具 그대로 이체理體이고, 심조心造 그대로 사수事修이다. 심구心具 그대로 「시심시불是心是佛」이고 심조心造 그대로 「시심작불是心作佛」이다. 시심작불이니 곧 성덕에 칭합하여 수덕을 일으키고(稱性起修), 시심시불이니 곧 전체 수덕은 성덕에 그대로 있다(全修在性). 수덕의 공이 있어야 성덕이 드러나니, 비록 이체를 깨달아도 여전히 사수事修를 그만두어서는 안 된다. 그렇지 않으면 곧 「이체에 집착하여 사수를 그만두는」 오만방자한 일체 지견知見에 떨어질 것이다.

事持者，信有西方阿彌陀佛，而未達是心作佛，是心是佛。但以決志願求生故，如子憶母，無時暫忘。此未達理性。而但依事修持也。理持者，信西方阿彌陀佛，是我心具，是我心造。心具者，自心原具此理，心造者，依心具之理而起修，則此理方能彰顯，故名為造。心具即理體，心造即事修。心具、即是心是佛，心造、即是心作佛。是心作佛，即稱性起修。是心是佛，即全修在性。修德有功，性德方顯。雖悟理而仍不廢事，方為眞修。否則便墮執理廢事之狂妄知見矣。

그래서 "곧 자심自心에 갖추어져 있고, 자심이 만들어낸 「아미타불」 만덕홍명으로써 마음을 매어두는 경계로 삼아 잠시도 잊지 않는다." 말씀하셨다. 이렇게 《아미타경》을 해석하는 방법은 천고에 일찍이 없던 일이다! 진실로 여러 근기에 맞고 이체에 맞기 위함이니, 이체理體와 사수事修가 원융하다. 사바세계에 다시 온 법신대사가 아니면 누가 이런 경계에 이를 수 있겠는가? 사지事持로써 설사 이체를 깨달을 수 없을지라도, 어찌 이체 바깥에서 나올 수 있겠는가? 수행인이 자심自心을 아직 원만히 깨달을 수 없음에 불과하다. 이미 깨달았다면 사수事修 그대로 이체이거늘, 어찌 깨달은 이체가 사수事修 가운데 있지 않겠는가?

이체理體는 사수를 여의지 않고, 사수事修는 이체를 여의지 않으니, 사수와 이체는 둘이 아니다. 마치 사람이 몸과 마음을 모두 동시에 운용하여야 하는 것과 같다. 단연코 몸과 마음은 서로 떨어진 적이 없다. 통달한 사람이 사수와 이체를 융합시키지 않으려고 해도 불가득不可得이다. 오만방자한 일체 지견으로 이체에 집착하여 사수를 그만두려는 사람은 사수와 이체를 융합시킬 수 없다.

故下曰：即以自心所具所造洪名，為繫心之境，令不暫忘也。此種解法，千古未有。實為機理雙契，理事圓融，非法身大士，孰克臻此。以事持縱未悟理，豈能出於理外。不過行人自心未能圓悟。既悟焉，則即事是理。豈所悟之理，不在事中乎。理不離事，事不離理。事理無二，如人身心，二俱同時運用。斷未有心與身，彼此分張者。達人則欲不融合而不可得。狂妄知見，執理廢事，則便不融合矣。(正) 復馬契西書九

[역주] 선종에서는 말하길, 육근의 문 앞에서 광명을 놓고 대지를 진동시키며, 평상시 날마다 쓰지만, 스스로 알지 못한다. 비록 자성의 미묘한 심성 · 이체를 모를지라도 사람마다 일상에서 손들고 발을 내딛거나 옷 입고 밥을 먹거나 언제나 심성의 묘용妙用이 아닌 때가 없다.

[제256칙] 수덕修德에 공이 있어야 성덕性德이 비로소 드러나니, 사수와 이체가 원융하고 중생과 부처가 둘이 아니다!

이 마음은 법계에 두루하고 항상하여 허공과 같다. 우리는 미혹으로 말미암아 물든 연고로 갖가지 집착을 일으키니, 비유컨대 물건이 허공을 가리면 곧 두루하지 않고 항상할 수 없는 것과 같다. 그러나 두루할 수 없고 항상할 수 없음은 우리가 집착하여 망상이 나타나기 때문이거늘, 어찌 허공이 정말 물건에 가려져서 이로부터 두루하지 않고 항상하지 않는단 말인가? 그래서 범부의 마음은 여래가 증득한 생하지 않고 멸하지도 않는 마음과 조금도 차이가 없다. 그 차이가 생긴 것은 범부가 미혹에 물든 소치일 뿐, 심체에 본래부터 변화가 있이 있는 것이 아니다. 아미타불의 정토는 줄곧 우리의 일념 심성에 있다.

(우익대사께서 "자성에 실제로 서방극락세계에서 불도를 이미 이룩하신 아미타여래께서 계시고 유심에 실제로 장엄한 극락세계가 있음을 믿어라. 깊은 믿음과 홍원, 결연한 의지로써 왕생을 구하라." 하셨는데 바로 이 뜻이다. 편집자 주)

此心周遍常恒，如虛空然。吾人由迷染故，起諸執著。譬如虛空，以物障之，則便不周遍、不常恒矣。然不周遍、不常恒者，乃執著妄現，豈虛空果隨彼所障之物，遂不周遍、不常恒乎。是以凡夫之心，與如來所證之不生不滅之心，了無有異。其異者，乃凡夫迷染所致耳。非心體原有改變也。彌陀淨土，總在吾人一念心性之中。(蕅師所謂「信自性中實有西方現成佛道之彌陀如來。唯心中實有莊嚴之極樂世界。深心弘願。決志求生。」即是此意，編者敬注)

그러면 아미타부처님은 나의 마음에 본래 갖추어져 있다. 이미 나의 마음에 본래 갖추어져 있으니 물론 당연히 늘 염하여야 하거니와 이미 늘 염할 수 있다면 감응도교感應道交할 것이다. 수덕修德에 공이 있어야 성덕性德이 비로소 드러나니, 사수와 이체가 원융하고 중생과 부처가 둘이 아니다! 그래서 말하길, "내가 부처님을 갖추고 있는 마음으로써 나의 마음에 갖추고 있는 부처님을 염하거늘, 어찌 나의 마음에 갖추고 있는 부처님께서 부처님을 갖추고 있는 내 마음에 응하지 않겠는가?"

則阿彌陀佛，我心本具。既是我心本具，固當常念。既能常念，則感應道交，修德有功，性德方顯，事理圓融，生佛不二矣。故曰：以我具佛之心，念我心具之佛，豈我心具之佛，而不應我具佛之心耶。(正) 同上

[역주] 자성미타와 서방미타, 유심정토와 서방정토에 관해 불교 안팎으로 두 가지 극단이 있다. 첫째 극단은 자성에 치우쳐 유심에 집착한다. 자력법문의 수행인은 대부분 이런 부류의 견해를 지니고 있다. 이들은 정토종의 염불은 마음 바깥에 법을 취하고 상에 착하여 수행하므로 대승 정종에 속하지 않는 어리석은 촌부가 닦는 저등한 법문이라고 비평한다. 이런 부류의 사람은 우익대사께서 《미타요해》에서 "이 법문을 닦는 자는 전적으로 저 부처님을 깨닫는 것이 곧 자성불을 깨닫는 것에 있다고 말한다. 저 부처님을 말하는 것이 꺼려진다면 이는

아직 타견他見을 잊지 못하여 저 부처님이 자심임을 깨닫지 못하였기 때문이다. 만약 자성불만 말하여 자성불에 편중한다면 이는 아견我見이 견고하여 전도가 더없이 심하다.……" 하신 뜻을 모른다.

둘째 극단은 서방극락에 치우쳐 집착하여 마음 바깥에 부처가 있고 마음 바깥에 정토가 있어서, 서방과 자성은 원융불이圓融不二일 수 없다. 보통의 염불인은 대부분 이런 부류의 관점을 지니고 있다. 그러나 정토법문은 현묘하여 노실하게 사수事하고 믿음과 발원을 갖출 수 있으면 은밀히 도의 오묘함에 합치되고 왕생에 성공할 것이다. 그러나 문제는 이러한 지견으로써 책을 저술하고 논의체계를 세워서 계파를 형성하여 신도에게 영향을 미치면 이런 문제는 매우 엄중하다.

일본 정토진종은 둘째 극단에 속한다. 법연法然은 《법연상인전집 정토수문기淨土隨聞記》에서 "불체는 유일하지만 교에 따라 그 뜻은 다르다. 진언교에서 아미타불은 기심여래己心如來로 바깥에서 찾을 수 없다. 정교淨教에서 말하는 아미타불은 법장비구가 발원 성취하여 불체가 서방에 계신다."라고 말하였다. 이 단락의 법문은 바로 본원법문의 일체 잘못된 이론의 근원이니, 불체를 판정함이 실패했다. 법연은 불체가 하나라고 승인할지라도 진언종의 자성미타는 마음속에 있고, 염불인의 혹업이 「기심여래」를 장애한다고 고집하고, 정종의 미타 불체는 서방(마음바깥)에 있고 염불인의 마음속 혹업이 「서방미타」를 장애한다고 고집한다. 이로 말미암아 불체를 판정함에 실패하고 최종적으로 신란(導致) 본원법문의 "타력으로 미혹을 다 끊는다."(세 가지 미혹을 끊고서 불보토에 들어간다) · "순수타력으로 접인하신다." · "자력을 집어내 버린다" · "임종시 자력의 정념正念은 필요없다." · "결정코 믿으면 곧 결정코 왕생한다." · "염불하면 곧 왕생한다." · "십념十念으로 평상시 살아 있을 때 왕생의 업이 이루어진다(平生業成)." · "자력 참회는 필요 없다." · "악인은 왕생하기 더욱 쉽다." 등등 본원법문의 「특색」있는 교리를 초래했다.

서방미타가 곧 자성미타이고 곧 기심여래이며, 서방정토가 곧 자성정토이고 유심정토임을 철저히 알 수 있다면 어디에 순수타력으로 제도한다는 설법이 있겠는가? 서방미타께서 이미 타력으로 미혹을 끊을 수 있어 염불인의 견사혹見思惑 · 진사혹塵沙惑 · 무명혹無明惑을 끊어 없애 미타보토로 들어가게 하신다(법연 등은 단지 극락정토에 보토만 있는 줄 알고 실제로 사토가 갖추어져 있음을 모른다. 불보토는 법성토에 속하여 실제로는 법계에 두루 한다.)

왜 서방의 미타가 사바세계에 오면 지구상의 염불인에게 영험이 완전히 없어지는가? 생전이든 임종이든 상관없이 아미타부처님께서 타력으로 미혹을 끊으실 수 있으니, 단지 견사혹을 항복 받기(伏住)만 하면 미혹을 끊어 없애지 않아도 염불인은 곧 당하에 아미타불의 화신을 관상하여 친견할 수 있다. 만약 타력으로 미혹을 끊고 무명을 깨뜨리면 염불인은 직접 불이不二를 증입할 수 있는데, 이는 법신대사에 속한다. 본원법문에서는 부처님 명호를 십념으로 소리내어 부르면 평상시 살아생전에 왕생의 업이 이루어진다고 한다. 임종 며칠 내지 십여 일내의 임종시 특수한 삼매경에 들기 전에 백번 이상 천번까지 십념을 염하여도 아미타부처님께서 현신하시지 않는데, 타력으로 미혹을 제거한단 말인가? 원컨대 본원법문에 미혹하여 믿는 사람은 이를 깊이 생각하길 바란다. 그들이 인조대사의 법문을 강설할지라도 그 법문은 일찍이 많이 변해버렸다.

[제257칙] **생무생론生無生論의 대의는 비록 태어날지라도 태어남이 있는 상이 없고, 비록 태어남이 없을지라도 태어남이 없음의 상에 머물지 않는다**

(《생무생론生無生論》에서는 마음 · 부처 · 중생의 세 가지 차별이 없는 심성을 직접 드러내 보인다.) 이 심성은 무량한 덕능을 갖추고 있으니, 본성本性은 변하지 않되 사연事緣에 따르고, 사연에 따르되 본성은 변하지 않으며, 범부에게서 줄어들지 않고 성인에게서 늘지도 않는다. 미혹과 깨침의 다름으로 말미암아 십법계의 차별이 있게 된다. 이 십법계는 하나하나 심구심조(心具心造; 마음에 본래 갖추어져 있고, 마음이 만들어낼 수 있다) · 심작심시(心作心是; 이 마음이 부처를 짓고 이 마음이 그대로 부처이다)가 아님이 없다. 서방극락에 태어나길 구함이 곧 진실로 「태어남이 없음(無生)」이다. 왜냐하면 심구심조 · 심작심시의 서방극락에 태어남은 이체에 집착하여 사수事修를 그만두어, 공허하게 그 이름만 있고 실로 그 경계인 서방극락이 없는 것이 아니기 때문이다.

此之心性，具無量德。不變隨緣，隨緣不變。在凡不減，在聖不增。由迷悟之不同，致十界之差別。即此十界，一一無非心具心造，心作心是。求生西方，即眞無生。以生乎心具心造心作心是之西方，非彼執理廢事，空有其名，實無其境之西方也。

이에 결정코 태어날지라도 태어남의 상이 없고, 결정코 태어남이 없을지라도 태어남이 없음의 상이 없는 것이 「(정토에) 태어날지라도 태어남이 없음(生無生)」이다! 믿음과 발원으로 염불하여 자신의 「마음에 본래 갖추어져 있고(心具) · 마음이 만들어낼 수 있으며(心造) · 마음이 부처를 짓고(心作) · 마음이 그대로 부처인(心是)」 서방극락에 태어나길 구한다. 그래서 비록 태어날지라도 태어남이 있는 상이 없고, 비록 태어남이 없을지라도 태어남이 없음의 상에 머물지 않는다. 이것이 《생무생론生無生論》의 대의이다. (이러한 이치를 이해하면 누가 성덕에 거슬러 삼악도 · 육도의 인과를 짓겠는가! 설사 성문 · 연각 · 보살승 출세삼승出世三乘의 인과일지라도 종극의 준칙으로 삼지 말아야 하고 직접 무상보리의 인과를 향해 나아가야 한다.)

乃決定生、而無有生相，決定無生、而無有無生之相、之生無生也。以信願念佛，求生於自己心具、心造、心作、心是、之西方，故雖生而無有生相，雖無生而不住無生之相。此生無生論之大旨也。(三) 淨土生無生論講義序

[보충] **성심구조문性心具造門**

진여는 적멸성寂滅性으로 항하사수의 공덕을 갖추고 있으니,

사성四聖 및 육범六凡은 모두 이 심성으로 인해 만들어진다.
(眞如寂滅性 具恆沙功德 四聖及六凡 皆由心變造)

논하여 말하길, 옛날 마명馬鳴보살께서는 일백 부의 대승경전에 근거하여 《대승기신론》을 지으셨다. 한 중생심이 두 문을 갖추고 있으니, 하나는 심진여문心眞如門이고, 둘은 심생멸문心生滅門이다. 이미 심진여 · 심생멸을 말하였다면 똑같이 일심一心이기에, 또한 양자의 차별이 있겠는가? 단지 파도와 물의 차이와 마찬가지에 불과하다. 그래서 이 논 가운데 심진여문과 심생멸문 두 문은 모두 각각 일체법을 총섭하니, 그 심진여문과 심생멸문 양자가 결코 서로 분리되지 않는 까닭이다.

지금 이 《속생무생론》의 제1문에서는 심진여문을 함섭含攝하면서 오직 진여체성만 설명할 뿐이다. 제2문 심생멸문에서는 체體 · 상相 · 용用을 갖추어 설명한다. 그러므로 《기신론》에 이르시길, "이 심진여상心眞如相은 곧 대승 마하연의 체를 드러내 보인다. 이는 마음의 생멸인연상生滅因緣相은 대승 마하연의 체상용을 드러내 볼 수 있는 까닭이다.

이 게송의 제1구에서 「적멸성」이라 함은 곧 진여의 '체'이다. 제2구에서 "항하사수의 덕을 갖추고 있으니"라 함은 곧 진여의 '상'이다. 후 2구에서 "사성 및 육범은 모두 이 심성으로 인해 만들어진다." 함은 진여가 인연을 따르는 '용'이다.

「수연隨緣」이라 함은 《기신론》에서 이르시길, "여래장에 의거하여 생멸심이 있으니 이른바 불생불멸은 생멸과 화합하여 같음도 아니고 다름도 아님을 아뢰야식이라 한다. 이 식은 두 가지 뜻이 있으니 하나는 각覺의 뜻이고 둘은 불각不覺의 뜻이다."

여래장이라 함은 진여가 인연에 따름의 별칭이다. 생멸심이라 함은 진여가 무명의 연에 따라 기동 조작하여 생멸함이다. 불생불멸이라 함은 곧 여래장이다. 그 무명의 생멸심과 화합하는 까닭에 생멸의 연과 같음도 아니고 다름도 아니다. 그러므로 알라야식의 명칭을 획득한다. 이 알라야식의 두 가지 뜻 가운데 '각'의 뜻은 사성의 근본이다. 그 '불각'의 뜻은 육범의 근본이다. 범부와 성인에게 비록 특이한 차별이 있을지라도 모두 진여성체를 본래 갖추고 있음으로 말미암아, 염오와 청정의 차별 연에 따라 훈습熏習하고 변이變異하여 현기現起하니, 이는 곧 이른바 부사의훈不思議熏(진여의 체성은 훈습할 수 없는데도 훈습을 받는다), 부사의변不思議變(진여의 체성은 변이할 수 없는데도 생멸변이 한다)으로 곧 이 사事를 말함에 있다.

그리고 내가 지금 부처님 명호를 칭념하고 극락정토에 태어나길 발원하거나 내지 장래 왕생한 후 아미타불의 수기를 받아 찰진 세계에 분신을 두루 가득 나투어 일체중생을 섭수 교화함이 보살법계이다. 구경원만한 무상보리를 기약하고 발원하여 염불한 까닭에 성불함이 모두 본래 갖추고 있는 무루無漏의 친신종자親身種子인 까닭에 곧 불법계이다. 이 불법계 보살법계의 둘은 모두 내 자심自心의 진여로, 청정한 인연에 따라 훈습하고 변이하여 일어나는 것이지, 결코 다른 사람으로 말미암아 얻게 되는 것이 아니다.

이 밖에 《아비달마경阿毘達摩經》의 게송에서 이르시길, "무시이래로 계(성)는 일체법 등의 의지처이니, 이로 말마임아 제취(육범) 및 열반 증득(사성)이 있다(無始時來界 一切法等依

由此有諸趣及涅槃證得)."

「계界」라 함은 곧 「인因」을 지음의 뜻이고, 「인因」이라 함은 곧 아뢰야식에 함장된 염오 · 청정의 종자를 가리킨다. 그래서 「일체종자식一切種子識」이라 이름한다. 이와 같이 말함은 권교에 관련하여 말함이다. 만약 「계界」 자를 「성性」의 뜻하는 것으로 본다면 「성性」은 곧 일진법계一眞法界이자 곧 진여의 체를 가리킨다. 사성과 육범은 모두 일진법계로 말미암아 일어나고 그래서 원교의 문으로 즉입即入한다.

원교문圓教門이라 함은 천태종 「성구性具」의 원돈법문에서 말하길, "현전하는 염불의 이 일념의 미세한(介爾) 마음은 백계천여百界千如, 의보 · 정보 · 오음의 삼종세간三種世間과 삼천제법三千諸法, 즉공即空 · 즉가即假 · 즉중即中의 일심삼관一心三观을 갖추고 있고, 이 밖에 또 각자 갖추고 있으며 서로 갖추고 있다는 뜻이 있다. 마음대로 취향趣向하여 한 법을 들면 곧 그대로 일진법계의 광대함이 모두 섭수되고 서로 다 포함하고 각자 갖추며, 서로 번갈아 원융하고 서로 번갈아 함섭하며, 들쭉날쭉 나열되어 있지만 뒤섞여 혼란하지 않고, 피차 서로 떨어져 있지만 분별할 수 없으며, 하나와 여럿은 모두 자재할 수 있어 서로 머무르면서 장애하지 않는다." 하셨다.

그래서 형계 담연대사께서 《보행輔行》에서 이르시길, "학불學佛하는 사람은 설사 자신의 마음속에 삼천 성상性相을 갖추고 있음(즉 각자의 심성이 삼천 제법을 갖추고 있다는 뜻)을 또렷이 알고 있을지라도, 오히려 나의 마음이 저 삼천 성상에 두루 할 수 있고 피차 삼천 성상에 서로 두루 하여 이와 같다. (이는 곧 서로 갖추고 있다는 뜻이다. 피차란 하나는 저 부처님이고 하나는 이 중생이다. 마음 · 부처 · 중생은 모두 각자 갖추고 있고 서로 갖추고 있다는 뜻이다.) 이는 마치 제석천의 구슬그물(인드라망)에 매달린 천 개 구슬이 서로 꿰뚫어 사무쳐 원융하고 함섭하여 중중무진함과 같다." 그러나 내가 이 염불하는 일념의 마음이 그와 같을 수 있는 연유는 모두 「전체 성덕이 수덕을 일으키고, 전체 수덕이 성덕 그대로(全性起修 全修即性)」이기 때문이다.

사명존자四明尊者께서 이르시길, "법계의 원융하고 불가사의한 체성이 나의 현전하는 일념의 마음을 짓고, 또한 모든 체성이 중생(구법계)을 짓고, 제불(불법계)을 지으며, 의보(기세간)를 짓고 정보(오온세간)를 짓는다." 하물며 마음대로 취향하여 한 법을 들어도 모두 일체법을 완전히 갖추고 있거늘, 하물며 염불하는 마음이겠는가? 이와 같은 지견으로써 염불함은 곧 구경불을 염함이니, 반드시 상품왕생을 달성할 수 있다.

_청나라 민고산閩鼓山 사문 도패道霈 지음, 《속정토생무생론續淨土生無生論》

[역주] 『생무생론生無生論』의 대의는 또한 천태종의 일심삼관一心三觀(장엄주체), 일경삼제一境三諦(장엄대상)에 통할 수 있다. 즉 공空에 치우쳐서는 안 되고, 유有에 치우쳐서도 안 되며, 또한 중中에 치우쳐서도 안 된다. 공가중空假中 삼관三觀 · 삼제三諦는 일심에 갖추어져 있는 것이고, 세 가지 제리諦理는 서로 갖추고 있고 서로 원융하니, 공空 그대로 가중假中이고, 가假 그대로 공중空中이고 중中 그대로 공가空假이다. 이는 곧 실상實相 · 무상無相 · 무불상無不

相의 뜻이고, 이는 곧 무주생심無住生心의 뜻이며, 제상비상諸相非相의 뜻이고, 이는 곧 색 그대로 공이고 공 그대로 색이라는 뜻이다.

일념의 심성과 실상의 이치를 해석하려면 반드시 천태종의 교판 이념, 즉 장藏·통通·별別·원圓·소小·시始·종終·돈頓·원圓 등 교학을 잘 알아야 한다. 이 실상·심성·무생의 판정에 대해 각자 교의의 차별에 따라 출입하는 것이 있다. 마땅히 양 교의 견해가 다를 때 반드시 원교의 요의了義를 귀숙歸宿으로 삼아 취사하여야 한다. 부처님께서 열반에 드시면서 설한 사의법四依法 중에서 「**요의경了義經에 의지하고 불요의경不了義經에 의지하지 말라**」는 지침을 범하면 엄중한 과실에 속한다.

예컨대 대승 중도의 이치를 말하면 또한 별교의 중도인 단중但中과 원교의 중도인 원중圓中의 구별이 있다. 생상生相과 멸상滅相을 없애고 생멸상生滅相의 바깥에 무생無生이 있고, 가관假觀과 공관空觀을 없애고 공가空假의 바깥에 중도가 있다. 이는 모두 원교의 뜻이 아니다. 생무생生無生을 논하면 생상은 곧 가관이고, 무생상은 곧 공관이니, 생과 무생의 바깥에 달리 "생무생生無生(중도)"이 있다. 이는 곧 별교 단중但中의 뜻이다. 생 그대로 무생이고, 무생 그대로 생무생으로 삼자는 하나 그대로 셋이고 원융무애하다. 이는 천태종 일심삼관이 보이는 것과 같이 원교의 생무생론이다. 만약 하나의 체에 두 가지 면이나, 하나의 체에 세 가지 면은 일층을 사이에 두어 서로 원융한 뜻이 아니다.

만약 천태종의 "절개를 뛰어넘어 이야기 한다(跨節而談)"는 사상을 알면 장통별교藏通別教와 소시종돈小始終頓 등 교의 이치는 모두 원교교의로써 원융하게 해석할 수 있다. 아래《장전불교사전藏傳佛教辭典》에서 「무생無生」이란 단어 항에서 겔룩파는 "여래장"을 요의중관了義中觀이라 인정하지 않는다. 사실은 이곳에서 여래장 사상은 단지 장교의 여래장으로 중국의 원교 여래장의 뜻이 아니다.

《아미타경요해친문기》에서 천태종의 공가중 삼의三義로 여래장의 공空과 불공不空, 공·불공空不空 삼의를 해석하는데 완전히 원교의 구경요의究竟了義로서, 겔룩파 중관의 허용 여부는 더 이상 이야기 할 필요가 없다. 뒤의 글에 이르러 유식파唯識家의 성공性空은 결코 중관파의 무생과 동등하지 않으면 이는 천태종의 교판사상으로써 판별하여야 한다. 만약 원교의 교의로 깊이 들어가 유식종의 뜻을 이야기하면 유식이 반드시 중관만 못한 것은 아니다.

천태종에서는 비록 화엄시華嚴時·아함시阿含時·방등시方等時·반야시般若時·법화열반시法華涅槃時의 오시설법五時說法으로 교판할지라도 이 오시 중 제5시인 「법화열반시」가 순원독묘純圓獨妙라 말하면 앞 4시는 순원독묘에 속하지 않는다. 이는 일정하지 않을 수 있다. 만약 깊이 들어가 현묘하게 말할 줄 안다면 순원독묘인 교리로써 방등시의 반야제경을 역주할 수 있고 마찬가지로 「법마다 모두 원만」할 수 있다.

강미농江味農 거사가 저술한《금강경강의金剛經講義》를 조사대덕이 광범위하게 찬탄하였다. "그는 특히 법안을 갖추어 앞 사람이 발견하지 못한 것을 발견한 분으로 이 경을 천태종에서는 통별겸원通別兼圓이라 판정하였고, 현종賢宗에서는 시교始教에 속한다고 판정하였지만, 거사는 홀로 지원극돈至圓極頓의 가르침이라 판정하였다." 이는 강미농 거사가 원교의 현묘한 이치를 광범위하게 인용하여 이 경을 주해한 연고로, 천태종에서 한층 깊이 들어가 현묘하게 이야기한 뜻이다.

[무생無生] 능가瑜伽 87권 9항에 이르시길, "후유後有에 더 이상 태어남이 없음을 무생이라 이름한다 말한다(於後有 無復更生 說名無生)". 이해二解 집론集論 5권 15항에 이르시길, "어떤 연고로 이 멸함을 다시 무생無生이라 하는가? 속생續生을 여의는 까닭이다(何故此滅複名無生? 離續生故)." **_주불황朱芾煌 편, 《법상사전法相辭典》**

[역주] 이러한 무생無生은 실로 더 이상 후유後有를 받지 않음이 불생不生의 뜻이다. 대승의 무생無生은 대부분 실상인 불생불멸의 뜻을 가리킨다. 그러나 실상인 불생불멸은 결코 더 이상 출생하지 않음도 아니고, 더 이상 멸망하지 않음도 아니다. 무생법인無生法忍을 증득한 법신보살은 이미 생멸하는 법체에 증입하여 만법의 생멸에 대해 대자재를 얻으니, 백천만 세계에 무량한 묘용이 생겨날 수 있고, 생멸의 여러 상이 없다. 이것이 곧 참 무생의 뜻이다.

무생無生: 생멸이 없음

-《실상보장논석實相寶藏論釋》 필기, 대원만에 관한 사상(유립천劉立千 저) 참조.

유식파와 중관파, 즉 인도 불학의 유종有宗과 공종空宗의 두 큰 교파에서는 「여래장」 사상을 이야기하는 사람이 있다. 서장의 불학자도 또한 장차 공종空宗에 들어가 「대중관大中觀」이라 칭하지만, 이는 닝마파 등이 인정하는 것일 뿐, 겔룩파는 「여래장」을 요의중관了義中觀이라 인정하지 않는다.

무생無生은 성공性空·무자성無自性과 같은 뜻을 지닌 말이다. 이른바 성공性空은 앞에서 이미 언급하였듯이, 유식파는 이 말의 정의에 대해 또한 중관파와 다름이 없고 모두 일체 사상과 현상(법)의 본질을 공空이라 가리킨다. 그러나 어떻게 해야 공인가? 양가의 정의는 다르다.

《능가경楞伽經》에는 한 게송에서 말씀하시길, "여러 인연을 멀리 여의고 짓는 주체가 없으며 유심이 건립한 것으로, 나는 무생이라 말하네(遠離諸因緣 無有能作者 唯心所建立 我說是無生)." 이 게송의 말씀은 유식파의 무생無生이다.

다른 한 게송에서 말씀하시길, "바깥 사물이 있는 것이든, 있는 것이 아니든지, 그 마음이 취한 바가 없고 일체 견해가 단멸하면 이것이 무생의 상이라네(外物有非有 其心無所取 一切見滅斷 此是無生相)." 이 게송의 말씀은 중관파의 무생이다.

두 게송을 비교하면 곧 **유식파의 공空은 바깥의 경계는 공하고 안의 식識은 공하지 않다(유심이 건립한 것)고 보고, 중관파는 안의 식識 또한 공하다(일체견해가 단멸)고 봄을 알 수 있다. 그래서 유식파의 성공性空은 결코 중관파의 무생無生과 동등하지 않다.**

성공性空을 왜 「무생無生」이라 말하는가? 중관파로 인해 「사변생四邊生」을 깨뜨려야 한다.

_《장전불교사전藏傳佛教辭典》

[보충] **《아미타경요해친문기》 절록**

실상염불實相念佛: 능념能念의 마음은 당하에 얻을 수 없고 소념所念의 부처님도 얻을 수 없다고 관함은 **공관空觀**이다. 그러나 얻을 수 없을 때 능과 소는 완연하고 뚜렷하고 분명하다고 관함은 **가관假觀**이다. 뚜렷하고 분명하나 당처는 얻을 수 없고, 얻을 수 없을 때도 능과 소는 오히려 뚜렷하고 분명하다고 관함은 **중관中觀**이다. 또한 실상은 상이 없다(無相)고 관함은 곧 **공관**이다. 실상은 상 아님이 없다(無不相)고 관함은 곧 **가관**이다. 상도 상 아님도 없고(無相不相), 상도 상 없음도 아님(不相無相)이 곧 **중관中觀**이다. 공가중空假中이 아니되 곧 공가중空假中이 유일한 실상이다.

실상實相이란 무상無相이다. 육범六凡의 유상有相이 없고, 이승二乘의 공상空相이 없으며, 보살의 이변상二邊相이 없고 명자상名字相이 없고 언설상言說相이 없다. 여래장의 공의空義는 일체가 모두 비非이다(一切俱非). 《금강경》에 이르시길, "무릇 있는 바 상은 모두 허망하다(凡所有相 皆是虛妄)." 하셨다. 그래서 실상이라 말한다.

또한 **실상이란 상 아닌 것이 없어(無不相) 법마다 완연하다. 이른바 허공의 무상은 여러 상이 발휘됨을 거부하지 않는다. 일색一色 일향一香이 실상 아님이 없다. 심은 실상인 까닭에 법마다 실상이다. 여래장의 불공의不空義는 일체에 모두 즉한다(一切俱即)**. 《금강경》에 이르시길, "만약 여러 상에 상이 아님을 보면 곧 여래를 보리라(若見諸相非相 即見如來)." 하셨다. **여래는 또한 실상의 다른 이름이다.** 또한 실상이란 상이 없고 상이 아니고(無相不相) 상이 아니고 상이 없다(不相無相). 여래장의 공불공의空不空義는 즉即을 여의고 비非를 여의고, 즉即(하나)이고 즉即이 아니다. 공空이 아니고 유有가 아니며, 공에 즉即하고 유에 즉即함이 곧 중도실상이다.

[요해] "요컨대 일체상을 여의고, 일체법에 즉한다. 여읜 까닭에 상이 없고, 즉한 까닭에 상 아닌 것이 없다. 어쩔 수 없이 억지로 이름하여 실상이라 한다(要之離一切相 即一切法 離故無相 即故無不相 不得已强名實相)."

요지要之란 요약하여 말함이다. 「이일체상離一切相」이란 진제眞諦에 근거하여 범부의 정精과 성인의 해解를 깨뜨리니, 이른바 진제문眞諦門에서는 한 법도 세우지 않는다. 그래서 일체상을 여읜다 말한다. 「즉일체법即一切法」이란 속제俗諦를 근거로 일체를 건립하니, 이른바 속제문俗諦門에서는 한 법도 버리지 않는다. 그래서 일체법에 즉한다 말한다. 여읜 까닭에 상이 없어 곧 유有가 아니다. 즉한 까닭에 상 아닌 것이 없어 곧 공空이 아니다. 공이 아니고 유가 아니며, 공에 즉하고 유에 즉한다.

즉即은 원교 중의 미묘한 이치이고, 또한 원진圓眞이요 또한 원속圓俗이다. 실상은 이름이 없고 상이 없으면 곧 진제眞諦이고, 또한 이름 아닌 것이 없고 상 아닌 것이 없으면 곧 속제俗諦이다. 진이 아니고 속이 아니며 진에 즉하고 속에 즉하여, 지극한 이치의 원융함은 명명할 수 없지만, 군중의 미혹을 제도한 까닭에 어쩔 수 없이 억지로 이름하여 실상이라 한다.

실상 아님이 없다(無非實相) 함은 비록 고요함과 비춤, 심신과 국토, 성덕과 수덕, 진신과 응신으로 나눌지라도 오직 일심이 나타난 것이다. 그리고 일심은 곧 실상이다. 이를테면 일심의 실상(心實)인 까닭에 법마다 실상 아님이 없다. 이를테면 푸른 소나무와 푸른 대나무는 전부 진여이고, 푸른 버들가지와 누른 국화는 반야 아님이 없다. 이런 경지에 이르면 곳곳마다 모두 화장세계를 이루고, 가르침 쫓아 어느 곳인들 비로자나불이 아니겠는가.

그리고 실제이지實際理地(진여무상의 경계)는 티끌 하나도 받아들이지 않으니, 곧 실상은 상이 없어 진공眞空의 뜻이다. 또한 이르길, 허공 같은 무상은 여러 상이 발휘됨을 장애하지 않으니, 곧 실상은 상 아닌 것이 없어 묘유妙有의 뜻이다. 진공眞空은 공하지 않으니, 곧 묘유妙有이고, 묘유妙有는 유가 아니니 곧 진공이다. 진공과 묘유는 둘이 아니니, 곧 중도실상이다. 그리고 중도실상은 곧 우리 일념의 심성이다. 그리고 일념의 심성은 즉공即空・즉가即假・즉중即中으로 삼관의 미묘한 이치를 원만히 갖추었다.

수은이 땅에 떨어져 알알이 모두 원만한 것과 같고, 전단나무는 잘라도 조각조각 모두 향인 것과 같다. 이 경의 처음부터 끝까지 설명된(所詮) 글은 이 일념의 심성을 이야기함이 아님이 없다. 이 마음을 제외하고 그 밖에 달리 한 조각 사事도 얻을 수 없다. 그래서 《능엄경》에 이르시길, "일체 제법이 생겨난 것은 유심이 나타난 것이니, 마음이 체를 이루기 때문이다(諸法所生 唯心所現 因心成體)." 하셨다. 이른 바 마음이란 곧 실상이고 실상은 곧 이 경의 체이다.

[제258칙] 적조불이寂照不二, 진속원융眞俗圓融 해석

「적조불이寂照不二」와 「진속원융眞俗圓融」의 의리를 아래 글에서 발휘하고 드러내 보이거늘, 어찌 몸으로 살피고 인식하지 않고서 알아보려고 하는가? 지금 먼저 「적조寂照」와 「진속眞俗」 이 네 글자의 함의를 설명하면 저절로 파죽지세로 하나가 명료해지면 전부 명료해질 것이다. 위에서 말하길, "우리의 마음에 본래 갖춘 도道와 우리 마음 고유의 법法은 원래 적寂과 조照가 둘이 아니고, 진眞과 속俗이 원융하다. 무엇을 「적寂」이라 하는가? 이는 곧 우리의 불생불멸인 심체이다. 생멸이 있으면 「적」이라 이름하지 못한다. 무엇을 「조照」라 하는가? 이는 곧 우리가 항상 뚜렷하게 아는 심상이다. 자신의 심성을 완전히 알 수 없다면 「조」라고 할 수 없다. 무엇을 진眞이라 하는가? 이는 곧 우리의 늘 고요하고 늘 비추는 심체이다. 원래 진공무상眞空無相으로 한 법도 세우지 않는다. 무엇이 「속俗」인가? 「속」은 곧 가假이다. 비록 심체는 원래 한 법도 세우지 않을지라도 또한 만법萬法을 모두 갖추고 만덕萬德을 원만히 드러낸다. (만법과 만덕은 곧 사상事相이다. 사상인 까닭에 속俗이라 한다.)

寂照不二，眞俗圓融之義，下文極為發揮顯示，何不體認以求瞭解乎。今先將此四字之義說明，則自勢如破竹，一了俱了矣。上說吾心本具之道，與吾心固有之法，原是寂照不二，眞俗圓融。何名為寂，即吾不生不滅之心體。有生滅便不名寂。何名為照，即吾了了常知之心相。不了了常知，便不名照。何名為眞，即常寂常照之心體，原是眞空無相，一法不立。何名為俗，俗即假義。謂雖則一法不立，而復萬法俱備，萬德圓彰。萬法萬德，即事相也。事故名俗。

적寂은 곧 심체이고, 조照는 곧 심체의 상상相狀과 역용力用이다. 이 체體·상相·용用 세 방면은 원래 일법이지만, 이 삼의三義를 갖추었다. 그래서 적조불이寂照不二라고 말한다. 진眞은 곧 이성(理性; 이체인 심성)이고, 속俗은 곧 사수(事修; 사상事相의 수지)이다. 이성은 본래 사수의 도를 갖추고 있고, 사수는 비로소 이성의 덕을 드러낸다. (이른바 전체 성덕이 수덕을 일으키고 전체 수덕이 성덕 안에 있다.) 그래서 「진속원융眞俗圓融」이라 말한다. 계속해서 "이념이정離念離情, 불생불멸不生不滅"이라 함은 곧 적조진속寂照眞俗의 심체·심상, 이성·사수는 모두 분별의 염念을 여의고 범부의 정情을 여의며, 생하지도 않고 멸하지도 않는다는 뜻이다. 아래의 비유(명경明鏡과 태허太虛) 및 판정할 몇 마디 말(覺道眞心)을 자세히 관하면 저절로 마음이 완전히 명료해질 수 있다. 만약 여전히 명료하지 않으면 당신이 과거 생에 수습하였지만, 현재 지성으로 간절하게 부처님 명호를 집지하여 업장이 사라지길 기다리면 불을 보듯 명료해져 반드시 서로 마주 보고 웃을 날이 있을 것이다.

寂即是體，照即是體之相狀與力用耳。此體、相、用三，原是一法。具此三義，故曰寂照不二。眞即是理性，俗即是事修。此理性本具事修之道，此事修方顯理性之德。所謂全性起修，全修在性也。故曰眞俗圓融也。下去離念離情，不生不滅，謂此寂照眞俗之體相理事，均皆離念離情，不生不滅也。詳觀下喻，並所斷之數句，自可了然於心矣。如仍不了，則是宿欠修習。但至誠懇切持佛名號，待業障一消，則明如觀火，必有相視而笑之一日也。(三) 復葉聘臣書

[보충]《아미타경 요해 친문기》 절록

[요해] "실상의 본체는 고요함도 아니고 비춤도 아니다. 그러나 또한 고요하면서 항상 비추고, 비추면서 항상 고요하다(實相之體 非寂非照 而復寂而恆照 照而恆寂)."

이는 총괄적으로 심성의 적멸함과 비춤은 둘이 아님을 표시한다. 실상의 체는 곧 우리 일념의 심성이다. 이것의 성체는 중생이 본래 갖추고 있는 제불이 증득한 것으로 곧 원만하게 성취한 진실(圓成實)의 본체이다. 적寂이 아니고 조照가 아니다. 적寂은 맑고 고요함이고, 조照는 밝게 밝힘이다. 자심自心은 맑고 고요한 까닭에 유有가 아니고, 자심은 영명靈明하게 환히 비추는 까닭에 공이 아니다.

고요함과 비춤은 둘이 아니고, 고요함과 비춤은 동시에 일어난다. 그래서 늘 고요하고 늘 비춘다고 말한다. 비록 고요함이 아니고 비춤이 아니라고 말할지라도 자심自心은 명료하다. 그래서 고요하되, 늘 비춘다고 말한다. 즉 인연을 따르는 용은 변하지 않는다. 비록 명료할 때라도 자심은 맑고 고요하다. 그래서 비추되, 늘 고요하다고 말한다. 곧 인연을 따르되 변하지 않는 체이다. 고요함과 비춤은 둘이 아니고, 오직 일심일 뿐이다. 그래서 쌍조雙照라 한다. 이른바 여래장의 묘명심원妙明心圓은 즉卽을 여의고 비非를 여의니, 곧 고요함도 아니고 비춤도 아니다. 속을 비추고(是卽) 진을 비추니(非卽) 곧 늘 고요하고 늘 비춤이다.

우리가 염불하면 망상이 일어나지 않으니 곧 고요함이고, 부처님 명호가 완연하니 곧 비춤이다. 함께 일심에 있으니 곧 고요함과 비춤이 둘이 아니다. 얕음에서 깊음에 이르는 까닭에 무량광 · 무량수 명호를 증득함이 있고, 무량광 · 무량수의 관행觀行을 증득함이 있으며, 내지 무량광 · 무량수의 구경을 증득한다. 지금 아미타는 무량광 · 무량수의 구경일 뿐이다.

[제259칙] 삼제三諦 · 삼관三觀은 불법의 강요綱要이다

무릇 삼제三諦와 삼관三觀은 불법의 강요綱要이다. 이체인 심성을 근거로 말하면 제諦라고 이름하니, 제諦는 곧 이치이다. 수지修持를 근거로 말하면 관觀이라 이름하고 관은 곧 수修이다. 진제眞諦는 한 법도 세우지 않는 이치이다. 속제俗諦는 만법을 원만히 갖춘 이치이다. 진제의 이치를 관조함을 공관空觀이라 한다. 속제의 이치를 관조함은 가관假觀이라 이름한다. 공관은 한 법도 세우도 않는 진여법성을 관함으로 이는 공空 · 유有 두 법이 함께 공한 공을 포함한다. 이는 곧 《반야심경》에서 설한 「제법공상諸法空相」의 공상으로 색법色法이 공하고 공법空法이 공할 뿐만 아니라 보리 · 열반 또한 공하다. 만약 공하지 않은 법이 하나라도 있으면 진공眞空이라 이름하지 못한다. 이 삼관三觀 중 공관空觀에서 말하는 공空을 어떻게 만사를 돌보지 않고 일하지 않으면서 감당할 수 있겠는가?

夫三諦、三觀，乃佛法中之綱要。約理性說，則名為諦。諦即理。約修持說，則名為觀。觀即修也。眞諦一法不立，俗諦萬法圓備。觀眞諦之理，名為空觀。觀俗諦之理，名為假觀。空觀乃觀其一法不立之眞如法性，此並空有兩空之空，此即心經諸法空相之空相，不但色空、空空，並菩提、涅槃亦空。若有一法不空，不名眞空。此三觀空觀之空，何可以萬事不管不做當之。

속제俗諦의 속俗은 천하고 속된 것, 아담하고 속된 것의 속俗을 뜻하는 것이 아니라 만법을 건립하여 시설함을 이름하여 속俗이라 한다. 가假 또한 진짜, 가짜의 가假를 뜻하는 것이 아니고, 또한 만법을 건립하여 시설한다는 가假의 뜻이다. 속제의 이치를 관조하는 관을 가관이라 함은 진제의 「한 법도 세우지 않는」 자성본체로써 육도만행을 닦아 「제법을 원만히 구비하는」 공덕을 원만히 갖추기 때문이다. 이는 곧 《반야심경》의 「제법공상諸法空相」의 제법諸法이거늘 (이러한 관조 수행을) 어찌 범부가 감당할 수 있겠는가? 범부는 고집이제苦集二諦에 섭수된다. 이러한 공관空觀과 가관假觀은 대승원교圓教의 원묘한 도리이니, 이승二乘조차 그 연분이 아니거늘 하물며 범부이겠는가?

俗諦之俗，非鄙俗雅俗之俗。乃以建立施設，名之為俗。假亦非眞假之假，亦建立施設之假。觀俗諦之理之觀，名為假觀者，以眞諦一法不立之性體，圓具六度萬行諸法圓備之功德。此即心經諸法空相之諸法。何可以凡夫當之乎。凡夫，乃苦集二諦所攝。此空假乃圓教圓妙道理，二乘尚非其分，況凡夫乎。(續) 復江易園書四

[삼제三諦]

첫째 공제空諦는 진제眞諦, 무제無諦라고도 한다. 제법이 본래 공함을 중생은 이해하지 못하고, 그것을 실유라 집착해 망견을 낳는다. 만약 공관空觀으로써 이를 대치하면 집착의 정념을 절로 잊고, 정념을 잊으면 여러 상을 여의고 진공의 이치를 또렷이 깨달을 수 있다.

둘째 가제假諦는 또한 속제俗諦, 유제有諦라고도 한다. 제법은 본래 비록 공에 즉할지라도 인연이 화합하면 또렷이 완연하다! 공 가운데 일체법을 세우는 까닭에 가제假諦라 칭한다.

셋째 중제中諦는 중도제일의제中道第一義諦라고도 한다. 중관으로써 이를 관하면 제법은 본래 양변을 여의고, 양변에 즉하지 않는다. 진眞이 아니고 속俗이 아니며, 진眞에 즉하고 속俗에 즉하여, 청정하고 밝게 사무쳐 원융무애하다.

[삼관三觀]

천태종 삼관三觀，즉 공관空觀 · 가관假觀 · 중관中觀을 가리킨다. 공관空觀은 제법은 연하여 생겨나니 생함이 없고, 당체는 곧 공이라고 관함이다. 가관假觀은 제법이 비록 환화와 같을지라도 가상假相과 작용이 있다고 관함이다. **중관은 제법은 공이 아니고 또한 가假가 아니며, 또한 공이고 또한 가假인 중도실리中道實理(현상 그대로가 본래 중도라고 하는 진리)라고 관함이다.**

이러한 삼관을 닦아 견사혹 · 진사혹 · 무명혹의 삼혹三惑을 깨뜨리고 일체지 · 도종지 · 일체종지의 삼지三智를 증득하며 법신 · 반야 · 해탈의 삼덕三德을 이룰 수 있다.

[고집이제苦集二諦]

고제苦諦는 인생은 대부분 괴롭다고 설명하는 진리이다. 인생은 삼고三苦와 팔고八苦를 비롯한 무량한 여러 괴로움이 있다. 고苦는 현실인 우주와 인생의 진상眞相이다.

집제集諦의 집集은 모여서 일어난다는 뜻이다. 이는 인생의 고통이 어떻게 오는가를 설명하는 진리이다. 인생의 고통은 범부 자신의 어리석음, 무명과 탐욕, 분노 등 번뇌로 말미암아 일어나서 갖가지 불선업不善業을 짓고, 끝내 갖가지 고통을 불러 모은다. 고집이제는 세간의 인과이다. 집集은 인이고, 고苦는 과이니, 이는 미혹한 세계의 인과이다.

[제260칙] 색은 공과 다르지 않고 공은 색과 다르지 않으며, 색 그대로 공이고 공 그대로 식이다

"색온은 공과 다르지 않고, 공은 색체와 다르지 않으며, 색온 그대로 공이고, 공 그대로 색체이다."《반야심경》의 이 네 문구는 가장 이해하기 어렵다. 여러 대덕들은 각자《심경》에 대한 역주에서 자신의 견해를 진술하였다.175) 나 인광의 어리석은 견해에 따르면 색의 당체를 얻을 수 없거늘 공의 실제(實際; 실상, 본래면목)를 어찌 얻을 수 있겠는가? 아래 두 문구는 앞 두 문구의 뜻을 거듭 해석한다. 실은 색온과 공은 모두 얻을 수 없을 뿐이다. "수온·상온·행온·식온도 또한 이와 같다." 함은 곧 "오온을 비추어 모두 공함을 깨달아 안다."는 말이다. 오온五蘊은 이미 모두 얻을 수 없으면 곧 진공실상眞空實相이다. 그래서 "이 오온제법의 진공실상"이라 하셨다. 이 제법공상에는 그래서 생겨남·사라짐·더럽혀짐·깨끗해짐·늘어남·줄어듦이 없고, 그리고 오음五蘊·육근六根·십이처十二處·십팔계十八界·사제四諦·십이인연十二因緣·육도(경문에는 밝히지 않았으나, 의리는 그 가운데 포함됨) 및 지혜와 열반도 없다. (열반은 실제·실상·본래면목을 즉득即得한 소식이다.)

色不異空，空不異色，色即是空，空即是色四句，最難領會。諸家所注，各攄所見。依光愚見，色當體不可得，空豈有空之實際可得乎。下二句，重釋上二句之義。實即色與空，均不可得耳。受想行識，亦復如是，即是照見五蘊皆空。五蘊既皆不可得，即是眞空實相。故曰是諸法空相。此諸法空相，故無生、滅、垢、淨、增、減，及五陰、六入、十二處、十八界、四諦、十二因緣、六度、及智慧與涅槃耳。涅槃、即得字之實際。

오직 그 실상 가운데는 이 범부와 성인 등의 법이 없다. 그래서 범부로부터 성인에 도달할 수 있으며, 인행을 수습하여 과덕을 증득할 수 있다. 비유하자면 집이 비어야 사람이 머물 수 있는 것과 같다. 만약 집이 비어 있지 않다면 사람이 어떻게 들어가 머물 수 있겠는가? 일체법이 공하여야 비로소 인행을 진수眞修하고 과덕을 실증實證할 수 있다. 만약에 공하지 않다면 곧 이러한 작용이 없게 될 뿐이니, 결코 오해해서는 안 된다. 오해하면 일체제불의 정법正法을 파괴하게 된다. 또 실리實理를 환사幻事로 여기는 것을 사견邪見이라 하고, 정법을 안다 하지 못하니, 자세히 사유하여야 한다.

唯其實相中，無此凡聖等法，故能從凡至聖，修因克果。譬如屋空，方能住人。若其不空，人何由住。由空，而方可眞修實證。若不空，則無此作用耳，切不可誤會。誤會，則破壞諸佛正法。以理為事，是名邪見，不名知法，宜詳思之。（續）復念佛居士書

[보충] 이병남李炳南 거사 법문

1.「색불이공色不異空」; 눈은 색체色體를 볼 수 있는데, 가장 작은 것으로는 이를테면 토끼털(兔毛)의 뾰족한 끝에 놓인 티끌 하나, 또는 여러 티끌을 한데 모은 것 등이다. 이러한 토모진兔毛塵을 위아래, 사면, 중앙 등 일곱으로 나누면 이를 수진水塵이라 하는데, 이는 티끌 하나가

175)《반야심경 오가해五家解 강기》(비움과 소통)는 감산대사·우익대사·정공노화상·하련거거사·황념조거사 등 정토의 여러 대덕들에게 반야바라밀의 심요를 묻는다.

물에 들어갈 수 있다는 말이다. 이를 다시 일곱으로 나누면 금진金塵이라 하는데, 이는 금속체 속으로 들어갈 수 있다는 말이다. 이를 다시 일곱으로 나누면 미진微塵이라 하거나 인허진鄰虛塵이라 하는 것인데 허공에 가까운 것이다. 이를 다시 일곱으로 나누면 극미의 미微라 하는데 이미 볼 수 없고 나눌 수 없다. 이를 모으면 색을 이루고, 절정으로 쪼개면 공을 이루니, 취색聚色은 본래 실체가 없다. 그래서 "색체는 공과 다르지 않다." 말한다.

2. 「**공불이색**空不異色」; 극미의 미微는 볼 수 없는데, 이를 공空이라 할 수 있다. 그러나 이러한 공상空相 극미의 미를 흔들어 모으면 또한 극미를 지나 금진 · 수진 · 양모진에 이르니, 이것이 공능空能의 환상幻相이다. 그래서 "공은 색체와 다르지 않다." 말한다. 총결하면 색체를 관조하여 공을 보니, 쪼개는 때가 필요 없다. 반대로 공을 관조하여 색체임을 아니, 모이는 때가 필요 없다. 이는 속제俗諦에 대한 해석이다.

3. 「**색즉시공**色即是空」; 자성은 본래 공하지만, 무명으로 인해 삼세상三細相을 일으키니, 첫째 동작업상動作業相이고, 둘째 능견상能見相이며, 셋째 경계상境界相이다. 각성覺性은 공이고 경계상은 색이니, 경색境色은 실로 성공性空망환妄幻이다. 그래서 "색체 그대로 공이다."

4. 「**공즉시색**空即是色」; 진여는 인연에 따르되 변하지 않고, 무명에 따라 구계九界 망법妄法을 일으킬 수 있다. 또한 밝은 거울에 만상萬象이 나타날 수 있지만, 만법萬法이 바깥에 있음이 아니고, 진공眞空이되 묘유妙有를 갖추고 있다. 그래서 "공은 그대로 색체이다." 하셨다. 이는 진제眞諦에 대한 해석이다. 이 네 문구는 오온五蘊의 색심色心 이법에 대해서만 역주를 단 것이다. 이를 해석한 사람은 매우 많다. 이는 각자가 세운 하나의 격식에 불과할 뿐이다.

[제261칙] **오온과 즉하고 오온을 여의니, 두두물물 모두 해탈법문이다**

관세음보살께서는 깊은 반야로 오온을 비추어 보아 모두 공함을 깨달아 아셨다. 오온은 곧 백가지 법(百法)의 약칭일 뿐이다. 이미 그 공함을 깨달아 아니, 곧 오온이 모두 깊은 반야를 이룬다. (안의 근신根身과 바깥의 기계器界는 남김없이 오온에 포함되어 있다. 그것이 공함을 깨달아 알면 이 몸은 오온과 즉해 있을지라도 이 마음은 오온을 여의니, 법법 두두물물 모두 대해탈 법문이고 대열반 경계이다.) 마치 부처님의 광명이 한 번 비춤에 모든 암흑이 다 사라지고, 혹 남아있는 작은 어둠조차도 없는 것과 같다.

불도를 배우는 사람은 이 관문을 꿰뚫는 요점(關要)을 알지니, 곧 성性과 상相, 현顯과 밀密은 모두 일여一如이다. 그렇지 않으면 곧 말을 따라 집착을 일으켜 지남(指歸: 지향점)을 깨닫지 못하여, 바다에 들어가 모래를 헤아리고 헛되이 쓴 고통만 받게 되느니라.

觀世音菩薩，以深般若照見五蘊皆空。五蘊，即百法之略稱耳。既見其空，則五蘊悉成深般若矣。內之根身，外之器界，五蘊包含淨盡。能見其是空，則即五蘊、離五蘊。法法頭頭，皆是大解脫法門，大涅槃境界矣。見正編復寧波某居士書。如佛光一照，群暗皆消，更無少暗之或留者。學道之士，識此關要，則性相顯密，悉是一如。否則隨語生執，了無指歸，入海算沙，徒勞辛苦。(三) 百法明門論講義序

[역주] 이러한 수법修法은 상相과 즉卽하고 상을 여의니, 《금강경》에서 말한 것과 같다. 사상四相을 깨뜨리고 사견四見을 제거하여 머묾이 없이 마음을 내니, 머묾이 없는 까닭에 여읨(離)이고, 마음을 내는 까닭에 즉함(卽)이다. 육진을 미워하지 않으면 정각正覺으로 돌아와 같아진다(六塵不惡 還同正覺). 지혜로운 자는 작위가 없고 어리석은 사람은 자신을 얽어맨다. 법은 다른 법이 없고 망녕되이 스스로 애착한다.

《유마힐소설경》에서는 천녀가 꽃을 흩뿌리니, 아라한 및 이하 불제자는 화관에 옷이 젖고 털어버릴 수 없다. 유마힐 거사와 문수와 보현 등 일체보살은 그 몸이 청결하여 화관에 옷이 젖지 않는다. 번뇌의 습기(結習)가 다하지 않은 사람은 모든 꽃이 몸에 달라붙고, 번뇌의 습기가 다한 사람은 꽃이 몸에 달라붙지 않는다.

제법은 본래 사람을 괴롭히지 않지만, 법에 집착을 내어 사람이 스스로 괴롭힌다. 실화를 말하면 말법시기 수행인의 경우를 말하면 상과 즉卽하고 상을 여읨을 진정으로 실천하는 사람은 봉황의 깃털과 기린의 뿔처럼 드물고 또 드물다. 아라한은 단지 머묾이 없음을 실천할 수 있을 뿐, 머묾이 없음과 동시에 마음을 낼 수 없다. 진심으로 노실염불하여 업을 지닌 채 왕생해서 삼계를 횡으로 벗어나는 것이 더 좋다.

[제262칙] **오온을 비추어 모두 공함을 깨달아 알아 단지 비출「조照」한 글자이니, 법마다 모두 원만히 드러내어 밝힌다**

무릇 마음과 부처와 중생, 이 셋은 차별이 없다. 이 차별이 없는 마음은 텅 비어 신령스럽고 환히 통하며, 맑고 고요하여 항상 변하지 않으며, 고요함에 즉하여 그치고 비춤에 즉하여 관하며, 유有도 아니고 공空도 아니며, 범부와 성인의 명칭이 끊어졌으며, 생겨나고 사라짐의 환상이 없느니라. 심연상心緣相을 여의니, 그래서 정情과 식識으로는 헤아릴 수 없고, 문자의 관문을 뛰어넘으니, 그래서 언어로는 가히 형용할 수 없다. 그러나 여래의 지혜는 광대하고 법에 자재하나니, 말을 여읜 도를 언어로써 잘 드러내 보이고, 또 광대하고 간략하게 근기에 알맞아서 각각 원만하고 미묘함에 이르렀다.

詳夫心佛衆生 三無差別。此無差別之心 虛靈洞徹 澄湛常恒 即寂即照 非有非空 絕凡聖之名稱 無生滅之幻象。離心緣相 故情識莫能測度 超文字關 故語言未可形容。然如來智慧廣大 於法自在 善以語言 顯示離言之道 而且廣略適宜 各臻圓妙。

《대반야경》은 자세히 불법과 중생법에 입각하여 심법을 밝혔나니, 6백 권이나 되는 많은 장경이 있다. 《반야심경》은 간략히 심법에 입각하여 불법과 중생법을 밝혔나니, 문장은 겨우 2백 6십 자에 지나지 않으나, 십법계의 인과와 사리를 모두 갖추지 않음이 없다. 간략한 것으로써 광대한 것을 거두어도 잃어버린 뜻이 전혀 없다. 이 경전을 축약하여 말하면, 곧 "오온을 비추어 보아 모두 공함을 깨달아 알아(照見五蘊皆空) 일체의 괴로움과 재난을 건너간다(度一切苦厄).” 이 두 문구이다. 이는 모든 경전의 핵심 고리(樞鈕)이다. 재차 이를 축약하여 말하면 단지 비출「조照」한 글자이니, 법마다 모두 원만히 드러내어 밝히고 법마다 원만히 다하여 없어지며, 드러내어 밝히고 다하여 없어짐이 모두 고요히 그치면 하나의 참마음(一眞)이 철저하게 드러나니, 관자재보살께서 나의 마음을 먼저 얻으셨거늘 우리들이 따라 배우지 않아서야 되겠는가. 정말 여래의 마음도장(心印)이요, 대장경의 강종綱宗이며, 구법계의 지남指南이며, 대반야大般若의 관건關鍵이라고 말할 수 있으니, 뜻이 불가사의하고 공덕 또한 불가사의하도다!

大般若廣約佛法衆生法，以明心法，有六百卷之多。此經略約心法，以明佛法衆生法。文僅二百六十字，而十法界因果事理，無不畢具。以約攝博，了無遺義。若約而言之，則照見五蘊皆空，度一切苦厄二句，復為全經樞紐。再約而言之，只一照字，便可法法圓彰，法法圓泯。彰泯俱寂，一眞徹露。誠可謂如來之心印，大藏之綱宗，九法界之指南，大般若之關鍵，義不可思議，功德亦不可思議。(正) 心經淺解序

[보충]《반야심경》을 축약하면 비출「조照」한 글자이다

비출「조照」한 글자는 곧《대반야경》6백 권이다.《금강경》1권은 이 6백 권《대반야경》그 전체 뜻을 갖추고 있다.《금강경》5천여 자는《심경》1권, 2백여 자로 다시 정련精練할 수 있다.《반야심경》1권은「관자재보살」한 마디로 귀결할 수 있다.「관자재보살」에서「관자재」는 곧 대지혜이고,「보살」은 곧 각유정覺有情이고, 곧 대비이다.「관자재」는 곧 자각自覺이고,「보리살타」는 곧 각유정이고, 각타覺他이다. 그래서「관자재보살」로 귀납하면 대지大智 · 대비大悲이고, 자각自覺 · 각타覺他로 모두 그렇다!「관자재보살」이 다섯 글자를 다시 귀납하면 곧 비출「조照」한 글자이다. 현재 여러분들은「조照」를 사용하지 않고 있지만, 언제나 이 글자를 생각하여야 한다.

《심경》의 첫머리에서 요지를 밝혀서 말씀하시길, “관자재보살께서 깊은 반야바라밀다를 행하실 때 오온五蘊을 비추어 보아 모두 공함을 깨달아 아시고, 일체 괴로움과 재난을 건너갔느니라.” 하셨다. 오직 끊임없이 깊고 깊은 반야로써 관조觀照를 진행하여야 우리의 신심 · 세계 · 오온이 모두 공이라는 드러내 보여지는 진리를 깨달아 알 수 있다. 진리를 깨달아 알고 지혜를 개발하여야 일체 괴로움과 재난을 건너갈 수 있다.《심경》의 첫머리에서 요지를 밝히는 제1구는 곧 이 본경의 총강總綱이다.

반야는 사용하여야 하고 관조하여야 자재自在가 있다. 반야는 행해야 한다. 깊은 반야를 행해야 오온을 비추어「제법이 인연으로 생겨나 자성이 없는(緣生無自性)」공의 이치를 깨달아 알 수 있다. 반야는 깊이 관해야 하고 깊이 행해야, 진리의 지도하에서 일체 괴로움과 재난을 건너감이 있다. 반야 지혜는 고요히 그침(靜止)이 아니다. 수행자 한 사람 한 사람의 경우 반야는 관조하는 가운데 끊임없이 심화하고 끊임없이 승화한다.

관조하는 가운데 한 걸음 한 걸음 오온五蘊을 비추어 모두 공함을 깨달아 알 수 있고, 육근六根 · 육진六塵을 비추어 모두 공함을 알 수 있으며, 십팔계十八界를 비추어 모두 공함을 깨달아 알 수 있고, 십이인연十二因緣 · 사제四諦를 비추어 모두 공함을 깨달아 알고 보살의 또렷이 앎(智)과 얻음(得)을 비추어 보아 모두 공함을 깨달아 안다. 구하는 바 마음이 없고, 집착심이 없고 분별심이 없는 깊고 깊은 반야의 지도하에 마음에 연연함이 없고 공포가 없으며 전도몽상을 멀리 여읜다.

분별은 업식業識이다. 식은 더럽혀짐(染)이고, 비춤은 깨끗해짐(淨)이며, 비추어야 비로소 오온이 모두 공함을 깨달아 알 수 있다. 「색色 · 수受 · 상想 · 행行 · 식識」에서 식, 업식 그것은 곧 분별이다. 우리가 이를 알고, 알아서 찾으며, 뇌가 생각할 수 있는 연유는 모두 제6의식의 작용이다. 제6식은 분별식이다. 그것은 모두 더럽혀짐이다. 그래서 **아라한 과위를 증득하여 생사를 벗어남은 곧 제6식을 깨뜨림이다. 그는 여전히 제7식, 제8식이 있는 줄 모른다.** 비춤은 곧 깨끗해짐, 청정한 것이다. 당신은 비추어 보아야 오온이 모두 공한 줄 알 수 있다. 오온이란 무엇인가? 이는 곧 색 · 수 · 상 · 행 · 식 다섯이다. 색은 색법色法에 속한다. 이 법은 색에 속하고, 형상과 색채가 있는 것이다. 뒤의 수 · 상 · 행 · 식은 사상 방면, 마음 방면에 속하는데 심법心法이라 부른다.

가장 주의해야 하는 것은 '반야를 어떻게 시작해야 하는가'이다. **실상은 체體이고, 문자는 상相이며, 관조는 용用이다. 학인은 문자반야로부터 시작하여 관조하는 작용을 일으키고 일단 계오契悟하면 실상에 들어간다.**…깊은 반야(深般若)에서 심深 자에 주의하여야 한다. 중생은 얕게 사유한다. 깊지 않으면 불법의 문에 들어갈 수 없다. 세 가지 마음을 원만히 발하지 않으면 불교도가 아니다.…세 가지 마음이란 첫째는 곧은 마음(直心)이다. 곧음(直) 속에는 또한 방편이 있고, 그 곧음을 얻지 못하면 또한 업을 짓는다. 반야가 없으면 또한 안 된다. 둘째는 깊은 마음(深心)이다. 깊은 마음은 표면상에 그쳐서는 안 되고, 반야를 여의어서는 안 된다. 셋째는 대비심大悲心이다. (중생을 제도할 때) 반야가 없으면 문제를 해결할 수 없다. … 세 가지 마음을 아직 내지 않았다면 믿음이 깊지 않다. 그래서 불교도라고 부를 수 없다. 세 가지 마음은 모두 반야를 여의어서는 안 된다. 깊은 반야를 행할 수 있으면 오온을 비추어 보아 모두 공함을 깨달아 안다. 마땅히 알지니, 이는 「조照」를 사용해야지, 「상想」을 사용해서는 안 된다. 비춤은 지혜로서 분별을 일으키지 않으니, 거울과 같다.

_황념조黃念祖 거사, 《심경필기心經筆記》와 《반야심경오가해강기》(비움과소통) 참조

[2] 심성을 논하다 (論心性)

[제263칙] 심성은 일체제법의 근본이니, 비록 성덕을 갖추고 있을지라도 수덕에 의지하여야 한다

대저 심성은 고요함에 즉하여 그치고 비춤에 즉하여 관하며, 생겨나지도 않고 사라지지도 않는다. 또 시방에 확철廓徹하고 삼세에 영통靈通하며 원융 활발하여 세간·출세간 일체 제법의 근본이다. 비록 혼미하여 전도되어 번민하는 구박범부具縛凡夫의 자리에 있지만 바로 지금 삼세제불과 더불어 대등자로 서로 같고 조금도 다르지 않다. 그래서 《화엄경》에서 이르시길, "마음과 부처와 중생, 이 셋은 차별이 없다." 하셨다.

(以下論心性)夫心者，即寂即照，不生不滅。廓徹靈通，圓融活潑。而為世出世間一切諸法之本。雖在昏迷倒惑具縛凡夫之地，直下與三世諸佛，敵體相同，了無有異。故曰：心佛衆生，三無差別。

오직 일체제불만이 구경에 증득하신다. 그래서 진심의 공덕과 역용이 철저하게 전부 드러나지만, 범부는 전부 미혹하고 등져서 오히려 이 공덕과 역용의 힘을 받아 거꾸로 사용하여 육진 경계에 대해 탐·진·치 삼독을 일으키고 살생·도둑질·음행 삼업을 짓는다. 그러한 미혹으로 인해 죄업을 짓고 죄업을 지음으로 인해 고의 과보를 감득한다. 혹·업·고 이 셋은 서로 이끌고 일으켜 인인因因 과과果果가 서로 이어져 끊어지지 않기에 진점겁塵點劫이 지나도록 오래 윤회생사의 고를 받는다. 설사 벗어나고자 할지라도 방도가 없다. 비유하자면 깜깜한 방에서 보물을 만지더라도 비단 그 보물을 수용할 수 없을 뿐만 아니라 오히려 그것으로 인해 손해를 보는 것과 같다. 진심을 미혹하여 경계를 좇아 본각을 등지고 육진六塵에 합함이 또한 이와 같다.

但以諸佛究竟證得，故其功德力用，徹底全彰。凡夫全體迷背，反承此功德力用之力，於六塵境，起貪瞋癡，造殺盜淫。因惑造業，因業感苦。惑業苦三，互相引發。因因果果，相續不斷。經塵點劫，長受輪迴。縱欲出離，末由也已。喻如暗室觸寶，不但不得受用，反致被彼損傷。迷心逐境，背覺合塵，亦復如是。

여래께서는 이를 불쌍히 여기시어 중생을 위해 묘법을 설하시어 중생으로 하여금 망상을 돌려 진여로 돌아가게 하여 본래의 심성을 회복하게 하셨다. 처음에는 망상 그대로 진여를 찾아 궁구窮究하도록 하셨고, 다음에는 전체 망상 그대로 진여임(全妄即眞)을 알게 하셨다. 마치 바람이 그치면 물결이 맑아지고, 햇살이 따스하면 얼음이 녹는 즉 파도와 얼음이 모두 물이 된다. 파도, 얼음과 물은 원래 둘이 아니다. 물결이 맑아지고 얼음이 녹기 전과 물결이 이미 맑아지고 얼음이 이미 녹은 후를 서로 비교하면 비록 그 체성은 완전히 같으나, 그 상相과 용用은 실로 현격하게 다르다. 이는 곧 "수덕에 공이 있어야 비로소 성덕이 드러난다"는 이치이다!

如來憫之，為說妙法。令其返妄歸眞，復本心性。初則即妄窮眞，次則全妄即眞。如風息波澄，日暖冰泮，即波冰以成水。波冰與水，原非二物。當其未澄未泮之前，校彼既澄既泮之後，體性了無二致，相用實大懸殊。所謂修德有功，性德方顯。

오직 성덕性德에만 의지하고 수덕修德에 종사하지 않으면 미래제가 다하도록 영원히 불성만 갖추고 있을 뿐 믿고 의지하는 중생은 없다. 그래서 《반야심경》에 이르시길, "관자재보살께서 깊은 반야바라밀다를 행하실 때 오온을 비추어 보아 모두 공함을 깨달아 아시고, 일체 괴로움과 재난을 건너갔느니라." 하셨다. 오온五蘊이라 함은 전체가 곧 진여묘심眞如妙心이다.

若唯仗性德，不事修德，則盡未來際，永作徒具佛性，無所恃怙之衆生矣。故般若心經云：觀自在菩薩，行深般若波羅蜜多時，照見五蘊皆空，度一切苦厄。夫五蘊者，全體即是眞如妙心。

그러나 중생은 다만 일향으로 진여묘심을 미혹하고 등져 왔기에 마침내 환망幻妄의 모습을 이루게 된다. 망상이 이미 이루어지면 일진심체(一眞心體; 일진법계의 원명심체)에 곧 어두워진다. 일진심체에 이미 어두워지면 갖가지 괴로움이 다 모인다. 마치 바람이 불면 물이 전부 파도를 이루고 날이 추워지면 부드러운 물이 단단하게 어는 것과 같다. 그런데 깊고 깊은 반야로써 비추면, 진여를 미혹하면 망상을 이루고 전체 망상 그대로 진여임을 또렷이 알게 된다. 이는 마치 바람이 그치고 햇살이 따스해짐에 다시 물의 본체를 되찾는 것과 같다.

但由一向迷背，遂成幻妄之相。妄相既成，一眞即昧。一眞既昧，諸苦俱集。如風動則全水成波，天寒則即柔成剛。照以甚深般若，則了知迷眞成妄，全妄即眞。如風息日暖，復還水之本體耳。

그래서 일체제법은 모두 망정妄情(집취執取)으로 말미암아 나타난 바임을 알아야 한다. 만약 망정을 여의면 당체는 전부 공空이다. 그래서 사대四大[176]의 본성은 모두 상실되고, 육근을 빠짐없이 번갈아 사용할 수 있다. 그래서 보살은 멸진정(滅定)[177]을 일으키지 않고 갖가지 위의威儀를 나타난다. 안근眼根으로 이근耳根의 불사를 짓고, 이근으로 안근의

---

176) 사대四大: 물질(색법)은 지수화풍 등 사대 요소가 구성됨을 가리킨다. 즉 (1) 지대地大의 본질은 단단한 성질(堅性)이고, 유지하는 작용이 있다. (2) 수대水大는 본질은 젖은 성질(濕性)이고, 섭집攝集하는 작용이 있다. (3) 화대火大의 본질은 따뜻한 성질(暖性)이고, 무르익게 하는 작용이 있다. (4) 풍대風大의 본질은 움직이는 성질(動性)이고, 나서 자라는 작용이 있다.

177) 멸정滅定, 멸진정滅盡定이라 한다. 수온 상온이 사라진 정定이다. 이 정定에서는 수온 상온 두 심소心所를 멸함을 주로 한다. 최후에 육식의 심소가 또한 사라진다. 구차제정九次第定의 최후 정定의 하나이다.

불사를 짓는다. 땅 속으로 들어갈 때 물에 들어감과 같고, 물을 밟을 때 땅을 밟음과 같으며, 물이 젖게 할 수도 없고 불이 태울 수도 없으며, 허공중에 마음대로 다니고 머물 수 있다. (망)경계에 자성이 없어 빠짐없이 마음대로 굴린다.

故知一切諸法，皆由妄情所現。若離妄情，則當體全空。以故四大咸失本性，六根悉可互用，所以菩薩不起滅定，現諸威儀。眼根作耳根佛事，耳根作眼根佛事。入地如水，履水如地。水火不能焦濡，虛空隨意行住。境無自性，悉隨心轉。

그래서 《능엄경》에 이르시길, "만약 한 사람이 본유의 진심을 내어 근원으로 돌아간다면 시방 허공이 모두 다 녹아떨어지리라(若有一人 發眞歸元 十方虛空 悉皆消殞)." 하셨다. 이는 바로 "오온을 비추어 보아 모두 공함을 깨달아 안다"는 실다운 효과이다. 「귀歸」란 글자는 귀의 · 회귀한다는 뜻으로 곧 「돌이켜 비추어 지혜광명으로 돌려 본유 심성을 회복한다(返照回光 複本心性)」는 의미이다. 그러나 돌이켜 비추어 지혜광명으로 돌려 본유 심성을 회복하고자 한다면, 먼저 삼보에 귀의하고 가르침대로 받들어 행하지 않으면 안 된다. 이미 삼보에 귀의하고 가르침대로 받들어 행할 수 있다면 저절로 본유의 심원을 회복하고 철저히 불성을 증득할 수 있다.

故楞嚴云：若有一人發眞歸元，十方虛空，悉皆消殞。乃照見五蘊皆空之實效也。歸者歸投、歸還，即返照回光，復本心性之義。然欲返照回光復本心性，非先歸心三寶，依教奉行不可。既能歸心三寶，依教奉行，自可復本心源，徹證佛性。

이미 본유의 심원을 회복하고 철저히 불성을 증득하였다면 비로소 자심自心은 값을 매길 수 없는 보물로 미혹했을 때 감소하거나, 깨달았을 때 증가하는 것이 아님을 알게 된다. 다만 법성法性[178]을 수순한 까닭에 그 공덕을 누릴 수 있고, 법성을 위배한 까닭에 오히려 손상을 입을 것이다. 그 이롭고 해로움은 하늘땅만큼 아주 다르다.

既得復本心源，徹證佛性，方知自心至寶，在迷不減，在悟不增。但以順法性故，則得受用。違法性故，反受損傷。而利害天淵迥別耳。（正）歸心堂跋

[보충] **본유진심을 내어 근원으로 돌아가라**(發眞歸元)

"너희들 가운데 한 사람이 본유진심을 내어 근원으로 돌아가면 이 시방 허공이 모두 다 녹아떨어지거늘, 어찌 허공 속에 있는 모든 국토가 진동 분열해 사라지지 않겠느냐?(汝等一人 發眞歸元 此十方空 皆悉銷殞 云何空中 所有國土 而不振裂？)"

[역해] 만약 당신이 바깥 환경에 어지럽혀지지 않고 마음속이 청정하며, 당신 한 사람이라도

178) 법성法性 : 이는 제법의 진실한 체성을 가리킨다. 진여법성, 진법성, 진성이라고도 한다. 진여 등과 이름은 다르지만 뜻은 같다.

자기 천연의 진성眞性을 발명하여 원시로 돌아가면, 다시 말해 당신이 지혜의 광명으로 돌려서 돌이켜 비추어 일심 · 본심으로 돌아가면, 당신 한 사람이 진실로 원시로 돌아가는 이치를 분명히 깨닫는다면 이 시방허공은 모두 다 사라질 것이다. 그렇다면 당연히 허공 속 모든 국토는 진동 분열해 사라질 것이다. _담허대사

[강의] 설사 너희들 가운데 한 사람이라도 심광을 안으로 비추어 본유진심을 발명하여 근본으로 돌이키고, 근원으로 돌아가며, 원시로 돌아갈 수 있다면 미혹이 없고 미혹이 없으면 이 시방세계의 어두움(晦昧)으로 인해 완공(頑空)이 된 것이 빠짐없이 다 녹아 사라지리라! 허공은 원래 미망으로 인해 존재하나니, 앞에서 말하였듯이 갈수록 미혹해지고 두루 미혹해지는 까닭에 공성이 있다. 미혹이 없는 까닭에 망령되이 허공이 생기지 않는다. 이렇게 진여가 드러나고 망상이 깨뜨려지니, 마땅히 무상지각을 이룬다고 생각하여야 하거늘, 어찌 완공頑空 속 모든 어두움이 맺혀 색이 된 국토가 진동 · 분열하지 않고 보전할 수 있겠는가?

묻건대, 한 사람이 진심을 내어 근원으로 돌아가면 이 시방허공이 모두 다 사라진다고 한다면 현재 시방제불께서 성도하신지 오래되었거늘 어떻게 여전히 허공을 볼 수 있는가?

답하되, 이 허공은 아직 근원으로 돌아가지 않은 중생의 소견所見일뿐, 일체제불의 일과 관련된 것이 아니다. 비유컨대 눈동자에 삼(瞖)이 생겨 밤에 등불을 보면 달리 오색 그림자가 생기는 것과 같다. 일체제불께서는 눈병을 없애 전부 공空이고 전부 진성이니, 오직 일진법계를 볼 뿐이다. _원영圓瑛대사, 《대불정수능엄경강의大佛頂首楞嚴經講義》

[제264칙] 중생과 부처는 체는 같지만 용이 다름은 성덕에 칭합하여 수덕에 수순하거나 성덕을 등지고 수덕을 거스르는 소치이다

중생은 아직 깨닫지 못한 부처이고 부처님은 이미 깨달은 중생이다. 그 심성의 본체는 평등 일여一如[179]하고, 둘이 없고 다름이 없다. 그러나 그 고락을 수용함에 있어 오히려 하늘땅만큼 차이가 크다. 이는 성덕에 칭합하여 수덕에 수순하거나 성덕을 등지고 수덕을 거스르는 소치이다. 이러한 이치는 매우 깊어서 선설하기가 쉽지 않다. 말을 낭비하지 않고자 하면 비유를 들어 설명할 수밖에 없다. 일체제불은 어떻게 "수덕이 절정에 이르러 성덕을 철저히 증득했는가?" 비유하면 대원보경은 그 재질은 동이지만 사람들이 동에는 빛이 있음을 알고 날마다 문지르고 연마하여 노력을 베풀길 그치지 않아 마침내 먼지를 제거해 보배거울에 빛이 난다. 거울을 높은 대에 바로 세우면 만물이 모두 그 가운데 비칠 수 있어 크게는 하늘과 땅에서 작게는 먼지와 털까지

179) 일여一如 : 일一은 평등하여 둘이 아니란 뜻이고, 여如는 늘 그대로 변하지 않는다는 뜻이다. 그래서 일여一如는 곧 진여의 뜻이다.

삼라만상이 또렷이 한꺼번에 거울에 나타난다. 바야흐로 만상이 일제히 나타날 때 거울 자체는 텅 비어 한 물건도 없다.

眾生者，未悟之佛。佛者，已悟之眾生。其心性本體，平等一如，無二無別。其苦樂受用，天地懸殊者，由稱性順修，背性逆修之所致也。其理甚深，不易宣說。欲不費詞，姑以喻明。諸佛致極修德，徹證性德。譬如大圓寶鏡，其體是銅。知有光明，日事揩磨。施功不已，塵盡光發。高臺卓豎，有形斯映。大而天地，小而塵毛。森羅萬象，炳然齊現。正當萬象齊現之時，而復空洞虛豁，了無一物。

제불의 마음도 또한 이와 같다. 번뇌 · 혹업을 다 끊고 지혜와 덕상이 원만히 드러나니, 미래제가 다하도록 적광정토에 머물러 늘 법락을 누리시고, 구계중생을 널리 제도하여 생사윤회를 여의고 함께 열반을 증득하게 하신다. 중생은 전부 성덕을 미혹하여 조금도 수덕이 없다. 비유컨대 보배거울 위에 먼지가 덮여 있어 빛이 없을 뿐만 아니라 동銅의 재질은 또한 녹이 슬어 가려서 더 이상 드러나지 못하니, 중생의 마음도 또한 이와 같다.

諸佛之心，亦復如是。斷盡煩惱惑業，圓彰智慧德相。盡來際以安住寂光，常享法樂。度九界以出離生死，同證涅槃。眾生全迷性德，毫無修德。譬如寶鏡蒙塵，不但毫無光明，即銅體亦被鏽遮，而不復現，眾生之心，亦復如是。

만약 이러한 동의 재질은 아무것도 드러나지 않는 쓸모없는 거울이지만 원래는 하늘을 비추고 땅을 비추는 광명을 갖추고 있는 줄 안다면 이로부터 폐기하지 말고 날마다 문질러 연마하여야 한다. 처음에는 동의 재질이 약간 드러나고 그 다음에는 온 힘을 다해 연마하여 먼지를 말끔히 닦으면 저절로 만물이 모두 그 가운데 비출 수 있어 하늘도 비추고 땅도 비출 수 있다. 이러한 광명은 거울 자체가 본래 갖추고 있는 것이지 결코 바깥에서 오는 것이 아니고, 문질러 연마하여야 생기는 것도 아니다. 그러나 연마하지 않으면 광명을 얻을 수 없다.

若知即此銅體不現之廢鏡，具有照天照地之光明。從茲不肯廢棄，日事揩磨。初則略露銅質，次則漸發光明。倘能極力盡磨，一旦塵垢淨盡，自然遇形斯映，照天照地矣。然此光明，鏡本自具。非從外來，非從磨得。然不磨，則亦無由而得也。

중생이 「육진을 등지고 각성에 합하여, 망경계를 돌이켜 본유진심으로 돌아감(背塵合覺返妄歸眞)」도 또한 이와 같다. 점차 번뇌 혹업을 끊어 없애고, 점차 지혜가 증가하여 공덕이 원만할 때에 이미 끊어지되 끊을 수 없고, 증득하되 증득할 수 없다. 그래서 "무상보리를 증득함에 원만하고, 본유의 진심으로 돌아감에 얻을 바가 없으며(圓滿菩提歸無所得)," 신통 · 지혜와 공덕 · 상호相好[180]는 시방삼세 일체제불과 조금도 다른 부분이 없다. 비록 이와 같을지라도 단지 본래면목을 회복할 뿐, 그 밖에 달리 무엇을 얻는

것이 아니다. 만약 성덕을 방임하기만 하고 수덕을 일으키지 않으면 미래제가 다하도록 생사윤회의 고를 늘 받고 영원히 본성을 회복할 날이 없다!

衆生背塵合覺，返妄歸眞，亦復如是。漸斷煩惑，漸增智慧。迨至功圓行滿，則斷無可斷，證無可證。圓滿菩提，歸無所得。神通智慧，功德相好，與彼十方三世一切諸佛，了無異致。然雖如此，但復本有，別無新得。若唯任性德，不起修德，則盡未來際，常受生死輪迴之苦，永無復本還元之日矣。(正) 潮陽佛教會演說四

[역주] "구경의 여래에 들어가서 장엄의 과해로써 그 묘함을 다하고, 보리를 증득함으로써 원만하며, 본유진성으로 돌아감으로써 얻을 바가 없다(入於如來 妙莊嚴海 圓滿菩提 歸無所得)."

구경 여래에 들어감은 원만 지극한 묘과이다. 묘장엄해妙莊嚴海란 만덕장엄의 과해果海로서, 각자 그 묘함을 다함은 「복구경福究竟」이다. 원만보리圓滿菩提란 일체종지一切種智를 증득함으로써 남김 없이 원만함은 「지구경智究竟」이다. 귀무소득歸無所得이란 본유 진성(性眞)에 맞음으로써 바깥에서 구하지 않음은 「이구경理究竟」이다.

위 두 문구에서는 수성修成을 드러내고, 뒤 한 문구에서는 성구性具를 드러낸다. 성덕으로부터 수덕이 일어나고, 수덕도 여전히 성덕에 맞으니, 본유진성(性眞)을 여의고 바깥에서 어떤 작은 법도 얻을 수 없다! 앞에서 이르시길, **"미쳐서 날뛰는 심성이 절로 쉬니 쉼 그대로 보리불과이고, 수승한 청정·광명심이니, 사람에게서 얻는 것이 아니다(狂性自歇 歇即菩提 勝淨明心 不從人得)."** _원영圓瑛 대사, 《대불정수능엄경강의大佛頂首楞嚴經講義》

[제265칙] **삼인불성三因佛性**

일체 중생에게는 모두 불성이 있다. 그러나 부처님과 중생은 심행心行의 수용이 결코 같지 않다. 왜 그러한가? 부처님은 육진을 등지고 각성에 합하나, 중생은 각성을 등지고 육진에 합하니, 불성은 비록 같을지라도 미혹과 개오는 완전히 다르다. 그래서 고락의 상승 하강으로 하늘땅만큼 현격한 차이가 있다. 만약 삼인불성三因佛性의 뜻을 상세히 고찰할 수 있다면 깨뜨리지 못할 의심이 없고, 수습하지 않으려는 사람이 없을 것이다. 삼인三因이란 곧 정인正因·요인了因·연인緣因이다.

一切衆生，皆有佛性。而佛與衆生，心行受用，絕不相同者，何也。以佛則背塵合覺，衆生則背覺合塵。佛

---

180) 「상相」은 부처님 육신이 갖추고 있는 특수한 용모 가운데 드러나고 보기 쉬운 것으로, 32상으로 나뉠 수 있다. 「호好」는 부처님 육신 형모 가운데 미세하여 보기 어려운 것으로 총 80종호이다. 양자를 모두 부르는 것이 「상호相好」이다. 일체 보살은 삼대아승지겁을 원만히 닦은 후 갖가지 상호를 다시 닦고 일백 가지 복을 닦아야 한 종의 상호를 성취할 수 있다. 이는 불전에서 닦는 것으로 상호가 원만할 수 있어야 성불할 수 있다.

性雖同，而迷悟迴異。故致苦樂升沈，天淵懸殊也。若能詳察三因佛性之義，則無疑不破，無人不欲修習矣。三因者，正因、了因、緣因也。

첫째, 정인불성正因佛性은 곧 우리 마음 그대로 본래 갖추고 있는 묘한 성품(妙性)이고 제불이 증득한 진상眞常의 법신이다. 이는 곧 범부에게도 줄어들지 않고, 성인에게도 늘어나지 않으며, 생사에 머물러도 더럽혀지지 않고, 열반에 머물러도 깨끗해지지 않는다. 중생은 철저히 미혹하고 등지며, 제불은 구경에 원만히 증득하니, 미혹과 증득이 비록 다를지라도 묘한 성품은 늘 평등하다.

一、正因佛性，即吾人即心本具之妙性，諸佛所證眞常之法身。此則在凡不減，在聖不增。處生死而不染，居涅槃而不淨。衆生徹底迷背，諸佛究竟圓證。迷證雖異，性常平等。

둘째, 요인불성了因佛性은 곧 정인불성이 발생시키는 바른 지혜(正智)이다. 혹 선지식의 가르침을 얻거나 혹 경교經教를 읽고 정인불성正因佛性의 뜻을 듣고서 명료한 깨달음을 얻는다. 일념의 무명이 마음의 근원(心源)을 덮거나 막아서 육진경계의 당체가 본래 공空인 줄 몰라 실유實有라고 여긴다. 탐·진·치를 일으켜서 살생·도둑질·음행 등의 죄를 지으며, 미혹으로 말미암아 업을 짓고, 업으로 인해 고를 받으니, 오히려 정인불성이 미혹을 일으키고 업을 짓게 하여 고를 받는 근본이 된다. 이로부터 명료하게 깨달은 후 망상의 경계를 돌이켜 본유의 진심으로 돌아가서 본성을 회복하길 바란다.

二、了因佛性，此即正因佛性所發生之正智。以或由知識，或由經教，得聞正因佛性之義，而得了悟。知由一念無明，障蔽心源。不知六塵境界，當體本空，認為實有。以致起貪瞋癡，造殺盜淫。由惑造業，因業受苦。反令正因佛性，為起惑造業受苦之本。從玆了悟，遂欲反妄歸眞，冀復本性也。

셋째, 연인불성緣因佛性으로 연緣은 곧 조연助緣이다. 이미 명료한 깨달음을 얻었다면 곧 모름지기 갖가지 선법善法을 수습하여 혹업을 없애고 복혜를 증장시키길 기약한다. 반드시 깨달음(所悟)이 본래 갖추고 있는 이체를 구경에 증득하게 하여야 멈춘다.

三、緣因佛性，緣即助緣。既得了悟，即須修習種種善法，以期消除惑業，增長福慧。必令所悟本具之理，究竟親證而後已。

비유로써 설명하자면 정인불성正因佛性은 금광석의 금과 같고, 불나무의 불과 같고, 거울의 광택과 같고, 좁쌀의 싹과 같다. 비록 본래 갖추고 있을지라도 명료하게 알지 못해 제련하지 않고, 태우지 않고, 문지르지 않고, 파종하고 비가 내리는 등의 연을 얻지 못하면 금과 불, 광명과 싹은 영원히 모습을 나타낼 날이 없을 것이다.

請以喻明。正因佛性，如礦中金，如木中火，如鏡中光，如穀中芽。雖復本具，若不了知，及加烹煉鑽研磨礱種植雨澤等緣，則金火光芽，永無發生之日。

그래서 비록 정인正因이 있을지라도 연인緣因 · 요인了因이 없으면 그 수용을 얻을 수 없다! 이것이 부처님께서 일체중생이 모두 부처라고 보고, 즉시 중생을 제도하고자 하신 연유이다. 중생은 명료하게 깨닫지 못함으로 인해 선법을 수습하려하지 않아 오랜 겁에 생사윤회하게 되어 벗어날 수 없다. 여래께서는 이에 방편을 널리 베푸시어 중생의 근기에 수순하여 계발하고 인도하시어 중생이 망상을 돌이켜 본유의 진심으로 돌아가 육진경계를 등지고 깨달음에 합하도록 바라신다.

是知雖有正因，若無緣了，不能得其受用。此所以佛視一切衆生皆是佛，而即欲度脫。衆生由不了悟，不肯修習善法，以致長劫輪迴生死，莫之能出。如來於是廣設方便，隨機啟迪。冀其返妄歸眞，背塵合覺。（正）陳了常往生發隱

[보충] **삼인불성三因佛性**

천태지자대사께서《금광명경현의金光明經玄義》에 말씀하시길, “무엇을 삼불성三佛性이라 하는가? 불佛은 각覺이라 하고, 성性은 바꾸어지지 않음(不改)이라 한다. 바꾸어지지 않음은 곧 항상한 것도 아니고 무상한 것도 아니다. 흙 속에 금이 묻혀 있듯이 천마와 외도가 파괴할 수 없음을 정인불성正因佛性이라 한다. 요인불성了因佛性이란 각지覺智는 항상한 것도 아니고 무상한 것도 아니며, 지혜와 이체가 상응한다. 이는 금이 묻혀 있음을 깨달아 아는 것과 같다. 이러한 지혜는 파괴할 수 없으니, 이를 요인불성了因佛性이라 한다. 연인불성緣因佛性이란 일체가 항상한 것도 아니고 무상한 것도 아니다. 공덕과 선근으로 각지覺智를 도와 정인불성(正性)을 개발하여 드러냄이다. 이는 땅을 파고 잡초를 뽑아내어 매장되어 있는 금을 발굴해냄과 같다. 이를 연인불성緣因佛性이라 한다. 삼불성 하나하나는 모두 상락아정常樂我淨이고, 삼덕三德과 다름이 없음을 알아야 한다.” 하셨다.

[역주] 범어 「불타(불)」는 번역하면 각覺이라는 말이다. 각은 곧 일체지一切智 · 도종지道種智 · 일체종지一切種智의 삼지三智가 원만히 밝음으로 일체 처에 두루 하여 비추지 않음이 없음을 대원각大圓覺이라 한다. 성性은 바꾸어지지 않는다는 뜻이다. 대각의 성은 늘어나지도 않고 줄어들지도 않으며, 변함도 아니고 옮겨감도 아니니, 삼인불성三因佛性을 갖추고 있지 않음이 없다. 이 인因이 드러나면 곧 법신덕法身德 · 반야덕般若德 · 해탈덕解脫德 삼덕三德의 묘과妙果를 이룬다.

1) **정인불성正因佛性**: 정正은 양변과 사도를 여읜 중정中正이다. 중中은 반드시 공空을 비추고 가假를 비춤(雙照)을 말한다. 공空은 일체 상을 쓸어버림이니, 곧 진제眞諦이다. 가假는 일체법을 세움이니, 곧 속제俗諦이다. 공空이 아니고 가假도 아니니, 곧 중제中諦이다. 그래서 삼제三諦를 갖춘다. 이를 정인불성이라 한다.

2) 요인불성了因佛性: 요了는 비춤이다. 앞의 정인正因으로 말미암아 이 비추어 보는 지혜가 생기고, 지혜와 이체가 상응함을 말한다. 그래서 요인불성이라 한다.

3) 연인불성緣因佛性: 연緣은 곧 조연緣助이다. 일체 공덕과 선근이 인因을 도와 정인正因의 성性을 개발함을 말한다. 그래서 연인불성이라 한다.

[제266칙] **악연을 따라 번뇌를 이루고, 정연을 따라 보리를 이루지만, 진성은 모두 바뀐 적이 없다**

진성眞性은 증득하기 전에는 악연惡緣을 따르면 번뇌를 이루지만 진성은 바뀐 적이 없고, 선연善緣·정연淨緣을 따르면 보리를 이루지만 진성은 바뀐 적이 없다. 비유컨대 진금으로 변기와 요강을 만들고 날마다 똥이 가득찰지라도 금의 성질은 여전히 변하지 않고, 불상과 보살상을 조성하여 비록 매우 귀중할지라도 금의 성질은 여전히 처음 그대로이다. 세상 사람은 각자 불성을 가지고 있으면서도 악업을 일삼아 금으로 변기와 요강을 만들듯이 자중할 줄 모른다.

眞性在未證前，隨惡緣則成煩惱，而仍不變。隨善緣淨緣而成菩提，亦不變。譬如眞金打做馬桶夜壺，雖日盛糞，而金性仍然不變。打做佛像菩薩像，雖極其貴重，而金性仍然不變。世間人各具佛性，而常造惡業，如以金做馬桶夜壺，太不知自重了。(正) 復呂智明書

[역주] 진성眞性의 존재형식은 물질도 아니고 정신도 아니다. 물질은 중생의 팔식심八識心에 떠오르는 상분(相分; 사물을 인식할 때 주관적인 마음에 떠오르는 객관의 형상)이고, 정신은 팔식심의 견분見分이다. 견분·상분은 제8식 사분四分의 2분으로 모두 중생심이 변하여 나타난 것이다.

전체 우주의 중생은 대체로 열 가지 범주로 나눌 수 있으니, 이는 곧 십법계十法界이다. 각 법계의 중생은 업혹이 다르고, 복보가 동등하지 않으며, 의보依報·정보正報가 각각 다르다. "일심사경一心四境, 일수사견一水四見"(하나의 물에 대해 천상은 보배로 꾸며진 땅으로, 사람은 물로, 아귀는 불로, 물고기는 집으로 본다)에 의지해 각 법계 중생의 소견所見인 경계상은 동등하지 않음을 알 수 있다.

인류는 십법계의 물질 및 정신의 표준 및 범위에 대해 분명히 인류가 감지하는 범위내에 국한해서 알 뿐이다. 십법계의 물질 및 정신은 모두 중생의 진성인 법체의 용用이다. 단지 상용相用만 있을 뿐 그 체는 곧 숨는다. 그래서 물질 혹은 정신의 존재형식으로는 법체인 자성의 존재여부, 진실여부를 찾을 수 없다.

선종에서는 명심견성明心見性을 늘 말하지만 실제로는 능견能見이 있으면 반드시 소견所見이 있기 마련이다. 이미 「능能과 소所」, 즉 법체인 자성의 용用이 있는 이상 곧 '견見'성할 수 없다. 그래서 선종에서는 늘 말한다. "설사 한 물건이라 해도 맞지 않다(說是一物即不中). 소견이 없되 명료하게 밝게 보니, 소견은 견이 아니다(無所見 了了見 所見非見)." 진여자성의 존재는 대단히 추상적이기 때문에 그것이 존재한다 말하지만 그 실체를 찾을 수 없고, 그것이 존재하지 않는다 말하지만 중생은 오히려 날마다 그 씀을 여의지 않는다.

대사께서는 늘 진여자성을 "금", "물", "허공" 등에 비유하셨지만, 이는 여전히 감지될 수 있다. 모습이 있으면 반연할 수 있고, 형체가 있으면 이해할 수 있다. 이러면 범부는 「유무사구有無四句」에 떨어져 오히려 상견常見이나 단견斷見 등이 생긴다. 이 또한 바로 불법을 배우기 어려운 원인 중의 하나이다.

[제267칙] 일체중생은 모두 여래의 지혜와 덕상을 갖추고 있으니, 이는 성덕性德, 이즉불理即佛에 속한다

불광佛光은 십법계의 일체 범부와 성인인 중생과 부처님의 마음 그대로 본래 갖추고 있는 지혜의 본체(智體)이다. 이 본체는 텅 비어 밝고 환히 통하며, 맑고 고요하여 항상 변하지 않는다. 생겨나지도 않고 사라지지 않으며, 비롯함도 없고 마침도 없다. 세로로 삼제三際를 궁진하되 과거 · 현재 · 미래의 삼제는 그것 때문에 단숨에 끊어지고, 가로로 시방十方에 두루하되 시방은 또한 그것 때문에 녹아버린다.

佛光者，十法界凡聖生佛，即心本具之智體也。此體靈明洞徹，湛寂常恒。不生不滅，無始無終。豎窮三際，而三際由之坐斷。橫遍十方，而十方以之消融。

그것을 「공空」이라 말해도 무량공덕이 원만히 드러나고, 그것을 「유有」라고 말해도 한 미진微塵조차 성립할 수 없다. 그 공용功用은 일체 법을 함섭含攝하고, 그 본체는 일체 상을 여읜다. 범부의 자리라도 줄어들지 않고, 성인의 자리라도 늘어나지 않는다. 비록 (육안 · 천안 · 법안 · 혜안 · 불안의) 오안五眼[181]이 있어도 그것을 살필 수 없고, (법무애지 · 의무애지 · 사무애지 · 낙설무애) 사변四辨[182]을 갖추고 있어도 그것을 선설할 수 없지만,

181) 육안肉眼은 육신 즉 범부의 눈으로 어둠과 장애를 만나면 볼 수 없다. 천안天眼은 천인의 눈으로 먼 곳이든 가까운 곳이든 밤이든 낮이든 모두 볼 수 있다. 혜안慧眼은 성문의 눈으로 가상假象을 간파하고 진공眞空을 인식할 수 있다. 법안法眼은 보살의 눈으로 세간과 출세간의 일체 법문을 완전히 요달할 수 있다. 불안佛眼은 여래의 눈으로 불안이 있으면 곧 겸해서 앞의 다른 눈도 있어 알지 못하는 일이 없고 보지 못하는 일이 없으며, 일체법 가운데 불안이 늘 비춘다.

182) 법무애지法無礙智는 제법의 이름을 통달하여 막힘 없이 분별한다. 의무애지義無礙智는 일체법의 이치를 또렷이 알고, 걸림 없이 통달한다. 사무애지詞無礙智는 갖가지 언어를 통달하여 마음대로 연설할 수 있다. 요설무애樂說無礙는 법의法義를 변설하고 막힘없이 원융하여 중생을 위해 자재하게 즐겨 말한다.

법마다 그것의 공력을 이어받고, (작은 개울이 한데 모여 강과 바다로 흘러 들어가듯이) 곳곳에서 그것을 만날 수 있다. 다만 중생이 지금까지 깨닫지 못한 연고로 대법락의 수용을 얻기는커녕 오히려 이 불가사의한 힘을 이어받아 번뇌와 미혹을 일으켜 악업을 짓고, 그 업력으로 말미암아 고의 과보를 초래하여 생사윤회가 그칠 날이 없게 된다.

謂之為空，則萬德圓彰。謂之為有，則一塵不立。即一切法，離一切相。在凡不減，在聖不增。雖則五眼莫能觑，四辯莫能宣。而復法法承他力，處處得逢渠。但由衆生從未悟故，不但不得受用，反承此不思議力，起惑造業，由業感苦。致令生死輪迴，了無已時。

상주하는 진심眞心을 가지고서 생겨나고 사라지는 허환의 과보(幻報)를 받는다. 비유컨대 술을 취하도록 마신 사람은 집이 빙빙 도는 것처럼 보이지만 실제로는 집은 전혀 돌지 않고, 또 길을 잃었을 때 방위가 이동한 것처럼 여기지만 실제로 방위는 이동하지 않은 것과 같다. 이는 완전히 망업妄業이 현현하는 허환의 망경계에 속하지, 조금도 얻을 수 있는 실법實法183)은 없다. 그래서 우리 부처님 석가세존께서는 이 세계에 오시어 불도를 성취함을 시현하시고, 불광佛光을 완전히 증득하셨을 때 탄식하여 말씀하시길, "기이하고 기이하도다! 일체 중생이 모두 여래의 지혜 덕상을 갖추고 있건만, 단지 망상과 집착 때문에 증득할 수 없구나. 만약 망상을 여읜다면 일체지一切智 · 자연지自然智 · 무애지無碍智184)가 현전하고 대법락의 수용을 얻으리라."

以常住之眞心，受生滅之幻報。譬如醉見屋轉，屋實不轉。迷謂方移，方實不移。全屬妄業所現，了無實法可得。以故我釋迦世尊，示成佛道，徹證佛光時歎曰：奇哉奇哉，一切衆生，皆具如來智慧德相。但以妄想執著，不能證得。若離妄想，則一切智，自然智，無礙智，則得現前。

《능엄경》에 이르시길, "묘심본성(妙性)은 원융하여 걸림이 없는 광명으로 갖가지 명상名相을 여의고 버리면 본래 어떠한 세계도 중생도 없느니라. (이 세계와 중생은) 망상으로 인해 (갖가지 명상이) 생겨남이 있고 (명상名相이) 생겨남으로 인해 (명상名相의) 사라짐이 있느니라. 생겨남과 사라짐이 있으면 모두 망상이고, 망상이 사라지면 진여라고 하고, 이는 여래의 무상보리(智德) 및 대열반(斷德)이라 하고, 또한 (보리에 의지해 번뇌를 바꾸고, 열반에 의지해 생사를 바꾸므로) 이전의二轉依의 명호이니라."

楞嚴云：妙性圓明，離諸名相。本來無有世界衆生，因妄有生，因生有滅。生滅名妄，滅妄名眞。是稱如來無上菩提、及大涅槃、二轉依號。

---

183) 영원히 변치 않는 실체적 존재를 뜻한다. 불교에서는 모든 현상적 존재는 가법假法이며 실법이라 여기는 것은 중생의 미집迷執이라 규정한다.

184) 「일체지一切智」: 성문聲聞 연각緣覺은 일체 법 총상總相의 지혜를 안다. 총상은 곧 공상空相이다. 「자연지自然智」: 제불의 공용功用을 필요로 하지 않고 저절로 생기는 일체종지一切種智를 가리킨다. 「무애지無礙智」: 자재무애自在無礙한 지혜로 곧 부처님의 지혜이다.

한편 (마조도일 스님의 제자인) 반산盤山스님은 말하길, "마음의 달 홀로 둥그러니 떠, 그 빛 만물을 집어 삼키네. 빛이 경계를 비치는 것도 아니고 경계 또한 존재하지도 않네. 마음과 경계 모두 사라지니, 다시 이 무슨 물건인가?" 그리고 위산僞山선사는 이렇게 말했소. "신령스런 빛 홀로 빛나니 육근六根·육진六塵을 모두 벗어났네. 그 자체 진상眞常을 드러내고 문자에 구애받지 않네. 심성은 물듦이 없이 본래 스스로 원만히 이루니라. 망념을 여의기만 하면 그대로 여여如如한 부처니라!" 이로써 부처님이나 조사들의 갖가지 언교는 중생이 본래 갖추고 있는 심성을, 미혹을 돌이켜 깨달음으로 돌아가 본원을 복원할 뿐임을 가리킴을 알 수 있다.

盤山云：心月孤圓，光吞萬象。光非照境，境亦不存。心境俱亡，復是何物。溈山云：靈光獨耀，迥脫根塵。體露眞常，不拘文字。心性無染，本自圓成。但離妄念，即如如佛。是知佛祖種種言教，無非指示衆生本具心性，令其返迷歸悟，復本還元而已。(正) 佛光月報序

[역주] 이즉불理即佛은 이즉理即, 이개理介, 소법신素法身이라고도 한다. 천태종에서 건립한 원교圓教 육즉위六即位의 하나이다. 범부에서 성인에 이르기까지 육위六位로 나뉘는데, 이즉理即은 초위初位이다. 이른바 「이즉理即」은 일체 중생은 모두 중도 불성을 갖춤이 「이理」이고, 이理를 갖춘 계위와 구경과를 증득함은 서로 즉하여 둘이 아님이 「즉即」이다. 삼악도의 중생처럼 비록 조금도 선이 없을지라도 본래 불성을 갖추고 있음이 이즉理即이다.

그래서 이즉불理即佛은 오직 법신이체를 갖출 뿐, 공덕·장엄이 필요하지 않다. 만약 이즉불이 명자위名字位에 두루 들어감을 안다면 수행이 시작된다. 성덕을 알고 수덕에 힘쓰지 않으면 심성에 무량한 공덕을 갖추고 있어도 단지 음식을 말만 하고 다른 사람의 수많은 보물을 세어만 볼 뿐(說食數寶), 진실로 맛보고 가질 수 없다.

[제268칙] 일체중생은 불성의 항상한 빛을 갖추고 있지만, 심성 이체가 갖추고 있을 뿐이다

일체중생은 불성의 항상한 빛(常光)을 갖추고 있다. 밝은 곳이든 어두운 곳이든, 통하는 곳이든 막힌 곳이든, 먼 곳이든 가까운 곳이든 관계없이 모두 다 남김없이 비춘다. 그래서 굳이 해와 달, 등불의 광명을 빌릴 필요 없이 볼 수 있다. 유감스럽게도 중생이 본성에 미혹하여 각성을 등지고 육진에 합하여, 불성의 상광常光이 번뇌와 무명으로 변화하게 되었다. 어두운 곳, 막힌 곳, 먼 곳은 볼 수 없을 뿐만 아니라 설사 눈앞 가까운 곳조차 해와 달, 등불의 광명이 없으면 태산일지라도 볼 수 없거늘 하물며 다른 것이겠는가? 그래서 생사고해를 윤회하고, 장님처럼 인도하지 않으면 조금도 벗어날 희망이 없으니, 슬프지 않은가! (대각 세존께서는 이를 가엾이 여겨 갖가지 이체에 맞고 근기에 맞는 법을 설하여 그의 망상을 돌이켜 진여로 돌아가게 하고,

육진을 등지고 본각과 맞게 하여 그 본래 갖추고 있는 진여불성을 회복하게 하신다.)

一切衆生，具有佛性常光。舉凡明暗通塞遠近，悉皆徹照無遺。固不假日月燈明，方能有見也。無奈衆生迷昧本性，背覺合塵。致佛性常光，變作煩惱無明。不但暗塞遠處不能見，即近在目前，若無日月燈光，雖泰山亦不能見，況其他乎。由是輪迴生死苦海，如盲無導，了無出期。（正）李夫人然燈記

[보충] **“저 법신을 말하면 중생이라 한다(說彼法身 名為衆生).”**

지금 바로 변화되니, 청정법신이 중생으로 변화한다. 이 말이 무슨 말인지, 알아듣겠는가? 만약 알아듣지 못하는 말이면 당신이 꿈을 꾸면서 꿈의 경계에서 말하면 청정법신은 꿈의 경계로 변화한다. **청정법신은 우리의 진심이다. 꿈을 꾸면 마음은 어디에 있는가? 전체 경계가 바로 마음이다.** 마음에 상相이 있다. 상이 나타나지 않을 때 마음은 어디에 있는지 모른다. 현재 마음이 상으로 나타난다.

불법에서는 늘 **“전체 망상 그대로 진여이고, 전체 진여 그대로 망상이다**(全妄即眞 全眞即妄).” 말하는데 **진眞이란 무엇인가? 법성法性이다. 망妄이란 무엇인가? 법상法相이다. 법성이 법상으로 변화한다.** 전체 법상이 바로 법성이고, 전체 법성이 바로 법상이니, 성과 상은 둘이 아니다. 그래서 법신이 바로 법성이다. 법신이란 무엇인가? 법신은 중생이다. 이 말은 모두 마음속에 확실히 새겨두길 바란다. **중생이란 무엇인가? 진허공盡虛空 · 변법계遍法界 모든 일체 법상이니, 바로 우리의 법신이고, 바로 법성이다. 언제 당신이 진정으로 긍정하기만 하면 홀연히 깨달을 것이다. 진허공 · 변법계의 모든 일체 중생상이 전부 자신이다.** 축하드린다. 당신은 깨달았다.
_정공법사,《지장보살본원경현의강기地藏菩薩本願經玄義講記》

[3] 해오와 증오를 논하다 (論悟證)

[제269칙] 해오解悟와 증오證悟, 명자위는 해오일 수 있고 증오는 반드시 분증위分證位이다

「이공二空」185)의 이치는 오직 오悟만 말하면 근기가 예리한 범부라야 곧 깨달을 수 있다. 이를테면 원교의 명자위名字位186)에 속한 사람으로 비록 오주번뇌五住煩惱 (오주五住란 삼계 내 견혹見惑을 1주이고, 사혹思惑은 3주이고, 삼계 바깥의 진사혹塵沙惑과 무명혹無明惑은 합쳐 1주이다)를 조금도 복伏·단斷하지 못하였을지라도 깨달은 경계는 부처와 다름이 없다. 종문宗門을 근거로 말하면 곧 확철대오(大徹大悟)이다. 교하教下를 근거로 말하면 곧 대개원해大開圓解이다. 확철대오와 대개원해는 어렴풋이 이해할 것 같다는 말이 아니라 (제대로 닦아 실제로 증득한 공부가 있다는 말이다.)

以下論悟證二空理，唯言悟，則利根凡夫即能。如圓教名字位中人，雖五住煩惱，毫未伏斷，而所悟與佛無二無別。(五住者，見惑為一住，思惑為三住，此二住於界內，塵沙惑無明惑共為一住，此二住於界外。) 若約宗說，則名大徹大悟。若約教說，則名大開圓解。大徹大悟，與大開圓解，不是依稀仿佛明瞭而已。

예컨대 당나라 재가선객인 방거사龐居士는 마조도일馬祖導一선사께서 "그대가 서강의 물을 한입에 다 마셔버리면, 바로 자네에게 말해주지." 하신 말씀을 듣고 당하에 문득 몸과 마음이 모두 사라지며 현묘한 이치를 깊이 깨달았다(玄解). 대혜종고大慧宗杲는 원오극근圓悟克勤선사께서 "훈풍이 남쪽에서 불어오니, 전각에 시원한 기운(微涼)이 일어나네." 하신 말씀을 듣고서 또한 이러하였다. 천태지자대사께서는 《법화경法華經》을 독송하면서 《약왕본사품藥王本事品》에서 이르신, "이것이 진실한 정진이요 진실한 법공양이다(是真精進 真法供養)!" 문구에 이르러 확연대오豁然大悟하시고 적정寂靜에서 선정의 경계로 들어가 선정 속에서 석가모니부처님의 영산법회가 엄연히 산회되지 않았음을 직접 보았다. 이와 같이 실제로 깨달을 수 있어야 비로소 「확철대오(大徹大悟) 대개원해大開圓解」라 할 수 있다. 만약 실상법을 증득하였다 말하면 넓고 많은 보통의 범부(博地凡夫)는

---

185) 첫째, 아공我空과 법공法空을 말한다. 아공은 인공人空이나 생공生空이라고도 한다. 이는 오온무아五蘊無我의 진리를 깨달음이다. 법공은 이미 제법이 연기하여 자성이 공하다는 진리를 깨달았다. 둘째, 성공性空과 상공相空을 말한다. 성공性空은 제법은 모두 온갖 인연이 화합하여 생하기에 근본적으로 자성이 없다는 말이다. 상공相空은 제법이 인연하여 생겨나는 상은 모두 허공처럼 실답지 않다는 말이다.

186) 불교에서 명자名字는 일종의 가립假立한 시설施設로 그것을 빌어 전체 제법의 진실의眞實義를 드러내지만, 그것은 제법의 본체가 아닌 까닭에 헛된 가상으로 실답지 않다고 생각한다. 이것에 의거하여 경론에서는 명칭만 갖추고 실제가 없는 것, 즉 명칭과 실제가 서로 부합하지 않는 것을 부를 때 많이 사용된다.

할 수 있는 것이 아니다.

如龐居士聞馬祖待汝一口吸盡西江水，即向汝道。當下頓亡玄解。大慧杲聞圓悟薰風自南來，殿閣生微涼。亦然。智者誦法華，至藥王本事品。是眞精進，是名眞法供養如來。豁然大悟，寂爾入定。親見靈山一會，儼然未散。能如是悟，方可名大徹大悟，大開圓解。若云證實相法，則非博地凡夫之所能為。

남악사대南嶽思大(혜사慧思)선사는 지자대사가 법을 이은 법사로 큰 지혜와 큰 신통이 있었다. 임종시 한 사람이 그에게 증득한 것을 묻자 이내 말하길, "내가 애당초 품은 뜻은 동륜銅輪을 증득할 수 있길 희망하였다. 동륜은 곧 원교의 십주위十住位이다. 십품무명十品無明을 깨뜨려 실상을 증득하여 처음 실보장엄토實報莊嚴土에 들어가고, 상적광토常寂光土를 분증한다. 초주初住는 곧 백 삼천대천세계에 불신佛身을 지어 보여 중생을 교화할 수 있고, 이주二住는 곧 천 삼천대천세계에, 삼주三住는 곧 만 삼천대천세계에 계위마다 수가 십 배 늘어나니, 동륜이 어찌 작은 계위이겠는가! 그러나 나는 대중을 너무 일찍 거느린 탓에 단지 철륜鐵輪을 증득하였을 뿐이다. 철륜은 곧 원교의 십신위十信位이다. 초신初信에서는 견혹見惑을 끊고, 칠신七信에서는 사혹思惑을 끊으며, 팔신·구신·십신에서는 진사혹塵沙惑을 깨뜨리고 무명을 조복한다. 남악혜사선사께서는 제10신위信位에 거하면서 아직 실상법을 증득하지 못함을 보이셨다. 만약 일품의 무명을 깨뜨려 곧 초주위初住位를 증득하면 비로소 실상법을 증득하였다고 말할 수 있다!"

南嶽思大禪師，智者之得法師也。有大智慧，有大神通。臨終有人問其所證，乃曰：我初志期銅輪。即十住位，破無明，證實相，初入實報，分證寂光，初住即能於百三千大千世界，示作佛身，教化衆生，二住則千，三住則萬，位位增數十倍，豈小可哉。但以領衆太早，只證鐵輪而已。鐵輪，即第十信位，初信斷見惑，七信斷思惑，八九十信破塵沙，伏無明，南嶽思示居第十信，尚未證實相法，若破一品無明，即證初住位，方可云證實相法耳。

천태지자대사는 석가모니부처님의 화신이다. 임종시 어떤 사람이 묻기를, "대사께서는 어떤 계위를 증입하였는지 모르는가?" 대답하길, "내가 대중을 거느리지 않았다면 육근이 청정하였을 것이다. (즉 원교의 십신위를 증득하면 육근이 청정하다. 《법화경·법사공덕품》에서 설한 바와 같다.) 나는 자신을 덜어 남을 이롭게 하느라 오품五品에 올랐을 뿐이다." 오품은 곧 관행위觀行位로 오주번뇌五住煩惱를 원만히 조복하고 견혹조차 아직 끊지 못하였다. 우익대사께서는 임종시 게송에서 말씀하시길, "명자위 중 참 불안佛眼을 결국에 어떤 사람에게 부촉해야할지 모르겠네(名字位中眞佛眼 未知畢竟付何人)."

智者大師，釋迦之化身也。臨終有問：未審大師證入何位。答曰：我不領衆，必淨六根。即十信位，獲六根清淨，如法華經法師功德品所明。損己利人，但登五品。五品，即觀行位，圓伏五住煩惱，而見惑尚未斷除。蕅益大師臨終有偈云：名字位中眞佛眼，未知畢竟付何人。

명자위名字位의 사람은 장성藏性을 원만히 깨쳐서 부처님과 도반이지만, 견사혹見思惑은 아직 조복할 수 없거늘 하물며 끊었다고 말하겠는가? 말세의 확철대오한 사람은 대부분 이와 동등한 신분이니, 이를테면 오조계五祖戒 선사는 동파東坡가 되었고, 초당청草堂清 선사는 노공魯公이 되었다. 이는 그래도 잘 닦은 경우이다. 다음은 해인사의 신장로信長老가 주방어朱防衛의 딸이 된 경우이다.[187] 또한 다음은 안탕雁蕩산의 승려가 진회秦檜가 된 경우이다.[188] 확실히 명자위 중의 사람은 이체를 돈오頓悟하였을지라도 미혹을 조복하여 없애지 못해서 다시 생을 받게 되면 대부분 본성을 잃어버린다. 장성藏性은 곧 여래장, 묘진여성妙眞如性으로 실상의 다른 이름이다. 우익대사께서는 임종시 명자위名字位에 거함을 보이셨고, 지자대사는 오품위五品位에 거함을 보이셨으며, 남악혜사대사는 십신위十信位에 거함을 보이셨다. 비록 세 분 대사의 본래경지(本地; 본체)는 모두 예측할 수 없지만, 그들이 보이신 것은 단지 명자·관행·상사相似 삼위일 뿐, 실상을 볼 수 있었지만 쉽게 증득할 수 없었다. 과위가 후진할 수록 더 뛰어넘기 어렵다. 그분들이 이렇게 보이신 연유는 실제로는 후세 중생이 증득하지 못했는데 증득하였다 말하지 않을까 두려워서이다. 그래서 몸으로써 설법하여 후학이 스스로 부끄러워하고 두려워할 줄 알게 되어 감히 교만해 우쭐거리지 않을 것이다.

名字位人，圓悟藏性，與佛同儔，而見思尚未能伏，何況乎斷，末世大徹大悟人，多多是此等身分，五祖戒為東坡，草堂淸作魯公，猶其上者，次則海印信為朱防禦女，又次則雁蕩僧為秦氏子檜，良以理雖頓

---

187) 해인사의 신장로信長老는 송나라 선종 문하의 대장로로 주朱방위防衛(무관의 명)의 집에서 공양을 하였다. 어느 날 주씨는 신장로가 안방으로 들어가는 것을 보았다. 바로 이때 부인이 딸을 낳아 사람에게 해인사에 가서 방문하게 하였다. 신장로는 이 딸이 태어나면서 원적圓寂에 드셨다. 이 일은 항주의 전 성에서 모두 알았다. 보름날에 이르러 원조본圓照本 선사가 주 방어 집으로 가서 주씨에게 딸아이를 안아오라고 하였다. 여자 아이는 원조를 보더니 곧 웃었다. 원조는 그녀를 불렀다. "신장로, 잘못되었군요." 여자 아이는 몹시 슬퍼하더니 숨이 끊어졌다. 비록 죽었을지라도 여전히 태어나겠지만 또한 어느 곳에 태어날지 모른다. 《인광법사문초》

188) 진회秦檜는 전생에 안탕산雁蕩山의 승려였다. 전생에 닦은 공덕으로 송나라의 재상으로 환생했지만, 그는 금나라 사람의 뇌물을 받고, 사사건건 모두 금나라 사람의 책략으로 금나라 사람이 두려워하던 악비岳飛를 살해했다. 그와 공모하지 않은 모든 사람은 파직되거나 살육되었다. 죽은 후 지옥에 떨어졌지만 백성의 한이 풀리지 않자 밀가루로 두 가닥(진회와 부인)을 만들어 같이 튀겨 먹어 「기름튀김 회(油炸檜)」라는 이름이 붙었다. 또 철로 주조한 상像을 악비 무덤 앞에 꿇어앉히고, 악비 무덤에 절한 형상을 목판으로 두들겨 패고 그 머리와 몸을 향해 오줌을 누어 원한을 풀게 하였다. 뒤에 성씨가 진秦인 사람이 절강성 순무(명나라 때 지방의 민정, 군정을 순시하던 대신)가 되어 철인이 악비의 무덤 앞에서 오줌을 싸고, 무덤을 더럽히자, 이를 서호西湖에 던져 악비의 무덤을 항상 맑게 했다고 한다. 이후 서호는 물 냄새가 나서 먹을 수 없었다. 호수에 죽은 시체가 둥둥 떠다니는 모습을 자주 보고, 이를 건져내거나 또 가라앉혔다고 한다. 그래서 고시를 내니, 많아들 찾아와 배를 매어 둘러싸고 그것을 때렸는데, 원래는 철로 주조한 진회와 그 부인이었지만 또한 금군 사령관 금올출이었다. 그 죄업이 중한 줄 알고 건져 올려 악비 무덤 앞에 안치하자 욕설과 오줌 세례를 맞았다. 내가 민국 10년에 악비 무덤에 갔더니 여전히 사람들이 오줌을 누고 있어 차마 볼 수 없었다. _《인광법사문초》

悟，惑未伏除，一經受生，或致迷失耳。藏性即如來藏妙眞如性，乃實相之異名。蕅益大師示居名字，智者示居五品，南嶽示居十信。雖三大師之本地，皆不可測。而其所示名字、觀行、相似、三位，可見實相之不易證，後進之難超越。實恐後人未證謂證，故以身說法，令其自知慚愧，不敢妄擬故耳。

세 분 대사께서 임종시 증득한 계위를 보이신 은덕에 우리는 분골쇄신하여도 보답하기 어렵다! 그대가 미루어 헤아려 보건대, 과연 세 분 대사를 뛰어넘을 수 있겠는가? 이렇게 말한다. "염불하고 경전공부를 하면서 선근을 키워 서방극락에 왕생한 후 늘 아미타부처님을 모시고 연지해회蓮池海會에서 함께 하며 함께 닦고 서로 보살피면 자신이 닦은 공행의 깊이를 따라 더디든 빠르든 반드시 실상을 증득할 것이다." 이는 결정코 의심이 없는 말이고, 일체 왕생자들이 함께 얻고 같이 증득하는 것이다.

三大師末後示位之恩，粉骨碎身，莫之能報。汝自忖度，果能越此三師否乎。若曰：念佛閱經，培植善根，往生西方之後，常侍彌陀，高預海會。隨其功行淺深，遲早必證實相。則是決定無疑之詞，而一切往生者之所同得而共證也。(正) 復永嘉某居士書五

[강해] **대철대오大徹大悟와 대개원해大開圓解**

「이공二空의 이치는 오직 오悟만 말하면 근기가 예리한 범부는 곧 깨달을 수 있다.」 오悟를 말함은 곧 지견知見 상에서, 안목 상에서 불법에 대해 이미 부처님과 완전히 보조를 맞추어, 이런 법을 깨달음이다. 오悟일 때는 전방에 성불에 이르는 길을 보아 또렷이 눈에 들어오고 조금도 착오가 생기지 않는다. 범부가 이런 능력이 있는 경우 당연히 인광대사께서 「이근범부利根凡夫」라 수식하셨다. 마음대로 일개 범부가 행할 수 있는 것이 아니다.

원교圓教를 말하자면, 명자즉불名字即佛에 이르면 일체 인연 · 기연機緣을 빌어 갑자기 촉발하여 원해圓解가 열리는데, 깨달은 경계가 부처와 둘이 없고 다름이 없다. 이러함에도 「오주번뇌五住煩惱를 조금도 복단伏斷하지 못하였다」. 곧 우리가 성불하는 길 위에 놓인 모든 장애를 조금도 끊지 못하였다. 끊지 못하였을 뿐만 아니라 조복도 하지 못하였다. 그럼에도 불구하고 그는 이미 견도見道하여 언제 어디서나 번뇌가 일어나면 어찌 된 일인지 이미 알고 있고, 수학修學하고 수법手法에 정통하여 효과적으로 번뇌를 천천히 복伏 · 단斷할 수 있다. 이는 바로 깨달은 사람이 획득한 경계(果境)의 하나이다. 만약 선종의 전업專業 술어로 말하면 늘 말하는 「확철대오(大徹大悟)」이다. 만약 천태종에 근거하여 말하면 학불하는 사람은 이런 경계를 「대개원해大開圓解」라고 묘사한다.

여기서 인광대사는 특별히 말씀하셨다. "확철대오와 대개원해는 어렴풋이 이해할 것 같다는 말이 아니다." 우리가 때때로 말하듯이 원래 불법에 대한 이해가 부족하였는데, 불법을 듣고 난 후 조금 진보하여 믿음이 조금 더 증가한 것 같고, 이해력이 좀 더 또렷해진 것 같다. 그러나 확철대오와 대개원해는 이러한 방면에서 논하는 것이 아니고, 언어를 사용하여 사유하여서는 이 법에 상응할 수 없다. 얼마든지 깨달음이긴 하지만, 여기서 문자와 언어를 만지작거리며 나올 상황이 아니다. 그래서 어렴풋이 이해할 것 같다는 말이 아니라, 견해가 이미 직접 경계에 도달하여 부처님의 견해와 이미 동배로 철저히 성불의 길을 보았다는 말이다.

뒤쪽에 인광대사께서는 몇 가지 예를 드셨다. 방거사는 마조도일 선사의 공안을 참구하였고, 대혜종고는 원오극근선사의 공안을 참구하였으며, 천태지자대사는 《법화경》 문구를 독송하는 중에 개오開悟하였다. 이 단락에서는 사람들이 언하言下에 대오大悟한 것처럼 보이지만, 이는 짧은 시간이면 찾아오는 것이 아니라, 이 지점까지 세세생생 쌓고 반짝 등장하는 순간까지 닦아야 현현할 수 있는 이러한 법이라 설명한다.

우리는 부처님은 각행覺行이 원만하신 분이라 말한다. **오悟는 단지 각이 원만할 뿐이고, 진정한 증證이라야 행이 원만하다. 진정으로 성불의 표준에 비추어서 말하면 무명을 깨뜨리고 법신을 증득해야 참 수행에 들어서고 성불의 도에 오르는 셈이다.** 우리들 현재 이러한 수행은 만약 믿음과 발원으로 서방극락세계에 왕생하는 견해를 지닌 채 열심히 공부하는 말이 아니면 기본적으로 모두 맹목적인 수련에 지나지 않는다.

[역주] 보통 자력법문을 닦으면 명자위의 사람은 미혹을 조복하여 선정에 들 수 없다. 그러나 염불법문은 자력과 타력 이력법문에 속한다. 전심專心으로 염불할 때 아미타부처님 타력의 명훈 가피로 증상하는 효과가 있다. 즉 명자위 후심의 염불인은 증상하여 관행위 초품에 들어가 미혹을 조복하여 선정에 들고 저절로 견불見佛할 수 있다. 인광법사의 말에 따르면 우익대사께서는 명자위에 거하면서 견사혹을 계속 조복하여도 모두 조복(伏住)하지 못함을 보이셨다. 이는 분명히 완전하지 않은 것이다. 자력 · 타력 이력법문을 닦는 염불인에 대해 말하면 명자위 초심의 사람이 통틀어 다 닦아도 닦지 못하는 까닭에 확실히 미혹을 조복시킬 수 없다. 그러나 명자위 후심의 염불인은 이미 일정한 수행기초를 갖추고 있어 일심으로 염불할 때 겸하여 불력이 증승增勝하면 자력 · 타력 이력의 화합하에 관행위 초수희품初隨喜品에 들 수 있다.

우익대사 《점찰선악업보경소占察善惡業報經疏》의 상관된 법문을 인용하면 "막 학습을 시작하는 구원지심求願至心으로는 산란과 망동을 여의지 못하고 장애 종자를 조복하지 못하는 명자위 초심인 까닭에 청정한 윤상輪相을 획득할 수 없다. 두 번째 중하지심中下至心이란 곧 의근을 거두어 전일하게 정진하여(攝意專精), 욕계에 마음이 미세하게 머물러, 혹 수희심을 내어 신해信解를 얻는 초수희품初隨喜品이거나 혹 명자후심인 까닭에 또한 청정한 윤상을 얻을 수 있어 은밀히 이익을 얻는 경우가 많다."

"욕계에 미세하게 머물 수 있다." 이는 곧 미혹을 조복하는 첫걸음의 뜻이니 겸하여 불력의 명훈가지를 얻어 관행위 초품으로 들어갈 수 있다. 그 염불공부는 십육관 제3관 지상관의 성취와 같다. 지상관을 성취하면 세존께서 임종시 결정코 왕생하고, 아미타부처님 화신을 관상하여 친견하면 임종시 좌탈입망 · 자재왕생할 수 있다.

말법시기 수행인에 대해 말하면 명자위 후심에 이르도록 증득할 수 있다면 이미 매우 수승하지만, 증득할 수 있는 자는 또한 많이 보이지 않는다. 말세에 교리에 통달하지 못한 자가 혹 망령되이 자신이 관행위를 증득하였다, 혹 상사위를 증득하였다 말한다. 이런 부류의 대망어 죄업은 참회를 잘 몰라서 반드시 신중하게 대하여야 한다. 관행위에 이르도록 증득한 자는 염불로 선정에 들어 마음대로 극락세계의 거룩한 경계를 관상하여 볼 수 있으니, 이는 결코 부체환시附體幻視(귀신이 몸에 붙어 환상을 봄)가 아니다. 상사위相似位를 증득한 사람은 염불하여 선정에 들어 마음대로 아미타부처님 보신을 관상하여 친견할 수 있으니 이미 분별사식事識을 깨뜨린 까닭이다. 자신이 만약 언제든지 마음대로 할 수 없다면 반드시 마가 마음에 붙어 어지럽히는 것(魔擾附體)이다. 만약 근본적으로 할 수 없다면 확실히 증득하지 못하였으니, 결코 대망어의 구업을 저질러 아비지옥의 인을 심어서는 안 된다.

그밖에 인광대사는 위 법문에서 비록 선종의 대덕이 확철대오하였을지라도 대부분 명자위라 하였다. 그 도안이 이미 열려 수행이 빨라서 매우 쉽게 관행위에 증입할 수는 있다. 근기가 예리하고 수승한 자는 마음대로 해오하고 마음대로 증오할 수 있으니, 이런 부류의 근기는 봉황의 깃털과 기린의 뿔이라 말할 수 있을 뿐이니 드물고도 또 드물다. 지자대사께서는 《법화경 약왕본사품》을 염송하실 때 확연대오하여 깊고 고요히 선정에 드셨다. 이는 분명히 명자위 사람이 아니니, 이미 미혹을 조복하고 선정에 든 까닭이다. 남악혜사 대사께서는 상사위 제10신에 거하시면서 당생에 곧 대신통이 있었으니, 상법시기 중국에서도 실로 매우 드물었다.

[보충] **혜항慧航법사 문답**

묻건대, 우익대사께서 "**명자위 중 참 불안(名字位中眞佛眼)**"이라 말씀하신 것은 무슨 뜻인가?

답하되, 거짓 명제이다. 육즉六即은 모두 부처이다. 부처는 모두 안목을 갖추었다. 부처님의 안목(佛眼)은 모두 진실하거늘 달리 거짓 불안이 있단 말인가? 이즉불위理即佛位 또한 참 불안이다. 그렇지 않으면 《열반경》에서 어찌 "일체중생에게 모두 불성이 있다." 말씀하셨겠는가? 만약 이즉불理即佛이 명자즉불名字即佛 만하지 못하여 마땅히 거짓 불안이라면 명자즉불 또한 관행즉발觀行即佛만하지 못하여 또한 마땅히 거짓 불안이겠는가?

묻건대, 우익대사께서 "명자위 중 참 불안"을 말씀하신 후 또한 "결국에 어떤 사람에게 부촉할지 모른다(未知畢竟付何人)"고 하신 말씀은 무슨 뜻인가?

답하되, 인광대사께서는 이 두 문구에 따르면 곧 우익대사께서 "명자위에 거하심을 보이셨다(示居名字)" 하심은 얼마나 잘못인가! "마침내 어떤 사람에게 부촉할지 모른다." 이는 겸손에 보이지만 감히 감당할 수 없다는 뜻으로 결코 "명자위에 거함을 보인다"는 말이 아니다. 어조는 비록 겸손해보이지만, 말투를 분석하고 그 뉘앙스를 뽑아내면 사람들로 하여금 우익대사가 남악대사의 상사위, 지자대사의 관행위를 이어받은 후 또한 앞선 대사를 이어받아 계속 발전시키고 있다 자인하고 있음을 아주 쉽게 오해하게 만든다.

그러나 명자위는 어느 것이나 다 그러니, 또한 뭐 그리 소중하겠는가? 《법화현의法華玄義》에서 이르시길, "일체 과거불에게 들은 한 마디가 있으니 명자즉이다(於諸過去佛 若有聞一句 名字即

也).” 형계荊溪대사는 《지관의례止觀義例》에서 이르시길, “만약 가명假名이라면 그것과 무엇이 다른가?” 처운處元법사가 《지관의례수석止觀義例隨釋》에서 해석하여 말하길, “만약 가명이라면 명자名字위 사람은 그것과 무엇이 다른가? 이는 명자의 사람이 많음을 드러낸다.” 《법화현의석첨法華玄義釋簽》에 이르길, “명자위에 들어감이 아니다(名字非位).” 명자위에 퇴전이 있을 수 있으니 진정한 의미로 입위入位가 아니라는 뜻이다.

묻건대, 인광대사께서는 명자위를 “대개원해大開圓解”로 삼았는데, 이 뜻은 어떠한가?

답하되, 거짓 명제이다. 육즉六即은 원해圓解가 끊임없이 전해져 번갈아 깊든가 얕지, 결코 대개大開 · 소개小開가 없는 두리뭉실한 말이다. 만약 반드시 대개大開라 말하려면 《법화경》에서 “불지견이 열려야 한다(開佛知見)” 말하고, 위位는 원교의 초주初住에 있다. 명자위名字位는 번뇌를 조복하지 못해서 언제나 퇴전할 수 있고 심지어 삼악도에도 떨어지니, 어떻게 “대개원해大開圓解”라 말하겠는가?

묻건대, 인광대사께서 “명심견성明心見性은 해오이지 증오가 아니다.”말씀하셨는데, 이 뜻은 어떠한가?

답하되, 와전된 것이다. 《법화현의》에 이르시길, “원신圓信 · 원행圓行은 각 부문이 서로 통하지 못하고 각각 구별되어 나누어져 있지(歷別) 않음으로 말미암아(원융하여), 이번 생에 초주初住에 즉입即入하여야 불성을 친견할 수 있다.” **「견성見性」은 원교의 초주, 분증分證의** 위位임을 알 수 있다.

《수습지관좌선법요修習止觀坐禪法要》에 말씀하셨다. 《화엄경》에서 이르시길, “**처음 발심하였을 때 바로 정각을 성취하여 제법의 참된 자성, 모든 지혜의 몸을 요달하는 것이지 다른 것으로 말미암아 깨닫는 것이 아니다.**” 또한 이르시길, “초발심보살은 여래의 한 몸을 얻어 무량한 몸을 짓는다.” 또한 이르시길, 또한 이르시길, “**초발심보살이 곧 부처님이다.**” 《열반경》에 이르시길, “초발심과 필경의 얻음과 다르지 않나니, 이와 같은 두 마음 중에 앞 마음이 어렵다.” 《대품경》에 이르시길, “**수보리여! 어떤 보살마하살이 초발심에서 곧 도량에 앉아 정법륜正法輪을 굴리면 이 보살은 부처님과 같은 줄 알지라.**” 《법화경》에서는 용녀가 구슬을 바침으로써 증득한다. 이와 같은 여러 경전은 모두 **초심에 일체 불법이 두루 갖추어져 있음**을 밝히고 있다. 그것은 곧 《대품경》 중 아자문阿字門이고, 곧 《법화경》 중 중생들로 하여금 불지견을 열게 하기 위함이고, 곧 《열반경》 중 불성을 본 까닭에 대열반에 머묾이다.

[보충] 연지蓮池 · 지자智者 · 우익藕益 · 선도善導 네 분 대사께서 우리에게 주신 계시 : 진사혹塵沙惑은 언제 다 끊어질까?

보통 불법과 비교하면 염불법문은 견혹見惑 · 사혹思惑 · 진사혹塵沙惑을 다 끊을 필요가 없다. 현대를 살아가는 우리 중생은 자력에 기대어 미혹을 끊고자하여도 가능성이 없다.

견혹見惑의 88사使와 사혹思惑의 81품品은 거세게 이는 물결처럼 도도하다. 견혹을 끊으면 마치 40리의 거세게 이는 물결을 끊는 것과 같으니, 하물며 여전히 사혹思惑이 있음에랴! 정말 "칼을 뽑아 물을 갈라도 물은 다시 흐르는 것"과 같다. 설령 견혹을 끊을지라도 비로소 초과인 수다원과를 얻을 수 있다.

연지蓮池대사께서는 명나라 때 스님으로 늘 마음속 깊이 탄식하며 눈물을 흘렸다. **이 시대에는 수다원과를 얻은 성인을 찾을 수 없지만, 요즘 사람들은 여전히 자신이 불과를 증득할 수 있다고 여긴다.** 우리는 조사들께서 어떻게 몸소 모범을 보이셨는지 살펴볼 것이다.

지자대사께서는 천태종의 조사이다. 그가 왕생할 때 제자는 물었다. "스승님, 이번 생에 수행하여 어떤 과위를 증득하셨습니까?" 지자대사께서 말씀하시길, "내가 대중을 거느리지 않았다면 육근이 청정하였을 것이다. 나는 자신을 덜어 남을 이롭게 하느라 오품五品을 증득하였을 뿐이다."

「오품五品」은 원교의 오품위五品位, 즉 수희隨喜 · 독송讀誦 · 설법說法 · 겸행육도兼行六度 · 정행육도正行六度이다. **원교의 오품위는 어떤 수준인가?** 여전히 견혹見惑 · 사혹思惑을 끊을 수 없고, 단지 견혹 · 사혹을 복주伏住하여 번뇌가 현행을 일으키지 않게 할 뿐이다.

이런 수준은 육즉六即佛(이즉불理即佛 · 명자즉불名字即佛 · 관행즉불觀行即佛 · 상사즉불相似即佛 · 분증즉불分證即佛 · 구경즉불究竟即佛) 한가운데 있고, 관행즉불에 상당하여 관행觀行의 과정 한 가운데 있다.

우익蕅益대사께서는 정토종 제9대조사로 한평생 정진을 그치지 않았다. 종문에서 개오開悟하였고 대통大通하신 분으로 우리에게 약 3백여 권의 대단히 많은 저작을 남기셨다. 명종命終에 임할 때 한 제자가 그의 과위를 물었다. 그는 게송을 지어 "명자위 중 참 불안을 결국에 어떤 사람에게 부촉할지 모르겠네." 답하시어 그는 명자즉불名字即佛임을 표명하였다. **명자즉불이란 무슨 의미인가?** 그는 견혹 · 사혹을 끊지 못하였을 뿐만 아니라 계속 조복하여 모두 복주伏住하지도 못하였다.

그래서 이 두 분 조사들께서 우리에게 시현하여 주신 것은 모두 범부이다. 현대의 수행인은 걸핏하면 어떤 과위를 증득했다 말하니, 그래 그들이 지자대사와 우익대사를 뛰어넘을 수 있다는 말인가? 우리는 이 문제를 똑똑히 잘 알아야 한다.

그래서 이들 조사들께서 왕생하시기 전 과위를 시현하신 은덕은 대단히 크니, 아직 증득하지 못하였는데 증득하였다고 말하여 범부로써 성인을 남용하는 후세 사람들에게 정신이 번쩍 들게 만들어주셨다! 우리는 자신이 모두 범부의 자격임을 똑똑히 알아야 한다. 말법시대의 중생은 모두 업장이 깊고 무거워서 소용돌이치는 생사고해 속에서 우리는 아미타부처님의 자비원력을 여의면 건너가기 어렵다. 우리는 반드시 이렇게 자신을 정확히 아는 현명함을 지녀야 한다.

선도善導대사께서는 준엄하게 자신이 죄악생사 범부라고 해부하셨다. 우리의 생각은 업이 아님이 없고, 죄가 아님이 없다. 그래서 현현하는 과보는 매우 여의치 못하고, 매우 고난으로 점철되어 있다. 이러한 상황 하에 우리는 바로 아미타부처님께 기대어야 한다. 염불법문은 우리가 업을 지닌 채 왕생하여 삼계를 횡으로 벗어날 수 있게 한다.

_대안大安법사, 《정토자량신원행淨土資糧信願行》

[제270칙] 아공我空 · 법공法空, 이공을 증득하고 무명을 분파하여야 비로소 실상을 증득한다

또한 「이공二空」, 즉 아공我空 · 법공法空이다. 「아공我空」이란 색色 · 수受 · 상想 · 행行 · 식識 오음五陰 중에서 색법과 심법(색은 곧 색법, 수상행식은 심법)은 모두 인연이 화합하여 생겨나고 인연이 흩어지면 사라지니, 주재하는 실아實我는 전혀 얻을 수 없다는 말이다. 법공法空이란 곧 오음법 중에 당체當體가 전부 공함을 또렷이 안다는 말이다. 《반야심경》에서 "오온을 비추어 모두 공함을 깨달아 안다"는 말씀은 곧 이러한 뜻이다. 이 법공의 이理가 곧 실상이다. 무명을 깨뜨려 실상을 증득하는 까닭에 "일체 괴로움과 재난을 건너간다." 하셨느니라. 실상이란 법신이체로 생멸生滅 · 단상斷常 · 공유空有 등의 상을 원만히 여의어 일체 제상의 근본이고, 가장 진실인 까닭에 「실상實相」이라 한다. 이 실상은 중생과 부처님이 함께 갖추고 있지만 범부와 이승은 미혹하여 등진 까닭에 그 수용을 얻을 수 없다.

又、二空，即我空、法空。我空者，謂于五陰色受想行識中，了知若色若心，色即色法，下四即心法。悉皆因緣和合而生，因緣別離而滅，了無主宰之實我可得。法空者，于五陰法，了知當體全空。心經照見五蘊皆空，即是其義。只此法空之理，即是實相。由破無明，證實相，故日度一切苦厄也。實相者，法身理體，圓離生滅斷常空有等相，而為一切諸相之本，最為眞實，故名實相。此之實相，生佛同具。而凡夫二乘，由迷背故，不能得其受用。(正) 同上

[보충] 아공법유我空法有

이는 「아我」는 공무空無이지만, 「법法」은 실유實有임을 가리킨다. 이는 소승에서 일체유부一切有部 등의 주장이다. 중생의 육체는 오온이 가합하여 이루어진 것이다. 그래서 무상無常한 일성一性이고, 또한 지배하는 능력이 없음이 「아공我空」이다. 그러나 기타 존재하는 일체법에 대해서는 공무가 아니지만, 그 독립적인 본질이 실유한다고 여긴다. 그래서 「법유法有」라 말한다. 이에 반해 기타 존재하는 일체법 또한 공하다고 보면 「아법이공我法二空」이라 한다. 이는 대승불교의 주장이다.

[역주] 아라한은 해탈하여 분단생사分段生死를 끝마치고 인 · 아공人我空을 증득하지만, 법 · 아집法我執이 있어 깨뜨리지 못한다. 아라한은 이미 견사혹見思惑을 끊었지만, 여전히 실상을 증득하지 못하였다. 말법시대 수행인의 경우 자력수지에 의지해 미혹을 조복하고 선정에 들어가는 사람은 모두 드물고 또 드무니, 하물며 미혹을 끊은 사람이겠는가!

[보충] 《법망경》에 이르길 "나는 이제 노사나불이 되어 바야흐로 연화대 위에 앉으니, 주위로 천 꽃송이 위로 다시 일천의 석가모니부처가 나타나고 한 꽃송이에 백억의 나라, 그 한 나라마다 한 분의 석가모니부처님이 각자 보리수 아래 앉아서 일시에 불도를 이루었다(我今盧舍那 方坐蓮華臺 周匝千華上 復現千釋迦 一華百億國 一國一釋迦 各坐菩提樹 一時成佛道)."

처음 「나는 이제」라고 말한 것은 이 노사나불의 「나」이니, 그것은 이미 「가아(假我; 아我라는 것은 실체로서 존재하는 것이 아니고, 단순히 여러 요소가 모인 신체 위에 임시로 아我라는 명칭을 붙인 것」와 「실아實我; 자기에게 아我란 실다운 존재를 인정하여 한 주재력主宰力이 있다고 봄」를 얻은 까닭에 「나(我)」라고 하였다.

이승二乘은 외도의 신아(神我; 영원히 존재하는 실체적인 자아)를 여읜 까닭에 비록 「가아假我」를 얻지만, 「무아無我」에 집착하여 「진실아眞實我」를 얻지 못한다.

「여래如來」는 외도의 신아神我와 이승의 무아無我에 대한 집착을 여읠 수 있다. 그래서 가아假我와 실아實我를 모두 얻고, 또한 인아人我와 법아法我를 여읠 수 있다. 그래서 나 아님이 없는 팔자재아八自在我를 얻으니, 완결(慢結)이 있는 나를 논하는 것이 아니다. 그래서 나(我)라고 하였다. _원효대사, 《범망경보살계본사기梵網經菩薩戒本私記》

[제271칙] **해오와 증오의 뜻을 알면 저절로 증상만의 마음을 일으키지 않고 퇴굴심을 내지 않는다**

해오悟한 사람에게는 우주와 인생의 진상이 또렷하고 분명하니, 문을 열면 산이 보이고 구름이 개이면 달이 보이는 듯, 또한 눈 밝은 사람에게 돌아가는 길이 직접 보이는 듯, 또한 오래 가난하게 지닌 선비에게 갑자기 보물창고가 열리는 듯하다. 증오한 사람에게는 길을 나서 집으로 돌아가듯이 걸음을 멈추고 편안히 앉을 수 있고, 이 보배창고를 가지듯이 마음대로 받아쓸 수 있다. 해오悟하면 대심범부로 그가 이치를 궁구하여 깨달음(理悟)은 부처님과 같을 수 있고, 증오證하면 초지初地보살은 이지二地보살의 경계, 발을 들고 발을 딛는 곳을 모른다. 이러한 해오와 증오의 함의를 알면 저절로 증상만의 마음도 일으키지 않고, 퇴굴심도 내지 않으며, 정토에 태어나길 구하는 마음은 만 필의 소로 끌어도 돌려 세우기 어렵다.

悟者，了了分明。如開門見山，撥雲見月。又如明眼之人，親見歸路。亦如久貧之士，忽開寶藏。證者，如就路還家，息步安坐。亦如持此藏寶，隨意受用。悟則大心凡夫，能與佛同。證則初地不知二地舉足下足之處。識此悟證之義，自然不起上慢，不生退屈。而求生淨土之心，萬牛亦難挽回矣。(正) 同上

[보충] **해오解悟와 증오證悟**

수행인修行人은 먼저 깨달은 후 닦는 자가 있고 먼저 닦은 후 깨닫는 자가 있다. 그러나 깨달음(悟)은 해오解悟와 증오證悟의 다름이 있다. 먼저 부처님과 조사의 언교에 의지해 마음을 밝힌다면 해오解悟이다. 대부분 지견知見에 떨어지고 일체 경계와 인연에 대부분 득력하지 못하여, 마음과 경계가 서로 대립하고 서로 섞여서 원융할 수 없으며, 와닿는 경계마다 걸려서 대부분 장애가 된다. 이를 **상사반야相似般若**라 이름하고, 그것은 참 수행(眞參)이 아니다. (주 : 감산대사께서 여기서 말하는 해오解悟는 실제로 인광대사께서 아래 문장에서 보이시는 "**지견분별知見分別**"이고, 인광대사께서 가리키는 해오가 아니다)

증오證悟하는 경우 자신의 마음 속 소박함으로부터 공부를 지어나가며 산이 한계에 이르고 물이 끝나는 지점에 이르도록 강요하여 갑자기 일념에 문득 쉬어서 자심自心을 철저히 요달한다. 그것은 네거리에서 친할아버지를 보는 것과 같이 더 이상 의심이 있을 수 없다. 그것은 어떤 사람이 물을 마시는 것과 같이 그것이 차가운지 따뜻한지 스스로 알지만 이것을 다른 사람과 소통할 수는 없다. 이는 참 수행(眞參)이자 진실한 깨달음(實證)이다. 그런 후에 곧 오처悟處를 사용하여 마음과 경계를 융회融會 통합하고 드러난 업(現業) · 의식의 흐름(流識) · 망상 · 감정적 생각(情慮)을 정화하고 없애어 모두 일미의 진심眞心에 녹여 합친다. 이것이 증오證悟이다. (주 : 감산대사께서 여기서 말하는 증오證悟는 인광대사가 해석한 해오이다. 말법시기 확철대오한 자는 대부분 명자위의 사람으로 해오한 것이지 진실한 증오가 아니다)

이러한 증오證悟는 또한 깊고 얕은 차이가 있다. 근본 위에서 공부를 한다면 팔식의 틀을 깨뜨리고, 무명의 동굴을 단박에 뒤집고, 범부의 지위에서 단번에 뛰어넘어 성인의 계위에 곧장 들어가니, 다시 여분의 법이 없다. 이는 상상근기로 증득한 것이 깊다. 그 나머지 점수漸修로 증득한 것이 얕다. (주 : 상상근기는 증득한 것이 깊지만, 만약 진정으로 나머지 무명을 깨뜨려 실상에 증입하지 않으면 또한 구경의 증오라 말할 수 있다.)

가장 두려운 것은 작은 경계를 얻고서 만족함이니, 신기루(光影門) 끝에 떨어지는 것을 극력 삼가야 한다. 왜 그러한가? 팔식八識의 근본을 깨뜨리지 못하여 설사 작위作為가 있을지라도 모두 식신識神 곁의 일이다. 이를 진眞으로 삼으면 적을 자식으로 아는 것과 같다. 고인이 이르시길, "**도를 배우는 사람이 진眞을 알지 못하고, 다만 종전처럼 식신識神을 그것이라 잘못 알고 있다. 식신은 비롯함이 없는 무량겁 이래 생사의 근본이거늘 어리석은 사람은 본래인本來人인 줄 안다.**" 이 일관一關을 통과해야 한다. (주 : 이는 명심견성明心見性하였지만 도안道眼이 아직 열리지 않은 부류를 가리킨다)

그래서 돈오점수頓悟漸修라 함은 먼저 이미 확철대오하였지만, 습기가 있어 단박에 정화할 수 없다는 것이다. 일체의 경계와 인연 상에 깨달은 이체로써 관조하는 힘을 일으켜 경계와 마음을 경험하면서 일분의 경계를 융화시켜 일분 법신을 증득하고, 일분의 망상이 사라지면 일분의 근본지혜가 드러난다. 이는 또한 전체가 면밀한 공부에 있고, 경계 상에서 해내고 더욱 더 득력한다. _**《감산노인몽류집憨山老人夢遊集》**

[제272칙] 능이 있고 소가 있어 전체가 범정용사凡情用事이고 전체가 지견분별知見分別이다

불교 각 종파의 수지는 반드시 「행기해절行起解絕」에 이르러야 실익이 있다. 나는 여기서 기起 한 글자의 뜻은 극極이 되어야 한다고 생각한다.189) 수행에 힘써 극처極處에 이르기만 하면 「능소能所」190)가 함께 문득 사라지고 일심이 철저히 드러난다. 수행공부가 극처에 이르지 못하면 비록 (부처님 형상을) 관념觀念할 수 있을지라도 오히려 여전히 능能이 있고 소所가 있어 전체가 범정용사(凡情用事 ; 범부의 망령된 정서로 일을 처리함)이고, 전체가 지견분별知見分別이며, 전체가 알음알이(知解)이니, 어떻게 진실한 이익을 얻을 수 있겠는가? 오직 수행에 힘을 써 극처에 이르러야 능소와 범정지견이 사라지고, 본유진심이 드러날 수 있다. 그래서 고대에는 「죽은 목각인형(死木頭人)」과 같은 대덕이 있어 나중에 과위를 증득하고 도풍道風이 고상하여 고금에 빛났다. 그 이익은 모두 「극極」 한 글자에 있다!

佛法，諸宗修持，必到行起解絕，方有實益。愚謂起之一字，義當作極。唯其用力之極，故致能所雙忘，一心徹露。行若未極，雖能觀念，則有能有所，全是凡情用事，全是知見分別，全是知解，何能得其眞實利益。唯其用力及極，則能所情見消滅，本有眞心發現。故古有死木頭人，後來道風，輝映古今。其利益皆在極之一字耳。(正) 復范古農書一

[보충] 행기해절行起解絕에서 "기起"는 어떻게 해석하는가? 일반 염불인은 어떤 폐단이 있는가?

「기起」. 한 글자의 뜻은 「극極」이 되어야 한다. 오직 수행에 힘써 극처에 이르러야 그 진실한 이익을 얻을 수 있다. 정토법문은 신원행信願行 삼법으로 종宗을 삼는다. **정토는 진실한 믿음과 간절한 발원을 갖추어야 성실한 행이 있다. 행이 지극하면 일심을 얻을 수 있다.**

말법중생은 마치 쌓아올린 장작 위에 편안히 누워 있는 것과 같다. 그 아래 이미 사나운

---

189) 대안大安법사가 말하길, "「유해기행由解起行 행기해절行起解絕」이란 말이 있다. 신해信解로 말미암아 수행을 시작하고, 수행이 일어날 때 해를 전부 내려놓아야 한다."

190) 능소能所 : 「능能」과 「소所」의 병칭이다. 어떤 한 동작의 주체를 「능」이라 하고 그 동작의 객체(대상)를 「소」라고 한다. 예컨대 물건을 볼 수 있는 「눈」은 능견能見이라 하고, 눈이 보는 대상인 「물건」은 소견所見이라 한다. 또한 의지를 받는 자는 소의所依라 하고, 타인에게 의지하는 자는 능의能依라 한다. 수행자는 능행能行이라 하고 수행의 내용은 소행所行이라 한다. 그리고 귀의하는 자는 능귀能歸라 하고 그 귀의하는 대상은 소귀所歸라 한다. 사람을 교화하는 것은 능화能化이고 교화를 받는 자는 소화所化라 한다. 인식의 주체는 능연能緣이라 하고 그 인식되는 객체는 소연所緣이라 한다. 어구, 문장, 교법 등으로써 의미를 표시하는 것은 능전能詮이라 하고, 그 표시되는 의미 및 내용은 소전所詮이라 한다. 요컨대 「능」과 「소」가 상즉불리(相即不離; 서로 즉하여 여의지 않음)과 체용인과體用因果의 관계關係를 갖추는 까닭에 「능소일체能所一體」라 한다.

불길이 일어났지만 전혀 알지 못한다. 그래서 아무리 큰 재난이 닥쳐도 곧 성실할 수 있고, 아무 일이 없는 듯 잘 지내면서 곧 느긋할 수 있다. 이것이 범부의 병통이다. 그러나 오늘날 그 세상의 정세는 마치 쌓아올린 장작 위에 편안히 누워 있는 것과 같다. 그 아래 이미 사나운 불길이 일어났지만 그의 몸에는 이르지 않았고, 눈 깜짝할 사이 불이 세차게 타올라 온 세계에 도피할 곳이 없다. 아직도 허송세월을 보내며 전심으로 뜻을 두어 한 마디 부처님 명호에 구원을 청하지 않아, 그 지견은 지극히 얕다.

불교 각 종파의 수지는 반드시 「행기해절行起解絕」에 이르러야 실익이 있다, 정종의 수관修觀도 그러할 뿐만 아니라 선종도 해석할 수 없는 화두를 마음속에 두고 본명원진本命元辰으로 삼아 시간 날짜를 헤아리지 않고 늘 참구하여야 한다. 몸과 마음, 세계를 모두 알지 못하는 경지에 이르러야 확철대오할 수 있으니, 행기해절行起解絕이 아니겠는가? 육조대사께서는 《금강경》만 간看하고 곧 명심견성明心見性하였다고 하니, 행기해절이 아니겠는가? _《인광대사문초》

[보충] 인해기행因解起行 행기해절行起解絕에서 '행기해절行起解絕' 문구의 뜻은?

수행자는 마땅히 교리로부터 깊이 들어가 제법의 실의實義를 올바로 깨닫고 나서 교리를 실천해야 한다고 말한다. 이를 「인해기행因解起行」이라 한다. 이는 정당하게 수행하는 사이 행문行門 가운데 해문解門이 있고, 해문 가운데 행문이 있어 당하當下에 중도실의中道實義가 드러나니, 수행 가운데 달리 신해를 일으킬 필요가 없다는 뜻이다. 왜 그러한가? 해로 인해 행이 있고(因解有行), 해로 말미암아 행이 있으니(行由解有), 해를 여의고 달리 행이 있어 얻을 수 있음도 아니고, 또한 행을 여의고 달리 해가 있어 얻을 수 있음도 아니다. 왜냐하면 하나가 곧 둘이고, 둘이 곧 하나이며, 하나는 둘과 하나도 아니고 둘도 아닌 까닭이다. _《불학문답佛學問答》 여본如本 법사 강술

[제273칙] **염불은 왕생을 중시할지라도 염불이 지극하면 또한 명심견성할 수 있다**

염불이 중시하는 것은 왕생이다. 그러나 염불이 지극하면 또한 명심견성明心見性할 수 있다. 염불하면 현세에 이익이 완전히 없는 것이 아니다. (염불이 지극하여 정념情念이 없어지고, 마음이 공하여 부처님께서 현전하시면, 현생에서 곧 몸소 삼매를 증득할 수 있다.) 옛날 명교대사明教大師라 불리던 계숭契嵩선사는 매일 공과功課로 관세음보살 성호를 십만 번 소리내어 염하였는데, 나중에 세상의 경서를 모두 읽지 않고 알 수 있었다.

念佛所重在往生。念之至極，亦能明心見性。非念佛于現世了無所益也。念極情忘，心空佛現。則於現生之中，便能親證三昧。見正編與徐福賢書。昔明教嵩禪師，日課十萬聲觀音聖號，後於世間經書，悉皆不讀而知。(正) 復謝誠明書

[주] 염불은 비록 신원행信願行을 중시하고, 왕생의 자량을 쌓아 업을 지닌 채 왕생하여 삼계를 횡으로 벗어나길 기약할지라도 염불공부가 정일하고 깊으면 여전히 사지事持로 말미암아 이지理持를 증득할 수 있다. 이지는 곧 깨달음이니, 여기서 지혜가 생겨난다. 이는 계숭선사의 경우와 같다. 여기서 중점적으로 가리키는 점은 인광대사께서 누누이 말씀하신 「삼매」·「염불삼매」·「일심불란」이다. 이는 실제로 미혹을 끊는 것을 가리켜 말하니, 주의해서 구별하여야 한다.

염불삼매는 이일심불란理一心不亂을 가리키니, 이 경지에 이르면 무명을 깨뜨려 법신을 친견하고 큰 지혜가 열릴 수 있다. 사일심불란事一心不亂은 견사혹을 끊은 단혹사일심斷惑事一心을 가리킨다. 세존께서 《관무량수경》에서 염불삼매를 구분하는 표준에 비추어 보고 《관경소묘종초》, 《미타요해》 등의 서적을 참고하면 염불삼매와 일심불란은 실제상 총괄하여 가리킬 뿐만 아니라 그 간격도 대단히 넓음을 알 수 있다.

원교의 관행위觀行位 초품 복혹사일심불란伏惑事一心不亂으로부터, 상사위相似位 십신 단혹사일심불란斷惑事一心不亂, 및 분증위分證位 단혹이일심불란斷惑理一心不亂에 이르기까지 모두 일심불란 및 염불삼매라 부를 수 있다. 인광대사의 《문초》 속 상관된 법문은 결코 이와 같이 총괄해 가리키는 것이 아니라 **단혹일심斷惑一心**(미혹을 끊은 일심)을 특별히 가리킨다. 황념조黃念祖 대덕께서도 저작의 법문 중에서 마찬가지로 만약 일심불란을 말하면 모두 단혹일심을 특별히 가리키지, 총괄해 가리키는 것이 아니다. 정종의 학불인은 반드시 주의해서 구별하여 몇몇 지식이 뒤섞이지 않도록 해야 한다.

[보충] 염불하여 극처에 이르면 저절로 개오할 수 있다.

계契란 부합하여 다르지 않다는 뜻이다. 각覺은 곧 부처님께서 증득하신 무상각도無上覺道이다. 현재 자리이타自利利他의 보리심으로써 믿음 · 발원 · 염불로 오래도록 염하여 업이 사라지고 지혜가 밝아지면 곧 부처님께서 증득하신 각도覺道와 서로 맞는다.

그래서 《능엄경 · 대세지염불원통장》에서 이르시길, "만약 중생이 심념으로 부처님을 잊지 않고 기억하며 부처님을 심념에 매어둔다면 현전이나 당래에 반드시 결정코 부처님을 친견하고, 부처님과 멀리 떨어지지 않아 방편을 빌리지 않아도 저절로 자심이 열릴지니, 향기에 물든 사람이 그 몸에 향기가 나는 것과 같으니라." 이는 곧 각도와 맞는다(契覺)는 뜻이다.

그대는 반드시 「사람의 도리를 극진히 하고 자신의 본분을 다하며, 삿된 지견을 그치고 진성심眞誠心을 간직하여 여러 악을 짓지 말고 온갖 선을 받들어 행함」을 수지하면 그 이익은 오직 부처님만이 알 수 있다. 만약 이러한 하열한 근성根性을 배워 부처님 명호를 진실로 염하지 않고 곧 개오開悟하고자 하면, 깨달음의 도와 맞고자 하지만 오히려 등질 것이다. 왜냐하면 염불하여 극처에 이르면 저절로 개오開悟할 수 있기 때문이다. 개오하려면 곧 착실히 염하여야 한다. 이러한 하열한 지견은 염불을 등한시하고, 개오를 득도함으로 간주하여 개오한 후에는 닦을 필요가 없다고 여긴다. 이는 미혹과 부합하지 깨달음의 도와 맞지 않는다. _《인광대사 문초》

[4] 종문과 교문을 논하다 (論宗教)

[제274칙] 교문은 진제와 속제를 나란히 천술하고 종문은 속제 그대로 진제라고 말한다

만약 진실로 불법의 대체大體를 언급하면 실제로는 결코 진속眞俗 이제二諦를 벗어나지 않는다. 진제眞諦를 말하면 곧 (일체 상을 여의어) 한 법도 세우지 않으니, 말하자면 진실본제眞實本際의 이지理地(진여무상의 경계)에서는 미진 하나도 받아들일 수 없다. 속제俗諦를 말하면 곧 어떤 법이든 완비되지 않은 법이 없으니, 말하자면 불사佛事를 하는 문에서는 어떤 선법도 버리지 않는다. 교문教門에서는 곧 진제와 속제를 함께 나란히 천술하지만, 대부분 세속제를 말하고, 종문宗門에서는 곧 「속제 그대로 진제」라고 말하지만, 대부분 세속의 상을 쓸어버리니, 모름지기 진제와 속제는 일체一體 속에 동시에 갖추어져 있고, 두 개의 다른 물건이 결코 아님을 알아야 한다.

以下論宗教克論佛法大體，不出眞俗二諦。眞諦，則一法不立。所謂實際理地，不受一塵也。俗諦則無法不備。所謂佛事門中，不捨一法也。教則眞俗並闡，而多就俗說。宗則即俗說眞，而掃除俗相。須知眞俗同體，並非二物。

비유컨대 광대 원만한 보배거울처럼 텅 비고 밝아 환히 통하지만, 그 속에는 한 물건도 없다. 비록 한 물건도 없을지라도 외국인이 오면 외국인의 모습이 나타나고, 우리나라 사람이 오면 우리나라 사람의 모습이 나타나며, 삼라만상이 전부 같이 오면 일체만물도 한꺼번에 나타난다. 비록 일체만물의 만상이 한꺼번에 전부 동시에 나타날지라도 그 속에는 여전히 한 물건도 없고, 비록 또한 그 속에는 한 물건이 없을지라도 일체만상이 한꺼번에 전부 나타남을 방해하지 않는다.

譬如大圓寶鏡，虛明洞徹，了無一物。然雖了無一物，又復胡來則胡現，漢來則漢現，森羅萬象，俱來則俱現。雖復群相俱現，仍然了無一物。雖復了無一物，不妨群相俱現。

종문은 곧 일체 만상이 한꺼번에 전부 나타나는 곳에서 오로지 한 물건도 없다고 설명하지만, 교문은 곧 저 한 물건도 없다는 곳에서 그 일체 만상이 한꺼번에 나타나는 인연과 사상事相을 상세히 이야기한다. 이러하면 종문은 사상 수행(事修) 중에 본유의 이체本有理體를 설명하고 사상의 수행을 버리지 않지만, 교문에서는 본유의 이성 안에서 사상의 수행을 이야기하고 ,최후에는 본유의 이성으로 돌아간다. 이는 말하자면 본성에 칭합하여 수행을 일으키고, 전체 수행 그대로 본유의 이성에 있다. 본성本性은 변하지 않되 사연에 따르고, 사연事緣에 따르되 본성은 변하지 않아 사상事相과 이성理性 양자로 아울러 얻으니, 종문과 교문은 둘이 아니다.

宗則就彼群相俱現處，專說了無一物。教則就彼了無一物處，詳談群相俱現。是宗則于事修而明理性，不棄事修。教則於理性而論事修，還歸理性。正所謂稱性起修，全修在性。不變隨緣，隨緣不變。事理兩得，宗教不二矣。

교문에서는 비록 중·하근기일지라도 여전히 이익을 얻을 수 있지만, 상상근기의 사람이 아니면 광대하게 통달할 수 없는데, 왜냐하면 교리가 미치는 범위가 넓고도 깊기 때문이다. 종문에서는 비록 중하근기일지라도 깊이 탐구하여 그 마음을 안온히 두기 어렵지만, 상근기의 사람은 곧 확철대오할 수 있는데, 왜냐하면 그는 간략한 것을 지킬 수 있기 때문이다. 교문에서는 곧 세간법과 불법, 일체 사事와 리理, 성性과 상相을 모두 통달할 수 있고, 또한 대개원해大開圓解(종문의 대철대오)하여야 인천의 도사導師가 될 수 있다. 종문에서는 화두 하나를 참구하여 깨뜨려 자기 본래면목을 친견할 수 있으면 곧 「불립문자不立文字 직지인심直指人心」의 종풍을 천양할 수 있다.

教雖中下猶能得益，非上上利根不能大通，以涉博故。宗雖中下難以措心，而上根便能大徹，以守約故。教則世法佛法，事理性相，悉皆通達。又須大開圓解，即宗門大徹大悟也。方可作人天導師。宗則參破一個話頭，親見本來，便能闡直指宗風。

불법이 크게 흥성하는 날에는, 불법을 광대하게 통달한 사람은 종문의 방식에 따라 참구함이 괜찮다. 마치 장승요가 용을 그릴 때 용의 눈에 점을 찍자 그림 속의 용이 곧 날아간 것과 같다. 불법이 쇠약하는 시대에는 숙세의 근기가 하열한 사람은 교법에 의지해 수행하는 것이 괜찮다. 마치 서툰 솜씨의 목수가 기물을 제작할 때 먹줄을 버리면 끝내 성취할 수 없는 것과 같다.

佛法大興之日，及佛法大通之人，宜依宗參究。喻如僧繇畫龍，一點睛則即時飛去。佛法衰弱之時，及夙根陋劣之士，宜依教修持。喻如拙工作器，廢繩墨則終無所成。(正) 宗教不宜混濫論

[보충] 인광대사께서 《종교불의혼람론宗教不宜混濫論》에서 말씀하시길, "석가여래께서 경전을 연설하셨고, 여러 조사들은 논저를 지으셨다. 종문과 교문 두 문파는 사실 동일한 불법이다. 그것은 분리시킬 수도 없고 억지로 결합시킬 수도 없다. 단지 중생의 근기에 따라 이익을 획득할 뿐이고, 각자 획득한 이익에 따라 명상을 건립한다. 상근기의 중생은 불법을 듣고서 단박에 자심을 명료하게 깨닫고 갖가지 도품을 원만하게 수행한다. 그래서 「종宗」문이라 이름한다.(이는 후세에 근거하여 말한 것으로 처음에는 단지 원돈교라 불렀을 뿐이다.) 중하근기의 사람은 불법을 듣고서 차제로 도품을 진수進修하여 점차 진성을 깨닫는다. 그래서 「교教」문이라 이름한다.

(如來說經，諸位祖師造論。宗教兩個門派，其實是一個法。從來就沒什麽可以分開的，也沒什麽可

以合併的，只是隨著衆生的根基而獲得利益，隨著各自獲得的利益而建立名相。上等根基的人聽了，馬上明瞭自己的心，圓滿道品，就命名為“宗”。中下等根基的人聽了，進修道品，逐漸的了悟眞性，就命名為“教”。)

간단히 말하면 종과 교는 불교의 두 가지 수행방식이다. 종문은 직지인심直指人心 돈오성불頓悟成佛을 중시한다. 예를 들면 선종禪宗이다. 그리고 교문은 경전과 논서를 학습하고 점차 불법을 깨닫는 것을 중시한다. 예를 들면 삼론종과 법상종 등등이다.

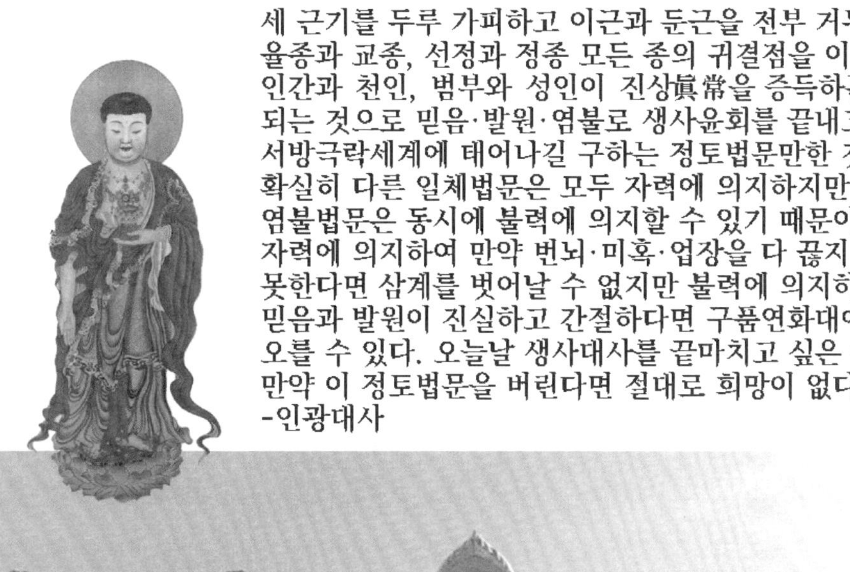

[5] 주문 지송을 논하다 (論持咒)

[제275칙] **육점법문(六點開示) 1**

첫째, 주문의 지송은 주문의 뜻을 알 필요가 없고 지극한 정성, 간절한 마음만 필요하다.

주문의 지송(持咒)은 그 의리는 몰라도 지성심과 간절한 마음으로 곧장 지송하되 정성을 다하여 극처에 이르면 저절로 죄업이 사라지고 지혜가 밝아지며, 장애가 다하고 복이 높아진다. 그 이익은 생각하여 헤아려서 미칠 수 있는 것이 아니다.

以下論持咒持咒以不知義理，但只至誠懇切持去，竭誠之極，自能業消智朗，障盡福崇。其利益有非思議所能及者。(正) 復張雲雷書二

[제276칙] **육점법문(六點開示) 2**

둘째, 주문의 지송은 염불의 조행으로 삼아야 한다.

주문 지송의 법문은 조행助行이 될 수 있을 뿐이다. 염불은 겸하여 닦는 것(兼帶)으로 여기고, 주문의 지송을 정행正行으로 삼아서는 안 된다. 염불하는 사람도 주문을 지송할 수 없는 것은 아니지만, 주로 닦는 것과 보조로 닦는 것을 또렷이 분별하여야 한다. 그러면 보조로 닦는 것도 주로 닦는 것으로 귀결된다. 만약 그저 그렇게 아무런 분별없이 똑같이 대하면 주로 닦는 것도 주로 닦는 것이 아니다. 준제주와 대비주에 어찌 우열이 있겠는가! 마음이 지성至誠이면 법마다 모두 영험하고, 마음이 지성이 아니면 법마다 영험하지 않다.

持咒一法，但可作助行。不可以念佛為兼帶，以持咒作正行。(但須主助分明，則助亦歸主。見正編復永嘉某居士書一。)

셋째, 주문지송이 아무리 불가사의할지라도 불력에 의지하지 않으면 결코 왕생하기 어렵다.

무릇 주문지송 법문이 아무리 불가사의할지라도 범부가 왕생함은 전부 진실한 믿음과 간절한 발원에 달려 있으니, 아미타부처님의 홍서대원宏誓大願과 감응도교하여 접인을 받을 뿐이다. 이 뜻을 모르면 비록 법법法法 두두물물이 모두 불가사의할지라도, 어떤 법을 닦을지라도 모두 얻을 수 없고, "선도 없고 정토도 없어 쇠 침대 구리기둥 지옥에 떨어져 억만 겁 지나고 천만 생 거치도록 의지할 사람 하나 없게" 될 것이다. 만약 자신은 구박범부具縛凡夫로 죄다 업력뿐이어서 여래의 홍서원력宏誓願力에 기대지 않으면 결코 이번 생에 윤회를 벗어나기 어려운 줄 알아야 정토법문과 일대시교一代時教[191]의 다른 법문은 모두 그 역용力用을 견줄 수 없음을 알게 된다.

夫持咒法門，雖亦不可思議。而凡夫往生，全在信願眞切，與彌陀宏誓大願，感應道交，而蒙接引耳。若不知此意，則法法頭頭，皆不思議，隨修何法，皆無不可，便成無禪無淨土，鐵床並銅柱，萬劫與千生，沒個人依怙矣。若知自是具縛凡夫，通身業力，匪仗如來宏誓願力，決難即生定出輪迴，方知淨土一法，一代時教，皆不能比其力用耳。

넷째, 주문(다라니)의 지송으로 신통을 구해서는 안 된다. 그렇지 않으면 마魔가 붙어 미치기 쉽다.

주문을 지송하고 경전을 독송하여 복덕과 지혜를 키우고 죄업을 없애면 괜찮다. 만약 망령된 생각으로 신통을 얻고자 하면 이른바 근본을 버리고 지말을 좇아 마음을 잘못 쓰는 것이다. 만약 이 마음이 굳어지고, 또한 이치의 길(理路)이 또렷하지 않으며, 지계持戒의 힘이 견고하지 않고 보리심이 생겨나지 않으며, 나와 남을 비교하고 따지는 분별심이 맹렬하게 일어나면 머지않아 마魔가 붙어 미치고 말 것이다. 신통을 얻고자 하면 반드시 먼저 득도得道하여야 한다. 득도하면 신통을 저절로 갖추게 될 것이다. 만약 온 힘을 다해 도를 구하지 않고, 오직 신통만 구하면 신통을 얻을 수 없는 것은 말할 것도 없고, 설령 얻을지라도 신통은 오히려 도에 장애가 될 것이다. 그래서 일체제불 모든 조사들께서는 모두 엄격히 신통을 금하였고, 사람이 수학하는 것을 허락하지 않았다!

持咒誦經，以之植福慧，消罪業，則可矣。若妄意欲求神通，則所謂捨本逐末，不善用心。倘此心固結，又復理路不淸，戒力不堅，菩提心不生，而人我心偏熾，則著魔發狂，尚有日在。夫欲得神通，須先得道，得道則神通自具。若不致力於道，而唯求乎通。且無論通不能得，即得則或反障道。故諸佛諸祖，皆嚴禁之，而不許人修學焉。(正) 復永嘉某昆季書

[보충] **육점법문(六點開示) 3**

5. 주문지송으로써 작법하지만, 주문지송의 보조로 정업을 닦지 말라.

자신에게 주문 지송만 적절하다 생각하여 정업淨業을 조행으로 삼아 멋대로 작법作法하여 부처님과 성중에게 폐를 끼치고 모독하지 말라. 걸핏하면 작법하여 몸과 마음이 지성至誠 공경을 다하지 않으면 갖가지 마사魔事를 일으킬 수 있다. 오직 한 가지 일이 있을 때 작법이 적법하지만 그대들의 본분사本分事가 아니니, 어떤 일인가?

어떤 사람이 발심하여 출가하고자 하는데, 스승 자신이 아직 도를 증득하지 못하여 근기를 관찰할 수 없는 경우, 이 방법으로 부처님께서 자비를 베푸시어 찾아온 자의 출가를 받아들일지

191) 석존께서 성도成道에서 부터 멸도滅度에 이르기까지 한평생 말씀하신 교법이 곧 삼장, 십이부, 팔만사천 법문 등이다.

은밀히 보이시길 묻는다. 이러면 도둑의 무리나 이승의 썩은 종자가 승단에 섞여드는 폐단을 피할 수 있다.

그러나 지금 이렇게 제자들을 받아들인 출가인은 오직 제자들이 많지 않을까 두려워한다. 상대방이 하류의 종자인지 분명히 알고도 모두 서둘러서 상대방을 제자로 받아들이고자 하고, 오직 상대방이 달아날까 두려워할 뿐이다. 누가 기꺼이 이러한 방법으로 제자를 결택決擇하는가? 이러한 사람은 명문이양名聞利養을 탐하고 큰 공 세우기를 좋아하고 권속이 매우 많음을 좋아하기에, 불법이 일패도지(一敗塗地; 여지없이 패하여 다시 일어날 수 없음)하고 법이 번성할 수 없다.

6. 주문을 지송할 때 범문 주문과 한문 주문 어느 것이 우열한지 분별심이 없어야 한다.

《왕생주》는 범문梵文으로 배우면 매우 좋겠지만, 이 약문略文은 그르다고 분별심을 내어서는 안 된다. 이런 생각을 일으키면 곧 대장경에 있는 모든 주문이 부처님 뜻에 맞지 않다고 의심이 생긴다. 모름지기 경전을 번역한 사람은 모두 잠시 그러한 것이 아니니, 어떻게 번역이 다를 수 있다고 곧 이를 업신여기겠는가? 천여 년 동안 이를 지송하여 이익을 얻은 자를 어떻게 이루 다 헤아릴 수 있겠는가? 어찌 천여 년 동안의 사람이 모두 범문을 모르겠는가?

배움은 본래 배우기만 하면 그 이익은 저절로 불가사의하니, 끊임없이 우열을 가려 승부를 내겠다는 생각을 일으켜서는 안 된다. 또한 주문 지송 법문은 화두를 간看하는 것과 유사하다. 화두를 간함은 의리를 생각함이 없는 길로써 간다. 그래서 분별의 범정凡情을 쉴 수 있으면 중생이 본래 갖춘 참된 지혜(眞智)를 증득할 수 있다. 주문을 지송함도 마찬가지로 그 의리義理를 몰라도 지성심과 간절한 마음으로 곧장 지송하여 정성을 다하여 극체에 이르면 저절로 죄업이 사라지고 지혜가 밝아지며, 장애가 다하고 복이 높아진다. 그 이익은 생각하여 헤아려서 미칠 수 있는 것이 아니다.

[역주] 불법이 심오한 연유는 인류 전체가 탐 · 진 · 치 상태에 머물러 있는데, 스스로 알지 못한다는 사실을 드러내 보인 까닭이다. 우리는 분별심 속에 머물며, 팔식심 속에 머물며, 망심 속에 머물며, 윤회심 속에 머문다. 불법은 식識을 바꾸어 지혜를 이루고, 어리석음을 바꾸어 밝음을, 망상을 바꾸어 진여를, 번뇌를 바꾸어 보리를 이룬다. 바꾸는 법(轉法)은 매우 많아서 주문 지송과 화두 참구, 염불과 경전 염송 등등 모두 해도 좋지만, 인광대사의 법문에 따르면 식을 지혜로 바꿀 수록 더욱 쉽게 이익을 받는다.

예컨대 대사께서 말씀하시길, "주문 지송 법문은 화두를 간看하는 것과 유사하다. 화두를 간함은 의리를 생각함이 없는 길로써 간다. 그래서 분별의 범정凡情을 쉴 수 있으면 중생이 본래 갖춘 참된 지혜를 증득할 수 있다. 주문을 지송함도 마찬가지로 그 의리를 몰라도 지성심과 간절한 마음으로 곧장 지송하여 정성을 다하여 극체에 이르면 저절로 죄업이 사라지고 지혜가 밝아지며, 장애가 다하고 복이 높아진다. 그 이익은 생각하여 헤아려서 미칠 수 있는 것이 아니다.” 염불법문도 마찬가지로 공이 저절로 이루어지면 이미 죄업이 사라지고 지혜가 밝아지며 장애가 다하고 복이 높아진다. 임종시 극락세계에 왕생할 수 있다.

[왕생주: 발일체업장근본득생정토신주]

나무아미다바야 · 다타가다야 · 다지야타 · 아미리도바비 · 아미리다 · 실담바비 · 아미리다 · 비가란제 · 아미리다 · 비가란다 · 가미니 · 가가나 · 지다가례 · 사바하 (48번)

《아미타경》은 곧 정토법문을 수학하는데 가장 중요한 의지처이다. 《아미타경》은 정토의 의보(依報; 극락) · 정보(正報; 아미타) · 설법說法의 장엄을 설명한 것이고, 의보 · 정보 · 설법 장엄의 핵심처는 48원으로 이는 아미타불의 본심本心 · 본서本誓 · 본원本願 · 본공덕력本功德力이다.

《왕생주》는 바로 아미타불의 본심 · 본서 · 본원 · 본공덕력의 비밀주祕密咒이다. 그래서 현설顯說은 《아미타경》이고, 밀설密說은 왕생주이다. 《왕생주》는 여기서 48번 염하는데, 이는 아미타부처님의 48원을 대표한다. 이를 지송한 공덕으로 일체중생이 닦은 정행淨行이 모두 다 성취된다. _**《정토참법: 업을 지닌 채 윤회를 끊는 길》(비움과소통)**

[6] 출가를 논하다 (論出家)

[제277칙] 보리심이 진실하고, 타고난 자질이 뛰어나야 출가할 수 있다

무릇 불법이란 구법계 중생이 닦아야 할 공공의 법이니, 마땅히 누구도 닦지 못할 사람이 없고, 또한 누구도 닦을 수 없는 사람도 없다. 재齋를 지키면서 염불하는 사람이 많으면 그 효험이 널리 퍼져 정법과 불도가 크게 번창하고 풍속이 순박하고 사람들이 선량해진다. 그래서 당연히 염불하는 사람이 많을수록 좋지만, 혹여 많지 않을까 걱정이다. 출가하여 스님이 되는 일은 여래께서 정법과 불도를 세상에 오래 머물러 유통하도록 건립한 것이다. 만약 향상向上의 뜻을 세워 대보리심을 발하고, 불법을 연구하여 자성을 확철대오한 뒤 계정혜 삼학을 홍양하고, 또한 특별히 정토법문을 찬탄하면 이번 생에 생사윤회의 고해를 단박에 벗어날 것이다. 이렇게 출가하는 사람이 또한 많을수록 좋지만, 혹여 많지 않을까 걱정이다!

以下論出家夫佛法者，乃九法界公共之法。無一人不當修，亦無一人不能修。持齋念佛者多，推其效則法道興隆，風俗淳善。此則唯恐其不多，愈多則愈美也。至於出家為僧，乃如來為住持法道，與流通法道而設。若其立向上志，發大菩提，研究佛法，徹悟自性，宏三學而偏讚淨土，即一生以頓脫苦輪，此亦唯恐不多，多多則益善也。

그러나 만약 약간의 신심만 가지고 향상의 큰 뜻은 없으면서, 스님의 이름을 빌려 일하지 않고 놀고먹으며, 부처님께 기대어 구차하게 죽지 않고 살아가길 위해 출가한다면 이러한 사람은 아무리 불자일지라도 죄를 저질러 변발의 형을 받고 살아가는 죄인(髡民)이나 다름없다. 설사 악업을 짓지 않을지라도 이미 불법에서 패한 종자이고 국가의 폐인에 불과하다. 만약 계율을 깨뜨리고 죄업을 저지르면 불교에 해독을 선사하고 욕되게 할 것이다. 설사 살아서는 국법에서 빠져나갈 수 있을지라도 사후에는 결정코 지옥에 떨어질 것이다. 이러한 사람은 불법에게나 자신에게나 모두 아무런 이익이 없을 것이다. 이러한 사람은 한 사람도 있어서는 안 되거늘 하물며 많아서야 되겠는가? 고인이 말씀하시길, "출가는 대장부의 일이니, 장수나 재상이 할 수 있는 일이 아니다." 하셨다. 이는 진실한 말로 결코 고의로 장수나 재상을 깎아내리고 스님을 우러러 받드는 말이 아니다. 왜냐하면 출가는 확실히 부처님의 가업을 짊어지고 부처님의 혜명慧命을 지속시키는 일이기 때문이다. 그래서 「무명을 깨뜨려 본성을 회복하고, 정법과 불도를 홍양하여 중생을 이롭게 하는」 사람이 아니면 결코 출가해서는 안 된다.

若或稍有信心，無大志向，欲藉為僧之名，遊手好閒，賴佛偷生。名為佛子，實是髡民。即令不造惡業，已是法之敗種，國之廢人。倘或破戒造業，貽辱佛教。縱令生逃國法，決定死墮地獄。于法於己，兩無所益。如是則一尚不可，何況衆多。古人謂，出家乃大丈夫之事，非將相所能為，乃眞語實語，非抑將相而揚僧伽也。良以荷佛家業，續佛慧命。非破無明以復本性，宏法道以利衆生者，不能也。

앞으로 출가하려는 사람은 첫째 자리이타自利利他의 대보리심을 진실로 발하여야 하고, 둘째 남보다 뛰어난 타고난 자질이 있어야 비로소 삭발할 수 있고 그렇지 않으면 출가할 수 없다. 여성의 경우 불법에 신심이 있으면 집에서 수행하도록 하고 출가를 허용해서는 안 된다. 여성이 출가하여 혹여 결점이 드러나 심하게 불문을 더럽히지 않을까 두렵기 때문이다. 남성은 진실로 수행하면 출가가 비교적 쉬운데, 왜냐하면 그들은 선지식을 참방하여 총림에 의지해 수행하기 때문이다. 여성이 진실로 수행하면 출가가 오히려 수행을 어렵게 만드는데, 왜냐하면 그들은 걸핏하면 세상 사람의 비난과 혐오를 초래해 수많은 일들을 자신의 뜻대로 하기 어렵기 때문이다. 위에서 말한 것처럼 간택하여 스님을 출가시키되, 비구니 승을 출가시키지 않는 것은 말세에 불법을 호지護持하고 법문을 정리하는 제일요의이다.

以後求出家者，第一要眞發自利利他之大菩提心，第二要有過人天姿，方可薙落。否則不可。至若女人有信心者，即令在家修行，萬萬不可令其出家。恐其或有破綻，則汙敗佛門不淺矣。男若眞修，出家更易。以其參訪知識，依止叢林也。女若眞修，出家反難。以其動輒招世譏嫌，諸凡難隨己意也。如上揀擇剃度，不度尼僧。乃末世護持佛法，整理法門之第一要義。(正) 復謝融脫書二

[제278칙] **출가인은 이러해야 세속의 효와 다른 큰 효이다!**

우리 석문釋門의 제자들은 불도를 성취하고 중생을 이롭게 함을 최상으로 보은하는 일이라 여긴다. 이렇게 다생의 부모님께 보답할 뿐만 아니라 무량겁 이래 사생육도四生六道를 윤회하면서 몸을 받은 일체 부모님께 보답하여야 한다. 부모님 살아계실 적에 효도 공경할 뿐만 아니라 부모님 사후 영식靈識이 영원히 생사윤회의 고해를 벗어나 늘 정각에 머물수 있도록 천도해 드려야 한다. 그래서 석문의 효도는 대부분 숨겨서 드러내 밝히기 어렵다고 말한다. 비록 유교의 효도는 부모님 봉양을 우선으로 삼지만, 석문의 효도는 양친에게 작별인사를 드리고 출가하였다고 해서 끝내 부모님의 봉양을 돌보지 않는다고 할 수 있겠는가?

惟我釋子，以成道利生為最上報恩之事。且不僅報答多生之父母，並當報答無量劫來四生六道中一切父母。不僅于父母生前而當孝敬，且當度脫父母之靈識，使其永出苦輪，常住正覺。故曰釋氏之孝，晦而難明者也。雖然，儒之孝，以奉養父母為先者也。若釋氏辭親出家，豈竟不顧父母之養乎。

무릇 불문의 제도에 따르면 반드시 출가를 먼저 부모님께 여쭈어야 한다. 설사 부모님을 부탁할 형제나 자식, 조카가 있을지라도 가족에게 여쭈어 가족이 허락하여야 출가할 수 있고, 그렇지 않으면 출가를 허락하지 않는다. 출가한 후 그 형제가 세상을 떠나 가족이 의탁할 곳이 없으면 자신의 의발에 드는 비용을 절감하여 부모님을 봉양하여야 한다. 그래서 장로長蘆 종이宗頤선사는 부모님을 모시는 향기로운 종적이 전해지고 있고, (송나라 시대 장로 종이선사는 양양 사람으로 어린 시절 아버지를 잃고 모친 진씨가 그를 데리고 외삼촌 집에서 양육하였다. 선사가 성장한 후 세간의 서적을 박학하게 통달하였다. 29세에는 출가하여 종요宗要에 깊고 밝았다. 나중에 장로사에 머물면서 모친을 방장 동쪽 방에 모시길 청하여 봉양하면서 그녀에게 염불하여 정토왕생을 구하길 권하였고, 7년이 지난 후 그 모친은 염불하면서 돌아가셨다. 《정토성현록》 참조) 도비道丕선사는 아버지의 장례를 지닌 이적이 전해지고 있다. (도비선사는 당나라 황실의 종친이다. 장안 사람으로 첫돌 때 부친이 전쟁터에서 전사하였다. 7세에 출가하여 19세에 전란으로 혼란해져 미곡이 매우 귀해지자 모친을 등에 업고 곽산에 들어가 자신은 곡식을 멀리하고 걸식한 음식으로 모친께 봉양하였다. 그러다가 이듬해 곽산의 전쟁터에 머물면서 백골 한 무더기를 거두어 모아 놓고 경전과 주문을 염송하면서 부친의 뼈가 뼈 무더기에서 나오길 기도하였다. 수일 후 부친의 뼈가 과연 뼈 무더기에서 뛰어나와 아들 면전에 모였다. 이에 그는 다른 뼈를 매장하고 부친의 뼈를 모시고 돌아와 장례를 지냈다. 《송고승전》 참조)

夫佛制，出家必稟父母。若有兄弟子侄可托，乃得稟請於親，親允方可出家，否則不許剃落。其有出家之後，兄弟或故，親無倚托，亦得減其衣缽之資，以奉二親。所以長蘆有養母之芳蹤，(宋長蘆宗頤禪師，襄陽人，少孤，母陳氏鞠養于舅家，及長，博通世典，二十九歲出家，深明宗要，後住長蘆寺，迎母于方丈東室，勸令念佛求生淨土，歷七年，其母念佛而逝。事見淨土聖賢錄。)道丕有葬父之異跡。道丕。唐宗室，長安人，生始周歲，父歿王事，七歲出家，年十九世亂穀貴，負母入華山，自辟穀，乞食奉母，次年往霍山戰場，收聚白骨，虔誦經咒，祈得父骨，數日父骨從骨聚中躍出，直詣丕前，乃掩餘骨，負其父骨而歸葬焉，事見宋高僧傳。

그래서 경전에서 이르시길, "부모님께 공양한 공덕은 일생보처一生補處 보살에게 공양한 공덕과 같으니라." 하셨다. 양친이 건재하시면 마땅히 선교방편으로써 권유하여 그들이 재齋를 지키면서 염불하여 서방극락 왕생을 구하도록 하여야 한다. 양친이 돌아가신 후에는 자신이 경전을 독송·수지한 공덕을 늘 지성을 다해 양친에게 회향回向[192]하여 그들이 영원히 오탁五濁[193] 악세를 벗어나 육도생사 윤회의 고통을 길이 이별하며, 무생법인無生法忍을 증득하여 불퇴전지에 올라 미래제가 다하도록 중생을 제도하여 자신과 타인이 함께 무상정각의 도를 성취하도록 하여야 한다. 이러해야 세속의 효와

---

192) 자신이 닦은 갖가지 공덕을 전부 바쳐 진허공 변법계 일체중생에게 두두 미치도록 한다.

193) 오탁五濁은 명탁命濁·중생탁衆生濁·번뇌탁煩惱濁·견탁見濁·겁탁劫濁이다. 명탁命濁은 중생의 인연·번뇌가 몰려들어 몸과 마음이 극도로 지치고 수명이 단축되는 것이다. 중생탁衆生濁은 세상 사람이 자주 폐악弊惡을 저질러 몸과 마음이 청정하지 않고, 의리를 통달하지 못하는 것이다. 번뇌탁煩惱濁은 세상 사람이 애욕에 욕심을 부리고, 진노하여 오로지 싸우기만 하며 ,기만을 그치지 않는 것이다. 견탁見濁은 세상 사람이 지견이 바르지 못해 정도를 받들지 않고 이설이 분분하여 일치되기 어려운 것이다. 겁탁劫濁은 말세에 태어나 기근·전염병·전쟁 등 계속 일어나서 살아있는 것들이 도탄에 빠지고, 영원히 안녕할 날이 없는 것이다.

다른 큰 효이다!

故經云：供養父母功德，與供養一生補處菩薩功德等。親在，則善巧勸論，令其持齋念佛求生西方。親歿，則以己讀誦修持功德，常時至誠為親回向。令其永出五濁，長辭六趣。忍證無生，地登不退。盡來際以度脫衆生，命自他以共成覺道。如是，乃為不與世共之大孝也。（正）佛教以孝為本論

[보충] 정종 제16조 해현 노화상의 큰 효심

민국 9년(1920년), 현공은 나이 20세 때 마음을 굳게 먹고 뜻을 정해 어머니께 절하고 작별인사를 하고서 동백산 태백정 운대사雲臺寺의 전계傳戒 노화상께 귀의하였다. 전계 노화상께서는 친히 현공의 머리를 깎아주어 승려가 되게 하였으며, 법명은 「해현海賢」이라 지어주고, 자字는 「성성性誠」이라 지어주셨다. 그 후 현공은 23세 때 호북성 영보사榮寶寺에 가서 구족계를 받았다.

전계 노화상은 본래 임제종 백운白雲선사 계파의 일대 대덕이다. 그러나 오히려 현공에게 참선을 가르친 적이 없고, 또한 경전 강설과 설법을 가르치지도 않았으며, 오직 「나무아미타불」 육자홍명六字洪名만 전하시면서 늘 계속해서 끊임없이 칭념할 것을 부촉하였을 뿐이었다.

민국 25년(1936년), 현공의 나이 36세에 여러 해 동안 헤어져서 살았던 큰 형이 찾아왔다. 그러나 얼마 후 갑자기 뇌출혈을 일으켜 현공의 품에서 세상을 떠났다. 당시의 생활형편이 너무나 지나치게 어렵고 고생스러워 현공은 어쩔 수 없이 큰형을 동백산에 간소하게 안장하였다고 한다.

현공은 113세, 2013년 1월 왕생하시기 하루 전날에도 평소와 다름없이 거사 한 분과 이야기를 나누셨다. 그날 현공은 그 거사에게 꿈에 큰형이 찾아 와서 천도해 줄 것을 청하였고, 또 유골이 고향으로 돌아가 안장할 수 있기를 원하였다는 말을 들려주셨다. 이처럼 현공이 형제와의 정이 깊고 혈육의 의리가 돈독함은 사람들로 하여금 저절로 마음속이 따뜻해지게 한다.

현공의 두 분 형님과 동생이 잇달아 계속해서 세상을 떠난 후, 노모의 연세가 이미 고령이 되었어도 곁에서 봉양할 사람이 없어 노화상은 그 즉시 어머니를 산으로 모셔와 보살피셨다. 1956년 음력 8월, 현공의 노모께서 별안간 느닷없이 고향 옛집으로 돌아가 살고 싶다는 말씀을 꺼내시자 현공이 간곡하게 가시지 말 것을 권하였지만, 끝내 만류하기 어려워 어쩔 수 없이 노모를 모시고 함께 고향으로 돌아가 생산대의 채지菜地에 있는 세 칸짜리 초가집에서 잠시 머물러 사셨다.

그 이듬 해(1957년) 초가을 어느 날 저녁에 노모는 손수 만두를 빚어서 드신 후 저녁에 문 맞은편에 있는 바깥채에서 주무시겠다고 말씀하셨다. 현공은 도무지 이해가 되지 않아 바깥채에는 모기가 너무 많다고 말씀드렸더니, 노모께서 말씀하시길, "그래도 어째든 내가 방안에서 죽을 수는 없지 않겠느냐?"고 하셨다. 그 다음 날 정오 88세의 노모는 자재하게 왕생하셨다.

그 당시 생활여건이 대단히 힘들고 어려워서 현공은 어머니를 위해 3일 동안 염불하신 후, 얇은 널빤지로 된 관에 노모를 간소하게 안장할 도리밖에 없었다. 이 일은 언제나 현공의 마음에 걸려 어머니의 한없는 깊은 은혜에 그지없이 송구함을 느끼게 하였다. 어머니가 세상을 떠나신 지 8년이 지난 후, 현공은 어머니를 위해 묘를 이장하고 묘비를 세우고자 발심하셨다. 그런데 어찌 꿈엔들 생각이나 한 일이겠는가? 묘혈을 파서 열어본 결과, 뜻밖에도 관속은 텅 비어 아무 것도 없었으며, 그 안에는 단지 관을 박을 때 썼던 큰 못 몇 개만이 있었을 뿐이었다.

부모님께 효도하는 것은 과거 현재 미래 일체제불의 정업淨業의 정인正因이다. 이에 연지대사께서는 "부모가 속세를 떠나야 자식의 도가 비로소 성취된다." 말씀하셨다. 현공의 어머니는 보살이 응화應化하심이 마치 달마대사가 짚신 한 짝을 어깨에 걸고 계셨던 것처럼 유희신통遊戱神通하신 것인지 아닌지에 대해서는 우리들 범부의 경지로는 당연히 감히 망령되이 단정하지 못하겠지만, 어머니에 대한 현공의 지극히 순수하고 진실하신 효심은 우리로 하여금 오체투지하기에 충분하고, 후세 사람들로 하여금 영원히 우러러 흠모하기에 충분하다!

_《내불삼성영사집來佛三聖永思集》

[7] 불법의 비방을 논하다 (論謗佛)

[제279칙] 불법을 물리치고 반박하는 자는 부처가 자심自心이고, 불법이 곧 자심의 법인 줄 모른다

부처님께서 중생을 불쌍히 여기심은 앞으로 시작함이 없는 때로부터 뒤로 미래제가 다하도록 이르고, 위로는 등각보살에서 아래로는 육도 범부에 미쳐 부처님의 대비서원 속에 있지 않은 사람은 아무도 없다. 비유컨대 허공은 일체를 두루 머금어서 삼라만상 내지 천지가 다 그 가운데 포용된다. 또한 햇빛은 만방을 두루 비추니, 설령 선천적 장님이 한평생 햇빛을 보지 못할지라도, 그도 햇빛을 받아야 사람으로 생활을 할 수 있는 것과 같다. 만약 햇빛이 비추지 않으면 곧 생활의 연이 없거늘 어찌 반드시 햇빛을 보아야 태양의 은혜를 입을 수 있단 말인가? 저 세상 일에 총명한(世智辯聰)[194] 사람은 자신의 편집되고 하열한 견해로써 불법을 물리치고 반박하며 불교는 성인의 도를 해치고 혹세무민한다고 말하는데, 이는 선천적 장님이 태양을 모독하며 광명이 없는 것이라 말하는 것과 아무런 차이가 없다.

以下論謗佛佛之愍念衆生，前自無始，後盡未來，上自等覺菩薩，下及六道凡夫，無一人不在大悲誓願彌綸之中。譬如虛空，普含一切。森羅萬象，乃至天地，悉所包容。亦如日光，普照萬方。縱令生盲，畢世不見光相。然亦承其光照，得以為人。使無日光照燭，便無生活之緣。豈必親見光相者，方為蒙恩乎。彼世智辯聰者，以己拘墟之見，辟駁佛法。謂其害聖道而惑世誣民，與生盲罵日，謂無光明者，了無有異。

일체 외도는 모두 다 불경의 뜻을 훔쳐서 자신의 것으로 삼고, 더욱 심한 자는 불법의 이름을 훔쳐서 삿된 법을 행한다. 불법은 출세간의 도와 세간의 도의 근본임을 알아야 한다. 마치 큰 바다가 땅속으로 잠행하는 것과 같다. 그것은 비로 변하여 만물을 촉촉이 적시고 쉼 없이 흘러가 수많은 냇물이 되고 그 냇물들은 대해로 돌아가지 않음이 없다. 저 부처님을 비방하는 사람은 결코 부처님을 비방하는 것이 아니고, 모두 자신이 자신을 비방할 뿐이다. 왜냐하면 그의 일념의 심성은 전체 그대로 부처님이기 때문이다. 부처님이 갖가지 설법교화를 시작한 이유는 단지 그들이 미혹을 버리고 깨달음으로 돌아가 자신이 본래 갖추고 있는 불성을 직접 증득하길 바랄 뿐이다. 왜냐하면 불성은 가장 존귀하고, 가장 소중한 것이기 때문이다! 그래서 부처님께서는 이렇게 일하시면서 교화하시길 아끼시지 않으신다. 설사 중생이 믿고 받아들이지 않으려고 해도 그들을 차마

---

194) 세상 사람이 세상일에 대한 삿된 지혜로 총명하고 예리함을 가리키는데, 팔난 중의 하나이다. 즉 세상 사람은 오직 외도의 경서를 배우는데 전심전력하여 출세간의 정법을 믿고 받아들일 수 없어 불토를 믿는데 장애가 되고 곤란을 겪는다. 세상에 대한 상식이 풍부하여 말을 잘 하고 처세에 뛰어난 사람을 말한다.

포기하시지 않으신다! 설사 중생이 불성을 갖추고 있지 않아 부처가 될 수 없어도 부처님께서는 오히려 노고를 마다하지 않고 와서 교화하시니, 부처님께서는 세상에서 제일 바보이시고, 세상에서 제일 거짓말쟁이이시거늘 천룡팔부天龍八部, 삼승三乘[195]의 현인과 성인조차 기꺼이 보위하고 의지하지 않겠는가?

一切外道，咸皆竊取佛經之義，以為己有。更有竊取佛法之名，以行邪法。是知佛法，乃世出世間之道本也。猶如大海，潛行地中。其滋潤流露，則為萬川。而萬川無一不歸大海。彼謗佛者，非謗佛也，乃自謗耳。以彼一念心性，全體是佛，佛始如是種種說法教化，冀彼捨迷歸悟，親證自己本具佛性而已。以佛性最為尊重，最可愛惜，故佛不惜如是之勤勞。即不信受，亦不忍棄捨耳。使衆生不具佛性，不堪作佛，佛徒為如是施設，則佛便是世間第一癡人，亦是世間第一大妄語人。彼天龍八部，三乘賢聖，尚肯護衛依止乎哉。(正) 佛遺教經解序

[역주] 불교가 다른 종교와 다른 것은 부처님과 중생이 평등하다는 것이다. 부처님께서는 이미 성불하신 중생이고, 중생은 미래 성불할 수 있는 중생이며, 일체 중생은 우주에서 육도윤회하고 있는 일체중생을 포함한다. 불법을 비방하는 것은 자신의 불성을 비방하는 것이다.

나는 50세 이전에는 불교를 믿지 않았고 심지어 불교는 미신이라고 생각하였지만, 현재 생각해보니 진실로 매우 부끄럽고 두렵다. 불법과 어깨를 스치고 지난 지 50년이라니, 회한悔恨의 감정이 든다. 이미 자신에게도 불성이 있다고 알고서 이로부터 불법을 학습하기 시작하여 성불의 길을 걷기 시작하였다. 나중에 또한 성불의 길에는 난행도難行道와 이행도易行道가 있음을 알게 되었다. 이행도는 바로 정토염불법문이니, 이는 믿기는 어렵지만 행하기는 쉬운 법문이다. 깊이 믿고 간절하게 발원하여 노실하게 염불하면 임종시 극락세계에 왕생할 수 있다. 나는 이미 정토염불법문을 선택하여 줄곧 견지하고 있다. _요여락원耀如樂園

[제280칙] 한유와 구양수, 정호와 주희가 불법을 반박하고 인과·연유를 부정하자 명교대사께서 폐해를 구하다

세상 사람은 불경을 읽지 않아 부처님께서 세상을 구제하고 중생을 제도하려는 깊은 원력과 원대한 생각을 가지셨음을 모른다. 한유韓愈, 구양수歐陽修, 정호程顥, 주희朱熹

195) 삼승三乘은 성문승聲聞乘·연각승緣覺乘·보살승菩薩乘이다. 성문승은 소승이라고도 하니, 그 수행인은 빠르게는 세 번 생에, 더디게는 60겁 기간 동안 공법空法을 닦아 마침내 여래의 성교聲教를 듣고 사제四諦의 이치를 깨닫고 견사혹을 끊어 아라한과를 증득할 수 있다. 연각승은 또한 중승中乘이라고도 하니, 그 수행인은 빠르게는 네 번 생에, 더디게는 백겁 동안 무명을 깨뜨려 마침내 십이인연의 이치를 깨달아 벽지불과를 증득할 수 있다. 보살승은 또한 대승이라고도 하니, 그 수행인은 무수겁 동안에 육바라밀행을 닦고 32상 복의 인을 만나 위없는 불과를 증득할 수 있다.

등을 보면 부처님을 멀리하고 곧 숭정벽사(崇正辟邪; 정의를 숭상하고 사악을 배제함)를 자기의 소임으로 삼아 남이 말하는 대로 자기도 따라 말하고, 입에서 나오는 대로 불법을 중상모략 하지만, 오히려 한유와 구양수 두 사람이 불경을 결코 본 적이 없다는 사실을 모른다.

世人未讀佛經，不知佛濟世度生之深謀遠慮。見韓、歐、程、朱等辟佛，便以崇正辟邪為己任。而人云亦云，肆口誣衊。不知韓歐絕未看過佛經。

한유의 《원도原道》에서는 단지 「적멸寂滅」 두 글자만이 불법의 말이고 그 나머지는 모두 《노자》, 《장자》에 있는 말이라고 하였는데, 나중에 대전大顛선사의 계도啓導를 받아 그는 더 이상 불법을 비방하지 않았다. 구양수는 한유를 종사宗師로 모셨다. 그가 불법을 멀리한 근거는 왕도정치王道政治가 쇠락하고 인의仁義의 도를 제창하는 사람이 사라진다는 점이다. 그래서 불교의 허점을 틈타 공격하였다. 만약 구양수가 앞에서 말한 것처럼 근기에 알맞게 세상을 구제하고 중생을 제도하는 이치를 잘 알았다면 당연히 불법을 중국의 폐해로 여겨 몰아내지 않았을 것이다. 구양수가 이렇게 제창하여 지식인들이 그를 종사로 모시고, 모두 그를 본받아 불교를 멀리하였다.

韓之原道，只寂滅二字，是佛法中話，其餘皆老子莊子中話。後由大顛禪師啟迪，遂不謗佛。歐則唯韓是宗，其辟佛之根據，以王政衰，而仁義之道無人提倡，故佛得乘間而入。若使知前所述佛隨順機宜，濟世度生之道，當不至以佛為中國患，而欲逐之也。歐以是倡，學者以歐為宗師，悉以辟佛是則是效。

명교계숭明教契嵩대사는 이러한 폐해를 구하고자 《보교편輔教編》을 지어 인종 황제에게 헌정하였고, 인종은 이를 한위공韓魏公에게 보여주고 한유도 가지고 와서 구양수에게 보라고 하였다. 구양수는 "이는 정말 생각도 못한 것이다! 승려들 중에 이러한 덕이 높은 사람이 있었다니! 새벽에 반드시 배견(拜見; 절하고 삼가 뵘)하여야겠다!" 라고 찬탄하였다. 이튿날 한유는 명교대사를 모시고 와서 구양수가 배견하게 한 후 하루 종일 환담을 나누고, 이로부터 더 이상 불법을 멀리하지 않았다. 구양수의 문하 선비들도 명교대사의 교화를 받아들여 대부분 힘을 다해 불법을 배웠다.

明教大師欲救此弊，作輔教編，上仁宗皇帝。仁宗示韓魏公，韓持以示歐。歐驚曰：不意僧中有此人也，黎明當一見之。次日，韓陪明教往見，暢談終日，自茲不復辟佛。門下士，受明教之教，多皆極力學佛矣。

정호와 주희는 대승경전을 읽고 선종의 선지식과 가까이 지내면서 경전에서 설한 "전체 사상 그대로 이체이다(全事即理)" 및 "종문에서 모든 법은 두두물물 자심으로 돌아간다(宗門法法頭頭會歸自心)"는 이치를 깨달아 곧 전부 이해하였다고 여겼다. 그러나 실은 여전히 대소승 경전을 두루 보지 않았고 각 불교 종파의 선지식과 가까이 지내지 않고 전부 알지도 못하였다. 이에 이체에 집착하여 사수事修를 그만 두고 인과응보가 없다고 말하고,

마침내 "부처가 말한 삼세인과와 육도윤회는 모두 어리석은 촌부를 속여서 불교를 받들게 하기 위한 근거이지, 사실은 그런 일은 없다." 말하였다. 또한 "사람이 죽는 것은 등불이 꺼지는 것과 같아 시신은 썩어 없어지고, 신식 또한 흩어져 버린다. 시신이 썩어 없어지면 설사 시신을 칼로 도려내고, 도끼로 찍고, 절구로 찧고, 맷돌로 갈려고 하여도 장차 누구를 향해 형을 집행하겠는가? 신식이 흩어지면 누가 생명을 받겠는가?" 말하였다. 이로 말미암아 악한 사람은 마음 놓고 죄업을 짓고, 선한 사람도 스스로 선한 일을 하도록 격려할 수 없었다.

程、朱讀佛大乘經，親近禪宗善知識。會得經中全事即理，及宗門法法頭頭會歸自心之義。便以為大得。實未遍閱大小乘經，及親近各宗善知識，遂執理廢事，撥無因果。謂佛所說三世因果，六道輪迴，乃騙愚夫愚婦奉彼教之根據，實無其事。且謂人死，形既朽滅，神亦飄散。縱有剉斫舂磨，將何所施。神已散矣，令誰托生。由是惡者放心造業，善者亦難自勉。（續）佛學圖書館緣起

[역주] 명교대사께서 말씀하시길, "불교의 오계십선五戒十善은 유교의 오상五常에 통한다. 불교의 살생하지 않음(不殺生)은 곧 유교의 인仁이다. 중생은 모두 생명이 있어 중생을 마음대로 포악하게 굴지 않고 그 고기를 먹지 않을 뿐만 아니라 측은한 마음으로 사랑하고 보호하는 까닭에 그 이치는 같다. 불교의 도둑질하지 않음(不盜)은 유교의 의義이다. 의롭지 않은 재물을 취하지 않을 뿐만 아니라 다른 사람의 재물을 훔치지 않는다. 불교의 삿된 음행을 하지 않음(不邪淫)은 곧 유교의 예禮이다. 배우자가 아닌 사람과 문란하게 음행을 하지 않는 것과 같다. 불교의 거짓말을 하지 않음(不妄語)는 유교의 신信이다. 말로써 사람을 속이지 않는 것과 같다. 불교의 술을 마시지 않음(不飮酒)은 곧 유교의 지智이다. 취함으로써 그 마음 닦음을 산란하게 하지 않는 것이다."

[8] 계율을 논하다 (論戒律)

[제281칙] 일체 악을 짓지 말고 온갖 선을 받들어라, 이 말은 세 살 아이도 알지만, 여든 노인도 행하기 어렵다

계율을 지킴(持戒)을 말하면 잠깐 먼저 부처님께서 두 마디 게송으로 모든 계율을 회통하신 말씀(略戒)196)을 지켜야 한다. 그 계율은 어떠한가? "일체 악을 짓지 말고, 온갖 선을 받들어 행하라(諸惡莫作 衆善奉行)." 이 두 마디는 일체계법戒法을 망라하여 조금도 빠뜨림이 없다. 이는 여래의 계경戒經 속 말씀이다. 문창제군文昌帝君이 이를 인용하여 중생에게 음덕陰德 쌓기를 권유하는 《음즐문陰騭文》에 사용한 것으로 결코 그 출처가 《음즐문》이라고 말해서는 안 된다.

以下論戒律至言持戒，且先守佛兩句略戒。其戒唯何。日：諸惡莫作，衆善奉行。此兩句，包羅一切戒法，了無有遺。此係如來戒經中語。文昌帝君引而用之于陰騭文，切勿謂原出於陰騭文也。

이 두 문구는 대충 보면 아무런 특이한 점이 없는 것 같다. 마음을 일으키고 생각을 움직이는 곳을 점검하여 완전히 지켜서 범하지 않을 수 있다면 (무릇 마음을 일으키고 생각을 움직임에 일념의 선하지 않음이 싹트게 하지 않으면 일체 계율을 원만히 지킬 수 있다.) 이 사람은 이미 (범부가 아니라) 성현의 영역에 깊이 들어갔다.

此兩句，泛泛然視之，似無奇特。若在舉心動念處檢點，則能全守無犯，凡起心動念，不許萌一念之不善，則諸戒均可圓持。見續編復宋慧湛書。其人已深入于聖賢之域矣。（三） 復陳飛青書

[보충] 백거이가 조과鳥窠 선사를 배견拜見하러 갔다. 선사가 나무 위에 있는 것을 보고서 선사에게 말했다. "선사님, 그곳은 너무 위험합니다." 조과 선사는 답하여 말하였다. "백태수, 당신은 나보다 더 위험하네!" 백거이는 기괴한 느낌을 들어서 물었다. "제자는 조정의 명관命官이 되어 국가를 위해 늘 산하를 지키거늘 어떤 위험이 있겠습니까?" 조과선사는 말하였다. "당신은 관직에 있으면서 하루 종일 바빠서 당신의 영성에 어두우니, 어찌 위험하지 않겠는가?"

백거이는 이 말을 듣고서 조과선사가 불법의 대도를 말하고 있음을 알아채고, 선사에게 물었다. "선사님, 무엇이 불법의 대의입니까?" 조과선사는 그에게 답하였다. "일체 악을 짓지 말고, 온갖 선을 받들어 행하라(諸惡莫作 衆善奉行)." 이 여덟 글자 말씀을 듣고서 백거이는 하하 크게 웃었다. "이 말은 세 살 어린아이도 다 알고 있습니다." 조과 선사는 대답하였다.

196) 통계通戒라고 한다. 왜냐하면 과거칠불이 공통적으로 하신 말씀일 뿐만 아니라 일체 대소승의 계경戒經에 통하기 때문이다.

"세 살 어린아이가 말할지라도 여든 노인도 행할 수 없다." 백거이는 이 말을 듣고서 탄복해 마지않았다. 나중에 서호西湖 부근에 죽각을 세우니, 조과 선사가 머무는 고송과 매우 가까워 아침저녁으로 도를 물었다고 한다.

"일체 악을 짓지 말고 온갖 선을 받들어 행하며 그 뜻을 청정히 함이 일체제불의 가르침이다." 왜 그러한가? 일체 악을 짓지 않음은 제법의 근본으로 곧 일체선법이 나온다. 선법이 생겨나니, 곧 마음이 청정하다.

[제282칙] **공경심을 주로 하고 지성심을 잘 간직하지 않으면 곧 계율을 범하는 것이고, 인을 속이고 과에 어두우면 모두 계율을 어기는 것이다**

계율은 행동으로 표현되는 거친 자취만을 가리키는 것뿐만 아니라 마음속으로 공경심을 주로 하고 지성심을 잘 간직하지 않으면 곧 계율을 범하는 것이다. 그리고 인과는 또한 계율의 기강과 골수(綱骨; 핵심)이다. 만약 인과를 모르고, 인을 속이고 과에 어두우면 모두 계율을 어기는 것이다. 염불하는 사람은 마음을 일으키고 생각을 움직일 때 늘 부처님과 맞는 것이다. 이것이 곧 율종과 교종, 선종과 정종은 하나의 도를 나란히 행하는 것이다.

律，不獨指粗跡而已。若不主敬存誠，即為犯律。而因果又為律中綱骨。若人不知因果，及瞞因昧果，皆為違律。念佛之人，舉心動念，常與佛合，則律教禪淨，一道齊行矣。（正）復謝誠明書

[보충] 지금 사람은 상중하 근기가 무엇이든 상관없이 모두 사람의 도리를 극진히 하면서 공경심을 주로 하고 진성심을 간직하여 인과因果를 깊이 믿고 온갖 선을 널리 행하며, 일심으로 염불하면서 서방극락 왕생을 구함을 일로 삼아야 한다. 인과因果법문은 세간·출세간의 성인이 범부를 성인으로 연단하는 큰 용광로이다. 만약 가장 먼저 인과因果의 도리를 철저히 연구하지 않으면 종문에 통하고 교문에 통한 후에도 혹 인과因果의 일에 잘못이 있을 수 있다. 인과가 잘못되면 타락하는 연분이 있고 상승할 가망이 없다. 또한 인과의 이치가 천근하다고 말하고 소홀히 하지 말라. **여래께서 정각正覺을 성취하고, 중생이 삼악도에 떨어지는 것은 모두 인과의 바깥으로 벗어나지 않는다.** 범부는 심량이 협소하여 경전에서 설한 대인대과大因大果의 부분을 혹 깨닫지 못할 수 있으니, 세상의 천근한 인과를 가지고 수승한 인과에 들어가는 방편으로 삼아야 한다.《문창제군 음즐문陰騭文》,《태상감응편太上感應篇》등을 숙독한 후 가르침대로 봉행하면 누구나 선량한 사람이 될 수 있고, 누구나 생사를 벗어날 수 있다.

확실히 정토에 태어나고자 하면 마땅히 그 마음을 청정히 하여야 한다. 그 마음이 청정함에 따라 불토도 청정하다. 그 마음을 청정히 하고자 하면 부처님의 청정한 계를 지키지 않으면 안 된다. 만약 계율을 지킬 수 있으면 탐진치의 마음이 현행現行을 일으키지 않고, 계정혜의 도가 철저히 원만히 드러나며, 항하사수의 공덕과 무량한 현묘진의玄妙眞義가 구하지 않아도 얻고 마음속에 현현할 것이다.

이른바 계戒는 곧 법계이고, 일체 법은 계를 향해 나아가되, 이러한 나아감은 계를 벗어나지 않으니, 하물며 또한 진실한 믿음, 간절한 발원으로 「아미타불」 만덕홍명을 집지함이랴. 그러면 염하는 주체(能念)인 마음과 염하는 대상(所念)인 부처님과 서로 은밀히 계입한다. 이번 생에 견고히 이미 마음과 부처님이 둘이 아니거늘 임종시 정토에 태어나지 않으면 어느 곳에 태어나겠는가? 설령 근기가 하열하여 이와 같을 수 없을지라도 부처님의 계를 엄밀히 지킨 청정한 몸과 마음은 진실로 생사를 위해 보리심을 발하고 깊은 믿음과 발원으로 「아미타불」 부처님 명호를 집지하면 임종에 이르러 감응도교하여 부처님의 접인을 받아 극락에 왕생할 것이다. 비록 업을 지닌 채 왕생할 지라도 굳건히 이미 윤회를 영원히 벗어나고 삼계를 뛰어넘는다. 언제나 아미타부처님으로부터 가르침을 친히 받아 저절로 법신을 증득할 수 있거늘, 하물며 업이 다하여 정념이 공한 자이랴. _《인광대사 문초》

[제283칙] 일체법문은 모두 삼귀의와 오계에 의지해 입문하여야 한다

삼귀三歸[197]와 오계五戒[198]는 불법으로 들어가는 첫 문이다. 여타 법문을 닦음은 모두 이로부터 들어가야 하거늘, 하물며 이번 생에 생사를 벗어나는 지극히 간단하고 지극히 쉬우며, 지극히 원만하고 지극히 단박에 뛰어넘는 불가사의한 정토법문이겠는가? 신구의 삼업을 반성하지 않고, 오계를 지키지 않으면 더 이상 사람 몸을 얻을 기회가 없거늘, 하물며 연꽃에 화생化生하여 상호와 광명을 구족한 몸을 얻고자 함이겠는가?

三歸五戒，為入佛法之初門。修餘法門，皆須依此而入。況即生了脫之至簡至易，至圓至頓之不思議淨土法門耶。不省三業，不持五戒，即無復得人身之分。況欲得蓮華化生，具足相好光明之身耶。(正) 復高邵麟書三

[보충] 계정혜 삼학은 학불學佛하고 정업淨業을 닦는 자의 근본이니, 계는 특히 중요하다. 그래서 《관무량수경》에서 정업삼복淨業三福에 대해 법문하시길, "첫째는 부모님께 효양하고, 스승을 받들어 모시며, 자애심으로 살생을 하지 말고, 열 가지 선업을 닦아야 하며, 둘째는 삼귀三歸를 수지하고, 온갖 계행을 구족하고 위의를 범하지 말아야 하며, 셋째는 보리심을

197) 삼귀三歸는 곧 귀의불歸依佛 · 귀의법歸依法 · 귀의승歸依僧이다. 귀의불歸依佛은 나는 불타의 가리킴에 의지해서 정도正道를 얻는다는 말이다. 귀의법歸依法은 나는 교의에 의지해 진리를 구하여 얻는다는 말이다. 귀의승歸依僧은 나는 승가의 인도에 의지해 불교를 바로 믿는다는 말이다.

198) 오계五戒는 불살생不殺生 · 불투도不偷盜 · 불사음不邪淫 · 불망어不妄語 · 불음주不飮酒이다. 불살생不殺生은 생명을 살해하지 않음이고, 불투도不偷盜는 다른 사람의 재물을 훔치지 않음이며, 불사음不邪淫은 부부 이외의 정사를 하지 않음이고, 불망어不妄語는 사람을 속이는 말을 하지 않음이며, 불음주不飮酒는 사람을 마취시키는 성분을 함유한 주류와 마약 등을 마시지 않음이다.

발하고서 인과를 깊이 믿고 대승경전을 독송하며 염불행자에게 권진하느니라." 하셨다. 첫째와 둘째는 대부분 계학戒學에 속하고, 셋째는 삼학을 원만히 갖추는 것이다. 이 삼복三福을 갖추면 곧 정업淨業을 크게 성취하여 상품으로 왕생한다.

그래서 《정토오경》 뒤에 《화엄경 정행품淨行品》 및 《능엄경》의 네 가지 청정명회淸淨明誨를 첨부하여, 정업행자가 율의계律儀戒로 계체를 얻어 색신을 고수하여 악한 일을 저지르지 않고, 나아가 정공계定共戒로 계체를 얻어 마음을 제어하여 악한 생각을 일으키지 않으며, 도공계道共戒로 계체를 얻어 정념을 뛰어넘고 사념을 여의어서 마침내 미혹을 끊고 진여를 증득하길 희망한다. 그러나 설사 정공계와 도경계, 두 가지 계법戒法의 진실한 이익을 얻을지라도 여전히 항상 공경하고 삼가면서 율의계를 집지하여 자신을 이롭게 하고 타인을 이롭게 하여 법도의 궤범軌範을 유지하여야 한다. 그러면 공해탈空解脫에 집착하는 사람이 대승에 구실을 붙여 핑계를 댈 수 없다. 이로 인해 불법을 무너뜨리고 어지럽게 하며 중생을 그르친다!
_인광대사, 《정토오경 발문》

[제284칙] 부처님 전에 지성으로 죄업을 참회하여 하루 내지 이렛날 자서自誓의 계를 받을 수 있다

수계受戒라는 것은, 남성이 출가하여 승려가 되려면 반드시 승당에 들어가 의식을 학습하여야 비로소 총림의 규구規矩가 승려의 의칙儀則이 됨을 알 수 있다. 이로부터 시방을 떠돌아다녀도(遊方行脚) 전혀 지장이 없다. 그렇지 않으면 시방총림에는 머물 수 없다. 만약 재가 여성이 자산이 풍부하여 몸을 자신의 뜻대로 할 수 있어도 절에 가서 계를 받을 수 없다는 것은 아니지만, 집안이 빈곤한 사람의 경우 구태여 이러할 필요가 있겠는가?

受戒一事，若男子出家為僧，必須入堂習儀，方知叢林規矩，為僧儀則。則遊方行腳，了無妨阻。否則十方叢林，莫由住止。若在家女人，家資豐厚，身能自主。詣寺受戒，亦非不可。至於身家窮困，何必如此。

다만 부처님 전에서 간절히 지성으로 죄업을 참회하여 하루 내지 이렛날에 스스로 맹세하여 계를 받을 수 있다. 이렛날에 부처님께 말씀드리길, "제자 복현(福賢; 여자 신도를 가리킴)은 오계를 수지하여 만분 우바이(優婆夷; 이는 가까이 모시는 여자 신도를 가리키니, 이미 오계를 받아 부처님을 모실 수 있는 까닭이다. 만분滿分이란 오계를 전부 수지함을 말한다. 남성이 계를 받으면 우바새라 한다. 이는 가까이 모시는 남자 신도를 가리킨다)가 되겠다고 맹세하나니, 목숨이 다할 때 까지 살생하지 않겠나이다. 목숨이 다할 때까지 도둑질하지 않겠나이다. 목숨이 다할 때 까지 음욕(결혼한 사람은 삿된 음행)을 품지 않겠나이다. 목숨이 다할 때까지 거짓말 하지 않겠나이다. 목숨이 다할 때까지 술을 마시지 않겠나이다." 이렇게 세 번 말하면 곧 계체를 얻게 된다. 단지 지심志心으로 수지하기만 하면 (스승에게 수계법식에 따라 받는 것과 견주어) 그 공덕은 전혀 우열의 분별이 없다. 스스로 맹세하여 계를 받은 경우 여법하지 않다고 결코 말하지 말라. 이는《범망경梵網經》에 담긴 여래의 거룩한 가르침이다.

但于佛前懇切至誠，懺悔罪業。一七日，自誓受戒。至第七日，對佛唱言，我弟子福賢，誓受五戒，為滿分優婆夷，優婆夷，此云近事女，謂既受五戒，堪事佛故。滿分者，五戒全持也。(男子受戒，名優婆塞，此云近事男。編者敬注) 盡形壽不殺生，盡形壽不偷盜，盡形壽不淫欲，若有夫女，則日不邪淫。盡形壽不妄語，盡形壽不飲酒，如此三說，即為得戒。但自志心受持，功德並無優劣。切勿謂自誓受戒者，為不如法。此係梵網經中如來聖訓。(正) 與徐福賢書

[9] 중음을 논하다 (論中陰)

[제285칙] 중음신이란 무엇인가?

중음신은 곧 신식神識이니, 결코 신식이 중음신으로 변화되는 것이 아니다. 말하자면 세속에서 말하는 영혼이다. 이른바 "중음신은 7일에 한번 죽고 태어난다. 이렇게 7차례 죽고 태어나 49일에는 반드시 환생한다" 등의 설법에 얽매여 고집해서는 안 된다.

以下論中陰中陰者，即識神也。非識神化為中陰，即俗所謂靈魂者，言中陰七日一死生，七七日必投生等，不可泥執。

[강설] 중음신은 곧 식신識神이다. 불교에서 식신은 영혼을 말하지 않는다. 우리가 말하는 아뢰야식이다. 식신이 변해서 중음이 된다는 뜻이 아니다. 이는 곧 민간에서 말하는 영혼이다. 일반적으로 말해 중음신은 7일에 한 번 태어나고 죽는다. 그래서 우리는 49일 동안 7차례 태어나고 죽는다. 가장 느리게 49일에는 반드시 환생한다. 인광대사께서는 이러한 것에 집착해서는 안 된다고 말씀하신다.

중음신이 죽고 태어남은 곧 중생의 무명심無明心에서 나타나는 생멸의 상으로 말한 것이지,판에 박힌 듯 세상 사람이 말하는 죽고 태어나는 상으로 이야기해서는 안 된다. 중음신의 환생은 빠르게 말하면 손가락 퉁기는 짧은 순간에 삼악도나 육도에 환생하고, 느리게 말하면 49일에 이르거나 심지어 49일을 넘어서기도 한다.

中陰之死生，乃即彼無明心中所現之生滅相而言，不可呆作世人之死生相以論也。中陰受生，疾則一彈指頃，即向三途六道中去；遲則或至七七並過七七日等。

[강설] 중음신은 하나의 식신이고, 한번 태어나고 죽는다. 이러한 생사는 곧 무엇인가? 그것은 무명심에 나타나는 생멸상을 뜻한다. 그래서 "중음신은 칠일에 한번 태어나고 죽는다"는 뜻은 그의 무명번뇌가 나타난 생멸상이라 말할 뿐이지, 그것을 세상 사람이 말하듯이 나이 들어 나중에 죽는 그런 생사로 여겨서는 안 된다. 인광대사께서 이렇게 이야기할 수 없다고 말씀하신다. 그것은 단지 무명번뇌의 생멸상일 뿐이다. 대개 7일이 죽고 태어나는 기간이다.

금방 죽은 사람은 알고 지내는 사람에게 낮에 혹은 밤에 그들에게 형체를 보이거나, 사람과 접촉하여 심지어 이야기를 나눌 수 있다. 이러한 현상이 중음신中陰身에게 있을 뿐만 아니라 이어서 이미 선악도에 환생한 사람도 또한 알고 지내는 가족이나 옛 친구

면전에 한 사람 한 사람에게 형체를 나타낼 수 있다.

初死之人，能令相識者，或見於晝夜，與人相接，或有言論。此不獨中陰為然，即已受生善惡道中，亦能於相識親故之前，一為現形。

[강설] 사람이 금방 죽었을 때, 예를 들면 꿈에 나타나는 경우로 그와 서로 알고 있는 사람에게 낮에 혹은 밤에 보일 수 있고, 사람과 접촉하여 마음으로 대화를 할 수 있다.「대화를 할 수 있다.」이와 관련하여 두 가지 예를 들어보겠다.

첫 번째 예는 이러하다. 나는 일찍이 연우蓮友의 부친을 위해 조념助念염불을 한 적이 있었다. 그녀의 부친은 암으로 돌아가셨다. 나의 연우는 대만성 이란현 뤄둥진에 살고 있는데, 나는 그곳에 가서 그녀를 도와《지장경》을 독송하였다. 독송을 마친 후 나는 타이베이 징메이 집으로 돌아왔다. 그날 밤 나는 꿈을 꿨다. 징메이 집은 2층 건물로, 나는 1층에서 잤다. 바깥으로 창문이 있었는데, 한밤 중에 나는 연우의 부친께서 창문 저쪽에서 나에게 이야기하는 것을 보았다.《지장경》을 독송하여 그에게 회향해 달라고 하였다.

나중에 나는 이튿날 아침에 깨어났지만《지장경》을 바로 독송하지 않았다. 이튿날 저녁이 되자 그는 또 나의 아내에게 현몽하여 나에게 말을 전해 달라고 하였는데, 내가《지장경》을 독송하여 그에게 회향해 주길 희망하였다. 그러나 나는 이튿날 아침에 일어나 내 아내에게 왕씨 성의 여자 선배인 연우, 그녀의 부친이 꿈에 나를 찾아왔다는 말을 하지 않았다. 그는 단지 창문 옆에서 나에게 말했을 뿐이지만, 이는 나에게《지장경》을 독송해달라는 뜻이었고, 꿈속에서 그가 왕씨 성 연우의 부친임을 알았다. 이것은 매우 이상한 일이었다. 그는 나에게 말한 적이 없었지만, 나는 꿈속에서 귀도鬼道의 중생, 명계冥界의 중생이 나의 집 창문 옆에 있다는 사실과 그는 왕씨 성을 가진 연우의 부친임을 알았다. 그도 나의 집이 여기에 있는지 알았다. 이는 우리가 비교적 궁금해 하는 부분이었다. 나는 다음 날 바로 독경을 하지 않았다. 그러자 그가 다음 날 저녁에 또 나의 선배에게 현몽하여 나에게 말해 달라고 부탁하였다고 한다. 그래서 나중에 나는 그에게 독송하여 주었다.

이는 무엇이라 하는가?「곧 이미 선악도에 환생하였다.」그는 귀도에 환생하였다. 그도 마찬가지로 와서 당신에게 이야기할 수 있고, 와서 당신과 접촉할 수 있으며, 와서 당신과 이야기할 수 있다. 단지 중음신만 올 수 있는 것이 아니다. 그는 이미 선악도에 환생하였지만, 마찬가지로 현몽할 수 있었다. 당신과 아는 사이가 되어 당신의 꿈속에서 그 형체를 나타내어 보여준다. 그래서 이런 상황은 두 가지가 있는데, 하나는 중음신이고, 하나는 이미 선악도(예를 들면 귀도)에 간 경우이다. 예를 들면 귀도에 이른다는 것이다.

다른 예는 곧 참운懺雲 노법사께서 말씀하신 공안이다. 우리는 대만성 난터우 현에 있었다. 어떤 노보살님이 그녀가 한평생 고생하며 모은 돈으로 황금 스무 냥을 샀다. 스무 냥의 황금을 어디에 숨겼을까? 벽 안에 숨기고 봉해 놓아 아무도 몰랐다. 그러나 그녀는 죽음이 신속히 다가오는 줄 모르고 외출하였다가 차에 치여 죽었다. 그녀의 아들은 스무 냥의 황금이 벽 안에 숨겨져 있는 줄도 몰랐다. 그녀는 그녀의 아들에게 현몽하여 의념意念으로 말했다.

"아들아, 스무 냥의 황금이 벽 안에 있으니 네가 그것을 꺼내거라." 말했다. 아들이 문을 두드려 열자 과연 그 안에 황금이 스무 냥 들어 있었다. 이 노부인의 아들은 이 공안 이야기를 참운 노법사께 들려주었다.

꿈속에서 나타난 노보살은 마땅히 여기서 말하는 중음신이다. 그녀는 금방 죽은 사람으로 중음신의 상태였다. 그녀는 그녀의 아들에게 벽 안에 황금이 숨어져 있다는 사실을 알려주었다. 그녀의 자식과 가족이 그와 접촉하였고, 그런 후에 그에게 이야기를 하였다.

비록 이는 본인의 의념意念이 나타난 것일지라도 그 형체를 나타낼 수 있는 방편과 실제는 조화를 주관하는 신령(神祇)의 조작에 있다. 이것의 목적은 세상 사람들에게 사람이 죽은 후 신식이 소멸되지 않고, 선악의 과보는 헛되지 않다는 이치를 알리고자 함이다.

此雖本人意念所現，其權實操於主造化之神祇。欲以彰示人死神明不滅，及善惡果報不虛耳。

[강설] 이 부분에서 인광대사께서 말씀하시고자 하는 것은 왜 이 사람이 중음신 상태에 있거나 혹은 선악도에 태어나서 형체를 드러낼 수 있는가? 왜냐하면 비록 본인의 의념이 나타난 것이 틀림이 없을지라도 다만 선신이 곁에서 도와주어야 한다. 아니면 어떻게 해야 하는가? 조화의 신이 있어 그를 도와야 하는데, 이는 사람이 죽은 후 신식이 소멸되지 않고, 선악의 과보가 진실하여 헛되지 않음을 드러내기 위함이다.

그렇지 않으면 양의 세상에 사는 사람은 음의 세상에 일어나는 일을 알지 못한다. 그러면 "사람이 죽은 후 형체는 이미 썩어 사라졌고 신식도 또한 사방으로 흩어졌다"는 맹목적인 견해는 반드시 온갖 군상群相에 부화뇌동하게 될 것이다. 이러면 세상 사람들이 전부 "인과가 없고 내생이 없다"는 삿된 견해의 깊은 구덩이 속으로 빠져버려 장차 선인도 조심하여 수행의 품덕(修德)을 쌓으려고 하지 않을 것이고, 악인은 더욱 더 흉학하게 하고자 하는 대로 악을 저지를 것이다. 비록 부처님께서 선악에는 과보가 있다 말씀하셨을지라도 증명할 수가 없으니, 누가 선뜻 믿고 받아들이려 하겠는가? 현재 고인이 된 사람이 형체를 나타내 보이는 등으로 말미암아 부처님의 말씀에는 허망한 것이 없어 과보는 확실히 있음을 증명할 수 있다. 그래서 선인은 더욱더 선을 향해 가고 이어서 악한 사람은 그 마음이 이러한 정황과 인과의 이치에 절복折伏되어 또한 너무 지나치게 나빠지지 않을 것이다.

否則陽間人不知陰間事，則人死形既朽滅、神亦飄散之瞽論，必至群相附和。而舉世之人，同陷於無因無果、無有來生後世之邪見深坑。將見善者則亦不加惕厲以修德，惡者便欲窮凶極欲以造惡矣。雖有佛言，無由證明，誰肯信受？ 由其有現形相示等，足征佛語無妄，果報分明。不但善者益趨於善，即惡者其心亦被此等情理折伏，而亦不至十分決烈。

[강설] 만약 이러한 공안을 빌려서 이런 중음신이 와서 현명하고 선악도의 중생이 와서 현몽한다고 설명하지 않는다면, 이렇게 증명하는 말을 하지 않는다면 양의 세상에 사는 사람들이 어떻게 음의 세상에 일어나는 일을 알겠는가? 그들은 사람이 죽으면 화장하여 유골만 남기고 신식도 흩어져버린다고 생각할 것이다. 이러한 정확하지 않은 삿된 견해를 견강부회하고 거짓말에 거짓말을 보태어 전하고 번갈아 이러한 삿된 지식과 견해를 과장하게 된다. 그러면 모든 사람들은 "인과가 없고 내생이 없다"는 삿된 견해의 깊은 구덩이에 모두 빠져버린다.

우리가 이러한 감응感應을 보고서 선을 행하면 반드시 선한 과보가 있음을 알게 되면 더욱 경각심을 가져야하고 조심하여야 한다. 사람이 죽은 후 귀신으로 변하고, 사람 몸을 잃으면 수행할 기회가 없다. 사람이 죽은 이후 양의 세상 사람과 소통할 방법이 없으면 당연히 조화의 신이 와서 돕고, 와서 협조하여야 한다. 우리는 더욱 경각심을 가져야 하고, 자신을 조심하여야 하며 수덕에 힘써 선계에 왕생하고, 극락에 왕생할 수 있길 희망하여야 한다.

저 악을 짓는 사람은 이러한 사정을 알고 나서 감히 흉악하게 악을 저지르려 하지 않을 것이다. 감히 아무렇지도 않겠는가? 온갖 못된 짓을 다하다니! 「궁흉극욕窮凶極欲」, 곧 하고자 하는 것을 하고 인과를 두려워하지 않는다는 말이다.

설사 부처님께서 말씀하신 것이 경전에서 또렷하게 기록되었지만 누가 와서 증명하는가? 누가 와서 받아들이는가? 그래서 말학이 몇 년간 《감응편휘편感應篇彙編》을 5년간 강의하면서, 매우 많은 사람이 영향을 받아 인과에 경외심을 가져 채식을 하고 있다. 싱가포르에서 여섯 곳에서 강연회를 가졌는데 곳곳마다 만원이었다. 이는 곧 여기서 말하듯이 비록 불경에서 줄곧 이러한 증명이 있을지라도 누군가 기꺼이 믿고 받아들이려면 반드시 이러한 인연과보의 이야기를 말해야 한다.

당신이 이러한 인연과보의 이야기를 말한 후 부처님의 말씀에는 허망한 것이 없어 과보가 분명함을 증명할 수 있을 것이다. 선한 사람은 더욱더 적극적으로 선을 행할 뿐만 아니라 악을 저지르는 사람의 마음은 이러한 인과교육의 정황과 이치에 절복되어 만회하지 못하는 지경까지 이르지 않을 것이다.

천지의 귀신은 사람들이 이러한 일을 알게 하고자 죽은 사람이 인간 세상에 몸을 나타내고, 양의 세상 사람들이 저승(幽冥)에 가서 벌을 받는 등의 일이 나타난다. 이런 것들은 모두 천지의 귀신이 불법을 보필하고 통치의 도를 보조한다. 이러한 이치는 미묘하지만, 그 관계는 매우 심대하다. 이러한 일은 고금의 서적들에 매우 많지만 그 방편의 유래와 그 일이 가져다주는 이익을 밝히지 못하였다.

天地鬼神，欲人明知此事，故有亡者現身于人世，陽人主刑於幽冥等。皆所以輔弼佛法，翼贊治道。其理甚微，其關係甚大。此種事，古今載籍甚多，然皆未明言其權之所自，並其事之關係之利益耳。(正) 復范古農書二

[강설] 천지의 귀신은 모두 세상 사람이 육도가 정말 있고, 윤회가 정말 있으며, 인연과보가 정말 있는 등 이러한 일을 알게 하고자 이들 죽은 자가 인간 세상에 몸을 나타내고, 양의 세상 사람들의 신식은 유명계에서 과보를 받아 형벌을 받는다.

이러한 이야기는 모두 있고, 혼이 돌아오는 경우도 매우 많이 있다. 예를 들면 나는 공안 하나를 강연한 적이 있었다. 대만 타오위안 현 법원에서 근무하는 서기관 한 명이 흑백무상에 붙잡혀 음의 세상에 갔다가 나중에 혼이 돌아왔다. 이를 「양의 세상 사람이 유명계에 가서 형벌을 받는 등의 일이 나타난다」라 한다. 이러한 것들은 모두 불법을 보조할 수 있고, 인사관리, 법률유지 등 국가통치의 도에 협조할 수 있다. 이러한 이치는 비록 아주 미미할지라도 그 관계는 중대하다. 이러한 일은 모두 기록이 있다. 예를 들면 기효람紀曉嵐이 편집한 설화집인 《열미초당필기閱微草堂筆記》에는 이러한 것들이 매우 많다. 기효람은 청나라 명신으로 그는 《열미초당필기》 한 권을 썼다. 이러한 일은 여기에 기록되어 있다. 그러나 고금의 인과응보를 다룬 서적처럼 그 또한 이러한 이야기의 이치 및 그것의 이익과 이치를 상세하게 해석하고 말하지는 못했다. **_황백림黃柏霖 경관 주강主講, 《안사전서安士全書: 음즐문陰騭文》 제12집.**

[역주] **현몽(託夢) · 감응몽感應夢 · 천인시몽天人示夢**

죽은 사람이 현몽하는 일은 매우 보편적이다. 세상 사람은 세밀하게 조사할 수는 없고 모두 죽은 이의 영혼이 꿈에 나타난다고 여기지만, 실제로는 결코 이러한 것이 아니다. 만약 중음신中陰身이나 삼악도에 떨어진 죽은 이의 영혼이 마음대로 꿈에 나타나 여러 일을 부탁할 수 있다면 이 세상이 어찌 혼란하지 않겠는가!

원한이 있는 경우 밤마다 꿈에 나타나 온갖 무서운 악몽을 꾸어 꿈자리가 사납다. 애정이 있는 경우 날마다 꿈에 나타나 온갖 사랑에 연연해하는 꿈을 꾸어 생사에 뒤엉켜 버린다. 이번 생에 잡아먹히고 살상 당한 중생이 얼마나 많은지, 그 신식神識이 만약 꿈에 나타날 수 있다면 그 최후의 결과는 상상조차 할 수 없다.

실제로 온갖 현몽(託夢) · 감응몽感應夢 · 천인시몽天人示夢은 모두 얕은 수면 상태에서 제6식이 점차 사라지거나 점차 일어날 때 생성되는 일종의 특수한 독영경(獨影境; 자신이 홀로 마음속에 갈구하고 있는 바를 외부로 투영한 경계)이다. 이로 말미암아 또렷한 꿈도 또한 일종의 특수한 삼매경(제6식이 어떤 공용功用으로 절복되거나 약화되어 삼매경과 유사한 부분)이다.

현몽見夢 · 상몽(想夢; 선악의 일을 생각하며 꾸는 꿈) 및 사대四大가 고르지 않은 꿈과 서로 비교하면 감응 등의 꿈을 꿀 때 그 신식神識은 상대적으로 또렷하고 꿈자리가 산란하지도, 순서가 없는 것도 아니고, 오히려 순서가 정연하고 메시지가 분명하며 표현이 또렷하여 매우 쉽게 식별할 수 있다. 삼매경에 가까움으로 인해 잠재의식 등 미세한 염 및 제8식의 단기 혹은 숙세의 종자가 모두 한꺼번에 문득 일어나는 기세로 대신통을 지닌 신령의 가지가 순서 선후에 의지해 꿈꾸는 자의 심력에 겸하여 하나하나 경계를 나타내니, 이러한 신통은 보통 귀신에게 있는 것은 아니다.

죽은 자가 꿈에 나타나는 것은 사실은 그의 신식神識이 꿈에 나타나는 것이 아니라 꿈을 꾸는 자의 제8식 중에 죽은 자가 생전에 떨구고 간 옛 종자로 용모나 음성이 꿈속에서 제6식 독영경獨影境의 형식으로 현행하거나 또한 자심自心이 나타난 것이고, 자식自識이 변화된 것으로 대력을 지닌 신령은 단지 지념持念의 명훈가피에 불과할 뿐이다. 그밖에 반드시 주의해야 하는 것은 현몽 · 감응몽 · 천인시몽은 결코 단지 불보살과 호법정신護法正神만이 가능한 것이 아니라 대력을 지닌 천마天魔와 귀신 · 요괴 또한 가능하다. 그래서 감응몽은 진위를 판별하여야 하고 또한 꿈의 경계에 집착해서는 안 된다. 그렇지 않으면 마장을 만나기 쉽다.

[제286칙] **원택선사는 태의 감옥을 받지 않고, 대신하여 수태한다**

[중음신은 비록 몸과 떨어질지라도 여전히 몸의 견혹(情見)199)에 사로잡혀 있어 이미 혹이 있는 이상 물론 옷과 음식으로 자양할 필요가 있다. 왜냐하면 범부의 업장은 깊고 무거워 오온五蘊200)이 본래 공空임을 모르고, 자신과 세상 사람은 다르지 않다고 여긴다. 만약 대지혜를 갖춘 사람이면 당하에 이 몸과 벗어날 수 있어 의지하거나 집착함이 없다. 이때 오온은 그대로 공이어서 일체 고는 모두 소멸하고 진여실상(一眞)이 현현하여 수많은 공덕이 원만히 드러난다.]

中陰雖離身軀，依舊仍有身軀之情見在。既有身軀之情見，固須衣食而為資養。以凡夫業障深重，不知五蘊本空，仍與世人無異。若是具大智慧人，則當下脫體無依。五蘊空而諸苦消滅，一眞顯而萬德圓彰矣。

그 죽은 자의 경계가 모두 같지 않을지라도 산 자는 각자 개인의 견혹을 따라 자구資具를 만들어 주어도 좋다. 예컨대 명부의 옷을 불태워서 세상 사람은 그에게 옷을 선사하고 싶다는 마음을 취할 뿐이거늘, 옷의 치수 장단이 어찌 바로 알맞을 수 있겠는가? 그러나 산 자의 견혹을 받아 저 죽은 자의 견혹을 합치면 곧 서로 적합하고 알맞을 수 있다. 이로써 일체제법은 마음에 따라 전변轉變한다는 대의를 알 수 있다.

其境界雖不必定同，不妨各隨各人之情見為資具。如焚冥衣，在生者只取其與衣之心。其大小長短，豈能恰恰合宜。然承生人之情見，並彼亡人之情見，便適相為宜。此可見一切諸法，隨心轉變之大義矣。

---

199) 정견情見 : 범부의 견사혹見思惑을 말한다. 이理에 미하여 일으키는 혹으로 신견 · 변견 등 다섯 부정견不正見과 같고 견혹見惑이라 한다. 사事에 미하여 일으키는 혹으로 탐 · 진 · 치 등 다섯 번뇌와 같고 사혹思惑이라 한다.

200) 오온五蘊 : 중생은 색色 · 수受 · 상想 · 행行 · 식識이 가합하여 이루어진다. 색은 곧 감득한 업보의 몸이다. 수상행식은 곧 경계와 접촉하여 일어나는 환망幻妄의 마음이다.

죽은 후 아직 육도에 환생하지 않은 동안을 중음신이라 한다. (만약 이미 육도에 환생하였다면 중음신이라 할 수 없고) 그들이 사람 몸에 붙어서 고통을 겪고 즐거움을 누리는 일을 말하는 것은 모두 신식神識의 작용일 뿐이다. 환생하려면 반드시 신식과 부모님 정자·난자의 화합을 거쳐야 한다. 그래서 임신할 때 신식은 이미 태중에 머물고 있고, 어떤 사람이 태어날 때 비로소 그가 어머니 방에 들어가는 모습을 보게 된다. 부모가 방사할 때 다른 사람의 신식이 대신하여 태를 받고(受胎)[201] 분만할 때에 이르러 본인의 신식이 와서 대체한 식신이 따라 간다.

死之已後，尚未受生於六道之中，名為中陰。若已受生於六道中，則不名中陰。其附人說苦樂事者，皆其神識作用耳。投生，必由神識與父母精血和合。是受胎時，即已神識住於胎中。生時，每有親見其人之入母室者，乃係有父母交媾時，代為受胎。迨其胎成，本識方來，代識隨去也。

그래서 소동파가 송나라 시대 원택圓澤선사의 모친이 임신 3년 후 해산한 사실을 진술[202] 한 연유는 바로 이런 경우다. 그러나 이는 일반적인 설법이니, 반드시 중생의 업력이 불가사의함을 알아야 한다. 예컨대 정업을 이미 성취한 자는 몸이 아직 죽지 않아도 신식은 오히려 이미 정토에 나타난다. 악업이 깊고 무거운 자는 병상에 누워 있으나, 신식의 영아(神嬰)은 이미 저승(幽冥)에 이르러 벌을 받고 있다. 목숨이 다하지 않았을지라도 신식은 이미 환생하여, 장차 태어날 때 비로소 전체 심신이 저 태반 속 생명체(胎體)에 붙는다. 이러한 이치도 물론 일리가 전혀 없는 것은 아니지만, 대신하여 수태한다는 설법을 일반적으로 삼는 것이 대부분이다. 삼계의 일체제법은 유심唯心이 나타난 것이다. 중생은 비록 미혹할지라도 그것은 업력의 부사의처이고, 바로 심력의 부사의처이며, 또한 제불신통도력의 부사의처이다.

故為居士陳其所以圓澤之母，懷孕三年，殆即此種情事耳。此約常途通論。須知衆生業力不可思議，如淨業已成者，身未亡而神現淨土。惡業深重者，人臥病而神嬰罰於幽冥，命雖未盡，識已投生。迨至將生，方始全分心神附彼胎體。此理固亦非全無也。當以有代為受胎者，為常途多分耳。三界諸法，唯心所現。衆生雖迷，其業力不思議處，正是心力不思議處，亦是諸佛神通道力不思議處。(正) 同上

201) 사람이 어머니의 몸에 수태하는 시기로 매우 고통스럽다. 만약 복보가 없으면 그밖에 어떤 사람이 수태를 대체할 수 없다.

202) 이 이야기는 석상정혼(石上精魂)으로 소동파의 《승원택전僧圓澤傳》에서 상세하게 볼 수 있다. 당나라 때의 고승 원택圓澤스님이 그의 친구 이원李源과 함께 삼협에 이르러 어느 물 긷는 부인을 보고는 이원에게 말하기를, "저 부인이 바로 내 몸을 의탁할 곳이다. 앞으로 12년 뒤에 항주의 천축사 뒷산의 삼생석三生石에서 서로 다시 만나자." 하고는 그날 밤에 원택이 죽었다. 그 후 12년 만에 이원이 약속대로 그곳을 찾아가 보니, 과연 원택이 목동으로 환생하여 노래하기를, "삼생석 위 어린 옛 정혼이여 풍월을 읊는 것은 논할 필요도 없네. 친구가 멀리서 찾아와 주니 부끄러워라. 이 몸은 비록 달라졌지만 본성은 길이 간직해라(三生石上舊精魂 賞月吟風不要論 慚愧情人遠相訪 此身雖異性長存].)" 하였다.

[보충] 「중음신中陰身」의 형성

제8식이 몸을 떠나면 일찰나에 곧 「중음신中陰身」을 형성한다. 「중음신」은 제8식이 이전 오음신에서 떠난 후 아직 한 기간의 오음신이 형성되기 전 중간에 잠시 형성되는 하나의 오음신이다. 도대체 한 도道의 중음신이 어떻게 형성되는가? 발단은 죽는 순간인 「난심위亂心位」 상에 현행을 일으키는 업종자를 보아 그 한 도道의 중음신에 상당하여 정해진다. 만약 인간도의 선업종자(오계 등을 지킴)가 현행하면 제8식 속 인간도의 과보인 무기無記 명언종자名言種子의 현행(제8식에는 삼계육도의 명언종자가 선천적으로 각각 다르게 함장되어 있다)을 견인하여 인간도의 중음신이 형성되고, 축생도의 악업종자(삿된 음행 등을 행함)가 현행하면 제8식 속 축생도의 과보인 무기명언종자의 현행을 견인하여 축생도의 중음신이 형성된다.

그래서 중음신의 형성은 각 도道의 명언종자를 친인연親因緣으로 삼고, 업종자를 증상연增上緣으로 삼으며, 증상연을 업종자를 견인하는 주력主力으로 삼음을 제외하고 그밖에 여전히 「자체애自體愛」를 윤택하게 하는 조력助力으로 삼음이 필요하다. 이른바 「자체애」는 중생이 무시이래 나에 대한 애착이 끊임없이 현행함을 가리키는 까닭에 한 기간의 임종 단계에 자신은 장차 없다고 여기고 곧 지극히 자신을 애착한다. 이러한 지극히 무거운 「자체애」는 업종자 및 명언종자의 현행을 윤택하게 할 수 있어 과果가 되고, 그 때문에 "본유本有(원본 오음신)는 사라지고, 중유(중음신)가 생겨난다!"

또한 중음신의 형류(形類; 모습)는 어떠한가?

답하되, 「산 사람의 형상과 비슷하다(彷彿生陰)」. 경론에 이르길 「환생할 도에 따라 형류가 저것과 같다(隨所當生 形類同彼)」. 장차 환생하여야 할 그 한 도의 오음五陰의 신상身相과 비슷하다. 그러나 형량形量은 비교적 작다. 장차 인간도에 환생하면 그 중음신은 인간세상에서 대여섯 살 아이와 같다. 또한 장치 소나 말로 환생하면 그 중음신은 작은 소, 작은 말과 같다.

또한 중음신의 수명은 어떠한가?

답하되, "환생의 기연(生緣)을 얻지 못하면 7일에 죽고 다시 태어난다." 중음신의 수명은 지극히 짧게는 한 순간(一念)이고 지극히 길게는 49일이다. 49일 내에 환생의 기연을 만나지 못하면 7일 마다 죽고 다시 태어난다. 그렇다면 죽고 다시 태어나는 중음신은 원본 중음신과 같은 부류인가? 혹은 다른 부류인가? 경론에 이르시길, "혹 동류로 태어나거나 혹 다른 업으로 바뀜으로 말미암아 나머지 부류로 태어난다." 어떤 것은 같은 부류이고, 어떤 것은 다른 부류이다. 권속이 독경과 염불로 여러 공덕을 짓고 이로 말미암아 복덕과 지혜의 선업력이 증상연이 되는 까닭에 중음신을 다른 부류로 바뀌게 한다. 인간도의 중음신이 천상도의 중음신으로 바뀌는 것과 같다. 혹은 권속이 살생하여 제사를 지내고 여러 죄업을 지어서 나쁜 업력을 증상연으로 삼는 까닭에 또한 중음신이 다른 부류로 전변한다. 인간도의 중음신이 귀신도의 중음신이나 축생도의 중음신으로 전변하는 것과 같다.

_이병남거사 《불학개요십사강표佛學概要十四講表》 제5강 인생 삼제三際의 비결, 십이인연

[10] 사토를 논하다 (論四土)

[제287칙] **범성동거토 · 방편유여토 · 실보장엄토 · 상적광토**

범성동거토凡聖同居土는 업을 지닌 채 왕생하는 범부를 위해 세운 것이고, 방편유여토方便有余土는 견사혹을 끊은 작은 성인을 위해 세운 국토로 부처님께서 계시는 곳이라 말할 수 없다. 만약 부처님께서 계시는 곳을 말하면 서방사토西方四土 전체가 상적광토常寂光土일 뿐만 아니라 곧 이 오탁악세 · 삼악도 역시 부처님으로부터 보면 어디에 상적광토 아닌 곳이 있겠는가? 그래서 말씀하시길, "비로자나, 일체 처에 두루 하시는 그 부처님께서 머무시는 곳을 적광이라 이름한다(毗盧遮那 遍一切處 其佛所住 名常寂光)." 하셨다. 일체처에 두루 하는 상적광토는 오직 광명이 두루 비추는 비로자나 법신을 원만히 증득하는 자여야 직접 수용할 수 있고, 그 나머지는 모두 사토를 분증分證할 뿐이다. 만약 십신十信 이하이면 범부의 경우 이체에서는 유이지만, 사상에서는 없다. 상세히 알고자 하면 마땅히 《미타요해론사토문彌陀要解論四土文》를 연구하여야 한다. 《범망현의梵網玄義》에서도 매우 구체적인 설명이 있다. 비로자나는 "광명이 두루 비춘다"로 해석되고, "일체처에 두루 한다"는 말로서 일체제불이 구경의 극과極果인 청정한 법신을 원만히 증득하는 공통 명호이고, 원만보신 "노사나불"도 또한 그러하다. 만약 석가 · 미타 · 약사 · 아촉 등 불호는 화신불 각자의 별도 명호이다. 노사나는 "정만淨滿"으로 해석되는데, 그 혹업이 조금도 남지 않고 복덕과 지혜가 원만하기 때문이다. 이는 지덕智德 · 단덕斷德 두 가지 덕으로 감득하는 과보를 말한다.

以下論四土凡聖同居、方便有餘二土，乃約帶業往生之凡夫，與斷見思惑之小聖而立。不可約佛而論。若約佛論，非但西方四土，全體寂光。即此五濁惡世，三途惡道，自佛視之，何一不是寂光。故曰：毗盧遮那，遍一切處，其佛所住，名常寂光。遍一切處之常寂光土，唯滿證光明遍照之毗盧遮那法身者，親得受用耳。餘皆分證。若十信以下，至於凡夫，理則有而事則無耳。欲詳知者，當細研彌陀要解論四土文。而梵網玄義，亦復具明。毗盧遮那，華言光明遍照，亦云遍一切處，乃一切諸佛究竟極果滿證清淨法身之通號，圓滿報身盧舍那佛亦然，若釋迦彌陀藥師阿（音同觸ㄔㄨˋ）等，乃化身佛之各別名號耳，盧舍那，華言淨滿，以其惑業淨盡，福慧圓滿，乃約智斷二德所感之果報而言。

또한 실보장엄토 · 상적광토는 본래 하나의 정토에 속하지만, 자성에 칭합하는 과를 말하면 실보장엄토이고, 구경에 증득하는 이체를 말하면 상적광토이다. 「초주初住」는 처음 실보장엄토에 들어가고, 상적광토를 분증한다. 「묘각妙覺」은 상상上上의 실보장엄토이고, 구경의 상적광토이다. 「초주」에서 「등각」에 이르기까지는 두 정토 모두 분증에 속하고, 「묘각」의 극과는 두 정토 모두 구경에 속한다. 강설하는 자는, 실보장엄토를 오직 분증에 근거하여 말하고, 상적광토는 오직 구경에 근거하여 말한다. 상적광토는 상이 없고 실보장엄토는 화장세계 바다 미진수의 불가사의하고 미묘한 장엄을 갖추고 있다. 비유컨대 허공의 본체는 결코 삼라만상은 아니지만, 일체 제상은 모두 허공에서

마음껏 발휘할 수 있다. 또한 보배거울은 텅 비고 밝아 환히 통하지만 그 속에는 한 물건도 없으며, 외국인이 오면 외국인의 모습이 나타나고, 우리나라 사람이 오면 우리나라 사람의 모습이 나타난다. 실보장엄토와 상적광토는 곧 하나이되 둘이고, 곧 둘이되 하나이다. 단지 사람이 쉽게 이해할 수 있도록 억지로 두 정토의 말을 한 것이다.

又須知實報寂光，本屬一土。約稱性所感之果，則云實報。約究竟所證之理，則云寂光。初住初入實報，分證寂光。妙覺乃云上上實報，究竟寂光。是初住至等覺，二土皆屬分證。妙覺極果，則二土皆屬究竟耳。講者於實報則唯約分證，於寂光則唯約究竟。寂光無相，實報具足華藏世界海微塵數不可思議微妙莊嚴。譬如虛空，體非群相。而一切諸相，由空發揮。又如寶鏡，虛明洞徹，了無一物。而復胡來胡現，漢來漢現。實報寂光，即一而二，即二而一。欲人易了，作二土說。(正) 復永嘉某居士書五

[보충]《**미타요해론사토문彌陀要解論四土文**》

[1]

[요해] 왕생에는 사토가 있는데, 각각 구품으로 논한다. 또한 사토에 왕생하는 모습을 간략하게 밝힌다.(往生有四土 各論九品 且略明得生四土之相)

[친문기] 이 사토를 해석함에 가로가 있고 세로가 있으며, 정토와 예토의 두 뜻이 있다. 사바세계를 근거로 예토이고, 극락세계를 근거로 정토이다. 첫째, **범성동거토凡聖同居土**이다. 이는 삼계三界 · 이십오유二十五有의 중생이 선업 · 악업 · 부동업不動業으로 말미암아 감득한 것을 말한다. 천상 · 인간 · 아수라 · 지옥 · 아귀 · 축생 육도의 구별이 있다. 그리고 성인이 동거한다. 그래서 범성동거토라 한다. 동거하는 성인에도 두 가지가 있다. (1) 권현權現으로 방편 · 실보 · 적광의 상위 삼토에 머물면서 또한 사바세계에 흔적을 남기는 자가 그것이다. (2) 실과實果로 이미 견사見思를 끊어 삼승과를 증득하였지만 열반에 들지 못한 자가 그것이다. 이러한 권과 실, 두 성인의 동거가 있어 범성동거토라 한다.

만약 극락동거정토에 근거해 말하면 무루정업無漏淨業으로 감득한 것으로 순수하게 염불중생이 왕생한다. 이 정업은 유루업이 아니니, 사악취四惡趣가 없고 사공천四空天 및 외도 천마왕 등의 천상이 없다 순수하게 영원히 보리도에 퇴전하지 않는 지위인 정정취正定聚에 들어가니, 앞으로 퇴전할 가능성이 있는 부정취不定聚 및 완전히 선근의 싹이 끊어진 사정취邪定聚는 없다. 이에 타방중생이 정업행을 닦아 업을 지닌 채 왕생하지만, 아직 견사혹을 끊지 못하여 잠시 범부라 한다. 성인은 또한 권과 실이 있으니, 사바세계와 같다.

둘째, **방편유여토方便有餘土**이다. 사바세계를 근거로 논하면 견사혹을 끊고 이승과를 증득하여 방편도를 닦는 자가 노닐며 거하는 정토이다. 분단생사分段生死를 여의었지만, 여전히 변역생사가 있다. 견사혹을 깨뜨렸지만, 나머지 미혹은 끊지 못하였다. 그래서 유여有餘라 한다. 정토를 근거로 논하면 사바 삼계를 벗어나 극락에 태어난다. 동거를 벗어나지 않지만, 방편토를 넘어선다. 무릇 왕생한 자는 순수하게 보살이다. 성문일지라도 정성定性의 이승은 아니다. 이를 테면 서방극락에 왕생하여 무량수를 갖추고 정진할 수 있는 까닭이다. 그러나 같은 견사혹을 끊어 성문이라 한다. 나머지 미혹은 끊지 못하여 또한 방편유여토라 한다.

셋째, **실보장엄토實報莊嚴土**이다. 자성에 칭합하여 수행을 일으켜 진사혹을 끊고 또한 무명을 분단分斷하여 실보의 과보를 감득한다. 몸이 정토에 나타날 수 있고, 정토가 몸에 나타날 수 있다. 속중俗中 제리(諦理; 진리)로써 장엄하는 대상(所莊嚴)을 삼고, 가중假中 관지觀智는 장엄하는 주체(能莊嚴)이다. 능과 소가 일여이고 자성에 칭합하여 감득하는 실보장엄인 까닭에 실보장엄토라 한다.

넷째, **상적광정토常寂光淨**이다. 이는 곧 여래께서 증득하신 삼덕三德의 비밀장엄(祕藏)이다. 상常은 곧 법신이고, 적寂은 곧 해탈이며, 광光은 곧 반야이다. 또한 삼덕은 모두 항상(常)하니, 예로부터 변하지 않는다. 삼덕은 모두 고요(寂)하니, 오주혹五住惑을 여읜 까닭이다. 삼덕은 모두 광光이니, 지극히 밝고 맑은 까닭이다. 이에 청정법신이 머무는 것이다. 지혜를 근거로 신身이라 하고, 이체를 근거로 토土라 한다. 몸과 국토가 일여하여 두 가지 상이 없다. 염불하여 서방극락에 태어나는 자는 오주혹을 원만히 끊고 상적광을 원만히 증득한다.

「각각 구품으로 논한다」 함은 견사見思에 경중이 있어 동거토에서 구품의 고저를 느낀다. 진사塵沙에 경중이 있어 방편토 구품의 고저를 느낀다. 무명에 경중이 있어 실보토 구품의 고저를 느낀다.

[요해] 만약 부처님 명호를 집지하여도 아직 견사혹을 끊지 못하였다면, 그 틈을 내어 염불하는 산념散念이나 빠짐없이 염불하는 정과定課에 따라 범성동거토에서 태어나고 삼배구품으로 나누어진다.(若執持名號 未斷見思 隨其或散或定於同居土 分三輩九品)

[친문기] 견사見思란 이체에 미혹하여 분별을 일으킴을 견見이라 하고, 경계에 대해 증애를 일으킴을 사思라고 한다. 견혹見惑은 속 오리사(五利使; 아주 맹렬하고 예리한 미혹 5가지)이고, 삼계三界의 사제四諦를 적용하여 88사가 있다.

(1) **신견身見**은 사대를 자신의 상으로 망녕되이 인식하여 아我와 아소我所에 집착함을 말한다.

(2) **변견邊見**은 단상斷常 이견을 끊음을 말한다. 단견斷見은 사람이 죽으면 단멸로 돌아간다고 말한다. 이른바 한 영의 진성(一靈眞性)은 태허로 돌아간다. 사람은 죽어 사람이 되고 양은 죽어 양이 된다고 말한다.

(3) **사견邪見**은 선악 인과의 이치가 없다고 부정하는 것을 말한다. 선을 지어도 선한 과보가 없고, 악을 지어도 악한 과보가 없다는 견해 등이다.

(4) **계취戒取**는 비록 인과가 없다고 부정할지라도 인因이 아닌 것을 인이라고 헤아려 집착함을 말한다. 소와 개 등의 계를 지녀서 정인正因에 도달하지 못한다. 그리고 불제자에 이르러 계상戒相에 집착하여 분명히 능지能持의 사람과 소지所持의 계가 있다고 여겨, 계는 본래 상이 없음을 깨닫지 못함도 계취에 속한다.

(5) **견취見取**는 과가 아닌 것을 과라고 헤아려 집착함을 말한다. 사선四禪 사공四空 무상無想 등의 정定에 집착하여 열반으로 여긴다.

사혹思惑은 오둔사(五鈍使; 오리사보다 둔한 미혹 5가지)이다. 삼계의 사제를 적용하여 81품이 있다. 탐 · 진 · 치, 오만, 의심을 말한다. 사使라 총칭함은 팔식의 심왕이 파견(差使)하였음을 말한다. 삼계를 수직으로 벗어남을 말하면 반드시 견사 이혹을 다 끊어야 한다. 정토의 **횡초橫超법문**을 말하면 신원행이 간절하기만 하면 반드시 업을 지닌 채 왕생한다. 만약 사바예토에서 간절한 마음과 공경 정성심으로 노실하게 염불하여 견사혹을 조복하면 곧 극락동거토의 삼배구품에 태어날 수 있다. 삼배는 곧 상중하 삼배이고, 각각 삼품이 있어 총 구품이다.

[요해] 만약 사일심불란에 이르도록 명호를 집지하면, 견사혹이 있는 그대로 저절로 먼저 떨어지니, 곧바로 방편유여토에 태어난다.(若持至事一心不亂 見思任運先落 則生方便有餘土)

사일심불란事一心不亂이란 가거나 머물거나 앉거나 눕거나 언제든지 「아미타불」 한마디 만덕홍명을 여의지 않음을 말한다. 순경과 역경과 증애를 일으키지 않고 견사혹에 산란되지 않아 아공我空을 얻을 수 있다. 정염불(正念佛; 무상염불)할 때 비록 어떤 사람이 찬탄할지라도 기뻐하지 않고, 어떤 사람이 괴롭혀도 성내지 않으면 아상 · 인상 · 중생상이 모두 공空하여 견사혹이 있는 그대로 저절로(任運) 끊어진다. 그리고 수행인은 뜻을 염불에 두고, 미혹을 끊었는지 여부는 논하지 말라. 그리고 견사의 거친 미혹이 먼저 떨어지고, 무명은 미세한 까닭에 나중에 끊어진다. 이를테면 쇠를 두드리는 자는 뜻을 칼을 이루는데 두고, 거친 때가 비록 떨어질지라도 기쁘다고 생각하지 않는다. 염불하는 자는 뜻을 극락왕생에 두고 거친 미혹이 비록 떨어질지라도 신경을 쓰지 않는다. 이와 같이 견사의 거친 미혹이 끊어져 사일심事一心을 얻으면 임종시에 곧 사바예토를 횡으로 벗어나(橫超) 극락방편유여토에 태어난다.

[요해] 만약 이일심산란에 이르면 일품 무명에서 41품 무명까지 활연히 타파되니, 곧바로 실보장엄정토에 태어나고, 또한 상적광토를 분증한다.(若至理一心不亂 豁破無明一品 乃至四十一品 則生實報莊嚴淨土 亦分證常寂光土)

이일심불란理一心不亂이란 사일심불란을 따라 양변에 떨어지지 않고, 중도의 진리(中道理)를 보아 무명혹을 깨뜨리고 양변에 산란되지 않음을 말한다. 무명無明이란 분명히 깨달음이 없다는 뜻이다. 범부 중생은 진제眞諦를 알지 못해 유有에 집착한다. 이승二乘의 중생은 속제俗諦를 깨닫지 못해 공空에 빠진다. 보살중생은 원만한 중도(圓中)를 깨닫지 못해 양변에 집착한다. 안으로 공관을 닦아 깊고 고요함(湛寂)과 밖으로 제도할 수 있는 중생이 있음은 모두 무명 속에 있다. 오직 부처님만이 42품 무명을 다 끊어 구경에 열반의 산 정상에 오른다. 이른바 무명의 큰 꿈은 이미 밝아서 곧 상적광의 구경불이 될 것이다. 일품무명을 깨뜨리면 초발심주(初發心住; 가假로부터 공空에 들어가는 관법을 이루어 참 무루지無漏智를 내고 마음이 진제의 이치에 안주하는 지위)에 들어가고 41품 무명까지 깨뜨려 등각위等覺位에 들어간다. 실보장엄토에 태어남이란 이 동거예토로부터 횡으로 벗어나 극락실보토에 태어남을 말한다. 이 정토의 찰진刹塵은 의보·정보가 서로 융합하여 항상 장엄하다. 증득한 것을 근거로 말하면 곧 상적광이니, 마명 용수 천태지자 영명연수 등이 곧 이 국토에 태어났다.

[요해] 만약 무명을 전부 다 깨뜨리면 곧 이것은 최상의 실보장엄토이고, 구경의 상적광토이다. (若無明斷盡 則是上上實報 究竟寂光也)

앞에서 견사혹을 조복하면 범성동거토에 태어나고, 견사혹을 끊으면 방편유여토에 태어나며, 무명을 끊으면 실보장엄토에 태어난다고 하였다. 무명을 다 끊으면 실보장엄토의 상상품이다. 구경적광이란 묘각위妙覺位에 올라 구경에 법신·반야·해탈의 삼덕비장三德祕藏이다. 앞 삼토는 모두 왕생을 말하고, 이 국토는 곧 이것이라고 말한다. 앞은 인위因位로 무명이 다하지 못하였다. 내지 등각조차도 일품의 생상무명生相無明이 있어 모두 가생可生이 있다. 그래서 문수 보현 선재 등은 모두 왕생을 발원한다. 지금 과위는 영원히 무명을 끊는 까닭에 곧 이것이라고 말한다. 이른바 대지가 다하도록 상적광이 아님이 없다. 그래서 말할 수 있는 왕생이 없다.

[2]

[요해] 대체적으로 불토에는 네 가지가 있고, 이는 다시 각각 예토와 정토로 나뉜다. 첫째는 **범성동거토**이다. 오탁이 무거우면 예토이고, 오탁이 가벼우면 정토이다.(然佛土有四 各分淨穢 凡聖同居土 五濁重者穢 五濁輕者淨)

불토는 하나도 없거늘 어떻게 네 가지가 있을까. 중생의 무명에 경중이 있는 까닭에 사토를 감득함에 구별이 있다. 오탁에 경중이 있는 까닭에 사토를 감득함에 정토와 예토가 있다. 먼저 동거의 정토와 예토의 상을 밝힌다. 오탁五濁이란 성수性水는 본래 청정하지만, 진로塵勞로 인해 탁濁을 이룬다. 진로에는 체가 없고 성수에 의지해 상이 있다. (1) 겁탁劫濁은 사탁이 격화됨이 체이고, 불타올라 멈춤이 없음이 상이다. (2) 번뇌탁煩惱濁은 오둔사五鈍使가 체이고, 괴롭히고 핍박함이 상이다. (3) 중생탁衆生濁은 세 가지 연이 화합함이 체이고, 윤회가 쉬지 않음은 상이다. (4) 견탁見濁은 오리사五利使가 체이고, 삿된 앎과 그릇된 이해가 상이다. (5) 명탁命濁은 수壽 완暖 식識 세 가지가 체이고 나이를 재촉하여 감소시킴이 상이다. 경중으로 정토와 예토로 나뉜다 하면 이를테면 삼악도는 오탁이 무거워 예토이고, 인간도는 오탁이 가벼워 정토이다. 인간도는 천상도와 견주면 인간도는 예토이고 천상도는 정토이다. 욕천欲天은 예토이고 선천禪天은 정토이다. 사바세계는 전부 예토이니, 고·공·무상인 까닭이다. 극락은 전부 정토이니 범부가 성인을 본받는 까닭이다.

[요해] 둘째는 **방편유여토**이다. 사대오온인 이 몸을 분석하여 필경 '나'라고 할 만한 것이

없다는 아我가 공함을 깨닫지만, 법法이 공함을 깨닫지 못해 관하여 견사혹을 끊어 생사바다를 건너 증득해 들어가면 예토이고, 제법의 당체가 본래 공하여 교묘하게 관하여 견사혹을 끊어 생사 바다를 건너 증득해 들어가면 정토이다. (方便有餘土。析空拙度，證入者穢。體空巧度，證入者淨。)

이는 방편토의 정토 · 예토 상을 밝힌 것이다. 방편토는 인간도의 삶에 아홉의 구별이 있다. 이는 장교 이승, 통교 삼승, 별교 삼현, 원교 십신을 말하는데, 모두 견사혹을 이미 끊었지만, 무명을 깨뜨리지 못하여 방편토에 기거한다. **장교의 이승**은 색 그대로 공임을 깨닫지 못하고, 삼라만상 하나하나를 분석하여 공하다고 관하는 석공관析空觀에 근거하여 견사혹을 끊고 분단생사를 건너가 증입하는 것이 예토이다. 법집이 중한 까닭에 관하는 지혜가 서툴기 때문이다. 만약 **통교의 삼승**이면 삼라만상의 존재가 그대로 공하다고 보는 체공관體空觀에 근거하여 견사혹을 끊고 분단생사를 건너 증입하는 것이, 소견은 정토이다. 법집이 가벼운 까닭에 관하는 지혜가 공교하기 때문이다. 또한 **통교**는 예토로 중도에 도달하지 못한 까닭이고, **별교**는 정토로 중도를 요달한 까닭이다. 별교도 또한 예토로 즉중即中을 요달하지 못한 까닭이고, 오직 **원교의 십신**이 보는 것이 곧 정토로 이미 무명을 조복한 까닭이다. 석공과 체공을 말함이란 사대오온으로써 이 몸을 분석하여 아와 아소를 찾을래야 찾을 수 없는 까닭에 석공析空이라 한다. 체공體空은 곧 아공뿐만 아니라 법도 또한 환과 같다. 일체법을 체달하여 당체가 그대로 공인 까닭에 체공體空이라 한다. 극락은 대방편이니, 소승은 모두 대승을 향하는 까닭이다.

[요해] 셋째는 **실보무장애토**이다. 차제 삼관三觀으로 증득해 들어가면 예토이고, 일심 삼관으로 증득해 들어가면 정토이다. (實報無障礙土 次第三觀證入者穢 一心三觀證入者淨)

실보토는 별교의 십지 및 등각 · 묘각, 그리고 원교의 41위 이와 같은 별교와 원교의 보살이 거하는 곳이다. 차제 3관은 별교의 닦는 것이다. 말하자면 십신十信은 석공析空을 닦아 견사혹을 조복하고, 십주十住는 체공體空을 닦아 견사혹을 끊어 방편토로 들어간다. 십행十行은 가관假觀을 닦아 진사혹을 깨뜨리고, 십향十向은 중관中觀을 닦아 무명을 조복한다. 초지初地는 일분의 무명을 깨뜨리고 일분의 중도를 증득하여 비로소 실보에 들어간다. 지혜가 원만하지 않은 까닭에 보는 것인 국토의 상은 곧 예토이다. 일심삼관은 원교보살이 닦는 것이다. 일념심으로 관할래야 관할 수 없음을 공空이라 한다. 능과 소가 완연함을 가假라고 한다. 능소가 완연할지라도 자성은 늘 저절로 공이고, 공과 가는 둘이 아님을 중中이라 한다. 즉 셋이되 하나이고 곧 하나이되 셋임을 일심삼관一心三觀이라 한다. 이 관을 이루면 삼혹三惑을 원만히 닦고, 삼덕三德을 원만히 증득한다. 그래서 초발심주는 곧 무명을 깨뜨리고 삼덕을 증득하여 실보에 들어간다. 관지가 원융하여 보이는 것인 국토의 상은 곧 정토이다. 극락은 실보정토이니, 증득하는 것이 원돈인 까닭이다.

[요해] 넷째는 **상적광토**이다. 분증하면 예토이고, 구경청정하고 원만한 무상보리를 증득하면

정토이다.(常寂光土 分證者穢 究竟滿證者淨)

이 국토는 여래께서 거하시는 국토이다. 만약 별교의 묘각에 근거하여 본교에서는 비록 구경이라 칭할지라도 12품 무명을 끊음은 곧 분증위分證位이다. 그래서 분증하면 예토라고 말한다. 무명은 근원까지 궁구하지 않은 까닭이다. 만약 구경만증究竟滿證을 논하면 원교의 묘각이 무명의 근원이 다하도록 구경 청정 원만한 대각이다. 극락은 적광이고, 청정한 수용이 부처님과 같은 까닭이다.

[요해] 지금 말하는 극락세계는 바로 동거정토를 가리킨다. 또한 횡으로는 방편유여토 · 실보무장애토 · 상적광토 등 삼정토를 그대로 다 갖추고 있다. (今云極樂世界 正指同居淨土 亦即橫具上三淨土也)

동거정토는 곧 위 삼정토를 횡으로 갖추고 있다 그래서 "수많은 상선인들과 한곳에 모여 살 수 있다(諸上善人 俱會一處)." 그래서 부처님께서도 함께 거하시니, 곧 적광토이다. 보살도 함께 거하니, 곧 실보토이다. 성문도 함께 거하니, 곧 방편토이다. 또한 동거 곧 방편토이다. 또한 동거정토는 횡으로 위 삼정토를 갖춘다. 방편토는 횡으로 위 두 정토를 갖춘다. 실보토는 횡으로 위 한 정토를 갖춘다. 그래서 동거토의 청정한 경계는 진속이 원융하고 불가사의하다고 말한다.

[요해] 이는 수덕修德을 논하지 성덕性德을 논하지 않는다. 성덕은 곧 일체 미진이 원래 그대로(法爾) 네 가지 정토와 예토, 불국토를 갖추고 있다. 지금 신원행 삼자량을 근거로 「아미타불」 명호는 불가사의한 까닭에 범부가 감득한 동거극락정토가 가장 청정할 수 있다. 이는 곧 시방 불국토에는 없는 것이고 극락 동거정토에 홀로 뛰어나다. 이것이야말로 극락정토의 종지이다. 아래에 뜻을 밝히는 부분은 모두 그러하다. (此論修德, 不論性德. 性德則一切微塵, 法爾具足四種淨穢佛土. 今約信願行三, 彌陀名號, 不可思議故. 能令凡夫所感同居極樂, 最極清淨也. 此則十方佛土所無, 極樂同居獨擅, 方是極樂淨土宗旨. 下明義處皆然.)

이 단락의 행은 글자 수는 적지만 때가 되어 대사가 비판하신 것이다. 「일체 미진이 불국토를 갖추고 있다」 함은 만법은 유심이니 미진 또한 유심임을 말한다. 마음이 청정한 까닭에 국토도 청정하고 마음이 더러운 까닭에 국토도 더럽다. 있는 그대로(任運) 이체인 까닭에 「원래 그대로 갖추고 있다」고 말한다. 극락세계는 비록 수덕일지라도 또한 성덕이 본래 갖추어진 것이다. 그래서 수덕이 아니면 또한 드러나지 않는다.
_보정寶靜법사 강술, 《아미타경阿彌陀經要解親聞記》

[11] 사리를 논하다 (論舍利)

[제288칙] 사리는 계정혜의 힘으로 이룬 것이다

사리舍利는 범어로 「신골身骨」이라 하고, 「영골靈骨」이라 한다. 이는 수행인이 계·정·혜의 힘으로 이룬 것이지, 정·기·신을 단련하여 이룬 것이 아니다. 이는 단지 마음과 도가 합한 것이고 마음과 부처가 합한 것의 표상일 뿐이다. 반드시 사후에 화장하여 그 몸·살·뼈가 사리로 변하는 것은 아니다. 옛날 한 고승은 목욕하면서 사리를 얻었고, 설암흠雪巖欽선사는 머리를 깎았는데 그의 두발이 사리 한 꿰미로 변했다. 또한 어떤 이는 지심志心으로 염불하면서 입에서 사리를 얻었고, 또 어떤 이는 《용서정토문龍舒淨土文》 판각을 새겼는데, 판각에서 사리가 나왔다. 어떤 이는 수를 놓아 부처님의 형상과 경전을 만들고서 바늘 아래 사리를 얻었다. 어떤 스승은 사후 다비식에서 사리가 무수히 많아 곁에 있던 제자들은 모두 얻었다. 단 한 명만이 멀리 여행을 떠났다가 돌아온 뒤 스승의 상 앞에서 제사를 지내고 기도를 올리면서 마음 깊이 슬퍼하자 사리를 얻었다. 송나라 장경長慶의 한閑선사는 원적하여 다비식을 하는 날 큰 바람이 사방에서 불어와 연기가 3, 4리나 날아가 지붕 위, 나무 위, 풀 위, 연기가 도달한 곳은 모두 사리가 있어 다 모아보니 40여 말이나 되었다. 이로써 사리는 도력으로 이루는 것임을 알아야 한다. 단학 수련자는 그 원인을 모르고서 정기신을 단련한 것이라 함부로 추측한다.

以下論舍利言舍利者，係梵語。此云身骨，亦云靈骨。乃修行人戒定慧力所成，非煉精氣神所成。此殆心與道合，心與佛合者之表相耳。非特死而燒之，其身肉骨發變為舍利。古有高僧沐浴而得舍利者，又雪岩欽禪師剃頭，其發變成一串舍利。又有志心念佛，口中得舍利者。又有人刻龍舒淨土文板，板中出舍利者。又有繡佛繡經，針下得舍利者。又有死後燒之，舍利無數，門人皆得，有一遠遊未歸，及歸致祭像前，感慨悲痛，遂於像前得舍利者。長慶閑禪師焚化之日，天大起風，煙飛三四十里，煙所到處，皆有舍利，遂群收之，得四石餘。當知舍利，乃道力所成。丹家不知所以，妄臆是精氣神之所煉耳。(正) 復鄺隱叟書

[편자역주] 인광대사의 다비식 다음 날 오색 사리 구슬 백여 과를 거두었다. 아주 둥글고 영롱하여 광명이 가득하였다. 또한 크고 작은 사리 꽃과 혈 사리 및 치아 사리 32과 등이 천여 과나 되었다. 산에 있던 승려와 신도들은 모두 희유하다 놀라지 않을 수 없었다. 또한 우시(無錫)에 사는 원덕상 거사는 영골 부스러기를 가지고 가서 집에 도착해 열어보니 갑자기 영골 안에 무수한 사리가 나타나 광휘가 눈을 사로잡았다. 이에 다가가 지심으로 흠모하며 우러러 보았다.

[역주] 송나라 때 여원익呂元益거사는 《용서정토문龍舒淨土文》을 판각하였는데 《축원편祝願篇》에 이르자 판에서 세 차례 사리가 분출하였다고 한다. 이러한 신골이 아닌 사리는 현대인에게도 얻을 수 있다.

부처님께 연등을 공양할 때 정성이 지극하면 등화(燈花; 등불의 심지에 맺히는 불똥)에서 사리를 얻을 수 있다. 이것이 곧 불교에서 말하는 「등화보희燈花報喜」다. 인광대사의 귀의제자인 양패楊佩 거사는 등화에서 사리를 얻었다고 한다. 1947年, 소주蘇州 영암산사靈岩山寺에서 간행한 《대세지보살염불원통장大勢至菩薩念佛圓通章》(인공친서印公親書·정공강의靜公講義) 날, 보살 성탄일을 맞이해서 등잔받침에서 비교적 큰 사리 한 과가 발견되었는데, 둥글고 영롱하며 새하얀 것이 마치 수정구슬 같았다. 인광대사께서는 이는 "정성이 지극하면 부처님의 자비 가피로 이를 시현하시는 것이기" 때문이라고 하셨다.

[제289칙] **부처님의 사리는 불가사의하다**

부처님의 사리는 더욱 더 신변神變이 무궁하다. 수隋 문제文帝가 아직 황제가 되기 전, 한 인도 승려가 사리 여러 과를 바쳤는데, 왕위를 이어받아 등극한 후 보니, 수백 과로 변해 있었다. 그래서 50여 좌의 보탑을 건립하여 부처님 사리를 공양하였다. 아육왕사阿育王寺의 사리탑은 두 손으로 받쳐 들어 보면 사람마다 각자 다르게 보였다. 다른 사람 혹은 같은 사람이 다른 시간에 보면 크기와 높이 및 안색이 전변하여 달리 보였는데, 이는 범부의 견해로는 헤아릴 수 없는 것이었다. 세상 사람이 망령된 견해로 불법을 추측하면 단지 그 손실만 얻을 뿐, 그 이익은 누릴 수 없다.

佛舍利，更為神變無方。如隋文帝未作皇帝時，一梵僧贈舍利數粒，及登極後視之，則有許多粒。（數百）因修五十多座寶塔，阿育王寺之舍利塔，可捧而觀，人各異見。或一人一時，有大小高下轉變，及顏色轉變，及不轉變之不同，是不可以凡情測度者。世人以凡情測佛法，故只得其損，不受其益也。（三）復楊佩文書

[보충] "대가섭大迦葉 존자께서는 부처님의 사리舍利를 여덟으로 나누어, 삼장三藏을 결집結集하셨다."

《장아함경》에 이르길, "가섭 존자가 필발라畢鉢羅 굴에서 나와 사유소(闍維所; 화장터)에 도달하니 부처님께서 금관에서 두 다리를 드러내셨다. 가섭이 예를 끝내고 화장을 마친 뒤 사리를 거두었다." 전傳에서는 법을 나누길, 먼저 인人 · 천天 · 해海로 삼분하고 인간세상의 일분을 다시 여덟으로 나누었다고 하니, 이는 《아함》과 같다.

《아함》에 이르길, "부처님께서 열반에 드신 후 구시국拘尸國의 모든 말라족 백성 · 파파국波波國의 모든 말리족 백성 · 차라파국遮羅國의 모든 발리족 백성 · 마가다국摩伽陀國의 구리족 백성 · 비류제국毘提國의 바라문 백성 · 가유라위국迦維羅國의 석가족 백성들 · 비사리국毘舍離國의 이차족 백성들 · 마갈국摩竭國의 아사세왕 백성들이 저마다 스스로 생각하길, 「부처님께서 구시에서 반열반에 드시니, 우리도 마땅히 그곳에 가서 사리의 분배를 요구해야겠다.」

이때 여러 국왕들은 각각 네 가지 부대(四兵)를 정비하였고, 곧 향성香姓 바라문에 칙서를 내리길, 「그대는 우리 이름으로 구시성에 들어가 말라족 사람들에게 문안하라. 기거함에 경안하시고 행보함에 건강하신가? 우리들은 여러분들을 늘 존경하였고, 이웃 국가로 신의를 돈독히 하였고, 일찍이 말다툼도 없었다. 우리는 여래께서 그대의 나라에서 반열반에 드셨다고 들었다. 무상존無上尊께서는 진실로 우리가 하늘처럼 받들던 분이시다. 그러므로 멀리서 찾아와 사리의 분배를 요청하니, 바라건대 본국으로 돌아가 탑을 세워 공양하고자 한다. 만약 우리에게 준다면 귀중한 보배를 보내겠다.」

향상香姓은 칙서를 받아서 함께 그 성으로 가서 안부를 전하자, 모든 말라족들은 말하길, 「진실로 그대의 말과 같다. 그러나 부처님께서는 이 땅에 내려오셔서 이곳에서 멸도하셨다. 그러므로 이 나라의 인민들이 스스로 공양하는 것이 마땅하다. 그대들이 멀리서 수고로이 찾아와 사리의 분배를 요구하나, 결코 얻을 수 없다.」

그때 모든 국왕들은 곧 여러 신하를 모아 의논하고 게송을 지어 말하길, 「우리들은 화의로써 멀리서 찾아와 머리 숙여 절하며 겸손한 말로 분배를 청하였네. 이렇듯 주지 않는다면 사병이 여기 있어 신명을 아끼지 않으리라. 신의로써 얻지 못한다면 힘으로써 취하리다.」

그때 구시국에서도 여러 신하를 모아 의논하고 함께 게송으로 답하길, 「그대들이 멀리서 수고로이 찾아와 욕되게 머리 숙여 절하지만, 여래께서 남기신 사리를 감히 허락할 수 없노라. 그대들이 군사를 일으킨다면 우리도 여기 사병이 있어 목숨을 다해 저항하리니, 두려울 것 없노라.」 이때 향성 바라문이 여러 사람을 타이르며 말하길, 「여러 현인 장자님, 여러분은 부처님의 가르침과 훈계를 받아 입으로 법의 말씀을 외우고 마음으로 자비 · 교화에 감복하여 일체중생이 안락을 얻길 생각하겠다고 하면서 어찌 부처님의 사리를 다투어 서로 살해하려고 합니까? 여래께서 사리를 남기신 것은 널리 이롭게 하고자 함이니 지금 사리는 마땅히 나누어 가져야 합니다.」

대중들은 모두 좋다고 칭찬하고 다시 생각하고서 말하길, 「누가 분배할 수 있겠는가?」 모두들 향성 바라문이 인자하고 지혜로우며 공평하니 그가 사리를 분배하는 것이 좋겠다고 천거하였다. (운운) 곧 사리를 팔분하여 나뉘어, 아홉 번째 병탑, 열 번째 잿탑, 생존시의 머리칼 탑으로써 탑을 세우고 공양하였다. 아사세 왕은 먼저 칙서를 보내어, 위로하고 오랫동안 기다렸다. 샛별이 나타날 때 사리 분배를 마치고 마땅히 받들어 보내었다. 나머지 재가 있었는데, 필발라촌 사람들이 여러 사람에게 말하길. 「땅에 널린 잿더미라도 주신다면 탑을 세워 공양하겠다」하여, 모두 그것을 주자고 하였다. 모든 국가는 각기 본국에 탑을 세웠다."

_《마하지관摩訶止觀 보행전홍결輔行傳弘決》

[12] 연비를 논하다 (論臂香)

[제290칙] 연비는 마음에 허명을 동경하여 발심하면 바르지 않고 무익한 고행이다

연비(臂香)는 곧 팔에 향을 피우는 것이다. 영봉靈峰노인(우익대사)께서는 날마다 《능엄경》·《범망경》 두 경전을 받들어 수지하셨다. 그래서 연비를 꽤 빈번히 하였다. 확실히 일체 중생은 자신의 몸을 아끼고 잘 관리한다. 다른 중생에 대해서는 그 몸을 살상하여 그 고기를 먹으면 마음이 곧 즐거워지지만, 자신에 대해서는 모기가 물어도 가시에 찔려도 참기 어려워한다. 여래께서는 《법화경》·《능엄경》·《범망경》 등 대승경전에서 고행을 칭찬하시고, 수행자에게 몸이나 팔 손가락을 살라서 일체제불에게 공양하게 하여 탐심과 자신의 몸을 아끼고 잘 관리하는 마음을 대치하게 하셨다. 이 법은 육바라밀 중 보시바라밀에 속한다. 연비나 분신은 모두 이른바 버림(舍)이니, 반드시 지심과 간절한 마음으로 삼보의 가피를 우러러 빌며 오직 자신과 타인의 업장이 사라지고 지혜가 밝아지며 죄업이 사라지고 복덕이 늘어나길 원할 뿐이다. (여기서 자신과 타인이라 함은 비록 실제로는 자신을 위할지라도 또한 반드시 이 공덕으로써 법계 중생에게 회향하여야 한다. 그래서 자신과 타인을 말하였다.)

以下論臂香臂香者，於臂上燃香也。靈峰老人，日持楞嚴梵網二經，故於燃香一事頗為頻數。良以一切衆生，無不愛惜自身，保重自身。於他，則殺其身，食其肉，心更歡樂。於己，則蚊嚙芒刺。便難忍受矣。如來于法華、楞嚴、梵網、等大乘經中，稱讚苦行。令其燃身臂指，供養諸佛，對治貪心及愛惜保重自身之心。此法於六度中仍屬布施度攝。燃香燃身，皆所謂捨。必須至心懇切，仰祈三寶加被，唯欲自他業消慧朗，罪滅福增。言自他者，雖實為己，又須以此功德，回向法界衆生，故云自他。

추호도 명문名聞·이양利養을 구하거나 세간 및 인천의 복락을 구하는 마음이 없어야 하고, 오직 위로 불도를 구하고 아래로 중생을 교화하기 위해 행할 뿐이다. 이러하면 그 공덕은 무량무변하고 불가사의하다. 이른바 삼륜체공三輪體空[203], 사홍서원四弘普攝[204]이다. 공덕은 마음의 서원(心願)으로 말미암아 광대하고, 과보는 마음의 서원으로 말미암아 속히 획득 된다. 만약 마음이 헛된 명성을 동경하고, 헛되이 집착하는 마음으로 배우고 수행하면 팔에 향을 피워 사르는 연비는 말할 것도 없고 전신을 온통 살라도

---

203) 예를 들어 보시에서 보시하는 자, 보시를 받는 자, 그리고 보시하는 물건을 삼륜三輪이라 하고 보시를 행한 후 이 삼륜의 상이 마음에 존재하지 않음을 삼륜체공三輪體空이라 한다.

204) 가없는 중생을 다 제도하겠나이다(衆生無邊誓願度), 다함 없는 번뇌를 다 끊겠나이다(煩惱無盡誓願斷), 무량한 번뇌를 다 배우겠나이다(法門無量誓願學), 위없는 불도를 이루겠나이다(佛道無上誓願成). 이 사홍서원은 보살을 위해 세운 것으로 무릇 대승의 행자는 모두 마음에 새기고 실천하여야 한다.

아무런 이익이 없는 고행이다.

絕無一毫為求名聞及求世間人天福樂之心，唯為上求佛道下化衆生而行。則功德無量無邊，不可思議。所謂三輪體空，四弘普攝。功德由心願而廣大，果報由心願而速獲。其或心慕虛名，徒以執著之心，效法除著之行，且莫說燃臂香，即將全身通燃，亦是無益苦行。(正) 復丁福保書

[보충] 소승의 계와 대승의 계

묻건대, 몸은 도의 근원이요 계박은 해탈의 인이거늘 어찌 손가락을 사르고 몸을 불태움은 도와 어긋나게 도를 닦음이 아닌가? 《고승전》에서나 소승의 율장에서도 분명히 배척하거늘 어찌 성전이라 하겠는가? 답하되, 몸을 잊고 목숨을 끝냄은 정법을 위해 은혜 갚음이요, 대승에 은밀히 맞고 바른 가르침에 깊이 조화함이다.

《수능엄경》에 이르시길, “부처님께서 아난에게 이르시길, 만일 내가 멸도한 후에 어떤 비구가 있어 결정코 삼마지를 닦겠다고 발심하고 여래의 형상 앞에서 온몸을 등불처럼 태우거나 한 손가락을 사르거나 이 몸 위에 향심지 하나를 놓고 불사르면 나는 이 사람은 무시이래 묵은 빚을 일시에 갚아 마치고 길이 세간에서 물러나 모든 번뇌를 영원히 벗어나리라 말하리라. 비록 곧 무상각無上覺에 이르는 길을 밝히지는 못하였다 하더라도 이 사람은 법에 대해 이미 마음을 결정하였느니라. 만약 이렇게 몸을 버리는 미세한 인을 심지 못하여 설사 무위를 이룰지라도 반드시 사람세상으로 돌아와 그 묵은 빚을 갚아야 하니, 내가 말먹이 보리를 먹은 것과 조금도 다를 바 없도다.” 하셨다.

그래서 소승의 율은 상에 집착하여 제지만 하고 열지 않으나, 대승의 경교는 원통하여 본래 정해진 법이 없다. **_영명연수대사, 《만선동귀집》**

소승의 계는 막고 금하여 허용하지 않고, 대승의 계는 깨달아 이해하여 허용함이 있다. 그래서 《범망경》「보살계본」에는 곧 만약 몸이나 팔 · 손가락을 사르지 않고 제불께 공양한다면 출가보살이 아니라는 명문이 있다. 그러나 범망계는 깊은 계위보살을 기준으로 설한 것으로, 희견喜見보살처럼 이미 무명을 깨뜨리고 법신을 증득하고서 일체 색신을 나타내는 삼매를 얻어 당연히 몸을 사르고 팔을 살라서 부처님께 공양할 수 있다. 만약 초심보살이라면 단지 손가락을 사를 수 있을 뿐 부처님께서는 결코 몸을 사르고 팔을 사르는 것을 허락하지 않았으니, 응당 소승율의에 의거해 행해야 한다. **_석성범 스님, 《법화경강의》**

[13] 경계를 논하다 (論境界)

[제291칙] "오직 마음일 뿐 경계가 없다"는 이치는 성인이어야 말할 수 있다

염불인이 임종시 부처님의 접인을 입음은 중생과 부처가 감응도교感應道交한 결과이다. 비록 마음속 상심想心을 여의지 않을지라도 또한 이는 상심想心이 나타난 것일 뿐 부처님과 성중께서 맞이하시는 일은 절대 없다고 말할 수 없다. 마음이 지옥을 만들면 임종시 지옥의 상이 나타나고, 마음이 불국토를 만들면 임종시 불국토의 상이 나타난다.

以下論境界念佛人，臨終蒙佛接引，乃生佛感應道交，雖不離想心，亦不得謂獨是想心所現，絕無佛聖迎接之事。心造地獄，臨終則地獄相現。心造佛國，臨終則佛國相現。

"상은 마음을 따라 나타난다(相隨心現)"고 말하면 괜찮고, "오직 마음일 뿐 경계는 없다(唯心無境)"고 말하면 안 된다. "오직 마음일 뿐 경계는 없다." 이는 모름지기 일체유심을 원만히 증득한 대각세존께서 말씀하셔야 허물이 없다. 귀하께서 말한다면 단멸지견斷滅知見에 떨어지니, 이는 여래의 수증법문을 파괴하는 삿된 설법이거늘, 어찌 말에 신중하지 않겠는가?

謂相隨心現則可，謂唯心無境則不可。唯心無境，須是圓證唯心之大覺世尊說之，則無過。閣下若說，則墮斷滅知見，是破壞如來修證法門之邪說也。可不慎諸。（正）復顧顯微書

[역주] 임종시의 견불見佛은 또한 유심이 나타난 것이고 유식이 변한 것으로 이는 곧 「이 마음이 부처를 지으니, 이 마음이 그대로 부처이다」. 연지대사께서는 임종시 견불하는 이치는 『관경』 십육관의 「마음이 부처를 지어 마음이 그대로 부처이다(心作心是)」는 말씀과 같다. 염불하여 관행위 초품을 증득하면 자재하게 왕생할 수 있고, 임종시 염불하여 선정에 들어 곧 아미타부처님 화신을 관상하여 친견할 수 있다.

상정相定과 무상정無相定은 서로 융통함이 있어 단지 선정력이 충분하기만 하면 비록 지명염불로 선정에 들지라도 아미타여래께서 내영하심을 관상하여 볼 수 있거늘 하물며 임종시 상심想心을 덧붙여 부처님의 내영을 기약함이랴. 견불 삼력이 갖추어져 제6식의 독영경(獨影境; 자신이 홀로 마음속에 갈구하고 있는 바를 외부로 투영한 경계) 속에 마음이 나타나고, 식이 변하며, 아미타부처님의 타력이 명훈가피하여 증상하면 자심이 나타난 화신불은 또한 곧 아미타부처님께서 파견한 것으로 자성의 부처님과 저 부처님(아미타불)이 둘이 아니니, 임종시 완연히 부처님께서 내영하심을 보게 될 것이다.

염불하여 일심불란을 얻지 못한 사람의 경우 산심염불散心念佛로 선정에 들 수 없고, 또한 견불할 수 없으니, 견불삼력을 갖추지 못한 까닭이다. 다만 믿음과 발원이 확고하여 끊임없이 부처님명호에 계념繫念하면 오근이 쇠락하고 없어짐에 따라 제6식이 점차 사라지고, 제6식에 의지해 일어나는 견사 등의 미혹을 조복하지 못하되 조복하여, 수일 혹은 십여 일을 견디어 내면 명종삼위命終三位의 명료심위明了心位의 말에서 난심위亂心位의 처음에 임종시 일종의 특수한 삼매경을 형성하고, 아미타불 타력이 가지加持하여 점차 증승增勝하여 특수한 삼매경 속에 견불하여 최후에 왕생할 수 있다. 비록 임종 최후 즈음에 심력이 쇠약할지라도 염불한 까닭에 신식神識을 청명하게 할 수 있어 임종시 견불은 여전히 선정심의 독영경 속에 마음이 나타나고 식이 변하여 마음이 부처를 지어 마음 그대로 부처이다.

「유심무경唯心無境」에 관해서는 모름지기 무상정無相定을 닦음이다. 만약 선정 속 생각이 있으면 곧 상이 생겨남이 있다. 염불인이 임종시 염불함은 생전과 달라 임종시 명호를 집지함과 동시에 상심想心을 덧붙여 부처님께서 내영하심을 기다려 염불하여 견불함은 본래 상응에 속하니 「유심무경」이라 말할 수 없다. 지상의 성인은 이미 무생無生을 증득하여 일념도 생하지 않을 수 있다. 이래야 구경의 「유심무경」이라 할 수 있다.

[제292칙] **부처님의 수덕은 원만하여 법신과 국토의 장엄을 감득한다**

편지에서 말한 두 가지 삿된 견해는 범부의 지견으로써 여래의 경계를 헤아리는 것이다. 이러한 사람은 본래 담론할 자격이나 가치가 없다. 그러나 부처님의 자비는 광대하여 한 중생도 포기하지 않고 하나의 방편도 걸림없이 시설하여 그가 미몽에서 깨어나게 하신다. 부처님께서는 조금도 탐심이 없기 때문에 온갖 보배장엄을 감득하여 인연 따라 화현하시어 인력이나 경영의 수승한 경계가 필요하지 않거늘 어찌 사바세계의 범부경계와 견줄 수 있겠는가?

來書所說二種邪見，乃以凡夫知見，測度如來境界。此種人，本無有可與談之資格價值。然佛慈廣大，不棄一物，不妨設一方便，以醒彼迷夢。佛由其了無貪心，故感此衆寶莊嚴，諸凡化現，不須人力經營之殊勝境界。豈可與娑婆世界之凡夫境界相比乎。

예컨대 자비롭고 덕망이 높은 사람은 그 심지와 행위가 모두 광명정대하다. 그래서 그의 외모도 또한 자비롭고 환하게 빛나는 모습이 나타난다. 비록 아름다운 용모를 구하려는 마음이 없어도 저절로 아름답다. 업을 짓는 사람은 그 심지가 몹시 더럽고 추잡하며 흉악하여 그의 얼굴은 그에 따라 어둡고 흉악하다. 그가 얼굴색만 좋게 하여 남이 그가 광명정대한 선인이라 여기도록 해도 심지가 선하지 않은데 아무리 선한 얼굴을 구하려고 한들 구할 수 없다. 이는 범부의 눈으로 본 것이다.

譬如慈善有德之人，心地行為，悉皆正大光明。故其相貌，亦現慈善光華之相。彼固無心求相貌容顏之好，而自然會好。造業之人，其心地齷齪污穢兇惡，其面亦隨之黯晦兇惡。彼固唯欲面色之好，令人以己為正大光明之善人。而心地不善，縱求亦了不可得，此約凡夫眼見者。

만약 귀신이 보면 선인은 몸에 광명이 있고 광명의 크기가 그 덕성의 크기에 따라 나타나지만, 악인은 몸에 흑암·흉살 등의 상이 있고, 그 상의 크기는 죄악의 크기에 따라 나타난다. 그는 《금강경》에서는 일체가 공이라 말하지만 《금강경》에서 이치의 성품(理性)을 천명함을 몰라, 이성을 증득하여 얻는 과보를 말하지 못한다. 실보무장애토의 장엄이 바로 《금강경》에서 구경에 얻는 과보이다. 범부는 이를 듣고서 당연히 이 일이 없다고 의심한다.

若鬼神，則見善人身有光明。光明之大小，隨其德之大小。見惡人則身有黑暗凶煞等相，其相之大小，亦隨惡之大小而現。彼謂金剛經為空，不知金剛經乃發明理性，未言及證理性而所得之果報。實報無障礙土之莊嚴，即金剛經究竟所得之果報。凡夫聞之，固當疑為無有此事。(三) 復俞慧郁陳慧昶書

[역주] 인광대사께서는 자신있게 말씀하셨다. 《금강경》은 반야공이지 단멸공斷滅空이 아니다. 상相에 즉하고 상을 여의는 것이지, 상이 소멸함이 아니다. 실상이자 무상無相이고 상 아님이 없어 집착을 제거하고 견해를 여윌 뿐, 일체 상을 없애는 것이 아니다. 그러나 《천태사교의天台四教儀》에 따르면 장교 통교 별교 원교(藏通別圓)가 있고, 《화엄오교장華嚴五教章》에 따르면 소교 · 시교 · 종교 · 돈교 · 원교(小始終頓圓) 등의 교판이 있기 때문에 원교 이하는 멸상滅相 견공성見空性 · 실상實相 무상無相의 설법이 있어 이 설법은 요의了義가 아님을 알고 주의해서 취사선택하여야 한다.

[14] 신통을 논하다 (論神通)

[제293칙] **타심통이 있는 이는 다른 사람의 마음을 자신의 마음으로 쓸 수 있다**

타심통(他心通; 남의 마음을 거울처럼 들여다보고 아는 능력)은 여러 가지 다른 것이 있다. 이미 도를 증득한 사람을 근거로 말하면 예컨대 청나라 시대 주암澍庵스님은 무슨 책이든 상관없이 모두 하나하나 한 글자도 틀림없이 또렷하게 암송할 수 있었다. 기이한 것은 그가 원래 책을 읽은 적이 없는데, 어떻게 이럴 수 있었는가 하는 점이다? 왜냐하면 그는 업이 다하고 집착이 비어 마음이 밝은 거울 같았기 때문에, 아무도 묻지 않았을 때는 마음속에 한 글자도 얻을 수 없었다. 묻는 자가 자신이 예전에 읽은 적이 있는 내용을 그에게 물었을 때, 묻는 자는 비록 시간이 오래되어 기억할 수 없지만 묻는 자의 팔식 밭에 이미 갖가지 언구의 그림자가 놓여 있었기에 가능한 일이었다. 불경을 보는 것도 이와 같아서, 고인은 “신식이 물들면 도의 씨앗이 된다.” 하셨으니, 마땅히 여기에 담긴 뜻을 진실로 믿어야 한다. 그 사람은 무명에 가두어지고 가려져 완전히 알지 못하지만, 타심통이 있는 사람은 곧 묻는 자의 심식에 놓인 그림자 속에서 그것을 환히 볼 수 있다. 그래서 그는 물음에 따라 암송할 수 있었고 조금도 틀림이 없었다. 설사 묻는 자가 이 책을 보지 못하였을지라도 그는 그 책을 본 다른 사람의 심식에서 그를 위해 암송할 수 있었다. 이는 타인의 마음을 자신의 마음으로 쓰는 것이었지, 그 마음에 항상 수많은 경서를 잊지 않고 기억하고 있는 것은 아니었다.

以下論神通他心通有種種不同。且約證道者說，如澍庵無論問何書，即能一一誦得淸楚，一字不錯。其人素未讀書，何以如此。以業盡情空，心如明鏡。當無人問時，心中一字亦不可得。及至問者將自己先所閱過者見問，彼雖久而不記，其八識田中，已存納此諸言句之影子。看佛經亦如此，古人謂一染識神，永為道種，當於此中諦信。其人以無明錮蔽，了不知覺，而此有他心通者，即於彼心識影子中，明明朗朗見之。故能隨問隨誦，一無差錯。即彼問者未見此書，亦能於餘人見者之心識中，為彼誦之。此係以他人之心作己心用，非其心常有許多經書記憶不忘也。(正) 復永嘉某居士書四

[역주] 인광대사께서는 타심통의 공용에 대해 모든 것을 말한 것이 아니고 단 한 가지만 이야기하였을 뿐이다. 도를 증득하는 공부의 깊이를 근거로 타심통의 역용 또한 수승한 것도, 하열한 것도 있다.

[주] 청나라 때 주암 스님은 어릴 적에 성격이 거칠고 사나왔으며, 행동거지가 단정하지 못하였고, 커서는 빈둥거리며 노는 무뢰한이었다. 출가 후에도 전과 같이 방종하며 계율을 지키지 않았다. 양주선사에 머물 때 하루는 공양간에 들어가 음식을 다투면서 욕설을 퍼부었다. 주지는 그의 무례함을 싫어해 사람들 앞에서 호되게 꾸짖었다. 그러자 그는 마음속에 분통이 터져 부엌으로 들어가 칼을 가져와 베개 아래 두고 치욕을 씻을 기회를 기다렸다. 그러다가

한밤중에 홀연히 스스로 뉘우치고 삼 년 동안 폐관閉關하면서 대비신주大悲神咒를 전일하게 지념하여 참회하였다. 관문을 나서자 기색이 환해지면서 옛날과는 단박에 달라졌다. 경사經史와 논서論書, 내외방책內外方策, 구류백가九流百家, 소설잡기小說雜記, 내지 시정기어市井綺語 등 여러 서적을 연구하지 않아도 은밀히 맞지 않음이 없어 먼 곳이나 가까운 곳이나 그 신통과 이적이 전해졌다. 그 당시 유명한 학자인 완문달이 여러 번 언담을 나누었는데 그는 물 흐르듯이 대답하였고, 그는 거듭 신통·이적에 감탄하였다.

[15] 외도를 논하다 (論外道)

[제294칙] 불교와 도교의 본원은 원래 다른 것이 없지만, 그 말류와 지파는 진실로 천차만별이다

나는 불교와 도교의 본원은 원래 다른 것이 없지만, 그 말류와 지파는 진실로 천차만별이라고 생각한다. 불교는 사람에게 가장 먼저 「사념처관四念處觀」을 닦으라고 가르친다. 첫째, 몸은 청정하지 않다고 관하라. 둘째, 느낌은 괴로움이다 관하라. 셋째 마음은 무상하다 관하라. 넷째 법은 무아無我이다 관하라. 이미 신身 · 수受 · 심心 · 법法이 전부 허망에 속한 줄 알아 이 몸이 고苦 · 공空 · 무상無常이고 무아無我이고 깨끗하지 않음을 깨달으면 진여묘성眞如妙性이 저절로 현현할 수 있다. 도교는 최초의 정전正傳을 근거하면 연단운기煉丹運氣로써 오직 장생長生을 구함을 일로 삼지 않았다. 그러나 후세에 이르러 무릇 도교에 의해 수행하는 것은 이것을 정종正宗으로 삼지 않은 것이 하나도 없다.

以下論外道竊以釋道本源，原無二致。其末流支派，實有天殊。佛教教人，最初先修四念處觀。觀身不淨，觀受是苦，觀心無常，觀法無我。既知身受心法，全屬幻妄，苦空無常，無我不淨，則眞如妙性，自可顯現矣。道教約原初正傳，亦不以煉丹運氣，唯求長生為事。後世凡依道教而修者，無一不以此為正宗也。

불교는 크게는 포함하지 않음이 없고 세밀하게는 열거하지 못함이 없다. 크게는 신심身心 · 성명性命의 도를 남김없이 발휘하여 조금도 새는 것이 없을 뿐만 아니라, 작게는 세속제의 효제孝悌 · 충신忠信과 예의 · 염치 등 지극히 작은 선도 조금도 새는 것이 없다. 오직 연단운기煉丹運氣 등에 대해서는 절대 한 글자도 언급한 적이 없을 뿐만 아니라, 깊게는 계율로 여긴다. 왜냐하면 불교는 사람에게 몸과 마음이 환망幻妄임을 알게 하고, 도교는 사람에게 몸과 마음이 진실임을 지키도록 하기 때문이다. 이른바 마음은 인연에 따라 생멸하는 마음을 가리키고, 본유의 진심이 아니다. 연단煉丹 일법은 아무런 이익이 없는 것이 아니라 수명이 더욱 더 늘어나 가장 좋은 과보로 신선이 되어 승천할 수 있지만, 생사요탈을 말하자면 잠꼬대 같은 소리이다.

佛教大無不包，細無不舉。不但身心性命之道，發揮罄盡無餘。即小而世諦中孝弟忠信，禮義廉恥等，亦毫善弗遺。唯於煉丹運氣等，絕無一字言及，而且深以為戒。以一則令人知身心為幻妄，一則令人保身心為眞實耳。此所謂心，乃指隨緣生滅之心，非本有眞心也。煉丹一法，非無利益，但可延年益壽，極而至於成仙升天。若曰了生脫死，乃屬夢話。（正）復鄺隱叟書

[역주] 정토의 사념처

사념처四念處에서 념念은 관하는 주체인 지혜이고, 처處는 관하는 대상인 경계이니, 지혜로써 경계를 관함을 염처로 삼는다. 첫째는 신념처身念處이다. 정토의 몸은 구경의 청정이라고 관한다. 이는 사바세계에서 청정하지 않다 관하는 것과는 다르다. 둘째 수념처受念處이다. 정토의 느낌은 순수하게 부사의한 즐거움으로서 온갖 괴로움의 핍박이 없다고 관한다. 셋째 심념처心念處이다. 정토의 마음은 진실로 상주하여 생멸과 무상을 멀리 여읜다고 관한다. 넷째는 법념처法念處이다. 정토오음五陰의 법은 자재함을 나라고 삼는다. 이는 일체제법은 무아이다 관하는 것과 다르다.

[제295칙] **도교의 삼관수행은 전부 식신識神을 쓰는 일이다**

오늘날 외도는 온 세상에서 모두 그렇다. 왜냐하면 불법의 깊고 미묘한 뜻을 사람들이 알 수가 없기 때문이다. 외도는 불법의 이름을 곧 절취하지만, 불법의 진의를 모른다. 이에 연단운기煉丹運氣로써 보신하는 법으로써 생사요탈의 법이라 여긴다. 그들은 이미 무엇으로 인해 태어나고 죽는지 알지 못한다. 그래서 되는대로 헛소문을 퍼뜨리기만 하여 정을 닦아서 기로 변화시키고(煉精化氣), 기를 닦아서 신으로 변화시키며(煉氣化神), 신을 닦아 허로 돌아가서(煉神還虛), 다시 한곳에 합하면 바로 득도得道한다고 말한다. 실제상으로 이는 완전히 식신용사(識神用事; 의식체의 작용)이고, 심성·진여·이체의 한 일과 모두 관계가 없는데 여전히 자화자찬하며 말하길, "육조대사가 법을 산란하게 전해서 법이 재가인에게 돌아가고 승가에 법이 없다"는 말을 입으로만 하는 것이 아니라, 책에 써서 거짓으로 진실을 훼손하고 삿된 것을 바른 것으로 삼는다. 무지하고 무식한 사람들은 그들에게 미혹된다.

今之外道，遍世間皆是。以佛法深妙，人莫能知。彼遂竊取佛法之名，而不知其義。遂以煉丹運氣保身之法，認做了生脫死之法。且彼等既不知生死因何而有，故瞎造謠言，謂煉精化氣，煉氣化神，煉神還虛，復合一處，為得道。實則完全是識神用事，心性眞如實際之理體，絕未夢見。尚自詡云：六祖亂傳法，法歸在家人，僧家無有法。此語不但說之於口，而且筆之於書。以假毀眞，以邪為正。無知無識之人，遂被彼所惑。

그리고 저들 외도가 세상에 두루 전파될 수 있는 연유는 득력에 두 가지 방법이 있기 때문이다. 첫째는 비전祕傳이다. 득명得明[205]한 스승이 진실로 전하면 닦지 않아도 곧 성취한다고 말한다. 그래서 그의 법설을 아주 신기하게 얻고서 말한다. "쥐가 들으면 쥐가 모두 성취할 수 있고, 참새가 들으면 참새가 모두 성취할 수 있다." 그래서 그가 도를 전할 때 반드시 밀실에서 작은 목소리로 미세하게 말하여 바깥에 다시 사람을

205) 건혜지乾慧地를 넘어서 오랜 보림을 하면 득화得化의 시간이 온다. 즉 건혜지가 득체得體의 마디였다면 보림을 오랜 기간하면 마음과 몸이 변한다. 이를 득화得化의 기간이라고 부르고 득화의 기간이 오래되면 득명得明의 시간대가 열리기 시작한다.

파견·순찰하게 하여 어떤 사람이 도청하는 것을 방지한다. 둘째는 엄시금령嚴示禁令이다. 설사 부자·부부 사이라 할지라도 법설을 베풀어서는 안 된다. 말하면 반드시 천벌을 만난다. 그래서 아직 도를 전하기 전에는 먼저 맹세하게 하고, 후에 그 맹세를 어기면 그 어떠한 호된 대가를 치를 수 있다고 말하며, 주문을 외우고 서약하게 된다. 주문을 외운 후에야 전도하며, 맹세를 한 이후 비로소 도를 전한다. 이후 설령 어떤 사람이 그가 틀리다는 사실을 분명히 알지라도 자신이 명세를 어겨 호된 대가를 만날까봐 두려워서 차라리 죽을지언정 감히 이 외도를 벗어나 불법을 배우려하지 않게 된다. 설사 외도가 비밀리에 도를 전하지 않고 공개하여 함께 듣는다면 주문을 외우지 않을 것이다. 그렇게 되면 온 세상 사람 중 선뜻 그들의 도에 들어가려는 사람이 몇 명이나 있겠는가?

而彼外道能遍傳於世者，得力有二種法。一則祕傳。謂一得明師眞傳，不修即成。故神其說日：老鼠聽見，老鼠都會成。雀子聽見，雀子都會成。故其傳道時，必須在密室中，小聲氣說，外面尚要派人巡查，恐有盜聽者。二則嚴示禁令。雖父子夫婦之親，均不與說，說之必受天譴。故于未傳道前，先令發咒，後若反道，則受如何之慘報。發咒以後方傳道。此後縱有知其非者，以其懼咒神，寧死也不敢出此道外而學佛法。假使外道去祕傳而公開，普令大家同聞，亦不令人發咒，則舉世之人，有幾個人肯入彼道者乎。（續）與莊慧炬書

[보충] 삼관三關수련법

삼관 수련은 불교의 마음 닦는 수행법과 도교의 몸 닦는 수행법이 융합된 것이다. 공적영지空寂靈知의 마음과 호흡양생呼吸養生의 조화로 정精·기氣·신神을 합일시키는 수련법이다. 삼관 수련을 하기 위해서는 먼저 계율을 청정히 지키고 악을 끊으며 선을 쌓고 자비의 심성을 증장시켜야 한다. 집중력과 관찰력이 균형적 조화를 이룰 수 있도록 선정의 힘과 통찰의 힘을 키워야 한다.

초관初關의 연정화기煉精化氣와 중관中關의 연기화신煉氣化神, 상관上關의 연신환허煉神還虛를 합친 말이다. 첫째 초관의 연정화기煉精化氣는 몸속에 감추어진 원정元精을 채취하여 원기元氣로 변환시키는 수련이다. 연정화기란 단전에 응축된 정기를 독맥과 임백의 궤도를 통해 주천周天시키는 수련이다.

둘째 중관의 연기화신煉氣化神은 채취한 원기를 원신으로 변화시키는 수련이다. 연기화신이란 연정화기 수행에서 얻은 정기를 척추 속에 밀어 넣어 삼관三關을 뚫고 기를 단련시켜 보신報身을 만드는 과정이다. 삼관수련에서 중요한 것은 복식호흡으로 숨이 있는 듯 없는 듯 코로 미세하게 숨을 쉬는 호흡법이다. 공적영지空寂靈知의 마음으로 은은히 운행하는 내기內氣만 관조할 뿐 조작된 마음을 일으키지 않는다.

상관의 연신환허煉神還虛는 원신元神을 보신保身으로 변환시켜 법신法身과 맞게 하는 수련이다. _대풍 범각스님, 《몸을 닦는 수행은 어떻게 하는가?》

[16] 수승한 인연을 논하다 (論勝緣)

[제296칙] 그대가 철저히 의지하여 중도에 변경하지 않아야 곧 참 귀의이다.

사람이 불도에 들어갈 때 각자 자신의 시절인연이 있다. 이미 《문초文鈔》를 읽은 인연으로 불법을 알고 수지에 종사함이 곧 귀의이다. 또한 귀의의식을 거행하여야 귀의한 셈이고 귀의의식을 행하지 않으면 귀의하지 않은 셈이라 말할 필요는 없다. 다만 원컨대 그대가 철저히 의지하여 중도에 변경하지 않아야 곧 참 귀의이다.

以下論勝緣人之入道，各有時節因緣。既因文鈔而知佛法，從事修持，即是歸依。（觀此文鈔菁華錄亦然。編者敬注）不必又復行歸依禮，方為歸依，不行歸依禮，不名歸依也。但願汝能依到底，不中變，即真歸依。（三）復金振卿書

[보충] **정공법사 법문**

석가모니부처님께서 세상에 계실 적에 학생에게 삼귀 · 오계를 전수하여 주시고, 귀의증을 교부하였고 오계증서를 교부하였다는 말을 들은 적이 없다. 왜 그러한가? 이는 의식으로서, 불가에서는 실질을 중시한다는 의미다. 당신은 진심으로 귀의한 적이 있는가? 현재 「귀의歸依」는 방편귀의라 하는데, 형식적으로 행하여 주고, 실제상으로는 참 귀의가 있는가? 없다. 당신은 머리를 돌리지도 않고 의지하지도 않으며, 단지 부처님 면전에서 머리를 부딪쳐서 법사가 귀의증을 교부하였을 뿐이다. 귀의증서도 쓸모없고, 효과가 없으며 제불 · 보살도 승인하지 않았다. 이러한 귀의증도 효과가 없을 뿐만 아니라 계를 받는 계첩戒牒도 아무런 효과가 없다. 불 · 보살은 모두 승인하지 않았고 우리 자신도 여기서 어린아이 장난처럼 무책임하게, 진지하게 하지 않았음을 알아야 한다. 알지 못하면 어떻게 성취할 수 있겠는가! 그러면 이런 귀의와 수계는 어떻게 불보살께서 머리를 끄덕여 승인하도록 하겠는가? 당신은 진지하게 해야 한다. 그래서 형식은 아무런 관계가 없다. 과연 진정으로 해내야만 이런 형식을 받지 않아도 불보살이 승인할 것이다.

[제297칙] **자신을 돌이켜봄(自反)은 학불學佛하고 불도에 들어가는 인연이다**

무릇 사람이 숙세에 과연 선근을 심었다면 학문을 하든 불도를 구하든 관계없이 모두 생사를 벗어나는 대사의 전모(前茅; 수승한 인연)가 될 수 있다.

夫人宿世果種善根，且無論為學求道，可為出世大事之前茅。

[강설] 「한 사람이 과거 매우 많은 세상에 과연 선근을 심었다면」. 선근은 매우 중요하다. 부처님께서는 《아미타경》에서 "사리불아, 적은 선근 · 복덕 · 인연으로는 저 불국토에 태어날 수 없느니라." 서방극락세계에 왕생하려면 선근이 있어야 하고 복덕이 있어야 한다. 선근은 곧 인因고, 복덕은 단지 연緣일 뿐이다. 우리가 왕생하겠다고 발원하고 선근을 다생에 심고 가꾸어야 한다! 그래서 인광대사께서는 과연 우리들 한 사람이 선근을 심으면 왕생하기 쉬울 것이라 말씀하셨다!

「학문을 하든 불도를 추구하든 관계없이」. 위학為學은 세간의 학문을 추구함이고, 구도求道는 곧 정식으로 불법을 배움(學佛)이다. 교리를 연구하는 목적은 불도를 배움(學道)에 있다. 진정으로 구도하기 위해서는 반드시 먼저 불교의 교리를 연구하고 잘 이해한 후 진정으로 힘을 쏟아 수지하여야 진정한 구도이다. 만약 실천궁행하지 않는다면 불교의 교리만 연구할 뿐이다. 어떤 사람은 이치를 이해한 후 몇 문장을 쓰고, 혹자는 바깥에 가서 강연한다. 이는 단지 학문이라 할 뿐이고, 불도를 구함이라 할 수 없다. 불도를 구하려면 반드시 힘을 쏟아야 하고, 수지가 있어야 한다.

인광대사께서는 한 사람이 학문을 추구하든, 구도를 하든 상관없이 그가 숙세에 심은 선근이 있다면 「생사를 벗어나는 대사의 띠풀이 될 수 있다」고 말씀하셨다. 전모前茅의 모茅는 일종의 띠풀(茅草)이다. 고대의 전쟁시에 작전을 할 때 파병한 후 전방 정찰에서 적군의 동정을 발견하면 곧 띠풀로 깃발을 삼아 신호를 하고, 후방 군대가 전방의 적진 상황을 알게 하였다. 이는 《춘추 좌전左傳》 선공宣公 22년 「선봉은 적군의 정황을 정찰하고, 띠풀로 기를 삼아 출발 신호를 하여 만일에 대비한다(前茅慮無)」라는 문구에서 유래하는데, 앞서가며 인도한다는 의미가 있다. 그래서 「전모前茅」라 하였다. 현재는 시험이나 경기의 성적이 선두를 차지함을 「전모」라 하니, 이는 석차의 뜻이다. 양자의 글자는 비록 같아도 용법은 같지 않다. 인광대사께서 편지에서 법문하신 「전모」의 뜻은 "한 개인이 과연 선근을 심었다면 잘 해낼 것이다"라는 말이다. 당신이 학문을 하든 혹은 불도를 구하든 선근이 있기 때문에 당신은 모두 배운 바 학문을 가지고 불법을 연구할 수 있어서 구도 · 수행하여 생사를 벗어남에 전도前導로 삼을 것이다.

출세간법은 생사를 벗어나는 대사를 말한다. 생사를 벗어나고 육도를 여의려면 그렇게 간단하지 않고, 반드시 걷는 것처럼 한 걸음 한 걸음씩 걸으며 천천히 탐색하며 걸어야 한다. 경전에 근거하여 어떻게 알고, 그런 후 어떻게 실행하며, 실행한 이후 경전과 같은지 아닌지 서로 증명한다. 예컨대 우리가 염불하는 경우 한편으로는 정토종의 이치를 연구하면서 한편으로는 지명염불을 학습하고, 염불한 후 마음 경계가 매우 청정 · 자재하면 다시 이러한 마음 경계를 불경의 교리와 대조하여 그러한 정황을 느꼈는지 살펴보고, 과연 틀림없으면 곧 한 걸음 할 걸음 앞으로 걷는 것이다! 마음속으로 이러한 정황을 느낀 것을 「전모前茅」라 한다. 이는 마치 군대의 대진對陣 작전에서 반드시 전방의 정찰 인원에 의지해 적군의 정황을 탐지한 후 여하히 행동하여야 승리할 수 있는지 아는 것과 같다. 그래서 인광대사께서는 선근은 생사를 벗어나는 「전모」이기 때문에 선근을 심는 것이 매우 중요하다고 말씀하셨다.(서성민徐醒民 거사)

비록 탐·진·치 등 번뇌와 혹업이 있고, 질병과 엎어지고 자빠지는 갖가지 나쁜 과보가 있을지라도 생사를 벗어나고 불법에 들어가는 인연으로 삼을 수 있다. 다만, 그 사람이 자신을 돌이켜볼 수 있는지 지켜볼 뿐이다!

卽貪瞋癡等煩惱惑業，疾病顚連種種惡報，皆可以作出生死入佛法之因緣，顧其人之能自反與否耳。

[강설] 범부 중생은 사람마다 모두 탐·진·치의 근본번뇌가 있다. 이는 생사윤회에서 가장 무거운 번뇌이다. 그래서 탐·진·치를 또한 삼독三毒이라 한다. 이 세 가지 독 이외에 여전히 매우 많은 다른 번뇌가 있다. 그래서 「탐·진·치 등」이라 말씀하셨다. 탐·진·치 등 번뇌의 총명은 「혹惑」이다. 혹이 있으면 선악의 일체 업을 짓는다. 악업을 저지르면 괴로운 과보를 받는다. 우리 범부 중생은 곧 혹·업·고가 끊임없이 순환하기 때문이다. 그래서 생사가 이어져 육도에서 끊임없이 윤회한다. 「전연顚連」은 곧 엎어지고 자빠짐(顚沛)이다. 우리가 사는 이 세상에는 수시로 모두 생각할 수 없는 타격과 좌절이 있다. 마치 한 사람이 걸어 갈 때 조심하지 않으면 걸려 넘어지는 것과 같다. 사업상의 실패 혹은 갖가지 뜻밖의 재난 등은 모두 엎어지고 자빠짐(顚連)이라 말할 수 있다.

질병에 걸리고, 뜻밖의 재난을 만나며, 사업상으로 여의치 못하는 등 이러한 갖가지 나쁜 과보가 있으면 보통 선근을 심지 않은 사람은 자신을 돌이킬 수 없고 심리적으로 불평불만에 가득 차 하늘을 원망하고 남을 탓하며, 남에게 반항하고 보복한다. 이는 또한 다시 혹을 일으켜 업을 짓고, 또한 순화하여 이렇게 혹을 일으켜 과보를 받아 나중에는 사람 몸을 모두 유지할 수 없고, 마지막에는 모두 삼악도에 떨어질 것이다!

선근을 심은 사람이면 이와 같지 않다. 비록 그들도 여전히 탐·진·치 삼독의 근본 번뇌가 있고, 혹을 일으키고 업을 지어 갖가지 나쁜 과보를 받을지라도 당하에 경계심을 가지고, 이것이 삼세인과三世因果로 스스로 짓고 스스로 받는 것임(自作自受)을 믿을 수 있다. 만약 삼세인과를 믿지 않으면 나쁜 과보를 받을 때 이 한바탕 화를 어떻게 가라앉힐 수 있겠는가? 그러면 또한 계속 악업을 지을 것이다. 그래서 반드시 인과를 잘 알아야 한다. 인과를 알면 나쁜 과보를 만날 때 자신이 반성할 수 있다. 반성하면 이런 나쁜 과보는 바뀐다!

어떻게 바뀌는가? 이런 탐·진·치 등 번뇌 혹업 및 질병과 엎어지고 자빠지는 갖가지 나쁜 과보를 모두 생사를 벗어나고 불법으로 들어가는 인연으로 여겨서 때맞춰 그를 학불하도록 인도하니, 선근이 특별히 중요함을 알 수 있다. 오늘날 와서는 우리 모두 생사를 벗어나 불법으로 들어가는 법을 학습할 뿐만 아니라 정토특별법문을 믿는다. 이는 기쁘고 위안이 될 만하고, 선근이 있음을 증명할 수 있다. 만약 선근이 없다면 이렇게 이 법문을 믿을 리가 없다.

「다만, 그 사람이 자신을 돌이켜볼 수 있는지 지켜볼 뿐이다.」 이 한마디는 위의 말을 종결하는 말이다. 한 사람이 선근이 있으면 학문을 하든 불도를 구하든 상관없이 모두 생사를 벗어나는 대사의 전모前茅라 여길 수 있다. 설사 업혹 때문에 갖가지 괴로운 과보를 받을지라도 생사를 벗어나 불법에 들어가는 인연이라 여길 수 있다. 「원顧」은 전환사로 다만(但)과 같은 뜻이다.

「다만, 그 사람이 자신을 반성할 수 있는가를 지켜볼 뿐이다.」 자신을 반성할 수 있는 사람은 순경順境이든 역경逆境이든 모두 생사문제를 해결하는데 쓸 수 있다.

「자반自反」이란 무슨 뜻인가? 유교에서 자반自反은 곧 자신을 돌이켜보고 스스로 물어본다(反躬自問)는 말이다. 어떤 사정을 만나면 자신을 돌이켜보고 자신에게 묻는다. 남이 자신에게 어떻게 대하든지 간에 의식적이든 무의식적이든 좋은 것이든 나쁜 것이든 스스로 반성해본다. "그가 이유 없이 남을 해치려는 것은 아니잖아! 그에게는 어쨌든 원인이 있다." "스스로 이번 생을 반성하건대, 지금까지 그에게 어떤 상해를 입힌 적이 없다!" "하지만, 이번 생 말고도 전생도 있고 전생의 전생도 있다!" 자신이 과연 이렇게 스스로 반성할 수 있다면, 모든 사람에게 마음이 평화롭고 기운이 조화로울 것이다. 이는 사람에 대해 한 말이다. 일에 대해 말하자면, 우리는 어떤 뜻대로 되지 않는 일에 대해서도 스스로 반성할 수 있고, 자신을 돌이켜보고 스스로 물어 본다. "우리의 의견은 모두 좋은 것이지만, 남이 받아들이지 않으면 그 나름의 이유가 있다! 자신이 반성할 수 없어 자기 주관이 그렇게 강하고 그렇게 중요하면 세상에서 어떤 일을 해도 장애가 엄청나게 커질 것이다!"

불교에서 자반自反은 특히 중요하다. 불법은 「돌이켜 듣는 자성을 들음(反聞聞自性)」을 강구한다. 세상의 만사만물은 생생멸멸하고, 중생은 생로병사하며, 자연계 일체는 생주이멸한다. 이러한 상황을 살펴보면 우리는 자신의 속마음을 돌이켜 볼 수 있어야 한다. 바깥 모든 경계는 모두 진실하지 않고, 모두 생멸하는 가상이다. 우리가 자신을 돌이켜 볼 수 없으면 남의 의견을 추종하여 따라가고(隨波逐流), 시대 조류에 따라 계속 흘러가면 끝난다! 곳곳마다 자성을 향하는 가운데 지혜광명으로 돌아가 돌이켜 비추고, 자신의 진심을 되찾아 진심이 일으키는 지혜를 가지고 세상의 만법을 관찰하여야 한다.

수많은 사람은 그를 따라 자신을 돌이켜보아야 한다고 말하면서 그는 여전히 그에게 훈계한다고 여기고 받아들이지 않는다. 어떤 사람은 조금만 제시해 보면 그는 곧장 자신을 돌이켜볼 수 있다. 이는 곧 그에게 선근이 있기 때문이다. 선근은 어떻게 심어야 하는가? 불법에 접촉하거나 불법을 연구하면 그는 불법을 믿고 곧 선근을 심는다.

우리는 미혹·전도되어 있지만, 본성은 근본적으로 작용을 일으키지 않고 자신이 수용할 수 없다. 불법을 접촉하면 우리를 깨닫게 한다. 깨달은 후 지혜가 열리면 혜명慧命이 있다. 혜명은 생멸이 없다. 혜명은 곧 선근이다. 그래서 우리는 현재 학불하고 있다. 이번 생에 시작한 것이 아니라 과거 숙세에 우리는 이미 불법을 듣고 사유하고 수행하여 불법과 가까이 한 적이 있다. 그래서 이번 생에 선근이 있어 우리는 학불하고 있다.

자신을 돌이켜볼 수 없으면, 평범하고 보잘 것이 없는 사람이든 세상의 교육에 얽매인 사람이든 모두 말할 필요가 없다.

不能自反，且無論碌碌庸人，為世教之所拘。

[강설] 이 단락은「자신을 돌이켜볼」수 없는 사람을 말한다. 세간법으로 말하면 일을 만나도 그는 자신을 돌이켜보고 스스로 물을 수 없다, 반성할 수 없다. 불법으로 말하면 돌이켜서 자신의 진심을 구할 수 없다. 그 같은 평범하고 보잘것없는 사람은 말할 필요도 없다! 평범한 사람은 세상 교육에 얽매인다. 통상 세상의 정당하지 못한 편견에 국한되면 마음이 열릴 수 없고, 문호의 편견이 있고 그 문호의 학문을 배우면 그 학문에 집착하여 다른 학문을 배척한다. 이러한 세상의 교육에 얽매인 사람은 문호의 편견이 있어 더욱 말할 필요가 없다.

설사 회암(晦庵; 주희), 양명(陽明; 왕수인), 정절(靖節 ; 도연명), 방옹(放翁 ; 육유) 등 이러한 사람들이 학문·지조·견지가 모두 특별하고 뛰어날지라도 이들은 또한 구경에 자심自心을 철오할 수 없고 생사를 요탈할 수 없다.

即晦庵、陽明、靖節、放翁等，雖學問操持見地，悉皆奇特卓犖，然亦究竟不能徹悟自心，了脫生死。

[강설] 설사 회암晦庵, 양명陽明, 정절靖節, 방옹放翁 등 이러한 사람들이 모두 대단한 인물일지라도 이들은 어떠한가? 그들의 학문은 매우 풍부하고, 수많은 중국 고서를 읽었으며, 사람됨됨이가 인격이 있고, 지조가 있으며, 흐트러짐이 없으며, 세상의 학문에 대해서는 그 나름의 특수한 견해가 있다. 학문 · 지조 · 견지 그 무엇이나 일반인 보다 훨씬 더 뛰어나다.

그러나 이들은 구경에 이르러 자성을 확철대오할 수 없었다. 왜냐하면 그들은 되돌려 자신의 진성眞性을 구할 수 없었기 때문이다. 그래서 자심自心을 철저히 깨달을 수 없었고 생사를 요탈할 수 없었다.

인광대사께서는 왜 네 분 세상의 탁월한 학인을 들었는가? 왜냐하면 영가모永嘉某 거사에게 대답하기 위해서이다. 이 거사는 민국 시절에 내왕한 분들이 모두 학술계의 유력 인사들이었다. 이들 학술계 인사들은 이 네 분과 비교해보면 차이가 엄청나다. 이 네 분은 어떠한가?

회암晦庵은 곧 주자이다. 주자는 성은 주씨, 이름은 희로 남송시대 사람이다. 송나라 유학의 치세학(宋儒治學)은 이理의 강설을 중시하였다. 그래서 이학理學이라 한다. 이 학파는 주자로 말미암아 집대성 되었다. 송나라에서 명나라에 이르는 황제는 모두 주자에게 호를 내려주었다. 청제 강희제에 이르러 그를 공자 십철 대제자와 한 곳에 들게 하였다. 이 십철은 공자 묘안에 공자 곁에 모시고 제사를 지낼 수 있었다. 그래서 후대에 그를 주자라 불렀다. 송나라 이후 주자가 쓴 사서집주四書集註는 쇠락하지 않고 성행하여 국가고시에서 그의 주해를 시험보지 않으면 안 될 만큼 그의 학술적 지위가 얼마나 높은지 알 수 있다!

왕양명王陽明은 명나라 때의 대단한 학자이다. 명나라 때 몇몇 동란動亂이 일어났는데, 황족에서는 영왕寧王 신호宸濠의 반란이 있었다. 왕양명은 문인이었지만 병사를 데리고 전쟁에 참가하여 이 한바탕 대란을 평정하였다. 이처럼 문치文治와 무공武功에 모두 뛰어났다. 그도 이학가였지만, 주자와 다른 점이 있었다. 주자의 이학은 지식을 주시한 반면, 왕양명의 이학은 심법을 중시하였다. 그와 주자는 모두 불경을 본 적이 있고 불경에서 깨우침을 얻었다. 그래서 유교 경전을 강해하면서 경전에서 전하고자 한 마음을 찾는 미언대의微言大義를 중시하였다. 불법에서 깨우침을 얻었을지라도 그것을 승인하지 않고, 오히려 불법을 비평하였으니, 그들은 불법에 깊이 들어갈 수 없었음을 알 수 있다. 그래서 이러한 정황이 발생한 것이다. 그러나 어찌되었든 간에 그들은 송·명 이학가 중에서 대단히 권위가 있었다. 세상의 학문에서 말하면 송나라에서 명나라에 이어 민국에 이르기까지 이들은 모두 학술계의 우상이었다.

정절靖節은 곧 도연명陶淵明이다. 그는 강서의 팽택령彭澤令을 지낸 적이 있었다. 현령으로 근무할 때 순무巡撫라는 관리를 시찰하는 품계에 맞먹는 직위의 독유督由를 보내어 그의 정치성적을 시찰하였다. 그가 왔을 때 현부縣府의 관리는 도연명에게 띠를 졸라매고 모자를 쓰고서 단정하게 문을 나서 독유를 영접하라고 하였다. 도연명은 이 말을 듣자마자 "내 어찌 오두미(五斗米; 쌀 다섯 말)에 허리를 꺾고 시골 어린아이에게 절할 수 있겠는가!"말하였다. 오두미의 녹봉은 결코 많은 것이 아니므로, 나는 오두미를 위해 상급자가 파견한 관리에게 허리를 굽혀 절하고 경례할 수 없다는 것이었다. 도연명은 스스로 모자를 벗고 일을 그만두었다! 그의 인격은 매우 좋았다. 그는 비록 어떤 도를 닦지는 않았지만, 그의 시는 동진東晉 때에 참신하고 자연스러우며, 산수와 전원의 미美를 가장 풍부하게 드러냈음을 알 수 있다. 만고 이래 그의 시를 뛰어넘기는 매우 어렵다.

육방옹陸放翁도 남송 사람이다. 그는 애국 시인으로 그가 지은 시는 매우 많다. 스스로 독특한 품격을 이루었다. 사람들에게 가장 회자되는 시는 그가 노년에 쓴 「시아示兒」이다. "죽은 후 만사가 헛되다는 것 원래 알고 있지만, 슬프게도 구주의 통일을 보지 못하는구나. 왕사가 북쪽으로 중원을 평정하는 날, 집에서 제사를 지낼 때 잊지 말고 이 늙은이에게 알려다오(死去原知萬事空 但悲不見九州同 王師北定中原日 家祭無忘告乃翁)." 방옹은 그의 아들에게 일러주었다. "죽은 후에는 만사가 다 헛됨을 그 자신은 본래 알고 있지만, 슬프게도 대송나라 조정은 이미 남쪽으로 천도하여 구주九州의 통일은 볼 수 없구나! 이것이 유일한 슬픔이다. 만약 어느 날 왕사王師가 중원을 통일할 수 있다면 네가 집에서 제사를 지낼 때 잊지 말고 내게 한마디 말해다오." 이 한 수의 시는 육유陸游의 시집 《금남시초劍南詩鈔》에서 마지막 한 수로 그가 대단히 애국적인 시인이었고, 인격이 출중하였음을 알 수 있다.

앞의 두 분은 이학가理學家이고, 뒤의 두 분은 시인이다. 인광대사께서는 특별히 이 네 분을 들어 영가모 거사의 서신에 답하였는데, 민국시절 학술계 사람 중에 누가 이분들보다 뛰어나겠는가? 아무도 그들 네 분보다 뛰어날 수 없다. 이 네 분은 그러한 탁견·학문·지조를 갖추었어도 마침내 자심自心을 깨달을 수 없었고, 생사를 요탈할 수 없었다! 생사를 요탈할 수 없으면 일체 쓸모가 없다! 그런 후 세상이 바뀌면서 자신은 육도 중 어느 한 세상에 가도 스스로 알지 못한다. 이 네 분조차 이러하거늘, 나머지 사람들은 말할 필요가 없다!

그들의 학문·지조·견지가 비록 위없는 미묘한 도의 기초가 될지라도 자신을 돌이켜볼 수 없음으로 말미암아 끝내 불도에 들어가는 장애가 될 것이니, 불도에 들어가는 어려움과 진실로 하늘에 오르는 어려움을 가히 알 수 있다.

其學問操持見地，雖可與無上妙道作基，由不能自反，竟為入道之障。可知入道之難，眞難於登天矣。(正) 復永嘉某居士書一

[강설] 인광대사께서 이 네 분을 열거한 연유는 모두에게 이 단락의 말씀을 이해시키기 위함이다. 학문이 뛰어나든 지조가 훌륭하든 학술상 독특한 견지가 있든 만약 잘 학불할 수만 있다면 이러한 학문과 견지도 학불의 기초로 여겨야 한다. 그러나 애석하게도 자신을 돌이켜볼 수 없음으로 말미암아 그들은 자신의 속 마음을 향해 구도할 수 없었기에 결국 오히려 불도에 들어가는데 장애가 되고 만 것이다! 이는 오히려 이러한 장애가 없는 학문이 없는 사람 보다 못하다.

정절靖節, 방옹放翁 등은 당연히 대단한 시인이고, 회암과 양명의 학문은 후세 사람들도 그를 뛰어넘을 수 없다 말할 수 없지만, 두 사람의 명성은 확실히 후세 사람들을 압도한다. 이러한 명성, 학술상 지위와 권위는 입도의 장애가 되고, 입도의 어려움이며 진실로 하늘에 오르는 어려움임을 알 수 있다.

인광대사께서는 학불은 진실로 입문하여 선근이 있지 않으면 불가하다고 강설하신다! 만약 선근이 없다면 당신이 아무리 학문이 크다 해도, 오늘날에 와서 아무리 학위가 높다 해도, 천하고금의 책을 모두 읽었을 지라도 선근이 없으면 학불을 할 수 없고, 여전히 철저한 생사범부이다. 이는 오히려 학문이 없는 사람이 불법을 듣자마자 곧 믿고, 염불법문을 듣고 죽을 때까지 지명염불하는 것만 못하다. 그의 성취는 그러한 사람보다 훨씬 높다!

타이중(台中) 연사蓮社는 정토법문을 전수專修하는 도량이다. 스승이신 설려 노인(雪廬老人; 이병남 거사)께서는 영암산사 인광대사의 교범을 마음으로 지키고 지명염불을 정행으로 삼았다. 이 도량에서 우리 스승님의 교화를 받아들인 사람이 여법수지하기만 하면 반드시 원대로 왕생할 수 있다. 수많은 사실이 있어 이를 증명할 수 있다. 우리는 가장 먼저 반드시 믿음을 세우고, 간절한 발원으로 명호를 집지하면 당생에 생사를 요탈할 수 있다. 인광대사로부터 설려 노인에 이르는 법맥이 전한 이 염불법문은 확실히 상중하 삼근을 두루 가피하니, 사람마다 학불할 수 있고 사람마다 성취할 수 있다. 우리는 결코 포기해서는 안 되고 반드시 명호를 줄곧 집지해야만 한다.

[제298칙] 고苦는 성불의 근본이고, 부정不淨은 청정의 근본이다

제불은 팔고八苦[206]를 스승으로 삼아 무상도無上道를 성취한다. 그래서 고苦는 성불의

206) 팔고八苦는 첫째, 생고生苦로 곧 태어날 때 받는 고통이다. 둘째, 노고老苦로 곧 나이가 들어 몸이 약해지는 고통이다. 셋째, 병고病苦로 곧 중병에 걸려 느끼는 고통이다. 넷째, 사고死苦로 곧 죽음에 임해 느끼는 고통이다. 다섯째, 애별리고愛別離苦로 곧 사랑하는 사람과 이별하는 고통이다. 여섯째,

근본이다. 또한 부처님께서는 제자들에게 가장 먼저 곧 부정관不淨觀을 닦게 하셨다. 관이 오래될 수록 미혹을 끊고 진성을 증득하여 (소승불교의 최고 과위인) 아라한阿羅漢을 성취하니, 곧 부정不淨이 또한 청정의 근본이다.

諸佛以八苦為師，成無上道。是苦為成佛之本。又佛令弟子，最初即修不淨觀。觀之久久，即可斷惑證眞，成阿羅漢。則不淨又為淸淨之本。

북구로주北俱盧洲의 사람은 (평등 안락하고, 옷과 음식이 저절로 이루어지며, 천년 수명을 누려) 조금도 고통이 없다. 그래서 불도에 들어갈 수 없다. 그러나 우리들이 거주하는 염부제閻浮提의 사람은 고苦의 일이 매우 많다. 그래서 불도에 들어가 생사윤회를 벗어나는 사람이 그 수를 헤아리지 못한다. 만일 세상에 생로병사, 도병수화刀兵水火 등의 고苦가 없으면 생사에 취해 꿈을 꾸고 하루 종일 안일하게 즐거움을 누리니, 누가 선뜻 세상을 벗어나려는 마음을 내어 생사요탈을 구하려고 하겠는가?

北俱盧洲之人，了無有苦，故不能入道。南閻浮提苦事甚多，故入佛道以了生死者，莫能窮數。使世間絕無生老病死，刀兵水火等苦，則人各醉生夢死于逸樂中，誰肯發出世心，以求了生死乎。（正）復袁福球書

[보충] 무엇이 불교의 생사인가?

생사生死는 범어로 삼사라(samsāra)이고, 뜻은 생사가 이어진다는 뜻으로 중생은 한 기간 혹은 한 단락으로 출현하였다가 사라짐을 가리킨다. 일체 중생이 혹업惑業으로 인해 감득하여 여기서 죽었다가 또한 저기에서 태어나고, 다시 저기에서 죽었다가 다시 여기에서 태어나 천상 · 인간 · 아수라 · 축생 · 아귀 · 지옥의 육도 가운데 생사를 왕복하여 영원히 다할 기약이 없다.

생사는 광의로 해석하면 두 가지로 나눌 수 있다. 첫째는 분단생사分段生死로 범부가 삼계육도에서 생사윤회할 때 단락을 나누어 이 세상 저 세상 전전展轉하여 생사를 받음을 말한다. 둘째는 변역생사變易生死로 보살 등이 삼계의 윤회를 여의고 분단생사를 영원히 여의고 단지 번뇌를 끊을 때 미세한 생멸변화를 낳을 뿐임을 가리킨다.

분단생사는 해탈의 극과와 아라한과를 아직 증득하지 못한 일체 유정중생을 가리킨다. 이는 범부 및 이미 해탈초과 및 삼과를 증득한 불법수행자를 포괄한다. 왜냐하면 여전히 무명의 번뇌와 결박이 있어 무여열반에 들 수 없고, 여전히 후세의 삼계에서 유有를 받는 종자가 있다. 그래서 삼계육도의 생사를 벗어날 수 없고, 끊임없이 한 세상 또 한 세상 삼계 한 가운데 태어나 그런 후에 수명이 다하고, 보신을 버린 후 다시 태어나고 한 차례 또 한

원증회고怨憎會苦로 곧 원수와 마주치는 고통이다. 일곱째, 구부득고求不得苦로 곧 구하는 것과 마음대로 되지 않는 고통이다. 여덟째, 오음치성고五陰熾盛苦로 오음의 작용이 불길같이 일어나 진성眞性을 덮는 까닭에 죽은 후 다시 환생해야 하는 고통이다.

차례 연속하여 전전輾轉하는 현상이 분단하여 생사를 받으므로 분단생사라 한다.

변역생사는 대승 불보리의 초지보살 이상 혹은 해탈도의 이승 수행인이 이미 해탈극과와 아라한과를 증득하여 대승으로 돌아간 자로 모두 무여열반에 들 수 있는 능력이 있어서 그 해탈을 증득한 경계로, 이미 삼계의 윤회를 받지 않는 까닭에 분단생사에 속하지 않는다. 변역생사는 불지佛地에 이르러야 끊어 없앨 수 있다. 왜냐하면 불타는 일체종지를 갖추어 일체유정의 모든 심법心法 및 심소유법心所有法을 또렷이 알기 때문이다. 이러한 지혜에는 대원경지大圓鏡智 · 평등성지平等性智 · 묘관찰지妙觀察智 · 성소작지成所作智의 사지원명四智圓明을 포괄한다. 일체 법계의 체성을 모두 이미 갖추어 통달한 후 분단생사의 제법 및 분단생사를 끊을 수 있는 일체지, 변역생사의 제법 및 변역생사를 끊을 수 있는 일체종지를 모두 다 또렷이 안다.

[제9과]

재가인의 수행 [在家人修行]

[이끄는 말]

학불學佛, 이 일은 반드시 먼저 좋은 사람이어야 불도를 향해 나아갈 수 있다. 왜냐하면 불법은 세간과 출세간, 일체 제법을 포괄하기 때문이다. 그래서 아버지에게는 자애慈愛를 말하고 자식에게는 효순孝順을 말하여 각자 모두 사람의 본분을 다하고, 그런 후에 출세간의 법을 닦도록 한다. 재가인이 불도를 배움에 있어 연꽃이 진흙에서 나오지만 물들지 않는 것처럼 청정한 마음으로 염불하여 항상 자신을 반성하여야 한다. 덕을 쌓고 선을 행함은 결코 반드시 돈이 있어야 하는 것은 아니다. 인광대사께서는 신구의 삼업이 모두 악하면 곧 가장 큰 악이고, 삼업이 모두 선하면 곧 가장 큰 선임을 알아야 한다고 말씀하셨다. 가장 먼저 솔선수범하여야 동료들을 감화시킬 수 있다. 자신의 아내와 자식이 믿고 따를 수 있어야 다른 사람도 저절로 그를 따라 선을 좇을 수 있거늘, 그래서 반드시 돈과 재물이 있어야만 공덕을 지을 수 있단 말인가?

[1] 사람의 도리를 극진히 하고 자신의 본분을 다한다 (敦倫盡分)

[제299칙] **인간의 도리를 다함이 학불의 기초이다**

학불學佛 일사一事는 반드시 원래 인간의 도리를 극진히 하여야 비로소 불도를 향해 나아갈 수 있다. 불법은 출세간법을 위할지라도 사실은 세간법에서 실천할 수 있다. 확실히 불법은 세간과 출세간, 일체제법을 포괄한다. 그래서 아버지에게는 자애慈愛를 말하고 자식에게는 효순孝順을 말하여 각자 모두 사람의 본분을 다하고, 그런 후에 출세간의 법을 닦도록 한다. 예컨대 높이가 만 길이나 되는 건물을 세우려면 먼저 기초를 튼튼히 하고 수로를 개통하면, 높이가 만 길이나 되는 건물을 세울 수 있을 뿐만 아니라 영원히 무너지지 않을 것이다. 만약 기초가 견고하지 않으면 반드시 이뤄지지 않고 무너지게 될 것이다.

學佛一事，原須克盡人道，方可趣向。佛法，雖為出世間法，實在世間法中做出。見三編復周伯遒書。良以佛教，該世出世間一切諸法。故于父言慈，於子言孝，各令盡其人道之分，然後修出世之法。譬如欲修萬丈高樓，必先堅築地基，開通水道。則萬丈高樓，方可增修，且可永久不壞，若或地基不堅，必至未成而壞。

옛날 백거이가 조과鳥窠선사에게 물었다. "불법의 대의는 무엇입니까?" 선사께서 말씀하시길, "일체 악을 짓지 말고, 온갖 선을 받들어 행하라." 불법을 배우고자 하면 먼저 스스로 극기克己와 신독愼獨207)으로 하는 일마다 모두 심지로부터 진실하게 행해야 한다. 이러한 사람이라야 참된 불제자라 할 수 있다. 만약 그 마음이 간악하여 불법을 빌어 죄업을 면하고자 한다면 먼저 독약을 복용하고 나중에 양약을 복용하는 것과 다름이 없거늘, 그 몸을 가볍고 건강하게 유지하여 오래 살고자하면 그것이 가능하겠는가?

昔白居易問鳥窠禪師曰：如何是佛法大意。師曰：諸惡莫作，衆善奉行。欲學佛法，先須克己愼獨，事事皆從心地中眞實做出。若此人者，乃可謂眞佛弟子。若其心奸惡，欲借佛法以免罪業者，何異先服毒藥，後服良藥。欲其身輕體健，年延壽永者，其可得乎。(正) 與丁福保書

[제300칙] 부모님을 기쁘게 하는 도를 행하지 않으면 반드시 불효하는 자식을 낳는다. 사람도리를 다하고 불사를 행하라

그대는 이미 아내를 맞아 가족을 이루었으니, 마땅히 항상 부모님을 기쁘게 하겠다는 마음을 간직하여야 한다. 부부 간에는 서로 공경하여야 하고, 사소한 일에 대한 불만과 의심으로 틈이 생겨서 부부가 화목하지 못하여 부모님의 마음을 상하게 해서는 안 된다. 《중용中庸》에 이르길, "부부가 서로 잘 지내고 사랑하니 비파와 거문고를 타는 것과 같고, 형제가 화목하게 지내니 마음이 맞아 정말 즐겁다. 자신의 가정이 관계가 좋고 처자식이 모두 즐거우니, 공자께서 이러면 부모님도 어찌 마음에 들지 않겠는가! 하셨다."

부부와 형제가 화목하면 부모님께서 마음에 들어 하시고 기뻐하실 것이다. 현재 한 사람의 자식이 되었고, 오래지 않아 또 한 사람의 부모가 될 것이니, 만약 부모님을 기쁘게 하는 도를 실천하지 않으면 반드시 불효하는 자식을 낳을 것이다. 비유컨대 기와 처마에서 떨어지는 낙숫물은 한 방울 한 방울 같은 곳에 떨어지는 것과 같다.

나는 늙어서 그대에게 항상 훈시할 수 없다. 그대가 힘써 자식의 도리를 다하면 곧 성현의 성에 들어갈 수 있을 것이고, 장래 서방극락에 왕생할 것이니, 이것이 그대가 얻는 불법의 이익이다.

汝已娶妻，當常以悅親之心為念。夫妻互相恭敬，不可因小嫌隙，或致夫妻不睦，以傷父母之心。中庸云：妻子好合，如鼓瑟琴。兄弟既翕，和樂且耽。宜爾室家，樂爾妻孥。子曰：父母其順矣乎。蓋言夫妻，兄弟和睦，則父母心中順悅也。現為人子，不久則又為人父。若不自行悅親之道，必生忤逆不孝之兒女。譬如瓦

207) 극기克己 : 제어함(剋制). 약속과 엄격함으로 자신을 구해야 한다. 신독愼獨 : 혼자 있을 때 주의하고 신중하여 잘못을 범하지 않는다.

屋簷前水，點點滴滴照樣來。光老矣，不能常訓示汝。汝肯努力盡子道，則便可以入聖賢之域。將來往生西方，乃汝所得之法利也。(續) 復周法利書二

[제301칙] 어머님의 교육이 가장 중요하니, 자녀교육이 집안과 나라를 다스리는 근본이다

인생 세간은 선연과 악연이 각각 보조하여야 성취가 있게 된다. 설령 타고난 자질의 성인일지라도 현모양처가 그 도덕을 보조하여야 하거늘 하물며 보통 사람이겠는가? 그래서 문왕은 모친인 태임太任의 태교가 있어 성덕이 있게 되었다. 그래서 《시경詩經》에서 찬탄하길, 그가 "아내에게 본보기가 되면, 이것이 형제에게 미쳐, 집과 나라를 잘 다스리게 된다(刑于寡妻 至于兄弟 以御于家邦)." (이는 자신의 마음을 남에게 미쳐 넓혀가라는 말이다.) 그러나 이는 단지 문왕의 변설邊說을 근거로 한 것이다. 문왕의 아내인 태사太姒의 성덕을 이야기하면 당연히 또한 문왕의 도를 보존할 수 있었다. 마치 두 등불로 번갈아 비출수록 광명이 더 잘 보이고, 두 손으로 번갈아 씻어야 비로소 깨끗해지는 것과 같다.

人生世間，善惡各須輔助，方克有成。雖天縱之聖，尚須賢母賢妻，以輔助其道德，況其下焉者乎。以故太任有胎教，致文王生有聖德。故詩讚其刑于寡妻，至於兄弟，以御於家邦。然此但約文王邊說。若論太姒之德，固亦可以輔助文王之道。如兩燈互照，愈見光明。兩手互洗，方得清淨。

이로써 세상에 현인이 적은 것은 현모양처가 적기 때문이라 말한다. 확실히 아내는 음으로 남편을 도울 수 있고, 엄마는 자녀를 태교할 수 있거늘 하물며 태어난 지 몇 년 되는 어린이가 매일 엄마 곁에 있으면서 엄마의 아름다운 본보기에 영향을 받고 늘 가르침과 일깨움을 받아 (항상 보고 듣고 은연중에 감화되어) 그 성격이 자기도 모르는 사이에 변화되어 저절로 큰 인물이 될 수 있음에랴.

나는 늘 "자녀 교육은 집안을 바로잡고 나라를 다스리는 근본이다." 말한다. 또한 늘 "나라를 다스리고 천하를 평정하는 권력의 태반은 여인이 쥐고 있다." 말하니, 대개 이를 말한다.

由是言之，世少賢人，由於世少賢母、與賢妻也。良以妻能陰相其夫，母能胎教子女。況初生數年，日在母側。親炙懿范，常承訓誨，其性情不知不覺為之轉變，有不期然而然者。余常謂：教女為齊家治國之本，又常謂治國平天下之權，女人家操得一大半，蓋謂此也。(正) 馮宜人往生事實發隱

[제302칙] 세상 사람들이 거만하고 도리에 어긋나며 완고하고 용렬한 것은 대부분 어릴 적 교육이 결핍되었기 때문이다

자녀교육은 근본으로부터 착수하여야 한다. 근본이란 곧 부모님께 효도하고 중생을 구제함에 인욕하면서 성실하게 실천하고, 몸으로써 가르치고 덕으로써 모범을 보임을 말한다. 녹인 금과 동을 거푸집에 쏟아 거푸집이 곧으면 곧게 되고, 거푸집이 굽으면 굽게 되며, 크고 작고 두텁고 얇음은 거푸집에 들어가기 전에 이미 미리 알 수 있거늘 하물며 거푸집을 벗어나는 경우야 말해 무엇 하겠는가!

教子女，當於根本上著手。所謂根本者，即孝親濟衆，忍辱篤行。以身為教，以德為範。如熔金銅，傾入模中。模直則直，模曲則曲。大小厚薄，未入模之先，已可預知，況出模乎。

요즘 사람들은 대부분 이러한 이치를 잘 알지 못한다. 그래서 한 무리는 타고난 자질의 자제들이 있겠지만, 대부분 거만하고 분별이 없어 인간의 도리에 어긋난다. 타고난 자질이 없으면 완고하고 용렬한 인간으로 돌아가니, 어릴 적 교육이 결핍되면 규칙이 없기 때문이다. 이는 마치 녹인 금을 나쁜 거푸집에 쏟아 부으면 나쁜 그릇이 되는 것과 같다. 금은 원래 모두 금이지만, 거푸집에 쏟아 부어 그릇이 되면 하늘땅만큼 차이가 크다.

近世人情，多不知此。故一班有天姿子弟，多分狂悖。無天姿者，復歸頑劣。以于幼時失其範圍，如熔金傾入壞模，則成壞器。金固一也，而器則天淵懸殊矣。（正）復永嘉某居士書五

[제303칙] 자녀교육의 도

자녀를 잘 교육함은 그들을 모두 현인이나 숙녀가 되게 하는 것이지만, 실제로는 사람의 도리를 극진히 하는 가장 큰일이다. 왜냐하면 자녀가 이미 다 현인이거나 선인이면 형제와 자매, 동서와 후손 모두 서로 영향을 끼쳐 선하게 하기 때문이다. 이로부터 현인과 현인이 이어지면 현인이 많고 악인은 적고, 악인도 또한 현인과 선인으로 변할 수 있다. 천하가 태평하고 인민이 안락한 기초는 모두 자녀교육에 포함된다.

善教兒女，俾彼悉皆為賢人，為淑媛，實為敦倫之大者。以兒女既皆賢善，則兄弟姊妹妯娌兒孫，皆相觀而善。從茲賢賢相繼，則賢人多而壞人少，壞人亦可化為賢人善人。天下太平，人民安樂之基，皆於教兒女中含之。（三）復神曉園書

[제304칙] 관세음보살을 염하여 출산하면 임산부의 대량출혈과 어린아이의 경풍 등 갖가지 위험을 막는다

여성이 출산에 임박할 때 언제나 어떤 사람은 견딜 수 없이 고통스러워 며칠 내에 출산하지 않으면 목숨을 잃게 된다. 또한 출산 후 여성생식기의 갑작스런 대량출혈(血崩) 등 갖가지 위험이 출현하고, 자식도 만성 급성 경풍(驚風; 경련이 일어나면서 의식을 잃는 병증) 등 갖가지 위험이 생긴다. 만약 곧 출산하려는 때 지성으로 간절하게 「나무관세음보살」을 우렁찬 소리로 염하면 이러한 위험이 나타나지 않는다. 마음속으로 묵념을 해서는 안 된다. 묵념하면 심력이 약하여 감응도 작다. 또한 이때 힘을 써 출산하기 때문에 만약 묵념하면 숨이 막혀 병에 걸릴 수도 있다.

女人臨產，每有苦痛不堪，數日不生，或致殞命者。又有生後血崩，種種危險，及兒子有慢急驚風，種種危險者。若于將產時，至誠懇切出聲朗念南無觀世音菩薩。不可心中默念。以默念心力小，故感應亦小。又此時用力送子出，若默念，或致閉氣受病。

만약 지성으로 간절하게 염하면 반드시 임산부에게는 고통스런 난산 및 산후 대량출혈이 출현하는 일이, 자식에게는 경풍 등 질병이 생기는 일이 있을 수 없다. 설령 난산이 절정에 이르러 죽을 것 같으면 임산부와 옆에서 돕는 사람이 다 같이 「관세음보살」을 소리내어 염하라고 하라. 가족이 비록 다른 방에 있을지라도 그녀를 위해 염할 수 있다. 반드시 짧은 시간 공부할 필요도 없이 무사히 낳을 수 있다. (보살이 중생을 구제하는 마음의 깊고 간절함이 세간의 부모님이 자식을 사랑하는 마음과 견주어 어찌 천만억 항하사 배에 그치겠는가? 그래서 출산이 임박한 임산부가 관세음보살 명호를 큰 소리로 염함은 지극히 영험한 최상의 묘법이다.)

若至誠懇切念，決定不會有苦痛難產，及產後血崩，並兒子驚風等患。縱難產之極，人已將死，教本產婦，及在旁照應者，同皆出聲念觀世音，家人雖在別房亦可為念，決定不須一刻功夫，即得安然而生。菩薩救衆生之心，深切于世之父母愛兒女之心，奚啻有千萬億恒河沙倍。是以臨產之婦，能朗念菩薩名號者，為極靈極效之最上妙法。見續編復周伯遒書。

외도가 이치를 잘 알지 못해 공경하는 생각에 필사적으로 집착하여 사정의 변화에 따라 이치를 논해야 할 줄 몰라 한 무리 염불하는 노파가 여자의 출산을 두려운 일로 여기고, 딸과 며느리가 출산할지라도 감히 보러 갈 엄두를 내지 못하거늘 하물며 관세음보살을 염하라고 가르칠 수 있겠는가? 관세음보살께서 고苦에서 구제하시려는 마음으로 출산에 임해 비록 깨끗하지 않음(不淨)에 노출되어 어찌 할 도리가 없을지라도 일부러 내버려두지 않음을 알아야 한다.

外道不明理，死執恭敬一法，不知按事論理，致一班念佛老太婆，視生產為畏途，雖親女親媳，亦不敢去看，況敢教彼念觀音乎。須知菩薩以救苦為心，臨產雖裸露不淨，乃出於無奈，非特意放肆者比。

임산부가 관세음보살을 염할 수 있다면 죄과罪過가 없을 뿐만 아니라 어머니와 자식으로

하여금 큰 선근을 심게 할 수 있다. 이 뜻은 《약사경藥師經》에서 설하신 것으로 나 자신의 주관적인 견해에서 나온 것이 아니라, 내가 그것으로 인해 제창하였음에 불과하다. (《약사경》은 약사불의 서원공덕을 설한다. 그래서 본경에서 임산부에게 약사불을 염하라고 한다. 그러나 관세음보살 명호는 사람마다 다 알고 있으니, 굳이 약사불을 염하지 않고 관세음보살을 염해도 된다.)

不但無有罪過，且令母子種大善根。此義係佛于藥師經中所說，非我自出臆見，我不過為之提倡而已。藥師經，說藥師佛誓願功德，故令念藥師佛。而觀音名號，人人皆知，固不必念藥師佛，而可念觀音也。(續)一函遍覆

[제305칙] **자식을 얻는 세 가지 중요한 일: 자력과 타력**

사람들이 자식을 얻는 법은 대부분 불도에 배치된다. 그대가 몸이 건강하고 성정이 어질고 착하며, 복·지혜·수명을 전부 갖춘 자식을 얻고 싶다면 반드시 내 말에 의거해야 마음먹은 대로 될 것이다. 자식을 얻는 세 가지 요결은 첫째, 몸을 잘 챙기고 욕구를 절제하여 (태아교육을 위한) 선천의 조건을 좋게 하라. 둘째, 사람의 도리를 극진히 하고 덕을 쌓아서 자식을 위해 복의 기초를 세워라. 셋째, 태교와 유아교육을 잘 하여 (자식이 커서 마음에 바른 견해가 없어) 물결치는 대로 표류하는 것을 피하도록 하라. 자신이 이 세 가지 중요한 조목을 반드시 실행하길 약속하여야 한다. (이는 자력이다.) 그런 후 다시 지성으로 관세음보살을 예배 염송하여야 복덕과 지혜를 지니고, 조상을 빛내는 자식을 얻길 구하라. (이는 타력이다.) 그러면 반드시 원하는 대로 자식을 얻을 수 있으니, 보살의 성은을 저버리지 않는다.

求子之道，人多背馳。汝欲得身體龐厚，性情賢善，福慧壽三，通皆具足之子，須依我說，方可遂心。求子三要。第一，保身節欲，以培先天。第二，敦倫積德，以立福基。第三，胎幼善教，以免隨流。此三要事，務期實行。再以至誠，禮念觀世音，求賜福德智慧光宗華國之子，必能所求如願，不負聖恩矣。見續編禮念觀音求子疏。

세상 사람들은 자식이 없으면 대부분 새로 결혼을 하거나 약을 늘 복용하고 성교를 행하지만, 이는 빨리 죽는 길이지 자식을 얻는 방도가 아니다. 요행히 자식을 얻어도 옹골지지 않은 쭉정이 볍씨처럼 씨를 뿌려도 싹이 나오지 않거나 나오더라도 무르익기 어렵다. 이를 해결하기 위한 방법은 첫째 성교를 반년 동안 적어도 끊어야 하고 오래 끊을 수록 좋다. 마땅히 아내에게 명백히 말하고 서로 같이 이런 생각을 가지고 각자 별실에서 머물러야 한다. 방이 많지 않으면 잠자리를 나누어야 한다. 평소에는 절대 아내라 생각하지 않고, 자매로 생각하고 한순간도 삿된 생각을 품지 않아야 한다. 몸이 충분히 건강해진 후 아내의 월경이 깨끗한 때를 기다려, 날씨가 맑아야 하고 날짜가 길한 날 밤에 성교를 하면 반드시 임신을 하게 된다. 이때부터 성교를 그만두고, 아이가 태어난 지 백일이 지나서야 다시 성교를 할 수 있다.

世人無子，多娶妾媵，常服壯陽之藥，常行房事，此乃速死之道，非求子之方也。幸而得子，亦如以秕稻種之。或不出。或出，亦難成熟。第一要斷房事，或半年，至少或百日，愈久愈好。當與婦說明，彼此均存此念，另屋居住。若無多屋，決須另床。平時絕不以妻作妻想，當作姊妹想，不敢起一念之邪念。待身養足後，待婦月經淨後，須天氣清明，日期吉祥，夜一行之，必得受孕。從此永斷房事，直到生子過百日後，或可再行。

여성이 임신한 후 성교를 한 차례 행하면, 자궁이 한 차례 두터워지고, 태아가 한 차례 병에 걸리며, 게다가 자궁이 늘 열려서 태가 떨어지기 쉽다. 이러한 피해야 할 일을 사람들이 대부분 모른다. 설령 알고 있을지라도 따르려고 하지 않는다. [나 인광은 출가인이면서 사람이 성교를 행하는 일을 논한다고 말하지 말라. 실제로는 이 일은 세상에서 제일가는 생사의 중요한 부분으로 바로 구제할 필요가 있다.] 그래서 아이를 낳지 못하거나, 잘 자라지 못하며, 아이가 몸이 허약하거나 단명하게 된다. 자신이 마음을 잘못 쓴 줄 모르고 오히려 팔자가 나쁘다고 말하거나 오히려 성교를 늘 하는 일로 여기고 날마다 행하니, 죽지 않으면 다행인 셈이다.

婦受孕後，行一次房，胞厚一次，胎毒重一次。且或因子宮常開，致易墮胎。此種忌諱，人多不知。縱有知者，亦不肯依。[切勿謂光乃出家人，論人行房事，不知此事是世間第一生死關節。正宜救濟。見三編復蔡錫鼎書]　故致或不生，或不成，或孱弱短命，不知自己不善用心，反說命不好，反將行房當常事，日日行之，不死就算大幸。

또한 마음에 자비로운 마음을 품고서 대중을 이롭게 하고, 널리 만물을 사랑하여야 한다. 대중을 이롭게 하고 널리 만물을 사랑함은 반드시 돈을 필요로 하지 않고, 좋은 마음을 간직하고, 좋은 말을 하고, 좋은 일을 하면 된다. 무릇 중생을 이롭게 하는 마음을 간직하지 않음이 없고, 중생을 이롭게 하는 말을 하지 않음이 없고, 무릇 중생을 이롭게 하는 일을 하지 않음이 없다. 가슴 가득한 것은 모두 지극히 평화로운 원기元氣이고 생기발랄하다.

又要心存慈善，利人利物。利人利物，不一定要錢。存好心，說好話，行好事，凡無利益之心之話之事，均不存不說不行。滿腔都是太和元氣，生機勃勃。

또한 반드시 지성으로 「나무관세음보살」을 염해야 하니, (이 념에 의지하면) 많을수록 좋다. 아침 저녁으로 예배하면서 조금 염하고, 그 밖에 가거나 머물거나 앉거나 눕거나 모두 잘 염하라. 잠잘 때도 염할 수 있지만 공경하는 마음을 가져야 한다. 잘 때 셔츠와 바지를 입어야 하고, 알몸으로 자서는 안 되며, 묵념을 하여야 하고 소리를 내어서는 안 된다. 묵념으로 글자가 많아 염하기 어려우면 「나무」 두 자를 없애고, 「관세음보살」 다섯 자만 염하면 된다. 백의대사신주白衣大士神咒[208]를 염해도 좋고, 염하지 않아도 무방하다.

又須志誠念南無觀世音菩薩，（就依此念）愈多愈好。早晚禮拜念若干，此外行、住、坐、臥都好念，睡到雖好念，也要心存恭敬，宜穿衫褲，不可赤體。宜默念，不宜出聲。默念若字多難念，可去南無二字，但念觀世音菩薩五字。白衣咒，念也好，不念也無礙。

당신은 이렇게 좋은 마음을 간직하고 좋은 일을 하고 관세음보살을 염하고, 또한 당신의 아내에게 이렇게 좋은 마음을 간직하고 좋은 일을 하며 관세음보살을 염하게 하고 출산에 임해서도 여전히 염하게 한다. 출산에 임해서서는 묵념해서는 안 되고 소리내어 염해야하고 곁에서 돌보는 사람은 반드시 큰 소리로 그녀가 염하도록 도와주면 틀림없이 고통스럽게 난산難産하는 일은 없을 것이다. 출산에 임해서 묵념해서는 안 되는 이유는 힘을 써 출산하기 위해 묵념으로 혹 호흡이 막혀 병에 걸릴 수도 있기 때문이다.

汝如是存心、行事、念，亦令汝婦，也如是存心、行事、念，及至臨產還念。臨產不可默念，要出聲念。旁邊照應的人，須大聲幫他念。管保了無苦痛難產之事。臨產默念不得，以用力送子出，默念或受氣病。

여성은 임신을 하면 화를 내어서는 안 된다. 크게 화를 내면 낙태하기 쉽다. 괴팍한 기운이 태아에 전해져서 자식의 성격이 흉악하게 변할 수 있다. 또한 아이에게 젖을 먹일 때 반드시 심기를 평화롭게 가져야 한다. 크게 화를 내면 젖이 독이 된다. 심한 경우 갓난아이가 곧 죽게 되고, 가벼운 경우 반나절 혹은 하루 만에 죽는다. 죽지 않은 경우는 결코 없다. 화를 적게 내면 독이 작아 비록 죽지는 않지만 병에 걸린다. 그래서 화를 잘 내는 여인의 자식은 죽는 경우가 많고 병이 드는 경우도 많다. 자기가 젖을 먹이든지 유모를 고용해서 먹이든지 다 마찬가지다.

女人一受孕，不可生氣，生大氣則墮胎。兼以乖戾之氣，過之於子。子之性情，當成兇惡。又喂兒奶時，必須心氣和平。若生大氣，奶則成毒，重則即死，輕則半日一日死，決無不死者。小氣毒小，雖不死，也須生病。以故愛生氣之女人的兒女，死的多，病的多。自己喂，雇奶母喂，都是一樣。

---

208) 관음영감진언觀音靈感眞言(백의대사신주白衣大士神咒)
나무불 나무법 나무승! 나무 대자대비 구고구난救苦救難 광대영감廣大靈感 관세음보살마하살! (3번) 다냐타 옴 가라바다 가라바다 가하바다 라가바다 라가바다 사바하! 천라신天羅神 지라신地羅神 인리난人離難 난리신難離身 일체재앙화위진一切災殃化為塵! 나무마하반야바라밀!
폐관하여 정업淨業을 전수專修함은 마땅히 염불을 정행으로 삼아야 한다. 아침 공과에는 또다시 능엄주, 대비주, 관세음보살영감진언을 늘 염송한다. 능엄주가 익숙하지 않으면 날마다 노트를 보며 해도 무방하다. 익숙해질 때 다시 암송한다. 저녁공과는 아미타경, 대참회, 몽산蒙山을 날마다 늘 염송해야 한다.

크게 화를 내면 결코 젖을 먹여서는 안 된다. 반드시 곧 화를 멈추고 일체 내려놓고 심기를 평화롭게 한 후 반나절 지나서 다시 젖을 먹여야 한다. 젖을 먹일 때 먼저 찻잔 반 가량 줄여서 쏟아버리고 젖꼭지를 닦고서 다시 먹이면 이러한 재앙이 없다. 만약 마음속에서 여전히 화가 달아오르면 하루는 젖을 먹일 수 없다. 먹이면 죽지는 않지만 큰 병에 걸릴 수 있다.

生了大氣，萬不可喂兒奶，須當下就要放下，令心平氣和，過半天再喂。喂時先把奶擠半茶碗，倒了，奶頭揩過，再喂，就無禍殃。若心中還是氣烘烘的，就是一天，也喂不得。喂則不死，也須大病，

이 일은 고금의 의서에 모두 진술·설명되고 있지 않다. 나는 최근 몇 해 이러한 일을 많이 보고 듣고서 비로소 그 화를 알게 되었다. 여성은 어릴 때부터 부드럽고 겸손한 것을 배워야 한다. 성장하여 아이를 낳으면 반드시 온순하고, 반드시 착하며, 반드시 죽지 않고, 반드시 병이 나지 않는다. 무릇 자식이 어려서 죽고 병에 걸리면 절반 이상 그 어머니가 화를 낸 까닭이고, 절반이 채 안 되는 경우 자신의 목숨이 일찍 죽게 마련이다. 천하에 고금을 막론하고 독이 든 젖에 의해 살해된 자녀들이 얼마나 항하사[209] 수만큼 많을지 모르니, 어찌 슬프지 않겠는가! 그대는 부모님을 기쁘게 하는 효도를 행하라. 그래서 그대를 위해 상세히 말한다. 그대의 어머님께 채식을 하고 염불하여 서방극락에 태어나길 권하라. 그대와 그대의 아내도 또한 각자 이와 같아야 한다.

此事古今醫書，均未發明。近以閱歷，方知其禍。女子從小，就要學柔和謙遜，後來生子，必易，必善，必不死，必不病。凡兒女小時死病，多一半是其母生氣之故，少一半是自己命該早死。天下古今，由毒乳所殺兒女，不知有幾恒河沙數，可不哀哉。汝為悅親，故為汝詳說。須勸汝母吃素念佛，求生西方。汝與汝妻，亦各如是。(三) 復張德田書

---

209) 갠지스 강(恆河)은 인도의 큰 강이다. 양쪽 언덕에는 고운 모래가 많다. 부처님께서는 설법할 때마다 갠지스 강의 고운 모래로 가장 많은 수를 비유하셨다.

[2] 속세에서 어떻게 불도를 배울 것인가? (勸居塵學道)

[제306칙] 속세에 살면서 불도를 배우고, 병고 그대로 양약으로 삼고 가로막힘 그대로 극락으로 통하는 길로 삼을지라

속세(凡塵)에서 불도를 배우고 세속 진로(塵勞; 번뇌)를 빌어 자신의 진심眞心을 닦는 것은 뜻이 높고 이름난 사람이든 어리석은 촌부이든 모두 행할 수 있는 일이다. 평상시 힘써 수지하여야 하고, 재가의 몸으로 겪는 갖가지 속박과 얽매임을 자기 수행의 경종(當頭棒喝)[210]으로 삼아야 한다. 시간이 오래되면 사바세계를 싫어하고 여의려는 마음이 일어나고 오랜 시간 극락세계를 그리워하고 구하는 지향이 증진된다.

居塵學道，即俗修眞，乃達人名士，及愚夫愚婦，皆所能為。勉力修持，以在家種種繫累，當作當頭棒喝。長時生此厭離之心，庶長時長其欣樂之志。

세간의 갖가지 병고를 겪어도 그대로 출리심出離心을 키우는 양약으로 삼고, 갖가지 속박으로 가로막혀도 그대로 극락으로 통하는 길로 삼는다. 위로 부모님의 천륜을 누리는 기쁨을 잃지 않게 하고, 아래로 온 가족의 의지처를 잃지 않게 할 수 있을 뿐만 아니라 주위 사람들이 같이 나로 인해 정토법문을 읽거나 들어서 정토에 왕생하려는 신심을 증장시키니 어찌 이만큼 즐거운 일이 있겠는가?

即病為樂，即塞成通。上不失高堂之歡，下不失私室之依。而且令一切人同因見聞，增長淨信，何樂如之。(正) 復周群錚書五

[보충] 불법을 여의지 않고 세간법을 행하고, 세간법을 폐기하지 않고 불법을 증득한다

정토법문은 특별히 재가인이 수지하기에 적합하다. 왜냐하면 이 법문은 현재 눈앞에 직면하거나 미래에 펼쳐질 사회상황에 잘 들어맞기 때문이다. 그대가 옛날 사람처럼 멀리 깊은 산에 들어가 일체 일을 묻지 않고 단지 스스로 닦으려 한다면 아마 시대가 허락하지 않을 것이다. 그래서 매우 많은 사람이 출가할 수 없고 재가의 몸으로 남아서 사회에 복무하는 한편 계속 수행하여야 한다. 이렇게 수행하려면 정토종이 가장 적합하다.

청나라 말기 심선등沈善登 거사는 《보은론報恩論》을 지어 《무량수경》과 정토법문을 찬탄하였다. 그는 정토법문의 미묘함은 "불법을 여의지 않고 세간법을 행하고, 세간법을 폐기하지

---

210) 선림의 용어로 그 뜻은 사람을 미망에서 깨운다는 말이다. 봉할棒喝은 선가의 종장宗匠이 학인을 접인하는 작법에 의거한다. 봉棒(몽둥이질)은 덕산德山에서 비롯되었고 할喝(고함치기)은 임제臨濟에서 온 것이다. 봉과 할은 학인을 접인하여 미혹을 바꾸어 개오하는 법이다.

않고 불법을 증득함"에 있다고 말하였다. 그래서 현재 눈앞의 상황은 매우 좋은 계기이다. 국가와 사회는 갖가지 직책에서 부지런히 헌신하고 일을 잘 처리하는 매우 많은 재가인을 필요로 하고 있다. 지금 바로 정토법문만이 세간법을 행하면서 불법을 여의지 않아도 가능하다. 산에 들어가 수행할 필요도 없고 폐관수행을 할 필요도 없다. 출근하면서 닦을 수 있고, 생산 현장에서도 닦을 수 있다.

단지 남을 이롭게 하는 마음을 내기만 하고, 「나무아미타불」 여섯 글자, 「아미타불」 네 글자 한마디 부처님 명호를 염하기만 하면 되니 이것이 바로 정토종의 위없는 수행이다. 단지 진실로 순수하게 이렇게만 하면 당신은 구태여 행해야 할 세간법을 폐기할 필요 없이 마찬가지로 불법에 맞아 증득할 수 있다. 불법을 여의지 않고 세간법을 행할 수 있고 세간법을 폐기하지 않고 불법을 증득할 수 있음이 정토법문의 특별히 수승한 부분이고 특별히 재가인에게 적합하다. _황념조黃念祖 거사

[제307칙] **복전을 가꾸는 일을 왕생의 조행을 삼을지라**

사람이 세상에서 살면서 하는 일이 없을 수 없지만, 자신의 도리를 다해야 하고 자신의 본분을 다해야지 결코 도리와 본분 밖의 분수에 넘치는 바람이 있어서는 안 된다. 지식인이든 농부이든 기술자이든 상인이든 각자 직업에 종사하여 몸과 가족을 보살피는 근본으로 삼아야 한다. 자신의 분수에 따라, 자신의 역량에 따라 「나무아미타불」 부처님 명호를 집지하여 결연한 의지로 서방극락에 태어나길 구해야 한다.

人生世間，不可無所作為。但自盡誼盡分，決不於誼分之外，有所覬覦。士農工商，各務其業，以為養身養家之本。隨分隨力，執持佛號，決志求生西方。

무릇 역량이 미칠 수 있는 갖가지 선한 일에 혹 자금을 대거나 혹 축하하는 말을 하여 그것으로 찬조를 하고, 그렇지 않으면 찬탄하고 기뻐하는 마음을 내어도 또한 공덕에 속한다. 이로써 복전을 가꾸는 일을 왕생의 조행으로 삼으면 마치 물결을 따라 돛을 달고, 노를 저어 배가 언덕에 이르는 것처럼 더욱 더 빠르지 않겠는가?

凡有力能及之種種善事，或出資，或出言，為之贊助。否則發隨喜心，亦屬功德。以此培植福田，作往生之助行。如順水揚帆，更加艣棹，其到岸也，不更快乎。(正) 復寧波某居士書

[제308칙] **지혜를 여는 것을 제일로 삼을지라**

공덕을 키운다 함은 지혜를 여는 것을 제일로 삼아야 한다. 지금 《증광문초增廣文鈔》를

이미 나누어주었지만 아직 거두지 않았다. 제자들에게 약간 맡겨서 자신이 전달하게 하여 모든 독자들이 정토에 왕생하는 이치를 알게 하였다. 이러한 공덕을 그 부친이 왕생하는 자량으로 삼을지니, 정성을 더하면 원하는 대로 될 것이다. 이것을 가장 이익이 있는 진실한 공덕이라 한다.

所言培植功德，當以開人知識者為第一。現今增廣文鈔已經排完，尚未結收。令弟若肯任若干，自己施送。俾一切閱者知往生淨土之所以然，以此功德，為其父作往生之券，加以至誠，必可如願。是為最有利益眞實功德。(三) 復徐蔚如書

[보충] 법보시가 제일이다

「부처님께서 말씀하시길, 두 가지 보시 중에」. 두 가지 보시란 바로 재보시財布施와 법보시法布施이다. “법보시가 제일이니, 재보시의 과보는 한계가 있지만 법보시의 과보는 무량하다. 재보시는 욕계의 과보를 얻지만, 법보시는 삼계를 벗어나는 과보를 얻는다.” 이는 《대지도론》에 있는 말씀을 인용한 것이다. 그런 후 다시 말씀하시길, “만약 명성과 재산, 이익과 권세를 구하지 않고”. 그대가 보시를 하여 명성을 구하는 것도 아니고, 재산을 구하는 것도 아니며, 이익을 구하는 것도 아니고, 권력과 지위를 구하기 위함도 아니며, 그 무엇도 구하지 않고, “다만 불도를 배우기 위함”이다. 불도는 무엇인가? 진실한 지혜, 진실한 해탈은 다만 번뇌와 근심을 끊어서 청정 · 자재 · 즐거움을 얻기 위함이다. 이것이 불도이다. “대자비심을 넓혀서 뭇 생로병사의 고를 제도함을 「청정 법보시」라 한다.” 이러면 여리여법如理如法하다. 우리는 청정심으로써 희구함이 없는 마음으로써 일체 중생을 돕는 것, 특별히 일체 고난 중생을 돕는 것이 청정 법보시이다. _정공법사, 《지장보살본원경강기地藏菩薩本願經講記》

[제309칙] 보통 사람은 심오한 경론을 두루 연구할 필요가 없다

대통가(大通家; 불법을 크게 통달한 사람)인 경우 참선과 정토를 쌍수雙修하되 반드시 정토를 주된 행으로 삼아야 한다. 보통사람인 경우 심오한 경론을 두루 연구하도록 할 필요가 없고 단지 일체 악을 짓지 말고, 온갖 선을 받들어 행하며 일심으로 염불하여 서방극락에 태어나길 구하게 하면 된다. 재가의 몸으로 생업을 포기하지 않고, 출세간법을 겸하여 닦으면 비록 평상시 진기한 것이 없어 보이지만 그 이익은 불가사의하다. 확실히 어리석은 촌부는 오로지 노실하게 염불하면 곧 은밀히 부처님의 지혜와 통하고 미묘한 도에 맞을 수 있으니, 줄곧 부처님의 지혜를 제멋대로 사량하고 이치를 따지면서(思量卜度) 온종일 분별 속에서 식신(識神; 알음알이)에 놀아나는 대통가와 견주면 그가 얻는 이익은 더욱더 많다.

若大通家，則禪淨雙修，而必以淨土為主。若普通人，則亦不必令其遍研深經奧論，但令諸惡莫作，衆善奉行，一心念佛，求生西方即已。此人不廢居家業，而兼修出世法。雖似平常無奇，而其利益不可思議。良

以愚夫愚婦，顓蒙念佛，即能潛通佛智，暗合道妙。校比大通家之卜度思量，終日在分別中弄識神者，為益多多也。(正) 復謝誠明書

[역주] 경론을 두루 연구하여 만약 대개원해大開圓解하지 못하면 단지 분별지견分別知見이 증장할 뿐이다. 불교 종파의 법문은 갖가지로 많은데, 법문마다 통하고 싶다면 반드시 법문마다 느슨해질 것이다. 세간법조차도 맹목적으로 욕심을 많이 부려서는 안 되거늘 하물며 불법의 심법이겠는가. 보통사람의 경우 특히 일하느라 바쁜 사람은 기초적인 불법의 이치를 이해한 후 곧장 정토법문을 중심으로 닦아 일문으로 깊이 들어가야 한다.

인광대사께서는 "반나절 행문을 통해 배우고, 반나절 해문을 통해 배우라(半日學行 半日學解)." 라고 말씀하신 적이 있다. 수행은 모름지기 행문行門(실천)과 해문解門(이론)으로 나뉜다. 두 문은 서로 보충하고 서로 이루니 한 쪽을 버려서는 안 된다. 어리석은 촌부인 경우 계정혜 삼학을 알고, 발보리심의 뜻을 알며, 업을 지닌 채 왕생한다는 이치를 이해하며, 마사魔事의 여러 우환을 미리 막는 것을 이해한다면 경론을 깊이 연구할 필요가 없고, 노실하게 염불하여 전일하게 사수事修하면 된다. 인광대사께서 말씀 하셨듯이 "어리석은 촌부는 비록 우매하여 이치를 알지 못하지만 노실하게 염불할 수 있으면 은밀히 부처님의 지혜와 통하고 미묘한 도에 맞을 수 있다." 명호 집지가 깊으면 또한 개오開悟할 수 있고, 개오하지 못하여도 왕생할 수 있다.

[보충] 반나절 행문을 통해 배우고, 반나절 해문을 통해 배우라(半日學行 半日學解)

이 문구는 인광대사께서 주씨 성을 가진 거사의 회신에서 하신 말씀이다. "그대는 정토의 수행법에 대해 아직 분명히 알지 못하고 있다." 이는 당신이 정토법문을 완전히 이해하지 못하고 있다는 말이다. 어떻게 된 일인가? 마땅히 오직 정토법문을 조사 · 연구하는 것을 일로 삼아야 한다. 당신은 경서를 읽고 경서를 연구해야 한다. 정토법문 가운데 이러한 경서에서 무엇을 말하고 있는가? 알아야 한다.

이는 인광 대사께서 하신 말씀이다. "반나절 행문을 통해 배우고, 반나절 해문을 통해 배우라." 이는 무슨 뜻인가? 바로 행문과 해문을 동시에 중시해야 한다는 말이다. 경전을 독송하면서 지식을 늘리는 것, 불법을 듣고서 지식을 늘리는 것, 바른 지견을 가진 사람의 지도하에 다시 염불하고 다시 수행하는 것, 이것이 원칙이다.
_《인광대사 문초 정토법요》 인청仁淸법사

[제310칙] **학문과 지견을 다 던져버리고, 교활한 마음을 죽여 없애고 힘써 정업을 닦을지라**

귀하의 재능과 학문으로써 마땅히 나 인광이 말한 것에 따르면 이익이 클 것이다! 그렇지 않으면 고요히 숨기고 드러내지 않은 부분을 선택하여 정진하고 정업淨業을 닦고, 종전에 얻은 학문과 문장(총명지혜)은 동양의 대해 바깥으로 던져버리고, 자신을 원래 지식이 없는 사람으로 간주하고 분별심을 일으키지 않는 가운데 밤낮 여섯 때(六時)[211]에 「나무아미타불」 한마디 부처님 명호를 전일하게 염하여 교활한 마음(偷心)[212]을 다 죽여 없애면 마땅히 본래면목을 친견하리라. 이로부터 높은 나무에 높게 법의 깃발(法幢)[213]을 세워 일체 사람들이 함께 정토법문의 바다로 귀의하니, 살아있을 때는 성현의 무리가 되고, 죽은 후에는 연지해회蓮池海會[214]에 가입한다. 이래야 배운 것을 저버리지 않는 대장부이자 참 불자이다!

以閣下之才論，當依光所說，其為利益大矣。否則擇一寂靜隱晦之處，力修淨業，將從前所得之學問文章，抛向東洋大海外，作自己原是一無知識之人，於不生分別心中，晝夜六時，專持一句洪名聖號，果能死盡偷心，當必親見本來面目。從玆高豎法幢，俾一切人同歸淨土法海，生為聖賢之徒，沒預蓮池之會。方可不負所學，為大丈夫，眞佛子矣。(三) 復葉玉甫書

[보충] **교활한 마음을 다 죽여 없애라**(死盡偷心)

[연의] "중생이 명호를 집지함에 자신을 이롭게 하는 묘용이 있다. 「아미타불」 네 글자로써 곧장 초발심에서 초지에 오르게 하니, 또한 어찌 지극히 미묘하지 않겠는가? (在衆生持名是自利之妙用 以四字直使初心登乎智地 又豈非至妙)."

[강설] 『지지智地』는 곧 초지보살初地菩薩이다. 부처님께서는 스승님으로서, 우리에게 「아미타불」 네 글자 법문을 전수해주셨다. 우리는 이 네 글자를 전수받은 학생으로 이번 생에 초발심에서 초지를 증득할 수 있다. 우리는 이번 생에 삼대 아승지겁을 뛰어넘을 수 있다. 그렇다면 우리는 물어야 한다, "나는 현재 초발심인데, 염불하여 언제 이일심불란理一心不亂에 이를 수 있는가? 대개 몇 시간이라야 이런 경지에 도달할 수 있는가?" 이런 문제는 나에게 물어봐도 아무런 소용이 없다. 당신 자신에게 물어보아야 한다. 당신이 진실로 염불할 수 있으면 고인이 본보기를 보인 것처럼 이렛날에 도달할 수 있다. 경전에서는 「만약 하루나 이틀이나

211) 육시六時 : 낮 세 때와 밤 세 때를 합쳐서 여섯때라 한다. 낮 세 때는 성조晟朝 일중日中 일몰日沒이고 범 세 때는 초야初夜 중야中夜 후야后夜이다.

212) 도심偷心 : 선림禪林의 용어로 원리 도둑질하는 마음을 가리켰으나 선림에서 바깥을 향해 분별하는 마음을 가리킴으로 바뀌었다. 생각이 움직이는 것에 대한 질책이다

213) 법당法幢 : 첫째 불법을 당번과 같다고 비유한 것이다. 당幢은 당번幢幡으로 깃발과 같은 뜻이다. 용맹한 장수는 전쟁승리를 표시한 상으로 깃발을 세웠다. 그래서 법당으로서 불보살의 설법이 중생 번뇌의 마군을 항복할 수 있음을 비유한다. 이후 불법에 일가견을 세운 경우 곧 「법당을 건립하였다」 일컬었다. 둘째 설법도량을 표시하는 상징이다. 대법을 선양할 즈음에 당번을 도량 문 앞에 세우고 이를 법당, 법 깃발이라 일컬었다. 선종에서는 그 뜻이 바뀌어 법을 연설하여 개창開暢함을 「법당을 건립하였다」 일컬었다. 지금은 각 절에서 안거결제安居結制함을 또한 「법당을 건립하였다」 일컫는다.

214) 연지해회蓮池海會 : 서방극락세계 불보살의 대회를 말한다.

사흘이나 나흘이나 닷새나 엿새나 이레 동안」이라 말씀하셨다. 바꾸어 말하면 하루에도 도달할 수 있다.

《지장경》에서 말씀하신 것처럼 지장보살은 인지因地에 바라문의 딸 광목녀光目女가 되어 그녀의 어머님을 구하려 어떤 방법을 사용하였는가? 염불念佛이다. 경문을 상세히 보면 그녀는 일심불란에 이르도록 염하여 염불삼매를 얻어 비로소 지옥에 가서 관찰할 자격과 능력이 생겼다. 만약 염불삼매를 성취하지 못하였다면 갈 수 없었을 것이다. 경전에서는 또렷하게 말씀하신다. 두 종류의 사람만이 지옥에 갈 수 있으니, 한 사람은 보살이고, 또 한 사람은 죄업이 있어 벌을 받으러 가는 사람이다. 두 종류의 사람이 아니면 지옥에 갈 수 없다.

그렇다면 그녀는 염불법문을 사용하여 얼마나 오래 염불하였을까? 하루 밤낮이다. 어찌 본경에서 말한 대로 「만약 하루」가 아니겠는가! 곧 「교활한 마음을 다 죽여 없애려(死盡偸心)」하지 않겠는가! 투심偸心은 곧 망념妄念이다. 일체 망념을 전부 끊어버릴 수 있지 않겠는가! 일심은 곧 한마디 부처님 명호이니, 이 한마디 부처님 명호를 제외하고 하나의 망념도 전혀 없는 경계이다. 만약 하루 밤낮 24시간 동안 이 부처님 명호를 끊임없이 소리내어 염하면 여기에는 하나의 망념도 전혀 없다! 교활한 마음을 다 죽여 없애야 비로소 일심불란의 경지를 얻을 수 있다.

그래서 광목녀와 바라문 딸의 모친은 제도 받음을 얻을 수 있었으니, 이는 그녀 어머님에게 공덕이 있는 것이다. 그녀의 딸이 성취할 수 있음은 어머니가 그녀를 호되게 독촉하여 성취한 것이다. 왜냐하면 어머니가 지옥에 떨어져 그녀가 한마음 한뜻으로 어머님을 구하고 싶어 망념이 없었기 때문이다. 그녀의 어머니가 지옥에 떨어지지 않았다면 그녀도 지장보살을 성취하지 못하였을 것이다. 그렇다면 그녀는 전심을 다하지 않았을 것이기 때문이다! 우리들이 오늘 전심을 다해 염불할 수 없는 것은 곧 교활한 마음이 있어 정당한 대가를 치르지 않고 잔꾀로써 얻으려 하고 게으름을 부리며, 망상을 부려도 아무런 관계가 없다고 여기기 때문이다.

듣건대 향 한 가닥을 사르도록 염불하는 동안 통상 5, 6개의 망상이 생기려면 총 5년, 10년의 공부를 해야 한다고 한다. 나는 한 시간에 20, 30개의 망상이 생기는데 이 정도면 정상이 아닌가? 이러면 아직 멀었다! 우리는 절실하지 않은 마음으로 염불하는데, 이는 곧 우리에게 호되게 독촉하는 사람이 없기 때문이다. 만약 우리 자신의 부모님이 아비지옥에 떨어짐을 단번에 알아채고 그를 구하고 싶을 때 어떤 생각도 전혀 없이 한 마음 한 뜻으로 염불할 수 있을 것이다. 이렇게 진정한 효자라야 된다!

_정공법사, 《아미타경소초연의阿彌陀經疏鈔演義》

[제311칙] 바깥으로 사람의 도리를 다하고, 안으로 망념을 없애면 가정이 곧 도량이다

여래의 설법은 항상 중생에게 수순한다. 부모님을 만나면 사랑을 말하고 자식을 만나면 효도를 말한다. 바깥으로 사람의 도리를 다하고, 안으로 망념을 없애어 사람에게 본래 있는 진심(本有眞心)을 회복하도록 하여야 불제자이니, 어찌 머리카락을 박박 깎았다고 참 불자라 말할 수 있겠는가? 이러한 선심에 의지하여 전력을 다해 불도를 배우고, 효(孝; 효도)와 제(弟; 공경)215)를 잘 닦아 주위 사람들을 감화시키며, 재齋와 계戒를 잘 지켜서 살생하고 도둑질하는 사회분위기가 저절로 사라지게 할 수 있다.

如來說法，恒順衆生。遇父言慈，遇子言孝。外盡人倫，內消情慮。使復本有眞心，是名為佛弟子，豈在兩根頭髮上論也。仗此好心，竭力學道，孝弟修而閭裏感化，齋戒立而殺盜潛消。

정토경론을 연구하면 괴로움을 벗어나는 요도를 알게 된다. 《안사전서安士全書》를 독송하면 과거세(淑世)의 사람됨이 좋은 계략인 줄 알아야 한다. 정토법문을 부모님에게 말해주고 정토법문으로 자식 및 모든 친척·친구들에게 가르치는 것은 바로 생사의 일이 크기 때문에 언제나 나의 금후 귀숙처歸宿處를 깊이 고려해야 한다. 그 밖에 달리 한 곳을 선택할 필요 없이 가정이 곧 도량이니, 부모와 형제 자식, 친구·친척을 모두 진리의 권속(法眷)216)으로 삼을지라. 자신이 몸소 행하고 남을 교화하길 입으로 서로 권하고 몸으로 솔선수범하여 모두 함께 정토로 돌아가서 고苦의 수레바퀴를 다 벗어날지라. 이러면 당신은 머리 기른 고승이자 거사불자라고 말할 수 있다!

研究淨土經論，則知出苦之要道。受持安士全書，則知淑世之良謨。以淨土法門諭親，以淨土法門教子，及諸親識。正以生死事大，深宜痛恤我後。不必另擇一所，即家庭便是道場。以父母兄弟妻子朋友親戚，盡作法眷。自行化他，口勸身率。使其同歸淨域，盡出苦輪。可謂戴發高僧，居家佛子矣。（正）復林介生書一

[보충] 인간관계의 덕목, 수직적 관계에서의 효도와 수평적 관계에서 공손

"그 사람 됨됨이가 효(孝; 효도)를 행하고 제(悌; 공손)를 행하면서도 윗사람을 거스르길 좋아하는 사람은 드물고, 윗사람을 거스르길 좋아하지 않으면서 밖에서 소란을 일으키길 좋아하는 사람은 일찍이 없었다. 군자는 근본을 힘쓴다. 근본이 서면 도道가 저절로 생겨난다. 그래서 효와 제는 인仁을 실천하는 본질일 것이다." _《논어》

정자程子가 말하길, "효제孝弟는 덕德에 수순함이다. 그러므로 윗사람을 거스르길 좋아하지 않으니, 어찌 다시 그 이치를 거스르고 상도常道를 어지럽히는 일이 있겠는가? 덕德은 근본이니, 근본이 서면 그 도가 점점 더 확충해간다. 효孝와 제弟를 집에서 행한 이후에 인仁과 사랑이

---

215) 부모를 잘 섬기는 것이 효도가 되고, 형과 어른을 잘 섬기는 것이 공경이 된다.

216) 법속法眷 : 법문권속을 뜻한다. 혹은 공동으로 구도 수행하는 사람의 총칭이다.

중생에게 미친다. 이는 육친을 사랑하고서 백성에게 인仁을 실천한다는 말이다. 그러므로 인仁을 실천함은 효와 제를 근본으로 삼는다. 성性을 논한다면 인仁을 효와 제의 근본으로 삼는다."

어떤 이가 묻기를, "효와 제가 인의 근본이 된다고 하니, 이는 곧 효와 제를 통해 인에 도달할 수 있다는 의미인가?"

정자가 대답하기를, "그럴 수 없다. 인을 실천함은 효와 제로부터 시작된다 말했을 뿐이다. 효와 제는 인의 한 행위일 뿐이니, 「인을 실천하는 근본」이라 말하면 옳지만, 「인의 근본」이라고 말하면 옳지 못하다. 대저 인은 성(性; 체)이요, 효와 제는 용用이다. 성性 중에는 인의예지仁義禮智 사단뿐이니, 어찌 효와 제라는 덕목이 달리 있겠는가. 그러나 인은 사랑을 주로 하고, 사랑은 혈연을 사랑하는 것보다 더 큰 것이 없다. 그래서 「효와 제란 인을 실천하는 본질일 것이다」 말씀하셨다."

[제312칙] **집이 가난해서 음덕을 광대하게 쌓을 수 없다고 말하지 말라**

또한 나는 집이 늘 가난해서 음덕을 광대하게 쌓고 크게 보시할 수 없다고 말하지 말라. 신구의 삼업이 모두 악하면 곧 더없이 큰 악이고, 삼업이 모두 선하면 더없이 큰 선인 줄 알아야 한다. 만약 어리석은 사람이 인과를 믿지 않고, 죄와 복의 응보를 믿지 않으면 그대는 당당하고 침착하게, 선명하고 확실하게 《안사전서》 등의 말씀에 따라 그들을 위해 연설하여 처음에는 점차 인과를 믿게 하고, 이어서 불법을 깊게 믿게 하고, 마침내 서방극락에 왕생하여 생사를 요탈하도록 하여야 한다.

且勿謂吾家素寒，不能廣積陰德，大行方便。須知身口意三業皆惡，即莫大之惡。倘三業皆善，即莫大之善。至如愚人不信因果，不信罪福報應，侃侃鑿鑿。依安士全書等所說，為其演說。令其始則漸信因果，繼則深信佛法，終則往生西方，了生脫死。

한 사람을 이와 같이 교화할 수 있으면 공덕이 무량무변하거늘 하물며 매우 많은 사람을 교화함이랴? 그러나 가장 먼저 몸소 흠이 없도록 행하여야 비로소 동인同人[217]을 감화시킬 수 있다. 자기의 아내와 자식이 신수봉행信受奉行[218]할 수 있으면 다른 사람도 저절로 서로 견주어 보며 선을 따라갈 수 있거늘 어찌 재산이 있어야 공덕이 많다고 할 수 있겠는가?

---

217) 동인同人 : 또한 동인同仁이라 한다. 옛날 동일한 단위에서 노동하는 사람, 또는 행업이 같은 사람, 뜻이 같고 도가 합하는 사람을 「동인」이라 일컬었다.

218) 신수봉행信受奉行 : 여래께서 설하신 법에 대해 깊이 믿고 의심하지 않고 받아들이며 나아가 절실하게 준수하며 집행함을 말한다.

一人如是，功德尚無量無邊，何況多人。然須躬行無玷，方可感化同人。自己妻女，能信受奉行，別人自能相觀而善矣。豈在資財多乎哉。（正）復高邵麟書一

[역주] 불법은 심법이니, 안으로 배우고 안으로 닦아 마음의 경계를 상승시킴에 있어 재산은 필요 없다. 학불學佛하는 사람은 반드시 먼저 보리심을 발하여야 한다. 심량이 진실하고 광대하면 비록 작은 선을 행할지라도 또한 공덕이 무량무변하다. 《지장보살본원경》에서 말씀하시길, "염부제閻浮提의 중생은 마음을 일으키고 생각을 움직일 때 업 아님이 없고, 죄 아님이 없다." 하셨다. 진실로 보리심을 발한 자는 비록 보시를 크게 행할 수 없을지라도 염념마다 본유의 진심과 서로 맞으면 마음을 일으키고 생각을 움직임에 선업이 아님이 없고 공덕 아님이 없다.

우익대사께서는 《불설사십이장경해佛說四十二章經解》에서 말씀하시길, "또 다시 앞의 8번은 모두 복전을 근거로 비교한 것이고, 이 제9번은 곧 (베푸는) 마음을 근거로 비교한 것이다. 일체 제법을 염하되 본래 염함이 없고, 머물되 본래 머묾이 없고, 닦되 본래 닦음이 없고, 증득하되 본래 증득함이 없음을 요달하지 못하기 때문에 평등법 중에 수승한 법으로 나누고 하열한 법으로 나눈다. 염함이 없고, 머묾이 없고, 닦음이 없고, 증득함이 없는 미묘한 이치를 요달하면 아래로 악인에서 위로 제불에 이르기까지 염함이 없고, 머묾이 없고, 닦음이 없고, 증득함이 없는 자가 아님이 없다.

그래서 사람이 위로 부처님께 공양함과 부처님이 굶주린 개에게 베풂은 그 공덕이 다름이 없다. 유마거사는 (영락을 나누어) 절반은 난승여래難勝如來에게 바치고, 절반은 가장 비천한 거지에게 베푸니, 그 복덕 또한 평등하다. 만약 복덕의 수승하고 하열한 차별을 모른다면 수덕修德의 귀중함을 드러낼 수 없고, 중생과 부처가 본래 절로 평등함을 요달하지 못하면 성덕性德의 연원을 깨달을 수 없다. 이는 항상 같되 항상 다르고, 항상 다르되 항상 같아 법계가 저절로 그러하여 미묘한 법문이라 말함이다."

그래서 자기 주변의 모든 사람과 중생을 모두 미래 제불이라 보면 마음을 일으키고 생각을 움직일 때, 손을 들고 발을 내딛을 때 공덕 아님이 없고, 곳곳마다 수승한 복전이 될 것이다.

[제313칙] 의사는 세간법 그대로 불법을 행하여 몸의 병을 치료하여 마음의 병도 낫게 한다

부처님은 대의왕으로 중생의 몸과 마음 등에 생긴 병을 두루 치료한다. 세간의 의사는 단지 몸만 치료할 수 있을 뿐, 설사 손을 대기만 하면 병이 나을지라도 그 사람의 신식神識에까지 미치는 결과에는 조금도 이익이 없다. 그대가 이미 삼보에 귀의하고 보리심을 발하여 사람을 위해 병을 치료하려면 마땅히 몸의 병을 치료할 때 아울러 마음도 치료하는 법도 담아야 한다. 왜 이렇게 말하는가? 무릇 위험한 중병에 속하는 것은 대부분 숙세와 현생의 살업殺業으로 말미암아 걸리기 때문이다. 그래서 병에 걸린 사람은 모름지기 성교를 끊어야 속히 나을 수 있다. 숙세와 현생의 살업을 없애려면 살생을 금하고 채식을 하여야 할 뿐만 아니라, 지성으로 염불하고 관세음보살을 염하면 질병을 재빨리 나을 수 있을 뿐만 아니라, 덕을 기르고 선근을 심을 수 있다. 만약 원업怨業의 병이면 채식하면서 염불하는 방법을 제외하고서 다른 방법으로는 절대 완쾌되기 어렵다. 환자는 부모님과 아내가 낫기만 바랄 뿐 마음이 타들어간다고 해서 반드시 따르지 않으려고 하는 것은 아니다. 만약 이에 따른다면 출세간의 선근을 심고 이로부터 바른 믿음을 내어 나중에 이로 말미암아 생사를 요탈하고 범부를 뛰어넘어 성인의 흐름에 들어간다. 이는 병자와 그대 자신 모두에게 큰 이익이 있을 것이다.

佛為大醫王，普治衆生身心等病。世間醫士，只能醫身。縱令著手成春，究於其人神識結果，了無所益也。汝既歸依三寶，發菩提心，為人治病。則當于醫身病時，兼寓醫心病法。何以言之，凡屬危險大病，多由宿世現生殺業而得。而有病之人，必須斷絕房事，方可速愈。欲滅宿現殺業，必須戒殺吃素，又復至誠念佛，及念觀音，則必可速愈，且能培德而種善根。儻怨業病，除此治法，斷難痊愈。其人，與其家父母妻子，望愈心急，未必不肯依從。儻肯依從，則便種出世善根，從玆生正信心，後或由此了生脫死，超凡入聖。則于彼於汝均有大益。

욕망을 끊는 한 가지 일에 관해서 마땅히 병을 치료하는 제일요법으로 여겨야 한다. 내과이든 외과이든 상관없이 병이 십분 회복되지 못하였는데, 결코 성교로 감염시켜서는 안 된다. 섹스로 감염되면 작은 병도 큰 병이 되고, 큰 병이면 즉시 죽는다. 즉사하지 않을지라도 이미 반드시 죽는 원인을 심었다. 죽지 않으려고 해도 매우 어렵고도 매우 어렵다. 설령 죽지 않아도 혹 허약한 폐인이 되어 그 건강을 결코 지키기 어렵다. 그는 자신이 건강을 잘 챙기지 못한 줄 모르고, 오히려 의사가 진짜 실력이 없다고 말한다. 성별에 무관하게 (처녀, 과부는 말할 것도 없다. 나머지는 모두 무방하다.) 모두 당당하고 침착하게, 선명하고 확실하게 그 속에 담긴 이익과 손해를 말하여 그들의 병도 쉽게 낫게 할 수 있고 그대의 명성도 또한 이에 더욱더 떨칠 수 있다. 언제나 의사들은 병만 고칠 줄 알고 병의 금기는 말하지 않는데, 하물며 사람을 개과천선시켜 덕을 기르고 복을 쌓는 이치를 말하겠는가? 이는 시장에서 이익만 꾀하는 장사꾼의 심보이지, 세상 인류의 수명을 연장하고 사람을 구제하는 심행이 아니거늘 하물며 사람에게 병으로 인해 불법을 듣고, 살아서는 성현의 땅에 들어가게 하고, 사후에는 극락의 나라 속으로 빠져드는 무상의 이익이겠는가!

至於斷欲一事，當以為治病第一要法。無論內證外證，病未十分復原，萬不可沾染房事。（正編文鈔壽康寶鑒序文，專治此病，宜詳閱之。編者敬注）一染房事，小病成大，大病或致立死。或不即死，已種必死之因。欲其不死，亦甚難甚難。縱令不死，或成孱弱廢人，決難保其康健。不知自己不善攝養，反說醫生無眞本事。無論男女，處女寡婦不宜說。餘俱無礙。均當侃侃鑿鑿，說其利害，俾彼病易愈，而汝名亦因玆而彰。每每醫生只知治病，不說病忌，況肯令人改過遷善，以培德積福乎。此是市井唯利是圖之負販心行，非壽世濟人之心行。況能令人因病而得生入聖賢之域，沒歸極樂之邦之無上利益乎。

고인(범문공)이 말하길, "(도탄 속에서 허덕이는 백성을 구하고 싶으나) 좋은 재상이 못된다니, 반드시 (병고에 시달리는 백상들을 돕는) 좋은 의사가 되고 싶네." 하였다. 그래서 의사를 「대국수大國手」라고 한다. 세간 의사의 명망은 지극히 높고 만약 아울러 불법으로써 중생을 제도하고 보살도를 행하면 의사는 실로 모든 직업 중에서 가장 중요한 직업이다. 왜냐하면 어떤 사람이 병을 앓고 있을 때 이익을 생각하지 않고 사람을 이롭게 하겠다고 기약한 보리심을 발한 의사의 말을 들으면 반드시 병을 곧 낫게 할 수 있고, (병이 나은 후에는) 저절로 바른 믿음이 생겨 봉행하지 않을 수 없기 때문이다! 의사는 환자의 신임을 얻어야지, 절대 사례금의 많고 적음을 따져서 분별심을 내어서는 안 된다. 만약 부자만 진지하게 치료하고 가난한 자는 의례적으로 처리하면 시간이 지나 사람들은 모두 이 의사가 이익만 생각하고 그들을 소홀히 한다고 여길 것이다. 그러면 사람을 이롭게 하겠다고 한 말을 사람들이 또한 믿지 않을 것이다.

古人云：不為良相，必為良醫，是以稱醫士日大國手。世間醫士之名已高極，若兼以佛法，則藉此以度衆生，行菩薩道，實為一切各業中最要之業。以人于病時，得聞不專求利，志期利人，發菩提心之醫士所說，必能令病即愈，自不能不生正信依行也。欲人取信，切不可計謝禮多寡而生分別。儻富者認眞為醫，貧者只應酬了事。久之，人皆以謀利而輕之。則所說利人之話，人亦不信從矣。

또한 모름지기 아버지를 만나면 사랑을 말하고, 자식을 만나면 효도를 말하고, 형제에게는 우애와 공경을 말하고, 부부에게는 화순을 말하고, 주군과 부하에게는 인과 충을 말하며, 나아가 인과응보가 삼세(과거·현재·미래)에 통함과 생사윤회가 육도에 거침을 말하여야 한다. 권고할 만한 사람을 만나면 의도하지 않은 한담으로 듣는 자가 점점 마음을 열고 생사를 윤회하는 두려움을 알아서 다행히 생사를 요탈하는 방법을 찾도록 한다. 이렇게 할 수 있는 자는 진실로 "세간법 그대로 불법을 행하여 몸의 병을 치료하여 마음의 병을 낫게 한다." 말할 수 있다.

又須遇父言慈，遇子言孝，兄友弟恭，夫和婦順，主仁仆忠，與因果報應之通三世，過去。現在。未來生死輪迴之經六道。有可語者，不妨以有意作無意之閒談，使聞者漸漸開通心地。知生死輪迴之可畏，幸了生脫死之有法。能如是者，誠可謂即世間法，以行佛法，由醫身病而愈心病。（續）與馬星樵書

[제314칙] **정결을 지키며 수행하겠다고 발심하였으니 마땅히 노력해야 한다**

일체 중생은 음욕으로부터 생겨난다. 그대가 정결을 지키며 수행하겠다고 발심하였으니, 마땅히 노력해야 한다. 만약 이러한 등 정념이 일어나면 마땅히 삿된 음행의 과보를 생각해야 한다. 도산刀山·검수劍樹·확탕鑊湯·노탄爐炭 등 갖가지 지옥고의 형벌을 생각하면 자연히 각종 정념이 일어나는 즉시 소멸될 것이다.

一切衆生，從淫欲而生。汝發心守貞修行，當須努力。倘有此等情念起，當思地獄刀山劍樹鑊湯爐炭種種之苦，自然種種念起，立刻消滅。

항상 몇몇 아름다운 여자는 처음에는 정결을 지키겠다고 발심하여 결혼하지 않다가 계속해서 정념이 일어나 자제할 힘이 없으면 마침내 그 사람과 되는대로 일을 마치게 된다. 한번 정결을 깨뜨리면, 물이 둑을 무너뜨리듯이 이것으로부터 범람하여 영원히 정도로 돌아갈 수 없으니, 실로 애석하기 짝이 없다! 마땅히 스스로 고려할지니, 정결을 단단히 지키면 더할 나위 없이 좋을 것이다. 그렇지 않으면 결혼을 하여 남편을 따름은 천지의 성인이 인류를 위해 세운 강상綱常이니 결코 불가한 것은 아니다. (제277칙 보리심이 진실하고, 타고난 자질이 뛰어나야 출가할 수 있다. 참조)

每見多少善女，始則發心守貞不嫁，繼則情念一起，力不能勝，遂與人作苟且之事。而一經破守，如水潰堤，從玆橫流，永不能歸於正道，實可痛惜。當自斟酌，能守得牢則好極。否則出嫁從夫，乃天地聖人與人所立之綱常，固非不可也。(三) 復陳蓮英書

[제315칙] **어찌 고기가 있어야 보양할 수 있단 말인가?**

음식에 의지하여 영양을 공급하고자 하면 채식을 하는 사람은 보리를 많이 먹어야 한다. 보리를 먹으면서 발생하는 칼로리는 쌀의 칼로리 크기보다 몇 배에 그치지 않는다. 나 인광은 (국수, 만두, 빵 등) 밀가루 음식을 먹고 정신이 건강하고 기력이 충분하며 목소리가 크다.

欲靠食物滋養，食素人宜多吃麥。食麥之力，大於米力，不止數倍。光吃了麵食，則精神健旺，氣力充足，音聲高大。

쌀은 배만 불릴 뿐 이러한 효과는 없다. 보리는 인삼보다 칼로리가 몇 배나 높다. 들기름으로도 보양할 수 있다. 참기름은 볶은 후 말려 칼로리가 반으로 줄어든다. 사람들은 향인 줄 알지만 실제로는 태운 맛일 뿐이다. (메주콩 콩기름 보료補料가 가장 많다. 늘 복용하는 것이 좋다.) 연밥, 계수나무 열매, 대추, 가시연밥, 율무를 모두 보양할 수 있거늘 어찌 고기(피와 살)가 있어야 보양할 수 있단 말인가? 요컨대 모두 보리보다 칼로리 크기만큼 크지 않다.

米則只可飽腹，無此效力。麥比參力，尚高數倍。大磨麻油，亦補人。小磨麻油，以炒焦枯了，力道退半。人但知香，實則是焦味耳。黃豆豆油補料最多。宜常服之。見續編復鮑衡士書。蓮子、桂圓、紅棗、芡實、薏米，皆可滋補。豈必須血肉，方能滋補乎。總之皆不如麥之力大。(三) 復蔡契誠書

[제10과]

읽어야 할 정토서적을 표시하다 [淨土典籍]

[이끄는 말]

정토종의 주요전적은 정토오경淨土五經이다. 곧 《불설아미타경》《불설관무량수경》《불설무량수경》《능엄경대세지염불원통장》《화엄경보현행원품》이다. 《불설아미타경》은 우익대사께서 저술한 《아미타경요해》가 있고, 연지대사의 《아미타경소초》가 있으며, 유계법사께서 천태종의 「제관불이諦觀不二」의 이치에 근거하여 저술한 《아미타경 약해원중초略解圓中鈔》가 있다. 우익대사의 《정토십요淨土十要》도 매우 중요하다. 《몽동어록夢東語錄》《법원주림法苑珠林》《용서정토문龍舒淨土文》《경중경우경徑中徑又徑》《고승전高僧傳》 등은 모두 읽을 만하다.

[제316칙] 염불 일행을 성실히 닦고 만덕홍명을 원만히 성취하면 단박에 인지의 마음이 곧 과지의 각에 맞는다

48대원의 법륜을 크게 열고 연기를 깊이 밝힘은 오직 《무량수경》에 있고, 16관법을 전일하게 천술하고 아울러 왕생의 인을 보임은 오직 《관무량수경》에 있다. 이상 두 경전처럼 법문은 광대하고, 진리의 이치는 깊고 미묘하여 근기가 둔한 말세의 사람은 확실히 이익을 얻기 어렵다.

大啟願輪，深明緣起，其唯無量壽經。專闡觀法，兼示生因，其唯十六觀經。如上二經，法門廣大，諦理精微。末世鈍根，誠難得益。

그 경문은 간단하고 뜻은 풍부하며, 어구는 간략하고 이치는 깊으니, 세 가지 근기를 같이 두루 가피하여 구법계의 중생이 함께 따르고, 쉽게 착수하여 큰 공을 이루며, 적은 힘을 쓰고도 효과를 빨리 얻고, 일문을 경건히 닦아 만덕을 원만히 이루며, 인지因地의 마음으로 과지果地의 각覺에 맞는 것을 구함은 오직 《불설아미타경》에 있다.

求其文簡義豐，詞約理富。三根普被，九界同遵。下手易而成功高，用力少而得效速。篤修一行，圓成萬德。頓令因心，即契果覺者，其唯佛說阿彌陀經歟。

진실로 《아미타경》으로 말미암아 의보와 정보로 장엄된 극락세계에 수많은 상선인들과 한곳에 모여 살 수 있다는 말씀을 듣고서 진실로 믿음을 내고 간절히 발원하면 강의 제방이 터져도 막을 수 없는 형세와 같다. 이러한 간절한 발원으로부터 「나무아미타불」

만덕홍명을 받들어 가슴속 깊이 매달아놓고 집지하여 일심불란에 이르도록 자나 깨나 염해야 한다.

良由一聞依正莊嚴，上善俱會。則眞信生而切願發，有若決江河而莫禦之勢焉。從玆拳拳服膺，執持萬德洪名。念玆在玆，以至一心不亂。

이와 같을 수 있으면 현생에 이미 극락세계 성인의 흐름에 참여하고, 임종시 저절로 부처님을 따라 왕생하고 부처님의 지견을 열어 (부처님의 경계에 들어가) 부처님의 수용을 같이 할 것이다. 이는 집지명호 법문이 만행을 주머니에 포괄함을 알아야 한다. 전체 사상 그대로 이체이고, 전체 망상 그대로 진여이다(全事即理 全妄即眞). (염불중생의) 인지의 마음은 (아미타불의) 바다 같은 과지의 각을 포함하고, 과지의 각은 인지의 심원을 관통할 수 있다. 확실히 "본원으로 돌아가는 지름길이고, 불도에 들어가는 요문이다(歸元之捷徑 入道之要門).[219]" 말할 수 있다!

能如是，則現生已預聖流，臨終隨佛往生。開佛知見，同佛受用。是知持名一法，括囊萬行。全事即理，全妄即眞。因該果海，果徹因源。誠可謂歸元之捷徑，入道之要門。（正）重刻阿彌陀經序

[역주] **전사즉리全事即理 전망귀진全妄歸眞**

「전사즉리全事即理」. 이 일은 예컨대 파도는 무엇인가? 파도는 곧 일이 아니면 사상인가? 전체 사상은 무엇인가? 이 파도 전체는 무엇인가? 전체 파도 전체는 물이다! 파도라고 할만한 것은 아무것도 없다. 파도는 곧 이렇게 변화된 것이다. 한 아치의 물이 그것의 본체이다. 다른 것이 아니라 단지 물일뿐이다. 그래서 일체 사상 그것의 본체는 무엇인가? 그것은 이理일 뿐이다. 이理는 본체이고 사事는 사상이다. 하나의 평상, 하나의 본체이다. 이런 본체 이런 사상을 분할할 수 없는 것이라 말하면 전부 사事는 모두 이理이다. 전부 사가 다 이이기 때문에 「이와 사는 일체」이다. 그래서 이 「하나」 가운데 비로소 「일체」를 포괄할 수 있다.

「전망귀진全妄歸眞」. 우리는 현재 이렇게 망상에 빠져 있다. 우리가 염불할 때 염불은 곧 우리 전체 「망상」을 「진여」로 돌아가게 한다. 망상이 있다고 두려운 것이 아니다. 그래서 (망상 없이) 염불한다고 말하지 말라. 단지 염불하기만 하면 된다. 염불하는 동안 망상 이 있다고 두려워하지 말라. 이를테면 물 위에 그림을 그리면 물 위의 그림 전체는 동그라미 하나가 존재하다 (잠시 기다리면) 금방 사라져버리는 것이다. 이 망妄은 어디로 가버렸는가? 망도 또한 물속으로 돌아가 버렸다. 물은 「진眞」을 대표한다. 당신이 그린 그림은 사상이고 당신의 한때 망령된 행동이다. 이 망령된 행동은 아무런 관계가 없다. 어디에도 진실한 것은 없다. 그것은 금방 「진眞」으로 돌아간다. 전부는 여전히 진으로 돌아가야 한다. 그래서

219) "한마디 아미타불은 본원으로 돌아가는 지름길이라. 요긴한 자량은 오직 믿음과 발원과 행이네(一句彌陀 歸元捷徑 緊要資糧 唯信願行)." 철오선사, 《염불가타念佛伽陀 교의백게敎義百偈》

여기서 설명한다. "전체 사상 그대로 이체이고, 전체 망상 그대로 진여이다(全事即理 全妄歸眞)"라고 설명한다. _황념조 거사, 《정수첩요보은담淨修捷要報恩談》

[제317칙] **정토삼부경 역주서**

《아미타경》에 대해서는 우익대사가 저술한 요해, 《불설아미타경요해》가 있다. 그것은 이와 사를 각각 절정에 이르도록 천술하고 있다. 이는 부처님께서 이 경전을 설법한 이래 제일의 주해서로 지극히 미묘하고 지극히 확실하다! 설사 고불께서 다시 세상에 나오셔서 이 경전을 거듭 역주한다고 해도 그 이상으로 뛰어날 수 없다. 소홀히 해서는 안 되고, 잘 보고나서 신수봉행信受奉行하여야 한다.

阿彌陀經，有蕅益大師所著要解，理事各臻其極，為自佛說此經來第一注解，妙極確極。縱令古佛再出於世，重注此經，亦不能高出其上矣。不可忽略，宜諦信受。

《무량수경》에 대해서는 수나라 시대 혜원법사의 역주서, 《불설무량수경의소》가 있다. 이는 경문의 자구를 해석하고 그 뜻을 풀이함에 가장 명백하다. 《관무량수경》에 대해서는 선도화상이 저술한 《사첩소四帖疏》가 있다. 이는 오직 세 근기를 두루 이롭게 하고자 할 뿐이다. 그래서 대부분 사상을 근거로 발휘하였다. [《상품상생장上品上生章》에 이른 후 전수專修와 잡수雜修의 우열을 발휘하여 견고하고 진실한 믿음을 내게 하여, 비록 석가모니와 제불께서 현신하여 그에게 정토가 아니고 나머지 법문을 닦게 하여도 또한 그 뜻을 조금도 바꾸지 않으니, 정업행자의 지남침이라 할만하다.]

無量壽經，有隋慧遠法師疏，訓文釋義，最為明晰。觀無量壽佛經，有善導和尚四帖疏。唯欲普利三根，故多約事相發揮。(正) 與徐福賢書

[역주] 우익대사께서는 정토의 종지는 전부 《관무량수경소묘종초觀無量壽佛經疏妙宗鈔》 한 책(즉 지자대사가 소疏를 달고 지례대사가 초鈔를 단 《관경소초觀經疏鈔》)에 있다고 찬탄하신 적이 있다. 《관무량수경》을 연구하는 학인의 경우 선도대사의 《사첩소四帖疏》를 보는 동시에 반드시 《관경소묘종초》를 보아야 한다. 왜냐하면 전자의 수많은 부족한 점을 보충하기 때문이다. 특히 "시심작불是心作佛 시심시불是心是佛"에 대한 원융한 주해와 16관에 대응하는 계위, 구품왕생에 대응한 염불공부의 판정, 결정왕생에 대응하는 계위 및 극락사토, 미타 존특신尊特身 등 중요한 지식, 이는 모두 정토학인이 반드시 명백히 구별하여야 하는 것이다.

우익대사의 《미타요해》는 여전히 매우 깊어 보정寶靜법사의 《아미타경요해친문기阿彌陀經要解親聞記》 및 달묵達默법사의 《불설아미타경요해편몽초佛說阿彌陀經要解便蒙鈔》를 참고할 수 있다. 달묵법사의 《요해편몽초要解便蒙鈔》는 인광대사께서 생전에 유일하게 한차례 공개

강해한 적이 있어 대사께서 이 책을 중시하였음을 알 수 있다. 황념조 대덕께서 저술한 《대승무량수경해大乘無量壽經解》 및 《대승무량수경백화해大乘無量壽經白話解》는 인광대사께서 원적하신 후 늦은 시간에 출판되었다. 《무량수경》을 연구하려면 이 두 책을 함께 참고할 수 있다.

[제318칙] 《아미타경》 3대 중요 주소註疏

고인께서는 온 세상 사람들이 모두 정토를 닦게 하고자 하셨다. 그래서 《아미타경》을 일상의 공과에 넣었다. 왜냐하면 이 경의 언어는 간명하고 의미는 풍부하며, 수행은 간단하지만 효과는 신속히 이루어지기 때문이다. 홍법 대보살께서 분분이 주와 소를 달아 찬양하시니, 예로부터 지금까지 셀 수 없이 많다.

古人欲令擧世咸修，故以阿彌陀經列為日課。以其言約而義豐，行簡而效速。宏法大士，註疏讚揚。自古及今，多不勝數。

그 가운데 가장 광대하고 정미로운 것은 연지대사의 《아미타경소초阿彌陀經疏鈔》 보다 더한 것은 없다. 지극히 곧장 질러가 구함의 미묘함(要妙)은 우익대사의 《아미타경요해阿彌陀經要解》 보다 더한 것은 없다. 유계幽溪법사께서는 천태종의 「제관불이諦觀不二」의 인印을 쥐고서 《아미타경약해원중초阿彌陀經略解圓中鈔》를 저술하셨으니, 그 원융한 중도中道220)의 이치가 높고 깊지만 초학 근기도 증입할 수 있고, 문구는 명확하게 뜻이 통해 오래도록 닦으며 전부 경탄할 것이다.

于中求其至廣大精微者，莫過於蓮池之疏鈔。極直捷要妙者，莫過於澫益之要解。幽溪法師，握台宗諦觀不二之印，著略解圓融中道之鈔。理高深而初機可入，文暢達而久修咸欽。（正）重刻彌陀圓中鈔序

[주] 유계幽溪법사는 명나라 때 천태종을 중흥시킨 스님이다. 천태산 유계 고명사에 머물러 천태 조정을 세우고 학도를 가르치면서 아울러 선종과 정토를 닦았다. 때가 이름을 미리 아시고 손에 「묘법연화경妙法蓮華經」 다섯 글자를 쓰고, 경 제목을 두 번 소리내어 외치고 담박하게 원적에 드셨다.

《아미타경약해원중초》는 곧 천태 원교중도圓教中道 제일의제第一義諦로써 정토교리를 천석闡釋한 것이다. 그 자서自序에서 이르시길, "뜻은 극락세계 의정장엄을 묘유妙有로 삼고, 일심지명

220) 중도中道 : 공에 치우치지 않고 또한 유에 치우치지 않아 공도 아니고 유도 아니고, 또한 공이고 또한 유이니, 양변에 떨어지지 않아 원융무애함을 중도라 한다. 법상종에서는 유식을 중도로 삼고, 삼론종에서는 팔불위八不를 중도로 삼으며, 천태종에서는 실상을 중도로 삼고, 화엄종에서는 법계를 중도로 삼는다.

一心持名을 진공眞空으로 삼는데 있다. 진공이 미묘하여 극락의 묘유를 증득할 수 없고, 묘유가 미묘하여 이 마음의 진공에 드러날 수 없다. 이른바 부사의한 가假로 편가偏假가 아니고, 진공불공眞空不空으로 단공但空이 아니니, 합하여 양자이고 이를 행하면 원중원만圓中圓滿으로 단중但中이 아닌 도를 이룬다. 이런 까닭에 명命하여 초鈔한다."

[제319칙] 화엄의 일생성불은 최후에 십대원왕으로써 극락세계로 인도하여 돌아가게 한다

《화엄경보현행원품》에서는 십대원왕十大願王[221]으로써 극락세계로 인도하여 돌아가게 한다. 이를 독송하면 염불하여 서방극락에 태어나길 구하는 일법이고, 「화엄일생성불華嚴一生成佛」[222]의 말후의 한 수임을 알게 된다. 실로 시방삼세제불께서 인지因地 상에서 자신을 이롭게 하고, 과지果地 상에서 남을 이롭게 하는 최승방편법문이다.

華嚴經普賢行願品，以十大願王，導歸極樂。讀此知念佛求生西方一法，乃華嚴一生成佛之末後一著。實十方三世諸佛因中自利，果上利他之最勝方便也。(正) 復包右武書二

[보충] 정공법사: 《무량수경》이 진정으로 일생성불의 제일경이다

옛날 대덕께서는 우리에게 또렷하게 말씀하셨다. 일체제법은 《화엄경》으로 총귀總歸하고, 《화엄경》의 최후에는 보현보살 십대원왕으로써 극락으로 인도하여 돌아가며, 이는 결국 《무량수경》으로 돌아간다. 그래서 《무량수경》은 진정한 일생성불一生成佛의 제일경이다. 옛날 대덕께서 잘 말씀하셨듯이 《화엄경》이 비록 제일일지라도 《화엄경》을 닦아 증득한 과위를 보지 못했다.

《무량수경》 법문에 따라 수행하여 왕생한 사람이 우리는 매우 많음을 본다. 그래서 세 가지 진실에서 「진실의 이익」으로만 보면 이 경이 제일이고, 「진실의 궁극」, 「진실의 지혜」에서

221) 십대원왕十大願王 : 즉 보현보살 십대원왕으로 "제불께 예배하고 공경함이 그 하나요, 여래의 공덕장엄을 칭양·찬탄함이 그 둘이요, 널리 닦아 부처님께 공양함이 그 셋이요, 스스로의 업장을 참회함이 그 넷이요, 남의 공덕을 따라 기뻐함이 그 다섯이요, 법륜을 굴려주시길 청함이 그 여섯이요, 부처님께서 세상에 오래 머무시길 청함이 그 일곱이요, 항상 부처님을 따라 배움이 그 여덟이요, 항상 중생을 수순함이 그 아홉이요, 모든 공덕을 중생에게 널리 회향함이 그 열이니라."

222) 화엄일생성불華嚴一生成佛은 화엄종을 닦으면 이번 생에 성불함을 가리킨다. 화엄종은 《화엄경》에 의거하여 종을 세운 까닭에 화엄종이라 한다. 이 종은 중국 당나라 때 두순杜順 화상을 시조로 삼고, 나중에 현수賢首국사가 발양한 까닭에 또한 현수종賢首宗이라 한다. 이 종은 일체만법은 이사무애理事無礙하고 사사무애事事無礙하여 일체 번갈아 서로 장애하지 않고 번갈아 융입融入한다고 논한다. 법계관法界觀을 닦아 고도로 평등한 안광으로써 만사만물을 세심하게 살피고, 이러한 심정心情으로 일진법계를 증입하여 곧 부처님의 지혜를 증득한다.

보면 여러 대승경전은 평등하다. 오직 이익을 말하면 어떤 법문도 어떤 경전도 《무량수경》과 견줄 수 없다. 우리는 여기에서 또렷이 알고, 명백히 이해한다. 우리의 신력信力·염력念力 등 오근五根이 오력五力으로 변화되어 견고하여 뽑아버릴 수 없고, 이번 생에 결정코 성취하니, 조금도 의심이 없다.

[역주] 화엄종의 주요한 수행법은 법계관法界觀을 위주로 한다. 이 관에는 세 가지가 있으니, 화엄종에서는 (일체 법은 자성이 없어 유有와 공空의 두 가지 집착을 떠난 진공眞空임을 관하는) 진공관眞空觀·(차별 있는 사법事法과 평등한 이법理法은 분명하게 존재하면서도 서로 융합함을 관하는) 이사무애관理事無礙觀·(우주간의 온갖 사물이 서로서로 일체를 함용하는 것을 관하는) 주변함용관周遍含容觀, 이 세 가지 중요한 관법으로써 부처님 경계를 증입한다.

《관무량수경》의 16관 또한 일생성불一生成佛이다. 그러나 말법시기 보통 근성의 수행인의 입장에서 말하면 이러한 관법은 모두 수지하기 매우 어렵고, 성취하기 쉽지 않다. 인광대사께서는 이 문제를 놓고 "경계는 미세하고 마음이 거칠어 관상수법으로는 마사를 많이 일으킨다(境細心粗 觀想修法多起魔事)"라고 법문하신 적이 있다. 그래서 16관 중 최후의 구품 3관에서는 방편법문을 크게 열어 곧 부처님 명호를 집지하게 한다.

[제320칙] 대세지보살 염불원통장은 정종 수행법의 최상법문이다

《능엄경》 5권 말미는 《대세지보살염불원통장大勢至菩薩念佛圓通章》으로 정토종의 최상법문이다. 단 이 한 장만이 곧 정토사경淨土四經[223]에 참여하여 《정토오경》이 될 수 있다.

楞嚴經五卷末。大勢至菩薩念佛圓通章，乃淨宗最上開示。只此一章，便可與淨土四經參而為五。(正) 復永嘉某居士書四

[대불정수능엄경 대세지보살염불원통장]

대세지 법왕자께서는 그 뜻이 같은 52보살과 함께 하셨으니, 곧 자리에서 일어나 부처님 발에 정례하고 부처님께 아뢰었느니라.

"제가 기억하옵건대, 과거 항하사 겁 전에 한 부처님께서 세상에 오셨나니, 그 명호가 무량광이었습니다. 열두 분의 아미타여래께서 일 겁씩 이어오셨고, 그 마지막 부처님의 명호가 초일월광이었습니다. 그 부처님께서 저에게 염불삼매를 가르쳐주시길,

「비유컨대 한 사람은 오로지 그리워하고 한 사람은 오로지 잊어버리니, 이와 같은 두 사람은 만나도 만나지 못하고, 혹 보아도 보지 못하느니라. 두 사람이 서로 그리워하고, 두 사람이

223) 정토사경은 《불설아미타경》·《불설대승무량수장엄청정평등각경》·《관무량수경》·《보현보살행원품》이다.

그리워하고 생각함이 깊어져서 이와 같이 내지 세세생생토록 그림자가 형상을 따르듯 서로 떨어져 여의질 않느니라.

시방세계 여래께서는 중생을 가엽게 생각하시길 어머니가 자식 생각하듯 하느니라. 만약 자식이 어머니로부터 도망쳐 달아나버리면 비록 어머니가 그리워한들 무슨 소용이 있겠는가? 자식이 어머니를 그리워하길 어머니가 자식을 그리워하듯 한다면, 어머니와 자식은 여러 생을 지내면서 서로 어긋나거나 멀어지지 않느니라.

만약 중생이 마음으로 부처님을 그리워하고 부처님을 생각하면 현전이나 당래에 반드시 결정코 부처님을 친견할 것이니라. 부처님과 멀리 떨어져 있지 않아, 방편을 빌리지 않고도 자성본연에서 마음이 열릴 것이니라.

이는 마치 향기를 묻힌 사람의 몸에 향기가 나는 것과 같나니, 이것을 일러「향광장엄」이라 하느니라.」하셨습니다.

저는 본래 인지에서 염불심으로 무생법인에 들어갔나니, 지금 이 사바세계에서 염불하는 이들을 모두 섭수하여 서방정토로 돌아가게 하겠나이다.

부처님께서 저에게 원통의 방법을 물으시니, 저는 다른 선택을 하지 않고, 오로지「육근을 모두 거두어 들여 정념이 서로 이어져서」삼마지를 얻는 것을 제일로 삼겠나이다."

[보충] 인광대사:「육근을 모두 거두어 들여 정념이 서로 이어지게 하라」

염불의 종지는 진실한 믿음(信)을 내고 간절한 원(願)을 발하며 부처님 명호를 전일하게 집지함(行)이다. 신원행 셋이 염불의 종지가 된다. 염불공부의 가장 미묘한 방법은「육근을 모두 거두어 들여 정념이 서로 이어짐(都攝六根 淨念相繼)」이다.

「자식이 어머니를 그리워하듯이 마음으로 부처님을 그리워하고 부처님을 생각하여 육근을 모두 거두어 들여 정념이 서로 이어짐」이 모든 사람이 염불하기 위해 가장 긴요한 묘법이다.「사람의 도리를 극진히 하고 자신의 본분을 다하며, 삿된 지견을 그치고 진성심眞誠心을 간직하며, 일체 악을 짓지 말고 온갖 선을 받들어 행함」이 학불하는 사람이 일상생활에서 마땅히 준수해야 할 큰 도(洪猷)이다.

마음으로 염하고, 입으로 염하며, 귀로 들어서 이 삼근을 하나로 거두고, 눈은 두리번거리지 않고, 코도 다른 냄새를 맡지 않으며 몸도 방일하고 게으름을 피지 않으니, 그래서「육근을 모두 거두어들임(都攝六根)」이라 한다. 육근을 모두 거두어들여 염하면 저절로 망념에 물들고 뒤섞임이 없으니, 그래서 정념淨念이라 한다. 정념은 반드시 언제나 끊어지지 않고 이어져야 하니 그래서「정념이 서로 이어짐(淨念相繼)」이라 한다. 정념이 서로 이어져 오래 지속되면 염불삼매를 얻는다. 이것이「육근을 모두 거두어들여 정념이 서로 이어져서 삼매를 얻는」제일묘법이다. 그래서 "삼마지를 얻는 것을 제일로 삼겠나이다." 하셨다.

[제321칙] 우익대사께서 금강안으로 쓰신 책이라 찬탄하고, 《정토십요》를 추천하다

《정토십념淨土十要》은 우익대사께서 금강안金剛眼[224]으로 편집하여 쓰신 책으로 정토를 천양하는 갖가지 서적 중에서 이체에 맞고 근기에 맞는 것을 선택하여 절정에 이르도록 발휘하니, 이보다 깊게 발휘하는 내용이 있을 수 없다. 《정토십요》 중에서도 《아미타경요해》를 첫째로 꼽으니, 이는 대사께서 스스로 주해하신 책으로 그 문의가 깊지만 또한 쉽고 명백하니, 이치가 원돈圓頓하여 일체가 유심인 줄 안다. 또한 이치가 미묘하여 이보다 좋은 것은 없으니, 마땅히 언제나 잘 연구하고 독송하여야 한다.

淨土十要，乃蕅益大師以金剛眼，於闡揚淨土諸書中，選其契理契機，至極無加者，第一彌陀要解，乃大師自注，文淵深而易知，理圓頓而唯心。妙無以加，宜常研閱。

뒤의 아홉 책은 이치가 원만하고 말이 미묘하여 때와 근기에 깊이 맞지 않음이 없다. 《정토십요》는 비록 하나하나 전부 명료할 수 없을지라도 한번 읽어보면 선단仙丹[225]을 복용하는 것 같아 오래도록 지속하면 곧 평범한 사람도 신선의 몸을 이룬다. 이는 법문의 미묘함을 비유한 것으로 신선이 된다는 말로 잘못 이해해서는 안 된다.

至於後之九種，莫不理圓詞妙，深契時機。雖未必一一全能了然，然一經翻閱，如服仙丹。久之久之，即凡質而成仙體矣。此是譬喻法門之妙，不可錯會，謂令成仙。（正）與徐福賢書

[제322칙] 《법원주림》, 갖가지 인과응보의 사적이 눈에 선하고 분명하다

《법원주림法苑珠林》(1백 권으로 상주 천녕사天寧寺 30본을 장정하였다)에서는 인과를 상세히 이야기하고, 이와 사가 나란히 나아간다. 갖가지 인과응보의 사적事跡이 마치 부처님께서 눈앞에 계신 듯 눈에 선하고 분명하다. 읽은 후 날씨가 춥지 않아도 벌벌 떨리게 하니, 어떻게 두렵지 않을 수 있겠는가? 설사 사람들이 없는 곳(暗室屋漏)[226]일지라도 언제나 제불보살과 그 위에 있는 천신들과 마주하고 있는 것처럼 잠시라도 나쁜 생각을 품지 말아야 한다. 이런 말은 그대가 상중하 근기 무엇이든 상관없이 모두 이익을 누릴 수 있다. 단연코 길을 잘못 인식하여 이체에 집착하고 사수事修를 그만두어 치우치고 삿되며 오만방자한 병폐로 돌아가는 지경에 이르지 않는다. [철오선사께서 말씀하셨듯이. "심성을 잘 이야기한다고 해서 반드시 인과를 깊이 버리는 것이 아니다. 인과를

---

224) 금강안金剛眼은 금강과 같은 눈으로 예리하여 견줄 것이 없다. 여기서는 지혜의 예리함에 비유한 것으로 정확하여 잘못이 없다는 뜻이다.

225) 선단仙丹은 도교에서 추구하는 장생불로의 약이다. 늙지 않고 오래 살거나 기사회생하는 힘이 있다.

226) 암실옥루暗室屋漏 : 루漏는 유실이란 뜻으로 잊혀짐을 비유한다. 암실옥루暗室屋漏는 사람들에게 알려지지 않은 곳을 비유한다.

깊이 믿으면 마침내 심성을 크게 밝히게 될 것이다. 이러한 이치와 형세는 필연인 것이다." 철오선사의 이 말씀은 천고불변의 탁월한 논설이고 헛되이 미친 지혜를 드러내는 사람의 정수리에 놓은 일침이다.]

法苑珠林，一百卷，常州天寧寺訂作三十本。詳談因果，理事並進。事跡報應，歷歷分明。閱之令人不寒而慄，縱在暗室屋漏，常如面對佛天，不敢稍萌惡念。上中下根，皆蒙利益。斷不至錯認路頭，執理廢事，歸於偏邪狂妄之弊。（正）復鄧伯誠書一

[제323칙] 《용서정토문》은 초학 근기를 인도하는 책이다

《용서정토문龍舒淨土文》은 의심을 끊고 믿음을 일으키게 할 수 있다. 책 속에 수지법문에 대해 부문별로 나누고, 조목별로 상세히 분석하여 초학 근기를 인도하는 제일 특별한 책(奇書)이다. 만약 일체중생을 널리 이롭게 하고자 하면 이것으로 시작하지 않을 수 없다.

龍舒淨土文，斷疑起信。修持法門，分門別類，縷析條陳，為導引初機之第一奇書。若欲普利一切，不可不從此以入手。（正）與徐福賢書

[보충] 《용서정토문龍舒淨土文》의 내용과 종지는 무엇인가?

(인광대사께서 답하시길) 불교가 동쪽으로 온 이래로 혜원대사께서 연사蓮社를 창립하시고, 뒤를 이어 종문과 교문의 뜻이 높은 분들이 크게 찬탄하지 않음이 없었으니, 이를테면 천태종 지자대사, 유식종 자은대사, 화엄종 청량대사, 법안종 영명연수대사 등이다. 왜냐하면 그것은 초학 근기 입도의 제일 요문이고, 화엄 일생성불의 말후 한 수 이기 때문이다. 이로 말미암아 구박범부具縛凡夫로 불력에 의지해 생사를 요탈하는 자는 수를 헤아리건대 능히 알 수 있는 것이 아니다.

남송시대에 정토종의 선덕으로 용서龍舒 거사가 계셨으니, 이름은 일휴日休이고 자字는 허중虛中이란 분으로 원을 타고 다시 오셔서 몸으로 설법하셨다. 비록 진속塵俗에 계셨지만, 아내를 들이지 않았고, 국학에 들어갔지만 벼슬길을 밟지 않으셨으며, 유교 · 불교의 심종을 발휘하여 믿음을 갖춘 청년들을 가르치셨다. 또한 동인이 모두 정토에 태어나게 하고자 이 책을 지어 두루 창도倡導하셨으니, 말은 쉬우나 바르고, 이치는 깊으나 뚜렷하며, 하열한 근기를 굽어보아 수순하여 차근차근 잘 이끌고, 노파심에 정성이 지극하여 이르지 않은 곳이 없었다. 그들이 두려워 들어가지 못할까봐 새벽 · 아침의 십념十念을 여러 근기를 두루 거두는 최승의 방편으로 삼았다. 그들이 점차 들어가 점차 깊어지니, 맛있는 음식을 얻어 이미 그 맛을 알고 있는 것과 같다. 그러면 일상생활에서 말과 행동으로 저절로 받들어 가슴속 깊이 매달아놓고 오직 「아미타불」이 염분이니, 차 한 잔 마시는 사이에 제한하는 것이 아니라 규약(定章)으로 여긴다. 만약 진실한 믿음과 발원을 갖추고 살아있는 동안 굳건히 십념을 집지할 수 있다면 결정코 왕생하니, 하물며 (삼매와 자량과 지혜로써) 공용(功用; 의식적인 노력)을 더하여 수행할 수 있는 자이겠는가!

그는 이 책에서 「진실한 믿음과 간절한 발원으로써 부처님 명호를 집지하면 이번 생에 결정코 왕생함」을 종지로 삼는다. 상세히 관하여 의심을 끊고 믿음을 내고 두루 수지하길 권하니, 상중하 세 근기 중 가피를 입지 않은 근기가 없고, 신원행 삼법을 펼치지 않음이 없다. 이에 목판에 글자를 새겨 널리 유통하도록 부촉한다. 석가모니부처님의 설법, 제불의 증명, 여러 조사들은 전등, 거사가 저술한 대자비심에 시방찰토의 먼지만큼이라도 바닷물의 물방울만큼이라도 보답하고자 한다. _《중각용서정토문제사병서重刻龍舒淨土文題詞並序》

[제324칙]《경중경우경》, 곧장 정토법문의 비밀로 나아간다

《경중경우경徑中徑又徑》(《가장 쉽고 빠른 성불의 지름길》 각성 스님 역본)은 제가의 요의要義를 담은 글을 수집하여 편집한 것으로 부문별로 분류하여 독자에게 연구 조사하는데 힘을 낭비하지 않고 곧장 정토법문에 담긴 비밀(壺奧)[227]로 나아가도록 하였다. 초학 근기의 사람에게 크게 이익이 있다.

徑中徑又徑一書，採輯諸家要義，分門別類，令閱者不費研究翻閱之力，直趣淨土壺奧。于初機人，大有利益。(正) 復張雲雷書二

[보충]《경중경우경徑中徑又徑》 정의征義 서문

동진의 여산 혜원대사께서 정토법문을 개창하신 때로부터 지금 1천5백 여 년에 이르기까지 승려이든 속인이든 남성이든 여성이든 상관없이, 귀족이든 천민이든 현인이든 우민이든 상관없이 무릇 아미타부처님께서 계신다고 깊게 믿고 아미타불 부처님 명호를 전심專心으로 지념持念하는 사람은 마땅히 왕생을 발원하지 않음이 없다. 이를테면《왕생집》및《정토성현록》등 책의 기록에서 무엇이든지 고찰할 수 있다.

어떤 원인인가?《무량수경》48대원 중에서 말씀하시길, "(제가 부처 될 적에) 시방세계 중생이 저의 명호를 듣고서 지심至心으로 믿고 좋아하여 (일체 선근을 순일한 마음으로 회향하고) 저의 국토에 태어나길 발원하여, 내지 십념에 저의 국토에 태어나지 못한다면 정각을 성취하지 않겠나이다. 다만 오역죄를 짓고 정법을 비방하면 제외될 것이옵니다." 하셨고, 또한 게송에서 이르시길, "제가 위없는 불도를 이루어 그 이름이 시방세계를 뛰어넘도록

227) 호오壺奧 : 항아리 속에 담긴 비밀을 말한다. 이는 방법이 정확함을 비유한 것으로 아무리 깊은 비밀이라도 구경까지 탐구할 수 있고, 항아리 속에 무엇이 숨겨져 있는지 항아리 뚜껑을 열면 또렷이 드러난다.

하겠나이다. 구경에 듣지 못한 사람이 있다면 저는 정각을 성취하지 않겠나이다." 하셨다.

그러나 나는 금일에 이르러, 부처님 명호를 듣고서 깊이 발원하고 부처님을 염한다. 이때 아미타부처님께서 서방극락에 계시어, 나의 이름을 듣고서 깊이 발원하고 나를 염한다. 부처님의 원으로 인해 나의 원을 감感하고, 나의 원으로 인해 부처님의 원이 응應하기 때문에 감응도교感應道交하니, 지극히 빠르고 지극히 영험하다. 그래서 믿음 · 발원 · 염불이 평생 바뀌지 않은 사람은 이미 염념마다 아미타부처님 대원의 바다 속으로 모여 들어가니, 물이 웅덩이로 돌아가듯이 결정코 왕생한다.

혹 어떤 의문이 있는 사람이 말하길, "나는 비록 아침저녁으로 염불하지만, 하루 종일 사무가 아주 많아 모두 진로(塵勞; 번뇌)일 뿐만 아니라 입으로 염불할 때 잡념이 분분하고 흐리멍덩하여 선정이 없고, 일심불란一心不亂을 구하고자 하여도 너무나 어려우니, 왕생할 수 있을지? 모르겠다."

답하여 말하길, 너무 의심하지 말라. 일심으로 염불하든 혹은 산심으로 염불하든 상관없이 다만 신원행의 세 가지 마음이 진실하지 않을까 걱정하라, 과연 진심眞心을 일으킬 수 있다면 이 마음은 긴 강물 같고, 갖가지 잡념은 강물 위의 물결 같으며, 왕생의 일은 마치 강물이 큰 바다로 흘러 들어가는 것과 같으니, 어떻게 강물이 큰 바다로 흘러 들어갈 때 물결이 사라지지 않고 오히려 강물이 길게 흐르는 것을 가로 막을 수 있겠는가?"

또 어떤 사람이 묻건대, "이와 같이 얼마든지 악을 행하더라도 염불만 하면 왕생할 수 있다고 말한다면 서방극락은 이런 탈주범들의 은신처가 되지 않겠는가? 이는 어떻게 하면 좋겠는가?"

답하되, "아! 그대는 악을 짓지도 않고, 염불도 하지 않으려고 하는데, 어떻게 악을 짓는 사람이 오히려 염불하려고 한다 말할 수 있겠는가! 하물며 부처님을 믿지 않고 감히 죄악을 저지르는 사람은 절대 진정으로 부처님을 믿은 적이 없고, 선을 행하고 악을 그칠 줄도 모른다. 그대가 의심하는 것은 바로 정법을 비방하는 것이다! 부처님께서도 그대를 구할 수 없다!"

난저蘭渚 장張 중승中丞(청나라 장사성張師誠)은 세속의 갖가지 의심이 가련하고 불쌍함을 깊이 알고서 《경중경우경徑中徑又徑》이란 책을 저술하였다. 동향 친구인 요정樂淨 서徐 거사(청나라 서괴정徐槐)는 월동성 행정을 주관할 때 《금강경해의金剛經解義》를 저술하여 출간하고 널리 보시한 적이 있었다. 은퇴하고 집으로 돌아온 후 아주 작은 방에 머물면서 청정한 수행을 하였다.

서 거사는 나 상성常惺과 나이 차이에 구애받지 않는 친구가 되어 불법에 대해 법담을 나누었고, 정업淨業을 착실히 닦았다. 장 중승이 저술한 《경중경우경》을 통해서 신근을 계발할 수 있어 서 거사는 여러 편을 필사하고, 주해 및 사증事證을 추가하였다. 그는 책 한 권을 나에게 증정하였는데 나는 소중히 보관한지 족히 30여년이 되었다. 현재 육정함陸靜涵 거사를 만났는데, 그는 처음 발심하여 염불하고 원력을 세워 정진하고 있었다. 나는 이 책을 그에게 보여주니, 그는 장 중승과 서 거사의 지성을 흠모하여 한 책을 서사하고 출간 · 인쇄하여 널리 유통하겠다고 발원하였다.

정함 거사의 심원心願은 바로 장 중승, 서 거사의 심원이자 곧 아미타부처님 대원의 광명이 비춘 바, 감득한 바이다.

그래서 이 책을 읽는 사람은 일념의 신심을 발하고, 일념의 원심을 발하며, 일념의 염불 진심을 발하면 아미타부처님께서 그대의 일념심 가운데 계시면서 손을 드리워 접인하시리니, 언젠가 연지회해 상에서 서로 팔을 잡고 동행할 것이다. 이렇게 크고 좋은 기연을 놓치지 말길 바란다! _1899년 정업학인淨業學人 해염海鹽 장상성張常惺

[제325칙] 《고승전》 및 호교護教의 여러 책들

《고승전高僧傳》 1, 2, 3, 4 집 · 《거사전居士傳》 · 《비구니전比丘尼傳》 · 《선여인전善女人傳》 · 《정토성현록淨土聖賢錄》(총 3편이 있다. 초편은 청나라 건륭간에 팽제청 거사가 그의 조카 희속에게 명하여 편집한 것으로 500명을 수록하였다. 속편은 청나라 도광 말에 연귀 거사 호정胡珽이 편집한 것으로 175명을 수록하였다. 3편은 민국20년 후 덕삼법사가 편집한 것이다)은 모두 고덕의 유익한 말과 좋은 행을 기록하고 있다. 이를 읽으면 저절로 물오른 초목이 왕성하게 자라는 듯한 마음이 생겨날 것이다. 단연코 조금 얻었다고 만족하여 더 이상 나아갈 생각을 하지 않고 스스로 타락하는 것을 감수하는 지경에 이르러서는 안 된다.

高僧傳初二三四集、居士傳、比丘尼傳、善女人傳、淨土聖賢錄，（共有三編，初編係清乾隆間彭際清居士，飭其侄希涑所輯。續編，係道光末，蓮歸居士胡珽所輯。三編，係民二十年後德森法師所輯。編者敬注。）皆記古德之嘉言懿行。閱之，自有欣欣向榮之心。斷不至有得少為足，與卑劣自處之失。

《굉명집宏明集》 · 《광굉명집廣宏明集》 · 《심진문집鐔津文集》 · 《석의론析疑論》 · 《호법론護法論》 · 《삼교평심론三教平心論》 · 《독원교론讀原教論》 · 《일승결의론一乘決疑論》은 모두 불법을 지키는 호교護教의 책이니, 이를 읽으면 사마외도에게 미혹당하지 않고 그 삿된 견해의 성루를 쳐부술 것이다. 이런 책들은 읽기만 하면 바른 견해를 견고하게 할 수 있고, 경교經教와 서로 증명할 수 있다. 일심으로 경전을 독송하는 것은 이런 서적들을 제쳐놓고 묻지 않는 것과 같다고 말하지 말라. 옳고 그름을 판별할 수 있는 견해가 없이 적을 만나면 혹여 좌절과 모욕을 겪을 뿐이다.

巨集明集、廣巨集明集、鐔津文集、折疑論、護法論、三教平心論，續原教論，一乘決疑論，皆護教之書，閱之，則不被魔外所惑，而摧彼邪見城壘矣。此等諸書，閱之，能令正見堅固，能與經教互相證明。且勿謂一心閱經，置此等於不問。則差別知見不開，遇敵或受挫辱耳。（正）復永嘉某居士書五

[제326칙] 《안토전서》는 세간의 선을 닦도록 권하는 제일 특별한 책이다

《안토전서安士全書》에서는 세상을 깨우치고 사람들을 교화하여 더할 수 없이 선을 다하고 아름다움을 다하게 한다. 도를 말하고 덕을 논함에 옛날을 뛰어넘고, 지금을 뛰어넘는다. 말은 간결하지만 뜻은 포괄적이고, 이치는 깊지만 뜻을 드러낸다. 사적事跡을 인용하면 증거가 확실하고, 의론議論을 발하면 연원에 환히 통한다. 확실히 대대로 전해야 할 소중한 보배이고, 홍법을 위한 기이한 책(奇書)이다. 언구마다 모두 불조佛祖의 심법心法이자 성현의 도맥道脈이고, 숙세 선민의 요도要道이자 앞 세대를 빛내고 뒤 세대를 여는 비방祕方이다. 만약 그것에 따라 봉행할 수 있으면 성현의 뒤를 잇고 생사를 요탈하며, 확실한 증거를 잡아 사물의 이치를 취할 수 있다. 세간에 유통되는 기타 권선의 책들과 비교하면 하나는 높은 산이고 하나는 작은 언덕일 뿐만 아니라, 하나는 큰 바다이고 하나는 길에 고인 물과 같다.

安士全書，覺世牖民，盡善盡美。講道論德，越古超今。言簡而該，理深而著。引事跡則證據的確，發議論則洞徹淵源。誠傳家之至寶，亦宣講之奇書。言言皆佛祖之心法，聖賢之道脈，淑世善民之要道，光前裕後之祕方。若能依而行之，則繩武聖賢，了生脫死，若操左券以取故物。與彼世所流通善書，不啻有山垤海潦之異。

안사安士 선생은 성은 주周씨이고 이름은 몽안夢顏이며 일명은 사인思仁으로 강소성 곤산현의 독서인이다. 유불선 삼교의 경서에 박식하였고, 염불법문을 깊이 믿었다. 약관(20세)의 나이에 (수재를 취득한 후) 학교에 들어가 생원이 되었으나, 끝내 선비의 길로 나아가는 것을 싫어하여 보리심을 발하여 책을 지어 사람들을 깨닫게 하였다. 이에 사람들에게 먼저 허물이 없는 땅에 서게 하고, 나중에 생사고해를 벗어나게 하고자 하였다.

安士先生，姓周，名夢顏，一名思仁，江蘇昆山諸生也。博通三教經書，深信念佛法門。弱冠入泮，遂厭仕進。發菩提心，著書覺民。欲令斯民先立於無過之地，後出乎生死之海。

그래서 먼저 살생을 금하는 책을 저술하여 《만선선자萬善先資》라 하였고, 나중에 삿된 음행을 금하는 책을 저술하여 《욕해회광欲海回狂》이라 하였다. 이는 진실로 중생이 업을 지음에는 살생과 삿된 음행이 가장 많고, 허물을 고침에도 이 양자가 가장 관건이기 때문이다. 또한 《음즐문광의陰騭文廣義》를 저술하여 곧장 문창제군文昌帝君이 유훈을 베풀어주신 마음을 철저히 드러내고 있는 대로 다 털어 놓았다. 이로부터 천고千古 위로, 천고 아래로 유훈을 베푼 자와 유훈을 받은 자, 양자는 유감이 없다.

故著戒殺之書，曰萬善先資。戒淫之書，曰欲海回狂。良以衆生造業，唯此二者最多，改過亦唯此二者最要。又著陰騭文廣義，直將垂訓之心，徹底掀翻，和盤托出。使千古之上，千古之下，垂訓受訓，兩無遺憾矣。

안사 선생의 특별한 재능과 미묘한 깨달음은 곧장 불조와 성현의 심오하고 미묘한 뜻을 취하여 세간의 사적事跡을 문자로 천술하여 우아한 자나 저속한 자가 함께 감상하게 하고, 어리석은 자나 현명한 자가 함께 이해하게 하였다. 또한《서귀직지西歸直指》를 저술하여 염불하여 서방극락에 태어나길 구하여 생사를 요탈하는 대사를 밝혔다. 확실히 덕을 쌓고 선을 닦음은 인천의 복보를 얻을 뿐 복이 다하면 여전히 타락하기 마련이고, 염불하여 왕생하면 곧 보살의 계위에 들어가 (일생에 물러나지 않고) 결정코 성불하기 때문이다.

以其奇才妙悟，取佛祖聖賢幽微奧妙之義，而以世間事跡文字發揮之。使雅俗同觀，智愚共曉。又著西歸直指一書，明念佛求生西方，了生脫死大事。良以積德修善，只得人天之福，福盡還須墮落。念佛往生，便入菩薩之位，決定直成佛道。

앞 세권의 책은 비록 사람에게 세간의 선을 닦으라고 가르치지만, 그 가운데 생사를 끝내는 법을 갖추고 있다. 마지막 한 권의 책은 비록 사람에게 생사를 끝내라고 가르치지만 또한 그 가운데 모름지기 세간의 선을 힘써 행하여야 한다. 안사 선생은 확실히 거사의 몸으로 나타나 설법하여 중생을 제도하신 분이라 말할 수 있다. 만약 대보살로 오신 분이 아니라 말하면 나는 믿지 못하겠다.

前三種書雖教人修世善，而亦具了生死法。此一種書，雖教人了生死，而又須力行世善。誠可謂現居士身，說法度生者。不謂之菩薩再來，吾不信也。（正）與許豁然書

[제327칙]《몽동어록》·《미타요해》·《정토십요》

철오선사께서 말씀하시길, "진실로 생사를 마치기 위해 보리심을 발하고 깊은 믿음과 발원으로 부처님 명호를 집지하라(眞為生死 發菩提心 以深信願 持佛名號)." 하셨다. 이 16자는 염불법문의 일대 강종綱宗이다. 이 한 단락의 법문은 더할 나위 없이 정묘하고 간절하니, 마땅히 이를 숙독하여야 한다. 그리고《몽동어록夢東語錄》은 모두 다 문장이 조리가 있고 주도면밀하여 확실히 정종의 지남이다. 또 찾아보면 우익대사의《미타요해》는 실로 천고에 유일무이한 좋은 안내서이다!

夢東云：眞為生死，發菩提心。以深信願，持佛名號。此十六字，為念佛法門一大綱宗。此一段開示，精切之極，當熟讀之。而夢東語錄，通皆詞理周到，的為淨宗指南。再進而求之，則蕅益老人彌陀要解，實為千古絕無而僅有之良導。

만약 두 책을 절박한 마음으로 따를 수 있다면 기타 일체경론을 연구할 겨를이 없어도 다만 정토삼부경 및《정토십요》등을 늘 보면서 불조의 진실한 말씀을 우러러 믿고, 분명히 진실한 믿음을 내고 간절한 원을 발하며, 공경·지성심으로 부처님 명호를 집지하라. 비록 사람들이 없는 곳일지라도 부처님을 마주하듯이 자신의 사욕을 극복하고 본연지성을 회복하며(克己復禮), 홀로 있을 때 삼가고 성심을 보존하라. 근세의 지식을 두루 갖춘 사람(通人)처럼 조금도 구속 받지 않고 아무 거리낌 없이 제멋대로 행동하는 태도를 본받지 말라. 나 인광은 비록 생사의 범부일지라도 감히 그대를 위해 보임保任하여 이번 생에 곧 사바세계를 영원히 여의고, 상품상생하여 연지해회에 참여하여 몸소 아미타부처님의 제자가 되고, 대보살들의 좋은 벗이 될 수 있다고 보증하겠다.

倘能於此二書，死心依從。則即無暇研究一切經論，但常閱淨土三經，及十要等，仰信佛祖誠言，的生眞信，發切願，以至誠恭敬，持佛名號。雖在暗室屋漏，如對佛天。克己復禮，慎獨存誠。不效近世通人，了無拘束，肆無忌憚之派。光雖生死凡夫，敢為閣下保任，即生便可俯謝娑婆，高預海會，親為彌陀弟子，大士良朋矣。(正) 復尤弘如書

[보충] 몽동夢東선사는 곧 철오徹悟대사이다

철오대사(1741-1810)는 청나라 때의 저명한 고승으로 중국 정토종 제12대 조사이다. 대사께서는 어릴 적 남달리 총명하였고, 성장하며 독서를 좋아하여 사서오경 등 유교의 전적을 두루 보지 않은 것이 없었다. 아울러 시詩·사詞·부賦를 잘 지어 세상 사람의 존경을 받았다. 《철오선사어록徹悟禪師語錄》·《시선교율示禪教律》·《염불가타念佛伽陀》 등을 저술하여 세상에 유통하였다.

철오대사의 수학여정은 유학에 기초하여 선문과 교문을 두루 경험하고 마지막으로 정토에 귀의하신 분으로 불법 수학 상에서는 성종性宗과 상종相宗에 박식하였고, 선문의 요지를 참구하였으며, 계율을 지키고 경전을 떠받들었으며, 염불하여 정업을 닦았으니, 곧 선학을 통달했고 또한 교리를 통달했으며, 최종적으로 정토에 귀의하여 위업을 원만히 이루셨다.

대사께서 불법상의 수지에서는 영명연수대사와 연지대사 등 대종사들의 영향을 깊이 받고 수학상의 공부에 기초하여 정토법문을 수지한 성취를 덧붙였다. 그리하여 대사께서는 정종의 명성이 일시에 흥성하였고 천고에 영향을 미치게 하신 일대종사이니, 이는 진정으로 영명연수대사께서 《사료간四料簡》에서 "선도 있고 정토도 있는 사람은 마치 뿔 달린 호랑이 같아 현세에 사람의 스승이 되고 내생에 불조가 될 것이라." 하신 말씀과 뜻이 통한다.

[제328칙] 《역사통기》는 세상의 도의와 사람의 마음을 만회하는 근거이다

《역사통기歷史統記》 이 책 한권은 부처님을 믿는 사람이든 부처님을 비방하는 사람이든 모두 기꺼이 볼 것이다. 그것은 역사의 거울 속에 비친 일이다. (나머지는 24사史를 두루 읽고서 그 인과응보가 현저한 것을 골라서 기록하여 책을 만들 것을 권하였다.) 이를 일체 권선의 책들과 견주어 더욱 실익이 있고 가장 긴요하다.

歷史統紀一書，無論信佛謗佛者，皆肯看。以其是史鑒中事，餘勸其遍閱二十四史，擇其因果報應之顯著

者，錄為一書。見續編歷史感應統紀序 較之一切善書，為得實益，為最切要。(續) 復念佛居士書

[보충] **《역사감응통기歷史感應統紀》**

나 인광은 본래 9월 말 현재, 고령으로 관저에서 물러나기로 되어있었지만《역사감응통기歷史感應統紀》를 조판 · 인쇄하게 된 인연으로 은퇴가 지체되었다. 이 책은 세간의 도와 인심을 만회하기 위한 근거로 삼을 수 있다. 이번에 각각 2만 부씩 판지 두 개를 배열했다. 이 책에서는 부류의 역사서 속에 담긴 인과이야기 200여 편을 발췌하여 실었다. 홍화사는 근래의 번체 영인본이 있어 총 4권이다. 이후 기연이 무르익을 때 간체판 인쇄를 고려하여 현대인이 쉽게 읽을 수 있도록 하겠다.

[제329칙] **《인광대사 문초》는 고덕의 저술을 연구하기 위한 초보적인 안내서이다**

참선과 정토의 그리된 까닭(이치)을 알고자 하면 참선 · 선정과 관련된 일체 서적을 널리 읽지 않으면 안 된다. 설사 널리 읽을 수 있을지라도 만약 정법을 선택하는 지혜의 눈이 없다면 또한 멍하니 바라보며 탄식할 뿐, 막막하여 그 돌아갈 곳을 알 수 없다. 그래서 마땅히 오로지 정토저술만을 보아야 한다.

欲知禪淨之所以然，非博覽禪淨諸書不可。即能博覽，倘無擇法智眼，亦成望洋興歎，渺不知其歸者。是宜專閱淨土著述。

그러나 정토저술도 너무나 많아 입문하지 못한 사람은 특히 그 강요綱要를 얻기 어렵다. 사람을 황홀한 경지로 끌어들이는 참선과 정토의 경계, 불력과 자력을 명백히 분석하여 조금도 의심과 빠뜨림이 없을 뿐만 아니라 언어가 평이하고, 뜻이 명백하여 고덕의 저술을 연구하기 위한 초보적인 안내서가 곧《인광대사문초》이니, 마음 놓고 연구하여 마땅히 스스로 알게 되길 바란다!

然淨土著述甚多，未入門人，猶難得其綱要。求其引人入勝，將禪淨界限，佛力自力，分析明白，了無疑滯，語言顯淺，意義平實，為研古德著述之初步向導者，其印光文鈔乎。祈息心研究，當自知之。(正) 復何槐生書

[편집자 역주] 오늘날 인광대사님의《문초》를 편하게 읽도록 하기 위해서 지극히 정묘하고 지극히 중요한 말씀을 뽑아서《청화록》한 권으로 편집하였다. 정업淨業 수행에 뜻을 두었지만《문초》를 상세히 읽을 겨를이 없는 경우, 다만 이《청화록》을 마음 놓고 연구하면 정토의 문의文義가 불을 보듯 명확할 것이다.

[제330칙] 《선정쌍욱禪淨雙勖》, 비록 선정을 제창하나 정토를 중시하였다

요연瞭然대사(1889-1977)는 처음 출가하여 곧 종승에 뜻을 두고 힘써 참구하여 그 뜻이 돌아감을 얻었다. 이후에 각지를 다니면서 경론을 연구하여 정토법문이 진실로 제불조사께서 구경에 자신을 이롭게 하고 타인을 이롭게 하는 깊고 깊은 법의 바다에 있음을 알고서 참된 믿음을 내고 노력하여 수지하였다. 저술로는 《선정쌍욱禪淨雙勖》을 지어 선정의 이치를 천술하니, 자자구구 정확하고 사람에게 깊은 성찰을 하도록 했다. 이 책은 비록 선정을 제창하지만 사실은 정토를 중시해 참선하여 해오나 증오를 얻지 못한 자에게 이번 생에 윤회를 끝마치는 도를 찾을 수 있게 하였다.

瞭然大師，從初出家，即志宗乘。苦參力究，得其旨歸。嗣後雲遊諸方，研窮經論，始知淨土法門，實為諸佛諸祖，究竟自利利人之甚深法海，遂生真信，而力修持。間有發揮禪淨理致，語語確切，發人深省，乃名之為禪淨雙勖。雖仍提倡禪宗，實則注重淨土。可令參禪未得悟證者，得其即生了辦之道。(三) 禪淨雙勖序

[편자 역주] 요연 상인은 (인광대사가 소주 보국사에 오시자 덕삼법사와 함께 대사를 보시면서 대사를 도와 경서 출간 불사를 도왔다.) 몇 년간 《입향광실》《반야정토중도실상보리론般若淨土中道實相菩提論》 두 책을 저술하고 이사원수事理圓修의 묘법으로써 정토의 요의를 철저히 드러내 밝혔다. 그리하여 부처님과 감응도교하여 증득하였다. (1977년 7월 9일 안상히 왕생하였다. 임종시 서상이 있었고, 소리내어 염불하며 정념正念이 분명하였다) 사리가 여러 차례 내렸다.

[제331칙] 《금강경》에서 상相에 즉하고 상相을 여의는 이치는 정토와 서로 융통하지 않음이 없다

《금강경》은 사람이 육도만행六度萬行을 두루 행하게 하여 일체중생을 두루 제도하는 규구준승規矩準繩228)이며, 두루 일대시교一代時教 일체법문에 있어 강요綱要로 삼는다. 이는 「즉상이상即相離相」의 이치를 설하거늘, 어떻게 정토와 서로 융통하지 않는다 말할 수 있겠는가?

金剛經，乃令人遍行六度萬行，普度一切衆生之規矩準繩也。遍與一代時教一切法門而為綱要。蓋是即相離相，何得謂與淨土不相融通乎。

228) 규規는 원을 그리는 컴퍼스, 구矩는 네모를 그리는 곡척, 준準은 수평을 재는 수준기, 승繩은 직선을 그리는 먹줄을 말한다. 이는 지켜야 할 기준이나 법칙을 말한다. 맹자가 말하길, "규구規矩는 방형과 원형이 지극한 것이요, 성인은 인륜이 지극한 분이다."

[역주] 이른바 「즉상이상即相離相」은 이離와 즉即이 동시에 이루어진다는 뜻이다. 이상離相과 즉상即相은 두 가지 일이 아니라, 하나의 일로 이런 환경에서 청정심이 현전한다.
_정공법사,《금강강반야연습보고金剛般若研習報告》

무릇 중생을 제도하는 법에서 오직 정토를 제일로 삼아야 한다. 정토에 태어나려면 그 마음을 청정히 하여야 한다. 그것을 따라 마음이 청정하면 불국토도 청정하다. 상에 머물지 않는(不住相) 청정심으로 염불하면 이 마음 그대로 부처를 지어 이 마음 그대로 부처이다. 서방정토에 왕생하여 무생법인을 증득하면 결코 변하지 않는 이理와 사事이거늘, 또한 어떻게 의심하겠는가?

夫度生之法，唯淨土最為第一。欲生淨土，當淨其心。隨其心淨，則佛土淨。以不住相之清淨心念佛，則是心作佛，是心是佛。其往生西方，證無生忍，乃決定不易之理事也。又何疑乎。(正) 金剛經線說序

[역주] 불법의 핵심사상은 우리의 아집과 법집을 깨뜨리게 함이다. 상相에 머물지 않음은 나에 집착하지 않고, 법에 집착하지 않음이다. 상에 머물지 않은 청정심으로써 염불함은 염불의 최고 경계이다. 우리는 색色의 상에 머물지 않는 청정심으로써 염불하고, 성聲의 상에 머물지 않는 청정심으로써 염불하고, 향香의 상에 머물지 않는 청정심으로써 염불하고, 미味의 상에 머물지 않는 청정심으로써 염불하고, 촉觸의 상에 머물지 않는 청정심으로써 염불하고, 법法의 상에 머물지 않는 청정심으로써 염불하는 경계에 이르도록 노력하여야 한다. 이러한 마음으로 염불하면 마음은 곧 갈수록 청정해지고, 반드시 임종시 극락세계에 왕생할 수 있다.
_요여락원耀如樂園

[보충] **인광대사,《금강경》법문 선록**

정토법문은《금강경》의 이치 및 선종의 이치로써 논할 수 없다. 각각 별도로 논하면 이익이 있지만, 혼융하여 논하면 손실이 있다. 그대가 53가의 역주를 본 적이 있어 혹 이러한 견해가 있을 수 있다. 그래서 그대를 위해 설파한다.

《금강경》의 이치란 곧 유有에 즉해 공空을 이야기 하여 공변空邊에 떨어지지 않고, 공과 유가 모두 사라지고 진眞과 속俗이 둘이 아니며, 중생과 부처가 일치하며 사事와 리理가 원융하며, (행지行持는 지해知解로 말미암아 이루어지나) 행지가 일어나면 지해가 끊어져서 곧장 각覺의 바다로 취향한다. 일체보살은 이것에 의지해 인因을 닦고, 삼세제불은 이것에 의지해 과果를 증득하니, 이에 여래 일체시교의 강요綱要이고, 실로 보살이 위로 불법을 넓히고 아래로 중생을 교화하는 준승準繩이다.

여여如如의 본체를 보이고 근기와 실상의 이체가 쌍으로 맞으니, 비로소 아공 · 법공의 삼매를 증득하고, 지해와 행지가 동시에 원만하다. 미묘하고 또 미묘하며, 그윽(玄)하고 또 그윽하다.

아, 아름다워라! 어찌 얻을 수 있고 사의思議 · 분별하겠는가? 세상 사람들은 인습적으로 그와 같은 이치를 관찰하지 못하고 공종空宗이라 하니, 그 부처님의 은혜를 저버림이 심하도다.

혹 금강의 무상無相과 정토의 유상有相, 두 법이 어떻게 서로 융화할까 의심한다면 말해주겠다. 《금강경》에서는 일체중생을 다 제도하되, 제도하는 상을 보이지 말라 가르친다. 색성향미촉법에 머물지 않고 보시를 행하니, 보시는 육도만행의 머리이다. 이미 상에 머물지 않고 보시하니, 지계 · 인욕 · 정진 · 선정 · 지혜의 육도만행이 모두 그러하지 않음이 없다.

[보충] 정공법사, 《금강경》의 강요(綱要; 현의)

1. 대승은 자신을 제도하고, 일체중생을 제도함을 근본으로 삼는다. 자신을 제도하고 일체중생을 제도함은 육바라밀(보살행)을 근본으로 삼고, 육바라밀은 반야를 근본으로 삼는다.

2. 반야는 무량한 뜻을 포섭하고 있으니, 성(性; 반야)의 체는 공空이고 적寂이며, 아我와 법法을 다 놓아버리며, 망상(정념)과 집착이 다 공하니, 얻는 바 없음을 얻는다. 중생의 지견은 제법이 인연으로 생겨나고, 본성을 보지 못하여 상을 따라 굴러서, 미혹하여 깨닫지 못한다. 부처님의 지견은 (일체현상은) 인연으로 생함에 자성이 없어 공하니, 유有 그대로 비유非有이고, 당체 그대로 공하여, 깨달아 미혹하지 않는다.

3. 미혹함으로 인해 육도를 이루고, 깨달음으로 인해 (성문 · 연각 · 보살의) 삼승이 있다.

4. 본경의 강요綱要는 망상과 집착을 놓아버리고 염불하여 청정심을 여의지 않음(공부성편 · 사일심불란 · 이일심불란)으로, 이는 없어서는 안 될 정도로 중요하다(樞要).

시작함이 없는 무명에는 두 가지 현상이 있다. 첫째 망상妄想은 분별심分別心이다. 일심전념으로 경계를 변화시킬 수 있으니, 십법계 의정장엄이 모두 마음에서 생겨난다.

둘째 집착은 둘로 나뉜다. 하나는 아집이다. (이 몸이 나라고 집착하고, 사유 · 상상할 수 있다고 집착하여) 번뇌장煩惱障으로 바뀐다. 또 하나는 법집이다. (일체법이 진정으로 존재한다고 잘못 생각하여 당체 그대로 공인 줄 알아야 알 것을 모르니) 소지장所知障으로 바뀐다. (이 두 가지 집착으로 육도에 윤회한다.)

육도윤회의 현상은 혹惑 · 업業 · 고苦이다. (즉 두 가지 장애로 미혹하여 업을 짓고 과보가 생긴다.) 망상과 집착으로 아견我見이 실로 애근愛根이 되니, 애근을 없애지 못한다면 마음이 어떻게 청정할 수 있겠는가?

5. 반야는 자성, 즉 자신의 진심인 본성(自心) 속에 본래 갖추고 있는 바른 지혜이다. 이는 곧 무상정등정각(無上正等正覺; 아뇩다라삼먁삼보리)이다. (자성 속에 진정한 지혜가 현전하면) 사실의 진상을 조견하니, 이것이 곧 부처님의 지견이다.

6. 노실老實하게 염불하면 일심에 이르러 산란하지 않을 수 있다. 세간의 일체 물든 인연을 끊지 못하고 반연攀緣을 쉬지 못하거늘 어떻게 노실(인연으로 생겨난 몸과 마음의 세계 일체를 놓아버림; 간파看破 · 방하放下)할 수 있겠는가?

_정공법사, 《금강강반야연습보고金剛般若硏習報告》

[제332칙] 염불을 주된 행으로 삼고, 독경을 조행으로 삼아야 한다

마땅히 염불을 주된 행으로 삼고, 독경을 조행으로 삼아야 한다. 《법화경》·《능엄경》·《화엄경》·《열반경》·《금강경》·《원각경》, 이러한 경전에 대해 혹 한 경전을 전일하게 독송하든지 혹 하나하나 돌아가면서 독송하든지 모두 안 되는 것은 없다.

當以念佛為主，閱經為助。若法華、楞嚴、華嚴、涅槃、金剛、圓覺，或專主一經，或此六經，一一輪閱，皆無不可。(正) 復永嘉某居士書五

[제333칙] 정토법문은 만병을 전부 치료한다

이러한 여러 책이 있어 정토의 갖가지 뜻을 완전히 알 수 있다. 설령 여러 책을 두루 읽지 못할지라도 어떤 흠결이 있겠는가? 만약 정토법문을 모른다면 설령 경장經藏에 깊이 들어가서 자심을 확철대오할 수 있을지라도 생사를 요탈하려면 얼마나 대겁을 경과해야 그 원하는 것을 원만히 성취할 수 있을지 모른다. 아가타약은 만병을 전부 치료한다(범어 아가타는 널리 치료한다는 말이다. 일체 제병을 널리 치료한다). 이것에 대해 모른다면 어찌 애석하지 않겠는가! 알지만 닦지 않고, 닦지만 전심으로 뜻을 두지 않는다면 더욱 더 애석할 따름이다!

有此諸書，淨土衆義，可以備知。縱不遍閱群經，有何所欠。倘不知淨土法門，縱令深入經藏，徹悟自心。欲了生死，尚不知經幾何大劫，方能滿其所願。阿伽陀藥，[梵語阿伽陀，此云普治，普治一切諸病也。]萬病總治，此而不知，可痛惜哉。知而不修，及修而不專心致志，更為可痛惜也已矣。(正) 與徐福賢書

편집자의 말

연종蓮宗 제13조 영암靈岩 인광대사印光大師께서는 대원大願의 수레를 타고 여래의 사자가 되셨습니다. 말법의 창망한 시절에 즈음하여 분발해 일어나 정업淨業을 전수專修하여 진승(眞乘; 대력 백우의 수레, 진정한 구경의 법으로 중생을 실어 날라서 해탈시키는 법)을 원만히 깨달으셨습니다. 나머지 법문으로 불도를 닦아 해탈시키는 것은 지극히 어렵기에, 오직 염불에 의지해 생사를 제도 받도록 했을 뿐입니다.

마침내 정토일종을 전제專提하여 갖가지 근기를 두루 거두시니, 법어가 세상에 전해져 중국과 다른 나라에 두루 퍼져서 숭앙하여 귀의를 구하는 자가 어찌 수십만 명에 그치겠습니까! 평생 수지하는 용맹함과 사람에게 가르치고 인도하는 간절함에 있어 근대의 승가는 뒤를 따라 잡을 수 없었습니다. 그리하여 말후末後의 한 수로 손을 떼고 곧 행하여 서상과 감응이 확연하여 장애가 조금도 없었습니다. 보고 듣고 감탄하게 하여 믿음으로 향하게 하니, 그 이익이 단단합니다. 이는 특히 철오선사 이후에는 보기 드문 일입니다.

제자 정통淨通은 송구스럽게 스승님의 문하에 들었으나, 친히 가르침을 받지 못하였는데, 스승님께서 이미 원적에 드셨으니, 깊은 은혜에 보답하지 못한 것이 원망스럽고, 재삼 가르침을 구할 수 없어 아쉽습니다. 늘 저의 스승님께서 남기신 저술을 취하여 아침저녁으로 펼쳐 읽고 숙독하여 이를 깊이 생각해보니, 《문초》에 있는 한 글자 한 마디가 모두 어두운 길을 밝히는 지혜의 횃불(慧炬)이자 고해를 건너는 자항慈航임을 깨달았습니다. 독을 바른 북(塗毒鼓)과 같아 한번 치면 소리와 소리가 두루 들리고, 세상을 비춰보는 지혜의 거울(大圓鏡)과 같이 빛과 빛이 서로 비춥니다. 그러나 문사文辭가 풍성하고 의미가 넓어서 갑자기 풀기 쉽지 않습니다.

그래서 지극히 정묘하고 지극히 중요한 말씀을 골라 혹 의미가 같으면서 하어(下語; 촌평)가 수승하고 미묘한 경우 요점을 파악하고 낚시하듯 그 핵심을 낚아 올려서(提要鉤玄), 한 권의 책으로 편집하였습니다. 오직 취한 것은 정편正編과 속편續編 두 문집에 한정시켰습니다. 저의 친구인 당혜준唐慧峻 거사는 오히려 만족스럽지 않았습니다. 그는 아직 충분하지 않다고 여겼습니다. 이에 묘진妙眞법사께서 《문초 삼편三篇》에서 출판하지 않은 내용을 골라 그것을 읽게 하고 전집 청화靑華를 살피게 하셨습니다. 이를 통해 넓고 큰 효과를 거두었습니다. 《문초》의 정편正編 · 속편續編 · 삼편三篇을 종합하여 총 정요 333칙을 선별하였습니다. 정편正編 가언록嘉言錄 편차編次에 따라 십과十科로 나누어 열거하고, 문구를 따라 상세히 권정圈點을 덧붙여 문장의 요점(眉目)을 분명히 하였습니다. 이를 《인광대사 문초文鈔 청화록菁華錄》이라 하였습니다.

그것을 자리 우측에 두고서 계책을 찾아 살펴 정진에 도울 뿐, 사람들에게 보일 틈도 없었지만, 정탐하는 자가 상해 쑤저우의 여러 대덕에게 듣게 하여 한번 찾아 읽게 하였습니다. 채록된 것이 비록 원서의 십일에도 못 미치지만, 불조의 심전心傳, 성현의 도맥道脈, 정토의 오지奧旨, 집지명호의 뛰어난 공덕 등 무릇 저의 스승님께서 성품에 맞는 것을 이야기하시고, 여실하게 말씀하신 것은 남김없이 채록하였습니다. 바다 한 방울을 맛보면, 전체 맛을 알 수 있습니다. 이에 의견을 모아 간행하여 뜻이 같은 동륜同倫에게 주었습니다. 또한 요연了然·덕삼德森 두 법사를 받들어 원저를 따르고, 상세히 감정하여 완전무결에 이르기 시작하였습니다.

옛날 인광대사께서 역은수酈隱叟에게 보낸 답신에서 말씀하시길, "아무개의 글은 비록 크게 발휘함이 없지만, 초학의 근기가 이를 읽으면 참선과 선정의 경계를 분명히 하게 된다. 자력과 불력이 주는 이익의 크기는 불을 보듯 자명하지만, 스스로 생사를 마치지 못하고 갈림길을 알지 못한다. 그리고 일체 법 중에 법마다 원묘하여 어찌할 바를 모른다." 하셨습니다. 또한 영희모永嘉某 거사에게 보낸 답신에서 말씀하시길, "한 사람에게 정토에 태어나라 권함은 곧 한 중생에게 부처가 됨을 성취함이다. 무릇 성불하여 반드시 무량한 중생을 제도하여야 한다. 그 공은 나로 말미암아 비롯하거늘 그 공덕의 이익을 어찌 사의분별할 수 있겠는가?" 하셨습니다.

무릇 대사께서 중생을 제도하시는 마음은 미래제가 다하도록 견고하여 궁진함이 없습니다. 오직 이 《청화록》만 읽고자 원하는 사람은 가르침대로 봉행하여 널리 연설하고, 혹 자금을 대어 유통하여 자신과 타인을 아울러 이롭게 하십시오. 무량무변한 복덕을 얻을 뿐만 아니라 대사와 담소하여 서로 통하고 법류에 서로 접하니, 그가 정토에 왕생하는 것은 따 놓은 당상이나 마찬가지입니다.

저 정통은 지혜가 좁고 미천하여 저의 스승님이 베푸신 광대하고 정미한 유훈을 울타리를 조금 엿보고 끝까지 궁진하지 않고서 소중한 구슬을 잊고 내버려두는 유감을 실로 벗어나기 어렵거늘, 하물며 이 세상 대덕들이 이를 가르칠 수 있길 바라겠습니까?

1954년 보살계 제자菩薩戒弟子, 해염海鹽 이정통李淨通

[부록]

학불學佛의 첩경

창진昌臻 법사

정종 제13조 인광대사께서는 보살의 원을 타고 이 세상에 다시 오신 중국 근대의 보기 드문 고승으로 한 평생 스스로 행하고 타인을 교화하셨으며, 사람됨과 학불의 총강總綱을 밝히셨다.

"사람의 도리를 극진히 하고 자신의 본분을 다하며, 삿된 지견을 그치고 진성심을 간직하며, 일체 악을 짓지 말고, 온갖 선을 받들어 행함(敦倫盡分 閒邪存誠 諸惡莫作 衆善奉行)을 인간세상의 기초로 삼고, 진실로 생사를 위하고 보리심을 발하여 노실하게 염불하며 정토에 태어나길 구함(眞爲生死 發菩提心 老實念佛 求生淨土)을 학불수행의 기초로 삼는다."

1936년 일본 침략자가 중국침탈 전쟁을 일으킨 국난에 직면하여 인심이 놀라고 두려워하며 사회가 불안하였다. 불교계는 상해에서 호국재난극복법회(護國息災法會)를 거행하여 참가자가 수천 명에 달했다. 막 폐관수행 중이었던 인광대사에게 법회를 주관해주실 것을 청하였다. 염불 불칠佛七수행을 마친 후 제8일에 신도의 요청에 응해 귀의계를 수여하고 법문을 하셨다. 법회에서 하신 몇 편의 법문은 모두 사람됨과 학불의 요도要道를 천술하셨다. 세 가지 요점을 개괄하면 아래와 같다.

1. 인과규율의 중요성을 천명하다.

이 몇 편의 법문에서 인과의 원리를 반복해서 천술하고, 인과의 사례를 인용하여 증명하고 잘못된 말의 유래 및 그 위험한 해악을 폭로한 목적은 사람들이 세간과 출세간의 인과규율에 대한 정확한 인식을 수립함에 있다.

불타께서 곧 열반에 드시려고 할 때 대제자들을 향해 말씀하셨다. "그대들은 만약 고苦·집集·멸滅·도道 사제법四諦法에 어떤 의문이 있으면 즉시 질문하여 의심이 있어서는 안 된다." 불타께서는 이렇게 세 번 말하니, 질문하는 사람이 아무도 없었다. 왜냐하면 그들에게는 아무런 의심이 없었기 때문이다. 그때 아누루타 존자는 마음의 지혜를 사용하여 그들 마음속을 관찰한 후 불타를 향해 말했다. "세존이시여, 달빛은 더워질 수 있고 햇빛은 차가워질 수 있지만 부처님께서 말씀하신 사제법은 영원히 변하지 않습니다." 사제법은 바로 세간 · 출세간 인과관계의 진리를 천술한 것이다. 불타께서 곧 열반에 드시려고 할 때 여러 대제자들에게 이것에 대해 의심이 없는지 질문한 것을 통해 그것이 불법에서 갖는 중요성을 충분히 알 수 있다. 그들은 모두 여섯 가지 신통(천안통 · 천이통 · 신족통 · 타심통 · 숙명통 · 누진통)을 갖추고 있는 대아라한이기 때문에 인과율이 영원한 진리임을 깊이 믿고 털끝만큼도 의심이 없었다.

인광대사께서 말씀하시길, "세간 출세간의 이理는 심성心性 두 글자를 벗어나지 않고, 세간 출세간의 사事는 인과因果 두 글자를 벗어나지 않는다." (제252칙) 이는 세간 출세간의 일체 사물은 모두 인과의 바깥으로 벗어날 수 없음을 설명한다. 또한 말씀하시길, "여래께서 무상정각을 이루시고, 중생이 삼악도에 떨어지는 것은 모두 인과의 바깥으로 벗어나지 않는다."(제224칙) 여래께서 무상정각을 이루시는 것은 번뇌와 혹업을 소멸하고 생사윤회를 벗어나는 인因을 심어 마침내 열반과 적멸의 과果를 맺는 것으로 인을 닦아 과를 증득함이다. 중생이 삼악도에 떨어지는 것은 탐진치의 인을 심어 삼악도의 과를 맺는 것으로, 스스로 인을 심어 스스로 과를 받음이다. 그래서 모두 인과의 바깥으로 벗어나지 않는다.

허운虛雲 대사께서 말씀하시길, "인과 두 글자는 부처님께서 말씀하신 법을 남김없이 개괄한다." 삼장십이부三藏十二部에서 말씀하신 것은 모두 인과이고, 인과를 여의면 불법은 없다고 볼 수 있다. 또 말씀하시길, "인과 두 글자는 일체 성인과 범부, 세간과 출세간 모두 벗어날 수 없는 것이다!" 여기서는 명확히 제기한다. 아라한 이상의 신통을 갖추고 있는 성인들도 모두 인과를 벗어나지 않거늘 어찌 우리들 범부가 벗어날 수 있겠는가!

그러나 오늘날 여전히 인과를 이해하지 못하고, 인과를 믿지 않는 사람이 수없이 많다. 심지어 몇몇 스님과 거사들조차 인과를 경시하여 인과는 불법에서 낮은 단계로서 미신의 색체를 띤 설교라고 여기고 있다. 허운 대사께서는 《참선요지參禪要旨》에서 「인과를 깊이 믿는 것(深信因果)」이 학불의 선결조건이라고 제기하신 적이 있다. 학불하는 사람이 인과를 이해하지 못하고 인과를 믿지 않으면 진실로 사람에게 불교의 앞길을 걱정하게 만들 것이다.

반드시 알아야 한다. 인과는 불법의 핵심으로 인과를 명백히 알지 못하면 불법을 이해하지 못할 것이고, 인과를 믿지 않으면 불법의 진신한 수용을 얻을 수 없을 것이다. 그래서 인광대사님의 이 법문은 오늘날 보면 실로 대단히 중요한 현실적 의의를 갖추고 있다 할 것이다.

2. 사람됨의 기초 다지기를 중시하라

불법은 인간을 중심으로 삼기에 학불하는 사람은 먼저 사람이 되어야 한다. 인광대사께서는 우리에게 제기하셨다. “사람의 도리를 극진히 하고 자신의 본분을 다하며, 삿된 지견을 그치고 진성심을 간직하며, 일체 악을 짓지 말고, 온갖 선을 받들어 행함(敦倫盡分 閒邪存誠 諸惡莫作 衆善奉行)을 인간세상의 기초로 삼아라.” 이는 바로 전통 도덕의 정화이고, 인간됨의 중요 기초이다.

사람됨은 가정에서 개시하고, 마음을 일으키고 생각을 움직임에서 착수하며, 일상생활에서 시작한다. 「돈륜진분敦倫盡分」에서 「돈敦」은 존중 · 화목의 뜻이다. 「륜倫」은 윤상 · 윤리도덕의 뜻이다. 「진분盡分」은 바로 각자 그가 마땅히 다해야 하는 본분 · 의무를 말하는데, 이를 테면 부모님의 자애로움, 자식의 효도 등이다. 사람됨은 마음을 일으키고 생각을 움직임에서 착수하여 반드시 “삿된 지견을 그치고 진성심을 간직하여야 한다(閒邪存誠).” 여기서 「한閒」은 방비 · 제지를 뜻한다. 「사邪」는 사악邪惡으로 갖가지 망상을 포괄하는데, 이를테면 삼독 · 오욕 등이다. 「존存」은 기르다, 유지하다는 뜻이다. 「성誠」은 성의 · 정념正念이다. 「한사존성閒邪存誠」은 곧 망상을 끄고 정념을 유지한다는 뜻이다.

“일체 악을 짓지 말고, 온갖 선을 받들어 행하는 것(諸惡莫作 衆善奉行)”은 사람됨의 준칙이자 불법의 강령이다. 「제악막작諸惡莫作」은 오계五戒를 엄격히 지키는 것에서 시작한다. 오늘날 사회상으로 악질분자 및 범죄분자는 모두 오계를 범한 자들이다. 살인은 살계殺戒를 범한 것이고, 강도 · 부패는 도계盜戒를 범한 것이고, 난잡한 남녀관계 · 성매매는 사음계邪淫戒를 범한 것이고, 비방 · 사기는 망어계妄語戒를 범한 것이고, 음주사고 · 마약복용 · 마약판매는 주계酒戒를 범한 것이다. 이상 오계를 지키지 않는 사람은 현세에서는 여론의 비난과 국법의 제제를 받아야 하고, 사후에는 반드시 삼악도에 떨어져 사람 몸을 유지하기 어렵다. 오계를 지킬 수 있으면 현생에서 호계선신護戒善神의 보호를 얻을 수 있다. 한 조목의 계를 잘 지키면 다섯 분의 호계선신이 은밀히 보호하고, 오계를 잘 지키면 25분의 호계선신이 보호하거늘 어떠한 재난이라도 사라지지 않겠는가? 오계를 잘 지킬 수만 있다면 「중선봉행衆善奉行」을 실천하는 것은 어렵지 않다. 중선봉행은 「십선十善」을 표준으로 삼는다.

1. 살생하지 말고, 생명을 보호하고 방생하라.
2. 도둑질을 하지 말고, 보시를 행하라.
3. 삿된 음행을 하지 말고, 범행(청정한 행)을 닦아라.
4. 거짓말을 하지 말고, 참되고 성실한 말을 하라.
5. 험악한 말을 하지 말고, 부드러운 말을 하라.
6. 이간질하는 말을 하지 말고, 조정 화해시키는 말을 하라.

7. 쓸데없는 말을 하지 말고, 소박하고 정직한 말을 하라.
8. 탐내는 생각을 일으키지 않고 부정관不淨觀을 닦아라.
9. 성내는 생각을 일으키지 말고, 자비관慈悲觀을 닦아라.
10. 어리석은 생각을 일으키지 말고, 인연관因緣觀을 닦아라. (제228칙 참조)

착실히 오계를 잘 닦고, 십선을 적극 받들어 행하여 사람됨의 기초를 다질 수 있음은 바로 인천승人天乘의 수행을 실천하는 강령이다. 단지 이러한 기초 상에 있을 때 비로소 생사를 끝내고 윤회를 벗어나며, 정토에 태어나고 불도를 이루는 일이 실현될 수 있다고 이야기 한다. 그래서 이 네 마디 말은 간단하다고 보아서는 안 되니, 출세간법을 닦는 기점이고 보살행을 닦는 기초이다.

3. 학불수행의 첩경을 가리키다

본래 부처님께서 설하신 일체법문은 법과 법이 평등하여 위아래가 없다. 시절인연이 다르고 중생의 근기가 각각 다르며, 특히 말법중생은 선근이 얕고, 복보가 경미하며, 업장은 무겁고 물러서는 인연이 많음으로 말미암아 설사 수행할 수 있을지라도 과위를 증득하기 쉽지 않다. 《대보적경大寶積經》에서 말씀하시길, "말법시대에는 억억의 사람이 수행하여도 득도(得道; 과위를 증득)하는 사람은 드물 것이다. 오직 염불에 의지해 생사로부터 제도 받음을 얻으리라." 그래서 법문을 선택함에 있어 반드시 시기에 맞아야 하고 근기에 맞아야 한다. 만약 자신이 상근의 예리한 그릇이 아니라면 마땅히 시기에 맞아야 한다. 첫째 정법正法 시기에는 계율로써 성취하고, 둘째 상법像法 시기에는 선정으로써 성취하며, 셋째 말법末法 시기에는 정토로써 성취한다.

당대고승인 도원道源법사께서 잘 말씀하셨다. "말법시대의 중생은 염불이 아니면 생사를 끝마칠 수 없고, 염불이 아니면 유정을 제도할 수 없다." 원영圓瑛법사께서는 선문의 종장宗匠으로 젊은 시절 《능엄경》을 선강하여 "능엄독보楞嚴獨步"라고 불렸다. 중년시절 꿈에서 부처님이 정토 홍양을 부촉하셨다. 그는 《미타요해강의彌陀要解講義》에서 말씀하셨다. "그래서 나는 정토에 마음을 귀의하여 스스로 삼구당三求堂 주인이라 호를 짓고, 복덕을 구하고 지혜를 구하며 정토에 태어나길 구하였다."

당대 정종의 대덕이신 이병남李炳南 거사께서는 말씀하셨다. "나는 북평 진공眞空선사로부터 참구법을 배워 제남성 동쪽 정거사淨居寺 방장과 함께 8년을 참구한 적이 있었다. 나중에 중경重慶에 가서 또한 공갈貢噶 활불, 낙나諾那 활불에게 밀교수행법을 배워 또한 8년을 여법하게 주문을 지송하였다. 그러나 모두 성취가 없음을 부끄러워하였다. 인광대사께서 제시한 법문을 확신하여 (나중에 인광대사께 귀의하였고) 여전히 염불일법을 전수專修하고 있다." 그는 97세에도 여전히 홍법하셨는데, 만년에 늘 말씀하시곤 하셨다. "여러분이 정토를 닦아 성공하지 못하면 단언코 다른 법문을 닦아도 모두 성취할 수 없다. 만약 이 법문을 여의고 그대들이 성취할 수 있으면 나는 곧 큰 거짓말을 하였기에 곧 지옥에 떨어질 것이다!"

정토는 자력과 타력의 이력법문으로 이행도易行道이다. 이는 인광대사께서 말씀하신 것과 똑같이 선종과 정토종 사이는 "그 어렵고 쉬움을 비교하면 하늘땅만큼 차이가 있다." 이에 대해 인증引證하면, 청말 전생에 선승이었던 팽온장, 하계청, 장비 세 사람은 금생에 큰 부귀를 누렸지만, 널리 악업을 지어 끝내 타락하였다. 아울러 민국 첫해, 전생에 승려였던 청말의 탐화랑 오은지는 염불을 거들떠보지도 않았고 심지어 불법도 믿지 않았다. 이 사례는 사람을 깨우쳐 깊이 반성하게 한다.

그래서 명나라 고승인 연지대사께서는 말씀하셨다. "나는 예로부터 재능이 출중한 부귀를 누리는 사람은 전생에 대부분 스님임을 관찰하였다. ……그러나 환생한 후 곧 미혹하여 돌이킬 줄 모르는 사람이 10분의 9이고, 전생의 인연을 저버리지 않은 사람은 10분의 1이다. 원인은 어디에 있는가? 왜냐하면 오탁악세 때문에, 물러서는 인연이 너무 많아 사회적으로 명망이 있는 사람도 피하기 힘들다! 계戒 선사의 후신은 소동파이고, 청青 선사의 후신은 증로공이며, 철哲 선사의 후신은 부귀에 미련이 있어 고뇌가 더욱 무거웠다 ……고금이래 선지식은 사람들에게 오탁악세를 버리고 서방정토에 태어나길 구하라 권하셨으니, 바로 이런 연고이다."(제239칙, 제248칙 참조)

다시 인증하면, 당나라 원택圓澤 선사께서는 이미 증오證悟한 것이 있어 과거와 미래를 알 수 있었다. "더구나 생사를 요탈할 수 없고,……자력에 의지해 생사를 요탈함에 이와 같은 어려움이 있다. 불력에 의지해 생사를 끝마치는 그와 같은 이행도가 있다. 그러나 세상 사람은 여전히 늘 불력을 버리고 자력에 의지하니, 정말 그 미묘함은 말로 표현할 수 없다!"

급기야 인광대사께서는 고구정녕 노파심에 말씀하기에 이르렀다. "원컨대 모든 사람은 이 다섯 사람의 옛일을 정신 차려 부모님께서 돌아가신 듯이 머리에 붙은 불을 끄듯이 생각하길 바란다. 그리하여 자신을 이롭게 하고 다른 사람을 이롭게 하여 정업淨業을 닦아야 비로소 이번 생의 이 기회를 헛되이 하지 않을 것이다!"

정업을 닦는 총강은 「진실로 생사를 위하고 보리심을 발하여 노실하게 염불하며 정토에 태어나길 구하는 것(眞為生死 發菩提心 老實念佛 求生淨土)」이다. 여기서 「진위생사眞為生死」란 수행의 목적은 진실로 생사를 요탈하기 위함에 있지, 재난을 피하고 인천의 복보를 구함에 있지 않다는 뜻이다. 「발보리심發菩提心」은, 정토는 대승법문으로 반드시 중생을 제도하겠다는 대원을 발하여야 아미타부처님 원력과 상응한다는 의미다. 의심하지 말고・뒤섞지 말고・중단함이 없어야 「노실염불老實念佛」이라 하고, 신・원・행을 삼자량三資糧을 갖추고 있어야 「구생정토求生淨土」의 목표를 달성할 수 있다.

이것이 바로 학불의 첩경이고, 정업을 닦는 총강이다.

인광대사께서는 이 몇 편의 법문에서 시종일관, 세간 출세간의 인과규율을 반복하여 천명하고, 사람에게 좋은 마음을 간직하고·좋은 말을 하고·좋은 일을 하여 좋은 사람이 되길 간절히 권하셨다. 인과를 깊이 믿고, 악을 그치고 선을 행하며, 사람됨의 깊고 두터운 기초를 다지고, 이 기초 상에서 지계 수행을 하여 생사를 끝마치고 윤회를 벗어나야 실현할 수 있다. 법문을 선택함에 있어 말법중생은 오직 정업淨業을 닦는 것이 가장 온당하고·가장 직접적이고· 가장 시기에 맞고·가장 근기에 맞는 법문을 가리키는 것이 틀림없다.

인광대사께서는 재래인再來人으로 시현하시어 한평생 자비원력으로 중생을 제도하겠다는 본회本懷를 이 몇 편의 법문 속에 있는 대로 다 털어 놓으셨다. 언어는 평범하여 특별함이 없고, 문구마다 절실하여 행할 수 있다. 우리가 만약 반복 학습하여 깊이 깨닫고 가르침대로 받들어 행할 수 있으면 현재의 업장을 없앨 수 있고, 재난을 극복할 수 있으며, 복덕과 지혜가 증가하여 구하는 것이 원대로 될 것이다. 명종命終에 임할 때 마음에 미련을 갖지 않고, 뜻이 전도되지 않으며, 정념正念이 현전하면, 아미타부처님 원력의 접인을 감득하여 정토에 왕생하니, 이번 생에 생사를 요탈了脫하고 영원히 퇴전退轉하지 않을 것이다.

南無阿彌陀佛

福田

자금을 내거나 독송 수지하는 사람과

여러 사람 여러 장소에 유통시키는

사람들을 위해 두루 회향하는 게송

경을 인쇄한 공덕과 수승한 행과

가없는 수승한 복을 모두 회향하옵나니,

원하옵건대 전생 현생의 업이 다 소멸되고,

업과 미혹이 사라지고 선근이 증장되며,

현생의 권속이 안락하고, 선망 조상들이 극락왕생하며,

시방찰토 미진수 법계, 공존공영하고 화해원만하며,

비바람이 항상 순조롭게 불고 세계가 모두 화평하며,

일체 재난이 없어지고 사람들이 건강 평안하며,

일체 법계 중생들이 함께 정토에 왕생하게 하소서.

願以此功德 莊嚴佛淨土 上報四重恩 下濟三塗苦

若有見聞者 悉發菩提心 盡此一報身 同生極樂國

재물로 보시함은 한 세상의 가난함을 구제함이고,
음식보시는 하루의 목숨을 구제함이나,
법보시(염불법 보시)는 사람들로 하여금
영원히 해탈하여 출세出世하게 만드나니
그 공덕을 재물보시가 어떻게 비교할 수 있으랴.
재물보시는 등불이 다만 한 방안 만을 밝히나,
법보시는 태양과 같아서 삼천대천세계를 두루 비춘다.
법에 인색하거나 닦는 것을 권하지 아니하면
영겁 동안 흑암지옥에 잠겨 있게 되고,
염불하면서 교화하고 제도하면 곧 '아미타'라
자비구름을 널리펴서 서로서로 권면하며
이 자비와 서원으로 정토의 정연을 두루 맺어서
애하愛河에 빠져있는 것을 구제하고
윤회하는 고해를 벗어나며, 모두가 다 안락국토에
올라가서 부처님의 은혜를 함께 보답할 것이니라.
-각성스님 역, '성불의 쉽고 빠른 길(徑中徑又徑徵義)'

인광대사 문초청화록

1판 1쇄 펴낸 날 2021년 11월 22일

찬술 인광대사 **편집** 이정통李淨通 **역주** 증기운曾琦云 **편역** 허서
발행인 김재경 **편집** 허서 **디자인** 김성우 **마케팅** 권태형 **제작** 경희정보인쇄
펴낸곳 도서출판 비움과소통
경기 평택시 목천로 65-15 송탄역서희스타힐스 102동 601호
전화 031-667-8739 팩스 0505-115-2068
이메일 buddhapia5@daum.net

ISBN 979-11-6016-080-2 03220